中国图书年鉴

ZHONGGUOTUSHU
NIANJIAN

1997

杨牧之　主编

湖北人民出版社

ISBN 7-216-03019-2

9 787216 030199 >

鄂新登字 01 号

图书在版编目(CIP)数据

中国图书年鉴.1997/杨牧之主编.
武汉:湖北人民出版社,2001.1
ISBN 7-216-03019-2

Ⅰ.中…
Ⅱ.杨…
Ⅲ.图书-出版-中国-1997-年鉴
Ⅳ.G23-54

中国版本图书馆 CIP 数据核字(2000)第 69306 号

中国图书年鉴(1997)　　杨牧之　主编

出版: 发行: 湖北人民出版社	地址:武汉市解放大道新育村 33 号 邮编:430022
印刷:文字六〇三厂	经销:湖北省新华书店
开本:787 毫米×1092 毫米 1/16	印张:44
字数:1355 千字	插页:7
版次:2001 年 1 月第 1 版	印次:2001 年 1 月第 1 次印刷
印数:1—3 000	定价:95.00 元
书号:ISBN 7-216-03019-2/G・765	

中国图书年鉴编委会

编辑说明

一、编辑《中国图书年鉴》是我国图书出版事业的一项基本建设，其宗旨是总结图书出版工作经验，观察、分析图书出版的现状与发展趋势，为科研、教学、著述、学习和图书出版工作提供系统的参考资料。

二、《中国图书年鉴》与《中国图书大辞典》(1949～1992)的收书截止时间相衔接，对从1993年起国内出版的图书及资料进行收集整理，每年编辑出版1卷，本卷为总第4卷。

三、《中国图书年鉴》(1997)主要反映1996年度全国图书出版工作的状况和信息，其主要栏目有“专论”、“图书分类评述”、“图书出版研究”、“图书市场分析”、“新书简介”、“获奖书目”、“统计资料”、“图书出版纪事”、“索引”等。

“专论”——选载对全国图书出版有指导性意义的重要论文。

“图书分类评述”——特邀国内有关专家、学者及图书出版编辑，对各类图书的出版动向作评论分析。

“图书出版研究”——选录各报刊杂志发表的有关图书出版研究的文章。

“图书市场分析”——汇集图书市场信息，分析其发展态势。

“新书简介”——从当年新版图书总数中，按10%～15%的比例选取优秀图书和有代表性的图书，以条目形式作介评，并按学科分类编排。辞条以介为主，寓评于介，着重反映所诠释图书的基本内容及主要特征。

“获奖书目”——主要刊载该年度荣获“国家图书奖”、“五个一工程·一本好书奖”、“中国图书奖”、“中国辞书奖”的书目。

“统计资料”——汇辑该年度全国图书出版情况，使用《中国标准书号》22类图书出版情况，各类课本以及少年儿童读物出版情况。

“图书出版纪事”——记录该年度有关图书出版的重大活动。

“索引”——有“辞目分类索引”和“辞目笔画索引”。“辞目分类索引”以《中国图书馆图书分类法》(第四版)为框架，其编排方式与新书简介的正文相同；“辞目笔画索引”按书名辞目首字笔画数顺序编排。索引前注有使用说明。

四、编辑出版《中国图书年鉴》是一项文化积累和文化传播工程，此项工作得到了全国出版界同仁的关心与支持，在此致以诚挚谢意。由于我们的水平和经验所限，《年鉴》难免有不足和缺憾之处，恳请广大读者和各界人士批评指正。我们将不断改进工作，提高质量，以满足广大读者的需求。

目　次

专　论

图书分类评述

图书出版研究

图书市场分析

新书简介

获奖书目

统计资料

图书出版纪事

广告插页

索　引

专论

关于“九五规划”的总体构想

杨牧之

经过一年多的努力，“九五期间国家重点图书出版规划”（下称“九五规划”）终于确定下来了。这是一个集中了大家智慧的规划，是一个启人思考的规划，是一个充满理想与激情的规划。现就制定规划的总体构想谈谈我的看法。

一、制定“九五规划”的大背景

要讲清制定“九五规划”的构想，必须做一点回顾，从整个出版工作的态势做分析。

1979年可以作为我国出版业改革发展的一个分水岭。1978年的12月我们党召开了十一届三中全会，12月，通过了“党的十一届三中全会公报”，正式确立了以经济建设为中心的指导思想。新中国真正开始了腾飞。中国出版业真正开始了腾飞。我国出版社总数，1979年只有105家，到1995年底达到563家，增加了4倍还多；我国年出书总数，1979年是17 000种，1995年已经超过10万种，增加了近5倍。

这期间，一大批优秀的图书陆续出版，特别是80年代末、90年代初，由于一系列国家重点图书工程经十余年甚至几十年的编撰，终于在这一时期出版完成，从而形成了新中国成立以来最为突出的出版高峰。煌煌74卷的《中国大百科全书》的出版，使中国出版业水平达到了一个新的境界。迄今为止世界上收汉字最多的《汉语大字典》，收语词37万条的《汉语大词典》，全面介绍世界经典学术著作的《汉译世界学术名著》丛书，闻名世界的《中华大藏经》，10卷本《中国通史》（范文澜、蔡美彪主编），给社会和广大读者带来了激动和欣喜。特别是中文版《马克思恩格斯全集》（50卷）和新版《列宁全集》（60卷）的出版，表明了中国马列著作的出版已经达到了一个新的水平。

谈起这些成绩与发展，大家兴奋不已，似乎我们已经是世界出版的“超级大国”，因为在我们年出书10万种的同一时期，美国年出书只有6万种左右，德国5万余种，日本4万余种。但只要我们做些深入的考察，便会发现其中的问题。日本，年出版新书虽然只有4万余种，但年再版书高达20万种，可供书目达30万种。德国，年再版书30万种，可供书目达70万种。再版书与可供书的多少，说明了图书的质量和市场的供应能力，标志着出版业的总体水平。我们国家图书再版率1995年虽然达到了创纪录的41%，但这是包括教材在内的，如去掉教材恐怕不足30%，以10万种计算，也只有3万余种。我们的可供书恐怕也只有10万种左右。这是对一组数字的分析。

再看另一组数字，从1979年到1995年，我国出版社总数从105家增加到563家，增长了436%，而总印张数从135亿印张，仅仅增加到315.41亿印张，增长了134%；总印数从37亿册仅仅增加到62.6亿册，只增长了69%。

从这样的分析比较中，我们可以看出，我们的发展还主要是靠出版社总数的增加，也就是规模的扩张，而日本、德国等发达国家的发展主要靠再版书的增加，也就是靠内涵发展。我们的出版业生产要素的数量扩张远远超出生产效率的提高比率，客观上走的是一条高投入、高消耗、低产出、低效益的路。

而且，由于规模、数量增长过快，带来了一系列问题。出版社增加过快，缺少合格的经营管理人才和编辑人才，致使图书出版的总体质量难以提高；有的出版社追逐经济效益，抢热门选题，造成品种重复，同样内容的图书几十种、上百种，而相当多的学术著作出版困难；由于内容相近的图书过多过滥，致使一些宣传马列主义、党的方针政策的图书发行量下降，严重影响了社会效益；在这种追逐数量，广种薄收，不顾质量的情况下，拜金主义抬头，买卖书号、非法出版屡禁不止,严重影响了出版业健康、有序地发展。这是我们出版业不能不面对的复杂状况。

另一方面,中国的出版业又面临着严峻的挑战,概括起来是否可以说有三大任务:

1. 在建设有中国特色社会主义进程中,两个文明建设对出版业的要求越来越高,不努力提高质量和效益,难以胜其重任。

2. 出版业面向市场之后,出版社不走内涵发展的道路,不努力提高质量和效益,便缺少竞争能力,难以生存与发展。

3. 随着对外开放的不断扩大,中国出版物市场不可避免地要成为世界出版物市场的一个有机组成部分,中国出版业不但要走向世界,与世界名牌出版公司竞争,而且要在国内市场上同外国出版公司一比高下。

一方面是复杂的形势,一方面是艰巨的任务,正是在这种大的背景下面,1993 年,新闻出版署党组及时地提出了"推动整个出版业的发展从以规模数量增长为主要特征的阶段,向以优质高效为主要特征的阶段转移",其核心是提高出版业的质量和效益,以"阶段转移"这个醒目的让人深思的口号把发展战略摆在每一个出版工作者面前。

1995 年党的十四届五中全会通过了《中共中央关于制定国民经济和社会发展"九五"计划和 2010 年远景目标的建议》。"建议"提出的"两个根本性转变"的战略,给出版工作指明了方向,第一个根本性转变,经济体制从传统的计划经济体制向社会主义市场经济体制转变,指生产关系的改变,是改革战略,是"体制转轨";第二个根本性转变,是经济增长方式从粗放型向集约型转变,指生产力发展途径、方式的重大调整,是发展战略,也可以说是"增长转型"。"体制转轨"与"增长转型"相辅相成,给我们国家的改革展示了一个无限广阔的前景。同样,也为我们的出版改革指明了方向、途径和办法。

"两个根本性转变"深化了我们对出版改革的认识,坚定了我们实施"阶段性转移"的信心。因为"阶段性转移"强调优质高效,控制规模数量,与经济增长方式从粗放型向集约型转变是一致的;而这个"阶段性转移"的完成,必将促进出版业由传统的计划经济体制向社会主义市场经济体制转变。

怎样实现增长转型?粗放型与集约型的本质差别在于前者主要依靠生产要素的扩大来实现经济增长,后者主要依靠提高生产要素的使用效率和合理构成来实现经济增长。联系到出版业,就是要反对"广种薄收",提倡"精耕细作",要在提高图书质量上做文章。出版业的一切改革都是为了多出优秀图书,有了优秀图书自然有了社会效益、经济效益。正如农业生产的集约经营主要在"提高单位面积产量"上做文章一样,出版业就是要在提高每一本书的质量和效益上下功夫。

问题已经理清,症结也已明确,关键是要扎扎实实地去干,这就是我们制定"九五规划"的大背景。

二、制定、实施"八五规划"的启示

"八五规划"是由国家主持制定的第一个全国综合性重点图书出版规划。是我国"八五期间"文化建设一项重大工程,代表了当时中国出版事业所能达到的最高水平。依靠各地方、各部门的支持和全国出版社的共同努力,到 1995 年底,计划中的 1169 种选题已经完成 95%(其余 5%,按原计划滚动到"九五规划"中去)。

"八五规划"的实施和完成,产生了重大的社会效益。第一,起到了示范和导向作用。规划中的重点选题是什么,各种图书选题的结构怎样,列入规划的选题数量以及每种选题的规模,都起到了示范和导向作用。第二,国家制定重点图书规划,带动了各级重点图书规划的制定,结果是社有社的规划、省有省的规划,最后是国家规划,这就形成了一个网络,一个抓重点图书的网络。全国上下追求重点,追求精品,必然会促进整个出版事业的繁荣。第三,确实出了一批好书。列入国家"八五规划"的图书出版后,读者普遍反映好,很多重要图书评奖活动入选的图书是"八五规划"的项目。这些优秀图书的出版,为社会主义物质文明建设和精神文明建设作出了应有的贡献。

但是,从今天的认识来总结,对执行的情况作回顾,在制定"八五规划"时,由于经验不足和认识上的差距,还存在诸多遗憾、诸多不尽如人意的地方。突出的问题有三点:

一是,很多出版社在申报选题计划时,追求规模、数量、看谁上的多,无形中产生攀比现象。计划确定后,又没有条件完成,不得不中途下马。

二是,对通俗普及读物重视不够,认为既然是国家规划,是重点项目,每个项目就一定要有规模,非得几十卷、几百万字不能拿出手。

三是,规划的制定主要依靠"自下而上"呈报选题的方法,缺少"自上而下",由"上面"组织,也就是说由国家出版管理部门提出、组织的重大选题。"自下而上”的好处是从实际出发，集思广益，完成计划有基础，但“自上而下”的办法，可以根据国家的需要，组织力量，共同完成一些重点工程，可以更好地发挥国家、政府的导向作用。

有了制定“八五规划”的经验，结合今天的实际，特别是面对阶段性转移，实现增长方式从粗放型向集约型转变的任务，制定“九五规划”，我们就更有把握了。

三、制定“九五规划”的指导思想

制定“九五规划”，首先要解决好指导思想问题。有的同志认为谈指导思想是老生常谈，事实证明，没有正确的指导思想就弄不明白任务、重点和主攻方向。制定“九五规划”的指导思想是：坚持以邓小平同志建设有中国特色的社会主义理论为根本指针，坚持党的基本路线和基本方针；坚持为人民服务，为社会主义服务，为全党全国工作的大局服务；坚持“百花齐放、百家争鸣”；坚持以科学的理论武装人，以正确的舆论引导人，以高尚的精神塑造人，以优秀的作品鼓舞人。重点是加强、深化、拓展马克思列宁主义、毛泽东思想，特别是邓小平建设有中国特色社会主义理论研究的图书，对建设有中国特色社会主义实践中各种重要问题研究的图书，优秀的通俗普及读物和优秀的文艺作品。

其次，“九五规划”要有时代感。“九五规划”不是“八五规划”，不能像有的出版社那样，不论“八五”、“九五”，就是那些东西。“九五规划”的时代特点在哪里呢？党的十四届五中全会通过的《建议》，对本世纪末和21世纪的奋斗目标作出了比较科学、完整的概括，提出了具体的要求，我们制定“九五规划”，就应该面向21世纪，把目光定位在21世纪。在未来的十几年内，我国人民的生活将由温饱进入小康；科学技术日新月异，技术竞争更加激烈；经济增长方式将由粗放型向集约型转变；国际关系中竞争与合作、矛盾与协调、斗争与妥协将更加错综复杂。在这种大的背景下面，我们应该更加坚定地走建设有中国特色的社会主义道路，努力弘扬社会主义主旋律，要用符合社会发展时代需要的新观念，努力把我们的图书同这样一个时代结合起来，与当代思想结合起来，与现代科学的进步结合起来。

第三，我们的图书要努力做到思想性、艺术性和可读性的高度统一。好书不是书架上的摆设，不是库房里卖不出去的存货，好书要有人买，有人看。为此，我们要努力创新，写别人没有写过的内容，用别人没有用过的形式，做别人没有做过的事情，用千变万化的出版物和始终如一的价值取向，反映今天这个五彩缤纷的世界。

第四，要处理好“雄心壮志”与“量体裁衣”的关系，反对“广种薄收”，主张“精耕细作”。数量并不是一个出版社水平的最重要标志，数量与质量、规模与效益要有合理的比例，在安排计划时，要从自己的实际出发，量体裁衣，扎扎实实地实现规模数量向优质高效的转移。

第五，在制定规划的方法上采取“自下而上”与“自上而下”相结合的原则。“自上而下”方面的选题，要更鲜明地体现导向，要尽量征求科研、高校的意见，要把国民经济与社会各界的重大科研规划与“九五规划”衔接起来，充分反映各界的研究成果，努力为改革开放和经济建设服务。

四、“九五规划”的结构与特点

（一）规模

“九五规划”总计有1200个选题，比“八五规划”的1169个虽然多31个，但总体上来说数量持平。这个数字是合适的。太少了，几百种形不成规模，而且各个门类很难平衡；太多了，不符合我国出版业的实际情况，不符合控制规模数量，提高质量效益的原则。

（二）结构

1. 基础部分

“九五规划”的主要内容是全国各出版社的重点图书选题。所谓“重点图书选题”主要是指能代表学科领域发展水平的著作。这些著作的选题是“规划”的基础部分。在1200个选题中这部分占963个，即占整个“规划”的80.2%。其中社科类：353个；文艺类：181个；科技类：299个；专题类（包括教育类、古籍整理类、少数民族文字类图书）：130个。

2. 子系统部分

这个项目是“九五规划”新设计的，但这些内容“八五规划”中都有。把它们列成“子系统”，突出出来，目的是要表明规划对这些方面的重视。

第一个子系统是“重大工程出版计划”。“重大工程”是指能代表国家水平的权威性著作。党的十一届三中全会以来，许多重大工程，如《中国大百科全书》、《汉语大词典》、《汉语大字典》、《中国美术全集》、新版《列宁全集》等等相继完工，产生了巨大的影响，带动了中国出版业的发展。目前，正在进行的重大工程已经不多，“九五”期间，中国出版界有什么重大工程献给读者,献给21世纪,这是设立这个"子系统"的目的。

第二个子系统是"通俗读物出版规划",第三个子系统是"科普读物出版规划"。应该说"通俗读物"是个大范畴,它自然应该包括"科普读物",之所以分列二项,"通俗读物"子规划主要指哲学、社会科学、文学艺术等方面的普及读物,而"科普读物"子规划,顾名思义,是指现代科学技术知识的普及性读物。

设立这两个子规划是经过认真考虑的。首先从形势的发展来看,要提高我国国民的文化素质,重视并搞好通俗读物的出版是重要的一环。我国有12亿人口,其中中等包括中等以下文化水平的人就有8个亿左右。这8个亿,正是我们最大数量的读者,我们不能出好适合他们理解能力、接受能力、审美能力的书,出版工作为人民服务,为社会主义服务就是一句空话。另外,如果我们拿不出一批广大读者喜闻乐见的通俗读物,坏书就不会被赶出市场。所以,通俗读物的出版还关系到"打非扫黄"能否进行到底的大问题,我们应该高度重视。

对于"科普读物"子规划,我们更要多说几句。小平同志说:"马克思讲过科学技术是生产力,这是非常正确的,现在看来这样说可能不够,恐怕是第一生产力。"现在这个理论已为历史所证明。科学技术的发展靠什么?一靠科学技术自身的进步,二靠科学技术普及的广度和深度。这个论点也已成为人们的共识。人们已经认识到虽然耕地、森林、淡水等资源有限,但人的智慧是无穷尽的,有了掌握科学知识的人,就什么也不怕了。最近美国制定了一个"2061工程"。2061年哈雷彗星重返地球,美国有关部门以这一年为契机,要用几十年的时间将一代美国人培养成具有高度科学素养的人。美国这样科学技术发达的国家尚且如此,我们就更应该重视科普工作了。设立"科普读物"子规划正是出于这样一个考虑。

第四个子系统是"少儿读物出版规划"。建设21世纪靠今天的青少年一代。他们是祖国的未来,是建设21世纪的主力军,我们要出版一批优秀的有利于对少年儿童进行思想品德教育、智力开发和现代化科学知识启蒙教育的读物。

此外,"规划"还列入了少量的电子出版物。虽然项目不多,但也是一个方面,我们试图体现两个目的:一是客观反映目前我国电子出版物的状况;二是对电子出版表示关心和支持。

3."规划"中重点图书的列入情况

"规划"的骨干是它的"基础部分",这部分很鲜明地体现了"九五规划"的重点:

(1)对于加强、深化、拓展马列主义、毛泽东思想,特别是邓小平建设有中国特色社会主义理论研究著作的选题放在首位。此类选题总计有40余个,约占"基础部分"社科类的10%强。突出的有《邓小平建设有中国特色社会主义理论的基本问题》(龚育之等著)、《邓小平关于经济改革总体设计思想与科学社会主义理论》(蒋绍进著)、《邓小平关于两个文明一起抓的战略思想研究》(钟哲明著)、《邓小平新时期思想史》(冷溶等著)等。这些选题努力结合时代特征和我国现实,深入研究马列主义、毛泽东思想的基本理论、基本观点和基本方法,深入研究马克思主义在当代的继承、运用与发展。对邓小平理论的研究,重在研究这一理论的形成和发展,历史地位和伟大意义,以及这一理论的科学体系和它在各重要领域的新思想、新观点。

(2)突出了对建设有中国特色社会主义实践中各种重大问题研究的选题。此类选题数量多,占的比例大。以经济类图书为例,"基础部分"共收入经济类选题89种,占基础部分总数的9.2%。从选题策划的内容来看,许多是我国经济和社会发展中急需作出回答的重大理论问题,如《经济增长与反通货膨胀政策的比较研究》(史晋川等著)、《国有大中型企业活力研究》(李占祥著)、《中国第三步战略的整体构想》(中国社科院经济所)、《中国的贫困与反贫困战略研究报告》(康晓光著)等。

(3)反映现实社会生活,弘扬时代主旋律,尤其是反映改革开放、经济建设中中国人民奋发向上的精神风貌的长篇小说有很大突破。一方面广大作家深入生活,认真创作小说;另一方面出版部门,尤其是文艺出版社,纯文学的比重加大,高品位的图书选题增多。海峡文艺出版社的《中国小说名家新作》丛书、上海文艺出版社的《小说界文库》、四川文艺出版社的《中国西部文学》丛书、解放军文艺出版社的《当代军事题材长篇小说》等等,都很值得关注。

(4)"重大工程出版计划"形势喜人。根据"规划"的需求,已列入8个项目,它们是:《建设有中国特色的社会主义理论体系研究书系》、《中国大百科全书》(第二版)、《大中华文库》、《中国儿童动画出版工程》(即"5155工程")、《当代青年科普文库》、《中国美术分类全集》、《中华大典》、《中国科学技术文库》。8个项目,各具特色。如系统阐述有关中国特色社会主义理论的《建设有中国特色的社会主义理论体系研究书系》,由中宣部组织编写,目前收入该书系的图书已有中央财经领导小组编写的《邓小平社会主义经济建设理论》，宋德福的《邓小平人才理论》，田增佩的《邓小平外交思想》，于永波、徐才厚的《邓小平军队和国防建设理论》，郑克扬的《邓小平党的建设理论》，中宣部的《邓小平精神文明建设理论》等，该书系以江泽民同志对建设有中国特色社会主义理论九个方面的阐述为基本框架，吸收各方面研究成果，形成一套有关中国特色社会主义理论的比较系统、权威的著作。又如向世界原原本本介绍中华民族文化的《大中华文库》则试图把中华民族五千年文明史中产生的哲学、政治、经济、历史、文学、科技等方面最有代表性的著作，组织权威人士，译成英文，系统地介绍到世界去，以弘扬中华民族文化，让世界了解中国。这是一件了不起的文化工作，它的立项和完成必将产生深远影响。再如面向21世纪的大型科普丛书《当代青年科普文库》。我国科普读物，尤其反映最新科学技术的科普读物十分缺乏。这个"文库"将组织国内最好的科普作家，编写一套面向现代、面向21世纪的大型系列丛书，以传播普及自然科学技术为主，以交叉科学、社会科学知识为辅，将高新技术、自然奥秘、世界探索介绍给青年一代，相信它会成为一套好书，并在科普读物的编写和出版方面起个好的导向作用。

(5)另外三个子系统：通俗读物，科普读物，少儿读物，虽然角度不同，不过是各有侧重，本质上都属于通俗普及读物。设计三个子系统，正是为了强调通俗普及读物的重要。从"规划"的列选情况来看，这个目的基本上达到了。通俗读物共列入58种，占规划总数的4.9%；科普读物共列入74种，占规划总数的6.2%；少儿读物共列入85种，占规划总数的7.1%。

(6)翻译图书得到重视。近年来翻译图书的出版数量锐减，一个原因是，自从我国加入国际版权公约以后，翻译国外图书要得到授权，要签定合同，手续上要求严格；另一个是经济原因，要付版税，而一些新的、有价值的图书，常常版税很高，出版社承受不了，也没有把握，所以，近几年翻译图书的出版严重滑坡。有一家很有名的出版社，过去每年安排翻译图书占全年总数的40%，近两年下降到5%。近两年，这种情况有所好转。为了鼓励引进国外优秀的图书，在制定"九五规划"时尽量予以倾斜。规划中列入翻译类图书35种，280卷册，这个数字虽然仍然不是很理想，但导向意义还是很清楚的。有一些很有价值的选题，如《新世纪学术译丛》(中央编译出版社)，将收入20世纪80—90年代外国著名思想家的学术代表作；《经济学译丛》(中国人民大学出版社)，专门收入介绍国外经济科学理论发展新概况的图书；《欧美汉学名著译丛》(漓江出版社)，收入国外汉学家80、90年代关于中国文化的研究成果。这几套丛书之所以值得介绍，主要是因为它们收入的都是90年代前后的著作，不同于过去一些出版社翻译的重点集中在古典名著的作法。

"九五规划"从1995年3月15日发出制定规划的通知起，经过一年多的时间，经过14次专家论证，又在全国新闻出版局长会议上征求了意见，上上下下，上下结合，终于确定下来了。1996—2000年是本世纪的最后五年，是实现本世纪末国家经济和社会发展战略目标的关键五年。我们一定要精心设计，精心施工，努力完成这一跨世纪的文化建设工程，为中国的繁荣富强做出我们自己的贡献。

(原载《中国出版》1996.10.)

对跨世纪出版发展战略的思考

刘 杲

- ●国家应当增加对出版事业的投入
- ●应当明确在出版社停止承包制，代之以现代企业的管理制度
- ●出版与发行不能简单说谁是龙头
- ●建议确认供销社和国有发行单位一样，是图书发行的主渠道
- ●优化选题是提高图书质量的重要一环

●21 世纪的出版史，将以电子出版物的发展和成熟为其重要特征

第一，出版工作要加强，要同经济发展战略相适应，出版事业的发展规划要纳入国民经济和社会发展的总体规划。

今后 15 年是跨世纪的，是我国改革开放和社会主义现代化建设事业承前启后、继往开来的重要时期。中央已经制定跨世纪的宏伟纲领。五中全会要求加强出版工作，并且要求出版工作同经济发展战略相适应。这是我们研究问题的出发点。

出版工作要服从、服务于全局。全局对图书出版的需求是多方面的、多层次的。"相适应"就是要尽可能满足全局的需求。这里涉及两个问题：出版工作的基本任务和多种功能。

一是出版工作的基本任务。

1983 年以来有一个提法，就是"宣传马克思列宁主义、毛泽东思想，传播一切有益于经济和社会发展的科学技术和文化知识，丰富人民的精神文化生活"。根据实践的发展，这个提法似乎有两点应当考虑加以补充。其一，作为宣传的重要任务，在"马克思列宁主义、毛泽东思想"之后，似应加上"邓小平同志建设有中国特色社会主义理论"。这个理论，是"当代中国的马克思主义"，是指导我们实现跨世纪宏伟纲领的理论基础。毫无疑问，出版工作对这个理论的宣传还应当继续大大加强。其二，对"人民的精神文化生活"似应加上"健康有益"的定语。因为这些年在丰富文化生活的名义下，夹带了一些格调低下、消极有害的图书。这是个教训。

二是出版工作的多种功能。

出版工作既是宣传教育工作，又是科学文化工作，应当全面理解，不可偏废。两个方面有着密切的关系，但是彼此都不能取代，两个方面都需要加强。宣传教育方面的图书，要提高针对性和可读性，力争为群众所喜闻乐见。科学文化方面的图书，要提高学术品位、文化品位。出版工作这两个方面的功能，同社会主义精神文化建设中思想道德建设和科学文化建设的两个方面是对应的。因此，无论是宣传教育的图书，还是科学文化的图书，也无论是提高的图书还是普及的图书，都必须符合社会主义精神文明建设的原则。

同经济发展战略相适应，还要求出版部门为自己确定相应的奋斗目标。这个奋斗目标应当包括两个方面，即：出版体制改革和出版事业发展。改革和发展，两者互相联系又互相促进。实现出版事业的跨世纪奋斗目标，同样要求在出版领域也实现两个转变。这两个转变，同五中全会提出的"两个具有全局意义的根本性转变"是对应的。

出版体制改革的目标是建立新的管理体制和运行机制。能不能设想："九五"期间初步建立适应社会主义市场经济体制和社会主义精神文明建设要求、又符合出版规律的管理体制和运行机制，到 2010 年使之比较完善，并进一步提高其规范化、法制化的程度。

出版事业发展的目标是争取和保持图书的出版与社会主义现代化建设的需要基本适应。能不能设想：在保证提高图书质量的前提下，"九五"期间基本扭转种数增长过快和印数、印张数徘徊不前的局面，到 2010 年争取新书种数的增长控制在每年递增 1—2%的幅度之内，印数和印张数的增长争取达到每年递增 3—5%的水平，以此缩短在人均占有图书数量上我国与发达国家的差距。

出版事业的发展规划要纳入国民经济和社会发展的总体规划，不仅有出版部门发展生产的指标，还应有国家在人、财、物和科技等方面扶持出版事业的指标。国家应当增加对出版事业的投入。

第二，在出版部门建立适应社会主义市场经济体制和社会主义精神文明建设要求、符合出版规律的出版管理体制和运行机制。

这是改革的要求。五中全会指出，"要积极探索在社会主义市场经济条件下，搞好精神文明建设的新思路、新办法"。出版体制改革对应于五中全会提出的带有全局意义的一个根本性转变，就是"从传统的计划经济体制向社会主义市场经济体制转变"。出版体制改革也要实现这个根本性转变，其中特别要解决好出版单位从传统的生产型向适应市场经济体制的生产经营型的转变。

作为探讨，提几个实践当中出现的问题。

一、出版社的改革，集中了出版体制改革的特点和难点。

从农村改革引进的承包制，在出版社已经试行了大约七八年，现在应当有一个判断了。承包，对于加强责任制确实起过积极作用。但是，出版社同农业比较毕竟有很大的不同。家庭联产承包的农业，是集体所有制经济，生产规模小，生产力水平低。出版社

是国有经济，经营规模比较大，技术水平接近现代化，既是信息产业，又承担着精神文明建设的重任。在出版社实行承包制，很容易助长单纯追求经济效益的偏向，有损出版社作为整体所必需的统筹安排，更不利于规模经营和集约经营，使短期行为和只顾局部、不顾全局的问题越来越明显。因此我认为，应当明确在出版社停止承包制，代之以现代企业的管理制度。

二、出版社由生产型向生产经营型的转变和发行体制改革的推进，突出了出版和发行的关系。

出版和发行谁是“龙头”的争论，就是在这种背景下出现的。出版和发行的关系，相当于生产和流通的关系。社会生产过程包括生产、分配、交换和消费四个环节，缺一不可。一般说来，生产起着决定的主导的作用。但是，反过来，分配、交换（流通）和消费对生产起着促进或者阻碍的反作用，这个反作用也是不能忽视的。因此我不赞成简单地说谁是“龙头”，我也不赞成在出版社从地位的轻重上提出“小编辑部、大发行部”。因为我至今仍然认为，“编辑工作是整个出版工作的中心环节”。适应社会主义市场经济体制，首先也要从编辑工作做起。适应社会主义精神文明建设要求，更不能削弱编辑工作。我主张，出版和发行，互相支持，互相推动，共同前进，共同发展。

三、图书市场由出版单位、发行单位和读者组成。

我们在改革中要建设什么样的图书市场？这也是一个长期奋斗的目标。关于图书市场的提法不止一种，各有侧重。我一直主张，需要逐步建立统一、开放、竞争、有序的图书市场。五中全会指出，要“逐步形成统一开放、竞争有序的市场体系”。这个原则要求应当适用于图书市场的建设。当然，需要结合图书出版和发行的实际作出具体解释。就图书市场而言，统一，就是有统一的改革要求、统一的方针政策、统一的社会主义精神文明建设标准；开放，就是全国四通八达，打破地区的封锁和部门的封锁；竞争，就是在图书发行中比质量、比效率、比服务，优胜劣汰，以促进整体水平的提高；有序，就是图书发行单位依法经营，各级管理机关依法管理，逐步达到市场行为的法制化、规范化。这四点互相关联成为整体。我希望对图书市场的提法能够一致，以促进图书市场的建设顺利进行。

附带说一下，发行体制改革中多种经济成分的关系问题。五中全会指出：“以公有制经济为主体、多种经济成分共同发展，是我们必须长期坚持的方针。”在这当中，公有制经济占主体地位，国有经济起主导作用。按照图书发行体制改革的要求，国有发行单位是主渠道。国有发行单位包括新华书店和其他国有发行单位，其中主要部分是新华书店，五中全会还指出：“国有商业企业和供销合作社要转换经营机制，在竞争中充分发挥主渠道的作用。”可是在图书发行体制改革的要求里，供销合作社的地位不是很明确的。实际上，农村供销社在广大农村地区的图书发行中有着重要的地位。因此我建议，确认供销合作社和国有发行单位一样，是图书发行的主渠道。集体所有制属于公有制。除了供销合作社以外，在图书发行体制改革的要求里，我们一直是把集体的发行单位和个体的、私营的发行单位放在一起，作为国有发行单位的必要补充。实际情况是，有些集体发行单位，或者管理不善，或者属于假集体、真个体，常有违规行为。如何按照中央关于多种经济成分的政策精神，又结合图书发行的实际情况，在改革中给供销合作社以外的真正集体所有制的发行单位予以恰当的定位，还是一个值得研究的课题。

第三，推动整个出版业的发展从以规模数量增长为主要特征的阶段向以优质高效为主要特征的阶段转移。

这是发展的要求，是发展思路的转换，是同五中全会提出的带有全局意义的另一个根本性转变，即“经济增长方式从粗放型向集约型转变”相对应的。

作为探讨，也提几个实践当中出现的问题。

一、转变经济增长方式与以提高经济效益为中心，两者精神是一致的。

这是指经济领域。在出版领域呢？优质高效是一个提法。从粗放经营转变为集约经营，也是实现优质高效的必由之路。优质高效，先有优质，后有高效；只有优质，才能高效。高效，包括社会效益和经济效益。

作为出版领域发展的要求，当然不可以照搬以提高经济效益为中心。过去提过，以提高图书质量为中心。现在看来，好像提高质量本身成了目的。以优质为手段，以高效为目的，可能更为合适。因此，作为出版领域发展的要求，能不能概括为：以社会效益为最高准则，实现社会效益和经济效益的统一。这里讲的“统一”是什么涵义？社会效益好和不好、经济效益好和不好，排列组合，可以出现四种情况。两个效益都好或者两个效益都不好，这个取舍容易决定。它们都是“统一”的，不过前者是正面，后者是负面。需要斟酌的有两种。一种,社会效益不好,经济效益好,不义之财,有诱惑力。我看可以套用一句话:在任何时候都不能以牺牲社会效益为代价去赚取经济效益。另一种,社会效益好,经济效益不好,为了社会效益,需要国家或社会扶持,也需要出版社做贡献。出版社做贡献,以盈补亏,这是通例,但是,要量力而行,要统筹安排。当然,从长远来讲,社会效益确实好、而经济效益不好的图书,对出版社也不仅限于做贡献。这类书,其中有些可以一再重印,从而由亏损转为盈余。此外,这类书提高了出版社的声誉,在一定条件下,也可以转化为经济效益。所以,这里讲的"统一"不是指的一本一本书,而是指的一个出版社的统筹安排和优化经营。总之,排列组合的四种情况,两种可取的都是社会效益好,这就是以社会效益为最高准则;一盈一亏,以盈补亏,保持生产和扩大再生产,这就是实现社会效益和经济效益的统一。

附带说一下,现在常用的"双效书"这个词本身没有毛病,实际情况是,真正够得上社会效益好的并不多。往往是经济效益不错,社会效益谈不上,不过内容没有错误,或者有点"擦边球",这就出版了,这是目前平庸图书甚多的一个原因。这种抓"双效书"的做法恐怕不足为训。

二、出版工作的"阶段性转移"内涵丰富,不单是减少数量和提高质量,需要作出具体解释。

为了顺利实现转移,从整体上看,十六字方针还有用处。有关图书出版的十六字方针是:调整结构、优化选题、控制品种、提高质量。这十六个字、四句话有着紧密的内在联系,是一个整体。它包括了宏观的要求和微观的要求。图书出版要适应多方面、多层次的需要,首先就有一个结构合理化的问题。宏观范围和微观范围都需要进行必要的调控,以保持图书出版结构的合理化,避免一个又一个热点冲击,造成结构上的畸轻畸重。结构性的缺陷,是图书整体质量的缺陷,不容忽视。以优化选题为目的的选题论证会,首先要考虑的就是整体结构的合理化,这是选题取舍的一个标准。选题取舍的另一个标准,是选题本身的质量,以及对其社会效益和经济效益的评估。选题好,下边的文章才好做,当然要下功夫。选题不好,即使下功夫,下边的文章也难做。所以,优化选题是提高图书质量的重要一环。而控制品种,可以集中必要的人力、物力、财力,是提高图书质量的重要条件。当然,除了前提和条件之外,提高图书质量本身还有大量工作要做,这也是十分重要的。不过这里不必细说。至于减少数量,也还要具体分析。种数太多,要压缩。但从长远来讲,不可能长期停止不动或者负增长。倒是印数和印张数,好几年徘徊不前,甚至有所下降。这不是好现象。所以在转变当中,还要想方设法,使这两项数量增上去。这两项数量的增长又有赖于图书质量的提高和图书再版率的提高。再版率是出版社成熟的标志之一。总之,该控制的要切实控制,该增长的还要努力增长。

三、五中全会指出:"转变经济增长方式,归根到底要靠科技进步和提高劳动者素质,关键是抓好科技和教育。"这个精神对出版领域同样适用。

"科技是第一生产力。"出版的发展同样离不开科技进步。我呼吁过出版部门的各级领导重视科技进步,因为这也就是重视发展生产力的要求、重视现代化的要求和重视市场竞争的要求。

出版业要满腔热情迎接新技术带来的机遇和挑战。以电子计算机技术和激光技术为基础的新技术,像鼓帆的劲风,正在把我们出版业的航船推向新世纪。

迎接新技术主要包括两个方面。

一个是传统的印刷出版物,尽快用新技术武装起来。激光照排、电子分色、胶版印刷、装订联动的书刊印刷技术改造的要求有些部分已经被超越了。出版对印刷的需求是多品种、小批量、高质量、短周期。满足这个需求还有差距。书刊印刷的进一步技术改造,还联系着书刊印刷的改革和改组。要看到,书刊、电子、建材、包装等多种印刷的综合经营,较之单一的书刊印刷更有利于积累技术改造的资金,也更有利于印刷技术的发展和提高。

另一个是新兴的电子出版,方兴未艾,势不可挡。技术上应当迎头赶上。发展的规模、速度和结构需要根据国情,作出合乎实际的安排。对这方面日益高涨的积极性要保护和引导,既要避免落后于实际,也要避免超过实际许可的程度。要十分重视资源和市场的调查研究。对电子出版物的行政管理要尽快实施,接受音像出版行政管理的经验和教训,争取早作规范。电子出版物不可能完全取代印刷出版物。电子出版物早期的发展需要借助印刷出版物的人才、经验和成果。同时要抓紧培养电子出版物的编辑人才、设计人才和经营人才。可以预期,21世纪的出版史,将以电子出版物的发展和成熟为其重要特征。

四、出版领域实现跨世纪的发展战略目标,必须有一批跨世纪的优秀出版人才。

优秀出版人才应当是高标准的。革命化、年轻化、知识化、专业化仍然应当是我们出版队伍,特别是编辑队伍建设的基本要求。坚持"一个中心、两个基本点"的基本路线100年不动摇，这就是革命化的重要内容。我是主张编辑学者化的。编审的条件就相当于学者的条件。比之一般学者更为不易的是，编辑必须具有某一种或某几种学科的专业知识，又必须懂得和熟悉编辑专业。提倡编辑学者化是一种不断提高自身素质的要求。它有助于编辑工作质量的提高，有助于图书质量的提高，更有助于整个图书出版业文化水准的提高。不过，有的同志提出"要当编辑家，不当编辑匠"的口号，我却不敢苟同。我们当然十分重视编辑的创造性的充分发挥。同时，编辑工作做得非常严谨，规规矩矩，一丝不苟，也是非常宝贵的。这在现在尤其可贵。创造性的编辑活动是需要的，规范性的编辑活动也是需要的，两者并不矛盾。

人才的培养和使用，不可不引入竞争机制。这涉及落实"三项制度"的改革。不如此就不能真正打破"大锅饭"和"铁饭碗"，就不能真正做到人尽其才。引入竞争机制，就要求人事工作决策的民主化和科学化。有些出版单位人员"近亲繁殖"，能进不能出，导致素质下降，人浮于事，是个大难题。这个难题不解决，队伍的优化、单位的优化难以实现。

五中全会再次强调，"尊重知识，尊重人才"。我们要认真执行，很好地发挥人才的作用，推动事业的发展；同时很好地倡导敬业创业精神，鼓励中青年同志刻苦努力，把自己造就成为跨世纪的优秀出版人才。

（原载《中国图书商报》1996.1.）

图书分类评述

马克思主义类图书出版综述

俞思念

我国对马克思主义、列宁主义、毛泽东思想类的图书出版一直十分重视。1996年，该类的图书出版又有新的发展，其基本特点如下：

第一，马克思主义研究的图书五彩缤纷

这一年，马克思主义类的图书出版虽未有大型的丛书、套书问世，但分专题研究马克思主义的论著却五彩缤纷，引人注目。如《马克思劳动主题思想研究》(北京出版社)是从某一领域对马克思主义进行深入研究的代表作。而对马克思主义作总体性研究的专著《马克思主义史》(国家社会科学基金重点项目)，在这一年相继推出了第三卷和第四卷(人民出版社)。该书由国内著名的专家、学者撰写，内容丰富，论述严谨，装帧精美，具有研究和收藏价值。

尤其应该提及的是，近来对马克思关于人的一般认识的研究已成为一个热点。理论界对马克思人学思想的研讨一直很活跃，也存在很多的分歧，留有许多的悬念，引起了一些研究者的关注。这年推出的《马克思人学思想研究》(河南人民出版社)和《人韵：一种对马克思的解读》(东方出版社)，是理论界对此问题研究探讨的初步成果。

另外，还出版了《当代国外马克思主义研究名著提要》(重庆出版社)，此书系“国外马克思主义和社会主义研究丛书”之一。该书将二战以来，国外马克思主义研究的各个学科和领域的代表作及其相关资料汇集一起，是内容较全的工具书。

有关毛泽东的图书出版仍呈上升趋势。1996年8月，由中共中央文献研究室编辑的《毛泽东文集》第三卷、第四卷、第五卷同时出版(人民出版社)，这是在1991年《毛泽东选集》(第二版)问世后，所收编毛泽东著作最全的一部文献。该书收录了毛泽东在新中国成立前夕的大量重要文稿，有些资料为首次公布，这对于深入学习和研究毛泽东思想具有重要意义。毛泽东在中国人民和世界人民心目中具有很高的威望，因此有关毛泽东的图书选题，一直为理论界和出版界所重视。武汉大学出版社推出了《毛泽东哲学分支学科研究》，该书以毛泽东哲学方法论为总体特征，在政治、军事、经济、道德、艺术、领导等不同学科中，揭示了毛泽东哲学思想的特殊本质和规律。而《毛泽东研究史论》、《毛泽东评点二十四史》、《毛泽东军事谋略艺术》等书，则在其他方面对毛泽东及其思想作出多角度的探讨。《毛泽东的历程》、《毛泽东的戎马生涯》、《超越乌托邦》(实际上写的是毛泽东的社会主义观)等书，试图从纵向和横向上展现毛泽东的事业与思想。

有关毛泽东的诗词和文学艺术思想的研究，亦是这年出版的重要内容。如《毛泽东诗词笺析》(增订本)、《毛泽东诗词史话》、《毛泽东的对联艺术》、《毛泽东衔名艺术》等，都是群众喜闻乐见的读物。而《张耀祠回忆毛泽东》一书，由于涉及“文革”期间党内的重大政治事件，并真实地记述了那一段扣人心弦的历史故事，也十分吸引读者。

第二，邓小平思想研究的图书喜获丰收

邓小平开创的建设有中国特色社会主义理论，对于走向新世纪的中国改革开放和现代化事业具有重要的指导意义。学习和掌握邓小平思想，是近年来全党和全国人民的共同任务。图书出版工作与此相配合，取得了较好的经济与社会效益。

随着建设有中国特色社会主义实践的发展和理论研究在各个领域的深入，这年出版的有关邓小平思想研究论著的数量也大大增加。如《邓小平社会主义主体地位论》(河南人民出版社)、《邓小平战略思想研究》(河南人民出版社)、《邓小平教育思想研究》(浙江教育出版社)、《邓小平的智慧世界》(辽宁人民出版社)、《邓小平经济思想论纲》(陕西人民出版社)、《邓小平宣传思想初探》(山西人民出版社)、《邓小平新时期党的建设理论》(安徽人民出版社)、《邓小平的外交思想与实践》(黑龙江教育出版社)、《邓小平哲学思想专题研究》(中共中央党校出版社)、《邓小平党的建设理论概论》(中共中央党校出版社)、《邓小平社会发展战略》、《邓小平民主与法制思想概论》、《邓小平伦理思想研究》、《邓小平民族工作思想》等,是这方面有代表性的作品。《邓小平理论发展史》(陕西人民出版社)则以史与论相结合,从总体上阐述了马克思主义在中国发展的第二次飞跃的理论意义。

关于邓小平的传奇生平,一直是中外作者追逐的选题。这一年出版的[英]理查德·伊文思著《邓小平传》(上海人民出版社),记述了邓小平一生的主要历史活动,生动地展现了这位"农民的儿子"为当代中国所作的无私奉献。而《邓小平在太行》(山西人民出版社)是一部真实描写邓小平历史事迹的作品,书中再现了老一辈共产党人坚苦卓绝的革命斗争,是对青年一代进行政治思想教育的好教材。

把马克思主义、毛泽东思想和邓小平理论加以综合研究的专著也很有特点。《马克思主义与邓小平社会主义》(河南人民出版社)、《两代伟人与中国社会主义建设理论》(中国人民大学出版社)以及《毛泽东邓小平思维方式比较研究》(华中理工大学出版社)等,均属这方面的专著。

总之,1996年马克思主义、列宁主义、毛泽东思想类的图书出版,获得了较好的成绩。但是应该看到,随着社会的变化发展,人民群众对此类图书的出版又不断地提出了新的要求。因此,理论界和出版界应共同努力,不断探索,勇于创新,使这方面的图书出版工作跨上一个新台阶。

哲学类图书评述

李维武

1996年的哲学类图书,不论在品种上还是在质量上,都有新的收获。在这里,根据本年鉴的哲学类书目提要、《中国哲学年鉴·1997》的《1996年哲学新书目》、《哲学动态》各期的《近期哲学新书选目》和自己访书读书的心得,对1996年哲学类图书作一评述。

1996年马克思主义哲学研究和出版的一件大事,是黄楠森等主编的8卷本《马克思主义哲学史》经过50多位作者和北京出版社的多年努力而全部出齐。该书系统论述了马克思主义哲学从19世纪中叶创立至20世纪在各主要民族国家发展的一个半世纪历程。特别是第八卷《马克思主义哲学在当代国外的研究和发展》,论述了马克思主义哲学在美国、加拿大、英国、法国、前民主德国、前联邦德国、匈牙利、意大利、日本、波兰、苏联、前南斯拉夫的发展,不仅在国内尚属首次,而且在水平上超过了80年代苏联科学院哲学研究所集体编著的《当代国外马克思主义列宁主义哲学》一书。一年来出版的马克思主义哲学研究的论著,还有黄克剑著《人韵:一种对马克思的读解》(东方出版社)、韩庆祥著《马克思人学思想研究》(河南人民出版社)、张一兵著《马克思历史辩证法的主体向度》(河南人民出版社)、陈刚著《马克思的自由观》(河南人民出版社)、胡义成著《人道悖歌——马克思主义人道主义新论》(华夏出版社)、衣俊卿著《历史与乌托邦——历史哲学:走出传统历史设计之误区》(黑龙江教育出版社)、王锐生等著《建设有中国特色社会主义的几个哲学问题》(首都师范大学出版社)、韩志伟著《还理性以尊严——对"实践派"哲学和"自由哲学"的批评》(广西人民出版社)、张伟著《弗洛姆思想研究》(重庆出版社)、崔龙水等主编《马克思主义与儒学》(当代中国出版社)等。华东师范大学哲学系编《理论·方法·德性——纪念冯契》(学林出版社)一书,汇编了一批有关纪念、研究冯契的文章,对了解冯契及其对马克思主义哲学中国化的探索很有帮助。

中国哲学方面,首先是古今哲学资料的整理与集成,取得了很大的收获。古籍整理、集成方面的一件大事,是经过十余年的不懈努力,千余万字、十六大册的《船山全书》由岳麓书社出齐。王夫之是明清之际的早期启蒙思想家、中国古典哲学的集大成者,其著作至近代后才受到重视,先后于19世纪60年代和20世纪30年代两度结集,成金陵书局本《船山遗书》和太平洋书局本《船山遗书》。此次第三次结集,不仅在网罗王夫之的遗书佚文上超过前两次结集,而且搜集了王夫之著作的所有版本,比勘汇校,订正讹误,改正了前两次结集中的上千处篡改删削处。这是近20年来哲学古籍整理出版的一大成果。由中华书局出版的3卷本《熊十力论著集》,从1985年出《新唯识论》、1994年出《体用论》至1996年出《十力语要》,亦全部出齐。这套文集收录了现代新儒学开启者熊十力的基本著述,是了解熊氏学说及现代新儒学的必读书。由方克立主编的14册《现代新儒学论著辑要》,由中国广播电视出版社于1992年至1996年相继出齐。这套辑要选录了梁漱溟、张君劢、熊十力、马一浮、冯友兰、贺麟、唐君毅、牟宗三、徐复观、方东美、杜维明、刘述先、余英时、成中英14位新儒家人物的代表性著述,为解读现代新儒家思潮提供了一套基本资料。由河北人民出版社出版的8卷本《张岱年全集》,辑存了著名哲学家、哲学史家张岱年的主要学术著述,也是一部研究20世纪中国哲学发展的重要资料书。中国哲学研究的著作,更有一大批问世,如陈来著《古代宗教与伦理——儒家思想的根源》(三联书店)、吴龙辉著《原始儒家考述》(中国社会科学出版社)、吕锡琛著《道家与民族性格》(湖南大学出版社)、陈鼓应著《易传与道家思想》(三联书店)、高明撰《帛书老子校注》(中华书局)、冷德熙著《超越神话——纬书政治神话研究》(东方出版社)、章权才著《魏晋南北朝隋唐经学史》(广东人民出版社)、徐洪兴著《思想的转型——理学发生过程研究》(上海人民出版社)、朱维铮著《求索真文明——晚清学术史论》(上海古籍出版社)、杨国荣著《从严复到金岳霖:实证论与中国哲学》(高等教育出版社)、郭齐勇等著《梁漱溟哲学思想》(湖北人民出版社)、吕希晨等著《张君劢思想研究》(天津人民出版社)、刘培育主编《述学昌诗翰墨香——纪念虞愚先生》(甘肃人民出版社)等。南京大学出版社的“中国思想家评传丛书”,一年来又有多部出版,如王晓毅著《王弼评传》、魏明安等著《傅玄评传》、潘富恩等著《范缜评传》、姜国柱著《李觏评传》、龚杰著《张载评传》、董平等著《陈亮评传》、商聚德著《刘因评传》、王永健著《全祖望评传》、仓修良等著《章学诚评传》等。外国哲学的研究与出版,首先集中在现代哲学上。涂纪亮主编的10卷本《当代西方著名哲学家评传》,由山东人民出版社出版。该书以哲学各分支学科为纲,评介了近百位西方现代哲学家,为中国读者了解西方哲学的近百年发展,开启了一道门径。商务印书馆出版的约翰·巴斯摩尔著《哲学百年·新近哲学家》中译本,也能起到这种导读的作用。与之相关,海德格尔著作中译本的出版在本年尤为集中,主要有海德格尔的著作《面向思的事情》(商务印书馆)、《形而上学导论》(商务印书馆)和孙周兴选编的两卷本《海德格尔选集》(上海三联书店)。对西方现代哲学专人、专题的研究,亦不断有新作问世,如张祥龙著《海德格尔思想与中国天道》(三联书店)、王路著《弗雷格思想研究》(社会科学文献出版社)、江怡著《维特根斯坦:一种后哲学的文化》(社会科学文献出版社)、钱满素著《爱默生和中国——对个人主义的反思》(三联书店)、徐友渔等著《语言与哲学——当代英美与德法传统比较研究》(三联书店)等。东方哲学的研究与出版,也开始转向现代,如王守华等编《战后的日本哲学家》(山东人民出版社)、蔡德贵等主编《阿拉伯近现代哲学》(山东人民出版社)等。

宗教学方面,一改往年宗教学理论的著作出版较少的状况,本年中出了好几本有关专著,如陈麟书主编《宗教观的历史、理论、现实》(四川大学出版社)、张志刚著《走向神圣:现代宗教学的问题与方法》(人民出版社)与《宗教文化学导论》(东方出版社)等。中国宗教问题的研究,从视野上、方法上得到了进一步拓展,出现了一批新著,如吕大吉等总主编《中国各民族原始宗教资料集成·考古卷》(中国社会科学出版社)、乌丙安著《中国民间信仰》(上海人民出版社)、葛兆光著《中国禅思想史——从6世纪到9世纪》(北京大学出版社)、班班多杰著《拈花微笑——藏传佛教哲学境界》(青海人民出版社)、姜生著《宗教与人类自我控制——中国道教伦理研究》(巴蜀书社)、秦惠彬著《中国伊斯兰教与传统文化》(中国社会科学出版社)、顾卫民著《基督教与近代中国社会》(上海人民出版社)、陈支平主编《福建宗教史》(福建教育出版社)等。

伦理学的研究和出版,呈现出一派新气象。首先,一些长期无人涉及的领域,经过学术界和出版界的共同努力得到开辟。如性伦理学,1996年就有两部同名专著出版,一是王伟等著《性伦理学》(人民出版社),另一是安云凤等著《性伦理学》(首都师范大学出版社)。其次,伦理学的研究和出版更为关注现时代伦理问题,如郭洪纪著《儒家伦理与中国文化转型》(青海人民出版社)、徐俊忠著《道德理想的解构与重建——自由、人权与价值观念研究》(广东人民出版社)、陈瑛主编《人生幸福论》(中国青年出版社)

等。再次，伦理思想史新作多有问世，如陈谷嘉著《儒家伦理哲学》（人民出版社）、包利民著《生命与逻各斯——希腊伦理思想史论》（东方出版社）、赵枫著《中国军事伦理思想史》（军事科学出版社）等。

美学方面的新著不少，如章建刚等著《艺术的起源》（云南大学出版社）、王向峰著《中国美学论稿》（中国社会科学出版社）、牛宏宝著《二十世纪西方美学主潮》（湖北人民出版社）、宛小平等著《朱光潜论》（安徽大学出版社）等。特别是对美学的现代思考，成为学术界和出版界的关注之点，有一批著作问世，如彭立勋著《美学的现代思考》（中国社会科学出版社）、王德胜著《扩张与危机——当代审美文化理论及其批评话题》（中国社会科学出版社）、阎国忠著《走出古典：中国当代美学论争述评》（安徽教育出版社）、黄河涛主编《现代市场的美学冲击——企业审美文化论》（人民出版社）等。

心理学方面，浙江人民出版社推出一套由林崇德等主编的"当代智力心理学丛书"，包括《创造力心理学》、《智力心理学的研究进展》、《智力的培养》、《认知发展心理学》、《自我监控与智力》、《计算机与智力心理学》、《智力研究的实验方法》、《非智力因素及其培养》8部专著，从不同方面对当代智力心理学问题进行了论述。

科学技术哲学方面，出版了一批立足于现代科学和现代哲学的交接点进行新的思考和探索的专著，如曾国屏著《自组织的自然观》（北京大学出版社）、吴祥兴等编著《混沌学导论》（上海科学技术文献出版社）、侯世达著《哥德尔、艾舍尔、巴赫——集异璧之大成》（商务印书馆）、高亮华著《人文主义视野中的技术》（中国社会科学出版社）、李东著《科学语境论》（哈尔滨出版社）等。值得一提的是，湖南科学技术出版社的"第一推动丛书"继续推出新的译著，本年出版的1983年诺贝尔物理学奖获得者S·钱德拉塞卡著《莎士比亚、牛顿和贝多芬——不同的创造模式》，就是一本十分有趣的书。

一年来的逻辑学新著也颇有特色，特别是一些新领域得到开辟，如李小五著《无穷逻辑》（社会科学文献出版社）、冯棉著《可能世界与逻辑研究》（华东师范大学出版社）、郑伟宏著《佛学逻辑通论》（复旦大学出版社）、吉美桑珠著《因明学的起源及其理论探讨》（中国藏学出版社）等。

值得重视的是，法哲学开始为中国哲学界、法学界、出版界所关注。本年有两部法哲学的著作问世：张文显著《二十世纪西方法哲学思潮研究》（法律出版社）和倪正茂著《法哲学经纬》（上海社会科学院出版社）。

社会科学总论类图书评述

向　心

本年鉴收入1996年出版的社会科学总论类图书约70种，其中以社会科学丛书、文集为最多，约占1/3，其他的图书一般集中在社会学、管理学、人口学和统计学等领域。

近年来，图书出版中的"丛书热"在不断地升温，这从以上的统计数字来看就十分明显了。本年鉴所收的社会科学丛书内容丰富、题材广泛，既有高档次、有研究和收藏价值之类的学术著作，又有风趣幽默、属文化消遣之类的大众读物。例如，上海文艺出版社的"当代文坛大家文库"，选收了巴金、冰心、夏衍、施蛰存和柯灵5位与20世纪同行的文坛大家的名篇佳作，其内容包括随感录、散文、杂文、自述、序跋、演讲、书信等，还附有作者各个时期的照片，实属珍贵的研究资料；中州古籍出版社的"中华传世精品珍藏文库"，为古代文史类丛书，编者选收了《史记》、《汉书》、《三国志》、《后汉书》、《资治通鉴》、《全唐诗》、《全宋词》、《全元曲》等名著，真可谓是荟萃了中国文化知识之精华，以上两种均属前一类型的丛书。属后一类型，即通俗易懂、文化消遣类的丛书有，中国青年出版社的"开卷有益丛书"、辽宁人民出版社的"小小丛书"等。"小小丛书"选辑出版了《小小哲理诗》、《小小智慧世界》、《小小陷阱——500英语常见错误》、《小小校园幽默》等4册，书中那些充满哲理的优美诗句，给人以启迪的智慧故事，生动有趣的幽默小品，一定会给读者留下深深的印记。

属个人文集之类的图书有：河北人民出版社的《张岱年全集》、浙江教育出版社的《蔡元培全集》、北京出版社的《郑振铎书话》和《周作人书话》、人民文学出版社的《屈大均全集》、辽宁人民出版社的《程千帆选集》、时代文艺出版社的《李敖文集》、复旦大学出版社的《马相伯集》、岳麓书社的《湘绮楼诗文集》、内蒙古人民出版社的《弘一大师文集》等,真可谓琳琅满目,硕果累累。张岱年是我国著名的哲学家,他推崇唯物论,精辟阐述辩证法,在哲学理论、哲学史和中国文化等方面,具有很深的造诣。《张岱年全集》汇集了作者60多年的研究成果,为人们研究张岱年的哲学思想和学术观点,提供了详细的资料。整理出版《屈大均全集》,曾被国务院古籍整理规划小组列为重点项目之一。屈大均是明清时期一位才华横溢的文学家,他为文崇尚唐宋,留有丰厚的名篇佳作。但数百年间,由于清廷的文字狱,屈大均的著作屡遭禁毁。这次整理出版后,为人们重新认识这位文学巨人,提供了全面、真实的材料。李敖是台湾的一位风云人物,可谓集作家、史学家、思想家于一身。他在历史、小说、杂文、随笔、评论和人物传记等方面的创作上,自成一家,文笔犀利,风格独特,其作品在海内外有着重大影响。《李敖文集》的出版,使我们对这位思想家、"狂人"可以有一个更全面的了解。

社会学的图书有19种,其中翻译和评介国外社会学思潮的图书仍占有一定的比例。例如,在汉译世界学术著作方面最具实力,且已做出显赫成绩的商务印书馆,在此又推出3本社会学的译著,即赫伯特·斯宾塞(英国)的《社会静力学》,赖·西德(奥地利)的《家庭的社会演变》,埃米尔·迪尔凯(法国)的《自杀论》。由国内学者撰写的评介西方学思潮与观点的著作有,湖南文艺出版社的《西方性观念的变迁》、沈阳出版社的《卡耐基成功之道》、华东师范大学出版社的《西方近代社会学思想的演进》等。《西方性观念的变迁》一书,以历史编年之体例,勾画出欧美一些主要国家性观念变迁的历史轮廓和漫长的发展轨迹,并介绍了性学作为一门新兴学科产生和发展的情况。《西方近代社会学思想的演进》,则重点对近代西方有代表性的6位社会学家的思想作了介绍与评析,不仅指出了这些社会学思想产生的社会根源,而且对他们的异同也作了比较分析。这些翻译和评介著作的出版,为我们了解国外的社会学思潮拓宽了视野。

令人欣喜的是,我国社会学的研究已有了长足发展,一批研究中国社会现实问题的社会学专著的问世,就是最好的证明。例如,南开大学出版社的《消费社会学》、华中理工大学出版社的《现代社会调查方法》、人民教育出版社的《社会心理学》、辽宁人民出版社的《从企业保障到社会保障》、广西人民出版社的《广西民族交往心理》等书,从不同的侧面反映了我国社会学研究的成果。由彭华民撰写的《消费社会学》,着重对消费行为过程中的诸种互动因素进行研究,从社会学角度提出了消费者是社会人的观点,摒弃将消费者假设为经济人的分析范式,展示了对立体消费行为进行分析的全过程。李秋洪撰写的《广西民族交往心理》,综合运用了社会心理学、社会学、文化人类学的问卷法,以及采用计算机统计技术等研究手段,对广西民族交往的心理作了全方位的研究,并力求作出符合当地民族心理现状的分析结论,这是一部具有地方特色的社会学专著。

管理学的图书有14种,主要涉及管理信息、管理技术和领导科学等领域。现在人们已普遍地意识到,管理的好与坏,是关系到事业成败的重大问题。因此,研究和出版管理学方面的图书,一直是图书市场的亮点。在此类图书中,属领导科学的有:广西人民出版社的《现代领导科学概论》、《领导干部协调艺术论》,党建读物出版社的《新编领导科学论纲》,中共中央党校出版社的《国外实用领导方法与艺术》,沈阳出版社的《三国演义与领导心理学》等。这些专著各自研究的侧重点不同,既有理论又有实践,给人以启示与回味。例如,《领导干部协调艺术论》(荣仕星、钟敏主编),着重探讨了领导干部协调的内涵及其意义、领导干部协调艺术的原则、领导干部协调的方法、领导干部协调素养等问题,是一本颇具特色的领导学著作。季新山著《三国演义与领导心理学》,以古典文学中的故事为素材,探索领导心理活动的规律,为现代的领导者提供了参考资料。此外,属管理信息系统与技术方面的图书有,中南工业大学出版社的《管理信息系统理论与实践》(陈晓红主编)、电子工业出版社的《管理信息系统程序设计》(张玉红著)、厦门大学出版社的《管理技术》(林荣瑞编著)等。这些书着重阐述了管理信息系统的基本概念和相关技术,以及管理信息系统开发过程的方法、工具和策略。尤其是书中介绍的数据通信技术与计算机网络、企业管理信息系统开发实例等方面的知识,使人耳目一新。

有关统计学方面的图书有,科学出版社的《数论方法在统计中的运用》、国防工业出版社的《SAS/PC统计分析软件实用技术》、上海科学技术出版社的《抽样调查——理论方法与实践》等。这些书虽然品种不多,但也很有特色,偏重于对统计技术与方法的介绍。

在人口学的研究和出版方面，又有一批新书问世。例如，上海社会科学院出版社的《综论中国人口态势》、新疆人民出版社的《新疆人口省际迁移研究》、甘肃民族出版社的《人口知识辞典》、同心出版社的《西藏的人口与社会》、北京大学出版社的《北京历史人口地理》等。这些专著有的侧重于对全国人口的综合分析，有的着重对某一地区人口的研究；既有研究历史人口问题的专著，又有探讨现实问题的作品。表明了我国的人口学研究，不断地向新的广度和深度发展。

综上所述，1996年度社会科学总论类的图书内容丰富，出现了一些新的亮点。从图书品种的分布来看，数量较多的主要在管理学、社会学以及社会科学丛书、文集等方面，而有关社会科学理论与方法、社会科学现状、社会科学机构与团体、社会科学教育等方面的图书却略显不足。

政治、法律类图书综述

唐 鸣

一、政治类图书

1996年出版的政治类图书品种繁多，主要涉及以下几个方面的内容：

第一，研究和宣传邓小平建设有中国特色社会主义的理论，分析和阐释我国改革开放和社会主义现代化建设中一系列理论和实践问题。如中央党校版的《中国特色社会主义论二十题》、《建设有中国特色社会主义理论教程》、《科学社会主义新论》等，系统分析了邓小平建设有中国特色社会主义理论的历史发展、思想来源、现实根据和历史地位，全面阐述了邓小平建设有中国特色社会主义理论及其对马克思主义科学社会主义的新发展。南开大学版的《中国特色社会主义建设教程》，紧密结合我国改革开放和社会主义现代化的具体实践，较为全面地阐述了邓小平建设有中国特色社会主义的理论。广西师大版的《真理，您告诉我——青年理论学习百题》，以回答青年在理论学习中遇到的疑难问题的方式，较为生动地阐明邓小平建设有中国特色社会主义理论的观点。山东大学版的《当代中国科学社会主义——从毛泽东到邓小平》，在阐明毛泽东和邓小平认识和解决社会主义理论和实践问题的世界观和方法论的基础上，依据邓小平理论，着重回答了“什么是社会主义”和“怎样建设社会主义”的问题。云南大学版的《当代中国的马克思主义》，论证邓小平理论，系统完整地回答了在中国这样一个经济文化比较落后的国家，如何建设社会主义，如何巩固和发展社会主义的一系列基本问题，继承、丰富和发展了马列主义毛泽东思想，是当代中国的马克思主义。北京大学版的《时代发展与中国特色》，从历史发展、时代变迁、世界形势、中国国情的角度，阐述了邓小平建设有中国特色社会主义理论形成和发展的过程。济南版的《在历史的转折中》，从基本路线、基本理论、大政方针、社会发展等方面，对邓小平建设有中国特色的社会主义理论作了阐述。山西人民版的《唯物史观与中国的社会主义道路》，深入探讨了唯物史观与邓小平建设有中国特色社会主义理论的关系。武汉大学版的《中国跨世纪的改革与发展》，研究了中国改革面临的主要问题。辽宁人民版的《中国现代化与市场经济社会学》，对中国现代化过程中的社会学问题进行了研究。首都师大版的《转型中的中国社会和中国社会的转型》，重点研究了当前我国由传统社会向现代社会转型过程中遇到的一系列社会问题。云南教育版的《精神文明建设的理论与方法》和陕西人民版的《延安精神与社会主义精神文明建设》，分别从不同的角度，对社会主义精神文明建设问题进行了研究。

第二，研究中共党史和党建，对党员进行教育。湖南教育版的《中国共产党通史》，是近年来出版的较为厚重的一部党史著作。全书共5卷，1996年出版了其中的第1卷（中国共产党的创建）和第2卷（在大革命的洪流中）。该书除用较多的篇幅对中共党史的一般过程进行了阐述之外，还用一定的笔墨对党史中若干不清楚的或有争议的问题进行了考证。未来版的《飘扬的党旗——中国共产党历史画卷》，是近年来出版的一本较有特色的图画本党史。全书以750幅精美的写实性图画并配以精练的说明文字，生动地反映了各历史时期我党活动的国际国内背景、重大事件以及取得的光辉成就。人民版的《中国共产党白区斗争史》和党建读物版的《中共党建史》(1921—1994),也是较有特色的党史著作。前者阐述了中国共产党关于白区斗争的方针、政策及其变化,考察了白区党组织建立、发展以及领导群众进行斗争的历史,总结了党领导的白区斗争的基本经验和教训;后者对中国共产党党的建设的历史及经验和教训进行了较为全面、系统的阐述。白山版的《中国共产党组织工作全书》,内容涵盖了党的组织工作的方方面面,既是一部组织工作辞典,也是一本操作性很强的党建工具书。党建读物版的《中国共产党组织工作教程》、《党的组织工作问答》(修订本)、《农村党员简明读本》、《企业党建大事记》,虽不是一套丛书,但由于各有侧重和特色,因此可作为一个书系来读。这里面既有全面阐述党的组织工作的正规教材,也有系统回答党的组织工作各方面问题的辅助读物;既有适合农村党员阅读的简明读本,也有为企业党建提供有关资料的参考读物。中央党校版的《努力建设高素质的干部队伍》,阐述了建设高素质干部队伍的极端重要性和基本要素。

第三,研究国际政治、国际关系 、中国的外交和国际战略。上海教育版的《跨世纪的世界格局大转换》,全面分析了苏联解体之后世界的格局的变化及发展趋势。当代世界版的《中国的国际环境和世界若干国家的跨世纪发展战略》,时事版的《面向二十一世纪的中国周边形势》,对当前中国所处的国际环境和周边形势进行了较为深入的分析。吉林大学版的《国际大战略》,湖南人民版的《国家盛衰论》和天津人民版的《中国国家利益分析》,是近年来我国学术界在国际关系和国际政治学科领域推出的三部较有理论深度的专著。《国际大战略》系统分析了国际战略的一系列理论问题,重点研究了中国的国际战略格局定位与走势。《国家盛衰论》从国家战略和综合国力的角度探讨了国家盛衰的规律,并提出了增强我国综合国力的对策。《中国国家利益分析》在对国家利益进行一般理论分析的基础之上,重点分析了中国各个方面的国家利益,并提出了一套关于维护中国国家利益的战略构想。世界知识版的《新中国外交风云》系列丛书和甘肃人民版的《中华人民共和国对外关系史纲》,阐述了新中国的外交史和对外关系史。中国青年版的《峰谷间的震荡——1979 年以来的中美关系》和东方版的《走向 21 世纪的中美关系》,对 20 世纪 70 年代以来中美关系的历史发展进行了回顾,对 21 世纪中美关系的未来状况进行了预测。福建人民版的《从甲午战争到天皇访华——近代以来的中日关系》,反映了近代以来中日两国关系的演变。

第四,研究中国政治制度史、政治思想史和政治运动史。辽宁大学版的《中国行政管理史》,阐述了从先秦到民国初建时期行政管理发展、演变的历史。武汉大学版的《中国俸禄制度史》论述了自战国秦汉到清朝末年历朝历代俸禄制度的沿革和变迁。南开大学版的《唐宋元明清中央与地方关系研究》,在对唐以前中央与地方关系的基本情况作简要回顾的基础上,对唐宋元明清五个统一王朝的中央与地方关系进行了分析与论述。浙江人民版的《中国政治思想史》,是近年来我国学术界推出的一部研究中国政治思想历史发展的力作。全书共 3 卷,计有 140 多万字,系统分析和阐述了从先秦到晚清的政治思想。济南版的《近代中国社会思潮》和华东师大版的《中国近代社会思潮》,分别以不同的方式对近代中国的社会思潮进行了系统的梳理。学林版的《中国学生运动史》,较为系统地论述了中国的学生运动。人民版的《中国现代宪政运动史》,阐述了从孙中山首创“五权宪法论”以来中国现代宪法运动发展的历史。

二、法律类图书

1996 年版的法律类图书品种也很多,大体可以分为以下几类:

第一,辞典、工具书。上海辞书版的《检察大辞典》,对古今中外有关检察的制度、机构、技术、著作、人物、法律、法规等进行了较为全面的阐述。辽宁人民版的《劳动法大辞典》,对劳动法和与劳动法有关的词目进行了较有权威性的解释。中国方正版的《职务犯罪认定处理实务全书》、《行政处罚、行政复议、行政诉讼及国家赔偿实务全书》,辽宁人民版的《中国著作权实用全书》,学苑版的《中国律师实务全书》,天津人民版的《民商法学全书》和河海大学版的《法律法规分类适用全书》,为各相关领域提供了较为大型的法律实用工具书。

第二,法学理论著作。上海社科院版的《法哲学经纬》,分上下两篇。上篇以史为经,论述了自古至今中西法哲学家的思想。下篇以论为纬,分析探讨了法哲学的一系列问题。湖北人民版的《董必武的法律理论与实践》,全面总结了董必武对我国法律理论与实践所作的贡献。学林版的《古代东方法研究》,从宏观和微观两个层面透视了古代东方法。南京大学版的《唐朝与唐代法律体系研究》,从唐代法律体系的角度对唐律的性质、价值等问题进行了深入的研究和探讨。

第三,部门法专著和教材。民商法方面的主要有:黑龙江人民版的《公司法新论》,武汉大学版的《物权法要论》,北京版的《知识产权与国际关系》,华南理工大学版的《知识产权法理论与实务》,厦门大学版的《商法概论》,广东经济版的《证券法学》,陕西人民版的《担保法通论》,华南理工大学版的《香港商业法》,北京大学版的《香港代理法》等。经济法方面的主要有:武汉大学版的《经济法基础理论》(修订本),广西人民版的《经济法》,中央电大版和辽宁大学版的《经济法学》,山西经济版的《房地产产权及权属登记》,辽宁人民版的《中日企业破产法律比较研究》,东北财大版的《税法》,中信版的《中国金融法律制度》等。国际私法和国际经济法方面的主要有:武汉大学版的《中国冲突法立法问题研究》、《中国与国际私法统一化进程》、《国际技术转让法》、《海商法论》,湖南大学版的《国际经济贸易法律与实务新论》,海洋版的《中国海商法》和杭州大学版的《海商法学》、《国际经济法学》等。刑法方面的主要有:济南人民版的《刑法争议问题研究》,武汉大学版的《刑罚通论》,中国方正版的《当前贪污贿赂、拒不申报巨额财产来源与违法违纪犯罪的政策法律界限与认定处理》,北京大学版的《犯罪学通论》,法律版的《中国刑事政策和策略问题》等。

经济类图书述评

黄　宪　李红云

1996年我国经济类图书的出版主要有以下特点:

一、会计类图书青春常在

会计类图书从财政部开设注册会计师资格考试和颁布《会计准则》、《企业财务通则》以来,一直在经济类图书出版中居于重要地位。从年鉴收入的书目看,会计类图书所占比重约为12%,呈稳定发展态势。其内容涉及会计理论、会计实务、会计准则、会计业务规范等方方面面,其中以会计基础理论和会计业务细分为主,如葛家澍主笔的《市场经济下会计基本理论与方法研究》(中国财政经济出版社),主要探讨了在市场经济条件下财务会计普遍适用的基本原理,并试图把财务会计概念结构用于解决我国社会主义市场经济中的会计问题;吴水澎的《财务会计基本理论研究》,系统阐述了会计理论体系、会计理论的研究方法和会计基本理论。此外,对会计基本理论进行研究的还有,刘峰的《会计准则研究》(东北财经大学出版社),夏冬林的《国际会计比较》(中国财政经济出版社),熊楚熊的《增值会计学》(中国财政经济出版社)等。业务细分类图书,既有马桂顺的《旅游企业会计学》(东北财经大学出版社),韩洪云主编的《建筑企业财务与会计手册》(地震出版社)等按行业细分的著作,又有黄世忠、徐珊、黄强合著的《长期股权投资会计与合并会计报表》,查尔斯·吉布森著,刘筱青等译的《财务报表分析》(中国财政经济出版社)按业务细分的专著。会计类图书内容上的变化既体现了各微观主体在改革不断深化的情况下理财差异的需要,也体现了学术界对提高我国会计界执业人员业务水平所做的努力和尝试。

二、经济学术类图书呈现新的动态

经济学术类图书是经济类图书的一个重要组成部分,但此类图书与国家整体经济形势和国内学术氛围息息相关,有自己内在的运行规律,从1996年度看,该类图书的出版呈现如下态势:

1. 着眼于现实经济问题思考的图书方兴未艾

对现实经济问题进行思考,找出其固有规律,用以指导国民经济健康运行和微观经济主体有效成长,是经济学术类图书长期以来致力的目标。从1996年度出版情况看,该类图书所占比重约为13%,无论是质量还是数量都有了很大提高,如宋承先的《过度经济学与中国经济》(上海财经大学出版社)集中论述了对邓小平建设有中国特色的社会主义市场经济理论的看法,提出了与国内外普遍流行的关于中国经济看法的不同观点;刘朝明的《经济非均衡与宏观调控》(中国经济出版社)以研究中国宏观经济运行与管理问题为主,针对现实的非经济均衡，提出了相应的调控政策和措施；林毅夫、沈明高、周皓合著的《中国农业科研优先序》(中国农业出版社)采取数量经济学的研究方法，通过分析我国粮食单产潜力发挥的主要技术性限制因素，建立了农业科研优先序，这对推动我国粮食生产的发展具有极大的现实意义和深远的历史意义；张为达的《中国收入分配与经济运行》(东北财经大学出版社)全面剖析了中国收入分配与经济运行诸环节、诸方面的种种问题，在此基础上提出了重建收入分配的政策建议，以确保经济的持续稳定增长；李占祥的《国有大中型企业活力研究》(中国人民大学出版社)对如何增强我国企业活力和对企业活力的评估进行了系统研究；张先治的《经济效益研究》(东北财经大学出版社)从社会主义市场经济理论出发，在对经济效益与经济发展、经济改革、经济稳定关系及国内经济效益和经济效率研究现状进行剖析的基础上，建立了新的经济效益理论体系与方法论体系。所有这些著作都在一定程度上揭示了国民经济运行中存在的深层次问题，并在某种程度上预示了未来一段时间内经济政策和经济形势的走向。

1996 年，我国经济成功地实现了从 1993 年下半年开始的"软着陆"，过去长期制约经济发展的能源、交通等行业也得到了有效发展，在某些地区和部门开始出现了供大于求的现象。对社会主义本质的认识在建设有中国特色社会主义过程中得到了进一步深化，有中国特色的社会主义民主政治建设也得到了很大发展，所有这些都为该类图书的出版提供了必要的经济环境和社会氛围。

2. 对西方经济理论的借鉴向深化方向发展

如何对西方文化进行有效的吸收，是近代中国走向现代化过程中的一个重要问题。有些人文学者认为，日本的明治维新之所以能够成功，中国的戊戌变法之所以失败，其中一个重要原因就是对西方文化态度的差异。从 1996 年度出版的经济学术类图书来看，对西方经济理论的引进、评析和比较研究的图书约占 1/3，其中有些图书是首次在中国露面，如张维迎的《博弈论与信息经济学》(上海人民出版社)；傅琳等编译的理查德·戴等著的《混沌经济学》(上海译文出版社)等。这些图书代表了经济学的最新发展，还有些图书对我国目前经济政策的制定具有极强的现实意义，如周师铭、沈丙杰、沈伯根编译的阿瑟·刘易思所著的《经济增长理论》；胡代光、周安军所著的《当代国外学者论市场经济学》(商务印书馆)。这些著作的出版，反映了经济学界对现实问题的新思考。

经济学术类图书在某种意义上是我国经济景气状况、经济市场化程度以及政治民主化进程的测度表，值得我们给予更多的关注。

三、手册、指南类工具书全面繁荣

1996 年度出版的手册、指南类工具书在整个经济类图书中所占比例高达 10%以上，其内容涵盖商旅、建筑、地矿、钢铁、机械、金融、化工、区划、科技、贸易、铁路、劳动、电子、邮政、广告等各行各业，呈现出全面繁荣态势。

传统的经济类工具书进一步向系统化、全面化发展，如苏永青编著的《最新国际商旅百通大词典》(黑龙江人民出版社)以关贸总协定为主线，涉及到关贸活动的各个领域，同时还提供了涉外商旅活动和关贸活动中经常需要掌握的知识、技巧、方法与备查的资料；中国纺织品进出口总公司编著的《外贸出口单证实务大全》(对外经济贸易大学出版社)，其内容涵盖了国际贸易支付方式、各类出口单证的结构和格式、单证工作的程序和管理、各类信用证条款的分析等国际贸易支付中所有可能涉及到的方方面面。此外，收录英汉对照的经济用语类辞书也不断推陈出新，如刘天芝、黄崇珍、李传英主编的《最新英汉商贸实用辞典》(辽宁人民出版社)收集了大量最新商贸实用术语与词组，大多数为 90 年代流行通用的词汇。

许多不同门类的手册、指南类工具书纷纷出现。有关于某一门学科最新成果的图书，如中国注册会计师协会编著的《1996 年中国注册会计师执业规范手册》(东北财经大学出版社)；有关于某一特殊知识领域的图书，如徐师祖主编的《农业科技工作者指南》(中国农业出版社)，沈群等编著的《餐厅服务规范》(金盾出版社)等；有关于国家经济政策法规方面的图书，如高尚全、储传亨主编的《中国城镇经济制度改革全书》(中国计划出版社)，各类工具书的纷纷涌现极大地便利了各界人士的需要。

四、金融类图书美中不足

金融体系在国民经济宏观调控中起着重要的传导作用，经济的"软着陆"就是要实现高增长、低通胀，这两者都同金融体系密切相关，可以预见随着改革的深入和宏观调控方式的转变，此类图书在今后几年中还会大量涌现。从 1996 年度出版的金融类图书来看，既有对中国当代金融热点问题进行研究的专著，如张斌编著的《宏观金融调控研究》(中国金融出版社)，王自力的《中国金融问题探索与分析》(中国金融出版社)，杨照南的《财政金融协调制衡导论》(东北财经大学出版社)；又有对金融机构运作和管理方面进行探讨的论著，如赵家敏的《金融电子化概论》(广东高等教育出版社)，《商业银行经营管理》编写组编的《商业银行经营管理》(中国财政经济出版社)；还有关于金融业务拓展的图书，如王健的《期货市场理论与实务》(对外经济贸易大学出版社)，李健生、张文礼主编的《信托投资理论与实务》(武汉测绘科技大学出版社)。但总的来看，该类图书中还缺乏对金融体系进行有效监管的专著，缺少对金融机构营运中面临的风险进行系统阐述和如何进行有效管理的专著。

文化、科学、教育、体育类图书出版举要

乙 丁

1996年出版的教育类图书中，教育理论著作的成果甚多，保持了1995年在这方面的出版势头。本年鉴收入教育理论图书40多种，涵盖了教育的各个主要方面，既有关于本国教育历史和现状的研究，也有关于外国教育思想的介绍；包括了高等教育、中等教育、幼儿教育、成人教育。如“中国当代教育理论丛书”(河北教育出版社，王善迈等著)，全书300万字，包括教育哲学、教育投入与产出、教育社会学、教育心理学、教育管理学、教学论、新中国教育历程等诸方面。较全面、系统地总结了自改革开放以来的教育理论研究的新成果。《新中国教育改革研究》(重庆出版社，廖其发主编)，是一部论文集，它论述了新中国的教育方针、领导体制、事业规划、法规建设、经费、队伍建设、招生制度、办学方向等各种问题。既有纵向的历史回顾，又有横向的专题探索，能提供理论认识和实践参照。《中国教育的国际研究》(上海教育出版社，丁钢著)，系“中国文化与教育研究丛书”之第七种。作者根据他在加拿大、美国访问期间搜集到的大量资料，就国外学者和世界银行关于中国教育的研究作出了详细评介。《高等教育与社会主义市场基本问题研究》(广东高等教育出版社，廖叔俊著)，着重分析研究了高等教育与社会主义市场经济的基本关系，高等教育应当主动适应社会主义市场经济等问题。该书始终注意当前高等教育与社会主义市场经济的关系的实际问题，并提出如何解决的设想。其中包括改革办学体制、管理体制、投资体制等。《教育投入与产出研究》(河北教育出版社，王善迈著)，比较系统、全面、深入地研究了教育与经济关系中的一系列根本性的理论与实际问题，如教育过程的投入与产出、教育发展与经济发展、教育体制与经济体制、市场经济中教育配置方式、教育成本分担的原则，等等。作者在这些重要问题上，提出了自己的见解，并对社会上流行的一些错误观点作了分析。《战后台湾高等教育与经济发展》(厦门大学出版社，刘毅美等著)，考察了二战后台湾经济与高等教育发展相互关系的历史，不但论证了二者之间存在“正相关的互动性”，而且深入到高等教育的内部，剖析了不同层次、不同科类高等教育的发展速度、规模、课程结构与台湾地区经济发展的阶段性及其产业结构间的关系，探讨了随着产业结构的升级，当地高等教育从重数量到求质量的转变。这些研究，对大陆调整经济与教育发展的关系，提供了有益的借鉴。从上所举著作可以看出，教育理论界十分关注教育中的实际问题，研究现实中的热点、难点，成为这些著作的一个共同特征。

为求得中国现代教育的发展，以实现“科教兴国”的战略，借鉴外国教育的先进经验，也是教育理论界关注的一个方面。每年这类图书的出版数量不少，本年鉴收入了《西方教育思想史》两部，一为湖南教育出版社出版，王天一、方晓东著；一为山西人民出版社出版，单中惠著。两书都较为系统、全面地介绍了西方教育思想的产生、形成和发展的历史，分析了不同国家不同时代教育思想的特点。《美国高等教育思想研究》(辽宁师范大学出版社，陈学飞著)，本书的特点是突破以往仅仅研究著名教育家思想的传统做法，更注意研究政府的教育观点和行为、社会群体与教育组织，以及社会思潮等对教育的影响。作者对美国高等教育思想的研究立足于五个方面：(1)“二战以来美国高等教育发展的基本指导思想”。在此概括了四种理论——国家危机论；高等教育民主

论;人力资本论和高等教育轴心论。(2)“高等教育的目的与功能的思想”。从五个方面进行了论述,即从单一目的单一功能到多种目的多种功能演变;关于高等教育目的与功能的若干主张;关于高等学校本科生教育目的争论。(3)“高等教育管理思想”。论述了高等教育管理理论的发展、高等教育组织的基本特征、高等教育组织的管理模式、权力分配及其调节机制、大学自治与学术自由。(4)高等教育国际化思想。包括二战以来,高等教育国际化思想的要素、演变、实例。(5)对美国高等教育思想产生影响的组织、人物与文献。该书为我们认识美国高等教育,提供了全方位的参考。

关于学前教育的图书,每年出版的品种数量都比较多,覆盖了德育、智育、体育的各个方面,1996年仍然保持了这种状态。幼儿图书的出版,讲究系统化,规模化和印制精美,这已成为一种普遍现象。

在文化类图书中,关于图书馆学的著作,每年出版数量较小,但不乏具有重要价值的书。本年鉴收入的《从藏书楼到图书馆》(北京图书馆出版社),从分析中国古代藏书楼与近现代图书馆的不同性质人手,阐述近代西方图书馆及其办馆思想对中国的影响,中国近代图书馆思想的萌生过程,以及中国具有近现代意义的学校图书馆和公共图书馆的诞生、发展史实,论证了中国图书馆是在西方近代图书馆思想基础上产生并发展起来的观点。《蓬勃发展的图书馆事业》(北京图书馆出版社,吴尉慈、鲍振西著),组织有关专家编写,全面系统地介绍了中国图书馆事业发展的状况。通过这两本书,可了解中国图书馆事业的历史和现状。

体育事业发展迅速,体育活动牵涉到全社会不同年龄和职业的人群,构成各种参与者和欣赏者,因之,在新闻传媒上,体育活动的报道所占的份量是很大的;但有关体育类的图书却出得很少,体育类图书的市场并不热闹。这其中的原因,在于体育活动主要是各种赛事,时效性很强,而传统的图书出版周期较长,二者之间不相适应。特别是电视新闻的兴起,更是占尽了迅速反映、传播体育活动的优势,是图书出版无法可望其项背的。所以体育类图书,多集中于深层次的研究和教学训练方面,也可谓避其所短,扬其所长。本年鉴所收体育类图书,即反映了这种状况,如人民体育出版社出版的《投篮的技巧——从罚球到扣篮》(〔美〕泰德·圣、易丁、弗兰克·佛兰吉尔著,王定译)、《NBA 明星教你打球》(〔美〕克里斯·穆林著,周蓉、周德至译)、《教你踢足球》(〔英〕西蒙·伊格利斯著,黄钢等译)、《篮球纵横》(孙民治著)、《规则问答丛书》(郭玉佩等编,共 6 本)、《田径热点论》(文超主编)等书,即集中在相对稳定的训练教材与理论研究上。体育图书中,棋谱书是一个能保持比较稳定的出书量的品种,可是桥牌类图书相对较少,这是一个值得关注的问题。

语言文字类图书述评

白巍岐

本年鉴所收语言文字类图书共 152 种,涵盖了语言文字学理论、语文教学、外语、少数民族语言、工具书、写作等主要亚类,门类相当齐全。细细玩味对每一种图书的介绍,可以看出,这一年我国出版的语言文字类图书,较之前两年,呈现出一些新的特点,值得加以描述。

一、大型图书小型化

大型的语言文字类图书,尤其是字典、辞典类工具书,在时间向度上包罗古今,在空间向度上囊括万有,助人读书明理、治学经邦,都有其不可替代的功用。此外,这类大型图书,例如《汉语大字典》、《汉语大辞典》,以及《中国大百科全书》等,还在一定程度上标识着一个民族在语言文字上的成就,标识着一个国家文明昌盛的程度。因此,对这类图书的编纂出版,国家和地方的出版机构,仍应有重点地继续给予足够的关心和有力的扶持。

但是,这类图书往往编纂周期长,投入的人力物力庞大,成书卷帙浩繁,成本不菲,定价自然高昂,动辄数千元、甚至上万元,已非普通读者所能问津。而且,对每一位读者来说,由于性有偏好、业有专攻,对书籍的需求主要集中在有限的几个领域,似也无必要遍置此类大型图书。这就形成了当前一种特殊的市场需求:大型图书小型化。我国一部分大型图书的出版机构，已开始注意到这一市场需求，努力使自己的出版物顺应这一潮流，既保持着大型图书的基本信息量，又压缩了卷帙或篇幅，降低了成本，取得了可喜的成果。

从1996年的出版情况来看，大型图书小型化主要是沿着两个方向实现的。其一是对原大型图书进行精简、缩编。湖北人民出版社《汉语大辞典(简编本)》，收字头21 833个，保留了正编本中基本的、常见常用的字头，但删去了正编本中没有典籍用例的字头和义项、没有代表性的古文字形体、字韵书的解说，以及过于冷僻的注疏材料，改正了正编本的一些讹误，并进一步统一了原书的风格。新出版的简编本不但保留下正编本的基本特色，而且篇幅仅为后者的1/3，更能适应当前市场对大型图书的需求。

大型图书小型化的另一个方向是化整为零，即对原大型图书按照专题或读者等不同的逻辑联系，抽提出其中的相关材料，各自独立地编纂成书。汉语大辞典出版社《汉语成语大辞典》，在该社原《汉语大词典》中成语条目的基础上，进行扩充、改编、正误，收入成语达2.5万条。此书的成语部分有所扩大，而又保持着原书收词严谨、体例科学、义项齐备、举例精当等优长，成为集汉语成语之大成的辞书。辽宁人民出版社“书海锦言辞典丛书”，则是将所谓“书海锦言”，按其内容分为4种，作4册出版，即：《世界名言大辞典》、《隽永格言大辞典》、《精锦赠言大辞典》和《醒世箴言大辞典》。丛书对“书海锦言”的分类标准是否科学、统一，尚可进一步斟酌，但对“书海锦言”化整为零的做法，是着眼于读者、立足于市场的，因而应予以肯定。

大型图书小型化，是将信息量大、文明程度高的语言文字类精品图书推向普通读者、推向市场的有效途径之一。当前，这样的出版机构还不算很多，但它预示着一种方向。国外通行的“Pocket Book”的出版形式，并不仅仅为通俗畅销读物所专有，其实也是可以为我国的某些语言文字类图书所借鉴的。

二、教学类图书实用化

供教学使用的语言文字类图书，主要是指外语教学、语文教学、少数民族语言教学和写作教学等门类的图书。这类图书本就应立足于“教”和“学”，实用性特征是其题中应有之意。但是，很长时间以来，许多作者和出版者显然对这一特征重视不够，这就不能不影响到“教”和“学”的总体效果。可喜的是，这一倾向在近几年的出版物中已逐步得到扭转。1996年出版的教学类图书中，实用化的倾向表现得更为明显了。

教学类图书的实用化倾向，至少应该有三个主要的表征：一是有较具体的读者群；二是有较科学的操作体系；三是有针对性较强的内容。

某一种教学类图书的读者群，可能比一般文艺类、理论类图书的读者群要小、要具体得多。例如，四、六级英语教材，中小学生就不必买来学习，而小学教材中的词语汇编之类，大学生也不必奉为标准。那些号称大中小学生通用的教科书、教学辅导材料、工具书等，其实是既不便于教，也不便于学的。1996年出版的教学类图书中，读者群泛化的图书已大为减少，部分图书甚至在书名中都已或明或暗地指出了主要使用对象。鹭江出版社《机关公务员应用文写作技巧与范例》，一望即知是为公务员从事机关工作而编写的，其内容被限定为行政公文、事务文书、礼仪文书三类，就是理所当然的事了。中国科学技术大学出版社《四、六级重点难点练习与释疑》，其读者群也是具体可知的。

教学类图书编写难，主要就难在要有一套能够为学生掌握的操作系统，也就是要有较强的可操作性，以便学生学习和模仿，由简而难，逐步掌握某种知识和能力。近年出版的教学类图书，大多能把这一难点视为重点，尽量体现出程度不等的可操作性。辽宁人民出版社《英语应试辞典》，根据我国高等学校入学考试、大学四、六级考试、研究生考试和国际上EPT考试、TOEFL考试、GRE和GMAT考试等主管机构提供的数据，对上述不同考试提出了不同的词汇量要求，并从构词、辨异、习语等角度提供了较科学的理解和记忆途径，有利于读者迅速提高掌握英语词汇的能力。接力出版社《当代小学生优秀作文精选·评析》，不仅展示了小学生写人、写事、写景、写书信和读后感的优秀文章，而且登载了教师的各种评析，教育小学生掌握有关同类内容的文章或同类表达方式的文章应该“怎样写”，二者璧合，就使本书呈现出一个初具规模的教学操作系统。

教学类图书的内容的针对性，是指图书的内容要更注重表现对象的规律，要更适应特定读者群的文化水平和心理特征。这也是教学类图书比其他类别的图书要求更为严格的地方。北京妇女儿童出版社《图画字典》，体现了较新的编辑意图：按照汉字构成的规律，再现汉字形象表意的特点，不但纠正了儿童认字死记硬背的弊端，而且让儿童从字的象形画面中不断领略识字的乐趣。湖北人民出版社“趣味语文丛书”,包括《汉字趣例》、《炼字趣话》、《标点趣闻》、《修辞趣谈》、《成语拾趣》、《典故探趣》等,都定位于中等文化程度的读者群,帮助他们在兴味盎然的审美愉悦中,获得某一方面语义知识的再教育。

此外,哈尔滨工业大学出版社“大学英语综合训练丛书”、商务印书馆《汉俄翻译辞典》、广西民族出版社《汉壮翻译理论与技巧》、北京教育出版社《常用字笔顺字典》和上海社会科学院出版社《现代演讲学》等,都在实用化方面取得了各自不同的成就。

三、理论图书推陈出新

1996年的语言文字理论图书,仍然保持着往年的主要优点,把理论创新摆在首位,涌现出一些新的论著、新的观点。

对传统语言文字学的研究,历来是理论类图书的重点。在1996年的出版物中,古文字学的专著有武汉出版社的《汉字形义考源》,作者提出了新的考释方法,识出十多个甲骨文、金文,发现了上百个汉字的形义源。敦煌学研究有杭州大学出版社的《敦煌音义汇考》和岳麓书院的《敦煌变文语法研究》。前者对音义写卷材料详加考辨,抉隐发微,后者则对变文进行宏观的、动态的研究,都对敦煌学的发展做出了贡献。这方面比较值得注意的是山东大学出版社《中国传统语言文字学》一书,作者将“小学”分为文字学、音韵学、雅学、方言学、语源学和训诂学等六科,创建了新的分类体系;在对传统理论的阐发中融入个人科研成果,述中有作,述作相长,体现出传统学术研究中的新意。

对近百年来国外新兴语言文字学科的翻译、介绍,并结合我国的国情和汉语言文字的实际,作出相应的评价和改造,以利于我国语言学、文字学的学科建设,这也历来是理论著述中的热点。1996年的理论著述,在文体学方面,山东教育出版社《文体学辞典》,介绍了国外有影响的文体学观点和术语,并指出它们在宏观理论框架中的地位。该出版社另有《国外语言学通观》,分18个专题介绍了国外语言学的一些分支学科,材料全面,并附有各领域的最新研究成果,应能对有关领域的专家和读者提供较多的启迪。

此外,人民教育出版社推出已故张志公先生的《汉语辞章学论集》、黎锦熙先生的《黎锦熙语文教育论著选》,都集中了作者为学科建设、为语文教育殚精竭虑数十年的重要成果,自应引起语言文字学界的密切关注。

但是,从总体上看,1996年理论著述的分量似乎显得轻了一些。首先是出版物的数量略少,各类理论著述的总数只占语言文字图书总量的1/6。其次是近几年来一些有影响的理论专题,如关于文化语言学的探讨,在这一年选送的出版物中缺乏反映。也许,理论界和出版界都在作必要的修整和沉思,在为新一轮的理论腾飞做准备。那么,读书界将期待着……

文学类图书一瞥

简定宇

我国是世界四大文明古国之一,并且是其中唯一一个文化不曾中断的国家,文学的发展和演进明晰有序。就拿古埃及来说吧,它被波斯人、马其顿人、罗马人以及其后的征服者侵占长达两千年之久。当征服者在金字塔下徘徊,除了惊叹它的宏伟壮丽外,对是哪个民族哪个王朝什么人出于什么目的建造了这些金字塔却一无所知,世界上也没人知道。它的文化中断了!直到1798年拿破仑率军入侵埃及,一个法国士兵发现一块石碑,经过法国学者商博良的研究,到了19世纪,古埃及的历史才重见天日。毫无疑问,古埃及的文学曾受到了极大的摧残。古埃及文学曾经与古埃及文明的其他方面一样辉煌,但是古埃及文学的辉煌却无法像金字塔一样在无情的历史风暴中屹立不摇,反而被荡涤殆尽了。

长城是中国古老文明的象征,中国古典文学比起长城来,古老多了。长城在历史风暴中已经残破不全,中国古典文学却永葆青春,不减辉煌。对于我国学人来说,中国古典文学是他们取之不尽的艺术宝库,也给了他们责无旁贷的承传使命。“五四”新文化运动以来,许多学人以发掘、整理、研究、阐释、评介中国古典文学为己任,图书出版界也把编辑出版中国古典文学原著以及研究评介注疏著作放在重要位置。近年来,古典文学图书的出版长盛不衰,1996年则是一个新高潮。

首先,体现在文学史新著大量涌现。例如《中国文学史》(复旦大学出版社)、《中国文学批评通史》(上海古籍出版社)、《中国小说发展史概论》(山东教育出版社)、《中国诗学思想史》(华东师范大学出版社)、《中国辞赋发展史》(江苏教育出版社)、《魏晋南北朝文学思想史》(中华书局)等。其中《中国文学史》令人耳目一新。该书以人性的发展为中心线索,以人性的丰富为价值取向,对数千年中国文学的发展演变进行了描述。作者认为,优秀的文学作品总是能够深刻地揭示人性的困境、人性的欲求与社会规范的矛盾。作者对于以往文学史中一律给予褒扬的反映民生疾苦之作,颇有微词,认为是出于"忠君爱国"政治目的的政治姿态,这种看法可能会引起学术界的争议。

其次,古典名著的研究和诠释的学术含量有所提高。《〈诗经〉引论》(江苏教育出版社)、《〈离骚〉校诂》(中州古籍出版社)、《屈原集校注》(中华书局)、《乐府诗述论》(上海古籍出版社)等书,都称得上具有一定学术素养的成果。《李白全集校注汇释集评》(百花文艺出版社)则更具特色。它以宋蜀本《李太白文集》为底本,对失校误校之处给予订正。校记中不仅罗列异文,并且评判其是非;注释部分,汇集自宋以来各家之说,择善而从;集评部分,广收博引,有的选自海内孤本《严羽评本李太白集》。此书于每首诗的天头都有眉批。这些眉批出自明朝末年一位学者之手,作者姓名已无从稽考。这些眉批多论李诗之拙,且自圆其说,对鉴赏李诗很有启示。

第三,研究视野和出版领域更加拓展。《隋唐五代燕乐杂言歌辞研究》(中华书局),是一部关于词的起源的研究著作,对隋唐燕乐、曲子、大曲、琴歌、淫歌、讲唱,作了考证,认定燕乐曲子就是词的前身,行文颇具实证风格。《敦煌存赋》(江苏古籍出版社)是对敦煌存赋研究的最新成果,是对敦煌学的补充和拓展。《历代题画诗》(北京古籍出版社)共收历代题画诗8 962首,清代陈邦彦选编,成书于康熙年间,资料十分珍贵。这部清代典籍,无疑是一笔留给后人的重要的文化遗产。

1996年,对鲁迅的研究也出了一批成果。《悟性与奴性——鲁迅与中国知识分子的"国民性"》(河南人民出版社)一书认为,鲁迅改造国民性的核心是反奴性;而反奴性的主要对象是中国知识分子。鲁迅的价值在于启悟中国人,首先是中国知识分子,从"瞒与骗的大泽"中猛醒,正视现实,正视自己,摆脱盲目的奴隶状态,实现自觉的人格独立和全民族的自由解放。《无词的言语》(学林出版社)是作者对鲁迅《野草》研究伸发出来的理论著作。作者认为,文学负有言说苦难的使命,但当代文学总在逃避这个使命。由此引发出一系列疑问:文学为什么丧失了言说苦难的能力?现代文化的发展与苦难构成什么关系?什么样的文化和文学机制使人民轻浮地抹去苦难?如何架构一种能够言说苦难的诗学样式?作者作出了自己的回答。

文学创作方面,反映现实生活的长篇小说有《长恨歌》(作家出版社)、《泡沫》、《黑界地》(百花文艺出版社)、《青氓》(敦煌文艺出版社)等,周梅森的《人间正道》(人民文学出版社)和贾平凹的《土门》(春风文艺出版社),都产生了较大影响。

《土门》的故事情节并不复杂:仁寿村有个半瘫老汉云林爷,善以中医治疗肝炎,各地患者纷纷前来求医,村民开设家庭病房,为患者提供食宿,成了他们一项重要收入。城里房地产开发商看中了这块宝地,要收购它,村民们奋起抵制。一个长期在外不务正业的勇敢单身汉成义被推举为村长来领导这场斗争。正当斗争取得了一些成效,成义为了筹办乡村企业,解决资金困难,居然铤而走险盗窃兵马俑,被判处死刑,仁寿村的斗争也归于失败。仁寿村农民斗争的失败,看上去很荒唐很偶然,其实作者以冷峻的现实主义揭示了它的必然性:中国农村的文化背景是产生不出悍卫农民利益的人物的。农民中不乏强者,而当他们一旦从卑贱中挣扎出来,出人头地的时候,他们也像曾经压迫剥削过他们的人一样去压迫剥削乡亲;农民中也不乏操守者,但他们瞻前顾后,不能成就大事;历史似乎只给成义之流的勇敢者提供舞台。这是一个古老的悲剧,千百年来就是如此。

通俗小说的鉴赏和评介,尤其是武侠小说,长期受到理论界的漠视,近年来才给了它一席之地。通俗小说拥有众多读者,有人说,有华人社会的地方,就有金庸的小说,这绝非夸大其词的广告语言。对于这种文化景观视而不见,无疑是理论的误区。广东人民出版社推出了《梁羽生传奇》、《古龙传奇》、《金庸传奇》,学林出版社推出了《武侠世界的怪才——古龙小说艺术谈》、《开创新派的宗师——梁羽生小说艺术谈》、《金庸小说人物谱》,评介了武侠世界最负盛名的三位作家的生平、思想及其代表作,对读者鉴赏这类读物,无疑是很有助益的。

古典文学读物出版得多是好事,但质量仍然是一个值得关注的问题。许多选本标榜"精品"、"精选"、"精粹",其实是"炒现饭"。注释、题解、述评,抄来抄去,有的还抄错了。诚然,图书也是商品,在伪劣商品充斥市场的今天,那种劣质图书还是少出一点为好。

艺术类图书评述

陈惠明

本年鉴收入艺术类图书183种,其中美术画册70种(含画家专集32种,画册38种),艺术史论38种(含史论22种,画家研究16种),书法19种、戏曲舞蹈14种、音乐19种、摄影11种、工艺设计及其他12种。美术画册、图书所占比例大,且具有相当规模的大型画册较为突出。史论研究编著难度大,近20余种之多,实属难能可贵,其他门类中也有不少优秀图书。

印制精美,具有规模的大型图册不少。《世界美术全集》共10卷。《中国敦煌画全集》(西夏・元卷)壁画彩图200余帧。《齐白石全集》共10卷、60万字、5 000余幅图。《袁江袁耀画集》、《扬州画派书画全集・金农》(上、下)、《中国近现代名家画集》共9集。

书法图书的出版,多年来品种数量很多,近几年趋向出版大型的、系列的图册。本年度有《中国历代书法精品观止》共5卷、1 000余幅图、《中国古代书法经典》4 500余幅图。《二十世纪书法经典》共20卷。此外还有《中国古代版画精品系列》共10册,琳琅满目,蔚为大观。

一、重视文化艺术的积累与传播

大型图册近几年相继出版,因其具有文化积累价值,在国内外图书市场影响很大,深受学者、专家、收藏者青睐。《世界美术全集》10卷精装本,包括原始古代、欧洲中世纪、文艺复兴时期的古典主义、浪漫主义、现实主义、印象主义、现代美术及中国美术等珍贵艺术作品。敦煌是无比瑰丽的东方古代艺术宝库,也是世界宏大辉煌的艺术画廊。《中国敦煌画全集》的出版极有价值。1996年度仅出版了其全集中的西夏和元代卷。明清时代名家专集1996年度出版5种,其中《袁江袁耀画集》图版117幅,幅幅精湛。明代袁家父子山水画,构图气势恢宏磅礴,画风精工细琢,确为画界罕见珍品。自建国以来出版了不少齐白石书画,对一代宗师齐白石的作品系统分类汇成10卷本的大型画册唯有《齐白石全集》,此书对研究齐白石其人其画其文具有很大价值。《中国近现代名家画集》将潘天寿、黄宾虹、朱屺瞻、李苦禅、关山月、吴作人、黄胄、吴冠中、黄秋园9位杰出艺术大师的作品编为9册专集出版,这些作品在中国画坛的影响及对当今中青年画家的导向作用不可低估。刘奎龄既继承中国传统又吸收国外技法,中西融合独树一帜。《刘奎龄全集》的出版对中国工笔花鸟、走兽画的学习和研究很有价值。中国古代书籍插图多以木版刻印,绘刻线条有流畅、飘逸、古雅、精致的艺术神韵。《中国古代版画精品系列丛书》汇集遗存的珍贵版画11种共出版10册,对研究版画艺术作了有益的工作。

二、推动遗产的整理研究

在有关中国美术的图书中,多以汉民族的内容组织编撰。然而,各民族创造的艺术成就汇集成了中华民族灿烂的文化艺术。《中国少数民族美术史》以300万字、3 900余幅图,分6册叙述和展示了中国56个民族在美术方面的辉煌篇章。《中国面具史》分远古、上古、中古、近古、近代五个时期研究面具文化的渊源与衍变,内涵极为丰富。略感不足之处是彩图少,单色图尚嫌不够(此书彩图48幅、单色图288幅),不足以展现内容谲奇诡异的面具艺术。《中国京剧脸谱宝典》999幅图,编选上古、殷商、秦汉、魏晋、隋唐、元、明、清各时代各流派之脸谱,不仅对京剧研究、而且对造型艺术研究均有重要价值。

音乐图书方面有《词乐曲唱》,以剖析"曲唱",对现今"昆腔"作曲、演唱具有指导作用;研究"词唱"、"词乐"有利于词学界对"词乐"的争鸣;对唐二十八调研究有所突破。此外还有《荀勖笛律研究》都是音乐古籍研究的学术论著。《中华戏剧》(第一辑至第十辑),汇集大量古籍文献,以及众多文物,尤其是提供了新发现的文物资料，具有学术研究价值。还有《闽西汉剧简史》、《厦门戏曲》地方戏剧的发展史研究。华夏民族文化艺术源远流长，戏剧、戏曲是其中重要的篇章。中国地域广袤，戏剧品类繁多，有些剧种已濒临失传，实有抢救遗产的必要，期待学者开掘、整理、研究汇集出版。

自然科学总论类图书综述

刘　霞

本年鉴选收1996年出版的自然科学总论类图书51种，其中科普图书16种，科技史图书12种，原理与方法专著10种，科技展望类4种，工具书6种，另外高校系列教材1种，个人文选2种。科普类图书是1996年度出版的热点，本年鉴所收的科普类图书占该类图书总数的1/3。多卷本、丛书化是此类图书的突出特点，图书的内容虽然涵盖面广，但亦有选题重复的不足。“现代科学技术博览丛书”由我国著名科学家主编，以科技杂志的形式，深入浅出地介绍了自然科学基本问题、生物技术、信息技术、空间技术、材料技术、能源技术、海洋技术、环境保护技术等方面的知识。“学科故事丛书”共30册，包括数学、物理、化学、地理、生物故事，每个故事均配有生动形象的插图。“望远镜丛书”描绘了关于航天、生物工程、信息、自动化科学技术，以及能源、资源、生态和环境等方面正在发生或有可能发生的变化。《21世纪小小百科》包括“自然卷”、“科技卷”，描述了自然的奥秘和科技的神奇。《大自然的为什么》讲述了120个有关动物、植物、物理、天地的小故事，还有约1300幅精美插图。《人类怎样认识了世界》介绍了人类认识宇宙、地球、原子、人体、生命的历史。《给我一个支点》(副名《世界著名科学故事大观》)描述了世界科技史上100多个重大发明、重大发现的故事。《改变世界面貌的科技》从10个方面阐述了科学技术是如何改变世界面貌，改变人类生活的。《大众高技术》全面介绍了我国“863”计划的7个高技术领域。此外，《少儿智慧画库》、《少年科学大世界》、《中国孩子的疑问》(七色光卷)、《说不完的谜》、《中外科学发明故事》等图书，都以生动活泼的形式，向青少年读者介绍了丰富多彩的科学知识。

盛世而修史，科技史类的图书出版带有鲜明的时代特色。《中华科技五千年》系统介绍了从远古到1993年的中国科学技术发展史，充分展示了中华民族在悠久历史长河中对世界科技的伟大贡献。《中国少数民族科学技术丛书·通史卷》，介绍了中国少数民族在天文历法、数学、地理学、物理学、农牧技术、医药学、建筑工程、纺织技术、机械工具、化工等方面的成就，通过展示各少数民族科学技术的发展，反映出中华民族大家庭内部科技交流与融合的历史与现实，也展示了我国少数民族人民在科技史上的卓越智慧和突出贡献。《自然科学发展史纲要》以通史的形式，简明扼要地介绍了自然科学发展的全部历程。《世界科技发展史画库》以140个重大科技事件为脉络，采用以图为主、配以简短文字的形式，展示了世界5000年来科学技术发展的历程。《漫画科史探险》以漫画的形式描写了两位少年在时间的长河中历尽艰辛，有幸与科学史上近百位著名科学家相遇，引发了许多发明、发现的故事。《21世纪科学大师与科学大事》(上、下册)描绘了影响20世纪科学面貌的20多位科学大师的生平和主要成就，图文并茂地展现了20世纪自然科学发展的宏伟画卷。

自然科学原理与方法类的图书也颇有特色和影响。该类图书的内容主要包括系统论、整体论、灰色数学、概率与决定论、科学哲学等方面。《开放的复杂巨系统》，从方法论、高新技术在社会系统、地理系统、军事系统等方面的应用作了全面的介绍。《系统·演化·发展》运用马克思主义的哲学观点与方法，揭示了系统论、信息论、控制论、突变理论、耗散结构理论、超循环理论、协同学与混沌理论等新兴学科的内在联系与现实意义。《系统研究》(副名《祝贺钱学森同志85寿辰论文集》)，分为控制论运筹学、系统科学与系统工程、管理科学与管理工程、相关学科与相关问题4部分。《灰色数学基础》全面系统地介绍了灰色数学的产生、发展和主要内容。《概率与决定论》用历史和逻辑统一的方法叙述了概率与决定论的来龙去脉与最新进展，论述了物理的和哲学的决定论观念在现代科学中的不同命运。《泛系：不合上帝模子的哲学》从理工农医文社史哲等分学科综合的角度，论述了泛系哲学思想和泛系方法论，创设了泛系定理300余条。另外《科学的哲学》、《一个哲学学派正在中国兴起》、《科学哲学引论》等专著，都是反映我国科学哲学发展前沿的专著。

本年鉴收录的科技展望类图书，反映了我国科技工作者对21世纪科技发展的关注。《21世纪初科学发展趋势》用现代系统思维方式和科学系统观，论述了21世纪初科学的发展趋势，阐明了中华民族的振兴主要在于教育和科学的发展。《21世纪的中国》展望了我国21世纪高新科技发展的趋势。《现代科技与上海》对世界，尤其是上海的高新技术及其生产发展的现状与趋势，对迈向21世纪的上海科技发展的战略和政策作了重点介绍。“学友文库”(副名《新世纪科技展望》)是一套带有科普和科幻性质的科技展望丛书。

本年鉴收录科技工具书包括词典和手册2种。《俄英汉科技大辞典》，收词9万余条，包括的专业有：数学、物理、化学、真空技术、核子物理、无线电、航空航天等。《现代英汉科技词汇》概括了现代科学技术领域内的基本的、常用的、关键的词汇，收入了大量的专有名词和术语。《科技标准术语词典》在采用或参考国际标准术语的基础上，根据我国已发布的1 000多项术语国家标准和行业标准，收录了包括理工农医各行业标准术语10万条，按7卷编撰。《能工巧匠篇》是“跨世纪农村书库”之一，以手册的形式，介绍了木工、砖瓦、混凝土、油漆工、小电工、小型机车维修等操作技术，以及各工种的国家标准、企业标准。《领导干部科技手册》、《自然科学简明手册》都是针对性、实用性很强的科普类工具书。

个人文集收录2种，《汪应语文选》收录了作者自1980年访美归来后的主要成果，包括系统工程技术、人口与经济协调发展、管理科学、和谐理论，尤其是人工神经网络应用方面的突出成就。《谈祥柏科普文集》挑选了作者多年来潜心创作的100多篇科普作品，内容涉及数学渗透的许多领域。本年鉴还收录高等学校系列教材一套，即《高等学校电气类专科系列教材》。

天文学、地球科学类图书综述

张洪元

本年鉴收录天文学、地球科学类图书95种，其分布情况为：天文学2种，测绘学13种，地球物理学8种，大气科学(气象学)7种，地质学54种，海洋学10种，自然地理学1种。

地球科学图书中，地质学历来都是其研究的重点，反映在图书的出版上，地质学图书数量为地球科学图书数量之冠。从本年鉴的收书情况来看也反映了这个特点，地质学图书所占比例达58%。54种地质学图书中，矿床学16种，水文地质学与工程地质学8种，构造地质学8种，区域地质学3种，历史地质学、地层学4种，岩石学3种，灾害地质学2种，动力地质学与矿物学各1种，其他6种。其分布反映了我国地质学研究的基本态势。

矿产资源在国家经济建设中的作用举足轻重，也是国家可持续发展规划能否得以实施与延续的关键，矿床学研究文献也因此在地质学各类研究文献中独占鳌头。本年鉴收录矿床学文献16种。成矿研究著作有：梁祥济著《水—岩相互作用和成矿物质来源》，是作者20多年从事实验地球化学、矿物和岩石研究的系统总结，提出了成矿物质来自围岩的新认识，揭示了成矿元素活化、迁移和沉淀的机理；梁裕生等著《成矿系列研究》，介绍成矿系列研究历史与现状，重点剖析了陆相火山——次火山岩系的金铜成矿等几个成矿系列；池际尚等著《中国原生金刚石成矿地质条件研究》等。油气矿研究著作有：黄汉纯著《柴达木盆地地质与油气预测》(中、英文版)，在对柴达木盆地进行详细地质研究的基础上，预测了中新生代含油气区、油气田与含油气构造；陈发景等著《新疆塔里木盆地北部构造演化与油气关系》，根据阶段论、活动论观点，从盆地分析角度，讨论了塔里木盆地北部构造演化及其与油气的关系；魏洲龄著《中国东部及陆缘扩张带油气成矿学》，深入阐述了中国东部及陆缘扩张带中，不同的大地构造类型与不同级别的大地构造单元的油气分布规律。金矿床研究著作有：丁俊华著《中国伴生金矿床》，邹光华等著《中国主要类型金矿床找矿模型》。煤矿床研究有：

孔宪桢等编著《山西晚古生代含煤地层和古生物群》。另有锰矿床、银矿床研究著作等等。我国拥有印度洋板块和欧亚板块相互挤压而形成的青藏高原，并处在环太平洋中新生代造山带的重要地段，地质的多样性给构造地质学和区域地质学研究提供了丰富的素材。本年鉴收录构造地质学著作8种，如龚一鸣等著《造山带沉积地质与圈层耦合》，从流态圈出发，从圈层耦合、内外力地质作用耦合、盆山耦合角度，系统阐述了当代造山带沉积地质；赵春荆等著《吉黑东部构造格架及地壳演化》，以板块构造理论为依据，阐明并研究了吉黑东部地块的存在及其地质构造特征，首次用板块构造理论编制了《吉黑东部大地构造图(1：150万)》；邓晋福等著《中国大陆根—柱构造》，提出了根柱构造理论，并基于这一理论对大陆动力学的成因及演化进行阐述；陈国达著《地洼学说——活化构造及成矿理论体系》，对这一理论体系的起步、演化与发展进行了系统研究；李扬鉴等著《大陆层控构造导论》，作者提出关于大地构造理论的新观点——层控构造学说，并对其进行了论证与研究；等等。构造地质学从来都是充满智慧与想象力的学科，我国每年出版许多构造地质学著作，也从一个侧面说明了我国地质学研究的水平。区域地质学著作3种，孙鸿烈等著、上海科技社版《青藏高原的形成演化》，系统地总结了从事青藏高原考察研究工作的中国科学家40余年来的主要成果，对青藏高原隆升的时间、形式、幅度、速度、高原水系的形成演化，第四纪冰川规模、冰期的时间系列等重大科学问题，提出了独特的见解，本书为国家攀登计划重点项目“青藏高原形成演化、环境变迁与生态系统研究”成果。另外有“四川地质路线考察丛书”、《第30届国际地质大会地质旅行指南(第1—6卷)》等。

水文地质学和工程地质学著作有8种。在工程地质学著作中，有关岩溶研究的图书有：蒋忠诚等著《北京西山岩溶》，袁道先、谢云鹤主编《岩溶与人类生存、环境、资源和灾害》，沈继方等著《清江流域岩溶研究》等。工程建筑地质研究的图书有：李隽蓬主编《铁路工程地质》，匡有为编著《高层建筑工程地质》等。水文地质学著作有，房佩贤等主编《专门水文地质学》，韩有松等著《中国北方沿海第四纪地下卤水》，赵德三主编《海水入侵灾害防治研究》等。

历史地质学、地层学著作有：《二叠、三叠系界限——二叠—三叠系界限层型的全球供选剖面及点》，殷鸿福等著，为联合国教科文组织的全球科研项目之一(IGCP359)的研究成果，推出了二叠系三叠系分界四个全球层型剖面及点的最新研究成果；《中国地层典·奥陶系》，对我国奥陶系组及组以上岩石地层单位的含义一一进行了描述和厘定。

由于我国特定的地质构成、地质的多样性特点与人类活动的频繁，地质灾害时有发生，并遍及我国各个省市自治区。根据大量调查成果和万余个典型地质灾害资料编制而成的《中国分省地质灾害图集》，全面反映了各省市自治区地质灾害的类型、区域分布特点及发生规律、危害程度和发展趋势；而《地质灾害经济评价系统》则给地质灾害提供了一个很好的评价方法和模型。

总的看来，本年鉴收录的地质学著作以反映最新的理论研究成果为主，并着重反映对我国国民经济建设具有潜在重大影响的地质学研究成果。

测绘学著作有13种。地图制图学的图书有：测绘出版社《地理信息系统原理和方法》、《环境制图》，湖南地图出版社《中国交通图册》，地质出版社《中国地球物理图集》等。大地测量的图书有：王广运等著《差分GPS定位技术与应用》，徐绍铨主编《大地测量学》，陈永奇等主编《高等应用测量》等。摄影测量的图书有：金为铣等编著《摄影测量学》，张祖勋等编著《数字摄影测量学》。海洋测量的图书有梁开龙等编著《海洋重力测量与磁力测量》等。

自古以来，海洋对于人类就是一片神秘的区域，人类关于海洋的论述不胜枚举。20世纪后，随着人类对海洋研究的深入，海洋的重要性日渐突出，有人甚至预言未来世界将是向海洋进军的世界。确实，海洋有着无限丰富的宝藏，在陆地资源渐不敷用的今天，人类对于海洋的渴望越来越强烈，海洋研究一时间也成为“显学”，相关著作越来越多。本年鉴收录海洋学著作10种。研究海洋资源与开发的著作有，国家海洋局编《中国海洋21世纪议程》，阐明了我国海洋可持续发展的基本战略、战略目标、基本对策，以及主要行动领域；司徒尚纪著《岭南海洋国土》，对岭南海洋资源进行了详细论证；王颖主编的《中国海洋地理》，用83万字，分24章分别论述我国海洋环境与资源、海洋经济、区域海洋地理以及海洋灾害与环境保护等内容，几乎是一部海洋地理全书。而知识介绍性图书《神奇的海洋世界》和《海洋博物馆》则可使人们在查考的同时，领略海洋的风采。

我国是地震多发，且深受地震灾害之苦的国家，因而，我国对地震科学的研究历来都非常重视，在地震科学的一些研究领域，我国已处于世界领先水平。本年鉴收录地震学著作有：郑联达著《大地震规律研究》,对中国大陆全部98个七、八级地震逐个进行探索,阐述其孕震进程,推算大地震发生年份;冯德益等主编《数理地震学进展》,介绍了应用数学手段与理论及试验分析方法解决地震问题的最新进展;另有何樵登、张中杰编著的《横向各向同性介质中地震波及其数值模拟》等。

水文科学也是地球物理科学的一个重要内容,本年鉴收录黄汉水利委员会水文局编著《黄河水文志》,记载了黄河水文事业的历史与现状,详细介绍了黄河水文站网、水文测验、水文试验研究、水文资料整编、水文气象情报预报、黄河水沙特征研究、水文分析计算等内容,对研究与治理黄河具有重要意义。

农业生产与气象科学联系密切,进入20世纪80年代后,我国气象学研究文献逐年增多。本年鉴收录气象学著作7种,有关水旱灾害著作3部:山西水利厅编著《山西水旱灾害》、山东水利厅编著《山东水旱灾害》、黄河流域及西北片水旱灾害编委会编《黄河流域水旱灾害》。另外施雅风总主编、山东科技社出版的260万字巨著《中国气候与海面变化及其趋势和影响》分4卷详尽论述了中国历史气候变化、中国海面变化、全球气候变暖、气体变化对西北华北水资源的影响等内容,是一个很有价值的系统性著作。

本年鉴另收录有2部天文历法著作,即《敦煌天文历法辑校》、《中国回回历法辑丛》,1部自然地理学著作,即"地理知识丛书"。

农业科学类图书综述

张洪元

我国是一个农业大国,发展农业是我们的基本国策。要以不足世界10%的耕地养活世界25%的人口,根本出路在于科技兴农。农业图书是农业科技智慧的结晶,在实现科技兴农战略上具有关键作用。1996年以前出版的农业图书,虽然每年都有增加,但不论是其数量还是质量都还有很大的发展空间。从1996年农业科学类的图书出版来看,比过去有了新的发展。

本年鉴收录农业科学类图书124种。其主要特点表现在以下几个方面:1.收录列入国家"八五"计划的重点图书,如金善宝主编的《中国小麦学》,闵闻楷等主编的《水稻育种学》,还有《中国果树志》系列卷等。2.出版了规模宏大的《中国农业百科全书》,计有"土壤"、"植物病理学"、"农业化学"等卷种。3.收录全国第二次土壤普查成果的专著,如《中国土种志》(第一卷至第六卷)、《江苏省土种志》等。4.此类图书大多由中国农业出版社和各省市区科学技术出版社出版。前者31种,占25%,后者57种,约占46%,两者相加就占近71%。而本年鉴收录的13种林业类图书中,有9种出自中国林业出版社。5.理论性专著与工具书占的比重较大。

本年鉴收录的124种图书中,基础农业(种植业)类72种,畜牧业类31种,林业类13种,水产渔业类8种。而基础农业类72种图书分布于农业基础科学,农业工程,农学(农艺学),植物保护,农作物,园艺等类目。

农业基础科学类图书12种。土壤学作为农业科学基础中的基础,其研究多年来保持着活跃的势头。本年鉴收录土壤学著作7种,其中《中国百科全书·土壤》,选收条目626个,配有202幅随文插图,188幅彩色插图,全卷按学科体系设为9个分支,涉及土壤学、土壤地理、土壤物理、土壤化学、土壤生物、土壤生物化学、土壤肥力、土壤改良和利用的各个方面,是我国第一部土壤学百科全书;《中国耕地的基础地力与土壤改良》将土壤类型与耕地生产能力结合起来进行研究;《中国土壤微量元素》详细论述了我国土壤微量元素的分布规律、丰缺情况、微量元素与农牧业的关系,微量元素的来源、含量、形态、有效性及其影响因子等,对我国土壤深层结构的揭示具有重要意义。另外,《中国农业百科全书·农业化学》收录有关农业化学条目570多个。

农业工程类图书本年鉴仅收录2种,严霖元等编写的《精选农机使用维修技巧》和康绍忠、蔡焕杰主编的《农业水管理业》,但缺少农学(农艺学)方面的著作。

植物保护是农业生产中不可或缺的重要环节,

是农业高产、稳产的关键。在历史上以自给自足为主的自然经济时期，当区域性的植物病害、虫害无以扼制的时候，哀鸿遍野的事经常发生。正是因为如此，自种植业产生以来，人类与植物病害、虫害的斗争就一直没有停止过，植物保护成了农业科学中一个至关重要的学科门类，新著不断问世。本年鉴所选收的7种，均具极高的学术价值。其中，《中国农业百科全书·植物病理学》为集大成之作，该书共选用710个条目，涉及植物病理学基础、植物病原生物、植病生理生化、植物病害流行、病害控制、粮食作物病害、经济作物病害、特种作物病害等各个方面。《中国农业植物病害》，详细列举了发生在我国农业植物中的各种病害，并对每种病害的病原物、症状、发病条件、寄生植物及分布进行了描述。《中国南方地方害虫及其天敌》，详细介绍了我国南方地区地下害虫234种、地下害虫天敌130种，同时具有防治害虫与生态学上的意义。另外，《中草药病虫害原色图谱》、《梨、桃、杏、樱桃病虫害原色图谱》、《蔬菜病虫害防治彩色图说》，也都具有自己的特点。

农作物类图书的出版一如既往地保持着旺盛势头，这显然与我国幅员辽阔、农作物品种的多样性特点有直接关系。从本年鉴收录的14种农作物图书来看，也确切地展示了我国农作物研究的先进水平与深度，一些主要农作物的研究已经成为专门的科学。如著名农业科学家金善宝主编的《中国小麦学》（国家“八五”重点项目），记述了我国小麦生产、育种、遗传、栽培、生长、杂交等研究成果，具有系统性与新颖性，有很高的学术水准。闵闻楷等主编的《水稻育种学》（国家“八五”重点项目），则对水稻育种的各种形式与环节进行了深入研究。另外，卢良恕主编的《中国大麦学》，从整体上构筑起了中国大麦学的基本结构。

园艺植物涉及的植物种类繁多，其中许多种类的种植不仅可以改善农业人口的经济状况，而且还是广大农村可持续发展的重要手段。而另外一些观赏类植物的培养，可以陶冶人们的情操、加强人们的修养。正是因为园艺植物具有这样一些作用，其品种还在不断增加，种植与培养技术也年复一年地翻新，相应图书的出版长盛不衰。本年鉴收录园艺类图书18种，其中果树8种，蔬菜5种，花卉盆景3种，其他2种。果树园艺类收有《中国果树志》（国家“八五”重点项目）4种果类3个卷本，“核桃卷”、“山楂卷”、“龙眼、枇杷卷”，各卷分别详尽介绍了其种群、品种、分布、培育、生长、特性、加工等内容，全面而且具体。在种植业6个类别中，园艺类图书本年鉴收录最多，充分说明了园艺在人们社会生活中的重要性，随着我国可持续发展计划的实施和人们生活生平的提高，园艺类图书的旺盛出版势头会持续下去。

畜牧业在我国有着广阔的空间背景，其产品与人民生活质量息息相关，改革开放以来我国城乡人民生活水平节节上升，畜牧业功不可没。本年鉴收录畜牧业类图书30种，另有7种没有归入特定类的是实用技术性图书，还介绍了畜牧和园艺方面的内容。从收录图书的内容看，主要有：1. 饲养技术。金盾出版社的《奶牛高效益饲养技术》、《奶山羊高效益饲养技术》、《肥育猪科学饲养技术》、《养狐实用技术》，黑龙江科技社版《反刍动物营养与饲养》，地质出版社版《科学快速养猪问答》，新疆科技卫生出版社哈文版《养牛育肥技术》，江西科技社版《精选畜禽养殖新技术》等等。2. 兽医学与畜禽疾病防治。如辽宁科技社版《鸡病最新防治技术》，中国农业出版社版《中兽医释义》、《兽医内科学》，广西科技社版《兽医处方大全》，上海科技社版《中国畜牧兽医辞典》，新疆科技卫生出版社蒙文版《家畜及其疾病防治》等，此类图书有专著，有辞典，还有少数民族文字版本，反映了我国兽医学研究的丰硕成果。3. 畜种研究。广西科技社版《王丕建论文集》，包括了王丕建教授有关黄牛、水牛、猪、兔人工授精以及繁殖生理和畜种改良的论文；四川科技社版《牦牛遗传与育种》，论及中外14个牦牛品种；新疆科技卫生社哈文版《家畜人工授精技术》等。4. 蚕桑、蜜蜂研究。四川科技社版《中国蚕丝大全》，江西科技社版《蚕病防治》、《桑树病虫害防治》，山东科技社版《蚕桑病虫害原色图谱》，金盾出版社版《蜂王培育技术》，福建科技社版《蜜蜂机具学》等。畜牧业类图书涉及畜禽种类多，内容丰富，其数量在农业科学类图书中占有较大比重。

森林覆盖面积的多寡一直是区域生态系统好坏的重要标志，我国森林覆盖面积仅占国土面积的12%左右，大大低于世界平均水平，生态系统失衡造成的自然灾害屡见不鲜，大力发展林业已刻不容缓。但到目前为止，我国出版的有关林业建设的图书还相对较少。本年鉴收录林业类图书14种。有关理论研究的专著有，中国林业版《现代林业论》、《中国森林生态系统水文生态功能规律》，东北林业大学版《森林生态学建模与仿真》，浙江科技版《中国毛竹》等；有关林业调查与建设方面的著作有，中国林业版《黄土高原径流林业》，论述了当前我国干旱半干旱地区森林培育集水造林理论和技术成果的现状与发展趋势，具有较强的指导意义；云南科技版《迪庆森林遥感分析》、《云南主要林木种质资源》、《云南省哀牢山森林土地持续管理研究》等。有关森林利用方面的著作有，中国标准版国家标准《木材积累计表》，东北林业大学版《原木和锯材建模及求积理论》，云南科技版《云南商品材薄木手册》；另外还有中国林业出版社的《中国森林植物检疫对象》，详细介绍了已公布的35种森林植物检疫对象。

本年鉴收录水产渔业类图书8种。李思发编著的《中国淡水鱼类种质资源和保护》(中国农业出版社)，论述了我国淡水鱼类的遗传与种质资源的层次状态及其保护战略；其他图书的内容则主要集中在养殖技术与疾病诊治方面，如《中华鳖高效实用养殖新技术》、《鱼鳖快速养殖技术》、《精选水产养殖技术》、《大口鲶生物学及养殖技术》、《鱼虾蟹贝疾病诊断和防治》等。

综上所述，虽然农业科学类的图书出版在数量与质量上都有所进步，一些传统研究领域在研究成果和出版上也呈现可喜的局面，但就其内容结构来看，在满足农业图书的主要需求对象——农村读者方面，农业科学图书的出版还有许多工作要做，人们企盼着有更多的适应农村经济发展需要的图书出版。

交通运输类图书综述

俞　菲

交通运输是国家基础设施建设的重要内容之一，它与国家经济建设和人民生活密切相关。交通运输包括铁路运输、公路运输、水路运输和航空运输。本年鉴收入交通运输类图书32种，其中铁路运输类2种，公路运输类26种，水路运输类3种。

铁路运输是我国交通运输的重要组成部分，特别是在远程运输中发挥着巨大的作用。本年鉴收入这方面的2种图书，是由中国铁道出版社出版的学术性著作。一本是有关铁路通信、信号方面的内容，由南京铁路运输学校著《区间信号自动控制》；另一本是王际祥著《货运需求与经济发展》，书中围绕着铁路货运需求与经济发展的关系问题，重点论述了货运需求增长与经济发展的基本理论关系，货运需求增大过程的规律性，增长的阶段性导因等。作者在分析了发达国家的情况后，还将我国的铁路状况进行比较，指出我国铁路货运增长与经济发展不相协调的主要原因在于铁路网规模偏小，扩展速度滞后于经济发展，并提出了运输建设的若干政策性建议。

1996年水路运输类的图书也不多，只有3种。这3本书是由上海交通大学出版社出版的学术性著作，即程斌主编的《船舶及海洋工程导论》、张希贤等编的《潜艇装置及系统》和杨承参等编的《船舶动力装置》。前两种属于船舶工程范畴，后一种则属于各种船舶类。

交通运输类图书中最多的是公路交通类，共计26种，约占整个总数的81%。这不仅说明公路交通在研究领域是关注的热点，也显示出它在整个交通运输系统中的重要地位。这类的图书主要分布在道路工程、桥梁工程、汽车工程、汽车驾驶、其他道路运输工具、交通工程与公路运输技术管理7个方面。

在道路工程方面只收有1种图书，即由蒋忠信等编著的《中国山区道路灾害防治》。此书重点对中国山区道路的各种地质灾害的内涵、形成条件、特征、预测、评价及其防治和工程措施进行了论述。在桥梁工程方面，有2种是对大桥的技术经验进行总结的专著。一种是由测绘出版社出版，吴栋材、谢建刚等编的《大型斜拉桥施工测量》，此书总结了武汉长江二桥精密施工测量的实践，介绍了大型斜拉桥施工中的测量工作；另一种是铁道部大桥工程局编著的《钱江二桥技术总结》，书中重点总结了在强涌潮河段上修建梁基础新技术和十八孔一联大跨度预应力箱梁的新结构等。还有一本是广东旅游出版社出版的《中国桥梁》(於贤德著)，该书从美学的角度，剖析和阐述了桥梁美学因素，介绍了中国桥梁的种类和形态。

汽车工程、汽车驾驶和维修及其他各种运输工具，一向是公路运输中的三大焦点问题。从这类的图书看，其中汽车工程方面主要集中在介绍各种汽车结构部件和小客车、微型车、轿车技术等知识。本年鉴收录汽车部件方面的专著主要涉及汽车轮胎学

(北京理工大学出版社的《汽车轮胎学》)、发动机技术(北京理工大学出版社的《车辆及其发动机CAD技术》和《发动机的浪漫》)、底盘修理技术(湖南科学技术出版社的《中外汽车底盘修理工艺》)、汽喷系统(福建科学技术出版社的《汽车电子控制汽油喷射系统结构原理检修》)、电器电子设备(机械工业出版社的《现代汽车电器与电子设备(结构·原理·使用·维修)》)。机械工业出版社的《国外汽车最新结构图册》,通过200余幅典型汽车结构图样,展示了近年来国外汽车的先进技术和结构。在小客车、微型车、轿车技术的介绍方面,主要涉及的车型有桑塔纳轿车(《桑塔纳轿车构造、使用与维修(增订本)》)、昌河长安等微型车(《微型汽车使用与应急维修》)、夏利汽车(《夏利汽车构造与原理》《夏利汽车拆检图解》《天津夏利轿车结构与使用维修》)。另外,吉林摄影出版社出版了《世界当代著名跑车》画册,介绍了当代具有代表性的各种跑车。

汽车维修工艺与方法类图书以其实用性在图书消费市场上受到读者的青睐。此类图书主要有机械工业部统编的《机动车修理工操作技能与考核(中级工适用)》,它是“机械工人操作技能培训教材”之一。另外机械工业出版社还出版了由杨绍林、金力群编的《简明汽车检测设备使用手册》和由刘若南等译的《现代汽车、摩托车图解丛书》。金盾出版社出版了《汽车声响与故障判断排除》一书,详细介绍了汽车各种声响故障现象、原因和故障判断排除方法。

由于公路交通的发展,摩托车等其他交通运输工具也逐渐走入平常百姓的视线中,金盾出版社出版的《进口摩托车使用与维修》一书正体现了人们生活的这一变化。公路交通的质量与道路设计、交通管理与控制息息相关。在交通工程与公路运输技术管理的研究方面,1996年有两部专著问世:一本是武汉测绘科技大学出版社出版的《城市交通分析与道路设计》,另一本是河北科学技术出版社出版的《道路交通处理概论》。前者主要介绍了城市交通分析、交通规则、管理及道路设计的有关理论和基本方法。后者则重点研究了交通事故的概念、领域、交通事故的现场处理、现场勘查、现场摄影等内容,并收编了《行政处罚法》、《刑事诉讼法》等有关法规。

从本年鉴收录的交通运输类图书情况来看,主要有以下特点:

1.桥梁类专著大多为总结新技术、新工艺,这一方面体现了我国造桥技术水平已提高到一定的水平,趋于成熟,另一方面也反映了我国经济发展、社会生活的需求对桥梁事业的促进。

2.1996年度在各类汽车中论及夏利车的著作最多,占到这一类图书的50%。夏利车车身短小灵活,价格适中,作为百姓家用或出租车都是首选,中国的出租车保有量中夏利车就占了39%。正是夏利车的这种大众普及化路线,使得它在1996年的汽车类图书市场上倍受人们的青睐。

3.关于其他道路运输工具这一主题的图书只有一本《进口摩托车使用与维修》,这不仅反映出摩托车作为其他道路运输工具正在引起人们的注意,还揭示出进口摩托车在我国占有主要市场,国产车急待发展。

图书出版研究

改革开放以来中国出版业十大变化

潘国彦

改革开放以来，中国出版业由复苏走向繁荣，目前已跻身世界十大出版国行列，我想把这一过程归纳为出版业的十大变化，这里勾画出一个粗线条，供读者了解参考。

一、从调整地方出版社方针起步，推动了整个出版业的发展

1978年以前，除了北京、上海两个出版基地外，各地方（指各省、市、自治区）出版社一直执行“地方化、通俗化、群众化”的方针，主要出版本省需要的课本和政治读物以及其他通俗性的工农业生产和文艺读物。1979年12月国家出版行政机关在长沙开会，针对改革开放的新形势，同意将地方出版社出书方针改为“立足本地，面向全国”，拓宽了出书范围，使地方出版力量大大增强。地方出版社的建制由一个综合性的出版社逐步分成社科、文艺、科技、教育、少儿、美术等各类出版社，形成了专业优势。1978年，地方出版社只有52家，1995年底发展到344家。目前各地方出版社出书品种已占全国的66%。地方出版社的迅速崛起，形成了竞争的强势，促进和带动了全国出版业的发展。随着出版体制改革的深入发展，有些省又在试验组建出版集团，以利于集约化经营。

二、出版社规模、数量有了迅速发展

1978年，中国只有105家图书出版社（其中中央53家，地方52家），到1996年7月已增加到564家（其中中央220家，地方344家）。目前30个省、市、自治区都有出版社，已初步建成门类比较齐全、分布比较合理的出版体系。出版从业人员有30余万人，出版社职工有5万多人，其中专业编辑3万人。目前共有204家音像出版社。配书出版音像制品的图书出版社97家。

三、出版物数量成倍增加

1978年，全国出书14987种（其中初版11888种），1995年出书103630种（其中初版书60575种）。

1978年，全年总印数为37.74亿册，1995年达到62.6亿册。

1978年，全国有期刊930种，1995年达到7543种。

1978年，全国有报纸186种，1995年达到2056种。

1978年，录音录像制品还是空白，1995年出版录音制品7056种，录像制品4643种。电子出版业正在迅速发展，这是高新技术进入出版业的一个标志，其发展前景十分可观。

四、印刷生产力有质的变化

80年代以前，我国印刷生产设计十分落后，基本上是铅印印刷，手工排字，80年代中期开始，对印刷技术设备进行大规模改造，生产能力有了质的变化。目前照相排字已占50%，胶印已占总印量的64%。书刊印刷周期缩短至平均100天以内。

1995年国家和省级定点书刊印刷厂的排字能力达265亿字，印刷能力达3910万令。

五、图书发行网点遍布全国城乡

现有各种经济成分的图书发行网点86000多处。其中国有书店网点10700处，供销社售书点32000处，集体和个体书店30000处，其他售书点13000处。

六、一大批优秀图书出版，形成新中国成立以来最突出的出版高峰

经过十多年甚至更长时间的编撰，在80年代开始策划和实施了一系列国家重点出版工程，使一大批优秀图书陆续出版。如建国以来最大的出版工程——74卷的《中国大百科全书》，集中了2万多名专家学者编撰，自1978年开始，到1993年出齐，历时16年，使中国出版业水平达到了一个新的境界。1979年以来新出和重印各类辞书4000多种，新编的《汉语大词典》(13卷)、《汉语大字典》(8卷)在汉语辞书的出版上规模空前。《辞海》、《辞源》都出版了修订本、《马克思恩格斯全集》中文版50卷和中国自己编辑的新版《列宁全集》60卷也于1990年全部出齐。这表明中国对马克思列宁主义著作的出版达到了新的水平。全面介绍世界经典学术著作的《汉译世界学术名著》丛书(5辑230种)陆续出版。中外文学名著和中国古籍得到了系统的整理出版。在此期间，还出版了一批优秀的科学技术图书，如《杂交水稻育种栽培学》、《中国岩石圈动力学》、《工程控制论》等，受到国际学术界的关注和欢迎。

七、出版教育和出版科研形成规模

出版印刷科研机构有22个，全国已建立出版、印刷、发行专业院校18所。

有12所高等院校开设了图书发行专业本科或代培班。18个省级新华书店成立了图书发行中专学校、技术工学校或职业高中，还有17所印刷中专、技术学校。

从1982年5月开始，建立了全国印刷工业科技情报网。它的任务是收集、分析、传播、提供国内外印刷科技信息，为印刷全行业的技术改造、科研及经营管理服务。

八、出版外贸有新的拓展

1949年12月就成立的中国国际书店，专门经营书刊进出口工作，1981年更名为中国国际图书贸易总公司。

1973年，成立了中国图书进出口公司，1981年该公司增加出口业务，更名为中国图书进出口总公司。

1980年成立了中国出版对外贸易总公司。

此外，国家教委有一家教育图书进出口总公司，经营图书进出口业务的还有一些，但主要是这几家。

从80年代末开始，每年出口中文书大约2万种。

对外和对台出版交流，这几年有较大发展。1978年开始对外合作出版，第一本书是人民美术出版社与日本讲谈社合作出版的《中国之旅》。十多年来，已同20多个国家和地区的几百家出版机构签订了几千项合作出版协议，已出版图书2000余种。近年来，对台合作和交流有较大开展。

九、版权保护工作逐步加强

我们对版权保护工作一向比较重视。这是维护著译者和出版社专有出版权合法权益的一项重要工作，同时也是加强国际交流的需要。

1979年中国出版工作者协会成立了版权研究小组，为起草版权法开始作准备工作。

1984年6月，颁布了《图书期刊版权保护办法》。

1991年6月1日，实施《中华人民共和国著作权法》。

1992年7月和11月，先后加入伯尔尼公约、世界版权公约和录音制品公约。

十、出版和发行体制改革取得成果

我国的出版体制和发行体制是在实行高度计划管理体制条件下建立起来的，已远远不能适应社会主义市场经济体制和两个文明建设的需要。改革出版、发行体制，是发展和繁荣出版事业的根本出路。出版体制改革的目标是：建立适应社会主义市场经济、符合社会主义精神文明建设的要求又符合出版自身发展规律的出版体制。发行体制改革的目标是：建立和发展开放式的高效率的充满活力的发行体制，要形成以国有书店为主体的、多种流通渠道、多种经济成分、多种购销形式、少流通环节的新格局，以达到书畅其流，多发好书的目的。

在出版、发行单位建立和完善严格的责任制，制定和执行严格的规章制度，是出版体制和发行体制改革的一项基本内容。转变管理机构职能，精兵简政，下放权力，调动基层单位和广大职工的积极性，是体制改革的又一项重要内容。

本着这些改革的目标和基本思路，从1979年以来，采取了许多措施，出台了相应的政策，取得了比较显著的成果。通过十多年的出版、发行体制改革，出版事业有了迅猛发展，实现了繁荣的目标。从总体上看，当前出版工作继续保持积极健康向上的态势，出版事业正朝着进一步繁荣的局面发展。

出版事业在取得显著成绩的同时，也存在一些值得注意的问题，主要是：

(1)出版物的整体质量不够高，精品书不够多，

低水平重复出版、编校质量低劣的问题还不少;

(2)新闻出版法制体系还需要进一步健全和完善;

(3)新闻出版队伍的整体素质还不适应工作的要求。

这些问题已经引起出版管理部门的注意,正在采取各种措施逐步予以解决。

质量和效益的竞争,是关系到中国出版业进一步繁荣和能否占有国际市场的关键。出版产业在国际、国内面临的挑战,促使我们考虑要加快管理体制和运行机制的改革。为此,新闻出版署已经制定一系列宏观调控措施,如制定出版事业"九五"计划及2010年长远发展规划、建立出版工作向优质高效转移的目标体系、制定培育和规范图书市场的法规、制定国家"九五"图书出版重点选题规划、建立图书质量保障体系等等。同时,坚持不懈地进行"扫黄"和打击非法出版活动,深入进行全国图书质量大检查,并使之制度化,进一步扩大同国际和台港澳出版界的合作与交流。这些措施正在全国实施,有的已取得良好的效果,我们对出版事业的进一步繁荣充满信心。

(原载《出版发行研究》1996.5.)

我国出版业面临的机遇与挑战

杨陵康

出版业是国民经济中强大行业之一。古老的出版大国英国,1989年出版业产值在该国诸产业中排序第5位,利润5.5亿英镑。美国出版业历来排序在前十位之内,近几年其销售额增长率在诸产业中居第3位,1992年销售额为168.5亿美元,1994年上升为187.9亿美元,1995年达230亿美元左右。中国出版业也是盈利行业,1995年排序第8,在汽车、石油、建筑等行业之前。

出版业的发展有其时代背景。当前,人类正处在世界新技术革命的时代,这场新技术革命的主要特征是,信息已成为发展科学技术、提高社会生产力、增加社会财富的资源。在这个新时代里,科学技术的进步与经济的发展,主要不是靠矿产资源的开发和利用,而是靠信息资源的开发和利用。从这个意义上讲,人类正在进入信息社会,信息的获得、传递、开发和利用,已成为一个国家繁荣、富强的主导因素,也成为各国间竞争的焦点。图书(包括电子图书)是一种信息载体。迄今为止,在其他诸多信息载体中,还没有一种载体和图书一样,能同时具有内容广泛、形式多样、可重复使用、传世持久、便于携带、使用简便等等诸多优点。因此,现代出版业是信息产业的重要组成部门,它成为国民经济强大的部门之一就不足为奇了。

信息具有全球性与双向性,这是不难理解的。因此,信息传递与开发的国际化,包括科学技术的国际化便成为人类社会发展的必然趋势,这也必然表现在图书市场的国际化,从而为我国出版业提供了机遇与挑战。

面对中国出版业高速发展所带来的问题,当前存在一种观点,认为图书市场已经饱和。但是,如果我们放眼从图书市场的国际化角度来看,也许结论就不同了。从国外发表的资料来看,西方几个发达国家1989年图书出口金额以美元计分别为:美6.5亿、英5.25亿、德3.6亿、日3.1亿。就连我国台湾地区1989年也达2.1亿美元。我国邻邦印度在1983年出口图书金额就已达1250万英镑。而我国大陆地区1989年图书出口仅为630万美元,1992年上升为1093万美元,但与当年美国的图书出口金额16.3亿美元相比,仍存在巨大差距。我国图书在国际市场上的弱小地位,反映出我国图书市场的局限性,只局限于国内。这主要是东西方经济及科技发展不平衡、文化与历史传统的差异以及意识形态不同所造成的。但无庸讳言,也与我国出版业对面临世界范围内的机遇与挑战认识不足有关。

随着冷战的结束,世界政治格局向多极化发展,东西方文化交流与信息传统的障碍正日渐消除,南北半球间经济与科技差距也日益缩小。中国经济建设连续多年以超过10%的年增长率飞速发展,社会主义市场经济的强大生命力,掀起了世界范围内研究中国的热潮。中国高尖技术及基础学科的最新成就,和体育竞技的崛起一样,震撼了全世界。东方文化与思维方式以及现代儒学成了西方学术界注目的焦点。了解中国、认识中国、研究中国的渴望为我国图书进入国际市场提供了条件。

我国图书要进入国际市场，必须加强外文版，尤其是英文版图书的出版，而这正是我国出版业的薄弱环节。我国图书，尤其是科技图书，外文版所占比重极小，而邻邦印度全年出版的图书中，英文版竟占40%左右，为其图书进入国际市场创造了条件。随着我国改革开放的进程，外语教学逐渐加强，语言障碍已逐渐减少，外文编辑力量及排印条件均已大大改善与加强，只要我国出版业抓住机遇，大力发展外文版图书，我国出版业大踏步进入国际市场指日可待。

中文(海外称华文)图书进入国际市场的前景也十分令人振奋。全世界除祖国大陆地区以外的海外华人总数达5500万人，其中新加坡等东南亚国家，除通行所在国的官方语言和文字外，还使用华文简体字与普通话。除了这些海外华人外，还有大量正在为汉语(海外称华语)热所席卷的各国人士。目前开设华文课程的国家已接近70个，许多国家已把汉语列为学校中的第二甚至第一外语。据统计，美国各大学及研究机构中，设立有关东亚的图书馆约80个，以收藏中、日、韩三国文字图书为主，其中55个图书馆每年用于购买图书的经费达730多万美元。其他兼收华文图书的图书馆难计其数，购书潜力极大。又据报导，台湾3500多家图书馆，每年用于购买图书的经费中约2/3用于购买大陆图书，但由于两岸三通不能实现，这笔经费没有完全用于购买大陆图书。个人购书的潜力也很大，以美国为例，美国现有华裔约170万人(也有人估计为120万人)左右，其中早期移民及其后裔约占40%，近二三十年移民约占60%。早期移民中的第一、二代华裔及近期移民非常关心祖国的建设与发展，热心华夏文化，读华文报、看华文书的热情很高。至于早期移民中的第三代，对中国的认识与了解已很淡薄，使他们了解华夏传统文化及辉煌历史的任务就更为迫切。因此，华文图书进入国际市场不是一般的文化交流需要，而是使华夏文化植根于全世界华人之中，并使之发扬光大的需要。要改变国际图书市场上英文图书的霸主地位，并使华文图书占据更重要的地位。我国出版界要清醒地认清面临的前所未有的机遇与挑战，勇敢地担起历史赋予的重任，抓住机遇，迎接挑战，向国际图书市场进军!

当然，只看到有利条件的一面是不够的。要向国际图书市场进军，还必须对面临的巨大风险有足够认识，才能承受压力，采取对策，打开局面，站稳脚跟。图书市场的国际化必然伴随着出版企业的国际化，跨国公司应运而生，并引起全球性的激烈而残酷的竞争，出现了大调整、大改组、大兼并的局面。英国研究出版业的专家戈登·格拉海姆，根据出版公司的实力、信誉、质量及员工素质，排出当前世界头12位出版公司，其中第1位是德国培脱曼(Bertelsmann)出版公司，该公司1994年总营业额达到115亿美元，64%来自德国境外。1986年9月该公司以4.75亿美元的代价兼并了美国Doubleday公司，1995年下半年又兼并了曾任英国首相的哈罗德·麦克米伦家族所有的麦克米伦出版公司，从而成为当今世界两大主导科技潮流杂志《科学美国人》及《自然》的主人。排名第2位的是里德-埃尔塞维尔(Reed-Elsevier)出版公司，该公司于1993年1月由英国Reed公司与荷兰Elsevier公司合并而成，实力大增，合并次年即1994年，就出资15亿美元兼并了著名的美国米德数据中心，成为全球出版科技期刊品种最多、实力最强的出版集团。

中小型出版社为了不被吞并、挤垮，也纷纷采取各种联合方式以增强实力。大型出版社为了增强应变能力，又不断建立、分裂出许多相对独立的小公司。而出版业的高额利润，又不断吸引新的资本，出版新的公司。因此，在这场激烈而残酷的竞争中，出版企业的建立、联合、调整、改组、兼并、分裂、散伙、破产、倒闭习以为常，层出不穷。总的趋势是资本进一步集中到国际财团手中。据统计，在1985年美国出版业总销售额110亿美元中，约有15%即16亿美元以上为外国出版公司在美国的子公司所得。反过来，美国出版公司又从其在别国的子公司中获得巨大的销售收入。而在上述16亿美元销售额中，约有2/3为培脱曼集团、国际汤姆生(International Thomson)集团及企鹅(Penguin)集团所有。进入20世纪90年代后，美国出版业每年约180多亿美元的总销售额中，竟有3/4为几个国际出版集团所占有，加上200多家大、中型出版企业，就包揽了全部销售额的99%，其余几万家小出版社只占1%左右。

兼并与竞争不仅发生在出版企业之间，而且出版业与其他产业之间跨行业的渗透、竞争与兼并也在加剧。中、小型出版社为了开拓市场，采取各种方式渗入商店零售业，图书进入了公园、饭店、宾馆甚至礼品店、乐器店。据统计，90年代初，美国15%的小型出版社以这种方式的销售收入，占其总销售量的35%。少儿图书的出版企业则从为母亲及孩子提供完善的购物环境入手，与玩具业、娱乐业、餐饮业甚至百货业结合,集书店、百货商店、儿童乐园于一身的大型超级市场,成为人们节假日的消闲去处。至于教材出版企业与教育机构的合作更顺理成章,大学出版社就是二者结合的产物。出版社与通讯社、报社、广播电台、电视台等同属信息产业,随着录音与录像制品、激光唱盘与视盘、软件、多媒体以及信息网络的发展,更促使它们联合与兼并。出版公司与软件公司及新闻机构联合经营早已不是新闻。而且由于音像、视盘等制品的发展与娱乐业、礼品业、影视业的发展息息相关,音像带、唱视盘的市场又与电视机、音响、录像机、视盘放映机、卡拉OK、游戏机、通信器材等电器市场紧密相连,因而国际财团把出版业、娱乐业、影视业、家用电器业等行业作为一个整体来策划和经营就不足为奇了。更有甚者,由于西方出版业的高额利润,使出版社的股票、房地产、招牌都成为大财团的争夺目标,从而使金融业(包括银行业及股票业)、房地产业与出版业的经营管理紧密相关,以至有人预言,未来的国际书展将不仅是图书的贸易场所,而且也是出版业股票与房地产的交易场所。

综上所述,中国出版业要向国际图书市场进军,不能不走集约化、规模化的道路,光凭一两个出版社(那怕是目前国内实力最强的出版社)单枪匹马地干,很难与国际大出版企业抗衡。同时要采取灵活、多样的经营方式,立足出版,走出出版,才能最终发展出版,在国际市场上站稳脚跟。

(原载《科技与出版》1996.5.)

图书出版“精品意识”的喜与忧

李玲如

一

在出版体制由计划经济向市场经济转轨的时代氛围中,国内出版界经历了这场改革的“洗礼”之后,正以全新的姿势直面21世纪的到来。图书出版之“精品意识”的形成,便是这种新姿势最引人注目的特征之一。

“精品”的关键,无疑在“精”。“精”在古时是指“纯净的上等品”。古人云:“鼓荚播精,可以食十人。”后来“精”字有了引申义,系指无杂质的纯净之物。从这个意义上来看,图书的“精品”应该是图书的“上品”,且因其内容而非形式取胜。正因为如此,“精品”图书便有了“传世之作”的内在涵义:它不是以昙花一现式的“畅销”为标准,而是以“流芳百世”作取舍。

国内出版业“精品意识”的崛起,反映了出版人一种新的价值取向。就此种取向而言,它同时也反映了出版思想的“跃进”,一种趋向成熟的“跃进”。我们不再做“井底之蛙”,不再留连于出版的“短期行为”,不再被动地接受“市场”的制约。各出版社期望通过自己的“精品战略”,引导读者的认识兴趣,并试图藉此对图书市场进行实质性的干预。可以看到,近几年来,出版界频频推出系列“精品”,在新闻媒体的支持下,已对我国图书市场的走向产生了积极的影响。

然而,目前图书出版的“精品意识”,无论是在观念上,还是在行动上,也存在着这样或那样的问题。因此,如何在理论上对之加以认识和必要的澄清,树立起更加健康、积极的“精品意识”,也是当前出版界亟待解决的问题。

二

我国图书的“精品”热大致发端于80年代后半期。长期以来,我国出版体制被牢牢地纳入计划经济之中,图书成为“不愁嫁”的“皇帝女儿”。从80年代初开始,出版界开始进行了一次较大规模的改革,如何适应“市场经济”的规律成为这场改革最核心的内容。由于价值规律在市场经济中起着主导作用,一时间,利润意识成为图书出版的“灵魂”,产生了一系列以追求最大利润为目的的短期出版行为,形成出版界某些无序和混乱的现象。在这种情势下,经过一段时间的艰苦摸索,一些有识之士开始意识到不讲质量、只求利润的做法是“自杀性”的短期行为。于是便开始呼吁“两个统一”,即图书出版的社会效益与经济效益的统一,并在理性上更为强调社会效益。到了80年代中期,为了寻求社会效益和经济效益相统一的现实模式,一些有实力的出版社开始筹划向社会推出图书“精品”,并以豪华型的装帧和丛书型的套本显示精品的“大制作”特点。

一个颇具意味的事实是，最初推出的“精品”图书多以少年儿童为读者对象，所选择的内容一般都以传世的、被公认的著作为主，不过是在形式上加以“包装”。例如，浙江人民美术出版社 1987 年出版的《世界文学名著》连环画丛书曾在国内产生“轰动效应”。该丛书“精选了各国享有世界声誉作家的代表著作”，最先推出的欧美部分共 10 册，尔后又推出了亚洲部分。该丛书无论是绘画还是包装都堪称精美。其后，浙江少年儿童出版社于 1991 年推出的、总共为 6 册的《中国通史（绘画本）》，则把内容瞄准中国历史，并起用对中国历史研究颇有造诣的专家和史学工作者撰文，以精装形式推向社会。把“精品图书”的读者对象定位于少年儿童，这反映了出版社力求在推出“精品”的同时也注重经济效益，并且事实上是成功的。这个定位，体现了出版社实施“精品战略”的良苦用心，并因其成功而鼓舞着后继者对“精品”的热望，客观上推动着 80 年代后半期以来图书出版“精品意识”的不断形成与强化，并致使“精品意识”今天在全国出版界形成燎原之势。

但是，这场出版界的“精品”大战，从一开始就带有其内在的弊端，即，在部分功利色彩驱动下的图书“包装热”，以及经典名著重版热，致使“精品意识”在一定程度上偏离了它应有的轨道。具体表现在以下两点：

第一，精品图书的出版竞争变为重形式、轻创造的装帧“大赛”。

图书精品有其独特的“包装”，这本无可非议，但“包装”毕竟是形式的东西，也就是说，“装帧”并不是精品的标准。图书出版界因受其他商品行业的影响，把注意力过分地倾注于图书的外在表现形式以及图书发行的营销策略上，而不是把它放在图书内在质量的组织和精选上，多少给人“本末倒置”之感。例如，由中华书局和海南南洋文化（集团）公司联合推出的特精装本《二十四史》开出了“天价”，每套 16 万元！这套被出版者自诩为“二十四史羊皮洒金珍藏本”的书具有三个特点：“一是羊皮面，封面上的图案及史记两字为烫真金，上书口（不是所有书口）为真金烫口；二是该书全球限量编号发行 100 套，购买者将获得中华书局总经理签发的‘二十四史羊皮面洒金珍藏本收藏证书’，证书中注明书的编号；三是设计制作不同于一般：由曾获国际图书装帧设计奖的中央工艺美术学院余炳南教授设计，北京新华印刷厂老技师手工装订，质量达到国内最高水平。”上述三条，蕴涵着浓重的商业气息，出版者的良苦用心似乎并不在于“精品”的创造，而在于“精品”的包装，而包装的目的是在于“精品”的营销，这就把出版界的“精品意识”引向另一个不正常的方向上去了。事实上，已无可非议地拥有“精品”声誉的经典传世之作——《二十四史》在我国已有悠久的历史，中华书局 1980 年已出版过小 32 开本的《二十四史》，当时定价仅为 250 元，该书局后又推出定价为 2800 元的大 32 开《二十四史》，如今又以“限量”100 套为条件再出定价达 16 万元的“珍藏本”，其意图与其说是文化的，毋宁说是商业的。此类已遭到新闻媒体的抨击，称“此举‘出版物’与大多数的读者并无丝毫联系，这岂不是我们出版业的悲哀吗？”

第二，由于重形式，轻创造，一些出版社便把眼光投向历史，形成了一股在故纸堆里寻觅“精品”的选题模式。

这几年来，一些出版社不愿花艰苦努力的劳动，不愿在选题的组织、精选和书稿的编辑加工上花大力气，而是在走捷径。从古代、近代、现代和当代文献中“取”经典，从中国“取”到外国，冠以“弘扬”之美名，然后在包装上比“精”。由于这种“取来主义”非常省事，所以，出版者推出的精品每每是浩浩数十卷之巨。这种“精品意识”实际上极大地忽视了“精品”本身所需要的开拓意识，囿于一种既成的思维模式之中。它至少产生两种负面效应：首先，它导致大量人力、物力和财力不必要的浪费。在这种快捷的“精品意识”驱动下，出版界的“集体行动”造成选题的严重撞车。80 年代以来，以“诸子百家”、“四大古典名著”为主体的“中国古典名著系列”到底有多少版本，一般读者恐怕难以明了。而 1996 年新春伊始，媒体又传出将有 6 家出版社 6 种版本的《莎士比亚全集》面世。“你到底会买谁的？”“中国读者到底需不需要这么多莎氏全集？”“新译或新修订的译本质量是否有保证？”这确实值得社会各界的关注和思索。其次，它实际上窒息了当代图书“新精品”的面世，不利于文化知识和最新科学和技术的传播和提高。倘若我们的出版社能把如此巨额的出版经费投入到对当代图书“精品”的创造之中，那么，对我国文化事业的发展、民族素质的提高、科学技术的进步来说，将是一项传世的伟业。可喜的是，从第二届国家图书奖获奖的图书中，我们欣慰地看到，仍有众多的出版人在出版这片神奇的土地上孜孜不倦地耕耘、播种，最终产出精品。例如，由浙江科学技术出版社出版并荣获第二届国家图书奖的浙江植物资源调查巨著《浙江植物志》,共8卷,570万字,附有4000余幅图,载人4000余种植物种类。经出版社与作者历时10年的精心合作,得以编著出版。这才是精品,这才是出版人的精品意识。

三

对出版社来说,“精品意识”应着眼于发展,着眼于提高,着眼于明天,质言之,应着眼于对“精品”的开发,而不是对“精品”的温故。我们应该不时地扪心自问:“祖先能为我们留下诸如《二十四史》这样令人叹为观止的经典巨作,那么,我们能给我们的子孙留下些什么?”借助“包装”来打“精品”牌子,的确能够制造出商业上的轰动效益,但决不能制造出文化、科学和技术上的轰动效应和传世之作。作为人类文化知识积累和传播的使者,出版社更神圣、更重要的使命是推出文化上的宏篇巨制、科学上的传世之作,为人类文明和进步做出应有的贡献。因此,我们不能只把出版视野禁锢在外在形式的包装上,我们需要有更实质性的精品开拓意识,装帧豪华的书籍固然能显示“精品”超群的气派,但是,只要内容卓越,其貌不扬的书籍同样能世代相传。在这方面,英国著名的企鹅出版社的成功创举可供我们借鉴。

在本世纪30年代,企鹅出版社的创始人莱恩针对当时英国出版界时兴精装本出版风尚的情势,独具慧眼,大胆实践,掀起了一场意义深远的“平装本”革命。在当时,精装本一般每本至少要七八个先令,而企鹅出版社的出版物最初发行时,每本平装本定价仅为六便士(相当于10支烟的价格)。这场革命从一开始就引起了作家、评论家、出版社和发行商的激烈争论,并且遭致大量的攻击,但企鹅出版社不仅没有被击垮,反而更加迅速地扩展、壮大,进而一跃成为饮誉全球的著名出版社。究其原因,主要是企鹅出版社不是在形式上而是在内容上狠抓精品图书的出版、推出一系列精品新作,从而为世人所瞩目。

举几个例子。从1939年开始,企鹅出版社推出“国王企鹅系列”丛书,这套书至今仍然是图书收藏家争相收藏的珍本,并被誉为“战争黑暗岁月及战后的艰苦岁月中唯一的价钱合理的有着彩色插图的艺术书籍”。著名艺术家史玻伏斯那爵士(Sir Nikolaus Pevesner)被莱恩慧眼识中,出任企鹅出版社“鹈鹕艺术史系列”丛书的主编,他花了23年之久时间,出版了洋洋40余卷的《英国的建筑》,此书成为出版史上的一座丰碑。诸如E·M·福斯特、弗洛伊德、萧伯纳等这样一些颇有争议的作家,都成为企鹅出版社的作者。而《尤利西斯》这样的书籍于1936年企鹅出版社初创之际首版这一事实,更能说明莱恩的胆略和魄力。值得一提的是,在晚年,当莱恩得知自己已患癌症后,于1969年4月以同样朴质大方的版式,再版了乔伊斯的《尤利西斯》,以缅怀他50年的出版生涯。企鹅出版社实施“精品”战略的成功经验,对我国出版界应该是有所启示的。

(原载《浙江大学学报》(社科版)1996.2.)

图书质量与编辑的责任意识

严奉强

一、中国图书质量的现状及成因

改革开放十几年来,中国的图书出版业得到了空前的发展和繁荣,出版社数量从80年代初的170余家发展到1994年的500余家;出书品种则从1.4万多种增加到9万多种;印书册数达70亿册,中国真正跨进了世界出版大国的行列。

然而,繁荣的背后却隐藏着危机。由于在图书的品种和数量呈几何级数增长的同时,人才的需求严重短缺,滥竽充数者大有人在,整个出版队伍的素质严重下降,特别是编辑队伍的素质严重下降,从而进一步导致图书质量的大滑坡。据广东省新闻出版局1995年6月对全省16家出版社的图书抽样调查表明:在被抽查的32种图书中,没有一种图书达到国家规定的优秀标准;一半以上的图书为不合格品,其中有一种图书的差错率竟高达万分之三十二!而这仅仅是指图书质量的一个方面——编校质量而言。至于在全国各地近些年出版的图书中,其思想内容方面、社会价值方面、学术水平方面等存在的问题,则更是令人堪虞——

思想内容方面:宣扬不健康内容的图书大行其道,宣扬封建糟粕的图书禁而不止;违反国家政策和出版纪律的图书时有出现……

社会价值方面:宣扬封建迷信、伪科学的图书铺天盖地,宣扬庸俗哲学的图书随处可见……

学术水平方面:平庸书、关系书、职称书盛行,学术水平低下、粗制滥造的图书一路过关斩将……

中国的图书市场已到了非整顿不可的地步!

1994 年召开的全国新闻出版局长会议,正式提出了"新闻出版工作由规模数量增长向优质高效阶段转移"的战略目标,为提高图书质量指明了方向。

笔者认为,要实现图书出版由规模数量型向优质高效转移,不会是一件一帆风顺的事情,更不是一件一蹴而就的事情。规模数量的控制,可以发挥行政管理职能的作用得以实现;而优质高效的产生却要立足于各出版单位的自觉和努力,立足于出版队伍的建设,立足于编辑队伍素质的提高。而尤其是编辑人员素质的提高与否,将直接影响"阶段转移"战略的成败。

正如前文所说,由于图书规模数量的爆炸式增长,缺乏相应的人才基础,导致了出版质量的大滑坡;为数不少的出版社对编辑工作的重视不够和对编辑工作中心地位的背离,也极大地挫伤了现有编辑人员的积极性,不利于优秀的青年编辑的成长,这也是造成出版质量下降的一个重要原因;市场经济的发展的不完善,导致实用主义抬头,个别编辑也产生"金钱至上"的思想,更直接导致图书质量的大滑坡。据报载,有的编辑一年的编书工作量达几千万字,高出新闻出版署规定的几十倍。在这种情况下,"错误百出"、"无错不成书"的现象自然无法避免,更不用说个别编辑直接参与"买卖书号"等现象而产生的坏书、禁书了。

笔者认为,要提高图书质量,关键在于建立一支素质优良的出版队伍,特别是编辑队伍。我们在鼓励、培养编辑人员成长的同时,还要注意培养和增强他们的责任意识。只有编辑人员有了强烈的责任意识,图书质量的提高才能得到保证。

二、编辑责任意识的主要内容

编辑的责任意识,也就是编辑职业的社会责任感。编辑工作是一种创造精神产品的过程,它不同于一般的物质产品的生产。从一定意义上说,精神产品对人类社会的影响力更广阔、更深远,它不仅反映一个时代和社会的文化和文明,也积累人类社会各个不同时代的文化和文明,这是一般的物质生产所不可比拟的。江泽民同志在全国宣传思想工作会议上指出,宣传出版工作"必须以科学的理论武装人,以正确的舆论引导人,以高尚的精神塑造人,以优秀的作品鼓舞人"。这不仅是对宣传出版工作提出的明确方向和要求,也是对编辑责任的全面概括。编辑的责任意识,正是在这一原则基础上形成的。

编辑的责任意识,一般包括以下几个方面的内容:

1. 主体意识

编辑的主体意识,不仅是指在图书的编、印、发三个环节中,编辑处于主体地位,对图书的质量起着决定性作用;它也是指编辑人员作为个体,在图书出版的整个过程中对自我的正确认识。

正如前文所说,在市场经济条件下,个别出版社淡化或背弃了编辑的主体地位,导致图书质量的大滑坡。而重视编辑主体地位的出版社,编辑人员的积极性和创造性得到了充分的发挥,图书质量得到保障和提高,社会效益和经济效益双丰收,出版社走上了良性循环发展的轨道,这从近几年来新闻出版署表彰的优秀出版社的情况可见一斑。这是因为,出版社的发展壮大,虽然取决于发行数量的扩大,而发行数量的扩大,又取决于图书质量的好坏。优秀的图书不仅能产生良好的社会效益,获得读者的欢迎和好评,也往往能产生较好的经济效益,特别是一些再版书,在市场上往往是大受读者欢迎和推崇的优秀图书;而在优秀图书一而再、再而三的重印、重版过程中,其经济效益也随之产生了。因而可以说,图书质量是图书的生命力,也是出版社发展壮大的前提;而图书质量的好坏,又取决于编辑工作环节,即编辑主体意识的强弱。具有主体意识的编辑,自然会投入全部精力在自己所策划、组织、编辑的每一本图书中。

编辑人员在图书编、印、发三环节中的主体地位,只是编辑主体意识产生和存在的一个方面。作为一个个体,编辑人员的主体意识,还应包括他们对自我的正确认识。

在一个出版社中,编辑队伍的专业、学识水平和文化层次,相对来说往往要高一些,特别是随着国家高等教育事业的发展,越来越多的高学历人才走上编辑岗位,使这一现象更为明显。应该说,这对任何一个出版社来说,都是幸事。作为知识面相对较广、专业水平相对要高、对书稿前途有着生杀予夺大权、对图书质量负着义不容辞责任的编辑人员,一定要意识到自己所从事事业的社会价值和文化价值,认识到自己对社会、对人类、对历史负有的责任。只有这样，编辑人员才能时时以严肃、认真的主人翁态度，积极地和有创造性地完成编辑工作。

2. 丰碑意识

所谓编辑人员的丰碑意识，指的是编辑人员在选题策划、组稿、审稿、加工等过程中，都要意识到自己工作所承担的人类文化传承的责任，要有让自己所编辑出版的每一本书，都成为人类文化和文明发展的历史见证和不朽丰碑的气魄。

正如前文所说，编辑工作是一种精神产品的生产过程。作为编辑劳动的直接成果的图书，它不仅是一种商品和可视的物质产品，它亦是一种精神产品，负载着人类文化发展的成果和信息，标志着人类文明的成就；它不仅要在一个地区传播，还将作为流动的商品传播到人类社会的不同角落；它不仅存在于当今时代，还将作为人类文化和文明的积淀，留给我们的子孙后代。因而，作为编辑，我们时时要意识到，我们所从事的，是在建设一座座丰碑呢，还是留给子孙后代一堆堆印刷垃圾。

3. 读者意识

图书的社会价值要通过读者的阅读才能实现，图书的质量要通过读者的检验、评判才得以确定。因此可以说，读者是图书的审美主体，编辑必须时刻具有读者意识，才能以优质的图书获得读者的好评。

读者意识的最初体现，是编辑工作的服务性。按照传统的提法，编辑是"为她人做嫁衣裳"，正是编辑服务性的体现。但是，在社会主义市场经济条件下，编辑劳动的服务性决不能囿于这一含义。他必须面向市场、面向读者，融于市场、融于读者，以读者的需求为导向，才能创造出真正适合市场和读者需要的优秀作品来。

但是，以读者的需求为导向，并不意味着迎合少数读者消极、落后、庸俗和不健康的需求，放弃编辑的主体意识和质量追求。我们认为，强调读者意识，正是为了强化编辑的主体意识，二者是矛盾统一的。只有实现主体意识和读者意识的完美结合，既以读者为导向，又自觉地导向读者，才能产生真正优质的符合读者审美需求的产品来。

4. 精品意识

中国的图书市场经过一段时间的信马由缰般的发展，今天已到了整顿、调整的关键时刻。如果说，现在从主管部门到各个出版社都在强调出精品图书的话，那么，强调编辑人员的精品意识，更是当务之急。因为涉及图书质量、档次的一切决策、设想和愿望，最终都得落实在编辑的行为之中，精品的产生自然也要来源于编辑的精品意识。

所谓精品意识，是指编辑在策划、组稿、审稿、加工过程中，对有强大的艺术感染力和召唤力的作品的追求。精品不意味着袖珍本或珍藏本，亦不代表豪华本。例如中宣部自1990年至今每年推出的"五个一工程"，涵盖了图书、戏剧、电影、电视、文章写作等各个领域的最高成就，称得上是当之无愧的精品；广东高教出版社的《冼星海全集》的出版，历时八载，投资逾百万，洋洋洒洒数百万字，亦称得上是精品，因为它保护了我们民族优秀的文化艺术遗产，弘扬了民族的爱国精神，对世界文化亦是一大贡献。而那些追赶时髦、热点，炒古人冷饭，迎合低级趣味的图书，即便包装得十分豪华、漂亮，也是称不上精品的。

编辑的精品意识，就在于其在对图书市场的充分调查、了解的基础上，对于高品位图书的认识和追求。所谓"取法乎上，得乎其中"，只有这样的高起点、高追求，才能创造出尽可能完美的高档次、高品位的优秀精品图书来。

5. 经营意识

表面上看，经营意识的强弱，与编辑的责任意识没有直接的关系，也不会影响到图书的质量。而实际上，经营意识与图书的质量有着直接的关系，特别是在社会主义市场经济条件下。

出版社作为企业化经营的文化事业单位，多数都已走上自负盈亏、自主经营的道路。出版社肩负着传播人类文化知识和文明成果的重任，当然不能以赢利为首要目标，但出版社要完成自己的重要历史使命，又必须以赢利作为追求的重要目标。否则出版的图书，出一本亏一本，钱从何而来？更谈不上扩大再生产了。

因而，作为出版社处于首要环节的编辑，必须具有经营意识，才能为出版社的经营管理打下一个良好的基础。编辑的经营意识，体现在以下三个作用之中：

(1)确定经营战略的参谋作用。出版社所从事的是精神产品的生产，它通过精神产品的独特魅力去征服读者，从而实现价值和使用价值，因而出版社的发展，离不开匠心独运的经营战略。而要制定出正确的适应市场需要和社会发展需要的经营战略，又离不开编辑的参与和参谋。这是因为，出版社的内部分工，决定了编辑是产品设计和生产组织的责任者，产品质量的好坏、高低，将直接影响发行销售，从而也直接影响整个出版社经营战略的实施；另外，编辑是出版生产第一线的经营者，他与广大作者、读者有着密切的联系，甚至常常融于作者、读者之中，因而十分了解图书市场的需求和竞争现状，他在出版社的经营战略的制定中毫无疑问会起到重要作用。

(2)提高出版产品竞争力的基础作用。应该说，市场经济条件下的出版竞争，是正常的和有益的，它将直接打破过去划地为牢的局面，而形成出版繁荣、百花齐放的新气象。在市场竞争中，编辑是大有可为的，这是因为，市场竞争，首先是质量的竞争，要保证图书的质量，当然离不开编辑工作的认真负责。

(3)开发出版资源的先锋作用。出版资源，是指能变成出版财富的各种客观条件。出版社的固定资产、资金积累、产品库存等是出版资源；出版社的社会声誉和影响力、稳定而优秀的作者队伍、出书的分工范围等也是出版资源，而且常常是更为重要和“值钱”的资源。编辑的经营意识，便在于有效地开发这一部分出版资源。例如，如何利用出版社的良好社会声誉去组织有价值的优秀选题；如何保证并扩大一支能经常为出版社提供优质稿件的高素质的作者队伍；能否从古今中外浩瀚的文化积累中推陈出新，挖掘出有时代意义的新的选题，等等，这都需要编辑敏锐的经营头脑和自觉的经营意识。

编辑的责任意识，当然不止包括这几个方面。笔者认为，凡是有利于图书质量的提高而又与编辑的责任有关的意识，都是我们所应该强化的，例如公关意识、竞争意识、质量意识等等。由于它们互相交叉，有的也贯穿在我们前面的论述之中，这里就不一一展开了。

三、编辑的责任意识与编辑的基本素养

编辑的责任意识，是提高图书质量的直接保证，而要培养和增强编辑的责任意识，除了出版社领导从各方面给予支持、鼓励外，编辑人员本身必须具备如下三种基本素质：

1. 渊博的知识

编辑的劳动是创造性的劳动，一个具有责任意识的编辑，必须具备渊博的知识和扎实的专业基本功，才能胜任编辑复杂的工作。正如我们经常提倡的，编辑必须既是“专家”，又是“杂家”。只有这样，他才能具有对选题敏锐的判断力和顽强的捕捉力，也才能开发出适合社会需要的优秀选题。不仅如此，在审稿、加工过程中，也只有具备渊博知识的编辑，才能感受到优秀书稿中作者灵动的智慧和思想的火花，而不至于失之交臂；也才能发现原稿中存在的问题，特别是一些容易被忽略又常常影响全局的问题，而不至于放过，因而可以说，渊博的知识是编辑责任意识发挥作用的前提。

2. 无私的奉献精神

人们常说，编辑的劳动是“为她人做嫁衣裳”，这既是对编辑劳动性质的概括，也是对编辑奉献精神的赞美。具有责任意识的编辑，更是要具备无私的奉献精神。只有这样，他才能在任何的利益诱惑面前不为所动，全身心地投入到优秀图书的选题开发和加工处理等工作中去；他才能不斤斤计较于个人的荣辱得失，默默地耕耘在这一传播人类文明的沃土上，创造出辉煌的成绩。

3. 果敢的学术勇气

一个具有责任意识的编辑，还必须具备果敢的学术勇气，敢于坚持自己的正确判断，既尊重权威，又不迷信权威，敢于向权威的错误挑战，敢于向陈腐的观念挑战。只有如此，他才能真正起到图书质量的“把关人”的作用，图书质量的提高才能得以实现，编辑人员本身也才能不辜负历史和时代赋予的传播人类优秀文化和文明成果的重要使命，真正对人类文明的发展作出自己的贡献。

（原载《暨南学报》（哲社版）1996.2.）

略论图书质量与编辑创新

王玉坚

我国出版工作正出现阶段性转移，即从总量增长为主要特征的阶段向优质高效为主要特征的阶段转移，提高图书质量是实现这一阶段性转移的核心和关键。编辑，由于其在图书出版各环节中的特殊地位，决定了编辑创新是出版优质图书的重要基础和中心环节。没有创新内容、创新形式的图书算不上好

图书,同样,缺乏创新意识、创新能力的编辑不是好编辑。

编辑创新是指创新意识和创新能力。缺乏创新意识,编辑会在认识、捕捉、鉴别好选题、好书稿、好作者方面显得乏力,更谈不上发掘有生命力的新选题、有前途的新作者。而有了新的编辑意图、方案等,却没有付诸实践的能力,那也只能是纸上谈兵。可见,二者是相互统一、缺一不可的两个方面,并共同构成优质图书出版的重要前提。因此,编辑创新是提高图书质量的一个不可忽视、值得研究的重要问题。

一、编辑创新是优质图书出版的重要基础

图书的生命力在于质量。优质的图书应该而且必须是有创意有创造的,亦即创新。创新不仅构成优质图书的重要基础,而且是评价图书优劣与否的主要内容和重要标准之一。图书创新包括诸多方面,既包括新学科、新理论、新知识,也包括各学科发展的新体系、新观点、新方法、新成果;既包括新资料、新信息,也包括新角度、新题材;既包括新品种,也包括新系列新规模;同时也包括新的包装等等。当然,所谓的新,是有原则有方向讲主流的,即是符合主旋律的新、是科学的艺术的新。总之,要像邓小平同志要求的那样,做到有新内容、新思想、新语言和有份量,这应是我们坚持的图书质量标准。在这个意义上,我们说,创新,既是创优的前提,更是创优的灵魂。

编辑创新不但体现在图书生产的产品上,而且贯穿于图书出版的全过程,是出版优质图书的中心环节。图书质量是由书稿质量和出书质量两个方面构成,书稿质量是指编辑制定的选题是否精确、组织作者是否得当以及审读书稿能力的高低。出书质量指编辑对书稿是否精心加工,校对是否认真细致,装帧设计是否精美。可见,图书的创优是一项系统工程,它的每一个环节都不容忽视。编辑工作处在图书生产过程的中心环节,通过它,对外沟通作者和读者,对内联通装帧、出版、发行等各部门。正是因为编辑工作所处的这种特殊地位,决定了编辑创新在出版优质图书全过程中起着贯通全面、举足轻重的核心作用。

随着经济、科技、社会的发展,编辑这种贯通全面的角色就更突出。编辑的功能将愈来愈扩大、延伸,编辑创新在图书创优中将担负起越来越主要的责任、起着越来越重要的作用。

从外部环境看,它表现在编辑职业进一步社会化、编辑劳动进一步科学化、编辑规范进一步标准化和编辑手段进一步电脑化。依托信息传播技术突飞猛进的发展,图书的形式已从有纸跨向无纸电子图书。电子图书的出版流程中,编辑的基本方式未变,但是纸、墨印刷的工艺方式已被光、电显示的传播方式所取代。据报道,美国目前已出现了出版社通过计算机信息网络系统把图书传送至用户的无纸化"连机发行"形式。有研究者预计,随着个人电脑的普及和"信息高速公路"的建立,连机发行将成为21世纪主要的图书发行方式。从图书今后的发展来看,所谓图书,意味着它是一种不定期的、达到相当篇幅的、以图文符号传播信息的出版物;印刷或非印刷不再是它的本质性区别;印刷与否,取决它的传播方式。编辑劳动正在出现的进一步社会化、科学化、规范化和电脑化的发展趋势,使编辑的功能在迅速扩张。与此相应,编辑创新也必然会随着这一变化对我国未来的出版事业、乃至信息产业和科学技术文化事业发展水平产生重要影响。

从出版过程看,它表现为在图书的出版形式链中,编辑职能的再扩充、扩大甚至取代其他链环。例如,在传统的出版形式链中将全部图书生产流程归纳为三块:编辑、出版、发行。然而,电脑排版的兴起,特别是轻型桌面排版系统在出版中的广泛应用,对传统的编、排分离的观念和工艺规范形成巨大的冲击。电脑排版丰富的变化功能和迅速的自动调整功能,使编辑设计允许在排版、改版中延伸。这对于编排的观念是一个突破。编排合一,印刷和发行的自成一体,是报纸出版的普遍模式。

编辑职能向排版、校对扩张,甚至向印刷、发行扩张,这一发展趋势本身就意味着编辑的主体创新意识和创新能力将更多地渗透到图书出版各环节,对优质图书的出版起着越来越显著和主要的作用。

二、编辑创新的主要特征

1. 系统性

编辑创新突出地表现在其系统性上,如编写大型工具书、类书、百科全书、丛书等。因此,有规模成系列是编辑创新的基本特征。一方面,这是由于图书功能的特殊作用决定的。当今反映传播积累和促进人类思想、科学文化的重要手段除图书外出现了报刊电影广播电视而且还会出现其他新的手段,在这种情况下,图书功能的发挥面临了一种挑战,它要求图书出版不能墨守成规而要适应新形势、研究新途径,发挥更大的作用。于是,世界许多国家盛行百科全书、年鉴、大型丛书、文库、全集等"出版热",表明

了图书出版正朝着其他手段不能代替的方面发展。另一方面，也是由于编辑作用的特殊性决定的。因为设计、组织大型的精神生产工程，通常总是由编辑来承担的。为了完成设计和组织的任务，编辑必须对已有的精神成果（特别是各类学科的发展状况）进行必要的总体分析；对作者队伍进行一定的调查研究并向作者进行广泛的咨询和动员；还要规定工程大小"部件"的规格、要求。这一切最后又必须变成用明确的文字表达出来的包含有编辑宗旨、编辑计划、组稿计划、编写要求、审稿流程等内容的设计方案。有了这些共同的依据，复杂细致的组稿、撰写活动才能实际展开，而且这些设计思想和组织方案的科学水平，又会在很大程度上决定工程的整体质量。《辞海》的1989年装订版比1979年版所以能大大增加容量（增加13000余词条、250万字），大大提高了科学质量，就是编辑的设计思想有了很大变化的结果。《中华人民共和国地名词典》同样如此，它的工程浩大，收录地名十万个，总字数1500万。编辑部为它制定的设计方案——《〈中华人民共和国地名词典〉编辑工作细则》规定了词目类别、采词标准、词目内容和字数、基本编写体例、插图和审稿、定稿，全文六章、三十六条、49项，共20万字。

2. 整合性

编辑创新的整合性主要表现在"化零为整"和"推陈出新"上，即把已有的选题或旧有的单项品种通过提炼后重新组合，形成一个新品种、一个新系列、一个新规模，以产生某种整体效应，起到化"平常"为"神奇"的作用。如《重现的鲜花》把1956年反右派时被打成反党反社会主义的大毒草的短篇小说组合成一本书；编辑为组合这本书所下的功夫主要是收集、选择，通过反复的构思确定了一个精彩的书名，结果书一出版就受到了国内外的热烈欢迎。贵州人民出版社"古代名著全译丛书"，最初是1984年开始出单品种，未成系列也未用系列名称，1990年开始他们考虑集束出书，并将过去散出的几种也并入丛书。这是把过去的旧品种纳入新系列。

3. 时代性

把握时代的脉搏和主流，适应时代的需要，是编辑创新的显著特征。只有站在时代的高度，弹奏时代的最强音，才能创出优质图书。在我国，时代性表现为：一是指高扬主旋律。如爱国，是一个永恒的主题，也是时代主旋律的一个最强音。中国少年儿童出版社紧紧抓住这一主题，出版了《国情十知道》、《我爱你，中国》、《我爱祖国我爱家乡优秀作文选》、《社会主义好》，分别印了上百万、上千万以至几千万册。二是指具有能反映新时代的思想水平、学术水平和艺术水平。如堪称建国以来重大的文化出版工程——新型类书《中华大典》的编撰就不仅是一部在收集资料和成书规模将超过古代所编的大型类书和丛书，而且还是一部具有新时代特点的大型类书。三是为经济建设服务、为改革开放服务、为建设有中国特色社会主义服务。广西人民出版社的《县级领导工作的理论与实践》（分上、中、下三册）一套书第一次集中了全国1000多个县（市）的领导，一道笔谈如何发展农业和农村工作问题，它的出版，恰逢党的13届八中全会召开之时，对贯彻全会《关于进一步加强农业和农村工作的决定》精神，起了有力的推波助澜的作用。该书为此获得第七届中国图书奖和第三届桂版优秀图书特别奖。

4. 补白性

所谓补白，是指填补空白。产生图书出版的空白的原因有两种：一是由于人类认识能力的有限和宇宙的无限，在人类面前永远存在一个未知的领域，即空白地带。科学的任务就是要不断地认识未知，即不断地填补空白，从而开辟人类认知的新领域；二是由于读者的需要总是多方面和多层次的，所以在出版物和读者之间必然会出现空白地带，需要编辑去发现、去填补。补白性的创新常常使编辑成为学科发展新天地的发现者和开拓者。如爱因斯坦的《论动体的电动力学》一文得到德国《物理学年鉴》的编辑支持，及时发表，促成了相对论的问世。新途径、新品种的挖掘、开拓更是如此。例如近年来文摘形式的发展（从文摘形式的广泛采用到文摘报刊的兴办；从首次文摘的倡导到文摘学的研究）就都是由编辑作出的创造；微型小说、纪实文学等新文体的发展，也都是编辑倡导与支持的结果。

三、提高编辑创新的途径

1. 树立敬业精神

高度的事业心、责任感和敬业精神是编辑创新的动力。一个人对事业的热爱、对工作的迷恋，必然促使他积极思考问题，勇于提出改进工作的意见和设想；而且不满足于一得之功、一孔之见，不断进行探索和创新。大凡在事业上有所建树的人，都是对事业充满激情，专心致志从事创造性劳动的人。相反，那些不热爱本职工作的人，工作必然缺乏热情和进取精神，更谈不上会有什么创新活动了。树立敬业精神，对于编辑创新具有特殊意义。因为编辑工作是一项很艰苦的脑力劳动,从事这项工作的编辑人员,如果不具备“为人作嫁,甘之如饴”,不求名利、甘当“无名英雄”的思想品德,就不会热爱本职工作,从而无法激活编辑的创新意识,也就难以编出有价值、有影响的优秀图书。

2. 建立丰富的知识储备

深厚的文化专业水平和广博的知识素养,是滋润编辑创新意识、创新能力的土壤和基础。因为丰富的知识储备可以使人产生广泛的联想,使思想灵活和敏捷。一个编辑如果知识贫乏,处理书稿时就很难发现问题和提出问题,也就很难提出创新的选题,编辑出高质量的图书来。许多大学者、大思想家、大作家如孔子、爱尔维修、狄德罗、黑格尔、马克思、茅盾、郑振铎、叶圣陶、鲁迅、胡适、巴金等,都曾经做过刊物或出版社的编辑,唯其学识渊博,他们的编辑工作自然出类拔萃。

3. 改善思维方式

编辑要跳出狭小的思维框架,拓展自己的思维空间,使思维具有多向性和独创性。思维的多向性要求我们变单向性思维为多向性思维。如编辑至少应该学习这几种思维方式的特长:求新、求快、求准的记者型思维方式;求异、求优、求廉的经营型思维方式;以及学者型的逆向思维方式。思维的独创性要求我们养成独立思考的思维方式。独立思考是编辑进行创新活动的必要前提。善于独立思考、敢于向传统观念挑战的编辑,才能有所发现、有所创新,才能根据同一社会需要,提出不同的选题;根据同一选题,提出不同的组稿方案;根据同一组稿方案,提出不同的编辑角度,从而搞出有特色高质量的图书。

4. 总结实践经验

“实践出真知”这句老话对编辑创新是同样适用、同样必不可少的座右铭。它要求我们在编辑工作实践中摸索,不断寻求、思考、体会和发现,随时总结经验、积累经验。我们每人都会有自己的实践经历,唯善于总结经验者,才会在编辑工作中不断出新。编辑与学者、作者不同的最大特点之一是:他既是一个具有高深学问的学者,同时又是一个出色的实践活动家;他所从事的工作,既是意识性很强的工作,同时也是实践性很强的工作。从选题策划到编辑加工等一系列工作无一不是非常具体的,非编辑亲自动手就办不成。一切创新意识,要变成优质图书,没有创新能力是不可能的。因此,通过实践来提高创新意识、创新能力是一条主要途径。

就编辑工作实践看,首先要积极参与选题策划和组稿活动。通过这一活动,编辑的创新意识和创新能力大大增强,编辑队伍素质迅速提高,好选题好书层出不穷。其次,从各种学术业务活动和科研实践中提高创新意识和创新能力。编辑自己应该主动争取参加各种业务和学术活动,参加各种科研成果和著译作品的鉴定和评奖活动,这类活动对丰富编辑的知识储备和提高编辑的创新意识、创新能力有着特殊重要的意义,各级有关领导更要为他们参加这类活动提供方便。

(原载《桂海论丛》1996.2.)

“好书”为什么不能获奖?

王大路

“中国图书奖”作为国家评选图书的三大奖之一,经历了十年的历史检验。十年来,它以评选的公正性、权威性和严肃性赢得了众多出版社的交口赞誉和社会各界的良好反响。然而,对于评选者来说,几乎每届评奖都有一个问题在困扰着我们:有些出版社报送的图书选题重大,匠心独具,令同行和读者爱不释手,结果就是不能获奖;有的作品出自名家之手,选目精当,著述功力甚厚,读以来难以释卷,结果也是不能获奖;有的图书卷帙浩繁,包装堂皇,印制精美,足以使海内外出版同仁为之瞠目,望洋兴叹,自愧不如,但也不能获奖。是什么原因致使这些“好书”不能获奖?作者煞费苦心,出版者以巨大投资才得以问世的重点之作何以前功尽弃,功亏一篑?这是出版界应该特别深思的课题。

编辑加工粗糙,校对差错较多,这是导致一些选题优秀的图书不能获奖的最重要原因。

图书评奖,主要依据图书的内容质量,兼顾印刷、装帧档次,同时参考读者反映和书评文章的评介全面综合评比。这里，最关键的是图书的内在质量，而这种质量的高低主要取决于选题、组稿、审读、加工、整理及校对等几个步骤的全面或综合工作情况。优秀的选题、成功的组稿，既是编辑工作的良好开端，也是把握图书内在质量的基础和前提。而审读、加工和整理，则既是编辑工作中最为艰辛枯燥的过程，又是决定书稿成败的关键环节。至于校对，我们称之为编辑工作的继续，它不仅要保证检排无误，而且要协助编辑发现原稿中存在的问题。恰恰在这些关键部位，编校人员案头工作的高低轩轾之分，决定了图书质量的优劣，带来了书稿的不同命运。《绿洲经济论》是新疆人民出版社为迎接自治区成立四十周年而推出的一部力作。它选题重大，系全国“七五”规划的重点项目，它是由新疆的专家们用了将近12年时间进行实地考察之后，运用系统科学和现代经济学研究的成果对第一手材料进行科学分析，进而对绿洲生态系统和经济系统的特点，发展趋势和目前存在的问题提出了解决的途径和政策构想。从内容上看，无疑是部好书。从包装上看，封面设计美观大方，书名之下是沙漠和绿洲相连而成的图片，给人以双层的形象：一方面是绵延千里、渺无人烟的荒漠；另一方面，在那茫茫荒漠之中又点缀着片片绿洲，水草丰美，绿水青山，胜似江南。整个画面，使人领悟到：绿洲和沙漠本是干旱环境中的矛盾统一体，生态和经济有着天然的联系，抑制了沙漠化趋势必然迎来充满生机的绿洲，全书又是铜版纸，精装套封，不论从内容到形式都应该榜上有名。然而，竟令人惋惜地落选——这其中一个重要原因就是本书的编校水平和质量问题。本书开头有个序言，是著名经济学家吴敬琏所写，虽只有1000多字，却对全书做了高度概括和深刻评价。那么序言之后的“前言”，就应该对全书提纲挈领，总体把握，使读者对全书有初步了解，并尽快入题。然而，这部书却以新疆社科院原院长陈华先生在十多年前发表的一万七、八千字的调查报告作为“代前言”，使读者莫名其妙，不得要领。我们高度评价陈先生于1983年发表的这篇论文的深远影响和现实意义，也十分崇敬这位绿洲经济研究的开拓者和组织者。但假如我们的编辑同志能做些工作或加以技术性处理而不是“来稿照登”，把这篇论文作为绿洲经济研究的发端放在附录中那些调查报告之首而另有个“前言”，不就可使全书的逻辑关系更为清楚了吗？这样，陈老先生也会笑而首肯的。至于在书中第110页注释①中赫然印着“科学出版社会出版1989年版”的字样，更是让那些想按图索骥的读者无所适从了。书中的技术差错超过了国家规定的标准。正由于此，这部“不但有很高的学术价值，而且有重大的实践意义”的好书竟不能入围。江西教育出版社近年来异军突起，出版了一批批好书。它精心策划制作的《中国幼儿百科》共3本，每套360元，颇为壮观，气势恢宏，不仅参与阵容强大，有冰心、金波、范崇燕等名人担任顾问或编委，而且图书制作豪华，印装精美。但一翻书，编辑环节的粗糙跃然纸上，目录与正文的题目混乱。目录题为“狐狸是聪明还是狡猾？”到了正文却为“是聪明还是狡猾——狐狸”，类似这样目录与正文不一致的在这部书中竟有多处。显然，这里已经不是什么编校水平问题了，是编校人员的责任心出了问题而使这部出版社着意推荐的“好书”自然而然地落选了。回顾几年的评奖，几乎每届都有一批选题优秀、印制精美的“好书”因编校质量问题而被淘汰。

参选书暴露出的编校质量问题，实质是现实向我们发出亟待需要提高我国编辑出版人员思想和业务素质的呼唤。勿容置疑，经过多年努力，我国出版人员的素质有了明显的提高。从某种意义上说，图书评奖本身也是对编辑出版人员的激励与培训。然而，与事业发展的需要相比，增强队伍的素质已经刻不容缓。从宏观总体上看，一是学历偏低，在全国出版界51万从业人员中，博士生仅为253人，研究生2395人，本科生4.2万人，分别占总数的0.06%、0.9%和7.8%；二是具有高级职称正在编辑第一线充当骨干的中青年较少，全部从业人员中，40岁以下具有正高级职称的仅为57人，占总数的0.01%；三是经过职业技术训练的较少，许多编辑人员是从大学非编辑专业毕业后直接从事出版工作的。从微观个体上看，有些编辑人员的心在市场经济大潮的冲击下总在涌动，很难坐下来认真地编辑、加工、整理书稿，踏踏实实地为他人做嫁衣；还有些编辑很难静下心来扎扎实实地增强自己的理论功底和学识水平，结果越来越少地拥有编辑加工发言权。因此，只有从宏观与微观的统一上，从总体与个体的结合上全面提高编校出版人员的素质，才能从根本上消灭或减少这类不该发生的现象。

造成“好书”而不能获奖的另一个重要原因是丛书、套书中的各本书水平参差不齐，鱼目混珠的结果往往是“一条臭鱼腥了一锅汤”。

近年来，很多出版社越来越热心于出版丛书、套书，用盒装，用箱装已屡见不鲜。它规模宏大，气势惊人，印装高档，装帧华贵，这既是编辑整体意识增强，用整体出新取胜的表现,也是出版走向或趋势的反映。从一般意义上讲,强化丛书、套书的出版是件好事。问题在于如何把握整体的轰动效应要来自于个体优势的集合。恰恰在这一点上,透过图书评奖,又能引起我们的一些思索。

纵观十年来的评奖,丛书、套书作为一种书参选从总体上来说是占有优势的。一种选题,整体出新,包装统一,形成阵势,很容易为专家、学者乃至评委青睐和偏爱。然而,评选的结果却有相当一批丛书、套书不能入围。究其原因,大体有三个层次上的问题:其一,丛书、套书没有出齐就急于参选,结果被排斥在外可想而知。几乎每届评奖都有这样的情况发生。既然要评丛书、套书,那么就一定要对这套丛书、套书中的所有书都要审读,总体把握,书未出来怎么能作出评价呢?这是个非常简单的道理。其二,丛书超出了所界定的范围或缺少了所必须包涵的重要内容。某出版社有一届推荐的"中国历史名人"丛书,竟没有收进孙中山。华北一家出版社参评的"名家作品选"套书中竟夹杂着一位评论家的理论著作等等,这样的例子不胜枚举。其三,也是最重要的,即参选的整套书水平参差不齐,这也可能是作者的关系,也可能为时间所限,但直接的结果是给这套书带来硬伤而使它不能获奖。在某一届评奖中,一家出版社出版的一套丛书,气势磅礴,印装精美,又是名人主编,全套丛书的整体质量堪称上乘。但其中有一本书却给整套丛书带来致命的硬伤——中国的经济改革哪能只谈到八十年代末!1992年初邓小平视察南方发表重要谈话和三月中央政治局全体会议标志着改革开放和现代化建设事业进入一个新的阶段。1992年10月召开的党的十四大,以及以后的三中、四中、五中全会通过的文件,不仅确立了社会主义市场经济体制的目标,而且对于建立社会主义市场经济体制作出了具体部署。在这个阶段,国有企业转机建制的改革,宏观调控的改革,培育市场体系等都取得了重大进展。怎么可以设想在这之后几年出版的论及中国经济改革内容的书竟对此避而不谈呢?丛书是以其恢宏的阵势形成其整体"轰动效应"的,而"轰动效应"的产生不是"炒"起来也更不是包装出来的。它是由一本本个体图书的质量优势的集合或汇集而形成整体优势,产生"轰动效应"的。因此,编校人员必须对丛书、套书中每一本书都严加把握,精雕细刻,才能真正站得住。从上述三个层次显露的问题看,表面上是编辑宏观驾驭能力不够和"打快拳"、"急功近利"等行为造成的,实质上仍是由编辑人员的素质决定的。因此,提高编辑人员的素质也是解决丛书、套书中各本书水平参差不齐的关键所在。南京大学出版社出版的匡亚明先生主编的"中国思想家评传"丛书,成熟一本出一本,择其优秀而参评的作法值得提倡。他们把其中的《孔子评传》单独拿出来参选,结果专家和评委一致同意获奖,这也不失之为一种值得倡导的作法。

"中国图书奖"十年,报送的参选书三、四千种,获奖书达五、六百种,涌现出一大批深受各界读者欢迎的好书。从某种意义上说,这既是十年来出版发展的缩影和写照,又是出版界不懈努力成功的标志。"中国图书奖"和陆续开办的"国家图书奖"、"五个一工程"图书奖一道已经成为繁荣出版,多出好书的促进剂和加速器,它对我们的编辑工作既是一种检验,又是一种激励。因而,必然受到出版界的欢迎与支持。每年报名参选推荐的积极与踊跃,便是一个明显的例证。应该说,各家出版社推荐的图书基本上都是社内公认的好书,我们所以指出透过评选发现的问题,旨在总结经验,提高编校人员的水平和素质,促进多出好书。勿容置疑,敢于提出自己的不足,恰恰是有力量的表现,我们对编辑出版工作的自信,使我们有勇气回答"好书"为什么不能获奖这一令人迷茫的课题。

(原载《中国图书评论》1996.12.)

长篇小说的出版现状

司徒舒文

据国内12家文艺出版社的统计,1993—1995年出版的长篇小说共计有316种,其中,历史小说有39种,当代小说有197种,通俗小说有68种,其他有12种。这些小说主要有以下几方面的内容:

1. **反映当代生活,突出主旋律**

这类长篇小说约有197种,占总数的62%,这个比例还是比较合适的。这一类小说的作家队伍比较成熟,因而质量上也能得到保证。大多数作家都是在文坛上享有盛誉的,是长篇小说的中坚力量。这类反映当代生活的作品有以下几个方面:反映当前经济改革现状的,反映新的时代背景下的人民的观念及生活方式的转变的,反映青年生活面貌的等等。如:中青社的《世纪贵族》、《玩古》、《白领伊人》,人民文学出版社的《商界》、《无梦谷》、《疼痛与抚摸》,上海文艺出版社的《四牌楼》、《苍天在上》、《人之窝》、《股市大炒家》,北京十月出版社的《世纪预言》、《柏慧》、《未穿的红嫁衣》等等,都富有强烈的时代色彩,贴近现实生活,真实地反映了社会的发展和变化,在社会上反响较大。

2. **展示和回顾历史**

在近几年的长篇小说创作中,历史小说已经越来越得到社会的关注。这方面的小说正以非常新的形式和创作风格越来越引起文学界的注意。一大批有文学素养、有艺术功底的作家已经创作出了相当可观的历史小说。这一部分小说比起以往的历史题材的小说,最大的变化就是,人物形象有血有肉,可读性极强。而作者大都站在比较高的历史高度上,展示和回顾历史,融汇进现代人的人文思想,使历史小说在历史真实的基础上,更加富有感染力。这一部分小说有39种,占总数的12%。尽管这一部分小说在比例上似乎不是太大,但它的社会影响面的确是很大的。如:北京十月出版社的《暮鼓晨钟》、《咸阳宫》,湖南文艺出版社出版的《末朝顶梁柱——文天祥》,《杨度·旷代逸才》,《中国近代史上又一风云人物——石达开》,解放军出版社出版的《孙武》、《冼夫人》等等,这些小说都以比较成熟的文笔,描写了某一历史人物,为长篇小说的创作提供了新的创作领域。

3. **反映革命历史时期的作品**

这一类长篇小说有10余部,较为真实地反映了各个革命历史时期的社会生活和社会矛盾,作为20世纪末的作家作品,不可避免的带有总结性的巨著出现,一部分有实际经验的老作者,在社会稳定的大环境下,对解放战争和一定时期的革命运动有了较为深刻的反思和总结。这就使这一部分作品具有一种世纪意识。在这一部分作品中,大手笔随处可见,有一些作品写得相当成功。如:人民文学出版社的《战争和人》、《黎明前的前夜》、《露莎的路》、《雾重庆》,北京十月出版社出版的《战争启示录》、《风雨人年华》、《混沌初开》,解放军文艺出版社出版的《热血冰心》,漓江出版社出版的《总政委邓小平》,浙江文艺出版社出版的《孤岛少年》,百花文艺出版社出版的《逐鹿金陵》、《烽火动地歌》等等。这些作品在整体水平上都比较好,有气魄,有艺术功底,在社会上得到好评。

4. **各种题材的通俗小说**

这类长篇小说有68种,占总数的22%。这一批小说有相当的读者市场,多半是一些具有经济效益的小说。这是符合多样化的时代要求的。紧张的现实生活对长篇小说的创作有了另一种要求,这就是要使长篇小说的创作更加适合群众的要求,也就是要能适合市场的需要。一部分读者喜闻乐见的寓教于乐的通俗小说给图书市场也带来了勃勃生机。如:人民文学出版社出版的梁凤仪系列财经小说,江苏文艺出版社出版的台湾言情小说等等,这一部分小说的印数较大,图书市场的覆盖面也大,是有相当的读者队伍的。

通观以上创作内容,有以下几个问题值得大家注意:

1. **缺少有大气魄的精品之作**

近几年的小说虽然在数量上已成为历来长篇小说的“旺季”,但有质量的能让全社会瞩目的小说不多,这反映了出版社在组织长篇小说的出版选题上没有一种主体意识,没有一种出版人的制作气度,对长篇小说的原创资源的开发不够,这需要出版人要有一种统观全局的观念。

2. **长篇小说的人文精神日渐衰弱**

最近以来,读书界和文学评论界,都在呼唤文学创作中的人文精神,这是针对文学创作中出现的越来越多的注意自身的小说而言。尤其是一些在文坛刚刚走红的年青作家,热衷于一些不健康的心理描述,对一些并没有生活积累的题材大加杜撰,以至于在长篇小说的创作中兴起了一种写旧式妇女生活的热点,整个小说创作中弥漫着一种颓废的世纪末情绪。这种媚俗的创作倾向,使得长篇小说的创作在一定程度上成为图书市场的盲目追逐者。

3. **没有严格的审稿制度**

从长篇小说出版的现况来看,长篇小说的出版在质量上不能有一个大的突破,与对长篇小说的审稿制度不严有一定的关连。对作家写的小说没有质量上的要求,就不能保证长篇小说的出版呈现出真正的繁荣,现在的长篇小说的出版,完全是作者拿出什么样的书稿就出版成什么样的长篇小说,而没有出版社的意识在里面。我们毕竟是社会主义制度下的出版社,不适合中国国情和民俗习惯的内容和细节,就有义务修改这些内容。在尊重著作权法的前提下,要有出版社的精神融入其中。

4. 缺少出版社自己培养的作家队伍

目前,作家队伍是自然形成的。这就不能保证作品的质量。如果有一支自己培养的队伍,对出版社自己设计的选题的贯彻,就有许多方便之处。一个出版社一定要有自己培养出的作者队伍,否则,仅靠自发来稿,长篇小说的出版也就只能保持在作家现有的水准上。

注:12 家文艺出版社为:人民文学、作家、中国青年、解放军文艺、上海文艺、浙江文艺、江苏文艺、湖南文艺、海峡文艺、百花文艺、漓江、十月文艺等。

(原载《新闻出版天地》1996.4.)

科普读物出版:敢问路在何方?

木 华

A 发展经济与科普读物有什么关系?

据悉,近五年来,我国各类书籍出版量每年以 25.5%的速度递增,而有真正指导意义的科普读物出版量在原地踏步甚至略有下降。过去曾使几代少年着迷的《十万个为什么》虽递增为百万个甚至千万个为什么,但出售此书的书店却寥寥无几,且价格惊人,如要买齐,一般工薪阶层的人要一个月不吃不喝才行。有人甚至说:科普读物价格贵,那些浅显的道理不读也明白,它与经济发展没有多大关系。四川方源科协曾对小学 100 名儿童课外读物进行过抽查,与科普读物"有染"的只占 11.2%,他们单位情报资料室中被借走的全是文艺等可看性读物,而几千套科普读物少有问津。一位科普作家撰文对这一现象进行过分析:现代人办事都讲个急功近利立竿见影,但科普读物与效益距离太远,又不能直接发财致富,不能对孩子学习有直接帮助,所以,这类书籍遭冷遇是一种必然。还有部分人士认为科普书籍大多是炒剩饭,且多有重复,电影电视以及现代生活会让娃娃们自己明白的,用不着从书上看。许多人对有些科普书水分太多、乱编乱造多有抱怨。

B 科普出版,泛滥重复,令读者倒其口味

笔者曾发现了四个版本的《小学生怎样预防近视》小册子。四个设计各异的小册子出自四家出版社,价格相差甚远。有本《旅游与保健》读物(内有以真人真事作为论证的实例)也看到出自几家出版社,内容竟全一样。还有一些出版社,社会上人们热衷什么便创造什么科普读物,人们崇尚收藏,他便出版《收藏中的科学》,人们热心文物,他们便出版《文物的科学鉴定与管理》;人们热心健康,他们便出版《气功与长寿》、《保健中的十万个怎么办?》。人们热心易经,他们便出版《易经中的科学依据》、《易经中的预测价值》,目的是赚钱,至于科普价值则为其次。过分的泛滥导致重复混乱与自相矛盾。有两本写女性健美健康的读物,内容 160 条中有 1/3 是互相矛盾或模棱两可含糊其词的。在一些科普读物中把一些科学常识弄颠倒的例子并不鲜见。有一本读物中有一章叫《你喜欢什么颜色》,头几节就把颜色的冷暖属性弄错。

C 科普出版社,日子也不好过

《新闻出版》透露:仅 1995 年,全国一百多家省以上出版社中,就有八十多家亏本,而科普出版社亏本率几乎是 100%!迫于生计,不少科普出版社搞起了第三产业,一边亏本印刷正宗科普读物,一边出版些其他见效快的读物,用以补贴。笔者有位朋友是学美术的,他利用业余时间,画了近千幅科普题材的黑白作品,曾与好几家科普美术出版社联系,但对方都在同意出版的同时附加了一个条件:自销 80%!南方一家法制报报道了一个官司消息:一位科普小说作家将自己十多年的作品选编成册,交由科普出版社出版,书出来后他除了只收到 800 元的稿酬外,就是一大堆价值 6500 元的书籍!南方一家省级科普出版社,因出版三流科普读物不好销,而要出版一流的又无人写,只好 1/3 的人搞本行,1/3 的人搞业余出版(出版那些本行之外但能来钱的读物),1/3 的人停薪留职,或承包单位的门面。

D 科普创作者,你的劳动值多少钱?

以创造科普作品而成为名人的有几个？一本科普读物值多少钱？有人在一本国家级杂志上发表一篇5000多字的科普文章，半年后收到100元稿费！从目前的行情看，一般省、国家级报刊杂志和出版社给作者的稿酬，大多在每千字20—30元之间。其他文章如此，科普作品能好到何方？以科普创作来说，至今不少人视它为可有可无，低人一等的一般文字劳动。轻视、歧视科普创作的现象已成为相当普遍的世俗偏见。科学普及社金涛先生在《人民日报》上撰文说，他去年秋天参加中国科普作家协会年会，不少长期热心科普创作的著名作家甚至大学教授、高工都感慨万分地说：在不少大学和科研机构，评职称提级时，他们不敢出示自己的科普作品包括全国获奖的作品，否则将会遭到冷眼。在当代，从中央到地方，都有文联并拨有专款（下属有作协音协美协等，唯独没有科普创作协会），在评定职称中，一个中国作协会员可当一个副高职称，一个省会员当中级职称。但一个全国科普协会会员则什么也不当。

E 科普读物出版，如何走出困境？

科普读物出版，在一定意义上关系到提高全民族科学文化素质。尤其在我们这个有十几亿人口的国家，科普读物既担负着向亿万群众用最通俗的文字宣传科学知识，倡导科学精神和科学思想，推广先进技术的任务，也是直接和间接地为发展科学技术，造就科学人才，推进国民经济发展服务。这些属性是科普读物有别于其他出版物的鲜明特点。要想科普读物出版走出困境，首先要重视科普创作，再则要加大力度，让民众对科普知识发生兴趣然后钟情科普读物，只有让科普读物有了市场，有了“知音”，才有光明前景。还有一条就是各级领导要重视这一工作。要知道，科盲和文盲都是社会文明进程的大敌。经过努力，我国城乡文盲人数每年以12.3%的速度递减，而科盲则在以8—12%不断递增，因为科学在发展，你只认识了昨天的科学，而明天就有可能成为新的科盲。所以我们要不断学习更新知识，让科普知识为社会服务为经济生活服务。

（原载《信息快报》1996.5.）

喜忧参半的中国“辞书出版热”

——辞书专家、学者、领导关于辞书出版现状的剖析与思考

杨　平

不久前，中国大地上出现了一个叫王海的人及“王海现象”，由此刮起的一股强劲旋风给大众消费者带来了全新的消费观念，使广大消费者以一种崭新的“打假”眼光来审视摆在面前的形形色色的商品。其实，书界更尤为迫切地需要王海的出现。图书作为精神产品，是一种特殊商品，它的文化积累和传播知识、教育后人的特殊属性，就规定了书界“打假”的职责更加重大。而无论是按照这一特殊属性来看，还是从所有图书现有的问题来看，“伪劣辞书”的打假任务算是最为重要的了。应该说像其他类图书一样，近十几年来，中国的辞书出版获得了空前的繁荣，取得了巨大的成就。但是，不容忽视的另一面是现今出版界出现了一股“辞书热”，恐怕每个出版社都在出各种辞书、工具书，粗制滥造、重复剽窃、质量低下已成为辞书消费者谈虎色变的严重问题。

为了保持现今的辞书出版的良好势头，对辞书出版中的问题加以有效地治理，有必要对辞书出版现状做一番深入地透视和剖析。为此，本刊记者采访了一些辞书出版的专家、学者和有关领导，他们的谈话不但揭示了辞书出版的一些实质性问题，也对辞书出版工作的规范化以及未来发展方向作出了极好的阐释。

记者：我认为，首先应该研究的问题是，究竟应该如何评价十几年来我国的辞书出版工作，这是一个大问题，也是很重要的问题，它直接关系到对“辞书热”现象的正确评价。

鲍克怡（上海辞书出版社总编辑）：这确是一个大问题，很难有一句话的定说。我对出版工作有这样的看法：从80年代初到90年代中期，十几年来辞书经过“品种少—品种逐渐增多—增加很多—多而滥”这样一个发展过程。现在每年全国辞书新书有多少？全国五百多家出版社有多少家在出版各种辞书？我没有统计。辞书出版多，不一定不好，也不一定好，好或不好，要看选题，看质量，量的多少不能说明实质

问题。大家都看好辞书的出版，为辞书的发展与繁荣奠定了基础，是好的一面，因而才有了“辞书热”的出现。但“看好”不等于“重视”，辞书下一步的发展需要一个“看好—重视—出精品”的发展过程。

石家金(国家新闻出版署图书司辞书出版专家)：辞书事业的发展是国家、民族兴旺，科学文化发展繁荣的象征，鸦片战争后一百年里，辞书事业一片衰败便是明证。新中国相当长的一段时间里，全国共用一本小小的《新华字典》与历史的影响也不无联系。改革开放后辞书界大补课，用十几年时间干了一百多年应该干而没有干的事，成绩喜人。但我们也不能不承认这方面基础薄弱的事实。一个全国共用一本字典的环境，不太可能在十多年后就培养出具有较高辞书理论、具有丰富实践经验的广大辞书编写出版队伍，以及具有高水平的辞书阅读的读者。回顾十多年来出版的一些著名辞书，无不是凭借社会主义制度的优越性，集中使用智力、物力、财力搞出来的，现在其他成千的辞书却不可能享受这种优越条件，百业俱兴，业业争人，出现了人多而可用之人少的局面，“滥竽充数”也就势所难免。早产婴儿总会带来某种先天不足，这其中的道理亦可帮助思考当前辞书的繁荣与治理问题。

记者：现今辞书出版中存在哪些最主要问题，“伪劣辞书”的表现形式是怎样的？

鲍克怡：总的问题概括起来就是质量低下，出现了为数不少的平庸书、伪劣书，而经得起时间考验的名牌辞书少。具体分析，可以归纳为这样几类问题：

1. 选题雷同而造成品种重复。

2. 内容重复。以上两种重复最终导致重复出版现象严重，造成了人力、财力上的巨大浪费。

3. 抄袭剽窃，改头换面，几近于盗版行为。

4. 粗制滥造，胡乱编辑，名为辞书而无辞书之实。

5. 缺乏科学性、知识性，如释义欠妥，注释不全，用字错讹，语句不通等等。

6. 本例杂乱，甚至没有体例。如选词失衡，立目不当，编排混乱，前后矛盾等等。

7. 编校质量差，差错率高。对于工具书来讲这是严重的问题。

记者：“伪劣辞书”的出笼，有技术上的原因，其实主要则是“人为”的原因，情况复杂。您可否先从辞书学理论方面加以分析？

陆嘉琦(《辞书研究》杂志编审、辞书学学者)：造成这种状况的原因何在，人们尽可以从种种不同角度进行分析。但作为辞书研究工作者，我认为有些辞书的编纂者、出版者对辞书学理论或知之甚少，或根本不懂，是主要原因之一。

比如，如果辞书的编纂者、出版者都了解辞书的类型谱系，知道辞书的编纂出版要适应社会需求这一原理，那么，就不会出现或者大大减少选题撞车、重复出版的现象。他们会着重社会需要的调研，善于找到辞书编纂出版的空白点，从而编出具有自己特色的新颖辞书来，而不至于如目前那样，有些品种的辞书(如鉴赏辞典、成语辞典、中小学生作文辞典等等)是千军万马挤上“华山一条道”，而有些品种(如断代语言辞典，各种外语的用法辞典、汉语国俗语义辞典等等)鲜有人问津，还有些品种(如专供外国人学汉语用的汉外或外汉辞典、以帮助学生掌握专业外语为目标的双语专科辞典、现代汉语搭配辞典等等)基本上还是空白。

再如，辞书编纂中抄袭剽窃现象屡有出现。这在很大程度上是因为有关编者、出版者并不了解辞书著作权的相对特殊性，或误以为辞书是编出来的而不享有著作权保护，或误以为只要不是从头至尾照抄一部辞书便不会构成抄袭。殊不知辞书作为编辑作品，不仅享有著作权，而且著作权主体往往还是二元性的，即包括撰稿者与编辑者两种主体。辞书中的条目具有相对独立性，类似于一篇篇小文章，每个条目都受著作权保护，未经著作权所有人授权同意而擅自抄用，便构成侵权。同时，不能在理论上划清合理借鉴参考已有辞书与抄袭剽窃行为的界限，不懂得如何合法地、合理地参考利用已有成果，也是导致侵权的因素之一。更有些人因不了解辞书编纂的科学原因，以为辞书既然称“编”，便采用“拣到篮里便是菜”的操作方法，从各种书中摘抄一些东西合在一起便“大功告成”，结果不但侵犯了他人的著作权，而且“编”出的辞书毫无章法，混沌一片，就像一盆“大杂烩”。

又如，辞书的编纂自有其一套科学的工艺流程，从总体设计、资料搜集、选词立目、释文撰写、条目编排、索引设置直到附录配备、版面设计等等，每一道工序都有一定的原则、标准和操作原理及方法。从选词来讲，应该讲究词目的相关平衡和符合本辞书的性质，不能畸轻畸重或超出范围。但是有些辞书编者却不明白这一点，结果有的汉英辞典只收“左派”而不收“右派”，有的金融类辞典中出现了“里根经济学”、“闽南模式”这样的词目。从立目来讲，辞书学对于怎样的语言单位才能立为词目是有一定之规的，其中最主要的一条是“一般自由词组不能立目”。按照这些规定去做，立的词目读者就能够查检得到，并且不会形成概念的并列、重叠或交叉。但是有些辞书编者不懂立目的原理，于是就出现了类似“仪仗队、鸡尾酒会、礼炮”、“无籽西瓜是怎么来的”、“怎样写决定、决议、批复”这样的词目。试想，读者要了解“礼炮”或“决议”是什么意思，怎么会想得到该从“仪仗队”或“怎样”入手查检呢？从释文来讲，辞书学原理要求必须合乎科学地解释清楚词目词的意义，既不能缺漏一些内容，也不能超出范围，而且对释文的用语和句型格式也有各种要求。但目前不少辞书中的条目释文，或有违科学，甚至出现常识性错误（如有的辞书把“外资”与“三资”混为一谈）；或缺失重大内容（如一部辞书的“毛泽东”条，在列举其所任各项职务时，竟然不提“中共中央主席”这一重要职务）；或只是词目词的同语反复，简而不明；或文字拖沓冗长，不必讲的讲了许多，必须着重说明的却付阙如；或古今地名注释不明，张冠李戴。如此等等，实难一一列举。总之，目前辞书在选词立目和释文撰写方面存在的问题最多，与辞书学理论的差距也最大。

辞书作为工具书之一类，主要的功能是供人临时查检、解难释疑用的，因而必须具备完善的可检索性。辞书学的一分支学科“编排法”，就是专门研究如何强化辞书的检索性的，而且已有不少成果。然而，有不少辞书（特别是单语专科辞书）的编纂者却并不知道这些。于是，在他们编的辞书中，或者只有大类的目录，使读者根本无法检索；或只设与分类编排的正文相同的分类词目表，不设形序或音序索引，于是读者在难以判断所检词目的类别时就无从查检；或者虽然设有几个索引，但索引本身的编制却不合规范，结果是徒占篇幅，不能使用。

辞书质量低劣的另一个原因，是有关人员责任心不强。比如，语言文字差错率居高不下，固然可能与辞书编纂者忽视辞书学理论关于辞书“释文用词必须符合规范，语句必须合乎语法”的原则有关，而更主要的，恐怕还是因为编纂者以及出版社的编辑、校对人员工作责任心不够强，工作作风过于粗疏。说实在的，有些辞书中的文字差错，是只需要具有初中（甚至高小）文化水平就可以纠正的。

记者：提高辞书质量，生产者是关键因素，您认为什么样的作者和编辑才具备编辑辞书的条件呢？或者说，辞书作者和编辑应该如何才能编好一部长期流传的优秀辞书或名牌辞书呢？

林尔蔚（商务印书馆总经理辞书出版专家）：要想创造优秀辞书、名牌辞书，就要以“精品工程”意识来抓，需要长时间、全面地精心制作才行，并非一蹴而就。制作名牌辞书要有几个关键环节：

1. 选题策化、制定要有眼光，有创新性。制定编一本词典，首先要把同类各种词典拿来研究比较，找出新意，才制定方案，否则不编。我认为现在辞书出版中最大的问题就是无新意，抄来抄去，简单重复。但想要有新意难度就大了，做起来很难。

2. 针对性要强，给谁看、读者对象是谁这很重要，它决定了辞书的编选范围、深度和体例等重要问题。例如少儿百科和成人百科就绝对不一样。国外在出少儿辞书时，专门到幼儿园做长期调查，摸儿童心理、思维，做出了非凡的努力，才能搞出一部优秀的少儿辞书来。

3. 辞书编选方案的制定非常关键，它并不比正式编书的时间少，反复地推敲、审定，选择例句等细节问题都要有充分的考虑，编一本书起码要花 5—10 年的时间。

4. 认真负责，不避难点，专挑难点，下苦功夫。难点解决了，特色也出来了。商务 2500 多页的兰登版英语辞典，编了 10 年，各个环节上都经过了反反复复的退改过程，工程是非常浩大的。汝信同志曾戏言：“睡一觉起来，又改了一遍”。我们在编改或修订时不断地加进新的内容，把用的多的、规范化的新词收进来。名牌辞书的背后，是汗水和心血，这是真理。就这一点，我认为可以导出这样一个公式：

新意＋高水平的作者＋苦功夫（认真＋时间）＝名牌辞书

对辞书编辑的要求，我认为他的眼睛要犀利，业务水平要高，一般问题不能逃过他的眼睛。辞书有没有新意编辑要一下子就看出来。他应有和作者对话的实力，与作者是平等的；另一个必要的要求是编辑要有很强的责任心。商务的南致善先生，每天听广播，把新发现的词记下来，这种重视平时积累、在实践中培养“磨的功夫”的品质是很可贵的，也是好的辞书编辑的素质要素之一。好编辑选择的一定是好作者。所以说好编辑是创造优秀辞书的基础。

鲍克怡：词典、工具书是密集型知识的书籍，它的写作者和编辑都要有“沉下去”的精神，优秀词典的产生必然有一共同的因素，即它的写作者要有较高的学识水平和认真负责的态度，有潜得下心、不为外界声色所染的意志；有一批这样的人，还要经相当长的时间才能结出果实。速战式的词典，相信不会是神力编出，而是“巧干投机”的结果。到了这类“投机巧干”的品种减少、下真功夫的品种增加，而词典品种总数不再增添并有所下降的时候，相信也是我国辞书整体水平提高的时候。

记者：提高辞书质量，出版单位和出版工作者有义不容辞的责任，您认为每个出版社和每个编辑应该怎样履行自己的一份职责？

林尔蔚：出版社的领导应该重视这个问题，首先他应该树立精品意识，在选题和制作上严格把关。其次应该在出版社内创造一个浓厚的文化学术氛围，以培养名编辑为己任，加强编辑的责任心，提高他们的业务水平。商务很重视这一点，新编辑都有很强的紧迫感和压力，他们都很自觉地提高自己。

记者：“十年磨一剑”，创造出一本名牌辞书，树立了出版社的自身形象，提高了出版社的声誉。但毕竟要花很长的时间和巨大的劳动，您认为这样值得吗？

林尔蔚：当然，这一点是肯定的。社会效益自不必说，名牌辞书的经济效益也是巨大的。商务的书重版率达到三分之二，没有库存，一年四季都有定单。我们发愁的不是卖不出去，而是生产不出来。辞书只要创得出牌、立得住脚、经得起时间考验，虽然投入大，但收获还是更主要的。商务看重的就是精品、名牌，世界上的王牌大辞典我们都买了版权，这样做是值得的。

记者：辞书的编校质量是个老话题，但却不得不总在讲，这的确是个很重大的问题？

陆嘉琦：出版行政管理部门“执法”的力度应该加强，这大概也是辞书质量滑坡的客观原因之一吧。新闻出版署早在1992年11月就颁布过一个《图书质量管理规定》，规定图书“有六处以上(包括六处)严重文字错误，或差错率在万分之一以上的，为不合格品”。平心而论，这个允许差错率还是属于低标准的，特别是对于辞书这种专供读者解疑问难、寻找正确答案的工具书来说，更是如此，因为辞书的文字是应该堪称“典范”的。然而，就是这个并不算高的标准，也有许多辞书达不到。据中国辞书学会的有关人士透露，申报首届中国辞书奖的辞书中，大部分的文字差错率超过万分之一，有一部竟高达万分之六十多！试想，各出版社自认为“优秀”、因而选送评奖的辞书尚且如此，其他一般辞书的情况就更不堪想象了。辞书的文字差错率高可以说是一种普遍现象。然而，虽然新闻出版署规定，“不合格品图书流入市场，经检查发现后，视情节轻重，给予有关出版社或印刷厂处罚”，“不合格品图书须采取技术处理或改正后重印方可在市场上销售”，但迄今为止，却还没有听说有哪一部辞书因文字差错率超标而被出版行政管理部门查处。一些错误成篇累牍、不必花大力气就可查实确定为不合格品的劣书，虽然其早已遭到读者的严厉批评，却一直仍在市场上销售，有关的出版社并没有受到出版行政管理部门的处罚。有了法规却不严格执行，再好的法规也无异于一张不起眼的字纸，这个道理是很浅显的。

林尔蔚：名牌辞书就意味着差错率小，起码少于国家新闻出版署规定的标准。我曾公开招标：《现代汉语词典》查到一个错，奖励100元。商务的辞书校对都必须在6遍以上，几百万字的书校6遍要花很长的时间，但无论如何也要做到这一点。

记者：对于辞书出版中存在的问题，广大读者和许多辞书界人士都极力呼吁政府领导部门以强有力的行政手段来干预治理，那么您希望政府部门以怎样的行政手段来治理，具体实施起来会有什么效果？

鲍克怡：不少辞书界的人士都感到辞书出版多而质差，呼吁政府以行政手段干预，明确界定某些出版社不能出版辞书。我觉得要行政来干预辞书能否出版，在实际上难以做到，这是因为：

1. 新闻出版署虽然要求出版辞书的出版社必须要有相应的编辑力量，但这一要求在贯彻上有具体困难。

2. 市场经济的规律在出版物上也必然会反映出来，只要某些题材的辞书有可观的市场，出版社就会争相出版，因此，行政干预是难以起根本作用的。那么，怎样设法来改变目前辞书出版中的种种问题呢？我的看法如下：根本解决问题的方法是，让辞书在图书市场中由读者检查、鉴定、监督。任何商品的生命都决定于市场，书籍虽是有思想内容的特殊商品，但它也逃不出市场规律。许多商品都已经是由顾客来决定它们的命运了。但辞书市场的顾客(使用者)还未能完全决定辞书出版与否的命运，我觉得是因为存在这样几个原因：

(1)缺少深入、公正、客观的评论。对辞书的优劣是需要有专家来鉴别、评论的，现在对辞书的评论非常不足，同整个书籍评论所存在的问题一样。对辞书的有限评论是溢美之词多，深刻指出问题的少，评论的"评"不够客观，评论的"论"立据不足。(2)辞书的读者(使用者)总体鉴别水平低，很少有购买者能真正知道从何种角度去分辨一部辞书的优劣，多数购买者处于盲目或半盲目购买的状况，也需要去引导。(3)报纸、刊物的宣传有时并不真实，关于王同亿所编词典的新闻报导是很典型的，不客观、不正确的报导，实际对使用辞书者是起误导作用，而另一个后果就是质量不高的辞书获得不应有的销售量，从而又鼓励了更多质量不高的词典的出版。

徐祖友(《辞书研究》杂志编审辞书学学者)：要优化我国的辞书编纂出版工作，出版行政管理部门可以采取"引导"与"堵塞"双管齐下的措施。

所谓"引导"，就是提倡甚至要求辞书的编纂者、出版者学习、掌握辞书学理论，并运用到辞书编纂实践中，而尤以提高出版者的辞书学理论水平最为重要。这是因为，只要出版者能依据辞书学理论牢牢把住出版这一关，对不符合辞书学原理的辞书书稿或者要求编写者作认真修改，或者不予接受出版，不合格的辞书就不会出现在图书市场上。同时，掌握了辞书学理论的编辑人员，也能够在与编写者的接触中，结合具体书稿情况，向编写者传授辞书学原理，帮助他们学习辞书学理论，并逐步运用到编纂实践中。长此以往，就能形成一支以当代辞书学理论作为辞书编纂工作指导方针之一的辞书编写队伍，我国的辞书编纂出版工作就能从根本上得到优化。因此，出版行政管理部门似可应用一下行政干预力量，对各个出版辞书的出版社提出一定的硬性要求：主管辞书出版业务的总编辑以及承担辞书编辑任务的编辑们，必须掌握辞书学理论；经考核合格者，才可以从事辞书编辑工作；不具备辞书编辑力量的出版社，不允许出版辞书。具体做法是：借助中国辞书学会及各地已建立的地方辞书学会的力量，分期分批举办辞书编辑培训班：凡学习成绩合格者，授予"辞书编辑资格证书"。

所谓"堵塞"，就是要把已出版的具有侵权违法事实的辞书和质量不合格的辞书，坚决地予以查禁，不准销售。具体做法是否可以这样：

1. 加强审读制度，不定期地以随机取样方式抽查各出版社当年的初版辞书，发现有不合格的即给予"红牌"，逐出市场。

2. 颁布一个关于保护读者权益的法规，并建立一个类似"消费者保护协会"那样的"读者保护协会"，受理读者对不合格辞书(包括初、重版)的投诉；凡被确认为不合格品的辞书，即责令有关出版社加倍赔偿读者的经济损失，并将该种书从市场上全部收回。

3. 对出版了不合格辞书的出版社的法人代表及直接责任者(包括初审、复审和决审人员)给予行政的和经济的处罚。而对有些多次出版劣质辞书的出版社，似还应取消其辞书出版资格甚至责令停业。

记者：我国的辞书出版工作任重而道远。未来辞书出版的发展形势怎样，如何加强辞书的管理力度，以促进辞书出版的进一步繁荣，使中国有更多的名牌辞书走向世界？

杨牧之(国家新闻出版署副署长)：无论如何，辞书的出版是令人振奋的。过去人家嘲笑我们"大国家小字典"，这种局面是一去不复返了。我们有了总称图书中航空母舰的"百科全书"，有了收汉字最多的《汉语大字典》，它的问世终于取代了日本的《大汉和字典》、台湾的《中文大字典》收汉字数最多的地位，有各界赞誉的《英汉大词典》，有收语词 37 万条，总计 4700 多万字的《汉语大词典》，的确是精彩纷呈。

但"辞书热"却也威胁着辞书出版的质量，辞书出版也面临着由规模数量的增长向优质高效的阶段性转移问题。出版管理部门有责任进行必要的引导、发展的行政手段，但这毕竟只是一个方面，最重要的还要靠编纂者、出版者、读者共同努力。编纂者要有"十年磨一剑"的追求精神，出版者要下决心创新与开拓，读者要予以监督，与此同时，评论家要进行客观公正的评论，为读者、也为作者负责，各方面共同努力，为读者多编纂出版些高质量的名牌辞书来。繁荣的同时也须治理，否则，繁荣不会持久，繁荣不会前进，繁荣会成为虚假的繁荣。

石家金：现在，辞书事业又面临着在辞书市场中的新的考验。这是非常实际的考验，其实还是我国商品经济不发达所遗留下来的考验。新闻出版署正在组织制订国家重点图书九五规划,从报来的规划项目看,辞书规划项目不少,仅以语言类规划项目为例,总共50个项目,其中语言理论应用类项目11个,词典项目39个,这些词典项目的规模且有愈来愈大之势。语言的理论研究与应用和词典的编纂似乎有着某种开花与结果的关系,现在是不开花却结出了累累硕果,专家们在论证语言类规划项目时,一致认为这种现象不好,应该扭转。新闻出版署重视制订规划,更重视规划的完成。据最近了解,1988年至2000年辞书出版规划项目完成的情况并不理想,1988至2000年,时间已经过半,规划项目才完成40%。规划项目中,属于基本建设项目的5种自然科学类大辞典,除一种在作准备性编写工作外,其余4种均是纸上的选题,编写工作均未落实;36种外语小语种词典,才完成8种;5种民族词典才完成1种。还在制订的规划中的情况与正在执行中的规划情况,说明一些什么问题呢,是不是也可见到市场经济的影响呢?当然不是一句话能说清的。出版是推动社会进步的杠杆,无论是辞书编写者,还是出版者,还是管理者,大家都参加到了出版这一行为中,大家都握着出版这一个杠杆,施加自己的出版力,只有都增加力度,把自己的出版力集中使在出版杠杆的共同力点上,出版杠杆的推动作用才会更大。尽管每个参与者施加的出版力大小不同,性质不同,方式也不同,但方向总是一致的。这个方向在哪里,我以为都应该把市场需求与时代需求统一起来,把经济效益与社会效益统一起来,统一起来的根本办法是实现出版的"阶段性转移",出版杠杆的推动作用才能见成效。我们用出版杠杆推动社会进步,更重要的是社会进步早在促进我们进步,正是改革开放的时代促使辞书事业的大发展,正是党和国家提出的"体制转轨"与"增长转型"的转变促使出版工作必须实行阶段性转移。辞书的出版也一样要向优质高效转移,这是时代的必然。

(原载《中国图书评论》1996.3.)

电子图书的崛起

高景轩

信息媒体作为社会信息服务系统的重要组成部分,正面临着时代转轨所带来的严峻挑战,同时也迎来了适应社会需求而出现的发展机遇。当代电子技术的迅速发展,为电子图书的应用提供了条件。数字信号处理技术的突破、视频音频实时处理的进展和大容量光纤网的出现,提供了可传输多媒体信息的高速网络,使得电子图书进入实用阶段。进入90年代,世界电子图书的种类每年都在成倍地增长。1996年,电子图书的数量又有新的突破,到本世纪末可望达到全部出版物的25%。电子图书的繁荣已势不可挡。

一、应运而生的新媒体

随着造纸术、雕版印刷和活版印刷术的发明,图书成为最有效的信息媒体。在印刷型媒体的支持下,人类得以获得更多的信息,迎来了文明的艳阳天,这使人们能够站在巨人的肩头远眺美丽的新世界。诉诸人类视觉感官的纸媒图书,可以说是新媒体的前驱。

进入现代社会以来,声与光被引进社会生活,别开生面的录音带和录像带等视听媒体的问世,将信息的记载带入更加精密与写实的层次,使媒体变得更加丰富多彩,为电子计算机多媒体技术的诞生提供了模拟对象。

第一次电脑革命派生了能快速运算大量数字的机器。80年代中期,电子计算机从大型走向微型,形成了第二次电脑革命。这时的电子计算机不但能运算数字,而且可以存储并处理大量资料。至此,人类的信息生活产生了前所未有的巨变,其影响之大,被人们冠以"信息时代"的美誉。人们逐渐认识到,信息乃是自然资源、人力资源和资金以外的最珍贵的资源,掌握信息便可立于不败之地。

纸媒图书在新时期面临着尴尬的处境,其空间成本、运输成本及查询效率,均难以达到经济规律。于是,体积小、容量大、易于保存和复制,并具有多媒体融合等优势的电子图书应运而生,弥补了各种媒体的不足。

信息媒体的进步，决非出版原有功能的简单延伸和扩大，而是原有方式上的更新和飞跃。电子图书是出版和高科技相结合的产物。它为出版业增添了一个新的物理形态，不受印刷数量的束缚，也能缩短出版周期、降低成本。电子图书正以强劲的生命力迅猛发展，吸引着出版界及电子信息界争先投身其中。世界各国对此投入了大量的人力物力，出版商更是不失时机地站到了潮流的前端。当硅谷和卡斯特谷的科学家们为信息技术的进步日夜奋斗之时，一些精明的出版商从油墨和纸张中脱身而出，转而致力于高科技给人类带来的新变革。他们惊喜地看到，信息时代给出版业带来了前所未有的用武之地，使它以多媒体技术为龙头，赢得了跨越国界的广阔前景。他们开始重新界定出版业的定义，调整市场，网罗人才，改革机构，尝试生产纸媒图书以外的电子图书。

媒体的电子化对社会经济的发展将产生极大的推动作用，对人类生活亦将产生意义深远的影响。世界贸易组织已明确规定，在世界贸易中开展“无纸贸易”，即通过计算机远程通信实现的贸易。在这个信息社会，谁拥有了高科技，谁就获得了优先发展的权力。

电子图书改变了人类社会的信息环境。它将提高人们的读书治学、获取有用信息的效率，使文献信息的出版始终置于计算机的控制之下，从而实现出版与信息处理的有机结合。电子图书的涌现给图书馆增添了一个新的收藏对象，动摇了传统图书馆的概念，将使图书馆由纸媒向电子方面过渡。电子图书的先进性和随意性，使其必然在某些方面取代印刷型出版物。

电子图书存储量大而又便于检索，因此在工具类读物方面大有可为。电子图书可供读者进行点状查询，与电脑随机读取的观念不谋而合。自1985年第一种只读光盘图书发行以来，电子图书几乎全部用于参考工具书方面，如字典、索引、书目、百科全书与全文资料。它们完全是以一种具有随机读取功能的书籍形态出现。电子图书易于保存和不失真的特性，使它必然涉足于具有珍藏价值的经典著作。阅读声象图文并茂的电子图书，要比单纯阅读文字具有更大的吸引力和感染力，因此少儿读物和文教类图书也是它介入的一个方面。通过屏幕阅读的电子图书，能激发学生学习的兴趣，从而达到寓教于乐的目的。

电子图书的功能令人耳目一新。在第45届法兰克福书展上，首次专辟一个几千平方米的展馆，在“电子图书”的标题下展出电子读物。展览会上，一种称为CD－ROM的激光视盘成为一颗新星。这种直径12厘米单面使用的光盘，存储容量达6.5亿比特，相当于25万页打印纸所存储的信息。

电子图书进入图书馆的服务领域，给图书馆带来了强烈的震撼，同时也带来了巨大的活力。图书馆已不限于一地，电子图书馆的资源可以通过电脑技术和网络传送，联合成区域、国家乃至国际的图书馆网，以实现资源共享的理想。1996年8月，在北京举行的国际图联第62届大会展览会上，80%的出版社和发行商都带来了电子图书，使传统的展品有了更新换代的变化。在信息传播史上长期占主流地位的印刷型媒体，被这个时代定格为记录信息的工具之一。这次展览会还专门设置了电子图书馆展，集中展示信息数据化、计算机信息检索与网络信息服务等新型图书馆设备和系统。这在国际图联大会历史上尚属首次。电子图书使读者寻找和使用信息的行为发生变化。他们关心的是如何取得信息，而非从何种媒体上取得信息。图书馆员将转变为信息专家。他们对用户承担咨询和指导等职责，对各种媒体和信息技术能娴熟驾驭，从而成为新时代信息的中介者与服务者。

美国七大有线服务商之一的琼斯公司，率先展示了它通过同轴电缆高速传输数字化文字、声音和图像信息的“全球电子图书馆”。其基本设想是把全球各地大型图书馆已转变为数字信号的收藏内容汇总起来，逐步成为地方小型图书馆及家庭都能享用的信息资源。目前，加拿大、法国和美国的图书馆均已表示愿意加入。不难想象，人们关于没有围墙的图书馆的设想正在变为现实。

充分体现信息技术成就的电子图书，已走进现代生活的各个领域。它极大地提高了社会经济效益，正在深刻地改革人们的生活方式和精神面貌，代表了出版和图书馆事业的发展方向。

二、高科技的完美融合

1975年，计算机排版系统出现并逐渐在世界范围内普及。最早的计算机排版系统是使用经编辑的数据资料，用植字机制成版后再提供印刷。这就是初期的电子出版，实际上是电子排版技术。80年代以后，计算机处理技术得到进一步发展，各种功能更趋完善，使计算机系统牌式设计、文字编辑、图文合成和胶片输出得以实现。此外，通过检索软件，存储在软盘和只读光盘中的数字化信息资料可供再次使用,形成初期的电子图书。

电子图书是将文字、声音和图像等信息以数字代码方式存储在磁、光、电等介质上,通过计算机或类似功能的设备阅读使用的新型信息媒体。它将著作的文本转换成计算机可读形式的信息,记录在磁性媒体或光学媒体上,在计算机软件的支持下,自动形成全文数据库。

电子图书的内容除了有著作文本之外,还包含由计算机自动编成的各种索引和情报检索软件,有对文本进行单项检索或多项检索的功能。借助于这种索引和检索软件,电子图书可以按照用户的要求,对著作中各个知识项进行抽取、排序和重新组合,让那些散见于各章节的知识项从逻辑上得到集中。著作中的任何一个词都可以由计算机检索出来,所检索到的文本段落,可根据用户的要求随意输出,即在计算机屏幕上加以显示,或用打印机打印出来,亦可由计算机对其进行套录,将检索结果以机读信息的形式记录到软盘或光盘上。因此,电子图书的文本成为置于读者控制下的具有全文检索功能的"活体",比纸媒图书拥有更多的利用价值。

作为多媒体技术与文化教育等多学科完美结合及影响最大的新一代信息技术,电子图书经历了前所未有的尝试,也促成了前所未有的融合。其制作与出版的过程,汇集了文字编辑、美术设计者、软件工程师、电脑专家及出版业工作者等各方人士。在此之前,以上行业绝无可能有如此紧密的组合与协作,让彼此的行业再一次涌出源头活水。

电子图书的主要媒体形态有软盘(FD)、只读光盘(CD－ROM)、交互光盘(CD－I)、图文光盘(CD－G)、照片光盘(CD－P)及网络出版物等。

软盘是一种成本低、保存时间长、性能稳定可靠、可以反复记录抹除的先进媒体。使用时只须插入软盘驱动器内即可读写资料,广泛用做微机的辅助记忆装置。软盘由美国IBM公司开发,每盘的存储容量一般可达120万字节,相当于一本60万字书籍的内容。信息技术的进步使软盘存储文字信息不仅能随机检索,而且比收藏图书更为便宜。5年前,240万字的《国共两党关系通史》的印刷版与电子版联袂面世。电子版把图文信息存储在软盘上,通过计算机可以方便地检索书中的内容,甚至能够自由地剪裁和改写。目前,软盘读物在我国已有数千种,销售额达千万元之多。

在当今社会,高科技不可能长期地孤立发展,一有机会便会迅速走向融合。1991年,在美国拉斯韦加斯的一次展览会上,一种叫做"多媒体"的技术呈现在世人面前。它把计算机的人机对话功能和光盘的超大容量巧妙地结合在一起,标志着电子图书登上了一个新的台阶。在一张与音碟同样大小的只读光盘上,文字、声音、动画和图像等尽揽其中,其载有相当于3亿汉字的信息量,比软盘高出几百倍。只读光盘开启了光学纪元,使结合多种媒体于一身的梦想成真。从此,只读光盘迅速进入文化教育领域,使财力单薄的中小学与家庭也有能力建起"案头参考图书馆"。只读光盘的软硬件销售量现已跻身于电脑主流市场。有人预测,CD机和光盘软件等高科技产品,与课堂上的黑板、办公室中的复印机和家庭中的录像机同样普及的日子已为时不远。

交互光盘的技术标准是飞利浦和索尼公司于1986年公布的。它的最大特点在于交互性,即用户能与机器"对话"。在交互光盘中,允许在同一轨迹中交叉插入计算机的程序和经压缩的视频音频信息。使用时将光盘置于计算机或CD机之中,便构成了一个多媒体的交互系统,用户可通过键盘、鼠标或触摸展等进行人机对话,以便能直接或主动控制自己所需要的节目内容。交互光盘特别适于做计算机辅助教学的软件,成为个人学习、游戏或情报检索的有力工具。

在图文光盘中,除音频信息外,每一小段均留有8位子码待用,其中两位作为间暂停和时间码使用,剩下的6位用户码用以表示图像信号,从而构成图文光盘。播放这类光盘,需要有带子码解码的终端或图像解码的CD机,才能在欣赏音乐的同时,使屏幕上有背景画面呈现。图文光盘适于中低层次的卡拉OK和MTV使用,歌唱时屏幕上显示曲名和文字说明,歌词可随主旋律而变色,以默契地配合歌手的演唱。

照片光盘采用一种光学媒体的记忆体,专门用来存储照相图片。柯达公司自1992年起开始提供这种产品的服务。照片光盘和传统的电子照片的不同之处在于,它具有超高画质的表现。与原始底片相比,两者的映象品质也有差别。照片光盘解析度为电视影像的16倍,可以表现出比电子照片更高、更精彩有画质来。

网络出版物以数据库和网络为基础,在计算机的管理和控制下,向用户提供网络联机服务和传真发行电子报刊、电子邮件和影视片等多种服务。最有代表性的网络出版物是互联网络上的电子报刊。据统计，全世界有上千种报刊上了互联网络。美国的《纽约时报》和《新闻周刊》，英国的《卫报》和《每日电讯报》，均已在网络上公开发行。电子报刊进一步提高了新闻报道的时效性，同时有传统报刊不具备的信息检索功能。

电子图书的基础运行环境是计算机及其相关产品，所以计算机的发展必将对电子图书起促进作用。人们在不断追求高品质的电子图书的同时，也反过来刺激着计算机多媒体突飞猛进地发展。电子图书与计算机技术就像花开两朵的并蒂莲，多媒体的各种信息依附在高科技上，而高科技在得到文化、教育和娱乐等媒体信息的营养后，会赢得更旺盛的生命力。

三、信息存储的里程碑

电子图书的诞生是社会走向“无纸信息系统”的重要一步，为人类文明揭开了新的一页。它使出版物中的科技含量大大提高，许多信息能大量、迅速、便利地转化为公众传播物。这是以往的媒体所无法比拟的。电子图书已经从实验室进入寻常百姓家。从第一张光盘投入市场到现在仅十余载，全球至少已经出版了上万种电子图书。在未来的十年内，电子图书虽取代不了纸媒图书的地位，却提供了另一种更有效的信息传播的工具，而且它在学术领域中的重要性将与日俱增。

电子图书在新的时代中，对于降低纸张的消费，遏制森林砍伐的贡献不容忽视。与此同时，它对于经济、快捷地获得信息，组织化地利用信息，乃至于信息和生活的拟实化都有特殊的贡献。尤其可贵的是，电子图书凭借多媒体技术，促成了个别学习方式的实现，教学进度终于可以根据个人阶段性的成效作弹性规划。

电子图书作为信息存储与检索技术的后起之秀，70年代在美国兴起，80年代中期开始引进我国。经过10年的开拓，软盘类电子图书在我国取得了可喜的进展，达到相当水准，共出版各类软件达600余种，销售量超过6万套。90年代中期，国产只读光盘迅速推向市场，电子出版业进入一个新的阶段，30余家出版单位制作了上百种只读光盘，形成了初步的规模。1994年全球出版的光盘已达5000余种，比1989年增长了近10倍。如今世界电子图书出版的重点，已从简单的光盘产品转移到开发集文字、图像、声音和动画于一体的多媒体出版物上。进入21世纪，电子图书将以更大的威力、更猛的势头和无与伦比的优越性在销售市场独领风骚。

站立于优秀而又深厚的文化基础之上，我们应正确看待电子图书的冲击。我国有3000年有文字记载的文化积累，有世界上首屈一指的识字人口，并且有丰富的资源和广阔的市场，这是我们的文化建设的基础和前提。信息媒体的发展必然带来文化格局的变迁，电子图书等高科技产品的出现，正在形成别具一格的电子文化，使我国传统文化产业受到严重的挑战。由于电视、电子游艺和影碟等的兴起，纸媒图书出版所占份额相对减少。如果我们能抓住高科技带来的机遇，利用电子图书带动我们传统文化产业的改造和振兴，则是功在千秋的好事。

纵观媒体的发展，它从古到今均以社会信息交流的中介物流传于世。随着信息存储与交换技术的日益科学化，媒体的功能和方式也发生了相应的变化。高科技使我们跨入了一个日新月异的世界，无论是电脑还是电子图书，它们的出现不过是为人类文化创造的传承提供一种更好的工具。电子图书营造出一个全新的创造空间与市场空间，从生产者到用户，从产品开发销售到利用，无一不在尝试。正是在探索的过程中，电子图书确立了在信息传播史上的地位，成为当今世界最完美的信息媒体。

（原载《国际关系学院学报》1996.4.）

三人谈：提高少年儿童读物整体质量，促进新的繁荣

海飞、周舜培、张天明

注重塑造形象，构建高品位，高质量的跨世纪图书工程

海飞：中国少年儿童出版社社长

1996年对于我们中国少年儿童出版社来说具有重大意义。一是中少社走过了40年的历程，步入

不惑。二是江泽民总书记和李鹏总理为我们40周年社庆题词鼓励。中少社作为少儿出版界的国家队，作为中宣部和新闻出版署表彰的优秀出版社，对党和国家主要领导人的重要题词，对跨世纪的亿万少年儿童读者，必须有一个合格的回答。我们的总体设想是：注重整体规划，注重特色发展、注重形象塑造，努力构建高质量、高品位的跨世纪中少版图书工程。具体的就是在本世纪末要营造中少社的“一个工程”、“五个系列”、“五大形象”，让精品跨世纪，好书伴少年。

“一个工程”就是要构建一个优质高效的跨世纪的中少版图书工程。在“九五”期间，让300至500种套(含再版)图书作为中少社二十世纪的传世之作奉献给全国少年儿童。

“五个系列”是根据中少社40年的积累和传统，根据共青团、少先队工作的实际，根据少儿图书的特点，整体规划跨世纪的中少版图书工程，形成统一的整体图书阵容。其中包括：爱国主义教育图书系列、大世纪图书系列、雏鹰图书系列、希望图书系列、地球村图书系列。

“五大形象”，就是要通过跨世纪中少版图书工程的实施，到本世纪末，培养和造就中少社鲜明的五大形象。

第一是营造“国内一流、国际知名”的国家级出版社形象。中少社要牢牢坚持“为了孩子、为了未来、为了祖国、为了世界”的四为办社宗旨和“不出坏书、不卖书号、不打擦边球”的“三不”出书方针，坚持社会效益第一的原则，珍惜优秀图书出版社的光荣。遵守党的出版方针和出版纪律，自觉建立中少版图书整体质量保证体系，创建图书质量信得过的出版社形象。谦虚谨慎，努力为培养“四有”新人作贡献，为中少社牌子上的“中国”二字增光添彩。

第二是营造中少版图书的标志性形象，特别是中少版文学读物的标志性形象。中少社历史上曾经拥有过《小兵张嘎》、《小布头奇遇记》、《稻草人》、《盐丁儿》、《第三军团》等标志性读物，并有10多种标志性读物被改编成电影、电视剧、广播剧。这些标志性读物成了中少社和中少书的象征，影响陪伴着一代又一代的少年儿童健康成长。“九五”期间，我们要大力推动文学创作，推出中少版图书新的标志性形象。最近，我们邀请全国50多位儿童文学作家，召开了“儿童文学创作研讨会”，并对《儿童文学》杂志进行了改版增容，增设了刊出长篇小说和中篇小说的栏目，力争有一批崭新的中少版图书标志性形象站在21世纪的起跑线上。

第三是营造“5155”动画工程中少社卡通读物形象和卡通名星形象。实施“5155”动画工程是一项具有现实意义和深远意义的重大举措，中少社作为华北基地的牵头单位，必须有所作为。在认真办好《中国卡通》杂志的同时，力争早日推出重点卡通图书，为繁荣具有中国特色的漫画工程作出应有的贡献。

第四是营造中少社新媒体读物的标志性形象。少年儿童读物的多媒体发展，是时代发展的潮流和方向。作为中国成立最早的出版社之一，也要“老有所为”，“老社新办”，不能在历史机遇到来的时候失去把握而落伍。最近，我们正在着手《中国幼儿百科丛书》的软盘电子图书的制作，尽快推出顺应时代潮流的新媒体读物。

第五是营造中少社跨世纪的名作家、名编辑、名出版家形象。没有一流的作家、一流的编辑、一流的出版家就没有一流的出版社，中少社作为国家级出版社，曾经团结、培养和造就过被称之为“金作家”、“金画家”的孙幼军、金波、苏叔阳、张之路、温泉源等名作家、名画家队伍，曾经培养和造就过叶至善、遇衍宾等名编辑和名出版家，这是中少社的一份光荣。我们要遵照江泽民总书记的教导，着眼未来，着眼新人，看得更远一点、想得更大一点，继续培养和营造中少社跨世纪的名作家、名编辑、名出版家形象，实现中少社跨世纪的繁荣。

少年儿童是祖国的未来，是人类的希望。从事少年儿童出版事业是神圣而又光荣的事业。中国的少年儿童出版事业，得天独厚、得地独利、得人独和，正是繁荣发展的最好时机，我们中少社应该和全国少儿社的同事一起携手奋进，共同迎接’99成就展和创造中国少儿读物出版事业跨世纪的新繁荣。

开拓新领域　更上一层楼

周舜培：少年儿童出版社社长

当前少儿读物出版要“提高整体质量”的提法是有充分根据的。回顾我社四十多年的发展历程，可以看出这样一条轨迹：即50年代形成几个点，60—80年代连成一条线，90年代形成一大片。这个由点到线再到面的轨迹，在一定程度上也可以说是我国少儿读物出版发展历程的一个缩影。

目前的问题是：向何处发展。有许多同志存在疑惑。“提高整体质量”就指明了方向，也是遵循少儿读物出版工作自身规律的。经过几十年的努力，我国少儿读物出版工作取得了很大的成绩，品种繁多，门类丰富，图书市场的覆盖率不断提高，出版了一大批精品图书，编辑队伍不断壮大，素质不断提高，积累了一定的经验，具备了一定的实力。刚刚结束的中国少儿出版物成就展就清楚地表现了改革开放以来我国少儿读物出版工作取得的成绩。打个比方，就像盖房子，根据少儿读物出版工作的目前的态势，可以说已经盖好了一层，有很大的空间，我们也有足够的东西来填补这些空间。但空间毕竟有限，现有的已经不够用了，东西没地方放。现在迫切需要在原有的基础上再造一层楼，上一个新台阶。在第一层楼看，似乎房间里的东西很多了，各个点都铺满了，但再上一层楼之后，视野开阔了，就会发现还有许多新领域没有开发，还有许多空白点没有填补。

通过长期的摸索，我们少年儿童出版社形成了自己的经验，可以概括为"人无我有，人有我优，人优我新"的出书方针。"人无我有"是指努力拓展出版物的外延，开发新的领域。比如，少儿读物在人文科学、社会科学方面比较薄弱，缺乏向少年儿童传达经济、法律和心理学等方面知识的出版物，我社准备在这方面多下功夫。"人有我优"是指努力提高出版物的内涵，加大编辑含量。这几年少儿读物出版数量很大，每年4000多种，但选题重复的现象还很严重，有思想性、知识性、科学性、艺术性和可读性结合比较好的精品力作还不够多。要改变这种局面，主要是提高编辑的素质，加大编辑含量，提高出版物的质量。"人优我新"是指在提高质量的基础上进一步开拓创新，下功夫开发新品种。这几年电子出版物发展很快，少儿读物应该尽快占领这个领域，同时，要开发各种介质的出版物，比如，玩具书、有声书、立体书等等。

关于少儿读物整体质量上新台阶的思考

张天明：湖南少年儿童出版社社长

中宣部和新闻出版署提出提高少儿读物整体质量，再上新台阶，是十分有眼光和十分及时的。的确，中国少儿读物出版工作到了再上台阶的时候，也具备了再上台阶的条件。我们的少儿出版工作者具有充沛的热情，我们的少儿出版社具有较为宽裕的经济环境，我们的少儿出版物已经具有较高的质量与水准，我们的少儿出版园地充满朝气，"是非"甚少。但是，我们不能满足于"不出问题"，不能满足现有的成绩。我们应当有更为高远的追求，应当把少儿读物出版工作推进到一个更高的境界。让中国的少儿读物以更为坚实的形象、更为丰富的内涵、更为现代的姿态，大踏步跨上国际出版舞台，参与国际竞争。

我们的工作无疑成绩巨大。但是，如果放在提高整体质量、再上新台阶这个巨大的任务背景下来思考，我们要做的工作就很多很多了。除了队伍建设、编校质量、选题面的开拓等基本任务外，我认为，还应当特别重视以下三点。

1. 深度开掘，深入把握少儿读物编创出版的内在规律。

事物的内在规律并不是轻易可以把握的。即使从事少儿出版工作多年，也很难说就很好地掌握了其中的种种规律。我们多年来在选题面的开拓上，在出书种类的丰实上作了很多努力与探索，但在深度的开掘上显然不够。少儿图书市场的良好，一定程度掩盖了我们在深度开掘上的不足。而要提高少儿读物整体质量，必须加强对少儿读物编创、出版规律的探索与把握。

从当前少儿读物出版的情况看，凡是成功的品种，凡是受到少年儿童真正欢迎的品种，有生命力的品种，都从不同角度切入到了少儿读物出版的某些本质性的东西，都是因为较好地把握了少儿读物的某些规律。我们湖南少儿出版社近年来在低幼读物领域，力求在创作、出版观念上有所创新。我们所组织出版的《黑眼睛》丛书、《风信子》丛书等，在创作上强调突出儿童本位，强调用儿童的心灵感知世界，强调文与图的有机统一；强调设计意识，强调独特的形式表达。竭力摆脱喋喋不休地讲故事的笨拙与直露，力避文图脱离的倾向。总之，我们试图更本质地把握住儿童图画书的创作规律，使我们的低幼书以不同以往的品位出现。这种探索得到了同行和专家的充分肯定，《黑眼睛》获得了"五个一奖"，《风信子》中的几种获得"小松树奖"。

所谓把握规律，最主要的是要把握儿童的思维方式和审美特点。这是老生常谈，但在实际工作中，我们最容易犯的错误就是成人化。已是成人的我们，要真正深入儿童的世界实在是不容易。我们总是不知不觉地把一些貌似儿童读物而实际上是成人读物的缩小版送给儿童。"儿童读物要儿童化"，这种呼吁，决不仅仅是一句看似自相矛盾的话。它暴露出的是儿童读物本身、包括我们出版者自身的问题，即：对儿童读物的出版规律开掘不够，对儿童的思维方式与审美特点把握不准。

对事物本身的把握是获得自由的前提。面对书海,我们经常感到江郎才尽,找不到有特色的选题,想不出好的点子,跳不出已有选题的圈子。我想,如果我们下决心向少儿读物出版的深层次进行开掘,我们也许可以发现一片丰富多彩的选题的世界,也许可以在这里挥洒自如地施展一番拳脚,从而避免重复、雷同与肤浅、平面,将少儿读物的出版从本质上、整体上提高一个层次。

2. 关注理论建设。

少儿读物整体水平的提高,理论的参与十分重要。如果我们积极进行理论的探索,同时用理论指导出版工作,对于少儿读物再上台阶必将产生很大的推动力。

我们社在这方面只是断续地做过一些工作,但已经尝到甜头。

一是将理论的探索与出书结合起来。我们经常就儿童读物的创作与出版中某些共同关注的问题或某一个专门的问题进行深入研讨,然后在此基础上形成出书的构想。换句话说,出书是将研讨的成果固定下来,表达出来;研讨是将出书的立意与品位提高上去,并使作者与编者取得大致相同水准的共识,从而保证图书的整体质量。如《黑眼睛》、《风信子》都是如此。

二是积极引进、介绍国际先进经验和理论,以促进国内少儿出版界对理论的关注。如《捷克斯洛伐克儿童图画插图选》、《长满书的大树》、《世界儿童文学研究丛书》、《我的图画书论》等等。

三是组织学术交流。今年,我们邀请日本著名儿童读物出版家松居直到湖南进行学术交流,对于推动湖南的作家、画家对理论的热情、对儿童图画书的理解,努力形成作者与编辑的共识,提高编创水平,起到了积极的作用。

对理论的关注,可以使我们减少出书上的盲目性和经验主义,可以使我们的图书显得厚实一点,丰盈一点。

3. 追求少儿读物形式的多样化。

少儿图书特别是低幼读物,外在形式的多样化是极为重要的。在这里,形式本身就是内容的一部分,它具有很大的可变性和丰富的表达力;对于儿童,它具有强烈的形象性与现场感。提高少儿读物的整体质量,一定不能忽视形式的丰富多彩。

与海外比,我们的儿童读物,形式上过于单调与呆板的局面,迫切地需要改变。我们应当尽快地使我们的儿童读物生动起来,现代起来。

这不仅仅是一个"海外有,因此我们必须要有的问题,不是一个从形式上争一口气的问题。一个方面,儿童对于美的需求是多变的,我们应当用丰富的图书形式满足他的那些充满奇思异想的心灵;一个方面,中国的儿童读物要进入海外市场,要参与国际竞争,图书形式的研究,开发,实在是迫在眉睫的事情。

从1993年开始,我们试图在这个方面做一些探索。1993年推出《玩具书》,1994年推出《书包书》,1995年又开发出《立体书》。现在已形成一个小小的系列。

异形书的开发当然困难重重。比如工艺要求高、购买能力不强、市场发育尚不成熟等等。但是,我认为,随着我国经济、文化水准的大幅度提高,三、五年内,中国将形成一个强购买力的异形书、形式多样的精品书的市场。现在我们积极开发,作必要的投入,到时必将有丰厚的回报。

进行深度开掘,努力把握少儿读物的内在规律;关注理论建设,使少儿读物更为厚实丰盈;追求形式的丰富多样,使我们的图书生动起来,现代起来。这是我们在提高少儿读物整体质量、再上台阶方面,要做的很多工作中的很重要的几项。

(原载《中国图书评论》1996.11.)

图书市场分析

建立有中国特色的大众图书市场

王　益

我国自建国以来一直强调出版发行通俗读物。共同纲领明确规定："发展人民出版事业，并注重出版有益于人民的通俗读物。"国务院和中央出版行政机关，历来重视通俗读物出版，曾要求中央级出版社每年都出版通俗读物并注意农村的需要，对地方出版社，更提出"特别要照顾农民、工人、县以下干部以及少数民族的需要"。1953年成立了直属出版社总署的通俗读物出版社，1963年又成立了农村读物出版社，多次召开过通俗读物出版工作和农村读物出版发行工作的全国性会议。书价则在"保本薄利"方针的指导下一贯力求低廉。对图书发行网点的建设也十分重视。新华书店现有售书店达1万余处(全国只有2000多个县市)，农村供销合作社售书点最多时达到4万多处(约占全国乡镇总数的80%)。改革开放后，又产生了大批集体个体书商。

我国的出版发行工作，是比较发达的，在发展中国家是佼佼者，非一般发展中国家可比，虽然其经营管理水平和服务质量与发达国家还有不小差距。但是我们也要看到，通俗读物和农村读物的出版发行工作近年来有一定程度的削弱。盛销了几十年的年画和连环画已失去当年的光辉。前者已为没有农村特点的挂历所替代，后者由于电视的普及也已失去群众的宠爱。在发达国家出现了大开本的漫画书，在中国好像还没有形成气候。通俗读物类出版社和农村读物类出版社已多从出版社名录中消失。地方出版社在"立足本省、面向全国、走向世界"的口号下对出版通俗读物积极性好像也不太高。农村图书发行则是萎缩的趋势，供销合作社卖书的网点每年以二三千处的速度逐年减少。以上情况说明我国不是不重视不存在大众图书出版发行系统，但是这个系统与一般书出版发行系统的区分不明显，没有定型，不很稳定。

美国书的装帧质量分三等：硬皮书，高质量纸皮书，大众市场纸皮书。从图书的外观和定价一看就知道属于哪一类书(大众市场纸皮书开本一般较小，故又称为袖珍本，日本称为文库本)。我国大部分书都是纸皮书，书价本来就低，大量发行可以降低书价，但降不到美国那样的程度。因此，大众市场图书不可能与一般书有那么明显的区别。金盾出版社的书比一般书便宜20%，称为平价书，这还只是一两年来出现的新现象。大众图书的销售者，在农村中主要是供销社，在城市中主要是书报刊摊贩，市场客观上存在，但主观上有意识地加以培育不够，也没有提过要组建大众图书市场这个目标，因而也没有提过这个名称。城市中的书报刊摊贩及其批发机构一般称为二渠道。

为了更好地向城市和农村广大群众供应大众化的通俗读物，我认为应明确提出建立有中国特色的稳定的规范的大众图书市场的任务。建立这样的市场，有三个条件必须满足：(1)有稳定的货源，(2)有健全的发行渠道，(3)有规范的制度。货源由国有出版社供给。从现有的出版物中挑选适合大众需要的好书向该市场推销；如果需求量很大，可另行印刷发行平价本。批发工作，应该由现有的新华书店发行所和发货店担负起来。新华书店县店，现在是批零兼营的销货店，是农村供销社和一部分个体摊贩的货源供应者。今后仍然这样做，要做得更好。改革开放以来，在城市形成的二渠道，游离于主渠道之外，我认为在一定程度上是我们放弃领导的结果。要明确：城市新华书店应该把批发工作抓起来，用优质的服务把城市中的报刊摊贩团结在自己的周围，供给他们充足的货源，使他们能赚钱能生存能发展。不准许个体户和私营书店搞图书批发业务。现有的发行所和省级发行店都设在大城市，这还不够，应该在适当地点的中等城市成立批销中心，一省搞几个，方便广大的大众图书销售点就近进货。要建立一套有利于发展大众图书出版发行工作的批销制度，这种制度必须对出版社、批发机构、销货点三方面都有利，都感到合适，使三方面能和谐地进行合作。农村供销社不是不愿卖书，如果有合理的制度，原来卖过书的供销社会回过头来继续卖书。如果能生存能发展，城市中的书报刊摊贩可以做到守法经营，发行好书，成为主渠道的得力助手，拒绝出售坏书，使非法出版商失去肥沃的土壤。

现在主渠道与城市中书报刊摊贩不相往来或往来不密切的情况必须改变。不要把他们关在门外，把他们关在门外，就是把自己关在门内，孤立了自己，束缚了自己，限制了自己。个体经济是国有经济必要的补充，国有书店应该把他们团结在自己的麾下。

我的设想是极初步的，粗线条的，是很不成熟的，在实践中可以逐步完善起来。

（原载《新闻出版报》1996.4.）

中国书业的战略转移

——第九届首都图书交易会评述

臧永清

1996年1月21—26日，第九届首都图书交易会在中共中央党校举行。它以前所未有的规模、前所未有的热烈、前所未有的订货额震撼了中国出版界。此次活动共有356家出版社、500家书店参加，交易额达11.2亿，比照去年的4.6亿翻了一番还多。它充分检阅了中国出版业、发行业的实力，显示了中国巨大的图书吞吐能量，预示了中国书业美好的前景和广阔的道路。同时，各出版社交易额悬殊的对比也正告诉人们，出版社一旦走入市场经济轨道，就面临着剧烈的竞争，甚至残酷的商战。交易会结束了，它的硝烟却还笼罩着我们，令我们深思。

出版社，竖起你的名牌来

参加本届图书交易会的人都反映，今年图书无热点。相比上届上海译文出版社之《廊桥遗梦》，春风文艺出版社之“布老虎丛书”引起的轰动效应，本届交易会确乎没有哪一种书掀起过订货狂潮。这好像是个缺憾。不过，百花齐放可能比一枝独秀价值更大。笼统说来，与上届一样，还是下面两类书比较好销：一、再版名牌；二、市场对路且独有的新版书。高居本届订货会交易额榜首的人民文学出版社，其《鲁迅全集》尽管已多次重印，今年仍然热销。《人间喜剧》虽曾频频再版，依然看好。三联书店是国内出版学术著作的基地，它的“文化生活译丛”早已有口皆碑，订货人对其热情不减。《第三帝国的兴亡》是世界知识出版社多年前的出版物，此次订货效果还是比较理想。吉林人民出版社在本届交易会上风光出尽，订货额列地方社之首。据该社的业务人员讲，许多订货商是奔他们社素享盛名的法律书来的。曾为他们创造了巨大效益的法律书今番又支撑着他们完成了2095万元的令人艳羡的交易额。就是说，再版名牌仍是交易会上的热门货。与其他商品一样，图书也有其品牌效应。读者买书，也看牌子。随着图书市场化的推进，名牌效应会越来越显示出它的魅力和威力来。

人无我有、人有我优历来是精明的、进取的商家所崇尚的信条。比之于再版名牌，创造名牌除需要艰辛的劳作外，还承担着巨大的风险，但同时，它却可能为出版社带来更多的效益。正基于此，许多出版社绞尽脑汁地策划，殚精竭虑地运筹新而且好的图书。出版业也就在这样的寻觅和跋涉中前进、发展。作为出版界的小兄弟，广州出版社充分展露了青春生命的锐气、才气和勇气。在各出版社纷纷推出古典名著、市场几近饱合之时，该社隆重推出了胡适主编的亚东版古典小说系列，给市场以新的刺激。由现代文化巨匠胡适亲自选本。文化名人陈独秀、钱玄同、俞平伯、徐志摩、孙楷第、汪原放等考证、作序、校点的这套书，比之于泛滥市场、良莠杂陈的各类名著，自然是可信、可藏的。它的发行看好便不足为怪了。该社出版的《康熙字典》出于同样的思考，具有同样的效应。《康熙字典》收字47035个，是中国收字最多的工具书之一，自18世纪以来，风行数百年而不衰。但该书存在竖排、无标点、不分行、繁体字及检索系统落后等局限，只能在一些研究古汉语的专家手中流传，一般读者根本不会使用。而新编《康熙字典》聘请专家，对全部字头加以注音，标点全文，按现今通行新式字典版式，用简体字横排排出，使一般读者均可轻易查阅。据悉，这部书在交易会上订货量颇大，具体数目，因为是商业秘密，出版社守口如瓶。可以想见的是，这仅算一个开始，随着人们对其功能认识的深入，在未来的岁月里，它将一版再版，财源滚滚而来。

像广州出版社这样的年轻出版社、地方出版社缺少名牌，又想在激烈竞争的出版业中站稳脚跟，靠的是什么？靠的就是抓住机遇，多多创造属于自己的名牌，进而建设坚厚沉雄的名牌基地。老社、大社，尽管已拥有诸多的名牌书，但为了开拓市场，寻求更大的发展，创造新名牌又是他们永远不能懈怠的工作。在本届交易会上，久享盛誉的上海人民出版社又隆重推出了《钱伯斯学生英汉双解词典》、《现代工商管理丛书》（中国留美经济学会组织编写）、《美国管理协会·斯米克集团管理丛书》等多种角度新颖，填补空白的新版书，订货效果相当理想。行内资深人士称，这几种书在未来的数年内，会常销不衰。

市场经济给予人们平等竞争的机会。但最终的胜利者却是那些不辞劳苦、勇于创造的人。那些亦步亦趋，跟在别人后面讨生活的人只能是失败者。从本次交易会看，那些看名著热出名著、看小品热出小品的出版社，选题论证时省了心，订货会上却傻了眼。这样的图书本来店里就积压着，谁还敢再订？

热销书，你得有份量

有专家称，中国文化的复兴时代已然来临。

我们估且不去讨论"文化复兴"这个概念是否准确，它起码描述了一个不争的事实：读书热在悄悄升温。在图书市场萎缩了几年后，各类精品书店、文化书店又门面堂皇地矗立在城市的各个角落。以沈阳论，不仅以文化路立交桥书店群为代表的精品书店经营火爆，新建的两个大型图书批发城状态也较理想。人们普遍认同那些有文化含量、可读可藏的高档次图书，而风光一时的地摊文学、文化快餐已遭人唾弃，成为滞销产品。实践再一次证明，图书，是需要有份量的。

本届交易会一个明显的市场状况是：名家书行情看好，学术书行情看好，大型文化类丛书行情看好，纪实、传记类图书也看好。

名家之所以成为名家，是因为他们有着常人不及的才华，常人不及的学识、常人不及的人生体验。他们将才华、学识和人生体验凝结在文字里，给读者以生命的启示、学识的拓展和智慧的陶冶。在本届交易会上，作家出版社新近推出的《王安忆自选集》、《张炜自选集》，深受订货者的青睐。王安忆和张炜在文坛驰骋十数载，历以严谨、深厚闻名。如今，终于获得了圈里圈外的认可。天津人民美术出版社的《李可染全集》、《元明清画家系列》因为集名家之作，且制作精美，销路也颇好。中国社会科学出版社在本届交易会上订货额居第14位，成绩了得，其订货量最大的书是钱钟书著的《石语》。对钱先生之信赖和崇拜已不限于知识圈，一些圈外爱书者也趋之若鹜。现如今，他的著作成为各出版社追逐的热门。

学术书的市场几年来一直在稳步上升。上海远东出版社的"火凤凰丛书"第一辑面世后，即已受到市场的欢迎。这实为冒险之旅，放在几年前，文学评论家的论文集根本就是滞销货，现在不同了，第一辑很快告罄，远东社便马上推出了第二辑，居然又成了该社订货量居前的品种。东方出版社的《民国学术经典文库》（31种）、北京大学出版社的《未来之路》，上海东方出版中心的《中国学术丛书》等一批高深纯粹的学术著作，也都是本届交易会上的宠儿。尤让人吃惊者，华中师大出版社新译康德《纯粹理性批判》，竟被一家书店订走1万多册。康德的"三批判"历来令读书人头疼，视作难读之书，看来，真有些人要去攻书了。在众多的学术书中，清末民初一批学界巨子的著作，是热点中的热点。这不奇怪，章太炎、梁启超、王国维、刘师培、胡适、钱宾四、汤用彤、熊十力等大师，确乎是我们这辈人须仰视才得见的，并且，他们探究的问题又大多是今日困扰我们的问题。估计这类书的热浪还会持续一段时间。

文化类图书也必须上档次、成阵势。这是本届图书交易会带给我们的启示。作家出版社为迎接世界妇女大会推出的"莱曼女性文化书系"，当时印数并不多，出版社怕赔钱，还拉了赞助，出让了冠名权。交易会上，不少书店却看好了这套书。较之以往同类书，"莱曼"书系无论从作者阵容还是图书质量，都大大地上了一个台阶。刘纳、夏晓虹、戴锦华、王绯、孟晖等是国内一流水平的女学者，她们从电影、文学、宗教、服饰等各自熟悉的领域，探讨女性世界的方方面面，单体精专，总体全面，使这套书既有可读性，又有收藏价值。吉林文史出版社的"百帝列传"以排山倒海的气势呈现了帝王类图书近期内最后的辉煌。看到党校门口巨型条幅，我即有隐隐的担忧，帝王类已出得太多，它能行吗？该社带队的孙副社长后来告诉我，在他们所有的参订书中，这套书征订效果最好。看来，做书一如做人，也是要有气魄的。

伪纪实的泛滥曾一度涤荡了人们对纪实文学的热情。当读者拥有了辨别真伪的能力后，纪实文学重新红火起来。只要是老百姓关心的事情，想知而未知，只要写得严谨、真实、准确，就会有读者。交易会上，辽宁人民出版社的"朝鲜战争纪实"丛书一下子订出了四千多套。而中央党校出版社的"中国国防科技报告文学丛书"，尽管选材生僻，征订效果却也不错。看来，只要严把真实这一关，纪实文学将走向辉煌。

人物传记持续升温。政治人物仍然是作家、出版家、读者关注的焦点。人民出版社的《改革风云中的万里》首版即印5万册，是交易会上颇受书店瞩目的一本书。中央党校出版社的"毛泽东与开国将帅纪实系列"、"中国十大元帅系列"、"邓小平与毛泽东"等，在交易会上的业绩也都可圈可点。安徽人民出版社的《世纪传人周恩来》宣传充分，效果明显。令人欣喜的是，旧中国甚至更远的政治人物也引起了读书界关怀的热情。四川人民出版社推出的"大型近代历史人物传记丛书·强国之梦"在交易会上成了该社的拳头产品。另外，商贾传、学人传等也都呈上攀的良好状态，并逐步形成热潮。

编辑，给你的书穿件好衣裳

如同服装可以反映人的气质、风度、性格及爱好一样，书的封面可以展示其品位、格调及价值感。

封面的好坏已直接影响到书的发行。据一家出版社的发行主任称，他们的一本外语工具书内容本来不错，因为封面太繁杂，许多订货店纷纷摇头，深表婉惜。大多数出版社已明确意识到要在封面、封底、版式设计等内外包装方面下工夫。山东教育出版社与山东友谊出版社联合出版的《中国民间美术全集》整套定价7千元，令人咋舌，不过，它古拙而又现代、功能性极强的外包装突显了它的尊贵。这套封面获得了观者的普遍赞扬。据悉，订货会上，它订出了近50套，几十万的码洋。山东文艺出版社的《中国历代诗歌别裁集》，以木质架装饰、包装，创造了新的书籍艺术形态，颇具观赏价值与收藏价值。

在全国各出版社中，中国青年出版社之装帧设计用功最勤，所得效果也最为理想。其引进版小说《黑与白》的设计构思，在国内几成绝响。此次参订书的封面也都让人赏心悦目。其独有的融清纯与素雅、朴实与高贵、古典与现代、具象与抽象为一炉的设计风格贯穿在各种新版书中，使人一见便知是中青版图书，有着强劲的标识功能。做到这一步很不容易，国内只有中华书局、三联书店等几家老牌出版社做到了这一步，那却是经过长时间的锤炼的。

当然，前进中也存在着问题。许多出版社个别书装帧有风格，总体上无风格，结果是摊位上的样书，单拿出一本来，感觉还不错，放在一起，就极不协调。另外，一些设计者对图书调性把握不准，一味追求华丽，以致封面与书呈游离状态。这些，都是需要改进的。

商战，大幕已然拉开

凡在交易会期间走进中央党校的人，都会被这里浓浓的商战气味所感染。铺天盖地，令人透不过气来的各种广告牌、展板、条幅、宣传单、彩色POP、伶牙利齿的现场促销、场内场外的物质诱惑，如此等等，都告诉人们，图书商战的大幕已经拉开。

在现场的所有广告中，辽宁出版集团用力最勤、做得最猛，也最为成功。从党校大门一直到辽版图书展厅，路上两侧几乎所有的广告位都被他们用上了。而其广告全部以黄色为基调，使人在瑟瑟寒冬里感受到浓浓的暖意，造就出一条视觉冲击力极强的广告牵引带。而春风文艺出版社的彩色POP则别出心裁地以绿色为基调，如春风拂面，如春雨滋润心田，其视觉效果与引带功能自不待言。辽版图书在本届交易会上订货额达4800万元，比之去年翻了两番还多，应该说，广告是立了大功的。

因为是年度全国最大的订货会，各出版社对此次活动都极为重视。大多数出版社都是社领导亲自带队，临时出现的优惠额度、折扣等重大问题，就能当场拍板解决，免去了层层请示、汇报的繁琐，使交易双方操作起来极为顺畅。辽宁出版总社与书店领导联合出击，效果极好。

现场促销方面，吉林人民出版社做得最为出色。他们不惜大钱，包租了一个大的阶梯教室作展厅，并向每一位来客提供瓜子、葡萄干、饮料。来这里的人，感觉不到像其他展厅那样的拥挤、噪杂，你可以一边喝着饮料，吃着葡萄干，一边浏览样书，翻阅订单，好不悠闲。而礼貌热情的服务还可以使你充分感受自己的尊严。这种仁义经营最容易打动人心。促销点子真让他们想绝了。

不过，另有一些出版社，其促销手段当属不正当竞争范畴。曾有一家出版社的订单引起过我特别的注意。订单封皮上明确写着："返订单时别忘了领取纪念品"。还有些出版社在场外以各种实惠笼络订货人员，争取更大的订货量。这些，都违反了公平竞争的原则，属于商战中的不和谐音，需要主办者明察并予以制止。

刚刚结束的第九届首都图书交易会从诸多方面证明，中国书业已处于战略转移时期。它是机遇，也是挑战，不过，我们都需要面对它。

（原载《中国图书评论》1996.3.）

出版社的市场调查

马永杰

一、新形势下的图书市场调查

我国正处在由计划经济向社会主义市场经济过渡的时期，建立社会主义市场经济体制这场社会革命不可避免地对出版业的发展产生深刻的影响。影响的实质，是书刊出版活动必须与市场需求变化情况相适应。编印发三个出版子系统，在市场面前各有其调查的重点与对策思路。这里着重谈谈出版社的市场调查问题，并以少儿读物为例谈点体会与想法。

改革开放以后的十多年中，我国出版业快速发展，这是在逐步改变高度集中统一的计划管理模式的过程中，各出版社间初步开展了商品竞争的结果。但最初的竞争并不激烈。原因是十年"文革"首先是革了文化的"命"，出了很少的几本书也是多半属于被批评的，在新时期的头几年，人们对于图书的广泛需求几乎到了饥不择食的程度，也就是说"文革"为出版留下了极其广阔的空白地带有待进驻，而社会的改革开放和科技的普及发展又不断产生着新的知识门类、新的知识体系、新的表达技法，以及新用途、新形式、新载体的图书需求，有待出版社去开发满足。市场一度出现了需大于供的局面。由此形成了以规模数量增长为主要特征的出版业的发展阶段。到九十年代初期，情况发生了变化。原先的出版空白几乎全部填满，新品种的图书需求也大体能得到及时的满足。基于此种情况，出版社之间竞争，也由此进入了以质取胜的新时期。1994 年在北京召开的全国新闻出版局长会议上，及时提出了出版业要从以规模数量增长为主要特征的阶段向以优质高效为主要特征的阶段转移。对每个出版社来说，这就是发展战略、竞争策略的转移。现在大家都讲出版工作要实现两个效益的统一，也就是说，第一是好书，第二是要卖得出去。这没别的高招，只有去参与竞争，向市场讨选题。为此就需要我们进行以实现优质高效为目的的市场调查，决不能再停留在以前那种笼统地以填补出版空白为目的的市场调查水平上了。现在当然也要发现出版物的空白点，设法予以满足。但现在所说的空白点是十分具体的空白点，不再是以前那种某一学科、某一大类出版物的空白点，而是针对某一些人的、某一种学科内容、某一个知识层次、某一种表述技法、某一种用途、某一种载体形式与质量、在某一个时间、利用某种方式供应的图书空白点。出版社要以调查所得的这种十分具体的图书空白点作为自己的活动空间，有针对性地以新的思路开发新选题新产品，并以已取得初步成效的新产品为依托，及时形成新产品系列，影响市场、扩大自己的市场占有份额。

图书的市场需求和读者需求，有联系，又有区别，在不同情况下两者的关系又有所不同。我们出书是为了满足读者有利于社会进步发展的求真、求悦、求知的需要。但出版社不可能向需要这种书的人免费提供图书，而要实行货币交换。所以，只有具备一定购买力的读者，他们的阅读需求才能构成图书的市场需求；各种类型的图书馆则作为读者的代表，向市场购买图书，而形成市场需求。在市场经济条件下，图书流通顺畅，有购买力的读者需求常能及时汇集成图书的市场需求；但在流通渠道尚不畅通的现实条件下，在有购买力的读者需求转化为图书市场需求时，常会发生扭曲现象，有时读者很需要的书，书店由于许多复杂的原因，可能很少订货或不及时订货，有时则订的货不一定能卖掉。所以，出版社进行市场调查的对象，不能限于书店、书商，更要着重调查读者的实际需求。不仅因为这种调查资料更加精细具体,而且,读者确实需要又有钱买的书,最终会形成市场需求的。所以,我们的市场调查工作,不能满足于访书店,站柜台,更应深入到广大的读者中去,深入到各类图书馆中去。当然,出版社在根据读者调查资料作出出版决策时,不能不考虑到书店和自己的发行能力与条件,不能简单地认为读者的需求就是市场的实际需求。

二、市场调查的内容

(一)选题调查

市场调查项目繁多,但我觉得编辑对市场的调查应该侧重于新产品的构思,即选题调查。选题调查是市场调查中居于首位的重要内容。通常人们都这样说:只有把握市场,才能把握选题;只有把握了不同时期市场的不同需求,才能开阔思路,活跃思维,引发我们产生种种新的构想,并下决心确定新的目标,推出新的品种,否则往往会产生困惑。实践证明,这句话是对的。在选题调查过程中我觉得主要是调研下面三个方面:

1. 读者需求和欲望的调查

出书是为了卖书,卖书就要考虑买主,这个买主不是别人,就是我们的读者。尽管市场状况取决于诸多因素,但最主要的因素还是买主。营销观念中有许多精辟的表述,我觉得其中有不少是值得我们搞编辑工作的学习和研究的,如:"发现欲望,并满足它们";又如:"生产你能够出售的东西,而不是出售你能够生产的东西";再如:"我们不能只经销有能力制造的产品,而要学会生产能够销掉的产品"、"热爱顾客而非产品"等等。

读者群体是个笼统的概念,不同的图书拥有不同的读者群体,作为编辑,你必须去了解他们,分析他们,研究他们,对他的正当的要求努力满足,对他的非正当的要求在抵制的同时,要加以积极引导,使其逐步转向正当需求。这是从后进读者的实际出发传播科学文化知识的一个重要出版领域。当然,编写这样的书需要有更高的写作和编辑艺术。比如对那些低档次的读者,你总不能用淫秽读物去迎合他们吧。这方面少儿诸物的读者相对比较单纯,家长无非是望子成龙、望女成凤的心情太急切,恨不能有大量的习题让他们的孩子练习,一夜之间出个天才。孩子们年纪小,正面引导就没错。具体的说,智力因素出多了就要强调一下非智力因素,强调一下主旋律、爱国主义教育等等。所以,只要你把握了买主即读者的需求和阅读习惯,读者可以接受的码洋数,读者欢迎的书的大小规模,走俏的开本和装帧形式,阅读热点的走向等等,那你就找到了最理想的选题构思。

比如我们社作为长销产品的"半小时系列"丛书,最早提出选题设想的是1986年,当时同类书很多,但操作性不强,我们向读者调查,召开年轻的爸爸妈妈座谈会。大家反映,双职工忙,没时间找资料,又急切地望子成龙,望女成凤,提出最好有一本耐用的,即可以用比较长时间的、集故事、儿歌、歌曲、游戏等为一体的书,可以省去不少麻烦。于是提出这个选题。题目也是针对双职工父母的,他们很忙,每天只要用半小时即可,书的规模大小也是调查后决定的。0—2岁父母认为孩子小,比较注意长身体,3—4岁父母重视自己的教育,5—6岁靠幼儿园。可一开始3—4岁这一册最薄,5—6岁40多万字,卖得不太好,于是就下决心彻底修订,增加了3—4岁的内容篇幅,精练了5—6岁内容,后来又发现单本的书很容易被书的海洋淹没,形不成气候,所以又搞成了系列,即《半小时妈妈》系列,这样就产生了《半小时妈妈丛书》和《半小时妈妈配乐故事》(磁带)。从书的产生,从分散的语言篇、图画篇、智力篇、故事篇、常识篇等到合订本,开本、装帧形式都在随着读者的需求和欲望,也就是市场的承受力加大而变化,年年都销出几万套,而且精装的比平装的销得好,塑料袋包装彻底被淘汰。《半小时爸爸》的产生是因为发现了在培养孩子中出现了误区,重智力因素轻非智力因素,所以又搞了一套,效果照样很好,成为保留节目。台湾买了版权,也再版了。但台湾的《半小时爸爸》销得不好,原因何在,我问台湾书商,是不是非智力因素不感兴趣?否。原来台湾的男人有大男子主义,从来认为管小孩是妈妈的事情,所以不来问津。这件事情当笑话说过后,却引起了我的重视与深思,这就是对读者需求和欲望的调查必须深入、细致,绝非走马观花能解决的。调查越深,思路越清晰,选题的针对性也就越强。由选题产生的图书就越拥有读者,在图书市场竞争中也越能立于不败之地。这样产生的选题就形成了良性循环。一个出版社良性循环的图书越多,也就是我们经常所说的双效书越多,工作就越主动,数年积累下来也就很容易形成一个特色。好比砌砖建房,一块块地往上垒,只要中间有一块歪了,斜了,这房子肯定就好不了。台湾书商提供的情况促使我也详细了解了一下大陆市场"半妈"、"半爸"销售情况。这一了解我才知道,其实大陆也一样,"半妈"好于"半爸",但原因却有两个:一是可能有点大男子主义,二是对非智力因素的轻视。前几天我们出版社召开跨世纪人才培养座谈会，有一位小学校长提出培养现代人、世界人、中国人的问题，目前，由于忽略对人的思想教育工作，是“才”不是“人”的很多，这问题很严峻，但有些人不懂。这里又引出一个问题，即编辑还存在一个提高读者的问题，也就是说要向他们宣传，使他们懂得这个道理，引起共鸣，否则光是编辑意识到了，出了这样的书，一个巴掌打不响，还是没戏，这是一。台湾书商提供的这一情况引起我的第二个考虑是：读者的购买心理是很值得研究的，读者往往是凭着第一直觉就决定了他们的取舍，《半小时爸爸》书名产生的直觉好像就是提供给爸爸看的书，且对此他们似乎深信不疑。其实就我们本意说，取名“半爸”，只是借助爸爸的阳刚之气，以表示这是培养孩子品格、意志力的书，而并非一定要爸爸所为，然而产生的效果却被认为是爸爸们的书，这一点对大家震动很大。所以我们以后出的书，强调针对性即读者对象明确，比如低幼编辑室出的3—6岁童话，书名上干脆打上《3岁幼儿童话》、《4岁幼儿童话》……尽管童话内容有深浅之分，但要严格地区分到底是3岁可读，还是4岁可读，并没有精确的科学标准。但读者信这个，有好多读者买书，开口问的就是我孩子今年3岁，应该买什么书？所以说到底这是一种感觉，并非是真正追求严格的划分，其他出版社可能没这个问题，但少儿出版社确实存在这种年龄段的“针对性”，且针对性越强越销得动。当然在编辑过程中，编辑也努力追求合理性、科学性，否则没有了信誉，也就失去了浙少社品牌的吸引力。

2. 竞争者产品的调查

所有出版少儿读物的出版社都是我们的竞争者，对他们的产品及其销售情况的调查，目的只有一个，就是为了仿造和改进最终达到超越他们的产品，由我们去占领一块阵地。这话听起来颇不友好，但实际上就是这么回事。

出版社的选题大致可分这样两种情况：一是填补空白，即“人无我有”；二是超过同类，即“人有我优”。对竞争者产品的调查属于第二种。我们一要了解他们，搞到他们的畅销产品，打开看，横挑鼻子竖挑眼，仔细研究；二要综合他们的优点，提出高出一筹的新设想，新体例，从各个方面胜过他们，去跟他们竞争市场。这个方法现在用得很多，因为真正“人无我有”的东西只有创作作品，而抓出一部传世之作又谈何容易。所以我们必须把眼睛瞄住竞争者。比如有家同行出了一套世界名人故事，出了好几年，没有什么章法，也就是说选题没到位。我们看准了，提出《绘画本世纪名人传记》，把名人梳理了一下，归类，分为军事家、政治家、思想家、文学家、艺术家、科学家、发明家，把不好划分的人，如华佗、玄奘、卡内基、迪斯尼等统统划入综合类，推出八大卷，一下“断”了人家的“路”，把人家的戏拿过来由我们唱，效果不错。这件事也提醒我们，提出的选题要到位，不能凭着感觉走，只有到位了，竞争者就没法钻空子，这样才能在市场上立住脚，否则等于起一个头，敲响了开场锣鼓却让出压台戏由人家唱。我们的产品也时时在被窥视，要反竞争就必须选题到位。目前《绘画本中国通史》、《世界童话名著连环画》就基本上打出了牌子，人家往往吃浙少社的。比如我们《人类探险史故事丛书》这个选题搞了好几年，我担心出书晚了，但销售情况仍看好，原因是我们全，登高山、征海洋、涉沙漠、探极地……都有了，共11册，人家再搞就难了。

对竞争者产品的仿造和改进、超越的可能取胜，有很大一个原因，在于我们的祖国太大了，中国的图书市场太大了，东方不亮西方亮。所以只要有特色，总会找到市场。少儿的书尤其这样。当然我们的要求还是很高的，光浙江这块地的生意还嫌不够，总想覆盖全国，所以尽管一样的东西，也要拉开距离，哪怕是开本、装帧上的优势也行。这里同样需要考虑读者的需求和欲望，真正一无是处的东西也不会因为市场大而站住的。因为市场有时看起来是宽容的，但说到底还是冷酷无情的。书店还是以书的品质进货的，其他方面“侍候”得再好也没用的。

对竞争者产品的调查并不局限在国内，我们的眼光要放远，放开一点。而且是不是可以这样说现在国外竞争者产品更吸引人，谁先发现国外竞争者产品，谁先引进，谁就可能在这一领域里先占领市场。因为有些国家的科技比我们发达、出书的起点就比我们高，这种引进包括内容、形式、装帧的改进，如我们社去年出版的“幼儿掌上书”《寓言故事》、《童话故事》，实际是引进的装帧、形式；《惊奇的小宇宙——人体》是引进表现形式，《21世纪最新少年儿童百科》引进的是新科技……所以我主张有条件的话走出国门，去开眼界。今年为学习日本卡通连环画这一表现形式，我们社派了5个人去日本学习、考察。没条件的多看看两年一次的国际图书博览会。我建议省新闻出版局里设立专门谈版权的机构，卖版权是占领对方的市场，买版权是开拓自己的市场，这两者本身也是缺一不可的。这里有个信息调查的问题，现在渠道甚多，如德国的贝塔斯曼上海俱乐部、德国慕尼黑的国际儿童图书馆、日本的讲谈社等等都可以提供信息。商务搞得那么活,与国际广泛进行合作出版有关。多与国际交往,是一个很大很深的课题,要好好研究。外语一定要学好,这不是个人问题,已成为出版业兴盛的问题。

3. 对经销人员调查

经销人员长年累月地直接与读者打交道,对读者需要什么书,购买什么书了解得最清楚,虽然他们可能反映不出整个图书市场的信息,但起码反映了某一局部的状况,所以对他们的调查是必不可少的。我们的《世界童话名著连环画》最早选题的产生,就是上海书店提议的,当然我们经过了反复论证。

经过上述三方面的调查后,一般都能获得大量市场信息,产生大量新的构想,在这个阶段必须对市场的调查信息进行处理,对产生的新的构思进行筛选。我们的国家很大,经济发展的状况不一,这就使市场的现状变得复杂化和多样化。我们在调查中常常会遇到这样的情况,上海的书店认为要盒装、高码洋的书,内地尤其是经济落后地区的书店却反对盒装,提出码洋要低,装饰要简陋。面对同一品种两种截然相反的意见,往往令人无所适从。其实这就是现实,需要我们分析,或侧重一面舍去另一面,或兼顾两头。比如关于64K连环画,目前大量的信息是奇缺,看好,似乎又要形成一个销售热点。但真实的情况是购买者寥寥,书店不进货,大32K连环画销售仍然看好。所以不分析,不研究,一时冲动上马,可能马上就栽了。但暂时热不起来也不等于永远形不成热点,所以我们的决策是作好两手准备,一旦需要,就可供货,这样我们就可能仍处在主动地位了。

如果说信息还是初级阶段的话,形成一种构思已经进入了高级阶段,但要真正形成一个完整的选题,对构思的筛选仍然必不可少。对构思的筛选要避免两种错误,一是草率下马即所谓"误舍";二是匆促上阵,即所谓"误用"。摒弃无价值的构思不说,凡对有价值的构思的"误舍"和"误用"往往都涉及到两个问题:一是对市场调查所作的正确判断,二是对市场时机的准确把握。

先谈谈对市场调查的正确判断。作一个不确切的比喻,对市场情况的了解好比你掌握了一大堆素材,对市场的分析判断等于对素材的归纳和提炼。不经梳理的市场信息只能使我们眼花缭乱,产生错觉,甚至困惑。所以我们必须学会客观的分析,正确的判断。这样的例子很多,比如说优秀作文这类书多得不得了,我们也瞄准了这个热点,去赶潮流,结果情况并不理想,因为同类书太多了,我们又没有自己明显的高人一筹的特色,所以不能引起读者注意,印数一直在一万册徘徊。这里涉及两个问题,一是要不要出,二是怎么出。我对编辑说如果只有一两万册,我们就坚决不出了,我们一共才20多个编辑,搞了作文的书搞不了别的,何必为一两万没名气的作文投放那么多精力呢?但话说回来有时又有些侥幸心理,所以还在出。我觉得作出正确的判断并不容易,好多因素哇,大概是要撞得头破血流才会下狠心刹住。

关于市场时机问题,这同样是一个很重要的问题,可以这样说把握时机就是把握了市场,错过了时机就是错过了市场。我们的《世界童话名著连环画》,从七世纪的穆加发的"卡里来和笛木乃"选到当代最有代表性的罗大里、爱思德等,收入了100多篇著名童话,由于比兄弟省类似的一套书抢先五天上架,占领了市场,第一版22万套一下就销完了,现在年年加印,一直畅销至今。当然质量必须过硬。这是前提。

(二)效果调查

选题调查不只局限于选题确定前,而是要贯穿到选题产生后,甚至图书上架以后,只有不断了解市场,把握市场,才能对选题进行不断的改进和完善,提高它的品质,甚至逐渐成龙配套,发展为系列产品。从这个意义上讲效果调查就是选题调查的继续。

效果调查主要是调查这样三个方面:一读者兴趣,二读者评价,三销售情况。编辑工作环节很多,但每一环节都必须遵循一个原则,即努力去适应读者要求。少儿读物除了要求内容正确、健康、有益,还要求新颖、奇异、有特色,所以无论开本、版式、封面,整体设计都必须突出新奇特这三个字。效果调查的目的,是为了了解产品上市后的反映,提供我们修订产品的意见。比如封面,《图说中国谚语故事》和《图说中国俗话故事》一开始读者反映封面像古籍的书,太雅了,后来又改,这样的事很多。又比如装帧问题,有分有合,都是为适合读者购买,所以少儿有的书,如《世界童话名著连环画》有9个书号。甚至书的码洋问题,也并不是便宜的就受欢迎,图书礼品化以后,读者对书的码洋要求打破了几元、几十元的界线,100多元的儿童图书在节假日成为畅销书。比如《世界童话名著连环画》,40元的散装本不如55元的盒装本好销。这种奇特的现状通过效果调查后发现,值得我们注意和思考,要随时调整思路去适应变幻的市场。

总之,不论选题还是效果调查,都是一种艰苦的劳动,不光需要我们动腿、动嘴,还需要我们动脑筋。

用心思的编辑往往能通过调查研究“在茫茫书稿里发现有待开发的处女地，在变幻莫测的书市中发现最有魅力的兴奋点”，也就是说能够及时意识到读者新出现的需求，从中掌握新情况和新趋势，未雨绸缪，先行一步，提出有超前意识的选题。

比如说当前的卡通热，对我们就很有启示，这是一种为少年儿童喜闻乐见的表现形式，关键是赋予它新的内容。但目前存在一个观念问题，似乎卡通书不能登大雅之堂——书店不进。去年厦门订货，我们几乎绝望了，说难听点是一种挣扎。可今年见阳光了，《开心岛》一万套销光了，这坚定了我们的信心。我认为这是一种趋势，在你追我赶的书潮中，总有那么一天会掀起新的浪潮，剩下的只是时间问题。当然也存在引导读者问题，引导他们去适应、习惯中国式的卡通。

卖书、座谈会、问卷、参加书展等都是市场调查方式。但要充分议论，从一本书分析出图书市场书的走向。要比较，研究同类印数书为什么有的高，有的低。

有的老编辑已经养成了这样一种习惯，无论聊天、逛店，还是看电视，都不忘自己的编辑工作，不忘调查研究。可以说，对于一位有敬业精神的编辑来说，调查研究是一种“职业习惯”，养成了这种“职业习惯”，他的调查研究就不会局限于八小时内。

希望我们大家都能进一步使之成为一种职业性的、习惯性的工作去询问，去调查，去思索，对产生更多的新构思，提出更多的精品选题，使浙版图书再上新台阶，对我国整个社会主义的出版业作出新的贡献！

（原载《编辑学刊》1996.3.）

图书市场中读者心态与读书现状的调查

白长青　郭银星

原编者按：社会调查历来是获得第一手资料的重要途径。目前图书市场中读者心态、读书现状、对书价的反映等等一直为出版界所关注。现摘编了辽宁社会科学院白长青、郭银星两位研究人员设计的问卷调查，以飨读者。欢迎广大读者就调查情况各抒己见。

一、读者在选购图书时的方式和心态的调查

读者一般是在什么样的情况下去购书的。他一般都是在哪儿购书，他购书时一般都会注意哪些问题，他购书的目的是什么，我们试着从读者与书籍发生关系的第一个环节出发，揭示并研究读者与书籍的密切联系以及读者在选购书籍时的具体心态。

调查问题一：您阅读的书刊通常是：

A. 自己购买的

B. 去图书馆或阅览室借阅

C. 别人送的

D. 偶尔碰上便随便阅读

表一

问项	工人	大学生	教师	机关干部	战士	军官	个体职业者
A	71.5%	47.6%	68%	83.5%	76.7%	90%	45%
B	19.8%	44.2%	46.8%	14.3%	11.6%	27.2%	16.6%
C	6.8%	2.5%	1%	1%	4.6%	0	10.7%
D	23.2%	22.5%	14.8%	12.3%	12.7%	27.2%	46%

从表一可以看出，工人类阅读的书籍大部分是“自己购买的”；大学生类阅读的书籍以“自己购买”及“去图书馆和阅览室借阅”这二者为主；而教师类的与大学生的极为相似，只不过是“自己购买的”比例更高些（占68%）。

机关干部、战士、军官这三类基本相同，占主导的是“自己购买的”，而且比例都不小。而个体职业者的群体，以“自己购买”和“偶尔碰上随便阅读”这两样为主，表现出很大的购买随意性。

从表一还可以看出，“别人送的”这一项在各种分类中都是最少的。

调查问题二：您购书的方式通常是在：

A. 新华书店

B. 个体书摊

C. 邮购

D. 折旧书摊

表二

问项	工人	大学生	教师	机关干部	战士	军官	个体职业者
A	59.4%	75.3%	83%	82.4%	39.5%	90%	34.5%
B	50%	27.2%	17%	32%	41.8%	0	53.5%
C	3.4%	5.9%	6%	4%	9.3%	0	4.7%
D	6.85%	3.4%	9.5%	5%	8.1%	18%	16.6%

从表二可以看出,大学生、教师、机关干部、军官这四类人群的购书方式通常是在“新华书店”,比例很高而且目标很明确;而工人、战士、个体职业者这三类人群的购书方式则是“新华书店”和“个体书摊”兼有,比例相差不大。值得注意的是,对于个体职业者来说,他们购书最多的地方是个体书摊(占53.5%)。

从表二还可以看出,以“邮购”的方式和从“折旧书摊”上购书的比例都是很小的。

调查问题三:您读书刊的目的是:

A. 与职业(专业)有关

B. 想增加知识

C. 想增加文化修养

D. 消遣性

表三

问项	工人	大学生	教师	机关干部	战士	军官	个体职业者
A	34.4%	20%	57.4%	52.5%	18.6%	54.5%	13%
B	56.8%	53.6%	40.4%	39.2%	58.1%	54.5%	45%
C	29.3%	43.8%	28.7%	35%	36%	45.5%	26.2%
D	20.6%	21.2%	11.7%	12.3%	11.6%	0	29.7%

从表三可以看出,不同类型的读者,他们读书的目的也有很大的不同。教师、机关干部、军官等把读“与职业(专业)有关”的书列为第一目的;工人、大学生、战士、个体职业者、军官等把“想增加知识”列为第一目的;此外,“想增加文化修养”的比例也不少。

从表中还可以看出,填“想增加知识”的,是各类人群的共同的读书目的(不是第一就是第二),而填“消遣性”的也有一定的比例。

从表三可以看出,读者读书的目的是广泛的,多样的,兼顾的。

调查问题四:您购买或阅读书刊时,其封面设计、版式、装帧、校对、印刷等质量好坏对您:

A. 很重要

B. 适当注意

C. 无所谓

D. 根本不注意

表四

问项	工人	大学生	教师	机关干部	战士	军官	个体职业者
A	41.3%	30.3%	28.7%	20.6%	39.5%	36.3%	25%
B	41.3%	48%	56.3%	17.5%	34.8%	36.3%	33%
C	11.2%	16.1%	13.8%	53.6%	11.6%	27.2%	23.8%
D	1.7%	2.5%	3%	7.2%	11.6%	0	8.3%

从表四可以看出,除了机关干部这一类之外,其他各类占前二位的选择都是“很重要”和“适当注意”,而机关干部的首选是“无所谓”(占53.6%)。这三项的选择基本是平衡和分散的。说明书刊的外包装如何对于大部分读者只是引起适度的注意,读者最关心的仍然是它的内在质量。

二、读者对书价的看法

调查问题五:您认为目前书价的上涨幅度是:

A. 过高

B. 比较适当

C. 不高

D. 勉强接受

表五

问项	工人	大学生	教师	机关干部	战士	军官	个体职业者
A	62.9%	78.7%	80.8%	78.3%	40.6%	100%	30%
B	12.9%	7.2%	5.3%	8.2%	10.4%	0	2.3%
C	1.7%	2.1%	1%	4%	3.4%	0	7.1%
D	25.8%	11.9%	13.8%	10.3%	40.6%	0	42.8%

从表五可以看出,几乎所有的人都认为书价“过高”,如果再加上“勉强接受”的这一项,那么大约就占到全体人群的90%。甚至连个体职业者也是这样。这反映了人们对书价过快上涨的普遍不满,以及越来越难以承受。群体的反映是比较集中和鲜明的。

从表中还可以看出,认为书价“比较适当”和“不高”的人只占约10%的比例。

调查问题六:对控制书价的上涨您有何良策?

对于这个问题,有明确回答的占总人数的17.5%,回答为:“没有办法”的占总人数的24.3%。

在有明确的回答中,大体上可以归纳为以下内容:

1. 加强对出版商、经销商的管理。

2. 努力降低成本,提高质量:

1)薄利多销

2)多出平装书,缩小字号,减少插页。

3)注重档次,不重封面。

4)少出精装书、礼品书。

3. 控制纸价(包括多造林,多生产纸)。

4. 多进口纸张。

5. 杜绝自费出书。

6. 减少小批量出书。

7. 控制盗版。

8. 减少流通环节。

9. 降低税收。

10. 改进印刷技术,降低印刷的成本。

11. 国家对技术类、教育类图书增加补贴(如学生、教师、科技人员享受优惠)。

12. 国家应成立专门的书价管理机构,并完善相应的法规。

三、读者对所读图书的印象的调查

读者在阅读图书以后,对所读的图书会产生种种的印象,会有自己的评价。它表现为对读者的心理和行为的影响力,对读者的审美感和文化素质的提高作用,以及能否再次激起读者的购书欲望等等方面。

读者的阅读心态到底是怎样的,读者最爱看哪方面的图书,读者对目前图书市场上大量的各类名著缩写本的看法怎样,读者对书中涉及的色情描写和低级庸俗内容是抱着怎样的接受态度,能否容忍等等……,为了真实地把握读者的脉搏,我们开展了读者对所读图书的印象的调查。

调查问题七:您最爱看的书刊类型是:

A. 纯文学类的

B. 通俗文学类的

C. 生活知识类的

D. 专业技术类的

表六

问项	工人	大学生	教师	机关干部	战士	军官	个体职业者
A	12%	18.2%	20%	12.3%	12.7%	45.5%	19%
B	29.3%	43.7%	14.8%	16.5%	48.8%	18%	42.8%
C	48.2%	36.5%	32%	48.4%	26.7%	54.5%	44%
D	33.6%	9.7%	58.5%	50.5%	24.4%	45.5%	5.9%

从表六可以看出,对于表中列出的"纯文学类的"、"通俗文学类的"、"生活知识类的"、"专业技术类的"这四项,其选择是比较分散的,每一项都拥有自己的读者群。如,"专业技术类的"被教师和机关干部选择为首位;"生活知识类的"被军官选择为首位;"通俗文学类的"被战士选择为首位;"纯文学类的"在军官选择中有一定的比例,等等。总体看,读者对这四项都有着强烈的要求。

相比之下,还可以看出这样几个特点:

1)机关干部和教师对"专业技术类的"书要求最强烈。2)个体职业者和战士比较喜爱"通俗文学类的"书。3)官军最不喜欢"通俗文学类的"书。4)喜欢"纯文学类的"书的读者相对较少,只有军官类的比例大一些。

调查问题八:您认为出版中外名著的重印本或缩写本(包括文言文的白话、翻译、改写、缩写):

A. 应再多些

B. 应适当减少

C. 没有必要

D. 很糟糕

表七

问项	工人	大学生	教师	机关干部	战士	军官	个体职业者
A	53.4%	54.8%	35.1%	21.6%	52.3%	72.7%	29.7%
B	14.6%	20.4%	21.2%	13.2%	23.2%	9%	36.9%
C	94.5%	12.7%	7.4%	34%	11.6%	9%	15.4%
D	9.4%	8.9%	7.4%	28.8%	4.6%	0	4.7%

从表七可以看出,不同的人群对这个问题的看法可分为两类。七类人群中的五类(工人、大学生、教师、战士、军官)抱着肯定的态度,首选的是"应再多些";而机关干部和个体职业者这两类人群大多选择的是"应适当减少"、"很糟糕"和"没有必要"。持有否定的态度,大约占到一半以上的比例。

(原载《中国图书评论》1996.5.)

我国图书市场供需特征分析

陆祖康

一、图书的商品属性及市场类型

随着我国改革开放的逐步深入，特别是党的十四大提出建立和完善社会主义市场经济以来，我国图书出版业发生了一系列重大的变化，其中，一个观念性的对整个出版业有着决定意义的变化就是：图书自身的商品属性决定图书的供需关系。

这意味着：

第一，随着由计划经济体制向市场经济体制的转变，图书不再是由国家统购包销的"计划产品"，它是与其他一般商品一样受市场供需规律作用的"特殊商品"。换言之，从过分强调图书某一方面的属性转变为重视图书的商品属性，即价值与使用价值。图书这种商品的特殊性，主要是由其使用价值所决定的。人们对满足自己精神文化生活需要程度的评价，即图书的使用价值，或称之为"文化价值"。

第二，正如其他一般商品，图书自身的商品属性在数量和价格方面同时影响着生产者和消费者。生产者和消费者各自利益的满足，一般必须通过市场交换来实现。提高市场实现率或扩大市场份额，要求有效地调整供需关系，对于作为商品生产者的出版社而言，就是解决"生产什么，生产多少，如何生产"的问题。

第三，供需规模既反映着社会消费水平的增长和消费结构的变化，同时也反映着图书市场的规模容量和发育程度。

我国图书市场，是在国家计划指导下的特殊商品市场。国家对图书市场的计划指导和宏观调控，主要有以下几个方面：(1)对图书思想内容的管理。图书出版工作直接服务于社会意识形态，在坚持社会主义方向方面更具有现实性和敏感性。为建设社会主义精神文明，政策性盈亏、政府补贴和支持价格等现象比较突出；(2)对产业规模的限制。不同于其他一般产业，国家对出版社的数量、出版范围(即专业分工)、图书结构及种数等实行直接有效的总量控制；(3)对市场渠道的调控。在向市场经济转轨的过程中，各地各级新华书店在不断完善自己的同时，凭借实力继续发挥着"主渠道"作用。与此同时，在国家政策的指导下，一个规模更庞大、网点更稠密、专业化程度更高的多种所有制性质并存的图书销售系统迅速形成；此外，还有(4)对生产资源的管理等等。

国家对图书市场的计划指导和宏观调控的意义主要是：首先，保证并促进我国图书出版工作坚持社会主义方向，为社会主义精神文明建设服务；其次，保证并促进我国出版业为广大人民群众提供思想健康、内容先进、质量较高的图书商品，不断满足其精神文化生活需要；第三，保证并促进我国出版业自身的发展。国家对产业规模的限制，实际上对各出版社的利益起到保护的作用。

图书商品的特殊性及国家对图书市场的上述计划指导和宏观调控，决定了我国图书市场的市场类型为垄断竞争市场。一定数量的商品生产者及其商品的差异性或不完全同质性，是垄断竞争的基本条件。由于在短期内商品生产者的数量基本上保持不变，因此在短期内可能获得超正常利润。在这种市场条件下，图书商品的供需关系有哪些特征？以下将通过对 1983～1991 年有关统计资料进行分析，从而对这些特征作一些归纳。

二、图书商品的供需关系特征

资源的稀缺性和需求的无限性是一般商品供需关系的基本成因。由于图书商品以满足人们精神文化生活需要为目的，是一种高于物资生活资料的消费，这种"高级需要不像其他需要一样迫切"(马斯洛语)。因此，受我国当前社会经济和国民收入水平的影响，人们的消费结构中用于购买书刊的支出比重很小，对于每一种具体的图书商品而言，有效需求不足是理所当然的。作为图书商品生产者，我们首先关心的是，如何使人们增加那部分支出或把那部分支出用于购买自己的图书商品？

	消费支出增长率(%)	书刊支出增长率(%)	书刊占消费支出比重(%)
1984 年	10.58	19.51	1.05
1985 年	20.33	4.08	0.91
1986 年	18.68	13.73	0.87
1987 年	10.69	7.47	0.85
1988 年	24.83	10.43	0.75
1989 年	9.69	28.21	0.87
1990 年	5.61	5.29	0.87
1991 年	13.68	17.58	0.90

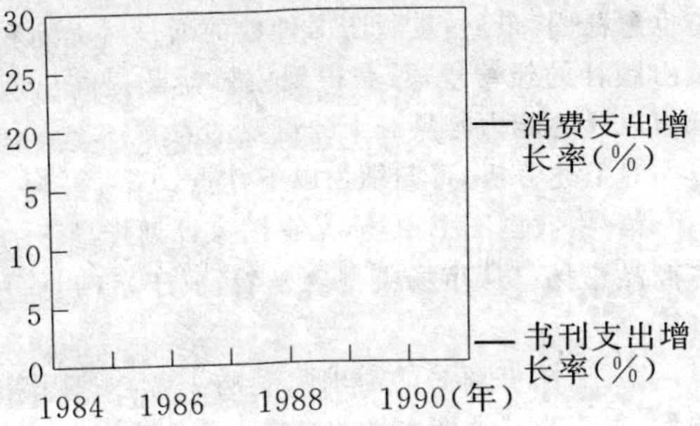

图表1

从图表 1 可见，城镇居民的书刊支出增长主要受其家庭消费支出增长的影响，不但增长率的波动方向一致，而且书刊支出的增长比消费支出的增长迟缓，大约迟缓一年。换言之，本年书刊支出的增长主要受上一年消费支出的影响。通过对上述数据进行回归计算，得出上年消费支出与本年书刊支出的相关系数 R 值为 0.508。从图表中还可看出，书刊支出的增长一般要低于消费支出的增长，但 1989 年前后书刊支出的增长却明显高于消费支出的增长。这是由什么原因造成的？

从 1984～1991 年，尽管我国城镇居民家庭消费支出和书刊支出逐年增长，但书刊支出占消费支出的比重相对来说，变化不是很大(见图表 2)。1989 年的比重虽然由 1988 年的 0.75%上升到 0.87%，但并不是导致当年书刊支出增长高于消费支出增长的主要原因。

上述现象的主要原因是供给对需求的刺激。具体地说，即新版图书种数的增长刺激了居民书刊支出的增长。从图表 3 可见，新版图书种数的增长与书刊支出的增长方向一致，特别是 1989 年新版图书种数增长率达到历史最高水平，即 18.60%，加上上年即 1988 年居民家庭消费增长的影响，于是出现图表 1 所反映出来的高峰。经过计算，得出新版图书种数增长率与同年书刊支出增长率之间的相关系数 R 值为 0.401。这种结论也从新版图书占图书种数比重的变化趋势与书刊支出增长同步得到印证，见图表 4。

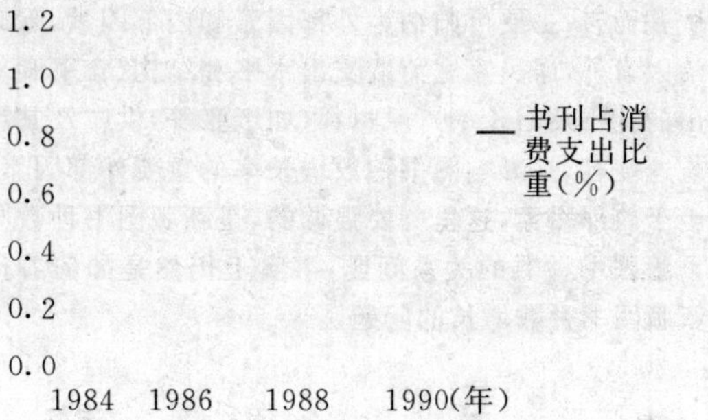

图表2

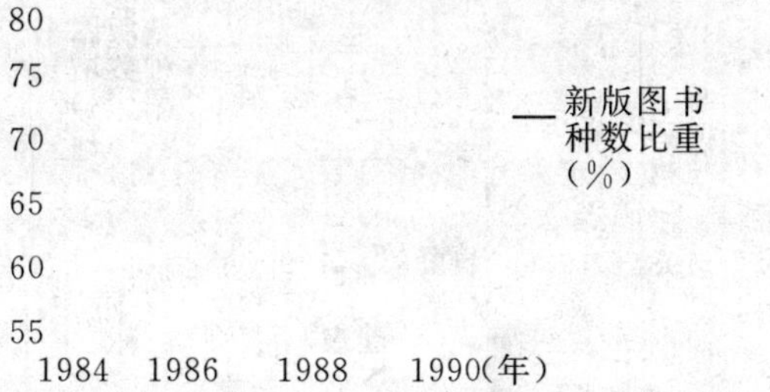

	图书种数增长率(%)	新版图书种数增长率(%)	印数增长率(%)	新版图书种数比重(%)
1984 年	12.25	11.49	6.29	71.86
1985 年	13.80	17.19	6.72	73.99
1986 年	13.56	16.84	−22.04	76.13
1987 年	16.27	8.69	20.19	71.17
1988 年	9.55	9.15	−0.48	70.91
1989 年	13.66	18.60	−5.79	73.99
1990 年	7.00	−0.40	−3.75	68.87
1991 年	11.71	5.81	8.87	65.25

图表 3

图书种数增长率综合地反映了新版图书种数的增长和重版图书种数的增长。这一指标可以用来反映供给规模的大小。新版图书种数增长的意义在于，在垄断竞争市场中，产品的差异性为商品生产者获得(超)正常利润提供了可能，同时也在一定意义上反映了垄断的程度。这种差异性是相对于产品的同质性而言的，内容雷同的不同书名的图书商品之间并不存在这种差异性。

影响图书种数增长率的因素很多，对于一个出版社而言，主要可归纳为外部因素和内部因素，除政治因素外，居民家庭消费支出水平和结构(含书刊支出的比重及增长率)，原材料(如纸张等)供应及其增长速度等，是影响图书种数增长率的重要外部因素。至于内部因素，这里所要强调的，是新版图书种数与重版图书种数的关系问题，事实上仍然是如何看待新版图书种数增长的问题。

图表4

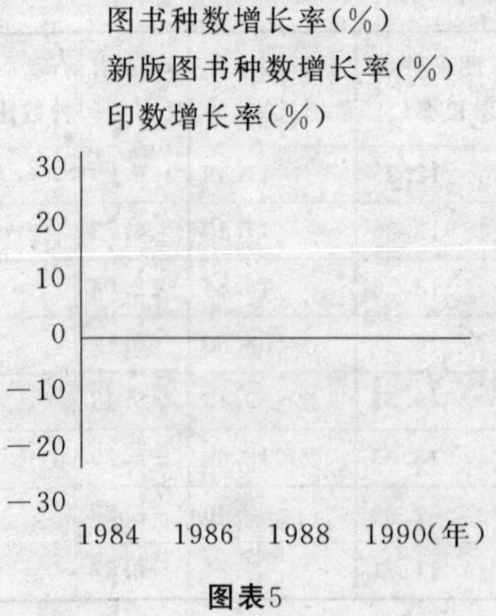

图表5

从图表 3 和图表 5 可见，图书种数增长与新版图书种数增长的方向并不完全一致，尽管如此，新版图书种数增长对图书种数增长的影响仍然是十分重要的。根据上述数据计算，得出其相关系数 R 值为 0.663。1987 年尽管新版图书种数大幅度减少，但图书种数增长率仍然上扬，而且当年印数增长攀上高峰，这实际上反映出重版图书种数增长的意义。

具体地说，重版图书种数增长的意义主要有：首先，在垄断竞争市场下，(超)正常利润的实现要保持商品价格高于长期平均成本。新版图书如果不能重版，即新版图书种数增长与重版图书种数增长之间不能保持一定的比例关系，那么，对一个出版社来说，就会面临亏损。其次，从营销的角度看，重版图书种数增长率愈高，意味着处于产品生命周期成熟阶段的图书商品愈多，其成本愈低，利润愈多，市场地位也愈稳固。最后，重版图书种数的增长对巩固和扩大出版社的经营规模、获得规模效益及提高出版社承担风险的能力等具有十分重要的意义。

对上述分析，可归纳为以下几点：

第一，我国图书市场，是在国家计划指导下的特殊商品市场。从市场类型上来看，属于垄断竞争市场。

第二，图书商品的需求除受购买者心理因素影响外，主要受其消费水平的影响。具体言之，本年的书刊支出增长率受上年的家庭消费支出增长率影响。

第三，新版图书种数增长对当年的书刊支出增长有着重要的刺激作用。在垄断竞争条件下，新版图书种数增长为出版社获得(超)正常利润提供了可能。

第四，保持一定的重版图书比重，既是实现垄断竞争市场中(超)正常利润的手段，也是出版社获得规模效益、实现“旱涝保收”的基本途径。

三、按客观经济规律做好图书出版工作

正如其他商品市场一样，图书市场也存在其内在的客观经济规律，并受这支“无形的手”支配。上文仅仅是在较肤浅的层面上描述这个市场的某些供需特征，既是对专家学者们关注这个市场或产业、早日推出我国的“出版经济学”的殷切期盼，也是为了说明在社会主义市场经济条件下，要搞好社会主义精神文明建设、为广大人民群众提供健康有益的“精神食粮”，在坚持正确的政治方向的同时，还必须遵循图书市场的客观经济规律。

(一)科学地进行市场细分，明确市场定位

垄断竞争只是一般意义上的归纳，这种市场类型本身并不排斥完全垄断和完全竞争，具体情形因特定图书商品及其销售渠道而异。虽然国家对各出版社的专业分工和出版范围都有明确的规定，但这种分工是粗放型的，而且在一定程度上允许重叠，因此竞争不可避免，各出版社应在其专业分工和出版范围的基础上，科学地进行市场细分，明确市场定位和选题方向。这是按市场客观规律做好图书出版工作的前提。

市场细分的目的，在于具体分析和掌握特定图书商品目标市场的供需关系。例如，出版社在进行选题论证时，一般都要求说明该选题的读者对象和同类图书出版情况。虽然这样可以大概了解该选题的目标市场和竞争程度，但此目标市场的具体供需状况如何，还需作进一步的分析论证。在专业分工和出版范围既定的情况下，各出版社图书商品的目标市场可以归纳分析，可根据各细分市场的具体供需情况，确定出版社的选题方向。只有这样，才能有的放矢地明确选题的预期利润，制订相应的生产计划和市场策略。

（二）正确处理好长期发展与短期效益之间的关系

在前面的分析中，着重强调了新版图书种数增长和重版图书种数增长对供需双方的意义。基于这种认识，我认为出版社对选题结构的调整，既要在总结上符合国家要求达到的比例，也应正确处理好长期发展与短期效益之间的关系。

对于优化或调整选题结构，一般多是从维护专业分工和出版范围的角度来理解。这种理解虽然没有什么不对，但也失于片面——没有看到选题结构对出版社整个图书商品结构的影响，或者说，对处理好出版社长期发展与短期效益的关系的影响。

一个出版社要提高其图书商品的市场实现率、巩固和扩大其市场份额，必须在新版图书和重版图书之间，根据外部环境的变化，及时调整和保持适当的比例关系。例如，在预测到次年消费支出增长将出现滑坡，或了解到将政策性压缩图书品种时，出版社应增加有希望重版的图书的出版，以提高次年重版图书的增长率。显然，这是通过调整选题结构来保持图书商品结构的合理性。

保持图书商品结构合理性的另一重要途径是调整图书库存结构。

（三）制订切实可行的生产计划，实现序化生产

不管是选题方向还是选题结构，总是通过具体的选题计划体现的。选题计划无疑是图书出版工作最重要的核心之一。这里所要指出的是，由于新版图书一般在选题计划中占有相当大的比重，因此，选题计划应视为一种投资计划或新产品开发计划。它是生产计划的重要组成部分，但不能替代生产计划。

制订切实可行的生产计划，必须与出版社各自的长期发展战略、图书商品结构（包括库存结构）、资产负债情况等相联系，在保证资金周转周期、编校出版周期和销售发行周期相互协调的基础上，统筹安排人、财、物、产、供、销各部门各环节，实现序化生产。只有这样，才能真正适应市场供需关系变化，为广大人民群众提供思想健康、适销对路的图书商品，取得良好的社会经济效益。

注：本文图表中所使用的数据，均根据《中国统计年鉴》整理计算得出。其中消费支出和书刊支出是根据《城镇居民家庭消费抽样调查资料》。

（原载《暨南学报》哲社版 1996.2.）

中文图书出版发行状况与对策思考

戴龙基　邓骅

自80年代初期开始，我国图书馆界即提出了文献资源建设问题，并以此作为高校图书馆工作实践中的重大课题进行了专门研究，取得了一系列成果，在一定程度上取得共识，对高校的文献资源建设有巨大的指导作用。

然而这项现在仍为人们关注的课题，就文献资源本身而言，人们关注的多是外文文献，着重分析的是外文文献出版状况与协调收藏原则，这一切都是十分必要的，但研究中存在着一个明显的偏差，就是没有强调对中文文献出版发行与收藏的思考，大概是认为中文文献是自家的东西,所占经费比例又少,不是大问题,其实不然。

中文文献资源是目前支持高校教学科研的最基本、最重要的资源,对于这一点,只要看看各馆读者借阅的统计数字就能一目了然。如果我们将学校的读者群与文献需求作一简单分析就更能说明问题:

一、本科生与部分研究生(这是最大的读者群)是以中文文献为主,辅以少量外文文献。

二、博士生、教师、科研课题研究者。由于这一读者群的研究重点不同,有些是以外文文献为主,中文为辅,有些则以中文为主,外文为辅,中文文献仍占有极重要的地位。

为此,我们认为,考虑文献资源建设,必须要了解读者的阅读行为和利用文献的特点。在可以实现世界范围资源共享的今天,文献资源建设的大着眼点应该是:就外文文献而言,在建立文献共享体系的基础上,在保障各学科基本文献,主要是期刊需求条件下,立足于发展网上的二次文献信息提供,也就是让研究者能及时、方便地了解到,在他们的研究领域中,又发表或出版哪些研究成果,从而确定哪些文献是他们最希望得到的,并通过高校图书馆的全国范围和世界范围的全文传递协调服务网来实现。也就是说,图书馆以收藏最基本(尽可能少的)源文献,提供最全面(尽可能多)的二次文献(书目索引、报刊文摘),保证尽可能方便的、价格合理的全文传递服务是最有效的、最经济的,也是当今欧美图书馆普遍推行的服务原则。全文传递在实现网络化的今天,其基本技术问题已解决,随着中外图书馆协作工作的开展,全文传递的价格将会越来越便宜,这是必然的趋势。我们高校图书馆工作人员应积极推动这一工作,并引导我们的读者了解当前文献服务的变化,逐步改变他们的阅读习惯,适应新的文献提供方式。也就是说,外文文献收藏重点在于质量,在于二次文献信息的提供,在于开展馆际互供和全文传递服务,在于协调与共享。

而中文文献收藏则应不但保证高质量,而且要全面,要有一定数量保证,在条件允许情况下,加大收藏的学科覆盖面,加大重点图书的复本量。实际上国外高校图书馆也并不是所有图书都买一本,例如英国曼彻斯特大学图书馆,他们就是根据学生的需求,复本量可达8本之多,个别重点图书数量会更多。

我国高校收藏中文图书大致可分为两段时期,第一段为1949年至80年代初期,这段时期的书目信息和供货渠道都是在计划经济指导下进行的,简单划一。书目和图书主要都是由新华书店提供,采访工作相对容易些。第二段为80年代初至现在,情况发生了相当大的变化,在改革浪潮冲击下,图书市场经济体制建立,出版社由生产型转换为生产经营型,经济效益和社会效益成为出版社关心的热点,由此而引发出新时期出版业的繁杂与混乱。高校图书馆若对此没有清楚的认识,必将造成中文藏书的严重缺藏和藏书水平的下降。

对出版业和图书市场的分析:

出版社的变化

1978年全国只有出版社105家,到1996年已有600余家出版社,是1978年的5.7倍,其中中央级出版社150余家,大学出版社100家,军队出版社10家,地方出版社300余家。地方出版社的兴起是这一变化的重要特点。除北京的231家和上海36家出版社外,其他出版社分布在全国51座城市里。地方出版社继续增加的趋势方兴未艾,其中以江浙、东北、湖南、四川等地形势最好,繁荣了我国图书出版事业,并与中央级出版社逐渐形成了有竞争力的“地方势力”。

出版图书品种与数量的变化

1978年全国出版量为14987种,1986年为45603种,1993年为96761种,1995年为104000种。1995年出版的数量是1978年的6.9倍,可以说出版物数量的增加与出版社数量的增加基本上是同步的。从出版的品种与印数来看,我国已经成为世界上的出版大国。

图书内容与质量的变化

改革开放后,出版社由过去的单纯生产型向生产经营型转化,迫使出版社必须注意经济效益,追求利润,由此而引起图书市场一度出现混乱现象。各出版社追逐出版“热门”图书,开始是武侠、言情,以后是纪实文学、生活实用图书,导致大量图书内容重复、交叉,编辑水平低,错误率高,装帧质量差,甚至一些黄色、凶杀等污染社会环境的图书也流入市场。其结果是,图书出版品种多,但印数少,根据1995年一项抽样调查表明:在30家样本社中,平均印数超过1万册的出版社,仅占20.83%,多数出版社采取“广种薄收”的政策,高质量、有学术价值,相对读者面窄的图书,出版非常困难。这样的局面给高校收藏中文图书,特别是人文、社会科学图书带来极大困难。可喜的是近年出版界加强了管理工作,1994年在全国出版科学研讨会上提出了“出版改革的目标是，建立适合社会主义市场经济体制，符合社会主义精神文明建设要求，又符合出版规律的新的出版管理体制和运行机制。”1995年又提出“整个出版业的发展从以规模数量增长为主要特征的阶段向以优质高效为主要特征的阶段转移”。有评论认为，中国出版业在“阶段性转移”中取得繁荣与发展，其标志主要是高质量、高品位的图书越来越多，图书品种盲目增长的趋势得到控制，迎合低级趣味的平庸图书数量在明显下降。以北京大学出版社为例，新书品种由1993年的300种降至今年的200种，再版率高达60%，初步实现了图书品种的合理结构。去年全国平均再版率达41.5%。图书再版率高，被认为是图书出版质量高的标志，也是出版社体制运行正常的标志。

在提高图书质量方面，地方出版社表现得更为突出，他们想方设法挖掘大城市的文化资源，邀请居住在大城市的大学问家去帮助他们精心组织出版图书。事实上，港台一些出版社早就在这方面下了大功夫。地方版图书质量直线上升，地方版图书现在已成为海内外大学、学术研究单位热心收集的文化资源。

既然中文图书出版出现了前所未有的繁荣局面，那么，我们的收藏情况怎么样呢？一般地说，不如想象的那样好，甚至缺藏很严重，教师开出的教学参考书单，有相当一部分图书馆缺藏，有些教师“戏称”图书馆的藏书不如他的私人藏书，在某种程度上表现出对图书馆信心不足。为什么造成这种现象呢？除了工作人员的责任心外，最起码有两项我们难以回避的事实：书目信息来源和图书发行渠道的混乱，是造成这种现象的根本原因。

书目信息渠道的分析。目前海内外用户获取信息渠道有三种：

一、新华书店总店发行的《社科新书目》、《科技新书目》、《标准新书目》、《上海新书目》、《地方科技联合书目》等，这是我国目前书业的主要书目。笔者专程到总店采访，谈到书目所涵盖的范围，其负责人承认，《社科新书目》等所报导的新书，仅占全部出版新书的40—50%，而且部分目录属征订性目录，如征订情况不好，就不能出版。

二、出版社提供的书目，由于目前出版社对把书目宣传作为他们的重要促销手段的意义认识不足，所以提供的书目过于简单，往往只有书名、著者、价格事项，有时甚至连著者都没有，读者很难根据此种书目判断图书的优劣。

三、图书进出口公司提供的书目，主要目标是海外用户，是在上述两种书目的基础上加以挑选的部分书目，内容不全，而且反映时间滞后，将会影响订到率。

以上书目多是以反映中央级出版社出版情况为主，很少反映地方出版信息，这是现行书目的主要问题。

现在发行渠道大体有三种：

一、新华书店。这是到目前为止，大部分高校采购的主渠道。根据抽样调查表明，通过新华书店走向图书市场的图书仅占全部出版图书的43.39%。说明这种在计划经济条件下，享受多年的独家发行的地位，在今天市场经济条件下，已受到严重的冲击。

二、出版社自办发行，抽样调查表明，几乎所有出版社都开始了自办发行业务，通过自办发行销售图书的平均比例为44.48%，其总发行量超过新华书店主渠道1.09个百分点。这种情况刺激了图书的发行，对活跃图书市场无疑是有积极作用，但对图书馆收藏图书却造成了前所未有的困难，因为图书馆根本不可能面对众多出版社直接订书。

三、集体、个体书店，这些书店已由早期的地摊形式演变成具有相当规模，在某种程度上可以与新华书店抗衡的大书店。例如在北京大学附近的“万圣书园”和“风入松”书店，都是由受过高等教育的文化人创办的，其学术眼光和文化品味明显高出新华书店的经营者，其管理水平和发展速度也令世人刮目相看。绝大多数出版社都在不同程度上利用集体、个体书店发行图书。香港等地报刊也开始报道他们的活动。图书馆也开始通过他们补充图书。

以上分析说明我国出版事业在调整经营方针后，出现了新气象，但书目信息和发行渠道都存在着混乱现象，这是造成买书难的根本症结，解决问题的根本办法也只有编辑一套能反映全国80%以上出版信息的相当全面、准确的新书目录。同时在供货渠道上寻求除新华书店以外的新渠道。事实上，上海和北京的部分高校已经开始由自己组织的公司从事发行和联合编目工作。但大部分图书仍由新华书店供货，而不是直接面对出版社，因而不能根本解决问题。建议上海申联、北京图联，以及教图公司，扩大范围，直接与出版社，特别是地方出版社联系，形成一个可补充新华书店不足的、新的中文图书供货渠道。若真能做到这一点，其意义是非常大的。

（原载《大学图书馆学报》1996.4.）

当前图书市场分析与未来出版社走势展望

刘旭波

从时已过半的1996年及已成历史的1995年的分析可以看出,中国的图书市场在经历了九十年代初的商品经济大潮冲荡,通俗文化大行其道之后,在文化规律调节性的作用下,已经进入一种雅可欣、俗可赏的齐头并进的磨合阶段。这种磨合可以从图书出版界与图书发行市场的交叉作用中看出,一方面图书出版界波澜壮阔,重炮不断,而另一方面,图书发行市场却微风细浪,难造辉煌。

据统计,1995年中国出版图书103 630种,其中新版书60 575种,与1994年相比有所减少,但重版书大放异彩。1995年重版书43 055种,总印数62.34亿册,比1994年增长26.4%,重版书占总品种的41.6%。这一增一减,说明1995年出版业在经过两年的阶段性转移后初见成效。更可观的是1995年的重大题材,如妇女题材、二战题材等有上佳表演。据北京新华书店排定的1995年图书发行榜,排于前列的是《中国少年儿童百科全书》、《邓小平建设有中国特色社会主义理论学习纲要》、《汉英词典》等。有人用这样一句话来总结1995年的出版界,"过去的1995年可称为普及读物年,传统蒙学读物以及现代社会知识得到广泛传播"。

在出版界波澜壮阔,一浪高过一浪时,图书发行界却一直微波细雨,略显平静,一直处于无热点,无"主题"的状态下。虽然在人工炒作下形成了不少"虚热"之点,而实际没有哪个热点成为真正的热点,就是《廊桥遗梦》、《新三字经》也有点昙花一现的感觉,"虚热"而不能持久。

一、"虚热"之下的"热点"透视

1."妇女热"与"二战热"。这两个被出版界公认的热点是伴随着1995年两件重大政治事件而出现的,一是1995年第四次世界妇女大会在北京召开,盛况空前;二是世界反法西斯战争暨中国抗日战争胜利50周年,意义重大。

女性题材作品早在1994年中国已出现热销之势,但多为女性散文、随笔,尤其那些描写女人细腻柔肠的散文。而1995年则遍地开花,小说、散文、评论、传记,中国的、外国的,全面进攻,并且销量颇大。但是,令人悲哀的是,这些以迎合当代女性以及一些对女性怀有神秘感的男性的作品,大多为平庸之作,鲜有出类拔萃的佼佼者。不过却有"一枝红杏出墙来":河北教育出版社的"红罂粟"和"蓝袜子"两套丛书在各种书市订货会和展销会上一直很抢手,而且在以发行畅销书为主的街头小书摊上,也是一上摊就被人买走,难觅芳踪。"红罂粟"是22位中国当代女作家的小说选集,"蓝袜子"则是外国妇女题材小说的选集。当然,"红罂粟"与"蓝袜子"的丛书名称遭到书评界指责,以毒品为书名似是有煽情之嫌。

以"二战"为背景的军事题材类的小说,最为走红的是解放军文艺出版社和世界知识出版社的出版物。世界知识出版社的"二战"三巨头传记、"二战"名将传记和"二战"图书集一直畅销不衰,所向无敌。解放军文艺出版社的"抗日战争纪实"丛书,其内容之精彩,再一次证明"军旅出版前沿"的雄厚竞争力。

2."少儿读物热"。1995年的少儿读物作品已不仅仅局限于动画卡通、寓言童话等启蒙类的出版物,一场"发掘祖国遗产"的运动兴起了,"旧瓶装新酒"的制作也开始了。大量的古籍被发掘而变成儿童的启蒙读物,并注入了新的时代精神。

广东教育出版社在1995年初推出《新三字经》后,发行数扶摇直上,在短短几个月间,发行量突破3 500万册。在中国,这已是除领袖著作之外一般作品发行量的最高纪录了。同时,《新三字经》又荣获中宣部评出的"五个一工程"的"一本好书"奖,为广东省第一次夺得这个中国图书界的最高荣誉,可以说广东教育出版社名利双收,社会效益经济效益共创。

3. 文学出版的"热点"。文学一直是出版界经久不衰的热点,1995年,文学出版的热点似乎不少,像"文集热"、"长篇热"、"翻译热"等等,但几乎都未成大气候。

好像有些时日了,书界的文集已不再是德高望重的老作家们的专利,年轻作家们纷纷推出其文集力作。江苏文艺出版社、中国社会科学出版社等，为一批年轻作家推出文集。从市场看，这批文集大都卖得不错。

与1992年至1994年“每天一部”的盛况相比，1995年的长篇的确没热起来，1995年，长篇一共出了400多部，大多为平庸之作，更多的集中于迎合市民口味的“名人、女人、罪人”三个方面，历史内幕、官司秘闻、致富要诀、异国风情等等，而八十年代人们普遍关注的现实改革、历史反思、民族寻根却被冷落。从现实到历史，到我们民族深层的文化结构，仿佛都变成了纵情欢娱！还算引起一点波澜的几部作品，像贾平凹的《白夜》、张炜的《柏慧》、《家族》、王安忆的《长恨歌》、莫言的《丰乳肥臀》、张宇的《疼痛与抚摸》等，总体看来平淡。贾平凹《白夜》是典型的炒作失败，书商们对创造了《废都》奇迹的贾平凹给予了极大的关注，但大量的积书只能说明1995年的贾平凹“拖刀败走麦城”；张炜宗教式地对时代的呐喊却不能引起世人的同情；只能被一些女性认可的《长恨歌》也证明了王安忆的失败；《丰乳肥臀》过分商业化的包装不但未引起市民的兴趣，反而招来了一片批评，吓跑了一批高品位的读者……缺乏关注现实的作家是1995年长篇小说最大的遗憾。

与长篇小说的广种薄收相反，1995年的传记文学却相当风光。历史传记、文学传记、人物传记、准传记、非传记皆铺天盖地而来。万军丛中刘晓庆一马当先，用58天写成长达50万字的《我的自白录》，并创造了108万的版权高价，不能不令人瞠目。上海文艺出版社差强人意地印了46万册却并未达到预期的销售愿望。而一向以忠厚老实而植根于中国十几亿观众心中的赵忠祥推出的《岁月随想》却不声不响地销过了50万册。与人物传记相辅的各种传记鱼龙混杂、充斥着平庸与重复，尤其是大量“文革”题材的作品与历史人物传记作品更是如此。

翻译作品1995年应是“乏新可陈”，外国文学作品与学术的新译著几乎一片空白，而充斥市场的多为重版书。世界名著的重译、重版越出越多。据粗略统计，《茶花女》自1980年以来，已有20多种译本上市，雨果的《巴黎圣母院》、司汤达的《红与黑》等译本也均在10种以上。西方学术图书的翻译工作，近年越来越引人注意，但除了商务的《新知译库》和上海人民版的《当代经济学译库》给读者带来了一点惊喜外，三联还是停留在重印80年代“文化生活译丛”、“新知文库”上，别的出版社更是鲜有新版西方学术著作。一方面翻译人才相对过剩，另一方面国外译著日见稀少。出现这种尴尬的局面，可能是由于中国加入了国际版权公约而又无财力购买版权，这个尖锐的矛盾，目前似乎尚未找到很好的解决办法。

4. 学术著作热方兴未艾。1995年，应是广大学界笔耕者欣慰的一年。人民出版社策划推出的“东方书林之旅”系列学术图书，一印再印，十分令人称奇。“三联·燕京哈佛丛书”的面世，标志着这家出版社经过调整后，终于认清了自己的基本定位而开始努力。学术界的不懈努力、出版者的长远眼光、图书销售者的良好素质三者之间的良好循环态势已露端倪。但那些空疏的学术赝品，至今无人问津，因为学术的生命力在于思想的灵气和创新。

二、图书市场新视野及未来展望

随着现代科技的发展，人们文化水平及兴趣的提高，出版界又面临着新的机遇。有人预测，在未来的几年中，电子类、休闲类、旅游类、知识普及类图书将会成为今后的出版热点。电子类图书以CD、VCD、LD等为最新的载体已显示出新生事物的茁壮生命力，虽然目前的市场占有率很低，但随着科技的发展和电脑的普及，电子出版物必然会成为未来出版业的主导；同样，随着五天工作制的实行，人们也有了更多的时间休闲、旅游、学习知识，这必然使得休闲、旅游、知识普及类图书大受欢迎；足球，已成为中国人最关注的体育运动，其趣味性与刺激性吸引了众多的狂热爱好者，而出版社更应抓住这一球迷市场大做文章，1995年图书市场上许多精明的出版者已认识到这一点，像《贝利自传》《5.19长镜头》《甲A联赛手册》《徐根宝如是说》等，自一上市就很受球迷关注，销量多达数万册。再过几年，就要进入21世纪了，一批“跨世纪”选题也应运而生，像专题性图书——预测未来中国经济和社会科学发展方向的书籍，综合类图书——从宏观上展望未来社会各个方面的发展前景，少儿教育性图书——以培养跨世纪的少儿人才为目的，如四川少儿版“二十一世纪主人丛书”等。

“八五”期间我国新闻出版业发展迅速，不仅在出版规模上跃居世界前列，而且在国民经济中已成为重要产业。未来中国的出版业必定会得到更大发展。展望世纪之交的未来几年，出版竞争阶段的特征主要是出书形式是多样化、装帧水平大跨步、出版社个性化大发展，对外合作出版大发展。

（原载《中国图书评论》1996.7.）

概论图书营销

方　卿

营销这个概念,近些年来在出版发行界使用的频率颇高,应该说,这是一种进步。它表明了我国书业界在出版发行体制改革的过程中书业观念的某些方面正在发生变化,正在逐步接受与市场经营相适应的新的理论。当然,也应该注意到,我们在使用这些新的名词术语时,还存在着某些问题,有时奉行的是一种"拿来主义"的做法,在并不完全了解其真实含义的情况下,就盲目地去使用。就拿"营销"来说吧,我们的不少使用者只是将其视作"销售"的代名词,以往在书界被称作销售的活动,现在被越来越多的人称作营销了。这种理解有失偏颇。事实上,"营销"与"销售"是两个完全不同的市场学概念,这两者虽然同属市场学范畴之内,除此之外,它们几乎就再也没有任何相同,甚至相近的地方了。笔者试图对涉及图书营销这一概念的有关内容作一些简要的论述。

一、图书营销是书业企业的整体性活动

要弄清楚图书营销这一概念,我们从了解什么是营销入手。美国著名营销学家、哈佛大学教授麦克纳的解释是"营销即创造与传送生活水准给社会。"这一定义表明:营销不仅是一场商业活动,而且是一种"商品及劳务"的创造活动,即它还包括企业的生产过程。营销的目的不单是通过出售商品及劳务给社会以获得盈利,更主要的则是满足消费者的需求,即提高社会的生活水准。中南财大著名营销学教授、博士生导师彭星闾先生认为营销是"以市场为中心,满足用户现实需要和潜在需求的企业整体性活动"。

从上面的引文我们不难看出,营销是比销售要宽泛得多的一个市场学概念。基于上面的认识,我们可以这样认为:所谓图书营销应该是以满足广大读者图书需求的书业企业整体活动,它开始于图书出版之前,贯穿于图书出版发行活动全过程。一般而言,在图书出版之前,出版社要研究广大读者的需求,分析营销机会,确立目标市场,从而确定开发什么样的选题,决定将要出版的图书的内容及其装帧设计风格等;在组织图书出版发行过程中,又要使图书产品策略、价格策略、分销渠道策略以及促销策略等有机地结合起来,从而实现图书的销售;在图书销售出去之后,还要征求广大读者对图书本身以及出版发行企业在出版发行该书的过程中所提供的服务的意见,以便改进日后的出版发行工作,向读者提供更为优质的服务。

至此,对什么是图书营销,应该有了一个较明确的认识。当然,这并不表明我们就掌握了图书营销活动具体应该怎么操作。下面我们将从四个方面来分析这一问题。

二、分析市场环境,了解读者需求,开发好的选题,出版从形式到内容都适合广大读者需要的图书是图书营销的第一步,即图书营销之产品策略

图书营销活动的第一步,就是要强调开发出好的选题,所谓好的选题,就是既有益于社会,有益于读者,又有益于出版发行企业的选题。必须指出的是仅有利于出版发行企业,于读者、于社会无益的选题,虽然也会给企业带来丰厚的利润,但是,这绝不是营销学意义上的所谓好选题。在这一点上,书业界少数人有一些误解,以为营销活动的目的就是要给营销主体,即企业带来丰厚的盈利。事实上,这种观念早在本世纪70年代就已被营销学所摒弃,现代营销学强调的不仅是企业的利益,同时,还有社会的利益、读者的利益。现阶段,我国书业界出现的两个效益之间的冲突,不能不说与书业界对市场经济体制下图书营销活动的理解存在着偏差有关。

营销学就特别强调营销主体,即出版发行企业对社会环境的把握。出版企业在评定选题时,要深入社会、深入读者,到社会的政治生活、经济生活、科学文化生活之中去了解广大读者的需求。只有这样,才能开发出好的选题。相反,脱离社会,远离广大读者,坐在办公室是难以开发出好的选题的。任何一家出版社,都有自身的优势与特长,同时也有自己的劣势与不足。图书营销强调选题策略,就是基于这一原

因。我们任何一家出版社，在了解到了读者的需求之后，还要充分考虑企业自身的情况。只有那些与本企业的优势和特长的发挥相一致的需求，才可去开发，否则，即使是需求再大，而企业自身的优势与特长又不体现在这些方面，甚至是本企业的劣势与不足，此时应该忍痛割爱，放弃这部分市场。出版社选题策略的运用，也就是权衡需求大小与满足需求能力的关系的活动。就我国目前的情况来看，确实有少数出版社，不顾自身的能力去盲目地跨范围跨级别抢选题，结果使得平庸书迭出，这正是书业企业选题策略之失误。

选题一旦确定之后，出版社将以何种方式来"包装"自己的产品呢？这也是营销学中"产品策略"所要回答的问题，好的选题，好的内容，并不一定就能受到广大读者的欢迎，搞好产品的"包装"，是让市场更好地接受产品的明智之举。我国的出版社比前些年更注重图书的装帧设计了，这显然是一种进步，值得肯定。但从近年来的图书"包装"实践来看，我们似乎又没有完全理解营销学中关于产品"包装"的理论。营销中所强调的"包装"，是指要以最佳的形式将产品推向市场。"包装"并不是指要以最"豪华"的、最"考究"的，甚至是最"奢华"的形式来"包装"产品（当然，营销学并不排除用豪华、考究、奢华等方式来包装产品）。我们的少数出版社则片面地理解了这一点。因而，经常出现不顾读者购买力的大小去搞"包装"，以致制约了读者的购买。这一现象在少儿读物上表现得尤其突出。因此，在日后的出版工作中，图书的"包装"应考虑到读者的承受力，过分地追求"豪华"往往只会取得适得其反的效果。

三、预测图书的市场容量，把握市场的竞争状况，分析需求价格弹性因素，确定合理的价格水平是图书营销之第二步，即图书营销之价格策略

图书是商品也好，是特殊商品也好，它总是以一定的价格进入市场的。那么，对于每一种图书来讲，到底是以什么样的价格水平进入市场更为合适呢？这正是图书营销之价格策略所要回答的问题。

我国的图书定价，早在八十年代中期就已逐步放开。出版社已有了图书的定价权，出版社完全可以在国家的价格政策范围内充分利用价格这一手段来刺激图书的发行，调节盈利水平。

营销学特别强调的是，图书定价不仅会影响企业的盈利水平，而且还会在相当程度上影响需求。因此，营销学告诫企业：在企业营销活动中，一定要十分谨慎地运用价格这一手段。笔者认为，对图书来讲，谨慎地运用价格手段比其他产品更为重要。因为图书的定价是印在书上的。定价一旦确定，可供修改的余地较小。

近年来，我国图书价格的上涨曾引起了社会的广泛关注，不少读者对此还提出了强烈的批评。应该说，这种现象的出现虽然有其客观的必然性，但是，从营销的角度来讲，也与出版发行企业在处理图书定价方面的策略选择不当有着相当关系。我们的出版社对于定价的策略考虑不多，往往是以成本加上一定比例的利润率的简单方法来确定图书的定价，而没有充分考虑影响图书价格的诸因素，尤其是读者心理、价格弹性等变量因素。这样做的结果是：价格作为图书营销的一种基本手段，不仅没有达到以合理的价格水平去刺激需求，扩大发行量，从而给企业带来丰厚的利润的目的，而且由于定价的不策略，书价普遍上扬，且幅度过大，抑制了需求，加大了发行的难度，从而影响了企业的正常盈利。

图书作为一种特殊商品，书业作为一种文化企业，更谨慎地对待图书定价其意义不仅在于为企业带来更多的盈利，而且更在于发挥图书商品的科学文化功能，发挥书业企业在社会主义精神文明建设中的特殊作用。近十几年来，我国图书发行量始终在60亿册左右徘徊，而销售额却以每年二位数的百分比增长。试想，如果我们发行量也能保持与销售额等同的或者相近的比率增长的话，那么，我们书业的社会效益会比现在更好。我们深信，在这方面书业界并非无能为力。

四、出版企业应该采取一切措施鼓励中间商（即书店）积极参与图书分销活动，为图书更便利地走向市场创造有利的条件，此乃图书营销之第三步，即分销渠道策略

营销学的研究表明：几乎任何生产企业（包括出版企业）要想扩大产品销售都得在相当程度上依赖于中间商。我个人认为，营销学的这一理论完全适用于书业企业的图书营销实践。自从80年代初期开始的图书出版发行体制改革至今，我国出版与发行两个环节的关系始终处于整合之中。在这期间，人们对于出版与发行的关系有过多种不同的认识。其实质无非是谁主谁辅的问题。在讨论中主要表现为谁是"龙头"、"关键"或"基础"什么的。在此，我不想对这些讨论作一一回顾。并非这些讨论没有意义，而是我觉得，这一问题在营销学中似乎不存在着任何争论。

图书的出版与发行,也就是营销学中所讲的产品的生产和流通,两者的关系是一个完整流程的两个基本环节,出版业的正常运行少了谁都不行。事实上,对于出版和发行两者的关系,只要认识到了这一步也就行了,并不必证明谁主谁次,即使是真的分出了主次,主要的还是离不开次要的而存在。

营销学所真正关注的并不是出版和发行谁主要、谁次要的问题,而是这两个环节如何有效配合的问题。我们相信,这才是处理好出版和发行两者关系的核心之所在。80年代初期以前,出版和发行的关系是由政府调节,无争论可言(即使有矛盾也没有争论的价值)。而自出版发行体制改革开始之后,矛盾就出现。原来计划体制下的出版与发行两者之间的"平衡"就被逐渐打破。出版社除了出版利润之外,还分享了原本属于书店的部分发行利润(主要是批发利润)。书店就将手伸进了出版环节,或者以合作出版的方式,或者干脆就买号出书,有的甚至以盗版盗印的方式干起了出版业务,以期从出版环节求得部分盈利以弥补自己的"所失"。

应该说,出版社办发行是政策允许的,从营销学的角度看,生产企业原本就应具有经营权,也就是说,出版社搞发行是合情合理的。相反,发行企业搞出版则是政策所不允许的。书业作为一种相对特殊的行业,搞出版必须具备相应的条件,政府不允许发行企业搞出版也是站得住脚的。可见,书店要想利用某些便利条件插手出版业务,以求补偿在体制改革中失去的利益是行不通的。

这样看来,我们的发行企业在出版发行体制改革中似乎就只有失去的义务,而没有获取的权利。事实并非如此,我们认为,出版发行体制改革是要协调好出版与发行两者之间的关系,并不是要去界定彼此的业务范围。我认为要处理好出版和发行两者之间的关系,使发行企业在体制改革中失去的部分利益得到相应的补偿,以求建立出版和发行之间的新的平衡,主要应从建立起新的图书流通体制上下功夫。

从营销学的角度看,科学的分销体制(即流通体制)应是经销制和代理制的有机结合。实行单一的"买断"经销制或纯粹代理制都有一定的缺憾。我国的图书流通体制的弊端正在于此,单一的"买断"经销制使得图书发行企业单方面承担着存货风险,而且占用了发行企业的大量流动资金,发行企业的积极性就难以调动起来,从而影响到出版发行业的整体效益。我们觉得,解决这种问题的思路只有一条,即大力推行发行代理制,让发行企业在单一"买断"经销制下失去的部分利益得到相应的补偿,从而调动起发行企业参与图书发行的积极性。目前,国家已将推行发行代理制作为我国图书发行体制改革的重要任务而提到议事日程。这与营销学的要求是完全一致的。就我们所掌握的情况看,书店对此有着很高的积极性,而出版社却似乎兴趣不大。在推行代理制方面,我们的出版社远没有当初推行"三多一少"的改革措施那么积极,显得失去了些"绅士"风度。其实,我们的出版社大可不必有太多的担心。推行代理制,从表面上看,出版社虽然失去了很多,但同时却也从中得到了不少,其中,最大的收获便是获得了一种"自由",获得了可以根据营销目标选择中间商作为自己的代理商的自由。在普遍实行代理制的流通体制下,出版社再也不必将自己的图书交由某个固定的书店(批发店)来经营,而是可以跨地区跨级别自由地选择自己所看好的中间商来作为自己的代理商。

五、增加投入,广泛采用各种方式,加大图书宣传促销力度,可谓图书营销之第四步,即图书营销之促销策略

促销是营销的四大基本内容之一。营销学认为,企业生产的产品再好,价格再合理,分销渠道再科学,但如果没有适度的促销,其销售效果也不会理想。图书营销自然也是这样,要想获得理想的营销效果,就必须注重图书促销。

促销作为图书营销活动的一项重要内容,它需要有相应的资金来维持其运行,虽然营销并未给出促销经费应占整个营销投入的多大比重,但是,书业发达国家图书营销的实践却向我们展示了一个经验数据,即促销投入要占图书码洋的8%—12%。只有保持这样一个比例的促销投入,才能保证图书营销的理想效果。回顾我国的图书出版发行实践不难看出,我们的促销投入还远未达到这个比例。当然,我们并非一定要达到8%到12%的投入水平。但是,将促销投入作为出版发行业务投入的一个必须的项目列入每种图书的出版发行预算,且在现在基础上适当提高这个比例,应该成为我们努力的目标。否则,不能保证相对稳定的投入,促销活动自然就难以开展。

投入问题解决了,并不等于促销工作就一定能做得好。要保证图书促销取得好的效果,还必须系统地分析每一种图书的市场前景、市场容量、竞争状况、目标读者的需求心理及购买行为等，在此基础上再来分析营销广告、人员推销、营业推广以及公关等各种促销方式的适应性，继而确定科学的促销策略。一般说来，最佳的促销策略应该是上述各种促销方式的有效配合，而且在图书生命周期的每一个不同阶段都有不同的策略。这一点，不仅为营销学理论研究所证明，而且也被书业发达国家图书营销实践所证实。就我国目前的情况来看，不少书业企业还只是按经验办事，未能按照营销学的要求来科学地组织图书促销活动。

在图书促销方面，还有一点值得一提的是，出版和发行两个环节在促销上如何进行有效配合的问题。目前，我国书业对这一问题的处理不算理想，出版和发行两个环节在促销方面还存在着不小分歧。营销学研究表明：促销活动贯穿于生产和流通两个环节。出版和发行双方都有进行图书宣传促销的义务。再者，从营销的角度看，生产者对产品具有全方位的营销义务，而流通者对产品只负有部分的营销义务。这主要是考虑到，作为生产企业，其生产的产品在市场上的销售状况直接关系到生产企业的最终利益，也就是说，只要产品销售得好，不管是谁销出去的，生产企业都可以从中获利。对流通企业而言，情况就不同了。因为一个生产企业生产出的产品往往是通过多个中间商来进行分销的，同时，同一个中间商往往也承担着不同生产企业的产品分销任务。这样一来，某个生产企业生产出的产品销售状况的好坏，并不一定会对中间商的利益产生根本性的影响。这一点在促销方面就具体体现为：生产企业在宣传促销的收益上具有明显的排它性，而相反，流通企业在宣传促销的收益上就不具有排它性。由此可见，出版社应比书店承担起更多的图书促销义务。当然，这并不是说书店就可以不重视图书宣传促销了。这只能说明，书店在宣传促销上应根据流通企业的特点去选择适合于自己的宣传促销策略和方式。例如，在四种基本的促销方式中，营业推广、人员推销等方式都是书店可以广泛运用的。再如，从宣传促销的内容上看，书店可以以宣传本企业的形象为重点，以确保促销收益的排它性占有。可见，出版和发行两者在促销方面的分歧是可以通过促销策略上的调整来处理的。

综上所述，营销是书业企业的整体性活动，它包括相互联系、相互促进的四项基本内容。在建立社会主义市场经济体制的今天，我国书业界必须树立起科学的图书营销意识，力求以科学的营销观念来指导书业企业的经营活动。

（原载《新闻出版导刊》1996.5.）

建设发行大市场　组织图书大流通

赵庆祥

一、建设大市场，组织大流通，是社会主义市场经济发展的客观要求

改革开放以来，我国的图书发行体制发生了重大变化。新华书店独家经营和单一的征订包销购销形式被打破，形成了以新华书店为主体、多种经济成份、多种购销形式、多条流通渠道的发行新格局，推动了出版事业的繁荣与发展。但是，发行与出版的关系还没有完全理顺，图书的流通渠道还没有完全畅通，一些深层次的问题还没有从根本上解决，发行处于“瓶颈”的状况还没有彻底改变。

从各种发行渠道的现实情况看，出版社自办发行作为发行体制改革的新事物发展很快，但受到资金、仓储等条件限制，当前遇到很多困难，特别是货款不能及时回收，因而使一些出版单位陷入困境，一些新的矛盾逐渐显露出来。作为主渠道的新华书店多数地区这些年来发展缓慢，后劲不足，发行结构、利润结构不合理。一些基层书店靠政策吃饭、靠课本吃饭过日子，对发行一般图书缺乏应有的热情和积极性。省级店在计划经济时期形成的经营模式已不适应市场经济要求，特别是出版社与基层店产销直接见面后，处于两面受夹的困难境地，一个时期成了“一主三多一少”中“一少”的特指目标和改革的障碍，多年形成的优势不能充分发挥。二渠道的崛起，

无疑对活跃图书市场起了积极作用,但由于受利益驱动和管理滞后,又缺乏优秀出版物稳定供货渠道,一些人成了非法出版、制黄贩黄的源头和扫黄打非的打击对象。

从购销形式上看,单一的征订包销模式打破后,看样订货会被视为是理想的产销见面方式而火爆一时,但也暴露出不少弊端:一是过多过滥,书店疲于奔波,支付高昂费用,增加进货成本。二是到货率低,较好的供货单位满足率也只有50%左右,使基层书店不能按计划定货,无所适从。三是会风不正,回扣、钱情交易,使一些人把订货会作为谋私手段。四是名不副实,名曰看样,有的只能看单、看皮;名曰全国订货会,实为城市订货会。除新华书店分片订货会之外,大多数订货会包括首都春季交易会这样的权威性订货会,也只有城市店有资格参加,广大县店被排斥在外,这就使它的辐射作用和市场覆盖面大打折扣。针对这些问题,新闻出版署已经开始着手对举办订货会进行整治。图书产品生产的特点是陆续推出,连续销售,常销常新。因此,被称为"赶大集"式的订货会即使办得好,也满足不了这个要求。近几年,不少出版社、发货店实行推销员制度,强化了对本版图书发行的力度,但面对中国这样一个广阔图书市场,只能起拾遗补零的作用。

从图书市场覆盖面来看,目前我国每年出版图书10万种以上,但一般城市书店备货仅为1万种左右,大城市书店也只有2—3万种,县级书店只有几千种。这就是说,在一个地方,每年出版的图书中有60%以上没有与读者见面的机会。这样,"出书难"、"买书难"的呼声长期不绝于耳就不难理解了。

这些问题的存在,原因是多方面的,但根本原因是在从计划经济向市场经济转轨过程中没有投入足够的力量,建立和培育结构合理、功能完备的市场体系。发行严重滞后,没有与出版同步发展。要改变这种状况,就必须构造一个适应市场经济发展,又有出版发行特点的统一、开放、竞争、有序的图书大市场,组织图书的大流通。为此,新闻出版署已把培育市场作为推进出版工作整体改革,实现出版事业"阶段性转变"的中心环节和深化发行体制改革的"重中之重"。这个市场体系的基本框架应当是:根据地区、经济、文化、交通等客观条件,在全国中心城市建造若干个适度规模、功能完备、品种齐全的大型批销中心作为骨干和依托,为出版部门和发行部门提供全方位服务,通过它们的吞吐能力和辐射作用,把出版和发行紧密联系起来,形成统一的大市场,组织图书大流通。只有这样,才能保证整个出版事业良性循环和健康发展。这是市场经济发展的客观规律和发达国家可以借鉴的经验。

二、再造发货店功能是建设大市场的便捷途径

图书大市场可由政府办,出版、发行部门办,其他有经济实力和管理能力的部门也可以办。笔者认为,通过改造中心城市发货店功能的办法来建设这样的大市场是一条多快好省的途径,可以收到事半功倍的效果。这是因为中心城市发货店经过几十年的发展,在资金、仓储、运输等方面有比较雄厚的实力;与出版发行单位有广泛的业务联系和完整的征订、发运、结算网络;有多年组织图书流通的经验和良好的企业信誉。这些是政府部门及其他任何部门不能比拟和代替的。只要对发货店现有的设备条件和固定资产进行必要的改建装修,增添一些配套设施,就可以成为图书大市场的理想"硬件"。再通过转换经营机制和企业改革,对原来单一的批发功能进行改造,赋予它新的适应市场经济需要的综合功能和管理手段,就可以成为组织图书大流通的骨干力量。这比另起炉灶,一切从零开始的做法省时、省力、省资金。无论从国家或企业来说都是一条最便捷的途径。

基于这种认识,辽宁省店在省、市政府大力支持和省新闻出版局直接领导下,投资1400万元,对临街主楼进行改造,于1995年7月建成了集批发、零售、招商、代理、储运、结算、服务多功能为一体的北方图书城,就是为建设大市场,组织大流通做出的一项重大决策。开业9个月以来,自身销售3000万元,进场出版社批发1600多万元。它为出版社开辟了一个新的市场,为基层书店特别是县书店提供了一条可靠的供货渠道,为读者营造了一方理想的文化绿洲。在出版、发行、读者之间发挥了桥梁纽带作用,使省店从两面受夹变为向两头延伸,从两头不满变成为两头服务,找到了自己应有的位置,有了新的用武之地。事实雄辩地说明,那种认为只有产销直接见面才是唯一的方向,发货店没有存在必要的思想和作法,在理论上和实践上都是一个误区。为了进一步完善和强化省店的功能,根据第二次创业的总体规则,省店又投资3000多万元,建造2.2万平方米的图书流通中心,8000平方米的图书批销中心和800平方米的音像批销中心以及全国新华书店微机网络二级站也将于1996年下半年完工并投入运营。这些工程将与北方图书城相配套,使省店形成一个批发与零

售并举，现货与期货供应并举，经营与服务并举，立足本省，面向全国，占有一定市场份额的大型图书音像交易中心，在激烈的市场竞争中赢得一席之地。企业经济实力将进一步增强，发行能力将在现有的基础上再提高一倍。不仅企业发展上一个新台阶，它对推进出版工作整体改革也将产生重要影响。正如新闻出版署于友先署长视察北方图书城时指出的："你们不仅建了一个大书店，而是建市场，很可能是今后发展的一个新路子。"

三、推行代理制是建设大市场，组织大流通的发展方向

代理制是出版社与本地或异地拥有总发行权和一级批发职能发行单位之间建立的一种产销关系，也可以说是社店之间的一种新的合作形式。实行代理制首先要实行批量交易，规模经营。代理单位必须具备足够的资金、仓储、经营设施，与之相适应的管理手段、服务功能等大市场营运基本要素和组织大流通的能力。目前，许多地区尚不具备这样的条件，所以尽管已提出两、三年了，但实际进展不大。但是，还有另外一种现象值得人们注意。这就是在一些地方由政府或出版发行部门已建起来具有大市场雏形的图书市场或批销中心，却没有实现规模经营，而是出版社、书店、二级批发单位进场搞一家一户的分散经营。有的名义上打着出版社的旗号，实际上是个人承包，即所谓带红帽的个体户。出版社品种少，有的缺乏活力；个体户主要抓快货，抓热门书，有些书档次低。在服务上，有的只收现金，不能转账，对外地客户整批进货不能发运。供应对象主要是集、个体书店和书摊，不能适应以国营书店为主体的大流通的要求。从经营效果来看，凡是形成规模经营的效益都比较好。以北方图书城为例，效益最好的是实行总代理的 33 家出版社的沪版图书批销中心和 11 家出版社的浙版图书批销中心。其次是出版社联手经营的军版图书、大学版图书的摊位，那些一家一户的经营者则明显的缺乏竞争力，很可能被市场淘汰。由此我们得到一个启示：组织大流通，必须建设大市场，但是，营造了大市场，如果没有相应的经营机制和经营手段，未必能组织起真正的大流通。"硬件"要硬，"软件"也要硬，才能达到目的。因此，新华书店建设的大型批销中心，应当把代理制作为主要经营形式和发展方向。这是因为：第一、实行代理制，便于开展规模经营，为出版物开拓更加广阔的市场，扩大图书发行总量增长，更好地为出版服务；第二，实行代理制，可以与出版社建立稳定的产销关系和进货渠道，有充分的书源向基层书店和其他发行单位提供现货供应，满足基层书店勤进快销，加快周转，减少风险，提高效益的要求，增强发行一般图书积极性，更好地服务基层。第三，实行代理制，便于推行多种购销形式，可以根据不同图书的发行特点，分别采取包销、批量订货、特邀经销、寄销等不同办法。比如寄销，提倡多年，收效甚微。究其原因，除害怕退货损失等心理障碍之外，操作上的困难也是一个重要因素。试想，哪个出版社有能力对每年出版的几百种图书，同时对全国几千家书店实行寄销呢？又有哪一家基层书店有能力对 500 多家出版社，几万种图书全部直接产销见面实行寄销呢？如果只对几家或几十家大型批销中心就比较容易做到。第四，实行代理制，便于协调社店双方的经济利益。社店之间的关系，实质上是一种经济关系，发生的矛盾实际是经济利益的矛盾。这种矛盾，靠行政手段往往难以解决，而通过双方的经济合作和经济杠杆的作用往往可以得到较好的调节。比如关于资金占用和存货损失这个焦点问题，平心而论，完全由出版社或完全由发行单位负担，都有困难，也不尽合理。实行代理制以后，双方就可以从整体利益出发，共同确定哪些书发书即付款，哪些书延期付款，哪些书售完后付款，这就对资金的占用进行了合理分流。对批销折扣，可以根据批量大小及其他因素进行调整。此外，像合作出版、联合备货、规定退货率等作法，实际上也是对经济利益和风险进行的调节和约束。这些从整体利益出发，又兼顾双方利益的作法，都有利于加强社店之间的联合，使发行与出版同步发展。

当然，代理制不是组织图书流通的唯一形式，目录征订、看样订货、推销员制度等作法不能完全被取代。但应当扬长避短，优势互补，在图书大市场、大流通中发挥各自的积极作用，共同把图书发行这盘棋走活，把实现图书总量增长这篇大文章做好。

（原载《图书发行研究》1996.3.）

新书简介

A 马克思主义、列宁主义、毛泽东思想、邓小平理论

马克思主义、列宁主义 毛泽东思想

A000001 **马克思诗歌全集** 陈玢、陈玉刚译。辽宁大学出版社 1996 年 1 月版。40 万字。17.70 元。卡尔·马克思从十四五岁起就勤奋写作，创作了一些诗歌。这些诗歌作品和他的社会科学著作一样，是非常严肃认真的。他的每一首诗都具有深刻的主题思想，诗人善于运用形象化的语言表现诗意。诗句言简意赅，韵味醇厚。已发现的诗歌约写于 1833 年至 1837 年之间。两位译者从 50 年代末就注意收集各种语言文字版本的诗歌作品，陆续翻译发表。该书是其经过 30 多年不断收集、探索、研究、翻译的成果。（王妍）

A000002 **毛泽东文集（第三卷）** 中共中央文献研究室编。人民出版社 1996 年 8 月版。29.6 万字。48.00 元。编入毛泽东 1943 年 1 月至 1945 年 8 月的著作 77 篇。这一卷涵盖的时段属于民主革命时期，收入的著作主要内容包括：提出争取在抗战胜利后与国民党建立和平局面；总结整风学习的经验；部署抗日时期的宣传工作，宣布抗日根据地的十大政策；对时局的分析及通知；在中国共产党第七次代表大会上的政治报告；制定各部队的作战方针；同外国来访者的谈话；给彭德怀、李鼎铭、郭沫若、陈毅、谢觉哉等各届人士的信件等。编入本卷的著作，还反映了毛泽东在经济工作、文化教育、军事作战等方面提出的一些重要见解。（鲁静）

A000003 **毛泽东文集（第四卷）** 中共中央文献研究室编。人民出版社 1996 年 8 月版。22.1 万字。39.00 元。编入毛泽东 1945 年 8 月至 1947 年 12 月的著作 133 篇。这一卷涵盖的时段属于民主革命时期，收入的著作内容十分广泛，涉及到抗战胜利后政治、军事、经济、群众运动、外交、文学艺术等各方面的方针任务。（鲁静）

A000004 **毛泽东文集（第五卷）** 中共中央文献研究室编。人民出版社 1996 年 8 月版。22.8 万字。39.50 元。编入毛泽东 1948 年 1 月到 1949 年 9 月的著作 116 篇。这一卷涵盖的时段主要是民主革命时期的最后一个阶段，收入的著作主要内容包括：全国解放前夕对局势的分析；军事方针上的一系列重要决策；部署北平、上海等大城市解放后的安排；宣布解放的重要讲话。本卷集中了毛泽东在新中国建立前夕的大量文稿。（鲁静）

A000005 **毛泽东评点二十四史** 毛泽东评点。线装书局 1996 年 9 月线装本。16 万元。从 1952 年到 1976 年，毛泽东通读了卷帙浩繁的《二十四史》。其中许多史册和篇章曾读过多遍，写下大量批注，留下这位伟人的重要的思想、见解，以及他极富个性的书法墨迹。毛泽东阅读批注的《二十四史》是乾隆武英殿刊本。中央档案馆为了影印出版此书，组织了 30 多位学者对这部《二十四史》进行整理校勘，使之成为现存《二十四史》的最佳版本。全书 850 册，分装 80 函，大 16 开本，每套书配有特制镜面编号藏书证。（谢云）

A000006 **毛泽东的历程** 副名：一个伟人和他的辉煌时代。柯延编。解放军文艺出版社 1996 年 6 月版。83.3 万字。47.00 元。生动地介绍毛泽东一生的革命奋斗历程：从韶山冲的农家伢子，到挥斥方遒的青年学子；从创办新民学会、创立共产党，到领导秋收起义、奔向井冈山；从五次反围剿、遵义会议，到万里长征奠基延安；从转战陕北到运筹帷幄、解放全中国；从开国大典、抗美援朝，对农业、手工业和资本主义工商业的三大改造，到大跃进、三年困难的恢复；从发动“文化大革命”，到暮年岁月对“四人帮”的

警告……全面展示这位20世纪的中国巨人在立党、建军、开国、建国中的胸怀卓识、气度风流和智谋韬略。系“一代天骄丛书”之一。(钱庆国)

A000007 **毛泽东的戎马生涯** 刘先廷主编。广西人民出版社1996年9月版。24.6万字。11.00元。分“秀才造反”、“井冈扬威”、“通向苏维埃之路”、“长征路上”、“窑洞里的运筹”、“大决战”、“中南海的决心”7章。叙述毛泽东在第一次国内革命战争时期、抗日战争时期和解放战争时期如何积极投身革命,如何运筹帷幄、决胜千里的军事实践,反映了毛泽东理论联系实际、机动灵活、指挥若定的军事思想和军事韬略,展示了毛泽东的军事家风范。(谭灿妮)

A000008 **毛泽东研究史论** 侯且岸著。北京出版社1996年1月版。20万字。9.40元。评述了不同历史时期毛泽东研究的主要特点和内在联系。包括:1936至1949年间草创中的毛泽东研究;1949至1966年间的毛泽东研究的曲折发展;1966至1978年间的毛泽东研究的停滞与勃兴;1978至1993年间的新时期的毛泽东研究和1993年的毛泽东百年诞辰纪念。作者将美国现代中国学所代表的西方毛泽东研究,融入毛泽东研究史;以方法论的突破作为重点,对这一领域中的重大问题,提出新创见。(龙杰)

A000009 **张耀祠回忆毛泽东** 张耀祠著。中共中央党校出版社1996年9月版。15.9万字。15.00元。作者原任中央办公厅副主任、中央警卫团团长,在毛泽东身边工作40年,经历了庐山会议、“9.13”事件及粉碎“四人帮”等重大历史事件。本书以朴实的语言、感人的笔触,展示了毛泽东博大的胸怀、高尚的人格、超人的智慧和无以伦比的胆略。还对毛泽东晚年的一些决策失误作客观介绍,尤其是对粉碎“四人帮”的描写,澄清了社会上的一些误传。披露一些鲜为人知的史料并附有一些珍贵照片。(崔永琳)

A000010 **毛泽东衔名艺术** 孙雷、孙宝义编著。辽宁人民出版社1996年8月版。11万字。7.50元。毛泽东运用“衔名”艺术娴熟自如,灵活多变,别出心裁。他常常在看似漫不经心的闲谈中,臧否人物,评点历史,纵横挥洒,充分显示了他渊博的历史知识与独特的思维方式。他运用这一幽默的艺术形式,表现了他的思想、学识、智慧与灵感在语言中的运用。本书介绍100余例毛泽东的衔名技巧,是留给后人的宝贵的精神遗产。(王松)

A000011 **马克思主义与邓小平社会主义** 孙连成著。河南人民出版社1996年版。41.7万字。28.00元。从理论和实践的结合上回答了马克思主义与邓小平建设有中国特色社会主义理论之间的关系,阐明了邓小平理论是当代中国的马克思主义。作者分析论述了邓小平理论是在当代新的历史条件下,继承、丰富和发展了马克思主义;又联系社会主义本质、社会主义初级阶段、社会主义市场经济、社会主义根本任务、改革开放、精神文明建设、社会主义民主、农民问题、知识分子问题等一系列基本问题,全面阐发了邓小平如何用新的思想、观点,继承、丰富和发展了马克思主义。(段宪文)

A000012 **两代伟人与中国社会主义建设理论** 胡移山著。中国人民大学出版社1996年9月版。16.9万字。9.80元。系统阐述毛泽东对中国社会主义建设理论的探索和邓小平对中国社会主义建设理论的新贡献、新发展;阐明两个伟人在不同的历史条件下,探讨和研究中国社会主义建设理论的内在联系,指出二者理论之间继承与发展的关系,并分析其理论上的共同点和不同点。

A000013 **人韵** 副名:一种对马克思的读解。黄克剑著。东方出版社1996年5月版。32.7万字。23.00元。尝试以一种与众不同的主题词,重新研读和理解马克思思想的学术专著。有自序、导论、结语,正文7章,附录2篇。将马克思的历史观放回到他与前人及同时代人的独特关系之中,从总体上去发现其作为一种新历史观的生成过程和机制。在马克思思想形成的分期问题上,超越既成的分期原则和方法,以马克思在不同时期的著作和从中体现出来的思想重心的转移和价值取向的变化为分期依据,提出由人的“精神”(“自律”与“他律”)到人的“存在”(“真正的人”与“现实的人”的一致)直至人的“历史”(人与社会的历史的实现)这三个不断深入并有内在逻辑贯穿其中的时期。书中指出,在马克思以缜密的逻辑系统表达的历史观中,有着对人生意义思考的精神,由此可以见到马克思对现实社会的真挚关切和寓于其中的某种从未放弃的终极眷注。(王粤)

A000014 **马克思主义史(第三卷)** 副名:马克思主义在社会主义胜利中发展。中国人民大学马列主义发展史研究所编。人民出版社1996年9月版。59万字。40.00元。马克思主义通史著作,论述1917年至1956年间马克思主义在社会主义革命和建设实践中的发展。十月革命的胜利实现了社会主义从理论到现实的飞跃,列宁在新的历史条件下有关无产阶级专政和新型民主的理论,对经济文化比较落后的国家社会主义革命和建设道路的探索，为马克思主义的发展增添新的内容。斯大林的功过得失以及战后东欧国家对社会主义革命和建设道路的再认识，西方马克思主义者对资本主义和社会主义问题的思考和对马克思主义的研究，书中都作了分析与阐述。本卷还阐述了毛泽东思想的形成发展及其主要内容，说明毛泽东思想的形成是马克思主义发展的一个重要标志和阶段，是中国化的马克思主义。(郇中建)

A000015 **马克思主义史(第四卷)** 副名：马克思主义在当代的发展。中国人民大学马列主义发展史研究所编。人民出版社1996年10月版。54.9万字。35.00元。马克思主义通史著作，论述1956年至1994年马克思主义在当代的发展。本卷阐述苏联和东欧社会主义国家改革的经验和教训，分析苏东剧变的背景、条件和原因，对50年代中期以来的重大事件作了分析和评述。对马克思主义在西方资本主义发达国家的研究、发展及其流派，马克思主义在发展中国家的传播，作了论述。还阐述中国自50年代中期以来社会主义在探索中前进的经验和教训。论述中共十一届三中全会以来，以邓小平为核心的中国共产党第二代领导核心敏锐地把握时代的脉搏，深刻地理解马克思主义的实质，创造性地把马克思主义基本原理同中国和当代世界的实际结合起来，形成当代中国的马克思主义——邓小平理论，在中国这样经济文化比较落后的国家，开辟了一条建设和发展社会主义的新道路。(郇中建)

A000016 **当代国外马克思主义研究名著提要(上、中、下)** 副名：国外马克思主义和社会主义研究丛书。陈学明、张志孚主编。重庆出版社1996年12月版。162.5万字。103.05元。分上、中、下卷，按总论、哲学、经济学、社会主义、其他等五大类，提要介绍二次大战以来，西欧、北美、日本、前苏联、东欧等地区的国外马克思主义研究学者、学派、思潮、学科的成名作、奠基作、代表作及其他有广泛影响的著作，计有107人的266部专著和20篇论文。本书所据的文本，中译、原版参半。每篇介绍文字在5 000字以内。对原著者一般都有简要的生平介绍。卷末附有按原著者姓名排列的索引。上卷介绍有关马克思主义总论和马克思主义哲学方面的115部专著和7篇论文。中卷介绍有关马克思主义经济学方面的63部专著和10篇论文。下卷介绍有关科学社会主义和马克思主义政治学、社会学、美学、伦理学方面的88部专著和3篇论文。(余国枢)

A000017 **马克思人学思想研究** 韩庆祥著。河南人民出版社1996年6月版。32万字。18.00元。系统地挖掘、整理和论述马克思人学思想的主要方面，如关于马克思学说中有无系统的人学理论，马克思人学思想在其整个理论体系中的地位，马克思人学理论的主题与框架等等。阐述了马克思人学思想在当代的指导意义。收入“马克思主义研究丛书”。(张存威)

A000018 **马克思劳动主体思想研究** 李凯林著。北京出版社1996年12月版。15万字。7.00元。从理论与实践两个方面对马克思劳动主体性思想进行系统研究。通过对马克思异化理论的考察，对前苏联、东欧的社会主义建设及我国改革开放实践的考察，认为马克思劳动主体性的基本内涵是劳动者应做自己劳动活动的真正主体；劳动主体性的实现是一个曲折的历史过程，而劳动与资本的对立是这一历史过程中的一个重要发展阶段。(龙杰)

A000019 **毛泽东的思想教育艺术** 哲理著。湖北教育出版社1996年2月版。18.2万字。8.60元。论述毛泽东思想继承并发展了马列主义关于无产阶级政党思想政治教育的学说，把思想政治教育升华成为科学与艺术，并从多个方面论述毛泽东独具特色的思想教育艺术。写作方法上夹叙夹议，融理论性、思想性、艺术性和可读性与一体。(熊茵)

A000020 **毛泽东读书笔记解析** 陈晋主编。广东人民出版社1996年7月版。130万字。98.00元。整理、研究、解析毛泽东读书笔记(包括谈话、眉批、札记)的著作。把毛泽东一生散见各处的读书笔记和有关谈话分条集结，时间跨度从毛泽东8岁发蒙入私塾到他临终前的读书情况，展示一个鲜为人知的“书斋里的毛泽东形象”。既有对毛泽东所读书和所涉及人物、典故、历史背景和社会背景的详注详解，又有据此而发的评论，行文飘洒，笔力雄健。(王秀燕)

A000021 **毛泽东诗词史话** 萧永义著。东方出版社1996年12月版。25万字。22.60元。毛泽东诗词每篇都有气势恢宏的创作背景，都包含有动人心弦的故事。作者以150篇的优美文字介绍毛泽东的70余首诗词，从第1篇“虎歇坪闻滴水声”考证传为毛泽东早年诗作《咏蛙》等开始，到第150篇“慨慷犹咏树婆娑”记述毛泽东生前所读最后一篇南北朝文人庾信的《枯树赋》的故事，比较完整地介绍毛泽东作为诗人诗海生涯(1915年《挽易咏畦诗》到1973年《读＜封建论＞——呈郭老》)。书中指出，1936年

《临江仙·给丁玲同志》过了50年才被正式收入诗集的原委；1964年《贺新郎·读史》被誉为“千古一篇，千古一人”，1978年此词发表后，阐释文章众多，其中以赵朴初用《贺新郎》填了一阕《读毛主席＜贺新郎·读史＞词书感》当称上乘之作；毛泽东生前曾多次到过杭州，留有看山名句，却无咏西湖诗，何故？类似掌故之作使读者兴趣盎然。（邓蜀生）

A000022 **毛泽东诗词笺析（增订本）** 易孟醇编。湖南大学出版社 1996年12月版。20万字。20.00元。初版于1989年7月。增订本收毛泽东诗词67首。正文部分含诗词、关于诗的几封信、选诗4首。附录包括毛泽东诗词最初发表情况，本书所见诗词格律简介。除注解语词和典故外，笺析者还用自己掌握的大量文献资料作为旁证，以史证诗，使诗意显豁无疑。个别有疑问的地方，笺析者还想办法通过向当事人请教加以解决。还收集毛泽东对自己诗词的若干注释及批注，以及毛泽东于1964年1月应英译者的请求就其作品中一些理解上有分歧的词句所作的答复，其他文献中记载的毛泽东对自己诗句的若干解说等，分别置于相应的条目之下。（卢宇）

A000023 **毛泽东的对联艺术** 杜忠明编著。大连出版社 1996年4月版。15万字。9.80元。对联艺术欣赏。共收入毛泽东自1902年至1973年撰写的对联54副，分为应对联、言志联、题联、赠联和挽联，其中部分对联为首次公开发表。对联从不同的角度，反映毛泽东在各个不同时期的经历、思想和情感，从一个侧面记录一代伟人博大精深的思想、文采及丰富的情感世界。作者以评介结合的手法，对每副对联的写作年代及所涉及到的历史背景和人物事件逐一加以考证和介绍，对其艺术特点和成就进行客观评说。附录部分收入毛泽东喜欢和研究的对联8副、名人赞毛泽东联6副和集毛泽东诗词联33副。（侯立杰）

A000024 **毛泽东邓小平思维方式比较研究** 尹全忠等著。华中理工大学出版社 1996年3月版。28万字。15.00元。从时代主题变换的视角，运用系统科学方法，阐述毛泽东与邓小平这两位时代伟人的思维方式的形成、特征、建构要素、创新、功能和历史地位，分析了毛泽东晚年思维方式的局限性及邓小平对毛泽东思维方式的超越，并在两位伟人思维方式整合基础上，就如何更新、优化中华民族的思维方式，进行比较研究和科学论证。（李东明）

A000025 **毛泽东哲学分支学科研究** 雍涛著。武汉大学出版社 1996年6月版。21.4万字。9.40元。抓住毛泽东哲学方法论的总体特征，从政治、军事、经济、道德、艺术、领导活动等领域对毛泽东哲学进行多学科的综合研究，试图建构起毛泽东哲学若干分支学科的理论体系，从哲学角度揭示这些领域研究对象的特殊本质和规律，为毛泽东哲学在各个学科领域的应用提供方法。这一研究对提高哲学的科学价值，发挥哲学的社会功能，加强哲学学科建设，坚持和发展毛泽东哲学思想，具有开拓意义。但由于其内容的专业跨度较大，加之毛泽东本人思想在某些学科领域的历史局限及阐述的不充分性，影响了该书某些章节的份量，如经济学、领导学等章节的个别地方就略显单薄。收入“武汉大学学术丛书”。（严红）

A000026 **超越乌托邦** 曲庆彪著。北京出版社 1996年8月版。28万字。16.80元。从10个方面展开评论：毛泽东的社会主义观念，毛泽东社会主义观的早期发展，从新民主主义到社会主义的过渡，社会主义的目标模式，社会主义的发展阶段，社会主义社会的矛盾状况及运行规律，社会主义的国家制度及政治体制，社会主义的经济体制和建设道路，社会主义的思想与文化，社会主义条件下的不断革命理论，毛泽东的社会主义观和建设有中国特色社会主义理论。（龙杰）

A000027 **毛泽东军事谋略艺术** 刘国裕、牛力著。广西人民出版社 1996年11月版。18万字。11.00元。阐述毛泽东高敌一筹的军事谋略艺术。主要内容有14个方面：工农武装割据，农村包围城市；师出有名，得道多助；积极防御，持久胜敌；谋势造势，创造有利态势；人民战争，陷敌于灭顶之灾；歼敌为主，不计一城一地得失；三战结合，适时进行战略转变；巧用诡道，给敌以错觉和不意；注重攻心，军事攻势与政治攻势同时并举；打谈配合，用革命两手对付反革命两手；利用矛盾，各个击破；建立隐蔽战线，配合武装斗争；取之于敌，人力物力来源在前线；统率三军，得心应手指挥千军万马。反映毛泽东的军事谋略是善于创造性地运用马列主义基本原理，批判地汲取中国传统军事谋略艺术的精华，具有极其高超的军事谋略水平。（谭灿妮）

邓小平理论

A000028 **中国特色社会主义概论** 高建生、黄恩龙主编。福建教育出版社 1996年7月版。21.2万字。12.50元。从建设有中国特色社会主义理论的形成过程、社会主义的发展道路、社会主义的发展阶段和根本任务、社会主义的发展动力、社会主义市场经济、社会主义的对外开放、一个国家两种制度、发展科学技术和实现社会主义现代化战略目标、社会主义的领导力量和依靠力量等方面,论述邓小平理论的主要内容,以及这一理论在改革开放中的指导地位和作用。(黄荔国)

A000029 **邓小平的智慧世界** 易山主编。辽宁人民出版社1996年8月版。22万字。15.00元。主要从政治、经济、外交和军事4个方面,系统阐述邓小平在战争年代特别是自1973年复出以后在世人面前所展现的丰富博大的智慧世界。主要内容包括:与"四人帮"的较量;思想战线的拨乱反正;对历史经验的总结;从国情出发的硕果;坚持四项基本原则;完善社会主义改革;社会主义长治久安的法宝;治国的根本之道;坚持以经济建设为中心;先富到共富;创立经济特区;对外开放;描绘跨世纪的宏伟蓝图;大力推动对外合作开发;香港问题谈判;一国两制构想的确立;中美建交三原则;各国的事情由各国人民自己去解决;加强军队现代化建设;当代中国的科学军事理论等。(王峰)

A000030 **邓小平战略思想研究** 郭学德主编。河南人民出版社1996年版。29.4万字。14.80元。主要论述邓小平的社会发展战略思想、经济战略思想、政治战略思想、文化战略思想、军事战略思想、国际战略思想等等,着重论述邓小平新时期战略思想形成的历史条件、历史过程、基本内容、时代特色、历史地位以及重大意义。作者指出,邓小平以深邃的思想和缜密的思维,提出一整套在中国这样经济文化比较落后的国家,如何建设社会主义,如何巩固和发展社会主义的战略思想,为实现中国"三步走"的宏伟战略目标,为把我国建设成一个富强、民主、文明的社会主义现代化国家指明了方向。(陈智英)

A000031 **邓小平理论发展史** 杨三省等著。陕西人民出版社1996年11月版。32万字。15.80元。共5篇23章。全面论述邓小平理论产生的历史条件及其萌芽、形成、发展和完善的历史过程。还论述了马恩列斯、毛泽东对社会主义的构想和探索,对中国社会主义和国际共运史上的社会主义建设的经验教训也作了总结。对邓小平的有关理论作了重点阐述,其主要内容有:解放思想、实事求是;坚持四项基本原则;社会主义初级阶段基本路线;社会主义根本任务是发展生产力;尊重知识尊重人才;科技是第一生产力;严惩腐败、廉政建设;社会主义精神文明;社会主义市场经济;民主与法制;一国两制等。(崔茂盛)

A000032 **邓小平新时期党的建设理论研究** 蔡长水等著。安徽人民出版社1996年12月版。28万字。25.80元。运用辩证唯物主义和历史唯物主义的方法,从中国革命和建设的实践,特别是从建设有中国特色社会主义的实践出发,系统阐述邓小平党建理论的历史地位、时代特征和基本观点,进一步强调邓小平新时期党的建设理论是马列主义、毛泽东思想关于党的建设学说的丰富和发展。还着力运用邓小平党建理论分析与研究党的建设中存在的实际问题;论述了以江泽民为核心的第三代领导集体对邓小平党建理论的运用、丰富和深化。(杨咸海)

A000033 **邓小平伦理思想研究** 廖小平著。湖南师范大学出版社1996年3月版。22.6万字。10.20元。共5章。叙述邓小平伦理思想的哲学基础,邓小平确立的建设有中国特色社会主义的基本道德原则,其中包括以民为本的价值取向原则、集体主义的价值导向原则和两个文明一起抓的道德原则。评述邓小平建设有中国特色社会主义的基本道德理论,主要包括以实践标准、生产力标准和"三个有利于"标准相统一的道德评价理论,培养、造就社会主义"四有"新人理论,改革开放过程中批判继承一切优秀道德文化的理论。评述邓小平富有特色的经济伦理思想的主要内容,政治伦理思想的主要内容。(彭继红)

A000034 **邓小平哲学思想专题研究** 项武生等著。中共中央党校出版社1996年10月版。22.1万字。10.00元。分12章,在概述邓小平哲学思想的形成与特点的基础上,分专题阐述邓小平的实事求是观、矛盾观、实践观、社会发展观、精神文明观、改革观、开放观、群众观以及邓小平的思维方式和"三个有利于"标准理论。展现邓小平以实事求是为基础,以崇尚实践标准,重视实践反馈,坚持两点论和重点论相结合为特征的辩证唯物论思想。(曲炜)

A000035 **邓小平民主与法制思想概论** 古建佳等著。湖南人民出版社1996年11月版。15.60万字。10.80元。联系我国民主与法制建设的实际,对邓小平民主与法制思想作系统论述,如对社会主义民主的实质、发展社会主义民主的重要性、社会主义民主建设的条件和途径,以及民主与法制的关系、立法与执法的原则、实现依法治国的关键等,作系统研究。(章红立)

A000036 **邓小平民族工作思想** 金炳镐等主

编。内蒙古人民出版社 1996 年 12 月版。20.3 万字。18.00 元。共 9 章，从邓小平民族工作思想的哲学基础、根本出发点、核心、根本宗旨、重要原则、重要内容及重要组成部分等方面，对邓小平关于民族工作思想进行系统的研究和阐释。系由我国民族理论家、专家及民族工作领导同志组成的“邓小平民族工作思想研究会”对邓小平的民族工作思想进行系统的研究成果。（莎日娜）

A000037 **邓小平社会主义主体地位论** 阎德民、王旭彤主编。河南人民出版社 1996 年版。48.5 万字。32.00 元。作者强调了邓小平对马克思主义的杰出理论贡献，即创造性地提出了社会主义初级阶段论、社会主义本质论、社会主义市场经济论，并从邓小平有关思想和论述中概括出社会主义主体地位论，并加以阐述。从邓小平社会主义主体地位论的历史形成、理论依据和现实基础入手，阐述社会主义在当代中国经济、政治、思想文化结构中的主体地位及其根本体现，以及建设有中国特色社会主义的主体力量和坚持社会主义主体地位的根本保证。（陈智英）

A000038 **邓小平社会发展战略** 赵智奎著。云南人民出版社 1996 年 12 月版。23.2 万字。15.80 元。系统研究邓小平社会发展战略的理论专著，对邓小平关于中国社会主义社会发展的总体设计和社会主义社会发展宏伟蓝图的分析与阐释。邓小平从世界全局的高度对中国发展道路、格局、目标、步骤的理论进行思考，对社会主义发展动力、发展机遇的科学把握以及一系列社会发展的指导原则和方针政策的系统研究和科学总结。（李银和）

A000039 **邓小平的外交思想与实践** 宫力主编。黑龙江教育出版社 1996 年 11 月版。17 万字。16.50 元。论文集，共收论文 15 篇。从不同角度和不同侧面，对邓小平关于当代中国外交的战略思考及实践进行探讨。收录的论文有：《论邓小平的外交战略理论与运作》，《八十年代中国调整对外方针的由来》，《从国际战略的角度看“一国两制”的构想》，《邓小平对当代中国外交形象的战略思考》，《在和平与发展的时代主题下看俄罗斯——变革：从历史走向未来》，《邓小平与中国建交的历史进程》，《邓小平对解决香港问题的战略思考与实践》，《邓小平用和平方式解决边界领土争端的战略思想与实践》，《新概念：试以俄共“崛起”为例谈决定社会“经济转型”成败的非经济因素》，《以发展经济贸易构筑中美关系的新支点》，《从“战争与革命”到“和平与发展”》，《邓小平新时期外交思想论析》等。其中两篇有关俄罗斯的论文具有独特见解，作者认为，“俄国选择变革，并且踏着这条道路会重新振兴和强大起来。目前的混乱和衰退不过是它再次强盛的前奏而已”。就俄共的性质，论文认为，它是“一个改头换面的坚持大俄罗斯民族沙文主义政党”，“只要俄罗斯思想，不要马列主义”的政党。（张希玉）

A000040 **邓小平宣传思想初探** 崔光祖主编。山西人民出版社 1996 年 5 月版。28.1 万字。12.00元。分 3 篇 15 章，系统研究邓小平的宣传思想。对邓小平有关党的宣传思想工作的一系列理论性、政策性、实践性很强的观点，作为一门科学进行考察、研究；以邓小平在各个时期关于党的宣传思想的论述为依据，进行综合、归纳、分析、研究；对邓小平的许多观点注重理论概括和逻辑归纳，使之具有一定的理论高度。（侯浩天）

A000041 **邓小平党的建设理论概论** 董京泉等著。中共中央党校出版社 1996 年 2 月版。27 万字。14.00 元。主要围绕党的领导地位、党的思想理论建设、党的政治建设、民主集中制、干部队伍、基层组织建设、党风建设、党的制度建设等一系列问题，简要论述邓小平新时期党的建设的理论，指出邓小平总结我党和国际共运正反两方面的经验教训，结合新时期党的建设的实践，全面继承和发展了毛泽东建党思想；邓小平党的建设理论是邓小平建设有中国特色社会主义理论的重要组成部分，是当代我党党的建设的旗帜和指南。（关国为）

A000042 **邓小平经济思想论纲** 潘思彦主编。陕西人民出版社 1996 年 12 月版。23 万字。13.50元。全面分析邓小平经济思想的科学含义和哲学依据，系统介绍邓小平经济思想的主要内容和重要范畴，揭示我国社会主义经济运行的一般规律，从内容结构到论证方法都有鲜明特点：作者把邓小平经济思想归结到经济哲学和方法论层次。认为邓小平经济思想是认识和把握社会主义一般经济问题的方法论。指出邓小平经济思想是一个开放的理论体系，是建设有中国特色社会主义理论的重要组成部分。（李晓锋）

A000043 **邓小平教育思想研究** 张健主编。浙江教育出版社 1996 年 11 月第二版。30.5 万字。28.00 元。在论述邓小平教育思想时，引述马列和毛泽东的有关论述，展现邓小平在继承和发展马列和毛泽东教育思想的同时，如何在新的历史条件下，坚持和发展了马列主义、毛泽东思想。把邓小平教育思想作为他关于建设有中国特色社会主义理论的一个有机组成部分来研究，揭示邓小平教育思想与他的政治、经济、科技、军事及其他关于社会发展的思想的关系，以说明教育发展与中国社会主义建设事业各方面发展的关系和教育对社会主义物质文明和精神文明建设的巨大促进作用。本书在1992年版的基础上作了修改和补充，收集一批邓小平的珍贵照片。

A000044　**邓小平科技思想与应用**　张巨青、肖新发编著。浙江科技出版社1996年12月版。19.5万字。24.00元。在阐述邓小平科技思想的基础上，运用邓小平科技思想，对我国科技工作的发展前景进行理论探讨，并对科技的计划管理与市场调节，科技的投入、奖励，科技人才的结构、素质、培养等等问题也发表见解。

A000045　**与天为党——邓小平在太行**　王东满著。山西人民出版社1996年10月版。30万字。18.00元。描写邓小平在太行山生活、战斗的纪实作品。从1937年9月东渡黄河到1947年6月南下中原，邓小平在太行山度过近10个春秋的战斗岁月。这是邓小平的政治、经济、军事思想逐渐形成的时期，他在党内外的地位逐渐提高，影响逐渐扩大。为真实地再现邓小平等老一辈革命家当年在太行山艰苦卓绝的革命历程，作者几次重上太行，寻踪觅迹，遍访故旧，查阅大量历史文献，描写了邓小平的感人事迹。(贯娟)

A000046　**历史转折关头的邓小平**　薛庆超著。中原农民出版社1996年8月版。36万字。28.00元。以邓小平在中国革命与建设历史上的重要理论和实践活动为主题，重点论述邓小平在八七会议、遵义会议、挺进大别山、1975年全面整顿、十一届三中全会、十一届六中全会等重大历史转折关头的重要活动和历史作用；系统地研究和反映了邓小平两次被毛泽东选为接班人，三次担任中央秘书长，两次复出担任中共中央副主席、国务院副总理、中央军委副主席兼人民解放军总参谋长等史实。该书在吸收最新研究成果的基础上，有所创新。如对邓小平在八七会议和遵义会议上情况的研究，在深入挖掘史料的基础上，作出真实可靠的结论。(马保民)

A000047　**邓小平传**　[英]理查德·伊文思著，武市红等译。上海人民出版社1996年12月版。20.1万字。15.00元。根据1993年英国出版的*Deng Xiao Ping and the Making of Modern China*(《邓小平与当代中国的诞生》)一书译出，作者曾任英国驻华大使。原书中生动叙述邓小平1904年至1993年的主要历史活动，展示一位"农民的儿子"到"国家领导人"以及光荣退休的革命历程，热情赞扬了邓小平的伟大人格。书中阐述的一些历史事件与人物有不准确之处，在翻译与编辑审稿中已作了订正。(黄建章)

A000048　**邓小平的历程**　副名：一个伟人和他的一个世纪。刘金田编。解放军文艺出版社1996年2月版。73万字。38.00元。以丰富生动的材料，反映邓小平的革命奋斗生涯：从广安发蒙、赴法勤工俭学、求索救国真理，到参加八七会议，领导广西百色暴动；从在苏区遭受"左"倾路线迫害、参加遵义会议、两万五千里长征，到转战太行、逐鹿中原、挺进大别山、指挥震惊中外的淮海大战；从进军大西南、和平解放西藏，到日理万机中共中央书记处工作；从"文化大革命"蒙冤、复出、再遭批判，到粉碎"四人帮"，设计、实施振兴中华的改革宏图大业……全面展示这位中国杰出领导人在中国革命的不同历史时期的革命经历、命运遭遇、个性风采和胆略智慧。系"一代天骄丛书"之一。(钱庆国)

A000049　**世纪伟人邓小平(画册)**　徐佑珠主编。中共中央党校出版社1996年5月版。306幅图。970.00元。画册选收邓小平各个重要历史时期的珍贵照片306幅，从革命历程、总设计师、军事生涯、外事活动、肝胆相照、公务之余六个方面，真实记录邓小平70余年的革命实践活动，反映邓小平在我国革命和建设事业中的丰功伟绩，具体形象地展示邓小平的光辉形象和伟人风采。(蔡雨龙)

B 哲学、宗教

哲学理论

B000001 **我在,我思** 副名:世纪之交的文化与哲学。李小兵著。东方出版社 1996 年 5 月版。24.2 万字。18.00 元。从哲学的高度,对世纪之交的哲学与文化进行反思。该书由不同的文章组成,围绕着"文化"和"哲学"两个主题展开。"文化编"以世界格局的变化、中国现代化的进程、中西文化的交融为立足点,讨论冷战之后,中国文化建设所面临的新课题,如市场经济与价值矛盾、技术发展与文化矛盾、文化讨论与理论变迁、市场经济与社会科学研究的二重效应以及如何看待"文明的冲突"与"西方的没落"等。作者指出,马克思主义在跨世纪既面临着空前的挑战,也面临着发展的机遇。"哲学编"则以一个"思者"独有的智慧和语言与当代哲学大师,如维特根斯坦、宗白华、海德格尔、马尔库塞、尼采、波普、韦伯等等进行"对话",同时又在新的"视域"中与亚里士多德、柏拉图、康德、黑格尔、马克思等哲学大家就"真理"、"语言"、"交往"等哲学问题进行"交流"。这些"对话"、"交流"与其说是思辨的、逻辑的,不如说是"灵性"的、"感悟"的,有可读性和启发性。(陈亚明)

B000002 **哲学研究** 郑刚著。广东旅游出版社 1996 年 3 月版。11.8 万字。12.80 元。作者运用逻辑的研究手段,建立一个广义真值涵项的理论,分析了广义真值涵项 TTB 的各种性质,还将谓词逻辑和递归论化为广义真值涵项上可判定的形式;将逻辑分析的手段用于哲学研究,在广义真值涵项上建立了所谓意义基的结构,分析了其"分析性"和对外部世界的意向性关系,从而采用新的手段和范畴重建认识论,并对于一些哲学问题和哲学流派作了肯定和批判。在最后一章,还把逻辑系统与中国传统美学的《诗品》相结合,构造出了一个审美范畴系统。(李瑞苑)

B000003 **马克思主义哲学全书** 李淮春主编。中国人民大学出版社 1996 年 6 月版。205 万字。140.00 元。系统汇集马克思主义哲学的范畴、命题、人物、著作、事件的大型辞书。除总论外,分"来源"、"形成"、"发展传播"、"理论"、"分支"、"当代"六卷,以纵横交错的现代表述方式,全面介绍马克思主义哲学的历史和理论。全书收 3 500 个条目,包括马克思主义哲学及有关的名词术语、哲学概念、哲学命题、哲学原理、哲学和科学方法,以及与马克思主义哲学有关的重要哲学学说、重要流派、著作、人物、组织机构、历史事件等。条目按拼音字母顺序排列,设有分类目录。(余资)

B000004 **马克思主义哲学教程** 张立本、张海涛主编。白山出版社 1996 年 10 月版。18.9 万字。12.60 元。共 9 章 30 节。第一章绪论,讲述哲学的基本问题、马克思主义哲学、学习哲学的意义和方法。第二章讲世界的本质,讲述物质是世界的本质、物质和意识的辩证关系、坚持实事求是。第三章讲世界的联系和发展,世界的普遍联系、无限发展、坚持用联系和发展的观点看问题。第四章讲世界发展的基本规律,有对立统一规律、质量互变规律、否定之否定规律,坚持具体问题具体分析。第五章讲认识和实践,讲述实践是认识的基础、认识的真理性、坚持真理、修正错误。第六章讲社会存在和社会意识,讲述社会存在、意识的辩证关系,坚持精神文明建设的正确方向。第七章讲社会结构和发展动力,掌握此原理,坚持生产力标准。第八章讲阶级和国家,讲述阶级和阶级斗争、国家和无产阶级专政、坚持无产阶级专政。第九章讲人民群众和个人在历史上的作用,坚持党的群众路线。(朱忠义)

B000005 **新大众哲学** 肖前、杨彦钧主编。辽宁大学出版社 1996 年 1 月版。30 万字。16.00 元。是继《大众哲学》之后又一本为适应时代需要,采取大众化形式宣传马克思主义哲学的读物。作者面对新的形势,针对新的问题,结合新的实际,反映人民群众建设社会主义现代化国家的强烈要求,以有利于掌握建设有中国特色的社会主义理论,坚持解放思想实事求是的思想路线,为社会主义建设服务。(王百娣)

B000006 **中国认识论思想史稿(下卷)** 夏甄陶著。中国人民大学出版社 1996 年 6 月版。38.7 万字。44.00 元。系统探讨自周敦颐至孙中山二十几位思想家的认识论思想,考察其本来的认识论含义,揭示出其所蕴涵的对现代认识论研究具有启迪意义的思想因素(胚胎、萌芽),在中国传统认识论和现代认识论之间打开了一条通路。列入"中国人民大学丛书"。(余资)

B000007 **人的自由和真善美·冯契文集③** 冯契著。华东师范大学出版社 1996 年 6 月版。20 万字。24.20 元。《智慧说三篇》第三篇,主旨在于讨论"化理论为德性",所涉及的主要是价值论问题。提出:人类的自由,就在于达到真善美的统一。认识的辩证法贯彻于价值论领域,便表现为在创造真善美等价值的活动中,培养自由人格的德性。全书分两部分:前四章从社会实践的观点出发阐明人要求自由的本质以及它如何通过评价和创作而展现于价值领域;后六章分别考察文化各领域(神话、哲学、科学、道德、艺术等)的价值理想,再综合起来讨论真善美统一的自由境界和人类走向这一境界的道路。真善美及功利等价值构成了统一的价值体系,认识的辩证法贯串于其中,最主要的是两条:理想与现实的统一,天与人、性与天道的统一;而劳动则是这两个统一的桥梁。合理的价值体系的原则包括:自然原则和人道原则在自由劳动基础上达到辩证统一,人的本质力量,亦即理性与非理性的全面发展;自由个性和集体精神相互促进,以达到个性解放和大同团结相统一的理想目标。(缪宏才)

B000008 **价值取向与价值导向** 唐日新等编著。中南工业大学出版社 1996 年 8 月版。29.4 万字。19.80 元。以社会主义市场经济条件下的价值取向和价值导向为专题研究对象,以弘扬集体主义、爱国主义、社会主义为主旋律,采取史、实结合的研究方法,探讨正确的价值取向和价值导向的基本理论与操作方法。共 12 章,主要包括:价值取向与价值导向的一般理论、发展史略,资本主义社会、社会主义社会在该方面的差异,当代中国社会价值取向的目标选择及理性审视,当代中国人生价值取向的目标选择及其直面视角,当代中国社会价值导向的基本层次及其操作系统与检测尺度,价值取向与价值导向的前景展望等。(周丽)

B000009 **现代唯物主义导引** 陈晏清等著。南开大学出版社 1996 年 12 月版。34 万字。18.00 元。对马克思主义哲学进行一种以实践的观点贯彻始终的系统化解释。论述了哲学的精神是一种解决自由与必然问题的努力以及马克思对这一问题的独特解决方式,并以实践概念为基础对马克思的辩证法、唯物论、自然观念、社会观念、历史观念、自由观念等作新的阐释。其基本内容有:1.把握马克思主义哲学的体系,理解马克思在哲学上实现的变革及其实质。2.哲学变革的实质是哲学思维方式的变革。3.在马克思实现哲学变革、走向新哲学的过程中,对黑格尔唯心辩证法的批判改造工作具有决定性的意义。4.唯物主义和唯心主义,就其本来的意义而言,只是解决哲学基本问题的两种对立的方式或进路。5.实践论的唯物主义把物质实践活动视为现实的客观存在,是一种辩证的和历史的唯物主义。6.实践论的自然观念就是人化自然的观念。7.实践论的社会观念,是把社会视为人们在物质生产实践基础上形成的交往关系的产物。8.对于人类来说,社会和自然是不可分的。9.实践是全部人类生活的基础,因而也是全部人类知识的基础。10.认识活动的直接任务是求真,但人类不只是求真,还要求善、求美。(张敬双)

B000010 **认识世界和认识自己·冯契文集①** 冯契著。华东师范大学出版社 1996 年 6 月版。27 万字。30.30 元。以"智慧"为中心范畴,以"化理论为方法、化理论为德性"为基本构架,建立了自己的哲学体系,著有哲学理论著作《智慧说三篇》。本书为其第一篇,书前冠有《〈智慧说三篇〉导论》。"导论"从古今中西之争的视角凸现 20 世纪中国之科学主义与人文主义的矛盾以及智慧说的衍出。其主旨是讲基于实践的认识过程的辩证法,特别是如何通过"转识成智"的飞跃,获得关于性于天道的认识。书中提出,个人认识论的主要问题有四个:感觉能否给予客观实在?理论思维何以把握普遍有效的规律性知识?逻辑思维能否把握具体真理?理想人格如何培养?通过对以上问题的考察,指出:关于性与天道的真理性认识和人的自由发展是内在联系着的,这就是智慧;关于性与天道的认识即对宇宙人生的总见解及对这种认识的认识,就是智慧学说。在智慧学说中,认识世界与认识自己不是割裂开来的两件事,二者在实践基础上交互作用,经过凝道而成德,显性以弘道,终于达到自由的德性,体验到相对中的绝对,有限中的无限。(缪宏才)

B000011 **认识的主—客体相关原理** 夏甄陶著。湖北教育出版社 1996 年 8 月版。20.4 万字。14.00 元。立足于人与世界的总体性关系,从哲学认识论的角度对认识系统中主—客体相关联的条件、机制作深入分析、考察。提出了主—客体相关律，分析了主—客体相关律在认识系统的共时态阶段性结构中和历时态进化结构中的表现、作用。为探索和揭示人类认识发生、展开的根源、基础，为考察和研究人类认识进化、发展的机制、逻辑，提出一条新的思路。（熊茵）

B000012 **方法系统时空论** 张双喜著。广东人民出版社 1996 年 3 月版。26.8 万字。18.50 元。分 6 章，就方法元时空论、方法系统架构论、方法系统载体论、方法系统功能论和方法系统动力论等问题进行阐析。并着重从三方面展开探讨：一是方法论研究的时空切入点问题。从主客体相互作用的关联性入手，将方法时空属性作为立论的切入点和出发点。二是方法研究的时空元方法问题。紧扣主体与客体关联的基本方式的时空特性问题，认为时空形式是分析研究方法论诸问题的基本方式，提出方法论研究上的元方法应该是时空元方法这一重要观点。三是方法论研究的系统观问题。将方法系统架构确定为以“分析——综合”双走向为“基架”，以“比较、抽象、概括”等路径为“支架”，以借助“基架”、“支架”伸展开来的基本范畴为“网络”，以形象与抽象、观察与实验、问题与假说为载体，方法系统在“形态动力”、“机制动力”以及这两种动力综合形成的“张力”即“模式动力”的推动下形成“自我运动”，发挥着“探索”、“理解”和“叙述”的功能。（陈启方）

B000013 **智慧百花园** 中共上海市委宣传部编。上海科学技术文献出版社 1996 年 12 月版。18 万字。10.00 元。本书是上海东方电视台 40 集科普系列片《科学智慧 8 分钟》的配套读物。共 60 章节，每一章节讲一种科学方法。以故事、趣闻开始，用日常生活中最浅显、最平常的事例，引出深奥的科学道理，以说明科学方法就在每个人的生活中。（陆琦）

B000014 **马克思的人学思想** 袁贵仁著。北京师范大学出版社 1996 年 6 月版。24.9 万字。19.00元。系统揭示和解读马克思人学思想丰富而深刻的内容，全面阐述马克思人学思想的理论观点，提供马克思人学的历史资料及方法论原则，批判了认为马克思是“人学空场”和把马克思主义简单归之于人本主义的种种错误思潮。对于构建人学理论，坚持和发展马克思主义哲学，具有多方面的意义。该书在国内马克思人学思想研究领域处于领先地位。（傅占武）

B000015 **领袖论** ［美］詹姆斯·M·伯恩斯著。中国社会科学出版社 1996 年 7 月版。44 万字。23.00 元。运用社会学、心理学、历史学和领导学的各种知识，对东西方各国领袖人物及领导现象进行跨文化、跨时代的哲学概括和理论探讨，全面论述了领袖品格、领袖地位、领袖才能、领袖集团以及它们的起源、发展历程和发展趋势。作者将领袖和领袖集团划分为多种类型，如政治型、知识型、改革型、革命型、英雄型、舆论型、群体型、政党型、立法型、行政型等，它们又可归纳概括为变革型与交易型两种。变革型领袖，即那些能够将人的思想提升到更高境界的领袖，是本书在道德和实践上的主题。以此为基础，作者对人类历史上曾产生过巨大影响的各种领袖人物和领导集团进行多学科、多层次的剖析、对比和论说，揭示领袖和领导行为的属性、作用及本质。还以大量篇幅剖析历史上著名领袖人物的成长历程；列举了成功领袖所应具有的种种基本素质；论述了领袖成长的社会及心理环境，领袖与机遇，领袖与追随者，以及领袖与社会各阶层的关系等与领袖成长及发挥作用相关的种种因素。该书列入中国社会科学出版社出版的“美国哲学社会科学名著丛书”。（曹宏举）

B000016 **画说哲学丛书** 周国平、赵汀阳等著。广东教育出版社 1996 年 1 月版。45 万字。9 册。45.00 元。为青少年编写的哲学启蒙书，共 9 种。第一辑 4 种，包括哲学本体论、认识论、生命哲学、哲学方法等内容；第二辑 5 种，讨论文化、人文精神、美学、历史哲学、宗教哲学等问题。每本配有数十幅漫画。（姚沙沙）

B000017 **神圣名义下的争鸣** 副名：西方马克思主义导论。张峰著。北京出版社 1996 年 9 月版。28 万字。12.50 元。以唯物史观为指导，扼要评介西方马克思主义的主要流派和代表人物，其中包括：黑格尔式的马克思主义、弗洛伊德式的马克思主义、存在主义的马克思主义、法兰克福学派的马克思主义、乌托邦主义的马克思主义等，以及市场社会主义理论、分析的马克思主义理论、生态学马克思主义理论、依附理论。（龙杰）

世界哲学

B000018 **哲学百年新近哲学家** ［澳大利亚］约翰·巴斯摩尔著，洪汉鼎等译。商务印书馆 1996 年 12 月版。66.1 万字。41.00 元。从 19 世纪 50 年代的约翰·穆勒和英国的经验主义开始，直到 20 世纪 80 年代的戴维森和达梅特，以英国哲学的发展为中心,研究现代所有大哲学家的思想,作者把这些哲学家放在各自的流派中,阐述他们的主要思想,分析他们的思想来源以及对其他哲学家和哲学流派的影响。作者以一个澳大利亚人的眼光来写,叙述以英国哲学家为主兼及对英国哲学界影响较深的大陆和美国的一些哲学家和学派,但除60年代后盛行于西方的所谓结构主义和“西方马克思主义”之外,现代其他的一些主要哲学流派均有涉及。该书以叙述有代表性的哲学家的主要著作为主线,引述原著的内容甚丰;叙述现代西方哲学中的逻辑和语言方面的内容甚详。(程秋珍)

B000019 **西方智哲人格丛书** 苏宁等著。长江文艺出版社1996年7月版。120万字。8册。80.00元。丛书共8本:《伏尔泰:理性人格》、《苏格拉底、柏拉图、亚里士多德:智慧人格》、《弗洛伊德:爱欲人格》、《荣格:神话人格》、《卡夫卡:反抗人格》、《黑格尔:纯粹人格》、《萨特:荒谬人格》、《克尔凯郭尔:孤独人格》。作者以记人述事的评述方法,分析10位思想家的人生态度,介绍人类文明发展史上最具影响的西方思想家的人格魅力。(王虹)

B000020 **20世纪思想家辞典** 副名:生平、著作、评论。伊丽莎白·迪瓦恩等编,贺仁麟总译校。上海人民出版社1996年2月版。67.7万字。80.00元。共收入20世纪412位重要思想家的生平、著作与评论,涉及哲学、自然科学、社会科学、文学艺术、工程技术,以及宗教神学等40多个学科或分支,勾勒20世纪人类文化科学和思想发展的概貌,描述各个学科、各个学派学术研究的来龙去脉和发展方向,以及艰苦探索、前后相继所取得的成果,具有较高的学术价值。书中也有若干缺点,如选入书中的思想家85%是西欧和北美人,且多为美、英、德、法等国的学者,亚非拉美的仅有屈指可数的几个,连举世公认的鲁迅(中国)、泰戈尔(印度)都被排斥于本书编者视野之外,又如书中的评论部分也表露出某些学术上乃至政治上的偏见,各个学科思想家所占比例也未必得当。(黄建章)

中国哲学

B000021 **中国传统文化现代观** 副名:给当代青年的十二封信。张天祥著。大连海事大学出版社1996年1月版。22.6万字。9.80元。从现代自然科学和社会学的角度,针对当代青年比较关心的中国传统文化的热点问题,以书信体的形式阐释,内容涉及周易、儒、墨、道、法诸家,阴阳五行学说,传统算命术,李约瑟难题等。(刘明凯)

B000022 **中国思想史** 张岂之主编。西北大学出版社1996年3月版。46.1万字。18.00元。高等学校统编教材。分为先秦编、两汉编、魏晋南北朝编、隋唐编、宋元编、明清编和近代编共7部分。作者以马克思主义辩证唯物主义和历史唯物主义为指导,系统论述中国思想史产生、发展、演变的全过程。其特点有:一、结合中国历史发展的线索介绍中国思想史的基本内容,包括思潮、学派、人物、著作、思想的主要点、范畴概念等方面;二、准确地介绍关于中国思想史的基本史料,指出书名、版本、刊印时间等;三、对中国思想史特有的范畴、名词术语作精确的解释;四、抓住典型材料加以解释分析,得出相应的观点。(何惠昂)

B000023 **中国哲学名著选读** 方克立、李兰芝编著。南开大学出版社1996年10月版。40万字。16.80元。精选各个历史时期最有代表性、最能反映时代精神之精华的哲学名篇,从先秦到近代,共涉及48位哲学家、50部著作。选文尽量保持其完整性,篇幅过长的适当节选,少数无完整篇章者,则按问题分类摘编。每篇原文之前有“作者作品介绍”,简介作者生平、时代背景、主要学术成就,所选作品在其著作和哲学思想中的地位,并从史料的角度介绍有关著作的版本和流传情况。原文之后分段注释,注释力求简明、准确,文字考订从略。本教材课文后有“简析”,除阐明该文的中心思想,提示主要范畴、命题及其哲学义蕴之外,还要按照文章的逻辑结构,将全文分为若干段,逐段解析其思想内涵并说明前后文之间的联系。(张敬双)

B000024 **中国哲学范畴发展史(人道篇)** 张立文著。中国人民大学出版社1996年版。56.8万字。57.00元。人道篇以人为哲学考察的逻辑起点,与天道篇构成性命关系。人道篇分人论、心性论、中和论、义利论、公私论、消长论、理欲论、仁义论、健顺论、善恶论、未发已发论、性情论、名实论、格致论、知行论、相须互发论、能所论、王霸论、经权论、理势论共20论,全面系统地探讨中国哲学范畴产生、形成和发展的文化背景、中间环节、发展道路;揭示了人道范畴的性质、特点及相互联系、转化的关系;论述了中国哲学范畴体系的整体结构。列入“中国人民大学丛书”。(余资)

B000025 **易学精华(上、中、下)** 北京出版社1996年2月版。130万字。105.00元。《周易》是中国传统文化的源头之一。由于易学包罗宏富，数千年来研究者蜂起，遂形成了著名的易学文化。本书选入历史各派有代表性的著作。其中包括《周易注疏》、《周易略例》、《周易集解》、《温公易说》、《横渠易说》、《程氏易传》、《诚斋易传》、《周易集注》、《周易内传》、《易图明辨》、《周易折中》、《易学启蒙》、《易通释》等。(龙杰)

B000026 **六十四卦故事画册** 何憭、欧阳立新编。广东教育出版社 1996 年 5 月版。26 万字。14.00元。作者认为，《周易》是古人研究思维决策方法的著作，其卦画是表示思维决策的数学模式，卦爻辞则是解释模式的例题。《周易》内涵博大精深，但文辞古奥，格式怪特，一般人很难读懂。本书对晦涩的卦爻辞进行白话释义，用故事连环画的形式来解说周易六十四卦，使之更加通俗易懂。画册按六十四卦编写，每卦都附有经文和白话译文，并配有一个特选的历史故事，最后对卦爻辞所反映的思维模式作小结。(姚沙沙)

B000027 **周易知识通览** 朱伯崑等著。齐鲁书社 1996 年 8 月版。73 万字。26.60 元。集历代易学研究之大成，以百科的形式，用通俗的语言，全面介绍周易的知识。全书按历史阶段划分，以易经、易传、易学及其历史、易图学、易学与中华学术、易学中的思维方式、易学重要典籍简介为题，分为 7 篇，篇下设细目，依次阐述《易经》的由来、什么是卦象、揲蓍成卦，《易传》的内容、《易传》的范畴和命题，易学中的流派和演变，什么是河图与洛书、先后天图、太极图、卦变图、相生图、阴阳鱼图，易学与政治、伦理、哲学的关系，易学与道教，易学与科学技术，易学与中医及养生，易学与艺术及审美等近 200 个与社会科学、自然科学有关的易学专题。作者认为，《周易》的形成是人类探索文明的历史过程，是中华先人由童蒙步入文明的开化时期对自己思维方式、预测方式、生活及举止的指导方式的总结和记录，把后人对这部典籍所作的种种解释和阐发视为中华思维和中华文化发展的里程碑，以客观、历史的眼光审视《周易》，拨开萦绕在它周围的神秘云雾，由浅入深地探求《周易》的象数和义理，澄清后人对其诠释的历史价值，弄清其源流和问题，是本书的特点和价值所在。(严茜子)

B000028 **儒学精华(上、中、下)** 张立文主编。北京出版社 1996 年 2 月版。130 万字。105.00 元。儒学创发于中国先秦时代，影响十分深远。本书精选先秦至近代儒学的精华著作，以明儒学之血脉，以求安身立命之道，以和人与自由、人与社会及人的身心等方面的冲突，以裨益于社会、帝王。(龙杰)

B000029 **原始儒家考述** 吴龙辉著。中国社会科学出版社 1996 年版。21 万字。17.50 元。在汉武帝时代以前，儒家已在社会上产生了广泛的影响，但仅是百家中的一家，不过是百家中的显学而已。作者指出，原始意义上的儒家指的是汉武帝罢黜百家以前的儒家，也即作为显学的儒家。关于原始儒家的研究自古就是一个热门课题。本书的研究的特点在于：以往的研究一般只考察孔、孟等几位儒学大师的哲学和政治思想，而本书则将儒家作为一个思想学术流派和社会政治现象来考察，旨在对原始儒家演变的历史轨迹及其内在的学术逻辑进行全面的探讨。重点探讨了儒家集团诞生的社会政治根源，孔子对周代贵族文化的超越与改造，孔子对君子人格的重新规定与儒家品格的确立，墨子对儒家的挑战与儒家的积极回应，自然天道思潮对儒家的冲击与荀子对儒家体系的重建，儒家在汉武帝时期从百家中的一家显学向官学的历史转变等。收入“中国社会科学博士论文文库”。(冯广裕)

B000030 **鲁文化与儒学** 山东孔子学会编。山东友谊出版社 1996 年 10 月版。30 万字。18.00 元。鲁文化是中国传统文化的重要源头，有丰厚的文化积淀；儒学是孔子在鲁文化的基础上继承禹、夏、商、周文化的成就，创造发展起来的理性文明和学术文化，是中国传统精神文化的主源。该书内容涉及华夏文化与先鲁文化、儒学的核心内容“仁理之辩”、孔孟荀理论、人文精神特征、“和而不同”、儒道互补、儒学民族观、个体价值观、义利之辩、天人合一观、毛泽东与儒学、实用儒学、儒学与现代化等论题。(陶陈)

B000031 **儒家伦理与中国文化转型** 郭洪纪著。青海人民出版社 1996 年 11 月版。24 万字。14.00元。根据儒家学说涉及的不同伦理范畴，设立 19 个专题，系统分析儒家的社群伦理、政治伦理、经济伦理、军事伦理、民族伦理、教育伦理、工具伦理，以及儒家学说中的文学理论、审美意识、人本价值、儒士文化等内容，最后设专章探讨新儒家精神与东亚晚工业化道路的关系。作者在总结东亚晚工业化经验的基础上，采取文化比较的研究，从政治哲学层面剖析儒家伦理与现代文明之间的共通性和差异性，提出了与海内外新儒家相悖的论证素材和诠释要点，具有参考价值。(齐宏亮)

B000032 **儒道智慧与当代社会** 葛荣晋著。中国三峡出版社 1996 年 8 月版。40 万字。19.80 元。

系统阐述中国传统文化的价值及对当代社会政治、经济、文化的影响。(王海燕)

B000033　**论语**　孔子著，来可泓注。陕西人民出版社 1996 年 2 月版。19 万字。8.00 元。系“中国传统文化精品丛书”之一。《论语》是我国一部传世的儒家经典，是儒家创始人孔子的语录体著作。本书在吸收前人研究成果的基础上，重新予以校勘整理。(黄晓燕)

B000034　**论语直解**　来可泓撰。复旦大学出版社 1996 年 10 月版。40.7 万字。30.00 元。《论语》的今注今译本。内容包括：(1)解题。勾勒《论语》二十篇中每篇的主题思想，或阐明论述的几个问题，或分析孔子所持的观点，理清内在的逻辑结构。(2)原文。每段摘录，并加以标点。(3)今译。在忠于原著的前提下，用现代汉语加以直译。(4)注释。用简洁明了的语言，对原文中难以理解的字、词作解释。(5)评述。先用一句话对每段原文的主旨加以概括，然后以作者的领会与见解为主，择善介绍古今注疏家的诠释。(陈士强)

B000035　**论语新注**　王沂暖注。甘肃人民出版社 1996 年 12 月版。16.1 万字。9.80 元。注者认为，中华文化的优良传统，至孔子已有雏形，孔子是教人做人的圣人，这个做人之道，到今日仍然非常需要。《论语》是论述做人的一本教科书。注者对《论语》逐章逐句进行新的阐述和详解，对孔子所提出的“仁”、“义”、“恕”、“利”等重新诠释。思路开阔，文风流畅，是研究《论语》的一种新的尝试。(李树军)

B000036　**孔子哲学思微**　[美]郝大维等著。江苏人民出版社 1996 年版。29 万字。11.80 元。对我国以孔子为代表的儒家思想与西方观念的异同作比较，对孔子哲学思想的核心问题给予分析，从而使人了解西方人眼中的孔子与中国历史上的孔子之间的差异。收入“海外中国研究丛书”。(丁嫣霞)

B000037　**荀子与中国文化**　惠吉星著。贵州人民出版社 1996 年 1 月版。22.3 万字。17.60 元。分 9 章，从荀子思想中具有独特性的内容出发，研究其继承又发展儒家学说的思想历程，以及对中国文化形成、流变所产生的影响。系“大思想家与中国文化丛书”之一。(陈鸣远)

B000038　**道家与民族性格**　吕锡琛著。湖南大学出版社 1996 年 6 月版。21.8 万字。15.80 元。在全面把握和理解道家思想、深入考察中国社会各阶层人物实践活动的基础上，揭示道家顺应自然、抱朴守真、物极必反、崇俭抑奢、柔弱不争、重生养生等思想主张的丰富内涵及其在民族性格形成过程中的正负面效应，并就民族性格的进一步优化问题从道家思想的角度提出一些见解。为考察中国社会各阶层人物的实践活动，本书博采文献，包括正史、文集、碑帖、笔记等，并进行广泛的社会调查，搜集鲜活的资料，分析道家思想的影响。(卢宇)

B000039　**道德经**　老子著，黄朴民注。陕西人民出版社 1996 年 2 月版。7.8 万字。4.50 元。系“中国传统文化精品丛书”之一。又名《老子》，81 章，分上、下篇，是我国古代道家学派的经典著作。包括 4 部分的内容：(一)各章主旨的提示；(二)正文；(三)简注；(四)白话翻译。是介绍和普及《道德经》的通俗读物。(张田德)

B000040　**老子道德经书卷**　欧阳中石书写。线装书局 1996 年 12 月木牍本版。0.5 万字。3 600.00元。该书是一部影响深远的中国古代文约义精，淳朴而渊深的谚语式的德学经籍。由著名书法家欧阳中石以其清雅的小楷书体精心书写的《老子道德经》全文约 5 000 余字，分上下篇，共 81 章。首次采用丝网特种工艺印制，雕花檀香木简经折装帧，古色古香。成为阅读、欣赏、收藏的珍品书册。(谢云)

B000041　**帛书老子校注**　高明撰。中华书局 1996 年 5 月版。27.2 万字。24.00 元。1978 年在长沙马王堆汉墓出土了帛书《老子》甲、乙本，甲本用篆书抄写，乙本用隶书抄写，时间均在西汉初期。本书以王弼注本为主要校本，另取敦煌本、道观碑本、历代刊本共 33 种为参校本，对帛书甲、乙本逐字逐句进行校勘和订补。并作异文辨证和经义解释。充分利用历代学者的研究成果，从唐陆德明《老子道德经音义》起，到今人王重民《老子考》、楼宇烈《王弼集校释》，征引书目有 160 种之多。本书校勘精审，考证详博，并对许多疑难问题提出见解。收入中华书局《新编诸子集成》(第一辑)。(薛有红)

B000042　**老子与中国文化**　张智彦著。贵州人民出版社 1996 年 1 月版。22.8 万字。18.60 元。从文化的角度紧紧扣住老子思想与中国文化的关系，分 7 章论述。本书从老子思想对道家思想的决定作用，研究老子思想对中国文化的深刻影响。系“大思想家与中国文化丛书”之一。(陈鸣远)

B000043　**老子通解(修订本)**　罗尚贤著。广东高等教育出版社 1996 年 7 月第 2 版。27.9 万字。21.00 元(平)，28.00 元(精)。本书是 1989 年初版《老子通解》的修订本。修订内容主要包括：一、将初版第一部分《老子学说:唯道主义》改写成《老子道学导论》;二、根据《导论》的基本观点对初版第二部分《老子今译、校注和通说》以及第三部分《老子新编》的引言作相应修改;三、删去初版的附录《马王堆汉墓帛书老子释文》。修订本的主要特点是对老学义旨作贯通而浅易的解说。《导论》集中阐述作者的基本观点。它把《老子》的"道"分解为三层意思:即"恒道"、"可道"和"非恒道"。"恒道"是指客观的自然秩序或规律;"可道"是指这个恒道是可以认知和表述的;"非恒道"是指人们对恒道认识后通过概括而形成的观念和道理。也就是说,老子的"道"是客观与主观的统一,存在与意识的统一,是物质和精神的整合体。老子的"德"则是指在识道的基础上按道理行事,是认识与实践的统一。作者指出,老子思想体系是一个包括阴阳冲和衍生万物的自然观、"贵为身于为天下"的人生观和主张社会协调、"玄同"的社会观的完整的思想体系。(詹家豪)

B000044 **管子校释** 颜昌峣校注。岳麓书社 1996 年 2 月版。50 万字。28.00 元。对《管子》一书的考订和注释,于 1924 年完稿。此后 70 年间,经郭嵩焘次子郭焯莹批注,继由武汉大学教授谭戒甫手订整理,建国后又转借郭沫若先生阅读引用,被郭氏称为"前代管子研究的一份总结"。自高邮王氏父子到清末王先谦的 100 年间,校注《管子》者 50 余家,真正完成集校者,颜昌峣是第一人。(饶毅)

B000045 **管子全译** 谢浩苍、朱迎平译注。贵州人民出版社 1996 年 6 月版。83.8 万字。40.20 元。在先秦两汉的诸子散文著述中,《管子》一书自成一家、别具特色。现采用通行的明赵用贤本为底本进行标点,参阅郭沫若的《管子集校》、马非百的《管子轻重篇新诠》、中国人民大学的《管子经济篇文注释》及赵守正的《管子通释》等对该书全注全译,以直译为主,力求切合原文之意。系"中国历代名著全译丛书"之一。(熊美琼)

B000046 **韩非子与中国文化** 谷方著。贵州人民出版社 1996 年 1 月版。30.3 万字。23.60 元。系统阐述韩非学说和研究传统文化的专著。对韩非的哲学观、政治观和文化观作深入的剖析,并联系韩非学说的研究,对中国文化的基本特点等学术界长期争论的重要问题,提出独到的见解。从韩非思想中最具独特性的政治思想即法思想出发,对其在中国文化传统形成、流变中所发生的作用,以及韩非思想在社会实践层面上的影响作深刻阐述。系"大思想家与中国文化丛书"之一。(陈鸣远)

B000047 **诸子百家大辞典** 冯克正等主编。辽宁人民出版社 1996 年 6 月版。213 万字。90.00 元。全面介绍诸子百家思想及其历史情况。分 5 部分:人物、典籍文献、词语概念命题、学派书院及成语寓言。全书设 6 000 余词条。对于历代各家的概念范畴,名词术语以及重要的理论命题都有比较明确的阐释。(修玉祥)

B000048 **中国理学大辞典** 董玉整著。暨南大学出版社 1996 年版。81 万字。68.00 元。涵盖上起北宋、下至清朝,跨越近 10 个世纪的理学发展史。全部辞条分为 7 类,共计 1 174 条。其中,人物类 571 条(包括人物姓名、生卒年代、字号、籍贯、主要履历、主要著作、学术地位等),著作类 213 条(包括著作名称、别称、卷数、版本、作者、主要观点与学术价值等),命题类 147 条(包括命题出处、命题涵义及影响等),概念类 59 条(包括概念出处、概念内涵、概念演变及意义等),学派类 97 条(包括学派代表人物、基本观点、主要著作、历史发展及学术地位等),典故类 18 条(包括典故来源、典故价值等),遗迹类 39 条(包括遗迹掌故、历史演变和学术地位等)。选编内容重点突出,总体上反映中国理学的历史脉搏,展示中国理学的内在意蕴和深刻本质。(苏彩桃)

B000049 **王阳明与贵州** 王晓昕主编。贵州人民出版社 1996 年 6 月版。28.6 万字。25.00 元。王阳明是我国明代中叶著名的哲学家、教育家。本书介绍王阳明被贬谪到贵州两年间的一系列情况,着重介绍王阳明心学体系在贵州经过"龙场之大悟","始悟格物致知"之后而形成。(陈鸣远)

B000050 **船山全书** 明·王夫之著。岳麓书社 1996 年版。1 039 万字。16 册。680.00 元。王夫之,明清之际思想家,因晚年居衡阳之石船山,学者称船山先生。该书系王夫之著述的新编全集。前 15 册收船山著作 73 种,按经、史、子、集四部排列;第 16 册为附录,收船山传记、年谱、杂录等资料。各册卷首均附有关船山史迹及有关船山著作出版史的各种图片 64 帧,尤为稀贵。较之历史上的两部船山全集(清同治四年的金陵书局本《船山遗书》和 1933 年的上海太平洋书店本《船山遗书》),本书最大的优点是辑集了存世的全部船山著作,包括前未入集的遗佚书文,较"太平洋本"多 20 万字;还搜集了船山著作的所有版本,利用大量手稿、家刻、旧抄,比勘会校、订正讹误,改正了上千处篡改和删削,尽量恢复船山著作原貌;每种著作后附有编校后记,备述该著作版本及校勘等有关情况。(饶毅)

B000051 **求索真文明** 副名:晚清学术史论。朱维铮著。上海古籍出版社 1996 年 12 月版。34.5 万字。24.20 元。分上、中、下三篇,上为“变征篇”,中为“康章篇”,下为“杂考篇”,较为系统地叙述晚清学术发展行程。关于晚清学术史的研究,在 20 世纪初就得到刘师培、梁启超、胡适、钱穆、柳诒征等国学大师的关注。梁启超、钱穆并各有一部《中国近三百年学术史》的同名著作。钱著不同意梁著的陈述,而依据辛苦爬梳的个案材料,另行勾画了一幅图景,但描述同一时空的学术进程在两人笔下竟然如此不同,不能不令人困惑。作者因此发生“求真”的兴味,从清末民初思想学术史入手,对晚清学术史重新进行深入剖析。作者认为,晚清时期政治腐败、没落,中华帝国行将覆灭,然而其时的学术却并没有走向没落,而是发生一种变异,一种显示中国知识分子为求索真文明而发生的变异。晚清学术属于明末清初中西文化发生近代意义交往以后的过程延续,它的资源固然时时取自先秦至明清不断变异的传统,但更多的是取自异域,特别是经过欧美传教士和明治维新的日本学者输入中国的西方古近学说,因而从某种意义上来说晚清学术处于一种承前启后的变异时期。(谷玉)

B000052 **中华生存智慧丛书** 周向潮主编。陕西人民出版社 1996 年 4 月版。37 万字。18.70 元。从人与自我、人与社会、人与物等角度,发掘和阐释了中国古人睿智的生活状态、生活态度、生活方式和生活智慧。丛书第一辑包括《物我之境》、《仕隐之思》、《练达之道》。《物我之境》分为“溺物”、“驭物”、“超物”等 5 篇共 44 个论题,展现古人对人与物的关系上的不同态度。在世俗中进取成功,而又超然物外、卓然独立的处世智慧。为我们把握义与利、外物与自我、金钱与道德的关系,保持身心平衡,颇有可供吸纳之处。《仕隐之思》以深刻的思想和笔触剖析中国古代文人群体特有的独立性和依赖性。隐逸与显达、求取功名与独善其身、谋身谋隐皆有隐衷。揭示了千年文化背景下的中国文人特有的生存图景和处世智慧。《练达之道》则通过近百个故事、案例,生动显示中国古人“通晓世故人情、善于处事为人”,在恰如其分、因事制宜、因势制宜地把握微妙不可言喻的人际关系方面特有的处世之道和处世艺术。(蒋丽)

B000053 **世界与人** 张士耿著。山东人民出版社 1996 年 7 月版。18 万字。13.80 元。分上下两篇,上篇——自然与人,下篇——人与社会。每篇各含 3 章,共 6 章。第一章阐述辩证唯物主义的时空观,提出对辩证法的发展应以发现规律为主,以提出新范畴为辅,因为“规律是一种动态的模式”,“范畴是一种静态的模式”。总结出能够在自然、社会各领域广泛应用的八个基本规律,作为辩证法三大基本规律的具体扩充和发展。第二章探讨“有序化”和“无序化”这两条世界变化发展的基本线索及其密切联系,论述有序和信息之间的关系;从现代宇宙论的角度对热力学两大定律给予新的阐释。第三章探析人与世界的密切关系,结合现代科学成就探讨认识论中的几个重要问题;就逻辑学中的重要问题,结合认识论和语义学提出自己的看法。第四章以“信息”范畴为基础,从不同角度对文化系统进行系统的分析,论述文化的基本要素、文化的基本内容、文化的各个体系及文化系统中信息对物质、能量的依赖关系。第五章探讨“权力”在政治系统中的作用,分析自然运动和社会运动在基本法则上的共性,用第一章提出的“能量放大机制”这一哲学规律为唯物史观提供深层解释。第六章结合当今世界所面临的贫富差距扩大、资源短缺枯竭、生态平衡破坏、环境污染加剧等严峻形势,探讨了人与人之间、国与国之间剥削与掠夺这种经济关系的不合理性。从宏观的角度阐述文化、政治、经济三大社会系统之间的关系及我国经济发展所面临的若干现实问题。(王金凤)

B000054 **梁漱溟哲学思想** 郭齐勇、龚建平著。湖北人民出版社 1996 年 5 月版。26.2 万字。18.00元。系统论述梁漱溟的文化哲学观、中国文化观、儒学思想、乡村建设理论、人生哲学,深入分析梁漱溟哲学思想的思想渊源和时代特征。抓住梁氏生命哲学的纽结和文化哲学的基元范畴——理性加以论证。指出,在梁氏哲学中,理性是人之所以为人的本质规定,是人的一切行为活动的方向与价值的发源地。西方人将理性视为认识事实真理的能力或对象世界的本质结构,梁先生的理性则是生活的真理、人们行为活动的准则,即儒家哲学的“仁心”、“良知”和中华民族赖以生存的进取、超越精神。本书详细论述梁漱溟哲学与西方生命哲学的关系,比较了梁漱溟哲学与海德格尔存在哲学的异同。(雷振清)

B000055 **今日中国哲学** 当代哲学丛书编委会编。广西人民出版社 1996 年 7 月版。80 万字。55.00元。对改革开放以来我国哲学状况进行总体研究的学术著作。分门别类介绍当前我国哲学主要思潮、流派。将“今日中国哲学”分为人学、价值哲学、认知哲学、文化哲学、历史哲学、科学哲学、艺术哲学、伦理哲学、马克思主义哲学史、中国哲学史、外国哲学等若干研究领域；在上述每一领域中，选择四至五位卓有建树的哲学家的哲学思想加以编写，把哲学家的个人理论贡献与我国哲学的整体、哲学思潮、哲学流派结合起来研究，全面反映我国哲学的现状和发展趋势。（马丕环）

B000056 **张君劢思想研究** 吕希晨、陈莹著。天津人民出版社 1996 年 11 月版。30 万字。28.00 元。"现代新儒学研究丛书"之一。坚持以马克思主义的立场、观点和方法为指导，对张君劢的人生观、儒学、文化、教育、西学、佛学、哲学、宪政政治等方面的问题，进行全面的梳理和论述。指出，张君劢"徘徊于学术政治之间"，"不因政治忘哲学，不因哲学忘政治"。他积极阐扬儒家的文化与哲学，撰写了大量的著作与论文。张氏为中外闻名的中国现代资产阶级政治家、思想家、哲学家，是现代新儒学的重要倡导者，现代西方文化的主要传播者。他从现代新儒家的立场出发，以古今中外不同学术思想相比较、相融合的方法，广泛而深刻地探讨了中国现代资产阶级的政治、经济、文化、哲学、科学、教育以及与之相关的种种问题，为中国现代新儒学的形成与发展，为恢复儒家学说在世界文化之林中的重要地位，为构建具有中国特色和现代世界意义的中国资产阶级文化与哲学，都做出不可忽视的贡献。（盐家林）

外国哲学

B000057 **东亚文明** 副名：五个阶段的对话。[美]狄百瑞著。江苏人民出版社 1996 年 8 月版。13 万字。7.00 元。把中、日、韩东亚三国的思想发展作为整体加以论述，是当代美国研究东亚思想史的名作。（丁嫣霞）

B000058 **回归哲学** 副名：探索资本主义新精神。学林出版社 1996 年 10 月版。10.8 万字。6.50 元。作者从日本面临的现实问题着眼，一针见血地指出：资本主义世界早已道德沦丧，潜藏着深刻的危机，已面临崩溃的边缘。呼吁应该"重新回归到资本主义原点上去"，倡导包括心理学、宗教和伦理的综合的德育教育，也即"心灵教育"，建立"伦理的道德的资本主义"，从而挽救资本主义社会的危机。这就是"回归哲学"的深刻意蕴。作者站在资本主义立场上分析问题，他不能也不可能提出根本解决资本主义弊端的方案，但这种对人类文明发展给予深刻关注的精神是可贵的。（钱丽明）

B000059 **战后的日本哲学家** 王守华、铃木正编。山东人民出版社 1996 年版。17 万字。18.00 元。此书由山东人民出版社与日本农山渔村文化协会以中文、日文两种版本出版，是上海人民出版社与日本东京北树出版社出版的《日本近代十大哲学家》的姊妹篇。战后的日本是从战败的废墟中逐渐走上繁荣发展的，与这个变化相联系的哲学也逐渐摆脱军国主义、法西斯主义的影响，重新审视世界、面向实际，研究民主与现代化的关系。这时的哲学发展呈现多元化、多极化的特点。本书编入和过哲郎、中井正等 7 位具有代表性哲学家的评述，并附"战中、战后日本哲学思想年表"，反映战后日本哲学思想发展的脉络、基本状况和特点。该书由中日两国有关专家、学者撰写，其视角和研究方法有所不同，但有利于学术思想的交流。（祁秀生）

B000060 **阿拉伯近现代哲学** 蔡德贵、仲跻昆主编。山东人民出版社 1996 年版。23 万字。18.00 元。分 3 部分。第一部分，概述世纪之交阿拉伯哲学的动向。进入八九十年代以来，由于生活方式的多样化，传统阿拉伯世界呈现出政治思想的多向、文化结构的多元、思想方式的多维的发展趋势。其中文化结构的多元化、传统与反传统、西化与反西化的斗争以及马克思主义在阿拉伯世界的进一步传播和发展令人瞩目。第二部分，论述阿拉伯近现代哲学与古代阿拉伯伊斯兰哲学的关系，详尽论述伊斯兰原教旨主义思潮的缘起及发展、当代伊斯兰原教旨主义运动及其宗旨、伊斯兰原教旨主义与当代伊斯兰思想等内容。第三部分是本书主体，分别介绍阿拉伯近现代哲学流派及其代表人物。主要内容包括：阿富汗的泛伊斯兰主义，穆罕默德·阿布笃的宗教复兴和改革哲学，阿拉伯旅美派文学家的哲学追求，阿拉伯社会哲学，阿拉伯民族哲学，阿拉伯实证主义哲学，阿布杜·拉赫曼·贝达维的存在主义，阿拉伯唯理论哲学的产生和发展，阿拉伯世界的马克思主义哲学，阿拉伯道德哲学，当代阿拉伯民间哲学——穆尼尔·纳素夫的生活哲学、沙比的生命哲学、艾哈迈德·爱敏的文化哲学、拉巴比的人道主义哲学。通过以上论述，清晰地勾勒出阿拉伯近现代哲学的现状及发展脉络。（牛其贞）

B000061 **西方哲学在当代中国** 黄见德著。华中理工大学出版社 1996 年 3 月版。35.8 万字。16.50 元。通过对从 1949 年中华人民共和国成立到社会主义现代化建设新时期这一历史过程中，西方哲学在中国传播途径、内容和过程的考察，评述中国学者研究西方哲学的成果,总结西方哲学传播的经验和教训,阐明它对中国社会发展的影响,揭示这个传播过程的规律性。系"华中理工大学文学院学术丛书"之一。(钱坤)

B000062 **西方哲学通史(第一卷 古代中世纪部分)** 赵敦华著。北京大学出版社1996年9月版。53万字。28.00元。共2编10章。第一编,古希腊哲学。其中第一章早期自然哲学,介绍伊奥尼亚派、毕达哥拉斯派、爱利亚派、元素论者以及贯穿其间的思想线索;第二章智者运动和苏格拉底;第三章柏拉图哲学;第四章亚里士多德哲学;第五章晚期希腊哲学,将以往惯称"罗马哲学"的内容亦归于其内,以对希腊哲学的衰落的小结结尾。第二编,中世纪基督哲学。其中第一章基督教哲学的诞生,介绍这一时期的哲学流派及其基本观点,论述了基督教与希腊哲学最初的冲突与融合;第二章经院哲学的诞生;第三章经院哲学的繁荣,以托马斯主义为重点;第四章英国经院哲学;第五章文艺复兴时期的哲学思潮。本书的写法是,客观描述哲学的发展历程,同时又以对哲学史的宏观把握为前提,在掌握第一手资料的基础上,根据哲学家本人的思想进程,并注意他所开启的观念与方法对哲学史的影响,结合哲学论辩出现的历史特殊性,展示西方哲学思维运行的轨迹。对中外哲学界往往评价甚低的中世纪哲学作详尽的述评,肯定它是西方哲学史上一个重要而独特的阶段,给它以应有的学术地位。书前的"总序",回顾了我国研究西方哲学史的历史,对今后的研究工作提出建议。书后附有主要参考文献和人名索引。(李昭时)

B000063 **诗学** [古希腊]亚里士多德著,陈中梅译注。商务印书馆1996年7月版。21.9万字。14.00元。本书是古希腊天才哲学家亚里士多德的名著。该书虽有可能是一篇对内的或者说是未经正式发表的著作,但却有举足轻重的地位。书中探讨了一系列影响后世的文艺、美学的重要问题,如人的天性与艺术摹仿的关系、构成悲剧艺术的成分、悲剧的功用、情节的组合、悲剧的史诗的异同等等。书中提出的某些观点,如情节是对行动的摹仿的观点和诗评不应套用评论政治的标准的观点在当时具有可贵的创新意义。它反映了一种新的、比较成熟的诗学思想的精华,是西方现存最早的一本高质量的、较为完整的论诗和关于如何写诗及进行诗评的专著。(程秋珍)

B000064 **人类的家园** 副名:现代文化矛盾的哲学反思。卢风著。湖南大学出版社1996年6月版。28.5万字。16.80元。在对西方现代文化的整体构架及其历史走向的探索中,从四个方面对西方现代文化进行了清理和反思,即:个人主义、享乐主义、科学主义、主观主义或主体主义。它们分别代表着西方现代文化的四个维度:价值观、生活观、方法论、形而上学。这种文化模式正辐射着强大的影响力,日益同化着东方文化和其他地域文化。这种文化的内在危机将会导致人类精神家园和生存家园的双重失却。本书通过反思认为:必须对现代文化进行整体性重构,人类才能重新找到自己的家。(卢宇)

B000065 **当代西方著名哲学家评传(10卷)** 涂纪亮主编。山东人民出版社1996年版。329万字。217.00元。《西方著名哲学家评传》的姊妹篇,是以哲学中各个分支学科为单位对当代西方最有名的哲学家进行专题性研究的学术著作。评介了罗素、韦伯等95位哲学家的生平活动及其哲学思想,论述了各分支学科的研究范围、历史演变、主要流派、基本观点以及在当代西方哲学中的地位和影响等。全书10卷。第一卷《语言哲学》,涂纪亮编,收入罗素等9人评传;第二卷《心智哲学》,章士嵘、王炳文编,收入阿姆斯特朗等9人评传;第三卷《科学哲学》,涂纪亮、罗嘉昌编,收入赖欣巴赫等11人评传;第四卷《道德哲学》,石毓彬、程立显、余涌编,收入摩尔等10人评传;第五卷《逻辑哲学》,张荀水编,收入希尔伯特等8人评传;第六卷《宗教哲学》,傅乐安编,收入德日进等9人评传;第七卷《历史哲学》,张文杰、何兆武编,收入斯宾格勒等9人评传;第八卷《艺术哲学》,滕守尧、张金言编,收入克罗齐等10人评传;第九卷《人文哲学》,王炜、周国平编,收入海德格尔等10人评传;第十卷《社会哲学》,苏国勋编,收入卢卡奇等10人的评传。(祁秀生)

B000066 **还理性以尊严** 副名:对"实践派"和"自由哲学"的批评。韩志伟著。广西人民出版社1996年6月版。21万字。16.80元。分上下篇。上篇,着力对南斯拉夫"实践派"的一些哲学观点进行分析,深入论述实践是能动与受动相统一的观点,提出和论述在社会历史领域中不能以抽象的"主体与客体"的关系来取代生产力与生产关系的矛盾运动的观点等等。下篇主要对法国存在主义哲学家让·萨特的"自由哲学"进行考察和分析。着重对《存在与虚无》一书中第四卷第一章进行深入研究。作为一部学术专著,本书也有一些需要进一步完善的地方,比如,对理性与非理性之争的历史缺乏必要的交待,上下两篇各自的独立性较强、过渡不够自然等。

B000067　**康德《纯粹理性批判》指要**　杨祖陶、邓晓芒著。湖南教育出版社 1996 年 12 月版。36 万字。21.50 元。康德用以哲学革命,并为整个康德哲学奠定基础使之对后世产生深远影响的最本原的源泉著作,是他的《纯粹理性批判》。作者按德文版原著思路和编目顺序,在对原著进行逐章逐节解说的基础上,从人类认识已达到的当代高度,对原著的原文、原义作正面的、客观的解说。在整个解说过程中对原著的根本目的、中心问题和基本线索作系统阐明,并对原著中所展示出来的各个基本论点的是非得失、经验教训,作简要的科学评论,以引导读者理解原著真义、把握其真相。(龙育群)

B000068　**形而上学导论**　[德]海德格尔著,熊伟、王庆节译。商务印书馆 1996 年 9 月版。18.9 万字。11.10 元。本书是海德格尔的重要著作之一,被认为是其思想转折点的标志。它上承《存在与时间》的基本主题,被视为上书的续篇。书中把"在的问题"当作形而上学的基本主题来追问,认为形而上学应该追问的是"在",而不是"在者"。作者追溯了"在"的语法和语源,并从历史的角度对各种哲学流派对存在的限定进行研讨。作者指出,形而上学的历史就是把区别遗忘的历史。而在此处的遗忘,并无消极意义,其意思是:有抢救作用的隐蔽。真理,也就是无蔽境界,只有"在"有隐蔽的情况下才会有。在此无蔽境界中才出现"在"的澄明。"在"的澄明一出现,就分配给人。这样的分配就是"在"的天命。(程秋珍)

B000069　**面向思的事情**　[德]海德格尔著,陈小文、孙周兴译。商务印书馆 1996 年 8 月版。6.7 万字。4.70 元。作者是德国著名哲学家、存在主义哲学的代表人物。全书由 4 篇文章组成,其中 3 篇是作者晚年的演讲稿,1 篇是讨论的记录稿。已被辑为海德格尔全集的第 14 卷。第一篇为"时间与存在",论述与前期名著《存在与时间》不同的观点;第二篇是关于第一篇的讨论记录,并对第一篇的思想作进一步的阐发;第三篇"哲学的终结和思的任务"提出"思有待于思的事情"这一海氏后期的主要观点;第四篇"我进入现象学之路"是作者对自己一生思想的总结。作者认为,西方的传统哲学已经终结,当今时代更为重要的事情是思那有待于思的事情,号召人们走向思的事。这一号召是西方现今所说的后现代主义的先声。因而这一呼声在当代哲学界引起极大的反响。当今欧美人文哲学主要是循着这一呼声的疑问(无论是反对还是赞同)前进。"思有待于思的事情"已渗透到人文科学的各个领域。(程秋珍)

B000070　**西方哲学画廊(丛书)**　颜玉强主编。贵州人民出版社 1996 年 1 月版。22 万字。58.50 元。丛书共 7 册,包括:《古希腊哲学——哲学的童年》,《经院哲学——天国的召唤》,《文艺复兴——人性的欢歌》,《启蒙哲学——心灵的沉思》,《德国古典哲学——理性的巅峰》,《人本哲学——生命的家园》,《分析哲学——语词透视》。每册按内容分类,用易懂的图画和文字阐述主题。(陈鸣远)

B000071　**逻辑与知识**　[英]伯特兰·罗素著,苑莉均译。商务印书馆 1996 年 10 月版。31.5 万字。22.40 元。该书出版于 1956 年,由罗素 1901～1950 年发表的 10 篇文章组成。书中文章的题目是:1.关系逻辑;2.论指称;3.以类型论为基础的数理逻辑;4.论共相与殊相的关系;5.论亲知的性质;6.逻辑原子主义哲学;7.论命题:命题是什么和命题怎样具有意义;8.逻辑原子主义;9.论时序;10.逻辑实证主义。文章按发表时间的先后顺序排列,编者在每篇文章前面加了一篇短小的前言。全书体现了作者连续 50 年的研究成就,阐发了他在这一时期的逻辑哲学思想和知识理论。(徐奕春)

B000072　**论实证精神**　[法]奥古斯特·孔德著。商务印书馆 1996 年 12 月版。7.4 万字。5.00 元。作者是法国哲学家,实证主义的创始人。该书是他的一部主要的著作。在书中,他简明扼要地叙述了"关于人类整个认识演变的重大规律",认为人类思辨的发展先后经过神学阶段、形而上学阶段和实证阶段。与此相适应,在宗教上即有拜物教、多神教和一神教;在哲学上则有神学哲学、形而上学哲学和实证哲学。孔德解释"实证"一词有四重含义,即与虚幻对立的真实、与无用相对的有用、与犹疑相对立的肯定、与模糊相对的精确。孔德的实证主义思想,就实质而言,当属资产阶级哲学思想体系的范畴,其中充斥主观唯心主义,用精神来解释客观世界。但同时也应看到其所包含的历史主义观点、观察问题的辩证方法以及当时条件下的进步倾向性。(陈静)

B000073　**萨特传**　[法]西蒙娜·德·波伏瓦著。百花洲文艺出版社 1996 年 4 月版。41 万字。26.00元。由"向萨特告别"即"永别的仪式"和"同让—保尔·萨特的谈话"两部分组成。作者是萨特的终身伴侣,她根据自己在萨特去世前十年所记的日记和收集的许多材料整理写成书的第一部分;第二部分则是她根据谈话录音整理而成。这个谈话是围绕萨特一生的各个方面,分不同的主题进行的,主要有:文学和哲学,阅读和写作,音乐和绘画,旅行,月亮,天才和平等,他人——同男人的关系,他人——同女人的关系,金钱,自由,时间,政治,死亡和上帝等等。原作品由巴黎伽利玛出版公司出版。由于作者与萨特的特殊关系,所以本书中第二部分的录音谈话,由于波伏瓦对过去经历的准确记忆,适时地给萨特引导和提示,使谈话能很快地深入到问题的实质,充分表达、阐述了他自己的思想,这实际上即是萨特的口述自传。加之第一部分的补充,使这个口述自传更为完整、丰富。(李鸿)

B000074 **弗洛姆思想研究** 副名:国外马克思主义和社会主义研究丛书。张伟著。重庆出版社1996年8月版。14.1万字。11.00元。对弗洛姆这位美籍德裔社会哲学家、心理学家的思想理论及其著作,作全面、客观的评价,为人们了解弗洛姆的思想真谛、认识其思想与马克思的联系与区别、理解其人道主义学说和对人性、心理及法西斯主义、资本主义社会病的分析,有重要的参考作用。(余国枢)

B000075 **巴姆哲学文集** 副名:比较哲学与比较宗教。A.J.巴姆著,胡传胜译。四川人民出版社1996年8月版。43万字。40.00元。作者是当代美国著名哲学家,著作宏富。本书选译巴姆有关比较哲学方面的论著,内容是对西方、印度、中国三大文明中的哲学和宗教进行比较研究,分析它们在思维方式、精神倾向、人生态度上的异同,论证它们各自的思想意义,并在此基础上提出构建一种世界哲学和统一有机哲学的设想。张岱年、萧焜焘分别为文集和第一卷写序。(汪伊举)

思维科学

B000076 **假蜜蜂历险** 罗玲玲、金韧著。辽宁少年儿童出版社1996年8月版。80页。8.00元。"创造性思维卡通画册"之一。围绕主人公小熊巴基和机器葫芦的有趣经历,展现一系列奇特有趣的小故事。形象、生动地展示创造性想象、游戏借鉴法、幽默夸张法、假如法和垫脚石法等有关提高创造性思维能力的方法和技巧。(李玲)

B000077 **创造性思维卡通画册** 罗玲玲等著。辽宁少年儿童出版社1996年8月版。480页。6册。48.00元。围绕主人公小熊巴基和机器葫芦的有趣经历,展现一个个奇特有趣的小故事。每部分内容后还附有动脑筋趣题和"葫芦学校",介绍其中内容的关键点。旨在使小读者在广阔的思维空间中漫游,学到丰富的科学知识,学会动脑筋想问题,探索创造的奥秘。(李玲)

B000078 **超级葫芦游戏** 罗玲玲、罗东建著。辽宁少年儿童出版社1996年8月版。80页。8.00元。"创造性思维卡通画册"之一。围绕主人公小熊巴基和机器葫芦的有趣经历,展示一系列奇特有趣的小故事。形象、生动地展示了比较、比喻、直接类比、亲身类比、幻想类比等有关提高创造性思维能力的方法和技巧。(李玲)

B000079 **葫芦诊所** 任蕊、张慧欣著。辽宁少年儿童出版社1996年8月版。80页。8.00元。"创造性思维卡通画册"之一。围绕主人公小熊巴基和机器葫芦的有趣经历,展现一系列奇特有趣的小故事。形象、生动地展示保持好奇心、克服先入之见、五官妙用、找缺点、缺点逆用等有关提高创造性思维能力的方法和技巧。(李玲)

B000080 **喷嚏大王** 罗玲玲、田新娟著。辽宁少年儿童出版社1996年8月版。80页。8.00元。"创造性思维卡通画册"之一。围绕主人公小熊巴基和机器葫芦的有趣经历,展现一个个奇特有趣的小故事。形象、生动地展示感官补偿法、替代法、侧向移植法、侧向外推法和矛盾法等有关提高创造性思维能力的方法和技巧。(李玲)

B000081 **趣游智慧宫** 罗玲玲、赵丽敏著。辽宁少年儿童出版社1996年8月版。80页。8.00元。"创造性思维卡通画册"之一。围绕主人公小熊巴基和机器葫芦的有趣经历,展现一系列奇特有趣的小故事。形象、生动地展示图形识别与空间转换、数的转换、判断力、逻辑推理、综合思考等有关提高创造性思维能力的方法和技巧。(李玲)

B000082 **魔方小精灵** 罗玲玲、张慧欣著。辽宁少年儿童出版社1996年8月版。80页。8.00元。"创造性思维卡通画册"之一。围绕主人公小熊巴基和机器葫芦的有趣经历,展现一系列奇特有趣的小故事。形象、生动地展示向惟一性挑战、向规则挑战、侧向思维、逆向思维等有关提高创造性思维能力的方法和技巧。(李玲)

B000083 **思维辞典** 田运主编。浙江教育出版社1996年3月版。97万字。25.00元(精装)。收录有关思维科学和其他相关学科如哲学、逻辑学、生理学、心理学、语言学、计算机科学、信息科学等对思维研究的词条1 600多条。词条分为思想、观点类,名词、术词类,人物类,流派、社团类,学术机构类,著作、文献类。释文的内容主要有:基本定义、理论观点、历史概况、作者生平和著作情况等。

逻辑学

B000084 **逻辑思维的辩证法·冯契文集②** 冯契著。华东师范大学出版社1996年6月版。26万字。30.00元。《智慧说三篇》第二篇，分两部分：逻辑思维过程的辩证法和逻辑思维形式的辩证法。提出，逻辑思维是包含辩证法的。而对它的认识和运用有一个从自发到自觉的发展过程。本书对这个过程进行了反思，并对达到自觉状态的辩证思维的基本形式（范畴、规律）和方法进行探讨。书中把认识过程的基本关系“能所”关系同“知行”关系结合起来考察、把中西哲学传统（如中国古代哲学中的“体用”范畴、仁智统一说、古希腊哲学中关于意见与知识的区分、发生认识论对于行为操作同逻辑思维的关系的研究……）和马克思主义实践唯物论观点结合起来，对人类认识从不知到知、从认识到智慧的辩证发展过程进行讨论。通过对马克思主义的辩证逻辑思想和中国古代的辩证逻辑传统的相互诠释，勾画一个以“类”（包括一系列在“知其然”的认识阶段所运用的范畴）、“故”（包括一系列在“求其所以然”阶段所运用的范畴）、“理”（包括一系列在“明其必然与当然”阶段所运用的范畴）的次序作安排的辩证思维范畴体系。还阐述辩证方法的两条基本要求：贯穿于逻辑范畴体系中的对立统一原理转化为分析与综合相结合，认识过程的辩证法的运用表现为理论和实际的统一。（缪宏才）

B000085 **诡辩论** 高明光著。中国青年出版社1996年12月版。12.5万字。8.60元。分10个专题，从辩证法的角度出发，结合唯物论，对诡辩进行系统的剖析。其中论述了诡辩的含义、基本特征、诡辩产生和演变的历史、诡辩产生的根源及其论辩手法。作者认为诡辩论的本质是一种与辩证法根本对立的、形而上学的观点和方法，指出诡辩论的出发点是主观唯心主义和以利害代替是非的实用主义。还阐述了诡辩论与辩证法、诡辩论与形而上学的关系，剖析了在事物运动变化与静止、相对性与绝对性、人们认识事物的全面性与片面性以及逻辑思维中概念的灵活性等方面，指出诡辩论貌似辩证法，实质上两者是根本对立的。（李瑾）

B000086 **谬误研究** 武宏志、马永侠著。陕西人民出版社1996年12月版。25万字。17.00元。谬误研究是逻辑学一重要分支学科。本书共分4篇20章。“序篇”论证了谬误研究的必要性，并从八个方面评述目前已形成的谬误研究分支状况；“理论篇”研究了谬误的基本理论，提出一个新的谬误定义和分类系统，评论了西方谬误研究中的两个基本范畴——非形式谬误和关联谬误，分析了两种不同分析工具即非形式分析与形式分析的优劣与互补关系；“历史篇”评述亚里士多德至当代的谬误研究史，澄清了中外研究者的误释、误断，勾勒出一条谬误研究的历史线索；“分析篇”运用逻辑的、语言的、心理学的知识，剖析有关语言的、演绎的、归纳的、科学的、哲学的等几大类谬误，分析它们的模式，提出相应的防止与纠正方法。作者总结了谬误研究史，探讨了它的基本范畴，分析了若干重要谬误的模式，特别是对谬误的界说、关联谬误性质的分析等问题的研究，颇具理论创造性。（曹秀君）

B000087 **形式逻辑基础教程** 关老健主编。广西师范大学出版社1996年1月版。21万字。10.50元。其特点有：一、增加课堂练习，强化本教程知识点；二、吸收现代逻辑研究成果，具有现代气息，以及更强的工具性、专业性和科学性；三、加强从自然语言到逻辑形式的阐述和训练，并紧密联系实际，在用例方面注意突出典型性和生动性。（赵小宏）

B000088 **可能世界与逻辑研究** 冯棉著。华东师范大学出版社1996年8月版。17万字。13.50元。分2部分。前3章围绕模态逻辑的可能世界语义理论展开。第一章，澄清了“可能世界”概念的基本涵义，研究当代逻辑中的一些重要课题如专名、通名的涵义和指称，摹状词理论等，在此基础上，建构了关于专名的可能世界簇摹状词理论。第二章考察了多种形式系统的可能世界模型，并比较研究了它们的理论特点、直观背景及可能世界涵义的差别。第三章将可能世界观念运用于自然语言逻辑的研究，揭示自然语言陈述句的直值是依赖于可能世界的，阐明陈述句直值的一般判定方法。对流行的“命题是可能世界到直值的函项”的观点作了修正。从第四章起，转向现代逻辑一些重要理论问题的研究，考察了类型论的产生、演变、发展及这一领域的新成果。第五章就逻辑科学的严格性、应用性发表见解。（缪宏才）

伦理学

B000089 **中外美德故事** 杨焕英、曹青阳主编。教育科学出版社1996年版。100万字。10册。45.00元。思想政治教育故事汇编。丛书以爱国主义、集体主义、社会主义思想教育为主线，以讲故事的方式阐述古今中外的英雄模范、专家学者、能工巧匠及其他杰出人物中的美德。分10册:《热爱祖国》(王文宝编著);《文明礼貌》(宋荐戈编著);《勇敢顽强》(杨焕英编著);《立志勤学》(吴霓编著);《尊师敬长》(李建文编著);《遵纪守法》(宋荐戈编著);《诚实守信》(李正心编著);《孝敬父母》(葛正明编著);《勤劳节俭》(朱珊编著),《仁民爱物》(夏辉映编著)。(王兰)

B000090　**中国人的道德前景**　茅于轼著。暨南大学出版社1996年版。25万字。19.50元。从对日常琐事的观察入手,剖析中国改革开放以来出现的是非模糊和道德迷茫的现象,探索什么是市场经济下的道德,它与我国传统的儒家道德有何异同、市场经济是否是一个道德沦丧的经济、应如何重建新道德等问题。作者对道德问题进行理性分析,用社会公认的简单逻辑来分析各种道德理论的矛盾性和统一性,指出每种主张隐含的意义及出发点,推广的程度与界限。并结合我国经济改革以来出现的各种社会道德现象展开理性分析,采用日常生活中有趣的素材和人们司空见惯的现象,说明大家共同认可和应该共同遵守的道德规则。(苏彩桃)

B000091　**市场经济条件下的道德建设概论**　田源、曲青山著。青海人民出版社1996年8月版。14.5万字。7.50元。从论述社会主义精神文明建设在社会主义现代化建设中的重要战略地位入手,论述道德建设在精神文明建设中的地位,在发展社会主义市场经济条件下道德建设面临的新形势、新任务以及加强道德建设的新思路和应当坚持的原则等。(齐宏亮)

B000092　**架起生活之河的虹桥**　副名:现代人的行为选择。穆怀中等著。辽宁人民出版社1996年10月版。15万字。12.00元。从"现代人的行为"的角度,探索和分析在市场经济大潮中,当代中国人尤其是青年应该塑造什么样的人格形象。作者从中国人现存行为的特点出发,以大量事例为证,找出其症结所在:不能把理性思维转化为理性行为。作者从8个方面阐述了解决这一问题的途径:要完善自己,就要有属于自己的人格行为,要勇于创新与变革,要善于驾驭现代信息;应充满自信,善于把握住人生的转折点,擅长社会交往,学会尊重他人,重视知识和技术。收入"青年人格再造"丛书。(曹宏)

B000093　**道德认识论引论**　廖小平著。湖南教育出版社1996年4月版。24万字。15.40元。分为上、中、下三编。上编分析探讨认识形式的划分,伦理、道德、认识之间的辩证关系,道德认识的思维特点,道德认识的发展过程及其认识的真理性等问题。中编主要论述中国传统哲学的道德认识论内涵及其本质。下编探讨了中西文化差异的认识论表现及中西文化—认识论的互补与融合。作者肯定了道德认识论在一般认识论中的重要地位,在一般认识论和道德哲学或伦理学的交叉点上,建立一门既以道德哲学或伦理学为依傍,又是哲学认识论的一种具体样式的新学科——道德认识论。(龙育群)

B000094　**经济人与道德人**　副名:市场经济与道德建设。李权时、章海山主编。人民出版社1996年版。28万字。15.50元。正文13章,另有代序和后记。主要探讨我国在进入现代社会市场经济过程中,新的社会经济环境与旧有的传统道德观念之间所发生的冲突、变化、解决办法以及如何建设新的伦理道德。对一些理论与现实问题进行思考,如:历史尺度与道德尺度,多源道德观念的整合与重建,职业道德,婚前性行为、离婚与再婚,代沟问题等。在一个更高更开阔的层面上,重新审视经济人与道德人、单面人与全面人。书中指出,无论是"漠视物欲"的道德人,还是"人为物役"的经济人,都只是一种单面人。在经济与道德这对立的两极之间,存在着一种合理的平衡关系和张力。应当寻求价值与真理的一致,将经济与道德两方协调起来,成为全面发展的人。(王粤)

B000095　**功利主义新论**　盛庆琜著。上海交通大学出版社1996年5月版。61万字。32.20元。分2篇17章。第一篇"一种综合的效用主义理论",主要对伦理学的历史研究和对伦理道德价值的量的研究。第二篇"一种效用主义的公平分配理论",侧重从效用主义观点论述社会公平分配问题。对古典效用主义即英国18世纪末、19世纪初资产阶级功利主义伦理思想家边沁的谋求最大多数人的最大幸福的功利主义和约翰·穆勒的最大幸福主义以及现代效用主义理论作较为系统详尽的分析和阐述。在此基础上,提出创建综合效用主义理论。作者还对其他责难效用主义理论的说法进行了反驳,并从当代资本主义发展,研究如何使公平分配与效用原则结合起来,作了探讨。(戴柏诚)

B000096　**中国传统道德丛书**　王玉德、姚伟钧主编。广西人民出版社1996年12月版。120万字。64.00元。第一辑包括《仁》、《义》、《礼》、《智》、《信》、《忠》、《孝》、《廉》八册。每册由三大部分组成。第一部分为综论,讲道德范畴的界定、内涵、思想源流,这个范畴与其他范畴、与中华文化、与人文修养的关系。第二部分，列出几十个至近百个具有代表性的、给人印象深刻的事例，分类按专题排列，由故事引发思想，述论结合，追古溯今，晓之以理。第三部分，结合当前的人文价值取向、社会风气，结合外国现代化的经验，阐发自己的见解，作出正确的导向。丛书既有大量事例的分类评议，又有该道德范畴的文化内涵、源流演变的研究，融普及与提高于一体。（马丕环）

B000097 **中国传统道德举要** 张锡勤著。黑龙江教育出版社 1996 年 5 月版。32 万字。16.00 元。作者指出，要了解中国传统道德的全貌，不仅要研究从孔夫子到孙中山伦理思想的发展演变，还应对中国传统道德的主要观念、范畴、规范、德目、道德教育和修养方法作逐项研究。这是一项必不可少的基础建设，本书所做的正是这项基础工作。（李彤）

B000098 **中国现代理想人性探求** 何锡章著。湖北人民出版社 1996 年 3 月版。23.4 万字。12.80元。着重从“生存与发展”、“客体与主体”、“群体与个体”、“经验与理性”、“静态与动态”、“封闭与开放”等方面探寻中国现代理想人性。分析了中国传统人性，意在寻觅中国现代理想人性，实现中国人的“现代化”。（余欣然）

B000099 **人与己** 马俊峰著。河北人民出版社 1996 年版。22.1 万字。14.00 元。“人生价值丛书”之一。针对人生观和价值观中极其重要的人与己的关系问题，用马克思主义价值论的观点进行分析。认为关于人与己关系的观念，是一个人、一个时代、一个民族的价值观念的核心和基础，从个人与个人、个人与群体、个人与人类的不同层面上审视人与己的关系，指出：要达到合理的人际关系，建立良好的社会道德秩序，其途径是从现实的经济、政治和文化条件出发，“寻找椭圆形轨道”，协调地发展人际关系和社会关系。只有开放自我，超越旧我，创造新我，破除小我，通达大我，才能使人在人际关系之网上找准自己的坐标，更好地实现自己的人生价值。（殷长存）

B000100 **人生价值丛书** 李德顺主编。河北人民出版社 1996 年版。189 万字。131.00 元。共 11 册，包括：《生与死》，《身与心》，《人与己》，《权与责》，《爱与恨》，《美与丑》，《善与恶》，《苦与乐》，《智与愚》，《情与理》，《命与力》。从最基本的方面论述人生价值问题，构成一个完整的人生价值观框架。全书分三个组合：《生与死》、《身与心》、《人与己》、《权与责》为一组，主要围绕主体自我观展开论述，回答创造人生价值“从哪里开始”的问题；《爱与恨》、《美与丑》、《善与恶》、《苦与乐》为一组，围绕人生理想和价值规范展开，回答“人和社会应是什么样子”的问题；《智与愚》、《情与理》、《命与力》为一组，围绕人生实践方式和实践难题展开，回答“应当如何去做”的问题。（殷长存）

B000101 **人生幸福论** 陈瑛主编。中国青年出版社 1996 年 5 月版。38 万字。25.40 元（平），31.40元（精）。分 4 编：从幸福观的历史考察，分别对西方理性主义幸福观、感性主义幸福观、功利主义幸福观及中国古代的幸福观进行分析和评价，启迪人们鉴古而知今；从对幸福的理解上，论述人与幸福，苦乐与幸福，幸福与主体，幸福与环境，真善美与幸福等问题，回答了什么是幸福；从幸福论与人生观的关系上，论述了幸福与事业，幸福与爱情、家庭，幸福与友谊，幸福与健康等问题，阐述幸福在人生观中的位置；从幸福实现的途径上，论述了幸福面对挑战与机遇、成功与挫折等问题，阐明在创造和奋斗中实现幸福的道路。提出了“幸福是人生价值得到肯定时的满足感”，主张要把实现人生价值作为生活之是否幸福的根本尺度。（王瑞）

B000102 **生与死** 张志伟、马丽著。河北人民出版社 1996 年版。17.4 万字。12.00 元。“人生价值丛书”之一。探讨人人不可回避的人生大事——生与死对人生的意义。把生与死看作一个问题的两个方面，提出“假如明天不再来临”的问题反观人生的意义，沿着“什么是人生——人可以自主地选择人生——什么是理想人生——怎样创造生命辉煌”的思路步步深入，指出人生是有限的，又是无限的；能够直面死亡，开放自我，克服虚无主义和个人主义的人生态度，就能以超越自我有限性的方式超越死亡，从而在不断自我完善中塑造理想的无限的人生。（殷长存）

B000103 **共产党人的人生观** 孙安华主编。陕西人民出版社 1996 年 12 月版。10 万字。6.00 元（平），12.00 元（精）。对广大干部、党员进行人生观、价值观、世界观教育的通俗读物。以世界观与人生观、人生信念、人生宗旨、人生价值、人生态度、荣辱观、公私观、道德观、纪律观、苦乐观、生死观等等有关人生观的理论线条为经；以“社会主义市场经济与共产主义理想”、“警惕拜金主义的侵蚀”、“追求高尚的道德境界”、“永葆积极进取的革命热情”、“发扬艰苦奋斗的优良传统”等 12 个现实话题为纬，从理论和实践的结合上，对一个共产党员应当树立什么样的人生观和怎样树立正确的人生观的问题，作系统

阐述。(陈是)

B000104 **权与贵** 冯小平著。河北人民出版社 1996 年 12 月版。17.9 万字。12.00 元。“人生价值丛书”之一。从“万物之灵”的位置、与生命同在、成长的家园、在人群中、两人的世界、自立的天地、面对生活等七个方面,对人的权利观与责任观进行分析和探讨,回答人们关心的什么是人的权利、责任,权与责有何关系,权与责的产生与变化,权与责的现实内容与特征,人们在日常生活中怎样把握权与责合理尺度等问题。指出了权与责既相依、相融又相对立、相排斥,权利是人能行使的权力和应享受的利益,责任是人应该做的事,它们反映着人们在社会生活中的所得与付出、享受与奉献。(赵锁学)

B000105 **身与心** 张小乔、魏金声著。河北人民出版社 1996 年版。17.4 万字。12.00 元。“人生价值丛书”之一。从身心关系这一侧面论述其对人生价值的意义。分为两部分,前半部分主要阐述身心关系,批评了“上帝说”、“灵魂论”等各种错误观点,说明只有辩证唯物主义的身心观才是科学的正确的身心观;后半部分主要针对人生不同阶段上身心关系的不同特点,论述怎样正确处理各个阶段的身心关系,以使身心都得到健康发展,从而更好地实现人生价值。(殷长存)

B000106 **苦与乐** 卫东海、李新会著。河北人民出版社 1996 年 12 月版。14.9 万字。11.00 元。“人生价值丛书”之一。主要内容有:痛苦:人生浓重的底色,苦乐年华的深沉解读,五位古人的苦乐生涯,山那边还有一片绿洲,调正心灵的尺度,把握住舵盘,到中流击水,敞开心灵的窗户,用信念驾驭命运之舟。从九个方面,对人生中的苦与乐进行辩证分析。指出:人生不是鲜花的礼赞,痛苦伴随人的一生;人生感受到的痛苦,包含了人的精神、人的主观认识成分;短暂的痛苦是人的奋斗历程中求乐链条上的一个环节,人生求乐网上的一个纽结;人的欢乐在于创造,即在追求更高目标的过程中创造美好的新生活,创造更高的人生价值。作者用生动活泼的文字和饱含启发性的语言揭示苦与乐这一人类生活最古老的精神体验。(赵锁学)

B000107 **命与力** 张军著。河北人民出版社 1996 年 12 月版。17.1 万字。12.00 元。“人生价值丛书”之一。作者站在理性的高度,分析命与力的关系。指出,人类只有依靠自身的力量,经过不断地努力,在不断地发现自我、认识自我和超越自我的同时,把握自己的命运。该书对青年人如何看待社会、如何看待人生、个人奋斗与机遇、如何选择正确的人生观、实现人生价值有指导意义。(贺秀红)

B000108 **美与丑** 黄凯峰著。河北人民出版社 1996 年 12 月版。19.2 万字。13.00 元。“人生价值丛书”之一。从人们日常生活的衣食住行、文化消费、大众传媒等 9 个方面讨论美与丑存在的形态,揭示出美并不仅指人生外貌的悦目,它更多的是对生命感性体认的肯定与赞美,它包括一切与人的力量有关的肯定性情感。美与丑作为一对价值范畴,美与丑的相对性客观存在。美中潜存着丑,丑中包含着美。人们崇尚美,追求美是人的天性。人们在追求美的同时对丑也须有一个新的视角。作者指出,探讨人类生活中的各种美丑问题,实质上是从美与丑两个侧面讨论了人生的意义,人生的价值,呼唤人们在追求人生种种美好的同时,识别和摒弃一切丑与恶,以便塑造更完美的人生。(赵锁学)

B000109 **爱与恨** 高岩、谭继东著。河北人民出版社 1996 年版。16.4 万字。11.00 元。“人生价值丛书”之一。探讨人生两种最强烈的感情——“爱与恨”问题。从大量实例的解析中,抽绎出对千姿百态、光怪陆离的“爱”、“恨”感情的认知和界说,并将对此问题的感悟与态度,以朴素的语言阐述。(李良元)

B000110 **情与理** 龙斌著。河北人民出版社 1996 年版。14.7 万字。11.00 元。“人生价值丛书”之一。把情与理作为人生实践中一对具有特殊意义的哲学范畴,用马克思主义唯物史观进行深层次的思考,提出处理情与理关系的总原则应是“重理近情”,在以古今中外大量的事例分析家庭、事业、义利关系、人际关系等方面的情理关系后,作者以独特的视角,概括出人生情理的三层境界:常情常理、合情合理、至情至理。指出只有不断超越自我,使理从“小理”、“私理”升华为“大理”、“公理”,达到以他人幸福、社会发展以至全人类自由解放为己任,才能使情与理顺通、谐调,从而达到至情至理的最高境界。(殷长存)

B000111 **智与愚** 徐飞著。河北人民出版社 1996 年 12 月版。15 万字。11.00 元。“人生价值丛书”之一。作者对智愚的界定作了论述,并从权利、诚信、规则、人际关系,个人与民族对智愚的应用等方面,阐述什么行为是智,什么行为是愚,以及评价智愚的标准。(贺秀红)

B000112 **善与恶** 孙美堂、黄凯锋著。河北人民出版社 1996 年版。17.1 万字。12.00 元。“人生价值丛书”之一。分 10 个章节,探讨一个古老而世俗化的价值观问题，即“善与恶”问题。以通俗化的语言和循序渐进的方法，解析“善恶观”之于自我、社会群体、文化环境间错综复杂的相互关系，由隐及显地昭示出“真善美”相统一的最为合情合理的人生终极目标。（李良元）

B000113 **《名人谈人生》丛书** 中国青少年研究中心等编。中国青年出版社 1992～1996 年版。50.2万字。7 册。37.17 元。对青年进行人生观教育的丛书。包括领袖人物谈人生和文艺界名人谈人生两大类。领袖人物谈人生已出版了《毛泽东谈人生》、《刘少奇谈人生》、《周恩来谈人生》3 种；文艺界名人谈人生已出版了《巴金谈人生》、《老舍谈人生》、《沈从文谈人生》和《梁实秋谈人生》4 种。领袖人物谈人生包括三部分内容：一部分是文章摘选；一部分是语录选抄；一部分是人物综述。文章摘选部分主要选入了毛泽东、刘少奇、周恩来著作中那些富于人生哲理，给青年以教诲和启迪的文字。摘选的文章，有的整篇选用，有的节录。文艺界名人谈人生只从作者著作中辑录有关人生课题的文字，包括人生的方方面面和对人生意义、目的和态度的根本见解。（吴书杰）

B000114 **家庭美德五字谣** 中共广东省委宣传部编。广东人民出版社 1996 年 8 月版。6 万字。5.60元。分为婚姻夫妻篇、亲子亲情篇、文明家风篇。在婚姻关系上，倡导婚姻要以爱情为基础、婚姻自主、婚事新办、优生优育，反对买卖婚姻、包办婚姻、早婚、近亲结婚和婚事大操大办、铺张浪费。在夫妻关系上，倡导双方人格、权利、义务的平等，以及建立互敬、互爱、互学、互勉、互助、互让、互谅、互慰的新型夫妻关系，反对封建的“三从四德”、“男尊女卑”等。（杨小虹）

B000115 **治家史鉴** 罗宏曾编著。天津人民出版社 1996 年 1 月版。28 万字。13.80 元。将古代的治家名篇、名言、警句、典故、家书等，作撷珍选粹。分 5 篇：家教人伦篇、齐家要略篇、婚姻爱情篇、家国亲朋篇、持家禁忌篇。12 章：夫妻、奉孝、教子、兄弟、正己、风范、勤俭、婚姻、爱情、保国、乐善、交友。各章阐述史鉴的时代背景、历史渊源、出处、引鉴、内容、人文世俗，引证了与此相关的名言、警句、事例，并剖析其思想精髓及独到之处。（杨连仲）

B000116 **与名人对话丛书** 林琛等编。江苏文艺出版社 1996 年 12 月版。13 万字。28.00 元。丛书分四辑：一、灵魂的港湾（论理想）；二、人生的真谛（论修养）；三、说朋道友（论交友）；四、读书苦乐（论读书）。所选内容均为古今中外名家所撰的质量上乘而且具有指导和教育意义的文章或片断，对培养青少年的崇高志向，提高人生修养，增强读书兴趣，指导如何交友等方面，均有启迪作用。（伍恒山）

B000117 **中国传统文化人格丛书** 李建中等著。长江文艺出版社 1996 年 11 月版。140 万字。111.00 元。丛书共 8 本，分别为：《忠烈人格》、《隐逸人格》、《贰臣人格》、《俳优人格》、《狂狷人格》、《游侠人格》、《宦竖人格》、《臣妾人格》。作者用生动活泼的文学语言，对中国传统文化中的以上 8 种人格进行分析，以此为社会转型时期人格的建立提供一种价值参考。（王虹）

B000118 **华夏传统文明与人生丛书** 乔力主编。广西师范大学出版社 1996 年 10 月版。140 万字。10 册。82.00 元。含《修身之道》、《立业之道》、《处世之道》、《为学之道》、《为师之道》、《治家之道》、《交友之道》、《为官之道》、《商贾之道》、《休暇之道》共 10 本。叙述均为生活治业之事。所称“之道”意为古代人的方式方法。书中引征大量的历史故事，以通俗的语言，配上插图，总结出一个方面的为人做事之道，用以说明怎样处世、怎样做人、怎样做官、怎样工作、怎样学习等。（桑时佳）

B000119 **中华美德图说** 郭嘉贤等著。河北人民出版社 1996 年 9 月版。10 万字。5.90 元。以画册形式表现中华民族在历史上形成的“勤学苦读”、“孝敬父母”、“尊敬师长”、“团结友爱”、“诚实守信”、“谦恭有礼”、“宽厚待人”、“勤劳节俭”、“修身健体”、“热爱祖国”等方面的行为规范。精选 30 个故事，每个故事配有插图和拼音文字，生动有趣。（贾志红）

美 学

B000120 **中国美学范畴与传统文化** 张皓著。湖北教育出版社 1996 年 11 月版。31.4 万字。16.60 元。以中国人文精神为主线，对我国传统美学的一系列范畴进行历时性的还原与文化解读，以原始感生观念、《易》象思维、元气动因于儒、道、骚、玄、禅、心学思潮中逐一追溯了“气”、“道”、“心”、“感”、“美”、“意”、“象”、“景”、“势”、“境”、“味”、“趣”、“韵”、“和”、“神”等 20 个美学范畴进行阐述。参比西方美学，融合现代阐释学、文化人类学、心理分析与系统方法，对每一范畴的多重美学内涵作共时性的揭示，展示其中蕴涵的文化乐感、美善品格、天人和谐理想与象征符号体系等民族特色及其对当今艺术实践乃至对社会人生的现实意义。系“中国传统文化

专题研究丛书"之一。(熊茵)

B000121 **现代美学原理** 王杰主编。广西师范大学出版社 1996 年 11 月版。27 万字。16.00 元。美学教材。把世界美学划分为三个历史发展阶段,每一阶段的阐述都反映中西方美学研究的基本特征,突破了传统美学体系单纯以西方美学的历史发展作为概括对象的片面性;作者把马克思主义美学的产生、发展及其影响作为美学发展的现代阶段来看待,突出了马克思主义美学的历史与现实地位。教材把美学定位在人文科学的范畴内,论证了它与自然科学和社会科学的关系;突破传统美学的哲学——美学的理论构架,站在比传统美学更为广阔的文化背景和多维视野上展开进行思考与研究;重视美学的人类学价值,即它对促进人类自身的全面发展以及人与自然、人与社会和谐平衡关系的建立所起的重要作用。(肖启明)

B000122 **审美人类学** 副名:环境与人的审美建造。汤龙发著。广西师范大学出版社 1996 年 1 月版。30 万字。12.00 元。分析审美建造过程中存在的深刻的矛盾,探讨人如何按照美的规律、避免丑的规律建造自身。指出,人总希望将自身建造得更美,但客观的环境条件对人的审美建造具有美与丑、进化与退化的两重性。人按照美的规律建造自身,又常常陷入丑的规律。(肖启明)

B000123 **中国美趣学** 张宏梁著。江苏教育出版社 1996 年 10 月版。32 万字。19.00 元。系统研究美趣的专著。其核心观点是把美趣作为美感中的一个专门部分来研究。主体部分着重阐述 15 种具有审美价值的趣:情趣、理趣、天趣、雅趣、妙趣、机趣、谐趣、傻趣、俚趣、童趣、奇趣、巧趣、谜趣、野趣、险趣;列出 4 种有趣的形式美:参差美、非对称美、曲线美、仪式美。(周方)

B000124 **东方审美文化研究(第一辑)** 周来祥主编。广西师范大学出版社 1996 年 6 月版。26 万字。15.00 元。以东方的审美文化(包括理论形态的美学思想,体现东方审美意识的文学、戏剧、影视、绘画、雕塑、音乐、舞蹈、建筑、园林、工艺等感性形态的美学创造,还包括富于审美因素的科学文明、宗教文化、道德伦理、环境文化以及物质生活文化等)为研究对象,分东方美学理论、东方艺术的审美特征和美学规律、东方著名美学家三个栏目,全面反映东方审美文化的总体风貌。(肖星明)

B000125 **审美艺术教育** 黄剑安编著。中国铁道出版社 1996 年 1 月版。20 万字。11.50 元。在审美实践的基础上,广泛吸取前人的审美经验,介绍如何从服装、插花、建筑、绘画、雕塑、盆景、音乐、舞蹈、戏剧、影视、诗歌、小说、园林、劳动以及人类自身领域中发现美、体会美、欣赏美和创造美。(武亚雯)

B000126 **当代西方美学新范畴辞典** 司有仑主编。中国人民大学出版社 1996 年 1 月版。64.4 万字。49.00 元。收集表现主义美学、存在主义美学、俄国形式主义美学、法兰克福学派美学、分析美学、接受美学、结构主义美学、解释学美学、精神分析美学、人本主义心理学美学、神学美学、实用主义美学、新批评派美学、新实证主义美学、新自然主义美学、形式主义美学、意志主义美学、自然主义美学等 22 个美学流派的 480 余个范畴。入选的美学流派皆为当代西方美学领域中业已成熟,并拥有学术界公认的代表人物及其代表作,有较严谨的理论体系和独具特色的理论观点的流派。(佘资)

B000127 **二十世纪西方美学主潮** 牛宏宝著。湖北人民出版社 1996 年 5 月版。46.4 万字。20.00元。通过对西方 20 世纪各主要学派的剖析、对相关艺术实践的总结,提出 20 世纪西方美学发展的基本规律:20 世纪美学是对 19 世纪美学的颠破与超越,主体的中心地位被客体所颠覆,但客体自身却不能成为中心,从而造成一种无中心的弥散状态,审美被审丑所取代。这个规律的得出是与作者的方法紧密相关的。在分析各派代表人物时,努力突破自身所常有的中国传统美学观点和 19 世纪美学理念,本真地进入 20 世纪美学的思维与个性,从而提出现代主义美学必将走向后现代主义美学的论断。(刘冠军)

B000128 **宗白华选集** 叶朗、彭锋选编。天津人民出版社 1996 年 12 月版。31.7 万字。27.80 元。宗白华是现当代中国著名美学家。他对中国美学、艺术乃至整个中国文化都有极其精到的论述。选集收作者从 1919 年的《说人生观》到 1979 年的《中国美学史重要问题的初步探索》等共 40 篇文章。其中有两篇《中国美学史专题研究:〈诗经〉和中国古代诗说简论(初稿)》和《中国美学思想专题研究笔记》是他的手稿。宗先生的美学始终以研究中国艺境为中心,他还主张中西文化的互补,主张能包容各种文化之优点的真正的世界文化,主张用比较的方法研究中西文化。本书选取的美学文章,是他审美人生的结晶。(杨乡桥)

心 理 学

B000129 **心理辅导** 副名:问题解决法。安东尼·杨著,樊建芳译。鹭江出版社 1996 年 6 月版。16.1 万字。15.00 元。本书是作者 20 多年来从事心理辅导工作的经验总结,通俗易懂,适于初涉心理辅导业者学习。它强调解决问题的策略,针对问题心理和行为采取有效的具体措施,自然而然地产生心理辅导效应;重在介绍心理辅导的基本原则和方法,以及实际操作的能力和技巧。将西方的有关理论和方法亚洲化,以解决亚洲人的心理问题。(熊波)

B000130 **释梦** [奥]弗洛伊德著,孙名之译。商务印书馆 1996 年 12 月版。52 万字。35.40 元。通过对梦的解析,揭示人类深藏底层的无意识,在人类思维发展史上具有转折性的意义,为精神分析学开辟一条道路,其影响深入到社会各个领域。分 7 章:一、有关梦的问题的科学文献;二、释梦的方法,一个梦例的分析;三、梦是欲望的满足;四、梦的化装;五、梦的材料与来源;六、梦的工作;七、梦过程的心理学。还附有对本书进行解释的"论梦"一文,以及文献目录和主题索引。(程秋珍)

B000131 **人生发展心理学** [美国]詹姆斯·O·卢格著,陈德民等译。学林出版社 1996 年版。80.9 万字。42.00 元。以人的一生的心理发展为主脉,综合历史、哲学、人类学、生物学、心理学和社会学等各门学科知识,剖析一个人从生到死的全部发展过程(其中包括胎儿期、婴儿期、儿童期、青春期、青年期、成年期、老年期),进而提出一种新的人生发展观,即人生发展就是自我生命的成长、保持以及自我的美化;自我的健康发展脱离了对他人的幸福的关心是不可能得到的。由死亡连接的生命的全部意义,只有在我们把生命看作比个人的存在更伟大,而且是超越个人的存在时,在我们以勇敢的态度接受它时,才会真正显示出来。本书的主要特色是,对人生心理发展中每一个阶段的特征加以详尽的描述、解释、预测,并有心理实验图表及调查研究的资料配合科学论证。在科学论证中引用、介绍了精神分析、行为主义和人本主义有关的基本概念、原理。附录有爱因斯坦与弗洛伊德的通信《为什么而战》,内容涉及为拯救人类生命,我们需要修正儿童抚育、教育方法和社会化过程,为持久的世界和平建造大厦等等。(徐智明)

B000132 **中小学生心理热线系列** 沈家鲜主编。新世纪出版社 1996 年 8 月版。36 万字。4 册。中学:6.20 元,小学:5.00 元。对青少年进行心理素质教育的科普读物。包括《小学生心理热线》中年级版,《小学生心理热线》高年级版;《中学生心理热线》初中版,《中学生心理热线》高中版。它以心理学知识为指导,通过故事、童话、对话、游戏、测试等形式,配以漫画插图,传授心理学知识;针对青少年在学校生活和社会适应方面会遇到的种种困难、挫折和冲突等一系列问题进行剖析,以帮助他们树立正确的意识、形成良好的人际关系,提高情绪的自我调控能力与环境的适应能力和积极的个性品质;并针对他们可能存在的认知障碍、情绪障碍、意志行为障碍、人格障碍及性心理障碍进行疏导。(刘国纯)

B000133 **心理平衡健身术(青年卷)** 广西人民出版社 1996 年 12 月版。21.3 万字。11.50 元。是作者自 1989 年以来从事综合医院心理咨询门诊工作的探索和总结。第一部分阐释青年时期的心理特点,指出心理平衡健身术的意义。第二部分通过指出错觉、神经过敏、青春期的性烦恼等认知方面的误区,引导青年朋友走出误区,达到认识上的心理平衡。第三部分是关于如何调整情绪,达到情感上的心理平衡的方法。第四部分指出意志是成才的动力,是成功的秘诀。第五部分是关于如何改善个性达到心理平稳的方法。(谭灿妮)

B000134 **问候心灵——青少年心理自我咨询** 刘国平编著。上海教育出版社 1996 年 8 月版。15.8万字。6.50 元。针对青少年常见的心理问题论述,主要有 8 个主题:记忆、注意、情绪、性格、意志、交往、能力、兴趣。对一些概念、观点的描述力求通俗易懂,并配大量插图。收录有近 60 份最具代表性且常为心理学专家所采用的心理测试题。(薛培华)

B000135 **老年心理咨询 200 问** 严伟年、张学仁主编。重庆出版社 1996 年 6 月版。14.1 万字。8.80元。根据老年人最需要解决的问题分成若干专题,以问答形式编写。共有 18 个专题,200 个问题。其目的在于为老年人提供咨询,帮助老年人调适自己的心理,科学地度过转折期。(余国枢)

B000136 **当代智力心理学丛书** 林崇德、沈德立主编。浙江人民出版社 1996 年 12 月版。209.9 万字。141.80 元(平),179.50 元(精)。从心理学角度对智力开发进行系统、全面、深入研究的丛书。共 8 册:《创造力心理学》(俞国良等),对创造力的概念、理论框架、创造力发展、心理机制、影响因素,以及创造力的训练培养等方面作全面探讨。《智力心理学的研究进展》(白学年著),系统揭示智力心理学研究的发展轨迹,尤其着力于智力心理学的前沿研究。《智力的培养》(林崇德、辛涛著),作者对中小学生心理能力或智力能力培养实验作系统总结,侧重于智力因素的培养,包括了大量的实验资料。《认知发展心理学》(陈英和著),从介绍皮亚杰和现代认知心理学的理论和实验开始,对儿童认知发生、发展的规律和特点作系统研究。《自我监控与智力》(董奇等著),认知过程的背后还存在着对认知过程本身的认知,即元认知。元认知的实质便是人的自我监控。作者在这方面的研究具有理论和实际运用价值。《计算机与智力心理学》(林众等著),本书是智力心理研究领域中的崭新课题,作者在这方面作了开拓性的工作。《智力研究的实验方法》(沃建中著),对大量的智力研究实验方法作系统梳理,总结经验,探索新的途径。《非智力因素及其培养》(阴国恩等著),非智力因素在开发智力和学校教育中所起的关键作用已引起人们的关注。本书系统地研究了非智力因素的培养途径。(周向潮)

宗　教

B000137　**传统樊篱的超越**　副名:现代人格取向与养成。刘翔平著。辽宁人民出版社 1996 年 10 月版。14 万字。8.50 元。以知识分子的现代适应性为切入点,试图索解现代人与传统人相区别的价值观及人格特点,寻找现代人的新的适应模式。作者确定了以他主取向与自主取向为核心的理解传统人与现代人的理论体系,并通过一系列的测验、调查来验证这一理论体系。此书所提出的自主与他主取向,可以成为我们理解现代人与传统人的一个参照系。收入"青年人格再造丛书"。(冯静)

B000138　**中国民间信仰**　乌丙安著。上海人民出版社 1996 年 1 月版。20.8 万字。25.00 元。系"中国文化史丛书"之一。全书集我国各民族万灵崇拜与万神崇拜之大成,分别论述中国民间对自然物、自然力的崇拜,对幻想物的崇拜,对附会以超自然力的人物的崇拜,对幻想的超自然力的崇拜等。(黄建章)

B000139　**佛学精华(上、中、下)**　方立天主编。北京出版社 1996 年 2 月版。130 万字。105.00 元。围绕佛教的戒定慧三学,选入佛学各宗派的代表作 60 余部(篇),内容极为丰富,是研究和了解佛教的读本。(龙杰)

B000140　**祖堂集**　南唐·释静、释筠编。岳麓书社 1996 年 6 月版。39 万字。19.50 元。凡 20 卷,编集者为五代南唐泉州招庆寺静、筠二禅师,是我国现存最早的一部禅宗史料总集。书中收集从形成禅宗渊源的过去大佛开始的印度、中国的各位祖师到南唐的 246 位佛祖的生缘始终,以及代表其各自家风的问答语句,故既是对禅门诸法师源流谱系的叙述,又是各禅师行状的实录。其中保存不少禅宗语录,尤其收录雪峰义存一系禅师的语录甚多,可以看成是禅宗南宗的史录。本书成书比《景德传灯录》早 50 多年,开后世灯录体著作之先河,极具史料性,对汉语白话发展史、禅宗史,乃至文化史的研究,都有重要的价值。(饶毅)

B000141　**菜根谭**　明·洪应明著,卢鹰注译。陕西人民出版社 1996 年 1 月版。10 万字。6.00 元。系"中国传统文化精品丛书"之一。佛教禅宗语录体著作,是禅宗对人生处事接物、修身养性、全品炼德的生存经验的高度总结:行善、远恶,抑欲、畅性,亲贤、远佞,崇尚自然,注重个人修养,恬淡世事,宁静致远等。该书为明人所著,这次校勘整理、注释译解时删减了一些内容不甚健康或消极避世、悲观厌世的条目。(吴秉辉)

B000142　**杜钧教史**　杜钧·益西多吉著。四川民族出版社 1996 年 11 月版。49.8 万字。19.50 元。该书完成于 1962 年,是一部藏传佛教前译密乘派的发展史。作者系现代著名的密宗大师历史学家。书的前半部分叙述佛教创始人释迦牟尼的身世以及佛教在古印度的产生和发展过程。作者用较多篇幅阐述佛教密乘的源起、演变。后半部分结合整个藏传佛教的发展,描述了前译密乘派的教义和传承。对 100 多位著名的密宗传承大师均作了生平考证,有极高的研究价值。(扎西)

B000143　**噶妥寺志**　江阳吉泽著。四川民族出版社 1996 年 1 月版。16.4 万字。7.90 元。噶妥寺在四川甘孜州白玉县境内,属藏传佛教宁玛派。始建于 12 世纪中叶,是帕莫竹巴之第噶·当巴德协倡建的寺院。至今已有(1159—1999)840 年之久,是康区最早的一座寺院。该书讲述噶妥寺的创建和发展,历代寺主的传承及功德,介绍 100 多位高僧大德的生平事迹,以及噶妥寺庙的布局、建筑风格和地理环境,还有当地的佛教圣地、旅游景点。(白玛次成)

B000144　**拈花微笑——藏传佛教哲学境界**　班班多杰著。青海人民出版社 1996 年 9 月版。23 万字。13.50 元。以宗教学、文化学、哲学的广阔视野,阐释、译述藏传佛教诸宗派的教义思想的基本内容、不同特点、体系建构、理论来源、思潮转向等。特点是用西方现代哲学的存在主义与理性主义的范畴注释藏传佛教史上的"他空唯识中观见"与"自空中观见"两大思潮的基本内涵。指出"他空见"蕴涵着存在主义的哲学意味，并体现着"无"的境界取向；"自空见"包含着理性主义的思想底蕴，它表现着"有"的境界取向。并用"有""无"之互动乃至融合的哲学命题来概括藏传佛教思想发展的历史轨迹，总结了藏传佛教哲学的最高境界。（孟维）

B000145 **文化传播与教会大学** 章开沅主编。湖北教育出版社1996年10月版。33.9万字。21.00元。关于基督教与中国文化方面的论文集。作者均系海内外研究这一课题的专家，文章从不同的角度和层面论述基督教与中国文化的关系和互相影响，以及教会大学在中国的地位和历史变化。（熊茵）

B000146 **日本近现代佛教史** 杨曾文主编。浙江人民出版社1996年3月版。36.6万字。30.00元。分8部分：一、绪论。概要介绍日本民族佛教的发展历程，影响到近代以后的重要制度，日本佛教在近现代面临的重大课题等。二、明治维新与佛教。明治维新过程中发生"废佛毁释"的排佛风潮，佛教原有的准国教地位的丧失以及它为适应新的资本主义的社会环境所进行的变革，佛教界的文化思想动向。三、大正、昭和前期的佛教。叙述大正、昭和前期的社会与佛教概况，佛教的政治文化动向。四、战后佛教的重建和发展。介绍战后的日本社会和宗教概况，佛教教团的重建和各宗派适应现代社会的传教活动。五、新兴佛教宗派的兴起。叙述战后新兴宗教的崛起和传播，新兴宗教的教义及活动特色，佛教系主要新兴宗派。六、当代佛教与政治、文化。叙述了佛教界参与的和平民主运动，佛教与政治、文化的关系。七、日本的佛教研究。介绍在世界人文科学界享有盛誉的日本佛教研究的概况。八、日本佛教在国外。阐述日本佛教各派从战前以来在亚洲和南北美洲传教的情况。

B000147 **十世班禅转世灵童寻访、认定、坐床写真** 西藏人民出版社编。西藏人民出版社1996年3月版。15万字。13.60元。十世班禅转世灵童认定功德圆满。本书以新闻报道为资料，详细展示这一世界焦点——藏传佛教的盛况。分3部分：一、十世班禅圆寂；二、寻访十世班禅转世灵童；三、释迦牟尼佛像前的金瓶掣签；四、十世班禅坐床大典。并有附录和图片若干。（总编室）

B000148 **成佛之路** 副名：藏传佛教大师生涯。周炜著。青海人民出版社1996年1月版。20万字。14.70元。以传记的形式，描述赤松德赞、莲花生大师、玛尔巴、米拉日巴、萨迦班智达、八思巴、宗喀巴、攘迥多吉、五世达赖、六世达赖、六世班禅、章嘉活佛、十三世达赖喇嘛等十三位人物的生平，通过这些宗教人物的活动，将佛教传入吐蕃以后的生存、发展、壮大过程作细致的描述，对西藏社会的政治斗争、宗教派别、密宗成就、哲学思想、民间传说、社会形态等也作了介绍。（班果）

B000149 **唐高僧义净生平及其著作论考** 王邦维著。重庆出版社1996年12月版。16.3万字。15.00元。广泛参证古代佛教和非佛教的典籍及近现代域内外的研究著作，以详尽的史料考述唐高僧义净的籍贯、生平事迹（主要是西行求法和两京译经），确立义净在唐代中外文化交流中的地位；尤用力于依据《南海寄归内法传》等书，探讨佛教史中诸如部派等关键问题。并从社会史角度描写古代印度佛教寺院的组织结构、经济活动、宗教生活、教育制度等。全书分为：第一章，义净生平考述；第二章，义净籍贯考辨；第三章，《南海寄归内法传》研究之一；第四章，《南海寄归内法传》研究之二；第五章，题敦煌本《南海寄归内法传》(P20001)；第六章，《南海寄归内法传》佚文辑考；第七章，论《大唐西域求法高僧传》。书末附录一，《开元释教录》卷九《义净传》；附录二，《贞元新定释教目录》卷十三《义净传》；附录三，《宋高僧传》卷一《唐京兆大荐福寺义净传》。（余国枢）

B000150 **智𫖮评传** 潘桂明著。南京大学出版社1996年2月版。41.8万字。31.50元。"中国思想家评传丛书"之一。共11章，主要分为智𫖮生平及著述，智𫖮的佛学思想体系及智𫖮在佛学思想史上的地位三大部分。智𫖮是陈隋之际的佛学高僧，也是中国哲学史上的伟大哲学家，他开创了天台佛学，是我国天台佛学的创始者，以一心三观、圆融三谛、一念三千、性具实相、性具善恶为主要内容的止观学说体系以及判教原则是智𫖮佛学思想的核心。作者在占有大量原始资料的前提下，以严密的逻辑、流畅的文笔将枯燥的佛学理论表现得生动活泼，恰如其分地评价了智𫖮在中国佛学史上的功绩与地位。

B000151 **道学精华（上、中、下）** 汤一介主编。北京出版社1996年2月版。130万字。105.00元。道学是中国传统文化的重要构成因素，代表着中国文化的深层结构，反映着我国民众的共同心理及价值认同。本书精选道学发展过程中具有代表性的著作28种,从中既可见道家文化探讨宇宙万物的起源及其本性的特质,又可认识道教致力于对“道”的体会与实践。(龙杰)

B000152　**道家文化研究**　陈鼓应主编。上海古籍出版社1992年7月至1996年8月版。300万字。10册。研究道家和道教文化的综合性学术辑刊。荟萃海内外从事道家、道教文化研究的著名学者,其中有张岱年、任继愈、王明、蔡尚思、熊伟、潘雨廷、卿希泰、宋伯崑、李学勤、裘锡圭等,以及香港的饶宗颐、台湾地区的庄万寿、王叔岷等,美国的格拉姆·帕克斯,澳大利亚的柳存仁,日本的金谷治等。论文内容包括道家人物、著作、学派和道教流派、仪式、影响等研究,其中第三辑“马王堆帛书专号”、第七辑“道教研究专号”、第九辑“道家与道教学术研讨会论文专号”论题尤为集中,并首次公布珍贵的帛书文献,引起海内外学术界的广泛注目。(高克勤)

B000153　**伊斯兰教创始人**　副名:天方至圣穆罕默德。清·刘智等著。黑龙江人民出版社1996年2月版。25万字。18.00元。根据我国清初著名伊斯兰学者刘智所著,记述伊斯兰教创始人穆罕默德的编年体传记《天方至圣实录》编译而成。全书20卷,内容主要是以年谱体例撰写的穆罕默德传记,包括其生平事迹、经传所载的奇迹,以及仪容、德行、学问等。每一章节都依其年岁,按顺序排列,记述穆罕默德主持正义、公正廉明、爱人如己、慷慨好施的一生,以及他集哲学家、雄辩家、传道者、立法者和勇士于一身,建立一个统一的阿拉伯帝国和具有统一信仰的精神王国的事迹。(徐冲)

B000154　**基督教教育与中国社会变迁**　黄新宪著。福建教育出版社1996年7月版。25.4万字。20.00元。通过大量具体史实的考察,揭示从唐代到新中国建立初期基督教教育与中国社会变迁的内在关系,肯定其对社会变迁积极的一面,否定其消极的成分。共8章,前7章分别论述唐元、明清、晚清及民国时期基督教教育(包括宗教社教化、宣教事业及学校教育)与中国社会变迁(包括政治、教育、文化、科技、学术乃至出版等方面的变迁)的关系。在影响社会变迁的同时,基督教教育自身也处在变迁之中。最后论述了20世纪中叶中国社会变迁对基督教教育的影响。本书为“基督教教育与中国社会”丛书第三辑。(陈天正)

C　社会科学总论

C000001　**小小丛书(第二辑)**　韵笙等编。辽宁人民出版社1996年7月版。24万字。30.00元。包括《小小哲理诗》、《小小智慧世界》、《小小陷阱——500英语常见错误》、《小小校园幽默(续编)》4种。《小小哲理诗》是一种古诗选本。编者从浩如烟海的中国古诗中遴选300首意味深长、理趣盎然的绝句,扼要地作注释和解读。《小小智慧世界》,收入古今运用智慧的故事数百则。有足智多谋的政治家,纵横捭阖的外交家,运筹帷幄的军事家,精明强干的实业家,殚精竭虑的科学家,睿智的哲人,敏捷的文士,还有超群的神童等。《小小陷阱——500英语常见错误》,搜集英语学习中经常出现的各种错误,包括容易忽略的问题,不好掌握的难点和容易模糊的细节。内容涉及语言、词汇、语法诸方面,切合学生实用。《小小校园幽默(续编)》,收录幽默小品,文字简洁、生动。(王松)

C000002　**开卷有益丛书**　依空等著。中国青年出版社1996年版。文化消遣类丛书。共7册,分别为读解中国古代高僧大德的嘉言懿行,启发现代人心灵智慧的《顿悟的人生》(依空著)。汇编中国古代诗歌宝库中各式各样形式的诗词歌赋的《诗趣趣诗——奇妙的中国诗林之旅》(林戈编著)。台湾散文家到中国大陆来探亲访友,抒发对故乡、故人情感的文化旅游散文《丹心人》(方杞著)。被称为东洋圣人的日本现代著名学者及实业家涩泽荣一所写的被称作东洋圣经的《论语与算盘》一书(涩泽荣一著,王中江译)。现代世界著名政治家、前英国首相邱吉尔的演说集《为未竟的事业奋战到底——邱吉尔演说精选》(绍民等译)。旅日青年学者对日本文化、日本人进行细致观察研究的散文随笔集《发现日本虫》(毛丹青著)。中国现代作家、学者关于中国古代文明,特别是古代文物方面欣赏、玩味的有关古董方面的散文集

《古董因缘》(姜德明、谭宗远、姚敏苏编)。(潘学)

C000003 **中华传世精品珍藏文库** 西汉·司马辽等著。中州古籍出版社 1996 年 10 月版。2 250 万字。700.00 元。古代文史类丛书,共 8 种 13 册,分别为《史记》、《汉书》、《三国志》、《后汉书》、《资治通鉴》(上下册)、《全唐诗》(上中下册)、《全宋词》(上下册)、《全元曲》。丛书版本优良,印制精美。其中《全唐诗》为清人彭定求等编,收入唐代诗人 220 余位,作品近万首;《全宋词》由近人唐圭璋编,收入宋代词作者 1 330 人,作品近 2 000 首;《全元曲》为张月中、王刚主编,收入元代杂剧 100 多种,8 个戏文,240 多位作者的散曲。(孙宝瑞)

C000004 **中华典籍与传统文化** 周少川著。广西师范大学出版社 1996 年 9 月版。24.3 万字。13.00 元。从探讨和分析典籍入手研究中国传统文化的最新成果。在书史学、文献学的基础上,从文化学的视角研究典籍。分上、下两篇,上篇紧密结合古代学术文化传统的特点和社会历史背景,论述中华典籍的起源及各类典籍的不断繁富,展示文化珍品。下篇深入探讨中华典籍在流传过程中,惜书保藏、传承流布的历史及其丰富的文化内涵,总结目录校勘的宝贵经验和学术意义。(宾长初)

C000005 **为中国声辩** 何新著。山东友谊出版社 1996 年 10 月版。44 万字。29.80 元。收录作者写的若干研究报告、政论文、与外国记者的谈话录、讨论经济和国际问题的信件,以及应海外报刊约稿撰写的经济问题评论等。书中对中国的政治经济形势和改革对策、国际局势和中国的道路选择等进行严肃的思考和认真的研究,提出许多独到的见解。(何新)

C000006 **当代文坛大家文库(5 种)** 巴金等著。上海文艺出版社 1996 年 4 月版。300 万字。(总)229.90 元。共推出 5 种:即《巴金七十年文选》,《冰心七十年文选》,《夏衍七十年文选》,《施蛰存七十年文选》,《柯灵七十年文选》。五位与 20 世纪同行的文坛大家历尽人间哀乐,他们的生命档案折射着中国的历史变迁。文选以 70 年为年限,记录一个作家漫长的生活道路,反映祖国曲折多变的气运,其影响超出文学范畴。选本收入五位大家的名篇佳作,包括随感录、散文、杂文、自述、序跋、演讲、书信等,书前有作者的序言。"文选"有新发掘的未收集的文章,巴老书中杂文部分的绝大多数是首次结集。夏衍和施蛰存的书信是新收集的。"文选"还附有作者各个时期的照片,十分珍贵。(郑宗培)

C000007 **张岱年全集** 张岱年著。河北人民出版社 1996 年 12 月版。376 万字。240.00 元。共 8 卷。第一卷为 30 年代至 40 年代所写论文杂著。第二、三、四卷为专著,如《中国哲学大纲》、《中国唯物主义思想简史》、《中国伦理思想研究》、《张载——十一世纪中国唯物主义哲学家》等。第五、六、七卷为 50 年代至 1995 年所写论文。第八卷为序、跋、读书札记、回忆文章等。作者为我国著名哲学家、哲学史家。本书集著者 60 多年的研究成果。他推崇唯物论,阐述辩证法,观点精湛,思想深邃,文字缜密。30 年代即著文,肯定辩证唯物论是当代最伟大的哲学,同时提出应该继承、发扬中国固有的唯物论与辩证法思想的优良传统,将辩证唯物论与逻辑分析方法及中国哲学关于人生理想的优良传统结合起来。强调必须运用唯物辩证法来考察文化问题,坚决反对全盘西化论,反对文化保守主义,主张综合中西文化之长以创造新的中国文化,提出了"综合创新论"的思想。称中国文化的基本精神为"中华精神",是中国文化优秀传统的核心。(牛素琴)

C000008 **牧斋有学集** 清·钱谦益著,钱曾笺注;钱仲联标校。上海古籍出版社 1996 年 9 月版。95.6 万字。85.20 元。钱谦益是清初最著名的诗文作家,由于政治上的原因,于乾隆中期遭到禁锢,其作品不传于世达 200 年之久。但民间尚有冒禁收藏者,于清末在朝廷禁令所难及的上海租界,以"邃汉斋"名称铅印钱氏全部诗文,但当时校勘疏略,误植缺漏甚多。本书为钱氏全集《牧斋初学集》、《牧斋有学集》和《牧斋杂著》三部之一种。其内容有抒发山河迁改之悲、身世荣誉之感;他晚年暗通残明政权,参与抗清活动,因此保存有许多可贵的史料。书中反映朱氏在经、史、文、哲等方面的见解和造诣。钱仲联寝馈明清诗文垂 70 年,校点钱氏全集历时 20 余载。堪称精编细校之作。(田松青)

C000009 **屈大均全集** 欧初、王贵忱主编。人民文学出版社 1996 年 12 月版。470 万字。488.00 元。屈大均(1630~1696),广东番禺人,初名绍龙,字翁山,又名介子等。屈氏自幼敏学强记,少有诗名。因他生当明清鼎革之际,社会的动荡和激烈的民族矛盾,使他产生了强烈的捐躯报国之志,他早年从其师陈邦彦反清复明,不久兵败,陈邦彦殉节死,屈大均亦出家为僧。12 年后蓄发还俗,但终生不仕清,专心著书立说。屈大均是位才华横溢的文学家,他为文崇尚唐宋,以清辞华赡而著名,序、记、志、传、甚至书札,无不文质纷华,随意著笔皆成佳作。他的《皇明四朝成仁录》、《广东新语》等,具有独到的史料价值。但数百年间,由于清朝廷的文字狱,屈大均的著作屡遭禁毁。直至1983年,国务院古籍整理规划小组正式将《屈大均全集》列为三项重点项目之一。经过10余年的整理出版,使这位文学巨人在湮没300年后,重新为世人所认识。全书收入近10个专集,200余卷。(绛云)

C000010　**通过知识获得解放**　[英]卡尔·波普尔著,范景中等译。中国美术学院出版社1996年10月版。33.5万字。29.50元。作者系当代科学哲学的奠基者,他的哲学思想早为我国学者所熟知。他既是科学家又是艺术家,他把科学的思想用于艺术研究,又在艺术实践中得到科学探索的启示。本书大致分三大部分,第一部分论述知识的增长,第二部分论述文化冲突在历史上的作用,第三部分论述的是与前两个方面密切相关的艺术问题,特别是批评在艺术创作和艺术评论中的作用。作者还讨论了文风问题,特别强调风格的明晰性、简洁性,反对浮夸和晦涩。该书系中国美术出版社"学院丛书"之一。(尹东平)

C000011　**程千帆选集**　莫砺锋编。辽宁古籍出版社1996年6月版。126万字。上、下册。135.00元。程千帆是国内外著名学者,在校雠学、史学、文学史、文学理论,特别是诗学方面有很深的造诣。收入本选集的著作包括史学、文学理论、文学史、诗学、诗集等方面,并有附编一种。其中:《史通笺记》是对我国史学经典著作《史通》的研究专著;《文论十笺》表述了作者对古代文论中蕴含的文学思想的深刻思考;《唐代进士行卷与文学》是对文学史上一个重要现象的专题的专题研究,具有重要的方法论意义;《古诗考索》与《被开拓的诗世界》则分别体现了程千帆在诗学研究方面的成就及在杜诗研究领域中的独到见解;《闲堂诗存》表现了作为诗人的作者在诗学研究中造诣颇深的内在因素;附编由3部分组成:一、程千帆对自己治学经历的简述;二、程千帆著作简目;三、关于程千帆著作的评论。(谢丹)

C000012　**傅斯年**　岳玉玺等著。天津人民出版社1996年2月版。31万字。26.00元。精选傅斯年的31篇文章(其中3篇系节录),内容分为思想文化、历史研究、政治评论、教育探讨四类。文章发表的时间上起1918年,下迄1950年,反映了他的思想发展轨迹和主要学术成就。其中,《文学革新申义》是他对新文化运动中新文学发展的论说;《性命古训辨证》反映了他的哲学史观点;《历史语言研究所工作之旨趣》则对历史史料的整理、科学的研究方法等,作精到的概括;《社会革命——俄国式的革命》,对社会革命的方法作了分析;《教育崩溃之原因》,则涉及到国民党政权的种种弊端对教育造成的恶果。由于傅氏一直把救国救民的希望寄托在国民党政权上,对共产党持有异议,所以建国后的40年内他的论著几乎没有在大陆出版。本书此次的出版,对于进一步认识傅斯年其人,深入了解他所处的时代,都是不无裨益的。(陈益民)

C000013　**蔡元培全集·第一卷**　中国蔡元培研究会编。浙江教育出版社1996年12月版。45万字。22.00元。蔡元培先生是我国近代著名革命家、教育家和思想家。该书时值纪念蔡先生诞辰130周年之际而出版。全集收录蔡元培一生的全部著述,它以内容分类,以时间为序,分论著和译著(包括教育学、哲学、美学、伦理学等)、书信、日记、诗歌、题联、序跋、批语、演说及以他的名义发表的重要公文、法规等。其中有许多有关专家学者搜集、寻访、考订蔡先生著述时发现的许多佚文佚稿,包括蔡先生写于晚清时期的《德车结旌》、《"陶公床"记》;有附于"书信卷"后的毛泽东、徐特立、何香凝等人给蔡先生的信;有蔡元培亲属提供蔡元培故居照片,蔡元培手稿抄录的蔡元培日记等这些首次载于全集的弥足珍贵的历史资料。全集的第一卷,收录蔡元培1883～1910年间的著述(函电、日记、编译等文除外)和蔡元培参加各级科举考试的诗文,希望民族平等以启民智的自白文章等,共139篇。

C000014　**马相伯集**　朱维铮主编。复旦大学出版社1996年12月版。112.7万字。60.00元。马相伯(1840～1939)是在教育、宗教、政治等领域卓有贡献和重要影响的人物。本书是有关马相伯一生的论著、译述、公牍、演说和书信等作品的结集。书中的正编,首先是编年文录,按晚清、辛亥革命至北伐战争、1927年后至作者逝世前这三个时期分卷;其次是《致知浅说》和《灵心小史》两种著译;再次是《国难言论集》和《一日一谈》两种文集。书中的后论,由编者分别就马相伯的政治历程与活动、宗教生涯及其心迹、教育思想与实践作深入论述。(吴仁杰)

C000015　**中国大学人文启思录(一)**　本书编委会编。华中理工大学出版社1996年10月版。33万字。15.80元。收录北京大学、清华大学、复旦大学、华中理工大学等数十所国内著名大学提供的精彩人文讲座讲演稿共90篇,依其内容,分为"大学与人才"、"中国与世界"、"传统与现代"、"文化与思潮”、“文学与艺术”、“哲学与科学”、“经济与社会”、“人才与素质”等栏目。讲演者有享誉海内外的著名学者,如钱学森、杨振宁、季羡林、任继愈、田长霖、章开沅、成中英、杨叔子、杨福家等。(钱坤)

C000016 **中国现代学术精典** 刘梦溪主编。河北教育出版社 1996 年 12 月版。3 000 万字。共 35 卷。共 1 466.00 元。收有严复、康有为、梁启超、章太炎、蔡元培、王国维、鲁迅、郭沫若等 40 多位著名学者的代表著作。内容涉及哲学、历史、宗教、文化、科学、教育学、人类学、社会学、文学、语言学、考古学等诸多学科领域。在编纂上以著者为卷,视所收论著篇幅之多寡,或分卷或合卷,合卷并考虑到入选者的学科性质和师承关系;所收论著以典范性和代表性为基准;入选著作以专著为主,同时酌量选入一些论文;整理时改竖排为横排,改繁体字为简体字,并一律加新式标点;每卷之前有学人小传,卷末附有学术年表和著述要目。

C000017 **文化论** 张岱年著。河北教育出版社 1996 年 5 月版。33 万字。16.60 元。系“当代学者自选集”之一,汇辑 70 余篇论文,主要论及文化问题与哲学思想。全书分 3 部分:1.作者从 30 年代初开始,即对文化问题表现出浓厚兴趣,当时写有论著认为,文化问题应综合中西文化之长而创造新的中国文化,并提出“文化创造主义”,意在强调创新。作者现把这一观点归纳为“综合创新论”。书中《中国文化发展的道路》、《文化的综合与创新》、《文化发展的辩证法》即有专门论述。2.著者认为哲学思想是文化的核心。中国古典哲学有一些精旨睿智即符合客观实际的相对真理,今天仍应加以阐发弘扬;其中的明显的缺陷,则应参照西方哲学加以改进;更应发挥创造性的思想,尝试提出新的观点。如《〈周易〉经传的历史地位》、《孔子思想之精髓》、《论老子在哲学史上的地位》等文章,均有阐述。3.作者写的“文史漫笔”,以及有关社会生活的短论,亦收入书中。

C000018 **弘一大师文集** 李叔同著,萧风编注。内蒙古人民出版社 1996 年版。102 万字。67.20 元。分 4 卷:书信卷(一、二),讲演卷、文学·佛学作品卷。作品全面反映才气横溢的艺术教育家、一代高僧的李叔同,在诸多领域对中华灿烂文化艺术及弘扬佛法方面做出的贡献,也反映了弘一大师充满传奇色彩的人生。(曹立)

C000019 **李敖文集(第一辑、第二辑)** [台湾]李敖著。时代文艺出版社 1996 年 6 月版。230 万字。130.00 元。为台湾作家李敖授权并亲自编选的本人撰写并发表过的作品精选文本。《文集》第一辑为《中国性研究与命研究》、《冷眼看台湾》、《国民党研究》、《民进党研究》;第二辑为《传统下的独白》、《求是今说》、《世论新语》、《书信集》。作者在自序中说:“李敖是五十年来五百年内中国人写白话文的前三名包办者,不但白话文写得出神入化,在内容上也一应俱全。举凡思想、历史、自传、人物、小说、杂文、随笔、评论、札记、语录、书信、谈话、演说、乃至诗歌等等,都自成一家,并且是大家。因为李敖的白话文如此篇篇精采,所以要精选,自然就‘选之难,倍于作’了。”《文集》以其全景式的选目,将这位集作家、史学家、思想家于一身的台湾名人的作品给予了多维的展示。(刘德来)

C000020 **周作人书话** 姜德明主编,黄乔生选编。北京出版社 1996 年 9 月版。35 万字。16.00 元。收集周作人从 20 年代至 60 年代的各类书话作品 100 余篇及部分书信、日记、诗歌等。共分 6 辑,内容涉及中国文学、外国文学、性文学、妇女观及各类杂学等。(龙杰)

C000021 **郑振铎书话** 姜德明主编,郑尔康选编。北京出版社 1996 年 10 月版。35 万字。16.00 元。第一辑是“读书随笔”,收作者早期在《小说月报》刊发的一些笔记;第二辑“关于古版小说”,是作者有关中国古代小说的真知灼见;第三辑“书林杂记”,有作者著名的《求书目录》、《蛰居散记》以及在《人民日报》上发表的《漫步书林》等;第四辑收作者诸篇精彩的“序·跋”;第五辑“西谛题跋”和第六辑“劫中得书记”是作者收集整理大量珍贵古籍所作的记录。(龙杰)

C000022 **学苑英华丛书(第一辑)(4 种)** 李亦园等著。上海文艺出版社 1996 年 7~8 月版。110 万字。85.00 元。此辑丛书有 4 种:《人类的视野》,李亦园著;《澄心论萃》,饶宗颐著;《文化卮言》,金克木著;《蓟门散思》,庞朴著。丛书荟萃海内外健在的华人著名学者一生研究成果中的华彩乐段,分则独立成章,合则一气呵成,使学术著作拥有更多的读者。李亦园是台湾学者,《人类的视野》是他 40 多年学术研究成果精华的浓缩,内容包括人类学、中国人学、文化学、文化中国学、家庭学、宗教学、神话学、华侨学、民族学等方面。作者注重实证的社会行为科学研究方法,发掘人的文化内涵;同时注意以现代人、现代社会的实例为考察对象。饶宗颐是香港学者,文史哲无所不通,特别精通佛学,懂数国语言,是书法、绘画、音乐史专家,他自己的绘画、书法自成一家。《澄心论萃》是他长期在文学、史学、佛学、书画等领域研究成果精华的展示。他指出,“以论代史”之偏颇,论带动不了史,更代替不了史,强调史料的史学价值。《文化卮言》是我国当代著名学者金克木60年来研究成果精华的汇集,内容广涉历史、文学、美学、文化等领域。他每有立论,都建立在丰厚知识的基础上,发人之所未发。《蓟门散思》是庞朴30多年来在历史学、哲学、文化学等方面研究成果的结晶。他提出的对世界的认识要“一分为三”以及对忧乐圆融的中国人文精神的论述等,都是具有突破性的研究成果。(高国平)

C000023 **思与文** 张申府著。河北教育出版社1996年5月版。25.3万字。13.10元。系“当代学者自选集”之一。汇辑作者的学术论文40余篇。主要有4个方面:1.关于逻辑与辩证法,强调二者的相需互补。认为“逻辑与辩证法,非特相需以为用,也相资以补正”。他对英国罗素的逻辑分析方法与马克思主义的唯物辩证法都有所阐释,而强调两者的相反相成。2.认为现代哲学的主潮是辩证唯物论与逻辑实证论,对于维也纳派主唱的逻辑实证论有所赞扬。书中强调唯物论的正确性,提出自己的哲学的基本观点及其治学方法,希望将中国的优秀传统与西方近代分析哲学与辩证唯物主义哲学融会贯通,综合起来。3.关于中西文化的异同,指出其各自的弊端与长处。4.关于理性与民主,阐发民主问题,强调“理性是民主的精神”,特别强调理性的重要。肯定理性是民主的精神,是科学的根基,揭示科学与民主的核心是理性。书稿写于抗日战争时期,经过整理、出版后,其内容的思想特色能为读者所看重。

C000024 **湘绮楼诗文集** 王闿运著。岳麓书社1996年9月版。175万字。118.00元。王闿运,字壬秋,湖南湘潭人,尝自题所居曰“湘绮”,学者称湘绮先生,其诗文集亦以此名。王闿运是近代著名的学者和文学家,其诗自成家数,在晚清诗坛独树一帜,被称为“湖湘派”;其文力纠“同光体”之弊,于魏晋文风深有所契,且其文才还表现在史学著作上。原版《湘绮楼诗文集》民国初年面世后,便没有再版过。此次刊行,搜集其文学、史学方面的重要著作加以校勘、辑佚、整理。全书共4册,第一册为诗20卷,第二册为文9卷,第三册收词、联语及论诗专著《说诗》,第四册收笺启、王志、湘军志。本书是研究王闿运和中国近代史的重要著作。(饶毅)

C000025 **英汉法律政治经济词汇** 陈公绰主编。中国对外翻译出版公司1996年增订版。50.00元。外语专业工具书。内容包括法律、政治、外交、经济、贸易、金融、社会、军事、教育等方面的词汇,国际会议用语和国际组织的行政财务用语,而以法律词汇为主。全书收词4万余条,除英文词汇外,也收入在英文文件书刊中常出现的法文、德文、西班牙文、意大利文等词汇,收入大量的拉丁文词汇和拉丁文法律谚语。增订新版是在1985年第二版的基础上根据近12年来翻译工作中积累的词汇增补编纂而成。

C000026 **数论方法在统计中的应用** 副名:纯粹数学与应用数学专著 第33号。方开泰等著。科学出版社1996年1月版。28.6万字。25.00元。描述一系列应用统计问题,这些问题可以用数论方法来解决。阐述计算各种统计分布的概率与矩阵的数值方法,均匀设计方法。介绍SNTO程序用来寻找有界闭区域上一个连续函数整体极大与极大值点。给出一些寻找许多著名多元分布的代表点的方法等,数论方法与投影追踪法的结合,统计推断的一些新方法。附录中给出维数18之内glp集合的生成矢量,均匀设计表,及一些理论结果的证明。(总编室)

C000027 **抽样调查——理论、方法与实践** 冯士雍、施锡铨著。上海科学技术出版社1996年3月版。44.2万字。49.20元。共11章。第一章介绍抽样调查的意义与作用、若干基本概念及其应用领域。第二至第八章详尽介绍几种应用中最重要的抽样方法,包括:简单随机抽样、分层抽样、不等概率抽样、整群抽样、二阶及多阶抽样、系统抽样等。其中第四章介绍两种重要的非线性估计——比估计与回归估计。以上各章的重点是介绍各种抽样方法的适用场合与实施方法、样本量的确定与总体目标量的估计及其方差估计。第九章介绍复杂样本的方差估计的方法。第十章讨论抽样调查的误差来源,特别是非抽样误差及其相关问题的处理方法。第十一章是案例分析,介绍多项实际抽样调查项目的背景、目的、设计与分析,并对其作分析评价。这些案例涉及多个方面、不同的应用领域,材料来源大部分是作者及其同事们多年来所承担项目的工作总结;另一部分取自有影响的全国性抽样调查的方案。收入“科学专著丛书”。(赵序明)

C000028 **SAS/PC统计分析软件实用技术** 卢纹岱、金水高著。国防工业出版社1996年4月版。47.9万字。24.30元。SAS统计分析软件是集数据管理和统计分析于一身的优秀软件。自美国SAS研究所经10年研制推出以来,SAS软件已广泛应用于农林、医药、卫生、体育以及经济等多个领域,在国外已普及使用，在国内正迅速流行。该书先概念后实例，系统、完整地介绍最新版的 SAS/PC 软件的操作使用方法。书中实例为作者多年科研和教学的经验总结，通俗易懂、涉及面广，并可直接使用。该书是“最流行软件丛书”之一。（徐辉）

C000029 **社会静力学（节略修订本）** ［英］赫伯特·斯宾塞著，张雄武译。商务印书馆 1996 年 11 月版。17.8 万字。11.70 元。作者是英国著名的社会学家、哲学家，是社会进化论和社会有机体论的早期代表人物。本书是他对其理想的社会的素描。他把社会组织的理想状态看成是一种静力学的静止状态，在这种状态中作为个人有机体的人与他的环境达到尽善尽美的平衡状态。作者认为，这种平衡应该靠逐渐减少政府职能的限制并相应地扩大人的“自然权利”的运用范围来达到。他认为，一切地方的政府都是有流弊而又必不可少的东西。在原始或军事形式的社会中是必不可少的（在那种社会中，人类幸福的主要敌人是暴力），但是在社会逐渐朝着国家的工业或较高形式进展时，它的重要意义就逐渐减少。因为在后一种国家中，一旦达到权益的平衡或完全的适应，就会出现乌托邦的无政府状态，而政府的干预也就不再需要了。斯宾塞在对国家职能的描述中，应放弃的因素很多，如：那里不应该有对工业有所规定，应该让个人活动的自由发展来决定工业的情况；那里不应该有国教，不应该有有组织的殖民，不应该有济贫，不应该有社会立法，简单说来，就是不应该有任何干预自然选择法则的集体组织的事物。那里不应该有公共造币厂和国家邮政体系，不应该有国家教育等等。该书于 1850 年 12 月问世。1890 年作者鉴于他本人学术观点和客观情况的发展变化，对全书作了删节压缩和一些文字上的修改，于是就有了现在翻译出版的这个节略修订本。（何世音）

C000030 **卡耐基成功之道全书** 胡旋编著。沈阳出版社 1996 年 10 月版。90 万字。29.60 元。收录卡耐基所著的《人性优点》、《人性的弱点》、《美好人生》、《快乐的人生》、《伟大的人物》、《语言的突破》及卡耐基家人所著的《写给女孩子》、《智慧的锦囊》还有其他人根据做人处世、走上成功而写的一些文章。编者指出，卡耐基的教育思想和他的著作产生和发源于 20 世纪初、中期的美国，当时正值全球性的经济大萧条时期，人们寻求致富成功的愿望相当强烈，随着资本主义及当代社会经济的发展，这种追求会愈来愈烈。书中介绍的卡耐基思想带有明显的资本主义特点。（王健光）

C000031 **文化人类学理论方法研究** 黄淑娉、龚佩华著。广东高等教育出版社 1996 年 3 月版。35 万字。19.00 元。对文化人类学各个学派及其主要代表人物的理论和方法论，从学科诞生至当代人类学思潮，逐一作扼要的介绍，并加以评论。联系中国人类学研究的实际，探讨不同群体社会文化的异同，及其发展规律。（邓蔚菲）

C000032 **广西民族交往心理** 李秋洪著。广西人民出版社 1996 年 9 月版。21 万字。13.60 元。对广西民族交往的心理作全方位研究，指出民族间的需要、动机、驱力、情感、意志等主观因素以及交往、人际关系、舆论、群体环境等社会心理因素等对民族交往心理所产生的影响，从而作出符合当地民族心理现状的结论。对民族交往关系和交往心理作跨文化比较和定量与定性相结合的研究。指出，民族心理关系、人际关系及社区各种结构的差异，对人类社会心理及行为的研究，对民族交往心理具有重大影响。以跨文化材料为参数，从广西民族的背景上重新审视人类社会心理及行为。作者采用定性与定量相结合的方法，经过严密的调查设计和分析操作，综合运用社会心理学、社会学、文化人类学的问卷法、现场研究、文献分析及计算机统计技术等研究手段，使结论具有可信度。（马丕环）

C000033 **深沉的民族反省** 副名：中国近代改造国民性思潮研究。俞祖华著。山东人民出版社 1996 年版。20.5 万字。15.60 元。分上下两篇。上篇为“思潮寻踪”，以“国民性反思的发展脉络”、“中国近代改造国民性思潮的主体内容”、“近代民族反省的深远启示”等为题，对近代改造国民性思潮作系统考察；下篇为“思想家专论”，选择龚自珍、魏源、洪仁玕、严复、康有为、梁启超、谭嗣同、邹容、陈独秀、李大钊、鲁迅、胡适等 13 位重要思想家，对各家有关中国国民性问题的评说及改造主张作仔细的研究。就人物论，作者没有局限于鲁迅、梁启超等少数人，而是兼及龚自珍、邹容等一系列近代思想界巨子乃至许多普通知识分子对传统国民性所抒发的忧思；就思潮而言，没有局限于先驱者对国民劣根性的暴露，而兼及他们对国民性病根的挖掘，对优秀文化传统的弘扬，对理想人性的探讨，对改造途径的求索等，全面展现这一思潮的丰富内涵。（李运才）

C000034 **二十一世纪警戒线** 王家福著。吉林大学出版社 1996 年 7 月版。33.1 万字。18.00 元。作者遵循最具创意的理论探讨与实际应用最佳结合的理念，经近 10 年的潜心研究及战略咨询的基础上，对当代世界心理社会问题进行缜密的解析，论述了精神贫穷将是21世纪人类的最大战略险情，并以其113个危险点网络构造了21世纪警戒线，以示警世界风云变幻中的广大公众与多领域的领导者。书中对世界精神病毒的成因与世界危险点网络、“先进国家病”的世界流向等作战略透视。(李有清)

C000035　**社会心理学**　章志光主编。人民教育出版社1996年4月版。49万字。17.60元。系统阐述社会心理学的产生与发展、对象与方法、派别与理论，以及社会心理学的主要内容，如社会化与自我概念、社会知觉与印象管理、归因与决策、态度及其改变、人际关系、侵犯与亲社会行为、群体心理、从众心理、领导心理、环境心理，还用四章的篇幅介绍应用社会心理学(消费与广告心理、教育社会心理、婚姻与家庭心理、犯罪与司法心理)。(魏运华)

C000036　**西方近代社会学思想的演进**　王养冲著。华东师范大学出版社1996年9月版。20万字。17.90元。分章介绍和评析西方近代有代表性的、不同学派的6位社会学家的社会学思想，如奥古斯特·孔德的实证主义历史学派的社会学思想、赫伯特·斯宾塞的社会有机体学派社会学思想、莱斯特·华尔德的心理学派社会学思想、埃米尔·涂尔干的社会学派社会学思想、维尔弗雷多·帕雷托的机械学派社会学思想以及马克斯·韦伯的系统社会学派“理解的社会学”思想。指出这些社会学思想的产生与社会学家各自所处的时代的社会结构、社会政治状况以及社会问题息息相关。作者介绍了这些社会学家的社会学思想，并对不同的学派作分析比较，勾勒出西方近代社会学思想的演进轨迹。(陈长华)

C000037　**消费社会学**　彭华民著。南开大学出版社1996年12月版。28.3万字。11.90元。共9章并有3个附录。从对纯经济因素的消费研究框架中走出来，对消费行为过程中诸种因素的互动关系进行研究，从社会学角度提出消费者是社会人的观点，摒弃将消费者假设为经济人的分析范式，展示一个立体的消费行为分析研究过程。第一章阐述消费社会学的研究对象、领域，各种研究观点以及该学科的地位。第二章对个体消费行为的要素、购买决策的作出过程、购买行为和购后行为进行探讨与论述。第三至第五章对消费者的不同组织即家庭、群体、社会阶层的消费倾向及特点进行归类总结。第六至第八章从文化、运动和消费权益这三种不同的角度对消费发展的源起、过程以及不同阶段的分类作阐述。第九章对消费者组织及其权力和保护网络的构建进行分析探讨。(陈岩)

C000038　**城市学与山水城市**　鲍世行、顾孟潮著。中国建筑工业出版社1996年5月第二版。57万字。38.00元。文集，分上、中、下篇及附录。上篇收录钱学森有关城市学和山水城市的论述，中篇是各方专家关于城市学的著述，下篇则是各方专家关于山水城市的著述，附录收入了海内外有关报导。本书第二版保持首版体例，增加了增补篇，补充了第一版印刷后的相关信件及信件中所涉及的文章和材料。书中概括反映20世纪90年代中国处在城市化加速发展的进程中，对城市科学研究与实践的初步成果。钱学森认为，城市学是解决当前复杂的城市问题的学科，是一门应用的理论科学；城市规划是直接改造客观世界的学问，城市学则是城市规划的理论基础。钱学森创立的山水城市概念深深植根于东方文化沃土之中，它是要把祖国优秀的古典园林、山水画和山水诗词的精髓溶入现代城市规划、建设之中。山水城市的核心精神是：尊重自然生态，尊重历史文化，重视现代科技，重视环境艺术，面向未来发展。(鲍世行、吴小亚)

C000039　**参与性农村评估的原理、方法与应用**　龙春林等著。云南科技出版社1996年12月版。3万字。4.00元。介绍参与性农村评估是近年来形成和发展起来的一套全新的理论和方法，是指通过当地人的参与，由外来者协调和帮助、使当地人进行调查和分析、并分享调查和分析结果的一种农村工作方法。涉及到自然资源管理、农村规划和经济发展、健康与卫生保健、扶贫工作和具体的农业生产等许多方面。(孙琳)

C000040　**家庭的社会演变**　[奥地利]赖·西德尔著。商务印书馆1996年12月版。19.5万字。11.30元。作者长期从事家庭史的研究，其中心就是“基于家庭经济的社会是如何变成家庭不复构成劳动力组织基础的工业社会”，即研究从封建社会向资本主义社会过渡过程中家庭的变化情况。本书所选择的历史时期是18世纪晚期，因为在这一时期，西欧和中欧的历史发展到了一个决定性的关头：“旧手工业”的团体特征开始瓦解。由于农村家庭工业的扩展，在小农和工业无产者家庭类型之间出现了一种过渡形式；在城市中，商业、金融业和工场手工业，尤其是知识界的扩展促进了“市民家庭”的形成。本书所涉及的是家庭的职能、家庭的内部分工、婚姻的模式、性行为等方面的历史变化。(陈静)

C000041 **西方性观念的变迁** 余凤高著。湖南文艺出版社 1996 年 5 月版。13 万字。8.60 元。按历史编年之体例,分《性神圣、性自由的时代》、《性邪恶、性压制的时代》、《对基督教禁欲主义的反拨》、《"性解放"思潮的萌芽》和《"性解放"思潮的发展》等篇,勾画出欧美一些主要国家性观念变迁的历史轮廓和漫长的发展轨迹。介绍从古希腊古罗马时期到中世纪、文艺复兴时期、近代和现当代西方性观念的缘起、发展脉络、演变转化的过程,揭示出它演变的内在联系及其发展的社会历史根源和政治经济上的原因。介绍 19 世纪以来这些西方国家争取妇女的权利与地位、要求婚姻与爱情自由的斗争,进行性教育及性观念在文艺作品中的表现。还阐述性学作为一门新兴科学的产生和发展,介绍英、法、美、德等国的著名性学家及其研究、著作的情况。(陈伪麟)

C000042 **职业指导理论与方法** 朱启臻著。人民教育出版社 1996 年 9 月版。20.1 万字。10.00 元。详细介绍职业指导的产生、功能、原则,论述职业指导的基本原理和基本方法。对职业指导在推动我国劳动力市场的建立,促进人才合理流动和实现人力资源的合理配备等方面的作用等展开了论述。(顾国麒)

C000043 **青年学** 姜涌著。山东大学出版社 1996 年 5 月版。24 万字。11.80 元。从历史和逻辑的统一上,立足于当代世界,面向 21 世纪,分析青年的种种问题。例如:青年的本质,青年的心理发展,青年的社会化,青年的价值观,青年的行为,青年的教育,青年的选择与作为等等。论述了青年的价值与历史使命,特别是关于青年的两重性的分析更是独具特色。(尹凤桐)

C000044 **从企业保障到社会保障** 郑功成著。辽宁人民出版社 1996 年 3 月版。20 万字。12.80 元。"企业逆境管理丛书"之一。以企业保障制度向社会保障制度的改变作为研究对象。主张企业改革应恢复企业的本来面目。改革过去旧有的企业保障制度,优先考虑建立、健全社会化的社会保障体系,这样才能剥离企业的社会负担,剔除笼罩在传统企业身上的非企业色彩,使企业真正成为现代企业。(孙绍军)

C000045 **自杀论** 副名:社会学研究。[法]埃米尔·迪尔凯姆著。商务印书馆 1996 年 12 月版。28.5 万字。16.20 元。作者是 19 世纪末 20 世纪初法国的一位著名社会学家。此书是他的一部重要的社会学著作。作者在书中对自杀这一特殊的社会现象作专门的论述。认为,资本主义制度下的自杀现象的增多,是因为资本主义经济的发展、科学技术的进步和社会分工的变细所造成的社会病态导致的。它与种族、遗传因素、个人素质、心理状态、精神病、自然条件、气候变化等等没有什么重大关系,而是与社会环境,其中包括像经济危机、政治危机、社会动荡、改朝换代、工作变迁、生活变化有着密切相关的联系。不同的国家和地区、不同的宗教信仰、不同的文化程度、不同的性别,其自杀人数不同、自杀率也不相同。书中,作者还设想了 5 种不同的渠道或方式以防止和消除自杀。他通过系统的研究,探索自杀的原因,找出它的规律性,从而写出这样一部系统论述自杀的著作。(陈静)

C000046 **现代社会调查方法** 风笑天著。华中理工大学 1996 年 10 月版。25.3 万字。9.80 元。将社会调查方法的基本概念、基本内容与实际操作过程紧密结合,运用大量实例,通俗简明地介绍各种资料收集与分析方法。作者的写作注重以下几方面:(1)在基本概念和体系上,力求科学规范;(2)在基本内容安排和所用材料上,精心取舍;(3)在语言风格和表达方式上,力求简明易懂。作者还结合自己的经验体会,介绍许多专门的方法和技巧。(钱坤)

C000047 **中外社会学研究手册** 魏秋玲主编。中国社会科学出版社 1996 年版。143 万字。110.00元。40 多位社会学学者集体完成。分 5 编。第一编介绍在国内外有影响的 12 种理论,即批判的社会理论、功能分析、结构社会学、象征互动论、现象学社会学、系统论、本土方法论、实证主义、观念主义、社会交换论、社会冲突论、马克思主义社会学。第二编按国际社会学界所公认的分类标准,评介 41 种社会学分科。第三编各国社会学发展史。分 28 章,介绍亚洲、欧洲、美洲、澳大利亚、新西兰、非洲及拉丁美洲各主要国家的社会学史。第四编社会学方法论。论述社会学方法论的内涵、性质、特点、不同观点、研究方式及具体研究方法。第五编基础资料。按国别介绍世界上 500 余名社会学学人、53 个国家的社会学学术机构(分研究机构、教学机构和学术团体)、国内外社会学学术出版物近 300 种,有中国和外国社会学大事记。附录为社会学重要文献年表。(周田宜)

C000048 **北京历史人口地理** 韩光辉著。北京大学出版社 1996 年 2 月版。31.2 万字。17.80 元。探索自辽建陪都到新中国诞生之前北京人口地理的专著。共 6 章:一、绪论,主要阐述研究北京历史人口地理的意义、研究对象和方法、空间与时间范围以及北京自然地理与社会经济条件;二、介绍区域行政建置与政区沿革;三、论述各时期区域和城市人口规模,分别介绍辽南京、金中都、元大都、明北京、清北京和民国时期北京地区与该地区的城市人口规模;四、讲述人口增长过程及其机制;五、论述人口迁移与人口控制;六、论述各时期人口分布概况及规律、人口分布的影响因素等。(郑昌德)

C000049 **综论中国人口态势** 副名:与实践的对话。顾宝昌著。上海社会科学院出版社 1996 年 10 月版。23 万字。14.00 元。共 3 部分,计 26 篇文章。关于中国人口态势的论述,有相当篇幅是关于中国的生育趋势和计划生育问题的讨论。80 年代以来,中国的社会和经济处于急剧和多元的发展变化中,人口态势也出现许多新动向、新特点和新问题,本书对中国人口态势发展变化作了全面的研究。(陈国梁)

C000050 **新疆人口省际迁移研究** 杨政、童玉芬等著。新疆人民出版社 1996 年 8 月版。22 万字。38.00 元。从新疆人口省际迁移的历史、迁移的原因及迁移的后果分析入手,研究人口流动规律,以大面积流动人口抽样调查资料为基础,对现阶段人口省际迁移的规模,迁入迁出地,迁移人口的地域构成、城乡构成、年龄构成、性别构成、文化构成、职业构成、婚姻构成,进行分析,阐明新疆——这一人口迁移活动频繁的地区,因人口迁移,对社会、经济、资源、环境诸方面带来的正负两方面的重大影响,切中新疆社会实情,提出一系列亟待解决的问题。指出:新疆是一个人口迁移极为频繁的地区,人口迁移对新疆人口总量、密度、分布、素质产生影响,对缓解中国东部人口压力,改变人口分布格局,繁荣新疆经济,稳定边疆社会也有巨大作用。该书在吸收国内外迁移理论的基础上,对新疆人口迁移机制进行研究,应用系统动力学方法,建立了一个量化模型,预测新疆未来人口的迁移状况;在分析新疆的环境、资源、经济承载力后,得出各时期人口承载容量数据,提出新疆最佳的人口迁移方案。(林丽)

C000051 **西藏的人口与社会** 马戎著。同心出版社 1996 年 12 月版。36.6 万字。22.00 元。作者运用现代社会学、人类学、人口学的方法和理论,对西藏的人口与社会这两个方面的历史、现状与发展进行系统的研究。对关系到西藏社会、经济、人口发展前景及藏民族的现代化道路等重大课题进行深入探讨,提出颇有见地的看法。(王小云)

C000052 **人口知识辞典** 胡守忠等编。甘肃民族出版社 1996 年 7 月版。50 万字。22.80 元。本辞典汉藏对照,共收入人口基础知识和人口政策、人口统计、婚姻家庭、计划生育、生殖生理、性知识、避孕节育、优生优育、母婴保健等方面的词汇 723 条,其中也包括少数有关人均经济指标的常用词。(周加克)

C000053 **老子与现代管理** 潘乃樾著。中国经济出版社 1996 年 5 月版。15 万字。7.40 元。着力阐述老子"无为而治"的思想,辨证地讲解管理中的矛盾运动,并与儒、法两家的哲学思想进行比较。指出:老子哲学中最富有生命力的是其辩证的管理思想,所谓"祸福相倚","与得"互转,"弱者道之用"等等皆说明事物的两面性的互换,与韩非子及孔子的管理思想形成鲜明的对照。该书与《孔子与现代管理》、《韩非子与现代管理》成为三部曲。(张晓甜)

C000054 **管理学原理** 林志扬编著。厦门大学出版社 1996 年 1 月版。33.2 万字。15.50 元。从纵横两方面阐述管理学的基本原理。在纵的方面,以历史发展为线索,介绍和剖析管理理论与实践发展过程中的一些主要的理论家、实践家及一些重要的历史事件,如泰罗、法约尔、梅奥及霍桑实验等。在横的方面,以管理的职能为基本框架阐述管理学的基本原理。书中采用管理职能学派的观点,即认为管理是一个过程,阐述了管理的计划职能、组织职能、领导职能、控制职能等。(许红兵)

C000055 **中国管理通鉴** 苏东水主编。浙江人民出版社 1996 年 3 月版。171.9 万字。137.80 元。分 4 卷,即人物卷、要著卷、名言卷、技巧卷,涵盖中国历史上从先秦到近代各时期管理思想和实践的精华,对传统管理思想精华分门别类作系统的介绍,并从现代管理学的角度阐述。人物卷,栩栩如生地介绍历史人物的管理思想和他们的管理活动;要著卷,介绍和评述了入选的各名篇要著中的管理思想、主张和方法;名言卷,收录并释评了许多言简意赅、含义深刻的中国管理名言和佳句;技巧卷生动描述从治国平天下到持家经营实业中的计谋和策略。该书一改以往常用的选录原文加以注释的编撰方法,贯彻了理论性和可读性并重的方针,用流畅通俗的语言条分缕析地介绍古文中包含的管理思想和方法。(蔡玲平)

C000056 **管理技术** [台湾]林荣瑞编著。厦门大学出版社 1996 年 4 月版。30 万字。72.00 元。作者长期从事中小型企业的经营管理,并在台湾、日本、大陆都有过充分的实践。他在大陆开办了"企业管理顾问公司”，为国内各企业授课培训。作者撰写的“现代实用企管书系”（此书为其中一种），因其可操作性强，很受中小型企业第一线管理者的喜爱。书中所介绍的企业管理原则、技术及各种适用的图表，可直接用在实际工作中，而关于招聘、工资、整顿、安全、教育训练、日常管理等，详尽而有预见性。为企业管理者提供一部具有参考价值的资料。（蒋东明）

C000057 **管理信息系统理论与实践** 陈晓红主编。中南工业大学出版社 1996 年 5 月版。39 万字。15.00 元。围绕建立管理信息系统的总目标，系统论述管理信息系统的基本概念、基本理论和相关技术，重点论述系统开发过程的方法、工具和策略，并以大量实例介绍各类管理信息系统的分析、设计与开发。共 11 章：包括管理信息系统概念，管理信息系统开发总论，数据通信技术与计算机网络，系统分析，系统设计，系统实施与评价，企业管理信息系统开发实例，会计管理信息系统开发实例，证券柜台交易系统开发实例，期货交易信息系统开发实例以及管理信息系统的发展趋势等内容。

C000058 **管理信息系统程序设计技术** 副名：FoxPro 2.x For Windows。张玉红著。电子工业出版社 1996 年 11 月版。4 万字。22.00 元。包括 6 章：程序组织及处理技术；屏幕输入组织；数据库的操作；数据库记录的查询和统计；报表输出；程序设计实例。总结数年来编写 MIS 程序的经验，提供大量实例，并给出它们的设计思路。（吕迈）

C000059 **中国咨询业发展研究** 杨永志著。山西经济出版社 1996 年 12 月版。14.80 元。以中国咨询业如何发展为主线，采用国内与国际比较的方法、历史与现实对比的方法、实证的方法、统计的方法、预测的方法进行研究，对中国咨询业发展的产业化问题、效益问题、队伍建设问题、战略选择问题、规模问题、国际化和现代化问题等进行探讨。（郝建军）

C000060 **三国演义与领导心理学** 季新山著。沈阳出版社 1996 年 4 月版。31.20 元。研究《三国演义》与领导心理学的学术专著。分 10 篇 41 章，介绍《三国演义》与领导心理学的内在联系，探索领导心理活动规律，为现代的领导者提供有益的启示。（任冬菊）

C000061 **现代领导科学概论** 廖雄军、赵如锋著。广西人民出版社 1996 年 7 月版。63 万字。26.00元。内容分“总论”、“领导能量论”、“领导思维论”、“领导决策论”、“领导用人论”、“领导权力论”、“领导方法论”、“领导关系论”等 8 篇。从一个全新的学科角度设计理论体系，在内容上为领导科学注入新的内容。从中国的领导工作实践出发，揭示中国领导工作的本质和背景，探求提高领导工作水平的方法与技巧。（马丕环）

C000062 **新编领导科学论纲** 何孝瑛、冯秋婷主编。党建读物出版社 1996 年 9 月版。21.1 万字。12.00元。内容包括：领导科学的研究对象，学习的重要作用和方法，中国古代领导思想的古为今用；马列主义领导思想、毛泽东领导思想、邓小平领导理论；当代中国领导体系、领导体制改革；领导工作主体；选才用人；科学决策；领导方法与领导艺术等。（建萱）

C000063 **国外实用领导方法与艺术** 孙线章主编。中共中央党校出版社 1996 年 6 月版。160 万字。168.00 元。系统介绍国外领导科学理论、知识与方法的大型实用工具书。以突出方法艺术、强调实际应用的视角和内容，向各级各类、各行各业领导者展示国外现代领导方法、艺术与技巧的新信息、新趋势、新视野。全书分 9 篇：序篇；第一篇，通向权力之路；第二篇，决策的方法与艺术；第三篇，运筹的方法与艺术；第四篇，用人的方法与艺术；第五篇，思维的方法与艺术；第六篇，他律的方法与手段；第七篇，名人、名著、名言；第八篇，领导经验案例透视。（沈丹英）

C000064 **科技进步与领导现代化** 谢燮正等著。广东人民出版社 1996 年 8 月版。15 万字。12.00 元。从高科技发展对当代社会发展的影响入手，系统地论述了高科技发展的特征和 21 世纪的发展趋势，分析高科技时代对现代领导环境、领导任务、领导形式所产生的影响变化，介绍国外一些适应高科技发展而作出变革的领导行为，结合我国实际提出适应高科技发展来优化领导素质的内容与要求。（杨小虹）

C000065 **领导干部协调艺术论** 荣仕星、钟敏主编。广西人民出版社 1996 年 12 月版。20 万字。15.00 元。对散见于有关领导学和管理学的教材、专著中关于领导干部协调问题进行重新的梳理，并将之独立为一个专题，进行全面、深入的研究。选取领导干部协调问题中的 10 个基本问题进行阐述，即领导干部协调艺术的含义、特征、必然性及其意义和作用，领导干部协调艺术的原则，领导干部协调方法，领导干部与环境的协调艺术，领导班子内部协调艺术，领导干部与上级协调艺术，领导干部对经济利益协调艺术，领导干部协调素养等。（马丕环）

C000066 **科学决策理论与方法** 徐南荣、仲伟俊主编。东南大学出版社 1996 年 6 月版。40.9 万字。27.00 元。分 12 章。介绍决策、决策过程、组织决策环境和价值观等决策基本概念的新发展,对现代效用理论和新提出的有限理性决策理论进行论述和比较。讨论风险型决策、不定型决策、各种多目标决策以及它们的决策方法。对正在发展中的群决策和组织决策的最新研究成果——多人两层决策作了论述。突出决策的基本概念和基本问题,对各种科学决策最基本的理论和新方法作深入的论述,给出不少应用示例。(王小然)

C000067 **从儒家传统走向现代的反思** 副名:中日人才观的比较研究。桂勤著。湖北教育出版社 1996 年 10 月版。11.8 万字。9.40 元。从文化与教育关系的角度。比较与反思中日教育现代化的历史过程在理论研究与实践需要两方面的有关问题。以人才观为研究的切入点,试图通过对中日传统教育中居支配地位的人才观及其变革的比较研究,探讨文化与现代化的关系。系"中国教育的传统与变革丛书"之一。(熊茵)

C000068 **人才外流与回归** 陈昌贵著。湖北教育出版社 1996 年 2 月版。23.8 万字。19.40 元。研究我国有关人才外流问题的学术专著。作者把中国人才外流的调查研究放在国际社会大背景来考察,分别从个人层面,社会层面、政治层面和国际层面对我国人才外流的成因进行分析,并从实际出发,对吸引留学人员为国服务提出诸多政策建议。(熊茵)

D 政治、法律

政治理论

D000001 **理念与公正** 副名:心理学,相对主义和政治。[美]威廉·帕·克莱默著,周征环等译。东方出版社 1996 年 12 月版。21.7 万字。16.00 元。从理解人的个性差异出发,阐述心理相对主义理论的特质和公正标准,并将这一理论运用于批评美国的政治制度,力图创立一种新的政治哲学。作者认为,认识上的差异对于政治哲学,对于现实世界的政治和历史的辩证过程都是至关重要的。本书分两部分,第一部分阐释理论,共 7 章;第二部分"美国政治体制"共 5 章,运用理论探讨美国和美国政府。第一部分第一章首先探讨"环境还是遗传"的古典争论对心理相对主义观点发展的限制;第二章将康德的分析认知和黑格尔的综合认知放在心理学的范畴加以理解;第三章阐述心理相对主义的性质,参考了情感心理学和认知心理学的主要研究成果;第四、五章探讨马克思主义和自由主义的政治思想;第六章阐述相对主义理论的公正标准;第七章叙述体制的能动性及对体制决策的心理影响。第二部分把心理相对主义理论运用于美国的政治制度。评论美国宪法创始人最初建立政体时的认知特征及美国法制在认知上的特征,还有不成文宪法在结构和程序上的发明创造所具有的认知特征。最后,集中探讨当今美国政治体制的僵局状态及造成这种状态的认识不平衡,从心理相对主义政治理论高度提出治疗方法。(孙英春)

D000002 **在历史的转折中** 徐伟新著。济南出版社 1996 年 1 月版。27 万字。12.00 元。科学社会主义研究论文集。收入作者 1990~1995 年的论文 30 篇,按内容分为基本路线篇、基本理论篇、大政方针篇、社会发展篇四部分。从不同角度,对邓小平建设有中国特色的社会主义理论,对党的"一个中心,两个基本点"的基本路线,作了阐述。(侯琪)

D000003 **科学社会主义的理论与实践** 任治弘主编。东北大学出版社 1996 年 7 月版。22.5 万字。12.00 元。研究生政治理论课教材。内容涉及科学社会主义一般概念、社会主义从空想到科学的发展、科学社会主义从理论到实践、前苏联东欧国家改革的经验及其教训、建设有中国特色社会主义理论与实践、当代各类社会主义思潮、科学社会主义在当代世界的命运,等等。(刘振军)

D000004 **科学社会主义新论** 赵曜等主编。中共中央党校出版社 1996 年 2 月版。31.1 万字。15.60 元。在 1982 年版《科学社会主义概论》和 1991

年版《科学社会主义论纲》的基础上重新编写的党校教材。通过历史趋势论、新飞跃论、时代特征论、社会主义发展阶段论、社会主义本质论、发展战略论、改革论、市场经济论、民主政治论、精神文明论、依靠力量论、“一国两制”论、对外关系论、政治保证论、社会主义历史命运论等15个专题，阐述邓小平建设有中国特色社会主义理论及其对马克思主义科学社会主义的新发展。（关国为）

D000005 **国家盛衰论** 黄硕风著。湖南人民出版社1996年12月版。42.8万字。31.00元。以辩证唯物主义为指导，运用混沌学、系统论、协同学、耗散结构论等现代自然科学的原理，以定性和定量分析相结合的集成方法，从国家战略和综合国力的高度探讨国家的盛衰规律，建立了“综合国力盛衰动态方程”，并通过对多国典型实例的分析，提出增强我国综合国力的对策。（朱永红）

D000006 **当代资本主义的文化** 子进、金华著。福建人民出版社1996年8月版。25.7万字。12.10元。全面考察20世纪资本主义国家的文化现象，分析其基本走势和大致特征，对其内在精神与品格进行解剖和透析，批判地吸取其合理因素。系“当代资本主义研究丛书”之一。（王开彬）

D000007 **社会主义社会矛盾论** 李凤梧主编。山东人民出版社1996年版。21.00万字。12.00元。对社会主义社会的基本矛盾、主要矛盾、两类不同性质的矛盾、经济矛盾、政治矛盾、思想矛盾，以及社会主义社会的外部矛盾等问题进行阐述。采用理论和实践相结合的方法，深入研究社会主义诸种矛盾的性质、特点、表现、趋势及解决方法，并提出相应的对策，对许多问题的探讨，如对社会主义社会经济矛盾、政治矛盾、思想矛盾的探讨，具有很强的现实性。（李运才）

D000008 **政策学简明教程** 胡隆镁主编。广西人民出版社1996年5月版。19.5万字。8.90元。共11章。前面7章是“绪论”、“政策的本质和特征”、“政策的功能和作用”、“政策的分类和结构”、“政策的制定”、“政策的实施”、“政策监督”，简要阐述政策学的基本原理。后4章是“我国社会主义初级阶段的总政策”、“我国现阶段的经济政策”、“我国现阶段的科技文教政策”、“我国现阶段的政治政策”。政策学是一门新兴的学科，内容和体例尚未定型，本书在对政策学的研究方面作了有益的探索。（谭灿妮）

D000009 **西方政治文化传统** 丛日云著。大连出版社1996年12月版。45.2万字。30.00元。分古代希腊、古代罗马和中世纪西欧3编，系统描述西方政治文化的关键性要素由孕生到成熟，由朦胧到清晰，分解与融汇，蜕变与遗传的历史演进过程；分析西方政治文化的个性特征以及形成这种个性特征的社会、地理、宗教、种族、历史机缘等复杂原因。着力从政治制度、政治理论、深层政治心理等层面对古希腊的城邦政治结构和公民文化、古罗马的共和精神与法律传统、中世纪基督教的政治价值观与政教二元化权力体系的影响等进行探讨，勾勒出西方政治文化基本要素如自由、民主、法治、人权、平等、分权与制衡等价值观的形成和演进的历史过程，以及各种要素相互融合从而形成一个有机体系的过程。把研究的重心放在西方，把中国作为参照系，进行中西政治文化比较的动态分析。（许文彦）

D000010 **现实主义：西方行为的根源** 李小兵著。黑龙江教育出版社1996年12月版。16万字。16.00元。通过对政治尤其是对国际政治的现实主义理论的一些基本概念的历史考察，结合当今世界在经济、政治和社会尤其是信息科技方面发展的广阔前景，探讨世纪之交的政治和国际政治发展的总体趋势。具体内容有：1.经济的全球化、市场化发展趋势与现实主义思潮；2.传统政治的核心概念——权力、主权和国家，都会在世纪之交发生深刻的变化，国际政治思潮必须适应这种变革，并立足于现实主义不断发展；3.文化和文明的冲突，可能成为世纪之交的人类社会发展尤其是国家之间的利益冲突的一个重要组成部分；4.信息化的发展趋势，使冲突的国内政治与国际政治之间的区别已变得越来越不重要，任何现实主义的政治态度必须做出新的战略性选择。作者提出中国世纪之交的发展战略论纲。（崔伟奇）

D000011 **“趋同论”研究** 辛向阳著。中国人民大学出版社1996年11月版。21.1万字。13.50元。列入“中国人民大学博士文库”。运用马克思主义的基本理论与方法，结合当代社会主义与当代资本主义的现实状况，从哲学、经济学、未来学的角度，对“趋同论”社会思潮作全方位的分析和批判，澄清了长期以来“趋同论”所制造的种种理论迷雾，分析了中国在改革开放、发展社会主义市场经济过程中借鉴西方经验的必然性，以及这种借鉴决不会导致中国向西方“趋同”的原因。书中从两大社会制度并存竞争这一历史格局出发，分析“趋同论”萌生的社会历史、现实根源以及思想根源，分析它发展的各个阶段及其特点；概括其理论内容，梳理其衍生出的各个流派,理清它与民主社会主义的关系;系统剖析它的哲学观、方法论、逻辑起点;全面批判“趋同论”的三大理论及其他观点。介绍西方学者对“趋同论”的异议、驳难以及前苏联学者对“趋同论”的认识及其演变,分析了“趋同论”的历史命运。(余资(郑伯平))

D000012 **国外马克思主义和社会主义研究丛书** 徐崇温主编。重庆出版社1989—1996年陆续出版。1 200万字。400.00元。丛书的宗旨是:在研究实践的同时,研究当代世界各种思潮,以坚持和发展马克思主义。内容有东方的和西方的,但在选材上以西方马克思主义和社会主义的研究为主。品种既有对国外有代表性学者的代表性原著的翻译,又有我国学者对国外马克思主义和社会主义的思潮、流派的研究和评析。丛书各册有徐崇温所写总序《在研究当代各种思潮中发展马克思主义》,各部译著均有《中译者序言》,对所译著作进行评析。(夏树人)

D000013 **社会主义四百年(绘画本)(一)** 于幼军、黎元江著。新世纪出版社1996年9月版。25万字。13.80元。在保持原著基本内容的基础上,运用视觉形象进行艺术再创造,生动地描绘16世纪以来英国的托马斯·莫尔、意大利的托马斯·康帕内拉等第一代空想社会主义者和英国的温斯坦莱、法国的梅叶等第二代空想社会主义的代表人物为社会主义理想而奋斗的历史活动;描绘了无产阶级的革命导师马克思、恩格斯创立历史唯物主义和科学社会主义的历程,以及17世纪至19世纪间发生的法国大革命、欧洲大陆革命、巴黎公社起义等重大历史事件和历史活动场面。(王小斌)

D000014 **中国政治思想史** 刘泽华主编。浙江人民出版社1996年1月版。143.5万字。102.50元(平),117.50元(精)。分3卷。第一卷(先秦卷)阐析传统政治思想的滥觞之源,萌生发轫时期的思想百态;第二、第三卷(秦汉魏晋南北朝卷、隋唐宋元明清卷)则描述和分析了政治思想的发展、论争、充实、调整和重构的历史轨迹与思维。上下三千年、探幽发微、议论风生。其特点如下:1.梳理中国政治思想史的脉络,在传统文化的广袤背景之下参详政治思想史,从政治思想的视角诠释传统文化。2.书中关于圣人的分析、汉代经学思维方式、政治制衡观念、忠孝观念的社会意识化、“尊君—罪君”文化范式、罪己诏、帝王名号等,许多见解乃前人之所未发。3.冲破传统的思维惯性,在习成定式的研究中开辟新途。如书中指出,在两晋及南朝时期的统治思想仍在继续汉儒的王霸之道,同时在权力合法性、法治和贤人政治方面别有特色。4.运用新的研究方法。例如书中汉代经学化思维方式的分析、明末东林党人的政治心态分析,运用了政治文化的方法;君权合法性理论和君权相对制约理论,则借用了当代政治学的研究方法。(李宁)

D000015 **康雍乾三帝统治思想研究** 高翔著。中国人民大学出版社1996年版。32.8万字。17.50元。对康熙、雍正、乾隆三位皇帝的统治思想作比较分析,探索其形成的原因。还对与三帝思想、人格紧密相关的重大历史现象,如康乾盛世、政治腐败、闭关政策等进行专门研究。在考察统治思想的同时,对清初满汉民族关系、雍正继位之谜、清朝文字狱等历史现象或事件作了论述。列入中国人民大学出版社“清史研究丛书”。(余资)

D000016 **中国近代社会思潮** 高瑞泉主编。华东师范大学出版社1996年7月版。42万字。27.10元。以专论的方式对近代社会中的11种主要社会思潮作了梳理,它们是:人道主义、进化论、实证主义、唯意志论、自由主义、文化激进主义、文化保守主义、无政府主义、民族主义、佛教复兴思潮以及基督教传教与晚清“西学东渐”。专论有“总论”,陈述中国近代社会思潮林立的原因、思潮发展流变的大势以及本书所采用的研究方法。(缪宏才)

D000017 **近代中国社会思潮** 黎仁凯著。河南人民出版社1996年5月版。28万字。15.50元。论述从鸦片战争到“五四”运动期间各种社会思潮的学术专著。包括:鸦片战争前后的经世思潮,太平天国时期的社会思潮,开启中国近代化的洋务思潮,20世纪初的政治改革思潮,资产阶级民主革命思潮,辛亥前后诸社会思潮。采用以社会思潮为经纬,扣紧救亡与启蒙的时代主题,围绕中国从传统走向近代化,从论述鸦片战争时期的经世思潮到辛亥革命前后的国粹主义、无政府主义和社会主义思潮。对各种社会思潮产生的原因、主要内容、特点及社会作用等方面进行系统论述与评价。(陆树庆)

中国共产党

D000018 **叶剑英选集** 中共中央文献研究室编。人民出版社1996年3月版。43万字。63.00元。选收叶剑英从1937年至1983年间的重要文章、报告、讲话和书信等共85篇,内容涉及政治、经济、教育、科学、文化、外交等领域,尤其是军事领域,其中多数是没有公开发表过的。这些著作反映了作者最

重要的思想观点，从理论和实践的结合上对党的集体智慧结晶的毛泽东思想的形成和发展，作出重要贡献。(鲁静)

D000019 **林伯渠文集** 《林伯渠文集》编辑组编。华艺出版社 1996 年 3 月版。64.9 万字。32.00 元(平)，45.00 元(精)。林伯渠是中国共产党和中华人民共和国的卓越领导人之一，是伟大的马克思主义者、杰出的无产阶级革命家和政治活动家。文集收入林伯渠 1907 年至 1956 年的著作 84 篇，其中 31 篇是首次公开发表。林伯渠一生经历过许多重大历史事件，留有大量的著作，其中特别是有关党的统一战线、财政经济工作与政权建设方面的著作，具有重要的理论与史料价值。(孔德骐)

D000020 **中国共产党章程辞典** 王宝中编著。黑龙江人民出版社 1996 年 12 月版。45 万字。26.00 元。在中国共产党的建设历程中，曾先后制定过包括党的一大党纲在内的共 12 部党章。本书根据十四大通过的《中国共产党章程》而编写，分 10 部分，分别为：总纲、党员、党的组织制度、党的组织、党的干部、党的纪律、党的重要会议、党史重要人物、重要运动与事件、附录。(徐冲)

D000021 **十四大以来重要文献选编(上)** 中共中央文献研究室编。人民出版社 1996 年 2 月版。57.1 万字。42.00 元(平)，55.00 元(精)。上册收入从 1992 年 10 月党的第十四次全国代表大会到 1994 年 9 月党的十四届四中全会前夕这段时间的重要文献，共 68 篇，包括中共中央、全国人大、国务院发出的文件、法律、条例 33 篇，党和国家领导人的文章、报告、讲话 35 篇，其中约 1/3 的重要文献是第一次公开发表。记载了党的十四大以后两年中，以江泽民为核心的党中央坚持从实际出发，为推动国民经济和社会全面进步而制定的一系列重大方针政策。主要有：确立用邓小平建设有中国特色社会主义理论武装全党的指导思想；明确提出建立社会主义市场经济体制的总体目标和总体框架的重大决策；着力加强对国民经济的宏观调控，整顿财经纪律，推进价格、税制、金融等方面的重大改革；科学总结并正确把握改革、发展、稳定三者的关系，逐步形成"抓住机遇、深化改革、扩大开放、保持稳定"的基本方针；高度重视社会主义精神文明建设，制定出开展反腐败斗争、推进党风建设和廉政建设的有力措施，等等。(王能雄)

D000022 **庐山风云** 副名：1959 年庐山会议简史。谢春涛著。中国青年出版社 1996 年 11 月版。21.5 万字。13.80 元。将 1959 年庐山会议放到中华人民共和国史的大背景中考察。详细论述 1958 年大跃进以来中国经济、社会濒临崩溃边缘的状况，描述了毛泽东、彭德怀发生冲突的诸种原因，以及中共高级领导人在这场关系中国未来命运的争论中的各种态度；着笔浓绘彭德怀、黄克诚、张闻天、周小舟等在这场争论中作为共产党人光明磊落的气节。作者认为，正是庐山会议，打断了 1958 年 11 月以来的纠"左"进程，导致 1959 年下半年特别是 1960 年的更大规模的"大跃进"，造成了国民经济的严重困难。在政治上，庐山会议的一个重要影响是，使中共党内对毛泽东的个人崇拜及"左"倾阶级斗争理论得到了恶性发展。还指出，庐山会议使"左"倾阶级斗争理论与实践严重升级，继反右派斗争严重扩大化后，又迈出了走向"文化大革命"的重要一步。书中全面剖析了毛泽东晚年的"左"倾错误。收入"中华人民共和国国史丛书"。(潘原)

D000023 **中国共产党白区斗争史** 盖军主编。人民出版社 1996 年 11 月版。40 万字。25.00 元。作者指出，中国共产党领导的白区斗争，内容非常广泛，它包括中国共产党在帝国主义、封建主义、官僚资本主义及其政治代表实行反动统治的区域内所进行的革命斗争，既有城市斗争又有农村中的斗争；斗争的方式有秘密的，有公开的；斗争的内容有组织建设、工人运动、农民运动、学生运动、妇女运动；既有秘密的情报工作，又有公开的统一战线工作；既有政治性斗争，又有军事工作等等。作者通过对中国共产党白区斗争史的阐述，系统地展示中国共产党在领导城市工作中，如何正确处理同资产阶级的关系问题；如何根据形势的变化，正确地制定党在白区斗争的策略方针。该书的学术价值体现在：中国共产党关于白区斗争方针、政策及其变化；白区党组织领导群众英勇斗争的历史考察；白区党组织建立、被破坏、恢复、重建、发展的历史脉络；党领导的白区斗争的基本经验和教训，等等。(柏裕江)

D000024 **中国共产党通史·第一卷(五卷本)** 副名：中国共产党的创建。沙健孙主编。湖南教育出版社 1996 年 12 月版。40 万字。20.00 元。主要叙述中国共产党创建时期的历史。第一、二、三章叙述辛亥革命、新文化运动、五四运动的历史及其与中国共产主义运动兴起的内在联系。第四、五章叙述马克思列宁主义在中国的传播及其与中国工人运动初步结合的历史情况，叙述中国共产党早期组织的成立及其主要活动。第六章叙述从一大到二大的历史，论

证初生的中国共产党的性质和历史特点,并对关于一大的若干不清楚的或有争议的问题进行考证。(聂乐和)

D000025 **中国共产党通史·第二卷(五卷本)** 副名:在大革命的洪流中。沙健孙主编。湖南教育出版社1996年12月版。59万字。26.40元。主要叙述中国共产党在大革命时期的历史。第一章概述大革命前夜的中国社会和中国政局,揭示大革命发生的社会根源。第二章叙述早期工人运动的情况及其经验教训。第三章主要叙述共产党主张同国民党合作、孙中山主张同共产党合作的原因,以及共产党在国民党改组、民族统一战线形成过程中所起的历史作用。第四章叙述中国共产党人在发动国民革命运动方面所做的工作和他们在这个过程中对于中国革命问题所作的理论探索。第五、六章着重叙述大革命胜利发展的情况,指出幼年的中国共产党在若干重大问题上所犯的右倾错误,揭示大革命在胜利发展中潜伏着的危机。第七、八、九章叙述大革命从胜利转向失败的历史过程,揭示中国共产党人为坚持革命所作的英勇斗争和宝贵贡献,总结党的领导机关所犯右倾机会主义错误的历史教训。第十章概述中国共产党在整个大革命时期的历史作用,中国共产党人对中国革命基本问题所进行的理论探索和毛泽东思想的萌芽,党在政治、思想、组织、制度等方面建设的进展及其弱点,总结了党在大革命时期的历史经验。(聂乐和)

D000026 **中共上海交通大学党史大事记(1949~1994)** 王宗光主编。上海交通大学出版社1996年6月版。45.8万字。23.80元。采用编年体大事条目纪事的方法,着重记录1945年5月上海解放以来至1994年底,这45年间发生在上海交通大学有一定意义和影响并有历史参考价值的事件。是中共上海交通大学组织在中央和市委领导下,开展党的工作和党的建设的概要记录。(成敬祥)

D000027 **飘扬的党旗** 副名:中国共产党历史画卷。朱佳木主编。未来出版社1996年12月版。750幅图。26.00元。分10篇。每篇以精练的文字和精美写实性图画加以叙述。反映各历史时期我党活动的国际国内背景、重大事件以及取得的光辉成就。(李丽玮)

D000028 **农村党员简明读本** 中共中央组织部编著。党建读物出版社1996年8月版。10.1万字。4.40元。分14个专题:一、要有共产主义理想和社会主义信念;二、用建设有中国特色社会主义理论武装头脑;三、坚决执行党的基本路线;四、带领群众走共同富裕的道路;五、全心全意为群众办好事办实事;六、带头执行党在农村的各项政策;七、懂得和执行民主集中制;八、认真开展批评与自我批评;九、遵守国家法律,维护社会公德;十、对党忠诚老实言行一致;十一、努力学习和掌握科技文化知识;十二、坚持做好群众的思想政治工作;十三、坚持发扬社会主义新风尚;十四、要时刻牢记自己是共产党员。(建萱)

D000029 **中共党建史(1921~1994)** 宋晓明主编。党建读物出版社1996年2月版。90.6万字。72.00元。系统阐述中国共产党是怎样根据马克思列宁主义建党原则建设成为中国工人阶级先锋队性质的政党的,有哪些经验与教训;怎样丰富和发展了马克思列宁主义的建党原则,有哪些独到的建树。书中引用的史料,许多系首次公开发表。(建萱)

D000030 **高扬先锋队旗帜** 副名:党课教育材料选编。沈阳军区政治部编。白山出版社1996年8月版。20.6万字。11.20元。收录沈阳军区部分领导干部的党课讲稿。讲稿紧密联系党员队伍的思想实际,阐述共产党员在新形势下如何加强党性锻炼、经受严峻考验、充分发挥先锋模范作用等基本问题。其中,《领导机关党员干部要带头坚定革命人生观》、《坚定信心,提高标准,进一步加强党风廉政建设》等文章,提出“坚定理想信念,保持政治上的清醒和坚定”问题;《发扬艰苦奋斗的优良传统,自觉抵制腐朽思想文化和“酒绿灯红”的影响》、《模范履行党员义务,努力在本职岗位上建功立业》等文章,提出“牢记党的宗旨,大力弘扬优良传统作风”问题;《加强党性锻炼,做一个新形势下的合格党员》、《坚持党管干部原则,在严格组织生活中锻造坚强的党性》等文章,提出“加强党性锻炼,争做合格的共产党员”问题。(宋杰)

D000031 **中国共产党组织工作教程** 张全景主编。党建读物出版社1996年12月版。25万字。12.50元。分16个部分,包括导论;党的组织工作的地位、作用和指导思想;党的组织;党的民主集中制;党的基层组织建设;党员队伍建设;党的干部工作的指导方针和根本原则;领导班子建设;培养选拔年轻干部;干部人事制度改革;干部教育与培训;党的知识分子工作;社会主义企业经营管理者队伍建设;老干部工作;干部审查工作与干部监督;组织部门自身建设。(建萱)

D000032 **党的组织工作问答(修订本)** 中共

中央组织部研究室、中共中央组织部组织局编。党建读物出版社1996年4月版。26.2万字。10.70元。分总类、干部政策和干部标准、干部的考察和管理、干部的培养选拔任用、领导班子建设和换届工作、干部调动与交流、执行公务员制度与参照管理、老干部工作、干部调查审理工作、干部统计工作、信息与信访工作、干部人事档案工作、组织史编纂工作、组织指导、党的基层组织建设、党员教育管理、发展党员、党的纪律等18个方面的问题。(建萱)

D000033 **中国共产党组织工作全书** 吕枫主编。白山出版社1996年12月版。152.5万字。105.00元。共14篇:党的组织工作总论、党的组织制度、党的组织机构、党内选举工作、党的基层组织建设、发展党员工作、党员教育工作、党员管理工作、党的干部路线和干部政策、党的干部管理工作、领导班子建设、干部制度改革、党内统计工作、中国共产党组织工作简史。(杨红军)

D000034 **党纪政纪条规手册** 中纪委法规室编。中国方正出版社1996年6月版。17万字。8.80元。从十一届三中全会以来,党中央、国务院、中央纪委、监察部颁发的一系列有关党纪政纪的条例、规定及规范性文件中,精选出基本的常用法规47篇,有实体性法规和程序性法规,是各级党政干部廉洁自律的行为准则,也是必备的业务工具书。(中纪委)

D000035 **红色接力棒** 杨贵才等著。河南人民出版社1996年11月版。17.1万字。14.80元(平),16.80元(精)。通过实地考察寻访,以"红色接力棒"这个形象的命题,生动地描绘出一群共产党员的光辉形象。反映伏牛山区寺河山乡党委,以坚定的信念,顽强的精神,带领人民群众战天斗地的事迹。(郭荣)

D000036 **外商投资企业党建理论与实践探索** 刘洪礼主编。福建教育出版社1996年11月版。10.9万字。12.50元。共收集上海市郊县各种类型的外商投资企业有关党建工作的论文、工作研究、调查报告、典型事例介绍,共18篇。就党组织在外商投资企业中的作用、地位和前景作充分探讨,以求在外商投资企业的环境里,党组织怎样创造性地开展它的工作,以保证企业健康、持久的发展。主要内容有:怎样保证和发挥党组织在企业中的监督作用;怎样在企业中进行有效的党组织活动;怎样处理好党组织与外商的关系;怎样参与企业的管理与决策,如何增强企业职工的凝聚力等,营造一个合适的企业文化环境;积极培养企业人才;发展新党员等。(陈萍)

D000037 **企业党建大事记** 中组部党建所编。党建读物出版社1996年11月版。25.7万字。14.00元。主要内容有:12年来中央及中央有关部门关于企业党的建设的重要文件、规定,有关重要会议精神,中央领导同志的指示、讲话以及党和国家关于企业改革方面的重要文件、法规等,力求全面反映12年来企业中党的组织工作、宣传思想工作、统一战线工作、纪律检查工作的方针政策、发展过程和工作成果。书中如实反映企业党建工作的实际情况,主要以国有企业党的工作为主,兼顾外商投资企业、城镇集体企业、乡镇企业、私营企业和其他经济组织中党的工作。(建萱)

D000038 **农村基层组织建设理论与实践** 吴汉主编。广西人民出版社1996年2月版。33.4万字。9.80元。分理论篇和经验篇。理论篇主要收录广西各级党务工作者、驻村工作队员撰写的理论文章。文章从不同角度对加强农村基层组织建设,提高基层组织的战斗力进行探索,提出解决问题的意见和对策。经验篇主要汇集1996年元月召开的广西自治区农村基层组织建设经验交流会上的典型经验,以及自治区直属单位驻28个特困县农村工作队包村整顿建设的经验材料,从不同层次、不同侧面总结反映了1995年广西各地加强以党支部为核心的农村基层组织的新鲜经验。(谭灿妮)

工人、农民、青年、妇女运动

D000039 **中华传统美德画库(第三辑)** 姬君式等著。接力出版社1996年12月版。1.6万字。10.00元。以生动感人的近、现代人物故事、朴实无华的文字和绘画语言,分"仁爱篇"、"勤奋篇"、"爱国篇"三个独立分册展示近、现代史上著名的政治家、科学家、英雄人物勤奋、爱国的精神情操和仁爱、正义等中华民族传统的优秀品格。每分册有13到14个人物故事。(刘迪才)

D000040 **道德读本** 李德顺等著。吉林文史出版社1996年12月版。10万字。6.80元。与青少年朋友探索人生的奥秘,其主要内容有:人应该有什么样的理想,理想又怎样去实现?我们都希望受到尊重和爱戴,可怎样处理好人际关系?高尚的道德、人格的魅力从何而来?我们期待着称心如意的工作,可当你面临着考职高、上普通高中,甚至是等待就业时,你会怎样去抉择?我们都渴求爱情的芬芳,可怎样去培育爱情的花朵?人们都期望有个晴朗的天空和美丽的家园，可怎样才能拥有清新的环境？我们都向往神奇和科学，可怎样才能用科学的利剑去斫断迷信的羁绊？我们都是炎黄子孙，但我们拥有一条怎样的根？（孙洪军）

D000041　**跨世纪童星成才之路**　副名：长辈们的希望 同龄人的榜样。上海文艺出版社编。上海文艺出版社1996年10月版。29万字。15.50元。介绍全面发展的十佳少年、全国年龄最小的一等功臣、画坛新秀、娃娃冠军、金奖琴童、少年英雄及小发明家、小演员、小作家、小记者等50位优秀少年成长的故事，反映当代青少年胸怀大志、奋发向上，为祖国、为集体勇于奉献的闪光思想和自强、自立、顽强拼搏的时代风貌。书中每篇的结构由主人公简介、铭言、故事、点评四部分组成。（李丹芬）

D000042　**新世纪少年素养丛书**　许祖馨主编。少年儿童出版社1996年4月版。58万字。39.20元。关于少年思想修养的读物，计6种：《力量的源泉——与少年朋友谈理想信念》、《神圣的使命——与少年朋友谈社会责任》、《高尚的情操——与少年朋友谈道德修养》、《公认的美德——与少年朋友谈纪律守法》、《健康的心理——与少年朋友谈心理素质》、《交友的艺术——与少年朋友谈人际交往》。（洪祖年）

D000043　**农村少年丛书**　孙家玉等著。江苏少年儿童出版社1996年12月版。48.5万字。19.20元。为农村孩子写的书，共4册：《从乡村走向辉煌的名人》主要写近现代以来出身农村的名人青少年时代的故事；《农村少年中的新闻人物》介绍近十多年来新闻媒体宣传过的农村少年中的典型人物；《充满希望的田野》主要反映全国农村五大典型和在全国有影响的村、镇近些年发展、变化的事迹，突出了共同致富的精神文明建设的主题；《大有作为的天地》叙述农村中的失学生和落榜生刻苦自学，以科技兴农、以科技致富的典型故事。（徐健）

D000044　**中国儿童生存、保护和发展书系**　晏升利等著。四川少年儿童出版社1994年7月至1996年8月版。270万字。系统研究和论述中国儿童生存、保护和发展问题的大型丛书。科学地总结建国以来我国儿童工作所取得的成绩和经验，指出存在的一些问题，从理论上探讨了产生问题的原因，从实践上寻求解决问题的思路导向和方法；内容涉及学校教育、家庭教育和社会教育、生理心理卫生、卫生保健、营养与健康、特殊儿童、独生子女、儿童权利和保护等儿童问题的各个领域。《人之初》、《网中的太阳》、《为人父母的艺术》、《希望从这里升起》、《“小皇帝”与“小奴隶”》、《智慧的摇篮》、《天使之谜》等论述了儿童德育与智育、家庭教育和学校教育以及文化娱乐等问题；《同是大写的“人”》、《回报太阳》、《困境与希望》、《跨世纪的新生代》等专题论述了残疾儿童、少数民族儿童、贫困地区儿童、独生子女等教育问题；《愿每个孩子都健壮》、《走向健康心理》、《春风沐浴“小花朵”》、《告别困惑》等论述了儿童营养与健康、儿童卫生保健与身心发育、儿童心理教育和性教育等问题；《进入“地球村”》、《地球与孩子》和《两条超越时空的路》等论述了大众传播与儿童发展、环境保护与儿童发展、中国儿童教育与西方主要国家儿童教育的异同。（杜定纪）

D000045　**中国学生运动史**　翟作君、蒋志彦著。学林出版社1996年5月版。33万字。18.00元。共15章。主要内容有：“‘五四’运动前的中国学生”，“光辉的‘五四’爱国运动”，“学生运动的历史转折”，“学生救亡运动的初步兴起”，“为争取和平民主而努力”等。系统而完整地论述中国的学生运动。（乐惟清）

D000046　**知青备忘录**　副名：上山下乡运动中的生产建设兵团。史卫民、何岚著。中国社会科学出版社1996年2月版。38.7万字。19.60元。“文化大革命”期间，全国12个生产建设兵团和3个农建师共接纳了上山下乡知识青年200多万人。作为一部“文化大革命”中的生产建设兵团信史，本书以知识青年为描述对象，系统论述生产建设兵团建立、发展和撤消的历史过程，展现生产建设兵团与“文化大革命”运动共进退的悲剧命运。共16章。前两章介绍兵团产生的背景、组织模式及知青安置情况；第三至七章重点介绍兵团所承担的各项任务；第八、九章以路线斗争和阶级斗争为重点展示兵团战士的政治生活；第十、十一章反映了兵团知青扭曲的日常生活；第十二章围绕知青问题介绍全国知青会议情况；第十三至十五章是对知青出路问题的探询并专门介绍了知青大返城的情况；最后一章是对知青文学的回顾和分析。书后附有“生产建设兵团大事记”和“生产建设兵团团场建制表”。（马晓光）

D000047　**女性与近代中国社会**　罗苏文著。上海人民出版社1996年12月版。39.9万字。28.00元（平），32.00元（精）。“近代中国社会史丛书”之一种。从社会学角度，以历史比较和定量分析的方法，剖析研究近代中国的女性问题。探究了女性在近代中国文明演进过程中所呈现的变化趋向，描述百年间乡村、城镇和都市这三种不同区域文化环境中的女性从家庭一员到社会一员的角色转换轨迹，揭示中国妇女伴随近代化过程而在教育、婚姻、家庭、职业及谋生方式、消费、服饰、审美、政治活动等方面所获得的推进。（张美娣）

世界政治

D000048 **当代世界与中国** 李建松著。南开大学出版社 1996 年 3 月版。28 万字。12.00 元。共 10 章。导言部分对当代世界与中国经济社会关系的几个基本理论问题，如现实社会主义的历史地位、当代世界的主要矛盾、正确认识和处理两制关系等问题作系统分析与介绍。第一至第十章分别介绍"资本主义的本质及其发展规律"，"社会主义的诞生、发展及其历史命运"，"现代经济体制优化的大趋势"，"世界经济国际化的新发展"，"当代国际竞争的主战场"，"当代世界政治军事运作的新特点"，"建立国际新秩序的复杂斗争"，"现代西方文化思潮与中国特色社会主义文化的建设"，"人类文明发展面临的新挑战"，"时代的主题"等内容。为高校"两课"改革的特色教材。（莫建来）

D000049 **跨世纪的世界格局大转换** 陈启懋主编。上海教育出版社 1996 年 12 月版。32.6 万字。16.00 元。采用历史、现状和未来发展趋势三者有机结合的研究、写作方法，分析苏联解体后新旧世界格局转换的过渡时期的特征、基本矛盾及其各个侧面，包括几个主要大国和区域的动向和冷战后世界的发展趋势。对跨世纪的世界格局大转换作全方位的分析，涵盖了影响格局新旧交替的规律性和阶段性，过渡时期国际形势的基本特点和趋势。（薛培华）

D000050 **中国的国际环境和世界若干国家的跨世纪发展战略** 丌成章、陈锋主编。当代世界出版社 1996 年 5 月版。21 万字。10.00 元。国际问题专著。共 25 讲。分上、下篇。上篇中国的国际环境，主要内容有：当前国际形势的主要特点和当今世界的主题；中国与美国、日本、欧盟、俄罗斯、东盟、南亚国家、中亚国家的关系；当前世界社会主义运动；当前国际舞台上的发展中国家；香港问题的来龙去脉。指出，国际形势总体趋缓，多极化世界格局日渐明晰，天下依然不太平；当今世界的两大主题是和平与发展，建立公正合理的国际新秩序势在必行；中美关系走向全面好转或恢复正常的可能性较大，中日关系道路曲折而前途光明，中欧双边友好关系可望进一步恢复和发展，中俄关系正步入健康发展、相对稳定的阶段；世界社会主义运动在低潮中发展。下篇世界若干国家的跨世纪发展战略，其主要内容有：介绍和分析美国、日本、德国、法国、英国、意大利、加拿大、俄罗斯、印度、韩国、越南、新加坡跨世纪的发展战略。指出，美国的全球战略总目标是坚持科技和经济领先，主要依靠军事实力，建立美国领导下的"世界新秩序"；日本凭借强大的经济实力，积极参与建立国际新秩序的进程，谋求"政治大国"目标的实现；德国在保持欧洲经济、政治大国的同时，正在谋求世界性的经济、政治大国地位；俄罗斯将重新振兴经济，恢复强大的武装力量系统，发展全方位伙伴关系，重振世界大国地位。（李庆贵）

D000051 **世界各国国旗国徽** 传兵、夏叶编著。重庆出版社 1996 年 8 月版。19 万字。27.00 元。包括迄今为止（1995 年 7 月）世界上所有获得承认的 193 个国家的国旗、国徽。着重解释旗语、徽语，从中涉及到该国的民族特点、历史渊源、宗教信仰、社会背景、价值观念、风土人情、审美情趣等内容。国旗、国徽也可说是政治的产物，一个国家的国体、政体发生变化，可能导致国旗、国徽的变化或更改。书中还撰写了国旗、国徽发展变化的史话和升国旗的常识。（余国枢）

D000052 **当代资本主义国家的文官制度** 周敏凯著。福建人民出版社 1996 年 1 月版。23.2 万字。13.20 元。收入"当代资本主义研究"丛书。以资本主义经济形态的发展阶段与科技产业发展阶段为线索，来划分西方文官制度发展的历史阶段。全书分成上篇——工业化时期（自由资本主义时期和垄断资本主义前期）与下篇——后工业化时期（垄断资本主义后期和国家垄断资本主义，包括 70 年代开始的垄断资本主义国际化）两大块共 6 章。全面阐述当代资本主义国家文官制度产生的历史背景，以及建立、建设、发展与调整的历史过程，揭示其发展的阶段性特点，并对这些特点进行历史的与现实的比较；在此基础上，评介当代资本主义文官制度的具体内容，揭示当代资本主义国家文官制度存在的弊端、发展趋势和历史局限性，并对如何认识、对待西方文官制度及其借鉴意义提出见解。（曹希莎）

D000053 **廉政学概论** 赖绍沧、梁宗常主编。广西人民出版社 1996 年 12 月版。13.93 万字。8.00 元。共 10 章：导论，古代的廉政思想和治理，资本主义国家的廉政思想和治理，廉政建设是社会主义国家生死存亡的关键，我国社会主义廉政建设的实践和经验教训,我国廉政建设的方针和原则,廉政教育,廉政制度,廉政监督,廉政法治。在批判地继承我国古代廉政治理的思想、借鉴资本主义国家廉政治理方面的优秀成果、总结我国社会主义廉政建设的经验的基础上,从古今中外的角度阐述廉政建设中的一系列基本问题。(谭灿妮)

D000054 **移民与发展** 副名:世界银行移民政策与经验研究。迈克尔·M·塞尼著,水库移民经济研究中心编译。河海大学出版社 1996 年 10 月版。13.4 万字。15.00 元。作者是国际著名的社会学家、移民学家,世界银行移民政策的制定者和最高权威决策顾问之一。本书由 6 篇文献组成,即:开发项目中的非自愿移民(世界银行技术文件第 80 号);非自愿移民(世界银行 4.30 导则);非自愿移民社会经济特性;移民政策应用影响分析;非自愿移民研究、政策与规划;社会整合与移民。每一部分篇首对主要内容及其产生背景都作全面说明。工程移民是研究因水利、电力、交通、城建、工业、环保等行业工程建设引起的征地拆迁问题,由此而引起的人口迁移与社会经济系统重建问题,以及移民系统的技术、经济、人口、资源、环境、社会、政策等问题,是一门涉及自然科学与社会科学中多学科的边缘学科。作者将社会学理论与方法应用于处理复杂移民问题方面,有独到之处,在《社会整合与移民》一章,对工程移民的社会学问题有精辟论述。(陈玉国)

D000055 **中世纪的知识分子** [法]雅克·勒戈夫著,张弘译。商务印书馆 1996 年 12 月版。16.7 万字。10.10 元。作者是法国著名史学家、"新史学派"代表,巴黎高等社会科学院院长。本书分 3 部分:一、12 世纪:知识分子的诞生;二、13 世纪:知识分子的成熟及其问题;三、从大学成员到人文主义者。首先阐述"知识分子"概念在中世纪的起源及其内涵的发展,并把其追溯到古典社会,探明其在古典社会中的"意义"。中世纪的知识分子,按照作者的观点,是指一个群体,即从事精神劳动、以教学为职业的教士。他们的产生、演变和分化是与西欧中世纪城市和大学的产生与发展密切相关的。在阐述中世纪知识分子的形成和发展乃至衰亡的过程中,揭示了西欧中世纪城市和大学的有关背景,把知识分子置于城市的大环境下进行透视。(李失)

D000056 **世界民族关系概论** 金涛、孙远来著。中央民族大学出版社 1996 年 6 月版。30 万字。15.60 元。从宏观的角度论述世界民族关系和各洲民族关系,对世界上一些敏感地区敏感的民族关系的根源、现状及发展趋势和存在的问题进行剖析,比如缅甸的民族关系,泰国的民族关系与民族问题,马来西亚的民族问题与政府对策,印度的民族关系问题,斯里兰卡民族冲突,库尔德人的问题,处境两难的以色列阿拉伯人,俄罗斯联邦的民族关系,北爱尔兰问题的实质,巴斯克人的分离主义的影响,比利时的语言争端,富于向心力的瑞士民族关系,坦桑尼亚的民族关系,尼日利亚的民族问题,布隆迪的种族和部族关系,新南非的种族和民族关系,美国的民族关系,多元文化主义政策下的加拿大民族关系,墨西哥国民一体化政策,巴西民族问题,新西兰的一体化民族政策,斐济民族问题与政治角逐。对这些问题的探讨与分析,为妥善解决本国的民族关系提供借鉴,为我们与国外民族关系的协调提供依据。(戴佩丽)

D000057 **世界政党比较研究** 王长江撰稿。中共中央党校出版社 1996 年 2 月版。21.9 万字。10.00 元。从党的建设角度对世界各类政党的运行进行比较和考察。除序言和导论外,正文有 9 章:一、苏共党的建设的历史考察;二、苏共党的建设的改革及其教训;三、东欧七国共产党建设的理论与实践;四、南共模式——南斯拉夫党对党的建设道路的探讨;五、欧洲共产主义与发达国家共产党的建设;六、社会民主党与社会民主主义;七、社会民主党体制构成与演变;八、西方政党与政党体制;九、日本的政党体制。其特点是:立足于比较、借鉴,把前苏联、东欧各国的共产党、发达国家的共产党、社会民主党、西方各类传统政党及日本政党纳入视野,介绍和评析各类政党和政党体制是为了探讨在改革开放条件下如何加强和完善中国共产党的领导。(关国为)

D000058 **社会保障制度国际比较研究** 单永治、梁峰著。辽宁人民出版社 1996 年 1 月版。22.5 万字。13.80 元。分为"社会保障总体论"、"社会保障国别论"、"社会保障比较论"、"社会保障创新论"4 篇,共 16 章。运用科学的比较方法,系统研究社会保障的理论体系,阐述社会保障的科学界定、性质、基本特征、基本内容、基本功能以及与商业保险的关系。论述社会保障产生的客观依据,社会保障形成与发展的政治学、经济学、社会学基础,以及对收入分配的影响。实证分析了国外典型国家社会保障的经验和教训,如德国、美国、英国、瑞典、日本等国社会保障的主要特点、管理体制、原则及对其的客观分析。深入探讨我国社会保障制度的理论与实践,论述我国社会保障制度的性质、特征,与经济发展、社会发展的关系,提出我国社会保障制度改革创新的基

本原则、目标模式、基本框架,以及保障基金的筹集、支付、管理方式等。(杨立中)

中国政治

D000059 **中华腾飞的一百道难题** 刘书林主编。中国青年出版社 1996 年 1 月版。18 万字。10.80 元。分析与研究我国现代化建设进程中出现的一百个问题,包括:人口、资源、资金、生态平衡与环境保护、自然灾害及减灾抗灾、交通运输、通讯、文化教育、科技推广、农村与农业、政治、法制、社会生活、道德建设等,涉及物质文明和精神文明的各个方面。通过典型的事例、确切的数字,展示现实中存在的困难。探讨分析形成难题的原因,分析问题的内在结构和外部联系。找到或指出克服困难或解决问题的方法或方向。收入"爱国主义教育丛书"。(王瑞)

D000060 **中国革命问题散论** 沙健孙著。湖南教育出版社 1996 年 12 月版。34 万字。17.30 元。收录作者 1991 年以来撰写的 25 篇关于中国革命问题的文章。分 3 部分:关于毛泽东和毛泽东思想;关于中国革命的历史道路;关于中国革命史、中共党史的研究。作者认为,中国革命发生在一个幅员辽阔、人口众多、政治经济发展不平衡的东方大国。由于面对的敌人异常强大,情况极其复杂,因此这个革命斗争的历史经验是丰富的,而且极具独创性。针对有的论者以反对激进主义为名,对革命、革命历史进行批判,认为改良才是济世良方的做法,作者认为,这是以反历史的态度来看待历史的。作者指出,史料学不等同于历史科学,要运用正确的理论和方法去分析历史资料。本书的主旨在于认识革命的发展规律,总结革命的历史经验。(聂乐和)

D000061 **中国跨世纪的改革与发展** 辜胜阻著。武汉大学出版社 1996 年 12 月版。38.7 万字。21.80 元。系"中国跨世纪的社会经济丛书"之一。研究中国改革面临的主要问题。其内容包括:国有企业改革,金融体制改革,社会保障体制建立,民营企业的再次勃兴,贫困问题的解决,人口问题,农村问题,就业问题,城镇化等等。作者运用发展经济学、制度经济学、经济社会学多学科方法进行探讨,提出解决问题的对策。(范绪泉)

D000062 **分清理论是非 坚定政治方向** 雷云主编。浙江人民出版社 1996 年 8 月版。22.6 万字。14.00元。围绕江泽民提出的七个重大是非问题而撰写。全书以马克思主义特别是邓小平建设有中国特色社会主义理论为指导,从历史与现实、理论与实际的结合上,运用辩证、说理的方法,作系统的阐述。

D000063 **当代中国的马克思主义** 云南大学出版社 1996 年 6 月版。36.4 万字。15.00 元。阐述的主要内容有:以毛泽东为代表的中国共产党人在新民主主义革命时期,总结了成功的经验和失败的教训,创立了毛泽东思想,在中国建立了社会主义制度;以邓小平为代表的中国共产党人在十一届三中全会以后,总结了建国以来正反两方面的经验,创立了邓小平理论。邓小平理论系统完整地回答了在中国这样一个经济文化比较落后的国家,如何建设社会主义,如何巩固和发展社会主义的一系列基本问题,用新的思想、观点,继承、丰富和发展了马列主义、毛泽东思想,它是当代中国的马克思主义。(赵国树)

D000064 **当代中国科学社会主义** 副名:从毛泽东到邓小平。樊瑞平、张乐岭主编。山东大学出版社 1996 年 12 月版。83.3 万字。48.00 元。共 22 章,分 3 卷:方法卷、本质卷和建设卷。方法卷,着重从哲学层面上阐述毛泽东和邓小平认识和解决社会主义理论和实践问题的世界观和方法论;本质卷,着重回答"什么是社会主义"的问题,即说明社会主义"是什么,不是什么"的问题;建设卷,具体回答"怎样建设社会主义"的问题。(米克荣)

D000065 **时代发展与中国特色** 薛汉伟著。北京大学出版社 1996 年 8 月版。19 万字。13.80 元。从新的视角研究建设有中国特色社会主义理论的专著。展现世界历史进程中社会主义的发展轨迹,勾画社会主义发展的 5 个阶段,其中在资本主义相对稳定的发展时期,发生了两件大事:苏联东欧剧变,有中国特色社会主义的兴起。该书以此为主线展开论述:客观分析苏联模式形成的历史背景,充分肯定苏联模式的重大历史作用和影响。指出,随着时代主题的转换,这种与战争相适应的所有制过分单一、忽视市场机制的高度集中的体制的积极作用逐步耗尽,最终走向衰败。阐述了中国特色社会主义是在时代发展造成的历史条件下兴起,揭示有中国特色社会主义理论是围绕"什么是社会主义,如何建设社会主义"的基本问题的再认识而逐渐形成和发展起来。指出中国走向市场经济的方式和道路是中国式的渐进改革,是从中国国情出发的利多弊少的一种选择。重版时增加了十五大与所有制理论的重大突破及在世界整体联系中看我国当前的三大改革的内容。(金娟萍)

D000066 **实践之路** 李子奇著。甘肃人民出版社1996年8月版。50万字。26.00元。收入作者1983年至1991年期间的重要文稿，共68篇。集中反映中共甘肃省委全面贯彻党的基本路线，紧紧围绕经济建设这个中心，着力理清全省改革与发展思路，并带领干部群众苦干实干、艰苦奋斗、脱贫致富的全面情况。从1983年起，省委先后制定了“三年停止植被破坏，五年基本解决温饱”，“有水走水路，无水走旱路，水旱路不通另找出路”，以及重点建设河西走廊、沿黄灌区、陇东三大粮仓的奋斗目标和总体战略。把发展城市集体经济和乡镇企业作为振兴全省经济的突破口，把“内联外引”“东进西出”作为不断扩大开放的重要措施，并取得明显效果。(李德奇)

D000067 **唯物史观与中国的社会主义道路** 张良骏、许志功等著。山西人民出版社1996年5月版。23.2万字。14.80元。以马克思主义的唯物主义历史观为武器，以人类社会的发展和社会主义的实践为背景材料，研究和总结中国社会主义发展的经验教训，探讨唯物史观与邓小平建设有中国特色社会主义理论的关系。(杜厚勤)

D000068 **中国特色社会主义论二十题** 龚育之著。中共中央党校出版社1995年12月版。22万字。13.50元。系统论证邓小平成为中国特色社会主义理论的主要创立者的由来、中国特色社会主义理论的历史地位、历史发展、来源和根据等，共分20个专题。(崔永琳)

D000069 **真理，您告诉我** 副名:青年理论学习百题。施达著。广西师范大学出版社1996年12月版。29万字。10.00元(平)，14.00元(精)。在广泛进行社会调查的基础上，根据邓小平建设有中国特色社会主义的理论回答当前青年在理论学习中遇到的疑难问题。全书围绕“什么是社会主义，怎样建设社会主义”这个中心，包括社会主义发展道路、发展阶段、根本任务、发展动力、外部条件、政治保证、战略步骤、领导力量、祖国统一等方面来分析与解答。每回答一个理论问题，阐明邓小平建设有中国特色社会主义理论的一个观点。(郑纳新)

D000070 **中国特色社会主义建设教程** 张鸿文、杨永志主编。南开大学出版社1996年8月版。27.2万字。14.00元。以建设有中国特色社会主义理论为主线和基本内容，结合我国改革开放和社会主义现代化建设的具体实践，全方位地阐述邓小平建设有中国特色社会主义的思想观点。除导论外，又分社会主义的本质和任务、社会主义经济的发展、社会主义改革、建立社会主义市场经济体制、建立社会主义现代企业制度、建立社会主义现代农业体制、培育社会主义市场体系、坚持公有制为主发展多种经济形式、坚持按劳分配为主体建立合理的利益分配格局、实行全方位的对外开放、建立和健全宏观调控体系、社会主义精神文明建设、加强社会主义民主和法制建设、社会主义建设的领导力量和依靠力量等14章，每章后面附有思考题。(丁福原)

D000071 **建设有中国特色社会主义理论教程** 苏星等主编。中共中央党校出版社1996年4月版。33万字。16.50元。党校教学教材。主要内容为:绪论;第一编，建设有中国特色社会主义理论的哲学基础;第二编，社会主义本质和党在社会主义初级阶段的基本路线;第三编，社会主义市场经济与我国经济体制改革;第四编，我国社会经济发展与发展战略;第五编，社会主义民主政治建设和精神文明建设;第六编，时代特征与中国对外政策;第七编，党的领导和党的建设;结束语。(崔永琳)

D000072 **维护祖国统一简明读本** 何富麟主编。新疆人民出版社1996年8月版。14万字。14.00元。对“新疆自古以来就是祖国领土不可分割的一部分”、“民族分裂主义和非法宗教活动是影响新疆的主要危险”、“两个离不开”、“反对和制止非法宗教活动”、“发展民族地区经济”等重要理论问题和实践问题，进行论证和分析。其新观点有:“反对民族分裂主义和非法宗教活动是一场严重的政治斗争和阶级斗争”，“民族分裂主义的要害是策划新疆‘独立’，图谋建立‘东突厥斯坦伊斯兰共和国’”，“发展民族地区经济是实现长治久安的根本途径”，“大力增强中华民族意识，把各民族的民族意识同中华民族意识统一起来”等。(丁璇)

D000073 **改革** 本丛书编委会编。民族出版社1996年4月朝鲜文版。65万字。27.50元。“中国朝鲜族历史足迹丛书”之第八卷，反映1978年党的十一届三中全会至1990年这段历史时期，中国朝鲜族在改革开放大潮的推动下，在拨乱反正工作中，在工业、农业、对外贸易、科技、教育、文化艺术、体育、卫生、民族干部的培养等领域所取得的成就，以及各条战线涌现出来的改革先锋、劳动模范、对国家有突出贡献科学家等先进人物的事迹。(李钟万)

D000074 **哈密，可爱的家乡** 王素甫·牙合甫等主编。新疆大学出版社1996年12月版。24.9万字。12.00元。哈密是西域通向内地的门户，古丝绸之路重镇，是紧密联系新疆和祖国内地的战略要地。作者以大量的历史事实、数据、考古发现和文物史料，证明哈密与祖国血肉相联的生死与共的关系，讴歌了哈密各族人民为畅通丝绸之路、开发建设边疆、保卫国家统一所作出的伟大贡献；歌颂50年来，特别是改革开放以来哈密各条战线所取得的成绩。(墨愚)

D000075 **迈向21世纪的泉州** 海潮摄影艺术出版社1996年1月版。2万字。460幅图。180.00元。收集、整理从1985年至1995年间，泉州市在改革、开放的过程中，经济建设、交通能源、科教文卫、对外交往、精神文明等诸方面所取得的成果的照片460幅，并配有13篇千余字的短文加以介绍、说明，反映古城泉州的变化和发展。(刘强)

D000076 **中华国富论** 王东著。黑龙江教育出版社1996年5月版。38万字。15.50元。探讨中国经济起飞、文化复兴、持续发展的问题。以"大跨度、多学科、新综合"的方法在七个层次上富有创新：一是跨世纪，二是跨时段，三是跨角度，四是跨专业，五是跨领域，六是跨地域，七是跨文化。这种科研方法主线分明，把经济学、政治学、文化学、历史学、哲学等诸学科融为一个有机整体。书中提出"宋朝出现了中国可能走向近代化的第一次历史机遇"的宋代原点论的观点，指出六次机遇未能抓住而丧失，即宋代首次机遇得而复失、郑和下西洋的二次失机、康乾盛世与三次痛失良机、1840年的鸦片战争商业革命先兆、1937年前后昙花一现的黄金季节、1957年倏忽而逝的壮丽日出。阐述20世纪中国现代化的三个巨人——孙中山、毛泽东、邓小平的治国理念：孙的三民主义救国论、毛的新民主主义建国论、邓的中国特色社会主义富国富民论。书中对经济起飞的实质、类型、道路、机制、条件、背景、过程、特点、后果、个性等，都有深刻的见解。(张希玉)

D000077 **中国国家利益分析** 阎学通著。天津人民出版社1996年5月版。23万字。19.80元。分3篇10章。第一篇"国家利益的理论认识"，着重探讨国家利益的定义、起源、内涵及判断标准。第二篇"具体国家利益的分析"，重点分析中国的经济利益、安全利益、政治利益和文化利益。第三篇"对维护国家利益的认识"，介绍邓小平关于国家利益的思想，提出一套关于维护中国国家利益的战略构想。指出，国际政治范畴中的国家利益是指一个民族所共有的利益，是全民族利益的总和。国家利益可以分为不同类型，在不同历史条件，各种利益的具体内容是不同的。提出对国家利益实际分析与具体程度判断的量化操作方法——效用分析法，导出在冷战结束后，与政治利益、安全利益相比，经济利益是中国最为紧迫和重要的国际利益。分析了国家的外文日标，为维护现实和长远的国家利益提出了战略性设想。如中美日俄四国关系互动和加强双边、多边安全机制、开展民间外交宣传的观点，以及论述了具体地区和国家的外交策略等。(赵明东)

D000078 **共和国的象征** 镡德山、熊华源主编。新世纪出版社1996年7月版。6万字。200幅照片。38.00元。关于国旗、国徽和国歌的画卷。围绕国旗、国徽、国歌所发生的一些爱国主义的感人事迹，用通俗易懂的文字和引人入胜的画面表现出来。(肖宿荣)

D000079 **地方人大工作实践与思考** 徐澄清主编。青海人民出版社1996年11月版。30.4万字。16.50元。系统论述地方人大工作的方方面面。全书以马克思列宁主义的国家学说和邓小平理论为指导，结合地方人大工作的实际，总结地方人大的工作经验，探讨地方人大工作中的一些实际问题。(齐宏亮)

D000080 **努力建设高素质的干部队伍** 李红锋主编。中共中央党校出版社1996年7月版。14.8万字。9.80元。阐述建设高素质干部队伍的极端重要性和基本要求，建设高素质干部队伍必须强化理论学习；要学习好邓小平理论；中国共产党的干部队伍必须是能与人民群众相结合，在人民群众的实践中锻炼成长的高素质的干部队伍；必须严格按照党的干部政策选人用人；建设高素质干部队伍必须抓好各级领导班子建设，必须注意培养和造就跨世纪的优秀年轻干部。(张坚石)

D000081 **人事工作办事指南** 莫军主编。广西人民出版社1996年9月版。12.3万字。6.20元。主要内容有：吸收录(聘)用篇，转业军官安置篇，毕业分配和就业篇，人事调配交流篇，人才流动篇，培训篇，公务员考核篇，奖惩篇，行政任免篇，专业技术人员职称篇，专业技术人员和专家管理篇，工资和福利篇，工龄篇，退休退职篇，机关事业单位社会保险篇，国外智力引进篇，辞职篇，工人技术等级考核篇等18个部分。介绍人事行政部门的业务范围、公开办事的条件和程序。(谭灿妮)

D000082 **反腐败论析** 金维新著。上海人民出版社1996年12月版。11万字。9.00元。描述1993年至1996年间全国开展反腐败斗争的历程、特点和力度，剖析当前腐败现象的种种表症，对腐败成因的众多诠说作简要的介绍和评论,并就惩治腐败提出若干看法和建议,探索在我国进行改革开放、实现现代化的新时期,遏制腐败现象的对策。(黄建章)

D000083 **中国监督学大辞典** 郑力主编。中国财政经济出版社 1996 年 1 月版。280 万字。110.00元。共 6 篇,36 大类,4 500 辞条。第一篇为监督基本理论,全面阐述社会主义监督原理,包括监督的产生、发展、本质、定义、目的、对象、任务、职能和作用等;第二篇为政治监督,包括执政党监督、民主党派监督、国家监督、行政监督等;第三篇为法律监督,包括立法监督、司法监督、行政法监督等;第四篇为社会监督,包括人民监督、舆论监督等;第五篇为经济监督,包括计划监督、财政监督、税务监督、金融监督、工商行政管理监督、价格监督、统计监督、会计监督、审计监督等;第六篇为技术监督,包括质量监督、计量监督、标准监督、环境保护监督、卫生防疫监督、锅炉安全监督、铁路运输监督、民航运输监督、公路运输监督、水运监督、管道运输监督等。(马增伦)

D000084 **消防安全实用知识丛书** 牟新生等著。警官教育出版社 1996 年 1 月版。111 万字。100.00元。丛书共 10 种:《消防器材使用指南》、《交通防火防爆知识》、《石油化工消防知识》、《水运消防知识》、《乡镇企业防火防爆》、《地下设施消防知识》、《学生消防常识》、《火场逃生术》、《公共娱乐场所消防知识》、《旅馆饭店消防知识》。(周佩荣)

D000085 **三峡工程移民与库区发展研究** 朱农主编。武汉大学出版社 1996 年 11 月版。24.8 万字。18.00 元。从移民安置与库区发展的关系出发,对三峡库区的人口、社会、经济的现状和发展前景进行了论述;对库区人力资源开发、环境人口容量、移民人口群体状况等重要问题进行探讨;总结了我国水库移民的历史经验;分析了促进移民安置与库区发展走向良性循环的条件;提出三峡库区移民安置的思路与对策。作者把移民安置放在三峡库区的经济增长、产业结构转型、城乡建设、社会与人的发展、生态环境保护等大哲学之下进行研究。综合运用动态分析、结构分析、个案分析、比较分析等方法,从不同侧面和不同层次揭示三峡工程移民与库区发展的内在规律性。(沈建英)

D000086 **四川救灾年鉴(1996)** 四川省人民政府救灾办编。四川科学技术出版社 1996 年 10 月版。70 万字。42.00 元。全面、系统地反映当年发生在四川的各类自然灾害及其危害和防灾、抗灾、救灾工作,为各级、各部门开展减灾工作当参谋,为各界人士了解和研究四川提供资料。全书分为 8 篇:大事记,自然灾害发生发展概况,重大自然灾害事件,防抗救灾工作,抗灾救灾组织体系建设,重要文献,工作研究和附录。(宋齐)

D000087 **云南少数民族的社会主义发展道路** 陈国新主编。云南大学出版社 1996 年 6 月版。30 万字。15.00 元。作者深入云南各民族地区进行实地调查,参考历史文献,全面总结云南各少数民族在建国后所走过的道路。根据云南少数民族在解放前社会经济发育程度不同,历史文化传统各异的特点,作者把其分为原始社会形态的少数民族、奴隶制社会形态的少数民族、封建农奴制社会形态的少数民族、靠内地较发达的少数民族四大类,分别研究他们在解放前所处的社会历史状况和解放后所走过的曲折道路。作者指出,只有社会主义才是各民族实现民族和解、民族平等、民族社会发展的康庄大道。(徐曼)

D000088 **民族调查通论** 刘锋著。贵州民族出版社 1996 年 6 月版。41 万字。26.00 元。民族学理论专著,共 10 章。论著立足于时代和科学的要求,突破传统民族学调查方法仅致力于小片社区从事田野工作的积弊,促使民族调查的理论和方法能适应大社会大范围的田野资料搜集整理的需要。在吸收前人优秀成果的基础上,充分利用历史文献、考古学、语言学、社会学等和民族学相结合的调查和研究方法,历史地、现实地、全面地、整体地调查和研究各种文化和文化关系。廓清了民族调查和社会调查的基本区别,澄清民族调查在对象、难点、操作规范、调查目标、资料整理和成果形成与内容基本特点和要求,吸收了社会调查对民族调查的理论和方法。(罗兴贵)

D000089 **朝鲜族的展望** 李洪遇著。黑龙江朝鲜民族出版社 1996 年 12 月朝鲜文版。15 万字。18.00 元。叙述朝鲜族的未来,对朝鲜族会不会被同化的问题,作历史考察与分析。作者指出:一个民族被同化有四个要素:其一,关系到多数民族(主体民族)对少数民族的姿态。其二,关系到少数民族对主体民族的姿态。前者的民族意识强,凝聚力强时被同化是不容易的。其三,关系到少数民族被主体民族包围而其人数少,加上后进状态时被同化是轻而易举的。其四,少数民族在外国有故国,且故国比祖国发达,加上从各方面有来往时被同化是不容易的。拿朝鲜族的情况来衡量的话,朝鲜族的未来被同化的可能性很大。目前来看朝鲜族进城之风、赴外国之风较盛行,农村朝鲜族人口越来越少,不少朝鲜农村学校因无学生来源而不得不关门，朝鲜族集居区越来越少。作者指出，朝鲜族如要不被同化，必须做到：第一，朝鲜族要走上先进民族行列；其二，在新的条件下，扩大、建立朝鲜族集居区；其三，以先进民族文化改造民族性格。（崔昌俊）

D000090 **中国民族统计年鉴（1996）** 国家民委经济司等著。民族出版社 1996 年 10 月版。80 万字。80.00 元。反映我国民族自治地方经济和社会发展情况的统计资料工具书。由 4 部分组成：第一部分，收集国家民委颁发的有关民族工作方面的文件以及党和国家领导人的有关讲话。第二部分，收编国家民委各有关司室撰写的民族工作条目，从宏观角度综合反映 1995 年全国民族工作的形势。第三部分，介绍各省、自治区、直辖市 1995 年的民族经济、社会发展和民族工作情况。第四部分统计资料，包括 12 个小部分，即综合，人口、从业人员，农业，工业，运输、邮电，固定资产投资，国内贸易，财政、金融，人民生活，教育、科技，文化、出版，卫生、体育，提供 1996 年最新的统计数据。最后附有“民族工作机构目录”，刊载国家及地方民委地址、机构、电话等资料。（虞农）

D000091 **华侨 · 华人 · 侨务大辞典** 庄炎林、伍杰主编。山东友谊出版社 1996 年版。200 万字。120.00 元。以马列主义基本理论为指导，全面、系统地对华侨、华人、侨务工作的历史、现状、政策、知识、规律、学术观点加以分析和介绍。分为概述、历史、机构、政策、文化、教育、人物、社团、成就、侨乡风貌等共 11 个分篇，1 万余条词条。（姚文瑞）

D000092 **延安精神与社会主义精神文明建设** 陈登才、郑志飚著。陕西人民出版社 1996 年 12 月版。30 万字。28.00 元。分总论、分论和结束语 3 部分。总论部分是对延安精神的科学内涵及其与社会主义精神文明建设之间的必然联系和本质上的一致性的研究。分论部分论述延安精神与社会主义精神文明建设中的思想建设、道德建设、科技发展、科教兴国、文化建设、党风廉政等各个领域的联系，从不同侧面研究延安精神与社会主义精神文明建设的内在统一性和本质上的一致性，揭示延安精神是社会主义精神文明建设的动力、源泉和支柱。结束语论证延安精神对中华民族以崭新的精神风貌跨入 21 世纪的巨大激励作用，阐明延安精神是中国共产党人对中华民族优良传统的升华。（王长海）

D000093 **思想 · 道德 · 文化建设千字文** 湖北省委宣传部、湖北省社会科学院编撰。湖北教育出版社 1996 年 12 月版。2.6 万字。图 84 幅。6.80 元。采用群众喜闻乐见的四言韵文形式，并配有 58 幅彩图和 26 幅卡通故事画。展示了中华民族源远流长的文明传统，介绍了古代仁人志士的嘉言懿行，歌颂了社会主义革命和建设事业中的英雄模范，阐述了社会主义精神文明建设的指导思想、目标任务以及新时代公民的行为准则、道德规范等等。（杨唐轩）

D000094 **修身铸德五十篇** 副名：文明新风歌。本书编写组编。河北人民出版社 1996 年版。5.4 万字。5.50 元。以五言或七言打油诗的形式，阐述在日常工作、学习和生活中修身铸德的道理。有爱国、信仰、立志、求学、革新、求是、义利、公私、苦乐、生死、守法、团结、干群、妇女、生育、公共、诚实、交友、谦让、尊师、勤俭、惜时、戒贪、敬业、公仆、用人、执法、务农、经商、务工、服务、为师、医护、从军、夫妻、敬老、教子、婆媳、兄弟、妯娌、邻里、卫生、婚恋、丧葬、消费、娱乐、宴饮、戒赌、戒淫或戒烟共 50 篇。穿插中国古代历史故事中的孙敬悬梁、匡衡凿壁、荻沙练字、曾子杀猪、孟母三择邻和板桥寄家信等，古代名人孔子、孟子、乐毅、苏秦、管仲、岳飞、文天祥，近代名人孙中山，无产阶级革命家毛泽东、周恩来等和英雄董存瑞、刘胡兰及领导干部的楷模焦裕禄、孔繁森等的事迹。（周建图）

D000095 **爱国情感教育心理学初探** 梅仲荪等著。人民教育出版社 1996 年版。24 万字。12.00 元。“爱国情感教育心理学丛书”之一。共分 4 篇，即理论篇、调查篇、实验篇和培养篇。以研究爱国情感形成规律为重点，对爱国情感的心理成分进行多角度多层次的分析研究，提出三维结构理论。作者对中小学生、幼儿的爱国认知、情感和行为的现状，以及中小学教师对当前爱国主义教育实效评价等进行调查研究后发现：幼儿时期很难形成“祖国”等抽象概念，对这一阶段的儿童要以培养爱国基础情感为重点。作者以探索学生爱国情感内化过程的影响因素为目的，结合语文课堂教学，进行若干探索性实验，结果表明，语文学科在爱国情感培养中具有主渠道作用。还从心理学角度对广大教师创造的培养爱国情感的先进经验进行筛选、提炼和概括，使之系统化、理论化。（魏运华）

D000096 **精神之火** 副名：中华民族精神与当代青少年使命。沈其新等著。湖南少年儿童出版社 1996 年 11 月版。19 万字。9.80 元。由 8 章构成。每章阐述一种中华民族的精神。先对这种精神的内涵、实质、意义进行理论阐述，然后引出数篇真实而生动的古今故事加以说明,最后以“启示”为题,针对当前青少年生活和思想实际状况加以分析,给予引导。导论主要阐述精神与人类社会发展、与中华民族兴衰、与青少年成长的关系;通论则着重谈中华民族八大精神之间的关系以及当代青少年的使命。作者将中华民族传统美德提升到精神层面,并系统地概括为八个方面。在论述上把握时代脉搏,充分选取当代的特别是改革开放以来的素材。将中华民族精神的阐发置于唤起当代青少年使命感的高度,全方位多层次地凸现中华民族精神。(刘杰英)

D000097 **爱国主义教育丛书** 郑州市委宣传部编。河南教育出版社 1996 年 10 月版。90 万字。丛书分为《百首爱国歌曲》、《百首爱国诗词》、《百名爱国人物》、《百个爱国故事》四个分册。坚持以爱国主义教育为主线,在选材上既体现历史继承性,又突出时代精神,为系统性的爱国主义教材。(会平)

D000098 **中华道德歌** 路继舜、解青林编著,许风秋绘像。河北人民出版社 1996 年 11 月版。3.7 万字。6.80 元。分成七言歌诀、注释和群英绘像三个部分。歌诀从历史明德、思想品德、社会公德、职业道德、家庭美德几个不同侧面,对现代人进行社会道德教育。有 150 余条注释,60 幅中华道德群英像,生动地展现了中华五千年历史画廊中的英雄人物。(李卞)

D000099 **市民文明用语读本** 刘迎初主编。沈阳出版社 1996 年 10 月版。11.4 万字。5.00 元。全面介绍市民在公共交往中应使用的文明用语;并从 10 个方面 36 个具体场合入手,系统介绍在这些场合的各个主要环节应使用的文明用语。最后附有不文明例语 70 句,供学习时参考。(薛劲松)

D000100 **精神文明建设的理论与方法** 苗启明著。云南教育出版社 1996 年 9 月版。24 万字。10.20元。共 4 篇。第一篇论述社会主义市场经济条件下的精神文明建设;第二篇讨论社会主义精神文明建设的几个深层理论问题;第三篇重点研究有民族文化特色的精神文明建设;第四篇进行典型分析,探讨不同层次的精神文明建设。作者从云南的实际出发,研究民族传统文化与现代文化相互作用的变化机制、发展规律以及有民族文化特色的精神文明建设的方略问题。论述了人的“需要的十二层级”及其与精神文明建设的关系,“物质—社会—精神”三维协同发展和向交往型道德转型,具有广泛性的九种思想道德观念的建设以及对精神文明建设的层次划分等,颇有新意。(黄凡)

D000101 **中国德育全书** 詹万生主编。黑龙江人民出版社 1996 年 4 月版。200 万字。128.00 元。系统阐述德育基础理论、应用理论和参考资料的大型德育工具书。全面收集和整理十一届三中全会以来我国德育科学研究的理论成果和实际工作经验。分上、中、下三篇。上篇:德育基础理论,系统介绍我国德育科研的理论成果;中篇:德育工作实务,介绍我国各级各类学校德育工作的实践经验;下篇:德育参考资料,介绍有关德育科研、教学和管理的参考资料。(徐冲)

D000102 **大转折时期的社会心态** 马守良主编。浙江人民出版社 1996 年 12 月版。20.5 万字。13.80 元。联系我国历史大转折时期的基本特点和带全局性的战略问题,阐发研究社会心态的重要性和必要性。全面分析改革开放以来我国社会心态发生的变化及其原因。指出随着改革开放的深化和现代化建设的推进,我国社会由改革前的安贫乐道、僵化教条的基本心态逐步转化为求改、求富、求稳、求自主、求竞争、求效益、求民主、求法制以及求开拓创新的心态,这是主导的方面;但是由于经济发展不平衡、利益格局的重组、效益与公平的矛盾导致的分配不公,引起人们心理上的不平衡,产生怀旧、忧虑等复杂的心态。并从现代化进程、经济体制转轨、全方位对外开放和外来文化的影响、传统文化的变迁、生活方式的变革等方面,剖析历史大转折时期社会心态变化的原因。对大转折时期社会心态的基本特点、发展趋势和规律,作初步的概括。具体分析了大转折时期社会心态的矛盾性、多样性、过渡性和稳定性;指出社会心态的变化是同历史大转折时期社会的变革相伴而行的,社会心态冲突和缓解的交替出现将是一个长期的过程。对引导和调节社会心态的基本目标、途径方法、基础条件进行了有益的探讨。认为引导和调节社会心态要有利于实现经济体制和经济增长方式的根本转变,有利于加强社会主义精神文明建设,有利于维护安定团结的政治局面。(杨淑英)

D000103 **中国人社会行为分析** 穆怀中、刘志东等著。辽宁大学出版社 1996 年 6 月版。20 万字。14.00 元。从人的“社会行为”入手,采用社会关系的多视角和多维度进行观察,阐释在社会因素作用下的人的行为产生和发展的规律,剖析人的行为悖论存在的现实根据和内在发展逻辑,从而正确理解和把握人的行为趋势。作者从“点”的角度剖析人的多侧面社会行为现象,将其归纳为六种“社会行为基本类型”,又从“平面”的角度剖析人的社会行为较复杂的综合现象，展示人的多重人格形成和转换规律，构成“平面综合型社会行为”。最后从“三维立体”角度，分析人的社会行为更为复杂的构成和发展模式，展示人的“多面性”，探索人的行为悖论存在的“合理”行为模式与“不合理”行为错位的现象。（王百娣）

D000104 **中国城市化之路** 王春光、孙晖著。云南人民出版社 1996 年 12 月 1997 年 12 月版。17.5万字。12.70 元。吸收人口学、经济学、城市地理学等学科的理论，侧重对中国城市化进行社会学研究。探讨我国城市化的背景、进程以及由此对社会带来的整体影响；系统研究我国的城乡关系，揭示我国特殊的城市化进程、速度、方式和方向；将我国社会结构和生活方式联系起来分析研究，得出只有城市化与社会结构和生活方式的合理化改善，才能全面提高我国的社会发展水平；对我国的城市化发展方向提出独到见解，阐述作为我国发展最优选择系统的城市化发展战略。（段雁）

D000105 **21 世纪的中国社会** 陆学艺主编。云南人民出版社 1996 年 12 月版。26 万字。17.40 元。为“中国社会发展丛书”之一。主要聚焦于中国人口、家庭结构、就业结构、阶层结构、城乡结构、区域结构、消费结构和生活质量、组织结构、文化价值观念等中国由传统社会向现代社会转化，由农业社会向工业社会转型，由乡村社会向城镇社会转化，由封闭半封闭社会向开放社会转化所涉及的九个重大方面，分析我国社会形态的现状和成因，总结社会结构演变过程中的经验和教训，分析、预测我国社会发展的态势，并提出相应的政策建议，极具实践性。（周祥）

D000106 **安邦之道** 副名：正确处理人民内部矛盾新探索。方向新著。湖南人民出版社 1996 年 12 月版。35 万字。22.80 元。以毛泽东、邓小平、江泽民关于人民内部矛盾问题的论述为指导，以研究转型期的人民内部矛盾为重点，阐述转型期人民内部矛盾产生的时代背景、表现内容、特点、成因、演变趋向，探讨正确处理人民内部矛盾的基本方针、具体途径和方法。运用调查材料、统计资料、典型事例分析和说明问题，融理论性、学术性、实践性于一体。（黄楚芳）

D000107 **阐释并守护世界意义的人** 副名：人文知识分子的起源与使命。尤西林著。河南人民出版社 1996 年版。18.6 万字。12.50 元。从人文哲学角度阐释知识分子的本质。指出随着生产技术发展，人们不再依赖脑体分工这一传统标准界定知识分子。人文知识分子并非社会职业阶层，而是人文意义态度立场的精神群体。作者强调知识分了的独特功能，重点分析中国知识分子承担这一职能的历史状况与问题缺陷，并在中国现代化转变的背景下，指出中国知识分子重建精神价值工作对于中华民族从社会整体上完成现代化的前提条件意义。该书表明了对知识分子功能的研究是一个超出知识分子自身，关系到人类整体精神的安身立命的建设工作，突破了依据脑体分工界定知识分子的社会学外在归类标准，强调从价值意义的内在态度把握知识分子的独特性质。（陈智英）

D000108 **中国社会发展蓝皮书** 郭继严主编。云南人民出版社 1996 年 12 月版。25.8 万字。17.40 元。对我国的社会发展历程、现状和问题，以及战略选择进行系统研究和分析。首先界定“社会发展”的概念，回顾总结建国以来我国社会发展的成就，着重指出我国社会发展存在和即将面临的一些主要问题，如人口、城乡二元结构、地区发展不平衡、环境污染、生态平衡、体制冲突、劳动就业、社会保障、城市化、消除贫困、科学技术进步、教育、文化事业等，分析了目前推动我国社会发展的各种有利机遇，并提出充分有效地利用这些机遇推动我国社会发展的战略选择和对策。（张维）

D000109 **中国现代化与市场经济社会学** 副名：中国现代化进程中的社会学问题研究。赵子祥、李坚著。辽宁人民出版社 1996 年 7 月版。24.3 万字。14.00 元。从全球现代化进程与改革浪潮入题，深入到中国现代化进程与改革开放，社会学对市场经济与社会协调发展的理论支持，以及问题和对策。其主要内容有：现代化与中国的发展社会学；经济、社会协调发展与“小康”社会；社会层化与社会结构；社会发展的指标体系与社会保障制度；社会文化发展战略与精神文明建设；改革开放的人文环境与科技发展的社会环境；市场经济条件下的农民现代性与农业现代化；企业发展与新的经济行为者；市场经济条件下的社会失范现象与偏差行为；政治体制改革与政府职能的转换等理论。（谢福生）

D000110 **1996～2010 年中国社会全面发展战略研究报告** 魏礼群主编。辽宁人民出版社 1996 年 8 月版。25.3 万字。34.00 元。论文选编，共收入 13 篇文章。主要内容有：社会发展主要指标的总体规划；国民素质现状及其对策；坚持计划生育基本国策，严格控制人口增长；我国教育发展战略构想；科技发展规划的几个主要问题;关于中国社会保障制度基本模式;人民生活水平的提高及今后预测;国土资源开发与环境整治;我国 8 000 万贫困人口的脱贫问题;我国人口老龄化发展趋势及其影响;劳动就业制度改革、失业率合理界限和劳动力市场的建立与完善;我国现阶段就业的可行性探讨等。收入"中国国情与发展丛书"。(王峰)

D000111 **转型中的中国社会和中国社会的转型** 郑杭生等著。首都师大出版社 1996 年 11 月版。34.6 万字。21.00 元。重点研究当前我国由农业的、乡村的、封闭的半封闭的传统型社会,向工业的、城镇的、开放的现代型的转型过程中遇到的一系列社会问题。分 5 编 16 章,从社会转型中的利益格局、社会控制体系、文化模式、社会支持系统及国际比较等五大方面对社会转型过程中的演变进行研究。还对处于转型过程中我国各阶层的收入、利益转换;旧的社会控制体系、旧的价值观将面对的矛盾;文化模式的转换;成长、变化着的新的社会支持系统以及外国社会转型过程中出现的学说及问题等进行调查、比较、分析及研究。(仓理新)

D000112 **青年生活大全** 钱竹等编。江苏科学技术出版社 1996 年 10 月第 2 版。90 万字。34.50 元。在 1986 年版的基础上修改出版。内容分两大部分,一是当代青年的精神生活指导,二是物质生活常识,围绕着"青年朋友的知音和顾问"而展开。如"青春语丝"部分精选当代青年的凡人格言,反映了年轻人的心声。"成才之路"部分突出了当代青年成才的主渠道是专业教育的观点,又增加人才成长的客观环境与主观努力之间辩证关系的阐述。新增"经济生活"部分,对青年的就业择业、经商、储蓄、股票投资等方面作介绍和指导。全书共有:青春语丝、成才之路、青年生理、青年心理、青年社交、青春健美、恋爱之道、新婚卫生、优生优育、夫妻之间、美化生活、吃的学问、业余情趣、旅游大观、经济生活、法律顾问、疾病防治、日用常识等近 20 个部类的内容。(姚革)

D000113 **中国老龄人系列丛书** 王鸿宾等主编。天津人民出版社 1996 年 9 月版。72 万字。77.00 元(套)。丛书共 5 册:《老有所养一二三》、《老有所为一二三》、《老有所学一二三》、《老有所医一二三》、《老有所乐一二三》。开篇第一卷《老有所养一二三》,重点撰述所养的重要性、所养的现状和存在的问题,以及解决的原则和途径。提出自我养生的方法,如树立所养的新观念,加强自我精神修养,学习我国传统的养生法,坚持"生命在于运动"的做法,求得延年益寿,安度晚年。《所为》重点阐述要冲破传统的"黄昏末日"的养老观,改革一切过时的养老模式,认识老年人的价值,振奋余勇,发挥余热。《所医》主要介绍老年常见病、多发病和自我保健疗法、自我护理的知识。《所学》根据老年人的生理和生活特点,对老有所学的有关问题,诸如"知识就是力量"、活到老学到老以及所学的内容、方法、注意事项等逐一阐明。《所乐》撰述乐观是长寿的精神支柱,又是老有所为的巨大能源,认识老有所乐的特殊性以及不同的乐趣,如雅兴、性趣、助人、天伦之乐等。(李洁萍)

D000114 **性别与文化:客家妇女研究的新视野** 李泳集著。广东人民出版社 1996 年 6 月版。14 万字。16.00 元。以现代人类学的理论和方法对客家妇女的地位、形象进行全面、系统的研究。作者对华南客、粤、闽三大方言群体和瑶、畲两个少数民族妇女的地位、文化进行比较分析。从多角度对客家妇女历史地位的变化,客家妇女对传统"男主外,女主内"的挑战和自己所作出的选择,客家妇女的反抗精神和传统父权制度对她们的种种束缚,等等,作认真的剖析,从中了解中国传统文化变化的历史轨迹。(陈启方)

D000115 **给少女的 100 条忠告** 冯斌、原青著。希望出版社 1996 年 10 月版。17 万字。9.00 元。作者以自己于教坛上、于生活中的所见所闻汇成这些文字,告诫当今的少女们:建设一个文明的社会,是以一大批有教养的妇女为基石的。全书分为 11 个篇章:礼仪,品性,处世,朋友,师长,学习,文娱,性知识,异性,警惕和健美。内容涵盖青春期到来前后少女们可能遇到的方方面面的问题。(薛蔚原)

D000116 **中国残疾人史** 陆德阳、[日]稻森信昭著。学林出版社 1996 年 4 月版。33 万字。22.00 元。凡 11 章,反映中华民族在漫长的发展过程中,中国残疾人在政治、经济、生活诸方面的历史状况及其为推动中国历史发展、创造光辉灿烂的民族文化所作出的伟大贡献。广泛发掘、辑录散存于浩如烟海的正史、文集和神话传奇、笔记外史中的有关资料,对中国历史上的残疾人群体及残疾人事业,诸如残疾人教育的起源、残疾现象和民风习俗、历代有关残疾人的政策等各个方面的问题,进行整理和归纳,为今日中国乃至世界各国残疾人事业提供历史借鉴。(曹坚平)

D000117 **中国禁毒历程** 蒋秋明、朱庆葆著。天津教育出版社 1996 年 12 月版。40.7 万字。27.50 元。描述从 1792 年清政府颁布的中国第一部禁烟禁毒法令，到中华人民共和国建立初期的200多年里，禁烟禁毒工作的曲折经历。着重阐述禁烟禁毒工作在晚清政府和国民政府时期的状况。对历届政府每一时期禁烟禁毒工作的得失，均有客观、透彻的分析。（孙丽业）

D000118 **苏南现代化** 胡福明等著。江苏人民出版社1996年12月版。30万字。16.50元。着眼于苏南地区未来的目标，以邓小平建设有中国特色社会主义理论为指导，揭示中国苏南地区现代化道路的内涵和主要特征。通过对苏南地区的跟踪研究和实证分析，总结苏南地区现代化进程中的经验。（丁嫣霞）

D000119 **迎接香港回归祖国（少年读本）** 沈兆平著。海天出版社1996年1月版。6.8万字。3.90元。展示20世纪香港风云变幻的历史和多姿多彩的今天，以及我国政府对香港恢复行使主权的各项政策。以少年熟悉和喜爱的歌词贯穿全书，做每章的标题和开场白，富有生活情调，给人以亲切感。并以插图形象直观地突出书的主题。用夹叙夹议的手法把一些复杂的历史过程，政治事件以及经济现象等引用身边的事例来说明，激发青少年的爱国热情。（曹玉华）

D000120 **政书集成（影印）** 陈生玺辑。中州古籍出版社1996年7月版。500万字。998.00元。影印古代有关政治类典籍51部。其中有《典语》、《实政录》、《从政遗规》、《资政要览》、《贞观政要》、《中论》、《体论》、《佐治药言》、《学治臆说》、《政学录》、《州县提纲》、《牧民忠告》、《官箴》等。该书主要辑录帝王将相、地方官吏、平民知识分子等有关治国方要、从政经验、修身、爱民、任贤、纳谏等方面的论述。版本考究，所选有四部备要本、四部丛刊本、武英殿聚珍本、单刻本等精良版本，有研读和收藏价值。（孙宝瑞）

D000121 **帝王圣论** 盛季主编。河北教育出版社1996年11月版。165万字。83.70元。精选从上古、先秦至清数百位君王的精辟论说5 000余则。以类编纂分为“为君”、“为臣”、“民本”、“天命”、“治术”、“察用”、“刑赏”、“言谏”、“兵战”、“学教”10篇。其言论均选自《尚书》、《资治通鉴》、《三国志》以及二十五史等书，反映历代君王治国治民之术。

D000122 **唐宋元明清中央与地方关系研究** 李治安著。南开大学出版社1996年1月版。36.5万字。15.00元。共设7章。第一章对唐以前中央与地方关系的基本情况作简要回顾。第二至第六章依次对唐、宋、元、明、清五个统一王朝的中央与地方关系进行分析与论述，剖析了行政、财政、军事、司法诸领域内的权力分配，勾勒了各时期中央与地方关系的基本方式与特征。在研究方法上采用自上而下和由下而上共同考察的方法，即从中央与地方的有关制度及权力运作出发，详细探求中央与地方之间上下沟通、节制隶属、权力分配等具体形态。还扼要介绍唐宋元明清时期边疆少数民族及其建立的地方政权与中央政府之间的关系。第七章对古代中央与地方关系的螺旋式发展，中央集权与地方分权的利弊，影响中央与地方关系的诸因素等问题进行分析，提出颇具说服力的见解。（莫建来）

D000123 **八旗子弟** 刘小萌著。福建人民出版社1996年8月版。13.7万字。7.80元。阐释清代八旗制度形成的过程，从政治、经济和社会文化等多种角度分析满汉融合的历史。收入“区域人群文化丛书”。（林斌）

D000124 **蒙古汗国制度** 吴柏春、郭岩著。民族出版社1996年6月蒙古文版。9.8万字。4.90元。研究成吉思汗统一蒙古后，在蒙古汗国范围内推行的各种政治制度的学术著作。分6章，有前言、后语。前言中说明研究蒙古汗国制度的重要性和必要性，成吉思汗统一蒙古的伟大意义和深远影响等。第一章主要探讨千户制度，介绍制度的由来和形成过程，在治理汗国中所起的作用等，指出千户制度是一种分封制度，它的确立标志着蒙古民族由草原奴隶制过渡到草原式封建制。第二章探讨军事制度。对却庤军制度的形成和发展方面作论述，指出当时蒙古军队之所以强大，主要靠严格制度。当时蒙古军队由两部分人组成：一部分是平时牧民战时军人的百姓；一部分为专业军人——却庤军队。第三章探讨法律制度。“大札撒”（法典）是治理汗国的宪法，是由成吉思汗各个时期发布的训令组成。有环保、民事、刑事、战时动员、平时放牧、和睦相处等内容。第四章探讨达剌罕制度，达剌罕是奴隶出身，在战斗中曾经救过黄金家族生命，因此有很多特权。第五章探讨宗教政策，蒙古汗国宗教政策是兼容并蓄的，平等对待各种宗教，但要求各种宗教必须为大汗祈祷。第六章探讨窝阔台等几个大汗时期的政策。通过研究这些制度体现成吉思汗超人的治国才能和军事天才。（万喜）

D000125 **苏州状元** 胡敏著。福建人民出版社1996年8月版。9.6万字。5.80元。分析明清时期江南文化兴盛的社会和经济原因，探讨科举制度对封建政治和基层社会的影响。收入“区域人群文化丛书”。（林斌）

D000126 **科举考试的教育视角** 刘海峰著。湖北教育出版社 1996 年 10 月版。23.6 万字。13.50 元。从教育的视角研究科举制，认为科举既有高等教育考试和学位考试性质，又有自学考试和智力测验性质。科举考试与学校教育制度之间存在着依存互动的关系。作者客观公允地评价科举考试的是非功过，弃糟取精，为当今的教育改革提供历史借鉴。系"中国教育的传统与变革丛书"之一。(熊茵)

D000127 **中国历代官员考核** 邱宝林、吴仕龙著。云南教育出版社 1996 年 9 月版。22.3 万字。13.50 元。对我国 2000 多年来历代官吏制度的中心环节——官员考核制度，进行系统深入的研究和探讨。收集大量的历史资料，运用马克思历史唯物主义的理论和观点，分析总结中国历代官员考核制度中成功的经验和失败的教训。(董晓云)

D000128 **中国俸禄制度史** 黄惠贤、陈锋著。武汉大学出版社 1996 年 10 月版。53.5 万字。22.00 元。作者指出，中国俸禄制度源远流长。俸禄制度的诞生、演变和发展，对于维护封建国家机器的正常运转，造就和培养封建统治人才，曾经起过重要作用，但由于封建政治制度的本质属性所决定，中国封建社会的俸禄制度也存在着难以克服的弊端。本书对中国俸禄制度作系统论述。它所涉及的历史线索上自战国秦汉，下迄清朝末年，总括了封建社会的全过程。阐述历朝历代俸禄制度的沿革和变迁，剖析其利弊得失。分析了历朝百官对不同时期俸禄制度的理解和执行情况，揭露了封建官僚们在这种制度荫庇下腐化堕落的一面。并对封建时代俸禄制度的本身及由此衍生出来的种种社会现象，不限于事实的罗列、堆砌，而是从理论上加以总结和概括。(张俊超)

D000129 **《全唐文》职官丛考** 陈国灿、刘建文等著。武汉大学出版社 1996 年 5 月版。42.2 万字。28.00 元。在编制《全唐文》中职官方面的索引的基础上，对 1 088 卷(含拾遗、续拾部分)的《全唐文》作详尽的考释、纠谬工作。如唐代职官名，有不少乃《大唐六典》、《通典》、两《唐书·官志》、《唐会要》等所不载者，而在《全唐文》中出现，如"司元太常伯"等，可谓疑难官名；也有一些雅号尊称或代称，如"剖竹"一类；还有某些官名，虽见于史，但源起职掌不明，如"宗师"之类。作者依据唐代以及前朝的史籍所载，联系到诸官名出现的时间、地点及人物背景作了考察，究其所司职掌，探其渊源演变，以求疑难有所解，异称有所释。又如对《全唐文》中出现的官存名讳，或有姓无名的称号，如"李中丞"、"崔相国"等，联系撰文者与当事人的关系作了考察，以求揭示出当事者的真名实姓及所任官职。复如对《全唐文》中收入的碑、志、赞、传文中的误记、缺漏部分，进行纠谬补缺。再如对《全唐文》撰文者小传中过于简略或疏漏的重要人物历官，也作考订增补。(张俊超)

D000130 **周秦社会结构研究** 田昌五、臧知非著。西北大学出版社 1996 年 10 月版。31.9 万字。24.00 元。为"周秦汉唐研究书系"之一。作者认为，春秋战国时期的社会变革，不是某一方面、某项制度、某个问题或政策的变更，是整个社会结构的大变动，即：整个社会结构的全面更新和演进，整个社会形态的更替与迭禅。全书从西周社会结构、春秋战国时期土地关系的转变、领土国家的形成及其管理体制、族权和君权的矛盾运动与君主专制政体的确立、战国社会经济结构等五个方面，勾画出春秋战国社会变动的历史过程，对周秦社会结构予以总体性记述。(陈俊熹)

D000131 **唐代阶级结构研究** 张泽咸著。中州古籍出版社 1996 年 1 月版。42.6 万字。22.00 元。对封建社会盛世唐朝的阶级结构进行分析，揭示封建王朝开始走下坡路的社会内部原因。共 14 章，阐述户等制度，贵族地主，庶民地主，地主兼并土地，乡村次户与下户，佃农与屯田兵民，乡村雇佣，工匠和手工业者，农民与地主的关系，农民与商品市场的关系，奴婢、部曲等。以户等制为主要脉络，结合其他文献和出土文书资料，对唐代社会各阶级、阶层的基本状况作出相应的分析。着重考察地主和农民两大阶级的对立，将工商业者置于从属地位，对社会诸阶级的非经济因素，如政治、法律、文化等方面的内容有所涉及，但不做过多论述。对史学界有分歧的问题作了客观阐述。例如地主阶级中门阀士族地主的地位问题，农民阶级中佃农客户的身份地位以及唐朝的部曲、奴婢是否农奴，唐朝有没有存在资本主义萌芽等。(孙宝瑞)

D000132 **清代洪门史** 胡珠生著。辽宁人民出版社 1996 年 5 月版。38 万字。32.00 元。全面阐述洪门的起源、发展和壮大的历史过程，是近 40 年来洪门研究成果的系统总结。洪门，即天地会。天地会为外称，洪门则为内称。它始创于清初(康熙十三年)，涉及东南沿海、华南和西南广大区域，它自创立至消亡历经近 300 年。自民国以来，对于洪门史的研究已形成了洪门学，其所研究范围包括洪门的方方面面，尤其在关于它的起源问题上众说纷纭，引起中外有关人士的普遍关注。(刘中平)

D000133 **秦淮粉黛** 剑奴著。福建人民出版社1996年11月版。10.9万字。6.70元。论述明清时期南京的青楼文化及其对世俗社会的影响。收入“区域人群文化丛书”。(林斌)

D000134 **中国行政管理史** 辽宁大学出版社1995年12月版。26万字。10.00元。共6章。第一章阐述先秦行政管理,介绍国家的产生;夏商周行政管理,春秋战国时期行政变革,诸子行政管理思想;第二章阐述秦汉时期行政管理,介绍秦朝行政管理、汉朝行政管理;第三章阐述魏晋南北朝隋唐行政管理,介绍魏晋、隋朝、唐朝的行政管理;第四章阐述宋辽金西夏元行政管理;第五章阐述明清行政管理,介绍明初政权管理体制的变动、内阁制的建立及中央集权体制的发展、地方行政机构与管理、科举与官吏的管理等;第六章阐述晚清政治变革与中华民国政体,介绍晚清的政治变革、晚清行政改革思想和民国初建时期的行政体制。全书以历史唯物主义为指导,从纷纭复杂的行政历史现象中发现客观规律。(刘东杰)

D000135 **中国现代宪政运动史** 王永祥著。人民出版社1996年9月版。24.1万字。17.00元。作者指出,孙中山首创的五权宪法论,是真正具有中国特色的宪政理论与实践,是中国现代宪政运动的开端。孙中山逝世后,在国统区,直至1949年国民党在中国大陆统治的结束,这期间也曾有过关于宪政和宪政运动的举措,但它与孙中山五权宪法论构想的基本精神原则是“貌似神离”。1927年之后中国革命根据地的中华苏维埃政权是全部的政治制度,与苏俄苏维埃又有不同。抗日战争时期在抗日民主根据地抗日民主政权领导机构内实行的“三三制”,是介乎欧美式的资产阶级专政和苏联式无产阶级专政之间、适合于中国抗日民族解放战争历史条件的宪政,是新民主义宪政形态。1949年9月新的政治协商会议的召开及10月1日中华人民共和国的成立,1954年第一届全国人民代表大会的召开和通过中华人民共和国宪法,标志着中国宪政建设获得长足进步。全国人民代表大会制度和五四宪法便利人民行使自己的权力,充分发挥人民群众的积极性和创造性,成为适合我国人民民主专政的政治制度。(张维训)

D000136 **孙中山文粹** 张磊主编。广东人民出版社1996年10月版。74.5万字。65.00元(平),85.00元(精)。收录孙中山各个时期的主要著作96篇(90题),起自《致郑藻如书》,迄于《家事遗嘱》。按各篇的写作时间或发表时间的顺序编排。尽量根据较早的、最好的版本,对各篇的内容进行认真勘校、考订。为避免相互间内容重复或因与主题关联较少,对少数篇章略作删节[标明(上略)、(下略)];绝大多数著述,保持原貌。各篇标题,按作者自定或当时发表所用的为准;对个别篇章,略作修订。每篇均加以简明扼要的题释和注释。刊用孙中山照片7帧、手迹3幅。收入张磊所撰《伟大的爱国者、民主革命先驱者》(代出版前言)一文,详细介绍孙中山的一生及其业绩。系“岭南文库丛书”之一。(曾宪志)

D000137 **江湖百业图** 查加伍绘图,蒋敬生撰文。湖北美术出版社1996年11月版。100幅图。32.00元。描绘中国历史上社会底层(所谓“江湖”)的人们藉以谋生的各种行业的劳作图景,涉及纤夫、篾匠、猎户、斗鸡、相声、裁缝、弹棉花、纸坊等三教九流及其生活百态,表达方式为写实工笔白描,略带夸张变形,艺术风格质朴淳厚。每幅线描作品均配以七绝诗歌和简练的文言间带散骈的短文进行咏叹、描述。整体设计上采用古典中文书籍的右开本,文字直行排版,对图画某些传神细节应用局部放大处理。全书图、诗、文相互唱和,风格协调,古典的内容中穿插入现代的设计,亦庄亦谐,极富意趣,除具有较高的人文研究价值和艺术价值外,还蕴含浓郁的艺术情趣。(柳征)

各国政治

D000138 **面向二十一世纪的中国周边形势** 薛君度、陆忠伟主编。时事出版社1996年版。35.5万字。25.00元。研究冷战后世界的巨变,探讨中国周边地区的形势。分6章。第一章研究冷战后亚太地区总形势和总趋势,说明该地区的政治、经济和安全形势有根本性的变化,一个多极化的新格局先于其他地区在亚太基本形成。第二章探讨冷战后亚太地区经济合作新趋向,分析该地区正在出现的多层次、多形式、多种结构的区域组织。第三章集中分析亚太主要国家在冷战后的对外战略调整,美国的“新太平洋共同体”,日本谋求“政治大国”的国策,俄罗斯的“双头鹰”政策及印度正在塑造大国形象。第四章专题研讨东盟国家安全战略及其同美国的关系,其独立自主的离美倾向在明显发展。第五章研究冷战后亚太国家相互关系的变化,分析了中国同周围邻国的关系:中美关系至关重要,中日关系保持上升势头,中俄探索建立“21世纪建设性伙伴关系”,中国与东南国家关系发展迅速,并仍有合作潜力。第六章

主要讨论三个敏感问题:柬埔寨局势及前景、南沙群岛争议问题、关于南北朝鲜形势。(白汉香)

D000139　**警惕日本**　王俊彦著。内蒙古人民出版社1996年11月版。72万字。49.80元。记述日本右翼分子散布的种种掩饰军国主义战争罪恶的奇谈怪论,开列了日本国内右翼势力和极少数军国主义分子制造的一系列争端,并用血的历史、铁证如山的事实揭露日本帝国主义在中国灭绝人性的殖民统治和肆无忌惮的野蛮侵略罪行。详细记述日本侵华纲领的始末:审判日本战犯,正义与邪恶的较量,揭露其为甲级战犯翻案、树碑立传,抹杀日本对外战争的侵略性质,把钓鱼岛变成"尖阁列岛"挑起领土争端的种种罪恶行径。(王月林)

D000140　**非洲秘闻**　吴期扬主编。当代世界出版社1996年12月版。10万字。7.60元。非洲大陆政局动荡,斗争尖锐;政治风云,变幻莫测。本书介绍非洲各国重大政治斗争的复杂内幕,描述一些政治人物的沉浮。(高玉琪)

D000141　**民治政府**　[美]詹姆斯·伯恩斯等著,陆震纶等译。中国社会科学出版社1996年9月版。103.9万字。55.00元。作者系美国著名政治学家。该书自1952年初版以来,不断修改、更新。本书根据其1990年第14次修订版翻译。作者运用结构—功能分析的方法,介绍美国的政治过程和决策程序。全书分为6编:美国的宪政民主,公民的自由权,政治生活中的人民,政策制定者,国家政策的政治,州和地方政府,共34章。系统地阐释美国宪政制度的由来、发展变化及其基本原则,公民的权利及其运用,政治参与的形式和手段,国会、总统、联邦法院的制衡关系,决策过程和评价模式,地方政府结构及与联邦政府的关系等。附录收入美国于1787年制定的《美利坚合众国宪法》全文以及其后不断修订的宪法修正案。列入中国社会科学出版社的"美国哲学社会科学名著丛书"。(周兴泉)

D000142　**改革政府**　副名:企业精神如何改革着公营部门。[美]戴维·奥斯本、特德·盖布勒著,周敦仁等译。上海译文出版社1996年7月版。29万字。18.10元。揭露美国存在的官僚主义现象。作者曾是政府领导人的顾问,参加过政府的改革,主张政府应该进行企业化管理,政府领导人应该是具有企业家精神的人物,政府必须以美国工业界为榜样。他们为改革美国政府开出10种"药方",即实行企业化管理的10种原则:一、政府的职责是"掌舵"而不是"划桨";二、要使计划实施须授权予社区;三、鼓励公、私营经济竞争;四、摆脱照章办事的陋习;五、要讲究实效;六、要受顾客驱使,满足顾客需要;七、做到有收益而不浪费;八、要有预见;九、权力分散;十、以市场为导向,通过市场力量进行变革。作者认为企业化政府的兴起并不是一时的流行风尚,而是全世界一场不可避免的转变。书中列举了美国各级政府的一些官僚主义现象,介绍了具有企业家精神的人物处理一些问题取得成功的生动例子。(楼瑶卿)

外交、国际关系

D000143　**国际大战略**　王家福著。吉林大学出版社1996年12月版。36.2万字。23.00元。运用空间思维与"立体研究系统"的方法,对国际战略结构、战略变位、运行机制、战略负荷与战略决策等问题进行辩证系统的论证。作者以"最具创意的理论探讨与实际应用的最佳结合"为宗旨,在战略结构设计与运行机制论证等方面皆有重大理论创新,对诸多重大现实问题,特别是对中国的国际战略格局定位与走势,作了深入的研究分析。(李有清)

D000144　**沙漠勇士**　[沙特]哈立德上将著,郑道根译。军事谊文出版社1996年5月版。38万字。24.00元。关于海湾战争的回忆录。作者是沙特阿拉伯国王的侄子、第二副首相兼国防、航空大臣的长子,在海湾战争期间,曾担任多国部队两位司令官之一。他以亲身经历记述海湾战争的前前后后,包括战前海湾地区的战略格局、战争起因、多国部队的组成、作战计划的制订、战争进程以及从此次战争中应汲取的经验教训等。着重叙述沙特在战争中的地位与作用,以及作者与多国部队另一司令,美国的施瓦茨科普夫之间的微妙关系。书的前半部分介绍了作者的生平、沙特王室家族间关系以及他的多次访华,开拓两国友好关系及购买我国导弹的内情。(程维勇)

D000145　**国际风云300问**　任正德、吴建新编著。新华出版社1996年1月版。32.4万字。16.50元。讲解国际问题的通俗作品。采用问答形式介绍国际风云的变幻和有关国际问题的知识,内容包括二战后世界格局的演变,世界政治、经济、军事问题的变化,建立国际政治、经济新秩序的斗争,世界热点问题的变化,区域经济集团的出现,世界各地区情况,中国的对外政策,以及一些世界知识等。(陈卫东)

D000146　**走向21世纪的中美关系**　夏旭东、

工书中主编。东方出版社1996年6月版。21万字。13.00元。带有战略性和政策性的专论。涉及中美关系中政治、经济、军事、安全等方面。回顾70年代中美关系从解冻走向建交，1989年春夏之交政治风波后中美关系恶化和1992年布什政府任期结束时双边关系中存在的严重分歧；着重分析了克林顿政府1993年初上任以后的中美关系，特别自1993年11月和1994年11月中美首脑西雅图和雅加达两次会晤及1994年5月克林顿总统作出人权问题与最惠国待遇脱钩决定之后，中美关系可能改善的趋势和继续遇到的挑战；最后根据对国际形势、中美两国的利益与共和矛盾冲突的分析，预测走向21世纪的中美关系可能的发展趋势，并对改善关系提出一些看法。认为中美合作基础主要是安全和经济两方面；中美关系有三种发展趋势：合作与竞争交叉存在、走向改善、严重对抗，为在维持第一种可能的基础上争取第二种可能，避免第三种可能，须妥善处理经贸关系、安全问题、人权问题和台湾问题，而美国对台湾政策是中美关系正常发展的关键。（王一禾）

D000147　**中华人民共和国对外关系史纲**　孙勇胜著。甘肃人民出版社1996年10月版。34万字。18.00元。分五个阶段勾画出新中国外交的概貌，论述1949年至1995年中国的重大外交活动、外交政策及一般进程。重点阐述雅尔塔体制解体后，中国外交政策的调整、全方位外交活动的开展；90年代初针对复杂多变的国际形势，中国领导人对外交政策所做的更为完整的概括和外交政策的变化；中共十四届三中全会后，为适应社会主义市场经济体制需要中国在对外关系中所采取的注重经济外交的内容，中国作为安理会常任理事国在国际事务中所起的重大作用，它在联合国及所属机构中的重要地位，在国际活动中所产生的重大影响。（范海成）

D000148　**天津租界社会研究**　尚克强、刘海岩主编。天津人民出版社1996年4月版。22万字。12.80元。对天津租界的形成与收回进行回顾，系统研究强权下的土地"永租"和租界房地产开发情况和其名为开发实为掠夺的本质；叙述租界的建设带给城市的畸形繁荣与功能的演变，租界的立法与市政制度对中国主权的践踏；考察租界人口的构成、居民的社会生活以及租界社会发展对中国传统文化的冲击；探讨两种社会、两种文化的撞击在中国近代社会转型时期产生怎样的影响，社会发生了怎样的变化。上述研讨对于了解天津近代政治、经济、文化、社会生活的发展与变迁，天津城市文化的多元、兼容等特征，天津城市社会的个性与特色等有一定的意义。（刘文君）

D000149　**从甲午战争到天皇访华**　副名：近代以来的中日关系。朱宗玉著。福建人民出版社1996年9月版。21.3万字。13.50元。系"从屈辱到崛起丛书"之一。反映近代以来中日两国关系的演变。分"追溯历史渊源，从日本寻根热说开来"、"日本走向扩张，加入侵略中国行列"、"扶植北洋军阀，扩张在华势力范围"及"面向新世纪，经受历史和现实双重考验"等10章。有历史图片8幅。附"中日关系大事年表"、"中日关系主要文件选录"及两国使节表等。（郑俊琰）

D000150　**第五届中琉历史关系学术会议论文集**　第五届中琉历史关系学术会议筹委会编。福建教育出版社1996年6月版。78万字。70.00元。收录来自日本、台湾、北京、福州等地学者提供的论文49篇。内容大致归纳为：1.明清时期中琉进贡制度的探究及考证。2.中琉经贸史。3.中国诗歌、绘画、音乐对琉球的影响。4.中琉服饰、饮食的比较研究。5.其他中琉民俗文物的考证。中心论题为明清时期进贡制度及其历史作用。如，《清代琉球接贡制度》一文，作者对清代琉球接贡制度的产生，各种组织活动以及它的历史作用，作了详细论述。《琉球王府的朝贺和进贡》则阐述了琉球王府如何不断地特命进贡使者及其随员，调查中国礼仪现状，使得几乎所有的王府礼仪都是由传统礼仪按中国方式改编而成的。《明清琉球国朝贡与福州》探究了琉球国从事朝贡活动者中多有福州河口赴琉球的"闽人三十六姓"后裔，使福州成为琉球国朝贡活动的专港之一。

D000151　**峰谷间的震荡（中华人民共和国国史丛书）**　副名：1979年以来的中美关系。宫力著。中国青年出版社1996年11月版。25万字。15.50元。所涉及的是中国改革开放以来最重要的外交关系之一的中美外交关系的课题。将1979年以来（迄止1996年）中美关系分成五个阶段，即1979年1月中美建交到1981年1月卡特下台的第一阶段（高峰时期）；1981年里根上台至1983年，中美关系因台湾等问题发生一连串纠纷，两国关系出现波折；1984年中国总理赵紫阳访美到1989年美国总统布什访华，中美关系相对平稳的发展时期；1989年北京风波至1993年11月中美首脑西雅图会谈前，中美关系跌入低谷阶段；1993年11月中美首脑西雅图会谈到1995年中美就知识产权问题达成协议，并避免了一场可能发生的贸易战。指出，在对外关系方面，国家利益应当超越意识形态的分歧之上，占有最重要的地位。中美外交中的热点问题即经贸、安全、台湾、人权等四个因素将是直接影响中美关系全局的重要问题。(潘原)

D000152　**《新中国外交风云》系列丛书**　世界知识出版社 1996 年 1 月版。45 万字。20.00 元。描述自 1949 年中华人民共和国成立以来的半个世纪中，新中国外交在毛泽东、周恩来、邓小平等老一辈革命家领导下，与旧中国的屈辱外交彻底决裂，显示其独立自主，从不屈服于外来压力的历史过程及其鲜明特点。阐述新中国外交在国际风云变幻的各个历史时期，经受严峻的考验，为维护国家主权、民族尊严，为维护世界和平做出的巨大贡献。(许淑珍)

法　律

D000153　**法哲学经纬**　倪正茂著。上海社会科学院出版社 1996 年 6 月版。90.8 万字。64.00 元。分《经篇》和《纬篇》上下两篇。《经篇》论述自古至今中西法哲学家的思想，既重视各家各派内部法哲学观的渊源流变，又关注整个中西法哲学思潮发展的来龙去脉，着重以神权法哲学到皇权法哲学再到民权法哲学为主干，旁及与之相关的虚无主义、功利主义、儒家、法家、国家本位、无政府主义等，给人以人类法哲学思想有机发展的整体观。《纬篇》从法哲学的对象与范围、定义与特点、地位和作用，法的概念、法的法理规定性与哲理规定性、法的起源，到法的发展规律等的哲理探讨；从法与经济、政治、道德、宗教关系的哲理探讨，到法学研究的比较方法、定量分析、定性分析以及法律解释的哲理探讨，法哲学的重大问题、主要方面，构建了法哲学体系的框架。提出了该领域重大的而以往缺乏研究的法哲学问题：动态法哲学观，法律过程论，立法司法守法的一体化，法律解释的哲理问题，统计方法与法的定量分析，逻辑推理与法的定性分析，法律概念、法律价值、法律意识、法律文化的哲学探讨，以及法学研究的比较方法。《经篇》写出了人类法哲学思想的动态发展，《纬篇》构建了法哲学研究的新的学术体系。(张广勇)

D000154　**法律与资本主义的兴起**　泰格、利维著。学林出版社 1996 年 12 月版。24.8 万字。17.00元。从新兴资本家社会和衰落封建结构之间的斗争入手，探讨现行法律的发展渊源。着重阐述法和各种法律制度如何反映统治阶级的利益，以及它们如何以新社会阶级逐渐取代旧有阶级的社会变革。系“现代化冲击下的世界丛书”之一。(叶适)

D000155　**董必武的法律理论与实践**　王列平著。湖北人民出版社 1996 年 2 月第 1 版。16.3 万字。12.00 元。全面总结董必武对我国立法、司法、民主与法制、法学研究、法律教育的理论与实践所作出的贡献。(施先稳)

D000156　**古代东方法研究**　王立民著。学林出版社 1996 年 6 月版。24 万字。16.40 元。书中所指的古代包括奴隶制和封建制(中世纪)两个时期，研究对象是东方奴隶制和封建制两个时期的法制。分上下两编，上编主要阐述古代东方法的基本问题，包括它的起源、种类、法律渊源以及它与政治、经济、意识形态的关系等，侧重反映古代东方法的一般发展规律，从宏观上考察古代东方法。下编则按古代东方法中的一些重要部门法，分类逐一探索它们的主要内容及特殊发展规律，从微观上反映古代东方法，其中包括的部门法有身份法、刑法、民法、婚姻法和诉讼法等。(张建一)

D000157　**现代实用行政法律词典**　张尚鷟主编。北京出版社 1996 年 5 月版。35 万字。33.00 元。主要有两部分：第一部分是一些重要的行政法律文件及其他有关文件的介绍，第二部分是对一些古今中外行政法基本知识方面的介绍。除行政法律文件外，还收入一些有关的文件，包括一些已经废止但还有历史文献价值的法律文件。(龙杰)

D000158　**公司法新论**　刘剑骅著。黑龙江人民出版社 1996 年 11 月版。21 万字。14.60 元。公司法学是研究和探讨关于公司制度的法学理论。书中尝试采用一种新的体系探讨有关公司的制度和理论，突破了以往以公司类型和公司设立、资本、机构、变更解散等组织程序及条件为标准所确立的体系，从主体、条件和行为等一些新的角度对公司法律制度进行研究。(徐冲)

D000159　**经济法基础理论(修订版)**　漆多俊著。武汉大学出版社 1996 年 4 月版。23.1 万字。9.50元。围绕经济法与民法、行政法的区别，并结合经济法的历史沿革，确定经济法的调整对象，即国家经济管理关系，批驳了曾长期占主导地位的“大经济法”的观点；对经济法的调整作了探讨，将其分为强行性规范、禁止性规范及提倡性规范等。论述了经济法学作为一个独立法学部门的地位，以及经济法作为独立法律部门的地位，并对这一学科的其他建设等作了讨论。(许光耀)

D000160　**海商法论**　张湘兰等著。武汉大学出版社1996年4月版。32.9万字。12.30元。以新颁《海商法》为主线，结合中外海事法律制度演变的历程及著名案例，吸收海商法学发展的最新成果，并就社会主义市场经济建设与发展、完善我国海商法体制问题进行探讨。全书对海事法律制度的主要内容进行研究论述，包括船舶、船员、海上货物运输、海上旅客运输、船舶租用合同、海上拖航合同、船舶碰撞、海难救助、共同海损、海事索赔责任限制、海上保险、海事争议的解决等，并用相当的篇幅对中外海事海商法律制度作比较研究，在全面、系统阐述我国海商法学的基础上，有选择地介绍英、美、法、德、日、前苏联等国的相关制度，反映目前适用的国际条约状况及我国最新的立法与司法解释。（张琼）

D000161 **论具体环境行政行为** 杨延华著。中国环境科学出版社1996年6月版。9万字。7.80元。分析具体环境行政行为的概念、特征和分类，及具体环境行为的有效要件、生效规则和无效行政行为的法律后果，介绍了具体环境行政行为的程序及程序原则和几种主要的具体环境行政行为的形式。（张于嫣）

D000162 **知识产权法的理论与实务** 洪彬、徐松林主编。华南理工大学出版社1996年9月版。28.8万字。17.50元。高等理工科院校法律类选修课教材。由四部分组成。第一部分为知识产权法基本理论。第二部分为传统知识产权法，包括著作权法（著作权的获得与保护期限、归属与转让、限制、邻接权、法律保护）、专利法（授予专利权的条件、专利申请权、专利代理、专利的审批和实施、专利文献等）、商标法（介绍商标注册、商标管理、注册商标专用权的保护等）。第三部分为知识产权法的新领域，介绍反不正当竞争法和技术贸易。第四部分为知识产权的国际保护，简要介绍国际知识产权条约及其新趋势。（周莉华）

D000163 **物权法要论** 温世扬著。武汉大学出版社1996年10月版。25.1万字。12.00元。运用比较方法对物权法律制度进行理论阐析和立法研究，对我国的现行法律制度提出自己的看法。力求评析百家，立足本国，探索世界立法潮流，寻求中国立法良策。系统的物权立法为大陆法系国家所独有，本书着重以大陆法国家为主要对象，兼顾英美法系的理论与实践。作者认为，这是中国物权立法应取的立场。（许光耀）

D000164 **民商法学全书** 蓝全普主编。天津人民出版社1996年9月版。500万字。260.00元。分12编，以词条释义、案例评析、法律法规及司法解释汇集形式，系统介绍中外现行民商法律法规和法律制度。其特点如下：1.密切结合社会主义市场经济的发展和民商事立法、司法实际。在物权、债权、知识产权、商事等编中，着重介绍市场经济运作中的民商法律关系及有关知识；案例编中选编了当前民事经济案件中典型的案例；法律法规编收录了我国现行的民商法律法规和司法解释，以及有关国际公约、条例。2.有两编分别介绍台湾省及港澳地区现行民商法规和法、德、美、英、日等近20个国家的各项民商法律制度，与上述国家和地区的民商事往来和经贸活动，以及涉外案件的审理提供必要的法律知识。3.全书依民商法学体系编排，每编前均附有本编目录，书前备有笔画检索目录。（袁秀荣）

D000165 **英美证据法** 沈达明编著。中信出版社1996年8月版。24万字。19.00元。分5篇：第一篇介绍英美法系证据法学简史及证据法的基本概念。第二篇详细介绍英国证据法。第三篇介绍美国联邦证据法条文和立法理由，所谓立法理由是简介该法起草者美国最高法院咨询委员会的报告，美国有联邦证据法与各州的证据法。第四篇为美国的法学理论与美国法，主要论述联邦证据法，兼论与各州证据法的异同。第五篇简介法国证据法，对英美法与大陆法作初步比较。（李德宝）

D000166 **检察大辞典** 张思卿主编。上海辞书出版社1996年11月版。133.9万字。105.00元。收词2 855条，内容兼顾古今中外，其主要方面有：检察制度，检察机构，检察技术，检察制度史，检察干部管理，检察会议、著作、人物，法律、法规、司法解释及规范性文件，国际条约、规则。反映了检察机关的职能、任务、活动原则、组织机构以及各项业务活动，比较注重反映中国检察制度的特点和检察工作的法律依据、活动原则和程序。一般资料截止于1995年，对我国刑事法律工作影响较大的条目，依据1996年新颁布的《刑事诉讼法》编纂，并收录近年颁布的有关检察工作的法律、法规条例。书后收有《人民检察工作大事记》、《检察工作常用法规》等4个附录。（朱伟明）

D000167 **犯罪学通论** 康树华主编。北京大学出版社1996年11月第二版。60万字。24.80元。论述犯罪学的内容与其多学科综合性研究的特点，特别是我国现实的犯罪问题。全书分导论、犯罪现象论、犯罪类型论、犯罪原因论、犯罪防治论5篇共45章。阐述犯罪学的概念、研究对象、目的与任务、沿革、类型、特点等基本内容,重点揭示犯罪的原因、犯罪的预防、犯罪防治对象和综合治理等问题,并介绍国内外学者一些有代表性的观点。既介绍青少年犯罪、暴力犯罪等重点类型的犯罪,又介绍计算机犯罪等新的类型的犯罪,也反映了老年人犯罪、性犯罪的变化趋向及对未来犯罪的预测。作者试图根据现实社会生活的需要,阐述怎样看待犯罪现象、怎样揭露犯罪和分析研究犯罪原因,找出犯罪的规律性,为预防犯罪、打击犯罪和治理犯罪提供理论参考。(冯益娜)

D000168 **中国涉外法律的规范与适用** 舒扬著。广西人民出版社1996年9月第1版。46.8万字。28.00元(平),36.00元(精)。共20章。第一章表述中国涉外法律的发展机遇;第二、第三章综述涉外法律的定义、特征、宪法依据;第四章至第七章介绍中国涉外刑法的渊源,中国涉外刑法规范与国际涉外刑法规范的内容,以及涉外刑事诉讼中的司法协助;第八章至第十三章介绍涉外民事法律的相关内容,主要介绍涉外民事关系及调整方法,中国涉外民事法律规范体系,涉外民事法律主体,涉外民事关系当事人的权利,涉外民事法律的程序及其适用,涉外民事司法协助等6个方面的内容;第十四章至第二十章主要是介绍涉外经济合同的法律调整,外商投资企业法,中国外贸代理制,涉外金融法,涉外税法,涉外经济贸易仲裁,涉外行政等有关问题。(谭灿妮)

D000169 **中国审判案例要览(1995年综合本)** 中国高级法官培训中心、人大法学院编。中国人民大学出版社1996年11月版。248.4万字。198.00元。综合本分刑事、民事、经济(含海事)、行政四卷,精选该年度全国各级法院审理的数百万案件中的300余个典型案例。书中收入各市级的审判组织、诉讼参与人、审结时间、诉辩双方的主张、认定的案件事实、采集的证据及适用的法律条文。还编写了解说,对裁判的不足之处加以评点。(佘资)

D000170 **市场经济法导论** 石泰峰主编。中共中央党校出版社1996年2月版。26.3万字。13.50元。党校教学参考书。为适应建立社会主义市场经济体制和市场经济法律体系的需要,简明扼要地论述和讲解公司法、国有企业法、集体企业法、私营企业法、破产法、经济合同法、票据法、证券法、担保法、保险法、工业产权法、房地产法、反不当竞争法、产品质量法与广告法、消费者权益保护法、税法、银行法、劳动法等法律法规的基本理论、基本知识和基本规范。(关国为)

D000171 **民众打官司胜败录** 王敬藩主编。黑龙江人民出版社1996年12月版。140万字。84.00元。共8编,内容涉及民事、刑事、经济、婚姻家庭、财产继承、行政诉讼、房产等诸多方面的官司。采用讲评的形式,列举近200个案例,每个案例都由案情介绍、审理经过及结果、法律问题、问题解说、案后启示五部分组成。案例中,有一审、二审和再审的案例;有基层人民法院的案例,也有中级、高级、最高级人民法院的案例。(徐冲)

D000172 **实用生活法律指南** 莫澄真编。广西人民出版社1996年5月版。21.6万字。10.20元。实用法律工具书。分"家庭生活法律"、"人身权利保障"、"合同债权"、"婚姻家庭继承"、"房屋产权"、"知识产权"、"劳动、保险、税收"、"消费者权益保障"、"诉讼"等9篇,全面介绍与社会生活以及与个人生活密切相关的法律法规知识。通过问答的形式,以生动的案例和通俗的文字,帮助和指导人们正确运用法律解决现实生活中的各种法律纠纷。融理论性、知识性、实践性、生动性于一体。(马丕环)

D000173 **法律法规分类适用全书(民法1~3卷、合同法1卷、刑法1卷)** 李佩佑主编。河海大学出版社1996年9月版。370万字。238.00元。随着我国现代化进程的不断加快,法制建设也正得到日新月异的发展,但如何准确领会并运用这浩如烟海的法律条文,不仅对普通公民甚至对法律专业人士来说都是一件并不轻松的事情。以法学概念、原理或罪名为条目,将我国现行的法律法规、行政性法规、条例及地方性法规和全国人大常委会的决定、命令、最高人民法院司法解释中的有关于此的规定条目摘录下来,归类整编在一起。全书共5卷,包括民法卷Ⅰ(婚姻·家庭·继承)、民法卷Ⅱ(房地产)、民法卷Ⅲ(侵权损害赔偿)、合同法卷和刑法卷。(张伟)

D000174 **经济法** 黄菊昌主编。广西人民出版社1996年6月版。30万字。16.00元。广西工商管理职业资格培训教材之一。共14章,重点选编与企业、个人最直接有关,最常用的法律法规,如经济合同法、专利法、商标法、企业法、公司法、反不正当竞争法、消费者权益保护法、劳动法等;结合我国复关谈判和许多企业发展对外贸易的需要,重点收编了对外贸易法、外商投资法和涉外合同法等。附录部分按原文收编最近修改的常用法律法规,如《中华人民共和国公司法》、《中华人民共和国经济合同法》、《中华人民共和国商标法》、《中华人民共和国专利法》、《中华人民共和国劳动法》、《中华人民共和国企

业劳动争议处理条例》、《中华人民共和国对外贸易法》、《中华人民共和国反不正当竞争法》等。(谭灿妮)

D000175 **行政处罚、行政复议、行政诉讼及国家赔偿实务全书** 应松年著。中国方正出版社1996年7月版。190万字。220.00元。行政处罚法、行政复议条例、行政诉讼法及国家赔偿法是规范行政行为,加强我国民主法制建设相互依存、密不可分的四个重要法律,该书从理论及实践上对这四个法律各自的功能、内容及相互配合衔接等问题作介绍。全书四卷:卷一,行政处罚法实务及行政处罚法答疑;卷二,行政复议条例实务;卷三,行政诉讼法实务;卷四,国家赔偿法实务。附录收有各自执行中要适用的法律法规及司法文件。(杜英莲)

D000176 **国家赔偿制度研究** 张正钊主编。中国人民大学出版社1996年7月版。37.2万字。17.00元。探讨国家赔偿的含义、类型、功能,国家赔偿制度的产生、发展及其未来走向;阐述我国国家赔偿制度的一些主要法律问题,包括国家赔偿的立法目的和依据,赔偿责任的归责原则和构成要件,着重分析行政赔偿和刑事赔偿的赔偿范围、申请程序、赔偿方式及赔偿金的计算标准,并就我国国家赔偿制度的发展趋势从理论上提出若干值得探讨的问题。还着重探讨在该制度方面有代表性的日本、韩国、美国、英国、德国、法国、俄罗斯的国家赔偿制度,实事求是地分析它们各自的特点和缺陷。(余资)

D000177 **房地产产权及权属登记** 中华人民共和国建设部房地产业司、中国房地产产权产籍研究会编著。山西经济出版社1996年10月版。26万字。16.60元。本书是依照国家最新法律法规编写的全国第一本介绍房地产产权及权属登记的图书。系统阐述私有、外产、中外合资企业、国集合营企业、股份制企业等各类房地产产权及其法律地位;说明总登记、土地使用权初始登记、新建房屋登记、转移登记(包括买卖、交换、赠与、继承、企业兼并、合资经营、以房价入股等)、变更登记(包括房地产权利人更名、房地产现状及土地用途变更等)、他项权利登记(包括抵押权、典权等)、注销登记等各类房地产权属登记的程序,以及机关、企事业单位、社会团体房地产权属的审查等;完整介绍房地产产权产籍管理的内容及房地产测绘;书后附18个常用的房地产法律法规。(张良瑾)

D000178 **税法** 副名:'96年度注会辅助教材。财政部注册会计师全国考办编。东北财经大学出版社1996年3月版。30万字。14.00元。分12章。主要内容有税法概论,增值税消费税暂行条例,营业税印花税暂行条例,进出口关税条例,税收征收管理法等。(邵雪梅)

D000179 **中国金融法律制度** 刘廷焕、徐孟洲著。中信出版社1996年11月版。26.4万字。16.00元。以中国人民银行法、商业银行法、保险法、票据法、外汇管理条例等现行金融法律、法规为依据,结合我国金融体制改革的实践需要,在吸收和借鉴国内外金融法学最新研究成果的基础上研究、归纳和总结而成。系统介绍金融活动的法律调整,金融法律的调整机制,金融机构组织法,货币政策与中央银行法定业务,商业银行业务法,政策性银行业务法,外汇管理法律制度,证券法律制度,票据法律制度,金融信托法律制度,金融租赁法律制度,保险法律制度等内容。作者从分析金融活动的社会控制入手,逐次分析和介绍金融法、金融法律机制以及各项具体的金融法律制度。(龚援)

D000180 **证券法学** 唐汉良、江流主编。广东经济出版社1996年10月版。38.7万字。23.00元。从法制角度研究证券流通交易等一系列问题。系统阐述证券上市、交易、中介、服务、管理监督及仲裁、诉讼等各种法律问题。既介绍我国有关证券、公司法律、法规,又介绍证券发达国家(美国等)、蓬勃发展中国家(印度等)和港澳地区的法律制度,并随文对证券交易和证券法专用术语注上英文名词。(陈剑娜)

D000181 **经济法学** 潘静成主编。中央广播电视大学出版社1996年3月版。44.8万字。24.00元。共6编29章。第一编总论,第二编经济组织法,第三编宏观调控法,第四编经济运行法,第五编涉外经济法,第六编经济监督法。反映我国经济法制建设的新情况和经济法学研究的新成果。(何永军)

D000182 **中华人民共和国最新市场经济法律释析(上)** 马绍春主编。人民出版社1996年1月版。118.5万字。120.00元。分上、中、下卷,本书是上卷。编入从1992年始到1995年上半年新颁布的有关市场经济的法律和按市场经济要求进行修改的法律,共24部。分为五大部分:市场主体篇、市场行为与秩序篇、宏观调控与秩序篇、振兴经济与科技篇、社会保障篇。这些内容构成了社会主义市场经济法律体系的基本框架。对每部法律的释析包括三部分内容:(1)立法背景,主要叙述制定该法的经过及立法的必要性;(2)条文释义,对法律条文进行逐条

解释;(3)评析,主要对该法的特点、优点、重点、难点以及不足之处,进行评析。(陈亚明)

D000183　**经济法学**　孙传宏主编。辽宁大学出版社 1996 年 3 月版。23 万字。14.80 元。以国家的法律、经济法规为依据,结合社会主义市场经济发展的实际,全面、准确地阐述经济法的基本原理和有关的经济法律、经济法规的主要内容。共 18 章,前 3 章从总体上介绍经济法的概念、作用、基本原则和法律关系,后 15 章则分别就经济合同法、涉外经济合同法、公司法、企业法、税法、银行法、计量法、标准化法、反不正当竞争法、产品质量法、自然资源法、会计法、审计法、票据法、工业产权法、仲裁法等具体的经济法律、法规进行阐释。(王妍)

D000184　**中日企业破产法律制度比较研究**　美效荣等主编。辽宁人民出版社 1996 年 3 月版。28 万字。50.00 元。共 18 章:第一章破产法概述;第二章中国破产法历史沿革概述;第三章中国实施破产制度的概况;第四章日本破产法的历史沿革概况;第五章中日破产法律体系比较;第六章中日破产法适用范围比较;第七章中日破产法破产界限比较;第八章中日破产法破产申请人的比较;第九章中日破产案件管辖和受理的比较;第十章中日破产法债权人会议比较;第十一章中日破产法破产管理人比较;第十二章中日破产法破产债权比较;第十三章中日破产法破产财产比较;第十四章中日破产法的取回权、别除权、抵消权比较;第十五章中日破产法的破产宣告比较;第十六章中日破产法破产财产分配比较;第十七章中日企业重整制度比较研究;第十八章中日破产法的法律责任比较。(刘万庆)

D000185　**中国海商法**　陈宪民、何其荣编著。海洋出版社 1996 年 9 月版。27 万字。22.00 元。以《中华人民共和国海商法》和国际公约为法律依据,以我国的海事实践为素材而撰写。分 14 章:绪论、调整和管制海事纠纷的法律机制、船舶、船员、海上货物运输合同、船舶租用合同、海上旅客运输合同、海上拖航合同、船舶碰撞、海难救助、船舶造成海上油污、共同海损、海事赔偿责任限制、海上保险。(马瑞)

D000186　**商法概论**　柳经纬、齐树洁主编。厦门大学出版社 1996 年 7 月版。33.4 万字。14.50 元。以民法学理论为指导,坚持民商合一的观点,针对商事法律关系,依照我国各个单行法律的规定,并兼顾其他国家及台港澳地区立法的资料,对商法的地位与沿革,以及公司法、票据法、海商法、保险法、破产法作出概述与分析。(施高翔)

D000187　**海商法学**　郁志轰、沈秋明著。杭州大学出版社 1996 年 10 月版。33.2 万字。16.00 元。以中国海商法为研究主线,辅之对有关国际公约、外国法律的比较研究,并精心选用近年我国海事典型案例,适当配以外国著名海事判例。注重基本理论和专业实务,是《中华人民共和国海商法》颁布后国内第一部海商法学教材。(田华)

D000188　**交通行政法(高等学校法学试用教材)**　沈开举主编。中国人事出版社 1996 年 2 月版。20 万字。9.75 元。共 11 章。内容涉及:交通行政法的概念、调整范围、对象,交通行政法的历史渊源,现行的主要法律、法规、管理制度,交通行政法的主要管理机关及其职责、权限、部门,交通行政的违法行为、行政处罚、行政复议、行政裁决等。附录有:交通行政诉讼案例评析。系"中国部门行政法系列教材"之一。(殷崇文)

D000189　**劳动法大辞典**　中华人民共和国劳动部编。辽宁人民出版社 1996 年 8 月版。96.7 万字。98.00 元。共收词目 2 597 条。包括总表、促进就业、劳动标准、劳动关系与劳动关系调整、社会保险和福利、劳动行政部门等方面的内容。所依据的资料和法律文献,以 1995 年 8 月 31 日为底限。还收录少量与劳动法相关的词目。(孙绍军)

D000190　**中华人民共和国电力法**　全国人大常委会通过。中国电力出版社 1996 年 1 月版。1.1 万字。2.90 元。《中华人民共和国电力法》已经八届全国人大常委会第十七次会议审议通过,并于 1996 年 4 月 1 日施行。该法分总则、电力建设、电力生产与电网管理、电力供应与使用、电价与电费、农村电力建设和农业用电、电力设施保护、监督检查、法律责任、附则等 10 章共 75 条。(张克让)

D000191　**担保法通论**　王敬飞著。陕西人民出版社 1996 年 8 月版。25 万字。14.00 元。共 7 章:担保概述,保证,抵押权,质押,留置权,定金,附则。论述坚持理论与实践相结合的原则,注重介绍基本理论,归纳审判实践中出现的各类难题,适度介绍中外担保沿革。附录收有《中华人民共和国担保法》。(宝海)

D000192　**中国著作权实用全书**　国家版权局办公室编。辽宁人民出版社 1996 年 1 月版。61 万字。39.00 元。汇集 1949 年新中国成立以来各有关部门制定的主要的著作权文件;还有 1949 年以前的三部著作权法律;收录台湾、香港两地区的著作权法;为了体现中国著作权保护现状,以 1949 年以来我国著作权方面的一些主要工作事件来体现，以大事记形式编排。还对我国著作权司法、行政机构作了介绍。对与著作权法相关的知识产权法律，如商标法、专利法和反不正当竞争法作了辑录。（修玉祥）

D000193 **中国刑事政策和策略问题** 肖扬主编。法律出版社 1996 年 11 月版。38.7 万字。19.00 元。把党和国家在各个不同时期提出和实施的刑事政策进行系统归纳，分上、中、下三编。廓清每一具体政策和策略问题的历史沿革、内容实质、作用和意义以及在法律中的体现和在实践中的运用问题。从实际出发，完整、准确地总结党和国家的刑事政策和策略，为我国有关刑事方面的立法、司法、执法提供政策依据和方针指导。（钟变）

D000194 **刑法争议问题研究** 赵秉志主编。河南人民出版社 1996 年 10 月版。120 万字。80.00 元。分上、下两卷。上卷为刑法总论，共 32 章，包含 120 余个刑法总则、总论争议问题；下卷为刑法各论，共 10 章，包含近 60 个刑法分则或具体罪种争议问题。在每一争议问题的论述上，分“观点介述”和“评论研讨”两个方面。注重宏观问题与具体问题的联系和协调性，从刑法争议问题的具体与全貌上构建一个从理论到实践、从立法到司法实务的完整体系。（段南萍）

D000195 **刑罚通论** 马克昌主编。武汉大学出版社 1996 年 10 月版。60 万字。25.00 元。从刑罚的最基本理论入手，按照刑罚制度运作的发展规律，阐述我国刑法中规定的每个刑种，探讨刑罚的裁量原则、方法和各种具体的操作规则，结合刑法、刑事诉讼法和监狱法的规定，分析论证刑罚执行过程中的一系列问题，研究了刑罚消灭的概念、特征和刑罚消灭的具体事由。在刑罚论正编之后列附编，对处罚犯罪的手段、非刑罚措施进行论述。既深入探讨刑罚的本质、目的、功能等基本理论问题，又分述刑种、裁量、行刑、刑罚消灭等具体的法律制度；反映我国刑事立法的本意，指出正确适用各种刑罚制度的途径；充分展现现行的立法、司法状况，探讨进一步完善我国刑罚制度的立法构想。（方源）

D000196 **职务犯罪认定处理实务全书** 陈兴良编。中国方正出版社 1996 年 8 月版。250 万字。268.00 元。立足于我国关于职务、业务犯罪的立法与司法，对我国当前司法实践中的职务、业务犯罪作系统介绍。共分 3 卷：卷一、总论，主要论述介绍职务、业务犯罪的历史沿革、分类、立法完善等内容，是关于职务、业务犯罪的一般理论和基本概况介绍。卷二、各论，分别具体论述国家工作人员职务、业务犯罪的概念，罪与非罪、此罪与彼罪的政策法律界限与认定处理。卷三、程序，对职务、业务犯罪的诉讼程序，包括管辖、侦查、证据、起诉、审判、执行等问题作全面论述。（肖建国）

D000197 **当前贪污贿赂、抗不申报巨额财产来源与违法违纪犯罪的政策法律界限与认定处理** 本书编委会编。中国方正出版社 1996 年 8 月版。50 万字。29.50 元。选取执法执纪实践中最常见、最突出的贪污贿赂，非法所得和隐瞒境外存款四种违法违纪犯罪，集中就其各种问题进行探讨。共分上、中、下 3 篇：上篇为贪污违法违纪犯罪的政策法律界限与认定处理；中篇为贿赂违法违纪犯罪的政策法律界限与认定处理；下篇为非法所得、隐瞒不报境外存款违法违纪犯罪的政策法律界限与认定处理。每篇包括三部分内容：一、该违法违纪犯罪的概念、特征、政策法律界限及认定处理；二、该违法违纪犯罪典型案例评释；三、有关该违法违纪犯罪认定处理的所有政策法律规定。最后附录第七届国际反贪污大会在北京召开的情况介绍及大会主题和专题题目；国际反贪污大会的由来和历次大会简介。（胡驰）

D000198 **谁来帮你打赢官司** 副名：教你如何维护自身权利。王立等著。解放军出版社 1996 年 8 月版。17.1 万字。11.80 元。介绍维护公民合法权利的有关业务常识，通过对 71 个在日常生活中与公民权利关系至为密切的民事、刑事、行政方面案例的具体分析，说明律师打赢官司的能力、方法和重要作用。

D000199 **中国律师实务全书** 李万勤等主编。学苑出版社 1996 年 1 月版。364 万字。198.00 元。主要内容有：“律师常用法律知识编”，包括：法学基础理论、中外法制史、宪法、民法通则、担保法、拍卖法、经济合同法、涉外经济合同法、技术合同法、知识产权法、继承法、婚姻法、收养法、劳动法、企业法、公司法、票据法、海商法、金融法、保险法、税法、反不正当竞争法、产品质量法、消费者权益保护法、广告法、会计法、审计法、土地管理法、行政处罚法、国家赔偿法、刑法、民事诉讼法、仲裁法、行政诉讼法、刑事诉讼法、国际法、国际私法、国际经济法、中外有关法学著作简介。“律师实务编”，包括：司法组织、法律应用文书、律师与律师制度、律师的民事和经济诉讼代理、律师在刑事诉讼中的辩护与代理、律师的法律咨询、常用诉讼文书标准格式。“律师办案法律适用编”，包括：从实体法到程序法各项法律问题，以条目

的形式加以解释和说明。还有“案例剖析编”和“法律法规编”的内容也极为实用。(朱迎)

D000200 **清末北京城市管理法规** 北京燕山出版社1996年10月版。98.00元。该法规的主要内容包括卫生、交通、市政、饮食等各种行业活动。这些法规是随着当时的社会生活内容的变化而产生,并经过引进改良而成,其中大部分源于日本明治维新以后的相应法规。其对于过去没有的行业(如汽水行业),则采取引进的法规管理,而对于传统发展起来的行业(如人力车、马车、浴池、理发业等),则在一定程度上显示在新的立法规则上的管理。如《管理人力车规则》中的口语化规则,通俗易懂;浴池理发业规则中进一步提出常规的卫生要求等。不管其城市管理法规涉及到什么范畴,其立法精神和旨意都与过去封建法律有本质的不同,吸取了近代西方“天赋人权”与“契约自由”的立法思想。但在工商行业管理方面仍还渗透着封建行帮管理的陋习,留下了由封建社会向资本主义社会过渡的痕迹。这部发现于民间的法规还有对东安市场、广安市场等场所的专门管理卫生规定,以及对旅店、娼妓、乐户各行业的管理规则,这对于研究北京城市发展史及近代市政管理具有重要的史料价值。(文佳)

D000201 **香港法概论** 张学仁著。武汉大学出版社1996年2月版。63.7万字。22.50元。全面介绍和阐述香港法律制度的教材,共22章。内容涵盖香港法律制度的各个方面,包括香港的历史回顾、政治制度、法律源流、司法制度、律师制度、公务员制度、刑事法律制度、财产法和信托法、知识产权法、合同法和代理法、侵权行为法、金融法和票据法、证券法、破产法、婚姻继承法、冲突法等。论述香港现行的法律制度及其发展趋势,探讨两地法律冲突的解决,为研究香港提供参考资料。(张琼)

D000202 **香港商业法** 叶春生编著。华南理工大学出版社1996年10月版。23.6万字。15.00元。主要介绍香港与工商业组建与运作相关的各种法律,概述香港的法律源流和司法系统。涉及的法律有:合约法(包括合约的种类、订约与合约要素,违约与合约中止等);公司法(包括公司的注册成立、章程和组织机构,公司的股本、账目及核数,公司的组建、解散与清盘);民事侵权法与财产法(包括商业社会的民事侵权行为、财产权法、知识产权法);雇佣劳动法(有关雇佣劳动的法例与规定,雇佣合约的条款和内容,雇佣合约的终止、违约补偿与裁决);国际商法(包括国际货物贸易法、国际技术贸易法);税法、银行法与保险法。(周莉华)

D000203 **香港代理法** 何美欢著。北京大学出版社1996年3月版。71.4万字。37.50元。代理法是商法的重要组成部分。该书在作者写作出版的英文版的基础上,根据香港的法律与实务,结合英美法系的特点,以中文重新编写。全书分为两编,从两个方面论述香港的代理制度,第一编全面介绍代理的一般原则;第二编系统论述不同类别的代理人的有关法律制度。全书辅之于判例,以中文形式表述普通法,可操作性强。(冯益娜)

D000204 **三千年冤狱** 杨师群等著。江西高校出版社1996年4月版。40万字。15.00元。以朝代为序,介绍自夏末至清末约3000年的冤假错案,涉及大大小小上千件冤狱,并对其中的300个冤狱进行介绍与评价。在述及各冤假错案时,结合当时的立法、司法状况,从法律角度分析产生冤狱的原因。(陈昌怡)

D000205 **唐律与唐代法律体系研究** 钱大群著。南京大学出版社1996年9月版。16万字。20.00元。论文集。收作者自1985年至1996年期间发表的10篇论文。全书从唐代整个法律体系的角度,对《唐律疏议》这部中国古代最重要法律经典的性质作定论性的考证研究,并在此基础上对这部唐代刑律的现代法文化价值作重点探讨。作者明确地指出唐律是刑律,而不是像有些研究者说的是“民刑不分”及“综合法典”。关于唐代的法律体系,作者纠正了自80年代中期以来有些研究者所持的“律、令、格、式皆刑法”的说法,为唐代“典籍”与“法典”在研究方法上划清了界线。关于唐律的现代法文化价值,提出了唐律立法上量化技术的高度发展及使用上的特点与作用问题。根据刑律的性质,分析了唐律在吏治及司法审判上重要的借鉴意义。(钱大群)

D000206 **中国卫生法规史料选编(1912—1949.9)** 陈明光主编。上海医科大学出版社1996年11月版。196万字。395.00元。收载1912年至1949年9月中华人民共和国成立以前的卫生法规史料。分上下两篇,上篇为革命根据地和解放区的卫生法规。还收录根据地和解放区党、政、军部门发布的有关卫生工作的部分指示、命令、通知及决议。下篇为民国时期的卫生法规。为适应大陆和台湾海峡两岸日益频繁的艺术交流,增进对台湾卫生法律制度的了解,附录选编了部分台湾当局颁布和修订公布的重要卫生法规。各篇及附录中的卫生法规,分为总类、卫生防疫类、公共卫生类、医政类、药政类、妇幼保健类、劳动卫生与医疗保障类、医学教育类、禁烟禁毒类、红十字会类等若干类别，按文件制定、公布的时间先后为序排列。将原文竖排改为横排；繁体字、异体字改为简化字；对无标点符号的条文作出断句，加上标点；民国纪年改为公元纪年。（王洪生）

D000207 **国际经济贸易法律与实务新论** 李双元著。湖南大学出版社 1996 年 12 月版。36.3 万字。22.00元。对国际商业惯例、国际借贷担保制度、美国统一商业法典买卖编、美国贸易法"301 条款"、世界贸易组织争端解决机制以及海事诉讼的保全性扣船与实体问题管辖权和国际商事仲裁协议与法律适用问题作全面、系统的研究，探索国际经济贸易法律及其冲突中的一些难点问题，构建一个国际经济贸易法律研究的全新体系。对我国如何利用世界贸易组织争端解决机制来遏制外国对我国的单边贸易报复提出见解。（卢宇）

D000208 **对外经贸法律实务** 副名：美国篇。王慧炯等主编。中国财政经济出版社 1996 年 12 月版。34 万字。25.00 元。分 11 章。主要内容有：美国的法律制度概况；美国对外贸易法律和政策；美国的金融体制；对外国投资的鼓励和限制；在美外商的纳税问题；美国商业企业的类型；美国劳工与就业法；美国移民法；在美从事生产经营的产品责任；美国反托拉斯法；收购美国公司的有关法律。书中提供大量的涉及贸易、金融、税收、投资限制、公司注册证书、公司章程、股票转让证明、移民局合法就业身份认证、劳工和移民签证申请、收购公司的全套程序等的美方表格原件样本、证书样本以及相关资料。（刘航）

D000209 **国际组织法** 饶戈平著。北京大学出版社 1996 年 11 月版。38 万字。17.00 元。论述国际组织法的教材。从国际组织的地位、作用、类型和历史发展，国际组织的参与者、法律人格、交往能力、组织结构与职能，国际组织的议事规则、特权、豁免、法律秩序与争端的解决，国际组织的经费与预算等方面系统阐述国际组织法的基本内容。把包括联合国在内的各种国际组织放在世界的、历史的大背景之下去考察分析，说明国际组织的建立和发展、国际组织体系的建立和形成，反映国际关系和世界政治、经济交往日益扩大和紧密的趋势。运用综合比较的方法研究国际组织法的理论，侧重于从国际法和组织机构法的角度分析国际组织和国际组织法的结构、类型、职能、法律地位与原则、规章、制度等。（张晓秦、邹卫东）

D000210 **国际经济法学** 翁国民著。杭州大学出版社 1996 年 6 月版。48.3 万字。23.50 元。从国际经济法概述、国际货物贸易中的法律问题、国际技术转让中的法律问题、国际服务贸易中的法律问题、国际投资活动中的法律问题、国际货币金融法律制度、国际税收法律制度、国际经济组织、国际经济贸易争议的解决等方面展开论述，勾勒出国际经济法学的课程框架。（田华）

D000211 **共同海损** 王恩韶、许履刚著。大连海事大学出版社 1996 年 8 月版。27 万字。15.80 元。介绍共同海损的产生、发展以及对促进远洋运输事业的作用；介绍共同海损法律，特别是国际上为进行共同海损理算而普遍采用的《约克—安特卫普规则》的制订、历次修改情况和主要内容；介绍体现共同海损改革精神的《北京理算规则》的制订和内容，以及我国《海商法》共同海损一章的内容。以法律和规则为基础，对我国《海商法》共同海损章和其他有关章节逐条加以介绍和解释，系统阐述共同海损的基本学说、理论和专业实务做法，指出理算、审核和处理共同海损案件中的工作重点。（张娴）

D000212 **国际海运危险货物规则** 国家港监局交通部咨询中心译。大连海事大学出版社 1996 年 9 月版。520 万字。568.00 元。《经修正的 1974 年国际海上人命安全公约》涉及到海上安全的各个方面，并包括第Ⅶ章 A 部分关于包装形式危险货物或固体散装形式危险货物运输的强制条款。除按照《国际海运危险货物规则》进一步阐明的第Ⅶ章 A 部分条款运输危险货物外，根据第Ⅶ章第 1.3 条的规定，禁止装运危险物质。《经修正的 1973 年国际防止船舶造成污染公约》涉及到防止海域污染的各个方面，并在其附则Ⅲ中包括有防止海运包装有害物质污染的强制条款。按有害物质事故报告条款规定，船长或负责船舶的其他人必须报告这些有害物质的事故。本规则对每一物质、材料、物品的具体要求，无论在形式上或内容上均已作很大改动，其目的是与工业的发展与进步相一致。国际海事组织大会授权海上安全委员会对本规则进行种种修正，以便使本组织能对运输业的发展迅速地作出反应。规则共分 5 册，对有关危险物质运输均有详细的规定。补充本收编了《船舶载运危险货物应急措施（EMS）》、《危险货物事故医疗急救指南（EFAG）》、《固体散货安全操作规则（BC Code）》等有关的决议内容。（史洪源）

D000213 **国际技术转让法** 白映福、黄瑞著。武汉大学出版社 1996 年 12 月版。32 万字。12.90 元。共 8 章。系统阐述国际技术转让的一般理论与基本原则，重点叙述国际技术转让的一般程序、转让方式、转让标的及其管理模式，对国际技术贸易中的法律适用及争端的解决亦作详细介绍，结合实践指出在技术转让的各个阶段应采取的策略，讨论了许可贸易的程序、许可证合同的计价方法、支付方式和合同格式，指出在技术转让的环节上应注意的国际国内法律问题，剖析了我国现行的技术转让法规，探讨当今国际技术转让活动中的诸多“热点”问题。(张琼)

D000214　**中国与国际私法统一化进程**　李双元著。武汉大学出版社1996年版。53.8万字。22.00元。“国际法研究丛书”之一。对国际私法的发展进行分析。指出，二战以后由于国家管理经济职能加强，商品生产与交换日益国际法，各国为自身经济的发展需要，更注重本国与世界及其他国家的协调，国际经济一体化的趋势引发了国际私法领域的重大发展。各国的法律逐渐相互吸收，相互渗透，其表现是在国内法的创制和运作过程中，越来越多地涵纳国际社会的普遍实践与国际惯例，并积极参与国际法律统一的活动等。作者分析了这一走势以及产生的根源、条件、在各部门领域的具体体现。论述了我国立法中与此不相协调的地方并提出立法建议，对从事国际私法统一活动的最重要的国际组织——海牙国际私法会议作了详细介绍。(许光耀)

D000215　**中国冲突法立法问题研究**　肖永平著。武汉大学出版社1996年10月版。37.2万字。18.80元。立足我国冲突法立法的历史和现状，在广泛吸收和借鉴各国冲突法理论和实践的基础上，结合本土化问题，进行分析和论证。全书分“绪论”、“结构论”、“内容论”三部分，从宏观和微观的角度对各国冲突法立法体制及其运作方式进行横向比较，剖析各种制度的利弊，提出有价值的立法建议。作者认为中国冲突法应“更新观念，实现立法观念的科学化”，“脱离民法，实现立法体例的法典化”，“大胆引进，实现立法内容的国际化”，反映了冲突法立法的国际发展趋势，适应了我国社会、经济发展的需求。在冲突法立法的基本原则和价值取向、冲突规范的结构及其发展趋势、准据法的概念、连结点的选择和发展方向、最密切联系原则的应用等方面，都有不同程度的理论突破和创造。(何其生)

D000216　**知识产权与国际关系**　郑成思著。北京出版社1996年3月版。30万字。16.00元。探讨有关知识产权的概念、特点、知识产权的归类及知识产权与国际关系等一系列专题。详细介绍世界知识产权组织、保护工业产权巴黎公约、保护文学艺术作品伯尔尼公约、世界贸易组织(关贸总协定)与知识产权，以发达国家为主的地区性知识产权国际条约、发展中国家间的地区性知识产权国际条约、知识产权国际保护与双边国际关系等基础理论，并就目前知识产权领域存在的突出性问题，如如何制止不正当竞争、国际上的商业秘密保护、商标国际保护中的若干问题、作品概念与数字化技术对国际版权理论的影响等进行专题性探讨。(龙杰)

E　军　事

E000001　**空军大辞典**　刘顺尧主编。上海辞书出版社1996年9月版。130.3万字。65.00元。系统介绍中外空军知识的专科辞典。收词6 633条，附图190幅，彩色插图45幅。内容包括总类、空军战略、空军战役、空军战术、空军指挥、空军作战保障、空军军制、空军训练、空军政治工作、空军后勤、空军航空工程、空军技术基础理论、空军武器装备、飞行技术、空军装备科研与管理、中外空军史、空军地理、空军测绘与气象等20个门类。书后收有《中国人民解放军大事年表》、《各代喷气式战斗机主要技术特征表》等7个附录。(朱伟明)

E000002　**竞逐富强**　副名：西方军事的现代化历程。麦尔尼著，倪大昕、杨润殷译。学林出版社1996年12月版。32万字。22.00元。有关军事历史研究的专著。作者从最基本的历史事实中，透析原始战争的动机、战争工具，说明在一定程度上，军事受生产力发展的制约，又借助生产力提升自身，即按当时生产力所能提供的物质条件，创立军事方法并提升军事规模。在这一历史发展的线索中，不时透露出军事装备的高度发展和军事思想相对落后的矛盾，因而对军事、对战争的现代化可能造成的危机。也探讨了军事与人类社会安全地共存的依据和线索。收入“现代化冲击下的世界丛书”。(曹坚平)

E000003 **司令部建设·参谋工作——谈忆录** 总参谋部办公厅编研室著。军事谊文出版社 1996 年 5 月版。30 万字。16.00 元。收入 70 多位老前辈的回忆文章。他们以亲身经历和所见所闻,生动记述革命战争年代和社会主义建设时期,毛泽东、周恩来、邓小平、朱德、彭德怀、刘伯承、贺龙、陈毅、徐向前、聂荣臻、叶剑英元帅和其他历任总参谋长,以及老一代参谋工作者关于司令部建设和参谋工作的指示,对司令部建设的重要性,对司令部的工作作风,对参谋人员的选拔与培养,对提高参谋人员的地位、树立参谋工作的威信等都有深刻论述。有些文章通过回顾我军参谋工作的发展历史,讲经验,谈感受,强调参谋工作的重要性,总结加强司令部建设的经验。(张丽)

E000004 **军校美育** 彭洪运、米卉著。国防科技大学出版社 1996 年 3 月版。27.6 万字。14.80 元。以军校实施审美教育为主线,全面介绍了军人审美基础知识,尤其是在用马克思主义的美学观点来解决和回答军事教育领域中的美学、美育问题等方面进行了积极的探索。对军校美育、军人审美能力、军校教员的美育素养等一系列新概念、新问题提出了许多创见,对军人与自然美、社会美、艺术美、科学美的关系作了精当的阐述,并对军校学员的美学知识结构进行了具体的构建。为进一步系统构建“军校美育”这一学科作了良好的基础性开拓工作。(曹红)

E000005 **校园芳草** 由布西、刘海松主编。教育科学出版社 1996 年版。80 万字。29.00 元。文集,荟萃全军院校优秀教员、专家的教学研究成果。文集以征答的形式从产学研结合、教学总论、研究生教育、教育评估、政治理论教育、教书育人、课堂教学原理、最优控制、教学法、能力培养、教材编写等方面收编了百余篇论文和答卷。文集分为 2 卷。第一卷,由布西主编,收选文章 47 篇。第二卷,刘海松主编,收选文章 56 篇。(王兰)

E000006 **军事教学法指南** 郭传智等编著。军事谊文出版社 1996 年 2 月版。19 万字。11.80 元。从理论和实践的结合上,阐述军事教学法的特点、课堂教学各环节的教学方法、讲课艺术、学员智能培养、教学手段运用、学员学习方法指导等军事教学的基本内容、方法,并着力探讨教学中备课、依据不同教学内容选择不同教学手段等问题。(赵爱华)

E000007 **当代军人国际法基础** 赵培英著。解放军出版社 1996 年 3 月版。27.5 万字。15.00 元。客观地分析当代国际法的重要作用,在认真研究国际法文献资料和国际法实践的基础上,针对当代军事活动的特点和我军在新时期的历史使命,阐述了符合我军平时与战时需要的国际法研究体系。论述了涉及当代军事活动的国际法基本内容,重点分析了国际法在维护世界和平与国家权益中的重要作用。(郭莹)

E000008 **民兵思想政治教育 100 个怎么办** 段金林著。白山出版社 1996 年 12 月版。19.8 万字。10.00 元。共 17 篇。联系民兵工作的思想实际,抓住民兵、预备役人员思想政治教育中经常遇到的重点、难点和热点问题,对其成因进行多层次的剖析,寻找带有规律性的对策,提出了 100 个怎么办的问题。采取“典型事例”、“成因剖析”、“应用对策”的写作方式,揭示在旧的思维惯势和工作模式指导下,民兵思想政治教育工作曾出现的弊端,并提出了市场经济条件下民兵思想政治教育应当采用的对策和措施。(宋杰)

E000009 **中国军事史大事记** 《中国军事百科全书》编审室等合编。上海辞书出版社 1996 年 12 月版。172.1 万字。88.00 元。编年体中国军事史工具书。上起原始氏族社会,下迄 1949 年中华人民共和国成立;以鸦片战争为界,1839 年前为古代部分,1840 年后为近代部分。记事以战争为主体,涉及军事思想、战略战术、军队体制、武器装备、教育训练、政治工作、后勤保障、军事管理、军事设施、军事人物、军事地理等军事领域各个方面,兼及与军事有关的政治、经济、文化、科学技术等各个方面。纪年以公元纪年为主,辅以干支及朝代年号纪年。古代一般按月记事,重大史事酌记到日,均用阴历;近代一般按日记事,用阳历,其中清代(鸦片战争后)括注阴历。重要的军事人物,卒时均括注生年及字号、籍贯、著作等。外国人名一般均在首次出现时附注该国原文。古地名首次出现时酌注今地名。(刘大立)

E000010 **中国古今大战纪实丛书** 王子今等著。解放军文艺出版社 1996 年 1 月版。290 万字。210.00 元。丛书共 13 册。所选上起先秦下迄近代的 13 场战争,大都是决定中国历史命运的关节点之战。如有奠定秦统一中国的长平之战;汉兴楚灭的最后一战垓下之围;决定东汉之兴的关键的昆阳之战;天下三分的开场重头大战官渡之战;晋灭秦的淝水之战;清康熙皇帝荡平三藩;郑成功收复台湾的登陆台湾岛等，该丛书所写的战争，表面上是争王争霸、逐鹿中原，以及团结一心、抵御外寇，或澄清边患、开疆拓土等方面，实则是讴歌一种爱国和英雄主义的精神，揭示华夏民族的向心力和凝聚力，塑造了两千年来一系列在政治上、军事上有作为的帝王将相、英雄豪杰。(周献明)

E000011　**中国人民解放军第三野战军战史**　《第三野战军战史》编辑室编。解放军出版社 1996 年 7 月版。40 万字。64.00 元。记述华东部队在解放战争时期的战斗历程，通过战争的具体实践，总结贯彻执行毛泽东军事思想的经验，介绍我军的光荣传统。根据华东战场的特点，该书从 1945 年 9 月抗日战争胜利写起，到 1954 年 4 月解放东南沿海岛屿、华东军区改称南京军区止。按照过渡阶段、解放战争战略防御、战略进攻、战略决战、战略追击、解放东南沿海岛屿等阶段编写。(郭莹)

E000012　**抗美援朝战争纪实丛书**　江拥辉等著。辽宁人民出版社 1996 年 1 月版。151 万字。90.00元。丛书分 4 种，包括：《三十八军在朝鲜》、《朝鲜战场 1 000 天——三十九军在朝鲜》、《揭开战争序幕的先锋——四十军在朝鲜》、《驰骋汉江南北——四十二军在朝鲜》。该 4 个军为抗美援朝战争中首批入朝作战的志愿军部队。通过对诸多重大战役、战斗过程的如实记述，反映志愿军克服种种困难，在敌强我弱的情况下，正确贯彻中央军委的战略部署，扭转战局取得最终胜利的历程，证明了出兵朝鲜，进行抗美援朝战争这一决策的英明，证明这场反侵略的正义之战，对维护世界和平，保卫祖国的经济建设，提高中国的国际地位，振奋民族精神，具有极其重大的意义。书中真实记述志愿军不怕流血牺牲、浴血奋战的英雄事迹，热情地讴歌了志愿军的革命英雄主义、爱国主义和国际主义精神。书中不回避志愿军局部的失误和失利，以全面反映抗美援朝战争曲折、艰难、复杂的历程。(杨立中)

E000013　**三十六计**　边吉译注。陕西人民出版社 1996 年 2 月第二版。10 万字。5.00 元。《三十六计》集历代"韬略"、"诡道"之大成，被称为兵法谋略奇书。原书以《易经》为依据，推演出兵法的主客、彼己、劳逸、刚柔、奇正、攻防等对立关系的互相转化，表现出极强的辩证哲理。本书对原书文字作了注释和语译。每一计的相关条后，附有战例。收入"中国传统文化精品丛书"。(贺治波)

E000014　**孙子兵法**　春秋·孙武著，陈学凯译注。陕西人民出版社 1996 年 2 月版。14.4 万字。6.40 元。分 4 部分：第一部分为世传《孙子兵法》13 篇正文及其注译。每篇前都附有一段"题解"，主要是考订解释篇名含义，概述本篇主要内容，揭示该篇的地位和作用。第二部分为银雀山汉墓残简中的《孙子兵法》；第三部分为散见于其他古代典籍中的《孙子兵法》佚文，这两部分也都分别加有简单注译。第四部分为孙武传记。介绍孙武的生平及其兵法的产生和流传情况。其中对孙武的家世渊源，五战八郢的破楚过程，孙武的生死之谜等，都有生动的描述和细致的考订。收入"中国传统文化精品丛书"。(曹秀君)

E000015　**一代名将兵法丛书**　谭一青等著。中原农民出版社 1996 年 6 月版。200 万字。154.20 元。丛书共 11 种。即：《毛泽东兵法》、《朱德兵法》、《刘伯承兵法》、《徐向前兵法》、《陈毅兵法》、《叶剑英兵法》、《彭德怀兵法》、《罗荣桓兵法》、《聂荣臻兵法》、《贺龙兵法》、《粟裕兵法》。丛书对毛泽东及其老一代革命家、军事家的军事实践、军事思想、作战指导、用兵之道、军事谋略，进行系统研究，提出了新的思想观点。再现了我军老一辈无产阶级军事家、战略家在战场上的文韬武略和英姿风采。(马保民)

E000016　**综合电子战新技术新方法**　桑炜森、顾耀平编著。国防工业出版社 1996 年 2 月版。31.4 万字。27.50 元。作者指出，现代战争是高技术战争，电子战是其中主导部分。电子战从问世至今，电子战设备已经历几个发展阶段，现正向综合一体化电子战系统发展。综合电子战新技术新方法所围绕的主题就是：以计算机技术应用为基础的现代电子战信息处理技术，对若干可望在综合一体化电子战系统中推广应用的新技术、新科学问题作初步总结，介绍一般概念、原理和算法，包括模式识别技术；辐射源信号特征提取；多谱传感器技术；人工智能技术；不确定性数学方法；无源定位技术方法；电子战系统工程简介。(王华)

E000017　**世界制导兵器手册**　《世界制导兵器手册》编辑部编著。兵器工业出版社 1996 年 10 月版。82.056 万字。100.00 元。汇集世界制导兵器的工具书。分三大部分：第一部分为反坦克导弹，主要介绍世界主要国家共 74 个产品；第二部分为末制导/末敏弹药，共介绍 35 个产品；第三部分为制导航空炸弹，主要介绍世界主要国家共 66 个产品。手册详细介绍各类制导兵器产品的主要性能、结构特点、作战使用、发展过程、改进情况，对部分产品作了评价与预测，反映了世界制导兵器的当前水平和发展趋势。(尤兰琴)

E000018　**核军备控制的科学技术基础**　杜祥琬编著。国防工业出版社 1996 年 6 月版。33.1 万字。18.80 元。国际核军备控制的发展，不断提出一些需要解决的问题，其中有许多是科学技术问题，特别是物理方面的问题。在这一背景下，核军备控制科技的研究日趋活跃。为此，本书旨在提供与核军备控制有关的科学技术基础知识，并反映核军备控制主要科学技术问题的研究成果。分 5 部分：第一部分概论，对核军备控制的简史和科学技术问题作了概述；第二部分阐述核武器的基础知识，包括它的物理原理、爆炸效应与历史作用等；第三部分叙述核军备控制的各项核查技术，这是本书的重点；第四部分阐述与核军备控制密切相关的弹道导弹防御和空间武器问题，重点从技术上分析战区导弹防御对国际安全的影响；第五部分介绍研究核军备控制对策的系统分析方法，包括基本概念和一些实例。（郭化琴）

E000019　**激光武器**　阎吉祥编著。国防工业出版社 1996 年 8 月版。23.5 万字。13.80 元。讲述激光测距机、激光雷达、激光制导的原理和应用；透彻剖析激光制导导弹。对低能直接杀伤激光武器（例如人眼致盲武器，反传感器激光武器）和高能直接杀伤激光武器（例如反核导弹激光武器，反卫星高能激光武器）也进行实例展示和发展介绍。（彭华良）

E000020　**国防高技术名词浅释**　中国国防科技信息中心编。国防工业出版社 1996 年 4 月版。14.8万字。10.00 元。收编从 20 世纪 70 年代以来出现并经常见诸国内报刊图书上的国外国防高技术和武器装备的名词术语近 200 条，分为军事革命与高技术战争、陆海空战武器装备、防空与反导系统、战略导弹与核武器、C^3I 系统、电子与光电子技术、电子战与光电对抗、航天技术、先进制造技术与新材料等部分。各类词目基本上按内容的综合性和技术、武器系统的类型进行编排，有关科研机构、组织管理等词目归入其他类。每个词目均附英文全名，有缩略语的，在全名之后注缩略语。其特点是：一、用简明的文字说明深奥的科学技术，通俗易懂；二、对每个词条不仅有基本概念的解释，还简要说明该项技术或武器装备在军事上的应用、发展现状和前景。（杨星豪）

F 经　济

经　济

F000001　**市场·近代化·经济史论**　吴承明著。云南大学出版社 1996 年 6 月版。23.4 万字。15.00元。选录作者 1986 年至 1995 年所写论文 19 篇，其中关于经济史理论和方法论的论文如“中国经济史研究的方法论问题”既从经济学理论又从历史学基础出发阐述作者的观点，认为应当历史地看待经济学的发展，各种经济理论都有其历史背景和地位，任何伟大的经济学说，在历史的长河中都会变成一种经济分析的方法，也是研究经济史的方法，而不是推导历史的模式。关于中国近代化问题的论文，如“早期中国近代化过程中的内部和外部因素”针对一时流行的“冲击——反应”模式和“传统——现代”完全对立的理论而提出中国“内部能动因素”的论点，并试图用实证来探讨这种因素的功效。而“世潮·传统·近代化”一文则代表了作者对中国近代化问题的总看法。关于市场问题，如“市场理论和市场史”阐述了马克思的分工产生市场的理论，而在历史上，各种市场的出现几乎都与分工无关，作者试图解开这个矛盾；“试论交换经济史”是根据恩格斯的生产和交换可作为“经济曲线横纵坐标”的启示，以横坐标代表历史，试图构造一个交换与经济发展关系的模式。最后一篇“市场经济和经济史研究”则表明了作者对什么是市场经济，我国历史上比较发达的商品经济是否具有市场经济的功能及对它的评价问题的态度。（张丽华）

F000002　**许毅选集**　许毅著。东北财经大学出版社 1996 年版。144 万字。166.00 元。分 3 卷，主要收入许毅教授自 1958 年以来撰写的主要财经论文、学术报告 130 篇，共分为 5 编。第一编为“中国特色社会主义探索”，反映了许毅教授在邓小平同志建设有中国特色社会主义理论指导下所作的探索和研究，特别是对我国社会主义生产方式的形成，在改革开放新条件下巩固和发展社会主义基本经济制度以及从商品经济到市场经济转变等方面的探索和研究;第二编为"经济规律体系与国家宏观调控",反映了许毅同志在经济规律、经济调节、经济杠杆理论方面的探索与研究。以上两编合为第一卷。第三编为"财政理论研究",集中反映了许毅教授在财政学科理论方面的研究成果,其中还包括区域经济与财政战略问题的研究,因内容较多作为第二卷。第四编为"经济形势与动态研究",重点收入了许毅教授自改革开放以来,对国民经济形势和经济运行中诸多难点、热点问题的研究分析意见。第五编为"现代企业制度",主要是作者对企业财务理论与实践,特别是对建立现代企业制度方面的研究。以上两编作为第三卷。(田世忠)

经济学

F000003 **西方经济学教程** 许纯祯编。吉林大学出版社1996年8月版。44.2万字。23.50元。从微观和宏观两方面研究西方经济学的基本经济问题和经济政策。主要论述了需求、供给和均衡价格;弹性理论;效用理论;生产理论;成本理论;市场结构和厂商均衡;要素定价和收入分配;市场失灵和政府的经济政策;国民收入核算;凯恩斯模型;通货膨胀理论;宏观经济政策等。(张显吉)

F000004 **经济哲学研究** 林德宏、步惜渔主编。南京大学出版社1996年6月版。36.5万字。16.80元。论文集。共收录有关经济哲学研究论文39篇。论文的作者都是近年来活跃在经济哲学研究领域的学者,论文集中体现了他们的最新研究成果,这些成果对于我国的市场经济建设具有一定的参考借鉴意义。

F000005 **共有制与均贫富** 陈家义著。广东高等教育出版社1996年10月版。21万字。13.80元。从有中国特色的社会主义理论说明共有制的合理性,剖析均贫富(平均主义)的弊端。从共富与均贫正反两个方面阐述共有制的内涵;论证共有制能够实现财产最大社会化,是脱贫致富的好形式,是走向共同富裕的康庄大道。(梁永康)

F000006 **论公私财产的功能互补** 忠东著。重庆出版社1996年5月版。15.5万字。14.00元。分上、下篇,共7章56节。内容为:国有制及其实现形式、社会个人所有制、《哥达纲领批判》、公有制的兴起与改革、私有制的危机与新生、公私财产的功能互补、私有制与公有制的两种结合方式。(余国枢)

F000007 **科技生产力:理论和运作** 刘大椿主编。重庆出版社1996年4月版。32.3万字。24.00元。由导论和3篇构成。导论阐释科技生产力的基本理论;第一篇论述现代科技体制及其支持系统,包括科技体制、科学活动的职业化规范化、科技投入及奖励、教学配置和科技运行政治文化氛围;第二篇论述作为经济内生变量的科技,包括科技并入经济的过程与要素、科技与经济的相互作用、科学技术经济社会四者间的相互关系与协调发展以及协调发展的规律与图示;第三篇论述科技生产力现实化的运作,包括科技体制改革与主体定位,企业改革与科技的联接,基础研究与应用研究的关系,科技运行的教育、法律、激励机制等环境,科技战略及实施,科技与文化的整合等等。(余国枢)

F000008 **当代国外学者论市场经济** 胡代光、周安军著。商务印书馆1996年版。17.6万字。11.00元。"市场经济研究丛书"之一。在广泛引用西方发达资本主义国家著名经济学家对市场经济的分析和论证的基础上,论述我国建立社会主义市场经济如何吸收和借鉴他们总结出来的有益经验和具有科学成分的理论观点。全书分3篇共16章。主要包括三个方面的内容:一、市场经济的实质。论述了什么是市场经济,市场的含义及其作用,如何矫正市场失灵。二、市场经济中的微观经济运行机制。论述了需求与供给的均衡问题、消费者行为、厂商行为等,对市场结构以及生产要素市场进行分析,论述了一般均衡与福利经济。三、市场经济中的宏观经济调控。论述了政府责任及其经济职能,以及应如何加强宏观经济调控和管理,对西方国家所采用的几种经济政策理论——财政政策、货币政策、收入政策、产业政策进行了分析,并结合我国的实际,阐述应如何加强宏观经济调控和管理,并分析了我国在运用这几种经济政策的作法所取得的成绩以及存在的问题。(杨宝兰)

F000009 **现代市场经济常用名词解说** 王莘耕、吴凤雏、聂春秀等编。江西高校出版社1996年10月版。18万字。10.00元。分为市场——经济运行,财政——财经政策,税收——税务管理,金融——金融体系,经贸——国际合作,合同——权益保护,企业——经营管理,产业——社会发展等部分,对现代市场经济方面的名词共445条作简要的解释。(花传贵)

F000010 **通俗消费心理学(第二版)** 黄世礼等编著。中国轻工业出版社1996年9月第二版。

34.9万字。24.00元。全面系统、深入浅出地论述了有关现代消费心理学的一般基本概念、基本理论、研究对象和方法,分析了影响现代消费心理的各种社会及自然因素,揭示了现代消费心理活动的一般规律。全书共分18章,内容包括绪论;消费心理学研究的对象、任务和方法;消费者的消费观、需要和购买决策;消费者的购买行为;影响消费心理的因素和类型;不同消费群的消费心理与购买行为;消费流行、消费习俗与消费心理;生产与消费心理;商业广告与消费心理;商业工作与消费心理;医药保健与消费心理;化妆与消费心理;食物与消费心理;穿戴、首饰与消费心理;住与消费心理;行与消费心理;娱乐与消费心理等。同时,还探讨了商业生产、商业广告、商业营销与消费心理的相互关系,具体讲述了吃、穿、住、行、乐、医药保健等几大类商品与现代消费心理的密切关系。书末,还预示了我国消费心理的发展趋势。(李宗良)

F000011 **当代西方产业组织学** 于立、王询著。东北财经大学出版社1996年12月版。22.5万字。14.00元。"当代西方经济学系列丛书"之一。从产业组织学的产生和发展开始,通过比较产业组织学与微观经济学的区别,论述产业组织学研究的重点,即垄断竞争和寡头垄断这两种市场类型条件下的结构、行为与绩效及其相互关系,并从中导出进行政府干预的政策建议。全书分5篇17章,主要内容有:第一篇,导论(第1~2章),介绍产业组织学的产生与发展,以及竞争与垄断的基本理论。第二篇,市场结构篇(第三至六章),首先讨论量度市场结构的基本问题和各种量度指标,并说明各种指标的优缺点。然后重点分析影响市场结构的主要因素,包括产品差异、规模经济、进入与退出障碍。第三篇,企业行为篇(第七至十章),从现代企业理论(或厂商理论)谈起,分析市场经济条件下的企业行为目标,然后重点讨论企业的定价行为、兼并行为、串谋与纵向贸易行为。第四篇,经济绩效篇(第十一至十四章),首先介绍分析和评价经济绩效的一般性问题和评价指标,然后分3章分析介绍与技术绩效、宏观经济绩效和开放经济条件下的绩效等问题有关的一些内容。第五篇,产业组织政策篇(第十五至十七章),介绍产业组织政策的一般内容,并讨论产业组织政策的两个主要方面:直接的公共管制政策和间接的反垄断政策。(李春明)

F000012 **经济政策论** 谢健民著。广东高等教育出版社1996年10月版。20万字。13.00元。包括了3方面的内容:一是经济政策的概念、特点及其运行的一般规律;二是经济政策决策的组织;三是经济政策的方法。(邓蔚菲)

F000013 **马克思的资本主义本质理论与当代现实** 赵汇著。中国人民大学出版社1996年9月版。25.5万字。14.00元。运用马克思主义哲学、政治经济学、科学社会主义有机统一的理论原则,深入挖掘与系统整理了马克思关于资本主义本质的理论,分析了资本同劳动对立的历史性、两极性、辩证性、总体性,以及社会主义取代资本主义的必然性,并运用这一理论剖析当代资本主义现实,辨析当今西方社会流行的"未来主义"、"福利国家论"、"人民资本主义"、"法人资本主义"、"资本主义社会中产阶级化"等观点,还马克思的"无产阶级贫困化"理论的本来面目,提出从世界观与方法论的高度上把握社会主义取代资本主义的必然性,从理论与实践两方面展现了马克思主义在当代的旺盛活力。列入"中国人民大学博士文库"。(余资)

F000014 **当代资本主义若干问题研究** 仇启华、姬兵著。江西人民出版社1996年8月版。23万字。14.80元。对新的历史条件下资本主义生产方式等的发展进行了研究,对目前人们有争议的若干问题进行了较深入的探讨,提出了新的理论,主要的专题有:当代资本主义经济的集中和垄断;国家垄断资本主义的几个问题;当代资本主义条件下的剩余价值规律;当代资本主义条件下的工人阶级物质生活状况;当代资本主义条件下的社会资本再生产、经济周期和经济发展趋势;资本主义发展的历史趋势。(余晖)

F000015 **现代资本主义论** 陶大镛著。江苏人民出版社1996年版。78万字。50.00元。对现代资本主义的产业结构、企业制度、金融资本市场体系、社会保障制度、跨国公司、经济区域一体化、经济周期波动、科学革命对经济发展的影响、现代资本主义的各种经济关系,以及与现代资本主义发展密切相关的阶级结构、社会矛盾等问题,进行了全面而深刻的考察,集中揭示了现代资本主义发展的内在机制及其发展规律,并在此研究的基础上对资本主义发展的历史趋势进行了科学的分析与预测。(丁嫣霞)

F000016 **资本主义经济教程(1996年修订本)** 白暴力主编。陕西人民出版社1996年7月第二版。23万字。12.50元。在1995年版本基础上修订而成。内容共分4个部分:第一部分,主要说明资本主义经济教程的研究对象、任务,是为学习资本主义经济课程的预备知识;第二部分,在抽象层次上说明商品与市场经济的一般范畴和规律,归纳提炼出“市场运行的三个规律”这一崭新的理论观点,为了解和把握资本主义市场经济的本质和内涵打下良好的基础;第三部分,主要说明资本主义制度的本质、矛盾和发展趋势,这是马克思主义政治经济学的基本理论内容;第四部分,分析资本主义经济的各个方面,说明资本主义必然灭亡,社会主义必然胜利这一历史总趋势。其特点包括以下几个方面:(1)以现代资本主义经济作为分析对象,用马克思主义政治经济学的理论分析现代资本主义经济,形成一个全新的内容体系;(2)体现了“理论内容少而精,论证资料广而博”的原则,用“广而博”的资料论证“少而精”的理论;(3)在体例设置上,每章增加“内容提要”“本章小结”“主要概念”和“复习题”。(李晓锋)

F000017 **发达资本主义经济中的垄断与竞争** 副名:垄断资本理论研究。高峰著。南开大学出版社 1996 年 12 月版。34 万字。14.50 元。分“垄断的形成与发展”“垄断势力与垄断竞争”“垄断价格与垄断利润”“垄断的经济后果”4 篇 14 章工业垄断资本的发展尤其是二战以来的新的发展变化,认为:第一,现代资本主义就其基本特性来说是垄断资本主义。否认现代资本主义的垄断实质,是缺乏充分的事实根据的。第二,垄断资本主义的形成与发展是资本主义经济的一种制度变迁,是在资本主义基本经济制度框架范围内的制度调整或变迁。其对资本主义经济的作用是双重的。第三,垄断资本在本质上不是资本关系的否定而是资本关系的继续,在这种条件下,资本主义的各种矛盾在趋于深化。第四,垄断资本主义的基本特征是垄断资本起主导作用下的垄断资本与非垄断资本的并存。对垄断资本的支配地位和发展趋势的绝对化理解,是不符合当代资本主义实际的。第五,垄断资本主义的形成与发展并不能消除资本主义商品生产的一般经济规律。(胡晓清)

F000018 **政治经济学(社会主义部分)** 许经勇主编。厦门大学出版社 1996 年 1 月版。23.8 万字。12.50 元。以建设有中国特色的社会主义理论和社会主义市场经济理论为指导,并根据党的十四大、十四届三中全会和十四届五中全会的精神编写,阐述社会主义经济制度与初级阶段、社会主义社会的生产资料所有制、市场经济体制、现代企业制度、农村微观经济运行主体、收入分配制度、社会保障制度、宏观调控等理论问题。(许红兵)

F000019 **中国特色市场经济论** 杨圣明主编。中国社会科学出版社 1996 年 12 月版。24.8 万字。16.00 元。将中国特色的社会主义市场概括为八大特色:一是初级阶段的市场经济。或者说,生产力水平较低阶段的市场经济。它不同于社会主义中级阶段和高级阶段的生产力水平较高阶段的市场经济。二是公有制基础上的市场经济。它不同于私有制基础上的市场经济。公有制为主体是社会主义市场经济区别于资本主义市场经济的主要之点。三是国有企业富有活力的市场经济。国有企业是社会主义市场经济的主要代表,公有制的主要载体。国有企业的活力在于市场之中。四是共同富裕的市场经济。它不同于两极分化的市场经济,更不同于贫富落后的市场经济,而是劳动者共同富裕的市场经济。五是劳动者当家作主的市场经济。劳动力的个人所有权与生产资料公有制的结合,充分保证劳动者的主人翁地位,而劳动力使用权的商品化、市场化,又成为社会主义市场经济的组成部分。六是亿万农民参加的市场经济。长期生活在自然经济中的几亿农民在短期内走进市场经济,将是中外历史上绝无仅有的一大奇观。七是有宏观调控和计划指导的市场经济。对市场的调控不是更强更硬的约束,而是更加灵活,以适应中国幅员广阔,情况千差万别的实际国情。八是廉洁透明的市场经济。它不是腐败的市场经济。政经分离,政企分开,权力与市场分明,将是中国市场经济的本质特征。(韩育良)

F000020 **世纪之交的探索** 副名:社会主义市场经济理论与实践。刘朝明主编。广西人民出版社 1996 年 12 月版。41 万字。29.00 元。从经济理论与实践的结合上来研究和探讨市场经济建设的论文集。论文全部出自有较丰富管理经验的研究生之手。全书收入论文 50 多篇,研究的范围相当广泛,从产业上看有农业、工业、第三产业;从部门看有交通运输、工业企业、财政金融、商业服务、行政执法;从空间看,既有城市经济建设研究方面,也有农村经济发展探讨;从经济范畴看,有宏观经济、中观经济和微观经济;从区域看,有沿海、桂东南经济实践,也有山区、桂西北扶贫开发的探索。这些文章的一个共同特点,就是从实际出发,从提出问题、分析问题到解决问题都能始终注意到理论与实践相结合的可行性。(马丕环)

F000021 **社会主义市场经济与民族关系** 金安江等著。贵州民族出版社 1996 年 2 月版。30 万字。14.00 元。共 8 章,即“市场经济与民族经济关系”、“市场经济与民族政治关系”、“市场经济与民族文化”、“市场经济与民族教育”、“市场经济与民族宗教”、“市场经济与民族心理”、“民族关系展望”。论述了民族经济、民族间的政治、民族文化、民族教育、民族风俗习惯、民族宗教、民族心理在民族关系中的地位和作用，探索了市场经济与民族经济、民族间的政治、民族文化等方面的各种关系，分析了市场经济对民族经济、民族间的政治、民族文化、民族教育、民族心理的影响。（郭懋）

F000022 **社会主义市场通论** 陈甬军著。人民出版社 1996 年 6 月版。25.3 万字。15.50 元。分上、中、下三篇：上篇，理论回顾；中篇，市场经济；下篇，市场流通。从对市场概念的把握和对市场与社会主义理论发展的回顾和展望的基础出发，综合运用经济学系列研究方法的同时，着重突出了马克思主义科学研究方法论的运用。全书以市场与社会主义基本关系、市场模型、市场机制、市场流通、市场体系和市场体制改革等几个重要方面为主干，立足于中国国情，形成了一个具有内在联系的社会主义市场理论体系和研究框架。在公有制市场理论模型、社会主义市场机制作用的特点、社会主义经济从计划到市场过渡时期中改革与发展的关系、社会主义市场经济中流通的地位和作用、流通改革与发展的目标、社会主义市场体系的培育和管理等方面，提出了一系列颇有新意的独特见解。（欧阳日辉）

F000023 **经济增长理论** [美]阿瑟·刘易斯著，周师铭、沈丙杰、沈伯根译著。商务印书馆 1996 年 7 月版。36.2 万字。20.20 元。全面地论述了经济增长问题，涉及的范围广泛。作者在书中没有提出有关经济增长的新概念，只是试图为研究经济增长提供一个基础，以满足当今政策制定者的实际需要。本书探讨的主题是一国人均产出的增长以及与此相关的诸多因素，如人口、资源、经济制度等等。首先，研究产出的增长必须考虑与产出的分配关系，但书中主要分析产出增长，而不是分配。其次，研究产出增长必须考虑产出、消费、储蓄和政府活动之间的关系，但书中是从产出增长的角度，而不是从消费增长的角度来进行探讨的。第三，产出是指商品和劳务，与其所提供的福利、满足和幸福等无关，书中仅仅探讨能获取更多的商品和劳务的各种方法，最后，作者还分别探讨了产出、人均产出、每小时劳动的产出及它们之间的关系。全书还以大量篇幅着重探讨了富裕国家在发展中发生的变化将在多大程度上可望在较贫穷的国家中重现，以及影响较贫穷国家发展的种种因素及其互相关系，并提供了大量资料，对正在建立社会主义市场经济体制、发展市场经济、促进增长的我国是颇有借鉴意义的。（程秋珍）

F000024 **绿洲经济论** 刘甲金、黄俊、王宁主编。新疆人民出版社 1996 年 11 月第二版。30 万字。30.00 元。立足新疆，面向全国，针对干旱地区绿洲生态、绿洲经济及相互之间的关系，通过实际调查、分析论证，对干旱地区的经济发展和生态环境的改善以及人民物质文化生活水平的提高进行了理论探索，提出了参考性的对策建议。全书分为 15 个专题，共 15 章，主要研究内容和特点是：首先，对干旱地区的绿洲生态系统进行了多方位的分析。用 7 个专题从不同角度对绿洲生态系统的形成、演变、发展及承载能力做出分析。其次，对绿洲经济的运行机制、调控机制及促进绿洲经济发展的主要因素，进行了相关的重点阐述。这是课题研究的重要部分，包括《绿洲经济的产业结构》等 6 个专题。最后，在结论部分对绿洲生态保护和绿洲经济发展目标，进行了大胆的构思和探索。包括两个专题。（俞康）

F000025 **技术经济学** 毕梦林著。东北大学出版社 1996 年 1 月版。41.6 万字。20.00 元。共 13 章，主要内容包括：概论，资金的时间价值，技术进步与技术选择、预测、创新及评价，经济评价方法，市场调查与预测，资产评估，项目可行性研究，建设项目财务评价，项目国民经济评价，建设项目后评估，技术改造和设备更新的技术经济分析，产品开发的技术经济分析，生产过程的技术经济分析。书后附有经济评价计算机软件和利息系数表。（秦振华）

F000026 **技术经济学** 万君康、蔡希贤主编。华中理工大学出版社 1996 年 10 月版。48.8 万字。19.00 元。系统论述了技术经济分析的理论、方法与实务。内容包括技术进步与经济发展的基本原理、技术评价与技术选择，技术进步与产业结构、产业组织的演进，技术进步对经济发展的作用，技术经济分析的原则与指标体系，技术经济分析的基本方法与应用等，并密切联系实际，对技术改造与设备更新、产品开发、技术转让等进行了深入讨论。（陈晓娟）

F000027 **产业经济学** 刘志彪著。南京大学出版社 1996 年 10 月版。34.5 万字。22.00 元。运用现代经济研究方法，探讨在以工业化为中心内容的经济发展中，产业结构、产业组织和产业关联三大问题，并通过对这些关系动态变化规律的分析，揭示产业政策的基本内容，同时为企业制定竞争战略提供理论指导。在进行各种分析后得出结论：建立和发展社会主义市场经济体制，将逐步校正旧体制和过渡时期的经济体制所形成的产业发展失衡状态，在这个时期，尤其要重视有关产业发展及其政策的研究问题。因为，建立在现代市场经济基础上的产业政策很有可能成为中国经济体制平稳过渡时期的主要工具。它在实现结构均衡，发挥计划与市场两种调节机制的优势，培育和健全市场体系，促进地区协调发展以及利用国际国内两个市场等方面，都有其他经济政策难以比拟的优势和特征。(张红波)

F000028 **混沌经济学** 理查德·H·戴等著，傅琳等译。上海译文出版社 1996 年 1 月版。26.9 万字。20.30 元。汇集了国外不同学者最新的关于混沌经济学的论文 14 篇，按内容分成四部分：一、论述经济学与混沌学研究的关系。二、混沌理论与经济增长模型。三、经济混沌的经验证据。四、混沌学应用于其他经济学领域的可能性和局限性。(马胜)

F000029 **西方经济发展思想史(修订本)** 谭崇台主编。武汉大学出版社 1996 年 12 月版。35 万字。14.00 元。“经济发展理论研究丛书”之一。以经济发展思想为主线的经济学说史。书中突破过去以价值理论为主线，用批判的眼光对西方经济学进行评介的限制，向人们展示一个更全面、更丰富的西方经济学的面貌。最重要的是，作者发掘了现代发展经济学的思想渊源，并提出了一些独到的见解。将经济发展思想史的上溯时期定在重商主义理论出现的时候，因为在此之前，生产力水平低下，小农经济占主导地位，探索经济增长问题的思想还不可能出现。同时将本书的下迄年代定在本世纪 40 年代哈罗德—多马模式的出现，因为在成批地出现发展中国家的 40 年代，经济发展成为普遍客观的需要，而在西方，首先把正统经济学纳入经济发展研究轨道的正是哈罗德—多马模式。另外，针对有些西方学者，如雷诺芝等人认为从 1850 年到 20 世纪 40 年代的 100 年时期，是经济发展思想停滞发展的“静止的间隙”，作者认为，正是在这一时期，马克思、列宁的经济理论，德国历史学派对经济发展问题的研究，以及剑桥学派的庇古，瑞典学派的威克塞尔、卡塞尔和俄林，凯恩斯及其门徒汉森等人的著作中，都有着丰富的经济发展思想。以这一分析为前提，作者写出了一部从重商主义直至 20 世纪 40 年代的完整的经济发展思想史。(刘爱松)

F000030 **当代世界十大经济学派丛书** 傅殷才主编。武汉出版社 1996 年版。171.8 万字。110.00 元。共 10 册。包括：《凯恩斯学派》、《制度经济学派》、《瑞典学派》、《货币学派》、《理性预期学派》、《供给学派》、《伦敦学派》、《弗莱堡学派》、《公共选择学派》、《激进政治经济学派》。丛书选取了十个典型的学派，单独成书，着重介绍和评论它们在市场机制和宏观调控方面的理论和政策主张。在介绍和客观评论的同时，坚持了正确的评判标准和科学的态度，以邓小平同志的思想为指导思想，最终目的是通过参考和借鉴国外先进的、有利于社会主义建设的理论，为我国的改革开放和国民经济的发展服务。(万忠)

F000031 **岭南经济思想研究** 汤照连、郭小东主编。广东高等教育出版社 1996 年 5 月版。31.9 万字。21.00 元。对唐代至近代岭南地区有代表性的历史人物的经济思想进行系统的评述。这些人物包括古代的张九龄、余靖、丘濬、海瑞，近代的洪秀全、洪仁玕、黄遵宪、郑观应、刘锡鸿、何启、胡礼垣、康有为、梁启超、孙中山、朱执信、廖仲恺等，对非粤籍而经济思想的形成与其在岭南为官的经历有着密切关系的著名人士林则徐、马建忠、陈炽等也设立附录，作专门论述。全书对上述人物的经济思想逐一作评述，并对它们之间的继承和发展关系作比较研究，反映出岭南古代、近代经济思想发展的面貌和脉络，以及它们的务实性、开放性、开拓性、重商性的特点。着重分析上述人士关于学赶西方，以求独立富强的思想；关于对外开放，引进外资、外国技术、外国人才和坚持“权自我操”的思想；关于全面振兴实业，实现工业化的思想；关于重视民生，改善人民生活福利的思想；关于重视教育，移易民心，提高人民素质的思想，等等。(詹家豪)

F000032 **中日现代化经济发展思想比较研究** 严清华著。湖北人民出版社 1996 年 8 月版。32 万字。15.00 元。联系技术层面和制度层面的问题，着重从思想的层面，以中日两国现代化经济发展思想为对象，比较其异同，分析其缘由，从中提炼出带有规律性和具有历史启示意义的内容。全书共 9 章。第一章，两国现代化历程与现代化经济发展思想的产生发展过程；第二章，两国现代化经济发展思想的起点；第三章，两国现代化经济发展思想的轴心；第四章，两国经济发展目标的构想；第五章，两国经济发展道路的选择；第六章，两国经济发展速度的认识与理论；第七章，两国产业发展政策思想；第八章，两国外向型经济发展战略思想；第九章，两国现代化经济发展思想的综合考察。书前有“绪论”，书后有“后记”。(王惠玲)

F000033 **中国理论经济学史** 于光远著。河南人民出版社1996年10月第1版。80万字。49.00元。以1979年改革开放开始为标志，分为上下两篇。上篇重在介绍新中国成立以后，中国经济理论从承袭苏联传统计划经济理论，到对苏联模式产生怀疑与批判，并试图重构中国自己的政治经济学体系的历史过程。下篇记述1979～1989年间中国经济理论坚持实践是检验真理的唯一标准，不断冲破"左"的思想禁锢，为不断深入的经济体制改革提供理论支持，构建有中国特色的社会主义市场经济理论体系的艰难历程。（王锦）

世界各国经济概况、经济史、经济地理

F000034　**比较现代化**　[美]西里尔·E·布莱克编，杨豫、陈祖洲译。上海译文出版社1996年10月版。44.1万字。34.70元。选收论文21篇。这些论文不仅都出自名家之手，更重要的是它们用比较方法研究政治发展、经济增长和社会流动的典型成果。所选的论文中纵向有现代社会与传统社会的比较，横向有发达国家之间、发展中国家之间以及发达国家与发展中国家之间的比较，此外还有各有关学派和研究方法的比较。全书分为5编：一、现代化的概念及其批判；二、现代化的前提；三、社会的转变；四、高级现代化；五、国际一体化。每篇论文开头都作有编者按，介绍论文的作者及论文的内容，使人一目了然。读者也可以从中领略不同国家现代化的历史经验，借鉴不同学派的研究方法。（楼瑶卿）

F000035　**新编世界经济概论**　池元吉、赵凤彬主编。吉林大学出版社1996年5月版。43.3万字。23.00元。主要论述了世界经济的形成、发展和中心的转移；世界资源和生产力分布；战后科技革命和产业结构的发展；发达资本主义国家经济的发展变化；民族主义发展中国家的发展；国际贸易和国际贸易机制的发展；战后国际货币体系和金融市场的发展；国际投资与跨国公司的发展；世界区域经济一体化趋势等。（张显吉）

F000036　**当代世界经济若干问题探讨**　熊性美、张岩贵编。南开大学出版社1996年9月版。11.8万字。6.80元。其主要内容包括：(1)当代对外直接投资理论和跨国公司理论的发展，作者坚持马克思主义的经济分析方法，吸收西方当代理论中的合理成分，对跨国公司的形成和发展作出了新的科学的解释。(2)探讨与跨国公司经营密切相关的技术创新、大公司的海外研究开发、技术创新与大公司组织制度变革的关系。还从技术进步必然引起组织制度的变动，必然实行策略联合等方面，成功地分析了当代西方技术变迁与公司制度变迁之间的内在联系。(3)分析了处于世界各国经济迅速增长前列的中国经济高速增长的效益和代价。(4)对世界经济发展的特点进行概述和分析，并从国际投资和国际金融角度分析了加拿大、日本经济。(5)探讨国际贸易、国际直接投资与发展中国家的经济和福利的关系。有关文章用事实表明，一个世界范围的市场体系正在形成之中，它既是战后生产国际化和国际经济一体化发展的必然要求，同时，它的形成又反过来促进了生产国际化和国际经济一体化的进程和发展。（胡晓清）

F000037　**科技富国——国外发展经济的经验**　Robert E. Evenson、Gustav Ranis著，徐海初等译。青岛出版社1996年10月版。27.4万字。14.80元。通过分析总结日、美及亚洲四小龙经济发展的经验教训，阐述了科学技术对经济高速发展所起的重要作用。介绍了这些国家在技术引进与转让、知识产权、专利制度、跨国公司运作等方面的管理方法，以及如何处理市场竞争与地区保护的矛盾、协调基础科学和应用科学的比例、政府怎样干预和支持等实际问题。（樊建修）

F000038　**西方七国首脑的经济政策协调**　陈钺著。贵州人民出版社1996年2月版。38.3万字。19.50元。以西方七国的经济政策协调为主线，首先对已经召开的二十届西方七国首脑会议进行纵向归纳；其次又从财政、金融、贸易、南北关系、东西方关系等专门领域，对西方七国首脑会议政策协调的内容进行横向剖析，以揭示美国、西欧和日本在这些领域的矛盾与协调，冲突与合作的进程。（熊美琼）

F000039　**东北亚国际经济合作研究**　何剑著。东北财经大学出版社1996年12月版。21.2万字。96.00元。"中国当代经济前沿科学文库'96卷"之一。除前言、绪论和结束语外，正文由8章组成。全书大致可分为3个部分。第一部分就东北亚区域经济合作的地理范围界定提出了自己的看法，并主要论述了东北亚国际经济合作问题的缘起和国际背景。第二部分主要从东北亚地区的政治环境、各国的亚太政策取向、经济上的相容性和互补性等几个方面阐述了东北亚区域国际经济合作的必然性、必要性和可能性。并在此基础上提出了东北亚区域国际经济合作的特点、组织制度模式和发展模式、合作的原则。第三部分着重探讨了东北亚这一政治经济关

系结构极其复杂而特殊的地区进行区域经济合作的发展前景及其对世界经济的意义和影响。(邰雪梅)

中国经济

F000040 **过渡经济学与中国经济** 宋承先著。上海财经大学出版社 1996 年 8 月版。34.1 万字。27.70 元。论文集。收 28 篇文章,集中反映了作者对邓小平建设有中国特色的社会主义市场经济理论的看法,提出了与国内外普遍流行的关于中国经济截然对立的观点。如我国改革是以“菜篮子”工程作为价格改革突破口,配套进行企业改革和全面改革之“反休克疗法”的激进改革,而不是渐进改革;改革开放以来的通货膨胀,是价格改革制造出来的“成本推进”,而不是改革开放以前货币过多的“需求拉上”。其中的“人力资本价值论——‘世纪之争’的一个综合或假说”另辟蹊径,提出了 20 世纪 90 年代科技革命、信息革命条件下马克思主义现代劳动价值论。(王联合)

F000041 **求索录** 副名:唐丰义短论·杂文选。唐丰义著。山西经济出版社 1996 年 1 月版。16.7 万字。13.80 元。说理的经济短文集。所收短文写于 4 个不同时期(60 年代～90 年代),体现了作者独特的、不间断写作经济短论实践和新意迭出的经济思想观。涉及到了经济领域的方方面面,着眼点往往是选取时代的中心点、热点和难点问题。比如“从‘时装无定款’说起”这一很小的社会现象联想到我国体制的改革等等,反映了时代的特征。(郭立群)

F000042 **经济开放与产业转型** 张谷谷著。陕西人民出版社 1996 年 12 月版。18.7 万字。10.50 元。分 6 部分。第一部分,提出产业转型及其在中国经济增长方式转变和实现可持续发展目标中的重要作用,论证了经济转型与产业转型的异同,以及经济开放对产业转型的特殊重要性;第二部分,全面考察了中国经济开放与产业转型的相辅相成、相互制衡的关系,提出了未来 21 世纪经济开放与产业转型的三大战略思想;第三部分,在总结传统和流行经济开放学说与产业转型理论的基础上,较系统地研究保护主义学说、产业内部贸易学说和区域集团学说等的新发展;第四部分,较系统地考察和比较了当今世界主要经济强国,美、日、德、英的经济开放与产业转型的经验和教训;第五部分,利用最新资料较全面地分析了中国经济开放与工业转型的现状和问题,探讨工业产出、技术结构和产业组织转型中的障碍、成因及出路;第六部分,探索服务产业开放的世界性趋势和发展中国家、发达国家在贸易、融自由过程中的教训,有针对性地分析中国外贸业、银行业转型的必要性及其对策。(常平阳)

F000043 **中国经济适度增长论** 周前海著。广西人民出版社 1996 年 12 月版。27.4 万字。16.00 元。共 8 章,第一章,在阐述了经济增长的含义及其重要性后,简要地介绍了国内外经济学界至 20 世纪 90 年代初关于经济增长理论研究的进展状况。第二章,对社会主义中国的经济增长进行总体的、概要的论述,为课题立论打下科学的基础。第三章,比较详细地研究和探讨了中国经济适度增长的客观性。第四章,对适度经济增长的因素进行了科学的分析。第五章,从实现适度经济增长的要求出发,论述了体制转变中的功能、体制转变的关键和核心问题。第六章,论述了适度经济增长与经济增长方式转变的辩证关系及加速增长方式转变的要求、时机、条件、着眼点和主要措施。第七章,论述了在适度经济增长中政府职能作用目的和行为准则、政府的作用、要求、条件、方式、范围和综合措施。第八章,专门从方法论上怎样实现和保持适度经济增长进行了研究,包括适度经济增长方法论研究的条件、难点、基本原则及方法论结构体系的构想。(谭灿妮)

F000044 **市场经济条件下的公平与效率** 副名:关于全面发展战略的政府思考。汤玉奇等著。党建读物出版社 1996 年 12 月版。39.3 万字。26.00 元。以邓小平理论为指导,对社会主义市场经济条件下的公平与效率这个热点问题,进行了多层次、多视角的研究和探讨。(建萱)

F000045 **社会主义经济风险论** 梁广海著。陕西人民出版社 1996 年 12 月版。13.5 万字。8.00 元(平),12.00 元(精)。对社会主义经济风险问题进行系统理论研究。其主要内容包括:(一)对社会主义经济风险的范畴作了界定;提出了经济元、经济风险元、险素、风险机制等概念,并对其分别作了定义和论证。(二)对社会主义经济中经济风险存在的客观必然性进行深入的分析;对经济风险作了较全面的历史考察,不仅分析了西方的经济风险研究史,而且对马克思主义经典作家关于经济风险的论述也作了归纳;同时,对经济风险与经济元行为的关系进行了分析,指出经济决策事权同经济风险承担责任的结合程度与经济决策所产生的经济风险程度之间的相关关系。(三)阐释了社会主义市场经济条件下的经济风险的分类、性质和特征。(四)开创性地研究了经济风险分析的定量方法体系和模型，构建了对经济风险进行经济定性分析、盈亏平衡分析、敏感性分析等的方法体系，以及社会主义市场经济条件下可用于实际分析的定量分析模型。(五)探讨了社会主义经济运行中经济元对经济风险的定性战略对策。书中在对竞争与战争、经济元与军队的相似性做出比较分析的基础上，试借鉴军事原则与战略战术，通过对世界上市场竞争胜败的大量实例进行总结概括，提炼出经济元在市场经济中的风险战略与对策。(朱玉)

F000046 **转型发展理论** 厉以宁著。同心出版社 1996 年 10 月版。24 万字。12.80 元。结合中国经济所面临的“转型”和“发展”双重任务的实际，全面阐述了自己的经济观点，对产权改革与物价改革、失业与通货膨胀、经济增长与货币流量的关系等涉及宏观经济政策的问题做了深入的讨论。(王小云)

F000047 **中国:“生长型”景气循环** 杜辉著。大连理工大学出版社 1996 年 12 月版。17.8 万字。16.00 元。在理论观点上有几点重要创见:(1)该书将工业化进程划分为四个阶段:准工业化、一次工业化、二次工业化和超工业化阶段，相应地将大工业以来的景气循环也分为四种类型，依次为原始型、生长Ⅰ型、生长Ⅱ型和成熟型;(2)指出中国正处于景气运动由生长Ⅰ型向生长Ⅱ型转换，特点为:高增长、波动周期缩短、波幅收敛、市场失衡加剧;(3)提出发展中国家可能出现“特种滞胀”;(4)提出景气循环的国际传递三交律，指出发展中国家处于被动式传递地位;(5)提出了“生长型”景气运动“适度区间”的定义和经验数据;(6)预期 1999 年前后中国可能会遇到一次中度循环低谷;(7)提出了增长模式转型、产业升级、加快市场转轨和强化间接货币调控的四大战略。(刘宪芹)

F000048 **中国经济发展与社会发展战略** 孟宪忠著。吉林大学出版社 1996 年 6 月版。17.7 万字。10.00 元。从哲学、经济学、社会学、政治学、文化学、管理学等多学科角度透视了中国经济发展与社会发展问题，全方位地把握了发展的战略全局，从而构建出中国经济发展与社会发展理论的框架，从而对这一理论的形成和发展做出了贡献。同时，也为人们从多维角度观察和分析带有全局性的问题，提供了一个科学的方法。书中提出了一系列具有独创性的新见解，如“中国的深度发展”、“警惕陷入贫困国家的富贵病”、“确立现代经济精神”、“经济文化一体论”等，并从理论与实践的结合上作了深刻的阐述，具有很高的学术价值。(李万生)

F000049 **转轨与起飞** 副名:当前中国经济热点问题。厉以宁著。陕西人民出版社 1996 年 5 月版。24.7 万字。13.30 元。首篇文章《邓小平同志在社会主义经济理论中的创新》，可说是全书的宗旨之所在。全书从 5 个方面，即社会主义的本质，实现社会主义现代化的经济体制，社会主义经济发展的动力，社会主义经济发展中速度与效益的统一、实行社会主义现代化的保证，对此论题作了精确的分析与论证，对邓小平关于经济理论的创新作了明晰的概括，对我国当前的经济现状与改革途径有着相当的参考价值，其他关于金融、关于产权改革、关于就业、关于物价、关于期货、房地产等方面，也都有着独到的见解。(李玉皓)

F000050 **中国市场体系的过渡经济分析** 刘锡军著。黑龙江人民出版社 1996 年 12 月版。18 万字。18.00 元。从中国在一个相当长的时期内处在由计划经济向市场经济过渡的阶段出发，以市场体系的过渡分析为重点，来探索中国过渡经济中市场体系渐进发育规律、商品市场渐进发育规律、劳动力市场渐进发育规律、金融市场渐进发育规律、证券期货市场渐进发育规律等等，以及如何在渐进发育中不断推进市场统一、规范、有序发展的战略选择。(徐冲)

F000051 **中国隐性经济问题研究** 宫希魁、金红炜著。大连理工大学出版社 1996 年 1 月版。16.2万字。12.00 元。“跨世纪中国经济社会发展研究文库”之一。全书对理论界的突出贡献主要表现在:首先，对隐性经济内涵的界定更加准确、科学、严密。这里所说的隐性经济除了被政府禁示的具有很大破坏性和腐蚀性的“地下经济”行为，还应包括那些政府并不禁止，甚至认同的经济行为。其次，对隐性经济的表现形式的归纳更加系统全面，为理论界进行更深层次地研究奠定了基础。第三，对隐性经济的成因及危害的论述更加深刻入微。最后，对隐性经济治理措施的阐述更加具有可行性及实践意义。(逯车敏)

F000052 **经济非均衡与宏观调控** 刘朝明著。中国经济出版社 1996 年 3 月版。21 万字。13.00 元。以研究中国的宏观经济运行与管理问题为主，针对现实的经济非均衡状态进行解析，提出了与此相关的宏观调控措施和政策。同时借鉴西方宏观经济分析的方法，在国内现有学术理论基础上对我国宏观经济运行中的非均衡现象进行全面考察，从中揭

示其原因、条件、机制和规律，并提出相应治理举措。(杨岗)

F000053 **政府干预理论研究** 胡家勇著。东北财经大学出版社1996年12月版。19.1万字。12.00元。“'96中国当代经济前沿科学文库”之一。从介绍西方经济学家对政府与市场各自功能的认识入手，提出自己的主张：要对政府干预范围作三次限定。这为准确定位政府职能提供了新的思路。还对政府究竟应该履行哪些职能，如何界定政府干预的合理范围；制定政府政策有效性的基本因素有哪些；作为政府干预重要内容的宏观经济调控的任务、手段和操作技术应如何准确把握；改革开放以来我们一直在强调压缩政府规模，但政府规模为什么仍持续膨胀，决定政府规模的基本变量究竟有哪些；过大的政府规模对政府功能有哪些损害，如何有效地压缩政府规模；提供公共品是政府的基本职责，那么，适度公共品生产规模如何确定，在公共品领域引进市场机制的途径等具体问题作具体有效的分析，并提出了自己独到的见解，有助于我国政府职能的转换和社会主义市场经济体制的建设。(李春明)

F000054 **企业国有资产管理模式研究** 侯永庭、王安民、李素萍等著。山东人民出版社1996年版。23万字。15.00元。正文共15章，附录两篇。在研究方法上，坚持理论与实践相结合，首先对我国企业国有资产的管理现状、西方发达国家关于国有资产管理模式与方法、以及国内具有典型意义的上海、深圳等城市的成功经验进行实证分析，在此基础上，对我国企业国有资产的管理实质、改革的理论基础等进行了深入研究，提出了我国企业国有资产管理体制的目标模式及实施方案。其积极意义在于：(1)探讨了一条符合中国国情的国有资产管理体制改革道路，即：中国是发展中国家，4万亿元的国有资产是几十年社会主义建设的艰苦积累，在这样的国情背景下，将国有资产大规模地私有化是不可取也是行不通的。(2)对国有资产管理体制改革提出了符合市场经济原则的委托——代理模式。在公有制条件下，国有资产管理只能实行委托——代理制，但代理关系的建立有两种选择：一是建立在“命令——服从”基础上的代理关系；另一种是建立在市场经济原则之上的代理关系。本书通过研究论述，否定了前者，探索了符合市场经济原则的委托——代理模式。(3)论述了市场经济条件下，国有资产管理中委托代理关系的有效运转的核心——激励与约束机制的建立。(4)提出了“一府两系三级管理”的改革思路和模式，即国有资产管理体制改革首先要求政府的社会经济职能与资产所有者职能相分离，在分离的前提下设定国有资产管理的有效方式——委托代理模式。(丁莉)

F000055 **国有资产管理学** 林永经著。辽宁人民出版社1996年9月版。112万字。120.00元。以邓小平同志建设有中国特色社会主义理论为指导，按照辩证唯物主义和历史唯物主义观点，力求在内容上理论性与实践性相结合，普遍性与特殊性相结合的原则，从国有资产管理的一般概念开始，包容国有资产评估、会计核算、审计等相关学科知识，较系统地阐述了国有资产管理的基本理论和基本方法，较大力度地对国有资产管理体制进行探索，进而揭示国有资产管理的基本规律。既注意阐述国有资产管理各种新的理论观点，又适当介绍国有资产管理的操作实务；既较详细地阐述国有资产管理的一般原理原则，又对国有资产管理工作中某些特殊问题作扼要说明，同时还介绍了西方国家国有资产管理体系和具体运作，从总结国内外国有资产管理的经验教训中，以独特的风格勾画出国有资产管理的科学体系。全书共分十五章，主要包括国有资产产权管理、经营性国有资产管理、非经营性和资源性国有资产管理、投资管理、国有资产预算和收益的管理、国有资产的处置、国有资产的核算、国有资产统计报告、国有资产管理会计、国有资产管理审计、国有资产的清产核资、资产评估、涉外国有资产的管理、各国国有资产管理比较、国有资产管理电算化等等。(谭燕)

F000056 **股份制改造中资产评估理论与实务** 黄世忠著。鹭江出版社1996年5月版。20.5万字。11.20元。“精诚财务丛书”之一。主要包括以下内容：一、阐述社会主义市场经济与股份制试点和改革的关系，说明公平、公正、合理的资产评估是确保国有企业和中外合资企业顺利改组为股份制企业，促使股份制在我国健康发展的必由之路。二、以社会主义市场经济理论、现代企业理论和计量理论为指导，并以产权经济学为基础，阐述股份制改组的实质，进而推断在股份制改组中进行公平、公正、合理的资产评估的基本目标。三、探讨股份制改组中资产评估的若干理论问题，包括资产价值决定论、收益观、资产和负债的界定等。四、通过剖析股份制改组中各利益群体在资产评估中的价值取向和行为动机，推导出资产评估应遵循的基本原则。五、论述资产评估方法所依据的基本假设，对股份制改组中常见的资产评估方法的合理性和局限性进行评述。六、探讨股份制改组中资产评估中若干重大实际问题，并提出解决方法。七、剖析股份制改组资产评估案例。(王聪文)

F000057 **神奇的财富:无形资产** 副名:无形资产学导论。蔡吉祥著。海天出版社1996年3月版。38万字。23.00元。论述内容既有无形资产概念组成要素、无形资产性质、无形资产特征、无形资产辩证观等无形资产基础理论方面;也有对无形资产的企业管理方法、管理机构、财务会计核算的原则、核算内容、核算方法、账簿设置、财务报表编制、经济指标体系、无形资产审计和评估,以及无形资产设计、开发、应用保护及繁衍技巧等等。书中对无形资产各要素不仅从其形成规律、法律地位、经济地位等方面综合分析,而且还对各要素之间的内在联系及区别进行了详尽的具体阐述。如专利权与商标权之间、专利权与版权之间、专利权与技术秘密之间、专利权与企业名称之间、商标权与企业名称之间、技术秘密之间及与商誉之间等等的本质区别。(宋城)

F000058 **中国市场化理论大纲** 贾明德著。山东人民出版社1996年版。25万字。16.80元。大主题、大跨度、大综合、新意层出是本书的主要特色。"大主题"不仅是说《大纲》把市场化这个中国当前和今后较长时期内经济和社会发展的主题作为全书的主题,而且是说《大纲》对与市场化有关的重大题目都有专门的研究。"大跨度"是说《大纲》涉及的时间、空间、学科范围非常之大:从远古到未来,涉及人类学、哲学、产权经济学、经济史学、比较经济体制学等。"大综合"是说对所研究的各种问题进行了较严重的综合分析。"新意层出"的含义就是说理论创新色彩浓厚。如作者认为:中国的市场化是政府策动的市场化;当代东西方文化结合的条件已经成熟,从而为市场化在中国取得成功创造了必不可少的"非正式制度"条件。(景洪兴)

F000059 **中国市场经济体制与经济社会政治结构变化** 马健行、顾海良著。中共中央党校出版社1996年12月版。34.4万字。17.50元。从社会系统的角度,阐述社会主义市场经济的发展引起的社会经济结构的变化、城乡居民及地区之间收入差距的变化、社会价值观念的变化和社会阶级或阶层的变化以及对政治体制和行政管理体制的影响。分析和探讨了市场经济体制重新建立起来的社会经济结构的基本状况及各种经济成份发展的趋势。并通过大量调查研究,在充分占有资料基础上说明了改革开放以来,城乡居民及地区之间收入差距的变动情况,变动造成的后果。在探讨社会阶层的分化与重组时,着重研究了工人阶级、农民阶级内部的分化和重组以及私营企业主阶层的形成和发展。还分析了市场经济发展造成的社会价值观念的紊乱和磨合以及如何建立与之相适应的价值观念。(王杰)

F000060 **新中国经济建设史(1949～1995)** 张奕曾、王玉玲主编。黑龙江人民出版社1996年3月版。22万字。13.40元。运用大量的资料,对新中国成立以来经济建设所经历的过程进行了比较系统的研究,其中包括新中国初创时期、第一个五年计划时期、开始全面社会主义时期、"文化大革命"时期、社会主义现代化建设新局面开创时期、改革开放全面展开时期。书中对这六个时期的经济建设规律和主要经验做了较为客观的概括和总结。(徐冲)

F000061 **经济效益研究** 张先治著。东北财经大学出版社1996年12月版。25.7万字。96.00元。"中国当代经济前沿科学文库"之一。从社会主义市场经济基本理论出发,在对经济效益与经济发展、经济改革、经济稳定关系及国内经济效益和经济效率研究现状进行剖析的基础上,建立了新的经济效益理论体系与方法论体系。书中贯穿经济效益是经济效率与其相应的收益统一的思想,并从潜在经济效益、资源配置经济效益、规模经济效益、技术进步经济效益和管理经济效益五个方面对提高经济效益的途径进行了规范与实证分析,最后形成经济效益综合评价体系。全书共分"绪论"、"经济效益研究回顾"、"经济效益内涵与分类"、"经济效益形成与计算"、"潜在经济效益"、"资源配置经济效益"、"规模经济效益"、"技术进步经济效益"、"管理经济效益"和"经济效益评价"10章。书末附有"主要参考文献"。(许景行)

F000062 **中国收入分配与经济运行** 张为达著。东北财经大学出版社1996年2月版。23万字。96.00元。全面剖析了中国收入分配与经济运行诸环节诸方面的种种问题。系统阐述了收入分配理论,剖析了收入分配的核心问题——效率与公平,对我国收入分配形成的机制、特点和收入分配差距的影响作了深层次的分析。在此基础上提出的重建收入分配的政策建议具有重要的现实意义。书中在一些方面观点较新,并有所突破。诸如:通过研究古典经济学收入分配理论和新古典经济学收入分配理论,根据社会主义市场经济发展现状,提出了在收入分配上要考虑投入的生产要素问题,并提出要把我国收入分配理论建立在以投入生产要素对生产的贡献之上的观点;在收入分配与经济增长的关系上,指出,经济增长过程要注意收入分配,认为收入分配是社会经济发展的决定性因素之一;在此基础上,指出了保持公平与效率二者共同提高的途径,即"以效率的提高推动公平的提高,以生产最优和消费次优的统一"来判断收入分配的合理与否。通过以上分析,提出了我国在市场经济条件下收入分配的原则、方式,以及深化收入分配体制改革的构想,论证了发挥政府在收入分配中的作用、建立完善的社会保障制度和合理的个人纳税制度的对策。(王江新)

F000063 **中国扶贫之路** 李强等著。云南人民出版社 1996 年 12 月版。24 万字。16.90 元。"中国社会发展丛书"之一。以翔实、权威的资料为基础,以国际扶贫理论、实践为参照,以注重对解决贫困问题的方法的研究为特色,全面、深入、系统地研究了我国的贫困问题及扶贫工作的方向,得出了只有形成庞大的中等收入层才能使社会长治久安的结论。(周非)

F000064 **中国政府消除贫困行为** 付民主编。湖北科学技术出版社 1996 年 12 月版。60.8 万字。40.00 元。共分 5 篇:"序编 世界贫困背景及中国政府与人民消除贫困的曙光",在世界贫困背景下阐述了中国反贫困的历史成就与意义;"第一编 中国 10 年扶贫开发实践(1986~1995 年)"介绍了中国扶贫开发的方针、目标任务、政策措施、具体做法,中国政府扶贫、社会扶贫、科技扶贫等;"第二编 扶贫理论与中国贫困现状剖析"介绍了中国特色的反贫困理论:贫困的定义与测定、中国贫困现状与成因、中国返贫现象与成因、中国反贫困理论体系,包括定性、定位、公平与效率取向问题,宏观经济影响与政策优先次序问题,一般贫困与特殊贫困问题、农业开发与发展问题、扶贫观念更新问题;第三编 阐述了中国六大贫困区域类型、十八个集中连片贫困区及库区、民族地区、边境地区扶贫攻坚对策;第四编讲述了如何面对市场经济建立消除贫困新思路问题。(刘安民)

F000065 **论利益格局的变化与调适** 凌厚锋、蔡彦士著。福建教育出版社 1996 年 3 月版。26.9 万字。17.90 元。从中国的国情出发,提出建立与社会主义市场经济发展相适应的分配体制、运行机制和社会保障体系,以及与这一新分配体制相适应的价值体系的构想。书中列举的问题具有较强的现实性和针对性,所阐明的观点具有较强的理论性和实用性。(方建云)

F000066 **'94 中国地区经济发展报告** 国家计委国土地区司、国家计委国土开发与地区经济研究所编。中国环境科学出版社 1996 年 1 月版。380 万字。19.50 元。分为 3 大部分。第一部分为"综合篇",侧重以全国宏观经济形势为背景,分析我国地区经济发展的基本情况。主要内容包括对各地区经济增长态势的评价分析,农业、工业、第三产业发展、固定资产投资的地区特点,地区市场和物价情况,地方财政和金融情况,以及地区经济协调发展面临的新课题等。第二部分为"地区篇",主要内容包括:各省区市经济形势综合分析、重点区域和重大建设项目开发建设情况、经济运行和经济发展中的主要问题和对策、国土工作进展情况等。第三部分为"附录",包括:1993 年地区经济发展大事记和 1993 年地区经济发展统计表。(周煜)

F000067 **华南黄金地带的崛起** 魏燕慎、陆建人著。鹭江出版社 1996 年 12 月版。18.5 万字。19.30 元。"亚太经济丛书"之一。主要论述"华南黄金带"的崛起、发展和"华南经济圈"的形成,就其对中国经济现代化的影响,与东亚经济发展的关系,祖国大陆与港澳台经济合作与融合的前景,作了较为深入的分析。

F000068 **跨世纪的战略抉择** 副名:中国西部地区经济发展面临的问题与对策。王关义主编。甘肃教育出版社 1996 年 3 月版。38 万字。20.00 元。系统而科学地分析了中国西部地区经济发展的现状及优劣势,就西部地区经济发展中存在的问题以及长远发展战略与对策进行了比较系统的探讨。全书具有以下特点:1. 具有重大的现实意义。中国西部地域辽阔,历史悠久,物产丰富,但由于主客观因素的影响,东西部地区经济发展上的差距越来越大。西部地区经济发展的滞后性已严重影响我国国民经济的持续发展,影响到民族团结和社会的稳定发展。以此为题进行系统论述,在中央提出缩小东西部发展差距的今天,具有重大的现实意义。2. 具有较高的理论价值。运用区域经济学和发展经济学的理论,就区域经济发展战略、中国西部地区经济发展战略、中国西北地区经济发展战略、中国西南地区经济发展战略进行了多方位、多层次的探讨,在把理论运用到实证分析方面有不少独到的见解和创新。3. 具有较强的可操作性。在全面系统地分析中国西部地区经济发展优劣势的基础上,提出了中国西部地区总的及各省区可持续发展的一系列战略对策,书中提出的培育经济增长支撑点,划小发展单元,"以侨为桥、发展西部","西北地区区域形象策划","异地开发"等措施已被不少省(区)政府采纳并写入其经济长远发展规划中。(邓玲玲)

F000069 **辽宁省海岛资源综合调查研究报告** 辽宁省海洋局编。海洋出版社1996年版。120万字。75.00元。分7个部分,绪论、自然环境、自然资源、社会经济、应用研究、开发设想、综合管理。内容包括气候、水文、海水化学、地质、地貌与第四纪地质、土壤、林业、植被、海洋生物、环境质量、土地利用、社会经济、开发设想等专业。(马瑞)

F000070 **中国西部地区经济发展战略研究** 副名:我国西部地区经济发展战略研讨会论文集。中国科学技术协会学会工作部编。测绘出版社1996年11月版。86万字。65.00元。选收148篇论文。其中全文112篇,摘要30篇。内容涉及7个方面:水利与能源;交通运输;农业与农村经济;产业结构与产业布局;城镇建设与布局;生态与环境;经济发展战略与对策。(赵彬)

F000071 **河西开发史研究** 吴廷桢、郭厚安著。甘肃教育出版社1996年10月版。53万字。33.00元。系统而全面地研究了河西地区自西汉以来开拓、发展、繁荣、衰退及新生的变迁。全书以经济建设为中心,对政治、经济、军事、交通、文化、水土保持、生态平衡,以及人口、民族关系等问题进行了多层次、全方位的研究,揭示了与经济发展相关的社会、自然诸因素协调制约关系及其内在规律。用历史资料进行纵向的对比分析,总结出了可资借鉴的经验教训。全书共分21章。主要包括西汉、东汉及曹魏时期河西地区的开发,十六国时期河西经济与文化的繁荣,北朝及隋代对河西的经营,河西的黄金时代—唐代,西夏和代对河西的统治,明代河西经济的衰落,清代河西经济的缓慢发展,清末民初河西对河西自然环境的破坏,建国初期河西经济的恢复,河西经济的历史转折,宝贵的经验及光辉的前景等。(白玉岱)

F000072 **近代市场与沿江发展战略** 胡平主编。中国财政经济出版社1996年6月版。38.9万字。30.00元。论文集。这些论文从不同角度总结了沿江市场发展的历史经验,对当代长江流域经济发展战略问题提出了宝贵的建议。具有相当的学术水平。认为:长江流域在中国当代经济发展中具有显著的区位优势;是国内资源富集带;经济实力雄厚,技术力量强;交通运输较为便利;与其他地区经济联系程度较高;开发浦东、建设三峡工程,这两项具有全国战略意义的决策都在长江流域,为长江流域经济开发提供了历史性的机遇。并根据对历史经验的总结和对长江流域现实的考察,提出了以下有关长江流域开发的战略构想:进一步扩大对外开放;依托中心城市,带动流域城乡经济发展;加强长江流域经济一体化;以水资源开发利用为突破口,以三峡工程建设为动力,调整和优化产业结构,建立地域分工、协作配套的现代化工业体系和农业体系;加快交通建设,形成主体交通网络;建立功能齐全的流域市场体系。总的意思是:研究长江流域的经济发展,必须特别注意市场所发挥的作用。(刘瑞思)

F000073 **上海建设(1991～1995)** 《上海建设》编辑部编。上海科学普及出版社1996年8月版。121.8万字。彩页57面。120.00元。是《上海建设(1949～1985)》和《上海建设(1986～1990)》的续卷,是《上海建设》系列丛书的第三本。集中记载了1991～1995年上海市现代化建设与改造所取得的丰硕成果,展现了九十年代广大建设者的精神风貌。全书继续以江泽民同志为第二卷《上海建设》题写的书名为书名,上海市委书记黄菊题词,上海市市长徐匡迪同志作序,副市长夏克强撰写总论。各篇章由市政府各委、办、区、县、局及有关单位通力合作,共同撰写而成。体例与前两卷大体相同,设篇章结构,每一篇设"概述",每一章按"基本情况"、"特点和成就"、"问题和展望"三个部分撰写。重点围绕"中国特色、时代特征、上海特点"展开,并扼要指出存在的问题,概括地展示发展方向。(钟海各)

F000074 **迈向21世纪的青岛** 青岛市计划委员会编。海洋出版社1996年7月版。80万字。98.00元。由5部分组成,有综合规划篇,市、区规划篇,专业规划篇,专题研究篇和企业规划篇。汇集了青岛市各市区(含胶州市、即墨市、平度市、胶南市、莱西市和青岛市7市区)、各行业和一些重点企业的"九五"乃至2010年的发展规划,对未来15年经济社会发展的指导思想、奋斗目标、城市性质、产业结构的调整、重点项目建设等一系列战略性问题,做了详细规划。(张宝珍)

F000075 **石狮:大变迁与新趋势** 王镇辉、蔡德奇主编。福建人民出版社1996年10月版。28万字。19.80元。分"历史文化背景与石狮人的性格"、"民间资本推动下的经济成长方式"、"自由企业制度"、"经济结构转换"、"市场体系"、"变迁中的社会结构"、"走向市场经济的政治秩序"、"农村城市化"、

“迈向现代文明”9个专题。书末附“石狮市国民经济与社会发展‘九五’计划和2010年规划纲要”。(郑俊球)

F000076 **经济开放的非经济效益** 副名:对厦门经济特区外商投资企业职工的调查与研究。张小金等著。鹭江出版社1996年8月版。21.8万字。14.30元(平),24.30元(精)。“特区经济丛书”之一。以厦门经济特区为典型,在进行大量的问卷调查和实地调查,占有丰富的调查材料的基础上,结合经济学和社会学的理论与方法,对外商投资的社会效益问题作了较系统的实证研究,深入分析了外商投资的社会影响、外资企业职工基本状况与特点、职工地位与劳资关系、劳动条件、职工收入与消费生活方式、思想观念变化、外商投资与社会组织、外商投资与社会流动等重要问题。

F000077 **港澳台财经与华侨华人经济** 贾康、余天心等编著。中国财政经济出版社1996年1月版。32.6万字。18.00元。系统介绍港澳台的历史和概况、财政经济的发展状况,香港的经济模式、贸易、金融业和房地产业,澳门的工业、外贸、旅游服务与地产建筑业,第二次世界大战后至今台湾金融、赋税、投资、公债、福利支出、社会保险以及财政法规和机构等情况。还介绍了约3 000万海外华侨华人艰辛历史、创业兴业的成就以及他们的经济情况。(徐珠丽)

F000078 **面向21世纪的湖北经济** 徐荣安、张生倓主编。湖北人民出版社1996年12月版。27.3万字。13.00元。汇集湖北省政协委员及在鄂全国政协委员中的有关专家、学者的论文28篇。对湖北省今后的经济工作和社会发展的问题和困难,从不同专业和角度提出了许多好的设想和建议。论文以经济改革、开放、发展为主线,多学科、多角度、大跨度地探讨了湖北迈向21世纪的振兴之路。(卢华根)

F000079 **思想解放与湖南发展** 申平华著。湖南人民出版社1996年11月版。25万字。20.30元。紧扣湖南实际,反思湖南经济发展中的过去和现状,分析其成功与不足,尝试寻找湖南经济起飞的思想契机。(黄楚芳)

F000080 **珠江三角洲经济区规划研究** 林树森主编。广东经济出版社1996年1月版。42.2万字。225.00元。分3卷。上卷内容包括战略决策篇、市长专论篇和专家论述篇3部分;中卷内容包括总体规划篇、环境篇、基础设施篇、产业发展篇、城市建设篇和社会发展篇;下卷内容包括广州市篇、深圳市篇、珠海市篇、佛山市篇、江门市篇、中山市篇、东莞市篇、惠州市篇和肇庆市篇。每卷均有附录。(姚钜)

F000081 **跨世纪的粤港澳区域经济** 李华杰著。广东高等教育出版社1996年12月版。24万字。24.00元。论述这个区域经济的形成和发展,提出其发展的战略和路向。其内容包括:导论、区域经济的核心——大珠江三角洲经济区、经济特区与港澳的经济关系、大型基础设施建设的协调与合作、区域产业发展策略与合作路向、区域经济成长的关键——金融合作、区域科技合作、区域经济合作与跨国经营、区域经济的协调与衔接等10章。(王亚芳)

F000082 **深港衔接 共创繁荣** 综合开发研究院(中国·深圳)编。南开大学出版社1996年11月版。46万字。38.50元。在向中央提出的深圳衔接方案的基础上,从9个方面论述了深圳经济衔接的有关内容:“深圳与香港经济发展比较”从历史的角度分析了两地发展的渊源关系;“深圳经济面临的挑战与展望”从深圳经济未来发展的角度探索了深港衔接的意义;“深港经济衔接的现状、意义及原则”从现实与理论两方面探讨了深港衔接的前景和目标原则;“深港经济衔接模式探索”分别从设立深港双边合作开发区、建立深港“两制一体”自由模式、构建港深经济区、建立粤港澳大三角经济带四方面探索了深港经济衔接的四种衔接模式;“深港金融证券业衔接”“深港制造业和高新技术产业衔接”“深港交通衔接”“深港口岸衔接”“其他产业衔接”则从各个方面探讨了深港经济衔接中可能遇到的各种具体问题。(胡晓清)

F000083 **迈向新世纪的海南经济特区** 古克武主编。湖北人民出版社1996年4月版。24.7万字。20.00元。“中国经济特区研究系列”之一。多层次多角度地介绍了海南经济特区建省7年来政权建设和经济建设的成功经验。同时,将海南经济特区现在乃至下世纪初要做的事情提出来加以分析和研究,探索了在跨世纪的进程中,把海南建设成更加成熟、更加定型、更有活力的经济特区的对策。(胡东)

F000084 **海南发展大沉思** 王建国著。南海出版公司1996年9月版。25万字。15.00元。根据世界发展变化的新形势,面对中国走社会主义市场经济的新道路,论述了海南经济特区优惠政策逐渐弱化的必然性,并指出了对海南今后发展带来的影响。全书力图从海南的经济、政治、文化等诸方面研究海南,根据海南建省办经济特区以来的伟大实践,寻找海南发展中的某些带有规律性的东西,以便在

一定程度上指导海南的进一步改革开放。(刘荐阳)

F000085　**迈向21世纪的广西**　杨道喜主编。广西人民出版社1996年8月版。63万字。80.00元。分"综合篇""行业篇""地区篇""指标和项目篇"及"附录"5个部分。汇编了广西"九五"计划和2010年远景目标纲要及其他相关文献,还汇录了广西主要部门(行业)和各地市的发展规划纲要。主要体现了以下的专题:改革开放以来特别是"八五"时期经济发展与经济体制改革的主要成就和基本经验;"九五"计划和2010年远景发展的战略指导思想和主要奋斗目标;经济增长方式转变和培育新的经济增长点;"九五"至2010年全区重大建设项目;"九五"至2010年全区基础设施和基础产业建设;"九五"全区固定资产投资规模、建设资金筹措和投资体制改革;培育和振兴支柱产业和工业结构调整;全面实施"科教兴桂"战略;加强农业基础,振兴农村经济;"九五"广西粮食供求平衡;地区经济布局与协调发展;培育和发展社会主义市场体系,加速发展第三产业;实施"八七"扶贫攻坚计划;社会事业发展和精神文明建设;国内外市场前景和扩大对外开放;"九五"经济增长速度和2000年全区实现小康目标预测;进一步深化改革,初步建立社会主义市场经济体制等。(谭灿妮)

F000086　**云南优势资源研究**　欧阳国斌等编著。云南科技出版社1996年8月版。18万字。14.80元。在云南众多资源中筛选出生物、矿产、能源和旅游4大优势资源,将其放在全国经济发展的宏观背景下进行比较研究,这必将对云南和国家实行比较优势战略、培植支柱产业群体产生积极影响。(王建明)

F000087　**中华开放史**　冯天瑜等著。湖北人民出版社1996年10月版。60万字。40.00元。从文化学与历史学相结合的角度,以敏锐的史识和精炼的史笔,充分展现了远自夏商周下迄本世纪90年代中华民族在文化发展历程中的开放精神和拿来主义,揭示了中华文化所具有的开放的内在机制,描述了中国人民与各国人民热诚交往的动人篇章,歌颂了民族精英们在对外开放活动中的艰难探索与开拓,也反映了历史上开放与闭关自守的矛盾冲突。全书从逻辑与历史统一的高度,分时期地勾画出中华文化在文化开放历程中由开放到闭关到开放,由被迫开放到曲折前进到主动开放的潮落潮涨过程,诸如魏晋南北朝的民族大融合、唐宋时期的文化开拓,明清之际的西学东渐与东学西渐,全书约用四分之一的篇幅,重点叙述了改革开放十八年来的发展历程,反映了中国人民在邓小平建设有中国特色社会主义理论指引下,抓住历史机遇所作出的抉择,体现了开放是时代的主旋律。(程世德)

F000088　**中国封建社会经济史**　田昌五、漆侠总主编。齐鲁书社1996年11月版。219万字。200.00元。共4卷,上起战国时期,下至鸦片战争爆发,时间跨度约2300年。按不同的历史时期分为9编,每编前有导言或绪论介绍这一时期的政治概况,然后依次叙述该时期的人口与资源开发,土地所有制形式和经营方式,地租形态和赋役制度,阶级和等级关系,官私工商业、货币,城市与交通,民族间的贸易和对外贸易,其中还插入互应的科学技术与发明。编后有小结,归纳每个时期的基本经济特点。通过系统梳理,提出了一些新观点。如:中国封建社会是从春秋末年之后的授田制和军功赐田开始的;土地所有制中的国有和私有是相互转化、不是固定不变的;田赋在唐中叶以前主要是按户按丁征收的,其后才按地亩征收;工商业和对外贸易在多数时期中都是由政府垄断和控制的;中国经济中心由北方转移到南方的时间不是在魏晋南北朝,而是在唐中叶以后,至北宋灭亡而成定局;中国封建社会之长是由其发展的曲折性和反复性决定的;而中国之迟迟未能进入资本主义社会,除此之外,和政府对工商业的垄断和控制不无关系;等等。(严茜子)

F000089　**魏晋南北朝经济史**　高敏主编。上海人民出版社1996年9月版。85.6万字。上、下册。52.00元。共20章,详细叙述了中国魏晋南北朝时期社会经济发展的全过程。先以魏晋南北朝时的疆域与自然条件为中心阐明了当时社会经济发展变化的客观条件;接着叙述了该时期社会人口增减、迁徙、流向及分布的状况及社会组织形式与户籍制度问题;然后着重阐述了其时各种经济关系,即封建的土地所有制关系、阶级关系与分配关系等,以及社会各个生产部门诸如农业、畜牧业、手工业及商业等领域发展的水平与特征,阐述了各种经济思想的主张与种种表现。(黄建章)

F000090　**清代区域社会经济研究**　陈桦著。中国人民大学出版社1996年10月版。28.5万字。15.00元。阐述清代社会经济发展不平衡的历史状况和形成原因,并从生产力水平、产业部门、地区间经济联系、自然环境条件、民族状况及社会习惯、历史传承、政治因素等不同侧面,逐一对清代东北、华北、华中、华南、蒙古、西北、西南、青藏等八个自然经济区的社会经济特点、生产状况进行分析和描述，勾画出某一地区的社会经济格局及各地区经济的基本特征。列入“清史研究丛书”。

F000091　**近代中国工商经济丛书**　全国政协、民建中央、全国工商联史料部门编。中国文史出版社 1991 年至 1996 年版。326.7 万字。105.95 元。以“三亲”(亲见、亲历、亲闻)史料为基本内容的大型丛书。以全国政协、民建中央和全国工商联史料工作部门几十年来征集的资料为基础，记录近代我国工商经济事业的创业历程和经营管理经验。书中所涉及的近代工商经济事业和历史人物，多为近代中国企业发展过程中的各部门、各行业的首要者，或是在全国有较大影响的企业创办者和管理者；其中，民族资本之企事业及其代表人物占多数，同时，也容纳了部分官僚资本经济、帝国主义在华经济等相关内容。丛书选题有 50 余种，约含 4 个部分：一、工商人物志；二、行业、企业史；三、历史事件；四、回忆录、传记。其范围广泛，适用于工商、经济、财政、金融、税收等方面，每个选题均独立成册。已出版的有《缪云台回忆录》、《猪鬃大王古耕虞》、《民族工业大迁徙》、《陈光甫与上海银行》、《周作民与金城银行》、《中华百年老药铺》、《胡厥文回忆录》、《中国近代国货运动》、《近代中国工商人物志》(一、二)。(韩舒芳)

亚洲经济

F000092　**经济转型与制度选择**　副名：日本、韩国、台湾经济转型时期政府干预的比较。陈舜著。云南大学出版社 1996 年 6 月版。22.1 万字。16.50 元。在一国或某一地区的经济发展过程中，政府直接干预资源的配置将会如何影响经济发展的进程？基于中国目前在转型时期经济改革及发展的现状，本书带着以上问题研究了日本、韩国和我国台湾地区的经济与社会发展，为什么能在战后几十年里实现持续稳定的增长并走过了自由资本主义国家几百年的里程，其中一个深层的原因就是政府直接干预资源的配置。直接干预之所以有效，是因为在市场发展初期，信息有限、市场分割、制度不完善，价格只能反映局部的供求状况，因而不能保证资源配置的整体效率，政府的干预弥补了这种缺陷。并得出以下结论：稳定是改革和发展的前提，转向市场经济就是逐步由价格作信号，让市场完成资源配置的功能。在转型时期，政府必须保持物价稳定；重建个人所有制的微观改革(不全是私有化)是转型的基础；建立高度集中的增长取向的宏观财政、金融制度，以保证转型时期资源配置的整体效率和尽快完成工业化；保护和促进企业成长是保持经济持续稳定增长的关键。本书与其他研究的不同点在于：只研究转型时期的制度创新和选择对经济发展的影响，而不只是分析经济增长的实绩；偏重于讨论经济个体的微观环境，宏观财政、金融和对外政策，而不是一般的历史描述。(熊晓霞)

F000093　**当代越南经济革新与发展**　梁志明等著。鹭江出版社 1996 年 12 月版。26.5 万字。26.30元。“亚太经济丛书”之一。论述范围是 1945 年越南建国以来的经济发展情况，并着重介绍 80 年代末以来越南全面推进的经济革新。全面系统地反映当代越南经济发展的全貌和经济革新的全过程，并对各个领域的发展与革新分别作了具体深入的论述。同时对中越经济改革作了初步的比较考察和分析。书后附录了几种越南经济法规。

F000094　**转型中的印度经济**　孙士海、孙培钧主编。鹭江出版社 1996 年 7 月版。28.4 万字。28.00元。“亚太经济丛书”之一。全面研究了 80 年代以来印度的经济发展状况和经济调整和改革的进展，着重考察了经济发展战略的转变、工业政策的调整和改革、财政税收体制改革、金融改革、外贸自由化改革、引进外资政策的变化、农业政策改革及促进科技发展的政策等重要方面，并对改革的成就、存在的问题和未来发展趋势进行了预测和展望。

经济计划与管理

F000095　**经济 信息 信息化**　乌家培著。东北财经大学出版社 1996 年 8 月版。30 万字。18.00 元。由 51 篇论文组成，共分 7 个部分。第一部分宏观经济的发展与调控问题，重点放在宏观调控上，包括它的历史与现实、理论与方法，以及它的含义、内容、重要性、与市场机制相比较的作用等。第二部分信息与管理问题，论述了这两者之间的相互关系，指出信息交流对市场活跃的重要作用，强调要为市场经济创造信息环境，并对改革开放以来我国政府管理中应用信息技术的实践进行了总结。第三部分市场信息与信息市场问题，分别从理论上对两者作了较全面的阐述，指出培育信息市场的重要性与紧迫性，以及它对经济发展的促进作用。第四部分信息资源的开发利用与数据库建设，对信息资源的开发利用与合理配置作了科学的说明，强调重在开发、贵在利用，分别论证了市场机制、政策措施、法制建设对开发利用信息资源的不同作用及其协调配合的必要性。第五部分信息服务业及其发展，从各个角度论述了我国信息服务业加速发展的种种问题，及其在发展中要解决实际问题的观点。第六部分信息高速公路的建设与信息化道路的选择，以丰富的国内外材料全面地对信息基础设施建设作了说明，客观地分析了INTERNET的成功之处与问题所在，对我国实现国民经济和社会信息化要注意的主要特点、要处理好的各种关系、要切实解决的重大问题，以及进行规划应遵循的原则等，都作了有益的探讨。第七部分信息科学与经济系统以及其他，从哲学上思考信息究竟是怎样对经济产生作用并影响其发展的，还对如何研究这个问题勾画出了一个思路。（宋玉平）

F000096 **博弈论与信息经济学** 张维迎著。上海人民出版社1996年8月版。39.9万字。32.00元(平)，37.00元(精)。“当代经济学系列丛书”之子系列“当代经济学教学参考书系”之一种。全书注重以建立数学模型的方式来进行经济学分析；以大量经济学、法律、政治学和社会学等学科的例子引出博弈论和信息经济学的基本概念和理论，并对其主要内容和研究方法作了较为全面系统的介绍、讨论和分析，反映和体现了博弈论和信息经济学的最新学术发展与方向。（黄建章）

会 计

F000097 **财会·税务·审计实用技术** 孙澄生著。东北大学出版社1996年版。62.7万字。36.00元。选入财会、税务、审计专业和相关技术1 269条分12大类，逐条列示。在文字表述上力求明白、简练、既说明具体操作程序、操作要领，还附有计算公式，并提出注意之点，以便对照实际操作。（冯淑琴）

F000098 **国际会计** 常勋、陈箭深编著。厦门大学出版社1996年8月版。27.5万字。14.80元。共11章，分别概述了国际会计的形成与发展；对会计惯例和财务报表作了国际比较；论述了国际会计协调化的进程，并介绍了致力于国际会计协调化的国际组织；而后，对“物价变动会计”、“合并财务报表”、“外币交易和外币报表折算”这三大课题进行了讨论。鉴于我国读者对这三大课题都比较陌生，读书对其基本内容进行了全面的概述；最后，则对“国际税务”作了简括的阐述。全书的特色在于：第一，起点高，颇具理论深度。作者对会计三大课题从理论上进行了深入的探讨，并把我国会计置于国际对比之中。第二，突出前瞻性。针对我国会计准则和制度的不规范之处，从理论上进行了有益的探讨，同时介绍了国际上的成功经验。第三，理论与实践相融合，具有较强的说服力。（陈丽贞）

F000099 **市场经济下会计基本理论与方法研究** 葛家澍主笔。中国财政经济出版社1996年1月版。35万字。24.00元。分为上下两篇。上篇为理论篇，主要探讨在市场经济条件下财务会计普遍适用的基本原理，构成本书的基础。下篇为应用篇则试图把财务会计概念结构用于解决我国社会主义市场经济中的会计问题。研究了如何运用财务会计概念制定和完善我国的企业会计准则，探讨了我国股份公司会计中的特殊问题，包括对股份公司财务报告编报的规定及对财务报告的分析。还以两章的篇幅，专门研究如何按照会计的确认与计量理论，解决我国国有企业改组为股份制或公司制中有关资产评估的理论和方法问题。为帮助读者理解和阅读本书，还增加了两个附录。（贺锦娜）

F000100 **会计信息丛书(第二辑)** 葛家澍、裘宗舜主编。中国财政经济出版社1996年9月版。57.5万字。45.00元。包括股份有限公司财务会计与财务报告的几个问题、现代财务会计基本概念问题、企业会计报表信息等11个部分。分别从不同角度对会计信息及其运用，进行分题阐述；书稿短小精悍，深入浅出，每个专题三、五万字至七、八万字不等，可读、可阅、可用，融知识性、实用性、趣味性于一体。（李静）

F000101 **走向21世纪的现代会计(上、中、下)** 刘明辉主编。东北财经大学出版社1996年8月版。96.9万字。48.00元。共由20个专题组成：当代财务管理新领域(王鹏程)、当代审计新领域(马贤明)、当代成本管理新领域(杨雄胜)、会计学派(康均)、边缘会计学科(叶陈刚等)、国际会计(陆正飞)、社会会计(韩传模)、社会责任会计(宋献中)、人力资源会计(文善恩)、环境会计(吴丽雅)、现金流动会计(郑石桥等)、物价变动会计(罗飞)、计算机会计信息系统(王福胜)、租赁业务会计(唐国平)、所得税会计(张龙平)、清算会计(栾甫贵)、合并会计(刘永泽)、社会保险会计(谢诗芬)、非营利组织会计(林钟高)、外币业务会计(崔凤鸣)。（宋玉平）

F000102 **国际会计比较** 夏冬林著。中国财政经济出版社1996年11月版。19万字。15.00元。主要以美、日、法、中等国的会计作为样本进行比较，以会计的环境因素为起点,根据不同国家的环境,分析了不同的会计目标,提出了我国的会计目标。全书将会计分为投资者导向、政府导向和企业导向3大类,并以此作为选择样本的依据。通过会计环境比较、会计规范体系比较、会计目标比较、财务报告比较、若干会计确认、计价方法比较、外币折算比较、物价变动会计比较、会计国际化等篇幅,较详细地比较分析了各国会计的目标及其具体做法,并就我国的会计改革提出了一些看法。(郭兆旭)

F000103 **注册会计师独立审计** 陈荣凯、林永经主编。辽宁人民出版社1996年8月版。207.3万字。198.00元。以注册会计师业务为主要内容的手册性工具书。分20篇131章,详细介绍注册会计师行业的制度、法规、会计准则、审计准则,讲解了注册会计师实务中的验资、会计报表审计、外汇业务审计、投资审计、承包经营审计、经济效益审计、管理审计、行为审计、清算审计、资产评估、税务代理、管理咨询等。书中实务部分配有典型案例剖析,实用性、可操作性很强。(谭燕)

F000104 **高级会计实务** 中国会计学会编译。中国财政经济出版社1996年3月版。90.8万字。52.00元。英国ACCA函授教材。以丰富的资料和实例,系统地介绍了英国高级会计学理论和实务处理。尽管书中的内容是以英国会计实务为背景,但其所取会计准则与方法是同国际会计准则的要求与惯例相衔接的。全书共有3篇,第一篇为独资企业与合伙企业会计,介绍合伙企业的合并、解体、终止、出售或转换等内容;第二篇为公司会计篇,介绍公司所得税会计、递延税金、固定资产重估及投资资产、固定资产折旧会计、政府补助、投资、研究开发费用、每股净收益的计算、报表注释、资金流量表、现时购买力会计、股票的发行与赎回、债券的发行与赎回、资本化及股权发行、公积、资本减少、重组与重建、创立合并等内容;第三篇为集团会计篇,包括合并与部分收买、集团内部公司间交易、以股权取得日前利润支付股利、分次收购及多数股权的增加、孙公司的合并、混合式集团的报表合并方法、合并损益表和资产负债表、合股会计及合股法与购买法的比较等内容。(徐洁)

F000105 **增值会计学** 熊楚熊著。中国财政经济出版社1996年6月版。16.8万字。15.00元。"财经版会计系列丛书"之一。在结构体系上,首先依据历史唯物主义理论,放眼全球,对会计重心的演变进行简短的历史考察,再以此为基础,转入会计发展趋势的研究,得出在我国社会主义经济条件下,无论从微观或宏观上看,利润会计转变为增值会计是一种随着社会发展而必然出现的合乎规律的发展趋势的结论。文中提出的许多基本观点和所作的分析论证,具有理论价值和实践意义。如:会计总是为一定主体追求经济利益服务及其在不同社会形态和不同空间范围的具体表现的论述;财务会计与管理会计合二为一的可能性与必然性的论述;宏观会计与SNA的区别与联系的论述等,并将这些方面进行综合概括,上升到"增值会计学"的整体认识。(贺锦娜)

F000106 **长期股权投资会计与合并会计报表** 黄世忠、徐珊、黄强著。鹭江出版社1996年5月版。28.5万字。15.20元。"精诚财务丛书"之一。在对西方国家合并会计报表理论和实务研究的基础上,结合中国国情,构建一套适合于中国企业产权结构的合并会计报表理论和方法体系。全书共分为4大部分:第一部分比较深入地阐述了长期股权投资会计处理的一般方法和特殊问题;第二部分以国际惯例,特别是美国会计惯例为背景,介绍了合并会计报表的编制原理、程序和方法;第三部分以财政部颁布的《合并会计报表暂行规定》为基础,比较全面地介绍我国编制合并会计报表的总体要求,并根据这些要求编写了两个一以贯之的案例;第四部分系统、深入地介绍了与合并会计报表密切相关的外币报表折算。(王聪文)

F000107 **现金流量表的编制与分析** 钟田丽著。东北大学出版社1996年11月版。14.6万字。9.80元。共5章,内容包括:现金流量表概述,现金流量表的编制方法,特殊现金流量的进一步考察,合并现金流量表,现金流量表的审计与分析等。书后附录有企业会计准则第×号——现金流量表(征求意见稿),国际会计准则7——现金流量表。(秦振华)

F000108 **计算机会计学** 马良谕著。湖南科学技术出版社1996年11月版。61.3万字。28.00元。分成两大部分。第一章至第六章为基础部分,第七章至第十七章为应用部分。在基础部分中,分章给出了计算机会计信息系统(CAIS)和管理信息系统(MIS)的基本概念、基本方法和其他基本知识。应用部分按照通常CAIS系统的划分方法,以各子系统的业务特点为主线索,详尽介绍了它们的模块结构,输入、输出、代码、数据库和主要程序的设计。这些子系统为:账务处理子系统、资金核算子系统、工资核算子系统、固定资产核算子系统、材料核算子系统、产成品成本核算子系统、库存商品核算子系统、销售利润核算子系统。此外，第十五章重点介绍会计报表制作、查询的程序设计；第十六章重点介绍财务分析、预测与决策的程序设计，第十七章介绍计算机网络。书中提供了大量的程序设计的实例，书末附有针对各章内容的习题。（陈一心）

F000109　**电算化基础与电算化软件**　吴清萍主编。电子工业出版社 1996 年 1 月版。65.5 万字。30.00 元。“优秀计算机软件丛书”之一。系统介绍电算化基础和电算化软件方面的知识。共 4 篇 12 章。第一篇介绍电算化的基础知识，包括会计信息系统的工作原理、组织结构，建立会计信息系统的原则与目标，会计信息系统电算化，如何开展电算化工作以及会计核算软件的基本功能、开发规范；第二、第三篇分别介绍用友财务软件与金蜘蛛财务软件的系统结构、功能、软件特点以及详细的操作方法，这些软件为广大财务人员所应用；第四篇介绍美国极为畅销的 DacEasy 财会软件，并对国内部分电算化软件作简要介绍。书末附有对电算化的有关规定和文件等。全书不仅从电算化软件应用技术方面作详细论述，也从科学管理、组织保障和人员素质要求方面进行了介绍。（连潮东）

F000110　**新会计电算化实用教程**　沈美莉、陈孟建著。电子工业出版社 1996 年 9 月版。50 万字。24.00 元。根据新会计制度的规定和要求，以财政部推荐的安易财会软件为中心，详细介绍电脑账务处理所必须的基础知识和安易账务软件的整个操作过程和使用方法。全书包括：新会计电算化基础、DOS 操作系统、汉字输入、WPS 文字处理系统、FoxPro2.6 应用基础、安易账务系统安装与初始化、安易账务系统的使用、记账结账及账簿输出、报表编制系统、往来账、银行对账及其他内容。不仅从电算化软件应用技术方面进行了详细的论述，也从科学管理、人员素质要求方面进行介绍。（郭晓）

F000111　**会计准则研究**　刘峰著。东北财经大学出版社 1996 年 9 月版。27 万字。15.00 元。“三友会计论丛”之一。从会计准则制度这一环节入手，比较了美、英、法、德等国的会计准则制定机构、制定过程、制定思路和理论基础等诸多方面；并在此基础上，对会计准则的性质和国际化问题作了进一步诠释；作为本论部分，作者对我国会计准则的制定问题，也进行了深入分析和讨论。书中大量运用了经济学、哲学、系统科学等基础科学以及产权经济学、公共选择理论等最新理论知识，以一个宏观、全面的眼光来研究、讨论会计准则问题，并附有大量关于会计准则研究与制定的第一手资料。（方红星）

F000112　**成本会计学**　袁建三主编。中国统计出版社 1996 年 1 月版。31 万字。16.10 元。介绍了成本会计的内容、作用、任务和成本管理制度；还介绍成本预测、决策、计划、控制、核算、考核和计算方法的初步应用，论述各行业成本计算的特点、编制成本报表及分析方法。对有关计算方法、分析和报表的编制，均以实例演示。（蒋克毅）

F000113　**西方中级财务会计学**　中国财政经济出版社 1996 年 2 月版。71.5 万字。31.00 元。以阐述美国《中级会计学》为主要内容，以论述基本会计理论和西方经济中带有普遍性的会计业务问题为主。书中除论述财务会计理论外，主要阐述会计处理过程，财务报表的运用和编制，流动资金的管理，存货的成本法、非成本法和估价法，各种资产和负债的会计处理，业主权益——缴入资本、留存收益和每股盈利的会计处理。在上述基础上对租赁会计、所得税会计、退休金会计、物价变动会计等专题进行了详细的介绍。并根据最新发布的会计准则和会计制度，对其内容进行了修改和充实，把如何向企业管理部门、投资者、债权人和其他报表使用者提供决策有用的会计信息放在重要的位置上，紧密联系实际，应用性较强。（徐洁）

F000114　**财务会计基本理论研究**　吴水澎著。辽宁人民出版社 1996 年 11 月版。23 万字。18.00元。以研究会计理论体系、会计理论的研究方法和会计基本理论为主要内容的理论专著。这三方面的内容在书中是按以下结构安排的：第一章，在对会计理论的涵义进行讨论、界定之后，对中外会计理论的发展史略加追踪。然后，书中提出由会计理论研究方法、会计基本理论与会计应用理论以及可以划入基本理论范围又带有浓厚的应用理论色彩的会计准则基本概念四部分构成的会计理论基本框架。第二章，进行会计理论研究方法的探讨，形成一个以方法论为最高层次的会计理论研究方法体系。第三、四、五章，以马克思的劳动价值论为理论基础研究会计产生的动因、会计的对象、会计职能及会计改革理论与政策，加深对会计本质的认识。第六章，以前 5 章内容为基础，分析会计理论与会计应用理论以及在它们之间起联结和中介作用的会计准则基本概念的关系。（谭燕）

F000115　**财务报表分析**　副名：利用财务会计信息。[美]查尔斯·吉布森著，刘筱青等译，马英麟校审。中国财政经济出版社 1996 年 12 月版。75.8

万字。40.00元。在阐述、问题、案例和完整的分析过程中,使用了一套现实而又系统的财务报告,重点放在对财务报表的分析与理解上面。其目的是提高使用者的理解能力和使财务报表的分析更有意义和更富有趣味性。对各行业均给予清楚和均等的阐述。包括的内容涵盖了制造业、零售业、服务业、受管制行业和不受管制的行业。同时又以会计准则为依据,解释了行业间财务报告的区别。本书还对个人财务报表、政府部门以及其他非营利机构的财务报告加以简明介绍。书中涉及到现行财务报告的最新论题包括:租赁揭示、退休金揭示、购股权、退休后福利、金融工具揭示、递延税项、代理问题等等。书中的另两个突出特点是:使用简明比率与广泛使用一个公司作为例子。文末还以一个综合案例将全书的内容联接起来综合运用。(童朋方)

F000116 **高级财务会计** 中国注册会计师教育教材编审委员会编。东北财经大学出版社1996年2月版。72万字。37.20元。共24章,归为6篇。第一篇论述企业合并和合并报表的编制,对企业合并的会计方法、编制合并报表的一般程序和技术作了相当全面和详尽的描述。此外,对集团内部交易、子公司权益结构变动、子公司持有母公司股份、间接控股和所得税对合并报表编制的影响等均作了叙述,有助于我国集团公司的合并报表编制。第二篇论述合伙和分支机构会计,其中,第九、十章揭示了合伙这一企业组织形式所有者权益会计的特色,第十一章阐述了大型企业内部分散经营、分散决策情况下的会计问题。第三篇讨论特殊的会计报表,即物价变动条件下的财务报告、中期报告、分部报告、公开发行股票公司的信息披露。第四篇叙述企业在跨国经营条件下的会计,包括对企业外币业务的处理,以及对国外附属公司或分支机构财务报表的换算或/和合并方法。第五篇描述政府与非营利组织会计,目的是向读者介绍(西方国家主要是美国)行政和事业单位的会计理论和实务。第六篇则引领读者进入特殊的财务会计专题,包括租赁、房地产、期货交易、退休金、所得税,以及公司的重整、改组与破产清算等。(宋玉平)

审　计

F000117 **'96中国注册会计师执业规范手册** 中国注册会计师协会编。东北财经大学出版社1996年2月版。23万字。30.00元。主要分为四大块,即"独立审计基本准则"、"独立审计具体准则"、"独立审计实务公告"、"中国注册会计师执业规范指南"。在"独立审计具体准则"中,包括了第一号会计报告审计、第二号审计业务约定书、第三号审计计划、第四号审计抽样、第五号审计证据、第六号审计工作底稿和第七号审计报告。"实务公告"只有第一号验资。在"中国注册会计师执业规范指南"中包括有第一号——年度会计报表审计(试行),第二号——审计工作底稿(试行),第三号——验资(试行)。(郭洁)

F000118 **《中国注册会计师独立审计准则》释义(第一辑)** 中国注册会计师协会独立审计准则组编。东北财经大学出版社1996年2月版。22.7万字。15.00元。分10部分,4个附录。主要内容有:《中国注册会计师独立审计准则序言》释义、《独立审计基本准则》释义、《独立审计具体准则第1号——会计报表审计》释义、《独立审计具体准则第2号——审计业务约定书》释义、《独立审计具体准则第3号——审计计划》释义、《独立审计具体准则第4号——审计抽样审计》释义、《独立审计具体准则第5号——审计证据》释义、《独立审计具体准则第6号——审计工作底稿》释义、《独立审计具体准则第7号——审计报告》释义、《独立审计实务公告第1号——验资》释义。(邵雪梅)

F000119 **审计** 财政部注册会计师全国考试委员会办公室编。东北财经大学出版社1996年3月版。40万字。18.50元。分19章,主要内容包括:审计概论(审计的起源与发展、注册会计师审计、独立审计准则体系、审计质量控制)、注册会计师管理、职业道德与法律责任、审计目标与审计范围、审计证据与审计工作底稿、审计计划、内部控制的研究与评介、审计抽样、现金及有价证券审计、应收及预付款项审计、存货审计、长期投资审计、固定资产与无形资产审计、负债审计、所有者权益审计、收入与费用审计、终结审计与审计报告、特殊目的审计业务、会计咨询和会计服务业务。(朱艳)

F000120 **审计实务** 林春金主编。鹭江出版社1996年6月版。23.4万字。12.80元。"精诚财务丛书"之一。以《企业财务准则》、《企业会计准则》、新税制以及中国注册会计师协会拟订的《中国注册会计师独立审计准则》为直接依据,系统阐述了注册会计师在查账验证过程中的具体实务问题,融查账验证方法、审计证据收集、内部控制制度测试及评价、审计工作底稿于具体查账验证项目之中,具有很强

营管理绩效，包括企业经营成果分析、经营效益的评价、投资项目的效益分析，以及社会效益评价等。经营管理者，包括企业的厂长、经理和各级经营管理人员。（李毓兴）

F000135 **经营失利诊治** 吴兆龙著。辽宁人民出版社1996年3月版。15万字。10.60元。“企业逆境管理丛书”之一。以企业经营管理理论作指导，广泛收集当代中外企业经营失利案例，着重分析了这些失利企业由于在市场环境的应变能力、经营战略的决策、市场营销和竞争策略的制造以及经营作风、经营者素质等方面的失误，给企业带来的危机和困境，在诊断失利“病症”基础上，对“证”下药，给出医治失利“病症”的药方。（孙绍军）

F000136 **经营谋略全书** 刘丽娟、贺安黎编。山西经济出版社1996年9月版。48万字。33.80元。分上下两册。全书分经营卷和谋略卷两大部分。其中经营卷又包括顾客信誉篇、信息行情篇、巧妙促销篇、宣传广告篇、开发创新篇5篇。着重介绍了经营管理的成功案例。每篇既独立成篇，又相互联系，每个成功案例都给人以新的启示，从中可以学到他人管理之经验和成功术。谋略卷又分为谈判技巧篇、商海防诈篇、市场竞争篇、率直心胸篇、领导统御篇、古代兵法篇5篇。这五篇着重介绍在经营管理中的谋略。（侯新院）

F000137 **商务公关三十六计案例精选** 周俊全、周富浩主编。广西人民出版社1996年10月版。19.4万字。15.00元。以中国古代战术的三十六计为线索，按企业策划、实施公关举措的过程，铺陈典型个案为主干，着重揭示谋略的运筹、最佳方案的选择及动作中的精彩片断，力求凸现公关计谋的高深层次与智识含量。全书分为“胜战计、敌战计、攻战计、混战计、并战计、败战计”6套，每套六计，每计为一篇。每篇一则案例，每则案例先列计名；计名之后以秘本兵法的“题注”揭示该计的兵战本义。再后是“译析”，扼要指出本计用于商务公关的要诀。其后是正文，末尾缀以“点评”，昭示用计成败得失的因由。全书着墨于运筹公关谋略之机枢，所选案例多为经验宝贵、教训深刻、运筹有方、决策有据、行施有序、终极有果的个案。（谭灿妮）

F000138 **工业工程概论** 王恩亮著。东北大学出版社1996年版。71.2万字。33.00元。分16章：工业工程概论，生产率，工作研究，工效学，行为科学，控制论，运筹学，系统工程，管理信息系统，现代市场营销，工程经济，价值工程，设施规划与设计，生产计划与控制，现代制造系统，质量管理与可靠性。各章内容独立，但又内在联系；各章虽有交叉，但又不重复；译名与专业术语统一，但又有整体性和系统性。（刘淑芳）

F000139 **中国企业信息工作丛书** 胡昌平、邹荫生、方耀斌等主编。华中师范大学出版社1992年至1996年版。260万字。分《企业管理信息学》、《技术经济信息分析》、《科技信息检索与利用》、《企业市场信息研究与产品营销》、《社会信息化与现代企业经营》、《企业技术技术进步与信息工作》、《企业信息系统开发与管理》、《信息服务及其利用》，共8本。丛书在研究我国企业运行信息机制的基础上，集中探索了国民经济信息化中的企业经济结构、企业信息流以及服务于企业经营与各类业务活动的信息利用问题，利用系统科学方法全面规划了与现代企业管理相协调的企业信息工作。根据企业管理的优化理论，系统而全面地阐述了现代企业信息工作的基本理论、方法和现代信息服务的组织利用。（胡祚蓉）

F000140 **企业竞争力不强怎么办** 许明政等编。江苏人民出版社1996年7月版。18万字。10.00元。“企业难点诊断丛书”之一。对企业竞争的现状及其趋势，从理论和实践的结合上作了深入分析，并针对当前企业竞争力不强的一般症状、原因，探讨了增强企业竞争能力的根本途径。（丁嫣霞）

F000141 **现代企业制度概论** 顾光青、贝敏编著。东方出版中心1996年9月版。17万字。9.50元。对建立现代企业制度作了较为系统的介绍。内容包括企业制度及其发展、法人产权制度与法人治理结构、现代企业的组织结构与管理体制、企业家与经理市场、现代企业制度的宏观环境与发展战略、国有资产管理体制等方面的基本理论和有关知识，并对现代企业制度的中国特色等问题作了专门论述。（徐容）

F000142 **企业风险防范** 谢科范著。辽宁人民出版社1996年3月版。20万字。12.90元。“企业逆境管理丛书”之一。以案例分析为主，深入浅出地介绍企业风险管理的原理、方法和技巧。从企业面临的风险与挑战入手。把企业所面临的风险划分为决策风险、组织风险、国际市场风险、债务风险、投资风险、生产风险、技术风险等不同的分析角度，分析风险产生的原因、对企业的破坏程度，进而提出避防的对策的措施。在每一部分的结尾处，以人们比较容易接受的要诀、警句的形式，对各部分进行归纳总结。

(孙绍军)

F000143 **现代企业决策与决策支持系统** 宋福根编著。中国纺织大学出版社 1996 年 5 月版。34.2万字。22.40 元。以提高企业经济效益为目标,结合作者多年来从事现代管理决策理论研究与决策支持系统开发的经验,对现代企业生产经营活动中的产品市场需求预测,产品市场销售优化决策、产品生产方案优化决策、生产材料存储优化决策、生产经营成本全面预算,最佳生产经营方案决策和一定方案下的企业经营成果盈亏计算等现代企业管理主要内容,及相应的计算机决策支持系统基本构成原理与开发方法,进行了较为全面的阐述;并通过一个大型案例,使之有机地融为一体,形成一个完整的现代企业决策支持仿真系统。读者可从中沟通竞争条件下产品市场销售和企业生产之间的关系,了解各种成本费用的形成和一定经营战略的实施对企业经营成果的影响,加深理解现代企业决策基本理论与决策支持系统的开发原理、方法和步骤。(张益储)

F000144 **决策失误解析** 余廉著。辽宁人民出版社 1996 年 3 月版。20 万字。13.20 元。"企业逆境管理丛书"之一。以决策行为、市场经营、生产管理、开发创新、人才管理、领导关系等管理行为作为分析的不同角度,讨论什么样的管理行为最可能发生或诱发失误,它的致错成因分析应如何进行。什么样的预防措施和对策方法可以发生效用,并通过例举的 73 种管理失误行为进行具体的剖析。(孙绍军)

F000145 **企业产生纠纷怎么办** 姜晓萍编。江苏人民出版社 1996 年 7 月版。15 万字。9.50 元。"企业难点诊断丛书"之一。针对企业内外主要方面的法律问题,从积极的防患于未然和事后的纠纷解决两方面,在依据法律的基础上,通过担任企业法律顾问和代理经济纠纷取得的第一手资料,对这些纠纷产生的主要原因、对策进行了具体的分析阐述。(丁嫣霞)

F000146 **企业劳动力多余怎么办** 陈荻编。江苏人民出版社 1996 年 7 月版。13 万字。9.00 元。"企业难点诊断丛书"之一。研究和探讨了企业富余人员的命运和前途怎样,国家对此有哪些政策和法规,政府对企业富余人员再就业采取了哪些措施,企业应该怎样为下岗人员解决出路,社会应当为此承担哪些责任,职工怎样通过努力提高自身素质、增强竞争力来克服面临的失业困难等问题。(丁嫣霞)

F000147 **ISO 9000 实施指南** Poul Buch Jensen 著,徐有刚 译。中国计量出版社 1996 年版。15.9 万字。12.00 元。ISO 9000 A Guide and Commentary 一书的中文译本。依据 ISO 9000 的新版内容和作者在 12 个国家的 60 余个公司进行体系审核和认证咨询的实践经验指导读者正确理解体系标准的内容,并结合实例讲述企业建立质量体系、进行内部审核和实施认证的方法和步骤。(孙维民)

F000148 **统计分析技术在 ISO 9000 中的应用** 杨懋暹著。中国计量出版社 1996 年版。39.9 万字。21.00 元。贯彻国家标准 GB/T19000—ISO9000 的基础读物。包括实验设计/析因分析,方差分析/回归分析,安全性评价/风险分析,显著性检验,质量控制图/累积和技术,统计抽样检验等内容。并通过大量的实例,深入浅出地对这些统计技术的原理、使用范围、应用条件以及计算方法进行了详细的讲解。(王红)

F000149 **会计与财务认可证书** 张建平、章国富等译。上海教育出版社 1996 年 5 月至 8 月版。161.8 万字。185.00 元。"九十年代上海紧缺人才培训工程"教学用书。共 6 册,其中《财务管理》原书出版者为英国公认会计师公会 ACCA 和柏豪国际会计师行 BDDB BINDER,帮助学习者研习财务经理在计划、决策和组织中扮演的角色,以及如何管理财务。《管理会计》全面辅导读者解决工作中的财务管理问题,讲授财务管理技能及必须运用的其他领域的知识。本书为公开进修教材,由英国公认会计师公会认可。《财务报表解释》指导读者解释一个企业(或部门)财务报表里主要项目的性质,解释业绩与状况(包括财务和非财务方面),评估财务报表在不同会计政策下的财务影响。(薛培华)

F000150 **企业逆境中的财务管理** 吴之扬等著。辽宁人民出版社 1996 年 3 月版。14.8 万字。10.20元。"企业逆境管理丛书"之一。探讨了处在逆境中的企业资金的运动规律与核算技巧。并从筹资、投资、开源、节流、内部审计等方面进行了有益的探索的同时,把高等数学中导数这一概念引入财会核算之中。作者认为,企业资金运动是一条曲线,对这一曲线变化的预测,最简单快捷的办法就是通过导数的方法计算。(孙绍军)

F000151 **企业集团会计管理** 闫达玉、耿建新著。中国财政经济出版社 1996 年 4 月版。22.5 万字。20.00 元。"财经版会计系列丛书"之一。基本结构分为两层理论,八个专题。两层理论即第二章有关企业集团的基本理论和第三章与企业集团会计管理有关的会计理论;八个专题是以后各章中列示的与可行性研究、资产评估、会计预报、责任会计、财务公司、利益分配、合并报表和解体重组等业务活动有关的会计问题。在每个专题后面,又都以举例的方式对如何进行实务操作做了比较具体的说明。最为可贵的是作者能够将企业集团理论与财会工作实务紧密结合在一起,紧紧围绕企业集团会计管理的特点进行全面论述,并针对一些企业集团难以解决的会计问题进行重点说明实际运作方法。很具实用性,是一本较好地将具体业务方法与会计理论,密切结合的专门论著。(贺锦娜)

F000152 **财务管理** 财政部注册会计师全国考试委员会办公室编。东北财经大学出版社 1996 年 3 月版。30 万字。14.50 元。分 3 部分:第一,财务管理的基本理论,包括概述、财务管理的价值观念和财务分析;第二,财务决策,包括投资决策、融资决策和股利决策;第三,财务计划和财务控制。(谭焕忠)

F000153 **现代公司理财** 万建华、陈正中著。海天出版社 1996 年 10 月版。38 万字。28.00 元。在投资、融资和财务计划方面分别介绍了资本预算(投资决策)、公司融资与市场效率性、公司短期理财,并对公司兼并、财务危机和跨国公司理财作了专题研究。旨在全面反映最新公司理财的理论与实务,广泛包含该领域中的国际最新发展,如资本预算中的加权平均资本成本、股利政策中的林特勒模型等,省略涉及深奥数学基础的具体理论推导,但全面说明这些理论的结论、直观认识和关键思路。(来小乔)

F000154 **企业流动资金紧缺怎么办** 刘金生等编。江苏人民出版社 1996 年 7 月版。13 万字。9.00元。"企业难点诊断丛书"之一。分析了企业资金短缺的原因及其危害,并从深化企业改革,建立现代企业制度的高度,着重从企业内部,也从企业经营环境等方面提出了解决企业资金紧缺的对策。(丁嫣霞)

F000155 **产品成本上升怎么办** 宗寒编。江苏人民出版社 1996 年 7 月版。20 万字。12.50 元。"企业难点诊断丛书"之一。对我国工业产品成本的现状、存在问题及产生问题的基本原因作了总体分析,着重对影响成本的六大关键因素——材料、工资、固定资产、管理、产品、企业规模——作了具体分析,并分别提出降低成本的具体方法。(丁嫣霞)

F000156 **上市公司指南** 副名:上市筹备及财务分析。邓传洲、王跃平、黄强著。鹭江出版社 1996 年 6 月版。25.1 万字。13.45 元。"精诚财务丛书"之一。大量地采用实例,接近实务。论述公司上市的基本程序及上市公司财务分析的技巧。内容可分为两大部分,前一部分介绍了股份公司及证券市场基本概况、股票发行及上市的基本程序,为欲发行股票筹集长期资本的公司提供参考;后一部分详细介绍上市公司财务分析的技巧,供投资者分析上市公司财务信息时参考。同时,还介绍了发达国家的股票市场及规范,介绍了香港上市的条件及方法。(王聪文)

F000157 **现代股份制经济大典** 史晓东、张念礼主编。中国财政经济出版社 1996 年 10 月版。365.9 万字。200.00 元。全面地阐述了股份制经济的发展历史、基本内容、操作程序以及法律规范等。介绍了国外股份制企业发展情况及有关股票和证券市场的基本情况,具有理论性、知识性、实用性一体的特点。全书分上、中、下 3 卷。上卷为"股份制经济概论",介绍股份制的历史沿革、股份制公司的分类及特点,以及社会主义条件下股份制试点企业的原则及运行;同时介绍了英国、美国、日本等国家股份制公司的不同模式;中卷为"股票与证券市场",阐述股票与债券的基本作用、交易方式等。对深圳、上海股市的特点,对沈阳、北京、广州等证券市场的发展,对国外股票证券市场的基本情况及操作方式作了介绍。下卷为"股份制经济法规",除了论述股份制经济必须具备的法律条件外,还分别介绍了我国的公司法、企业法、破产法、合同法、保险法、证券法、投资法、金融法、税收法、会计法等法律法规的基本内容及操作要点。(胡曼东)

F000158 **大企业集团论** 龚建华著。广东经济出版社 1996 年 9 月版。35.6 万字。30.00 元。围绕大企业集团的建立、功能、管理、发展战略、集团内外关系、组织形式等进行探讨,内容系统化、科学化。(姚钜)

F000159 **中国国有企业的制度创新** 文力著。人民出版社 1996 年 8 月版。12.2 万字。10.00 元。从制度创新角度出发,探讨中国国有企业改革问题。中国国有企业制度创新包括:组织形式创新,即国有企业通过法定程序改造为现代公司;主体形式创新,即国有企业由隶属于政府的行政主体通过其法人财产所有权的确立,转换成为规范的市场主体;权利结构创新,即在国有企业内部建立起科学、合理、权利制衡的治理机构;经营管理者生成、运行机制创新,就是使国有企业的经营管理者,由行政化生成及运行机制,转变为市场化的生成及运行机制,并使国有企业的管理者专业化、职业化。本书从以上四个方面论述了国有企业的制度创新,着重分析了中国国有企业制度创新形式——现代公司制度。还从理论上对国有企业改革进行了分析,并综合运用马克思主义政治经济学和西方经济学有关原理,提出了国有企业改革的经济学理论根据。(欧阳日辉)

F000160 **产权改革** 副名:中国迈向市场经济的第一步。邓伟根著。广东经济出版社 1996 年 7 月版。28 万字。26.00 元。总结顺德市国有企业产权改革的实践:1. 全面推进以产权清晰化为核心的企业转制工作;2. 积极推行围绕以土地为中心建立农村股份合作的深化农村改革的工作;3. 建立和完善社会保险保障体系。对企业改革之路进行深入的总结和探讨。(姚钜)

F000161 **国有大中型企业活力研究** 李占祥主编。中国人民大学出版社 1996 年 1 月版。83.9 万字。42.00 元。包括两大部分,一部分是有关企业活力的研究,包括企业活力的定义,活力评价指标及统计分析,企业活力评价模型和软件开发;另一部分是如何增强企业活力的研究,包括培育和完善市场体系,转换企业经营机制和建立现代企业制度,企业内部管理改革等。

F000162 **乡镇企业微观规制研究** 副名:以产权企业组织形式为中心的分析。宝贡敏著。山西经济出版社 1996 年 6 月版。24 万字。16.00 元。在对 300 多个乡镇企业调查研究的基础上,成功地运用"新制度经济学"的原理,着重对乡镇企业的产权形式及企业组织形式进行了研究,分析了乡镇企业成功的原因,提出了理顺乡镇企业产权及政企关系的模式。全书共分 14 章:1. 微观规制;2. 微观规制与产权;3. 一般微观规制与乡镇企业微观规制;4. 放松以传统计划、垂直行政管理链为主的集权性规制是乡镇企业腾飞的契机;5. 传统乡镇集体企业产权分析;6. 代理与被代理关系和乡镇集体企业产权明晰化;7. 企业经营管理权期约交易模式;8. 股份合作制;9. 私有企业;10. 乡镇企业的公司化;11. 乡镇企业的集团化与跨国化;12、乡镇企业与政府的关系;13. 乡镇工业企业发展、区划与环境、资源。14. 以乡镇工业为基础的城市化。(郝建军)

F000163 **外商投资直接影响中国国际收支的若干因素分析** 王凌远著。东北财经大学出版社 1996 年 12 月版。16 万字。12.00 元。"中国当代经济前沿科学文库'96 卷"之一。深入系统、实事求是地分析了外商投资企业在中国经济中所起的作用,既肯定其正面影响,也指出其负面作用,并从政策的角度提出相应的对策。全书从 3 方面来考察:一是收入效应;二是价格效应;三是市场结构改变以及宏观政策分析。主要内容有以下几点:(1)外商直接投资对中国国民生产总值、进出口总量的影响;(2)外商直接投资对中国产业结构、进出口结构的影响;(3)外商直接投资对中国价格总水平及进出口价格的影响;(4)外商直接投资对汇率的影响;(5)外商直接投资对中国市场结构的影响等等。(谭焕忠)

F000164 **当代中国私营企业的雇佣关系** 杨海波著。云南人民出版社 1996 年 12 月版。19.4 万字。13.60 元。"中国社会发展丛书"之一。采用社会互动的研究方法对私营企业雇佣双方的合作、交换、冲突和异质性 4 个方面进行了论述。从私营企业表象上的各种活动剖析出雇佣关系的深层规律,较好地体现了实地调查与理论分析的有机结合,从中总结出私营企业的活力所在,以及私营企业雇佣关系中的种种弊端,这些研究成果对于我们借鉴私营企业而搞活搞好国有企业,探索公有制的多种实现方式,均有很好的现实及理论意义。(段兴民)

F000165 **来自企业改革实践的报告(上下)** 《来自企业改革实践的报告》编写组编。河北人民出版社 1996 年版。32.00 元。反映河北省近年来大中型企业改革经验的文章选编。共收文章 68 篇。分为 5 大部分,即制度创新篇、机制转换篇、资产重组篇、抓大放小篇、配套服务篇,每篇前都加了导语,起画龙点睛之作用。主要特点是就事论理、夹叙夹议、事理相融,几乎每篇文章都结合一个侧面,一事一议,一厂一策,深入浅出,以小见大,从个别上升到一般,提出带规律性的东西,反映了河北省国有企业改革的阶段性成果和认识水平。既是企业改革实践经验的升华,又是众多领导干部、经济工作者、企业家和出版工作者集体智慧的体现,对于进一步指导和推动国有企业改革、建立现代企业制度具有积极的作用。(荆彦周)

F000166 **英国行会史** 金志霖著。上海社会科学院出版社 1996 年 8 月版。24 万字。15.00 元。通过对英国行会产生、发展、变化和消亡的完整过程的阐述,揭示英国封建制度的解体,资本主义原始积累、资本主义发生、发展的历史规律。根据英国行会史的原始资料,把行会的发展分为三个阶段,把行会组织分为三种形式,创造性地提出了行会发展的第三阶段——公会阶段。并认为,在公会内部,雇佣工人依然占有一定数量的生产资料。这一观点与行会研究的传统观点有区别,但它符合历史事实,也符合

马克思主义关于资本原始积累的理论。(张龙华)

基本建设经济、城市与市镇经济

F000167　**投资建设项目生产力经济学**　张志诚等著。山西经济出版社 1996 年 7 月版。21.9 万字。14.80 元。分 10 章论述了投资建设项目生产力主体双线运行系统、发展动力和发展战略、综合优化、投资建设项目的决策和实施、产前准备和投产运营及投资建设项目总体后评价等内容。(董利斌)

F000168　**建筑企业财务与会计手册**　韩洪云主编。地震出版社 1996 年 4 月版。101 万字。128.00 元。以"两法"、"两则"及其他最新财会改革精神为依据,结合建筑企业财务管理和会计核算的实际,吸收、借鉴了西方财会的基本经验和先进管理方法,采用财务与会计合一的新体系和简便易操作的图示法,对建筑企业的财务管理和会计账务处理全过程作了全面、系统、实用性阐述。其主要特点是:1. 全面反映"两法"、"两则"以及新税制和公司法的要求,结合施工企业实际,对财务管理和会计核算的基本理论和技术方法进行系统、全面的阐述,力求概念准确、内容丰富;2. 大胆吸收、借鉴西方财务、会计的基本经验和先进管理方法,对适用于我国财务管理、会计核算的国际惯例,做了比较全面的介绍,并参考了截至 1995 年 7 月 12 日财政部所发布的具体会计准则的有关意见,具有普遍性和超前性;3. 采用财务和会计两者合二为一的新体系,既体现资产、负债、收入、费用和利润等会计要素,又突出资金筹集、运用、回收和资金运动过程,既符合国际惯例,又适应我国财务会计工作实际需要,使用方便,实用性强;4. 对财务会计管理和会计财务处理均采用图示法予以介绍,既节省会计分录的篇幅,又形象直观,容易理解,便于操作。(张慧平)

F000169　**社会主义城市地租研究**　陈征著。山东人民出版社 1996 年版。14 万字。12.80元。运用马克思的地租理论,系统地研究了城市地租问题,提出了建立社会主义城市地租理论的主张,有一定的理论独创性。其主要特点是:(1)分析了城市地租的特性,指出了城市地租不同于农业地租的特殊性;(2)探讨了社会主义城市绝对地租存在的必然性,论述了城市绝对地租的来源及其量的确定;(3)社会主义城市存在级差地租。因土地位置不同而产生的运输费用不同和资本流转次数不同而取得的超额利润的一部分会转化为城市级差地租Ⅰ,对城市土地的追加投资会形成级差地租Ⅱ。(4)对社会主义城市垄断地租与农业垄断地租进行了比较,指出城市垄断地租是在城市中特别好的地段上经营带来的特别高的超额利润,产生特别高的经济效益的结果。(5)对城市土地价格和地产市场的特点进行了分析。指出:城市土地价格具有两重性;作为自然物质的土地,其价格并非由价值决定,而是地租资本化的结果,这就形成土地的资源价格;由于对土地进行投资,又形成土地资本价格。这两部分价格之和,便形成城市地产市场的土地价格。当前我国城市地产市场主要有土地批租市场必须由国家垄断、不对土地进行所有权买卖而只进行有期限的土地使用权转让等特点。(景洪兴)

F000170　**房地产经营学**　潘蜀健著。中国建筑工业出版社 1996 年 11 月版。44.7 万字。15.20 元。分 10 章,主要内容有:经营与房地产经营,房地产经营的基本运作,房地产经营企业,房地产市场与房地产经营预测,房地产经营决策,房地产经营计划,房地产经营企业财务管理,房地产经营企业人力资源管理,房地产营销,房地产企业经营分析。(向建国)

F000171　**中国房地产丛书**　夏克强总主编。百家出版社 1994 年 8 月至 1996 年 4 月版。700 万字。268.00 元。共计 23 册,涵盖了房地产业的开发、经营、管理、法律等各个领域,体系完整、材料丰富,既注重理论,又注重可操作性。(曹桂珍)

F000172　**中国城镇住房制度改革全书**　高尚全、储传亨主编。中国计划出版社 1996 年 8 月版。207 万字。198.00 元。分理论、操作、方案、经验、金融、世界银行在中国的房改试点、香港地区与国外、联合国对人类居住问题的看法与决议、政策法规、1978 至 1995 年房改大事记、政策问答等 11 篇,探索房改理论,总结房改经验,介绍香港与国外解决住房问题的做法,汇集相关法律、法规,并以问答形式解答了公众密切关心的房改问题。(陈国平)

F000173　**现代写字楼管理**　陈才林著。上海社会科学院出版社 1996 年 12 月版。19.8 万字。12.80元。介绍了写字楼的管理机构、写字楼的设备管理、写字楼的保安管理、写字楼的清洁管理、写字楼的服务中心、写字楼的财务管理、写字楼管理与销售、写字楼的委托管理、写字楼的智能化管理。附有国家和地方有关治安、消防、房地产中介、物业管理、业主委员会等与写字楼管理有关的法规、条例、标准、办法等。(陈国梁)

F000174　**物业管理与实务**　张凤霖著。黑龙江人民出版社1996年12月版。38.5万字。28.00元。比较系统地论述了物业管理的起源、内涵、性质、作用及未来发展趋势；北方物业管理的特点及其在相关方面的权利与义务；房屋、设施、用地、环卫、治安等的管理服务和经营的规范，标准化和流程，还针对各章、节需要，收录相关物业管理方面的法律、法规和规章制度。(徐冲)

农业经济

F000175　**地政地产实用辞典**　沈彭主编。广东省地图出版社1996年10月版。86万字。55.00元。分12大类共收录词目2 000余条，除常用的地政地产名词术语外，还收录了一些与地政地产工作有密切联系的内容。对词目的解释则采用以定义带介绍基本知识和基本经验的方式，以使内容更加丰富，增强实用性、知识性和可操作性。附录一载入常用法规、规章，附录二载入常用技术规程。书首编有词目表，书末编有笔画索引。(张志丹)

F000176　**农业价值工程**　柯兴彬、萧泽新编著。广西民族出版社1996年10月版。29万字。19.00元。分两部分共13章。第一部系统扼要地论述价值工程原理、方法，第二部重点介绍其在农业上应用特点、模式，以及分类的应用方法和成功范例。每章中均穿插有许多案例。(覃琼送)

F000177　**农业科技工作者指南**　副名：从选题立项到成果转化。徐思祖主编。中国农业出版社1996年9月版。27万字。18.00元。阐述了农业科技项目从选题开发到成果转化的全过程，主要包括农业科技工作者的智能结构，农业科技发展政策，农业科技项目的申报渠道、研究方法、经费管理、结题、验收、鉴定、归档、报奖和成果转化，以及知识产权保护和技术转让的法律制度等。(彭明喜)

F000178　**水产经济学**　[日]清光照夫、岩崎寿男著，王强华、李艺民译。海洋出版社1996年版。22万字。22.00元。就渔业资源、水产品市场机制、渔业收入、渔业结构及渔业管理等诸多方面做了详尽阐述；同时运用现代经济学计量分析方法阐明了渔业生产、流通、分配及消费过程。(马瑞)

F000179　**CHINA AGRICULTURE YEARBOOK 1995**　中国农业年鉴编委会编。中国农业出版社1996年2月英文版。40万字。120.00元(精)。内容精选自《中国农业年鉴1995》中文版，全部资料和数据由国务院各部委和国家统计局提供。全面客观地报道了我国1994年农、林、牧、渔、乡镇企业、农垦、农机、水利、气象、饲料工业、农用化学工业、农村商业和金融等方面的进展情况。共设9个专栏：农业概况、农村经济政策、农村外向型经济、农业科技、农业教育、农业经济技术合作与交流、农业自然灾害、农业大事记和农业经济统计。其中，农业经济统计专栏共有70个各类统计表，增加了各省耕地面积、各省农、林牧渔业总产值等统计表。(王蔚青)

F000180　**中国农村社会变迁**　王春光著。云南人民出版社1996年12月版。18.2万字。12.90元。"中国社会发展丛书"之一。系统而深入地从社会学的研究角度，探讨了中国农村社会变迁过程与未来走向，具有明显的前导性。书中的两个重要论点是对于农村土地制度创新的探索和对农村新的发展支撑点的探索，这些论述对于深化我国农村改革，合理预期中国农村未来走向，均起到极其重要的政策建议作用，有着较高学术价值。(段兴民)

F000181　**当代中国的村庄经济与村落文化丛书**　陈吉元、何梦笔主编。山西经济出版社1996年3月版。178万字。198.00元。共8卷：《中国村庄的制度变迁与权力分配——陕西省商州市王垌村调查》《中国村落的商业传统与企业发展——山西省原平市屯瓦村调查》《中国乡村的企业组织与社区发展——湖北省汉川县段夹村调查》《中国村庄的经济增长与社会转型——广东省东莞市雁田村调查》《中国的乡镇企业与乡村发展》《网络文化与华人社会经济行为方式》《当代中国的村庄经济与村落文化》。前5卷是对中国东部、中部、西部5个有代表性的村庄系统实证调查研究的描述与分析，后3卷是关于村庄经济与村落文化的理论性著作。丛书借鉴经济学、社会学、人类学和历史学的方法，从文化特别是从非正式制度与经济的互动关系角度来分析研究中国的村庄与乡镇企业，揭示了中国经济发展与文化变迁之间的互动关系及互动效应。(赵建廷)

F000182　**中国农村方针政策**　吴惠民编写。江西科学技术出版社1996年3月版。13万字。5.50元。"当代农村百事通丛书"之一。收集了改革开放以来，特别是近几年党中央、国务院及省级以上关于农业和农村一系列政策、法规。

F000183　**中国农业现代化建设理论道路与模式**　中国农业现代化建设理论、道路与模式研究组编。山东科学技术出版社1996年11月版。85.9万字。80.00元。其主要特点和内容是：①通过回顾传统农业向现代农业的转变进程，全面分析了现代农业的本质特征和发展规律；②通过总结新中国成立以来农业现代化建设的实践和经验，进一步研究界定农业现代化建设的内涵；③通过分析中国国情、近半个世纪的农业发展道路，并借鉴国际经验，研究提出了中国农业现代化建设道路；④通过东部、中部和西部，经济较发达地区和贫困地区，农区、牧区和半农半牧区，平原地区与山地丘陵区等不同类型的30个县(市)的实地调查与分析，研究提出了12个主要模式；⑤提出农业现代化建设指标体系；⑥针对现阶段我国农业的弱质性，立足于90年代后期，着眼于21世纪初叶，研究提出了基本对策及有关政策。(费沂虹)

F000184 **当代中国农村社会转型的实证研究** 郑杭生主编。中国人民大学出版社1996年8月版。28.7万字。14.00元。为国家"八五"重点社会科学研究课题"中国社会主义现代化进程的社会学研究"的一部分。书中提出社会转型度与势的理论，把社会转型的度区分为速度、广度、深度、难度和向度五个次级概念；把中国社会划分为优势级、中势级、劣势级三级不同的转型地区。进而选择了四个不同类型的乡镇(贵州省惠水县王佑镇、黑龙江省绥化市利民镇、山东省济宁市安居镇、江苏省南通市姜灶镇)，运用文献分析法、社区分析法、访谈法、问卷调查法等多种研究方法进行实证调查研究，以实证研究检验作者提出的度与势的理论。通过比较不同区域农村社区的社会历史条件和空间地理环境，分析不同区域农村社会转型的现状。(郑伯平)

F000185 **农村工业生产力聚集研究** 陆立军等著。浙江人民出版社1996年12月版。19.6万字。14.00元。主要内容分3部分。第一部分着重总结分析国内外农村工业生产力聚集的内涵、形式、机制及其与经济发展水平和区域经济之间的关系。第二部分主要探讨中国农村的三元经济结构和经济系统，对我国农村工业生产力聚集的形式及其分散化状态作实证描述，并从农村工业的崛起等角度探寻分散化格局的成因。第三部分对构建中国农村工业生产力聚集目标模式作了初步尝试，提出了相应的政策建议。

F000186 **黄土高原土地资源研究的理论与实践** 宋桂琴编著。中国水利水电出版社1996年12月版。30.3万字。45.00元。系统论述了黄土高原土地资源的属性、科学内容及土地生态系统等基本理论；土地分类、土地评价、土地资源调查、土地资源信息系统设计等应用方法；土地合理利用、土地退化与防治、土地人口承载力与前景预测等。所有这些内容，都是关系到黄土高原水土流失区社会经济发展的焦点问题。(薛勤)

F000187 **中国农民负担问题研究** 李茂岚主编。山西经济出版社1996年7月版。21.6万字。11.80元。分4编13章。历史编：我国封建社会、半殖民地半封建社会及新民主主义时期农民负担沉重的成因。现状编：新时期农民负担的特征、农民负担沉重的现实及加重农民负担的恶果。成因编：体制与政策成因、社会成因、经济成因。对策编：强化农业基础、增加农民收入、保护农民利益、规范农民负担。(张惠君)

F000188 **历史不再徘徊** 副名：人民公社在中国的兴起和失败。凌志军著。人民出版社1996年1月版。24.8万字。16.00元。以人民公社27年来所发生的重大事件为中心，记录了人民公社产生、发展、终结的过程，描绘了人民公社历史上各种各样的人物。通过农村的历史透视当代中国的历史，通过农村的改革透视社会主义运动的改革，并作出颇有见地的分析。(李春林)

F000189 **中国农业科研优先序** 副名：我国主要粮食作物育种科研的需求和供给分析。林毅夫、沈明高、周皓著。中国农业出版社1996年7月版。34.6万字。23.80元。采取数理经济学的研究方法，通过分析制约我国粮食单产潜力发挥的主要技术性限制因素，建立农业科研优先序，为保障我国21世纪30～50年粮食增产提供了可靠的理论与实践依据，具有极大的现实意义和深远的历史意义。全书还以占我国三分之二的主要粮食作物水稻、小麦和玉米为研究对象，证实了这三大作物的增产潜力及其转化为现实生产力的可能性与途径；关键的措施是要依靠农业科技进步。通过分析发现，在诸多制约粮食单产的限制性因素中，品种特性的影响高达50%。因此，为了满足育种科研的需求，应优先保证资源的配置，这样不仅能获得增产的效果，也符合经济效益的原则。(杨天桥)

F000190 **面向21世纪的林业发展战略** 李育才主编。中国林业出版社1996年10月版。67万字。40.00元。分上下两篇，上篇主要讲述的是围绕制订《林业"九五"计划和2010年远景目标》所开展的八个方面的专题研究成果；具体内容为我国森林资源发展战略、我国速生丰产林利用与发展问题、我国林业产业结构与规模经济、中国林业生态工程建设问题、发展我国林业对外经贸的战略、林业扶持及建立林业宏观调控体系、国有林区生存与发展问题、我国木材需求预测、世界林产工业现状和2010年展望、我国林化产品需求预测及国外几种林化产品的产销形势。下篇主要是针对林业发展及林业改革实践中一些问题进行个别的探讨和论证;着重论述了国内外竹产品生产现状及需求预测、经济林产品国内外市场需求预测、林业发展与社会经济、林业发展与市场经济、林业发展与改革实践、林业发展与对外开放。(张敏)

F000191　**西藏畜牧业:走向市场的问题与对策**　肖怀远主编。西藏人民出版社1996年4月版。17万字。4.80元。总结了西藏畜牧业14年改革和发展的经验,根据建立社会主义市场经济的目标,指出了今后西藏畜牧业发展的路子。(总编室)

F000192　**江南农村发展研究丛书**　王霞林、张渭英主编。江苏人民出版社1993年10月至1996年3月版。223万字。118.20元。共9本:《近代江南农村》、《江南农村十年大变迁》、《江南村镇发展之路》、《中国的一个小康市——太仓小康社会实录》、《昆山开发之道》、《苏南农村的精神文明建设》、《苏南农民企业家研究》、《江南农村经济》、《异军突起在苏南》。主要内容是:第一,全方位、多层次地介绍江南农村在建设有中国特色的社会主义理论指导下的探索过程及其所取得的伟大成果;第二,总结概括了"苏南模式"的主要特征和独具特色的苏南实践经验;第三,从不同层面和角度探讨了实践中已经或将要出现的矛盾与问题,以推动建设有中国特色社会主义在江南农村实践的不断深化。作者在广泛调查研究的基础上,围绕江南农村发展中的各种综合或个案问题进行研究,坚持理论联系实际,采用多角度分析、全方位考察、多学科渗透、交叉比较的立体研究手段和叙议并举的写作方法,借鉴历史,总结经验,探索建设有中国特色社会主义新农村的途径和江南农村发展研究的理论体系。(倪正太)

F000193　**战后台湾农业**　赵玉榕著。鹭江出版社1996年8月版。21.2万字。21.00元。"台湾研究丛书"之一。在充分占有资料的基础上,对台湾农业由传统农业向现代农业的过渡,以及其目前较为完善的以市场为导向的农、工、贸、技有机结合的农业经营管理体制和运行体制,作了较全面翔实的概述,并对台湾农业存在的问题和未来发展趋势作了较为深入的探讨。(江金辉)

F000194　**云南农业后备资源调查与评价**　云南省农业区划办公室编。云南科学技术出版社1996年版。40万字。24.00元。全面反映了云南农业后备资源的数量、质量、分布及特点等调查成果,对农业后备资源调查、评价和开发利用的理论和方法进行探讨分析,同时深入分析云南农业后备资源的低荒原因以及开发利用潜力并提出了开发利用的对策和建议。(史青)

工业经济

F000195　**工业化进程中的产业结构研究**　刘伟主笔。中国人民大学出版社1996年版。18.9万字。24.00元。通过对大量西方经济学有关论述、数据的研究,论述不同经济发展水平的国家在不同经济发展阶段,其经济发展与三大产业的关系,及发达国家为完成结构转换所遇到的矛盾及采取的相应措施。通过对世界经济发展史及对我国现阶段工业内部结构状况的分析,提出了我国现阶段发展第三次产业的基本任务和政策基点,以及我国主导产业选择的方向。列入中国人民大学出版社"经济科学文库"。(佘资(郑伯平))

F000196　**中国技术监督年鉴 1995**　国家技术监督局编。中国标准出版社1996年版。136.6万字。105.00元。记载1993年和1994年两年中,技术监督战线围绕中央"抓住机遇、深化改革、扩大开放、促进发展、保持稳定"的大局所做的工作,收录两年来的重要文件和有关信息。书中从事业发展概况、法制建设与政策研究、质量管理、质量监督、标准化、认证、计量、科学技术与研究、宣传与教育、国际合作与交流、地方技术监督工作、大事记等几方面对技术监督工作进行分别介绍。(袁晓玲)

F000197　**技术监督实用知识**　国家技术监督局、全国工商联编。中国标准出版社1996年版。30.8万字。22.00元。以企业为主要对象,系统介绍我国技术监督的基本知识,其中包括:技术监督工作简介、质量管理、质量监督、标准化、计量、质量认证等共5章45节内容,书后附录中还介绍了技术监督工作方面所需要的有关重要法律、法规和规章等目录。(张尊生)

F000198　**现代石油经济大辞典**　李长林等著。中国大百科全书出版社1996年4月版。217万字。148.00元。收录6 000多个词条,其内容涵盖了现代经济学理论、石油经济运行、石油工业经济管理、石油经济决策与评价、石油产品与市场营销、石油企业国有资产管理、石油工业计划与统计、石油工业财务会计、石油工业审计、石油国际经贸合作、石油综合经济法规、世界石油经济概况等12大类，并编选了一部分有关国内外石油统计资料作为附录。（马汝军）

F000199　**造船经济与企业管理**　郑求真编著。华南理工大学出版社1996年3月版。33.6万字。18.00元。系统地阐明了经济科学和管理科学的基本理论，扼要介绍了造船经济与企业管理的基本方法。全书共分15章，主要介绍船舶工程技术经济分析，造船产品的价格、成本和利润，造船企业经营预测技术和决策方法，网络计划技术在造船上的应用，造船企业的物资管理、设备管理、人事管理、质量管理、财务管理等。（黄丹丹）

F000200　**中国内燃机工业年鉴（1995年）**　《中国内燃机工业年鉴》编委会编。上海交通大学出版社1996年1月版。116万字。100.00元。辑录了内燃机行业发展步代和脉络；介绍了内燃机企业深化改革与加强管理方面的成绩与经验，记述了全国内燃机工业及相关行业在1994年的发展概况，内燃机制造技术发展概况，汇集了全国内燃机企业1994年基本情况的统计资料；此外还有内燃机专利、科研成果获奖项目、标准化、内燃机企事业单位及产品介绍；附录中收录了英国、日本内燃机工业基本情况资料。（戴柏诚）

F000201　**邯钢经验指导手册**　国家经济贸易委员会、冶金工业部编。冶金工业出版社1996年10月版。48.8万字。28.00元。汇编了国务院批转国家经贸委、冶金部关于邯郸钢铁总厂管理经验调查报告的通知，国务院、国家经贸委、冶金部领导同志撰写的专论文章，以及邯钢主要领导同志和其他学习邯钢经验先进单位有关领导撰写的文章。其主要内容包括：以"模拟市场核算，实行成本否决"为核心，走集约化经营的道路，实现两个根本性转变；建立约束机制，控制工程成本；坚持以市场为导向，切实做好营销工作；强化管理、严格考核的具体操作方法，以及全国学习推广邯钢经验的先进典型经验介绍等。（郭富志）

F000202　**质量检验和监督教材丛书**　机械电子工业部质量安全司编。机械工业出版社1992年10月至1996年3月版。674万字。174.20元。依据《工人技术等级标准》中对各工种质量检查工人规定的"应知"、"应会"而编写。包括材料、模样、铸件、锻件、热处理、机械加工、焊接、电镀、电器、油漆等19种检查工培训教材和《机械工业质量检验员手册》。主要介绍检查工人应具备的基础理论知识、检验依据、检验方法、检验用器具、检验实例和在检验中常见各种质量问题的原因分析，并提出预防措施，指出在检验中应注意的事项。其中《机械工业质量检验和质量监督人员培训教材》介绍了工业产品质量政策、质量要求、企业的检验组织机构、各级人员与各部门的质量职责和权限、质量检验管理人员的业务规格、质量监督、质量信息和用户服务等；《计数抽样检查应用指南》重点介绍机械行业中常用的逐批和周期检查、序贯和连续抽样检查等各种抽样检查的实际应用方法；《最新质量统计技术及其应用》详细介绍ISO9000标准中的实验设计、方差分析、显著性检验、回归分析、质量控制图和累积技术等的应用方法。《机械工业质量检验员手册》介绍了检验员必须掌握的常用资料、技术标准、质量认证标志、各种检验方法和不合格品的管理，书中数据来自现行国家标准或行(专)业标准。（张保勤）

F000203　**中国电力工业·庆祝发电装机容量超过二亿千瓦**　《中国电力工业》编委会编。中国电力出版社1996年4月版。30.5万字。100.00元。画册。书中载有："巨大的成就，辉煌的前景"、"中国电力工业的发展及成就"、"中国电力工业的发展规划及展望"、"电源建设的成就及展望"、"电网发展的现状及展望"、"农村电气化"、"电力科学技术的成就"、"电力人才教育与培训"、"电力工业国际合作"等9篇综述性文章及368幅图表和照片，全面系统地介绍了中国电力工业装机容量自1987年达到1亿千瓦之后，经过7年的努力，于1995年3月又突破2亿千瓦的历程。详尽地介绍了近年来中国电力工业所采取的方针政策，所达到的科学技术水平，并简略介绍了至2000年的发展计划和2010年的远景发展规划。有中、英文两种版本。（程忠智）

F000204　**电力企业计算机管理信息系统丛书**　吴凤书主编。中国电力出版社1995年12月至1996年5月版。206.6万字。95.70元。分6册：《管理信息系统的技术基础·总体设计》《计划·设计·工程管理信息系统》《电力生产管理信息系统》《用电与营业管理信息系统》《财务·物资·人事管理信息系统》《计算机辅助决策系统》。（朱铁生）

F000205　**中国农药企事业大全**　《中国农药企事业大全》编写组编。化学工业出版社1996年4月版。78.5万字。50.00元。从农药工业角度出发，收集了中国农药企事业名录共6 000余家。包括农药合成、农药加工、农药科研院所、有关的大专院校以及农资公司、农技推广站、植保站、森林病虫害防治检疫站、农垦农场局系统、植保机械、卫生药剂生产单位、外国公司在中国办事机构等企事业的名称、地址、邮编、电话、电挂、传真。并重点介绍企业目前生产登记的1 000余种农药制剂和农药研究单位的对外服务项目。书后附有近10多年来有关农药产业政策的规定、条例及法规文件;农药产品国家和行业标准;农药名称的中英文对照和原药的生产厂索引。(郭燕)

F000206 **中国造纸年鉴(1996)** 中国造纸学会编。中国轻工业出版社1996年12月版。160万字。150.00元。内容包含了1993年至1995年间中国造纸工业在生产建设、技术进展、教育与出版等方面的基本发展情况及有关统计数据。全书设生产建设、市场动态、技术进展、纤维与化工原料、装备器材、教育与出版、造纸学会、造纸协会、大事记、企事业名录、附录等11个栏目。各栏目的专题文章由本行业有关专家或专业管理人员分别负责综合整理、编写而成。有关造纸工业发展思路、预测、规划设想等在“市场动态”及“附录”栏中提供了可靠的资料。(滕炎福)

F000207 **中国建筑业年鉴1996** 中华人民共和国建设部编。中国建筑工业出版社1996年12月版。174万字。150.00元。分为16个专栏:文献(32件)、行业综述(36篇)、地方概况(37篇)、建筑实录(45篇)、村镇建设(4篇)、科技进步(11篇)、建筑教育(4篇)、学会与协会(10篇)、管理机构(85个单位)、人物与先进单位、建筑企业集团(17个单位)、史料(11篇)、统计资料、大事记、企业资质公告、企业选介与重点企业(10个单位)。分别记载了中华人民共和国人类住区发展报告、联合国第二次人类住区大会的重要文件、中华人民共和国建设部公告(1996年第1号)、中华人民共和国建设部令第41号、44号、46号、48号等。还登载了“建筑业发展概况”、“九五期间建筑业的蓬勃发展及存在的问题”、“村镇建设综述”以及“科技工作重要记事”、“建设教育重要记事”、“1995年城市建设统计公报”以及一年来的大事记。(朱象清)

F000208 **我的水利梦** 李伯宁著。中国三峡出版社1996年11月版。53.6万字。38.00元。作者从解放初期起就一直战斗在水利战线上,并长期担任领导工作,是新中国水利建设的见证人。本书收录了作者建国后有关水利工作的讲话、通信、论文等共76篇,从一个侧面系统地反映了我国水利事业的发展概况,尤其是反映了广大水利工作者在改革开放的新时期,为走出一条具有中国特色的,适应市场经济需要的水利建设道路而进行的积极探索与实践。全书分为三个部分:一、关于水利建设和水利管理;二、关于水利综合经营和水利改革;三、关于三峡工程和开发性移民。为保持这些文章作为水利工作史料的翔实性,对原有的统计数字、作者的观点等在收录时均未做改动。(杨昕)

F000209 **江苏省志·轻工业志** 《江苏省志·轻工业志》编纂委员会编。江苏科学技术出版社1996年7月版。70万字。90.00元。系《江苏省志》之一卷,独立成篇。全书分为概述和21章,以及附录:大事年表、重要文献辑存和统计资料。21章中分别介绍了江苏省各个轻工行业的状况和省内轻工管理、科研教育、对外合作、机构建设等内容。并以生产力发展为主线,系统、全面地记述了江苏轻工业的发端、发展和兴衰起伏。(金宝佳)

交通运输经济、旅游经济、邮电经济

F000210 **中国铁路与城市交通地图册** 胡安宇主编。广东省地图出版社、中国地图出版社1996年5月版。108幅。16.70元。反映铁路运输和城市交通的双重地图册,内容包括铁路分布图14幅,中国干线公路与风景名胜各1幅,分省交通图33幅,城市交通图59幅。反映铁路运输的内容有:客运站、货物发到站、营运里程、编组站、区段站;铁路局、铁路公局所在地;铁路性质:国家铁路、主要地方铁路、临管铁路、建筑中的铁路、地铁、窄轨铁路等。城市图详细表示了公共汽(电)车的线路和站点。(胡安宇)

F000211 **中国铁路物资流通** 黄才骏、周介英主编。中国铁道出版社1996年9月版。129万字。80.00元。以物资流通的理论与实践为主线,围绕铁路物资流通产业的业务活动及其在生产领域中的延伸服务,系统论述了物资流通的基本理论和基本业务;概括总结了铁路物资流通的发展简史;及时反映了铁路物资流通行业管理的新鲜经验;大量引用了铁路物资流通现代管理的实际案例;积极探索铁路物资流通改革的新课题;扩大交流了国有铁路、地方铁路、地下铁道的信息。全书分10篇:发展简史篇、基础理论篇、物资计划篇、物资市场篇、物资技术篇、物资财会篇、物资法规篇、物资行业篇、综合管理篇,此外还设有附录。(陈若伟)

F000212　**中国铁路大事记**　中国铁路史编辑研究中心编。中国铁道出版社1996年8月版。40.6万字。28.00元。全面、完整地记述了自1876年在中国大地上出现的第一条铁路——吴淞铁路建成通车之时起，至1995年中国铁路处于大发展时期止，中国铁路各方面(特别是在铁路建设和运营方面)发生的大事和要事。全书分上下两篇。上篇记述了建国以前旧中国铁路的历史发展；下篇记述了建国以来新中国铁路的发展史要。(褚书铭)

F000213　**当代香港航运**　《当代香港航运》编委会编。大连海事大学出版社1996年12月版。23.2万字。19.80元。阐述了香港航运业的现状及其历史背景，探索香港航运业的发展规律和成功经验。全书共分8章，第一章主要介绍香港航运的地理自然条件、航运地位的变迁与沿革、航运业的特点和前景。第二章介绍香港自由港的形成和发展，自由港政策的基本内涵与主要特征、自由港政策在航运与港口业中的体现。第三章介绍香港在世界航运市场中的地位和作用、航运市场态势、定期和不定期船市场、主要航线。第四章介绍华资航运企业及其经营、中资航运企业及其经营、英资航运企业及其经营。第五章介绍了港口设施及其经营。第六章介绍了港口航运支持系统。第七章介绍了港口航政管理。第八章对香港航运发展前景进行了预测和展望。(刘明凯)

F000214　**厦门海外交通**　李金明著。鹭江出版社1996年9月版。10.6万字。8.70元(平)，15.70元(精)。“厦门文化丛书”之一。以海外交通为经，以海外贸易、海外移民为纬，勾勒了明代、清代前期、五口通商后、甲午战争后、抗战时期和新中国成立后厦门海洋经济活动历史的一个重要侧面。(裴慎勤)

F000215　**旅游企业会计学**　马桂顺著。东北财经大学出版社1996年3月版。29.4万字。15.60元。分16章，主要内容有：总论(概念，会计核算的基本前提、一般原则、旅游企业会计的特点与任务)，会计核算的基础知识，货币资金和结算业务的核算，应收款项的核算，旅游企业存货的核算，投资的核算，固定资产、无形资产和递延资产的核算、负债的核算、所有者权益的核算、旅游企业成本费用的核算、旅行社经营业务的核算、旅游饭店经营业务的核算、商场经营业务的核算、旅游车队经营业务的核算、旅游企业利润的核算、旅游企业会计报表及其分析。(朱艳)

F000216　**世界旅游地理**　唐发华、仇奔波著。江苏教育出版社1996年12月版。39.2万字。16.80元。分上、下两篇。上篇为总论部分，共5章，分别简要阐述了旅游学与旅游地理学的基本理论和基本概念，世界范围内旅游类型、旅游资源、旅游客流、旅游交通时空变化的系统分析，世界旅游区域划分原则和划分方案。下篇为分论部分，共13章，即按西欧—地中海区、中欧区、北欧区、东欧—黑海区、北美区、拉美—加勒比海区、东亚区、东南亚区、南亚区、西亚区、非洲、大洋洲、南极洲13个旅游地区，分区域、重点国家及国内主要旅游区三个层次，对世界各地的旅游资源、各国发展旅游业的措施、旅游资源的基本特点、主要旅游区、旅游地以及著名景点，都作详尽的介绍。(褚庆林)

F000217　**中国旅游资源**　石高俊编著。江苏教育出版社1996年11月版。42.8万字。16.50元。依据旅游资源的属性和中国自然景观及人文景观的特点，按“总—分—总”编写体系，分上、中、下3篇共15章讲述中国的自然旅游资源、人文旅游资源、综合旅游资源。上篇第一章从宏观角度介绍旅游资源的概念、特点、分类和中国旅游资源的总特点及其形成的地理背景；第二章至第四章讲述了中国的地形地貌、水体、气象气候、动植物等自然要素构成的旅游资源，如名山大川、名泉飞瀑、气象奇观、珍禽异兽等。中篇从第五章至第十二章，讲述中国人文景观中的古遗址和革命遗址、古建筑、古典园林、古墓葬陵园、宗教建筑、民俗风情、文学艺术、特色风味等构成的旅游资源。下篇为第十三章讲述城市旅游资源及中国的历史名城，第十四章讲述中国的风景名胜区，第十五章讲述中国旅游资源分区。(褚庆林)

F000218　**中国邮政编码图集**　邮电部邮政总局等编制。哈尔滨地图出版社1996年版。134幅图。60.00元。图集的基本资料统一采用1：25万国家基本比例尺地形图，并补充了最新公路、铁路、行政区划、地名等形势资料。地区编码图以地级市和地区为单位，表示了全国乡以上的全部邮政编码，全国337个地级市和地区共134幅(含香港、港门)；城区编码图利用计算机制图，表示了808个地级以上城市、两个编码以上县(市)及部分单码县(市)的城区邮政编码分布。(杨晓丽)

贸易经济

F000219　**开放型经济系列丛书**　《开放型经济系列丛书》编委会编。河海大学出版社1996年1月版。170万字。148.00元。共12分册，各分册在内容组织上，既表现各自独立性的存在，又体现相关性的统一。本丛书具有以下特点：一是内容广。全面系统地介绍了开放型经济基本内容和专业知识，既阐述了世界市场，国际金融、营销、商务谈判等国际商务理论与实践，又对外贸实务、利用外资，对外承包劳务、境外投资等进行了更多的介绍。二是观点新。在理论内容上，增设了外向型经济原理，关贸总协定与企业发展对策，世界市场概览等新课题。并对部分涉外案例进行了剖析。三是实用性强。全书注重理论与实践相结合，融实用性与知识性为一体，深入浅出地介绍了发展开放型经济的业务知识、专业技能以及具体做法和有关规定，具有较强的可操作性和实用价值。(潘仲华)

F000220 **现代国际商务丛书** 洪银兴、张二震主编。中国青年出版社 1996 年 10 月版。200 万字。139.40 元。内容包括国际商务导论、国际贸易政策、国际商务会计、国际商事法律、国际企业管理、国际市场营销、国际贸易实务、国际服务贸易、国际金融市场、国际商务英语等十个方面。主要特色为：(1)重视国际商务环境的分析，即把国际贸易、国际金融、国际投资以及跨国经营等放在整个世界经济发展的大背景下分析，从宏观的视角、从整体上把握国际商务活动的规律。(2)注重对国际商务活动中出现的新情况、新问题的分析和新知识的介绍，如对部门内贸易、公司内贸易现象的分析，对最新营销方式的介绍等。(3)重视对国际商务经营实务的介绍，向读者提供实际的操作知识，具有实用价值。(王斌俊)

F000221 **商战艺术丛书** 芮明杰主编。广东教育出版社 1996 年 11 月版。60 万字。30.10 元。共 5 册。由《攻心为上——消费心理妙用》(芮明杰著)、《由小变大——企业成长诀窍》(罗殿军、孙一民著)、《出奇制胜——赢得市场之路》(陆雄文著)、《先声夺人——商战谈判韬略》(袁闯著)、《领先一步——市场机遇拓展》(陈志宏著)组成。《攻心为上》从消费与商品设计、消费知觉与商品命名的关系出发，就如何突破消费者心理防线作了分析，如消费环境创设、价格制定、沟通顾客心等等。《由小变大》剖析了企业从出生，到成长，到壮大的全部过程，以及在这一过程中企业家应有的胆识和谋略。《出奇制胜》道出了商海人士拥有成功，胜人一筹的基本要素。《先声夺人》阐述了商界人士在经贸活动中与对方谈判的问题。对谈判前的心理准备、对方的心理揣摩、谈判的开局、谈判中的策略运用、谈判中冲突的引导与利用等方面作了论述。《领先一步》分析了机遇之源、机遇与寻求、怎样分析机遇、创造机遇、拓展机遇、善待机遇等问题。(李朝明)

F000222 **最新英汉商贸实用辞典** 刘天芝、黄崇珍、李传英主编。辽宁人民出版社 1996 年 10 月版。100 万字。48.00 元。收录词条共计约 6 万余条，内容包括：对外贸易、经济、金融、银行、股票、投资、证券、保险、招标、采购、海关、商检、包装、运输、国际经济法、租赁、房地产等。还收录了一些常用的缩写词。其特点是实用性与新颖性。实用性方面：所收词条包括了涉外经贸的各个领域，内容翔实广泛，对一词多译的不同译法，采用其最标准最通用的一种。在新颖性方面：收集了大量最新商贸实用术语与词组，大多数为 90 年代流行通用的词汇。(雷光)

F000223 **商品流通经济学** 汪威毅主编。福建教育出版社 1996 年 8 月版。29.7 万字。15.50 元。先是对有关基本概念、基本理论作科学阐明，如商业的概念、地位、职能、流通时间、流通网络与流通渠道、商业的理念和文化、商业劳动和商业利润等；再具体研究商业主体、经营形式结构、商品市场、商业投资与风险、商誉、商业秘密和商业信用等商业运作的基本要求；最后对商品流通体制的沿革和新体制的建立进行介绍和探讨，并提出商业增长方式转变的思路。作者认为价值分析法和边际分析法在经济学研究中并不互相排斥，可以结合运用。前者侧重于商品价值形态的转换和综合平衡，适于商业宏观经济研究；后者更侧重于社会经济主体的个体行为研究，较适于微观研究。在书中对一些前沿课题作了探讨，提出一些新观点。流通在社会再生产中处于核心地位；商业作为国民经济的第三产业；商业劳动具有生产劳动的性质等。(李南元)

F000224 **社会主义文化新论** 副名：市场经济与文化建设。郑欣森著。中国青年出版社 1996 年 3 月版。23 万字。13.80元。阐述社会主义市场经济条件下文化建设亦即精神文明建设问题，着重论述了文化建设在市场经济条件下的战略地位，文化建设与经济建设的关系，文化事业如何既适应建立社会主义市场经济体制的需要又如何按照自身规律进一步发展，文化市场的性质、作用、管理、繁荣，高雅文化的扶持与改革，提高民族文化素质的重要意义、紧迫性及其具体途径，市场经济条件下教育、科技的发展和思想道德的建设，弘扬优秀民族传统与汲取域外文化精华等。对文化自身发展规律的探讨，对文化市场性质、特点、作用的分析，对积极引导好人民群众文化消费的论述，对文化雅与俗辩证关系的研究,对文化建设的根本目的和任务是提高民族文化素质的认识等重大问题的探索,有一定新意。如关于精神生产具有自己的特点(以个体劳动为主要形式、是独创性的生产、受价值规律的影响有其特征)的论述,有作者的独到见解。收入"社科新论丛书"。(王瑞)

F000225　**世界营销比较**　张光忠编著。中信出版社1996年5月版。43.5万字。26.00元。以中、日、美、东西欧、阿拉伯等具有代表性的国家和地区为重点,通过比较研究深入浅出地介绍了世界各国在企业营销模式、营销观念、市场运作、经营战略、产品策略、促销策略、消费者行为特征等方面的理论与实践。本书具有以下3个特点:(1)研究方法的创新。在综合运用一般市场营销学常用的产品研究法、职能研究法、管理研究法、系统研究法的基础上,特别突出运用比较研究法。(2)研究领域的开拓。不局限于某一特定市场的营销研究,更多的是从各种不同角度、不同方面对营销进行综合比较分析,从而找出不同国家和地区市场营销的普遍规律,以及营销活动与经济发展的相互联系。(3)研究体系的升华。学科史表明,一门学科的成熟与完善,除了纵向的深入外,还需要横向的发展,并出现一级学科、二级学科、三级学科……的演化过程。(龚掖)

F000226　**市场学(第二版)**　李景泰主编。南开大学出版社1996年3月版。40.8万字。16.50元。从市场学的基本知识与市场营销观念入手,分导论、市场分析与研究、市场营销策略、市场营销战略与管理、国际市场营销与服务市场营销五篇介绍了市场学的基本知识、基础理论、基本策略技巧及基本管理理论。与第一版相比,本版的变化体现在:第一,体系结构上,进一步强调了从读者接受逻辑的角度结合营销活动实际过程安排篇章。第二,内容上,力求反映近年来市场学的新发展,特别是一些较为成熟的新思想、新理论、新方法。比如突出了现代营销的竞争导向、战略导向、管理导向和服务导向。为此,全书篇章内容基本上以战略营销过程为主线布局谋篇,新增设了有关"市场营销环境与市场机会分析""市场细分与目标市场""消费者市场与组织市场""市场营销财务分析""营销物流管理""营销结算""服务市场营销"等章节。第三,兼顾原理性与实践性,除仍以系统地介绍市场学原理为主要使命外,考虑到越来越多的来自实务部门的人士的学习和进修需要,特别是MBA教育的需要,加强了有关方法与应用的内容,更多地采用了案例分析。第四,对全书所有章节都进行了重写,80%左右的篇幅为新内容。(胡晓清)

F000227　**市场营销学**　王允光主编。广西人民出版社1996年6月版。27万字。15.00元。内容包括:市场营销环境、市场预测、产品和价格决策、营销心理和营销技巧、国际市场营销等。由于市场营销的科学决策与竞争原理是基本通用的,所以国际市场营销的内容没有单独列章列节,而是把它的内容分别融进了各有关章节。区别较大的地方,书中另作了说明。在章节安排上,还按照营销活动的逻辑性、规律性做了一些与众不同的改变:在掌握市场与市场营销概念后,首先进行市场调查研究,调研内容包括市场环境、竞争对手、消费者;在市场调研结果上进行市场预测;根据预测制定营销战略、确定目标市场;然后再据此制定四个营销策略,即产品策略、定价策略、分销策略、促销策略;最后介绍一些营销实例。(谭灿妮)

F000228　**现代市场营销学**　魏杰主编。重庆出版社1996年8月版。24.3万字。12.00元。共13章44节。内容包括:市场营销与市场营销学,市场营销环境,市场需求与市场购买,市场营销战略,市场调查与预测,市场细分与目标市场,市场营销组合决策,产品策略,价格策略,分销策略,促销策略,市场营销的计划、组织和控制,国际市场营销。(余国枢)

F000229　**陕西现代市场体系研究**　白永秀编著。陕西师范大学出版社1996年6月版。30万字。17.00元。比较全面深入研究了陕西现代市场体系的培育与发展。其特点如下:首先,把培育与发展陕西现代市场体系的理论依据的研究放在重要位置,为此专门用一篇(理论篇)的篇幅对培育与发展陕西现代市场体系理论依据进行了全面研究。其次,重视对陕西市场体系结构的合理性划分,把陕西市场体系中的各个市场划分为陕西现代商品市场体系和陕西现代生产要素市场体系。再次,重视对培育与发展陕西现代市场体系的环境的研究。最后,从理论与实际相统一的原则出发,既从理论的高度对陕西每一个具体市场的涵义、特征、结构等基本理论进行探讨,又从陕西实际出发,对每一个具体市场的发育现状、发育中存在的问题及其加快发育的对策进行分析和研究。(白跃世)

F000230　**简明汉英广告词典**　徐百孟编。上海科学技术文献出版社1996年9月版。16.9万字。20.20元。收集了700多条具有实用性的广告专业相关名词,以这些名词的解释入手,由浅入深,将广告专业知识及历史发展变化呈现给读者。名词采用汉—英、英—汉对照两种索引方式,充分体现词典的工具书功能。词典按内容分10个部分,分别为:1.广告概论;2.广告的种类;3.广告的形式;4.广告策划;5.广告创作;6.广告的制作;7.广告的发布;8.广告有关组织和个人;9.市场调查和预测;10.市场营销学。(方虹)

F000231 **现代广告学** 潘向光著。杭州大学出版社1996年5月版。29万字。12.00元。共11章,附有《中华人民共和国广告法》和《日本电通广告公司AE手册》及序跋。全书注重系统性和条理化,章节分明,叙述清晰。既有理论概括,又有实例剖析。书中广征博引,集纳了广告学有关的各种论点和大量实例。其鲜明的特点为:首先,在注重操作性的同时更突出了广告学的理论色彩。书中详细研究了营销学、传播学、消费心理学等多种学科跟广告学的关系从整体上把握广告活动及其规律。其次,对广告活动的论述上客观介绍多种不同的观点,同时进行分析对比,对广告学中某些理论与实践问题进行了探讨和研究,提出了一些新的见解和观点。再次是强调广告的社会责任,对我国当前的广告活动有参考、借鉴的意义。(金素芳)

F000232 **孔子与商战伦理** 彭正穗著。湖北人民出版社1996年5月版。17万字。8.00元。"圣贤商战术系列"之一。其内容包括:孔子及其商战伦理胠语,商战个体行为的伦理准则,商战交往的伦理原则,商战伦理的施控方式以及商战活动的伦理价值等。(程世德)

F000233 **司马迁与商战谋略** 余鑫炎著。湖北人民出版社1996年5月版。11.6万字。6.00元。"圣贤商战系列"之一。总结了司马迁的六大商战之谋:其一,乘时射利——经商必须应时而变,及时把握商机。其二,亿则屡中——预则立,不预则废,市场预测十分重要。其三,鸷鸟之发——一旦行动方案确定,必须以鸷鸟之势果断行动。其四,贱之征贵,贵之征贱——商品价格存在周期性波动,必须善于把握其变化规律。其五,富用奇胜——经商如作战,要想人之所未想,出奇制胜。其六,富行其德——诚信乃兴商之本。(郁升)

F000234 **老子与商战权术** 杨灿明著。湖北人民出版社1996年5月版。11.5万字。6.00元。"圣贤商战系列"之一。从10个方面阐述了老子思想在现代商战中的具体应用。一、无中生有,有无相生:创业权术;二、与时迁移,因物变化:应变权术;三、以弱胜强,不争善胜:克敌权术;四、欲弱固强,欲夺固与:营销权术;五、君上主道,臣下主事:统御权术;六、以智治愚,圣人之治:组织权术;七、一慈二俭,三不为先:自律权术;八、图难于易,为大于细:危机权术;九、守雌装愚,以静制动:治乱权术;十、治大国者,如烹小鲜:领导权术。(傅爱民)

F000235 **孙子与商战兵法** 舒默著。湖北人民出版社1996年5月版。14.8万字。7.20元。"圣贤商战术系列"之一。吸取圣贤经典之精华,将孙子的兵法谋略与智慧运用于现代商战之中,以帮助人们在激烈的商战竞争中掌握经商艺术,做到知彼知己,神机妙算,勇敢出击,达到百战百胜的目的。主要内容包括:一、孙子与《孙子兵法》。介绍孙子与《孙子兵法》的故事。二、商战中的决策。介绍如何依据商战形势,确立战略目标,收集情报信息,制订行动方案,采取果断决策。三、商战中的竞争。介绍古今中外一些成功者的绝妙经商技巧。四、商战中的危机。介绍美国、日本和中国等一些企业如何处理危机,求生存求发展的经验教训。五、商战中的权变。介绍"诡道十二法"、"虚虚实实"、"致人而不致于人"等权变谋略思想。六、商战中的谈判。介绍现代商业谈判中各种谈判法则和艺术。(张开群)

F000236 **韩非子与商战霸术** 姚会元著。湖北人民出版社1996年5月版。14.8万字。7.20元。"圣贤商战系列"之一。借鉴韩非子的谋略思想,对古今中外经营商贾成功的经验进行了阐述,以"欲平天下先理财,善用人才成大业,需求创造商机、开发创造需求,商战有争也有和,商战必备勇与谋,货要包装、店要精装,广而告之、推销有术,取个美名好促销,国有国法、店有店规"等内容概括了经营真谛。(卢华根)

F000237 **管子与商战智慧** 邹进文著。湖北人民出版社1996年5月版。14.3万字。7.00元。"圣贤商战术系列"之一。以战国先贤管子的思想为主线,系统总结了管子的管理思想、经营艺术、谋略权术、识才用人等,并结合当代商战的实例,对中国古代圣贤的思想智慧进行了分析,对当今商战致胜的渊源进行了挖掘,给人以教诲,以启迪。全书夹叙夹议,引经据典,既向人们展示了古代中国智慧的风采,又与现代商战实例相结合,颇具可读性、趣味性、知识性。主要内容包括:话说管子、东方凯恩斯(认为管子是东方经济管理学的鼻祖)、管理艺术、经营谋略、经营权术、外贸致胜、尚贤重才等七个部分。分别对管子的管理思想如轻重论;经营艺术如决策七法、信息理财、行情预测、囤积居奇;谋略权术如高桥谋、美锦谋、因乘之术、予奇之术;识才用人如十年树木、百年树人,用人所长、避人所短,用人不疑、疑人不用等进行了全面深刻的剖析与对比研究。(陈晓东)

F000238 **饭店经营决策与管理方法** 林璧属编著。厦门大学出版社 1996 年 5 月版。30.4 万字。14.00 元。旅游管理类专业教材。全书分上中下 3 篇,上篇 2 章扼要介绍了饭店管理的基础理论,中篇五章着重分析了饭店的经营策略和决策,下篇 6 章则探讨了饭店职能管理和资源管理的方法。内容上既有饭店经营管理的一般原理,又尽可能介绍适应饭店经营管理发展需要的方式方法,力图以计量经济技术贯穿全书。(徐长春)

F000239 **涉外饭店管理与服务** 牛崇荣、卢存岳著。云南人民出版社 1996 年 3 月版。34 万字。18.60 元。从饭店日常的管理和服务出发,揭示和归纳了管理行为的科学性和服务质量的规范性。(郭木玉)

F000240 **餐厅服务规范** 沈群等编著。金盾出版社 1996 年 3 月版。18.3 万字。8.60 元。分 3 个部分。第一部分,是对餐饮服务的概说。重点叙述了餐饮服务工作的历史和发展,论述了餐饮服务工作是餐业的重要组成部分,具有不可替代的作用。指出餐饮服务业,因其涉及的人群众多且活动频繁,而使自己成为一个反映社会精神文明的窗口,同时,也自然成为一个建设社会精神文明的阵地。进而提出餐饮服务队伍应当具有较高的社会主义精神文明程度,发挥出推动社会精神文明建设的作用。在概说中,还系统地讲述了对餐饮服务人员礼貌修养的要求。第二部分,详尽地讲解了中餐服务。对零点、团体、宴会等各种用餐方式的服务,从准备工作直到结账送走宾客的全过程,以及可能遇到的各种情况的处理方法,作了详细具体的介绍。第三部分,讲解西餐服务。讲述了西餐在中国的发展,西餐菜肴的特点,重点介绍了西餐与中餐在菜肴烹调制作上、餐饮形式上的差异,和与之相应的服务要求。最后介绍了美国式、法国式、俄国式、英国式等主要流派的西餐服务工作特点。(周叔仲)

F000241 **农产品流通与国民经济成长** 杨乎平著。东北财经大学出版社 1996 年 12 月版。16 万字。12.00 元。"中国当代经济前沿科学文库 '96 卷"之一。用因素分析和历史分析的方法,通过对传统农业在经济发展中处于不利地位,农业对国民经济成长的作用,农产品流通特征以及我国作为发展中国家所具有的二元经济特征等方面的条分缕析的研究,深刻揭示出国家干预下的适度发挥市场机制作用的农产品流通这一改革目标模式和具体改革措施的理论依据。书中提出的诸如"农业比较利益低","农业对经济增长率的贡献系数","农产品供给弹性大于需求弹性,农产品价格波动频繁且呈上升趋势","农产品在我国客观存在的'两个市场'","以价格支持为中心内容的国家干预制度"等方面的内容和观点都有独到之处,富有新意。作者提出的"国家干预下的适度发挥市场机制作用的农产品流通体制模式"的构想,已在我国农产品流通体制改革中得到了应用并取得了巨大的社会效益和经济效益。(宋玉平)

F000242 **徽商研究** 张海鹏等著。安徽人民出版社 1996 年 12 月版。54.6 万字。28.00 元。共 11 章,包括徽州商帮的形成与发展、徽商的资本积累、徽商与封建势力、徽商与徽州文化等内容。全书不是平铺直叙地介绍事实,而是提出徽商盛衰史中一些关键性问题,并进行深入分析与探讨,以求得出合乎科学的结论。论述问题时,虽然吸收了国内外的一些研究成果,但不是重述别人的意见,而是从新的角度提出新的见解。书中每一章都征引了一些新的材料,特别是"徽商个案研究"一章引用的材料,差不多全都是新搜集的。胡开文分家阄书是第一次公开面世,从阄书的资料价值来看,远远超出了徽商研究的范围。该书还着重论述了徽商与徽州文化的关系,就明清时期的徽州教育、新安画派、徽州建筑、新安医学、徽州刻书业几个方面挂起钩来,论证了徽商是徽州文化的"酵母",成功地将区域经济史研究与区域文化史研究结合起来。(曹文益)

F000243 **清代云南市场研究** 刘云明著。云南大学出版社 1996 年 6 月版。15.2 万字。10.00 元。共 5 章。第一章"清代云南市场的依存与发展环境",论述了地理环境与自然环境对云南市场发展的影响、清代云南地方经济的商业化及官府与市场的关系等;第二章"清代云南市场的空间体系",介绍了清代云南市场的几种不同类型及云南区域市场的形成情况;第三章"商品的流通",对清代云南市场商品的运输、储存与商情传递以及省内、省际贸易的重要商品作了研究,并介绍了云南的外贸情况;第四章"货币流通与市场价格波动",研究了清代云南通行的制钱、银两、银钱以及实物货币与新型货币的情况,并对市场价格的波动作了分析;第五章"商人与商人资本",对清代云南地方的省内外商人、大商号、商帮、

行帮、商会以及商人资本的运动作了分析与阐述。(李兴和)

F000244 **前近代中国社会的商人资本与社会再生产** 张忠民著。上海社会科学院出版社 1996 年 9 月版。27.5 万字。15.00 元。对前近代中国社会商人资本兴起的历史背景与社会条件,行业种类与人际关系,地缘影响与交通网络,城镇分布与地区划分等等,作出全面论述。从商人资本兴起的社会背景,商人资本的种类与职能、商业精神与商人资本的发育,商人资本与社会再生产等方面进行研究探讨,体现出中国社会的历史特点和中华民族传统的开拓创造精神。在考察方法上,力图以马克思主义的再生产理论为基本分析框架,着重探讨商人及商人资本在前近代中国社会再生产中的表现形式以及具体的地位和作用。(方小芬)

F000245 **如何同 53 个国家做生意** [美]韦恩·康纳威等著。译林出版社 1996 年 12 月版。38 万字。15.50 元。原版为《如何同 60 个国家做生意》,因删去中国、厄瓜多尔等 7 个章节,故成此名。现在书中的 53 个国家包括阿根廷、澳大利亚、比利时、巴西、加拿大、印度、匈牙利、以色列、日本、俄罗斯、美国、英国等主要国家。每个国家占一个章节,内容主要分为:文化特征。介绍该国的种族人口以宗教信仰概况,以及该国人与其他国家最具特色的区别;国家简介。介绍该国的简史、政治体制、语言、宗教人口的比率、人口及其构成等;文化指南。由认识风格、谈判策略、价值体系、决策依据、消除忧虑的途径、平等问题等小节构成;商务惯例。包含约会与守时、谈判要领等常识及程序、方式等内容;商务应酬。介绍该国的餐饮特色及服务店的概况,以及当地习俗、忌讳等;商务礼仪。概括了当地人的问候方式、头衔与称呼、举止、文化点滴、衣着、礼物等诸多方面的习惯。(叶宗敏)

F000246 **英汉商务词典** 刘恩泽主编。青岛出版社 1996 年版。120 万字。49.00 元。收录与商贸、证券、银行、保险、关税、会计、统计、投资、交通运输、商品名称、营业用语等商务活动有关的词条 5 万 5 千条。有以下特点:第一,选词范围恰当。选词既全面,又不将所有与经济行为有关的词全选进来,而是根据使用率,将商务活动中常用、在一般词典中查找麻烦的词作为重点。第二,释义准。词条翻译依据 1989 年版《日本经济学词典》,1990 年版《美国经贸词典》。有些尚无统一译法的词,在比较的基础上采用较通用的译法。第三,释义全。有些英文单词在商务活动中具有特定含义,词典中一一列出。第四,词汇新。作者中很多是搞商贸情报的,接触资料新,随时积累大量卡片,紧跟国际潮流。第五,附有《跟单信用证统一处理规则》、《世界各国或地区货币名称表》、《世界各国中央银行名称表》,方便使用者遵循国际惯例办事。

F000247 **最新国际商旅百通大辞典** 苏永青编著。黑龙江人民出版社 1996 年 5 月版。83.4 万字。60.00 元。以关贸总协定为主线,涉及到了关贸活动的各个领域,包括国际关贸常识、国际关税、国际贸易、国际投资、国际信用、国际航运、国际金融、国际公关礼仪等方面的常用术语、词语、技巧、方法和规定,这些内容都与关贸有着直接或间接的联系,具有特别的实用性和科学性。辞典中一般条目解释较简单,重要条目解释较为详细,每一条目自成一体。还提供了涉外商旅活动和关贸活动中经常需要掌握的知识、技巧、方法与备查的资料。(徐冲)

F000248 **国际技术贸易** 黄梅波编著。厦门大学出版社 1996 年 12 月版。31.8 万字。14.50 元。根据外经贸部人教司《国际技术贸易》一书的教学大纲编写而成,阐述了国际上及我国技术贸易的总体概况,世界各国对技术贸易管理的政策与法律规定,并对技术贸易的标的——专利、商标和专有技术作了介绍。书中更侧重于对技术贸易实务如技术贸易业务的操作程序、技术贸易合同的内容及签订时应注意的事项等的介绍。(许红兵)

F000249 **国际贸易理论与政策** 贾明德、梁军著。陕西人民出版社 1996 年 8 月版。26 万字。13.80元。首先按照国际贸易理论发展的历史顺序,对各个时期各种理论,从早期的重商主义的贸易差额论、绝对成本理论、比较成本理论、相互需求法则、保护贸易理论、一般均衡分析和相互需求曲线,到现代的资源禀赋理论、里昂惕夫之谜及其解释、产业内贸易理论、偏好相似理论、贸易的规模经济理论、产品生命周期理论、国际不平等交换理论,以及国际贸易与经济增长的理论,如经济增长与贸易变动理论、发展中国家对外贸易与经济发展理论、经济成长发动机理论、对外贸易重要性渐减理论等,都作了比较充分的阐述。还梳理出了世界各国国际贸易政策历史演变的基本线索,在此基础上提出了选择国际贸易政策的一般原则,显示了高度的概括性;详细说明了关税政策和非关税政策的措施、种类,并对这两类政策的经济效应作了理论分析,表现出细致的具体性。(曾宣传)

F000250 **国际商业谈判学** 丁建忠著。中信出版社 1996 年 4 月版。54 万字。34.00 元。由 4 篇 14 章组成。第一篇论述国际商业谈判学的发展历史和概况；第二篇阐述国际商业谈判学的基础研究：国际商业谈判的分类法则、构成要素的界定、基本程序的设定、谈判的组织法则、谈判的本质；第三篇阐述国际商业谈判的系统研究：谈判的本体——谈判人、谈判的中枢——谈判思维、谈判的法宝——谈判策略、谈判的桥梁——谈判语言；第四篇介绍国际商业谈判学的固体研究：差异修补原则、国际商业谈判箴言。（何培慧）

F000251 **外贸出口单证实务大全** 中国纺织品进出口总公司编。对外经济贸易大学出版社 1996 年 6 月版。113.9 万字。70.00 元。分 10 章，内容包括：《INCOTERMS 1990》的分析介绍、国际贸易支付方式、各类出口单证的结构和格式、单证工作的程序和管理、《UCP 500》与《UCP 400》的比较和区别、EDI 和 SWIFT 简介、各类信用证条款的分析及有关案例的分析。10 章之外，还搜集了有关单证的试题 100 多则，连同参考答案作为附篇，同时还详尽搜集了各类单证格式附录书后，作为出口单证业务的参考。总体上，全书内容涉及了外贸出口单证工作的各个方面和全过程；在具体分析上，注意突出单证工作中的重点、难点和新出现的问题，针对性强。其中，第二章“《INCOTERMS 1990》概述”通过表格化的排列对比，从 13 种贸易术语的结构特点、运输方式和运输单据、风险和费用的划分、进出口报关责任的划分、相对通知义务、包装和检验等，概括提炼出 13 种贸易术语的要点。第六章“《UCP 500》与《UCP 400》的主要区别”，从信用证的开立与通知、信用证的修改与转让、付款、延期付款、承兑、议付和费用方面的银行责任、单据的审核、装期和效期、转运等方面将 UCP 500 与 UCP 400 进行比较，突出 UCP 500 对 UCP 400 的修改。第七章“EDI 和 SWIFT 简介”以素描式的笔触勾画了 EDI 的基本面目，同时对 SWIFT 作了具体详尽的介绍，文中的规则和符号在外贸业务中很有参考价值。（刘传志）

F000252 **贸易自由化与中国对策** 李欣欣著。辽宁人民出版社 1996 年 12 月版。21 万字。29.50元。通过对贸易自由化的理论根据、客观基础、利弊、过程等系统的分析，提出中国在这一过程中的对策措施。书中对古典贸易学说、现代贸易理论以及马克思主义国际经济理论体系进行了介绍，并由此阐述和揭示了国际贸易的实质，来寻求和证明产生贸易自由化的理论基础和依据。通过对贸易自由化客观趋势及利弊的分析，来回答中国为什么实行贸易自由化以及在这一过程中会给中国带来的影响，艰难开放所付出的努力与代价。通过对发达和发展中国家在推行贸易自由化过程中的经验教训的分析，为中国更顺利地实现贸易自由化提供借鉴，并且根据国内外经济形势的客观分析，提出了中国在实施贸易自由化的对内、对外政策建议。（修玉祥）

F000253 **国际工程咨询** 蒋兆祖、刘国冬主编。中国建筑工业出版社 1996 年 9 月版。32.2 万字。19.00 元。“国际工程管理教学丛书”之一。分 10 章，前 5 章阐述了有关的概念和基本知识，包括：国际工程咨询的内容，咨询工程师的素质，咨询专家的聘用，咨询公司的组织，经营管理和业务开发，国际工程咨询招标及咨询服务费用的计算方法。后几章讲述了工程咨询的实务，包括：投资前的咨询，准备阶段的咨询，实施阶段的咨询，工程项目的后评价，国际工程咨询公司的法律责任和风险等。（朱首明）

F000254 **国际技术贸易** 王玉清、赵承璧主编。对外经济贸易大学出版社 1996 年 3 月版。38 万字。22.50 元。从纵横两个方面全面分析讲解了国际技术贸易的理论和实务知识。从横的方面，对国际技术贸易中的专利许可、专有技术转让、商标使用许可、技术服务与咨询服务、计算机软件许可、商业秘密许可、混合型技术贸易等的知识和相关的合同条款进行了全面系统的介绍分析。并从实际出发，结合国内和国际贸易法律法规，重点突出了国际技术贸易中的法律保护、具体合同条款的订定和应注意的问题。从纵的方面，系统分析了国际技术贸易的具体作法和交易程序。包括交易前的准备、交易的业务程序、合同的签定、合同的审批与生效，重点分析了技术的作价与支付、税费征收、争议解决、限制性商业惯例的管制、合同的履行和我国的技术出口业务的具体操作方法，和应注意的各种问题。（刘传志）

F000255 **对外经贸热点研究丛书** 中国青年出版社 1996 年 6 月版。共 14 册。分别是以介绍国外期货市场理论和实践，探讨规范期货市场的运行机制和发展规律的《现代世界期货市场》（王健著）；研究综合商社——现代企业制度的《中国综合商社论》（林叶著）；以研究中国经济发展战略为主题的《区域开放战略论——倾斜政策与全方位开放》（桑百川著）；以介绍国际环保及其对中国经济影响（特别是国际贸易）为主题的《国际环保法规与中国对外开放》（夏友富著）；介绍改革开放以来中国会计制度的

《中国会计热点问题》(张新民等著);介绍中国大陆及港澳台地区经济发展前景的《中国四方经济发展与合作》(徐兴元等著);介绍海外企业运作的《海外企业的经营与管理》(卢进勇等著);介绍国际及中国金融方面的《进出口银行的国际比较》(赵京霞著);介绍现代经济"航空母舰"的《当代跨国公司论》(林康著);介绍中国人民币改革的《人民币汇率改革与金融创新》(杨帆等著);介绍中国乡镇企业的《走向世界的中国乡镇企业》(徐逢贤等);介绍环境问题的《当代环境—生产经济学》(张群等著);介绍跨国公司财务管理的《跨国经营的财务管理》(张建策等著);以及研究中国入关问题的《FDI与中国开放性经济研究》(裴长洪著)。(潘策)

F000256 **国际工程施工索赔** 梁镃著。中国建筑工业出版社1996年9月版。34.1万字。19.00元。"国际工程管理教学丛书"之一。全面系统地论述了国际工程施工索赔方面的理论、实践、惯例作法和最新发展。主要内容有:施工索赔的发生和分类,施工索赔的依据,索赔工作的程序,施工索赔的计价法,索赔文件的编写法,施工索赔的成败关键,反索赔,施工索赔管理信息系统等。(朱首明)

F000257 **广州外贸史(上册)** 邓端本、章深著。广东高等教育出版社1996年7月版。26万字。19.50元。系统阐述先秦至鸦片战争前广州海外贸易的发展历程。内容包括广州对外贸易的起源,历代海外交通航线、贸易对象和贸易物品,各个时期的外贸管理机构和制度,广州对外贸易对我国经济、政治、文化和中外关系的作用和影响等;对广州作为我国最早的对外贸易港口,唐宋时期的最大外贸港口,明清时期的独口对外贸易口岸的历史地位和长盛不衰的情况作了重点的论述。该书分上下二册,上册为古代部分,下册为近代部分。(詹家豪)

F000258 **陕西名优土特产** 巫其祥主编。陕西人民出版社1996年10月版。114万字。128.00元。分粮棉蔬菜、干鲜果品、林副产品、畜禽水产、山珍野味、中草药材、经济植物、珍稀植物、野生动物(含珍禽异兽)、工艺美术、矿产、名优饮料、食品等13大类,对陕西的400多种主要名优土特产品进行了全面的介绍。其中对动植物类土特产的生态特征、地区分布、资源数量、开发利用价值和人工栽培养殖的方法及其发展前景,对工艺美术品、名优饮料和食品的生产经营历史、艺术(工艺)特点、销售地区和专家、名人的评价,对矿产的资源储量、区域分布、品位和开发生产历史与前景等,作较详细介绍和评述。文中还穿插有170多幅动植物素描图,书前附有160多幅有关土特产品的彩色照片。(张卫东)

F000259 **最新电工·电子器材手册** 周华成主编。山西科学技术出版社1996年1月版。177.8万字。80.00元。所介绍了电工、电子器材的定义,分类、图形符号,型号命名方法,计量单位及符号,外形图谱,新旧(中外)型号对照表及使用保管等方面的知识。(温洁茹)

F000260 **新编石油商品知识手册(修订本)** 中国石油化工总公司销售公司编。中国石化出版社1996年3月版。42.6万字。25.00元。是1990年版的《新编石油商品知识手册》的修订本。主要介绍了石油商品制备方法、种类、使用性能、安全保管等方面的基本知识。书末附有国内外油品对照表。(张国艳)

财政、金融

F000261 **财政金融协调制衡导论** 杨照南著。东北财经大学出版社1996年12月版。33.5万字。488.00元。"许毅博士生文库"中的一本。从经济学基本原理上研究社会主义国家为什么要运用和怎样运用财政金融两大经济杠杆,建立和健全社会主义经济运行机制,维护社会主义经济秩序,巩固社会主义生产方式的理论课题。全书共包括5大部分内容:首先从基本经济范畴入手研究财政金融协调制衡的机制;然后,作者提出,对劳动二重性学说的深刻认识是探讨财政金融协调制衡机制的枢纽点,对劳动二重性的本意和理解"劳动一般"的难点之所在进行了深入探讨;接着阐释了财政金融协调制衡质的规定性,指出社会生产方式范畴是研究财政金融协调制衡机制的根本范畴,财政与金融相互关系起源于对货币发行权的争夺问题上等;随后,又论述了财政金融协调制衡量的规定性,涉及生产力再生产过程中量的规定性、以产品结构为中心深化产业政策体系等内容。最后,从探讨社会主义信用关系的本质、货币本质和中央银行的性质、银行制度与财政金融协调制衡实现方式的角度出发,释明了财政金融协调制衡的实现机制和方式。(郭洁)

F000262 **现代金融与发展丛书** 伍海华主编。东北财经大学出版社1996年10月版。120万字。60.00元。结合我国经济体制改革的新形势,分别阐述了现代经济运行中货币金融、跨国银行、财政和信托典当与租赁等问题的基本理论和基本方法,

介绍了最新研究成果，并探讨了各自的发展趋势和发展方向。（谭焕忠）

F000263 **货币银行学原理** 周骏、王学青著。中国金融出版社 1996年1月版。31.8万字。17.00元。由货币、信用和银行3方面内容组成，具体内容包括：商品经济与货币、货币的职能与作用、货币制度的演变、信用的形式与作用、利息与利息率、金融市场、社会再生产过程与金融、银行概述、商业银行、中央银行、货币的需求、货币的供给、通货膨胀及国际收支与外汇。通过对基本原理、基本内容的分析介绍了马克思主义关于货币、信用和银行的基本理论，及其在我国社会主义市场经济中的运用和发展，并以此来比较和借鉴西方经济学中涉及的现代金融学理论与实践。其最大特点是知识内容与丰富的社会经济生活和金融生活紧密相连，理论与实践并重。首先，根据货币、信用和银行的内在联系，建立起科学的理论框架，然后，依据金融理论与金融业务的新发展，构建一个既能够反映现代市场经济发展，又具有中国特色的货币银行学理论体系。另外，还注重适应不同层次和不同专业学生的需要，内容设立上循序渐进，并利用章后设复习思考题的方式确定学习重点。（朱丽娜）

F000264 **当代财政学主要论点（续编）（1985～1995）** 姜维壮、李俊生主编。中国财政经济出版社 1996年12月版。47.2万字。28.00元。收入1985年至1995年我国财政学的主要论点，着重反映了对1985年以来出现的财政范畴和新财政论点的探讨与争论，如：财政补贴、财政宏观调控、财政效益与财政效果、财政政策、振兴财政等；同时为适应我国建立社会主义市场经济体制的政策要求，对西方市场经济较发达国家财政学论点也进行了搜集，对西方国家80年代以来出版的有代表性的财政经济著作中提出的有关论点进行了选摘。（徐珠丽）

F000265 **复式预算理论与实践** 门惠英著。中国财政经济出版社 1996年8月版。13.6万字。10.00元。介绍复式预算的产生和发展，阐明我国实行复式预算的客观必要性，叙述和总结了我国试行复式预算的情况和问题，提出了改革和完善我国复式预算制度的构想。并从我国的现实出发，通过对西方一些发达国家实行复式预算的有关理论政策和实际作法及主要经验教训的评价和总结，研究复式预算制度在我国的可行性和进一步改革完善的方向；从现代市场经济的大环境角度，从我国现代市场经济与西方发达国家现代市场经济的不同所有制基础和不同的成长目标的对比分析中，在阐明我国与西方发达国家复式预算所具有的基本共同点的同时，把更多的注意力放在研究我国复式预算所具有的中国特色上，使书中的分析具有一定的理论深度和广度，提出的改革复式预算内容和结构的见解和建议，比较具体完整，符合实际。（徐珠丽）

F000266 **税收英语** 陈波著。东北财经大学出版社 1996年12月版。22.8万字。15.00元。财经外语系列教材。采取以对话为主，课文和练习为辅的方式，并对一些专业词汇和术语作了较详细的解释。（郭洁）

F000267 **中央与地方财政关系研究** 寇铁军著。东北财经大学出版社 1996年12月版。16万字。96.00元。“中国当代经济前沿科学文库'96卷”之一，以中央与地方财政关系这一财政理论的热点课题为出发点展开论述，形成了自己的特点：一、紧紧围绕集权、分权这一中心问题，对中央与地方财政关系展开多维分析，进行跨时空的研究，它摆脱了就财政体制论财政体制的传统思路，力图从政治学、经济学、行政学、法学、历史学等多学科角度研究中央与地方财政关系，在这方面进行了有益探索。二、较好地注意了理论与实际的结合。在理论上，对中外有关财政体制理论的“对接”进行了初步的尝试；从实践上说，对我国的中央与地方财政关系的历史与现状进行了透视，在借鉴国外经验的基础上，提出了完善我国分税制的基本构想。三、本书对中央与地方财政关系的研究具有开拓性和创新性。比如，在财政体制的理论探索上有力度，在财政体制目标模式的设计上有新意，提出的一些论点颇有见地且具有一定的可操作性。（郭洁）

F000268 **纳税实务** 许其专、林春金著。鹭江出版社 1996年6月版。20.9万字。11.88元。“精诚财务丛书”之一。依据税收基本法规和《企业财务通则》、《企业会计准则》，系统介绍企业办理各项纳税业务过程中涉及的计税方法、会计账务处理、税收法律关系及企业税务代理制度的确立等问题，寻求将企业纳税操作技能与企业税收筹划、处理税收法律责任融为一体。全书包括4大部分内容。第一部分阐述企业在各种流转税、所得税、其他税种及进出口税收方面的纳税与账务处理的基本技能；第二部分论述企业纳税人在税收法律关系上的地位，阐明企业处理纳税业务过程中所承担的税收法律责任，以及享有的权益，剖析企业纳税人如何处理有关税收纠纷，确立企业纳税人合法权益；第三部分介绍了税收筹划的基本理论,论述了企业税收筹划的前提条件、原则、渠道和方式,并辅以相关的案例加以分析;第四部分论述了企业税务代理制的确立及其方法。(王聪文)

F000269 **转移支付分析比较及选择** 蒙丽珍著。东北财经大学出版社 1996 年 12 月版。22.5 万字。96.00 元。"中国当代经济前沿科学文库 '96 卷"之一。主要研究政府间转移支付,分上中下 3 篇共 15 章。上篇是理论分析,中篇是比较研究,下篇是模式选择。其内容包括转移支付的目标、转移支付的主体与客体、转移支付的纵向财政均衡功能、转移支付的横向财政均衡功能、转移支付质的规定性、政府间的财政责任、德国、澳大利亚、日本、韩国、印度等国转移支付的比较与选择、中国转移支付的现状、目标模式的选择与实施。其特点为:一是对转移支付理论的探索卓有成效。文中研究的理论的逻辑推理,令人信服,有理有据。二是对转移支付的分析比较思路清晰、操作性强。三是全书文笔清新,行文流利,可读性强。(邵雪梅)

F000270 **国家税收** 王曙光、康宇虹主编。黑龙江人民出版社 1996 年 11 月版。28.6 万字。14.60 元。分上中下 3 篇 12 章,较全面地探讨和阐述了税收和税制的一般理论知识。阐明我国现行流转税制、资源税制、所得税制、财产税制、行为目的税制的征收制度和计税方法,研究和介绍税收组织管理、票据管理、征收管理的内容和方法等。(徐冲)

F000271 **深圳经济特区纳税实务** 吴升文主编。海天出版社 1996 年 11 月修订版。41 万字。30.00元。1995 年版的修订版。在修订过程中,坚持准确、实用和详实的原则,参阅了大量税收资料和最新税收法规条文,而且接纳了许多专家学者、税务干部和企业财会人员对本书提出的修改意见。全书分上下两篇。上篇从深圳特区纳税人的角度出发,按照不同行业,详尽地介绍了各类纳税人适用的税种、办理税务登记、纳税申报、税款交纳、享受的优惠以及违章处理等内容;下篇即以实务为主,分别介绍了各税种的基本概念、纳税计算、会计处理、特殊规定等内容。(来小乔)

F000272 **日本对外援助政策研究** 张光著。天津人民出版社 1996 年 12 月版。17 万字。12.80 元。"南开日本研究丛书"之一。其研究对象是日本的政府开发援助政策,而以日本对华的政府开发援助为例。通过对日本对中国的三次政府贷款过程的研究,进一步探讨由此而发展变化的中日外交关系以及贷款援助本身的政治意义。介绍了日本政府开发援助的体制、构造及基本特征;开发援助政策的发展历史;援助政策与对外贸易与对外直接投资的关系;地区援助政策。通过上述问题指出:日本政府的开发援助政策是为其政治、外交服务的。冷战后的日本政府期望通过"援助牌",把经济援助同受援国的军备进展、人权、民主化状态等挂钩,来扩大其在世界上特别是亚洲政治和安全事务上的影响,达到控制受援国的目的。(刘文君)

F000273 **欧洲货币一体化研究** 郭敏著。武汉大学出版社 1996 年 2 月版。18.3 万字。9.00 元。叙述了欧洲货币联盟,即欧元(ECU)产生的历史渊源、经济基础、框架构想、实施步骤及欧盟各国争论的主要内容。对事关欧元启动的《马斯特里赫特条约》在各国议会或全民公众的情况作了认真的比较分析,并深入研究了这些国家支持或反对条约通过的政治、经济上的原因。(刘爱松)

F000274 **金融业的风险管理与信用评估** 吴晓灵、李德著。中国金融出版社 1996 年 5 月版。30.3 万字。19.60 元。分为 3 个部分,第一部分包括第一章、第二章,主要介绍了金融业风险管理和信用评估基本内容;第二部分包括第三章至第八章,主要针对金融领域的不同行业(主要有银行业、保险业、证券业、信托业等),分别介绍了信用评估和风险管理的实际操作方法;第九章为第三部分,主要介绍了我国金融业风险管理的基本情况和今后的发展趋势。(邓瑞锁)

F000275 **金融英语** 朱劲松编。东北财经大学出版社 1996 年 3 月版。26.9 万字。15.00元。财经外语系列教材。以精练、实用、有新意为宗旨,选取的资料内容既包括了金融专业的基础理论、涉及到了世界金融业的最新发展,也涵盖了金融业务的实际操作方法,力求能使那些热衷于英语学习的读者在经过一段对本书的学习之后,能较快地掌握金融专业英语知识,提高运用金融英语的技能。书后附录了"中国金融业常用英语术语"。(郭洁)

F000276 **金融实用知识问答** 甘培根主编。金盾出版社 1996 年 8 月版。25 万字。9.00 元。内容包括货币基础知识、银行基础知识、信用基础知识、怎样同银行打交道、怎样参与金融市场活动、非银行金融机构、对外融资、金融电子化等 8 部分。以问答的形式,针对日常生活中普通老百姓所关心的金融政策、金融现象,用简洁明了、通俗易懂的语言作了阐述。(汪乾祥)

F000277　**商业银行经营管理**　《商业银行经营管理》编写组编。中国财政经济出版社 1996 年 5 月版。27.2 万字。12.80 元。系统地介绍国际通用的商业银行经营管理理论和做法。在每章结尾,附有复习思考题。(李静)

F000278　**商业汇票承兑贴现与再贴现操作手册**　中国人民银行计划资金司编。中国金融出版社 1996 年 1 月版。5.8 万字。5.00 元。分 8 章:第一章,票据的签发,介绍了票据签发的基本过程和要求;第二章,票据的承兑,介绍了票据承兑的必要性和基本条件;第三章,票据的背书,介绍了背书的基本程序和相关法律内容;第四章,票据的贴现,介绍了贴现的操作方法和有关账户处理办法;第五章,票据的转贴现,介绍了转贴现的基本概念和相关流转程序;第六章,票据的再贴现,介绍了再贴现的管理办法及相关政策措施;第七章,票据的到期付款。介绍了票据付款的形式和有关会计核算内容;第八章,贴现再贴现的有关法律问题,介绍了有关贴现与再贴现的债务关系和票据挂失、追索的法律手续。全面地介绍了票据的签发、承兑、背书、贴现、转贴现、再贴现、到期付款以及有关法律问题等方面的内容。全书简明实用,通俗易懂,各章备有举例。(邓瑞锁)

F000279　**金融电子化概论**　赵家敏著。广东高等教育出版社 1996 年 7 月版。32.2 万字。16.00 元。由"国际金融电子化的发展情况及动向"和"关于金融电子化健康发展需要研究的课题"两大部分组成。其主要特点是:一、内容除了银行之外,还涉及非银行金融机构的电子化系统,以及金融机构与外部的企业、家庭之间建立各种互联网情况,是以整个金融界电子系统为研究对象;二、资料丰富,图文并茂;三、反映目前引起国际社会广泛关注的一些重要课题的最新研究动向;四、对国际金融电子化中科学技术应用的新情况作了介绍。(杨永信)

F000280　**银行计算机应用、维修及安全**　韩仲琦主编。四川科学技术出版社 1996 年 8 月版。100 万字。39.00 元。分为应用篇、维修(维护)篇和安全篇,共有计算机处理信用卡系统、多用户微机处理门市对公共业务系统、单用户微机处理储蓄业务系统、多用户储蓄网络系统、ATM 柜员机、会计报表程序、统计业务软件包、资产负债表程序、损益报表程序、电子邮件、档案管理系统、Modern 调制解调器、MUT 多路远程通讯软件、银行计算机专业人员培训、计算机日常维护维修、UPS、计算机病毒及防治、UNIX 系统的安全及有关计算安全方面的法规等20多个方面的内容。涉及了计算机处理银行外部、内部和办公室业务,以及银行计算机数据通信及银行计算机专业人员培训等方面。既有日常业务的操作和计算机程序的使用,也有设备的维护维修,还有计算机的安全管理等内容。(杨佛章)

F000281　**现代国际投融资理论与实务**　刘廉生主编。陕西人民出版社 1996 年 9 月版。42 万字。22.00 元。分上下两编,25 章。上编主要对国际投融资理论、机制、格局与政策进行了分析,包括国际投融资的理论观点和流派;国际资本流动及其运行机制;国际投融资的经济效应分析;国际投融资组织及其运作;国际投融资的国家管理与协调;国际投融资的法律调整等。下编主要对国际投融资战略、方式的选择及其决策实务进行了分析,包括跨国投融资决策及进入市场模式的选择;国际直接投资和信贷融资;国际债券、股票投资的专题分析;国际合作开发、项目融资与 BOT 投资方式;国际无形资产投资;国际加工装配与国际工程承包;国际投融资环境分析;国际投融资项目的评估等。全面反映了 90 年代以来国际投融资活动的新动态、新发展、新成果,介绍了灵活多样的国际投融资方式,并对国际投资和融的结合方面,作出了系统性的探索。(曾宣传)

F000282　**外汇交易及资金管理**　副名:理论与实务。[台]吴俊德、许强、何树勋著。中信出版社 1996 年 9 月版。41.2 万字。25.00 元。第一至六章探讨有关利率与汇率的资金操作理论与实务;第七至八章讨论资金的管理与控制;第九章为衍生性金融产品的简介。书中直接引用路透社报价系统,详细介绍外汇交易的操作程序和细节、每章后均附有习题便于读者自学。书中还介绍了作者从事外汇交易的经验。(李红)

F000283　**国际贸易结算与融资**　刘舒年、严思忆著。对外经济贸易大学出版社 1996 年 7 月版。50 万字。29.00 元。对国际结算和贸易融资中的各类票据,如汇票、本票 、支票等信用工具,对各类国际结算方式,如托收、跟单信用证、备用信用证、银行保函等,对各类国际贸易融资方式,如国际保理、出口信贷、政府贷款、国际租赁以及各种国际贸易短期融资作了深入详尽的分析论述。在分析论述中,一方面对各种结算和融资方式的操作程序和业务实务作了详细阐释和讲解,对实际业务中应注意的问题进行了深入剖析;另一方面着重介绍分析了有关信用工具、结算方式、融资方式等方面的法律和惯例的规定,适应了国际结算和国际贸易融资业务发展新形势的需要,吸收了当前具体业务中的新内容、新做法,按照最新修订的法律和有关国际惯例,从贸易和银行双重角度,立足于从理论和实践上解决问题。(刘传志)

F000284 **信托投资理论与实务** 李健生、张文礼主编。武汉测绘科技大学出版社1996年3月版。28.7万字。11.20元。以金融信托理论为纲、金融信托业务为中心内容,深入地阐述了金融信托的基本概念和基本规律,全面地介绍了我国金融信托机构从事的各项业务及其发展概况,对每项业务的范围、种类、实施细则、办理程序和操作要点均作了具体、明确的说明,并附有规范的合同格式和必要的表格。实务部分所依据的国家法律、法规及金融主管部门的文件均截至1994年12月止。在内容上,考虑未来的发展,吸收了信托投资的最新研究成果和国外金融信托业发展较为成熟国家的业务内容;考虑现实的需要,使各种业务的具体操作方法和程序与现行的政策法规相吻合,理论与实务并重。全书分13章:第一章导论,第二章资金信托,第三章财产信托,第四章特约信托,第五章证券业务,第六章代理业务,第七章信息咨询业务,第八章融资租赁,第九章信托投资业务,第十章房地产投资,第十一章金融信托机构的会计核算,第十二章金融信托业的管理,第十三章我国金融信托业的概况。(杨华)

F000285 **期货市场理论与实务** 王健编著。对外经济贸易大学出版社1996年11月版。32.4万字。16.50元。系统介绍和探讨了现代期货市场的基本理论和实践问题。对国外成熟期货市场的理论和实践作了详细和客观的介评,探讨了现代规范期货市场大产生、形成、发展趋势和运行机制,如期货合约及其交易方式、构成期货市场的交易所、清算所,以及期货交易的保证金制度、交割制度和价格制度等期货交易市场的保证制度;分析和介绍了期货市场大价格形成机制和价格预测方法,包括基本因素分析法、技术性因素分析法;结合商品期货交易,系统介绍了期货交易的具体做法和交易策略,如套期保值、投机交易、套利交易等;重点分析介绍了金融期货及交易方法和策略,包括汇率期货、利率期货、股票指数期货、期权交易等。(刘传志)

F000286 **中国当代金融热点问题研究** 刘崇明著。人民出版社1996年1月版。21.8万字。15.00元。分3大部分:货币信贷政策问题研究、金融体制改革问题研究、金融透视问题研究。就我国货币政策目标与选择、货币政策工具与运用、货币政策实施效应、抑制通货膨胀的经济金融对策、我国金融体制改革现状与前景、我国金融体制改革的突破口以及着力点、我国金融体制改革的经济效应、我国中央银行体系与西方国家比较分析等热点问题,提出了个人的独到见解,其中不乏精彩的论述。(欧阳日辉)

F000287 **中国金融问题探索与分析** 王自力著。中国金融出版社1996年11月版。23.4万字。18.00元。收录作者1990年至1996年期间在各类期刊上发表的理论文章30余篇。这些文章分为4篇。第一篇货币、银行与企业发展,内容包括如何看待货币理论的若干基本问题,我国金融业改革与发展的科学性和有序性,职能转换下中央银行分支机构的运作,商业银行如何加快发展与发育,企业集团发展与金融体制改革,企业兼并收购与金融业扮演的角色等,这些内容是探讨我国金融问题所必须认真考虑的;第二篇改革、增长与货币政策,包括我国货币供应波动有何特点,货币供应与储蓄、信贷、经济增长、物价水平之间存在什么关系,我国的通货膨胀特别是通货膨胀的承受能力怎样测定,如何衡量货币供应是否适度,其数量界限怎样确定等;第三篇股票、债券和风险防范,内容重点是我国货币市场的现状、问题及发展对策,怎样完善我国的股票市场及国家股谁来受让,如何防范金融风险以及证券买卖条件下如何进行金融宏观调控;第四篇难点、热点与金融对策,对我国经济、金融生活中的一些难点、热点问题进行考察,目的是探讨分析这些问题的基本思路和解决这些问题的基本方法。(李岩)

F000288 **宏观金融调控研究** 张斌著。中国金融出版社1996年8月版。30.5万字。19.50元。共14章。第一至第八章是宏观金融调控的基础理论和调控机制,第九至第十三章是研究在现行体制下,宏观金融政策与其他宏观经济政策的协调和配合问题。第一章"货币需求机制",它与第二章"建立中国宏观理论模型"一起,构成宏观金融调控机制运行的经济基础和经济环境。第三章"宏观金融调控目标变量的选择"到第六章"宏观金融调控工具"研究金融调控机制。第七章"开放经济系统中的宏观金融调控"把社会主义市场经济作为一个开放系统进行研究。第九章"反经济周期的宏观金融调控"到第十二章"对外贸易与宏观金融调控"是研究宏观金融调控与财政政策、产业政策、对外贸易政策和反周期政策的配合问题。第十三章"宏观金融调控与通货膨胀"是作为全书的总结,从消费、投资、进出口等不同角度,定量分析了各主要经济因素对通货膨胀的作用,

揭示了通货膨胀的经济效应。(邓瑞锁)

F000289 **中国银行业监管制度研究** 王华庆著。中国金融出版社 1996 年 3 月版。26 万字。20.00 元。重点分析了金融风险、产生的原因、客观条件及银行业监管在金融业监管中的地位和作用,为名正言顺和科学的管理详细阐述了银行业监管的理论基础和法律规范。提出了银行业监管制度的设计思路,包括监管目标、监管主体、监管对象及监管的方法,内容和传导机制,并评述了我国银行业监管制度的选择。分析了国际银行业的监管,着重强调了国际银行业联合监管的准则——巴塞尔协议;考查了工业化国家银行业具体监管的做法;阐述了对金融衍生工具监管,从而为我国的监管者指出了国际监管的趋势,和可供我们借鉴的国际监管的经验。详细论述了我国银行监管制度的现状及完善进程,我国中央银行的监管运作及机制的改进,并提出了我国建立存款保险制度的设想。(邓瑞锁)

F000290 **股票交易实务与股市分析** 安贺新等主编。河北人民出版社 1996 年版。28 万字。18.00 元。分 5 部分。第一篇:股票交易实务。对股票投资基本知识进行全面介绍,并着重说明股票交易操作程序;第二篇:股市基本分析。包括宏观政治因素分析、宏观经济因素分析、行业因素分析、公司因素分析、人为操作因素分析、心理因素分析及公司财务分析等;第三篇:股市技术分析。包括图形分析、图形形态分析、技术分析及其综合运用等;第四篇:股市即时行情分析。研究股市即时行情变动基本规律,分析盘面即时行情的性质和时区,准确把握个股与板块的即时行情;第五篇:股市分析理论。精辟阐述国外股市分析理论,如道氏理论、随机漫步理论、相反理论和股价阻碍反应理论等等。(赵锁学)

F000291 **摩根财团** 副名:美国一代银行王朝和现代金融业的崛起。[美]罗恩·彻诺著,金立群校译。中国财政经济出版社 1996 年 12 月版。85 万字。80.00 元。描述了摩根四代人和他们所创造的公司的历史。对这部历史中所涉及人物之间的关系情节化的描写,戏剧性地展现了资本主义社会发展过程中许多生动的画面。而这些情节的描写又主要取材于开放的历史档案,从而使人们能从书中的人物和情节,一窥美国十九二十世纪金融发展史的真实缩影。(童映华)

F000292 **保险学** 孙祈祥著。北京大学出版社 1996 年 12 月版。28 万字。15.00 元。北京大学经济学丛书之一。系统讲述了保险学的基本原理与实务。共 4 篇 15 章。第一篇"保险基础",讲述"风险管理与保险"、"保险基本内容"与"保险合同"、"保险数理基础"。第二篇"保险实务"讲述"保险的购买"、"业务承保"、"索赔与理赔"、"再保险"。第三篇"保险类别"详述"人身保险"、"财产保险"、"责任保险"、"信用保险与保证保险"、"社会保险"等章节内容。第四篇"保险监管"。(刘灵群)

F000293 **医疗保险原理与方法** 张笑天、王保真主编。中国人口出版社 1996 年 3 月版。34.8 万字。16.50 元。以医疗保险实际运作中几个基本环节为中心,提出医疗保险的理论体系及运作的基本方法,对国内医疗保险工作的经验与问题进行分析。全书分 12 章。第一至第三章为基本理论,涉及风险与疾病风险、保险、社会保险与医疗保险,医疗保险系统概况。第四至第十一章介绍实际运作,包括医疗保险中医疗服务的范围与提供,医疗保险资金筹集,费用支付,基金运作,信息管理,法律及评价。第十二章分析西方国家医疗保险状况和我国现行医疗保险改革的进展。本书较系统地提出医疗保险的理论和工作方法,为医疗保障制度改革提供理论和实际工作参考。(刘建民)

G 文化、科学、教育、体育

文化理论

G000001 **中国文化的现代转型** 湖北大学中国思想文化史研究所编。湖北教育出版社 1996 年 3 月版。44.5 万字。24.70 元。一部研究中国文化现代转型问题的论文集,收集海内外学者对中国文化史研究的最新成果。书中围绕中国社会及文化转型的历史轨迹，对转型的趋势、意义、特点等进行了总体性论述；对中国文化现代化过程中的若干问题进行了深入细致的探讨；揭示了传统文化精神在中国文化近代转型中的机制；界定了中国传统学术在中国文化近代化过程中所处的位置。收入本书中的作者大多为国内外的一流文化史专家，其论述代表了目前研究的一流水平。(熊茵)

G000002 **现代大都市文化建设论** 余少波等著。广东高等教育出版社 1996 年 6 月版。24.6 万字。23.00 元。在广泛吸取国外都市文化学和现代化理论的积极成果，继承我国民族文化优秀传统的基础上，概括改革开放以后我国都市文化建设和精神文明建设的成功经验，从哲学文化学的角度，对现代大都市的多层面结构和多样化功能，对现代大都市文化建设的丰富内容，对大都市文化建设与社会现代化、人的现代化、中华民族性格的塑造的内在联系，对我国现阶段大都市文化建设的目标模式和运行机制都作了系统的创造性的阐述。(何业光)

G000003 **东方文化文学因缘** 孟昭毅著。吉林大学出版社 1996 年 12 月版。30 万字。18.00 元。不仅阐述了亚洲各国对中国文学和文化的吸收与研究，而且也论述了他们对中国文学与文化本身的渗透和影响，如伊斯兰教在中国文学中的表现，伊朗宗教文化在中国的传播等等。本书有意识地着重描绘了中国和东方各主要国家之间文学和文化的双向交流和互补，以较新的角度，将东亚、西亚、南亚联成一气，从整体上进行探索性研究。(崔晓光)

G000004 **和合学概论——21 世纪文化战略的构想** 张立文著。首都师范大学出版社 1996 年 12 月版。78.7 万字。64.00 元。分上下两卷。系统地考察了和合精神的发展过程，并从现代化的维度，深入解剖了和合精神在自然科学、社会科学、心理学等诸学科中的体现，吸纳了 90 年代以来国内关于和合精神的研究成果，将和合精神具体化为严密的理论体系，又进一步使之上升为分析社会人文问题的方法架构。本书的学术、文化价值在于：一、作者认为和合是中国文化人文精神的精髓和首要价值。和是和平、和谐、祥和；合是融合、结合、合作等意思。和合是指自然、社会、人际、人的心灵、文明中诸多元素、要素的相互冲突、融合，与在冲突、融合的动态过程中各元素、要素和合为新生命、新事物的总和。二、从文化战略的高度透视中国文化的现代化和如何使中国文化走向世界，使中国文化的人文精神被世界所了解。全面、系统论述了中国文化的和合人文精神，有使世人正确理解中国文化精神的作用和价值。三、概括了现代中国文化面临着三方面的挑战：一是人类共同面临的五大冲突挑战；二是西方文化的挑战；三是现代化的挑战。作者认为，回应此三大挑战的最佳、最优化的文化选择，便是和合学。只有和合学才能合理地、道德地、审美地化解人类所共同面临的五大冲突，并能创造性地解决中西文化的价值和合与传统文化转换，使中国文化以崭新的面貌走向世界。四、把从近代以来到 80 年代文化论争中，关于传统文化向现代转换的种种文化整合的方法落实到实处，使文化整合的方法论争转化为对如何化解现代所面临的挑战的实际问题的思考。五、本书建构了和合学体用圆融会通的体系，包括和合生存世界、和合意义世界、和合可能世界，并从和合自然科学、和合伦理学、和合人类学、和合技术科学、和合经济学等诸方面，系统阐述了和合学的功用，使和合学具有操作价值。六、本书还提出了化解人类所共同面临的五大冲突的五大中心价值或五大文化原理，是对于和平发展的 21 世纪文化战略构想的贡献。亦具很强的现实价值。

G000005 **游戏的人** [荷兰]约翰·赫伊津哈著，多人译。中国美术学院出版社 1996 年 10 月版。22 万字。22.50 元。“学院丛书”之一。赫伊津哈是伟大的文化史家，与《意大利文艺复兴时期的文化》作者布克特齐名。他的《中世纪的衰落》与布克哈特的著作被并称为文化史上的两部巅峰之作。在《游戏的人》中，赫氏揭示了游戏这一伴随我们生活的现象的多层文化含义以及与哲学、法律、诗歌、戏剧和艺术的起源与发展的关系。这本书行文优美，分析精辟，处处流露出一位伟大人文学者的智慧和学识。他对文学艺术的论述，更是令人拍案叫绝，可以极大地加深我们对于艺术、生活，乃至整个文化史的理解。(陈平)

G000006 **中西 500 年比较** 郝侠君、毛磊主编。中国工人出版社 1996 年 1 月(修订)版。76.7 万字。34.80 元。历史著作。将 16 世纪中叶以后 500 年间的中国放在世界范围之内，以西方为主要参照系，进行了政治、经济、军事、科技、教育等全方位的系统比较，并对未来作出了科学预测。

G000007 **传统的误读** 刘梦溪著。河北教育出版社 1996 年 2 月版。27 万字。26.00 元。关于传统文化研究的学术论文集，共有传统的理念、学术与传统、红学与传统、传统与文化秩序、传统的阐释与重建 5 篇，对中国现代学术传统和思想传统的诸多问题提出了颇有深度的意见，对当今一些文化现象进行反思，希望国人能继承我国优秀文化传统，在此基础上寻求发展。

G000008 **文化方法论导论** 李春泰著。武汉出版社 1996 年 5 月版。17 万字。16.00 元。以文化方法为核心，统摄和论述人类文明发展史的著作。作者认为，人类至今大约经历了 4 种文明或社会形式，即渔猎文明、农业文明、工业文明和信息社会文明，相应地产生了 4 种文化方法，即形象或想象的方法、象征化的方法、推理演绎型的方法以及符号化的方法。作者依此论述了文化方法的改进在文明发展中的作用，并进而认为，方法的演进是文明发展的内在动力之一。（邹德清）

G000009 **文化经济学** 胡惠林等编著。上海交通大学出版社 1996 年 5 月版。21.5 万字。7.30 元。以马克思主义关于文化与经济相互关系的原理与现代经济学理论为基础，系统研究文化艺术、新闻出版、电影电视、文物博物等领域文化经济基本矛盾和运动规律的著作。全书以文化生产与文化消费这一现代文化经济运动的基本矛盾为线索，比较全面地探讨了文化与经济、文化生产、文化消息、文化供给与需求、文化商品、文化商品价格、文化市场、文化投资、文化发展战略、文化经济管理等文化经济领域内的一系列问题，分析了现代文化生产力和文化生产关系矛盾运动的基本特性，揭示了现代文化经济运行机制及其基本规律，从而构建了以一对文化关系、两种文化生产形态、两种文化商品价格形态、两种文化市场形态和双重运动规律为结构特征的文化经济学科框架。（戴柏诚）

世界各国文化与文化事业

G000010 **中国文化蓝皮书（1995—1996）** 中国国际文化书院等主编。漓江出版社 1996 年 10 月版。25.7 万字。12.50 元。对每一年中国文化发展状况所提供的综合性报告，其中包括文学、影视、戏剧、音乐、绘画、舞蹈、体育、建筑艺术、图书出版和人文思潮等诸方面，颇具文化信息量。它不属于官方的文化咨询报告，仅体现民间对文化的评价与分析。（陈天禾）

G000011 **中日文化交流史大系** 周一良、[日]中西进主编。浙江人民出版社 1996 年 2 月版。286.1 万字。265.00 元。以深入探讨、全面反映两千年来中日文化交流史事为宗旨。分历史、法制、思想、宗教、民俗、文学、艺术、科技、典籍、人物等 10 卷，其中历史卷综述两国文化交流的历史进程，人物卷评介文化交流中有特色的人物，其余 8 卷则按文化门类分别评述各领域两国文化的相互影响以及比较研究。（张宪章）

G000012 **岭南近代对外文化交流史** 刘圣宜、宋德华著。广东人民出版社 1996 年 1 月版。37.5 万字。30.00 元（平），40.00 元（精）。“岭南文库丛书”之一，系统探讨岭南近代对外文化交流的专著。研究对象主要是岭南近代历史上对外文化交流的产生、发展和结果的全过程及其规律性。在较全面的、综合性的研究基础上，形成自己的一些特色。如作者就“中国传统文化在与西方文化交流中作出何种反应，中学和西学的结合点何在”这一关键性课题，作了有特色的回答。作者力图超越对文化交流的具体事实及过程的关注，通过探索“西方先进文化中国化”和“中国传统现代化”这些重大理论问题，获得较为广阔的文化视野。这些理论探索在学术上亦有助于阐明岭南文化的近代精神。作者在论述相关的理论问题的同时，亦重视对具体史实的探讨。如对西方宗教在岭南传播以及相关问题，作了具体细致、中肯公允的论述与分析。在体例上亦有一定的特色，在每章之前，作者以千余字的概述，点出该时期文化交流的特点、成就和不足之处，给人以明晰的印象。（李达强）

G000013 **东方人体文化** 刘峻骧著。上海文艺出版社 1996 年 9 月版。62 万字。54.00 元。共 5 卷。第一卷“纵横论”对东方人体文化诸姐妹技艺的内在规律、哲学、美学基础及其在宗教、民俗中的地位，进行了两方面的探讨。第二卷对舞蹈、杂技、戏曲等表演艺术，进行了历史考查和美学比较。第三卷对武术的历史和文化特性作了全面的论述。第四卷对东方气功的历史和特点进行了探讨。第五卷则是在“天人合一”哲学观基础上对东方服饰、建筑园林，这些人身的包装生态环境的独特的天地观，首次进行了全面的研究。（黄惠民）

信息与知识传播

G000014 **信息管理概论** 王万宗、岳剑波编著。北京图书馆出版社 1996 年 7 月版。20.5 万字。12.00 元。“现代信息管理丛书”之一，信息管理类学科专业的入门教材。论述了信息管理在信息业中的位置和社会任务，着重论述了信息资源管理、信息流

通管理及信息事业管理等。(卢玉荣)

G000015 **信息传播原理** 倪波、霍丹编著。北京图书馆出版社 1996 年 4 月版。33.7 万字。17.50 元。以信息传播为中心,全面、系统地论述了信息的原理、生产、加工,传播系统模式,应用技术的开发利用以及信息产业的发展等各个方面。内容包括:信息、生产、信息传播的内在机制、信息传播系统、信息传播模式、现代信息传播技术、信息通讯基础、密码通讯原理、信息传播变量研究、信息价值增值、信息传播的经济行为和信息产业(卢玉荣)

G000016 **中国传播史** 李敬一著。武汉大学出版社 1996 年 12 月版。22.4 万字。16.80 元。系多卷本《中国传播史》中的先秦两汉卷。分 3 部分:"绪论"提出了关于传播学研究中国化的思考。作者认为,所谓传播学研究中国化,就是要加强对中国传播历史和古代传播思想、中国传播事业发展现状、西方传播理论等方面的研究,从而建立有中国特色的传播理论体系。"第一编"先秦传播,共 5 章,系统总结了中华民族上古的传播方式、春秋战国时期的传播方式,以及春秋战国时期以儒家、道家、法家、墨家为代表的传播思想。本编的"结语"论及先秦传播与社会发展,指出:先秦传播对当时的社会进步乃至对后世的社会发展,起到了极为重要的推动作用;先秦传播作为中国传统文化一个重要的组成部分,永远有着鲜活的生命力。"第二编"秦汉传播,共 5 章,系统总结了秦、西汉、东汉的传播方式、传播思想发展、传播与社会发展等问题。本编"结语"突出论述传播与大一统的关系,指出:秦汉时期大一统政治局面下传播事业发展的经验教训,为后世提供了借鉴。(文实)

G000017 **新闻传播学原理与研究** 徐小鸽著。广西师范大学出版社 1996 年 8 月版。25 万字。14.00 元。简明系统地论述新闻传播学的原理和研究。原理部分论述新闻、传播和新闻传播的定义、新闻传播要素、新闻传播过程、新闻传播效果等基本概念和运作原理。研究部分介绍新闻传播研究的步骤和要素、研究方法、研究类型以及新闻传播研究论文写作和发表。本书反映国外新闻传播研究的最新成果,并密切联系中国大陆新闻传播业的实际。本书可作为新闻院、系的基础课教材,也可作为新闻爱好者、新闻从业人员和新闻传播研究人员的参考书。(唐长兴)

G000018 **新闻入门丛书** 孙世恺等著。新华出版社 1989 年 12 月—1996 年 3 月版。8—15 万字/册。新闻从业人员及基层通讯员编写的通俗读物。按新闻、广播、电视及新闻摄影等类别分册设置。已经出版的分册有 15 种,它们是:怎样当新闻记者、怎样当新闻编辑、怎样当好通讯员、漫谈新闻采访、漫谈经济报道、漫谈新闻写作、消息写作例话、新闻写作结构与技巧、新闻背景与新闻写作、新闻导语探胜、小言论写作方法系列谈、标题一得录、漫谈广播电视新闻、漫谈社会新闻、新闻理论趣谈。(黄春峰)

G000019 **新闻报道学** 桑义燐著。杭州大学出版社 1996 年 11 月版。33.9 万字。20.00 元。在研究当前存在问题的基础上,努力探讨有中国特色的现代新闻报道学,将现实针对性与前瞻性结合起来,在学术上和应用上提出了许多新观点、新问题、新作法。其特点是:其一,宏观与微观相结合,拓宽了新闻报道学的思维空间和研究范围。比如采访,作者跳出微观的圈子向宏观辐射,强调要提高"记者辨别新闻信息和获取新闻素材的能力"。这里的"辨别能力",是宏观能力,是多种素质融合而成的综合能力。这就把过去静态的单纯的技法传授,变成了动态的能力培养。其二,学术性与应用性并重,着力于技能培养。作者对每一个概念,每一个重要环节,都力求从理论与实践的结合上讲清楚,既让知其然,又使知其所以然。比如关于"新闻报道宣传化"倾向和"新闻报道文学化"倾向,书中不避矛盾,大胆发表见解,道理说得很透。在正确的新闻观念指导下,阐述科学的方法论,从而达成技能培养。其三,掌握新闻思维方法论,提高智力和创造力。(钟仲南)

G000020 **现代编辑学** 李海昆、刘光裕主编。山东教育出版社 1996 年 12 月版。31 万字。17.00 元。对传统的编辑学命题给出了新鲜的解释,并把编辑学发展到今天所产生的新的现象、新的问题、新的矛盾以及一些虽属旧题,但时代赋予新的位置的内容予以介绍。编者多数是在编辑岗位上工作多年的老编辑,在编写过程中,他们特别注重实践性和可操作性。(马惠敏)

G000021 **新闻界名人谈新闻** 周德海主编。内蒙古人民出版社 1996 年 2 月版。13 万字。13.60 元。中宣部副部长徐光春、《人民日报》总编辑范敬宜、广播电影电视部副部长、中央电视台台长杨伟光、《光明日报》总编辑王晨、《经济日报》总编辑杨尚德、中宣部新闻局局长徐心华、新华社副总编闵凡路、《人民日报》编委、经济部主任艾丰、中央人民广播电台副台长王燕春 10 位领导对社会主义市场经济形式下的新闻工作的重要课题从理论和实践的结合进行了阐述,见解独到,分析精辟,有理有力,生动

活泼。对新形势下做好新闻宣传工作有着普遍的指导意义。(杨兰平)

G000022 **中国新闻事业通史(第二卷)** 方汉奇主编。中国人民大学出版社 1996 年 5 月版。87.7 万字。41.00 元。《中国新闻事业通史》(共 3 卷)是一部全面评述中国新闻事业历史的专著。时间跨度从公元前 2 世纪到本世纪 90 年代初,近 2000 年。内容涉及报纸、期刊、通讯社、广播、电视、新闻摄影、新闻纪录电影、新闻漫画、新闻法制、新闻广告、新闻教育、报业经营管理、新闻思想,以及各时期的名记者、名报人活动等新闻事业的各个方面,更正了大量已出版的新闻史专著中的错误,填补了新闻史研究中的不少空白,为读者勾勒了一部有关中国新闻事业发展的绚丽多彩的历史画卷。第二卷时限自五四运动至 1949 年新中国建立。列入"中国人民大学丛书"。

G000023 **中国新闻评论发展史** 曾建雄著。广西师范大学出版社 1996 年 8 月版。26.4 万字。12.80 元(平),18.80 元(精)。系统研究中国新闻评论发展史(近代部分)的专著,全面考察了中国近代报刊评论产生和发展的百年历史,廓清了各主要评论文体形成和演变的脉络,对其每一重要发展阶段的历史原因和社会作用作了综合的分析,对一些在评论文体的形成演变过程中发生过重大影响的报刊和评论家进行了必要的介绍和剖析,并且从总体上深入探讨了中国近代报刊评论发展变化的一般规律,附录中还选录了相当数量的近代报刊评论代表作品(有些属很难寻觅的珍贵资料),可供新闻学者、记者、编辑、新闻系师生和广大业余爱好者在工作、学习和研究时参考。(唐长兴)

G000024 **上海新闻史(1850-1949)** 马光仁主编。复旦大学出版社 1996 年 11 月版。79 万字。50.00 元。全面系统论述上海近现代新闻事业产生、发展与变化历史的著作。共 11 章:第一章,近代报业的创世纪;第二章,政治家走上报坛;第三章,庚子后士商报界互补;第四章,辛亥报坛的风云变化;第五章,民初报业的艰难步履;第六章,现代新闻事业格局的初步形成;第七章,相对稳定的发展时期;第八章,抗日救亡高潮中的变化;第九章,"孤岛"前后;第十章,最屈辱的一页;第十一章,两报新闻事业的最后决战。在阐述各个时期的新闻事业和新闻活动时,不仅阐述中国共产党党报和党影响下的进步报刊,而且以不少篇幅介绍国民党报刊、资产阶级报刊、敌伪报刊乃至消闲小报;不仅描述报业的兴衰起伏,对人们较少注意的通讯社、广播电台、新闻团体、新闻教育、新闻学研究等,也揭示出其阶段性的发展。在材料上,纠正了以往一些著述中的错、讹,发掘出许多鲜为人知的新材料。(高若海)

G000025 **中国现代报史资料汇编** 王文彬编著。重庆出版社 1996 年 9 月版。73.4 万字。46.00 元。报史资料图书。历史跨度为 1919 年到 1949 年,并约向两端延伸。全书除绪论外,共分为 7 编:一、12 个城市的报纸;二、28 个省(区)的报纸;三、解放区的新闻战线;四、沦陷区的报纸和外国人办的报纸;五、新闻团体及其活动;六、国共两次合作时期的新闻界;七、苦难深重的新闻界。各编史料以抗战时期及其前后为主,突出八年抗战时期的报纸状况;而解放区、沦陷区的报史资料,则是本书独具的特点。(余国枢)

G000026 **节目主持人通论** 俞虹著。杭州大学出版社 1996 年 4 月版。23 万字。10.00 元。对广播电视节目主持人研究这一新兴课题作了全面的论述。共 12 章,对节目主持人的概念、特征、职责、历史、分类、基本素质、节目构思、采编播技巧及主持人的个性魅力、形体、服饰、化妆、主持状态等问题,运用传播学、新闻学、美学、社会心理学等理论,作了全面、深入、系统的探讨、研究,并对主持人节目与节目主持人的发展与未来走向提出了自己的思考。(俞虹)

G000027 **中国古今名书大观** 张承德主编。山西人民出版社 1996 年 10 月版。370 万字。220.00 元。收入自古至 1990 年所出版的优秀图书约 13 000 种。详细介绍了图书的版别、版次、作者、内容及出版后的社会影响和作用等。反映了中华文化科技博大精深、源远流长、进步发展的概貌。(周红)

G000028 **中国出版史话** 方厚枢著。东方出版社 1996 年 8 月版。28.6 万字。22.00 元。从中国文字的起源谈起,介绍了我国古代、近代、现代至当代出版事业的起源、发生和发展的历程,介绍了历代重要的书籍和编辑出版活动。书中所涉及的时间,从先秦到中华人民共和国成立四十年止。作者在研究前人著述和吸收近些年出版史研究新成果的基础上,选择出版史料中之重要者,作全面、系统、简明的介绍,有较强的知识性。本书是东方出版社编辑出版的一套编辑出版基础读物中的一种。其他几种为《编辑工作二十讲》、《编辑工作基础教程》、《出版企业管理概论》。(杨寿松)

G000029 **中国期刊发刊词 600 篇** 刘宏权、

刘洪泽编。解放军出版社 1996 年 6 月版。137 万字。59.00 元(上、下)。精选中国自近代以来的期刊发刊词 600 余篇,辑为上、下两册,并分别对每种期刊进行注释,具有较高学术研究价值和文化欣赏价值。

G000030 **现代文献编目** 王松林编著。北京图书馆出版社 1996 年 8 月版。33.4 万字。19.70 元。中、西文编目合一的教材。以文献著录的最新国际标准和国家标准为依据,系统论述了中、西文编目的基础知识、各类型文献著录的方法与特点、字顺目录组织法,以及计算机编目的理论和技巧等。(卢玉荣)

G000031 **广东人民出版社书评精选(1951～1996)** 广东人民出版社编。广东人民出版社 1996 年 11 月版。54 万字。30.00 元。精选政治、哲学、经济、教育、历史、文化、文学、古籍、辞书等方面的书评和一部分序言,共 173 篇,先按图书类别分类,然后按发表或写作时间的先后次序排列。(陈启方)

G000032 **苍松翠柏** 副名:陈伯吹序文集。陈伯吹著。河北少年儿童出版社 1996 年 4 月版。8 万字。3.40 元。是陈伯吹继《他山漫步》、《天涯芳草》、《火树银花》后的第四本序文集,共收录作者为国内近年出版的少儿读物如:《一切为了孩子》、《宝宝的第一次》、《四季童谣》、《儿歌集》、《五彩云毯》、《故乡的芦苇》、《开花的甘蔗》等撰写的 41 篇序文,对了解这些作品的内容及国内的儿童文学研究有很大的参考价值和借鉴作用。(孟玉梅)

G000033 **阿英书话** 姜德明主编。北京出版社 1996 年 10 月版。35 万字。16.00 元。选辑阿英先生书话文章的精品,有他读古籍的心得、对近代史籍的介绍、关于现代文学的评论以及若干篇看似平淡读来心动的买书记。(龙杰)

G000034 **范曾序跋集** 范曾著。海天出版社 1996 年 11 月版。27.5 万字。48.00 元。收有著名画家范曾近百篇为自己及他人作品所撰写的序跋文章和题画诗。包括画家旅法三年以及归国后从未发表过的最新文字。透露出画家丰富而曲折的心路历程与艺术轨迹,文中涉及到的有关中国艺术、中国绘画的论述,则是范曾多年来孜孜不倦从事艺术研究与艺术实践的结晶。(薛亮)

G000035 **唐弢书话** 姜德明主编。北京出版社 1996 年 10 月版。35 万字。16.00 元。选唐弢书话之精华,广搜逸文,贯通其六十年间著述,以编辑体例揭示其“书话六境界”。六境界中自有大智慧,若能“品书会心”,何妨借书话作清妙小品?至于“考镜源流”、“书坛掌故”,复使清妙归于厚实。“序跋甘苦”,苦在包罗某方面之小史,甘在化小史为抵掌闲谈。“装帧学问”及“书城纵横”,写尽访书的艰辛、得书的喜悦、赏书的乐趣。(龙杰)

G000036 **黄裳书话** 姜德明主编。北京出版社 1996 年 10 月版。35 万字。16.00 元。共 4 辑。第一辑收入作者综合性读书的重点文章,第二辑以作者一系列精彩的序跋为主,第三辑生动地描述了若干位藏书大家,第四辑则是作者在苏杭及北京访书的记录。(龙杰)

G000037 **彝文文献学概论** 中央民族大学语言学系编著。中央民族大学出版社 1996 年 10 月版。24.5 万字。15.00 元。对如下理论问题进行了系统的、深入的、理论的、科学的分析和探讨:彝文与彝文文献学的关系;彝文文献的产生与承传;彝文文献制作材料及其种类;彝文文献的语文特点,其中包括方言与彝文、语音、词汇、语法、语饰等问题;彝文文献的分类,其中包括前人对彝文文献的分类,文献载体分类,版本及年代分类,地区分类,书目分类;彝文文献的散失与收藏;其中包括彝文文献的散失和收藏;彝文文献的整理编译与研究,其中综述了古代、近现代、当代在彝文文献的整理、编译与研究方面的水平与现状;彝文文献学的研究方法论;彝文文献调查,其中对调查的目的、意义、方法和提纲作了科学的论证;彝文文献整理基础知识——版本学、目录学、校勘学、训诂学、句读知识的学习和训练;彝文文献编译方法;彝文文献的抢救与保护等。(戴佩丽)

G000038 **蓬勃发展的图书馆事业** 吴慰慈、鲍振西著。北京图书馆出版社 1996 年 8 月版。18 万字。28.00 元。为配合’96 国际图联大会在北京的召开,由’96 北京国际图联大会组委会和中国图书馆学会委派图书馆界知名专家、教授编写,主要通过中国各类型图书馆的发展,办馆条件的改善,基础业务建设,图书馆评估,文献资源调查,新服务领域的开拓,现代技术的应用,管理体制的完善,不同的教育层次,图书馆学研究的新进展,以及国际间的交往与学术交流等方面,向世界各国图书馆界同行、专家、学者较全面、系统地介绍中国图书馆事业的发展状况。(卢玉荣)

G000039 **中国图书馆学会综览** 《中国图书馆学会综览》编写组编。北京图书馆出版社 1996 年 8 月版。19 万字。30.00 元。全面、系统地介绍了中国图书馆学会自成立以来的发展状况;中国图书馆学会在改革开放的新时期为繁荣图书馆学研究、推进图书馆事业发展所起的积极作用;同时,也介绍了中国图书馆学会作为国际图联的团体会员，积极参与国际图联的活动及开展国际学术交流所取得的成就；其中，包括中国图书馆学会筹备第 62 届国际图联大会的情况。（卢玉荣）

G000040 **从藏书楼到图书馆** 吴晞著。北京图书馆出版社 1996 年 11 月版。11.2 万字。6.80 元。从分析中国古代藏书楼与近现代图书馆的不同性质入手，用近代西方图书馆及其办馆思想对中国的影响，中国近代图书馆思想的萌生过程，以及中国具有近现代意义的学校和公共图书馆的诞生、发展史实，论证了中国图书馆是在西方近现代图书馆思想基础上产生并发展起来的观点。书后附有 20 多种关于近现代图书馆史的宝贵资料。在图书馆史、文化史研究方面具有较高的学术价值。（卢玉荣）

G000041 **上海博物馆文物保护科学文集** 马承源等著。上海科学技术文献出版社 1996 年 9 月版。87 万字。120.00 元。记录上海博物馆文物保护科研工作者 30 年来在文物考古研究等方面所取得的丰硕成果。涵盖了青铜器研究、热释光断代研究、文物保护环境研究、纸张保护研究、金属文物腐蚀研究、无损检测研究、激光应用研究、漆木及石质文物保护研究、博物馆电脑化、古文字信息处理及博物馆标准化等文物保护与考古科学领域里各个分支学科。（方金善）

G000042 **远距离教育档案管理** 马良生编著。中央广播电视大学出版社 1996 年 12 月版。41.4 万字。20.00 元。全面论述远距离教育档案管理的专著，作者在简述远距离教育的基础上，从研究总结远距离教育档案的特点和作用入手，探索档案收集、整理的科学方法以及加强管理、积极提供利用的途径，增强远距离教育工作者的档案意识，帮助有关领导和档案人员提高专业水平和业务工作能力，做好档案工作，试图建立起适应远距离教育事业发展需要的档案管理体系。本书较好地处理了几方面的关系：一、普遍性和针对性的关系，比较系统地阐述了档案管理的基本理论和基本方法，并将档案工作的普遍规律和远距离教育档案管理的特殊规律两者有机结合起来；二、理论性和实用性的关系，全书注重理论联系实际，具有一定的规范性和很强的可操作性；三、总结性和前瞻性的关系，在借鉴普通高校档案工作经验的同时，对电大建校以来档案工作的实践经验进行了系统的总结，并着眼于我国档案工作在进入信息化时代后总的发展趋势和远距离教育事业的发展前景，对未来远距离教育档案工作提出了不少有价值的见解。（张静）

G000043 **《中国档案主题词表》研究与使用精要** 张正强著。上海科学技术文献出版社 1996 年 1 月版。22.8 万字。23.00 元。《中国档案主题词表》简称《中档表》是与中华人民共和国国家标准《档案著录规则》相配套的主题检索语言。该书是作者长期从事档案主题法的教学与研究的成果。全书内容分两大部分：第一部分详细地阐述了《中国档案主题词表》的基本原理、宏观结构、微观结构；对《中档表》中存在的正确使用该表的种种不利因素作了逐一分析，并指出了改进和优化的策略。第二部分阐述如何利用《中档表》进行主题标引，主题标引的步骤、方法；各种主题因素、主题类型、各种内容性质档案的标引及组织主题检索工具等。（何兰林）

科学、科学研究

G000044 **维护科学尊严** 郭传杰、李士主编。湖南教育出版社 1996 年 10 月版。35 万字。20.00 元。以纪实与评论相结合的手法，选择了近年来社会上表现最激烈、最典型、最热点的 5 个方面的问题，分为反对伪科学、加强科学道德建设、健全科学评价体系、保护知识产权和破除封建迷信 5 编，每编均从揭示案例入手，而后发表评论，指出危害，并用科学的理论、思想和方法从深层次分析原因、挖掘根源、探寻解决办法。系统而全面地阐述了维护科学尊严的必要性、重要性、紧迫性和艰巨性。历史地反映了 90 年代发生在中国大地上，源于科学界，波及全社会的“维护科学尊严”的全貌，真实地再现了广大科技工作者的声音和行动。是一本弘扬科学精神、宣传科学思想、科学方法，兼顾思想性、理论性和通俗性的科普著作。（谭清莲）

G000045 **开发创造力教程** 王英杰主编。东北大学出版社 1996 年 4 月版。18.5 万字。8.00 元。全面系统地介绍了创造力开发的基本理论和基本知识。共 6 章。第一章创造性人才培养。介绍创造型的人才特点、创造型的人才品质、吸收能力的培养、记忆能力的培养、理解能力的培养、动手能力和表达能力的培养、创造精神的培养、创造个性的培养等内容。第二章创造力。介绍创造力概念、提高创造力的途径、提高创造力的训练方法、创造力测评等内容。第三章创造思维。介绍思维的概念、创造思维的特征、创造想象、灵感、直观思维、联想思维、扩散思维等内容。第四章创造技法及应用。包括头脑风暴法、检核表法、和田十二法、列举法、组合法、形态分析法、设问法、NM法、发明十步法、决策思考法等内容。第五章创造过程。包括发现问题阶段、选择课题阶段、认识问题和解决问题阶段、专利的实施、国内外有关创造过程发展阶段的经验模式等内容。第六章创造环境。包括社会环境对发明创造的影响、周围环境对创造发明的影响、头脑环境对创造发明的影响等内容。(刘振军)

G000046　**莎士比亚、牛顿和贝多芬——不同的创造模式**　[美]S·钱德拉塞卡著。湖南科学技术出版社1996年12月版。16.5万字。11.00元。"第一推动丛书"第二辑之一,世界科学名著,原书名为《真理与美》(Truth and Beauty)。收集了杰出的天体物理学家、诺贝尔物理学奖的获得者S·钱德拉塞卡教授的7篇演讲稿。阐述了作者对于科学研究的动机以及科学创造模式的一般观点。作者认为,追求科学的过程就是追求美。美是各部分之间以及部分与整体之间的固有的和谐。他描述了几位杰出的物理学家创造和体验美的经历,如海森堡发现了量子理论,爱因斯坦完善其著名的方程式,以及魏尔提出引力规范理论等等,其中都涉及到共同的问题:动机、创造和美。(李遂平)

G000047　**英汉标准化缩略语词典**　陈恒庆编。中国标准出版社1996年版。42万字。26.00元。收集标准化领域的常用缩写词汇6 800余条,内容包括国际标准、区域性标准、各国和地区标准、标准化机构的缩略语;标准名词术语及其相关专业的名词术语的缩略语;产品质量管理缩略语;计量缩略语等。除英文之外,还酌量收入法文、德文等标准缩略语。书后附有世界各国和地区名词缩略语,以及国际标准化组织(ISO)发布的国家名称代号。(白德美)

G000048　**科技奖励的理论与实践**　郭学武主编。华中理工大学出版社1996年10月版。23.4万字。15.00元。作者围绕科技奖励工作开展全方位的研究,从国内外科技奖励的综合分析,到我国科技奖励的实证研究;从科技奖励的本质、特色、动力、机制、功能的研究,到科技奖励的评审、对象、分配、体制等诸方面的研究,都提出了一些新的理论观点和方法,是我国科技奖励研究、教学和科技管理工作等方面的参考书。(陈晓娟)

G000049　**社会中的科学和技术**　青岛外国教材研究所主编。青岛出版社1996年版。95万字。78.00元。《优秀外国教材中译文库》中的一种。由英国科学协会组织编写,董振邦等译校。这是一本反映STS(科学·技术·社会)教育思想的高中教材。该书打破学科界限,采用综合理科体系,分专题编写,克服了中学理科教材多年沿袭的、缺乏实用性而学术内容过多的弊端;理论联系实际,阐述了科学、技术、社会三者间的关系,书中把物理、化学、生物等理科知识同社会、经济、技术、学生的生活和经历紧密联系起来,使学生理解科学、技术、社会的相互影响;重视介绍高新技术,书中有30%的单元直接与高新技术有关,使学生在中学阶段接触前沿科学;书中采用大量图表、照片,帮助学生理解内容;每个专题都设计了生动、活泼、让学生积极参与的教学方式,如观察、参观、扮演角色等。

G000050　**文献情报自动化与网络化建设**　张海华等编著。甘肃科学技术出版社1996年9月版。23万字。13.00元。系统地阐述了文献情报自动化与网络化基础建设的实际问题。内容包括:文献情报自动化与网络化的概念、基本内容、发展历程和现状;自动化与网络化建设的前期准备工作和软、硬件环境建设;自动化与网络化建设的具体实施步骤及应注意的问题;美国图书馆自动化与网络化系统的情况;我国市场上应用最广泛、影响最大的图书馆自动化系统;网络化建设的内容;各国规划和建设信息高速公路的计划与我国的情况。(钱茹)

G000051　**科学技术信息系统标准与使用指南**　全国文献工作标准化技术委员会编。中国标准出版社1996年9月版。442万字。262.00元。介绍和收入的标准范围为:文献工作(CSBTS/TC4)、信息技术(CSBTS/TC28)、文件格式及数据元表示(CSBTS/TC83)、缩微摄影技术(CSBTS/TC86)、印刷技术(CSBTS/TC170)、质量管理和质量保证(CSBTS/TC151)等标准化技术委员会负责起草,经国家技术监督局审批颁布的国家标准以及对我国信息系统建设有重要意义的国际标准。本书共5卷,第一卷综述,介绍了标准化方面的重要文件、标准的分类方法、检索工具、检索方法和出版发行服务机构等内容,勾画了科技信息系统标准化总体概貌、标准体系结构等;第二卷术语标准,收入了情报文献工作、缩微摄影技术、印刷技术数据处理等方面的术语标准及说明;第三卷信息分类与编码标准,收入了信息分类编码原则方法、时间和地区、人事管理、组织机构、物品(产品)、文献工作代码标准与说明;第四卷数据交换标准,收入了字符集、数据元、文件和记录格式、电子数据交换标准及说明;第五卷情报文献工作标准,收入了文献著录规则、期刊文献检索、文献分类、

文字转写和汉语拼音等标准及说明。(王西林)

教　育

G000052　**现代教育学**　宋书文、梁全进主编。广西人民出版社 1996 年 7 月版。48.6 万字。20.00 元。高校公共课教材。共 6 编 30 章,基本结构包括以下几部分:(1)绪论,包括现代教育学概述、现代教育学理论基础、教育的本质属性与功能、教育的目的与方针。主要论述教育的基本原理。(2)宏观教育,包括现代教育体制、教育优先发展战略、现代教育体系结构及优化、现代教育投资与效益、现代化教师队伍建设、现代教育的基本规律。主要论述宏观教育的基本规律。(3)学校教育,包括学校教育制度、学校教育内容、课程与课程建设、教学艺术、教育技术、课外教育活动、校园文化。主要论述微观教育的基本规律。(4)教育环境,包括家庭教育、社区教育、社会环境、人际关系教育、远距离教育。主要论述社会教育对学校教育的影响及它们之间的互动规律。(5)教育实施,包括校长、教师、家长。主要论述教育实施者的素质同其教育效果关系的规律。(6)教育管理,包括教育运行机制、教育决策、教育法制建设、教育督导与教育评估,现代教育科学研究。主要论述教育行政管理方面的基本规律。(谭灿妮)

G000053　**教育——财富蕴藏其中**　国际 21 世纪教育委员会编。教育科学出版社 1996 年 12 月版。22.3 万字。16.00 元。“联合国教科文组织教育丛书”之一。是国际 21 世纪教育委员会向联合国教科文组织提交的报告。报告对未来社会进行了分析,指出未来将由全球化趋势占主导地位;提出“一切为了经济增长”的模式不再是调节物质进步和社会平等的理想方法,也不能成为衡量改善人类生活条件和保持自然财富两者矛盾的最佳手段;报告对教育的地位和作用方面的一些新的提法和阐释,如“教育是人类实现和平、自由和社会正义的理想的不可或缺的工具”、“教育在社会发展和个人发展中起基础性作用”、“教育是更深刻、更和谐的人的发展并从而减少贫困、愚昧、(不平等的)排斥、压迫和战争的主要手段”、“教育是对未来的一种关键投资”、“是能产生长远效益和回报的经济投资和政治投资”;报告还提出了教育的四大支柱的新概念,即“学知”、“学做”、“学会共同生活”和“学会发展”;报告强调应重新思考并扩大“终身教育”这一观念的内涵,提出了“终身学习”的新概念。全书除前言外,共分 9 章:一、从基层社区到全球社会;二、从社会和谐到民主参与;三、从政治增长到人的发展;四、教育的四个支柱:学知、学做、学会发展和学会共同生活;五、终身教育;六、从基础教育到大学教育;七、教师;八、教育的选择;九、国际合作。(李玢)

G000054　**大学人文精神构架**　张楚廷著。湖南师范大学出版社 1996 年 8 月版。26 万字。12.00 元(平),24.00 元(精)。“大学人文素质教育丛书”之一。共 10 章。从哲学、文学、心理学、教育学、脑科学、数学、艺术、管理学等角度,多层次全方位论述了什么是素质及素质教育,如何进行素质教育等大学人文素质教育的根本问题。突出的工作表现在以下几方面:对“素质”的重新界定。突破了《辞海》等对“素质的”权威解说,提出了自己的新观点:“素质即素养与品质。除天赋的某些要素外,主要是后天养成的。素质的形成主要是内化过程。”2. 对素质结构的具体划分。把素质概括、归纳、分解为 4 个方面:生理素质、文化素质、心理素质、道德素质。并对这种划分进行了严密论证,证明是完备的、科学的。3. 提出了进行素质教育的重要形式——隐性教育——通过隐性课程施教于人的教育。书中“大学的不可替代性”“为(wèi)人与为(wéi)人”“复合性与复合型”“自信的学校”“学校的价值”等观点都是很精辟和富于创见性的。(周玉波)

G000055　**小蜻蜓美育丛书**　童强等编。江苏教育出版社 1996 年版。共 5 卷,分别是:《迷人的语言风景·文学卷》、《奇妙的色彩王国·美术卷》、《神秘的造物奇观·自然卷》、《净化灵魂的旋律·音乐卷》、《建筑艺术的语言·建筑卷》。(钱元元)

G000056　**学校美育漫话**　刘凤梧著。北京教育出版社 1996 年 10 月版。181 页。8.70 元。作者根据美学原理,针对中小学教育、教学特点,结合实践经验,阐述了开展学校美育的重大意义和指导思想,提出实施学校美育的主要途径和方法。(黄倩)

G000057　**中国传统教育哲学**　于述胜、于建福著。江苏教育出版社 1996 年版。31.6 万字。15.80 元。揭示中国传统教育的内在理念,把史实之考究、时空关系之梳理推进一个层次,在哲学精神的层面上整体把握中国传统的实质,这是本书撰写之目的所在。书中对中国传统教育哲学的研究对象和基本范畴作了精心提炼,并且初步构建起中国传统教育哲学的范畴和概念体系。本书对建立具有中国特色的现代教育哲学体系有所裨益。(张胜勇)

G000058　**教育投入与产出研究**　王善迈著。

河北教育出版社1996年12月版。31.1万字。14.50元。比较系统、全面、深入地研究了教育与经济关系中一系列根本性的理论与实际问题。作者所叙一系列的政策性建议符合中国的实际,有重要的学术与实践价值。该书有四大突出特点:1.体系新:该书将教育与经济关系分为3个层次,第一层次是教育过程的投入与产出;第二层次是教育发展与经济发展;第三层次为教育体制与经济体制。2.观点新:该书在一些重大问题上有作者的独到见解。例如:市场经济中教育资源配置方式;教育成本分担的原则;教育经费统算;高等教育多重目标合理组合的拨款方式;市场经济中教育体制的模式;大学生就业的目标模式——自谋职业等等。这些均是作者长期研究的课题,有些结论已反映在《中华人民共和国教育法》和《中国教育改革与发展纲要》中。3.论证充分:该书运用经济学的理论和方法分析教育中的经济问题。如市场经济中教育资源配置方式和教育体制,运用了公共经济学理论作为分析问题的工具,从较深的理论层次上回答了教育资源配置方式问题,并分析了社会上流行的一些错误观点,如教育市场化等。4.从中国实际出发,理论结合实际:尽管分析中多有与外国教育的比较,但并不是简单照搬别国做法,比较的结论也坚持从中国实际出发,做出准确的评价。

G000059 **比较教育丛书·比较教育导论** 副名:教育与国家发展。顾明远、薛理银著。人民教育出版社1996年2月版。28.4万字。14.00元。评介了世界比较教育的新发展,对比较教育的界定、任务、目的、方法提出了有独到见解的理论和观点,讨论了比较教育发展的方向,提出了发展比较教育的意见。从"国际教育"和"发展教育"的角度进行比较研究,跳出了简单介绍各国教育制度和静态比较各类教育的框框,全面介绍并评析了世界比较教育研究的新动向,倡导进行有关新分支的研究。本书首先论述了随着社会、经济的发展而来的教育现代化进程,以此为背景论述了比较教育发展的历史、现状与趋势,提出了"比较教育是国际教育交流的论坛"的观点,分析了比较教育研究的学术团体、机构、对象、目的、成果、媒介等比较教育活动的主要因素。本书的界定符合当前比较教育的实际,而对比较教育要素的分析则有助于我们进一步把握比较教育的质的规定性。作者还选评了当代主要比较教育家的方法论观点,评述了比较教育中常用的方法。提出了一系列独到的见解,其系统性和深入程度在我国比较教育方法论研究中是少见的。可以说是丰富和发展了国际比较教育方法论研究。本书讨论了近三四十年兴起和形成的"发展研究"和"发展学"中的若干基本概念,综述了与比较教育研究相关的发展理论,包括现代化理论、依附理论与世界体系论、人力资本理论等,进而讨论了教育与经济、政治、文化发展的关系,以及教育与满足基本需求与教育与持续发展的关系,对教育在国家发展中的重大作用进行了全面深入的论证。作者分析了现代教育的基本特征,明确了教育现代化的根本指向,并讨论了教育传统的创造性转化这一教育现代化进程中的重大课题。其中的某些观点的提出在我国还是第一次。本书倡导进行发展教育研究,具体提出了我国开展发展教育研究在理论和实际方面的6项建议。这将有可能促进我国比较教育研究突破现有的格局的限制去求得新的发展,从而提高自己在教育发展和国家发展中的地位和作用。本书还从人员、财务、结构、信息4个维度讨论了教育发展中存在的若干主要问题及其发展前景,这对比较教育和发展教育研究都是十分有价值和有意义的。本书最后论述了教育的国际化,提出了比较教育应当研究的关于教育国际化的十个课题。这些问题的提出和论述,显示了作者把握教育国际化问题的广度和深度,反映了作者深刻和创新的见解。国际教育是比较教育的又一个新分支,本书的研究成果也必将推动我国比较教育研究在这方面的新发展。(诸惠芳)

G000060 **教育比较研究的实践与方法** 副名:中日合作对中国广播电视高等教育与普通高等教育的比较研究。黄钰仙编著。中央广播电视大学出版社1996年1月版。35.4万字。25.00元。运用统计学理论开展统计调查、应用电子计算机作统计分析和根据调查结果进行比较研究的入门书。以中日合作对中国广播电视高等教育与普通高等教育的比较研究调查实践为例,描述了课题的总体设计、抽样设计、问卷设计、数据预处理、数据分析和撰写报告等全过程。可以帮助读者在尽可能少地被繁多的数学公式和操作说明所困扰的前提下,较好地掌握和运用统计学的基本方法及应用计算机通用软件进行数据处理和初步分析的基本手段。(张静)

G000061 **西方教育思想史** 王天一、方晓东著。湖南教育出版社1996年版。63万字。29.50元。以8章篇幅,系统地研究了西方世界教育思想产生、形成和发展的历史,阐述和分析了处于不同发展阶段的各种教育思想产生和发展的主客观社会历史条件、具体内容和特点,深刻揭示了蕴含其中对人类教育发展具有普遍指导意义的教育规律。在写作思路、内容和方法上表现出下列特点:(一)依据西方教育思想产生、发展和演进的内在逻辑,将其过程划分为若干阶段,并依次概括出了思辨性、神性、人性、主知主义、自然主义、“活动性”等教育思想的鲜明个性;同时,对不同时期各具特色的教育思想、思潮、流派之间的内在联系和区别作了入木三分的剖析,这样,整个西方教育思想、思潮、流派之间的内在联系和区别便脉络清晰、线索分明地表现出来。(二)坚持以教育思想、教育流派的发展和演变为逻辑主线的同时,着力分析和挖掘了历史上一些著名教育家和教育思想,客观公允地指出了他们在教育思想发展史上的地位和作用,使教育思想史的研究虽源于对作为个体教育家教育思想的认识和把握,但通过作者的思辨性阐述而提升为了一种对教育思想发展的整体认识。(三)始终坚持以历史唯物主义观点对不同时期的各种教育思想、教育流派进行分析和研究。总是从特定的社会历史条件出发,来认识和把握一定的教育思想或教育流派的意义;与此同时,从教育的相对独立性原则出发,又对不同时期各种教育思想及流派的联系、论争、裂变、承继状况作出客观分析,科学而真实地表现了西方教育思想史的发展历程。(孟可文)

G000062 **西方教育思想史** 单中惠主编。山西人民出版社 1996 年 10 月版。70.7 万字。45.00 元。完整、系统地介绍西方教育思想史的研究专著。以历史唯物主义观点,循着历史的轨迹,全面、科学地阐述了自古至今的西方教育思想的发展历程,揭示这一系列教育思想所产生的背景、特点、主要代表人物及思想,并进行适当的分析和评介。(周红)

G000063 **周恩来教育思想研究** 赵德强等著。福建教育出版社 1996 年 1 月版。38 万字。27.00 元。全面、系统而深入地研究周恩来教育思想的著作。分两大部分,第一部分为论述部分,共 10 章,对“教育的战略地位和作用”“教育发展战略及各级各类教育”“教育改革”“青少年学生的思想品德及其成材基础”“知识分子问题”“科学技术与教育”“端正思想路线,反对错误倾向”“周恩来教育思想研究述评”等,进行了全面、系统、深入的论述。第二部分为基本研究资料,包括“周恩来关于教育论述的专题摘编”“‘周恩来与新中国教育’大事年表”“研究周恩来教育思想的参考文献、专著、论文及其他资料的目录”。本书全面、系统、深入地阐述了研究周恩来教育思想的意义,论述了周恩来教育思想的主要内容,它产生、形成的时代背景和现实依据,它的特点、理论依据和哲学基础,周恩来和邓小平教育思想的共同之处及其在毛泽东教育思想体系中的地位,以及它们对当前教育发展和改革的指导作用。本书全面发掘、整理了有关的文献与资料,所涉及的资料是相当完整和全面的,有文字的和非文字的各方面,其中有的还是鲜为人知的。本书努力把周恩来的教育思想与他的教育实践结合起来,在一定的历史条件和现实背景下展示周恩来的教育思想。此外还深入拓展了哲学基础和理论依据的研究,它不是对周恩来教育思想作平面的罗列,而是深入地发掘了蕴涵在教育思想之中的世界观和方法论,从而引导人们更深刻地去把握周恩来教育思想的核心与灵魂。(朱平)

G000064 **裴斯泰洛齐选集(第一卷、第二卷)** 阿·布律迈尔主编,杜文棠等校译。教育科学出版社 1996 年版。60 万字/套。28.00 元/套(平),50.00 元/套(精)。选自裴斯泰洛齐全集(共 42 卷)。基本反映了裴斯泰洛齐的思想政治观点和教育思想、教育观点的全貌,以及裴氏的思想演进的大体脉络。既注重他的基本教育思想、教育理论基础,又兼顾各个不同历史时期他在教育实践方面的经验总结,重点放在他的成熟期,即伊弗东时期。共选入了裴氏 1767 年至 1826 年(逝世于 1927 年 2 月)的 18 篇(部)作品。第一卷收入了未婚夫与未婚妻,自由和顺从,致尼·埃·查尔纳关于乡村贫苦青年教育的信,隐士黄昏,《瑞士人》报文选,尘世和天国,肯定和否定,寓言,斯坦斯通信,葛笃德怎样教育她的孩子。第二卷收入了我对人类发展中自然进程的追踪考察,改进教育的观点、经验和手段,病中的裴斯泰洛齐致健康读者,72 岁生日庆典讲话,母子篇,家庭生活是学校的雏形,学校和教养院均为道德教育场所,天鹅之歌。(许佩云)

G000065 **中国当代教育理论丛书** 王善迈等著。河北教育出版社 1996 年 12 月版。300 万字。157.80 元。内容包括教育科学的一些基本理论,如教育哲学对话、教育投入与产出研究、教育社会学、教育心理学、教育管理学、课程变革概论、教学论、教育评价概论、新中国教育历程,教育改革发展论。较全面、系统地总结了自改革开放以来的教育理论研究的最新成果,反映了与国际水平不相上下的国内水平,同时探讨未来,面向 21 世纪。

G000066 **联合国教科文组织教育丛书** 联合国教科文组织国际教育发展委员会等编。教育科学出版社 1996 年 12 月版。92 万字。76.00 元。共 4 本:

《学会生存——教育世界的今天和明天》、《从现在到2000年教育内容发展的全球展望》、《教育的使命——面向21世纪的教育宣言和行动纲领》、《教育——财富蕴藏其中》。它们是从联合国教科文组织发表的教育文献中精选的，堪称是当今教育的经典之作。可以使我们全面了解国际社会有关教育的基本主张和理论，了解各国教育改革和发展的趋势。（李玢）

G000067　**教育十论**　燕国材著。中国建材工业出版社1996年5月版。39万字。15.80元。作者自80年代以来陆续发表的教育理论论文集，共62篇，归纳为10类，正好显示出相互联系的10个教育观点：一、教育独立论；二、教育人本论；三、学生主体论；四、心理内化论；五、IN结合论；六、智能独立性；七、素质教育论；八、心理教育论；九、德智统一论；十、智育求新论。各论点独立成篇且又相互联系，论述逻辑性强、观点鲜明，反映了我国教育改革以来教育理论研究的重要成果。（米惠兰）

G000068　**中华传统美德教育丛书**　王才焕编著。湖北教育出版社1996年2月版。117.3万字。70.25元。分为《修养篇》、《恪守篇》、《立志篇》、《磨难篇》、《爱国篇》、《礼貌篇》、《智勇篇》、《求知篇》、《勤俭篇》、《爱心篇》10种。丛书将中华传统美德概括为10个基本的方面，着重揭示中国人的传统美德和优秀人格是如何养成的。每册约精选了50个小故事，情节短小精悍，单独成篇。编排上采取一事一议的方法，以事论理，以情动人，叙事生动活泼，论理诙谐有趣，破题画龙点睛，诱导通情达理，富于智慧与幽默。故事前有简明扼要的提示，故事后有富于启发性的思考题。（熊茵）

G000069　**德育美学观**　檀传宝著。山西教育出版社1996年12月版。22万字。18.00元。教育理论专著。作者以实现德育与美学的深层交叉、构建新的德育理念（即"德育美学观"）为宗旨，对美育育德功能的具体机制进行了独到的分析，对如何实现美学精神的德育借鉴、探索立美范式，如何实现道德人生与教育的至境追求等问题，进行了创造性的理论阐述。作者创立的"德育美学观"的理论体系，既是一项重大的学术研究成果，又有极强的现实针对性。本书有3个特点：第一，内容厚重。与一般教育学和美学的交叉研究不同的是，本书一开始就确立了"深层交叉、灵魂借鉴"的目标。这不仅使作者在理论的厚重上有所收获，而且对教育学类似的交叉研究都有一定的启发性。第二，具有形式上的美感。本书语言上的文学色彩既避免了纯学术语言的枯燥，同时也为论述增添了弦外之音、象外之趣，利于表达某些不可言传的感受与思考。第三，本书有实践性特征。作者在写作时即是直面真实、广阔的中国道德实际的。作者对现实道德生活、道德教育不尽人意处心急如焚，对其理想境界无限神往。（李梦燕）

G000070　**德育传统的当代价值**　侯怀银著。湖北教育出版社1996年12月版。19.1万字。11.90元。站在20世纪人类文明发展的宏观背景下，以科学的理性意识对中国德育传统进行了较全面的审视。不仅本着客观、求实的态度，对中国德育传统进行了历史寻踪，具体剖析了中国德育传统的基本结构和历史功能，而且特别地揭示了其当代价值，提出当前我国学校工作必须把德育工作置于首位，合理地建构理想人格，科学地构建德育模式；重视设计政治思想道德规范三位一体的德育内容体系；弘扬中华民族传统美德；充实德育内容；把德育过程视为培养学生知情意行的过程；重视探索德育原则和方法；注重自我道德修养。最后指出，要真正实现中国德育传统的当代价值，必须对中国德育传统进行创造性转换。收入"中国教育的传统与变革丛书"。（熊茵）

G000071　**中国革命传统美德丛书**　温克勤等编。新蕾出版社1996年9月版。50万字。39.80元。分学龄前、小学低年级、小学中年级、小学高年级、初中、高中6册，每册分别列有若干条目，根据读者年龄、接受能力、阅读习惯等不同特点，循着由浅入深、循序渐进、润物无声的原则，编选中国革命传统美德范例，并设计有密切联系实际，具可操作性的思考练习内容，可引导小读者参与。（郑秀桂）

G000072　**现代教学价值体系论**　尚风祥著。教育科学出版社1996年版。20万字。11.00元。从理论与实践的结合上，阐述了教学的知识价值、能力价值、品格价值、方法价值及其实现的规律和方法。为了使教学活动成为有效地构建学生素质的过程，作者对现代教学目标体系以及教学过程的设计和运作作了系统阐述。（祖晶）

G000073　**中国古代学校教材研究**　熊承涤著。人民教育出版社1996年8月版。29万字。14.00元。关于中国古代学校教材研究的专著。以中国历史朝代为时间顺序，对商代、西周、秦、汉、三国、晋代、南北朝、隋、唐、宋、元、明、清等朝代学校教材的内容、特点、历史演变等进行了探索，特别论述了中国古代学校教材与经学、玄学、文学、理学和科举考试的关系，以及中国古代的儿童教材、女子教材、专科

教育教材。(石筠弢)

G000074 **课堂教学论** 袁金华主编。江苏教育出版社 1996 年版。24 万字。9.50 元。课堂是完成教学任务的主要场所，也是提高教育质量必须认真抓好的主要环节。课堂教学是教学工作的落脚点，带有综合的性质，教学目标、教学内容、教学原则、教学方法等，最后都要具体落实到课堂教学中来。本书对课堂教学的本质、构成、类型、程序、方法、模式等方面进行了较为系统的探讨，对各种教学经验作初步的概括和总结，以达成对课堂教学系统的理论研究。(张胜勇)

G000075 **课堂电化教学系统的有序性** 林康盛、李元华等著。教育科学出版社 1996 年版。18.5 万字。8.20 元。全国教育科学“八五”规划国家教委重点研究课题《电化教学促进中小学教学优化》的子课题的研究成果。将有序性引入课堂电化教学的全过程，使电化教学在系统有序的情况下，达到课堂教学的优化。本书在对这一研究课题的理论框架、实验过程、电教媒体在课堂教学中的作用、研究成果的评价等进行论述的同时，还收录了 4 个课堂教学设计的实例和 3 个课堂教学的实录，并附这一研究课题的研究方案、实验计划和实验报告，使这一研究课题的理论依据、研究内容、研究方法和研究成果更能被广大教师和教育科研工作者所了解、借鉴。(李东)

G000076 **课堂电化教学研究** 许乃英等主编。教育科学出版社 1996 年版。41.4 万字。18.00 元。分上下篇。上篇是课堂电化教学理论，分 8 个专题：课堂电化教学的基本理论，课堂电化教育的概念与功能，课堂电化教学过程，课堂电化教学优化原则，课堂电化教学方法优化原则，课堂电化教学方法和组织形式，课堂电化教学的设计，课堂电化教学的评价；下篇是学科课堂电化教学研究。(许佩云)

G000077 **智育心理学** 皮连生著。人民教育出版社 1996 年版。30 万字。14.30 元。分 3 编共 11 章。在理论和应用方面的主要贡献可概括为以下几个方面。在智育目标论部分，第一，作者提出了区分心理测量学的智力概念和作为认知学习结果的智力概念，这有助于解释智力的稳定性和可教育性。第二，作者论证了习得的智力是由陈述性、程序性和策略性三类知识所构成，解决了把智育目标视为传授知识、形成技能和发展智力并列的三项任务中的矛盾。第三，作者提出了广义的知识观与狭义的知识观，对我国流行的知识、技能和智力概念提出了批评，并给予了新的解释。在知识分类学习论部分，第一，作者根据知识分类学习理论，批评了传统上有关知识习得阶段理论之不足，用同化论和激活论阐明了陈述性知识习得、保持和提取的一般过程与条件，比较了同化论与激活论的异同。第二，作者应用图式论解释了模糊概念和规则的学习，并用语文学习实验材料进行了验证。第三，作者通过对解决问题的认知因素进行分析，进一步论证了凭教育习得的智力由陈述性知识、程序性知识和策略性知识三者构成的合理性，并提出了三种相应的迁移理论。前后观点完全吻合。在知识分类教学论部分，第一，作者根据知识分类教学理论，提出了一个知识分类与教学的总模型。第二，作者提出了广义的知识发展三阶段和在应用时的三种类型的一般模型。第三，作者根据该模型开发了一种新的规范的教案规格，这有助于把教师的教学行为纳入到理论的指导下。第四，作者通过同优秀的中小学教师合作，根据新的教学论，设计了规范的小学语文、数学和初中几何、历史、地理、物理的教案，为普通教师学习、应用心理学原理，改进课堂教学提供了范例。此外，作者对认知领域与其他领域的教育的关系提出了独到的见解：一是主张把动作技能视为同智育、德育相平行的一个学校教育领域，而不应把它归纳并入智育领域；二是澄清了有关影响学习的智力因素与非智力因素的争论中的一些看法。(魏运华)

G000078 **西方教育心理学发展史** 高觉敷、叶浩生主编。福建教育出版社 1996 年 8 月版。37.2 万字。29.50 元。我国心理学界泰斗、著名心理学史家高觉敷先生生前主持编写的最后一部学术著作。较为系统全面地叙述了教育心理学的产生和发展过程，阐述和分析了西方各心理学流派对教育心理学的影响和贡献，并对“智力理论”、“成就动机理论”、“动机归因理论”、“品德心理理论”等教育心理学的专题史作了较为详尽的研究。(沈群)

G000079 **教师心理训练** 李建国著。教育科学出版社 1996 年版。25 万字。11.80 元。专门研究教师心理特征与相关心理训练的著作。各章分别阐述了教育工作者特别是中小学教师的各种心理特点，介绍了提高教师心理素质，从而全面、稳定地提高教育、教学效果的各种心理训练策略与具体方法，如：感知心理训练、表象心理训练、思维心理训练、情感心理训练(情绪脱敏训练、情感对比训练、情感应激模拟训练)、意志心理训练、个性心理训练(T 组训练、角色训练、VMBR 训练、抗羞训练)、心理健康训练(身心逆转训练策略、心象诱导策略、心理“远征”

策略、心理暗示策略、心理恢复策略)等。(祖晶)

G000080 **花季风** 副名:中学生心理探析。吴文菊、姚俊著。辽宁人民出版社1996年8月版。16.7万字。12.00元。以"我的身影"、"我的心海"、"我的情怀"、"我的忧烦"为小标题,回答了中学生提出的有关成长、学习、情结、异常心理等方面的200多个问题。全书从生理学、心理学、教育学、伦理学等多维度提供科学、现实、操作性强的解释和答案,将科学性、教育性、针对性、情感性自然、真切地融于流畅、淳朴的语言中。(王松)

G000081 **大学生心理健康丛书** 郑日昌主编。山东教育出版社1996年版。90万字。较全面的反映大学生心理学各领域最新的研究进展,系统地总结针对大学生心理工作的各项实用技术的著作。共3卷,第一卷《大学生心理卫生》立足于当代中国大学生的生活实际,对大学生生活各阶段和各方面所面临的一系列心理卫生问题,进行了深入浅出的科学的分析,并提出了行之有效的预防和克服这些问题的方法。第二卷《大学生心理诊断》就心理医生和心理工作者如何对大学生的心理状况进行描述、评价、分类以及确定其心理困扰与障碍的性质和程度作了细致的探讨,为科学而客观地认识和了解大学生心理状况,诊断其心理困扰等做了具体的指导。第三卷《大学生心理咨询》系统讲述了大学生心理咨询工作的基本理论与实用技术,较直接地分析了大学生心理咨询工作的任务、特点以及需要注意的问题。(臧伟)

G000082 **教师职业技能** 刘英陶主编。教育科学出版社1996年版。36万字。16.00元。从教师口语、教师书写、教学工作、班主任工作4个方面,对教师口语、教师书写、教师常用文体、现代教学媒体使用与教材设计、课堂教学、计算机辅助教学、组织课外活动、教学研究与教学评价、班主任工作等各种教育、教学技能进行了较为详尽的讲述,并就这些技能提出了训练与使用的方法。(李东)

G000083 **教师职业技能训练丛书** 陈钧等主编。湖南师范大学出版社1996年8月版。55.00元。湖南省教委"教师职业技能训练的理论与实践"课题的研究成果,是根据国家教委教师司[1992]39号文件的基本精神,按照国家教委关于师范生职业技能训练大纲的基本要求编写。包括《教师口语技能》、《教师书写技能》、《教师文体写作技能》、《教学技能》、《电化教育技能》、《班主任工作技能》、《教师获取信息技能》等7册,构成一个较为完整的体系,反映了一个合格教师所必须具备的技能素质。该丛书的主要特色:一、内容全面,结构合理。丛书全面概括了教师职业技能的科学内涵及其行为结构,建构起教师职业技能训练的科学体系,各项内容既相对独立,又前后关联,组成该职业技能训练的整体。二、注重实例,加强示范。丛书援用了方方面面的教师职业技能的大量实例,通过这些范例和案例,使学生加深对有关训练理论的兴趣。三、切合实际,便于操作。该丛书所涉及的每一项技能都安排了训练内容,并设计了训练的方法与步骤,还给出了训练后的检测评价体系,便于学生自查、自评。(罗灵山)

G000084 **教育的使命——面向21世纪的教育宣言和行动纲领** 赵中建编。教育科学出版社1996年版。8.875万字。14.00元。"联合国教科文组织教育丛书"之一。汇集20世纪90年代在重大国际会议上通过的有关教育的宣言和行动纲领。这些宣言和行动纲领,提出了许多对未来社会的发展具有重要意义的教育思想,如:关于人的基本权利,特别是受教育权利的思想;关于环境、人口、贫困与发展等相互联系的思想;关于教育,特别是包括普及初等教育和扫除成人文盲在内的全民教育,在促进环境保护、减少人口增长、消除贫穷等方面具有不可替代作用的思想,等等。此外还论述了国际社会尤其是国际教育社会在60年代的一些主导性概念和思想,如可持续发展、和平文化、全纳性教育和全纳性学校、儿童至上论等等。(李玢)

G000085 **从现在到2000年教育内容发展的全球展望** S·拉塞克、G·维迪努著。教育科学出版社1996年版。28.9万字。18.00元。"联合国教科文组织教育丛书"之一。是根据联合国教科文组织第21届大会决定,作为"今后20年教育内容变革趋势讨论会"(1980年巴黎)的后续活动而进行的关于整个教育内容为适应科技文化进步和劳动世界需要而演变"的一套研究项目的研究成果。它通过综合联合国教科文组织在5个国家(中国、美国、匈牙利、荷兰、菲律宾)的实例调查的材料,勾勒出了教育内容在未来的发展趋势,并提出了教育要正视某些演变,尤其是科学演变和当代世界面临的问题对教育内容产生的决定性作用,强调了在教育内容中增加新的知识、技能、价值观、行为准则和世界观等。(李玢)

G000086 **中国教育的国际研究** 丁钢著。上海教育出版社1996年10月版。235万字。系"中国文化与教育研究丛书"之第七种。作者根据其在加拿大、美国作访问学者期间搜集到的大量材料,对国际上一批著名的学者及世界银行关于中国教育的研究作了一番详尽的评介。分《中国传统教育及其价值》、《中国近代教育与中外教育交流》、《中国当代教育与国际关系》3 大篇，内容涉及古代儒家教育、新儒家教育、书院文化、传教士在华教育活动、教会教育、毛泽东教育思想及实践、80－90 年代的中国教育，等等。(薛培华)

G000087 **教育同生产劳动相结合的研究与实验丛书** 卓晴君主编。教育科学出版社 1996 年版。62.00 元。共 6 册:《邓小平教育与生产劳动相结合思想的时代特征》、《建国以来教育同生产劳动相结合法规文献汇编》、《国外教育同生产劳动相结合模式》、《中国教育同生产劳动相结合大事记(1930～1993)》、《全国普通中小学教育同生产劳动相结合个案选编》(上、下册)。重点反映了当前教育同生产劳动相结合理论研究和资料建设上的最新成果，深入探讨了基础教育领域实施教育同生产劳动相结合的机制、模式及途径、方法，展示了一批中小学校开展教育同生产劳动相结合的典型经验和案例，具有较高的理论水平和应用价值。(杨晓琳)

G000088 **新中国教育改革研究** 廖其发主编。重庆出版社 1996 年 8 月版。38.1 万字。24.00 元。论文集。论述了新中国在教育方针、教育领导体制、教育事业规划、教育法规建设、教育经费、教育队伍的建设与管理、招生制度、教育督导制度、各级各类教育的办学方向、内部结构、教学管理、德育等方面的改革历史。在此基础上，作者进一步阐明了关于这些问题的理论观点和具体的改革建设以及教育改革中的一些重大理论问题。全书坚持辩证唯物主义和历史唯物主义的立场、观点、方法，贯彻历史研究与理论研究相结合、理论与实际相结合、定性分析与定量分析相结合、宏观研究与微观研究相结合、文献研究与调查研究相结合的研究原则与基本方法，从而既有较强的理论性又有较强的实践性，既可使读者了解新中国教育改革的历史，又能从中得到教育改革的理论启示和具体建议，具有较高的学术价值。(余国枢)

G000089 **中国教育行政学** 萧宗六、贺乐凡主编。人民教育出版社 1996 年 7 月版。39.3 万字。19.60 元。从教育行政体制、教育行政机构、教育行政机构的国家公务员、学校教育制度、教育人员的管理、教育财政、教育设施、教育方针、政策和法规、教育规划、教育督导、教育评价、教育信息统计与发布、教育科学研究以及教育行政的国际比较等诸多方面，全面、系统地论述了教育行政学及其学科体系。该书具有 4 个特点。一、有比较完整的、科学的学科体系。学科体系的完整、科学与否是一门学科是否成熟的标志。教育行政学的学科体系应该是教育行政主体＋教育行政客体＋教育行政手段与职能。本书正是按照这样一种体系结构展开的，具有系统性较强，逻辑较严密，有利于学科研究密切联系实际并指导实践活动，提高教育行政实践活动的科学性和有效性。二、全面阐述了我国的教育方针、教育政策和教育法规。三、反映了教育行政学的最新研究成果。例如:①设专章论述中央教育行政，填补了此空白;②设专章论述教育行政机构的国家公务员;③教育行政执法的有关内容，例如，教育行政执法的地位和作用、内容和方式、主体与监督等，都是最新的科研成果;④论述了教育信息的基本内容、教育信息统计和发布的作用、教育信息统计的原则与方法。⑤教育行政的国际比较，系统、概括地介绍了亚太地区国家、阿拉伯国家、欧洲国家、非洲国家、拉丁美洲国家、美国和加拿大等国家的教育行政，并分析了当前教育行政中的主要议题，提供了许多新的教育信息。四、除第一章和最后一章外，每章后面都附有很有针对性的案例和思考题，供读者研究思考。(诸惠芳)

G000090 **黑龙江省教育改革与发展** 副名:现代教学理论与实践。王玉林、刘景清编著。黑龙江人民出版社 1996 年 8 月版。20 万字。16.00 元。教学能否适应飞速发展的社会需求，最关键的因素之一就是教学理论能否具有科学性和现代性。本书旨在将理论研究和实践验证的优秀成果应用于现今教学之中，使教学不断充实、更新、发展。力求突出理论的现代性，突出学习的主体性。对于本书的结构设计，作者也作出了一些新的尝试，将组成教学的诸多重要因素逐一分析、研讨，搞清每一因素的内涵和外延以及其他因素的联系，最后再加以综合论述。(徐冲)

G000091 **中国新大学运动** 副名:广东中心城市新办院校研究。秦国柱著。福建教育出版社 1996 年 1 月版。31.3 万字。25.85 元。80 年代广东中心城市的崛起促成了一场“新大学运动”。一批新办院校迅速跻身于中国高校之林，其发展速度之快，影响之大，在中外高等教育发展史上也是不多见的。作者通过对宏观历史背景的剖析，揭示出中心城市办学是历史发展的必然选择。广东各地不尽相同的制约因素与办学者创造性的努力，又造就了新办院校自身的某些特点，形成了不完全相同的办学模式，这些都突出地反映在各校的办学实践过程中。作者总结了这些院校办学经验教训,揭示了它们的基本特征、发展线索、内在规律。在研究方法上,依照马克思主义的观点,以实事求是的态度,采用实地调研与文献法相结合,宏观把握与微观分析相结合,理论分析与实际论证相结合等具体方法,力求体现"实践是检验真理的唯一标准"的科学方法论精神。(汤源生)

G000092 **道家教育的现代诠释** 杨启亮著。湖北教育出版社1996年11月版。21.6万字。12.50元。以积极的文化态度和严格的科学精神,运用跨文化比较研究的方法,选定了传统与现代交融的基本思路,对中国传统教育中的道家教育进行了深入系统地研究。一反关于道家是"否定教育"、传统教育扬儒抑道的惯例,围绕着道家自然主义教育这一主线,以立论新颖的现代解释,补充了中国传统教育系统建构中关于超越精神、隐蔽课程、自然观等教育思想的长期缺憾。收入"中国教育的传统与变革丛书"。(熊茵)

G000093 **小学生十知道丛书** 李大同等编。中国少年儿童出版社1996年8月版。12.75印张。27.30元。素质教育丛书。共8册,包括:《小学生生活自理10知道》、《小学生生存自救10知道》、《小学生交通安全10知道》、《小学生心理健康10知道》、《小学生身体健康10知道》、《小学生礼仪交往10知道》、《小学生大脑开发10知道》、《小学生环境保护10知道》。丛书以图文并茂的方式,向小学生传授素质教育方方面面的知识。易于小读者理解、接受和记忆。(杨向荣)

各级教育

G000094 **母子共谈** 郭建晔等编。河北少年儿童出版社1996年11月版。18印张。21.0元。共3册,分别适合3岁、4岁、5岁幼儿阅读。包括有近百个题目,其中包括童话、故事、儿歌、谜语、手工、百科知识、语言、计算及智力训练,还包括品德教育、行为规范及其他非智力因素的培养。(孙秀银)

G000095 **幼儿跨世纪准备** 杨培华等编著。新蕾出版社1996年12月版。12印张。33.00元。包括《从小爱生活》、《从小会自理》、《从小辨是非》、《从小学创造》、《从小讲礼仪》、《从小能合群》、《从小练意志》、《从小要活泼》8个分册,通过73个故事,回答了作为21世纪主人现今的幼儿所应具备的素质和能力。作者针对社会现实特别是独生子女的弱点,突出非智力因素(如情感、意志、兴趣、性格等)的培养;突出能力(如自立、自理、交往、创造等)的培养。每个故事后面都有画龙点睛的提示,帮助教师和家长教育孩子。(马长礼)

G000096 **1—2岁指南** 叶申等著,何巧玲等画。辽宁少年儿童出版社1996年5月版。8万字。9.00元。主要是发展和培养孩子动作协调能力、语言和认知能力以及非智力品质的建立,如意志力、同情心等;最初的优良习惯的培养,如不随地吐痰、饭前洗手等。(杨焕才)

G000097 **0—1岁指南** 叶申等著,高维莎等画。辽宁少年儿童出版社1996年5月版。7.5万字。8.50元。侧重于对婴儿家长的育儿指导,重点是提示家长训练婴儿的感知觉和抓握、趴、爬、转、翻、玩、走等能力的方法。本书还适时的提供婴儿喂养指导,为年轻的父母科学育儿提供方便。(杨焕才)

G000098 **2—3岁指南(上、下)** 叶申等著,马少峰等画。辽宁少年儿童出版社1996年5月版。16万字。18.00元。主要内容为:一、平衡动作培养的方法,手部小肌肉群锻炼,如拾豆子、扣扣子、用勺吃饭等;二、进一步发展语言和美工技能;三、培养倾听朗读作品的习惯;四、简单的计算知识;五、社会性培养,如不拿别人东西,克服胆怯,培养同情心,做力所能及的劳动等,以及解决简单问题的办法,如取出床下的皮球等。(杨焕才)

G000099 **3—4岁指南(上、中、下)** 叶申等著,张怡庄等画。辽宁少年儿童出版社1996年5月版。24万字。27.00元。主要内容为:一、认知、语言、美工,如认识鸟类、农作物、水的变化、说儿歌、做手工等;二、点数1—10,倒数、认识图形、排列大小、分清左右等;三、社会性培养,如分清高兴、悲伤、生气等表情,说明这些表情产生的原因,使孩子增强交往能力。(杨焕才)

G000100 **4—5岁指南(4册)** 李素珍等著,马少峰等画。辽宁少年儿童出版社1996年12月版。32万字。36.00元。主要内容除在前几套基础上加深外,本套书还增加了介绍家乡,帮助孩子弄清亲属称呼,如姑、姨、舅等社会性内容,还增加了童话故事,幼儿生活故事内容,并引导幼儿复述故事,发展他们的语言表达能力,传授一些简单的科学知识,如动植物知识,生活常识等。(杨焕才)

G000101 **妈妈育儿必备——日本内藤博士谈育儿** [日]内藤寿七郎著。中国少年儿童出版社1996年12月版。8.75印张。18.00元。育儿知识性读物。内藤寿七郎毕生致力于育儿学的研究，在日本以小儿科最高权威而著名。该书向妈妈们展示了真正的育儿原理。针对在养育孩子时，遇到的各种各样问题，作出了详细周密的回答。(杨向荣)

G000102 **科学育儿画丛** 副名：妈妈和0—6岁宝宝。黄秀美等编。新蕾出版社1996年11月版。36印张。81.00元。根据国家教委颁布的《幼儿园工作规程》及国家卫生部颁布的《三岁前教普大纲》编写。以年龄为序，从出生到入学前，一岁一册，共6册。每册含"动作发展"、"习惯培养"、"语言发展"、"常识教育"、"计算活动"、"智力游戏"6个方面的内容。(郑秀桂)

G000103 **幼儿园环境创设与美育** 岳晓春著。北京教育出版社1996年11月版。111页。6.20元。作者运用美学观点阐述了幼儿园环境的审美特征、结构、要素等问题，详细表述了室内外环境布置的要求，以及利用环境的潜在教育功能向幼儿进行美育的方法。(黄倩)

G000104 **幼儿教育学** 叶立群总主编，郑慧英主编。福建教育出版社1996年8月版。26.6万字。18.30元。"教育学丛书"之一。专门研究三岁至入学前幼儿发展与教育的规律的著作。主要从教育与幼儿身心发展的关系、幼儿教育与社会、家庭的关系等方面探索规律，指导实践；从而阐明幼儿园教育的目标、任务、内容以及幼儿教育工作中需遵守的原则与运用的手段和方法、幼儿园环境和设备、幼儿教师等等。(黄荣森)

G000105 **小学生日常行为规范教育读物(1～6年级)** 陈锋、余鞠华等编。海燕出版社1996年3月版。45万字。共6册：《梅花鹿身上的斑点》、《鸵鸟大姐的手帕》、《"特别灵"和"笨鸟"》、《"哈哈乐"受奖记》、《曼尼老师的宝贝》、《"契约树"的遭遇》。文字为主，双色插图为辅，用生动有趣的童话、寓言、生活故事，诠释国家教委颁布的《小学生日常行为规范》内容。针对小学生的年龄特点和不同的阅读需要，由低到高，设置出相应的梯度，一步一层次，一本一世界。(王慧)

G000106 **幼儿画册** 安效珍主编。河北少年儿童出版社1996年6月版。8印张。48.00元。以国家教委颁布的《幼儿园工作规程(试行)》为指南，以幼儿积极运用多种感官为原则，以启迪幼儿智力和创造力为目的，使幼儿既动手又动脑，在游戏与娱乐中获得发展。在形式上变分科教育为主题教育，在内容上将各种知识有机地融为一体，在知识传授的同时促进思维能力的提高。该画册共6套，大、中、小班各两套，每套4册，供春、秋季使用。(贾雅清)

G000107 **幼儿智能启蒙练习100题** 王文心编。少年儿童出版社1996年11月版。2 000幅图。26.80元。分3～4岁、4～5岁、5～6岁3册。每册设有"数数"、"认知"、"添画"、"图型"、"找一找"、"归类"、"顺序排列"、"想想说说"、"推理"等项目；5～6岁的一册增设"时间"、"货币"两项。(洪祖年)

G000108 **接力挂图世界** 雨亭、夏天等编，刘一山等绘。接力出版社1996年11月版。0.5印张/册。2.50元/册。供学前幼儿及小学低年级学生使用的彩色单张挂图，共含19个品种：《数一数，1 2 3》、《画一画，长方圆》、《读一读，ABC》、《认一认，几点钟》、《逛一逛，花果山》、《游一游，动物园》、《涂一涂，红黄蓝》、《量一量，我多高》、《汉语拼音字母表》、《幼儿识字挂图》(1、2)、《眼睛保健操》、《汉字偏旁部首笔顺》、《标点符号用法表》、《元素周期表》、《乘法口诀表》、《中国历史朝代简表》、《法定计量单位换算表》、《国际音标发音表》、《领袖名言》(1—4)。(莫宁)

G000109 **学前班语言活动(上)** 姬庆生主编。辽宁少年儿童出版社1996年8月版。4万字。3.50元。学前班系列用书之一。由教育行政人员、教研人员和科研人员编写。内容包括看图读音、看图说话、童话故事、散文、看图编故事、看图编儿歌、看图猜谜语、连字组词、看图连句、句式练习、连图说句、选图造句、缩句、观察判断等，可以综合训练幼儿的语言能力，适合学前班儿童使用。(李玲)

G000110 **彩图幼儿常用字画典** 宋敏、高山等编。河北美术出版社1996年1月版。108页。8.50元。选取国家文字工作委员会颁布的常用汉字中的前100个，按照它们的使用频率高低进行编排。采用图文并茂的形式，每个字下面都有拼音和笔顺，还配有组词和造句。(戴建慧)

G000111 **学前班语言活动教学挂图(上)** 姬庆生主编。辽宁少年儿童出版社1996年8月版。46万字。48.00元。学前班系列用书之一。与《学前班语言活动》(上)一书配套使用。内容包括看图讲故事、看图说话、续编故事、学诗歌编故事、排序讲述、仿编诗歌等，适合学前班教学使用。(李玲)

G000112 **幼儿四季故事屋** 陈振桂编。接力出版社1996年12月版。44万字。34.00元。低幼故事丛书，包括《想飞的叽叽》(春)、《咪咪冰淇淋屋》(夏)、《幸运指环》(秋)、《慢慢国历险》(冬)4册，有童话、寓言、儿童生活故事、知识故事、带问题的故

事、科幻故事、幽默故事等。(黄钰)

G000113 **学前班科学活动(上)** 姬庆生主编。辽宁少年儿童出版社1996年8月版。4万字。3.50元。学前班系列用书之一。内容包括天文知识、动植物知识、声、光、电简单的科学知识和家庭日用品、交通工具、信息传递等常识,适合学前班儿童使用。(杨焕才)

G000114 **学前班健康活动(上)** 姬庆生主编。辽宁少年儿童出版社1996年8月版。4万字。3.50元。学前班系列用书之一。主要从日常生活中应注意的卫生常识入手,以图文并茂的形式教给学前班儿童一些基本的卫生和保健知识。(薄文才)

G000115 **学前智力趣味数学** 于永昌等主编。辽宁少年儿童出版社1996年6月版。8万字。6.00元。采取图文并茂的形式,以拟人的手法,塑造了聪明可爱的红金豆,由红金豆引导小朋友学完26个英文字母(大、小写)和计算近百道20以内的智力趣题。同时还以故事的形式向孩子们介绍了世界著名建筑、名山大川及风土人情。(刘银娜)

G000116 **算术大王** 王贵民等编。甘肃少年儿童出版社1996年11月版。121幅图。10.00元。以新颖、独特的讲故事、做游戏形式启发和引导幼儿学习算术方面知识的读物。书中安排了5篇生动的故事,在故事中交叉了识数、单双数、相邻数、认图形等知识及简单的加减计算。书中的故事文字都加注了汉语拼音。(新莉)

G000117 **长度** [新加坡]耐吉尔·蒂·特顿著,倪晓敏编译。辽宁少年儿童出版社1996年9月版。32页。5.00元。“幼儿数学乐园”之一。从有关长度的数学基本内容出发,通过一组小动物在不同场合中的有趣活动,将生活中的各种用品等进行比较,让幼儿形象、直观地认识和了解长、短、粗、细、高、矮等不同的含义,并学会用测量棒等测量东西的长度。(李玲)

G000118 **分类** [新加坡]耐吉尔·蒂·特顿著,倪晓敏编译。辽宁少年儿童出版社1996年9月版。32页。5.00元。“幼儿数学乐园”之一。从数学中有关分类的基本内容出发,通过一组具有不同性格特点的可爱的小动物在不同场合中的有趣活动,生动、形象地向幼儿提供了有关分类方面的基础数学知识,介绍了从颜色、形状、大小等不同角度给物品分类的各种方法。(李玲)

G000119 **分数** [新加坡]耐吉尔·蒂·特顿著,倪晓敏编译。辽宁少年儿童出版社1996年9月版。32页。5.00元。“幼儿数学乐园”之一。从分数的基本内容出发,通过一组小动物在不同生活场合中的有趣活动,以分水果、辨别物品、生日聚会等形式向幼儿形象、直观地介绍了如何将物品等分等基本的分数概念和技巧,让幼儿初步认识到整体与二等份、四等份、八等份之间的关系。(李玲)

G000120 **幼儿数学乐园** [新加坡]耐吉尔·蒂·特顿著,倪晓敏编译。辽宁少年儿童出版社1996年9月版。32页/册。50.00元。为幼儿学习数学而设计的彩色画册。以有趣的动物故事和精美的彩色插图吸引幼儿的好奇心和注意力,将数学概念清晰地展示在情景和活动中,并通过角色对话将数学语言自然、浅显地介绍给儿童,使儿童能轻松地学得数学知识。(李玲)

G000121 **次序** [新加坡]耐吉尔·蒂·特顿著,倪晓敏编译。辽宁少年儿童出版社1996年9月版。32页。5.00元。“幼儿数学乐园”之一。从有关次序的基本内容出发,通过一组小动物在不同生活场合中的有趣活动,向幼儿形象、直观地介绍了序数的基本概念、序数在生活中的实际应用等,并就小动物的活动提出了一些有关序数的有趣问题。(李玲)

G000122 **形状(2)** [新加坡]耐吉尔·蒂·特顿著,倪晓敏编译。辽宁少年儿童出版社1996年9月版。32页。5.00元。“幼儿数学乐园”之一。从数学中有关形状的基本内容出发,通过一组小动物在不同场合中的有趣活动,向幼儿形象、直观地介绍了有关球体、长方体、正方体、圆柱体、圆锥体等基本形状,并启发幼儿利用这些不同的形体做一些有趣的东西。(李玲)

G000123 **形状(1)** [新加坡]耐吉尔·蒂·特顿著,倪晓敏编译。辽宁少年儿童出版社1996年9月版。32页。5.00元。“幼儿数学乐园”之一。从数学中有关形状的基本内容出发,通过一组小动物在不同场合中的有趣活动,向幼儿形象、直观地介绍了有关直线、曲线、正方形、长方形、三角形、圆形等各种基本形状,及如何用这些不同形状做各种有趣的东西。(李玲)

G000124 **时间** [新加坡]耐吉尔·蒂·特顿著,倪晓敏编译。辽宁少年儿童出版社1996年4月版。32页。5.00元。“幼儿数学乐园”之一。通过小动物回忆一天中经历的活动和遭遇,形象、直观地向幼儿介绍了有关时间的知识,幼儿可以从主人公的有趣活动中具体了解到小时、分钟、秒种等的时间概念,并学会看钟。(李玲)

G000125 **重量** [新加坡]耐吉尔·蒂·特顿著,倪晓敏编译。辽宁少年儿童出版社1996年9月版。32页。“幼儿数学乐园”之一。从数学的基本内容出发,通过一组具有不同性格特点的小动物在不同场合中的游戏和活动,形象、直观地向幼儿介绍了有关重量方面的基础数学知识,幼儿从娱乐中可以学到比重量、称量及有关物体浮力方面的知识。(李玲)

G000126 **数字(2)** [新加坡]耐吉尔·蒂·特顿著,倪晓敏编译。辽宁少年儿童出版社1996年9月版。32页。5.00元。“幼儿数学乐园”之一。从有关数字的基本内容出发,通过一组小动物在不同生活场合中的有趣活动,向幼儿形象、直观地介绍了数字在生活中的各种实际用处,一位数、两位数的基本概念,100以内的数的基本构成等。(李玲)

G000127 **数字(1)** [新加坡]耐吉尔·蒂·特顿著,倪晓敏编译。辽宁少年儿童出版社1996年9月版。32页。5.00元。“幼儿数学乐园”之一。从有关数字的基本内容出发,通过一组小动物在不同场合中用玩具及各种生活中的实物进行的数字游戏,向幼儿形象、直观地介绍了1—10的基本数字如何排列数的顺序、比较数的多少等,还介绍了一首数字顺口溜。(李玲)

G000128 **儿童创意画** 谢丽芳著。湖南少年儿童出版社1996年10月版。14印张。17.50元。由两部分组成。第一部分是作者依据长期的儿童美术教学实践和研究而撰写的有关儿童美术教育的论述《儿童绘画 不教而教》。文章认为儿童美术教育是儿童早期教育的一部分,它应从儿童的心理特征出发,通过绘画、设计、制作等造型活动,培养儿童对美的感受,开发儿童的想象力。主张现代教育要重视人的知识结构和艺术素质,强调用积极的思维去改变过去那种单纯的记忆和模仿。儿童美术教育不仅仅是绘画技能技巧的训练,也不单单是为了培养几个艺术家,它已越出本学科的领域,成为培养具有创造性、开拓性人才的基础工程之一。并提出所有儿童生来就具有绘画和创造的天赋,顺应儿童自然发展的规律,诱发儿童自我表现意识,激活儿童的创意思维,是儿童美术教育的关键即“不教而教”的隐性教学思想。第二部分为800余幅在她的这一教学思想指导下的儿童绘画作品。(吴尚学)

G000129 **小朋友学漫画** 王培堃编。漓江出版社1996年版。2万字。100幅图。5.00元。共22讲,简明扼要地介绍了创作漫画作品的全部过程。说明文浅显易懂,图例生动有趣。(韦丹意)

G000130 **幼儿园美术** 谢永康等编。上海书画出版社1994—1996年版。270幅图。39.00元。幼儿园美术教材。按大、中、小班各两个学期分上下册,共6册。根据幼儿美术教育的特点,有计划地安排了欣赏、添画、记忆画、泥工、描画、粘贴、手指画、涂色、撕纸画、想象画、棉签画、折纸、连线画、写生画、设计、剪纸、纸工、双手画、一笔画、拓印、创作、手型画等课程。除采用步骤图和短语来介绍绘画方法外,大多设计成练习册式的半成品或局部空白式的画。小朋友只需经过稍稍添画、涂色、剪折、粘贴(书内附有粘贴纸),就可以成为完整的作品。(华逸龙)

G000131 **步入绘画的天地** 副名:我能成为大师吗 用画笔记录我的生活 您的孩子也会画画。赵雪春编著。中国青年出版社1996年8月版。2.5万字。500余幅图。98.00元。儿童绘画丛书。内容包括儿童绘画技法的指导,优秀儿童绘画作品的观摹、赏析,教师、家长的经验交流。全书对家长如何发现、启发、引导孩子的绘画才能给予了全方位的指导。(刘茗茗)

G000132 **涂画大王** 甫游编。甘肃少年儿童出版社1996年11月版。121幅图。10.00元。全面地介绍了线条、图形图案、颜色、简笔画、手工制作等幼儿绘画的基础知识,并将这些知识以新颖、独特的方式,深入浅出地通过一个个有趣的故事表现出来。(张颖)

G000133 **顾阿姨教小朋友学绘画丛书** 顾正英、樊萍等编。四川民族出版社1996年版。360幅图。10.80元/册。分“彩笔画”、“油棒水彩画”、“水墨彩墨画”、“手指画”4册,以4种不同的技法,也是孩子们最容易接受和掌握的技法,由家长或老师指导,孩子们自学画画。每一幅画都有分解操作步骤图。(张京)

G000134 **《0—6岁指南》丛书** 辽宁少年儿童出版社1996年5月—1996年12月版。120万字。根据0—6岁婴幼儿生理和心理发展特点,遵循启发式原则,按年龄分册,为父母和孩子提供了一整套家用的幼儿教育读物。(杨焕才)

G000135 **余心言少年儿童教育论集** 余心言著。湖北少年儿童出版社1996年7月版。27万字。13.60元。汇集作者论少年儿童教育的文章几十篇,按文章的内容,分成4辑。第一辑谈的主要是如何对少年儿童进行共产主义理想教育,共有15篇文章。第二辑谈的是人生教育中最基础、最经常的家庭教育,共有27篇文章。第三辑则是谈在对少年儿童进行学校教育时应该注意的问题,共有22篇文章。第四辑则谈对少年儿童如何进行社会教育,共有21篇文章。在这些文章中,作者系统和全面地就儿童教育方面的问题作了探讨,提出了许多独具匠心的观点。(刘海燕)

G000136 **儿童培养指南** 伍新春等编著。明天出版社1996年8月版。126万字。92.00元。分"优生优育"、"培养前提"、"智力开发"、"能力培养"、"人格塑造"、"特殊教育"等6编,对如何培养儿童进行了深入浅出的说明。在阐述每一个具体问题时,都从纵横两方面进行了说明。就横断面而论,需要进行培养的各种素质均分成了很具体细致的方方面面;从纵深面而论,每个方面又从婴儿、幼儿及学龄前儿童的不同年龄特点及其教育措施和实际操作等角度进行了切实指导,使广大年轻的父母和托幼工作者能够照此开展实际工作。本书围绕如何"培养儿童",即怎样将常态儿童培养成超常儿童而非针对超常儿童的教育培养而展开的。也就是说,并非以"现有超常儿童"为教育对象,而是以"未来超常儿童"的塑造为目标的。它的目的在于教授您如何将您的孩子一步一步地培养成超常儿童,使"下愚"变"中庸","中庸"变"上智","上智"变"上上智"。因此,本书特别安排了第六编"特殊教育",目的在于使这些儿童能最大限度地消除或减少其不利影响,在原有的基础上有新的进步,并尽可能地向超常儿童素质靠拢。(谭鸣鸿)

G000137 **学前班教育工作手册** 辽宁省教委学前教育处编。辽宁少年儿童出版社1996年6月版。22万字。9.50元。搜集1989年以来,国家下发的有关学前班的各项政策、法规、文件及我省学前班的办班标准。选编了全国幼小衔接的实验成果、案例,及我省学前班试点单位的典型经验材料,以利推广。同时将我省学前班试点地区教师培训讲座内容也编入此书,供广大学前教育工作者学习与培训之用。(薄文才)

G000138 **中国古代幼儿教育史** 陈汉才著。广东高等教育出版社1996年7月版。28.5万字。18.00元。探讨了我国古代幼儿教育的起源和发展轨迹,阐述了历代幼儿教育的主要内容、方法和特点,评介了古代的胎教学说、神童教育和太子师保傅教育以及历代主要家庭教育家的幼教思想和著作,揭示了我国古代幼儿教育由个体化向社会化发展的过程,总结了古代幼儿教育的历史经验,为发展社会主义的幼儿教育事业提供借鉴。书末附录《中国历代神童一览表》、《古代幼儿教育诗选》。(何业光)

G000139 **小学生日常行为规范须知** 上海市教委德育处编。少年儿童出版社1996年12月版。2万字。2.00元。依据国家正式颁发的《小学生守则》,从"文明礼仪、学习习惯、生活劳动习惯"三方面进行编写,分"在'红旗'下成长"、"学校升降国旗的基本仪式"、"在校做个好学生"、"在家做个好孩子"、"在社会做个好公民"、"小学生'一日常规'儿歌"、"道德行为小故事"等章节。(洪祖年)

G000140 **公德歌** 《公德歌》编写组编,王金泰绘图。中国少年儿童出版社1996年4月版。1印张。2.70元。思想道德教育读本。分社会篇、学校篇、家庭篇,运用四字歌形式,把小学生守则和儿童日常行为规范具体化,加注汉语拼音,并配以彩色插图,文图并茂,形象生动。(杨向荣)

G000141 **我在国旗下茁壮成长** 副名:中小学升旗仪式精选。毛凤国主编。沈阳出版社1996年10月版。14.6万字。5.90元。为配合中共中央关于加强社会主义精神文明建设若干重要问题的决议精神,贯彻《中华人民共和国国旗法》,作者从沈阳市征集的2 000多篇中小学升旗仪式佳作中精选百篇集成此书。(岑仲清)

G000142 **漫画奥林匹克头脑游戏(1—6)** 李其震等编著,杨兮等绘。北京少年儿童出版社1996年2月版。8.00元/本。共6册162关,每关有6种不同类型的题目,题目的语言生动活泼,内容涉猎广泛的知识领域,对小学生读者具有很强的吸引力和挑战性。每题都配有幽默、含蓄的漫画插图。(龙杰)

G000143 **漫画奥林匹克探案游戏(1—3)** 雨心编写,胡平利、王凌波绘画。北京少年儿童出版社1996年2月版。10万字/册。8.00元/册。大侦探笨笨总遇到各式各样的难题,九九八十一关,每关三件案子,关关扑朔迷离。本书与《奥林匹克头脑游戏》为同一系列,采用游戏过关形式,把知识性、趣味性、实用性融为一体,培养青少年分析、观察、想象能力。每册为一集,共二十七关八十一题。(龙杰)

G000144 **小学教育教学工作手册** 邱学华主编。福建教育出版社1996年3月版。110万字。34.60元。共16篇,包括:总论、教育理论、学校管理、复式教学、德育工作、课外活动、教师进修、农村实用知识以及语文、数学、思品、劳动、社会、自然、体育、音乐、美术等学科教学。各篇的内容大致包括3个方面:一是基本理论概述;二是教育、教学方法指导;三

是必要的参考资料。(李南元)

G000145 **中国情系列丛书** 雪岗等编。中国少年儿童出版社1996年12月版。100.3万字。60.00元。弘扬爱国主义的丛书,共10册:《壮美的祖国》、《富饶的祖国》、《源远的祖国》、《辉煌的祖国》、《受难的祖国》、《抗争的祖国》、《巨变的祖国》、《光明的祖国》、《育英的祖国》、《我爱你祖国》。(杨向荣)

G000146 **小学语文教学艺术** 孙明符等编著。辽宁少年儿童出版社1996年1月版。16万字。6.80元。以"双纲"为纲,"双木"为本,以"愉快教育""成功教育"为骨架,以审美教育为依托,以辩证唯物主义为指导介绍了不同风格的语文教学艺术,充分展示了语文教学艺术的魅力。(张允炜)

G000147 **小学语文情境教学** 副名:李吉林与青年教师系列谈。李吉林著。江苏教育出版社1996年9月版。33.8万字。17.50元。系统介绍情境教学的普及读物。以与青年教师谈话的生动形式,深入浅出地阐述了情境教学的探索过程、鲜明的个性及理论依据。为了便于读者可操作,作者以较大篇幅介绍情境教学在识字、阅读、作文教学中的具体运用,并结合结构优化,向读者展示了情境教学开拓了小学语文提高儿童素质的有效途径,表明情境教学不仅符合语文教学的规律,也符合儿童思维发展的规律和育人的规律。(沈晓蕾)

G000148 **小学数学教育改革文集** 曹飞羽著。人民教育出版社1996年4月版。32.5万字。23.80元。收入作者从20世纪80年代到90年代中期写成的关于小学数学教育改革的文章。内容包括作者对小学数学课程、教材、教法的论述;对小学数学教材和教学心理的实验研究;对外国小学数学教育改革的介绍文章3部分。(李润泉)

G000149 **九年义务教育五年制小学体育(教师教学用书)(1~5)册** 人民教育出版社体育室编。人民教育出版社1992年—1996年版。50万字。14.20元。根据国家教委颁发的九年义务教育《全日制小学课程计划(试行)》的培养目标、课程设置的要求和《九年义务教育全日制小学体育教学大纲(试行)》所确定的体育教学目的、任务及教学内容,按年级分册编写,全套教材共5册,于1992年至1996年陆续出版。编写这套教材的指导思想是:坚定社会主义的政治方向,贯彻理论联系实际的原则,全面、准确地体现体育教学大纲的精神和育人的总目标,以及"三项基本任务"。强调打好体育基础知识和基本技术的基础,提高学生的整体素质,促进学生身心全面发展。教材的结构由"理论部分"和"实践部分"组成。"理论部分"主要是"大纲"规定的体育、卫生保健基础常识,简明扼要,具有知识性和教育性,并增加了一些资料性的内容,方便教学。"实践部分",选用了不同的运动方式及体育项目作为基本教材,用以作为提高学生的体育文化素养,全面锻炼学生身心的手段,教学内容不仅可以发展学生走、跑、跳、投等运动能力,而且还可以培养学生勇敢顽强,克服困难的坚强意志和积极进取的精神。教材注重以通过身体的活动,对学生进行教育为落脚点,对各项教材内容的运动技术只作了一般性介绍。(胡永宽)

G000150 **九年义务教育六年制小学体育(教师教学用书)(1~6)册** 人民教育出版社体育室编。人民教育出版社1992年—1996年版。62万字。22.50元。根据国家教委颁发的九年义务教育《全日制小学课程计划(试行)》的培养目标、课程设置的要求和《九年义务教育全日制小学体育教学大纲(试行)》所确定的体育教学目的、任务及教学内容,按年级分册编写的,全套教材共6册,于1992年至1996年陆续出版。编写这套教材的指导思想是:坚定社会主义的政治方向,贯彻理论联系实际的原则,全面、准确地体现体育教学大纲的精神和育人的总目标,以及"三项基本任务"。强调打好体育基础知识和基本技术的基础,提高学生的整体素质,促进学生身心全面发展。教材的结构由"理论部分"和"实践部分"组成。"理论部分"主要是"大纲"规定的体育、卫生保健基础常识,简明扼要,具有知识性和教育性,并增加了一些资料性的内容,方便教学。"实践部分",选用了不同的运动方式及体育项目作为基本教材,用以作为提高学生的体育文化素养,全面锻炼学生身心的手段,教学内容不仅可以发展学生走、跑、跳、投等运动能力,而且还可以培养学生勇敢顽强,克服困难的坚强意志和积极进取的精神。教材注重以通过身体的活动,对学生进行教育为落脚点,对各项教材内容的运动技术只作了一般性介绍。(胡永宽)

G000151 **小学生金钥匙系列工具书** 韩素珍等编。江苏少年儿童出版社1996年8月版。180万字。80.00元。小学生学习工具书,分《数学方法手册》、《数学答疑手册》、《写作成语典故手册》、《英语手册》、《图解造句手册》、《同·近·反义词手册》、《作文章法手册》、《作文词汇语段手册》。(徐健)

G000152 **《香港回归50问》高年级读物** 金本编著。中国少年儿童出版社1996年2月版。3印张。3.40元。共3部分:香港的昨天、今天和明天。问题涉及香港的过去和民族倍受屈辱的历史;在邓小平"一国两制"的伟大构想指导下,中国政府不屈不挠地争取香港回归祖国的曲折历程;香港美好的明天等。(杨向荣)

G000153 **《香港回归10知道》低年级读物** 金本编著。中国少年儿童出版社1996年8月版。1.5印张。3.00元。以简明的文字、彩色照片,向少年儿童重点介绍:香港在什么地方、香港怎样被英国侵占、香港的大工业、香港的交通运输、香港旅游的好地方、香港的货币、香港什么时候回归祖国、香港特别行政区的区旗和区徽、什么是"一国两制",使小读者了解香港的过去和民族倍受屈辱的历史;了解在邓小平同志"一国两制"的伟大构想指导下,中国政府不屈不挠地争取香港回归祖国的曲折历程;了解香港的明天将更美好!(杨向荣)

G000154 **九年义务教育五年制小学教科书 思想品德** 人民教育出版社政治室、北京市教委教学研究部编。人民教育出版社1992—1996年版。18印张。25.00元。经国家教委中小学教材审定委员会审查后,供五年制小学试用的教科书。共10册,前6册每册12课,后4册每册13课,按相近内容划为若干潜在单元。与教科书相配套的有教师教学用书、教案选、教学挂图、幻灯、录音和录像。该教科书具有以下特点:(1)体现时代精神。教材内容的安排和选材,着重体现在改革开放条件下党和国家对小学生在思想品德方面的要求,突出爱国主义、集体主义和社会主义教育,注意培养学生的民族自尊心、自信心、自豪感和主人翁责任感。(2)强调针对性。教材从内容、文字、插图到练习,都考虑到学生的年龄特征,注意反映学生的思想实际和生活实际,注意选用学生同龄人的事迹和贴近学生生活的事例,使易于从感情上沟通,引起共鸣。(3)具有趣味性。从内容到形式都注意生动活泼,富于童趣。内容多是学生生活中经常遇到的问题,并因年级不同分出层次,由浅入深,螺旋上升,循序渐进。形式上图文并茂,全部彩印,插图略有变形,符合小学生的心理特征。体裁不拘一格,形式多样,低年级多采用短句、童话、故事、儿歌和浅显的寓言等;中年级比较多地是通过故事或事例说明道理,或寓道理和行为要求于生动具体的形象之中;高年级一般采用夹叙夹议的形式,摆事实讲道理,或由学生讨论,自己得出结论。(4)注意能力的培养。课文内容的编排特别是练习的设计,注意引导学生运用所学的道德知识去分析事物,指导自己的行动,以培养道德判断、道德评价和自我教育的能力。(5)重视实践性。教材虽然侧重于明理,但也注意了知行统一,特别是通过练习,着重引导学生联系实际,用所学道理指导自己的行动,培养良好的行为习惯。(宋殿宽)

G000155 **小学生看图作文** 于杰等编。陕西人民美术出版社1996年1月版。15万字。3.80元/册。通过看图写话,看图作文,训练观察能力,调动大脑中的记忆,还可以进行把文字加以重新组合练习。本书选取了一些角度新、内容广、语言优美的范文,注重作文的难易程度,分为"人物描写"、"植物描写"、"动物描写"、"景物描写"、"事情描写"、"看图写话"6册。

G000156 **小学作文达标训练与范文(3—6年级)** 北京少年儿童出版社1996年6月版。24万字。5.50元/本。按照《九年义务教育全日制六年制小学语文教学大纲》的要求编写,采取靠纲不靠本的原则,以便适应于配合各种版本教材的使用。每本书均由两部分组成。第一部分是根据《大纲》对各年级的作文要求,安排了一系列习作题目,从不同题目出发确定具体的习作要求,安排必要的指导与训练,每一个题目后面还附有1—2篇达标作文。目的是使学生读后,明确作文要求,体会到作文不难,感到有路可循、有例可仿。第二部分配有若干篇范文,主要是选择写得较好的习作。目的是激发作文兴趣、开拓思路,并通过眉批和总批,让学生体会到这些范文好在哪里,为什么能写好,以便于向别人学习。(龙杰)

G000157 **快乐英语** 吴悦心等编。辽宁师范大学出版社1996年11月版。5万字/册。5.80元/册。与九年义务教育小学英语教材配套的儿童初级英语教材,供幼儿园和小学低中年级使用。该书经辽宁省中小学教学用书编审委员会审定,已在大连、鞍山、厦门等地被正式列入课堂用书。该书根据国家教委《九年义务教育全日制小学、初级中学课程计划(试行)》的精神,参照人民教育出版社的《小学英语教学与教材编写纲要》,综合国内外最新教育理论和教学方法之长,一反传统的从字母学起的旧路,直接从会话学起,以功能训练为主,突出语言的实践性和交际性,从听说训练入手组织教学。在教学形式和方法上,则以愉快教育、成功教育为原则,通过多种游艺化教学形式激发学生兴趣,让孩子们在听听说说、唱唱玩玩、认认读读中打下较好的语音、语调和书写基础,养成良好的学习习惯和语言能力,充分体现以学生为主体,以教师为指导的素质教育课堂教学模式。全书4册,供两个学年使用。每册18课(每课教学内容可安排 2 课时完成),分为 3 个单元。每课教学分为会话、词汇、趣味性操练 3 部分。而操练部分有游戏、表演、童谣、歌曲等多种听说训练形式。书中各单元的会话和词汇都以归类的形式出现,既可体现语言的功能,又能减轻学习难度,有利于学生语言的记忆和积累。全书另配有教学录音磁带和《快乐英语听力练习》。(刘文刚)

G000158 **九年义务教育六年制小学数学课外读物** 人民教育出版社小学数学室、吉林省教育学院小学数学教研室编。人民教育出版社 1994 年 12 月—1996 年 6 月版。62.45 万字。30.85 元。12 册。九年义务教育六年制小学数学教材系列的组成部分之一,供各年级小学生课外阅读使用。这套课外读物是教科书之外的辅助学习材料,它以生动活泼的小故事或趣味盎然的智力趣题等形式出现,将每册教科书涉及的部分数学知识加以灵活应用或者加深讲解。通过阅读使学生拓宽视野,增长知识,开发智力,培养能力,使不同水平的学生的数学知识能力都得到提高和发展,又不加重学生的课业负担。书中根据数学内容和叙述形式的不同特点,分为"金钥匙"、"七巧板"、"望远镜"、"聪明泉"、"常青树"、"银浪花"、"万花筒"、"九连环"、"启明星"、"希望杯"等 10 个栏目,以增加读物的可读性和趣味性,激发学生学习数学的兴趣。这套课外读物可以在教师或家长的指导下由学生自己阅读。教师也可以从中选取适当的内容作为活动课或数学兴趣小组的学习、活动材料。(卢江)

G000159 **小学生学自然连环画** 王沛清等编著,徐朝龙等绘画。湖南美术出版社 1994 年—1996 年 4 月版。180 幅/册。总 110.00 元。按自然科学门类分为 10 册。第一册《动物》。介绍了动物的基本形态特征和繁殖过程,以及动物怎样获取食物、怎样保护自己、怎样过冬,动物的进化,保护动物与生态平衡,动物与仿生学等方面的知识。同时,用一个个有趣的故事和画面,引导小学生们去关心、保护动物。第二册《植物》。介绍了植物的根、茎、叶、花、果的形态和作用,以及有趣的植物仿生知识和植物的进化过程。使小学生懂得人和植物的关系,更加珍爱和保护好我们周围的绿色世界。第三册《宇宙》。通过一些神话和传说介绍有关宇宙的科学知识,解答孩子们关心的一些问题,也提出了一些新的疑问,让孩子们在比较中认识宇宙,寻找新的答案。第四册《太阳系》。介绍了有关太阳的传说,以及太阳和人类的关系;月亮的起源和月面的景观;地球的构造、地壳的运动,以及地层、地表的形成等科学知识,激发小学生对科学探索的向往之情。第五册《水与人类》。介绍了水是什么样的物体,它有哪些特性,水在自然界里是怎样循环的,怎样化水害为水利等等知识,帮助孩子们从小就懂得珍惜水资源。第六册《空气与人类》。介绍了空气是由什么组成的,空气与人类的密切关系,以及空气污染对人类和环境的影响等知识,从而增强环境保护意识。第七册《生理卫生》。介绍了人体的结构和功能,包括骨骼、肌肉和运动、食物的消化、血液的循环,以及眼、耳、鼻、舌等器官的作用等知识,在此基础上,还结合小学生的生理特点,介绍了各种保护和锻炼身体的有效办法。第八册《力和机械》。主要讲解了有关力的知识,原始工具过渡到现代机械的状态,简单机械的原理和使用的方法,还安排了许多有趣的力和机械的实验。第九册《光和热》。通过对自然界的光和热的来龙去脉,以及物体热胀冷缩的规律和热传递的方式等光学方面的知识介绍,揭开了彩虹、"蹈火"等现象的秘密,描述了人们利用光和热的知识如何死里逃生的科学探险,以及为人类造福的科学实践。第十册《电和磁》。介绍了电和磁的产生、性质、功能和广泛的用途等许多生动有趣的科学知识,让小读者懂得电和磁在我们日常生活中和经济建设中的地位和作用。(刘昕)

G000160 **九年义务教育五年制小学教科书美术** 人民教育出版社美术室编。人民教育出版社 1992 年—1996 年版。36 万字。32.75 元。这套教材经国家教委中小学审查委员会审查通过。基本体现了九年义务教育的性质、任务及小学美术教学大纲的基本要求,教材内容比较符合学生的认知规律:1. 教材选择比较符合当前一般美术教师的接受能力。2. 比较重视思想教育和审美教育。3. 具有一定的民族、民间特色,是一套比较切合实际的美术教材。1993 年起供全国使用。该教材具有如下特点:一、教育性特点。(一)选材注意寓思想政治教育于美学之中。(二)教材内容"以美引真",陶冶高尚情操。美术作品欣赏课,通过欣赏优秀的民间作品、欣赏我国古代绘画、雕塑和建筑艺术名作,使学生感受到祖国艺术的美,了解我国美术在世界上的特殊地位,对人类的贡献和灿烂的文化传统。这本身就是非常切实的爱国主义情感的培养和教育。(三)重视培养学生的民族审美意识以培养学生对民族美术的情感和民族审美意识。此外,在每册书内均设 1—2 单元的以培养学生民族审美意识为教学目的的课业,或与绘画结合,或与工艺搭档,或融于"欣赏——体验课"之中，着眼于培养学生在感受、想象、思考、感情、观念等方面，与民族传统美术作品相通相融。培养民族审美意识实质是蕴涵着民族意识、爱国情操的教育。(四)在教法设计、作业要求、不同类型作业并选中的提示等方面，重视体现教育性。(五)注意美术与实用的结合，以培养学生应用美术的能力。(六)改“手工课”为“设计制作课”，改“泥工”、“纸工”为“泥塑造型”、“纸造型”，以体现培养学生的设计意识和独创精神。二、教学性特点。课本版面突出教科书特点，内容适应教学需要；编排上注意挖掘知识的内在联系；以利于教学；选材内容和教学注意适合儿童的年龄特点；编排出工艺教学的训练程序，使工艺技能训练具有科学性；欣赏课由“欣赏”“欣赏——体验”系列编排。三、以教科书为主、教材系列配套。与教科书系列配套的教材有《教师教学用书》、插图、幻灯片、录像、教具、学具等。(武奎英)

G000161　**小学教育大全**　王锡祥主编。云南教育出版社 1995 年 12 月版。80 万字。28.00 元。综合性工具书。分教育编和教学编。教育编为义务教育的方针政策，近年出台的有关教育的法律法规，学生守则、行为规范，教育管理理论，学校管理，课外活动及家庭教育原则和方法等方面的知识；教学编围绕学校以教学为中心，将小学语文、数学、思想品德、自然、社会课、音乐、美术、体育、劳动课等学科知识全面汇编。(黄敏)

G000162　**蒙学读物的历史透视**　徐梓著。湖北教育出版社 1996 年 10 月版。19.8 万字。12.00 元。蒙学读物是传统文化的重要组成部分。某一时代的蒙学读物，往往是这一时代性格和气质的典型体现。传统蒙学读物中深藏着中国文化的秘密，浓缩了中国传统的知识结构。本书按历史发展的线索，将中国传统蒙学读物的发展分为 3 个时期，系统地介绍了传统蒙学读物。收入“中国教育的传统与变革丛书”。(熊茵)

G000163　**中、小学生日常行为规范**　人民教育出版社政治室编。人民教育出版社、南方出版社 1996 年 5 月版。15 万字。3.90 元。中、小学生思想品德教育辅助图书。根据国家教育委员会颁布的“中、小学生日常行为规范”和中小学生的生活实际编写，对“规范”的每一条内容都做了适当的解释，提出了具体的行为要求，对中、小学生理解和掌握“规范”内容，形成良好的行为习惯有一定的指导作用。该书分为中学生、小学生两部分，各自独立成册。(于明江)

G000164　**中学生悄悄话**　缪力等编。海天出版社 1996 年 9 月版。73.5 万字。60.00 元。针对中学生关心的问题，以喜闻乐见的形式，一个一个人，谆谆教导；一件一件事，层层剖析。使中学生在轻松愉快中领悟人生的真谛。本套书以中学生的眼光去看世界，用中学生的心灵感受未来，是打开中学生心灵之窗的钥匙，是少男少女步入人生的指南。(杨宏英)

G000165　**升旗大典**　陶春辉、兰宏生主编。同心出版社 1996 年 7 月版。100 万字。98,00 元。一部针对中小学升旗活动编写的具有思想性、实用性、权威性的大型工具书。分 3 大部分，每一部分都根据学校每年授课 52 周的特点，按 52 个单元编写各类内容。第一部分：升旗献词，分别按中小学系列精选了大量当代歌颂祖国的国旗的优秀诗歌、散文；第二部分：国旗下的讲话，由 5 个专题系列组成：1. 祖国之恋系列，2. 难忘的岁月系列，3. 壮丽江山系列，4. 举旗的人们系列，5. 为国旗增辉系列；第三部分：国旗的故事，由 52 个热爱祖国和国旗的故事组成。(王小云)

G000166　**全日制普通高级中学思想政治课课程标准**　中华人民共和国国家教育委员会编订。人民教育出版社 1996 年 5 月版。4.5 万字。2.10 元。课程标准是国家指导小学思想品德课和初中思想政治课的教学、评估、考核，以及规范教材编写与审查的规章。高中思想政治课课程标准不仅是建国以来首次由国家颁布的政治课课程标准，而且是目前高中课程计划中惟一试行的课程标准。课程标准的规范方式优于教学大纲的规范方式，就在于增加了这样一种指导性规范：就其效力而言，不但要规定教学基本内容，而且要指导教学内容的实施；不但要表达教学基本内容，而且要对其范围和程度上的基本要求加以限定，提供可把握、可操作、可检测的标准；就其功能而言，课程标准包括“序言”、“教学内容和基本要求”、“教学原则和方式方法”、“教材编写与选用”、“学习评价与考核”5 部分，能够为学科教育教学工作的所有环节提供规范，如编写和使用教材、检查和评估教育教学质量，以及考查和测试学习效果等。课程标准规定，一年级讲经济常识，二年级讲哲学常识，三年级讲政治常识。在改进教学内容方面，其主要特点是：坚持以马克思列宁主义、毛泽东思想、邓小平理论为指导，根据不同年级课程设置的特点，整体规划，自始至终、较为全面地贯穿了邓小平理论基本观点的教学；适应当代中国社会政治经济形势，立足于“我国”，着眼于“特色”，围绕新时期学校德育工作的历史性课题，坚持正面教育、重在建设的方针，充分体现了时代精神；强调考虑学生主体的需求，切合学生成长的实际，注意就怎样做人、为人，如何处事、办事，更多地向学生提供有关的道理和有用的知识；力求把大道理的灌输与具体知识的传授有机地、自然地结合起来，把形成观念的过程寓于传授知识的过程之中，提高教学实效。（朱明光）

G000167　**高中思想政治课课程标准学习读本**　人民教育出版社政治编辑室编。人民教育出版社 1996 年 12 月版。8 万字。3.60 元。1996 年 6 月 7 日国家教育委员会正式印发的《全日制普通高级中学思想政治课课程标准》（试行），是国家制定的指导高中思想政治课教学的纲领性文件。本书分别对这一课程标准的指导思想和编订意图、编订原则和根据、标准的内容和要求以及使用方法等，作具体介绍。（扈文华）

G000168　**提高中等学校思想政治课程实效研究**　贺允清主编。人民教育出版社 1996 年 4 月版。26 万字。15.50 元。论文集，“全国教育科学‘八五’规划国家教委级重点研究课题”的成果汇编。论文包括“总论”、“关于思想政治课内容的研究”、“关于改革思想政治课教材的研究”、“关于改革思想政治课教学方式方法的研究”、“关于加强师资队伍建设的研究”等 5 类、共 44 篇。这些论文的作者，来自从事中学德育工作的不同岗位，有教育行政部门的领导、大学教授、教材编写的专业人员、中学教师及从事德育管理工作的人员。他们从不同的视角、不同的层面，如新时期加强德育工作的要求、深化改革的经验、编写教材的思路、教学方式方法的创新等等，围绕如何提高中学思想政治教育课程实效的主题，作出了实事求是的总结，进行了开拓性的探讨，提出了建设性的建议。（朱明光）

G000169　**中华三字经**　孙正聿等编。吉林文史出版社 1996 年 4 月版。2.5 万字。3.80 元。以社会主义伦理道德为主线，以中华民族传统美德、“两史一情”及现代人素质教育为主要内容，以弘扬爱国主义精神，突出引导少年儿童如何做人为旨；针对当代中小学生的特点，将人生哲理、知识典故和人格典范融为一体。同时，讲究绘画、书法的功底、品味，并以经文注释、注音相辅，使其一书多用，适合中小学各年级学生和学前儿童学习、诵记。（孙洪军）

G000170　**1993－1996 全国各类成人高等学校招生统一考试各科试题汇编**　人民教育出版社成人教育室编。人民教育出版社 1996 年 9 月版。40.9 万字。18.00 元。汇集 1993 年～1996 年全国各类成人高等学校招生统一考试的政治、语文、数学（文史财经类）、历史、地理、数学（理工农医类）、物理、化学、英语 9 科试题，同时书中还附有各科试题的参考解答或答案。本书对参加各类成人高考的考生系统复习各科知识要点具有指导作用。（龚贵春）

G000171　**新编中考试题分类汇编**　《新编中考试题分类汇编》编写组编。北京教育出版社 1996 年 4 月版。共 5 册，包括数学、物理、化学、语文、英语 5 门主科。精选近几年全国主要城市考试题中有一定难度的典型试题，根据九年义务教育大纲的要求和新版教材的知识体系分类汇编，书后附有答案及提示。（黄颖）

G000172　**全日制普通高级中学语文教学大纲（供试验用）**　国家教育委员会基础教育司编订。人民教育出版社 1996 年 5 月版。0.6 万字。0.6 元。与九年义务教育小学、初中语文教学大纲相衔接，1997 年在江西省、山西省、天津市试验，同步试验人民教育出版社编印的高中语文教科书。此大纲的内容有：一、教学目的，二、教学原则，三、课程结构和课时，四、教学内容和要求（1. 能力训练，2. 基础知识，3. 课文），五、评估和考试，六、教学设备。大纲对语文的性质表述为：“语文是最重要的交际工具，也是最重要的文化载体。”大纲第一次提出了 6 条教学原则。提出了 18 项能力和 18 项基础知识。指出语文学科由必修课、选修课和活动课组成。

G000173　**于漪语文教育论集**　于漪著。人民教育出版社 1996 年 3 月版。54.4 万字。25.70 元。于漪是全国著名的特级教师。本书为作者语文教学经验与实践之总结。全书分 8 个部分：我和语文教学；素质·能力·智力——我的语文育人观；把语文课上得实惠一些，朴实一些；阅读教学艺术谈；期待着精益求精的好教材；学语文要注意双锤炼；夜读散记；昭苏万物春风里。（王文英）

G000174　**最新中学英语语法全书**　余正主编。华东师范大学出版社 1996 年 11 月版。45.5 万字。20.00 元。收入上海市中学英语学科课程标准（草案）所列语法项目，并参照我国现行中学英语学科教学大纲作了适当增补，内容覆盖了整个中学阶段（包括初中、高中）。全书分两部分，第一部分为词法，涉及名词、冠词、代词、形容词和副词、数词、动词、介词、连词、感叹词，第二部分为句法，包括：陈述句、疑问句、祈使句及感叹句、简单句、复合句及并列句,强调结构及独立主格结构。每一项语法项目均按“语法说明——例句——情景对话——练习”结构编写,突出了重点、难点,强调了语言训练的作用。(翁春敏)

G000175 **全日制普通高级中学英语教学大纲(供试验用)** 国家教育委员会基础教育司编订。人民教育出版社1996年5月版。7万字。2.60元。1995年根据普通高中课程方案编订。于1997年秋开始在山西、江西和天津三地实验。该大纲明确提出:“全日制高级中学英语教学的目的是在义务教育初中英语教学的基础上,巩固和扩大学生的基础知识,发展听、说、读、写的基本技能,培养在口头上和书面上初步运用英语进行交际的能力,侧重培养阅读能力,并使学生获得一定的自学能力,为继续学习和运用英语切实打好基础;使学生在学习过程中受到思想品德爱国主义和社会主义等方面的教育,增进对外国,特别是英语国家的了解;激发学生的学习兴趣;发展学生的智力,提高他们的观察、注意、记忆、思维和想像等的能力”。本大纲包含课程安排、教学目标和要求、教学内容(四个方面即日常交际用语41项、语音、词汇——分表一和表二、二个层次及语法)、教学中应该注意的几个问题及考试考查5个部分。本大纲比过去的《全日制中学英语教学大纲》有很大的进展。较好地处理了知识与技能的关系,结构与功能的关系。知识是技能的基础,技能从知识转化而来。在义教教学的基础上,继续明确规定要培养在口头上和书面上运用英语进行交际的能力,侧重培养阅读能力,在高中阶段这是很必要的,所以在“读”的要求上,明确规定除课本以外,要补充阅读的量达到20万字以上。在教学内容方面分不同层次的要求,如在词汇和语法教学上分掌握和理解两个层次。词汇的词义也有明确的规定,除掌握1 200个外,还要学习740个词和一定数量的短语,只要求理解。这样做有利于教师教学和学生掌握。这在过去的大纲和教学中都没有正式提到过的。(刘锦芳)

G000176 **全日制普通高级中学俄语教学大纲(供试验用)** 国家教育委员会基础教育司编订。人民教育出版社1996年5月版。2万字。1.00元。与《九年义务教育全日制初级中学俄语教学大纲(试用)》相衔接,由6部分和附录(词汇表)所组成。一、“教学目的”规定:“通过听、说、读、写基本训练进一步培养学生在口头上和书面上初步用俄语进行交际的能力,侧重培养阅读能力,并增进对所学语言国家文化背景知识的了解;使学生受到爱国主义、社会主义、集体主义和思想品德等方面的教育;发展学生的智力和自学能力。二、“课程安排”规定为必修课和限选课,三年总授课时数为297—349课时。三、“教学目标”,把高一、高二年级定为一级目标,高三年级定为二级目标,并对这两级目标规定了定量的具体内容。四“教学内容”从词汇、语法、课文3方面作了规定。五、“教学原则”,依据我国中学生学习俄语的特点和现代外语教学法思想提出7条:1)遵循俄语教学规律,寓思想教育于语言教学之中。2)重视基础知识教学,加强俄语语言实践。3)听说读写全面训练,侧重培养阅读能力。4)尽量使用俄语,适当利用本族语。5)了解语言国情知识,开阔文化视野。6)注意发展智力,培养自学能力。7)利用视听手段,努力创设俄语学习环境。六、“考试和评估”,要求考查学生综合运用俄语语言材料的能力为主,形式包括笔试和口试(或听力),但仍以笔试为主;两级教学目标均为高级中学俄语教学的合格标准。附录(词汇表)里列出800个需要掌握的常用单词。(汪震球)

G000177 **全日制普通高级中学日语教学大纲** 国家教育委员会基础教育司编订。人民教育出版社1996年5月版。3.9万字。1.70元。根据国家教委基教司制定的《全日制普通高级中学课程计划(试验)的指导思想,在调查研究的基础上经过反复酝酿和广泛征求意见后编订而成。分6个部分:一、教学目的;二、课程安排;三、教学目标;四、教学内容;五、教学中应注意的几个问题;六、考试和考查。此外,正文后设与教学内容有关的附录,其中包括三项内容:词汇表、语法项目表和日常交际用语。与以往的中学日语教学大纲相比,本大纲在教学目的上更加强调高中阶段的日语教学仍旧是打基础;要提高口头上和书面上运用日语的能力;扩大文化视野,发展思维和提高文化素质。课时比以往减少了,教学目标也相应降低了难度。高一、高二为必修课,一级目标;高三为必选课,二级目标。在教学内容上简化了说明,将涉及具体教学内容的部分列为附录。教学内容中新增加了“日常交际用语”,是重视培养学生实际运用日语的具体体现。教学中应注意的几个问题中新增加了“着重培养学生用日语进行交际的能力”“正确处理语言教学和文化的关系”“积极开展课外活动”三项。在考试方面明确提出主要进行笔试、口试,有条件的地方可以适当进行听力测试。不仅考查基础知识,还要考查基本的交际能力。规定了考试的合格标准和命题范围,要求考试和考查都要遵循减轻学生负担的原则。(唐磊)

G000178 **全日制普通高级中学地理教学大纲（供试验用）** 国家教育委员会基础教育司编。人民教育出版社 1996 年 5 月版。1.7 万字。1.00 元。分 6 部分：一、教学目的；二、课程安排；三、教学目标和教学要求；四、教学中应注意的问题；五、考试与评估；六、教学设备和设施。本大纲有如下几个主要特征。1. 构建了新的学科体系，更新了教学内容。从整个高中阶段看，高一设置地理必修课程，每周 3 课时，供全体学生修习。教学内容主要讲述人类生存的自然环境和人类活动的社会环境：宇宙环境、大气环境、海洋环境、陆地环境以及农业、工业、交通和通信、商业和贸易、旅游、聚落等最基本的人类经济活动和居住活动。高二、高三设置地理限定性选修课程，高二每周 1 课时，高三每周 2 课时，供选择文科的学生修习。高二的教学内容侧重于人类非经济活动领域的若干人文地理专题：人口与环境、城市地域结构、文化与人文景观、领土与国力。高三的地理教学内容主要是中国地理区域研究和国土整治。这是一种层次渐进的、既考虑到全体学生又面向不同发展方向的内容体系。2. 提高知识的理论和实用价值。把一些新的观念和地理理论首次引入高中地理教学，如：可持续发展观念、地理区位理论、文化扩散理论、综合国力理论等等。增加这些内容，使高中地理知识达到一定深度而有别于初中地理。鼓励采用典型个案或例子说明基本原理的方法，如大纲中提出要"结合实例"理解农业区位因素、工业区位因素，理解自然、经济、社会等因素对城市区位的影响，了解乡村城镇化发展的道路。高三年级国土整治的内容，选择不同区域国土整治的主要问题讲述，如：东北农林基地的建设、黄淮海平原和南方红壤丘陵的治理、黄土高原的整治与开发等等。这种原理与事实之间的新的联系方式，使地理学的实用价值得到了体现。3. 要求明确，具有可操作性。"教学目标和教学要求"是大纲的主体部分。用表格的方式，对三个年级的教学内容作了比较详细的规定。左栏为教学内容要点，右栏为对各知识要点层次的把握，分为了解、理解、掌握三个层次。智能训练要求归为分析、操作演示、绘图说明、联系实际等几类；思想教育则用懂得、培养、树立、见诸……行动等词表述。这样分类要求，层次清楚，使教学要求明确具体，便于在教学中落实，增强了大纲的可操作性。（韦志榕）

G000179 **历史教育学** 王铎全主编。上海教育出版社 1996 年 10 月版。350 万字。内容包括："中学历史教育目标"、"中学历史课程设置"、"中学历史教材"、"历史知识特点和历史教学原则"、"中学历史课堂教学的一般方法"、"历史教师备课"、"历史教育研究的发展与现状"等。对历史教育理论进行了总结，并努力反映在教学实践中出现的新矛盾，提出的新问题，以及积累起来的新经验。（薛培华）

G000180 **全日制普通高级中学历史教学大纲（供试验用）** 国家教育委员会基础教育司编订。人民教育出版社 1996 年 5 月版。3 万字。1.40 元。与九年义务教育全日制初中历史教学大纲相衔接的新的面向 21 世纪的全日制普通高级中学历史教学大纲。于 1996 年在全国颁布试行，1997 年秋季始，编成新的高中历史教科书在全国部分地区试用。全日制普通高中历史教学大纲具有跨世纪的时代性，将提高我国国民的素质，作为一个关键要素，大纲考虑到未来世纪中国在世界的地位问题，考虑到目前世界学术界科学和学科的综合，考虑到世纪之交国际、国内政治经济形势和格局的变化，同时也考虑到吸收近年来教育、历史、考古界、历史教学界的新成果。大纲富有时代的新特点，符合中国国情，并考虑高中历史知识层次及和初中历史的衔接。这一轮高中历史大纲包含着教学目的、课程、课时安排、教学目标和教学内容以及教学中应注意的几个问题、考试与评估等 5 个方面。在"教学目的"中规定："高中历史教学，有助于学生进一步认识人类社会发展规律，认清世界发展进程，进一步了解国情，更加热爱社会主义祖国，坚定建设有中国特色社会主义的信念，树立把我国建设成富强、民主、文明的社会主义现代化国家和为世界和平、正义与进步事业而献身的精神。"在"课程、课时安排"中规定，高中历史课程将分作必修、限定选修和任意选修三类。必修课为中国近现代史，在高中一年级开设，每周三课时。文科限定选修课有世界近现代史和中国古代史，各在高二、高三开设。任意选修课两门，为中国文化史和世界文化史。"教学目标和教学内容"又分为中国近现代史教学目标、内容，世界近现代史教学目标、内容和中国古代史教学目标、内容 6 项。"教学中应注意的几个问题也分为 6 点，包括坚持马克思主义毛泽东思想，注意高中阶段的层次性，全面完成教学三项任务，重视历史知识的系统性，发挥学生学习主动性积极性，加强现代化教学手段，进行有益的课外活动等内容。把"考试和评估"列入教学大纲，是这次高中历史教学大纲一大新特色，在本大纲中严格规定："高等学校入学考试，应以本大纲为依据。"（臧嵘）

G000181 **国外中学实验 地理** 林培英、曾红鹰编译。首都师范大学出版社 1996 年 12 月版。8 万字。4.50 元。在《联合国教科文组织新编理科教学参考书》(地学部分)基础上编译、修订、补充而成。在保持原书风貌的前提下,补充了一些我国地理和环境教育的实例。本书不是与教学大纲和课本配套的教参,收集的内容远远多于我国教学大纲的要求,可作为地理教师丰富教学和学生学习的参考资料。为使本书能面向全体学校并倡导通过学生自己动手来认识地理环境和学习科学知识,全书保持了原书最重要的特点——实验观测方法简便易行,工具以自制为主,即使在补充新的观测和实验时,也仍坚持选择最节省、最简单、最容易的方法。此外,为使本书有更广泛的实用性并为教师留下发挥才能的余地,书中只给出了观测和实验的基本方法,教师可根据所在地区和学校的具体情况及自己的经验加以补充、调整。(俞斌)

G000182 **全日制普通高级中学数学教学大纲(供试验用)** 国家教育委员会基础教育司编。人民教育出版社 1996 年 5 月版。1.7 万字。1.00 元。自 1994 年 3 月开始启动,历时两年多,于 1996 年 5 月正式颁布。《新大纲》的内容包括教学目的、教学内容的确定和安排,教学内容和教学目标、教学中应该注意的几个问题、教学测试和评估。《新大纲》具有以下几个特点。一、精简内容:在保证基础的前提下,对传统的初等数学进一步删去其次要的、用处不大的,而且是学生学起来有一定困难的内容;二、更新了部分知识内容,扩大了基础,增加了简易逻辑、平面向量、空间向量、概率统计、微积分初步等知识,这些知识都是进一步学习的基础,也是有着广泛应用的数学知识;三、增加了大纲的灵活性:根据学生毕业后的不同去向和学习能力的差异,《新大纲》分为必修课、限定选修课和任意选修课内容,必修课作为高中生共同的要求,在一二年级开设,限定选修课作为分流的基础,在高中三年级开设,分为理科、文科和实科三种水平,任意选修课供学有余力的学生选学,可以激发学习兴趣、拓宽知识面、培养特长等;四、重视数学应用:《新大纲》增加了所学数学知识的应用,如增加有着广泛应用的概率统计等,在有关内容后,安排有实习作业,促进学生参与数学活动,在任意选修课内容中,安排有数学应用的专题,增强学生用数学的意识。《新大纲》颁布后供编写新教材、教学研究和培训教师使用。(方明一)

G000183 **数学教学论** 林六十主编。中国地质大学出版社 1996 年 10 月版。20 万字。14.00 元。数学教学论是运用普通教学论的原理,结合数学学科的特点研究数学教学过程规律的一门边缘性教育学科。本书共 7 章。中学数学的课程论基础、数学教学的心理学基础、数学教学的逻辑基础、数学教学与数学思想、数学教学与数学应用、数学教学模式、中学数学的教学工作。作者用教育学和心理学的基本原理研究数学教学,突出教学过程中的数学思想与方法,初步探讨了差生的数学学习,提出了数学教学中的一些问题研究的方法。着重研究了:数学教学过程的本质;教学内容的构成;教学模式与方法的组成与实施,并对当前数学教学论中的现实问题进行了研究。把中学数学教学原则分为:教的原则——直观性、个别指导与巩固性;学的原则——自觉性、积极性与巩固性;教学内容——科学性。作者认为数学教学原则的提出应以教学目的为出发点,以体现数学学科的特点和反映数学教学取得成功的经验为基本要求,教学原则要有利于教学目的落实,有数学特点,对教学有指导作用,是可操作的。提出了数学教学原则应是:(1)暴露或揭示数学思想的原则;(2)传授知识理论和数学方法相结合的原则;(3)讲授与练习和自学相结合的原则;(4)发展与应用相结合的原则。总结了研究数学教学论的主要基本方法及适用范围。(方菊)

G000184 **现代数学教育丛书** 曹才翰等编。湖南教育出版社 1996 年 11 月版。124 万字。51.73 元。配合 1993 年全国九年制义务教育初中新教材的启用而编写。结合教学大纲、教材,介绍国内外现代数学教育理论。特别是介绍国内经实践证明有效,且有一定理论水平的教学原理、环节与方法。全套书共 6 种:《初中数学目标与评价》——研究初中数学教学的教学大纲,评价标准及方法。《初中代数教学法》——介绍初中代数现代教学理论和各地教改经验及课堂实录等。《初中几何教学法》——介绍初中几何现代教学理论、教改经验和典型教案、课堂实录等。《初中数学习题研究》——较系统地研究了初中数学习题的作用、配置方法、编写原则等理论。《初中数学课堂教学》——总结上海市青浦县顾泠沅博士等 10 年数学教改的成功经验。《初中数学课堂结构》——在研究、总结青浦经验的基础上提高、升华而成的理论著作。(欧阳维诚)

G000185 **全日制普通高级中学物理教学大纲(供试验用)** 国家教育委员会基础教育司编订。人民教育出版社 1996 年 5 月版。2.5 万字。1.20 元。关于普通高中物理课程的教学目的、课程安排、教学内容和教学中应该注意的问题的法规性文件，与国家教育委员会制定关于 1992 年 6 月发布的《九年义务教育全日制初级中学物理教学大纲(试用)》相衔接。本大纲首次提供了两种类型的物理课。在高中一年级两种课程的教学内容和教学要求完全相同，从二年级起，为适应具有不同兴趣、不同特长的学生的需求，课程的内容和要求不同。本大纲在内容安排上注意加强基础，把主干知识作为课程的主要内容；适当增加近代物理的内容，注意渗透现代物理的观点；增加了与物理相关的应用知识。本大纲强调引导学生积极、主动地学习，培养学生独立思考的能力和习惯。在加强能力培养方面，提出要培养学生的观察能力和实验能力，抽象和概括、分析和综合、推理和判断等思维能力，科学的语言表达能力，运用数学处理问题的能力，分析和解决实际问题的能力。教学要求分成 A、B 两个层次，A 层次为“知道所列知识的内容，在有关问题中能够识别和直接使用它们”，B 层次为“在 A 层次的基础上，理解所列知识的含义，能用来分析、解决物理问题”。(张大昌)

G000186 **全日制普通高级中学化学教学大纲(供试验用)** 国家教育委员会基础教育司编订。人民教育出版社 1996 年 5 月版。3.2 万字。1.40 元。遵照相应高中课程计划所制定的任务和培养目标，从基础知识和基本技能、科学态度和科学方法、能力以及兴趣、情感、意志等方面确定了高中化学的教学目的，并进而确定了相应的教学内容和教学要求。大纲根据 21 世纪人才培养的需要，注意优化课程结构，实行必修课、限定选修课和活动课相结合。必修课面向全体学生，侧重于介绍一些最基础、最重要的化学知识和技能，着力提高学生的素质。限定选修课侧重于面向理科类升学预备教育的学生，在必修课化学的基础上，适当拓宽和加深有关内容，并注意介绍一些适宜的专题型研究课题，着力培养学生的能力和科学方法。活动课以学生活动为主，侧重于提高学生学习化学的兴趣，开阔他们的眼界，使他们生动活泼、主动地学习。大纲加强了化学与社会、生活、生产、科学技术等方面的联系，注意教学内容的更新，重视加强实验教学(尤其是限定选修课)，重视知识和技能的综合应用，培养学生分析问题和解决问题的能力，使他们能在较高层次上接受科学态度的培养和科学方法的训练，增强环境意识和经济效益观点，提高科学素养。该大纲是相应高中化学教学的纲领性文件，是教学的依据，会考和高考的依据，以及教学评估的依据。(胡美玲)

G000187 **现代中学化学优化教学教程** 唐力著。广西师范大学出版社 1996 年 10 月版。27.9 万字。10.50 元。概述了现代中学化学课程与课程的优化。从我国和世界化学课程的发展、课程优化的内容和途径入手，运用马克思主义认识论、自然科学方法论和现代认知信息加工论，分析化学教学过程，论述现代化学教学原则，探讨化学教学和化学学习的基本规律，介绍了化学教学测量与评价，阐述了化学教学研究的思维过程、构建化学教学研究课题的方法。可供化学教育专业研究生作为教材，也可作为化学教师、化学教学研究人员作参考资料。(汤志林)

G000188 **国外中学实验 化学** 贺湘善编译。首都师范大学出版社 1996 年 12 月版。19.2 万字。9.80 元。根据《联合国教科文组织理科教学资料新编》一书中的化学部分编写。本书在以下几个方面为我国广大化学教师提供了教学方法论方面的新思路：实验选题广泛，实验内容新颖，实验操作设计别致；重视科学精神、科学态度和科学方法的培养训练；珍视选用当地材料，突出激励学习动机，便于学生操作；特别重视实验的安全保障，重视环境意识教育。本书的各类实验，不论是简便型的，还是复杂难做的，以及某些带有定量或半定量性质的，均注意从实验原理、实验步骤及现象、操作要领、科学结论及注意事项等方面对学生进行科学精神、科学态度和科学方法的培养和训练。(王亚利)

G000189 **全日制普通高级中学生物教学大纲(供试验用)** 国家教育委员会基础教育司编。人民教育出版社 1996 年 5 月版。1.2 万字。0.70 元。主要内容包括教学目的、课程安排、教学目标和教学内容、教学中应该注意的几个问题、考试考查及教学评估、教学设备等 6 部分。以表格形式对高中生物教学内容和要求做了明确规定。其中必修课的教学内容是高中阶段文科和理科学生必须学习的，包括 10 个单元：绪论，生命的物质基础，生命的基本单位——细胞，生物的新陈代谢，生命活动的调节，生物的生殖和发育，遗传和变异，生物的进化，生物与环境，生态环境的保护。选修课是理科学生的必选课，教学内容包括人体生命活动的调节和免疫、光能利用和生物固氮、微生物与发酵工程、细胞与细胞工程、遗传与基因工程和生态环境及其保护。本书具有以下特点：(1)知识教育方面，在重视打好基础的同时，注意适当反映现代生物科学的特点和发展趋势，对知识点进行了适当更新。增加了细胞的分化、衰老和癌变、现代生物进化观点简介、绿色食品、生物工程等内容。(2)思想教育方面,在坚持辩证唯物主义和爱国主义教育的同时,提出加强科学世界观的教育、科学态度和创新精神的培养、环境意识教育等。(3)能力培养方面,在重视生物学基本技能的训练,培养学生的观察、实验、思维和自学能力的同时,提出要培养学生初步的研究能力和创造能力,增加了学生实验的数量和类型。此外,还增加了理论联系实际的内容,并安排了选讲内容和选做实验。(赵占良)

G000190 **劳动技能素质** 魏振楠著。北京教育出版社 1996 年 11 月版。160 页。8.10 元。作者从理论高度概括了劳技学科的本质特征与教学任务,明确提出了教学指导思想,重点介绍了长期探索总结出的一套切实可行的教学方法与技巧,全面地回答了该学科教学中迫切需要解决的问题。(黄倩)

G000191 **全日制普通高级中学体育教学大纲** 国家教委体育卫生与艺术教育司编。人民教育出版社 1996 年 12 月版。5.1 万字。2.40 元。根据国家教委 1996 年颁发的《全日制普通高级中学课程计划(试验)》制订。遵循教育要面向现代化、面向世界、面向未来的战略思想,反映与九年义务教育相衔接的高一层次基础教育的性质,在总结我国体育教学改革成功经验的基础上,新大纲又有以下 5 个方面的改革。一、指导思想更加明确。强调培养适应 21 世纪我国社会主义两个文明建设各类人才的需要,以育人为宗旨,围绕素质教育,充分发挥体育学科在高中课程整体中不可替代的教育功能。在初中基础上,进一步增进学生身心健康,使体育基础知识、基本技能的获得与锻炼身体方法的运用加以综合和提高,提高体育、保健意识和能力,为终身体育奠定基础。二、高中体育教学目的丰富了新内涵。在准确反应体育学科增进学生健康,增强体质的基础上,强调增进学生身心健康,体现身心统一,身心全面发展,对学生进行素质教育。明确地将"为终身体育奠定基础"作为教学目的的重要组成部分。突出了现代社会对人的要求,强调培养学生的竞争意识、创新、合作和应变能力,发展学生的个性和特长。三、构建了新的体育课程结构。由学科类和活动类课程组成完整的体育课程结构。加大了课程的弹性和选择性,在学科类课程中分为必选、限选和任选 3 类,既要保证全体学生达到基本要求,又有较大的弹性和选择性,更好地适应多种办学模式和具有不同兴趣、特长学生发展的需要。四、精选、更新教学内容,重视健身性与知识性相结合,培养能力。理论知识反映时代需要,重视理论与实践相结合。运动实践教材采取间隔排列、组合排列、按动作结构和要素排列等方法,既保证教学内容有相对完整性,又尽可能使教材精炼。五、对体育课成绩考核和教学设备提出了明确的要求。高中体育仍采用结构考核,综合评分的方法。根据社会发展对体育教学设备提出了明确的要求。(耿培新)

G000192 **中学教学全书** 吴铎、姚麟园等主编。上海教育出版社 1996 年 9—12 月版。672.2 万字。295.20 元。共 9 卷。"思想政治卷"内容包括思想政治课教学的基本理论、法制教育、品德教育、教学方法和教师修养等。"语文卷"分基础知识、教学法、资料 3 大部分,为教师的理论装备、资料的积累及教学手段作全方位的积极设想。"英语卷"内容包括语音、语法、词汇、阅读、写作、修辞、教学法、教学组织、考查命题要求和形式,教学游戏等。"历史卷"内容包括中国史、世界史、学科教学法等 3 大部分。"地理卷"内容包括自然地理、人文地理、地图与遥感、中国地理、世界地理、地理教学等,注重反映地理科学研究的新成果、新动态,以及教学方法上的现代化手段。"数学卷"内容包括数学概论、数学及其教学、数学史、数学名题和数学家、数学教育导论、数学公式及附录等。"物理卷"内容包括物理学史、概念、定律、规律、教学法、实验等,附录有诺贝尔物理学奖获得者名单、国际单位制等。"化学卷"内容包括基本概念和基础知识、化学反应、化学实验、化学与社会、化学与生活、简明化学史实、常用化学数据、化学教育与教学等。"生物学卷"内容包括基础知识、教学资料、学科教学法(包括实验),具有系统性与实用性相结合、新颖性与稳定性相结合、理论与实践相结合的特点。(薛培华)

G000193 **90S 物理国际奥林匹克竞赛试题及解答(20 届～27 届)** 舒幼生主编。湖南教育出版社 1996 年版。22 万字。7.35 元。集中了 90 年代历年的国际物理奥赛试题、解答、评分标准和注意事项等内容,其中包括 1996 年 7 月在挪威竞赛的最新内容和最新要求,是一本反映 90 年代国际物理奥赛信息的竞赛读物。(孟可文)

G000194 **中考答题指要与对策** 金明凯主编。辽宁少年儿童出版社 1996 年 10 月版。24 万字。14.00 元。由数学、物理、化学、语文、英语 5 科的类型题解析及答题指要与对策为主要内容。为考生提供微观的、分科的、具体的指导。(翟玉平)

G000195 **语文教材论** 黄光硕著。人民教育出版社 1996 年 3 月版。22 万字。12.90 元(平),18.80元(精)。"课程教材研究所学术论著丛书"之一。共 4 个方面：一、教材改革，主要介绍改革开放以来，语文教材改革的探索和改革的成果。二、教材编写，主要总结人民教育出版社中学语文室 40 多年来编写教材的经验。三、教材评介，介绍并评论了一部分有代表性的语文教材。四、大纲研究，主要介绍 1978 年制订的中学语文教学大纲三次修订的情况，并研究了这个大纲的主要内容。本书反映了作者对中学语文教材及中学语文教学大纲的一些基本观点，涉及到中学语文教材的各个方面。（顾之川）

G000196 **语文（'96 新版）** 胡瑞清等编。中国劳动出版社 1996 年 4 月版。25.6 万字。9.20 元。全国技工学校语文课通用教材。包括记叙文、说明文、议论文、应用文和古诗文 5 部分 47 篇课文。每部分后设单元练习，对学生进行综合训练；每篇课文包括学习提示、经典文章、方法训练和能力训练 4 部分内容。为适应技工学校的教学特点，本书在选材、讲析和课堂训练等方面，侧重于学生实际工作能力的培养；在结构安排上，加大了应用文和说明文的内容含量。特别是应用文，还增加了与学生将来密切相关的文种，如劳动合同、民事诉状、求职信、说明书等等。针对技校学生的特点，本书对所选文章的错误和非常不适宜之处进行了大胆的处理，但一般不加注说明（前言中统一说明），以保证教材的正确性并兼顾教学的连续性。（万象）

G000197 **高中语文实验课本（人教版）** 周正逵主编。人民教育出版社 1994 年 2 月—1996 年 6 月版。400 万字。146.20 元。为了探索高中语文教材改革的新途径，人教社中语室于 1983 年开始，编写了一套高中语文实验课本，先后在全国各地约 200 所学校、800 个教学班、40 000 名学生当中进行了两轮试教工作，普遍取得了良好的效果。这套教材编写的指导思想是：贯彻“三个面向”的指示精神和高中阶段教学改革的基本要求，结合高中语文教学的特点，以全面提高语文素质和教学效率为主要目标，以科学化和民族化统一为基本原则，把握中国青少年学习本国语文的规律，运用现代科学的系统方法，采用能力分级、知识分类、训练分步、教材分编等做法，力求使各项训练在纵向发展与横向配合上，都有相对合理的内在联系，全书构成一个比较科学、比较系统、比较新颖而又容易操作的语文训练体系，摆脱过去以“文选系统”“三段循环”“讲读中心”为基本特征的传统模式，建立一种以“训练系统”“能级递进”“自学指导”为基本特征的新模式，在高中语文教材体系的改革上有所突破。全书包括《文言读本》上下册，《现代文选读》上下册，《文学读本》上下册，《文学作品选读》上下册，《文化读本》上下册，《文化著作选读》上下册，《写作与说话》1－6 册，共 18 册，按照统一计划，供高中三个年级陆续使用。（周正逵）

G000198 **我教儿子学作文** 肖复兴、肖铁编著。天津教育出版社 1996 年 4 月版。22.1 万字。14.90元。从 5 个方面记录和展示了教与学的过程，不仅有指导与练笔相对应的文字；有肖铁各年级作文的代表作和父亲的评语；有肖复兴修改肖铁作文的范例；还有肖铁获奖作文与帮助他提高观察与写作能力的十年日记的精华。（李莉）

G000199 **初中英语选择法填空 1500 例精解** 张庆圭、孔令兰主编。湖南人民出版社 1996 年 3 月版。16.8 万字。7.70 元。根据初中英语新教学大纲的内容要求，参考初中英语新教材 1～3 册的主要内容，以选择填空的形式编排练习。分两部分。第一部分介绍选择法填空的解题思路和方法。第二部分取材于全国各地中考试题以及海外初级考试试题，共收编适合于我国初中生程度的试题 1 500 道。对每道试题进行了精当的讲解，指出解题思路，说明解题方法，总结解题规律。收入“初中英语学习丛书”。（张志红）

G000200 **初中英语能力综合训练** 张庆圭、孔令兰主编。湖南人民出版社 1996 年 3 月版。11.6 万字。5.80 元。共 3 部分：一、初中英语能力题解方法综述；二、初中英语完形填空试题解析及解题训练；三、初中英语阅读理解试题解析及解题训练。收入“初中英语学习丛书”。（张志红）

G000201 **九年义务教育三、四年制初级中学英语教科书** 人民教育出版社、[英]朗文出版集团有限公司编。人民教育出版社 1993 年 3 月—1996 年 10 月版。155 万字。41.67 元。共 6 册。第一册和第二册各分上、下两册，供三年制和四年制初中一年级和二年级使用。第三册供三、四年制初中三年级用，第四册供四年制初中四年级用。这套教材严格按照九年义务教育初级中学英语教学大纲的规定和要求确定教学内容和要求。努力体现现代语言教学理论的新成果，吸收了功能法的一些优点，同时继承了我国传统的、行之有效的教学经验，使教材符合教学实际和学生的认识规律，有利于提高教学质量，促进中学英语教学和测试的改革。教材的特点如下：一、寓思想教育于语言教育之中。教材内容渗透思想教育的因素，以利于学生树立正确的思想，培养良好的品德和行为习惯。二、语言结构和语言功能有机结合,教材强调学以致用,尽可能边学边用,在学中用,在用中学。教材内容紧密结合学生的生活和社会的实际,尽量设置具有交际目的、真实自然的语境,让学生通过大量的言语实践,把语言知识转化为语言技能,进而发展进行听说读写的交际能力。三、全面训练,培养能力。教材中的口语和书面语紧密联系,融为一体。听说读写4种技能全面训练,相辅相成。教学大纲规定的初中英语教学目的——"通过听说读写的训练,使学生获得英语基础知识和为交际初步运用英语的能力"可以基本达到。四、系列配套,增加复现,富有弹性。初中英语课本是一套以学生教科书为核心的系列配套教材。除教科书(学生用书)外,还有练习册(已放入教科书)、阅读训练、抄写本、教师教学用书、教案、教学简笔画、教学指导与参考、词汇手册、课文译文、目标与检测,以及教学挂图、投影片、口语、听力训练和阅读训练的录音带和教学录像带等视听教材。教材的系列配套增加了阅读量,提高了语言的复现率,使教学具有弹性,有利于因材施教,发展学生个性。五、保证基础,区别要求,减轻负担。这套教材的词汇由1 250个降为1 000个(其中掌握600,认读400);语法减去了直接引语和间接引语等三项(移至高中),部分语法项目只要求理解,不要求掌握。对教学内容还提出复用(即听说读写四会)和领会(即听说读三会)的不同层次的要求。书中带*号的部分及阅读训练材料等都可由师生选择使用。这样,在保证基础知识的前提下,减少了份量,降低了难度。(董蔚君)

G000202　**初中英语语法详解**　张庆圭、孔令兰主编。湖南人民出版社1996年3月版。11.2万字。7.30元。根据国家教委1992年颁布的《全日制初级中学英语教学大纲》所列语法项目,结合初中学生学习语法的难点,编写而成。对教学大纲所列英语语法项目,进行了全面系统的详解。在阐述英语语法项目时,编入了丰富的例句,而且对多数例句加注了说明。本书在各章之后附有精选的练习,较难的练习均进行提示。收入"初中英语学习丛书"。(张志红)

G000203　**初中英语小词典**　黄国斌著。希望出版社1996年1月版。35万字。10.00元。用简明的教学语言和典型例句分条加以解析,囊括了初中生应知应会的词汇。除了具备同类工具书的功能外,又增加了"疑难解析"、"交际"、"名言"及"辨析"等4个义项。(薛蔚原)

G000204　**初中英语词汇多功能手册**　张庆圭、孔令兰主编。湖南人民出版社1996年1月版。18.4万字。8.20元。收录"初级中学英语教学大纲"(1992年)及初中英语新教材(1～3册)中的全部词汇,从释义、短语、同义、反义、快速记忆及词形变化6个方面编写词汇,以帮助初中学生全面、正确地掌握英语词汇。本手册用[解]、[语]、[同]、[反]、[记]及[形]来标注上述6个方面的内容。单词及短语部分配有丰富的例句。快速记忆部分收编了拼写相近的单词,读音相同拼写不同的单词,通过加前缀、后缀构成的单词以及两个单词组成的新词。收入"初中英语学习丛书"。(张志红)

G000205　**高中适用世界近代现代史地图册(上)**　严志梁等编。中国地图出版社1996年6月版。44幅图。1.90元。共收地图44幅。反映自15世纪末欧洲经济发展、新航路开辟以来,至第一次世界大战结束的世界历史。共分4组。第一组5幅地图反映欧洲资本主义经济发展情况及文艺、宗教变革。第二组35幅地图反映在长达两个半世纪中世界范围内的资产阶级革命、领土扩张、独立、战争、工业革命、无产阶级的兴起和发展等不间断的、互相作用的历史内容。第三组3幅地图反映第一次世界大战。最后是近代欧洲自然科学和文学艺术成就的分布图。(吴秦杰)

G000206　**高级中学课本 世界近代现代史(必修)**　人民教育出版社历史室编著。人民教育出版社1995年—1996年版。36万字。这套教科书是人民教育出版社1991年和1992年版的《高级中学课本世界近代现代史(必修)》的大修订本。在进行大修订时,参照了国家教委基础教育司于1995年编订的《全日制普通高级中学历史教学大纲(供试验用)》。这套教科书叙述从欧洲资本主义萌芽的十四五世纪到20世纪90年代的世界历史。它的课文分大小字,引用较多的历史资料,除保留复习、巩固作用的习题外,还设置了有一定深度的思考题,力求在义务教育初中历史课程的基础上,体现较高层次的世界近代现代史的基础教育内容,为进一步提高学生的素质服务。它使学生在认识世界近代现代史发展过程的基础上,进一步了解近代以来世界形成统一整体的进程,了解近现代世界格局的变化和科学技术对历史发展的巨大作用,从而增强学生改革开放的意识。为了进一步培养学生运用历史唯物主义的观点观察问题和分析问题的能力,这套教科书加强了对历史事件和历史人物进行马克思主义的理论分析,尤其注重分析历史事件的背景、原因和作用、影响。这套教科书还注意在选材上、在教学内容的深浅上与义

务教育初中世界历史教科书的分工和衔接。（严志梁）

G000207 **中考速测 400 题** 赵大文等编。天津教育出版社 1995 年 1 月—1996 年 4 月版。14 万字/册。17.00 元。将初中阶段的数学、物理、化学各科的知识编成题，归为 4 类：填空、判断、选择、计算，每类 100 题，每科共 400 题。（钟启红）

G000208 **职业高级中学课本 化学（全一册）** 全国职业高级中学化学教材编写组编著。人民教育出版社 1996 年 12 月版。33.1 万字。13.30 元。职业高中文化课教材（国家教委规划教材），选编了最基础的化学知识和技能，包括化学基础理论知识、元素化合物知识、有机化学初步知识和学生实验等内容，分为 14 章。在叙述上力求简明具体，避免过多过深的推理论证，尽可能地做到浅显易懂。在讲述基础知识的同时，注意联系资源、能源、材料、环境保护、卫生健康等反映化学的发展和与现代社会有关的化学问题，介绍科学技术的新成就，并渗透一些自然科学研究问题的方法，使学生了解化学与社会、生活、生产、科学技术等的密切关系，并学习一些认识事物和处理问题的科学方法。为了适应全国职业高中广泛专业的需要并扩展学生的知识面，还选编了一些阅读材料以及有关食物营养与人体健康、材料、几种化工产品的生产、土壤、化肥与农药、化学与环境等专题的选学内容。（陈晨）

G000209 **小学生健康教育读本** 叶广俊等编。人民教育出版社 1987 年 3 月—1996 年 1 月版。15 印张。12.35 元。共 5 册，结合小学生的年龄特点和实际需要，讲述了“了解你的身体”、“营养与饮食卫生”、“卫生习惯”、“运动与健康”、“预防疾病”、“生长发育”、“心理卫生”和“安全”等 8 个专题。作为小学生的读本，每个专题之后都配有具有启发性的思考题，思考题题型多样、生动有趣，既联系了小学生的生活实际，又培养了小学生的思维能力。（刘真）

G000210 **全日制普通高级中学教科书艺术欣赏音乐（试验本）（全一册）** 人民教育出版社音乐室编。人民教育出版社 1996 年 12 月版。25 万字。11.50元。根据《全日制普通高级中学艺术欣赏课教学大纲（初审稿）》的要求，结合全国普通高中音乐欣赏课教学的实际情况编写。它改变了以往“以体裁为序”或“以音乐史为序”的编写体例，从高中生文化知识基础的实际出发，设计为 5 个单元：音乐的情感表达，音乐的风格，音乐与姊妹艺术的结合，音乐中的历史事件、人物和故事，音乐的自律美与广阔的精神文化内涵。这是音乐欣赏教学发展和教材编写的一项重大改革，它使音乐与中学语文、中国历史、世界历史、美术等学科的有关知识有机地联系在一起，学生可以借助已学过的有关知识，学习新的学科知识。与教科书同时配套的有教师教学用书和教学录音带。（陈晞）

G000211 **九年义务教育四年制初级中学教科书美术** 人民教育出版社美术室编。人民教育出版社 1992 年—1996 年版。32 万字。24.15 元。8 册，根据国家教委颁发的《九年义务教育全日制初级中学美术教学大纲（试用）》编写，从 1993 年起供全国使用。本教材基本上体现了九年义务教育的性质、任务及初中美术教学大纲的基本要求，教材内容的编排比较有序，符合学生的认知规律，是一套富有传统特色的美术教材。教材的结构比较严谨；具有一定的民族、民间特色；比较重视思想政治教育和审美教育；教材内容选择比较切合实际。教材的基本特色如下：一、坚持以德育为首位。在课业中从教材内在的思想性出发，有机地结合国情和学生思想实际，有的放矢地进行思想教育，以期达到在教学过程中培养学生知、情、意、行的目的。二、弘扬我国民族民间传统美术。通过介绍民族民间传统美术，使学生了解它、喜欢它并萌发继承它和发扬它的美好欲望。三、教材与社会实践相结合。本教材除了教给美术基础知识和基本技能外，还安排了一系列实用性较强的课，以期使学生掌握一些实用本领，为今后的工作、生产、生活服务。四、循序渐进地安排教学内容和进度。本教材体现了由浅入深，由已知到未知，由易到难，由静到动，由简到繁，由重形到重神的认识规律，从整体安排上也体现了从小学的感性认识阶段进入理性认识阶段。五、重视中小学美术教学的衔接问题。六、在默写中巩固知识，发展技能。为了帮助学生在理解的基础上掌握所学的知识和技能，在临摹之后，再安排默写，使学生做到多看、多想、多记、多练，能在默写中巩固知识、发展技能。七、减轻学生负担，当堂完成作业。本教材对作业的安排本着既能检查学生应知应会的程度，又照顾他们的承受能力，力求在规定的课时内完成作业。八、重视教科书的可读性和可行性。本教材图文并茂、通俗易懂，便于学生自学；所传授的知识深入浅出，教给学生的技法简要易行，作业要求量力而行，便于教师实施。九、教材逐步系列化，保证教学顺利实施。与教科书配套的教材有教师用书、挂图、幻灯片、录像、教具、学具等。（武奎英）

G000212 **中国高等美术院校考生试卷评析**

湖北美术出版社编。湖北美术出版社1996年2月版。60.00元。分3卷:“素描·速写·白描”卷、“色彩(水彩·水粉·油画)”卷、“创作·设计”卷。收录了全国11所高等美术学院考生的优秀高考试卷,并加以文字评析,最后集中附有11所高校的招生简介和通讯地址。书中收录的试卷原始性强,不仅附有卷面的评分标准和分数,而且有各个评卷教师撰写的卷面评语,直观而贴切具体。(韦冰)

G000213　**小学生体育考试与达标**　毛振明、杜俊娟主编。人民体育出版社1996年版。22万字。12.00元。内容包括对各项体育标准的解释和说明、锻炼身体的基本原理和具体方法,参加各项体育考试的技术要点和注意事项,以及家庭体育中许多简便易行的练习手段,并针对学生体育考试中出现的现实问题列出了大量“运动处方”。(范孙操)

G000214　**中学生体育考试与达标**　毛振明、吴键主编。人民体育出版社1996年版。16万字。9.00元。内容包括对各项体育标准的解释和说明、毕业体育考试的具体方法和评分标准、参加各项体育考试的技术要点和注意事项,以及家庭体育中许多简便易行的练习手段,并针对学生体育考试中出现的具体问题列出了一批“案例”。(范孙操)

G000215　**义务教育三年制初级中学课本　体育**　王占春主编。人民教育出版社1994年—1996年版。30.3万字。16.40元。根据国家教委颁发的九年义务教育《全日制初级中学课程计划(试行)》的培养目标和《全日制初级中学体育教学大纲(试行)》所确定的体育教学目的、任务和教学内容,按学年分册编写。课本以初中学生生理、心理特征为依据,从“育人”出发,把增强学生体质作为学科主要目标,使思想性、科学性、知识性和趣味性相结合,有利于学生对教材的理解和操作;正确处理了教、学、练三个环节的关系。课本的结构包括“基础理论”和“运动实践”两大部分。“基础理论”内容,强化体育、卫生保健基础知识的针对性和科学性,并辅以“知识窗”与课本内容紧密配合,互为补充,扩展了课本的知识面和可读性,便于学生掌握科学锻炼身体的知识和方法,有效地指导运动实践。“运动实践”部分,选用田径、体操、球类、民族传统体育、韵律体操和舞蹈作为基本教材。这些内容不仅能够发展学生走、跑、跳、投等身体基本活动能力和协调、灵敏的运动技能、技巧,而且还能培养学生勇敢顽强、克服困难的坚强意志和积极进取的精神。特别是把“发展身体素质的练习”内容单独列项,更加突出了全面发展学生身体的综合效果。课本的编写方式,淡化繁琐的动作技术细节,配以简明的动态图示,突出动作要点,利于学生掌握和自练;培养技能,重在运动实践的综合效果。(王德深)

G000216　**中等师范学校教科书(试用本)体育**　王占春主编。人民教育出版社1993年—1996年版。107.3万字。49.50元。中师学生体育课本分为二类:《体育》和《小学体育理论与方法》。《体育》是以学生自身体育锻炼、完成体育目标为主体的课本。根据中华人民共和国国家教育委员会颁布的《三年制中等师范学校体育教学大纲》(试用)》编写,分3册,供中师生3个年级分别使用。本书贯彻理论与实践结合的原则,在保证完成中师生自身体育目标的同时,重视小学体育教学能力的培养,体现师范教育的特点。本书的内容,按田径、体操、球类、民族传统体育、韵律体操和舞蹈、游戏分项编写。各项教材内容包括基础理论知识、基本技术、教和学的方法、教和学应注意的事项、小学典型教材内容介绍、教学评估和考核标准等。教材内容加强了基础性、知识性和师范性;并配有相应的插图,采用螺旋式排列方法,逐年提高要求。各项教材内容都对运动项目的源与流、运动常识、基本技术、锻炼方法、自我调控与评价做了简单介绍。本书是中师生体育课本,可供小学体育教师和体育院校体育系、科学生参考。(王占春)

G000217　**面向21世纪　中小学素质教育论纲**　赵洪海等编。山东教育出版社1996年10月版。26万字。从“素质与素质教育”、“21世纪呼唤素质教育”、“中小学生的特点与素质教育”、“德育与道德素质”、“智育与智力素质”、“体育与身体素质”、“美育与审美素质”、“劳动技术教育与劳动技术素质”、“人格与人格素质”、“角色与角色素质”10个方面论述了中小学素质教育的基本问题,对素质与素质教育作了较为独到的理解、划分与阐述。为我国顺利实现由应试教育向素质教育转轨,逐步建立素质教育的新的运作模式,提供了理论依据。(刘进军)

G000218　**美国公立中学发展研究**　杨孔炽、徐宜安著。湖北人民出版社1996年4月版。22万字。12.20元。关于美国公立中学产生和发展的研究专著。依据具体史料,分析了美国中学产生和发展的背景,介绍了其发展各阶段的特征,涉及建校宗旨,课程、教学、领导体制,内部管理,与大学、小学、职业学校及社会各方面的关系等,阐明了美国中学对于美国教育和世界教育发展的重要意义和广泛影响。(王建槐)

G000219 **高等教育与社会主义市场经济基本问题研究** 廖叔俊著。广东高等教育出版社 1996 年 4 月版。24 万字。11.50 元。主要论述了高等教育与社会主义市场经济的几个重要问题，内容包括社会主义市场经济的基本概念、社会主义市场经济对高等教育的影响、高等教育与社会主义市场经济的基本关系、高等教育应当主动适应社会主义市场经济、社会主义市场经济与高等教育体制改革、社会主义市场经济与人才培养、努力建设有中国特色的高等教育体系以及高等教育与市场经济关系的国际比较等。其主要特点是侧重于对实践中提出的思想、认识问题进行理论性的探讨，不过多涉及具体工作和实际决策，但注意以对我国高等教育历史和现状的基本认识为基础，同时积极学习吸收当前学术界已发表的重要研究成果，力求做到有现实的针对性。全书始终围绕高等教育与社会主义市场经济的关系进行论述，分析了目前高等教育与社会主义市场经济存在的一系列问题，提出了高等教育如何适应社会主义市场经济的设想，其中包括改革办学体制、管理体制、投资体制等。（杨永信）

G000220 **大学德育论** 刘献君著。华中理工大学出版社 1996 年 6 月版。15 万字。7.50 元。从大学德育的基本理论、大学德育对象、大学德育实践和大学德育研究 4 个方面展开论述。其中，在对学校德育和社会大系统、大学生社会化特征、人的发展阶段性规律、社会偶然因素对人的影响等的论述中，提出了一些新的理论观点，对推动大学德育学的学科建设和改进大学生思想政治工作都有很强的社会实践意义。（郑兆昭）

G000221 **中华传统美德** 杨洪范等主编。当代世界出版社 1996 年 8 月版。48.2 万字。18.60 元。结合我国社会主义精神文明建设的实际，从理想抱负篇、爱国气节篇、奋斗务实篇、识才善任篇、清正廉洁篇、人心民意篇、育人治学篇、修身自律篇、待人处世篇和团结友爱篇 10 个方面，辑录了古代诗人、名人著名诗句、典故 400 个条目，每个条目注明出处、译释和白话新解。（张淑平）

G000222 **世纪的寄语——百位教授献给大学生的话** 张楚廷主编。湖南师范大学出版社 1996 年 2 月版。18.9 万字。5.50 元。收集 103 位来自不同的学术领域的教授的 103 篇文章。这百位教授中，最年长的出生于 1902 年，最年轻的出生于 1964 年，他们的经历差不多横跨整个 20 世纪。这 103 篇短文按照所叙述的内容不同而划分为 3 部分，一部分叫《励志篇》，一部分叫《修身篇》，还有一部分叫《治学篇》。其中每一部分都既有年逾古稀的老教授，又有刚过“而立”之年的年轻教授。每一部分都按作者年龄大小顺序排列，读者可以顺历史长河一直向下，也可以任意选择不同年龄教授的文章阅读。教授的短文基本上分为两个部分。上一部分只讲作者自己的资历（念多少年书）和学历（念到硕士、博士）；下一部分则是作者结合自己的经历来谈治学之道、成功之路。（彭继红）

G000223 **大学生思想品德修养** 江家齐、蒋超文主编。广东人民出版社 1996 年 11 月版。36 万字。18.00 元。分为立志成才、遵纪守法、高尚人生、道德修养和艰苦创业 5 编 25 章，对当代大学生应知、应会、应遵守和应树立的社会基本知识、行为规范、道德理想等作了简明扼要的论述。（陈启方）

G000224 **东西方大学与文化** ［加拿大］露丝·海荷著，赵曙明译。湖北教育出版社 1996 年 4 月版。26 万字。17.60 元。1992 年 12 月，在加拿大多伦多召开“东西方大学与文化”国际学术研讨会。该书从中精选了 20 篇提交大会的优秀论文，经过精心加工编纂而成。由加拿大安大略省教育研究院出版社和湖北教育出版社联合出版。本书从多种视角和维度探讨了东西方大学在不同的政治、文化、经济、社会意识形态下各异的形态、作用和风采，同时，也研究和反映了东西方大学与文化之间历史的、现实的联系及相互影响。（熊茵）

G000225 **西学东渐与中国高等教育近代化** 朱国仁著。厦门大学出版社 1996 年 11 月版。21.9 万字。10.00 元。从文化变迁的角度切入，以西学东渐为主线，通过对中国高等教育近代化历程，近代高等教育思想、体制、目标、教学方式方法的形成与发展，中日两国高等教育近代化过程的差异性及其原因的探讨，揭示了在中西文化的交流、碰撞中，中国高等教育曲折渐进的演变规律。书中总结的诸多经验教训，对中国的高等教育现代化改革，同样具有重要的参考价值。（牛跃天）

G000226 **战后台湾高等教育与经济发展** 李泽彧、武毅英等著。厦门大学出版社 1996 年 12 月版。20.7 万字。10.00 元。考察了战后台湾经济与高等教育发展相互关系的历史，不但一般性地论证了二者之间存在“正相关的互动性”，而且进一步深入到高等教育的内部，剖析了不同层次、不同科类高等教育的发展速度、规模、课程结构与台湾地区经济发展的阶段性及其产业结构间的关系，探讨了随着产业结构的升级,当地高等教育从重数量到求质量的转变。这些研究,丰富和加深了人们对教育外部关系基本规律的认识,并为大陆高等教育的改革与发展,提供了不少可以借鉴的经验。(牛跃天)

G000227 **老北大的故事** 陈平原编著。江苏文艺出版社 1998 年 3 月版。19 万字。15.00 元。共 4 辑。第一辑“校园里的真精神”叙述的是 1937 年北大南迁前的风情景观轶事趣闻。第二辑“校史杂说”,见棱见角地描摹学术思想与教育体制的关系,考辨校史上的若干疑案只是作者为文的切入口,立意旨在寻绎蕴藏在故事后面的近现代思想史的变迁,在品味日渐复杂的“老北大的故事”中追踪这些故事的形成、流传与演变,以及制约着这一演变的社会文化因素。第三辑“哥大与北大”数说哥伦比亚大学与北京大学以及中国现代高等教育界的亲缘关系,发掘出耐人咀嚼而又不为人所注意的史料。第四辑“大学书影”是关涉北大著名人物和大学史的书评,融通学术思路与文章笔墨,将正襟危坐的校史与随意挥洒的游记绾合起来,以品味人世沧桑。本书为北大百年历史的回顾与追述,多为有趣但又并不轻松的话题。20 世纪中国思想文化史上,“西化”最为彻底的当推高等教育。百年中国大学制度(以北大为典型)之“兼采东西”,大体走过了德日—美—苏—美 4 个阶段,尤以美国的影响为巨。标榜无法兑现的“上法三代”,只是体现为对传统学术精神的继承。百年北大,折射着现代中国政治、思想、教育的光荣与梦想,屈辱与遗憾。全书的叙事,无一不是结合 29 幅泛黄的老照片生发开去,作为历史定格的物象,老照片支撑起眼下的叙事想象,平添了几分学术的庄重。(朱建华)

G000228 **上海交通大学志** 上海交通大学校志编纂委员会编。上海交通大学出版社 1996 年 3 月版。220 万字。148.00 元。百年学府——上海交通大学第一部校志。共 14 篇:第一篇行政体制与机构;第二篇教职工;第三篇学生;第四篇教育;第五篇科学研究;第六篇教育设施、校办科技产业;第七篇体育与校园文化;第八篇后勤;第九篇对外交流与合作;第十篇中共上海交通大学组织;第十一篇民主党派、群众团体;第十二篇院、系、所;第十三篇附属单位;第十四篇人物。(戴柏成)

G000229 **国立西南联合大学校史** 副名:1937 至 1946 年的北大、清华、南开。西南联合大学北京校友会编。北京大学出版社 1996 年 10 月版。57.5 万字。38.00 元。一部反映 1937～1946 年北京大学、清华大学、南开大学三校在昆明西南联合大学合作办学的校史文献。1945 年前考入大学的中国优秀知识分子几乎全部都在其中任教或就读,他们是陈寅恪、冯友兰、钱钟书、沈从文、费孝通、潘光旦、杨振宁、李政道等。全书分 4 编。一、概述该校办学的指导思想和办学经验;二、院系史,简介各院系的专业设置、教学计划、主要任课教师;三、爱国民主运动和校园生活;四、大事记。附录中有该校历届学生名录和毕业生统计表。该书是研究中国教育发展史的重要参考著作。(郑昌德)

G000230 **书院的社会功能及其文化特色** 胡青著。湖北教育出版社 1996 年 11 月版。22.3 万字。13.00 元。书院的历史长达千余年,它的德育传统及由此而体现的人文价值、学术精神及由此而体现的文化精义、智育理论与方法及由此体现的学习风气,都值得我们学习与借鉴。作者对上述问题从十个方面进行了论述,试图从书院与社会政治、经济、文化的联系中以及书院本身的学术研究、教育教学与管理制度中发现问题,寻找根源,讨论经验与教训。收入“中国教育的传统与变革丛书”。(熊茵)

G000231 **中国书院辞典** 季啸风主编。浙江教育出版社 1996 年 8 月版。124 万字。35.00 元。共收录唐代至清代间全国各地有史料查考的书院 1 565所。正文以类编排的方式,选收了中国书院及其相关的人物、学派、制度、事件、文献、研究著作等辞目近 4 000 条。编者尊重原始文献,对资料的选取力求可靠,对于书院学术研究上有争议的论题,采取或诸说并存,或以一说为主兼述他说,使读者在获取资料的同时犹能一览各家的学术观点。辞典对文中所出现的历史地名采用夹注今地名的方法,便于研究者古今对照。书末附有《中国书院名录》,收录我国历史有史可考的书院 7 300 余所。一为文献索引,包括研究论文和著作两类;一为汉语拼音索引。

G000232 **美国高等教育思想研究** 陈学区著。辽宁师范大学出版社 1996 年 10 月版。12 万字。8.50 元。从一个广阔的视角,亦或“大教育观”出发,来探索有史以来,特别是二次大战以后的美国高等教育思想;力图改变以往研究教育思想仅仅限于著名教育家思想的传统做法,突出在实际上对高等教育的发展影响更为重大和广泛的政府观点、社会群体和教育组织的主张以及社会思潮等等;注意分析高等教育思想形成的背景及其在实践中的影响和结果。书的序论部分对二战前夕至 1636 年哈佛学院创建所标志的美国高等教育诞生这期间美国高等教育思想进行了追述,为全书正文部分做了铺垫。作者对美国高等教育思想的研究立足于5个方面:一、"二战以来美国高等教育发展的基本指导思想。"在此作者概括了4种理论——国家危机论;高等教育民主论;人力资本论和高等教育轴心论。二、"高等教育的目的与功能的思想"。作者从3个方面进行了论述,即从单一目的单一功能到多种目的多种功能的演变;关于高等教育目的与功能的若干种主张;关于高等学校本科生教育目的的争论。三、"高等教育管理思想"。论述了5个方面即高等教育管理理论的发展;高等教育组织的基本特征;高等教育组织的管理模式;权力分散及其调节机制;大学自治与学术自由。四、高等教育国际化思想。包括"二战以来高等教育国际化思想的演变;高等教育国际化的诸要素;高等教育国际化的若干实例。五、对美国高等教育思想产生影响的组织、人物与文献,作者从历史发展、行政管理和思想三个维度勾画了一幅立体的美国高等教育的图像。(邓丽萍)

G000233 **三年制中等师范学校数学基本功训练与检测** 本书编委会编。地质出版社1996年8月版。57万字。以必修课数学为核心,强化基本功训练和数学能力的培养,将基本功的训练与检测尽可能融汇到三年的必修课教学中。该套书共6册,与人教版中师数学6册教科书配套使用。(杨友爱)

各类教育

G000234 **经济·人力资源·职业技术教育** 副名:关于甘肃经济与职业技术教育的相关性研究。闻志强等著。甘肃教育出版社1996年6月版。15.5万字。6.80元。世界银行贷款甘肃开发项目中职业技术教育研究课题的成果报告。该课题的主要目的是为了通过对甘肃经济、社会发展与人力资源关系的系统研究,提供关于甘肃职业技术教育发展战略及对策的政策建议,进而研究和探讨对甘肃提供世行职教贷款的可能性。课题研究应用了现代人力资源理论、发展经济学、区域经济学、数量经济学及比较教育学等学科的基本理论及方法,以世界经济和教育发展的相关趋势为参照背景,以甘肃的职教实际作样本,研究了经济、人力资源开发和职业技术教育的相关性及相关度,其结论对不发达地区职教发展战略重点的选择具有普遍的指导意义。报告共7章,主要研究和论述了这样一些理论和实践问题:一、人力资源的有关基本概念及其在现代经济发展过程中和区域资源配置中的作用和地位;二、职业技术教育的有关基本概念及其在不同发展程度国家的人力资源开发中的作用和地位;三、甘肃人力资源开发与经济社会发展的相关性及相关度研究;四、在经济、社会发展的实际背景下,甘肃职业技术教育与国外职业技术教育的比较及其结论;五、甘肃职业技术教育的历史发展及现状,面向21世纪的职教发展战略。书中有大量的实际调查数据,大部分属第一手资料;作者分别来自科研单位和行政决策部门,研究结果有理论,可操作。(朱富明)

G000235 **学会生存——教育世界的今天和明天** 联合国教科文组织国际教育发展委员会编。教育科学出版社1996年6月版。28.5万字。18.00元。"联合国教科文组织教育丛书"之一。是由埃德加·富尔任主席的"国际教育发展委员会"于1972年5月向联合国教科文组织提交的报告。我国1979年10月首次出版中文版,现已重印多次。本次修订后列入"联合国教科文组织教育丛书"。其重要价值在于第一次系统地论述了终身教育的思想,提出了"唯有全面的终身教育才能培养完善的人"的观点,分析了当今世界所面临的问题对教育提出的挑战,指出了关于实现教育革新的一些策略和途径以及最终走向学习化社会的道路。本报告所提出的终身教育的观念以及有关的理论主张已被国际社会普遍接受,使当代的教育思想发生了根本性变革。(李玢)

G000236 **中国成人教育近现代史** 副名:中国成人教育理论专著。李珠主编。黑龙江教育出版社1996年3月版。33万字。13.50元。共11章。作者是站在历史的高度,对我国成人教育的产生、维新运动时期的成人教育、辛亥革命时期的成人教育、五四时期的成人教育进行了系统的阐述。特别是对中国共产党成立以来,党对成人教育的方针、政策,以及成人教育在国内两次革命中的具体实施状况进行了分析,从理论上给予确认,又对抗战时期的成人教育工作进行了总结。(王爱林)

G000237 **特殊教育的展望——面向21世纪** [日]山口薰、金子健合著。辽宁师范大学出版社1996年5月版。18万字。14.00元。以日本的特殊教育的现实为背景写成。着力强调了"特殊教育并不是与普通教育相分割的别的教育形式,它必将发展为在普通教育之中有特殊教育,而在特殊教育之中又存在普通教育,两者浑然一体的教育模式"的观点。它所论及的问题既有纵向的承启,又有横向的比较;既有对已往的评说,又有对未来的展望,作者欲从特殊教育的发展轨迹中,辟挥出一条更合理的发展之路。全书共 9 章,分别为:特殊教育的动向;特殊教育的制度与现状;特殊教育展望;教育课程与指导法;早期教育;后期中等教育及在社会上的自立;指导方法;特殊教育中的教育技术学;师资培养和进修。书末有近 3 万字的附录,题为"吾师吾友",回顾了作者半个世纪的奋斗人生。是一部栩栩如生的日本特殊教育人物画卷。作者山口薰与当代主要发达国家特殊教育界最有威望的学者齐名。是影响过并仍影响着日本特殊教育发展达半个世纪之久的学术领袖。(邓丽萍)

G000238 **全日制聋校《体育实验教材》1—3 册** 人民教育出版社体育室编。人民教育出版社 1996 年 12 月版。30 万字。根据《课程计划》的"培养目标"和"课程设置"对体育学科的基本要求,并参考普通学校九年义务教育小学、初中体育教材编写,供全国聋人学校一至九年级体育教学使用的教师用书。结合聋生的年龄特点、认知程度、心理特征和病理特性,把 9 个年级划分为 3 个教学阶段,即"低年级学段"(一、二、三年级)、"中年级学段"(四、五、六年级)和"高年级学段"(七、八、九年级),以教师教学用书的形式按学段逐册编写,以期逐年级、逐学段完成体育教学任务,实现聋校体育教学目的。各册教材结构分别以体育和与之相关的卫生保键等基础知识为"理论部分";以身体锻炼、补偿缺陷为主要目的的某些运动项目和特殊手段("运动康复")作为各年级的教学内容。(王德深)

G000239 **全日制聋校实验教材 劳动 教师教学用书** 人民教育出版社职业教育室编。人民教育出版社 1996 年 12 月版。34.2 万字。8.50 元。对听力和语言残疾学生进行九年义务教育而编写的一套全日制聋校一至九年级教科书。本书是这套教材中的一种。依据 1993 年原国家教委颁发的《全日制聋校课程计划(试行)》,同时参考了《九年义务教育全日制小学劳动课教学大纲(试用)》和普通小学劳动课教材,并结合我国国情和聋生的实际情况编写。为了面向全国的聋校,本书在内容、结构、层次等方面做了弹性要求,可适应不同聋校和分类教学的需要。(顾国麟)

G000240 **弱智儿童教育的理论和实践** 吴重光、范子彦主编。广东教育出版社 1996 年 6 月版。14 万字。7.50 元。介绍对弱智儿童的认识和关于对弱智儿童教育的理论和实践的书。反映了近年来广州市有关的研究工作者和实际工作者对弱智儿童教育在理论方面和实践方面以及在理论与实践的结合上所作探索的一些成果。可供各地教育、民政、残联、社会工作等部门,各类残疾儿童学校、残疾儿童福利机构特殊教育师资培训机构、残疾人职业教育机构、从事特殊教育科学研究者以及关心特殊教育和对弱智儿童教育者学习和研究参考。(孔淑霞)

G000241 **中国古代女子教育** 曹大为著。北京师范大学出版社 1996 年 12 月版。45.4 万字。22.80元。对古代女子教育的探考力求突破传统教育史的研究方法,注意从文化史、社会史等更为广阔的视野进行综合考察。其研究包括宫廷女教、宗教女学、家族女塾、佛道庵观女教,也涉及家庭教育、社会教化等等;不但研究女子教育的目的、内容、教材、方法、组织实施,揭示其发展演变的原因和规律,还从社会环境、教育、女子主体意志等不同层面对影响女子成才和塑造传统妇女形象的诸种因素进行综合探讨,并对女子教育的社会效应和历史影响做出分析评价。尽力为读者展现一幅全方位的古代女子教育场景。(傅占武)

G000242 **写给年轻妈妈** 卢勤著。中国妇女出版社 1996 年版。16 万字。9.00 元。共 9 章。作者客观地剖析了年轻妈妈这一代人的特点,讲述了处在世纪之交的当代女性,应如何正确地、清醒地认识自己,对待孩子,并针对家长们在教育孩子过程中遇到的具体问题进行了推心置腹的交谈。如家长走入的几个误区(心理误区、教育误区、形象误区、行为误区、语言误区);孩子的几个渴求(渴求朋友、渴求平等、渴求倾听、渴求尊重、渴求赏识、渴求保护);有利于孩子良好心理素质培养的"快乐人生三句话"("太好了!""我能行!""你有困难吗? 我来帮助你!");培养孩子适应未来社会的几种能力等。(李白沙)

G000243 **家庭的义务与责任** 艾俊良主编。黑龙江人民出版社 1996 年 12 月版。20 万字。7.50 元。分 11 章,第一章为家庭教育是每位家长应尽的责任和义务;第二至第四章为婴幼儿内容,主要是身心发展常识、常见病及其防治和早期教育;第五至八章为孩子的思想品德教育,智力与非智力因素的发展、自我教育及家庭养成教育;第九章为孩子不良行为习惯的矫正;第十章为怎样辅导孩子学习;第十一章为中小学生的身心发展常识。(徐冲)

G000244 **中华少儿学习方法全书** 陈刚编。天津教育出版社 1996 年 12 月版。27.2 万字。26.00 元。系统而通俗地讲述学习方法的学习指导读物。上卷从学习的过程与学生应具备的基本学习能力入手,给学生以具体方法的指导;下卷侧重了综合能力与阅读、写作方法的训练。书中融入大量古今中外学有所成者的经验、教训,每则方法后还设有“思考与操练”的相关内容,使学生学有所思,悟有所得。(李莉)

体 育

G000245 **中国职工体质调查研究报告** 国家体委群体司编。人民体育出版社 1996 年版。31 万字。38.00 元。1994 年在国家体委的领导下,对全国 12 万职工进行了体质调研,该书即此次调研成果。全书共 5 部分,较详细地介绍了我国首次大规模的职工体质调研实施方案、测试细则、我国职工体质现状及发展变化规律、体质评价、中国成年人体质测定标准及全国职工体质调研统计资料等内容。(骆勤方)

G000246 **中国成年人体质测定标准手册** 国家体育运动委员会编。中国标准出版社 1996 年 10 月版。3.5 万字。5.00 元。系统介绍了包括年龄分组、测定项目、评价方法、测定规则和评价标准等内容的体质测定标准及其实施办法。成年人可根据其身高、体重、台阶试验、肺活量等项目的测定结果,通过本手册综合评定出自己的体质状况。(张宁)

G000247 **百年奥运会** 副名:从雅典到亚特兰大。叶志明等编写。少年儿童出版社 1996 年 7 月版。25 万字。13.20 元。分“百年奥运历程”、“赛场龙虎英雄”、“笑话·趣事·轶事”、“亚特兰大指南”4 个篇章。在“百年奥运历程”中,介绍了亚特兰大第 26 届前 25 届奥运会的时间、地点、参加的选手人数、主要纪录等等内容;在“赛场龙虎英雄”中,介绍了自奥运运动以来 51 位体坛名将创造纪录的故事,其中有中国的 7 篇,如许海峰、李宁、庄泳、陈跃玲等;在“笑话·趣闻·轶事”中,有 72 篇有趣的各类小故事;在“亚特兰大指南”中,介绍该届奥运会重要赛事的情况。(洪祖年)

G000248 **冬季奥林匹克** 王仁周主编。黑龙江人民出版社 1996 年 1 月版。58 万字。68.00 元。搜集了加拿大、芬兰、法、德、日、美等 20 个国家和地区以及国际体育组织出版的一些资料,概括地反映了冬奥会 70 年以来世界各国家、地区冬季运动的发展,系统介绍了冬奥会的由来与发展。(徐冲)

G000249 **规则问答丛书** 郭玉佩、陈招娣等编。人民体育出版社 1996 年版。共 6 本:《足球规则问答》、《篮球规则问答》、《排球规则问答》、《羽毛球规则问答》、《网球(软网)规则回答》、《田径规则问答》。把每个单项规则在执行中可能产生异义的地方,或难处理、不易把握的条文,进行了详尽的说明,把规则中必须掌握的条文,都按问答的形式进行了阐述。另外,为了读者使用起来方便,书中还原文收入规则。(白艳)

G000250 **田径热点论** 文超主编。人民体育出版社 1996 年版。30 万字。20.00 元。分上、下两编,上编为田径竞技热点论,下编为田径健身热点论。上编的主要内容有:90 年代以来世界田径运动的新进展;中国田径运动实力的演变及规律;对我国跳高现状的调查后的思考;我国男子 100 米、跳远、110 米栏的分析比较;我国撑竿跳高的训练及组织形式;论三级跳远再跻身于世界的关键问题;关于开展链球运动,提高运动水平的几点意见;世界优秀田径运动员最佳年龄特征的新变化,田径运动员的训练恢复;田径研究生培养问题的探讨;展望 2000 年世界与中国田径运动。下编的主要内容有:田径运动在实施全民健身计划中的地位和发展方向;健身走;健身跑;健身跳;健身投;综合力量练习器训练对不同年龄人的健身作用与方法。(白艳)

G000251 **NBA 明星教你打篮球** [美]克里斯·穆林著,周蓉、周德至译,王定审校。人民体育出版社 1996 年版。5 万字。16.80 元。作者是美国著名职业篮球队的运动员。书中以彩色图解的形式讲述了有关篮球运动的知识,包括篮球运动发展史,打篮球的准备工作,篮球场地的使用及规格,运球、运球突破、传球、投篮、抢篮板球、防守、进攻、传切、掩护的技术,比赛知识,术语及规则介绍。(刘沂)

G000252 **篮球纵横** 孙民治著。人民体育出版社 1996 年版。30.4 万字。26.00 元。篮球运动专著。主要内容是:现代体育发展的特点与趋势;对篮球运动发展史实与趋势的新探索;影响中国职业篮球模式建设的因素和对策的研究;篮球意识的培养;篮球基本功;无球队员的战术性移动;核心队员助攻中的传球;如何培养现代核心队员;投篮手法;3 分球远投的系统训练;中锋特技——抢篮板球;布阵与战术;移动进攻法;篮球固定战术配合;攻守转换与攻守转化;论比赛节奏;比赛中的联络信号;篮球比赛前的侦察与准备;篮球比赛的指挥;制定篮球训练文件;规范化的篮球教学;篮球教学中的 12 个结合;篮球教学与学习动机的激发;比赛法在篮球教学中的作用;青少年篮球训练的准备活动;篮球运动员的心理训练;篮球研究生的培养。(白艳)

G000253 **投篮的技巧——从罚球到扣篮** [美]泰德·圣·马丁、弗兰克·佛兰吉尔著,王定译。人民体育出版社1996年版。5万字。8.60元。结合作者本人练习投篮的切身体会,讲解了从罚球、上篮、勾手投篮到扣篮,以及投各种各样球的技巧和练习方法。在正确投篮的基本原理上,书中对每一种投篮方式作了详尽的描述,并回答了有关投篮练习中最容易遇到的20个问题。作者泰德·圣·马丁是美国职业篮球运动员,他以连续罚球命中2 036个而创造了世界投篮纪录。近二十年他在美国各地巡回表演,举办讲座。另一位作者弗兰克·佛兰吉尔是一位作家,他为美国佛罗里达州的工会撰写体育文章,并且是"体育集锦——晚间自由论谈"节目的主持人之一。(刘沂)

G000254 **教你踢足球** [英]西蒙·伊格利斯著,黄钢等译。人民体育出版社1996年版。3.4万字。9.80元。介绍了当代球星们运用过的技术、技巧和战术,如:基本技术、组织进攻、射门、抢截球、防守、守门技术、战术、足球规则、点球技术、比赛等。对不具备完整的球队条件而进行训练时,书中提出了很多好的建议和想法,还有行家们运用过的体能训练方法。书中全部是彩色的图解,展示了技术熟练的球星们在比赛中快如闪电的各种技术动作的细节。从书中还可以了解到大型国际比赛是如何组织的,各联赛是如何进行的。(刘沂)

G000255 **中国武术** 陆草著。广东旅游出版社1996年8月版。18万字。12.80元。对武术这一中国独有的民间文化形态产生的根源进行了深刻的剖析,廓清了笼罩在武术上面的神幻的迷雾,意在还武术以本来面目,使之不再沦为神的附庸、巫的寄托,而真正成为凡人们健身自卫的有效手段。同时,作者客观地指出了武术所面临的来自武林之内的困惑和来自国界之外的挑战,并对如何使中国武术走出误区,真正地走向世界提出了独到的看法。收入"中国旅游文化书系图书"。(李瑞苑)

G000256 **健身养生太极拳** 桑振英、孙文才编著。金盾出版社1996年12月版。8万字。224幅彩图。15.50元。包括5部分:太极拳简介、太极拳的基本技术要领和基本功法、太极拳的养生保键功能、太极拳动作名称、简化(二十四式)太极拳、四十二式太极拳。特别对二十四式和四十二式太极拳的每一动作,都有详细的讲解并配以彩图和示意图。(刘敏志)

G000257 **熊斗寅体育文选** 熊斗寅著。贵州人民出版社1996年7月版。25.00元。从作者1979年至1996年间所发表的200多篇体育文章中选辑编辑而成,涉及体育现代化、奥林匹克研究、体育科学、比较体育和体育信息5个方面,是作者10多年来的研究成果和理论探索。这些文章内容丰富,涉及了体育工作和体育科学的许多方面,同时,在编选时注意到了文意的时效性和实用性,每篇都注明了发表时间和刊物名称。(熊美琼)

G000258 **英汉水类运动词典** 孟莲芬编著。上海科学技术文献出版社1996年5月版。38万字。18.40元。共收英汉水类运动词汇近13 000条,内容包括:游泳、帆艇、潜水、水球、垂钓、滑水、冲浪等方面的主要术语,以及少量与水类运动有关的运动生理、运动解剖、运动医学、运动力学等词汇。

G000259 **过宫炮新编** 副名:象棋现代布局丛书。金启昌等编著。蜀蓉棋艺出版社1996年7月版。17万字。9.10元。总结了近代过宫炮的成就。收入"现代布局技巧丛书"。(黄国俊)

G000260 **多兵卒类残局** 徐家亮等编。人民体育出版社1996年版。20万字。"象棋实用残局丛书"的第三本。第一本《兵卒类残局》于1993年出版,第二本《双兵卒类残局》于1994年出版。本书专门介绍和阐述象棋实用残局中另一种常见的多兵卒残局。全书分8章共174局例,分门别类地介绍和论述三兵对士象、三兵对单卒有士象、三兵对双卒有士象、三兵对马(或有卒)残士象、三兵对炮、三兵对单车、三兵对车卒、四兵及五兵残局等类残局的胜和定式。着重阐明这几类实用残局的着法技巧及胜和要诀。这是著者从许许多多的实战局例中分析、提炼、抽象、归纳而得的着法规律。(徐家亮)

G000261 **特级大师布局精华** 副名:特级大师技巧丛书。程明松等著。蜀蓉棋艺出版社1996年1月版。34万字。15.50元。将近十余年来特级大师们在各种布局上的新成果、新贡献分门别类作扼要的介绍,涉及最流行的布局和最重要的变化。收入"特级大师技巧丛书"。该丛书包括布局、中局、残局3本。(黄国俊)

G000262 **象棋中局韬略** 黄少龙、秦原著。人民体育出版社1996年9月版。21万字。11.00元。阐述象棋中局的战略战术的专著。分10章,分别阐述中局概论、审局、战略决策、战术原则、运子要领、前中局战术、后中局战术、进攻战术、防御与反击战术,入局攻杀战术。书中收入实战比赛中出现的精彩局例168图,结合战略战术的基础理论进行解析。可帮

助读者掌握象棋中局的基础理论和战略战术，提高中局的理论水平和实战能力，加强战略战术的意识。（徐家亮）

G000263 **象棋实用战术选粹** 张强著。人民体育出版社 1996 年版。16 万字。9.00 元。以全国象棋大赛的实战对局为战例，介绍和阐述象棋实战对局中常见的实用战术。全书共 6 章。分别介绍封锁战术、牵制战术、围困战术、兑子战术、弃子战术、运子取势战术。另有一章是典型对局的评述。书中共收入在战术运用方面有着典型意义的局例 88 局。（徐家亮）

G000264 **中国象棋年鉴（1996 年）版** 中国象棋协会编。蜀蓉棋艺出版社 1996 年 11 月版。31.4 万字。18.00 元。收集当年象棋界出现的重要人物和重大事件，分象棋述评、国内赛事、国际活动、科学文化、海内外交流等进行归类或收集或推荐或点评发论，棋艺、文化并重，可为读者了解象棋的发展动态、技术特点提供帮助。

G000265 **钝刀——钱宇平自战百局** 钱宇平著。蜀蓉棋艺出版社 1996 年 3 月版。30.8 万字。15.00元。中国著名围棋九段棋手钱宇平在棋界有“钝刀”之称，意思是说他棋艺高强而棋风稳重。1988 年获全国围棋锦标赛冠军，1991 年获“富士通杯”世界围棋锦标赛亚军，是中国围棋界继聂卫平之后，又一个夺得世界大赛决赛权的棋手。书中收录棋局 100 例，按对局年代编排，讲评之中，同时穿插主人公本人及围棋历史背景资料，表现了主人公的思想感情和棋艺棋品。（丁开明）

G000266 **棋圣——聂卫平自战百局** 聂卫平著。蜀蓉棋艺出版社 1996 年 1 月版。32.1 万字。15.70元。作者自选国内外实战对局 100 盘，分为上下两篇。上篇精选 10 局作详细评解，下篇则进行简评。较为全面地记录了聂卫平九段盘上征战的状况，形象地反映了他的棋艺真实面貌。（杜维新）

G000267 **飘逸——马晓春自战百局** 宋雪林编。蜀蓉棋艺出版社 1996 年 4 月版。31 万字。15.60 元。中国著名围棋九段棋手马晓春 5 次夺得全国冠军，1995 年问鼎第 6 届“东洋证券杯”世界围棋赛，为中国夺得了第一个围棋世界冠军。又击败日本小林光一九段，赢得第 8 届“富士通杯”世界围棋锦标赛的最后胜利，为中国再一次夺得围棋世界冠军。此书反映马晓春的成长经历，以棋说人，以棋论人。书中共收录棋谱 100 局，显示了马晓春在棋艺上“飘逸”的灵气。（丁开明）

G000268 **藤泽秀行争霸集** 副名：棋圣名局。程晓流编。蜀蓉棋艺出版社 1996 年 6 月版。35.5 万字。17.30 元。通过对藤泽秀行争霸棋坛的历史，来说明他一方面把围棋当作人生的追求，一方面又当作艺术的追求。既真实地呈现了具有独特人格的藤泽秀行一生，又展示了他执著地探寻棋道的美好境界和生命的价值。这表明围棋境界的创造，就是人格的创造。本书分为详介和简介两部分。作者从围棋理论出发，作了精彩评解，使读者能够一睹藤泽秀行华丽的风采。（洪艳）

G000269 **中国围棋年鉴·1996 年版** 中国围棋协会主编。蜀蓉棋艺出版社 1996 年 7 月版。40 万字。18.00 元。收录有关上年度国内、国际各种围棋比赛的预赛、决赛，以及日本、韩国的新闻棋战决赛对局谱近 400 盘，反映了世界各地职业高手及业余高手的实战风采。还辟有“中国围棋大事记”、“地方围棋活动”、“围棋艺术·文化·科学”、“海外棋坛”等栏目。（杜维新）

G000270 **群英搏智** 副名：万宝路世界桥牌锦标赛’95。蜀蓉棋艺出版社 1996 年 4 月版。22 万字。17.60 元。由中国桥牌协会承办的第 32 届“百慕大杯”和第 10 届“威尼斯杯”万宝路世界桥牌锦标赛，是我国首次举办的世界最高规格的桥牌比赛。此书即有关这次大赛的论述和大赛的实录。（李石林）

G000271 **怎样成为收藏家** 董大勇编著。宁夏人民出版社 1996 年 11 月版。12.4 万字。8.00 元。分为“具有古老传统的收藏门类”、“现代新兴的收藏门类”两大部分。“具有古老传统的收藏门类”集中介绍了应该如何鉴别与收藏中国古代的青铜器、陶瓷、古币、玉器、书画、珠宝、奇石、紫砂壶和文房四宝。“现代新兴的收藏门类”则向读者展示了现代兴起的集邮热和有关印花税、烟标、火花、门券、粮票、藏书票以及毛泽东像章、蝴蝶标本、各种珍贵报纸的收藏。系“假日休闲系列”之一。（李秀岑）

G000272 **集邮品拍卖指南** 林轩、王淑英著。北京出版社 1996 年 2 月版。30 万字。13.50 元。集邮品拍卖方面的工具书。介绍了世界和我国集邮品拍卖的历史和现状，详细列举了世界著名珍邮和中国珍罕邮品的最新拍卖成交价格，全国自 1985 年以后的 300 余次拍卖活动和简况等。书中还以大量篇幅记录了全国各地主要的和有代表性的 100 次拍卖活动概况和成交价目，反映了我国近期集邮品拍卖活动的全貌。（龙杰）

G000273 **重庆集邮史（1928－1949）** 重庆市

集邮学术委员会编著。重庆出版社 1996 年 6 月版。18.5 万字。26.00 元(平),30.00 元(精)。记述 1928—1949 年重庆的集邮历史,重点记述抗日战争时期发生在重庆的集邮情况。全书 7 章,分述重庆早期的集邮活动、集邮组织、空前规模的陪都集邮、集邮出版物、邮票商社、集邮人物、纪念邮戳及附录。(余国枢)

G000274　**趣味大拼图·柳才智慧魔板讲座**　柳才、马越著。辽宁少年儿童出版社 1996 年 4 月版。6 万字。3.00 元。个人发明专利,全书 40 课,以魔板能拼出的各种动物、植物、人物、山水、机械设备为依据,阐述拼图方法及有关知识。(赵九俊)

H　语言、文字

语　言　学

H000001　**国外语言学通观**　李延福主编。山东教育出版社 1996 年 11 月版。80.1 万字。48.60 元。分上、下两卷。上卷由两部分组成:国外语言学专题介绍了人类语言学、历史语言学、语言哲学、心理语言学等 18 个专题;国外语言学家传涉及生活阅历、学术观点、著作评析。下卷包括术语释义,以 1992 年牛津大学出版社出版、William Bright 主编的《国际语言学百科辞典》中 David Crystal 撰写的术语部分为蓝本,新词条较多。下卷还收入了世界语言谱系、国外语言研究机构及活动、国外院校语言学系介绍等 5 个附录。(祝丽)

H000002　**实用模糊语言学**　黎千驹著。广西师范大学出版社 1996 年 1 月版。14.3 万字。8.60 元。运用宏观与微观分析相结合、理论与实践相结合的方法,系统阐述了模糊语言学的有关理论及其价值,分析了语言各要素的模糊性情况,探讨了导致语言模糊性的一般及特殊规律,研究了模糊语言在人们日常社会、交际中的情况,以及模糊语言与其他相关学科的相互关系和影响,从而构建模糊语言学的体系。(杨华)

H000003　**现代演讲学**　刘德强著。上海社会科学院出版社 1996 年 10 月版。33 万字。20.00 元。在《演讲学》教材的基础上进行了系统整理、加工充实,增加了许多全新的理论知识和适应时代需要的信息内容,如除介绍"传统演讲学"的知识外,还增加了谈话、谈判、对话、辩论和即兴发言等等,并将社会学、心理学、交际学、审美学和信息论等现代科学中的有关知识融于其中,集知识性、趣味性、科学性、实用性于一体,以适应全面提高口语表达能力的需要。每章后面还附有思考与练习题。(范舰萍)

H000004　**文体学辞典**　王守元、张德禄主编。山东教育出版社 1996 年 1 月版。50.6 万字。17.10 元。以国外有影响的语言学和文体学辞书为主要参考资料,在解释术语意义的同时,从总体上对文体学的特点、目的、技巧和方法、渊源及发展趋势给以描述,使读者了解术语的涵盖范围以及它在宏观理论框架中的地位。(祝丽)

H000005　**语言与言语障碍论集**　哈平安著。首都师范大学出版社 1996 年 8 月版。13.3 万字。9.80元。收辑作者有关语言学与病理语言学研究论文 20 余篇,内容涉及语言理论、音韵学、音位学、语音学、汉字识字教学和病理语言学。其中,病理语言学约占一半。(李荣午)

H000006　**译论**　张经浩著。湖南教育出版社 1996 年 10 月版。24 万字。11.00 元。对于我国当前的翻译研究中存在的几种倾向提出了自己的看法。他认为翻译研究时过于夸大理论的作用、搞无实际意义的名词术语翻新以及以外国理论家的理论为是等现象,都是不可取的。书中所涉及的问题无一不为翻译实践服务。作者对翻译史、翻译的性质、过程、标准、方法、技巧等诸方面的阐述和认识,均来自本身的翻译实践和教学实践。许多例证的译文是本身的译作或教学中的范例。有关意译与直译的分析比较是全书的精髓所在。英译汉与汉译英并行,理论与实际紧密结合,是全书的一大特色。(陈凯)

汉　语

H000007　**二十世纪的中国语言应用研究**　于

根元著。书海出版社 1996 年 12 月版。32.2 万字。22.80 元。首先在绪编中概述了 19～20 世纪之交中国语言学由古代模式迈入现代语言学的情况，然后将中国的语言应用研究划分为三个大的历史阶段，分述其理论研究与实践活动的发展历程，评析其研究及实践成果，最后对 20 世纪中国语言应用研究存在的不足之处进行了论述，并对中国语言应用研究的未来发展前景进行了展望。（杭海路）

H000008 **中国传统语言文字学** 徐超著。山东大学出版社 1996 年 6 月版。39 万字。23.80 元。具有以下四个显著特点：其一，作者从传统语言文字学史的实际出发，并加以总结创新，将传统“小学”的文字、音韵、训诂三科细分为六科：即文字学、音韵学、雅学、方言学、语源学、训诂学。将雅学、方言学、语源学从传统庞杂的训诂学中分离出来，形成自身的分类体系，是一种难能可贵的创新。这既符合传统语言文字学的实际，又有利于学科建设。其二，在语言形音义诸因素中，紧紧抓住语音这个纲，互相证发，并且多采用个人研究成果，发前人所未发，明显地带有述作兼备的特点。其三，论述公允平实。对前代学者及其著作的评价，能客观地进行分析，力戒溢美或贬损之辞，体现了作者的求实精神和严谨态度。其四，在注重学术性的同时，把实用性放在特别重要的位置。（周广璜）

H000009 **中国语言学现状与展望** 许嘉璐等主编。外语教学与研究出版社 1996 年 8 月版。35.8 万字。23.80 元。所集文章，是国家语言文字工作委员会请有关专家就我国语言学现状和未来所写出的报告，包括两大部分：第一部分为“汉语篇”，涉及到汉语的理论、汉语史、文字学、方言学、现代汉语、语言规划、信息处理等；第二部分为“外语篇”，是我国外语界对语言学诸学科的探讨，诸如语音学、句法学、语义学、语用学、文体学、心理语言学、社会语言学、汉英对比研究等。（范明贤）

H000010 **音韵学讲义** 曾运乾著。中华书局 1996 年 11 月版。41.2 万字。26.00 元。收集了作者的《宋元明清之等韵学》、《广韵学》、《古纽及古韵学》3 部分，并收入不曾发表过的《读敖士英关于研究古音的一个商榷》和《声学五书叙》两篇文章。最能体现曾运乾在音韵学研究上的成就的是《广韵学》一文及所附《喻母古读考》。《广韵考》从声母及韵母两方面考察了由上古音至中古音的发展沿革，指出不仅韵母有洪细之分，声母亦然。并将声类分为 51 类，较明人陈澧多出 10 个。《喻母古读考》将上古喻母一分为二，提出著名的“喻三归匣，喻四归定”的论断。（王勉）

H000011 **敦煌音义汇考** 张金泉、许建平编著。杭州大学出版社 1996 年 12 月版。82.9 万字。68.00 元。汇辑了音义写卷 643 号，并对每个卷号均作了极为详尽的考辨和校勘。在拟名、明字、辨音等方面不仅纠正了前人许多失误之处，而且抉发隐微，创获良多。其所包含的写卷俗字、俗音亦可补《汉语大字典》等大型辞书之缺漏。（张节末）

H000012 **金瓶梅语音研究** 张鸿魁著。齐鲁书社 1996 年 8 月版。27.5 万字。18.00 元。从音韵入手，以艰难的语音研究为重点，对《金瓶梅词话》的语言展开了全面分析，重点揭示了《金瓶梅词话》一书的语音系统兼及词汇和文字，从中开掘出了丰富的语言材料。其中举出谐音名称 21 例；谐音故事 8 例；谐音歇后语 33 例；新造形声字 38 例；异形词 112 例；同音替代字 100 例；诗词曲用韵 370 例；文谣用韵 120 例。在此材料基础上，从韵、声、调、轻音、儿化等方面揭示《金瓶梅词话》语音系统的特点和规律，从而科学地严密地得出结论：《金瓶梅词话》的语言反映了当时鲁西方言的特点，判定《金瓶梅词话》的作者即使不是山东人，也应长期在山东生活，熟悉山东特别是鲁西临清一带的语言。书后附录了《金瓶梅词话字音全表》，收万历刻本中的全部楷体字形 5735 个，每字下列出该字在《金瓶梅词话》中的代表读音。（赵捷）

H000013 **汉字形义考源** 何金松编。武汉出版社 1996 年 1 月版。35 万字。28.00 元。运用唯物辩证法，凭借确凿的证据，进行严密论证，识出了十多个甲骨文和金文，发现了上百个常用汉字的形义来源。同时，在汉字形义的考释实践中，还总结概括出了十种方法，亦是极为难得的科学成果。（刘昌钊）

H000014 **汉字趣例** 万慕慧编著。湖北人民出版社 1996 年 3 月版。9.2 万字。5.10 元。“趣味语文丛书”之七。包括约一百则汉字小故事，内容涉及汉字的形体演变、汉字字形结构、字音、字义及汉字避讳、汉字使用规范化等诸多问题。（邹少雄）

H000015 **炼字趣话** 谢逢江编著。湖北人民出版社 1996 年 3 月版。12.4 万字。5.75 元。“趣味语文丛书”之八。收录小知识近 160 篇，按以类相从的原则编排。涉及炼字、炼句、炼意三个方面的内容，以炼字为主。在修辞学中，以“炼字”作为书名，并把这一方面的知识加以归纳整理。（易学金）

H000016 **错字指正字典** 王与群等编。海天出版社 1996 年 7 月版。45 万字。16.80 元。分 3 部分内容:容易读错的字、容易写错的字、容易用错的字。"容易读错的字"根据《汉语拼音方案》所确定普通话的语音,用汉语拼音字母标出正确读音,对容易读错的字,加注了同音汉字,反映出通常容易错读成什么音。"容易写错的字",以《简化字总表》为据,设部首比较表、声符比较表,把形近容易写错的字排列在一起,进行比较,指出通常容易写错的部位及笔画,对一些字还指出笔顺的先后。"容易用错的字"则把容易用错的字组成类,从音、义两方面进行对照,以析义为重点,用析例的方法区别形相近、相似的字或音相同或不同的字的不同意义和用法。(陈邢准)

H000017 **现代汉语词彩学** 杨振兰著。山东大学出版社 1996 年 6 月版。26 万字。12.80 元。采用静态与动态相结合的方法,对词的色彩意义及各种色彩类聚进行了系统的理论阐述和分析。全书共分 9 章,第一章"绪论"立足于宏观角度,从整体上分析、论述了词的色彩意义的含义、特点、类型、作用以及存在方式等一系列基本理论问题。第九章"色彩意义的语用分析",运用动态分析的方法,探求了词的色彩意义在言词交际中的语用表现、语用特点和语用价值。其余 7 章则分别对感情色彩、形象色彩、风格色彩、时代色彩、外来色彩、民族色彩、地方色彩等七种色彩意义类聚的形成、特点、作用以及语体分布等问题进行了细微详尽的分析和探讨。(周渭卿)

H000018 **尔雅诂林** 朱祖延主编。湖北教育出版社 1996 年 11 月版。1 000 万字。1 100.00 元。共 5 卷。广集历代有关《尔雅》论述,仿清人丁福保《说文解字诂林》体例,加以系统整理,纂为一书,是国家古籍整理出版规划小组的《全国古籍整理出版十年规划和"八五"规划》项目。(熊茵)

H000019 **语海布口袋丛书(5 种)** 陆德阳等编。上海文艺出版社 1996 年 4 月版。49 万字。24.90 元。共 5 种。包括《谚语小辞典》(陆德阳编)、《俗语小辞典》(袁星编)、《歇后语小辞典》(顾希佳编)、《惯用语小辞典》(陆元庆编)、《形容语小辞典》(王有钧编)等。在选编过程中,对各语类进行了新的界定和区分。每一部小辞典,收条都很严谨、精当,注解亦都准确、简明。为便于使用和查阅,全部分类编排,即将具有某一相同性质的条目归于一类,并冠以类别名称,如《谚语小辞典》中划分了"真理、正义"、"理想、志气"、"世态、人情"、"家庭、邻里"等 27 个类别;《歇后语小辞典》中收录了"赞扬、称颂"、"空谈、妄想"、"糊涂、笨拙"、"惊慌、狼狈"等 21 个类别。(夏青根)

H000020 **汉语同义词反义词对照词典** 鲍克怡等编。汉语大词典出版社 1996 年 8 月版。100.1 万字。27.00 元。搜集了 11 000 余条汉语词语,在精心辨析义项的基础上予以同义词、反义词的严格对照。(纪大庆)

H000021 **中国哲理名言精萃** 李佛生主编。重庆出版社 1996 年 11 月版。75.5 万字。38.00 元。集了中国历史圣人的思想精髓,简洁的警句浓缩着人生百态,耐人寻味的哲言展现着古代圣贤不同凡俗的思考。全书分事理篇、社会篇和人生篇,涵盖了世俗人生的方方面面。(余国枢)

H000022 **中国歇后语** 郑勋烈、郑晴编著。东方出版中心 1996 年 8 月版。55 万字。20.00 元。共编选歇后语近 3 万条,内容涉及到天地、人类、鬼神、动物、植物等方面,所收歇后语生动活泼,幽默风趣。分上下两编:上编"从譬语查解语",下篇"从解语查譬语"。另附分类目录和音序索引,查检方便。(张志华)

H000023 **成语拾趣** 董乐生编著。湖北人民出版社 1996 年 3 月版。11.2 万字。6.20 元。"趣味语文丛书"之二。选取成语约一百条,在尊重原始资料的基础上作适当的文学加工,编成有趣味的故事。所选成语以中小学教材中常见的为主,也有一些是在古籍和现代文献中用得较多的。大致以成语故事所出典籍的时代先后为顺编排。(邹少雄)

H000024 **典故探趣** 吴凤祥编著。湖北人民出版社 1996 年 3 月版。10.4 万字。5.80 元。"趣味语文丛书"之五。选收古今诗文中经常引用的典故约一百条,每个典故用 1 000 字左右的篇幅,叙述它的人物活动和事件发生的背景,以及事件演化过程的来龙去脉,交待典故的历史原义及比喻义和引申义。每个篇目自成一个生动有趣的小故事。按时间顺序编排,同一历史时代发生的或产生在同一历史环境中的故事排在一起。(邹少雄)

H000025 **历代名言佳句赏析词典** 喻怀澄编。南开大学出版社 1996 年 4 月版。123.6 万字。56.00 元。筛选了从先秦到清代各时期的名言佳句 600 余条,并且在大部分名言佳句的"说明"之末还增付了不少近似句,加在一起不下万余条。本书具有如下特点:一、丰富的知识性。对所录名言佳句都简要地介绍其内容、背景和出处,特别是对名言佳句中的典故也都给予适当的说明和介绍。二、浓厚的趣味性。名言佳句,往往有一些逸闻、趣事、佳话,书中对此也都有精到的说明和介绍。三、对所录名言佳句的

源流关系大多加以说明。四、书中还提示了名言佳句如何使用，引导读者学以致用。(张世甲)

H000026 **书海锦言辞典丛书** 曲彦斌等编。辽宁人民出版社 1996 年 4 月版。272.8 万字。140.00元。共4册。分为《世界名言大辞典》、《隽永格言大辞典》、《精锦赠言大辞典》、《醒世箴言大辞典》，计 60 大类，540 小目，选世界各国名人名言、格言、赠言、箴言近 5 万条目。全书综论自然、人生、人伦、岁月、启智、社会、生活、事业、立世、志向、交际、修养、品格、情感、情绪、理性、科学、文艺、爱国、理想、求知、读书、惜时、勤奋、学习、智慧、才能、奋斗、青春、友情、爱情、家庭、婚姻、幸福、财富、道德、生死、政治、法律。词目内容丰富，覆盖面广、精练、语义深刻。其与同类书的区别在于每一条目均有国别、篇目、作者、卷数、页码，使读者能信手拾来所需辞条，便于背诵、记忆和引用。(谢福生)

H000027 **汉大成语大词典** 汉语大词典编纂处改编。汉语大词典出版社 1996 年 10 月版。306.9 万字。50.00 元。在《汉语大词典》成语条目基础上，加以正误、扩充、改编的集汉语成语之大成的辞书。共收成语 2.5 万条左右。全面反映每条成语的产生(包括来源、原始形态、最早用例)、发展(包括各种变式)和现状。收词谨严，以收录古今汉语成语为主，兼收具有成语性质的四字格，酌收少量习见或出自公认的经典著作并具有成语性质的短语。体例科学、严谨，条目安排按照汉语拼音字母顺序排列。每条条目包括词头、汉语拼音字母注音、出处(用于有典源的词目)、释义、举例，必要时列举参考文献。义项齐备，释义语言准确、简练，必要时对艰涩词句进行疏导。举例反映源流演变，能说明该成语的含义或能提供其他知识信息。举例标注朝代、作者、书名或篇名。(王安全)

H000028 **成语探源辞典** 朱瑞玟编。首都师范大学出版社 1996 年 12 月版。83 万字。56.00 元。一改一般成语辞书音序排列的方式，按成语出处的类别，分为“儒家典籍”、“道教典籍”、“佛教典籍”、“历史著作”、“科学著作”、“艺术著作”、“诸子与哲学”、“笔记与小说”、“诗词歌赋”、“历代散文”、“文艺理论”和“当代外来文化”等 12 大部分。在每一部分中，又按不同书目，或以时为序，或以类为序，分成若干小部分，如“儒家典籍”包括了《大学》、《中庸》、《论语》、《孟子》、《诗经》、《尚书》、《礼》、《周易》、《春秋》、《孝经》及“周敦颐著述”、“邵雍著述”、“张载著述”、“二程著述”、“朱熹著述”、“陆九渊著述”、“王守仁著述”等 17 个小部分。在每个小部分中逐一介绍以其为“源”的成语。其另一特色是注释中设立了“辨正”栏，以纠正在当时流行的大量辞书中介绍成语出处方面存在的以流代源、以讹传讹的现象，如“飞蛾投火”，不少辞书认为出自《梁书·到溉传》，其实，这个成语早在公元前 4 世纪中叶的《涅槃经》中就已出现，竟早于《梁书》1000 年之久。对于诸如此类的讹误，书中以极严谨的科学态度，一一予以辨正，在全书中竟有 467 条之多。(吴海)

H000029 **实用成语词典** 冯锦明等编。天津教育出版社 1996 年 6 月版。54.6 万字。26.80 元。从实用的角度出发，所收的 4 700 多条成语，皆取之于中小学语文课本、青少年读物和一般书刊。按汉语拼音顺序排列，有汉语拼音和笔画两种索引，每个词条都包括注音、释义、例证(造句)三项内容。与同类书相比，其特点有三。①词条皆取之于中小学课本、青少年读物、一般书刊，针对性较强。②释义项除常规的字面义和本义外，另有比喻义、引申义等。对成语的感情色彩、适用范围，也都作了必要的说明，且特别注意在语言实践中所产生的新义。③例证(造句)是最有特色的一项。同类成语词典的例证一般多引自古典名著，文字多是文言、半文言。而本书的例证则一义一例，多取之于现行的各种书刊，有时代感和现实意义。

H000030 **成语解析手册** 曹明新编。重庆出版社 1996 年 6 月版。36.8 万字。25.00 元。共分 11 部分，分别对成语的语素、语法结构、特殊语序、词性的活用以及通假字、联绵词、双声词、叠音词、叠韵词、近义与反义、修辞方式等作了细致的解析。书末“题型荟萃”提供了各种类型的成语题，并附答案。(余国枢)

H000031 **中国俗语** 金路编著。东方出版中心 1996 年 5 月版。62 万字。23.00 元。收集全国各地、各民族、各社会历史时期、各行业间流传的俗语 1.2 万余条，内容涉及社会现象、世态人情、处世哲理、生活观念、民族传统等许多方面。这些俗语大量运用比喻、夸张、对比、形容等修辞手法，生动形象，言简意赅。按音序排列，附有拼音索引和笔画索引，查检方便。对语条均作精要解释，并提供必要的书证。(张志华)

H000032 **语法学探微** 刘叔新著。南开大学出版社 1996 年 9 月版。23.1 万字。12.00 元。选收论文 16 篇，另有附录 4 篇。书中选收的论文，有侧重于一般语法理论的，有专就现代汉语某种语法现象或某个语法问题作分析的,也有把两个方面糅合起来进行论述的。附录中有3篇是刘叔新先生的译作。这些文章都从语法学的某一方面提出独到的见解。(丁福原)

H000033 **古汉语虚词词典** 王海棻等编。北京大学出版社1996年版。45.7万字。25.00元。收录古汉语虚词829个,包括介词、连词、副词、助词、语气词、助动词、叹词、代词和一些常见的短语、凝格式以及少量包含虚词的合音词(如"叵"、"诸"),代词根据用法标为疑问代词、人称代词、指示代词、无指代词、不定代词等。一个词形的不同词性分别排列,分别解释。每一义项下说明用法,根据用法的繁简给出足够的例句。例句中的偏、难词语加以简要注释,或全句给出今译。注重吸取时间上属于古代语言特点属于近代汉语文献中的用例,并归纳用法。按汉语拼音排列,附汉字笔画索引。(杜若明)

H000034 **现代文语法综合分析** 张松林主编。重庆大学出版社1996年1月版。18.50元。从新教材中精选了16篇现代课文,按照新语法体系的五级单位,对每篇课文进行了通篇语法综合分析。全书分上下两编和附录。上编是语法综合分析概论,论述较为精辟;下编是范文分析,突出了"句法分析"这一重点,对于难点、疑点的"注解"非常详尽,并有独到的见解,令人折服。对疑难例子也详加注解,就是少量不好分析的例子也能在书中找到答案。书中对五级语法单位的讲解,并不是平均使用力量,而是把重点放在短语部分,这很切合汉语的实际。将第三级语法单位——短语作为分析的重点,并以此带动比短语小的和比短语大的单位的分析,还有一些难度大的复杂短语的图示分析。在使用句子成分术语中,将与宾语相对的成分用"动语"代替一般书上用的动词。(孙英姿)

H000035 **现代汉语鉴别语法** 狄化夷著。云南教育出版社1996年8月版。24万字。13.20元。分章论述。第一章语法单位、术语以及体系和句法分析;第二章语素分类、语素组合和语素鉴别;第三、四章词类划分、各类实词、虚词的鉴别和运用;第五章短语分类、复杂短语及其分析,形同短语与歧义消除、短语的鉴别;第六章句子成分及其鉴别,句子分析、单句类型及其鉴别;第七章复句类型、复句分析及其鉴别。全书抓住现代汉语语法存在的诸多问题潜心研究,简明扼要的描写现代汉语语法,将汉语中处于"中间状态"的语法单位进行鉴别,予以界定、给予回答。论述采用《中学教学语法系统》的体系,对语素、词类、短语、句子成分、单句、复句等都列专章专题,全面采用鉴别手段把各个层次左右、上下交叉、易混淆的概念,根据不同级别层次,列出鉴别条件和标准,并总结出若干条规律。相同汉字,不同词类,相同结构,不同意义等诸多混淆不清、难于判定的问题,用鉴别条件及标准进行鉴别,使混淆不清的各语法单位、各个层次之间区分得明明白白,从理论和实践的结合上说明问题。(黄敏)

H000036 **敦煌变文语法研究** 吴福祥编。岳麓书社1996年7月版。40万字。16.50元。以归纳描写与定量分析为主要研究方法,从语法史的角度,对变文的语法事实作了宏观而动态的描写与分析,并通过与唐宋15种白话文献的比较,揭示了唐五代主要语法现象的共时差异和历时变化。(饶毅)

H000037 **汉语量词词典** 刘子平著。内蒙古教育出版社1996年6月版。27万字。16.50元。共收汉语量词892个。特点一是收词面广量大。既收入了古汉语量词,又收入了现代汉语量词;既收入了普通话量词,又收有代表性的方言量词;既收大陆所用的量词,又收入港台惯用的量词。简言之,举凡听说读写常用的量词均已包括。二是释义准确、简明。凡采用传统解释,也能择善而从,不作烦琐引证。三是例证采用一般举例与典型书证相结合的方式,有点有面,具有示范性。(毛治林)

H000038 **古今汉语虚词大辞典** 张玉金主编。辽宁人民出版社1996年7月版。104.7万字。42.00元。收入单音虚词824条,复式虚词2 715条。其单音虚词包括:单音节虚词,如汉语中的"之";虚词性词素,如上古汉语的"有"和"然"。复式虚词包括:复合虚词,如古汉语中的"於是";较固定的虚词词组,如古汉语中的"虽然";还有固定格式,如古汉语中的"不亦……乎"。本书具有如下特点:收词的全面性,包括从殷商至现代各个时期的虚词;注意虚词的历史性,对从古至今的变化现象进行了全面揭示;重视描写的精确性,不但对虚词定性,指明是副词、连词等,还对大多数虚词的卜类也明确指出;尤重对虚词的辨析和源流阐述,在多数条目中,设"按"栏目,对同义虚词及同一虚词相近用法,进行认真辨析;重视复式虚词。(袁闾琨)

H000039 **汉语辞章学论集** 张志公著。人民教育出版社1996年3月版。20.5万字。10.50元(平),16.20元(精)。论文集,其中第一部分,收集60年代以来作者的有关论文和散见的论述;第二部分是1990年作者为首都师大中文系研究生开课的讲

义，有些讲的后边还附有与本讲有关的部分文章。后一部分勾画出了汉语辞章学的主要轮廓，是作者多年研究成果的结晶。（王本华）

H000040 **修辞趣谈** 毛汉华编著。湖北人民出版社 1996 年 3 月版。9.4 万字。5.40 元。“趣味语文丛书”之十。以故事的形式谈修辞，涉及修辞方法三十种左右。以介绍修辞方法为中心搜集、引用了大量的诗词典故、名人轶事、楹联谜语、笑话故事，目的是增强趣味性。以辞格为序编排。（邹少雄）

H000041 **中国实用文体写作丛书** 广西人民出版社 1995 年至 1996 年版。61.90 元。包括《实用经济文书写作》、《实用法律文书写作》、《实用涉外文书写作》、《实用民间文书写作》、《实用公关文书写作》、《实用财经文书写作》、《情书写作技巧》等 7 种，每种围绕各自的专题介绍数十种至上百种实用文体。对每种文体，首先扼要地介绍了该文种的概念、特点、格式和写作要领，然后选录了一二个典型的文体实例供参考，有很强的操作性。书中从行业分类、文种取舍、格式设计、例文选择等方面充分照顾时代性和专业性，并注意了时间的张度，开拓了不少新领域和新的文体形式。（邓耘）

H000042 **机关公务员应用文写作技巧与范例** 肖方等编著。鹭江出版社 1996 年 8 月版。26 万字。13.50 元。从面向基层需要、面向实际工作出发，集中介绍了机关工作中直接需要、经常使用而又必须加以研究的文体，分行政公文、事务文书、礼仪文书 3 大类、42 种。对每一种类的文体，都详细说明其概念和特性、格式与写法及注意事项，并附有范文供参考。

H000043 **标点趣闻** 黄若儒编著。湖北人民出版社 1996 年 3 月版。9.2 万字。5.10 元。“趣味语文丛书”之九。按内容编排分为 3 个部分：趣闻篇收录文学大家与标点符号的轶闻，有妙用、巧用、智用标点的趣事，有漏读误用标点而蒙受损失的教训；趣用篇以童话、寓言的手法介绍了各种标点的用法，针砭滥用标点的陋习；启示篇从标点的妙喻功能上，从形和义两个方面作介绍，主要使读者产生富有哲理的联想。“趣闻”以趣见长，“趣用”科学准确，“启示”以美取胜。（易学金）

H000044 **汉语大字典（简编本）** 李格非等主编。湖北辞书出版社 1996 年 9 月版。570 万字。180.00元。收字头 21 833 个，相当于《汉语大字典》正编本收字数的 2/5；总篇幅约为正编本的 1/3。较之正编本，其特点是：既保持了原有特色，又简明实用，并订正了原书的一些讹误。书中保留了有典籍用例的所有字头和义项，保留了主要的古文字形体（一般在六个左右）及其解说，保留了三段注音（上古韵部、中古反切和现代音读），根据需要，义项下还保留了最早或典型的用例。删去了没有典籍用例（个别情况除外）的字头和义项，删去了没有代表性的古文字形体，删去了字韵书的说解，删去了不必要的注疏材料，总之，删去了过于艰深和冷僻的内容以及考释的过程。还克服了正编本因分散编纂、分卷出版所造成的某些弊端（如重出疏漏、照应不周、平衡失调等），风格更加统一；并尽可能改正了正编本中一些明显的讹误。（宛志文）

H000045 **图画字典** 阎玉山等编。北方妇女儿童出版社 1996 年 9 月版。120 万字。96.00 元。共 5 册。其特点为：一、编辑思想具有新意。一改目前汉字教学中不考虑汉字规律，让孩子死记硬背的弊端。利用文字学知识协助小学生学、认汉字。通过古文字分析汉字构成的各种形式，再现汉字形象表示意义的特点。二、解词释义注意科学性和准确性。如对云的解释：“云（1）云雾的‘云’。云雾|云朵|云山雾海|”。解说云的形体说“像天空（二）漂浮的云”。准确地说明了“云”字的形体结构。这是针对儿童的解释。三、使用本字典可以领略汉字的无穷趣味，开阔视野，使孩子轻松愉快地学汉字。“鸟”的古汉字就是关于鸟的画，手拎着肉就是“有”字。汉字演进涉及方方面面的知识，如，贝、丝、共、民等字，均具有民族历史的内涵。四、每字配以插图，帮助理解词义。五、适于小学生使用。释文全部标注汉语拼音，第五册附有音序检字总表、笔画检字总表。（郭克）

H000046 **实用辨字字典** 吴心田主编。济南出版社 1996 年 1 月版。32 万字。18.00 元。字书。对 2 000 多个常用汉字进行音、形、义的辨析。在辨音方面，不仅注意了异读词的读音问题，而且对多音多义字、多音同义字以及容易误读字也作了分析。在字形方面，既分析了字形结构，又说明了笔画、笔顺和异体、繁体，而且进行了形似字的辨析。在字义方面，简要列举了不同的义项，并辨别了义近字。（侯琪）

H000047 **常用字笔顺字典** 北京市语言文字工作委员会办公室编。北京教育出版社 1996 年 1 月版。15 万字。7.80 元。以国家语言文字工作委员会和国家教育委员会联合发布的《现代汉语常用字表》3 500 字为收字范围，根据国家语言文字工作委员会和国家新闻出版署联合发布的《现代汉语通用字表》规定的汉字笔顺标准编写的工具书。所收字都注明

现代汉语标准读音，书中用笔画与音序两种方法查字，检索方便。(俞宗元)

H000048 **汉大商务汉语新词典** 韩敬体等编。汉语大词典出版社1996年12月版。280万字。45.00元。共收释现代汉字1万，复词成语短语4万，共5万条，以普通话语汇为主，也收释一些通行地域较广的方言词、文言词，讲究实用；设置功能众多，信息量大，在形音义的诠释方面，力求做到准确有据，突出科学性和规范性，有的还特别标示用法说明，颇具新意；详列的熟语格言名句及其他例证则更好地显现并补充了字词的释义与用法说明的不足。除正文外，还收列了与语文教学密切相关的17种附录，如《汉语拼音方案》、《汉字偏旁名称表》、《新旧字形对照举例》、《汉字的结构类型和笔顺规则》、《常用同义词反义词表》、《常用亲属称谓表》、《汉语词类表》、《汉语常用句型表》、《标点符号用法》、《常用计量单位表》、《历代帝王纪年干支纪年公元纪年对照表》等。(纪大庆)

H000049 **现代汉语词典(修订本)** 中国社会科学院语言研究所词典编辑室编。商务印书馆1996年7月修订第三版。303万字。55.00元。原收字、词、词组、熟语、成语等各类条目约5.6万条。1978年12月初版，1983年1月略作修订后重排再版，本次修订以科学性、实用性、规范性为宗旨，着重作了以下几方面的修订工作：一、调整条目。书中新增条目9 000余条，删4 000余条，较修订前的条目总数实际增加5 000余条。其中，增收条目包括新词语、方言词语、外来词语，以及应在本书收条范围内而未收的少量现代汉语、古代汉语语词，删去的条目一般为过偏过专的、查阅价值不大的以及过时的词语。二、增删部分释义。自1978年以来，汉语的部分词语有了新的意义，另有部分词语的某些原有意义，在废止若干年后又重新开始使用，本次修订均增补了义项。此外，还修改了本书部分不准确的释义。三、从规范化角度对本书作了订正。本书第二版出版后，国家有关部门又陆续发布及重新发布了一些规范性文件，如《普通话异读词审音表》(1985年12月)、《简化字总表》(1986年10月)、《现代汉语通用字表》(1988年3月)，等等。本次修订对相关字音、字形、词形等作了适当调整。此外，还对例证、体例等方面作了修改，比如增加了条目的互见页码，等等。(金欣欣)

H000050 **学生文言解测两用词典** 甘也达主编。汉语大词典出版社1996年7月版。53.9万字。18.00元。依据中学语文教材，收释文言常用词及其他一般性词语(除古今词义相同的词语外)。立目精当，解释准确而浅近，全书分为常用词和其他词语两部分，既突出了重点，又照顾了全面。每个词语除详释词汇意义之外，还特别指明用法，标注词性，并将词类活用义归于相应的义项中，而不单独立项。在词条后附自测题，一义一题，并附参考答案，便于学生及教师练习和参考之用。按汉语拼音音序编排，后面另有笔画索引，查检十分方便。(胡逢建)

H000051 **最新汉英辞典** 胜友编辑部编著。广东世界图书出版公司1996年4月版。18.00元。选收词、词组、成语等共18 000多条，配以日常生活常用词语为主。正文按汉语拼音方案的字母次序排列，同音同调的按汉字笔画多少排列，少的在前，多的在后。采用笔画查字法。从学习中文的实际需要出发，对部分词条标注了常用量词；对一些词头，词尾标注了“头”或“尾”字样，对大部分词条标注了词性，仅供参考。(应中伟)

H000052 **歌诗韵谱** 邬大为编著。白山出版社1996年11月版。60.9万字。43.00元。以“中华多奇志创伟业含笑谱春秋”13字分别为各大辙的辙名。书中基本不用生、冷、怪、涩或不常用的词，增补了当今广为流传的新词新句。每道大辙前精选词粹两首。书中共收集4 400余词条，并编入一定数量的成语、俗语、名句、锦言及当代部分词作家的佳句。(赵中)

H000053 **汉语方言语法类编** 黄伯荣主编。青岛出版社1996年5月版。180万字。198.00元。汇集了全国各省、市、自治区和香港地区250多个方言点的语法资料500多篇(部)，将其分为2 500多个条目，按其词法、句法和语法意义、语法形式的先后顺序分门别类排列起来，读者可以凭借目录，便捷地查出并了解汉语方言中已发现了哪些语法现象，也可以通过汉语方言语法类编条目地名索引与方言点一览表来了解本书收录的中国各地方言语法现象的相关资料。(雨田)

H000054 **东北方言语词汇例释** 王树声编著。黑龙江人民出版社1996年10月版。50万字。20.00元。收入东北方言口语词汇约3 500余条。所列条目，大体是以词为主，词语并收，不仅有方言口语词，而且有词的固定组合体和成句子的俗语，如“红头胀脸”、“花花点子”、“黑不溜秋”、“看得过眼儿”、“快当快当嘴儿”等等。全部词目按汉语拼音字母次序排列。对每个词目，一般仅就例句中提供的方言口语义项进行注释。(徐冲)

H000055 **苏州方言语音研究** 汪平著。华中理工大学出版社1996年8月版。18.5万字。10.00元。在弄清连续变调规律的基础上，采用全新的、可以验证的方法，对复杂的苏州话单字调与连调作全面分析，并以此记录真正苏州口语的字音，从而真实地恢复苏州话语音的全貌。全书记录6千个左右苏州口语常用字，每个字都用国际音标注明书面和口语读音，以及在不同条件下的各种声调表现，并附有大量口语用例。还包括苏州话的语音系统、连续变调等内容，在处理上与前人相比都有所突破。(陈晓娟)

H000056 **HSK与新疆民族教育** 王公达、鞠文雁等著。新疆大学出版社1996年6月版。15.5万字。10.00元。介绍了HSK的基本知识；对新疆民族教育成就与问题进行了客观公正的回顾和评价；通过对高考汉语与HSK试卷的分析证明HSK的优越；探讨了新疆民族教育改革与HSK的关系；从民族学生汉语学习情况的调查结果，提出在新疆推行HSK的理论基础和教学考试方法。书中理论与新疆民族教育结合紧密；调查数据、事例、结论令人信服，提出的建议和方法切实可行，对在新疆开展HSK有指导意义。(墨愚)

H000057 **黎锦熙语文教育论著选** 黎锦熙编。人民教育出版社1996年8月版。66.3万字。24.40元(平)，29.30元(精)。分上下两编。上编收论文和专著的序跋。又分综述类和分论类。综述类内容有论语文教育的性质、目的、任务，语文教育的历史、现状、改革，语文教材教法通论等。分论类有论成人识字教育，中小学语文教学，高等学校语文教学，注音及拼音教学，语法教学等。下编收《新著国语教法》《新国文教学法》两部专著。(庄文中)

H000058 **作文辞海** 刘锡庆等主编。辽宁大学出版社1996年版。300万字。188.00元。共收词目万余条，涉及以中学为主的各级各类学校作文与作文教学的各个领域，总汇中外古今作文与作文教学理论经验之大成。(刘东杰)

H000059 **中华少儿阅读全书** 赵丽宏、陈刚主编。天津教育出版社1996年1月版。96万字。115.20元。共4册。选取了适合不同年龄段学生阅读的古今中外优秀作家不同题材、体裁的短章上乘之作。按中小学不同的教学要求、兴趣、爱好及接受力分类编选，每组文章后及各辑文章前分别著有导言及比较、介绍该类文章的评析文字和作文提示。学生在阅读中不仅可以获得精神的享受，而且可以明白，究竟什么样的文章才是出色的文章，什么样的表达方式才是最生动的表达方式。(李莉)

H000060 **中国古文精典** 林开甲、韩广颐等整理。山东大学出版社1996年4月版。85万字。46.00元。“中国传统文化精品系列”之一。共收选《古文观止》、《续古文观止》这两部著名的古文集。《古文观止》为清代康熙年间学者吴楚材、吴调侯编选、评注，计收选先秦至明末60余家的古文佳作220余篇，差不多囊括了这两千多年间文章之精华。《续古文观止》为清末民初学者王文濡仿《古文观止》体例编辑的又一部古文集，收录有清一代60多位古文大家的代表性作品176篇。这两部古文集，珠联璧合，相得益彰，向为学林所推重；且均有选文不拘一格、众体兼备、雅俗共赏、评注精当之特点，读者并读二书，方得古文之全璧。本次整理出版，各依据流行之最佳版本。《古文观止》以映雪堂本为底本，参照1934年新文化书社本；《续古文观止》以1985年长春古籍书店影印民国十三年刊本为底本，并参校有关资料加以校勘。整理工作主要是：①划分段落，用新式标点点校；②改繁体字为简体字；③将原书中之夹注、夹评文字，依序标以新式注码，移于篇末；④删除了原书评注中直音注音、反切等不便今人阅读的文字；⑤订正了个别经严格考证而确知为明显错误的文字，而不出校记。其他则一仍其旧，以便于读者得窥二书原貌，研习赏玩。(周渭卿)

H000061 **中国古代文苑精品** 夏咸淳主编。东方出版中心1996年1月版。50.4万字。20.00元。采撷先秦至清末的文章近300篇，作家近180人，按“论说”、“序跋”、“传记”、“游记”、“杂记”、“尺牍”、“寓言”、“辞赋”(兼含“铭”、“赞”、“颂”、“戒”)等八大类文体进行编排，选文大多数在二三百字左右。每篇选文之下附有导读文章，包括作者简介、作品评析、词语注释三个方面。(张志康)

H000062 **古文名篇新议** 朱成器、仇鸿伟编。对外经济贸易大学出版社1996年3月版。65万字。35.00元。收入了自先秦到晚清的散文作品共144篇。由作者和作品简介、选文、注释、评论等4部分组成。选文以《诸子集成》、《文选》、《八大家文抄》以及各名家中华书局校点本文集为主要底本，以流行易得为主旨。所选篇目既保留了部分在其他古文选本中较常见者，也收罗挖掘了部分很少入选的作品；选文不仅重视作品的艺术性，更注重作品的思想内容，尤其注重选择那些思想内涵丰厚、意义深远的作品。书中的注释谨重扎实而又简洁明快，通俗易懂，既吸收了旧注的合理成分，又引入了现当代考辨的新成果。本书最有特色的部分是它的评论。一改传统选评读物以对作品本身的思想性、艺术性进行综合评判赏析的做法，而是紧密联系实际，本着古为今用的精神，以现代人的眼光，选择独特的视角，深入探索作品的内蕴对现代社会的现实意义，取其一点，引申发挥，生成独立思考成果。每篇评论都有独立的题目，针对当前社会上存在的某些现象进行剖析论辩，其主题既与原文相关，又有相对独立性，特别着力于对中华民族传统美德的褒扬和对社会丑恶现象的针砭，具有启迪读者，特别是青年学生，深入理解原文和继承优良传统、反思现实、探索未来的双重功用。(仇鸿伟)

H000063 **绘画本中国经典启蒙故事(1～6)** 北京少年儿童出版社1996年2月版。精选中国传统蒙学名著《幼学琼林》《龙文鞭影》《千家诗 神童诗》《三字经 千字文 弟子规 小儿语》《蒙求》《朱子家训 名贤集 增广贤文 二十四孝》，编成6册，以少年儿童喜爱的连环画形式表现，故事生动，画面富于感染力。每个故事后附有启示性文字，易于小读者阅读。(龙杰)

H000064 **增广贤文·老学究语** 清·周希陶等编，王璞、高安注。陕西人民出版社1996年1月版。10万字。4.90元。"中国传统文化精品丛书"之一。其上篇"增广贤文"以清同治年间周希陶所作的《重订<增广>》为底本，按文句内容作了分段，并有简要的注释和逐句的翻译。而下篇"老学究语"大约成书于晚清，具体作者已不可考。其内容与《增广》相近，将人生哲理、先人教诲用一些有韵的格言谚语表现出来，形式则有四言、六言和杂言3部分。书中将这3部分分为长短不同的段落，注释条目列在每段之后。(刘明立)

H000065 **学生写作经典范文** 刘堂江等编。海天出版社1996年3月第2版。100万字。58.00元。选择了我国现代优秀散文作家的数百篇精品，按照中小学记叙文写作的10大方面，分成老师、父母、朋友、少年、故乡、胜地、四季、花木、动物和世事共10分册，基本上涵盖了中小学生的主要写作题材。(宋城)

H000066 **新编今文观止** 谷桑、天彪编选。沈阳出版社1996年1月版。80万字。39.80元。共2册。选收文章均是近百年来声震中外的名家的传世之作。共分6篇，即"写人篇"、"叙事篇"、"议论篇"、"抒情篇"、"写景篇"、"游记篇"。所选收文章既注重思想性、艺术性，更注重文章的独创性和文体风格的多样性。(王健杰)

H000067 **小学生写人好文章** 金城等编写。辽宁少年儿童出版社1996年9月版。14万字。6.50元。作者为全国各地不同年级的小学生。所选作品从孩子的角度，写了他们的父母、老师、同学和其他各类社会人物，反映了新时代的新人、新事、新风尚，表达了他们的爱憎和赞美之情。(胡运江)

H000068 **小学生写事好文章** 马腾等编文。辽宁少年儿童出版社1996年9月版。14万字。6.50元。作者为全国各地不同年级的小学生。所选文章从孩子的角度，写了他们亲身感受的趣事、傻事、憾事、心事、喜事、羞事和难忘的事，充满了童真童趣。(杨春青)

H000069 **小学生写物好文章** 玄惠敏等编写。辽宁少年儿童出版社1996年9月版。14万字。6.50元。作者为全国各地不同年级的小学生，其内容主要是对动物、植物、静物的喜爱和赞美，从一个侧面反映了小学生的天真、纯洁、善良。(崔鲁谋)

H000070 **小学生写景好文章** 谷河等编文。辽宁少年儿童出版社1996年9月版。14万字。6.50元。作者为全国不同年级的小学生，作品从孩子的角度，赞美了祖国各地的美好景物，反映了孩子的美好心灵。每篇作品附有简评、个别作品附有插图。(许科甲)

H000071 **"小信鸽"征文作品丛书** 崔勇谋、杨春青主编。辽宁少年儿童出版社1996年9月版。56万字。26.00元。共4册。内容为"首届'小信鸽'全国儿童文学作品电视大赛"获奖作品集。分4个部分：写人、写事、写景、写物。每篇作品附有简评、个别作品附有插图。(薄文才)

H000072 **当代小学生优秀作文精选·评析** 郑立新、林金水主编。接力出版社1996年6月版。65.5万字。32.40元。包括《写人》《写事》《写景》《书信 读后感》4本。全为全国除港、澳、台之外的小学生优秀作文。其中《写人》选作文115篇，内分"父母篇""老师篇""自我篇""同学篇""亲人篇""社会篇"；《写事》选作文107篇；《写景》选作文102篇；《书信 读后感》选作文109篇，书信中又分"致父母""致亲人""致老师""致同龄人""致名人""其他"6辑。作文后由教学经验丰富的教师写评析，书前各放有《怎样写人》《怎样写景》《怎样写事》《怎样写书信和读后感》，书后附有《怎样写看图作文》《怎样扩写》《怎样缩写》《怎样续写》《怎样改写》，各附有范文。(黄钲)

H000073 **新编全国中学生作文大全** 徐中玉

主编。东方出版中心 1996 年 3 月版。40 万字。15.00 元。精选 1990～1995 年全国各省市中学生最新优秀作文 200 余篇，包括写景状物篇、叙事篇、写人篇、议论篇、说明篇和其他篇 6 大部分。每个部分，分别根据《中学语文教学大纲》规定的写作教学要求，结合所选的作文，编写知识短文，通俗简明地讲解必要的写作知识和方法。每篇作文均附精要评语。（徐容）

中国少数民族语言

H000074 **中国语文** 李运抟主编。1996 年 10 月版。33 万字。12.50 元。分为 4 大块，即语言知识、中国文学史知识、阅读与理解、写作实践。其特点一是涵盖面广，在有限的篇幅中对中国语文的整体状况作了基本的介绍；二是内容精当，以使读者在有限的时间内得到较大收益；三是理论联系实际，具有较强的针对性和实用价值。（李东明）

H000075 **维吾尔语详解辞典** 新疆民族语文工作委员会编。民族出版社 1990 年至 1996 年维吾尔文版。500 万字。6 册。收入维吾尔语中常用的基本词汇、派生词汇、工农业、科技新词术语以及固定词组约 60 000 余个。所收词条按维吾尔文字母顺序排列，每个词条中都注明了其词性、来源、演变过程，特别是详细注释了该词的词义，并用例句说明其规范化使用法。（乔丰厚）

H000076 **汉壮翻译理论与技巧** 韦达编著。广西民族出版社 1996 年 7 月版。14.5 万字。7.80 元。阐述汉译壮（即将汉文译成壮文）的一般基础理论知识，系统地对比汉语及壮语在词汇、语法等方面的异同，介绍汉译壮的规律、方法和技巧。为体现以实践为主的原则，各章节之后配有练习题，书后附带短文翻译材料。（韦宗瑜）

H000077 **壮语方言概论** 覃国生编著。广西民族出版社 1996 年 7 月版。19 万字。9.50元。内容有：方言基础知识；壮语方言土语的主要特征；方言调查基本知识；利用方言材料研究壮侗语族的简介。书中附录了“壮侗语族语言调查提纲”和国际音标表。（韦宗瑜）

H000078 **汉柯成语词典** 居麻·吾买提编。新疆人民出版社 1996 年 2 月版。16 万字。28.00 元。共收成语及熟语，谚语，固定词组约 5 500 余条。在处理译文时，以保持汉语成语的原意为前提，尽量用柯尔克孜语中固有的意思相同或相近的成语，谚语和熟语来对译。有些有典故意义的汉语成语，予以直译（有些则采用了意译的方法）。（米丽古丽）

外 国 语

H000079 **汉柯教科书名词术语词典** 马克来克·吉莉德兹编。新疆科技卫生出版社（K）1996 年 3 月柯文版。5 万字。22.00 元。选入了语言名词术语 580 条，文学名词术语 1 030 条，历史名词术语 950 条，地理名词术语 2 050 条，生物名词术语 1 580 条，数学名词术语 1 650 条，物理名词术语 3 000 条，化学名词术语 2 800 条，共收 1 万 9 千词条。（阿扎提）

H000080 **大学英语读写教程** 薛琛编。南开大学出版社 1996 年 9 月版。27.6 万字。10.00 元。由两部分组成。第一部分为段落写作，由 4 个单元组成。按照由浅入深的原则，简明扼要地说明写作的基本知识和技能，并配有相应的多种形式的练习，以帮助学生通过具体实践和模仿，逐步培养写作能力，掌握写作的要领。第二部分是短文写作，按文体类别划分，由 8 个单元组成。每单元包括文体概述、范文阅读、注释、理解练习、词汇练习、写作技巧训练、作文题等内容。每一单元着重讨论每一种文体的基本特点和要求，使读者掌握文章的基本结构，句子之间的连接和段落之间的过渡，以及整体及段落之间的布局。每一单元都有一、两个作文题目，采用图表或图解的方式，启发学生思考，培养他们分析和归纳的能力。（王冰）

H000081 **计算机专业英语** 邢敏捷编。上海科学技术文献出版社 1996 年 5 月版。26.4 万字。18.80 元。全部课文选自美国 1993 年以来出版的计算机资料。其内容广泛、专业覆盖面宽，充分反映了计算机科学的最新发展，并且紧密结合英语教学的需要，注重英语语法点、句型和专业术语的应用，以提高专业翻译的技巧。每章、节课文都附有生字表、注释、习题和参考译文等。全书共分 10 章。第一章学习（内容为人工智能）；第二章链表、堆栈和队列；第三章图论；第四章程序结构；第五章数据库；第六章知识表达；第七章软件工程；第八章操作系统；第九章多媒体；第十章计算机组成部分。（张秉芬）

H000082 **四、六级重点难点练习与释疑** 潘继福编著。中国科学技术大学出版社 1996 年 1 月版。50.1 万字。12.80 元。“大学英语学习指南丛书”之一。着重从英语语法和词汇这两大基础入手，通过大量练习和详细注解讲述了英语学习中碰到的

一些重点与难点。书末附有所有习题答案。(伍传平)

H000083 **英语(财经专业用)一至六册 修订本** 中南财经大学、上海财经大学编。上海外语教育出版社 1996 年 4 月版。148.1 万字。41.30 元。共 6 册。在 1981 年版的基础上,根据我国改革开放的深化和涉外经济发展的新情况作了多方面改进。在语言基础训练方面以培养阅读英语财经书刊能力为目的的同时,重视听说能力的训练;从零起点初学者提高到具有初级英语水平的学习者;调整或修改课文、会话及语法,补充了从国外书刊中选用的课文和有关关贸总协定、证券市场、工业转换机制、中国乡镇企业和合资企业等知识,增加了大量练习和题型。(严凯)

H000084 **英语易混淆词辨异** 副名:词汇学应用。林纪熹著。厦门大学出版社 1996 年 1 月版。18.5 万字。10.00 元。以每两易混淆词为一组,每词给若干例句,然后分别给出各词的词源、构成(前后词缀、词根)、词义转变、褒贬词性、书面语、口头语等等,使读者掌握各词的确切意义及两词之间的区别。(施高翔)

H000085 **英国英语语音学和音系学(英文本)** 张凤桐著。四川大学出版社 1996 年版。36 万字。18.00 元。书中描述的英语语音和语调是以英国伦敦大学吉姆森、奥康纳和 BBC 播音员为代表的"普通型"标准发音,而不是中国大学长期推崇的琼斯时代的"保守型"标准发音。书中注重介绍吸收 60 年代至 90 年代英、美等国专家语音学、音系学和语调学等方面的研究成果,适应目前出现的语音学和音系学的趋同倾向。全书包括 3 部分。第一部分概括介绍语音学、音系学、汉英比较语音学基本知识。第二部分详细阐述英国英语"普通型"标准发音的特点、教学方法及英语发音在音位系统、音位体现和音位使用范围等方面的发展变化。第三部分研究探讨英国英语语调的结构、功能、标调体系及其他韵律特征。(张晶)

H000086 **大学英语典型词汇语法荟萃** 施发敏主编。青岛海洋大学出版社 1996 年 8 月版。30.8 万字。12.80 元。根据《大学英语文理科教学大纲》和新词汇表编写而成。从大学生学习英语的实际出发,将大学英语中一些常用而又难以辨别区分的典型词汇科学地编排在一起,并进行分类。为帮助学生准确地使用这些典型的词汇,尤其是一些同义词、近义词和形式相似而意思不同的词及它们的惯用表达方式,以测试、讲解、对比的方式来加深学生对它们的认识,所选词汇的普遍性、代表性和典型性是大学英语测试词汇的精华。语法部分采用了归纳、总结的方式,使有一定语法知识的学生能够更深入地掌握语法中的难点、疑点,更加明确一些易混淆的语法现象。书中的词汇和语法两大部分之间存在着有机的密切联系,起着相辅相成的作用。它不仅能扩大学生的词汇量,掌握词汇、语法中的重点和难点,更重要的是,会对提高学生的阅读能力、写作能力和实际应用语言的能力起到应有的作用。(李曦聪)

H000087 **英英、英汉大学英语惯用语词典** 刘绪华等编。天津大学出版社 1996 年 10 月版。72 万字。26.00 元。共收录大学英语惯用语 2 800 条。每一词条均有英汉双解释义,并配有若干例句,其中部分例句选自复旦大学编《大学英语》(精读 1～6 册)。还配有在结构上、意思上与词条相对应的同义词和反义词;对于易混淆的惯用语,则分别给予意义及用法上的辨析;此外,书后还附有汉英索引。(张颖)

H000088 **英语成语趣谈** 骆世平编。福建人民出版社 1996 年 4 月版。11.1 万字。12.00 元。收录英语成语 300 余条。每条成语的汉语释义后附有英文释义,以利读者对照,并可根据英文释义确定该成语在不同例句中恰当的汉译。条目的典故或解释说明部分力求语言规范,措词简练。条目后均配有一至两个例句以作示范。(江中柱)

H000089 **英语动词与非限定动词搭配指南** 顾南华编著。华中理工大学出版社 1996 年 8 月版。20.5 万字。8.00 元。把 270 个常用同义动词归类成 64 项进行分析,指出在同一类的同义动词中,哪个动词应该接-ing 形式作宾语;哪个应接不定式作宾语或状语。对那些能跟两种非限定动词,而又会产生不同含义的动词,也举例详尽地说明了它们的不同搭配。还对"哪一些动词能够引起虚拟从句?"这一难题进行了详细解答。(梅欣君)

H000090 **英语常用动词用法词典(重排本)** 张道真编。外语教学与研究出版社 1996 年 2 月版。118.5 万字。35.80 元。按照词条、注音及动词类别;释意及例句;成语及例句;常用结构及注释的顺序排列,清楚醒目,全书共处理动词 516 个,基本上包括了绝大部分常用动词和容易出现问题的动词。收集了大量反映当代英语实际情况的资料,引用了大量的例句,对所选动词在词类、结构、释义搭配等方面都给予了尽可能充分的论述和解释。(雷航)

H000091 **英语近义短语用法词典** 王达金

编。华中理工大学出版社1996年1月版。68万字。30.00元。不按传统的辞书那样对每条短语念义作系统诠释，而注重中国人学英语的特点，将那些常用的动词短语、介词短语、名词短语、形容词短语、副词短语等按其含义相同或相近归类析释；并对其搭配关系、替代关系、修辞作用、使用场合与范围、词性及动词短语的被动用法等进行了详细说明和区别。（杨鸥）

H000092 **新编英语常用短语手册** 刘宝卿主编。金盾出版社1996年10月版。18.3万字。6.90元。收入常用短语近9 000条，包括介词、名词、形容词、副词短语及短语动词，逐一加以较为详细的汉语释义。对于在用法上容易混淆的个别短语，作了简短注解。读者可联系上下文来理解这些释义和注解。在编写过程中，着重收入常用的、实用性强的短语，还注意收入初中、高中、大学课本中及高考试卷中所出现的短语。所有条目一律按英语字母顺序排列，这样不仅方便查阅，而且也有利于对同一词不同搭配的比较，从而增强理解和记忆。（汪乾祥）

H000093 **英语常用词搭配联想词典** 杨献君、李秀凡主编。黑龙江人民出版社1996年1月版。60万字。25.00元。收入常用中心词729个，其中有联想内容的中心词131个。由两大部分组成。第一部分是搭配(col)。是以一些常用的名词和少数的常用动词、形容词为中心词与其他词搭配构成各种词组、短语。这些词组、短语有的独立列出，有的存在于大的词组组合、短语或句子之中。第二部分是联想(asso)。这部分是在第一部分搭配的基础上，通过对中心词的联想引出一些与中心词有密切关系的词、词组、短语和句子。（徐冲）

H000094 **英语语法图解** 鲁承宗编著。重庆出版社1996年10月版。8.2万字。5.60元。把原文、译文、图解、旁白，摆在一起；利用旁白逐字逐句地加以说明。对各种语法结构，详列于目录，便于查找。（余国枢）

H000095 **英语的科技文体与写作概论** 刘心全著。中国地质大学出版社1996年11月版。15万字。9.00元。从英语科技文体的两个主要特征，即明晰性和简洁性入手，对英语的科技文体进行了全面的论述。同时，对科技写作的种类与形式、写作过程、写作要点及编辑文体进行了简明的概述。书中介绍了国际上对英语科技文体的定义，总结了科技文体的特征和科技写作的格调。在第二章“科技写作的种类与形式”中着重对科技期刊论文、技术性备忘报告、技术性正式报告、技术建议和技术手册的形式作了介绍。第三章“科技写作的过程”主要叙述写作前期、写作阶段与写作后期的工作。还用较大篇幅论述了科技写作的要点，从段落的组织、句子的组织、词与词组、直观形式上，进行了详细论述，并列举了大量实例。科技写作的编辑文体，是第五章（最后一章）的内容，其中介绍了英语的标点符号、拼写、数的表达及计量单位的使用等规则。实例多且实用性强，是本书的一个突出特点。简明扼要，是本书的另一个突出特点，书中对每个问题的论述，都是用简洁的文字切中问题的关键。（吴琍华）

H000096 **中级英英词典** 邹德孜等著。中国对外翻译出版公司1996年版。50万字。36.00元。共收入8 000余词条，其中包括了我国全日制中学英语教材中的全部3 700多个词汇。其主要特点在于，用英语句子释义，而不是用简单的英语或汉语单词释义，并有大量例句示范，释义简明确切，语言地道。例句约40 000个，突出知识性和实用性，还将全部词条最简明的中文释义词汇表附于书后。（毕小元）

H000097 **汉英分类词典** 李开荣编。译林出版社1996年2月版。262.5万字。65.00元。分23大类，即：人类生活，工业，大众传播，水产业，文化艺术，外交，交通运输，宗教，林业，法律，军事，政治，科学，邮电，旅游业，畜牧林，商业（含饮食、服务业），副业，教育，经济，农业，医疗卫生以及体育，计收词条约十万余。词目选收力求主次详略有别，分类力求科学、合理，层次分明、突出。每大类分若干项，每项分若干目，以相应的分类编写标示，查阅简便。本书所收词目侧重现代汉语常用词，同时兼收一些常用的词组和短语，专业性过强的学科性词语或术语，除代表该学科发展者外，一般不收。词目的英译以现代英语为规范，力求准确，简明，尽可能反映汉语的语体特色。同一汉语词目有两种或两种以上的英语释义时，酌情兼收并蓄。某些词目从内容上的系统性以及方便读者查阅上考虑，在分类上做了必要的交叉。（欧阳旭）

H000098 **时代英英—英汉双解大辞典** 颜元叔主编。广东世界图书出版公司1996年3月版。900万字。280.00元。共收词条近20万条。其中包括基本词汇、一般词汇、科技术语、缩略语、外来语等。辞典注意收集了反映近年来社会政治、经济、外贸、科技文化生活各方面新出现的词汇和术语。列出了单字的字源和词的同义词、反义词，以为识字时参考。本辞典的最大特色是英英、英汉双解，并佐以大量图

片,以补文字解释之不足。(陈洁)

H000099 **英语应试词典** 李思国主编。辽宁人民出版社1996年3月版。225万字。40.00元。根据各级考试机构提供的数据,对不同考试层次提出了定量的词汇要求。并通过构词、辨异和习语等项目提出记忆和掌握词汇的途径。构词项目可使读者产生联想,掌握词的结构,触类旁通,迅速扩大词汇量,提高阅读能力。辨异项目对每组同义词之间的异同通过辨析、对比等进行简洁准确的比较,使读者掌握词汇的内涵、词意的着重点和语意程度。习语项目使读者准确无误地掌握英语的一些地道的用法。词典共收6万余条词目,加派生词达7万条,分5个阶梯,即:大学入学考试词汇,大学英语4～6级考试词汇,研究生考试词汇和EPT(水平考试)词汇,TOEFL(托福考试)词汇,GRE和GMAT词汇。(雷光)

H000100 **学生英汉汉英词典** 田洪恩、万尼亚主编。辽宁人民出版社1996年9月版。89万字。18.50元。内容包括英汉语典和汉英语典两部分。英汉词典:收录中学英语教学大纲规定的全部词汇及大学英语1—6级考试大纲规定的全部词汇,并在此基础上适当扩展。本词按音节、中间用实心点分开,本词后标注国际音标、词性,名词给出可数、不可数及特殊名词的复数形式。动词给出及物、不及物及特殊动词的各种变化形式。形容词、副词给出比较级和最高级。给出各种形式的短语搭配形式及英美英语差异等,便于掌握词汇的正确用法。对教学大纲要求的重点、难点由浅入深,解析明确、易懂易记、举一反三。例词、例句都取之于现行大、中学教材,能引起学生的联想,起到温故知新的功效。汉英词典:收录常用汉字3 000个,复字条近1 000条。单字标注汉语拼音,释义简明扼要精准,一目了然。书前附有汉语拼音音序索引,便于查阅。(王阳春)

H000101 **最新英汉双解辞典** 胜友编辑部编著。广东世界图书出版公司1996年6月版。14.00元。收集了大量生活中常用词。单词按英文字母顺序排列。书中列举了每一单词的词性和汉语意义,并同时对单词进行英文释义,充分体现了英汉双解的原则。(陈洁)

H000102 **新汉英袖珍词典** 吴景荣等编。中国对外翻译出版公司1996年版。26.00元。编排上汉语词条除主要参照商务印书馆版《新华字典》条目外,还增补了1988年以来出现的新词、新义和缩略语。共收单字条目4 800余个;多字条目24 000余个。所收条目包括字、词、词组、熟语、成语等。除一般语汇外,还收入一些常用的文言词语和专门术语。义项中附必要的例句或例语;同时还用英语加注必要的用法说明;在汉语简体字后加注繁体或异体字。

H000103 **大众英语** 副名:Gateway to English。胡文仲主编。外语教学与研究出版社1996年2月版。58.4万字。32.70元。分上、下册。其特点为:1.精选语音、语法现象,突出难点,语法解释简明扼要;2.严格控制词汇量,注意选取大纲规定的基本词汇,并以计算机软件辅助编写,这在当时尚属罕见;3.课文简短而实用;4.重视和加强口语;5.利于自学。(雷航)

H000104 **现代外语教学——理论、实践与方法** 束定芳、庄智象编。上海外语教育出版社1996年版。21.2万字。18.00元。在吸取当代西方外语教学理论研究成果的基础上,结合中国外语教学实际,全面地展示了现代外语教学理论体系,系统地研究了外语教学的方方面面,深刻地论述了外语教学本质,对影响外语教学的各种重要因素进行了较为详细的分析和讨论,对外语教学所涉及到的实践和方法问题进行了广泛的介绍和探讨。书中既有对外语教学特殊规律的理论研究,又有对外语教学活动具体实施的原则和方法的描述,在对外语教学理论阐述的同时不忘对外语教学实践的具体指导。纵观全书,发现有如下特点:新、全、精——(1)全新的体系;(2)反映了最新的外语教学研究成果和发展趋势;(3)理论上高屋建瓴,实践上提出了诸多可操作性原则;(4)涉及外语教学各个层面;(5)论题集中,观点鲜明,语言精练。(张逸岗)

H000105 **展望未来(LOOK AHEAD)** 梅德明等改编。上海外语教育出版社、上海外语音像出版社和朗文出版亚洲有限公司1996年版。279.7万字。196.00元。共12册。英汉双语版国际英语教程。共分4个等级。第一级为起点/初级,供初学者或者初级英语学习者使用。第二级为前中级。第三级为中级、第四级为中高级,学习者学完此两级可达到英语中高级水平。每一级分别由学生用书、练习册、教师用书、供课堂用的录音带、练习册配套录音带组成。全书在选材、内容、编排方式等方面作了大胆的尝试。采用多大纲综合法编写,将功能性语言、语法、词汇等项紧密地结合在一起,融听说读写于一体,体现了明确的学习目标。选择了有趣广泛而又贴切的课文话题,1至4级的学生用书共涉及到日常生活、职业、社交、商业、体育、国际政治、科技、科学幻想、文学、艺术、交通运输、旅游、医学、自然灾害、外交、犯罪、新闻、娱乐、金融、神秘事物等20多个大类，几乎包含了人类生活的各个方面。还强调语言学习中的文化比较，注重积极参与学习过程，提供在真实场景中操练新学语言内容的机会以及衡量学习者学习进步情况的手段。还提供供学习者在课外继续学习的材料内容。教材的配套录音带以真实场景作背景，录音效果上乘。教材和音带结合使用更能保证学习效果。（张宏）

H000106 **小孤女** ［加］露西·莫德·蒙哥马利著。中国对外翻译出版公司1996年版。43.5万字。14.90元。长篇小说，英汉对照读物，收入“温馨系列”第二辑。主人公安妮出生3个多月就成了孤儿，在阴差阳错来到加拿大埃文利的绿山墙墙前曾帮人看过孩子，做过家务，还在孤儿院生活过。她渴望亲情和一个温暖的家。她爱风景秀丽的绿山墙和收养她的卡斯伯特兄妹，开始了崭新的生活。她诚实热情，富于幻想，但也有任性、虚荣等坏毛病。在马修和玛丽拉的关怀下，她从一个红头发、满脸雀斑的“丑小鸭”成长为才貌出众、善解人意的大姑娘。马修去世后，她为了照顾丧失劳动力的玛丽拉，毅然放弃历尽艰辛获得的大学奖学金，回到偏僻的乡村，开始了人生新的奋斗。（马新林）

H000107 **中国历代短简一百封** 谢百魁、陈启达选译。中国对外翻译出版公司1996年版。11.00元。“一百丛书”之一种。时代上起先秦、下迄清代，共选古代短简一百篇。这些短简或提倡爱国主义和优良的民族传统，或讨论品德修养问题，或商榷治学的方法和途径，或抒发个人真实的情感，或描绘祖国的大好河山，都是文字优美，富有情趣的佳作。以汉英对照的形式向英语世界的读者传播我们中华民族的文化。（章婉凝）

H000108 **孔子** 文西文，王月芬译，崔晓柏画。辽宁少年儿童出版社1996年10月版。图30幅。9.50元。中英文对照读物。“名人小传画库”之一。孔子（公元前551～479）是中国古代伟大的思想家、政治家和教育家，在中国历史和世界历史上，都占有重要地位。孔子出生不久，父亲就去世了，靠母亲辛辛苦苦地抚养教育他，不到20岁的时候，母亲也去世了，他不得不独立谋生。他干过不少粗活，还当过管理牛羊和仓库的小官，这些事情，他都做得很好。他勤奋好学，苦于钻研，特别是晚年，他把主要精力都放在教育弟子和整理诗、乐、书、礼、易、春秋这六部典籍上。他的著作和思想，对中国文化的发展，起了重大的影响。（冯幽君）

H000109 **甘地** 武巴文，宏力译，王晓恩画。辽宁少年儿童出版社1996年10月版。图30幅。9.50元。中英文对照读物。“名人小传画库”之一。莫汉达斯·卡兰姆昌德·甘地（1869～1948）是印度杰出的民族英雄。他对印度独立所做的贡献和他非凡的高尚品德，赢得了印度人民的尊敬。他改变了印度的面貌，使一个长期被殖民者压抑、统治的民族，有了自尊心和骨气。最后，印度人民终于获得了自由和独立。甘地为印度的独立战斗了一生，把一切献给了祖国和人民。他被印度人民尊称为圣雄和国父。（冯幽君）

H000110 **20世纪英文观止** 陶洁等编。天津人民出版社1996年1月版。33万字。9.30元。英汉对照读物。荟萃20世纪以来英、美、加、澳诸国35位著名作家举世公认的散文佳作42篇，其中包括伯特兰·罗素的《论老之将至》、丘吉尔的《热血、辛劳、汗水与眼泪》、门肯的《致杜兰特书》、瑟伯的《大学生涯》、福克纳的《诺贝尔文学奖受奖演说》等脍炙人口的典范之作，体裁多样，风格各异，短小精悍，优美隽永，耐人回味。全书分为英文原文和中文译文两部分，各篇英文原文后详加注释。（张晓斌）

H000111 **列夫·托尔斯泰** 佟希仁文，周海伦译，刘君成画。辽宁少年儿童出版社1996年10月版。图30幅。9.50元。中英文对照读物。“名人小传画库”之一。列夫·托尔斯泰（1828～1910年），是俄国伟大的思想家、艺术家。他虽出身贵族家庭，但一生却始终不渝地寻求接近人民群众的道路，并找出人民群众灾难的真实原因。为了摆脱贵族生活和家庭中的痛苦，1910年10月28日，他秘密地出走了，82岁的老人经不住旅途颠簸，终于在阿斯塔波沃火车站病逝。他的主要作品有《战争与和平》、《安娜·卡列尼娜》。他光辉的文学创作使世界和俄国现实主义创作达到了新的高峰。（冯幽君）

H000112 **毕加索** 弘溪文，宏力译，韩济平画。辽宁少年儿童出版社1996年10月版。图30幅。9.50元。中英文对照读物。“名人小传画库”之一。帕布洛·鲁伊斯·毕加索（1881～1973）是西班牙画家，法国现代画派主要代表。他出身于图画教师家庭，1904年定居法国巴黎。他一生的画法和风格迭变。1944年参加法国共产党。1949年4月在巴黎举行了世界和平大会，他为大会设计了一幅宣传画《和平鸽》，从此，这张画被当作和平的象征，许多国家还把它印在邮票上。晚期的毕加索制做了大量雕塑和陶器等，有杰出成就。他的作品，对现代西方艺术流

派有很大影响。(冯幽君)

H000113 **会计英语** 李爽、钟根红主编。中国财政经济出版社 1996 年 5 月版。31.4 万字。15.00 元。分会计基础理论、会计要素的核算和会计报表分析 3 大部分,共计 14 章。每章具体包括课文、注释和参考译文。着重介绍会计专业词汇及西方财务会计的基本理论、方法和概念。本书中英对照,语言简练。(李静)

H000114 **名人小传画库** 巴灵等文,宏力等译,徐永生等画。辽宁少年儿童出版社 1996 年 10 月版。450 幅图。142.50 元。共 15 册。中英文对照读物。全书语言流畅,文字简洁,插图人物刻画细致、准确,色彩浑厚,采用写实手法。突出了名人一生的主要事迹。(冯幽君)

H000115 **步入商界** 副名:商务英语初阶。约翰逊(Johnson,C.)、罗纳根(Lonergan,J.)编著。外语教学与研究出版社 1996 年 6 月版。48.80 元。包括《主教材》和《学习辅导》两册。全书共有 20 个单元,每个单元涉及日常商务活动的一个侧面。《主教材》除课程主要内容外还包括:练习答案、录像故事中的全部对话、录音中的全部内容及词汇表,《学习辅导》中除围绕录音录像内容的练习外,还有语音、口语、写作及语法练习及答案。(雷航)

H000116 **英汉对照外国抒情诗选丛书** [英]莎士比亚等著,冰心、梁宗岱等译。湖南文艺出版社 1996 年 12 月版。243.2 万字。147.30 元。采用英汉对照形式,选入了东西方著名诗人的抒情诗作品,每家一集。已出 10 种:《莎士比亚抒情诗选》(梁宗岱译,24.8 万字,14.80 元),选入了作者的十四行诗;《弥尔顿抒情诗选》(金发译,23.4 万字,14.40 元),选入了作者的《失乐园》、《复乐园》等代表作;《拜伦抒情诗选》(杨德豫译,22.6 万字,13.90 元),选入了作者的《唐璜》、《海盗》等 61 首代表作;《华兹华斯抒情诗选》(杨德豫译,20 万字,13.10 元),选入了《廷腾寺》、《永生的信息》等 66 首代表作;《雪莱抒情诗选》(江枫译,26.4 万字,15.70 元),选入了作者的《西风颂》、《云雀》等 65 首代表作;《狄金森抒情诗选》(江枫译,25 万字,15.20 元),选入了作者的《另有一片天空》、《我为美而死》等 71 首代表作;《彭斯抒情诗选》(袁可嘉译,29 万字,16.70 元),选入了作者的《高原玛丽》、《约翰·安徒生,我爱》等 25 首代表作;《惠特曼抒情诗选》(李野光译,27 万字,15.80 元),选入了作者的《我自己之歌》、《我歌唱那带电的肉体》等 15 首代表作;《泰戈尔抒情诗选》(冰心译,20 万字,12.90 元),选入了作者的《吉檀迦利》、《园丁集》中的 18 首代表作;《纪伯伦抒情诗选》(冰心译,25 万字,14.80 元),选入了作者的《先知》、《沙与沫》等代表作。(康曼敏)

H000117 **英国文化选本** 杨自伍主编。华东师范大学出版社 1996 年 12 月版。50 万字。38.00 元。分上下册。英汉对照的综合性的文化选本。收入英国自文艺复兴时期至当代 50 余位文化名流的作品。原作者有作家、历史学家、哲学家,如塞缪尔·约翰逊、吉本、艾赛亚·伯林爵士、A.J.艾耶尔,还有在人文科学和自然科学两大阵营内均卓有建树的人物,如 C.P.斯诺,入选文章涉及人文学科诸领域,或以文采见长,或以深邃的思想取胜,折射出英国文化的精华。文章顾及了欣赏和思考两方面的需要,且多系国内首次译介。本书有姊妹篇《美国文化选本》。(朱文秋)

H000118 **英美国家概况** 项伟谊、高育松编著。甘肃教育出版社 1996 年 12 月英文版。35 万字。15.00 元。编写体例上不按国家分章节,而以专题分类。内容分为 6 个单元,每个单元介绍一个专题,分别是:1.介绍英美两国的国家构成、地理环境、人口及民族;2.英美两国简史;3.英美两国的政治法律制度;4.介绍英语语言的有关知识;5.英美两国的教育体制;6.介绍英美两国的文化习俗。这样安排内容结构,是考虑到英美两国同属西方文化,其历史发展、政治体制、社会构成、风俗习惯密切相关,不宜分开讨论,同时,也有助于读者对英美两国国情的同一方面相互参照,加深理解。另外,内容相对集中,便于教学;篇章独立,增强了阅读的连贯和完整。为了帮助读者全面理解内容,正文的相应章节中加入了部分补充阅读材料,共计 37 篇,均为正文紧密相关的知识性内容。(朱富明)

H000119 **英语故事** 陈明阳、贾爱兵文,唐淑芳等绘画。浙江人民美术出版社 1996 年 12 月版。650 幅图。24.00 元。分为 3 册。主要选取一些短小精悍的幽默、童话、寓言故事,用英文的形式表达。如:《小气鬼》《和朋友喝酒》《马克·吐温和渔猎监督官》《卡特夫人和小偷》《我不睹》《愚人节》《所罗门的智慧》等 57 则小故事。其文字内容是按照中学教学大纲的词汇量及语法规则编写,三册书各以初中一年级至三年级教科书中的词汇量及语法标准,超过该册词汇范围的都给以相应的汉语词义;超过该册所学的语法概念的,也给以适当的注释。二、三两册书中每篇故事后面都配有练习题,可用来测试读者的阅读理解能力。正文后附有全部故事的中文译文，可供参考。

H000120 **屈原** 巴灵文，宏力译，徐永生画。辽宁少年儿童出版社 1996 年 10 月版。图 30 幅。9.50元。中英文对照读物。"名人小传画库"之一。屈原(公元前 340～278)是中国历史上第一个伟大爱国诗人，也是一位政治家和思想家。从小他勤奋好学，同情受苦的人。他当了楚国的左徒后，经常四处查访民情，后来，由于受奸臣所害，他被流放，看到楚国百姓十分困苦，真是国破家亡，民不聊生，他心里非常难过。他热爱祖国、热爱人民、痛恨奸邪，促使他写出了《离骚》《涉江》《哀郢》《怀沙》等许多著名诗篇。最后，他忧愤成疾，气衰力竭，投江自尽。他忧国忧民和为理想献身的精神，曾被司马迁誉为可以"与日月争光"。(冯幽君)

H000121 **屈原诗选英译** 孙大雨译。上海外语教育出版社 1996 年版。56.4 万字。38.00 元。收入屈原的《离骚》、《九歌》、《九章》、《远游》、《卜居》和《渔父》等。译者以其对原诗深邃而独到的理解，把握住原作的意蕴和韵味，保全了原作的风貌和神采，以其老到的英文挥洒自如，将屈原的诗篇介绍给西方读者。在英文导论中，译者以屈原诗作为依据，寻求、分析和推理出屈原所处时代的各派政治势力，屈原悲剧产生的背景，对他的思想、出生年月、著作时间都做了详细的考据。同时对历来屈原诗作中部分诗篇的作者之争表明了自己的观点。20 年代由译者创建的音组体五音组素体韵文不仅在译本中应用，而且在导论部分得到理论上的扩大与加深。本书采用英汉对照。(张湘湘)

H000122 **科技英语阅读教程** 秦荻辉编。西安电子科技大学出版社 1996 年 8 月版。40 万字。17.00 元。本教程是与《科技英语语法高级教程》相配套的教材，主要是为通过了大学英语四级考试的本科学生编选的。阅读材料选自美国、加拿大等国中学和大专院校使用的原版科技书籍。所选材料涉及数学、物理、电子类和计算机 4 个方面的内容。全书共分 3 大部分。第一部分为阅读材料；第二部分为该材料的注释，全书共有 925 条注释，涉及语法要点、词汇用法、翻译技巧等；第三部分为总词汇表。(夏大平)

H000123 **美国文化选本** 杨自伍主编。华东师范大学出版社 1996 年 12 月版。60 万字。44.00 元。英汉对照的综合性的文化选本。分上、下册，收入美国 50 位文化名流的作品。原作者以现、当代人物为主，如沃尔特·李普曼、艾伦·科普兰、莱昂诺·特里林、约翰·加尔布雷斯，其中既有作家，也有经济学家、哲学家、人类学家、批评家、政论家等。入选文章关注社会、注重现实，触及了种族、妇女解放、信仰危机、代沟、教育、价值取向等问题，富于洞见且文采斐然，折射出美国文化的精华。文章顾及了欣赏和思考两方面的需要，且多系国内首次译介。本书为《英国文化选本》的姊妹篇。(朱文秋)

H000124 **神笔马良** 洪汛涛著。海燕出版社 1996 年 3 月版。1.52 万字。15.00 元。中英文对照。著名儿童文学家洪汛涛根据自己新创作的长篇童话《神笔马良传》改编的图文并茂的低幼读物。全书汉语注音，有 60 幅精美插图，并附有英文故事简介。

H000125 **莎士比亚** 周苗文，宏力译，孙移风画。辽宁少年儿童出版社 1996 年 10 月版。图 30 幅。9.50 元。中英文对照读物。"名人小传画库"之一。威廉·莎士比亚(1564～1616)是欧洲文艺复兴时期最伟大的诗人，杰出的戏剧艺术大师，在世界文学史上占有独特的地位。他出生于一个富裕的美国商人之家。他一生著述甚丰，包括 154 首十四行诗和 37 个剧本。他写了许多喜剧，如《仲夏夜之梦》、《威尼斯商人》等，在喜剧的结尾，好人都得到幸福，坏人则受到惩罚。比起喜剧，他的四大悲剧《汉姆雷特》、《奥瑟罗》、《李尔王》、《麦克白》更受欢迎。他的作品，情节生动，语言精练、优美，被介绍到世界许多国家，深受人们喜爱。(冯幽君)

H000126 **哥白尼** 张克明文，弘力译，邱木生画。辽宁少年儿童出版社 1996 年 10 月版。图 30 幅。9.50 元。中英文对照读物。"名人小传画库"之一。哥白尼(1473～1543)是波兰伟大的天文学家。他童年就失去父母，便在舅舅家居住，他舅舅是位学识渊博的人，对他影响很大。他先后在波兰和意大利的几所大学学习数学、天文学、法学和医学，后来参加政教活动。他以科学的日心说否定了在西方统治达一千多年的地心说，从此，自然科学便开始从神学中解放出来。他对科学的卓越贡献具有划时代的意义，他的太阳中心说，引起了人类宇宙观的重大革新，沉重地打击了封建的神权统治。(冯幽君)

H000127 **爱因斯坦** 关家鹤文，王月芬译，张金城画。辽宁少年儿童出版社 1996 年 10 月版。图 30 幅。9.50 元。中英文对照读物。"名人小传画库"之一。爱因斯坦(1879～1955)是 20 世纪伟大的物理学家，被公认为人类历史上最具创造性才智的人物之一。20 世纪初，他提出一系列科学理论，并对科学和哲学做出了革命性探索。他提出的“相对论”及质能相当关系 $E=MC^2$ 等理论彻底改变了人类对宇宙的观点。爱因斯坦的一生,在人类对宇宙认识的贡献上是无与匹敌的。(冯幽君)

H000128 **诺贝尔** 王振华文,王月芬译,谭波画。辽宁少年儿童出版社 1996 年 10 月版。图 30 幅。9.50 元。中英文对照读物。“名人小传画库”中的一册。艾尔弗雷·诺贝尔(1833～1896)不仅是一位化学家,同时又是多种炸药的发明人,也是一位和平事业的先驱。他幼年时体弱多病,但天资聪颖,勤奋好学。他的一生充满了矛盾和传奇色彩。1895 年他决定把全部资产赠为人类谋幸福的事业,设立诺贝尔奖金,推动人类文明的进步。(冯幽君)

H000129 **著名旅游景点及传说(英汉对照)** 吴庭美、靳海林等编著。重庆出版社 1996 年 5 月版。33.1 万字。22.00 元。从全国多如繁星的景点中,精选出 81 个著名景点,融相关传说,详加介绍。全书多层次、多角度、全方位地反映旅游文化的各个方面,涉及历史、地理、宗教、古诗文、古建筑、园林艺术、风景美学等主要旅游文化内容,从中可以寻找到古往今来骚人墨客、英雄豪杰的踪迹。书中的汉语文笔流畅,概括力强;英语译文忠于汉语原文,语言规范、准确,用词考究。(余国枢)

H000130 **歌德** 吴洪文,周海伦译,杜平画。辽宁少年儿童出版社 1996 年 10 月版。图 30 幅。9.50元。中英文对照读物。“名人小传画库”之一。歌德(1749～1832)是 18 世纪中叶到 19 世纪初期德国伟大的作家,也是公认的世界文学巨匠之一。他出生在德国的美因河畔法克福市。父亲当过参议员,母亲是市长的女儿,善于讲故事,从小就培养了歌德对文艺的浓厚兴趣。他是德国古典文学和民族文学最杰出的代表,他的创作把德国文学提高到全欧先进水平,并对欧洲文学的发展作出了巨大贡献。他的代表作品是诗剧《浮士德》,这部书的创作延续了 60 年之久,可以说是他的毕生之作。(冯幽君)

H000131 **趣味看图说话(汉英对照)** [新]耐吉尔·蒂·特顿著,倪晓敏编译。辽宁少年儿童出版社 1996 年 12 月版。10 万字。19.00 元。从儿童的心理特点出发,用生动的形象、丰富有趣的内容和彩色的画面吸引儿童的好奇心和注意力,在娱乐中融入了丰富的语言会话材料。以一页页大幅的精美彩图展示了一个家庭在不同的日常生活场景中的活动。幼儿可以在家长的指导下,围绕家庭、学校、社会等方面的 40 余个生活场景看图说话,还可以围绕主图做游戏,找出环绕在主图周围的物体。书中还为儿童提供了 1 000 个汉英对照词汇。利用书中提供的丰富的会话材料和大量词汇,儿童可以发展解释图画的能力,提高阅读理解能力和语言表达能力。(李玲)

H000132 **英汉对照·英美经典文学丛书** 李维光主编。武汉测绘科技大学出版社 1996 年 12 月版。194.6 万字。115.00 元。分 8 个分册,依类别分为:(1)经典散文欣赏;(2)经典诗歌欣赏;(3)经典短篇小说欣赏;(4)经典电影对白欣赏;(5)经典文学故事选粹;(6)经典小品文选粹;(7)经典幽默故事选粹;(8)名人书信选粹。

H000133 **医生英语手册** Joy Parkinson 编著。天津科技翻译出版公司 1996 年 6 月版。37 万字。12.00 元。分为医院组织机构、研究生医学教育和医师注册登记、书信、病史、医学缩略语、系统陈述用的描述性语言、口头英语、动词短语、成语、牙科用语。其中“系统陈述用的描述性语言”一章列举了病人和医生常用的惯语,有些是极为特殊的,难以单纯从字面理解,对读者有极大的使用价值。另外,因在日常会话中,人们通常不使用正规的语言,而更多地使用动词短语,不理解这类短语,常不能听懂简单的日常会话,书中“动词短语”一章有助于解决这一难题。(袁永)

H000134 **新英语口语辞典** 郑荣萱、张迈曾编。天津人民出版社 1996 年 1 月版。35 万字。9.80 元。提供 6 大类 130 种功能表达法(如道歉、感谢、建议等)和 18 大类 64 种情景表达法(如通电话、求职面试、购物等),精选常用口语万余句,并提炼关键句式 3 000 余个(以黑体字标识)。各功能(情景)表达法下均有必要的社会文化背景说明,并对某些语句的特别使用要求(如语气色彩、语调、上下文或场合等)加以适当编排、标识或补充注释。(张晓斌)

H000135 **大学英语综合训练丛书** 韩哲等编。哈尔滨工业大学出版社 1996 年 4 月版。60 万字。13.00 元。共 3 册。分《大学英语二三级综合训练》、《大学英语四级听力与阅读训练》、《大学英语六级综合训练》3 册。其主要特点为:1. 内容新和形式新。内容新体现丛书所有素材绝大多数选自国内外最新有关资料及教学成果,注意了知识性、趣味性和语言规范性。所有练习都是自行设计编排,符合英语改革试题设计新趋势。形式新体现在题型新颖,增加了英译汉、简答和听写填空题型。2. 难易度适中。体现在尽量满足大纲要求,又增加了难度训练,同时为尖子生提供一部分难度较大练习题。3. 实用性强。由于各分册内容紧扣各级英语教学大纲和考试大纲，又结合校院往年英语统考中好的教学成果。因此本丛书既可用作相应各级英语课上辅助练习，又可作为基本教材的辅助性教材，部分难题的注释以及作文范文，便于自学者使用。学生通过使用本教材严格训练之后，能获得举一反三，事半功倍的效果。（王超龙）

H000136 **汉法实用词汇汇编** 陈根生编。商务印书馆 1996 年版。49 万字。13.50 元。收录了外交、世界各国及首都名称、经贸、国际合作与援助、海关、银行、会计、保险、日常生活、教育、交通、饮食、医药卫生、购物、娱乐、运动、工农业、动植物、军事、宗教、度量衡等等政治生活、经济生活和日常生活诸多方面的常用词、句两万条。内容按门类划分，以汉语为词头。本书初版于 1979 年，原名《汉法常用生活词汇》。为适应国际、国内形势的变化，作者于 1993 年对内容进行修订，并更名为《汉法实用词汇汇编》。除对各门类普遍增加新条目外，对国家机关和世界各国的名称、教育、农林牧副渔、军队等门类进行修改，增加了国际合作与援助、经济、对外贸易等内容，使之更能反映现代生活的方方面面。（张文英）

H000137 **大学法语** 李志清等编。高等教育出版社 1995 年 7 月至 1996 年 12 月版。83 万字。47.55元。共 4 册。内容的编写比较注重培养学生的交际能力和语言与文化的结合。每册书的教学总时数为 60～70 学时。（何早江）

H000138 **德语速成（修订版）** 肖佩玲等编。外语教学与研究出版社 1996 年 3 月版。74.6 万字。43.80 元。在《德语速成》第一版的基础上，参照《出国留学人员强化德语教学大纲》及《出国留学人员德语水平考试（NTD）大纲》修订而成。本次修订主要在于扩大了词汇量，删除了第二册中的科普阅读部分，增加了阅读训练和测试样题。旨在帮助出国留学预备人员作外语水平考试的考前准备。全书分上、下两册，包括语音、基础教程及阅读测试 3 个部分。其指导思想是要培养学生既有较系统的德语语音、词汇及语法知识，又要使学生具有实际掌握、使用德语的能力。（王芳）

H000139 **现代汉德词典** 汪溥、邵康文编。外语教学与研究出版社 1996 年 10 月版。67.4 万字。25.80 元。收汉语单字、多字条目及合成词、习语等近 4 万条，选词主要依据对外交往及在德国生活、学习和工作的实际需要，并尽可能收入了反映近年来社会政治、经济、商贸、法律、科技及文化生活等方面的新词汇和术语。词典释义准确，注重雅俗兼顾；例句通俗地道。对于一些重要的德语语法属性，如强变化动词、完成时态的构成以及格的支配等作了标注。（雷航）

H000140 **汉俄翻译词典** 张宝梁主编。商务印书馆 1996 年版。1 081.5 万字。268.00 元。具有 3 个显著特点：一、独创性。资料来源是编者们工作中积累的，后经加工提炼 20 余年，编纂方法是兼顾词语的直译、意译和转译，由词及短语，短语及句子，由浅入深。二、科学性。在制作、筛选译例的工作中，编者们反复推敲，并由俄国专家、旅俄华裔学者把关。三、实用性。选词广，同时兼顾中俄两国文化特色；内容新，比如反映俄中两国改革变化的“私有化”、“新思维”、“知识产权”和“合同工”等新词语都可查阅到。此外，词典中的附录尤为值得一提。附录共分 15 项，有：国内外各组织机构、各国首府、行政区划、语言、货币、国际会议名称等。（冯华英）

H000141 **现代日中常用汉字对比词典** 唐磊主编。北京出版社 1996 年 1 月版。90 万字。68.00 元（精）。收录日本常用汉字 1 945 个，词条 6 万余条。每个日语词有相应的汉译，并附有丰富的例词、例句。对词的使用、同义词的区别、语源、略语等均有详细的说明。全书的最大特色是选词适当，例句丰富，释义清楚。（龙杰）

H000142 **最新日本语片假名语词典** 高宝兴主编。北京出版社 1996 年 1 月版。60 万字。46.00 元（精）。收入日本片假名语词条 42 000 条，同时还选收了 2 000 余条日本常用外来语略语。书中所收新词占全书的三分之一，词条涉及学科覆盖面广，包括政治、经济、社会、军事、科学技术、体育运动、医学卫生、文学艺术、音乐戏剧以及广告、服饰、发型等方面的片假名语。（龙杰）

H000143 **日语基本动词用例词典** 冯任远、杨晓钟主编。陕西人民出版社 1996 年 5 月版。130 万字。38.00 元。收选日语基本动词 728 个。各词条的词义及用法着重从以下几个方面解说注释。一、词义·句型：在详细注释词条目基本概念的同时，以句型讲解词义及用法。二、语法参考：将词法、句法融会在对词义的理解和运用中，使学习者仔细对比汉语和日语表达方式上的差异。三、复合动词：收入该词与其他词汇组成的复合动词，解释词义，列出句型。四、惯用句：对词条常见的习惯用法或某些特殊用法举例说明。五、注意事项：针对中国人学习日语的难点、容易犯的错误进行提示性说明。各条目附有丰富

的例句。例句注重整体语感的表达、词义的理解和运用。(董金平)

H000144　**日朝汉字辞典**　[朝鲜]李基昌等编。民族出版社1996年2月版。140万字。60.00元。收入日语常用汉字6 000多个,用朝鲜语注明这些汉字的日语读音、字意及用法,并收入了常用日语词汇2万多条,注明了这些字词的日语读音、词意和用法。(金永范)

H000145　**神笔马良**　洪汛涛著。海燕出版社1996年8月版。1.5万字。12.60元。中日文对照。著名儿童文学家洪汛涛根据自己创作的长篇童话《神笔马良传》改编的图文并茂的低幼读物,全书汉语注音,有60幅精美插图,并附有日文故事简介。

H000146　**新编日语教程**　刘旭宝等编。西南交通大学出版社1994年2月版至1996年2月版。54.1万字。18.90元。分上、下册。根据《大学日语教学大纲(非日语专业本科生用)》和《大学日语(第二外语)教学大纲》编写的。编写方式兼顾听、说、读、写、译综合能力训练;每课配有课文和会话;课文内容丰富、健康、体裁多样、语言规范;会话内容贴近生活,语言生动、活泼,便于上口。每课语法紧扣课文和会话内容,并配有相当多的练习以巩固所学知识。为便利教学,全书分为若干单元而编写,每单元配有单元综合练习。(麦偶曾)

H000147　**阿拜箴言录(汉哈对照)**　[哈]阿拜著,粟周熊、艾克拜尔·米吉提译。民族出版社1996年6月版。6万字。16.00元。为阿拜的代表作之一,凝聚了作者毕生的心血。作者在书中使用了波斯语、阿拉伯语、察哈台语词汇,以及大量的民谚、俚语、典籍,内容涉及天文、地理、科学、文化、教育、历史、宗教、哲学、民族、社会、经济、法律、语言、民俗等各方面;详细记录了19世纪哈萨克社会的政治、经济、教育、文化、伦理道德和风俗习惯等许多问题,表达了作者所思所想,倾注了作者的爱与恨,是作者留给世人的一份珍贵文化遗产。本书先由侗族作家、翻译家粟周熊先生从俄文译成汉文,复又由著名哈萨克族作家、翻译家艾克拜尔·米吉提先生依照哈萨克原文译定,并加了注释。译笔流畅,忠实于原文。著名翻译家、画家高莽先生百忙之中应约为阿拜造像供这本书使用,并题了诗。(哈力别克)

H000148　**朝鲜语规范集**　中国朝鲜语规范委员会编。延边人民出版社1996年7月版。48万字。22.00元。分两部分。第一部分对朝鲜语"四法"即标准发音法、正字法、隔写法、标点符号进行规范;第二部分对名词、术语、方言、科学技术专用语、外来语等进行规范。(裴正浩)

H000149　**梵文基础读本**　[德]A.F.斯坦茨勒著,季羡林译。北京大学出版社1996年版。12万字。12.00元。囊括了梵文规范语法的全部内容。20世纪初,德国学者盖德尼(K.F.Geldner)增加了练习例句及阅读文选。1960年季羡林由德文第十七版译出作为教材。正式出版前由季羡林的学生段晴、钱文忠做了续补。(杜若明)

H000150　**简明汉意词典**　张世华编。上海外语教育出版社1996年版。125.4万字。50.00元。收汉字字头5 600余个,汉语词条近25 000条,以常用词为主,同时纳入新词约500条左右,以求反映我国改革开放以来的新事物和新现象。(高玲玲)

I　文　学

文学理论

I000001　**1949—1966:我国英美文学翻译概论**　孙致礼著。译林出版社1996年12月版。18.7万字。12.00元。一部断代翻译史,共3部分。第一编介绍17年间我国英美文学翻译出版概况;第二编介绍17年间的英美文学翻译家;第三编论述17年的经验与启示。编者在前言中论述了翻译中的十大辩证关系:科学性与艺术性的辩证统一;保存"洋味"与避免"洋腔"的辩证统一;"神似"与"形似"的辩证统一;直译与意译的辩证统一;"克己"意识与"创造"意识的辩证统一;译者风格与作者风格的辩证统一;忠于作者与忠于读者的辩证统一;整体与细节的辩证统一;"归化"与"异化"的辩证统一;得与失的辩证统一。书后附有"17年间我国英国文学翻译出版一览表”以及“17 年间我国美国文学翻译出版一览表”。

I000002 **心理诗学** 吴思敬著。首都师范大学出版社 1996 年 10 月版。25.4 万字。17.40 元。心理诗歌学不是文艺心理学的分支，而是用心理学的科学方法和态度去考察和追踪诗歌的生成过程——创作心理过程、创作心态、个性特征，其落脚点在新的诗学体系的建设上。用心理学的方法去追踪诗的精灵，科学和诗意完美的结合，使这本书在严谨、科学的理论构架中，与丰富而多姿多彩的中外诗歌和各具个性的诗人砌合了灵性的光。（李荣平）

I000003 **司空图诗品笺论** 赵国存著。花山文艺出版社 1996 年 3 月版。唐末诗歌理论专著。司空图之《二十四诗品》，在我国文学理论批评史上极有地位，历来受到重视，各时期均有注笺。本书作者取历代各种注笺，并加释、说及总论，在诠释的基础上，从意境和风格的角度加以论说，阐明诗歌创作及欣赏之关键所在。

I000004 **沙鸥谈诗** 止庵著。首都师范大学出版社 1996 年 7 月版。44.6 万字。27.20 元。沙鸥在中国诗坛沉寂了几十年，但他是一位将自己的一生完整地奉献给诗歌的真正诗人。大量丰富而自成流派又不断革新的诗歌创作；加之充满深刻而广泛理性研究的独特诗歌理论体系，构成了沙鸥寂寞而自由地飞翔于诗歌天地的一付坚强翅膀，这部著作正契合了诗人理性和感性的光茫。（李荣平）

I000005 **诗镜注妙音欢歌释难** 弟司·桑结嘉措注释。青海民族出版社 1996 年 5 月(藏文)版。40 万字。15.00 元(平)，18.00 元(精)。自《诗镜论》译成藏文以来，藏族高僧学者撰写的诗镜论注释就有几百种。其中，五世达赖的《诗镜注妙音欢歌》是一部很有影响的诗学论著。后来，为了给六世达赖开授诗歌课，弟司·桑结嘉措给他恩师的论著加了注释，写成《诗镜注妙音欢歌释难》一书。该书按《诗镜论》的章节顺序写成，全书分 3 章。第一章论述诗的体裁和风格；第二章论述古印度修辞学东南两派共认的三十五类意义修饰法；第三章论述诗歌的修辞。该书可归纳为三个特点：一、本书中，不但把《诗镜注妙音欢歌》中没有引出的原文(格律体)部分做了全面的补充，而且对所对照的梵文及其所属的声律学的名称做了详细的注释；二、各类修饰法的论述过程中，至少从《如意藤》和《三十四本生传》等名著中引用了两首诗例，多则五六首；三、该书作者，不仅对藏文化有很深的造旨，而且是五世达赖的得意门生，所以本书是严格按五世达赖的思维写的。显然，本书具有很高的可靠性和可信性。（龙智多杰）

I000006 **高占祥论诗** 高占祥著。花山文艺出版社 1996 年 11 月版。20 万字。16.00 元。汇集高占祥近 20 年的诗评、诗论，展示出他对诗歌园地怀着无限钟爱心情的积极思索和真知灼见。书中既强调波澜壮阔的时代变革亟待诗人用浓笔重彩去描绘，去讴歌，又尊重创作个性，指出崇高的社会责任感和历史使命感与创作自由的一致性；既重视诗人努力实现思想性和艺术性的有机统一，又提倡多种创作途径，充分发挥诗人的创作才智和创造精神；既坚持继承发扬民族传统，又主张以豁达大度，兼容并蓄的态度来对待外来文化；作者既赞成中国古代前贤“诗言态”的学说，又同时拥戴法国大文学家雨果“诗言德”的主张，让诗人把言志和言德结合起来，以创作出强烈震撼心灵的诗篇。书中的《诗的感合》篇，坦率地道出了作者对诗的特性、诗心、诗眼、诗品、诗风，诗的立意、构思、韵律、含蓄、夸张、剪裁、跳跃，以及诗的赋、比、兴和抒情诗、叙事诗、哲理诗、寓言诗、儿童诗、散文诗、朦胧诗，还有诗人与生活、诗人与人民、诗人与祖国、诗人与时代等等的特有见解和感受。

I000007 **中国词学大辞典** 马兴荣等主编。浙江教育出版社 1996 年 10 月版。185 万字。70.00 元。分词学概念、词人、名词本事、风格流派、词集、论著、词乐、词韵、词谱、词调、语辞等门类。

I000008 **侦探小说学** 宋安娜、黄泽新编著。百花文艺出版社 1996 年 8 月版。22 万字。14.80 元。研究侦探小说学的理论专著。共 4 编。第一编，本体编，讲述侦探小说的文体特征、叙事特征、思维特征、形象塑造、谋篇布局等重要理论问题；第二编，传统篇，简要地勾勒了中国古代公案小说发展的历史轨迹，探讨了公案小说发展的规律，总结了它的经验与不足；第三编，域外篇，用历史的人道的、美学的眼光，着重论述西方及日本的侦探小说的美学特性、艺术流派和发展态势；第四编，创造篇，探讨了我国当代侦探小说创作的现状和发展问题。该书从历史源流到多种嬗变，从艺术特性到诸种流派，从审美价值到精神内涵，对侦探小说皆做了周详而深入的阐述，清晰、系统地建立起侦探小说的理论，是一部具有开拓性的学术著作。（于明夫）

I000009 **幼儿文学概论** 张美妮、巢扬著。重庆出版社 1996 年 12 月版。36 万字。20.00 元。幼儿文学理论书籍。在研究国内外历代幼儿文学作家、作品及幼儿文学发展史的基础上，从心理学、教育学、社会学、历史学、美学等多种学科的角度来透视幼儿文学,力图建立一个较为完整的幼儿文学理论体系。全书共4编。第一编是基础理论,也是全书的核心理论,体现了作者对幼儿文学理论的探索;第二编是体裁论,对幼儿文学的各类体裁作周详论述,尤其对以往研究较少的幼儿童话、图画故事等重要体裁作了一些探索性的研究;第三编是中国作家作品论,论述了我国幼儿文学发展简史,分析了重要的幼儿文学作家及其作品;第四编是外国作家作品介绍,旨在开启一扇通向世界的窗口,拓展我国幼儿文学界的视野。前两编以论为主,后两编是史的叙述和作家作品分析。(余国枢)

I000010　**无词的言语**　薛毅著。学林出版社1996年1月版。19.1万字。12.00元。"火凤凰新批评文丛"第二辑之一。"无词的言语"表明一种面对巨变所陷入的困境,也是作者鲁迅研究中对《野草》的理解,并成为作者文学批评研究的一个新的起点。文学有着言说苦难的使命,但文学却总在逃避它。由此引起一系列疑问:文学为什么丧失了言说苦难的能力?现代文化的发展与苦难构成什么关系?是什么样的文化与文学机制使人们轻浮地抹去苦难?在鲁迅研究中,追踪着当代文学的足迹,试图架构一种能够言说苦难的诗学方式,并与当代文学和现代文化的关系构成一大课题。其中,关于寓言的研究,认为寓言依然是充满活力的诗学方式,可从各个层面思考文化、话语方式与苦难的联系。(曹坚平)

I000011　**在功利与唯美之间**　王彬彬著。学林出版社1996年1月版。20万字。14.00元。"火凤凰新批评文丛"第二辑之一。所收文章分为"当代知识者的精神状态研究"、"重写文学史小辑"、"批评的批评小辑"、"文艺理论研究小辑"、"当代文学研究小辑"等5部分,于文艺批评中,更注重知识分子在当下社会中怎样安身立命;面对西方理论方法的涌入,如何审视"重写文学史"的问题。反对文艺的急功近利,也拒绝文艺中的"唯美主义",认为两者之间应获得一种平衡,在看似尖锐对立的观念之间,寻取两者实际存有的内在相通之处。《当代文学为何必要》一文,强调一个时代的作品在其时的特定意义及其所具价值的不可取代性,这一尺度伸量功利与唯美的两端,亦即以"传世"作为衡量作品的最高尺度和平庸、浅薄地附会某种意识的态度均不可取。(曹坚平)

I000012　**思想实验**　夏中义著。学林出版社1996年1月版。19万字。13.00元。"火凤凰新批评文丛"之一。所收论文,旨在批判性地俯瞰历史走过的路,力求站在90年代的高度进行反思,其中大部分文章是围绕作者所投入的三项文论研究课题而写就的文章。其一,作者提出了由文学观念与研究方法同步更新所构建的文论新体系,否认了文学和理论思维都是对外部世界的认识,批判了文学单位作为认识外部世界的工具,认为文学是美学问题,是对人类自身的价值体认。从而向传统文论提出了挑战,并同它划清了界限。其二,在20世纪中西美学比较上,作者描述了别、车、杜在当代中国大起大落的戏剧性命运,从影响性比较的角度去回塑且评判中国当代文学思潮的构成及其流向的历史变异。考察了并为现实主义美学在中国的命运指出了方向。其三,新时期文论重估。作者反对用唯物辩证法中关于"内容决定形式,形式反作用于内容"的原理套用到文学作品的分析中去,认为文学创作不是这种单向因果律所能概括的。文学形式有相对的独立性,作者强调了这一点,注重了形式这一功能,提出了"实验功能"这一科学概念。作者还就西方现代派绘画的社会功能,原始心理与原始艺术的发生、文艺作品与作家的创作个性,现代派文学作品的批评与欣赏、文学的消遣作用等许多当代文学的热点问题,进行了广泛的论述。(朱志宇)

I000013　**"火凤凰"新批评文丛(第二辑4种)**　陈思和、王晓明主编。学林出版社1996年版。以活跃在上海的一批青年文艺批评家为依托,努力建立起一片文学批评的"绿洲",当代文学的丰富性与他们敏锐的个性特点和创造力融合在一起,从而产生了许多既富含思想而又充满激情的文字,他们打破传统观念和模式,对于当代文学进行了富于创造性的阐释和批评。该丛书包括:《思想实验》、《季节轮换》、《在功利与唯美之间》、《无词的言语》。(许钧伟)

I000014　**评论家接力丛书**　黄伟林等著。接力出版社1996年5月版。99万字。69.50元。收入文学评论集《视野与选择》(彭洋著)、《转型的解读》(黄伟林著)、《理性的艺术》(李建平著)、《感觉与立论》(张燕玲著)、《话语的边缘》(杨长勋著)等5册。作者在写作上风格各异:杨长勋的犀利与坦诚,李建平的敦厚与从容,黄伟林的智慧与流畅,张燕玲的清新与雅致,彭洋的淡泊与明哲,相映之下,都显出极富南方文坛才会有的趣味与才情。他们当中又可分为两种流派:杨、李尚理性,以气势与逻辑取胜,易服人;黄、张、彭重体验,以文采见长,雅俗共赏。(李仕强)

世界文学

I000015 **世界文学名著导读** 刘国屏、于心文主编。百花洲文艺出版社 1996 年 10 月版。130 万字。62.00 元。评析外国文学名著 183 部，就名著的思想内容、人物形象、时代背景、艺术特征等诸多方面作了分析。（王志斋）

I000016 **沟通的探索** 副名：西方文学与文化论稿。吴锡民著。广西师范大学出版社 1996 年 5 月版。18.1 万字。8.80 元。以“沟通”为主线，分上篇、下篇、续篇。上篇为文学与审美文化论，下篇是文学与非审美文化论，续篇则讨论文学与其他文化现象。竭力探寻文学与各种文化现象之间的互动、互联之谜，力求凸现出它们的审美价值和现实意义。从方法论上说，一反传统的、线性的文学研究模式，而是吸纳其他学科理论之营养，把西方文学投放到西方文化这个大系统中去讨论；从内容上看，注重具体实证和理性思辨相结合，力求透示出自己的一点声音。（陶征）

I000017 **世界小说名著** 刘硕良主编。接力出版社 1996 年 1 月版。225.9 万字。182.30 元。共 10 册。包括《鲁宾逊漂流记》、《金银岛》、《月亮宝石》、《血字》、《荒野的呼唤》、《汤姆·索耶历险记》、《丛林故事》、《格兰特船长的儿女》(上、下)、《夜航》、《真正的人》。（李仕强）

I000018 **英美意识流小说** 李维屏著。上海外语教育出版社 1996 年版。21.3 万字。20.00 元。共 8 章。前 3 章系统地论述了英美意识流小说的哲学与心理学基础及其历史背景和文学渊源，并对它与传统小说之间的区别作了明确的阐述。第四、五、六章深入地研究了意识流小说的 3 位作家——英国的詹姆斯·乔伊斯、弗吉尼亚·伍尔夫和美国的威廉·福克斯的创作思想和艺术手法，分析了他们作品的内涵和艺术特点。第七、八两章对意识流小说的叙述形式、语体变异、修辞形式及表意功能等作了深入探讨。在结语中，作者对意识流作家的政治立场及作品的社会意义与不足进行了客观的评价。（谢宇）

I000019 **世界民间文学** 邓启龙著。广东人民出版社 1996 年 12 月版。24 万字。23.00 元。共 4 章。第一章导论：民间文学是世界文学最光辉的篇章，是人民文学最优秀的文化成果；第二章神话：世界文学的始祖和宝藏，原始时代的文化综合体；第三章史诗：古代史诗是人类从野蛮走向文明的标记，中古史诗是封建英雄统一大业的赞歌；第四章民间故事、歌谣：民族生活的风情纪实画，人类历史的精神积淀品。书中对民间文学的代表作品做了较为客观的评介，对有关的主要理论观点作了介绍，同时对中外神话进行了比较研究，具有一定的学术意义。具体作家方面特别介绍了苏格兰诗人罗伯特·彭斯、俄罗斯文学的开拓者普希金、世界一流文学家托尔斯泰等人与民间文学的密切关系。（黄彦辉）

I000020 **儿童文学教程** 黄云生编著。杭州大学出版社 1996 年 12 月版。45.4 万字。20.00 元。以儿童文学理论和儿童文学史为基本板块。同时，以文体考察和创作、鉴赏及阅读指导等理论分析作为基本理论的延伸和补充；以作家作品的介绍和评述充实历史事实的内容。全书比较系统地、科学地、辩证地、历史地分析各历史时期的中外儿童文学现象，评价作家作品。书稿还吸收了国内外儿童文学理论最新研究成果和各地儿童文学教学的成功经验，理论联系实际，教材内容与中小学教学实践有机结合，实用性强。在上述概述之后，书稿又编选了一些儿童文学作品，每篇作品均附有简要的评价。所选之作皆为中外精品，按文体分类编排，以供教学举例和学生欣赏研究之用。（朱德秦）

I000021 **畅销作品鉴赏丛书** 周清霖主编。学林出版社 1990 年 8 月—1996 年 1 月版。编者对自 80 年代以来有代表性的通俗文学(包括有武侠小说，侦探、推理小说，社会小说，散文、历史小说，财经小说等)畅销作品逐一进行深入浅出、生动活泼、雅俗共赏的艺术分析，并提供有关作家生平和著作的可靠资料。已出 6 种，分别是：《风中飘逝的女人——三毛的人生与艺术》、《武侠世界的怪才——古龙小说艺术谈》、《开创新派的宗师——梁羽生小说艺术谈》、《神秘的侦探世界——程小青、孙了红小说艺术谈》、《金庸小说人物谱》、《描绘历史风云的奇才——高阳的小说和人生》。（周清霖）

I000022 **诺贝尔文学奖内幕** [瑞典]谢尔·埃斯普马克著，李之义译。漓江出版社 1996 年 9 月版。21.1 万字。15.00 元。作者是现任瑞典文学院院士，诺贝尔文学奖评委会成员。本书是为庆祝文学院建院 200 周年而作，相继被译为法文、德文、英文、希腊文等多种版本。该部作品提供了一些主要的评价轮廓，以期解释诸如为什么托尔斯泰和哈代不能获奖、授予索尔仁尼琴诺贝尔奖有无政治观点的考虑、为什么亚洲的获奖者寥寥无几等一些问题。作者首次公开使用了瑞典文学院和诺贝尔文学奖评奖委员

会丰富的档案资料,因此这部作品带有极大的权威性。(陈天禾)

I000023 **世界少年文学精选** 赵长森等改写。北京出版社1996年9月版。770万字。648.00元。共54册。精选了如莎士比亚、托尔斯泰、巴尔扎克、司汤达、塞万提斯、勃朗特、大仲马、雨果、普希金、狄更斯、杰克伦敦等著名作家的代表作。选编了如《苦儿流浪记》、《汤姆索亚历险记》、《金银岛》、《海底两万里》、《格列佛游记》、《鹿苑长春》等一批优秀的、适合青少年口味的游记、探险科幻童话及动物小说。(龙杰)

I000024 **金蜘蛛丛书** [马来西亚]戴小华主编。河北教育出版社1996年4月版。560万字。261.20元。台、港、澳及海外华文女作家作品系列。共21册,包括:[马来西亚]戴小华的《深情看世界》、[美国]丛苏的《兽与魔》、[美国]喻丽清的《阑干拍遍》、[美国]王克难的《雾里的女人》、[瑞士]赵淑侠的《春江》、[加拿大]冯湘湘的《在水之湄》、[台湾]张晓风的《酿酒的理由》、[新加坡]张曦娜的《镜花》、[美国]黄娟的《大峡谷奇遇记》、[美国]吴瑞卿的《没有天使的天使岛》、[美国]聂华苓的《千山外,水长流》、[美国]於梨华的《傅家的儿女们》、[法国]吕大明的《流过记忆》、[台湾]李昂的《暗夜》、[台湾]施叔青的《遍山洋紫荆》、[台湾]简媜的《忧郁女猎人》、[台湾]苏伟贞的《我们之间》、[新加坡]尤今的《美丽的胎记》、[台湾]袁琼琼的《沧桑》、[香港]周蜜蜜的《烧》、[马来西亚]柏一的《荒唐不是梦》。

I000025 **中外著名诗歌散文背诵丛书** 贺菲等编著。晨光出版社1996年5月版。9万字/册。8.00元/册。共4册。精选中国、外国著名作家的诗歌、散文作品,附作者简介、生平事迹介绍、主要作品及艺术创作表现手法,并有注释和导读。(刘卫华)

I000026 **当代世界文学精品丛书** 罗洛等译。上海教育出版社1993年1月至1996年8月版。6册。分别为:《当代世界名诗》、《当代世界著名短篇小说》、《当代世界名家散文》、《当代世界名家剧作》、《当代世界名家随笔》、《当代世界名人传记》。作品涉及英、美、德、法、俄、日、挪威、瑞士、芬兰、波兰、捷克、奥地利、西班牙、比利时、加拿大、印度、泰国等40余个国家、100多位当代世界知名作家的作品,并附每位作家的简历、作品简介和赏析。(邵桂珍)

I000027 **中外抒情诗精选** 刘湛秋等编。春风文艺出版社1996年5月版。220万字。120.00元。共6册。包括《世界抒情诗选》(刘湛秋、雷霆编)、《世界抒情诗选续编》(刘湛秋、雷霆编)、《当代欧美诗选》(王家新、沈睿编)、《朦胧诗选》(阎月君等编)和《台湾现代诗选》(刘登翰编),收录的作品较全面且有代表性。(崔棠)

I000028 **世界中篇小说经典** 江枫、古继堂主编。春风文艺出版社1996年9月版。420万字。260.00元。从外国文学作品中精选出最具代表性、最具影响力的名家名作共80余篇,分别收入日本卷、英国卷、意大利卷、美国卷、拉美卷、德语国家卷、俄苏卷、法国卷。每卷都由分卷主编撰写"序言",对该卷作品的背景、人物和艺术成就作综合评述。选入的每篇作品都附有作者简介,以及简要的作品评介。(王烨)

I000029 **世界华文微型小说名家名作丛编** 江曾培等编。上海文艺出版社1996年10月版。60万字。42.00元。共4种,即分别为中国卷、欧美卷、新马泰卷和台港澳地区卷。每位作家所收作品均不超过5篇。从中可领略到世界华文微型小说的源流、发展及其气象万千。(徐如麒)

I000030 **世界名著新译珍藏系列** [英]夏洛蒂·勃朗特等著,贾文渊等译。北岳文艺出版社1996年8月版。850万字。517.25元。首批25种:《简·爱》、《大卫·考波菲尔》、《呼啸山庄》、《傲慢与偏见》、《苔丝》、《无名的裘德》、《恋爱中的女人》、《虹》、《月亮宝石》、《红与黑》、《包法利夫人》、《高老头/欧叶妮·葛朗台》、《贝姨》、《漂亮的朋友》、《基督山伯爵》、《红屋骑士》、《阿达拉/勒内/纳契人》、《安娜·卡列宁娜》、《前夜/父与子》、《最后一个莫希干人》、《红字/凶宅七角楼》、《哈克贝利·费恩历险记》、《马丁·伊登》、《嘉莉妹妹》、《夜色温柔》。(韩铁马)

I000031 **世界著名历险故事连环画** 李可等编。河北少年儿童出版社1996年8月版。13.25印张。13.00元。选编14个著名的历险故事:《鲁滨逊漂流记》、《巨鼠岛》、《白鲸》、《"月光号"的沉没》、《新大陆历险记》、《探宝遇险记》、《金银岛》、《度假歼匪记》、《孤岛历险记》、《野生的爱尔莎》、《小船长》、《汤姆·索亚历险记》、《哈克贝利·费恩历险记》、《埃米尔捕盗记》。(孟玉梅)

I000032 **世界著名科幻故事连环画** 威廉·科茨温克尔等著,金涛、金波译。河北少年儿童出版社1996年8月版。24万字。11.80元。选取13部近现代世界著名的科幻小说,经改编配图而成。包括历史上第一部科幻小说《弗兰肯斯坦》,也包括19世纪

科幻大师儒勒·凡尔纳的作品,还包括本世纪像美国作家威廉·科茨温克尔《E·T》等一些著名作品。(杨旭刚)

I000033 **世界著名探案故事** 阿·克里斯蒂等著,晓羽、骆继光等译。河北少年儿童出版社1996年8月版。28万字。13.80元。连环画图书。选取了14部世界著名的探案小说,图画采用写实手法,不仅紧扣全书的情节发展,而且在人物形象刻画、景物对情节的补充、环境气氛的渲染等方面都提出了较高的要求。(杨旭刚)

I000034 **世界短篇小说精品文库** 柳鸣九主编。海峡文艺出版社1996年8月版。492.30元(平),599.80元(精)。选入565名各国短篇小说作家的作品746篇,分14卷18册,分别为:《法国卷》(上、下)、《美国加拿大卷》(上、下)、《英国卷》(上、下)、《俄罗斯卷》(上、下)、《意大利卷》、《西班牙卷》、《印度卷》、《日本卷》、《阿拉伯卷》、《澳大利亚新西兰卷》、《拉美卷》、《东欧卷》、《德语国家卷》、《中国卷》。(林秀平)

I000035 **外国科幻小说译丛** 郭建中主编。河南人民出版社1996年10月版。共3辑,每辑5种,从世界级科幻大师的优秀作品中筛选。本辑5种包括:美国弗里德里克·波尔与杰克·威廉姆逊合著的《海底舰队》、杰克·威廉姆逊著《新宇宙》、哈里·哈里森著《宇宙英雄比尔》、詹姆斯·冈恩著《造梦人》和英国布赖恩·阿尔迪斯著《解放了的弗兰肯斯坦》。(管黔秋)

I000036 **法国龚古尔文学奖作品选集** 柳鸣九主编。北京师范大学出版社1996年3月版。450万字。192.40元。共10册。从历届龚古尔文学奖获奖作品中选编其中的10部代表作品。包括《阿维尼翁的情侣》、《大家庭》、《死人的时代》、《名士风流》、《天根》、《冬天的果实》、《暗店街》、《悠悠此情》、《神圣的夜晚》、《野蛮的婚礼》。(傅占武)

I000037 **获西班牙塞万提斯奖作家作品选** 陈众议主编。漓江出版社1996年10月版。68.4万字。17.00元。"获国际著名文学奖作家作品丛书"之一。塞万提斯奖创立于1977年,每年评奖一次,以纪念西班牙伟大作家和欧洲人文主义文学代表塞万提斯(其主要代表作为《堂·吉诃德》)。该奖的奖励原则是"奖给用西班牙语写作的、成就卓著的作家和诗人",从客观上推动了整个西班牙语文学的发展。就西班牙语美洲当代文坛而言,博尔赫斯、卡彭铁尔、富恩特思、卡萨雷斯、略萨和帕斯等世界级大师几乎尽在该文学奖获奖者之列。因为是成就奖,所以评委们的决定总是有意识地向德高望重的老手宿儒倾斜,尽量避免了一般作品奖因时而异的局限和遗憾。该书收录了卡彭铁尔的《追击》、萨瓦托的《地道》、帕斯的《流沙》、略萨的《世界末日之战》(节选)等10篇作品。其中《追击》首开拉美结构现实主义小说之风,采用《英雄交响曲》的结构形态和演奏方式,实现了小说与音乐的"联姻";《地道》实现了拉美小说由心理现实主义向心理现代主义的转折;卡萨雷斯的中篇小说《莫雷尔的发明》,运用不确定原理,使作品呈现出似是而非、虚实相生的境界,是一部在现实与幻想、客观世界与内心世界间做文章的典型"后现代"作品;而在拉丁美洲现当代文学史中占有相当比重的巴斯托斯的《人子》,则打破了传统小说的体裁界线,采用双文化视角,在玻巴战争、独裁肆虐的内忧外患的背景里将西方基督教文化和美洲印第安神话交织在一起,从而推动了拉美魔幻现实主义小说的发展和繁荣……该书考虑了入选作家及其作品的风格、体裁、形式之多样化和该作家及其作品在本国以及世界文学发展史上的地位和影响力,以我国读者所熟知的作家作品为优先入选对象,以中、短篇小说为主。长篇附内容梗概,每篇文章均附作家简介及照片,书后附获奖作家作品一览表。结合入选作家和作品的艺术品位来看,该书系统、全面地体现了塞万提斯文学奖的风貌。(陈天禾)

I000038 **漫画世界文学名著** 接力出版社1996年10月版。1万字/册。15.00元/册。共9卷,包括《红与黑》、《罗密欧与朱丽叶》、《简·爱》、《卡门》、《茶花女》、《罪与罚》、《呼啸山庄》、《莎乐美》、《一千零一夜》等。日本9位女漫画家给这9本著作新的表达方式,以其细腻的笔触,将不朽之作再跃纸上。而女漫画家们用心灵体会原著,画笔之下的人物性格鲜明,表情细腻、独具魅力。在人物刻画上,各书不约而同地将眼神作为重点,将各种人格——或善良,或纯朴,或冷酷,或邪恶表达得淋漓尽致。(周梅洁)

I000039 **世界科幻名著系列丛书** 凡尔纳等著,梁东方等译。河北少年儿童出版社1996年10月版。180余万字。88.00元。包括法国作家凡尔纳的《八十天环游地球》、《少年船长历险记》、《神秘岛》、《海底两万里》、《极地漂流记》,英国作家笛福的《鲁滨逊漂流记》和斯蒂文森的《金银岛》(内附《退潮》)、《大卫历险记》(内附《迪克历险记》)。(余怀新)

I000040 **世界短篇小说精华丛书(第三辑)**

[英]劳伦斯等著，黄伟等译。湖南文艺出版社 1996 年 1 月版。311.5 万字。181.30 元。包括 10 种：《劳伦斯短篇小说选》(黄伟、严昌译，33 万字，18.90 元)，选入了作者的《你摸了我》、《比最好稍次的》等 15 篇代表作；《斯蒂文森短篇小说选》(秦颖、熊治祁译，27 万字，16.00 元)，选入了作者的《马尔肯》、《法勒塞海滩》等 8 篇代表作；《霍桑短篇小说选》(黄建人译，29 万字，18 元)，选入了作者的《牧师的黑面纱》、《美之艺术家》等 28 篇代表作；《德莱塞短篇小说选》(谭亦云、刘海珍译，28 万字，16.70 元)，选入了作者的《黄金梦》、《挣不脱的锁链》等 15 篇代表作；《高尔基短篇小说选》(戈仁权、雪影译，31 万字，17.50 元)，选入了作者的《伊泽吉尔老太婆》、《情窦初开》等 14 篇代表作；《陀思妥耶夫斯基短篇小说选》(李鹤龄、刘驾超译，34 万字，19.40 元)，选入了作者的《别人家的妻子和床房下的丈夫》、《诚实的小偷》等 15 篇代表作；《霍夫曼短篇小说选》(王印宝、冯令仪译，31 万字，18.00 元)，选入了作者的《金罐》、《斯居德小姐》等 14 篇代表作；《茨威格短篇小说选》(魏家国等译，34 万字，19.40 元)，选入了作者的《月色朦胧》、《灼人的秘密》等 18 篇代表作；《卡夫卡短篇小说选》(陆增荣、朱新建译，34 万字，19.50 元)，选入了作者的《变形记》、《煤桶骑士》等 73 篇代表作；《普列姆昌德短篇小说选》(刘安武译，31 万字，17.90 元)，选入了作者的《沙伦塔夫人》、《咒语》等 31 篇代表作。(康曼敏)

I000041　**中外幽默小品精萃**　徐志超编著。百花洲文艺出版社 1996 年 7 月版。44 万字。24.00 元。收入 131 篇幽默小品，其中外国 77 篇，中国 54 篇。每篇小品的正文前，都配有一篇简短的评介文章，对其作者作出介绍，对其思想内容或艺术特色进行扼要评说。(杨剑敏)

I000042　**世界现代散文精华(少年版)**　丁汀、歌辛编。湖南少年儿童出版社 1996 年 12 月版。42 万字。19.30 元。系从世界众多优秀散文中，精心挑选适合少年朋友阅读欣赏的篇目。共收集 23 个国家 60 位著名散文家、作家的 131 篇散文，这些散文或写景、或记人、或叙事、或抒情，其中包括屠格涅夫的《麻雀》、高尔基的《海燕》、莫泊桑的《雪夜》、德莱塞的《我的梦中城市》、尼采的《夜之歌》、卡夫卡的《猛禽》、德富芦花的《富士的黎明》、泰戈尔的《小巷》、纪伯伦的《真伪之间》等。

I000043　**世界散文菁华荟萃**　丁亚平、林爱莲主编。上海文艺出版社 1996 年 5 月版。59 万字。30.00元。收录 700 余段世界现当代散文名篇的精彩片段。共设《人性本原》《生命形式》《文化预设》三大板块。在《人性本原》板块中，《欢乐》《悲怆》《梦幻》《憧憬》等章节，展示出人类浩瀚的心灵宇宙；《生命形式》则通过《生存》《年轮》《物际》几部分，铺叙出人类与大自然诸种生物的生命情态，充溢着对生命的咏叹与赞美；《文化预设》既辟出了形形色色的精神家园，又描绘出古往今来绮丽壮阔的人文景观与自然现象。(林爱莲)

I000044　**给我永远的爱**　副名：亲情友情散文精品。何人选编。宁夏人民出版社 1996 年 11 月版。27.5 万字。14.80 元。分为“父母的爱”、“母亲的原野”、“体验父亲”、“爱的笔记”、“手足情深”、“真爱是谁”、“友情无价”7 个部分。精选国内外有关亲情友情方面的散文精品 96 篇。收录作品既有巴金、梁实秋、老舍、苏叔阳等老一辈作家的散文名篇，也有贾平凹、梁晓声、肖复兴、史铁生、毕淑敏等中青年作家的散文佳作。这些作品感情真挚，充满了人间情爱。(何克俭)

I000045　**域外著名华文女作家散文自选集**　聂华苓等著。陕西人民出版社 1996 年 3 月版。189 万字。123.30 元。散文集。共 10 种。计有[美国]聂华苓著《人景与风景》、[瑞士]赵淑侠著《爱情的年龄》、[泰国]梦莉著《心祭》、[新加坡]尤今著《香河畔的微笑》、[台湾]张香华著《小鸟啁啾而过》、[美国]张秀亚著《荷塘之忆》、[美国]简宛著《简言宛语》、[美国]吴玲瑶著《幽默人生》、[荷兰]林湄著《如果这是情》、[美国]张凤著《哈佛采微》。作者均为长期在港台澳和海外生活并以华文创作的著名女作家。自选的散文从不同方面反映了她们的心路历程、交往、家庭、异域风情和难以化解的思乡情结。各分册由作者自拟书名，自撰序言，自题近照，还附有主要作品目录。风格各异，笔法不同，但都倾注满腔激情，流露出脱俗与豁达、睿智与幽默，充满生活情趣。(何大凡)

I000046　**外国名家散文丛书(第四辑)**　百花文艺出版社 1996 年版。200 万字。119.20 元。收选 10 位作家的散文精品，有些还是作家的第一部中译选本，这 10 本书是：《纪伯伦散文诗选》、《尼采散文选》、《雨果散文选》、《纪德散文选》、《罗兰·巴特随笔选》、《普里斯特利散文选》、《阿斯塔菲耶夫散文选》、《歌德散文选》、《普希金散文选》、《卢梭散文选》。这十位作家的散文，无论是写人生经历，创作感受，还是写自然风光，都使读者了解到作者的心路历

程，并从清新、自然、朴实的文笔获得精神上的享受与启迪。（蒋华）

I000047 **世界寓言精品屋丛书** 吴秋林等编。福建教育出版社1996年8月版。90万字。48.00元。从世界各地优秀的寓言文学遗产中遴选出最精采的篇章，按地区编列，分成10册出版。各册书名分别为：《卧室里的鳄鱼》（欧美诸国寓言）、《冒充医生的狼》（古希腊、古罗马寓言）、《老鼠嫁猫》（非洲寓言）、《马和主人》（俄罗斯寓言）、《驼背老人捉蝉》（中国古代寓言）、《仙女的礼物》（德国寓言）、《谎言和真话》（西亚诸国寓言）、《独眼和双眼》（东亚、东南亚诸国寓言）、《苍鹭的结局》（佛经寓言）、《老虎的金手镯》（印度寓言）。各册所收的作品，能体现该地区寓言文学的风貌和水平。注重寓言的哲理性和故事性、形象性的有机结合，注重寓言中有关社会生活经验教训的普遍意义。（陈鹰平）

I000048 **一天一个故事系列** 葛翠琳等著。河北少年儿童出版社1996年版。60万字。33.40元。共4册，包括："知识童话故事"、"智慧寓言故事"、"动手动脑故事"、"益智思维故事"。其中"知识童话故事"选取中外优秀作品约120篇；"智慧寓言故事"收集中外著名的智慧寓言约150篇；"动手动脑故事"是中央电视台大风车节目中曾经播放的部分内容；"益智思维故事"是中央教育科研所参加编著的，其内容主要是对儿童进行正确思维的培养，从而达到开发智力的目的。（常文彬）

I000049 **小月亮童话画丛** 赵冰波等译。新蕾出版社1996年12月版。8印张。44.00元。分4册，收入中外著名童话大师的优秀精品。其中有流传久远的世界著名童话《雪姑娘》、《狼和七只小山羊》、《小红帽》、《丑小鸭》等，还有深受我国小读者喜爱的《梨子提琴》、《没有牙齿的大老虎》、《花孩子》等。这些优秀童话有的清新活泼，有的温馨抒情，充满了浓郁的儿童情趣，从不同侧面表现了人们对真诚、善良、美好愿望的追求，这些童话经改编，配以精美的画面，展开了一个绚丽多彩的童话世界。（李春芬）

I000050 **世界大作家儿童文学集萃** 韦苇选评。安徽少年儿童出版社1996年版。60万字。28.00元。精选具有世界影响的118位大作家为儿童创作的优秀儿童文学作品百余篇。每篇以作者简介、作品选与作品赏析3部分组成。（韩进）

I000051 **世界文学名著故事画窗** 忆南、夏传才编。哈尔滨出版社1996年版。50万字。800幅图。119.80元。选取世界文学名著中适于少年儿童阅读的神话故事、历史故事，采用少年儿童文学语言改编缩写后，加注汉语拼音，并配以彩色插图。全书共4册。第一册智慧篇、游历篇、宫廷篇，包括魔鞋、孟乔生记等14篇民间神话故事。第二册英雄篇，主要取自希腊神话故事，包括尤利西斯、提修斯、美杜莎等神话故事。第三册夜话篇、佳话篇，主要选取阿拉伯民间故事及英国民间故事。第四册传奇篇，有世界传奇名著，包括家喻户晓的罗宾汉。（李毅男）

I000052 **世界金奖童话库** 陈伯吹主编。河北少年儿童出版社1996年1月版。123万字。46.00元。共2册。收入世界著名中短篇童话115篇，内容涉及20个国家的著名儿童文学作家的优秀作品。在该书的选编过程中，不仅注意收入那些多年来广为流传的经典童话，还注意介绍一些鲜为人知的、优秀的童话。选编者在选编过程中，对某些作品的不同译本进行了全面的审定、比较，选择其最佳译本。每篇作品之前附上了作者简介。该书还收入了我国一些儿童文学作家的代表作和成名作。（孙秀银）

I000053 **自古英雄出少年** 上海美术电影制片厂编。山东友谊出版社1996年版。12 800幅图。118.00元。卡通连环画丛书。10册。根据上海美术电影制片厂同名百集系列动画片改编而成，成功地塑造了古今中外100位少年英雄的形象，展现了他们的聪明智慧、勇敢无畏及其高尚品德。（陶卫东）

I000054 **学生必读传世名著** 吴波主编。中国少年儿童出版社1996年3月版。174万字。98.00元。共12册：《艾丽斯漫游奇境》、《彗星到来的日子》、《格列佛游记》、《狼孩毛格力》、《哈克贝利·芬历险记》、《飞向梦幻岛》、《金银岛》、《木偶奇遇记》、《神秘岛》（上、中、下）、《鲁宾逊漂流记》，均出自世界大文豪之手笔，被欧美教育界指定为学生必读图书，这些名著以不同的创作手法开创了文学品类的先河，被尊为传世精品。（杨向荣）

I000055 **世界儿童文学精品屋丛书** 无云选编。新世纪出版社1996年6月版。65万字。126.00元。分为"世界寓言精品"、"世界童话精品"、"世界儿童诗歌"3种，共选取了42个国家较有代表性的童话寓言84篇、儿童诗歌103首，全文加注汉语拼音及彩色插图400余幅。（梁培龙）

I000056 **红蜻蜓丛书** 周伟等改编，杨慧华等绘画。中国连环画出版社1996年版。880幅图。150.00元。连环画丛书。10册。选取世界著名童话故事40则。绘画运用白描传统手法，造型突出卡通化，加强现代感，运用现代高科技电脑绘制，形象夸

张,色彩鲜艳,立体感强,想象丰富,富有童趣,印制精良。(叶曦)

中国文学

I000057 **社会主义文学艺术论** 张炯著。花山文艺出版社1996年11月版。18.5万字。18.04元。以马克思主义、毛泽东思想和邓小平理论为指导,密切结合我国文学艺术,特别是社会主义时期文学艺术发展的实践,对建设有中国特色的社会主义文艺的一系列具有重要意义的问题,如社会主义文艺的本质界定、基本特征与规律的揭示;社会主义文艺与人性、人道主义以及现实主义、现代主义的关系;社会主义文艺创作中的主旋律与多样化、民族化与现代化的统一;社会主义文艺的发展战略及其对文化建设的促进等,进行了多角度、多方位的理论探讨。该书有二大特点,一是坚持把辩证唯物主义与历史唯物主义作为研究社会主义文艺的指导思想,坚持社会主义文艺及文艺研究的人民性。作者以马克思主义的世界观、文艺观指导自己的理论研究,特别注重研究文艺发展与人民群众创造自己新生活的伟大实践的关系,努力从宏观和微观上挖掘文艺作品振奋民族精神的作用。书中总结了"五四"运动以来文艺运动的经验教训,分析了与文学创作密切有关的问题,表现了鲜明的历史意识和理论联系实践的精神,探索了贯彻"文艺为人民服务,为社会主义服务"的"二为"方针的正确途径。二是不避难点,具有鲜明的针对性、战斗性、时代性。本书探讨和总结了社会主义、主要是我国社会主义文艺发展的正反两方面的经验教训,对许多问题都提出自己的理论阐述。它不避难点,敢于创新,对当前争论较大的问题大胆发表自己的看法,对一些错误的文学观点作了旗帜鲜明的批评。其理性的思考,不仅是对当前我国文艺创作的有说服力的理论概括,也是对当前文艺思潮和文艺争论的系统回答,很有战斗性。

文学评论和研究

I000058 **中国文论选** 王运熙主编。江苏文艺出版社1996年11月版。128.00元。分近代、现代两卷,上起1840年,下迄1949年,收中国文学理论批评文章约400篇。发掘、整合中国近现代文学理论的重要文献,爬梳出中国近现代文论的系统状貌,打通近现代文论之间的关隘,将近现代文论作为一个整体的研究对象进行考察,连缀出近现代文论的有机嬗变与发展,以及中国文论由古而今的脉络,动态地显现了一百余年的近现代文论对于二千多年的古代文论的剥离过程。(朱建华)

I000059 **中古文学集团** 胡大雷著。广西师范大学出版社1996年4月版。19万字。8.20元。所谓"中古",指起于汉代,讫于隋亡,约800年时间。这一时期,文学兴旺发达,一定范围内的作家进行共同的文学创作活动,这就是文学集团。本书从集团的概念出发,对其中的文学活动,细大不捐,都作了阐述。论及集团中作家的创作旨意、动机、风格特点以及各集团的人和事,以及他们的盛衰历程等。所述及的文学集团有:鸿都门学、邺下文学集、贾谧二十四友、华林园聚会、金各园聚会、兰亭聚会、桓温文学集团、竟陵文学集团、昭明太子文学集团、裴子野文学集团、陈后主"狎客"文学集团、文林馆文学集团、晋王文学集团,等等。(桑林佳)

I000060 **中国文学故事大观(上、下)** 曹余章主编。少年儿童出版社1996年4月版。92万字。64.00元。共2册。以故事体的形式介绍中国古代文学史,上至中国文学的起源,下至清末。共收有216个单篇,如"从劳动号子说起——文学的起源"、"古奥难读的文献——最早的散文集《尚书》"、"神话色彩的史诗——《诗经》的'雅'、'颂'"、"第一个伟大的爱国诗人——屈原的生平"、"悲怆的叙事长诗——《孔雀东南飞》"、"天上下凡的'谪仙'——李白进长安"、"国破家亡的悲歌——李清照的后期词作"、"取经路上的妖魔——《西游记》的情节"、"一枝一叶总关情——郑板桥的画竹诗"、"我自横刀向天笑——谭嗣同的诗"、"投身革命的奇女子——秋瑾的革命诗歌"等等。书后附有该书介绍到的主要作家的生卒年表及主要著作。(洪祖年)

I000061 **中国古代文论教程** 彭会资编著。广西师范大学出版社1996年5月版。40.8万字。25.00元。该书特点:以讲中国古代文学理论为主,兼及与之相通的乐论、画论、书论等;论、史、评与原著选释相结合;将中国古代文论放到世界文化大背景下来审视,并采用"古今中外打通法",即进行古今联系,中外比较,以便考察中国古代文论的现实价值及其发展趋势。(肖星明)

I000062 **今评新注古典文学珍丛** 弘征主编。湖南文艺出版社1996年5月版。优秀古典文学普及丛书,选择一批已有定评的诗、词、曲选本和文言短篇小说集,用现代汉语进行评注。其体例是原作以外,分作者简介、注释、评析撰述。评注吸取了前修时贤的研究成果,采用传统的夹评夹注与现在一般通用的篇末评注相结合的方法,着重评析作品的思想内容、艺术特点、表现手法,主要注释典故史事和疑难词语,文字简约。首批10种,从1996年起推出。现已出版5种:《今评新注唐诗三百首》(清·蘅塘退士孙洙编,弘征评注,17.90元)、《今评新注宋词三百首》(上彊村民朱孝臧选编,杨光治评注,17.20元)、《今评新注元曲三百首》(任敏中、卢前选编,黄卉评注,15.90元)、《今评新注聊斋志异》(上、下册)(清·蒲松龄撰,牧惠评注,45.00元)和《今评新注搜神记》(晋·干宝撰,罗尉宣评注,17.20元)。(陈仿麟)

I000063 **阳湖文派研究** 曹虹著。中华书局1996年10月版。20.3万字。15.10元。阳湖文派是清代乾隆、嘉庆时期,以张惠言、恽敬等常州(阳湖)文人为代表的,与桐城派相抗衡的一个散文作家流派。本书为一部对阳湖文派作全面研究的著作。全书分3大部分,"绪论"论述阳湖文派得名由来,"总论"着重从地域文化特点出发,总体阐述阳湖文派的理论与创作,"分论"对张惠言、恽敬、李兆洛等主要作家作个案剖析,最后综论其在文学史上的地位。全书较清晰地呈现了阳湖文派的肌理与走势。书目附录《阳湖文派主要作家简谱》,便于读者对阳湖文派及清初文学状况作总体的关照。本书为《中国传统文化研究丛书》第一辑中的一种。(徐俊)

I000064 **唐代文学研究(第六辑)** 傅璇琮主编。广西师范大学出版社1996年9月版。69.9万字。35.00元(平),40.00元(精)。中国唐代文学学会第七届年会暨唐代文学国际学术讨论会论文结集,收入57篇论文。其中部分论文就浙东山水与文学的关系、唐诗与越中山水、唐人越中山水诗美学和社会的内涵、浙东籍诗人研究等专题进行了探讨;多数论文仍以多样的研究方法,从各个角度对唐代文学作了有价值的研究。(肖星明)

I000065 **魏晋南北朝文论全编** 穆克宏、郭丹编。江苏教育出版社1996年12月版。44.2万字。29.10元。精选魏晋南北朝时期有影响的50家、计200余篇文论作品。其中,既有钟嵘的《诗品》、刘勰的《文心雕龙》等文学理论专著,又有曹丕的《典论·论文》、曹植的《与杨德祖书》、应玚的《文质论》、陆机的《文赋》、挚虞的《文章流别论》、李充的《翰林论》、裴子野的《雕虫论》等单篇文学论文,同时还从葛洪的《抱朴子》、刘义庆的《世说新语》、颜之推的《颜氏家训》等著作中,选录了有一定文学理论和批评价值的作品。全书的编写体例是按作者的生卒年为序排列。每位入选的作者,皆有生平简介;每部入选的专书,不论节录与否,皆有内容简介。而每篇入选的文论作品,则分说明、原文、注释3部分。说明扼要介绍主要观点和内容,原文指明所据版本,注释则深入浅出地解释疑难字句和名物典故。(王许林)

I000066 **唐代文学研究年鉴(1993～1994、1995～1996)** 霍松林、傅璇琮编。广西师范大学出版社1996年版。75.1万字。17.00元(平),22.00元(精)[1993～1994],24.00(平),29.00(精)[1995～1996]。栏目有:唐代文学本年记事、专载,唐代文学本年研究情况综述、本年论文摘要、新书选评、研究与整理、问题讨论综述、港台及海外研究动态、索引目录。(肖星明)

I000067 **文心雕龙辞典** 周振甫主编。中华书局1996年8月版。79.9万字。52.00元。阅读与研究《文心雕龙》的一部综合性工具书,内容包括:提供最早版本的详尽校勘,即以元至正本为底本,校以敦煌遗书之残卷及宋本《太平御览》所引之文,并参照今人各家校释,可供研究者参证。设有《难字及词句释》,此项不同于一般性释难字,并词句之用典也加注明。设有《术语及近术语释》,指出术语的命意,并分析辨证理论的来龙去脉及成就与不足之处。设有《作家释》、《作品释》,结合原文对所论作家作品一一注释;刘勰所评如有不当的,也加指正。此外,从学术研究角度,设有《专论与专著介绍》、《各家争论说介绍》,并附有《文心雕龙序跋》、《文心雕龙版本叙录》。(孙通海)

I000068 **中华文学五千年** 副名:近现代文学部分。侯会著。中国青年出版社1996年1月版。21万字。11.90元。文学知识普及读物。《中华文学五千年》的续篇,介绍的是中国近代、现代文坛上的优秀作家、作品。它仍以爷爷给孙儿讲故事的形式,只是放在寒假里,分25天(即25讲)进行讲述。近现代是中国文学走向新时代、与世界文学碰撞接轨的重要时期,文学成就多彩而辉煌。从这部内容丰富、形式活泼的书中,读者不仅能较全面地了解此期的文学成就,而且能更完整地领略中华五千年文学的丰采。(岳凤翔)

I000069 **中国现代文学批评史** 许道明著。江苏文艺出版社1996年1月版。37万字。18.00元。作者将中国现代文学批评大体划分为3个时期:理性时期(1917—1925)、综合时期(1925—1942)、权威时期(1942—1949)。三个时期的起讫与中国现代史并不同步,也不类于一般现代文学史的分划,明显有其特殊的标志。作者对中国现代文学批评进行了史的爬梳整理。认为中国现代文学批评的历史,以反思近代文学批评并突破其传统格局开始其学术生命,走上了现代化的道路;而中国社会的特点和民族文化心理背景的力量又赋予现代批评以特殊个性。自《新青年》杂志倡导文学革命始,至1949年,中国新文学运动走过了由文学革命到革命文学、马克思主义文艺理论的译介、俄国革命民主主义文学理论遗产的引入、对"民族主义文学运动"的批判、关于"第三种人"的论辩、引进苏联现实主义文学理论、"与抗战无关"论、"战国"派的论辩、关于民族形式问题的讨论、解放区文学产生的历程,显示了中国马克思主义文论发生、发展的轨迹。(朱建华)

I000070 **巴金书话** 姜德明主编,纪申选编。北京出版社1996年10月版。35万字。16.00元。共6辑。第一辑收有巴金的有关中外名著的书话;第二辑收作家为自己的书写的序、跋等;第三辑是巴金在编刊时与读者的一些交流性文章;第四辑主要是作家为介绍他人的书所写的序言与后记;第五辑是作家译介外国作品的感受与心声;第六辑重点收了作家所撰写的书刊广告词。(龙杰)

I000071 **沈从文创作新论** 黄献文著。华中理工大学出版社1996年4月版。12万字。6.00元。作者从美学、民俗学、心理学、哲学等角度,对沈从文创作的方方面面作了认真的考察和研究。许多问题是以前的研究者较少涉猎或根本不曾涉猎过的;有些问题虽已有人论及,但作者力求从新的角度去审视,敢发独论新声而不落窠臼,故具有相当的说服力和新鲜感。(陈晓娟)

I000072 **郁达夫文献研究丛书** 郭文友编。四川人民出版社1996年11月版。300万字。178.00元。郁达夫是五四新文学运动一位杰出的代表人物,是著名新文学团体创造社的主要发起人之一。1945年8月29日,郁达夫在苏门答腊被日本宪兵秘密杀害。1951年12月,经中央人民政府批准,追认为革命烈士。郁达夫清新的笔调,在中国枯槁的社会里面好像吹来了一股春风,立刻吹醒了当时的无数青年的心。他那大胆的自我暴露,对于深藏在千万年的背甲里面的士大夫的虚伪,完全是一种暴风雨式的闪击,把一些假道学,假才子们震惊得至于狂怒了。郁达夫的散文,如行云流水,时映霞蔚;他的日记文学创作,在中国新文学史上,向为人所称道;他浪漫、曲折、丰富多彩而又尽皆悲剧的婚恋史,向为人所乐道。本丛书共6册,即《千秋饮恨——郁达夫年谱长编》、《杨花如雪雪如烟——郁达夫情史》、《富春江上神仙女——郁达夫日记九种注》、《此恨绵绵无绝期——郁达夫爱情书简》、《她是一个弱女子——郁达夫中篇小说集》、《感伤的行旅——郁达夫游记全集》。

I000073 **三毛传奇** 张瑞德、陈爰璞著。广东人民出版社1996年10月版。24万字。20.00元。以温馨真挚的语调记述了三毛短暂的充满传奇色彩的生平,忠实再现了三毛的世界、三毛作品及为人的神采风貌。该书由4大部分构成。第一部分《走过红尘》,介绍了三毛不长的人生历程,从中可见"问题孩子"如何"穿越雨季",如何拥有"不灭的爱"而"聚散两依依",少年时曾自闭7年的三毛日后如何成了"万水千山走遍"的旅行家,她"永远的爱好"是什么,为什么又"去也匆匆"?第二部分《激扬文字》,包括"神奇的数字"、"多种体裁的作品"、"诗与真的融合"和"不着痕迹的飞行"4章,概括了三毛作品内容、文体和艺术特性,将作品与人生融为一体的三毛,整体呈现在读者的面前。第三部分《语词深处》,作者以《此爱绵绵无绝期》、《相逢何必曾相识》、《人性光辉堪赞美》和《青鸟不到伊独去》4章,综合解析了三毛充满了真情实感的自传体作品,使人充分领略到三毛独特的语言和不事雕琢的文笔。第四部分为附录,收录了台湾作家访问、评论、追忆三毛的文章,便于读者对真实的三毛有更深入全面的了解。(董真)

I000074 **古龙传奇** 费勇、钟晓毅著。广东人民出版社1996年1月版。30万字。20.00元。人物传记与文学评论相结合,寓评于介的作品。由4大部分组成。第一部分《酒·色·剑》,介绍了古龙的生平,他的成长,他的为人,他的故事,他心灵的隐秘和浪漫的情史。淋漓尽致活现了这位英年早逝的天才的音容笑貌,让读者听到了我们时代最后一名浪子独一无二的声音。第二部分为《作品奇观》,作者概括性地论述了古龙上百部作品的特殊风貌,他奇特诡异的故事情节格调,奇崛感性的文体文风,神秘美丽的男角女角,从而领略到古龙特有的扑朔迷离的江湖恩怨、侠骨豪情,显露出他的惊天才华和浪子情怀。第三部分具体评介了古龙4部代表作:《多情剑客无情剑》、《楚留香传奇》、《陆小凤传奇》、《绝代双骄》。作者将古龙笔下匪夷所思的故事和名动天下的英雄侠客透彻地揭示剖析一番,有助读者更深入地了解古龙的作品和人品。第四部分为附录,内容包括古龙自序及其小说中的精彩妙论,还收录了武侠评

论家对古龙的评论。(董真)

I000075 **用笔思想的作家——王蒙** 夏冠洲著。新疆大学出版社 1996 年 3 月版。23 万字。15.00 元。分作家论和小说创作论两编，分别对王蒙的创作道路、文学地位、创作心理、与中外文化之关系、小说观念和小说创作成就，特别是对王蒙与新疆的特殊关系和其新疆题材创作思想艺术等方面作了分析研究，并有较大的突破性进展，不少论点曾以论文形式发表。(墨愚)

I000076 **刘心武张颐武对话录** 刘心武、张颐武著。漓江出版社 1996 年 7 月版。17.2 万字。7.50 元。对话者分析了 90 年代中国文化语境的新异变化，并作出了市民社会及其文化需求正在日益成熟的判断；同时也对"文革"结束以来各种文化与文学思潮作了一次相对清晰的疏理，对人文精神、后国学、新神学等思潮作了一定的分析。在此基础上提出了宽容与彼此沟通的主张，提出运用理性对当前种种现象进行冷静分析的思路。他们明确反对独断、敌意和拒绝，反对文化冒险主义思潮。(刘春荣)

I000077 **张爱玲传奇** 费勇著。广东人民出版社 1996 年 10 月版。24 万字。20.00 元。以人性的立场和学术的态度，将张爱玲置于广阔的背景之中，立体地呈现了她的生平与创作。本书由 4 部分有机组成。第一部分《神秘与平凡》，用客观感性的笔触记述了张爱玲的一生，包括"落寞"、"不安"、"放恣"、"低徊"、"飘零"与"恒常"6 章。第二部分《细腻与深邃》，包括"荒凉"、"写真"和"质感"3 章，总体介绍了张爱玲小说的风貌，诠释了张爱玲文字世界的特征，揭示了其中所潜隐着的魅力。第三部分具体评介了张爱玲几部最有特色的小说：心的深渊——《金锁记》，情与色——《红玫瑰与白玫瑰》，乱世情缘——《倾城之恋》，时代与人——《秧歌》。作者深刻分析了张爱玲小说冷漠荒凉的本质和隐含的内容，论述了张爱玲对时代人生独到的感悟，对人性丑恶冷静透彻的描摹，犀利的潮讽。第四部分附录了《苏青张爱玲对谈录》，海外学者论张爱玲的作品，以及张爱玲文学年表，有助读者对张爱玲其人和作品有更加完整的了解。(董真)

I000078 **金庸传奇** 费勇、钟晓毅著。广东人民出版社 1996 年 1 月版。30 万字。20.00 元。人物传记与文学评论相结合，寓评于介的作品。由 4 个部分组成。第一部分是《传奇人生》，介绍了金庸跌宕起伏的人生历程。从金庸的家世、门第、求学经过讲起，描述了金庸如何闯荡香江，创立明报王国，成就一代报业大亨，又如何创作武侠小说，凭一支生花妙笔成为中国五千年来第一位靠写作致富的文人。从中可以看到生活中的金庸是怎样的人，可以触摸到金庸的心灵深处和情感世界，感受到他的侠义平生和家国情怀。第二部分为《笔下世界》，全面介绍了金庸作品的内涵、特点及功力，从中能窥见金庸笔下多姿多彩、引人入胜的武侠世界。第三部分具体评介了金庸 4 部代表作：《射雕英雄传》、《神雕侠侣》、《侠客行》、《鹿鼎记》。作者透过对这些作品独到的评论分析，进一步凸现了金庸的思想才情和人生观。第四部分为附录，收集了海内外学者与金庸的谈话、访问记，金庸作品的学术研讨及文学评论，有助读者更深刻地理解金庸的创作意图及其作品中的玄机。(董真)

I000079 **梁羽生传奇** 费勇、钟晓毅著。广东人民出版社 1996 年 1 月版。30 万字。20.00 元。人物传记与文学评论相结合，寓评于介的作品。分 4 大部分。第一部分为《名士风流》，介绍了少年词人梁羽生出生于战乱年代，自幼浸润于古典诗词之中，倍受传统文化熏陶，从一名具有强烈爱国心的青年知识分子，误闯武林，成为新派武侠小说的开山鼻祖，引出了本世纪最壮观的文化景致——武侠热。第二部分为《文字天地》，通过"侠"、"史"、"诗"、"情"4 章，充分显示了梁羽生侠派正宗的家国情怀和深厚的文学功底，如何寓诗词歌赋于刀光剑影之中，剑气箫心力透纸背，他的江湖风云侠客梦开创了现代武林先河。第三部分具体评介了梁羽生的 4 部代表作：《白发魔女传》、《萍踪侠影录》、《云海玉弓缘》、《七剑下天山》。作者在分析梁羽生作品时旁征博引，对他作品的侠义、史实、典雅、纯情、诗意的特点给予了充分的论证。第四部分为附录，收录了梁羽生本人评论武侠小说的文章，以及文学名家访问梁羽生，研讨其作品的评论，有助读者更全面了解梁羽生作品的风格及含意。(董真)

I000080 **当代中国作家自况体丛书** 刘敦主编。沈阳出版社 1996 年 1 月版。77 万字。54.60 元。该丛书已出两辑，第一辑收有：《一种诞生·梅洁卷》《迷惘的春天·廖华歌卷》《人在深圳·李兰妮卷》《边走边唱·吕锦华卷》。第二辑有：《不想说的故事·石楠卷》《求道者的悲歌·王英琦卷》《没有翅膀的飞翔·蔡秀文卷》。以上几位作家均系女性作者，她们分别以娓婉清新的语调讲述了各自的身世。她们以女性的柔情对待男人、女人及这个世界，而各自作品又具鲜明特色：梅洁用充满情感的诗样语言，讲述了一个与共和国一同成长的女人经历；李兰妮以特别的动感组合了她整个的作品，吕锦华以江南女子特有的柔情似水般的笔调描绘了一幅江南姑苏城乡的山水画；而廖华歌则以中原女人特殊的豪爽，给人以一杯浓香烈酒的感觉。第二辑中的石楠以近乎悲愤的笔调讲述了自己从事文学道路的艰辛；王英琦则向读者讲述了自己几年内的心灵世界；而深圳作者蔡秀文则以自己略有传奇的经历讲述了一个文学追求者成功的道路。(潘晓翊)

各体文学评论和研究

I000081　**明代诗文的演变**　陈书录著。江苏教育出版社 1996 年 11 月版。56 万字。30.60 元。对明代诗文创作与理论批评作交叉研究的著作。分为《轨迹篇》、《特征篇》、《动因篇》等 3 大部分，凡 16 章，另有《序论》和《结束语》。《轨迹篇》对明初各派、台阁体、茶陵派、吴中派、前七子、唐宋派、后七子、公安派、竟陵派、明末诸家及遗民诗文等作纵向考察，探究明代诗文作家、批评家文化心态和审美心态演进的规律。《特征篇》侧重考察明代诗文创作与理论批评交叉演进过程中所呈现出来的主要特征：理性的衰减与格调、情感的偏胜；群体的自守与群体的自省；意象的批评与意象的创造；审美观照中的超悟与审美创造中的禅趣。《动因篇》从多角度探究明代诗文创作与理论批评交叉演进中审美心态的形成或审美意识衰减的外部动因，诸如民族文化心态的复归与重塑；哲学上实践意识的强化与渗透；朝廷的政策导向与文士的价值取向；庙堂文化以及区域文化的影响等。本书十分注重研究方法上的突破，力求文学史与文化史并举，创作与理论交叉，考据与批评互补，微观与宏观结合，审美体验与审美思辨同步，尤其是以文学创作与理论批评的交叉研究为突破的关键，努力寻找贴近历史真实与更新研究视角之间的契合点。(陈书录)

I000082　**中国诗学思想史**　萧华荣著。华东师范大学出版社 1996 年 4 月版。33 万字。21.40 元。阐述以诗学思想为线索的中国文学思想史的专著。上起春秋时期，下至清末，时间跨度长，且将传统诗学思想与一般文化学术思想结合起来，即以中国传统文化学术思想的变迁为背景研究传统的诗学思想的变迁。作者指出，先秦诸子、汉代经学、六朝玄学、唐代三教合一、宋代理学、明代心学、清代实学等，乃至近世西学，都对诗学思想产生过重大影响。作者力求融会贯通各个时代文化学习思想与诗学思想的精神实质，力求从历史的与逻辑的统一上论述中国传统诗学思想的发展变迁。全书严格按时间顺序展开论述。分上、下两篇，上篇的大致特点为“情礼冲突”，下篇的大致特点为“情理冲突”，相当概括地描述了中国传统诗学的前后不同特点。(姜汉椿)

I000083　**中国游仙诗概论**　熊晓燕著。山西人民出版社 1996 年 11 月版。14.5 万字。9.80 元。系统介绍中国游仙诗发展历史的专著。详细论述了游仙诗自先秦汉代萌芽到屈原第一首游仙诗直至清代结束所经过的孳生、繁荣、鼎盛、衰落的曲折过程。充分阐述了各朝代各时期游仙诗的风格和特点以及重点介绍和评介了各时期著名诗人的游仙诗诗作。(周红)

I000084　**中国辞赋发展史**　郭维森、许结著。江苏教育出版社 1996 年 8 月版。68 万字。49.20 元。论述中国辞赋发展的通史。依据辞赋艺术发展规律，作者划分赋史为 7 大阶段：一、肇始化成的先秦汉初辞赋；二、光大鼎盛的西汉中至东汉末辞赋；三、拓境凝情的魏晋南北朝辞赋；四、蓄流演渡的唐五代辞赋；五、仿汉新变的宋金辞赋；六、仿唐蜕化的元明辞赋；七、形胜旨微的清代辞赋。书首冠以《总论》，探讨了“辞赋渊源与异同”、“辞赋发展与衍变”、“辞赋艺术与批评”3 大问题，为二千余年辞赋历史研究的立言基础和理论提摄。在每一史段的论析前，又冠以《绪论》明其要旨，使论者史观得以清晰展示。本书最基本的观点是从文体史的角度去研究辞赋，真正把握辞赋艺术自身的发展轨迹与审美特质，所以鲜明地反对历史上“以诗代赋”的批评观念，而是通过辞赋艺术的铺陈描绘、兼表才学与结构审美诸特征，建立起自己的批评体系。在宏观展示辞赋史风貌的同时，注重发掘辞赋文学资源，书中诸如“魏晋玄言赋”、“唐代科技赋”、“试帖赋与赋谱赋话”、“清代疆域赋”、“鸦片战争、甲午战争赋”等专题研究，填补了学术史研究的空白。(许结)

I000085　**古典诗词名篇正解**　雷正翼著。学林出版社 1996 年 6 月版。35 万字。22.00 元。选取先秦至唐宋的古典著名诗词中有争议的作品 70 篇，先注释，再赏析，后考辨。考辨是重点，尤见功力。作者详列前人有争议的观点，然后条分缕析，指出其错讹或不足之处，提出自己认为正确的解释，故谓“正解”。虽说前人有“诗无达诂”之说，但作者知人论世，以意逆志，确认符合诗词作者原意的解释应只有一种。(雷群明)

I000086　**史诗《江格尔》探渊**　贾木查著。新疆人民出版社 1996 年 10 月版。24 万字。35.00 元。系统、全面、科学地研究《江格尔》的专著。作者运用历史学、人类学等多学科理论和研究方法，对世界著名蒙古族史诗《江格尔》近二百年的国际研究史上未解决的症结：主人公江格尔名字的解释，《江格尔》体裁、变体、源流、产生年代等问题进行诠释。将江格尔的原指含义考订为以成吉思汗为代表的群体形象，“江格尔”一词是史诗主人公和史诗名称的合一，其故事情节同成吉思汗的业绩相符合。认为《江格尔》既非作家写的古典诗或壮士歌，也非民间艺人随便说唱的荒诞不经的虚幻故事，而是一部涉及蒙古帝国史、元朝史和中亚史等重要历史事件的英雄史诗，13 世纪蒙古帝国的兴盛是《江格尔》产生的历史背景。（路琳）

I000087 **乐府诗述论** 王运熙著。上海古籍出版社 1996 年 6 月版。30 万字。26.20 元。作者自 40 年代以来，长期潜心研究汉魏六朝乐府诗成果的结集，由上编《六朝乐府与民歌》（古典文学出版社 1957 年版）、中编《乐府诗论丛》（中华书局上海编辑所 1962 年版）和下编《乐府诗再论》3 部分组成。研究范围具体涉及探讨汉魏六朝乐府诗产生的地域、时代、在当时的作用和对后代的影响，考辨具体作家作品的生平本事，以及论述乐府诗在送和声、谐音双关语等方面所显示的特点等内容，重点在于汉魏相和歌辞、六朝清商曲辞。其中上编收论文 7 篇，中编 11 篇，下编 13 篇。下编是新集成的，除少数为四、五十年代的旧作外，大部分是 1976 年后所作，集中了作者在这一研究领域内的最新见解。附 1 篇介绍研究情况及体会的文章，坦露了治学的艰辛和收获的喜悦。（曹明纲）

I000088 **李白全集校注汇释集评** 詹锳主编。百花文艺出版社 1996 年 12 月版。340 万字。480.00 元。以宋蜀本《李太白文集》为底本，对以往版本中的失校与误校之处，给予补充和订正。校记不仅罗列异文，并且评判是非，指出何者为胜。注释部分，广搜博征，汇集自宋以来诸家之说，择善而从，且有许多不同于以前注本的地方。如对地理沿革，引权威典籍，并标明今属何处；草木鸟兽亦用今日的称谓加以说明。注释中，还特别指明李白诗句的来历，以见李白善于将许多古代诗文化用到自己的创作中。对诗中有关的佛教思想、道教意识，都查阅了《大藏经》、《道藏》资料，作了科学的解说。该书的集评、备考兼收并蓄。集评部分收录了自宋以来各家对李白诗所作的品评，有的是从海内孤本中录取的，如河北大学图书馆所藏《严羽评本李太白集》，几乎每篇诗的天头上都有眉批，这些批词为明朝末年人所写，多论李诗工拙，对鉴赏李白作品很有启示性，而它从未流传，极少为人所知，现本书全部照录。备考部分本着“片善不遗”的精神，吸收了近些年来各家研究李白诗的成果，对古人一些错误的看法，为保存资料，也列入其中。（曾永辰）

I000089 **宋元诗社研究论稿** 欧阳光著。广东高等教育出版社 1996 年 9 月版。20 万字。20.00 元。“广东中华文化王季思学术基金丛书”之一。书中列举大量个例，以说明诗社活动与诗歌流派的关系。这种关系首先表现在诗歌流派的形成与文人交游唱和的风气有密切关系，而诗社活动本质上说，即是文人交游唱和的一种形式。诗社活动较之一般的交游唱和更具组织性，更有规律性，其成员之间的联系也更为紧密。因此，极易达致美学主张的趋同，从而对诗歌流派的形成及壮大起催化和促进作用。本书还从诗社之结社形式及其活动方式等方面，对诗社活动与诗歌流派的关系加以考察。作者指出，首先，诗社活动的发起人即组织者一般多为在文学或政治上有成就和影响；诗社的参加者具有比较自觉的尊崇和服从意识。其次，唱和、品第、标榜这些常见的诗社活动形式，也有利于诗社扩大影响，蔚成风气，从而对流派形成与壮大，发挥积极作用。最后，诗社活动中所采用的竞赛评比方法，也有利于活跃创作，统一诗风，扩大影响。全书分上下编，分别为“宋元诗社研究”、“宋元诗社丛稿”。（吴海燕）

I000090 **季节轮换** 李振声著。学林出版社 1996 年 1 月版。17.6 万字。11.00 元。“火凤凰新批评文丛”第二辑之一。大自然季节的轮换，人类一开始就习以为常。而落实到某些意识形态领域，“轮换”往往是富有刺激意味的事。“第三代诗”已构成中国 80 年代中期至 90 年代初一段感性历史不可忽略的部分，它在诘难声中突起，又在声名鹊起时，渐渐渡向更高的层次。文学批评注定要担起人类感性和情绪记忆以及不断反刍和回味这种记忆的职责，因而重塑第三代诗的流程，仔细探讨一种诗学趣味的产生、形成，以及几经流变所需要的内在原因和外部条件，就成为当仁不让的份内事。作者意在对“第三代诗”在精神、心理和感知方式上所表现出来的应变能力和承受能力的研究，既为中国当代历史提供一份见证，又能为人们理解这段历史中的社会和个人的想象感知方式提供一种角度。（曹坚平）

I000091 **诗人闻一多的世界** 唐鸿棣著。学林出版社 1996 年 10 月版。20.8 万字。14.50 元。探讨了包括《红烛》、《死水》在内的闻一多全部诗歌创作的轨迹与成就;闻一多的"三美"为核心的诗论体系;闻一多复杂的艺术观与美学思想;闻一多在沟通中西文化以构建民族新诗方面的开阔思想;闻一多在复杂的政治与文化背景下,在精神道路上的寻求……作者把眼光放到了与研究对象相应的开阔视点上,对于一些复杂的问题作出了客观的评析,对已经开辟的一些领域作了新的垦植,对不同的学术见解作了自己的辨识。特别详细论述了闻一多的"充满现代意识的文化性格",指出了他卓越的开放意识,在使异质文化中国化,寻觅和重铸民族性格,改造自身的文化性格等方面,提出了一些新鲜的见解。(许钧伟)

I000092 **《诗经》引论** 滕志贤著。江苏教育出版社 1996 年 12 月版。21.96 万字。12.20 元。普及性和学术性兼顾、资料性和实用性融为一体的专著。在研究的方向和内容上,突破了长期以来或偏重于经学研究、或偏重于文学赏析的习惯,而从精读原著入手,分析《诗经》难读的原因,主要在语言古奥和诗旨难明两端;而诗旨的探寻研核,又离不开训诂研究的深入。所以,本书的总体格局以阐发《诗经》语言特点为主,讨论《诗经》基本问题为辅,从而构成独特的内容取舍和论述详略。全书共 9 章,主要涉及 3 方面内容:一是《诗经》的基本问题,包括《诗经》的创作时代、采集地域、文化价值、表现手法等;二是《诗经》的语言特点,包括《诗经》的章法、句法、字法、韵律等;三是《诗经》的研读方法,包括传统方法的历史回顾和个人独到的研习体会,其中尤以语言问题为重点,所占比重亦最大。作者研究《诗经》的语言特点,没有采取传统做法,作一般的语言训释和静态描述,而是着重阐发《诗经》语言与古代散文语言的不同之处,并且列举实例,剖析因不明《诗经》语言的特殊性而引发的种种误解,以此帮助读者克服常见的语言障碍。(王许林)

I000093 **诗经要籍解题** 蒋见元、朱杰人著。上海古籍出版社 1996 年 9 月版。16.6 万字。13.40 元。《诗经》学研究著作。著录自汉迄今,包括海外的 63 种有代表性的诗经研究书目,一一介绍其体例、主要内容、特色、影响及版本情况,涉及《诗经》解旨、训诂、音韵、考证、创作方法、鉴赏、翻译以及"汉学""宋学"等经学源流的诸多方面。从而为《诗经》学的历史发展勾画出大体的轮廓。书后附有《历代诗经研究书目》,著录传世书目 800 余种。(史良昭)

I000094 **春秋诗话·退庵诗话** 毛庆耆、覃召文点校。广东高等教育出版社 1996 年 9 月版。24.3 万字。26.80 元。辑入清人两部诗论著作。《春秋诗话》是一部与传统诗话大异其趣的诗话。作者将《左传》所引诗,分类汇集,从儒家教化方面加以点评发挥,颇得发微索隐之功效。点校者以道光伍氏重刻本为底本,参以《四部备要》本《左传》、杨伯峻《春秋左传注》,点逗稳妥,勘校精细,并在前言对作者劳孝舆的生平进行深入的考证,对其诗话的价值作了公正的评价。《退庵诗话》是清嘉道年间一部颇有影响的诗学论著,点校者以光绪九年刊本中山大学图书馆藏本为底本,参校他本,校正错讹,并在前言论述作者何曰愈的诗歌主张和诗论核心,对其《退庵诗话》的理论价值和史料价值作了恰当的评价。收入"岭南丛书·岭南诗话汇编"。(何业光)

I000095 **格学散论** 赵秉理著。甘肃民族出版社 1996 年 12 月版。30 万字。35.00 元。"格学"即"格萨尔学",以我国藏族人民的长篇英雄史诗、也是世界最长的英雄史诗《格萨尔王传》为研究对象,是我国少数民族文学和史诗研究领域的"显学"。全书共 7 章,其中前 5 章实际上是作者关于格萨尔研究的 5 篇论文,分别涉及史诗基本理论、《格萨尔》的族属、《格萨尔》的战争观、藏族《格萨尔》和蒙古族《格斯尔》的关系、《格萨尔》学的体系等问题,观点平实,加上第六章"马克思、恩格斯论史诗",其最大特点在于对基本史诗理论和学科建设的介绍。而本书最大贡献则是作为第七章的"历代格学研究论著索引"。"索引"凡 83 000 余字,作者搜集到了自公元 7 世纪以来所能见到的有关格萨尔研究的典籍、论著、论文、文稿等的名称及流传、刊登、出版、发表情况,分门别类列出,成为《格萨尔》目录学的奠基之作。(王跃)

I000096 **离骚校诂** 战国·屈原撰,黄灵庚校诂。中州古籍出版社 1996 年 5 月版。78 万字。80.00 元。从文字训诂入手,在编排上二言为一句,二句为一韵,计立 193 句,训诂辞目 730 余条。每句之下首校雠,次训诂,次章句;每韵之下则考订古韵古音;每节,每章,每段之下,则讨论其大义之所在。引证资料全面系统,丰富翔实,纠谬厘正,饶有新意。以首句为例,先考校"裔"字各版本之异;又考订"帝"、"高阳"、"苗裔"、"兮"、"朕"、"皇考"、"佰庸"各字词的古今异说,从造字法,探其原委,考核语根,究其所以然;最后释义。释义部分多综合宗教、神话、民俗、史学、美学、地学、心理精神学诸科考研之,于深层中发掘文字新义，其中多有精辟之见。考订古韵以先秦古音为准。从而对《离骚》的研究由单一平面为综合立体研究，具有较高的学术价值。正文以明汲古阁刊印宋洪兴祖《楚辞补注》本为底本，与敦煌旧钞本隋僧知骞《楚辞音》残卷、日本国藏唐写本陆善经《文选集注列卷》、上海涵芬楼藏宋本六臣注、宋尤袤淳熙本唐李善注《文选》、宋端平本朱熹《楚辞集注》、上海文瑞楼据南陵徐氏抚宋本石印宋钱杲之《离骚集校》相校。（孙宝瑞）

I000097 **唐诗史** 杨世明著。重庆出版社 1996 年 10 月版。47.9 万字。33.50 元。全书纵观有唐 300 年唐诗的分期、流变，横向研究各时期各诗派作品的优劣长短，风格色彩。全书以虚带实，以实为主，虚实结合，因此给人的结论是明白晓畅，事实胜于雄辩的。对唐诗的分期，作者兼顾传统，但又不拘泥习见，独到之处甚多。从作者附录诗人别称、传记资料索引所涉及的唐代诗人 100 多位，涉猎传记资料 560 部，足见作者研究问题的深度和广度。全书高屋建瓴，起点甚高。从唐自近现代和当代，随处可见具有权威性的论证和引证。特别是闻一多先生对唐诗的诸多卓越见解，十分引人注目。（余国枢）

I000098 **唐诗学史述论** 黄炳辉著。鹭江出版社 1996 年 2 月版。30.1 万字。17.80 元。搜集了大量唐诗编选、评论、研究的资料，叙述和评论了历代唐诗学，并且就唐人的声律说、意境说、创作论、风格论，做了专题研究，从而构成一部系统的学术著作，其中既吸取了已有的研究成果，又有作者独到的见解，并对唐诗学的性质、发展走向进行了阐述。（王聪文）

I000099 **唐诗新论** 蒋长栋著。湖南文艺出版社 1996 年 5 月版。18.6 万字。8.90 元。包括“风骨论”、“兴寄论”、“写意论”、“缘情论”、“声律论”、“章法论”、“兴象论”、“气象论”、“体式论”、“源起论”和“流别论”，凡 13 章，对有唐一代之诗做了全方位、多视角的宏观理论研究，从内容到形式进行了科学的梳理，对唐诗的内容质素、艺术质素以及由这两种质素的组合和嬗变而形成的唐诗的整体风貌、演变规律、渊源流别，做了大胆而有益的探索。既广采博纳古今贤彦的研究成果，尤其是吸取改革开放以来唐诗研究的新成果，也融汇入作者几十年唐诗教学与研究的心得体会。如作者从社会、生活、政治、经济、思想、作家等方面，深入考察了人格（包括个体人格和群体人格）与诗歌内容的密切关系后，提出了唐诗的内容质素循着由盛唐的“风骨”到中唐的“兴寄”、“写意”，再到晚唐的“缘情”的路线演变的观点等，发人所未言，颇具理论胆识和学术眼光。（陈仿麟）

I000100 **龚自珍诗艺发微** 吕芃著。山东大学出版社 1996 年 11 月版。33.2 万字。16.00 元。“山东大学中国古代文学博士论文丛书”之一，全面论述晚清大诗人龚自珍诗歌艺术的著作。龚自珍的文学成就，主要表现在诗歌创作方面。然而，以往的研究多是揭示其表现的思想内涵，而于艺术性方面却失之于肤廓，缺乏坚实而细致的研究分析，远不足以显示龚诗的独特品格及其在中国诗歌史上的革新意义。本书融合中西文学批评理论，着重从意象、隐喻、象征、寓言 4 个方面，对龚自珍诗歌的艺术表现手法进行考察、分析，从而开掘其文体内外层次风格特征和历史文化意蕴。由于作者强调的是对龚诗文本的分析和把握，偏重诗歌本体内外形式因素的特征；因而题为“诗艺发微”。这样的研究之所以可取，正在于超越了囫囵感悟式的诗歌批评的窠臼，从而切实地揭示出龚诗中的许多前人所未曾发现或约略言及而语焉不详的具体细微的特征；揭示出龚自珍诗歌在中国诗歌史上的革新意义。（周广璜）

I000101 **野诗闲话** 应化雨、王硕卿著。山西人民出版社 1996 年 11 月版。25 万字。15.00 元。我国是一个诗的黄金国度，千百年来，除了在诗歌的“大雅之堂”——正体诗歌之外，还有着一个十分广阔的诗歌的天地，这就是“野诗”。之所以称野诗，是因为：一、这个天地里的诗，与被正统诗派们称之为“野路诗”的明代公安派诗有不少相似之处，不拘格套，通俗明畅、质朴淳真、富于情趣；二、这些诗往往都连着一些故事，或流传于民间百姓之口，或散见于历代诸家的笔记小说、野史、野录以及一些诗话之中；三、取“文野”相对之意，简称为“野诗”。本书所收录的野诗，共有 300 余首，每首诗都结合原意、故事，作了诠译与发挥，独立成篇。每一篇都为优美清逸的杂文，既有思想性，又有趣味性、艺术性。特别是在思想性和趣味性方面，或激浊扬清，或针砭讽喻，使人在轻松的阅读中感受到深刻的启迪。（侯浩天）

I000102 **唐诗与中国文化丛书** 陶文鹏、林继中等著。漓江出版社 1996 年 5 月版。71.6 万字。38.00元。学术小品丛书，包括《唐诗与庄园文化》（林继中）、《唐诗与音乐》（朱易安）、《唐诗与绘画》（陶文鹏）、《唐诗与舞蹈》（张明非）、《唐诗与科举》（陈飞）、《唐诗与道教》（黄世中）6 本。对唐诗与中国传统文化方方面面的关联进行了深入浅出的探讨。丛书每本一般分成几个专题，设章进行探讨，在材料上选取几个典型诗人的作品进行重点分析，另外又兼顾唐诗本身的纵向发展线索。其中有对唐诗艺术发展的描画，也有对某种文化因素的精要勾沉，更着重于描述传统文化影子与唐诗相互影响的线条。（刘春荣）

I000103　**唐诗艺术技巧分类辞典**　宋绪连等主编。中国人民大学出版社1996年11月版。142万字。65.00元。采用分类编排的方式，共收唐诗艺术技巧483条，分别隶属于13类，即：立意切题、谋篇布局、抒情写景、体物叙事、议论寄讽、构象炼境、虚实相生、相反相成、出新见奇、修辞用韵、直陈曲致、拟喻托兴、风格韵致。以艺术技巧为单位，每个单位包括艺术技巧条目、依据、诗例、解析4项内容。艺术技巧条目是从有关唐诗评论（点）资料中提炼出来的；依据是提炼条目的根据，即古人、近人对唐诗的具体评论（点），评论文字之后，注明其出处；诗例一项录出体现艺术技巧条目的典型作品，对诗例的思想内容不泛泛而论，而是将其糅进唐诗艺术技巧的阐释中。解析一项以诗例为典型，从古代诗歌美学的高度，对艺术技巧条目给以解说和赏析。书后的附录《唐诗艺术技巧综论》，辑录了前人论唐诗艺术成就、艺术风格、体例、技巧等翔实材料，供读者参考。（余资）

I000104　**辞赋大辞典**　霍松林主编。江苏古籍出版社1996年5月版。155.8万字。80.00元。收词范围，上起先秦，下至近代，包括“辞”、“赋”以及不以“辞”、“赋”名篇而具有辞赋文体特征的散文。辞典分辞赋作家、辞赋体类、辞赋典籍、辞赋名篇、辞赋理论、辞赋词语、辞赋人物、典故轶事、研究课题9个部分，分类按笔画多少为序编排，共收条目约4 500条。后附“音序索引”，检索便利。该辞典还附录有“辞赋研究论著索引”，索引分“专书”和“论文”两部分，一律按时代和发表的先后顺序排列。（卞岐）

I000105　**纳兰词鉴注**　张秉戍著。北京出版社1996年10月版。30万字。31.00元(平)，37.00元(精)。对清代著名词人纳兰性德传世的348首词作了分类笺注，分为爱情篇、友情篇、塞上篇、江南篇、咏物篇、咏史篇、杂感篇7类，每首词前均加“说明”，评述其要旨、特色、背景等，词后均加详尽的“注释”，释字释词，释典释义。书后附词人小传、年表，以及纳兰词之论文索引等有关资料。（龙杰）

I000106　**隋唐五代燕乐杂言歌辞研究**　王昆吾著。中华书局1996年11月版。44.5万字。28.00元。作者博士学位论文。关于词的起源问题的一部较具实证风格的研究著作。为了在更广阔的视野中考察这一问题，本书的研究对象，含括了宫廷祭祀乐歌以外的全部隋唐五代长短句歌辞。书中对隋唐燕乐、曲子、大曲、著辞、琴歌、谣歌、讲唱等的概念、名实、外延都作了精辟的考证和阐发。在研究方法上，本书将词和作为其前身的隋唐燕乐曲子作为历史现象，放置在隋唐五代文化史的背景上加以理解；依据歌唱、吟诵、表演等艺术形式的发展来探讨词的形成，展示了长短句歌辞形式与传播方式的关联；注重从宗教、风俗等各种历史资料中勾稽词的形成的相关线索，表明文学体裁的产生和发展，与民众活动、作家创作之间的关联。从而建立关于隋唐五代音乐文学的系统认识，使词的起源问题的研究建立在丰富坚实的文献和实证的基础之上，解决了词史上众多疑难问题。书后附录术语索引、曲调名索引等。（徐俊）

I000107　**全清词鉴赏辞典**　贺新辉主编。中国妇女出版社1996年12月版。107万字。58.00元。共收入自1644年清兵入主中原至1911年辛亥革命前267年间，清朝各个时期各个不同艺术流派以及其他的最具代表性的398词人的900余首作品。每篇词作之后附一篇1 000字左右的赏析文章，即为一个词条。文章中尽可能地借鉴、吸收、汇集了我国词学研究的成果，力求对词作的欣赏、理解、阐释完美而准确。在正文部分之后，还收录了《词人小传》、《清词词事年表》、《清词籍辑录》、《清词社团、流派、并称辑要》。该书的“前言”部分，编者对清词的发展、各个时期产生的流派、代表性词作家以及清词兴盛的原因，作了全面而又扼要的介绍。（贾秀娟）

I000108　**诗词曲名句欣赏辞典**　徐培均、范民声主编。汉语大词典出版社1996年5月版。92.4万字。42.00元。从中国古典诗、词、曲作品中精选名句2 400条左右，赏析文章洞见出微，精彩纷呈，并录附全部原作2 000首以上。（张晓栋）

I000109　**宋金杂剧论稿**　景李虎著。广东高等教育出版社1996年11月版。21万字。20.00元。“广东中华文化王季思学术基金丛书”之一。以建国以来发现的戏曲文物为中心，辅以历代文字史料，力图用社会学、经济学、市场学、人类学、考古学、宗教民俗学的方法，在更加广阔的背景上多侧面、立体地勾画宋金杂剧的面貌，更清晰地揭示中国古代戏曲起源、发展、形成、繁荣的轨迹。全书分7章，分别阐述宋金杂剧概貌、艺术体制、表演场所、角色、化妆、戏剧观念，以及宋金杂剧成长发展的社会文化动力。（吴海燕）

I000110 《琵琶记》研究　黄仕忠著。广东高等教育出版社 1996 年 10 月版。30 万字。22.00 元。分作者、诠释、人物、版本、比较、杂说 6 大部分，29 个专题，从纵横两方面对《琵琶记》这部戏曲名著做了全面系统的研究。该著史论结合，点面兼顾，既有扎实的考据，又有新颖的阐述；不仅关注高则诚原作包涵的被人忽视和曲解的本义，又探讨作品流播过程中因接受者视角不同而形成的历史歧义，新见迭出。它精辟地论述了《琵琶记》与封建伦理社会的关系；对《琵琶记》悲剧冲突的焦点、悲剧冲突的性质以及蔡伯喈悲剧的社会性诸方面的讨论，也是深刻而富有创见的；对高则诚行年考述和卒年考辨，尤其是关于《琵琶记》版本的研究，在继承前人成果的基础上，取得了一定的研究成就，在讨论《琵琶记》的影响和成就时，该著的总结也是高屋建瓴，既有理论概括，又有动态描述；既考察形象接受史，又涉及交叉体裁的比较研究。(杨哲)

I000111 **王季思教授古典文学论文选**　王季思著。广东高等教育出版社 1996 年 10 月版。26 万字。20.00 元。所选论文，是作者近 40 年来所取得广泛影响的力作。关于《西厢记》，文章探讨《西厢记》的作者问题，对崔张故事的发展作全面的说明，并评价古典文学中的爱情作品；研究关汉卿其人及创作和《鲁斋郎》、《诈妮子调风月》等剧本；探讨《琵琶记》的艺术特色、汤显祖的曲意；讨论我国戏曲的起源和发展、元人杂剧的本色派和文采派；谈诗的性状与形象思维、宋词的有益成份、金元散曲的兴起与衰亡。(杨哲)

I000112 **中国小说发展史概论**　王恒展著。山东教育出版社 1996 年 5 月版。33 万字。14.70 元。廓清了“小说”概念的由来和发展，认为“小说”的内涵和外延是不断发展变化的，据此提出了“动态小说”的概念，并且建立了以研究小说艺术形式演变为主的框架，以宏观的演变规律统摄微观的作家作品；突破了按历史朝代和作品题材类型分散分类的模式，按小说自身的发展分为孕育、产生、笔记体的成熟与史传体的发展、文言小说的成熟与白话小说的产生以及小说的通俗化、雅化、变革等 7 个时期；揭示了中国小说“文备众体”的民族特色。(隋千存)

I000113 **中国历代小说序跋集**　丁锡根编校。人民文学出版社 1996 年 7 月版。130 万字。82.00 元。收集先秦至清末的笔记、话本、章回及总集 536 种的序跋 1 300 多篇，对选收的每种小说都有简明的题解，体现了编选者的学术观点和研究成果，也为读者提供了导读。(降云)

I000114 **传统小说与中国文化**　张振军著。广西师范大学出版社 1996 年 1 月版。22 万字。13.00 元。作者从中国人熟悉、喜爱的一系列传统小说《三国演义》、《红楼梦》、《聊斋志异》、《合影楼》、古代神话……中，就其故事情节、艺术基调、思想蕴涵等研究总结出传统小说与史、传统小说与儒教、传统小说与道教、传统小说之悲剧精神、传统小说中的性爱意识等方面的关系，得如是的结论：小说与史是一桩扯不清的公案，小说有事实也有虚构，完全以史非难小说是不对的；小说与儒教有千丝万缕的联系，影响之大、相悖之力并列存在；小说从道教思维中产生故事及创作手法；而在传统小说中不乏悲剧精神……最后，将传统小说与外国小说进行了比较说明中西文化的同与不同产生的异国同调和共同时代主题的问题。(桑林佳)

I000115 **奇书四评**　宋俭等编。湖北辞书出版社 1996 年 11 月版。35 万字。15.00 元。中国古代四大奇书评点文字的集粹。包括《三国演义》毛宗岗妙评集粹、《水浒传》金圣叹妙评集粹、《西游记》李卓吾妙评集粹、《金瓶梅》张竹坡妙评集粹等 4 个部分。毛评本《三国演义》、金评本《水浒传》、托名李卓吾评点的《西游记》以及张竹坡评本《金瓶梅》，均为中国古代文学史上有着较大影响的版本，书中的评点在当时亦享有盛名。尤其是金圣叹和张竹坡在评点中所提出的一些观点对于中国古代的文学批评具有极其重要的影响。本书主要摘录了其中一些可以通人慧性，开人心胸的文字，略加注释并配上背景，以资赏鉴。(蔡夏初)

I000116 **红楼梦艺术精神**　陈冬季著。新疆大学出版社 1996 年 12 月版。20 万字。12.00 元。《红楼梦》研究学术专著。作者在学术探索上独辟蹊径，用庄子的哲学思想和美学精神观照《红楼梦》，从庄子的“本体论”哲学思想出发，认为庄子学说更接近于艺术的自身特性和思维规律，着重于探求艺术的物质形式之外的观念形态的本体。同时基于对本体精神的解放的理解，更注重于个体情态、精神、意念的议论。书稿根据庄子善恶道德的观点，强调人的个性自由，以及“物我为一”、“法天贵真”、“以形传神”、“得意忘言”、“不完形”，追求“天籁浑成”等艺术精神的要求，对《红楼梦》的艺术精神进行了探讨。(墨愚)

I000117 **西游记记**　清·怀明编。北京图书馆出版社 1996 年 6 月版。45.3 万字。390.00 元。《西游记》是我国著名的古典小说，亦是一部奇书，后人评点甚多。北图所藏一部罕见评点本，为清咸丰年间的抄稿本，评点者是一位隐士。本书据抄稿本影印，以唐僧师徒取经故事为线索，立足于佛、道二教的学说和思想，对《西游记》一书进行了全面、系统、通俗的阐述，涉及领域甚广，堪称明清时期《西游记》评点本的集大成之作。(卢玉荣)

I000118 **开创新派的宗师** 副名：梁羽生小说艺术谈。罗立群著。学林出版社 1996 年 1 月版。10.05 万字。8.50 元。“畅销作品鉴赏丛书”之一。系统地研究新派武侠小说开创者梁羽生作品的专著。将梁羽生全部(35 部)小说归成唐、宋、明、清 4 大分支，重点评论“天山系列”；分论梁羽生小说中的武功、爱情、诗词、情节、人物；选择《萍踪侠影录》、《七剑下天山》、《云海玉弓缘》、《飞凤潜龙》、《女帝奇英传》5 部代表作作细致分析；论述梁羽生在武侠小说史上的地位。梁羽生小说的催生者柳苏(罗孚)作序：《两次武侠的因缘》。书后附有梁羽生诗词曲选辑 31 首和梁羽生武侠小说创作年表，年表详细考证、记录了梁羽生全部武侠小说在香港各报连载的准确日期，具有重要价值。(周清霖)

I000119 **中国当代小说流派史** 张学军著。山东大学出版社 1996 年 12 月版。32 万字。15.00 元。系统地研究中国当代小说流派发展史的专著。分上下两篇。在上篇里，分 8 章介绍、研究了中国大陆当代小说的 8 个流派：①“山药蛋”派小说；②“荷花淀”派小说；③市井风俗派小说；④散文化小说派；⑤社会剖析派小说；⑥现代派小说；⑦文化寻根派小说；⑧新写实小说。在下篇里，分两章分析、论述了台湾省的两个最大的小说流派：①台湾现代派小说；②台湾乡土派小说。上述十个小说流派，所涉及的作品的上限是 1949 年 10 月，下限是 1994 年 12 月。其特点是以史为线，以论为线，以论为主，史论密切结合，既从文学史的角度对当代小说创作中各个流派产生的社会历史原因、发展演变过程，梳理出一个较为清晰的发展脉络，又对各个流派的思想倾向、审美情趣、艺术风格、艺术渊源及其在文学史上的地位、影响和局限，进行了较为深刻的理论阐述、具体的艺术分析和科学的评价，力图总结和探索出中国当代小说流派发展的经验和规律，从而客观、真实和全面地展示中国当代小说流派的整体风貌。同时，本书还进一步探讨了小说流派产生的来龙去脉和因果继承关系，寻出与古代文学、现代文学的联系。这样，把当代小说流派放在纵横交错的坐标系上来进行考察，因而能够在广阔的视野下，对各小说流派作出了科学而客观的评价。(周广璜)

I000120 **刘绍棠与运河乡土文学** 段宝林著。北京燕山出版社 1996 年 8 月版。18 万字。9.80 元。刘绍棠是运河的儿子，运河是刘绍棠的母亲。运河甘甜的水，使他聪明、早慧，成为神童，成为具有超凡创作才能的人民作家。运河两岸坚硬的泥土，养成了绍棠一身铮铮铁骨。他经历过政治上的坎坷，忍受过疾病的折磨，但这些都没有把他压垮，而是使他更加坚定，更加坚强，更加成熟并且充满了自信。大运河上无垠的原野，赋予他以真诚、正直、光明磊落的自信。他从来不依个人的恩怨来分辨人间的美丑，不以一己的得失来评价事物的是非，而把人民的利益、国家的命运和民族的未来摆在至高无上的地位，作为他抒发爱憎、决定取舍的唯一标准。段宝林这部作品就是抓住了刘绍棠的人格力量来展开论述的，对绍棠的“运河文学”的文化性格、艺术与审美、民族风格、地域特色、乡土语言特色、小说结构艺术、人物形象等进行了深刻探讨。是一部非常全面的刘绍棠小说评论集。(陈果)

I000121 **武侠世界的怪才** 副名：古龙小说艺术谈。曹正文著。学林出版社 1996 年 8 月(修订)版。13 万字。9.50 元。“畅销作品鉴赏丛书”之一。研究武侠小说单个作家的专著。以港台三大新派武侠小说家之一的古龙为研究对象。全书分 3 部分：一、选择古龙的代表作作艺术分析与评价；二、从文学角度探讨古龙小说世界的人物典型、表现手法、社会内容以及古龙创作的成败得失，并涉及中国武学与儒、佛、墨家之间的关系，新派武侠小说与欧美小说之间的关系；三、对古龙的生平作介绍，对其代表作排名，还辑有古龙小说警句，附有古龙小说全目。修订本根据较严密的考证，对初版本中《我见过的古龙小说书目》作重要修订，代之以《古龙武侠小说出版年表》。(周清霖)

I000122 **金庸小说人物谱** 曹正文著。学林出版社 1996 年 1 月版。18.8 万字。12.00 元。“畅销作品鉴赏丛书”之一。为武侠世界人物谱写小传的读书笔记。金庸以其 15 部武侠精品构成一个多姿多彩的武侠世界，其中侠客义士、妖女凶魔、帝王将相、高手能人超出千人。作者取其重要者 116 人，言其经历，写其心态；评古人可鉴今人，喻侠情能识世情；文笔优美，见解独特。该书原名《金庸笔下的一百零八将》，1992 年 3 月由浙江文艺出版社出版，修订后改书名由学林出版社出版。(周清霖)

I000123 **神秘的侦探世界** 副名：程小青孙

了红小说艺术谈。卢润祥著。学林出版社 1996 年 1 月版。13.6 万字。9.50 元。“畅销作品鉴赏丛书”之一。研究侦探小说创作艺术及作家作品的专著。对程小青《霍桑探案》的创作历程和艺术特色进行深入的探讨，对孙了红《侠盗鲁平奇案》的艺术特色作了初步研究；对程小青、孙了红的生平发掘了一些最新的资料，并首次披露程小青的生平简表。各篇评析文章均从侦探故事入手，广征博引中外文艺佚话。（周清霖）

I000124 **描绘历史风云的奇才** 副名：高阳的小说和人生。林青著。学林出版社 1996 年 1 月版。13.75 万字。9.50 元。“畅销作品鉴赏丛书”之一。系统地研究高阳的专著。台湾著名历史小说家高阳著作等身，以《慈禧全传》、《胡雪岩》、《红楼梦断》等作品闻名于世。本书揭示高阳如何开拓人生体验的范畴和审美的空间，并以精到的考证入小说，创立了中国历史小说的新类型，形成一部上自秦汉下至民国而以清代为主的中国封建社会的史诗和百科全书；还详细研讨了高阳创作风格的成因和他在中国文学史上的地位及意义；并描述了高阳在风云变幻的时代中的人生经历，包括坎坷的婚恋和细腻的情感。书末附录《高阳生平事略》、小说全目和其他作品目录。（周清霖）

I000125 **中国散文发展史** 张梦新主编。杭州大学出版社 1996 年 12 月版。45 万字。25.00 元。注重于研究探索散文怎样为着实际应用而发展的过程与规律，阐述各个历史时期的主要散文作家及其代表作品，探索总结散文写作的优秀传统和经验、教训，从而挖掘并宏扬我国古代散文这一巨大文化遗产。（何明春）

I000126 **风中飘逝的女人** 副名：三毛的人生与艺术。李东著。学林出版社 1996 年 7 月版。14.5 万字。8.00 元。“畅销作品鉴赏丛书”之一。作者以充满激情的诗一般的语言探索三毛的人生道路，再现三毛的形象，品味三毛作品的艺术特色。收入《三毛最后一次公开谈话》、《三毛父母专访》、《访三毛初恋情人》、《三毛作品年表》等作为附录。（周清霖）

I000127 **楹联丛话** 清·梁章钜著，郭琳校点。鹭江出版社 1996 年 12 月版。27.9 万字。18.80 元。评述楹联的专著。它连同《续话》、《三话》、《剩话》和《四话》，共汇集了五代至清同治和光绪时期的楹联近 3 000 幅，集光绪以前楹联之大成。同诗话、词话一样，梁章钜创立了联话这一文学评论形式，对汇集的各种楹联，或叙述其缘起，或考订其真伪，或品评其特色。《楹联丛话》和《续话》，自清道光中期至中华人民共和国成立，曾多次刊行，通行的有道光庚子环碧轩本、丙午宜稼堂本、光绪庚寅醉六堂本、民国四年上海会文堂本、民国二十四年商务印书馆国学基本丛书本。《三话》有民国十年商务本，《四话》有民国十三年商务本。《剩话》原为《归田琐记》的一则，有道光二十五年北东园本。以上各书，除商务国学基本丛书本为《丛话》、《续话》、《三话》的合集外，其余均分散刊行。本书以上述各版本为底本，参校《笔记小说大观》、《藤阴杂记》、《熙朝新语》、《两般秋雨庵随笔》、《金壶戏墨》等有关书籍，将《丛话》、《续话》、《三话》、《四话》和《剩话》加以整理，汇编一起，对原本的错讹出入及需改补或说明的地方，均出校记，以简体字出版。（王聪文）

I000128 **乡关何处** 副名：20 世纪中国散文的文化精神。王尧著。东方出版社 1996 年 6 月版。17.7 万字。16.00 元。“东方书林之旅”“满江红”书系之一。作者就散文的文化精神与话语方式两个方面，对百年散文史的经典作家和经典作品作了精到、独特的选择与剖析，并赋予经典以新意。同时，作者采用诗意的评论语言，使得评论与被评论的对象水乳交融地汇成了一个整体，全书如同隽永恬淡的小品文，这种写法开拓了以往散文史的写作空间，使学术性与可读性得到了有机结合。（陈汉萍）

I000129 **古文鉴赏大辞典** 徐中玉主编。浙江教育出版社 1996 年 3 月版。250 万字。35.00 元。选先秦至近代 213 位散文代表作 468 篇（包括一些散体化的赋和骈文），高等院校中国古典文学教材和中学语文课本中选用的古代散文基本都囊括其中，由选篇、注释、鉴赏、集评 4 部分组成。每一选文的后面，设置了汇集历代评论家对该篇作品的评论文字的“集评”。辞典正文后，还设有“作家小传专集要介”“古文总集简介”“文体知识概说”“文章流派述略”“名家论文类辑”“古文工具书举要”“古文名句索引”“篇目笔画索引”等 8 个附录。其中“名家论文类辑”是最具特色的附录。选辑的文论上起先秦典籍，下迄现代散文大家朱自清先生的精辟论述，分“总论”“体制”“构思”“技法”“语言”“风格”“品评”“专论”等内容。

I000130 **蒙古神话新探** 呼日勒沙著。民族出版社 1996 年 6 月（蒙古文）版。140 万字。8.00 元。有关蒙古神话传说研究的专题论文集。收集了《〈蒙古秘史〉中传说之渊源》、《图腾崇拜与蒙古族图腾传说》、《图腾崇拜与“孛儿帖赤那”、“豁埃马阑勒”传说》、《文化人类学与阿阑豁阿传说》、《科尔沁山水传说探究》、《锡埒图库伦传说与史实》等10篇优秀论文。附有汉文、英文内容提要。主要论述了蒙古民族起源传说，探讨了古代蒙古以及巴尔虎、布里亚特、卫拉特、绰罗斯、科尔沁等蒙古部族起源传说的神话渊源与历史故事传说。运用文化人类学、民族学、传说论、神话学、社会学、比较宗教学等有关科学理论和方法，对蒙古神话传说中的人物形象、情节结构等进行了多角度、多层次研究，充分表现出作者对蒙古神话传说研究的造诣和独到之处。同时，作者还进一步研究了此传说与中亚古老图腾神话传说之间的联系。(乌云巴图)

I000131 **中国当代儿童文学文论选** 王泉根评选。接力出版社1996年7月版。84万字。70.00元。儿童文学文论集。所选文章，是1949年中华人民共和国成立至1994年12月中国当代儿童文学史上具有重要理论价值与参考价值的各种代表性理论研究与文献史料。以文学理论研究的考察为手段，较全面、客观地反映中国当代儿童文学的发展。全书分“系统工程论”“观念本体论”“发展思潮论”“审美创造论”“文体建设论”“当代作家论”6辑，共收入文论92篇，均选自公开出版的报章杂志或学术著作，评选者在正文之后均附有导读性质的“砚边小记”，以供了解作者简况、写作背景及文章的基本论点或文献价值。前5辑按文章的写作或发表的时间顺序排列，第六辑按所论作家的出生年月先后为序。书后附有《中国当代儿童文学理论专著书目》，收入国人述著247种，介绍内容为：书名，作者，出版年月与出版社，字数，页码，内容提要。(黄钲)

文学史、文学思想史

I000132 **中国文学史** 章培恒、骆玉明主编。复旦大学出版社1996年3月版。110万字。68.00元。3册。明确地把人性的发展、人性的丰富作为中心线索，以此出发来描绘数千年中国文学发展演变的流程，并在此书(终章)中将元明清文学的发展趋势与五四新文学打成一片。作者强调：文学作为人类创造自身生活的方式，归根结底反映着不断丰富的扩展的人性的欲求；优秀的文学作品总是能够深刻地揭示人性的困境、人性欲求与社会规制的矛盾，并要求给个人的发展以更自由的天地。这一价值标准与旧有的文学史存在根本差异，由此出发的对于中国文学发展过程的描述，也就显得格外的新鲜了。如本书提出：六朝文学具有不可低估的价值，作为与皇权相对独立的士族阶层的文化表现，它较多地反映了注重个人尊严的意识，在艺术上也是富于创造力的；而唐宋古文运动虽有其积极的一面，但它强调文学必须从属于封建政治与道德的理论宗旨，对于文学的发展却有很大的妨害；至于在以前的文学史中一概加以褒扬的反映民生疾苦之作，实际上有很多只是表现了从“忠君爱国”的前提出发的政治观念和政治姿态。书中的许多观点恐怕会引起争议，但确实反映了作者独特的眼光和深入的思考，对于推进中国古代文学的研究，相信会起到很大的作用。(贺圣遂)

I000133 **中国文学批评通史** 王运熙、顾易生主编。上海古籍出版社1989—1996年12月版。340万字。分7个分卷，自1989年起以《先秦两汉文学批评史》、《魏晋南北朝文学批评史》、《隋唐五代文学批评史》、《宋金元文学批评史》、《明代文学批评史》、《清代文学批评史》、《近代文学批评史》的分卷书名陆续出版，至1996年出齐。每个分卷由各研究领域的专家分别撰写后由主编审阅统稿，因此各卷虽有大致统一的体例，但照顾到不同历史时期的具体情况，也有各自的特点。全书表现出作者视野的开阔和研究领域的宽广。书中所谓“文学批评”，包括文学观念、理念、具体的文学批评、鉴赏以及其他有关文学理论批评的思想资料。作者尽可能从广泛的范围内搜集各种有用的资料，尤其重视发掘以往批评史研究中较少受人注意或未曾注意而确实具有相当意义的资料，表现出作者重视实证的研究方法。在论述时，从古代文学理论的实际情况出发，注重将文学理论批评置于广阔的背景上加以观察、分析，强调理论观点与批评实践、理论批评与创作实践的联系，从而对某种理论、批评有较中肯的认识。在全面、准确地描述历史真相的同时，还注重文学批评价值的发现。(高克勤)

I000134 **中国新文学图志** 杨义等编。人民文学出版社1996年8月版。31万字。52.00元。2册。收录有代表性的文学书刊封面和插图560余幅，以史为经，以图为纬，以史统图，以图出史，力求图有神采，文有情趣，在以生动、自然、亲切的随笔式文字勾画文学史脉络的同时，对封面和插图加以画龙点睛的阐释与富于雅趣的品鉴。(王培元)

I000135 **魏晋南北朝文学思想史** 罗宗强著。中华书局1996年10月版。34.8万字。23.00元。“中国文学思想通史丛书”中的一种，叙述魏建安至隋以前380余年间文学思想发展的历程，旨在说明这一阶段文学思想的特点和各相关理论问题，同时评价这一时期文学思想在整个中国文学史上的地位。本书体现了《中国文学思想通史》从具体的文学作品出发的特点，摆脱了一般文学史写法的模式，注重士人心态与文学思想的联系，描摹士风，挖掘文人心态细致入微；又与一般文学批评史的作法不同，论述文学思想，不独取材文学理论和文学评论著作，更重视文学作品的创作过程以及作品本身。注意吸收近年文学史研究的成果，也是本书的长处。（徐俊）

I000136　**人欲的解放——明清社会经济变迁与大众审美**　陈东有著。江西高校出版社1996年7月版。41万字。19.00元。考察了明清时期社会经济变迁、人们精神追求变化和大众审美发展并分析了它们之间的关系。在实践上，本书不仅为古典文学与民间文学的教学与科研增加新的内容，开阔新的视野，而且直接为当今经济改革中的文学创作，特别是为通俗文学的发展和文化市场的建设提供借鉴。在理论上，该书是新时期古典文学与民间文学研究在观念与方法上的拓展，它丰富了文学与社会关系的理论。在方法上，该书对古典文学史、民间文学史、社会史、经济史等多项学科进行了综合研究，是对过去通俗文学研究的一个创新。（罗志梅）

I000137　**中国现代文艺思潮史**　吴中杰著。复旦大学出版社1996年12月版。28万字。15.00元。具史论性质，其写法与文学史有所不同，共20章，在中国现代历史的整体进程中，在五四新文化的背景下和东西方文化激烈碰撞中，较为详细地阐述了中国现代文艺思潮的产生、发展和嬗变的过程。在突出现实主义和为人生的文艺思潮时，也不偏废浪漫主义以及包括象征主义和表现主义在内的各种现代主义思潮，并给个性主义和性灵主义文艺思潮以一席之地，在评判国粹派、复古主义和鸳鸯蝴蝶派以及消闲主义文艺思潮的消极倾向时，也肯定了其某种积极意义。如此，既突出了重点，又不遗漏其他，成为一部完整的文艺思潮史论。（杜荣根）

I000138　**东方后现代**　曾艳兵著。广西师范大学出版社1996年8月版。16万字。9.00元。以西方关于后现代主义文学艺术的研究和评价以及西方的后现代主义文化理论为基本依据，较为全面地分析和探讨了80年代后期至90年代中期影响较大的中国先锋主义文学创作，并将之概括为“东方后现代”。这是理论界较为关注的很有理论价值的课题。本书讨论了涉及众多文学和批评领域的问题，对后现代主义文学与中国文化传统的联结点。“东方后现代”现象的文化传统因素等问题，作了较深的研究和论述。作为外国文学研究者，作者对西方后现代主义研究的情况较熟悉，基本上掌握了国内现有资料和研究动向。（肖启明）

I000139　**柯尔克孜文学史**　曼拜特著。新疆人民出版社1996年11月（柯尔克孜文）版。30万字。12.80元。《柯尔克孜文学史》的第二部，详细介绍了中国柯尔克孜文学近代、现代及当代发展概况。以典型代表人物及其代表作品阐述各个时期柯尔克孜文学的发展变化以及成果，是一部全面概括中国柯尔克孜文学近代史的第一手资料。（阿不都拉依）

I000140　**东北现代文学史论**　张毓茂主编。沈阳出版社1996年8月版。27万字。15.00元。将东北现代文学置于世界文学和中国文学的格局中加以考察，在占有大量一手资料的基础上，探讨了东北现代文学的发展规律和特点及其对中国现代文学的特殊贡献。全书分绪论及小说史论（长篇、短篇、中篇）、散文史论、诗歌史论、戏剧史论、文学理论与运动史论等7章。全面地描绘了东北新文学历史的整体风貌，分析了东北独特的地域文化、复杂的政治历史与东北新文学的关系，展示了俄苏文学、日本文学及五四以来关内新文学、东北少数民族文学对东北新文学的作用与影响。本书的作者在历经数年研究后，以翔实的大量资料依据，向读者提供了大量新的有价值的史料和鲜为人知的作家，提出了一些新的见解，解决了多年来在东北现代文学研究中的一些难点。如对东北沦陷时期文学进行了大胆细致的考辨，详尽地论述了东北沦陷时期文学的发展脉络和特点。该书在研究方法上也打破了传统的作家作品论的格局，改为以文体为对象，同一文体又按历史时期分阶段，每一阶段又按流派不同分为几个层次，史论结合。（李树权）

I000141　**广东近代文学史**　钟贤培、汪松涛主编。广东人民出版社1996年1月版。37万字。29.00元（平），39.00元（精）。“岭南文库丛书”之一，是一部地域文学的断代史。按中国近代文学发展史分为3个阶段——鸦片战争时期、维新变政时期和辛亥革命时期。全书共9章。第一、二章总述广东近代社会与广东近代文学之关系，以及广东近代文学的发展轨迹。第三至第九章，对广东近代作家、作品，加以详述和评介，力图从宏观上总揽全貌，微观上得以深入剖析，对深入揭示广东文化的特色与深入了解中国近代文学发展的历史，具有重要意义和较高的学

术价值。(李达强)

I000142 **岭南俗文学简史** 叶春生著。广东高等教育出版社1996年6月版。33万字。23.00元。设12个专题，全面地论述了岭南俗文学，如讨论古代岭南的俗文学、近代广府歌谣、近代客家山歌、潮州歌册与潮州方言文学、岭南社区歌谣、岭南儿歌、岭南竹枝词、民间韵语、通俗故事与笑话、晚清通俗小说和诗歌、民间小戏、近代革命故事和歌谣等。书后还附上1713年—1950年广东俗文学书目。该著在继承郑振铎、朱自清俗文学研究方面作出了贡献，无论是对“俗文学”的定义，还是对俗文学文体的选认、对歌谣的过份偏重等等，都是明证。同时，它将俗文学引进地域研究而成史，时刻寻绎具有地域特色的俗体文学与具有通俗特色的地域文体，切实抓住了俗文学与地方特色的契合点。该著广泛地采撷和深入地挖掘丰富的俗文学材料，从正史到杂记，从专集到报刊，从汇编到副刊，从专著到丛刊，从印本到抄本，从印行到口述，不一而足，不少材料还是直接从民众口传中记录下来的。(杨哲)

作 品 集

I000143 **鲁迅书话** 姜德明主编。北京出版社1996年9月版。35万字。16.00元。分4个方面：一是谈书中的学问之道的，包括版本、目录、校勘等；二是关于书趣的，这里折射出他的哲学思想和审美倾向；三是介绍域外新书的，多为自己翻译外国作品的题跋；四是书刊广告、日记、书信，其中记录了他访书、与他人读书、出书的诸多事迹。(龙杰)

I000144 **鲁迅代表作** 鲁迅著。河南文艺出版社1996年10月版。70万字。43.30元。《中国现当代著名作家文库》之一种。收集了鲁迅的小说和散文(包括杂感)中的精品，反映了这位伟大文学家的思想和创作艺术。由于作者是生活在旧中国的黑暗年代，其作品大都取材于病态社会，因此在小说里用精炼的语言塑造了阿Q、孔乙己、祥林嫂等一批典型的人物形象来体现反封建的时代精神。鲁迅还倾其心力，写了大量的散篇杂感，深刻解剖和批判了“瞒和骗”的“艺人”文化。鲁迅不相信上帝，他的作品是关注现实人生的，又是深刻悠远的，具有史诗的庄严意义。(天俊)

I000145 **鲁迅之世界全集** 裘沙、王伟君绘。河北教育出版社、广东教育出版社1996年版。650万字。859幅图。1 680.00元。3册。共收绘画800余幅；每幅画配有英汉对照的鲁迅原著语录，由著名翻译家杨宪益夫妇、刘乃元教授英译，裘克安教授译校；法国汉学家鲁阿作序，所有引用的鲁迅原文，包括习惯用字，全部按1938年版《鲁迅全集》，以求存真。《全集》不仅是裘沙、王伟君围绕鲁迅作品而创作的油画、水彩画、木炭画和其他绘画形式的作品集，而且是对鲁迅先生的精神世界忠实而感人的再现。画家在作品中表明了鲁迅作品中博大精深的主题是“必尊个性而张精神”的“立人之道”，它正是鲁迅“取今复古，别立孔宗”的“新宗”。《全集》共分3卷。第一卷为鲁迅论文、杂文之图，收录了《坟》、《热风》、《华盖集》、《华盖集续编》、《而已集》、《三闲集》、《二心集》、《南腔北调集》、《伪自由书》、《准风月谈》、《花边文学》、《且介亭杂文二集》、《且介亭杂文末集》、《集外集》、《集外集拾遗》、《集外集拾遗补编》、《中国小说史略》、《汉文字史纲要》、《古籍序跋集》、《译文序跋集》、《两地书》、《书信》等。第二卷为鲁迅小说散文之图，收录了《呐喊》、《彷徨》、《野草》、《朝花夕拾》、《故事新编》等。第三卷为鲁迅小说及其他之图，收录了《阿Q正传》等。

I000146 **悟性与奴性——鲁迅与中国知识分子的“国民性”** 张梦阳著。河南人民出版社1996年版。20万字。16.00元。作者结合自己的切身经历和精神觉醒过程，全面、深入地论述了鲁迅的反奴性思想及其与中国知识分子的关系，认为鲁迅改造国民性思想的核心是反奴性，反奴性的主要对象是中国知识分子。鲁迅从早期论文到前期小说再到后期杂文，集中笔力描摹了中国知识分子的种种奴性表现，并从政治经济、精神礼教、思维方式等方面深掘了这种种奴性的由来，目的在于启悟中国知识分子克服奴性、实现独立，升华到自觉的悟性境界，成为改造国民性、完成“立人”使命的先觉者。中国知识分子也伴随着精神觉醒的历史过程，逐步发现和认识了鲁迅反奴性思想的宝贵价值，对他作出了日趋科学的历史定位与现实评价：鲁迅是两千多年来，中国知识分子中悟性最高的智者，他在中国最重要的价值就是以振聋发聩的呐喊与独特、深邃的话语启悟中国人从“瞒和骗的大泽”中猛醒，正视现实，正视自己，摆脱盲目的奴隶状态，实现自觉的人格独立和民族的自由、解放。鲁迅又是从东方农业社会向现代工业社会转型前夕的思想家，是人而不是神，所以也不可避免存在历史的局限。中国知识分子应该继承鲁迅的思想精华，克服其局限性，开辟科学理性的现代新路。(张梦阳)

I000147 **中华美德诗词曲类编** 曲振泰等主编。山西教育出版社 1996 年 2 月版。169.2 万字。65.00 元。反映中华民族传统美德的诗词曲作品大型类书。精选上古至近代反映中华民族传统美德的诗词曲作品共 1 568 首，其中诗作 1 270 首，词作 183 首，曲作 115 首，作者共 680 余人。编者在吸纳已有的研究成果的基础上，根据自己的研究，将全书分为进德修身、学习勉行、爱国忧民、节操正气、求真远志、廉洁勤政、勤劳节俭、遵贤重才、团结友谊，齐家睦邻、谦恭礼让、纯真爱情、惜时爱物、高雅情趣等 14 卷，每卷前后缀卷首语一篇，概述该卷内容及编选旨趣。编者采用辩证地分析、科学地吸收的办法，从不同角度反映中华民族传统美德，书后还附有按作者姓氏笔画排列的全书篇目索引。(李梦燕)

I000148 **中国乡土文学大系[现代卷][当代卷(上下卷)]** 刘绍棠、宋志明主编。农村读物出版社 1996 年 10 月—1996 年 12 月版。340 万字。213.00 元。共收入近 300 名作家的乡土文学精品 355 篇，分小说(中短篇全文收入，长篇节选)、散文、诗歌、理论 4 部分，全景式地展现乡土文学 20 世纪在中国的发展。(刘宁)

I000149 **中国古典文学作品精选** 熊礼汇主编，马晓玲等选注。长江文艺出版社 1996 年 10 月版。120 万字。60.00 元。"学友文库"之一，该书精选了从先秦到明清最优秀、流传最广的一些文学作品进行评注。其中包括《诗经·楚辞》、《先秦散文》、《史传散文》、《辞赋》、《唐诗》、《唐宋词》、《唐宋散文》、《元曲》、《明清短篇小说》、《史传散文》10 分册。(秦文仲)

I000150 **孙大雨诗文集** 孙近仁编。河北教育出版社 1996 年 12 月版。32 万字。16.50 元。孙大雨是著名学者、翻译家、诗人，又是我国新文学史上影响深远的"新月派"的最后一位诗人。他与朱生豪、梁实秋 3 人被并誉为中国莎士比亚作品翻译的"三足鼎立"。本书分 3 个部分。第一部分收入了《自己的写照》等近 20 首新诗，它们是我国新文学史上较早有意识地运用"音组"结构撰写的有严谨格律的新诗。第二部分收入十几篇文论、随笔，阐述了作者的治学观点和方法，其中有关莎译的篇什，开创性地提出了莎译应是诗译的观点和五步音组的莎译结构。第三部分是 20 余首世界名诗的翻译。

I000151 **萧三诗文集** 萧三著，陈冰夷、王政明编辑。北京图书馆出版社 1996 年 10 月版。121.2 万字。86.00 元。选择萧三在半个多世纪革命生涯和文学实践中创作的诗歌、散文、译著精华，分 3 卷——诗歌篇、散文篇、译文篇编辑出版。其中许多作品为首次面世。对于研究中国革命史、党史、现代文学史及中外名人等，都具有珍贵的历史价值和文学价值。(卢玉荣)

I000152 **少男少女丛书续集** 《少男少女》杂志社选编。四川少年儿童出版社 1996 年 2 月版。61.6万字。30.80 元。少男少女系列图书之一，共 4 册，包括《阳光小子》《风采女孩》《六月的骚动》和《掉进青春陷阱》等 4 本。散文集《阳光小子》收入散文 60 多篇，按主体内容分为"阳光部落""穿过阳光地带""男子汉轶事""男子汉宣言""真诚到永远"和"男孩绝密档案"6 辑，表现青春期男孩的梦想和追求、迷惘和憧憬，塑造男孩的阳刚之美。散文集《女孩风采》收入散文 50 多篇，以"少女的情怀""青春的旅途""走过坎坷""少女绝密"和"青春直拍录像带"为辑题，记录少女"飘过雨雪，洒满阳光"的青春之旅，再现注重乡情、友情和亲情的女孩风采。报告文学集《掉进青春的陷阱》收入报告文学作品 20 篇，描写在改革开放的大潮中，在多元化文化的撞击下，少数少男少女由于对法律的无知或者知之甚少，对各种诱惑和腐蚀，缺乏抵抗能力，在万花筒般的缤纷复杂的生活中迷失了方向，甚至走上犯罪的道路。报告文学以反面的案例为少男少女们敲响了长鸣的警钟。短篇小说集《六月的骚动》收入了当代著名儿童文学作家秦文君等以少男少女为题材的小说 21 篇，从不同的角度描写了少男少女青春的悸动、成长的烦恼，展示了他们的内心世界和精神风貌。(杜定纪)

I000153 **中国百年文学经典文库** 谢冕主编。海天出版社 1996 年 10 月版。460 万字。298.60 元。将 20 世纪中国文学作为一个整体，集百年中国文学经典之作于一体的大型文学丛书，共 10 卷，分为中篇小说(4 卷)、短篇小说(2 卷)、散文(2 卷)、戏剧(1 卷)和诗歌(1 卷)。勾画出了百年中国文学成就的轮廓。(宋城)

I000154 **神州学人丛书** 李振平、曹青阳主编。教育科学出版社 1996 年 7 月版。文学作品集。丛书从多角度展示了 1978 年以来，我国留学生负笈海外，足至 100 多个国家和地区，在异邦的科技天地里采撷攻玉、学习求索的经历。同时也反映出他们才思的另外一面——深刻的思想、广博的见识和他们多角度的内心世界。丛书描写了留学生在异国特殊环境中的所见、所闻、所感、所爱以及启人心智的人生感悟和心路历程。丛书之一《留学生看世界》，散文集

(靳平、王兰编,27.8万字,13.80元),收入文章80余篇,作者均为中国留学生。他们以真情、真言、真感描写了异域的风光美色、历史今昔、社会风情、人间万象……这中间有冥思感悟,有畅叙人情。丛书之二《留学生的足迹》,报告文学集(蒙梓、白瑜编,23万字,11.8元),收入报告文学46篇,真实地记录了50余位在事业上取得卓著成就的中国留学生的奋斗足迹。从他们异域求学的甘苦,回国创业的艰辛,成功铸就的自信心和欢悦,失败积累的经验和思索,可以领略到成功者不同凡响的生命体验和生活风采,获得足以为鉴的人生经验。(王兰)

I000155　**《跨世纪文丛》第四辑**　汪曾祺等著。长江文艺出版社1996年3月版。260万字。151.00元。《跨世纪文丛》是1992年始陆续推出的一套大型文学丛书,该辑在前三辑的基础上,再精选了10位当代著名的作家,其中有建国前就步入文坛,在新中国的各个历史时期都独领风骚的老作家汪曾祺等人;有阿成、张炜等步入创作成熟期的中年作家,也有林白、张欣等风头正健的青年作家的代表作精选。该辑在立足现实主义的基础上,兼顾了多种形式的探索和实验,如残雪小说文本的试验,林白女性主义的张扬等,其思想性和艺术性都达到了较高的水平。

I000156　**从维熙文集**　从维熙著。华艺出版社1996年版。397.8万字。400.00元。从维熙是当代文学著名作家。他的作品《北国草》、《逃犯》、《走向混沌》、《鼻子备忘录》、《裸雪》等形成一个时期内轰动文坛内外的文学景象。《裸雪》在1996年被评为全国优秀儿童文学创作奖。此套文集共8册,收入作者1951年至1995年间创作的长篇、中篇、短篇小说、报告文学、诗歌、散文、杂文、随笔、文学书简、评论等作品,并附有创作年表和作品总目录。全面展示了从维熙文学创作面貌和成就。(宋福江)

I000157　**龙应台自选集**　龙应台著。上海文艺出版社1996年4月版。共96.9万字。65.80元。共5册。《野火集》(杂文):作者以锐利的辞锋悍然无畏地揭开台湾社会的种种病象,造成"龙应台旋风"、"野火现象"。《龙应台评小说》(评论):从文艺学、社会学和美学诸角度观照台湾文坛的现状和历史,以惊人的坦率对当代作家朋友的作品进行了不留情面的批评分析,开一代文风之先。《女子与小人》(随笔):让读者看到了作者多愁善感似水柔情的一面。她以一个女人特有的细腻和敏锐以及她一贯的缜密的思考和犀利的笔锋来捍卫女人的权利,重建两性美丽的新世界。同时,她又以一个母亲特有的眼光和胸怀观察孩子的成长。孩子将她带回人类的原始起点,使她重新思考人的许多问题。《看世纪末向你走来》(随笔):作者深入景深更大的世界变局中,以一贯开阔的气度、深刻的观察及鲜活动人的文字,展示了世纪末的现状。《在海德堡坠入情网》(小说):这部她最看重的小说集包括她最新创作的3个中篇和4个短篇。3个中篇是爱情三部曲。从"野火"到"情火",龙应台的小说同样使人感到心灵的震撼和情感的悸动。(陈先法)

I000158　**北疆邮缘**　巴瑛著。花山文艺出版社1996年8月版。分3辑,第一辑收4个短篇小说;第二辑为4篇报告文学;第三辑为散文、随笔,收12篇作品。作者是共和国的同龄人,下过乡,长期工作在邮电部门。文革前独特的经历,使其对"女知青"们难忘的恩怨、苦涩的爱情,充满了同情与叹惋。在纪实性的篇章中作者满怀深情,为邮电战线上的"绿衣使者"们引吭高歌,谱写出一幅幅动人的新人赞歌。

I000159　**叶辛文集**　叶辛著。江苏文艺出版社1996年3月版。385万字。200.00元。共10卷。其中,第一卷至第八卷为长篇小说,第九卷为中篇小说,第十卷为短篇小说、散文、随笔、小品、创作谈等,卷末附有叶辛简历及其作品全目。(周鸿铸)

I000160　**刘艺亭作品集**　刘艺亭著。花山文艺出版社1996年3月版。67.1万字。60.00元。共5本,即诗集《我的乡土》和《回春曲》,小说集《今天和明天》,散文集《母亲的后箧箩》,故事集《黑红点》。

I000161　**张炜作品自选集**　张炜著。漓江出版社1996年7月版。44.6万字。18.00元(平),23.00元(精)。收集作者各个时期的小说、散文、文论共计18篇。作为严肃文学的创作者,张炜是90年代文坛"反媚俗"文学的代表人物之一,作品具有一定的思想深度和艺术价值。收入"著名作家自选集系列"。(刘哲双)

I000162　**陈村文集**　陈村著。江苏文艺出版社1996年12月版。110万字。65.00元。分4卷,短篇卷《裙枪》,中篇卷《他们》,长篇卷《从前》,散文卷《躺着读书》。短篇卷中的《蓝旗》、《我曾经在这里生活》,从一个新的角度描写了知青生活,清新自然,从当时众多的同类题材作品中脱颖而出。中篇卷中的《他们》写的是街道里弄生产组里的一群残疾人,梦境与现实交替,颇富象征意味。长篇卷收录的两部作品《住读生》和《从前》,有一定自传性。散文卷收录了他各种风格的短文的代表作品。(孙金荣)

I000163　**陈染文集**　陈染著。江苏文艺出版社

1996年12月版。100万字。64.00元。所收入的中短及长篇小说、散文等作品，充分代表了这位北国女作家的风格和成就。她以独特的审视力，观察体验当代生活，着力表现当代人，尤其是青年的生活感悟，展示他们的爱情、事业、追求、奋斗及丰富的内心世界。在表现女性方面更为突出，其作品中的主人公"我"是个灵敏而又善感的女性，强烈的当代意识和时代节奏，浓郁的都市生活色彩，是构成这些作品的基调。《与往事干杯》、《潜性逸事》这类有影响的作品，以第一人称"我"，以极富真切魅力的笔法，将往事与现实、人性、人情纠葛在一起，时空交错，注意心理描写与倾诉，形成以心理展露为主的独特故事情节，相当引人入胜。《私人生活》这部长篇小说则以更成熟的笔触表现了作品中"我"的带有反思性的悲欢离合的动人故事，塑造了"我"的平凡而又极能震撼人心的曲折经历，以及"我"与亲人、友人所形成的种种生活状态，由此而率真地对善恶、是非进行了有力的揭示。其散文作品多以女性视角反映当代生活，具有浓郁的女性味。（陈咏华）

I000164 **宗璞文集** 宗璞著。华艺出版社1996年版。124.1万字。70.00元(平)，90.00元(精)。共4卷。第一卷共收散文96篇，其中大部分曾编入《丁香结》、《宗璞散文》、《铁箫人语》等散文集。这部分文字共分6类：记人，记景，记国内、国外之游，记事以及序跋。宗璞的写作从散文开始，也以此享誉文坛。第二卷是中短篇小说集，几乎是其创作的中短篇小说的全部，共25篇，大部分曾收入《风庐故事》。作者写小说始于短篇，认为短篇最合于各种手法的变化，得失易见。第三卷收长篇小说《南渡记》，这是作者目前第一部长篇小说，是系列长篇"野葫芦引"的第一卷。本书描写了北京的几位知识分子在抗日战争时期的经历。第四卷收录了作者的中短篇童话20篇；新诗36首，旧诗16首；评论16篇，创作谈12篇。另有译作1篇。（郑治清）

I000165 **绀弩文萃——旧人旧书** 牟晓朋编。大连出版社1996年9月版。12万字。10.00元。聂绀弩作品选。收录其自20世纪30年代至80年代的散文、杂文、随笔、书评等文章共30余篇，并附"自传"及编者与其的"谈话纪要"。绀弩前期的作品，生动地记录了他与鲁迅、郭沫若、萧红等人的交往和友谊，以及对国民党和反动投机文人的口诛笔伐；后期作品，则主要是针对我国古典文学名著如《金瓶梅》、《封神榜》、《红楼梦》及文评家金圣叹的分析和品评。选取作品较精，代表性较强，行文恣肆，用笔酣畅，反复驳难，淋漓尽致，于诙谐中体现讽刺，处雄辩中显出俏皮，令人玩味。而在文评中，则深刻透析，旁征博引，于细微处体会作品、分析人物，有着独到的见解。本书收入了"聂绀弩的文学道路"和"同绀弩先生的谈话纪要"，介绍了绀弩的成长过程和文学道路历程，及他本人对此的一些看法。聂绀弩，现当代著名作家，早年以编辑文学副刊和书写杂文成名，中晚年以研究小说和独创"聂体诗"而著称文坛。曾任中国作家协会理事、香港《文汇报》总主笔、人民文学出版社副总编等职。（孔岩）

I000166 **柯蓝文集** 柯蓝著。河北人民出版社1996年11月版。360万字。280.00元。共6卷。第一卷为中、短篇小说，第二卷、第三卷为长篇小说，第四卷为散文，第五卷为人物传记、报告文学，第六卷为散文诗。是作者60年来文学创作作品之精华。柯蓝是延安时代成名的老作家，青年时代生活在动荡的战争年代，经历了血泪生死和复杂的人生。其作品带有浓厚的充满激情的生活色彩，是一位现实主义作家。在50年代，他的散文诗以崭新的文学形式，倾倒过一代文学青年，在中国当代文学史上留下重重的一笔。（解京宁）

I000167 **铁凝文集** 铁凝著。江苏文艺出版社1996年9月版。148万字。80.00元。分5卷，包括《青草垛》、《埋人》、《六月的话题》、《玫瑰门》、《女人的白夜》，集中了作者1980至1996年创作的主要中篇、短篇、长篇小说及散文随笔。铁凝的小说大多以冀中农村为背景，取材于她在农村插队生活。小说强调以人为本，着力塑造血肉丰满、性格各异的农民形象，表现人物的丰富性和复杂性。她笔下的人物充分体现了人性的多样性。语言朴实、风格素朴，不事雕琢。（汪修荣）

I000168 **曹禺全集** 曹禺著，田本相、刘一军编。花山文艺出版社1996年版。31.05万字。500.00元。所收作品均采用最初的版本或最初发表在报刊上的底本，参照其他版本作了一些必要的校订与注释，并经由曹禺先生亲自审定。全集收录曹禺从1926年发表第一篇作品到1995年大约70年所有搜集到的作品，有早期的小说、诗歌、杂感，改译小说和剧本等，有过去从未发表过的诗文、书信等，还有虽非他本人写作，但却是一些专家、记者等采访记录整理的他的谈话、访问记等，其内容相当丰富，谈戏、谈电影、谈电视剧、谈创作倾向、谈创作经验、谈文化现象等，也作为附录收入了全集。一些难以找到的作品作了"存目"处理。

有价值的说法。注释包括词语的解释、典故的说明和史事的考证等。对于有分歧的字词章句,介绍了多种不同的解释。生僻字词有注音,引文皆注出处,并对原文的大部分句子作了串讲。另外,每篇正文之前有题解,说明各篇的篇题命意、创作背景、思想内容和艺术特色,并对某些疑问和有争议的问题加以考辨。本书采用的底本是《四部丛刊》影印明翻宋本《楚辞补注》,同时参校了宋端平本《楚辞集注》、明隆庆间夫容馆本《楚辞章句》、明万历十四年冯绍祖观妙斋刊《楚辞章句》本以及清嘉庆间胡克家覆刻宋淳熙本李善注《文选》、《四部丛刊》本六臣注《文选》、《知不足斋丛书》本宋钱杲之《离骚集传》。书中前言论述了楚辞的名称起源、时代、特征,以及屈原的生平、思想和创作风格。(王海燕)

I000182 **中国历代赋选(唐宋卷)** 毕万忱等著。江苏教育出版社1996年8月版。38.96万字。19.60元。由大陆、香港、台湾三地学者合作编写,共收录唐宋时期有影响赋家42人及其代表性的赋作56篇(附录金元赋家2人,赋作4篇)。赋家中有唐太宗等帝王卿相,亦有李白、杜甫、苏轼等著名诗人;而作品中咏物、怀古、赏景、言志、抒情等内容兼备,体裁则古赋、骈赋、律赋、文赋并存,充分展现了唐宋辞赋演变发展的轨迹和丰富多彩的艺术风貌。全书的编写体例包括原文、注释、作者介绍、主旨与批评4个部分。原文依据校勘完善的版本录出,遇有重要异文而作考订者,在注释中加以说明。注释力求简明准确,或训字词,或明句义,或释所喻、所指、所寓。作者介绍除选录赋家的生平、事迹外,着重评论其辞赋创作的成就和风格特色,以及在赋史上的地位、影响。主旨与批评是每篇选录作品思想艺术、审美价值的认识和评论,包括时代背景、写作动机、内容大要、风格特色、表现手法等介绍和分析,并将作品置于赋体文学发展演变的历史长河中加以综合比较,熔研究与赏析为一炉。(王许林)

I000183 **敦煌赋彙** 张锡厚编。江苏古籍出版社1996年5月版。90.00元。共收各类赋作27篇,为敦煌存赋当代研究的最集中展示,并反映了敦煌存赋研究的最新成果。作者在近代及今人研究的基础上,充分吸收了现今研究成果,做了大量细致的校理工作,从而达成此研究的最高学术成就。存赋中有20篇为唐人作品,另7篇为唐以前或作者失考之作。根据赋作内容,敦煌赋分为文人赋与俗赋两大类。俗赋产生于民间,更贴近生活,语言通俗易懂,为今人了解、研究其产生年代的社会生活提供了极大的帮助。存赋中的少数篇作于世未传,已传篇什也因其有别于通行定本而显珍贵。其中许多篇章,往往有不同残卷存世,作者通过细致的互勘予以定夺。本书前言系统回顾了敦煌存赋研究的历史过程,附录罗列了该研究领域的主要论著索引,勾勒出敦煌赋及其研究全貌。(周骋)

I000184 **千家诗** 南宋·刘克庄编,闻化注。陕西人民出版社1996年1月版。14万字。6.30元。"中国传统文化精品丛书"之一,是旧时私塾蒙童诵读的诗本。初本为南宋刘克庄编的《分门纂类唐宋千家诗选》,共22卷,分时令、节候、昼夜、百花、竹林、天文、地理、宫室、器用、音乐、禽兽、昆虫、人品等门,后经明人增删,成为流传至今的《千家诗》。这些诗大多出自名家之手,其中有不少脍炙人口的名篇,本书据通行本《千家诗》排印,并作了扼要的注释和赏析。(韦禾毅)

I000185 **中国历代僧诗精华** 吕子都选注。东方出版中心1996年12月版。23万字。22.00元。诗僧是我国古典诗坛的一个特殊群体。他们以彼岸超悟的智慧,融入此岸的世俗社会,常以诗表达其对大千世界、社会人生的种种感受,袒露自己的内心世界。精选自东晋迄于近世130多位诗僧的诗歌300多首,以年代分类,内容多为究事观理,针砭时弊,咏物寄怀,咏史明志,忧国悯民以及不空言通而禅趣盎然的佳作。注释详简得当,皆有所本。(张志华)

I000186 **中国古代诗苑精品** 徐培均主编。东方出版中心1996年8月版。58万字。30.00元。将中国古代各体诗歌(诗、词、曲及民间歌谣)选为一帙。采撷先秦至清末的诗歌400多首,作家230余人,以诗歌史上名家的名作为主,侧重于绝句、小令,也酌收古体歌行、律诗、慢词和长篇叙事诗。内容按"言志"、"感怀"、"咏史"、"山水"、"田园"、"乡思"、"送别"、"友谊"、"边塞"、"战争"、"讽刺"、"哲理"、"佳人"、"爱情"、"相思"、"闺怨"、"闲适"、"咏物"、"纪游"、"叙事"等20类进行编排,诗后附有导读文章。

I000187 **历代官怨诗赏析** 姜汉林编。大连出版社1996年2月版。30万字。16.80元。官怨诗是我国诗苑中的一朵奇葩,它形象、生动地记录了封建社会诸时代官场斗争的一些情况,使我们了解到历代统治阶级内部尔虞我诈、争权夺利、正直者受谗、遭贬或失意,以及奸佞残害忠良的情形。官怨诗往往表现了诗人深邃的思想,给读者以强烈的感染和深刻的启发。本书精选了自我国的屈原到清代林则徐

等百位诗人的130首官怨诗，全书以赏诗来引导读者了解一定历史时期为官者的心态。（俞慈韵）

I000188　**王维孟浩然诗精选精注**　胡遂编。广西师范大学出版社1996年3月版。17.2万字。9.80元。“唐诗精粹丛书”之一。共选出王维诗109首，孟浩然诗88首。王维与孟浩然都是盛唐山水田园诗派最有代表性的作家，诗歌题材、风格也较相似，后世写山水田园诗常以之作典范，并称为“王孟”。入选作品尽可能考虑其思想内容与艺术价值，但为了全面地反映作者真实创作情况，对那些专谈佛理、追慕仙道方术等思想消极迷信的作品也作了少量选入。（肖星明）

I000189　**白居易诗精选精注**　施蓉、苏建科编。广西师范大学出版社1996年3月版。17.2万字。9.80元。“唐诗精粹丛书”之一。共选白居易诗作150余首，包括白居易各个时期、各种风格的代表作，基本能反映白居易诗歌的全貌。每首诗除注释外，还有简单的介绍和赏析，及适当的翻译。（肖星明）

I000190　**刘长卿诗编年笺注**　储仲君撰。中华书局1996年7月版。35万字。30.00元。“中国古典文学基本丛书”之一。刘长卿，唐代诗人。本集收录了他的诗509首，文11篇。诗文皆以创作时间先后编次。无法考证时间者收为未编年诗，其后又收归属未详的重出诗和误收诗，另有断句若干。本书是对刘长卿作品的首次全面系统的整理。采用的底本是明弘治十一年李君纪刊本《刘随州文集》十一卷外集一卷。校勘中参考了三十余种书。凡据他本改正、添补，以及他本异文可资参证者，均出校。底本原有的标记，尽量考明出处。诗文题后一般有题注，偏重考察名物史实，探讨诗文背景作年。诗注引征典实，诠注词源，详略得当。杂文不作注。书中录有若干刘长卿研究资料，除每篇正文后所附外，全书后又附录了诸家序跋、刘长卿简表、《刘随州集》版本考及各家评论、杂记等资料。前言中考证了刘长卿的生卒年及生平事迹、创作风格。（王海燕）

I000191　**杜甫诗精选精注**　龚笃清编。广西师范大学出版社1996年3月版。17.6万字。9.80元。“唐诗精粹丛书”之一。共选出杜甫诗160余首。在编排上按体裁大致分为：五言古诗、七言古诗、五言律诗、七言律诗、五言绝句、七言绝句。（肖星明）

I000192　**李白诗精选精注**　弘征编。广西师范大学出版社1996年3月版。11.1万字。7.80元。“唐诗精粹丛书”之一。选入李白诗141首，在编排上按体裁大致区分为：先五、七言古风（含乐府），不另分杂言；次五、七言律诗；再次为五、七言绝句。简要的赏析列于篇后，亦每糅入注释中。于事典的出处则多引原文。（肖星明）

I000193　**佛家唐诗三百首**　唐·龙门居士著。花山文艺出版社1996年8月版。47万字。21.00元。按内容分为3编。一是开悟诗，从一个很重要的方面显示了佛家寂照了悟的体验和深邃博大的般若智慧；二是丛林诗，反映了佛家对自然适意的人生真谛的追求以及禅宗物象与心灵整合为一、自然天趣的审美境界；三是杂录，多角度、多侧面反映了佛家生活与思想情态。本书另有鉴赏文章112篇。

I000194　**唐代名家诗丛**　李白、杜甫等著。花山文艺出版社1996年1月版。134.1万字。90.50元。包括《李白诗歌精选》（韩盼山选注）、《杜甫诗歌精选》（韩成武、南思雁选注）、《白居易诗歌精选》（时宜之选注）、《杜牧诗歌精选》（任文京选注）4种。编选者选收了诸位名家诗歌的精华，并分别在每种书前撰写了作家小传，每首诗后作了简明扼要、通俗易懂的注释，有些地方还抒发了新颖独到的见解。

I000195　**唐诗三百首**　清·蘅塘退士编，章立校注。陕西人民出版社1996年1月版。14.1万字。6.80元。“中国传统文化精品丛书”之一。清代蘅塘退士从唐诗脍炙人口之作中，择优选取三百余首辑为一册，分为五言古诗、七言古诗、五言律诗、七言律诗、五言绝句、七言绝句6部分。本次出版在原读本基础上进行了校正，对所选各诗的作者予以简要介绍，并对各诗中的词句、典故进行了注释。（张卫东）

I000196　**宋诗精华**　陶文鹏等编。广西师范大学出版社1996年1月版。103.3万字。48.00元。共收392位宋代诗人的作品912首。以作者生年先后为序排列。每篇作品含作者小传、作品、注释、译文、集评、总案6部分。（桑林佳）

I000197　**历代题话诗（上下卷）**　清·陈邦彦选编。北京古籍出版社1996年9月版。100万字。128.00元。康熙时代留给后世的重要文化遗产之一。全书120卷，共收历代题画诗8 962首，分为天文、地理、山水、名胜、古迹、故实、闲适、古像、仙佛、仕女、竹兰、花卉、草虫、宫室、器用等30大类。（龙杰）

I000198　**赵翼诗编年全集**　华夫主编。天津古籍出版社1996年版。120万字。330.00元。赵翼，字云松，又作云崧、云崧，号瓯北，清·乾、嘉时期著名的史学家、诗人。作为诗人的赵翼，他的诗作远绍汉魏,近师唐宋,融百家之长转益多师;又能不泥古乖时,他反对因袭提倡独造。赵翼与其同时的另外两位大诗人袁枚、蒋士铨并称"江右三大家"。本书以清·乾、嘉年间湛贻堂刻《瓯北全集》为底本,以光绪三年滇南寿考堂刻《瓯北全集》为参校本,并将袁枚、蒋士铨、王鸣盛、钱大昕、翁方纲、吴省钦、祝德麟、李保泰、张云璈诸家的评语,一一采录,置于所评的诗篇之末。(韩嘉祥)

I000199 **清诗汇** 北京出版社 1996 年 3 月版。350 万字。530.00 元。清代诗歌总集。原名《晚晴簃诗汇》200 卷,共收清代诗歌 6 159 家、27 000 余首。不仅辑入清代所有名家的代表诗作,而且保存了一些流传稀少的作品和不甚知名的诗人的历史资料。书中附有名家小传及诗话。(龙杰)

I000200 **韩容诗存** 清·董文涣著。北京图书馆出版社 1996 年 6 月版。25 万字。20.00 元。以清代董文涣所辑《韩容诗存》为主,另将一些稀见的清代中韩两国学者倡和的诗文作为附录收入,从书中可以感受到汉文化对邻国韩国的深远影响,也可以了解到当时中韩两国文化交流的一个侧面。这些诗文现已少有资料流传于韩国,将其出版,无疑是了解其生平事迹的吉光片羽。也有些诗文是逸于其文集外者,弥足珍贵。当今国画大师董寿平先生为该书护封提供了梅花画,及董文涣书名字辑手稿和董文涣照片。(卢玉荣)

I000201 **林则徐诗选注** 周轩著。新疆大学出版社 1996 年 12 月版。30 万字。20.00 元。所选注的林则徐诗作,主要根据清光绪丙戌福州林宅藏版刊本《云左山房诗抄》。另有个别新发现的诗作。注诗 220 首,其中前后期及禁烟抗英的诗作占四分之一,流放期间的诗作占四分之三。该书对所选诗作各篇均有较为详细的注释。用释题、释词、释句三种方式,都尽可能参照史料如日记、书信、文牍、奏稿及谕旨作注。题解对诗词的写作时间、地点、有关人物和史实,思想内涵和艺术特点等都作出了简要说明。注释选择单词作注,原诗中的繁体字、古体字、异体字,一般改为通行简化字,难字加注拼音,释解词义,加以考证。典故注明出处,一般的引用原文,较繁较难的复述大意。释句解释整句或两句以上通连的意义,概括说明大意,或简单译出诗意内容,对诗的句段进行疏解,深入浅出,文史结合。该书诗作采取编年方式排列次序。(范琳)

I000202 **碎金词谱** 清·谢元淮辑。天津古籍出版社 1996 年 9 月版。38 印张。3 270.00 元。共 4 册。辑录韦庄、李煜、晏殊、柳永、苏轼、秦观、贺铸、周邦彦、李清照、陆游、姜夔、吴文英、张炎等唐五代宋著名词人带有音乐谱的词作近 200 阕,初刊于道光二十四年,复刊于道光二十八年。此书为我国现存极为难见的标有工尺谱字即音乐谱的词谱,它既是研究音乐史、词曲史的重要文献资料,也是高等院校有关专业如音乐专业、中文专业等必不可少的教学及科研资料。此书底本系徐汤殷南册书楼旧藏之道光甲辰(即道光二十四年)初刊本,楮墨俱佳,堪称古代版刻之精品;另附谢元淮《碎金词》一卷,亦标工尺,更称海内外稀见之本。此次推出的仿真影印朱墨套色樟匣线装本《碎金词谱》,由于采用了传统手工宣纸和现代印制技术,较原刊本更为精美。(杨钟贤)

I000203 **宋词三百首** 清·朱孝臧选编,于夫校点。陕西人民出版社 1996 年 1 月版。150 万字。7.10元。"中国传统文化精品丛书"之一。为清代朱孝臧的选本,其中以晏殊、欧阳修、柳永、苏轼、周邦彦、贺铸、江夔、吴文英为主,同时又照顾到整个宋词发展的全貌。本次整理,对每位词人都作了简单介绍,每首词予以准确、简明的注释。这些作品大多出自大家之手,多为脍炙人口的名篇。(张亚维)

I000204 **全宋词典故辞典** 范之麟主编。湖北辞书出版社 1996 年 12 月版。310 万字。95.00 元。诠释宋代词中典故的专门性工具书。分上、下两册。共有条目 1 万余条,采取"出典、释义、例句"三原则,而且精细、生动。在选典立目方面,该书编著者采取引用或化用史实、故事、戏曲、神话、名物典章以及前代作品佳句为典,尽力分细收全。在释义化疑方面,该书力求全面、准确、精当,以帮助读者从释义中得到启迪。在例句引导方面,该书除尽量多选用名篇佳句外,因为要顾及到"全面",尽力包容"全宋词",历史地反映宋词用典的整体面貌,即使不能选用名篇佳句也尽量选用用典技巧高一些的例句,以通过例句的引导,使读者真正了解或掌握写诗填词的用典技巧。(刘丹)

I000205 **近代词钞** 严迪昌编。江苏古籍出版社 1996 年 6 月版。150 万字。100.00 元。近代词作大型选本。作者从词家众多、词作宏富的近代词林中精选出 201 家词人的 5 500 余篇作品,在编选时不囿于今人观念,以近代词鲜明的时代特色为标准,兼顾其审美价值,对于词史演进、词派嬗递、词风变迁尤多关注,因而颇能反映动荡剧变的时代风云,展示一代文人的特有心态。该书既全面反映近代词坛创作的整体风貌,也微观审析到具体作家的词风词貌。

本书为每一位作家列有小传，交代其姓字、籍贯、履历、著作、词学成就等，引述了一些评语并发表了一些个人意见，也可供读者参考。（陈文瑛）

I000206 **诗词曲小品精华丛书** 丘希仁等编。广西师范大学出版社1996年7月版。129.6万字。74.40元。包括《唐诗绝句精华》、《宋诗绝句精华》、《宋词小令精华》、《元曲小令精华》。该丛书选取诗之绝句、词曲之小令的精华佳构，加以注释、简评。（肖星明）

I000207 **中国现代经典诗库** 中国社科院文研所现代室编。北岳文艺出版社1996年10月版。360万字。260.00元。选收中国现代新诗史上有代表性的作家的作品，起讫时间为1917年至1949年9月。中国现代新诗，流派众多，体裁完备，艺术风格更是异彩纷呈，是五四新文化运动最有冲击力的文学阵容。本书规模宏大，10卷册收入各个时期、各个流派、各种艺术风格的42余位诗人的2 000余首有代表性的作品，有些新发掘出来的旧作系首次入选。作品体裁，以短诗为主；有代表性的长篇叙事诗，适当收入；散文诗选择有典型意义的，旧体诗一律未收。从第一首白话诗胡适的《朋友》至新中国成立前夕的解放区新诗，波澜壮阔地反映出中国现代诗歌诞生、发展的脉络，对研究新诗，研习创作都有一定的文化价值和鉴赏价值。由此体验凝重而多变的中国现代史的历史感和中国新诗风貌。（席香妮）

I000208 **黑牢诗篇** 副名：白公馆、渣滓洞革命烈士诗文集。厉华等编。重庆大学出版社1996年5月版。16.8万字。4.50元。收集抗战时期被国民党囚禁在“白公馆”“渣滓洞”里的革命烈士用自己的鲜血和生命写下的诗文。这些诗文感情丰富，朴实无华。（贾蔓）

I000209 **穆旦诗全集** 副名：20世纪桂冠诗丛。穆旦著。中国文学出版社1996年版。27万字。16.20元（平），24.20元（精）。收入20世纪中国杰出诗人穆旦（原名查良铮）自30年代以来至1977年去逝时所有诗作。穆旦自40年代起即是著名的青年诗人，后因受到不公正的对待而被长期埋没。自80年代中期，尤其是90年代他的诗作受到诗歌界和学术界的高度评价。他创作的《赞美合唱》等反映抗战的诗足以与艾青媲美，他的反映知识分子内心搏斗的诗篇，如《隐现》、《还原作用》等在当时乃至新诗史上都堪称独树一帜。他的《十八首》被认为是本世纪最卓异、最优秀的情诗。书后附有“穆旦年谱简编”。为穆旦研究和读者了解穆旦提供了完整的版本。（刘钊）

I000210 **三家诗** 黄苗子等著。广东教育出版社1996年11月版。15万字。12.00元。黄苗子、杨宪益、邵燕祥三人的旧体诗合集。分为3大篇：无腔集（黄苗子）、彩虹集（杨宪益）、小蜂房集（邵燕祥）。无腔集和彩虹集基本上是1976年以来所写的，小蜂房集收进了小部分50年代和60年代的诗。内容既有时事感赋、友人题赠，还有生活记事等；体裁分为诗、词、长歌等等。（姚沙沙）

I000211 **上海洋场竹枝词** 顾炳权编。上海书店出版社1996年12月版。41万字。40.00元。辑集自清同治年间迄本世纪40年代的以上海租界人事物象为吟咏题材的竹枝词凡74种、4 000余首，附载相关的序跋题识与旧注新释。该书涉及层面极广，无论是日常的衣食住行，还是商务、游乐、宗教，乃至社会下层烟赌娼帮，都有不同程度的深入刻画。其中不仅有具体事像的描绘，而且还有当事者心态的反映。诸多时人不屑笔录、故使后人反而难求其真的社会常事资料，在该书中占有很大比例，弥足珍贵。如其中《沪江商业市景词》866首，几乎细大不捐地囊括了当时上海的工商及教育文化百业，宛若一轴近代上海的《清明上河图》。（完颜绍元）

I000212 **中国新时期争鸣诗精选** 《诗刊》社编选，丁国成主编。时代文艺出版社1996年9月版。40万字。25.50元。选收粉碎“四人帮”以来，在全国以至海外有重大争议的新诗40余首，同时也选收了围绕这些诗作观点各异的评论文章近百篇，以及对新时期新诗创作进行总体评价的争鸣文章，如“崛起论”及其商榷文章等。基本上反映了诗坛百花齐放、百家争鸣的全貌。（张秀枫）

I000213 **巴斯拜的业绩** 沙比提著。民族出版社1996年4月（哈萨克文）版。15万字。11.50元。包括诗人12首长诗。其中《巴斯拜的业绩》一首歌颂了我国哈族著名爱国志士巴斯拜在抗美援朝时，捐一架战斗机的慷慨举动和帮助穷人的事迹。《多兰的头》一首，描写了在“文革”时，一位富有实干精神的县长的悲惨命运。（蔡锐坚）

I000214 **邓小平之歌** 王蔚桦著。贵州人民出版社1996年11月版。12.5万字。20.00元。邓小平同志作为我们党的第一代领导集体的成员和第二代领导集体的核心，经历了中国共产党成立以来的各个重要历史时期和重大历史事件。为党的事业，人民军队的建设立下功劳；在为建设有中国特色的社会主义而进行的新长征中，以马克思主义者的理论勇气和伟大气魄,创立的建设有中国特色社会主义理论成为我们党在新的历史条件下的指导思想的理论基础。本书以长诗的形式,艺术地再现了邓小平同志的巨大功绩。(熊美琼)

I000215　**买海居诗选**　王学明著。花山文艺出版社1996年10月版。6.9万字。5.00元。收入作者1960年—1996年的诗作120余首,大部分是五、七言绝句、律诗,也有古风。作品内容,主要是讴歌山河之美,文物之盛;赞叹贤达文采,朋友交情;对农家风光,书房情景等等也有吟唱。

I000216　**拒绝末日**　李松涛著。春风文艺出版社1996年9月版。8万字。9.00元。抒情长诗。诗人对大自然、对人类赖以生存的地球充满了深深的热爱,对包括环境在内的整体人类生存状态进行了认真的思考,控诉了繁荣现象的背后,人们践踏自然规律、对生存环境严重破坏所带来的无数惨象。诗人大声疾呼,面对这一切,人类应该警省,拒绝末日。

I000217　**灵性**　冯骥才著。百花文艺出版社1996年版。7万字。9.80元。冯骥才创作的散文诗最新结集。全书凡401节,这些短句是作者在创作之余,常对生命和艺术产生一种新的感悟,形成诗的断想,是思想、智慧、性灵的结晶,也是对人生的思索与沉淀。书中有智慧的对话,有对生命的感悟,有向宇宙的诘问,有爱情的昭示,有艺术的颖思,充满了一个不断探索的作家、艺术家对社会、历史、人生的独特体味。虽说不上句句精彩节节珠玑,但有些确可称得上是警语警句迭出。这些蕴含着诗情哲理的短句,流泻着作者的灵性与激情,揭示着人生与艺术的真谛,给人以美的感受和思想的启迪。书中还插有作者的绘画作品6幅,这些精美的句子加上富于意境的国画作品,形成完美的艺术整体。(刘淑文)

I000218　**姚文仓诗选**　姚文仓著。敦煌文艺出版社1996年4月版。10万字。16.00元。收入诗作144首。咏物抒怀,是其基本特色。诗人或行进于陇原大地,或漫游于神州四海,或徜徉于名山大川,状物写景,吐露情志,自然真实,且格调清新豪放,诗味纯正醇浓,意蕴隽永深刻,富有时代感和生活情趣,能扬人奋发之气。(马林楠)

I000219　**爱国者,中华的脊梁**　副名:少先队员朗诵诗。于波著。辽宁少年儿童出版社1996年6月版。10万字。6.00元。作者以朗诵诗的形式,歌颂了爱国者热爱祖国、抵御外寇、追求统一、追求和平、追求光明、奋发图强、创造发展的高尚情操,塑造出林则徐虎门销烟、康有为、梁启超、谭嗣同维新变法以及抗日英雄杨靖宇、爱国华侨陈嘉庚、开国元勋彭德怀、女排名将郎平、党的好干部孔繁森等一批在近代、当代史上具有代表性的爱国者的光辉形象。这里有最为人们注目的革命家、政治家、军事家,也有科学家、文学家、艺术家和其他方面的杰出人物。他们共有一腔爱国赤诚、一身卓越才智,共同带领人民创造了伟大的历史和灿烂的文化。本书共收录叙事诗31首。作者在选材、谋篇上进行了有益的探讨,往往采撷爱国人物生平中最有代表性、最惊心动魄的一幕来叙写,由此来勾勒其壮丽的一生。叙述描写中,作者融入浓郁的诗的抒情、警策的诗的议论,每篇作品都有很强的感染力和教育作用。(崔勇谋)

I000220　**朗诵给祖国听**　副名:新中国爱国主义诗选。韩作黎、樊发稼主编。北京少年儿童出版社1996年1月版。15.6万字。8.90元。荟萃建国40多年来我国发表和出版的最优秀最精彩的百余首爱国主义诗篇。这些诗从各个角度和侧面,歌颂了我们的党和领袖,歌颂了伟大的社会主义祖国;赞美了祖国的锦绣河山和光辉灿烂的悠久历史,颂扬了为保卫祖国、建设祖国无私奉献的革命先烈和英雄模范;不少诗歌是进行热爱首都,热爱家乡和革命传统教育的;有的诗篇直接抒发了儿童少年热爱集体、热爱生活和憧憬未来的美好理想和豪情壮志;还有通过爱父母、敬老师而进行爱国主义教育的。(陈兴兰)

I000221　**梦土**　厉风著。春风文艺出版社1996年12月版。2万字。11.00元。诗集。分“山海畅想曲”、“浅淡的素描”、“无题咏叹调”、“爱情的独白”4辑,收入诗作近200首。既有对大自然的歌吟,也有对社会、人生、爱情等的思考,感情真挚。附有评论文章数篇。(崔棠)

I000222　**厦门诗荟**　戴光华编选,李熙泰参订。鹭江出版社1996年10月版。29.6万字。18.50元(平),25.50元(精)。“厦门文化丛书”第一辑中的一本。对厦门文化的历史渊源及其流变进行了多方位、多侧面的审视和论述。本书搜集自唐迄今的诗词千余首,分为厦门名胜、鹭岛雄风、嘉禾花鸟、杂咏补遗、厦门诗话、厦门词萃6大类,咏景抒怀,各体俱备,虽不能将所有诗人的佳作全部编入,但尚可代表厦门诗词目前之梗概。(陈骋)

戏　剧

I000223　**中国近代文学大系·戏剧集(第一卷)**　张庚、黄菊盛主编。上海书店出版社1996年2

月版。680万字。48.00元。共选收近代戏剧剧本34种,其中传奇杂剧17种,京剧17种。传奇杂剧类有6部作品是清末文人遵循古典戏曲创作方法所撰写的剧本,而大部分则是戏曲改良运动时期的作品。京剧类遴选了早期徽班、皮黄的传统戏和京剧改良、京剧时装新戏等各个时期的重要剧目。这些作品既体现了近代戏剧创作的主要倾向,也反映了这一时期各种不同的艺术创作风格和流派。因戏剧存本散失情况严重,所以有找不到原本而未能入选之作,也有只存单本、场次、片断、提纲、幕表的情况。(郑晓方)

I000224 **宁波剧作家优秀作品选** 裴明海编。宁波出版社1996年12月版。90万字。35.00元。共收集宁波12位作家的21个戏剧代表作,有传统历史剧,也有新编历史剧,还有现代生活题材。所选的作品都是在省以上演出获奖的剧目,均具有较高的艺术水平,全面展示了宁波40余年来戏剧创作的丰硕成果,体现了宁波的戏剧文化深深植根于人民群众的历史创造活动,继承发扬民族优秀文化和革命文化传统,吸收世界文化优秀成果,为体现精神文明建设的性质和方向,为建设有中国特色的社会主义而努力奋斗。(王伯城)

I000225 **中国名剧系列** 洪昇等著。花山文艺出版社1996年1月版。60.3万字。41.10元。中国著名戏剧剧本名家评点系列。包括明汤显祖的《牡丹亭》,由明万历谑庵居士王思任和清乾隆快雨堂主人王文治评点。清孔尚任的《桃花扇》,由清孔尚任评点。清洪昇的《长生殿》,由清吴仪一评点。元王实甫的《西厢记》,由金圣叹评点。

小　说

I000226 **西游记大系** 杨爱群主编。黑龙江人民出版社1996年1月版。300万字。198.00元。共3卷,收《西游记》、《续西游记》、《后西游记》、《西游补》、《新说西游记》。这些《西游记》续书的文学成就虽不及原著,但也都各具自己的特色,续书中有的是接原著之尾而起笔,以完全不同的情节描写取经的经历;有的是借用原著的某一回另成新著,读来令人耳目一新。(徐冲)

I000227 **中国古典文学名著少年珍藏版** 张青主编。沈阳出版社1996年1月版。120万字。88.00元。包括《西游记》、《红楼梦》、《三国演义》、《水浒传》、《儒林外史》、《聊斋志异》、《今古奇观》、《老残游记》、《镜花缘》、《封神榜》、《大明英烈传》、《七侠五义》、《白蛇传》、《济公传》、《儿女英雄传》等18种。以精美通俗的语言浓缩了名著的精华,为了全面反映书中的内容,本丛书中采用了大量的人物绣像插图,共约200幅。(潘晓翊)

I000228 **明清稀见小说丛刊** 苗深等标点。齐鲁书社1996年版。72万字。52.00元。共收10种现藏于海内外的孤本小说,其中既有白话长篇小说《山水情》、《闪电窗》、《空空幻》、《醒名花》、《跻云楼》和白话短篇小说《跨天虹》、《锦绣衣》、《花梨园》,也有文言长篇小说集《花影集》和文言短篇小说《春梦琐言》。它们有的借才子佳人故事,反映了封建末世的颓废世风;有的以追踪士人举子赴考的经过,刻画了没落文人的陋行丑态;有的作品暴露了封建社会严重的重男轻女、溺杀女婴现象;有的小说无意中正面描写了所谓"山盗水寇"。多数小说张弛情节,刻画人物,表明古代小说艺术技巧正走向成熟。但许多作品流露了作者落后的思想观念和宿命意识。书前附有10种小说的书影。(于志强)

I000229 **晚清社会小说丛书** 李伯元等著。花山文艺出版社1996年8月版。171.5万字。72.50元。共5册,《活地狱》、《二十载繁华梦》、《文明小史》、《最近社会秘密史》、《最近官场秘密史》,收入中长篇小说9部,除书名所示5部外,还有《商界现形记》、《医界现形记》、《九命奇案》、《官场维新记》等4篇。大部分作品都表现了关注社会,关心时局,关心社会生活,以讽刺的笔法揭露当代的黑暗,抨击当代暴政。作品以当代的官场为背景,以当代的重大事件为素材,笔触遍及政治、经济、外交、文化、军界、商界、医界等各个方面。小说的主人公大多是贪污与媚外的官僚及其爪牙,是帝国主义及其奴才——买办、汉奸之流,以及市侩小人、洋场恶少、酸腐文人、斗方名士,一切半封建、半殖民地的产物——入画,展示了那个罪恶社会的丑恶面目。

I000230 **子不语** 清·袁枚著。重庆出版社1996年1月版。28.8万字。16.00元。清代文言短篇小说集。共收491个故事。主要记述了一些鬼怪神奇的事情,同时也有一些反映现实的作品。这些故事有的揭示了封建官吏残暴、贪婪、奢侈的丑恶嘴脸,有的撕下了道士、和尚装神弄鬼的假面,有的反映了清代社会世风日下、骗术盛行的状况,有的嘲讽了当时的不良风气和鄙陋习俗。描述故事简洁,刻画人物生动,语言朴实、自然、凝练,有较强的可读性。收入"笔记小说精品丛书"。(余国枢)

I000231 **世说新语全译** 柳士镇、刘开骅著。

贵州人民出版社 1996 年 10 月版。64 万字。29.50 元。《世说新语》是南朝宋临川王刘义庆编撰的一部笔记小说集,记载了魏晋名士的言行、风度和其他的一些社会内容,赞扬和表彰了一些高尚人物及其行为,但同时又有不少消极迷信的我们今天应当摒弃的东西。本书以明代袁褧嘉趣堂本为依据,参以日本尊经阁影宋本、王先谦思贤讲舍校订本、唐写本《世说新书》残卷,对原文进行校订。在译注时参考了刘盼遂的《世说新语校笺》、杨勇的《世说新语校笺》、余嘉锡的《世说新语笺疏》和许绍早等的《世说新语译注》等,以直译为主,结合意译。收入"中国历代名著全译丛书"。(熊美琼)

I000232　**古本聊斋**　王春瑜主编。东方出版中心 1996 年 1 月版。72 万字。50.00 元。分上下两册。精选自魏晋到清末的 1 600 余年间的各类稗官野史笔记中的精彩鬼、神、妖、异故事 328 则,其中不少取自当世难以觅找的珍稀本。分鬼国沧桑、神仙世界、妖风阵阵、孤家悲欢、精怪奇谈、异闻轶事等 6 大类,逐篇注释、翻译,并以现代的眼光对故事加以裁量评点。(徐客)

I000233　**耳食录·三异笔谈**　清·乐钧、许仲元著。重庆出版社 1996 年 3 月版。32.1 万字。13.30 元。清代文言短篇小说集。《耳食录》5 卷,共 150 个故事。多记儿女缠绵,鬼神怪异及街谈谐笑之事,故事曲折,可读性强。故事中展现了清代社会生活的方方面面,乃至最隐秘的角落,其中一些暴露社会腐败的篇章中,时有自然主义的痕迹,望读者批判接受。《三异笔谈》4 卷,共 81 个故事。主要记叙的是清代的一些掌故和轶闻。作者一生混迹官场,先为人作宾客,而后至官,集中记叙为官之道颇祥。作者一生浪迹四方,各地的风土人情多有记载,虽是清代事迹,至今读来也兴趣盎然。收入"笔记小说精品丛书"。(余国枢)

I000234　**夷坚志**　副名:笔记小说精品丛书。宋·洪迈著。重庆出版社 1996 年 1 月版。24.5 万字。14.20 元。宋代文言短篇小说集。主要记载了在南宋时期发生的一些怪异之事。里面既有很多鬼神故事,反映了惩恶扬善主题,同时又为我们展示了丰富多彩的社会画面,比如揭露统治阶级的腐朽残暴,反映南宋社会的动荡不安,颂扬正派人士的高尚品格,抒写青年男女的忠贞爱情,等等。全书共有 403 个短小精悍的故事。(余国枢)

I000235　**夜雨秋灯录·夜谭随录**　副名:笔记小说精品丛书。清·宣鼎、闲斋民著。重庆出版社 1996 年 3 月版。39.3 万字。20.90 元。清代文言短篇小说集。《夜雨秋灯录》系晚清笔记小说中的上乘之作。共 12 卷,115 个故事。集中最为动人的是描写妇女生活的故事,尤其是封建社会里的妓女生活。故事虽多系神奇怪诞,扑朔迷离,但通过这些幻境和神鬼故事,作者描摹出人间百态、社会实录。对晚清社会现实有较深刻的揭示。《夜谭随录》共 4 卷,141 个故事。多述狐精故事。其狐精除少数为害人类外,余者大多数是感恩图报的侠义之辈。它们或扶困济危,仗义疏财,能给所爱的人以富裕、显贵、幸福、安康。作者认为人不如异类,对现实社会有较清醒的认识。在对狐仙的描写上《夜谭随录》比《聊斋》过之甚多,能给读者耳目一新的感受。(余国枢)

I000236　**笔记小说精品丛书**　清·袁枚,王韬等著。重庆出版社 1996 年 3 月版。237.7 万字。127.50元。包括 8 册:清代的《子不语》、《萤窗草异》、《淞滨琐话》、《阅微草堂笔记》、《谐铎·埋忧集》、《耳食录·三异笔谈》、《夜雨秋灯录·夜谭随录》和宋代的《夷坚志》。(余国枢)

I000237　**阅微草堂笔记**　清·纪昀著。重庆出版社 1996 年 3 月版。38.6 万字。20.00 元。清代文言短篇小说集。共 24 卷,1 196 个故事。这些故事长则千余字,短则几十字,故事类似《卿斋》,多记叙狐仙鬼神、人鬼之交、人神之恋等。但透过神异志怪的现象,清代社会的人世百态无不毕肖其间。"测鬼神之情状,发人间之幽微"是该书的写作宗旨。该书文笔简练,叙述雍容淡雅,有较高的文学价值。在清代是与《聊斋志异》齐名的著名笔记小说。收入"笔记小说精品丛书"。(余国枢)

I000238　**萤窗异草**　清·长白浩歌子。重庆出版社 1996 年 2 月版。30.9 万字。16.80 元。清代文言短篇小说集。分 3 编 12 卷,共 138 个故事。故事多涉狐仙鬼怪、男女风情及明末清初的奇闻怪事。故事完整、曲折、生动,富有阅读性,是继《聊斋》后又一取得重大成就的短篇小说集。作者文笔典雅,极讲究故事结构的变化多姿,作品具有很强的可读性和文学性,在狐仙神怪的喜怒哀乐中,展现了现实社会的悲欢离合。收入"笔记小说精品丛书"。(余国枢)

I000239　**淞滨琐话**　清·王韬著。重庆出版社 1996 年 3 月版。18.4 万字。11.50 元。清代文言短篇小说集。共 12 卷 68 篇。作者充分发挥想象力,从内容到形式都仿《聊斋志异》而作,多写离奇、怪异的奇特经历。将人、鬼、神、怪之线索融为一体,出神入化,别开生面。作品故事曲折,读之不觉情为之动,神

为之移，渐入佳境，具有较强的可读性，不愧为近代著名的笔记小说之一。收入“笔记小说精品丛书”。（余国枢）

I000240 **谐铎·埋忧集** 清·沈起凤、朱梅叔著。重庆出版社1996年3月版。25.1万字。14.80元。清代文言短篇小说集。《谐铎》分12卷，共122个故事。每篇故事，非神即鬼，非精即怪，故事短小精悍，文字生动，寓于哲理，富有说服力。故事把鬼神与现实人生交糅在一起，于荒诞中见严肃，诙谐中见庄重，活画出一幅人鬼世俗图。《埋忧集》10卷，161个故事。故事多记奇闻轶事，有很强烈的社会现实性。故事多宣传忠义为人、正直处世的人生哲学，这不仅对于封建社会，对于今天都不乏其积极意义。收入“笔记小说精品丛书”。（余国枢）

I000241 **中华传统文化经典新刊** 上海文艺出版社1996年4月—1996年8月版。418万字。350.00元。包括《红楼梦》、《水浒传》、《三国演义》、《西游记》、《儒林外史》5种。以优选版本、古人会评、中外今人序评、代表性的各种古典插签20幅为特点。均有缘起、出版说明、眉批、前后批、三种附录（古人序跋、读法；国外与港台评论；明或清代到建国前的参考研究资料存目）。如《红楼梦》有王蒙、端木蕻良、周振甫、康来新4序，由孙逊撰写前言。正文前80回以庚辰本为底本，后40回以程甲本为底本。眉批与回前回后批来自脂砚斋重评的甲戌本、庚辰本、己卯本、戚序本、王府本、列藏本、靖藏本、甲辰本、三家合评本、黄小田评本、陈其泰桐花凤阁评本、刘履芬评本、哈斯宝译评本、王伯沆评本等。《水浒传》以百回本为底本；《三国演义》底本以毛氏父子评本为主；《西游记》以李评本为底本，参考明清以来十种其他版本；《儒林外史》以卧闲草堂本为底本，参校其他8种版本。为5书作序与前言的有施蛰存、吴组缃、李準、黄霖、何满子、宁宗一、陈新、谈凤梁、吴圣昔、喻素卿、孙菊园等。除《儒林外史》外均不选今人所作插签；《水浒传》加选了日本画谱本插签。附录的古人序跋等多为目前同类书中所罕见，如野云主人“西游证道奇书读法”，尤为难得。（金名）

I000242 **中国四大古典文学名著绘画本** 曹雪芹等著。湖南少年儿童出版社1996年12月版。3 824幅图。65.00元。将我国的四大古典文学名著《三国演义》、《水浒全传》、《西游记》、《红楼梦》改编成绘画本。绘画采用传统的白描手法，线条优美，人物刻画栩栩如生，构图严谨，场景恢宏。改编的故事浓缩了原著的精华，情节曲折，语言生动而有个性，人物性格鲜明，较好地体现了原著的艺术特色。（郦渊）

I000243 **西游记** 明·吴承恩著，肖森等改编，周申等绘画。中国连环画出版社1996年版。58.00元。以小说中最重大的情节为本，删冗琐，扬精粹，精选20个故事，编绘成古典文学名著连环画。各篇皆有中心，独自成篇，同时又互有承启，使其合可一窥原著之大貌，分则可欣赏各篇之精华，既有故事的独立性，又有原著的整体感。（叶曦）

I000244 **红楼梦** 曹雪芹著，杨国祥校点。长春出版社1996年1月版。100万字。40.00元。“传世名著·中国古典系列丛书”之一。《红楼梦》的版本较多，有甲戌本、己卯本、蒙古王府本、甲辰本等，本书则采用的是《乾隆抄本百廿回红楼梦稿》，简称是梦稿本。这在国内是首次出版。作者长期从事中国古典小说的教学和研究。（张中良）

I000245 **官场现形记** 清·李伯元著。上海书店出版社1996年1月版。76万字。45.00元。李伯元是中国近代文学的重要作家，曾创办报刊多种。《官场现形记》是其代表作之一，也是著名的清末四大谴责小说之一。作者将清末官场中的种种怪状和腐败，用一则则小故事串联起来，乃成长篇。李伯元在这部长篇小说中充分运用讽刺手法，勾画出各类贪官污吏、昏庸颟顸的朝廷命官的丑恶嘴脸，可谓入木三分。本书采用崇本堂宣统二年版本，将所有绣像置于书前，并将欧阳钜元的批语评说全文录入，是目前所见最为完备的版本之一。（龚建星）

I000246 **清代抄本公案小说** 清·储仁逊编著，张晨江整理。百花文艺出版社1996年版。34万字。18.00元。为南开大学图书馆藏“储仁逊抄本小说十五种”中的公案小说部分，内含8种清代中篇章回体小说：《毛公案》（六回）、《于公案》（之一，六回）、《于公案》（之二，十回）、《八贤传》（二十回）、《满汉斗》（八回）、《刘公案》（二十回）、《双龙传》（五回）、《青龙传》（四回）。作品所描写的故事内容大都在民间长期广泛流传，如刘墉（即著名的刘罗锅）、于成龙（清代中期有两个于成龙，均为政声良好的清官贤臣）、毛登科等人析疑解难、审明断决各种冤案、奇案等；还有清康熙朝八贤臣智斗奸佞索艾、道光皇帝微服私访、除暴安良等故事或传说。作品在流传中经过民间艺人的加工和社会下层文人的润色，情节较为丰富曲折，起伏跌宕，故事情节较强。人物性格色彩鲜明，但较为单薄。语言简明通俗，自然流畅。结构紧凑，脉络也颇为清晰。但总的来说，民间传说、民间故

事的色彩比较浓厚,文学性不强,缺乏雕琢修饰,尚停留在璞玉浑金的状态。(任少东)

I000247　**续聊斋志异选**　孙言诚、崔国光选译。山东大学出版社 1996 年 4 月版。50 万字。19.80 元。《聊斋志异》是我国古代最优秀的文言短篇小说集,出版后风行海内。从清代乾隆至光绪年间,受《聊斋志异》影响甚至刻意模仿《聊斋志异》的书先后达数十种之多。本书从此间出版的 20 种《聊斋志异》续书中选取 142 篇堪称优秀的文言短篇小说原文,并作注释、今译,便于读者了解此类文言短篇小说的风格、流派情况和其在思想、艺术上达到的成就。(邹宗良)

I000248　**郁达夫小说全集**　郁达夫著。时代文艺出版社 1996 年 5 月版。66 万字。39.50 元。共 2 册。收入郁达夫创作的全部小说,计 52 篇,依发表或创作的时间排序。小说从题材上大体可以划分 3 类。第一类主要以在日本的中国留学生生活为题材;第二类是以作者为生计在社会上奔波之苦为题材,这两类小说有着浓厚的"自叙传"色彩,第三类,虽侧重"我"以外其他人物的塑造,涉及社会生活面比较广泛,但仍经常以第一人称开始。郁达夫小说在题材上的这一特点和风格,使得他的少量作品似乎难以区分是小说还是散文。(张四季)

I000249　**鸳鸯蝴蝶礼拜六派经典小说文库**　程小青等著。江苏文艺出版社 1996 年 12 月版。200 万字。120.00 元。鸳鸯蝴蝶·礼拜六派兴起于二三十年代的大都市上海,其实属于中国现代市民通俗文学。该文库共 10 册,分为滑稽、言情、通俗、武侠、侦探、讽刺幽默、帮会等样式的小说,较完整地展现了鸳鸯蝴蝶·礼拜六派的文学创作风貌。(章俊弟)

I000250　**萧红小说全集**　萧红著。时代文艺出版社 1996 年 5 月版。69 万字。39.50 元。共两册。收入作者生前创作发表和未发表的全部小说,计 41 部,其中长篇小说 3 部,中短篇小说 38 篇,萧红的侄子张抗为全集作序。依题材和写作或发表时间排序。3 部长篇小说,实质上是 2 部半。《呼兰河传》、《生死场》、《马伯乐》。《马伯乐》止于第九章结束。首次发表时,到第九章有"全文未完"字样。同时,从小说的脉络及情节发展看,也还存在极大的延续空间。可能作者未能写完全书而过早辞世。(张四季)

I000251　**民国笔记小说大观(第二辑)**　徐一士等著。山西古籍出版社 1996 年 9 月版。150 万字。120.00 元。包括梁溪坐观老人著《清代野记》,缪荃孙著《云自在龛随笔》,徐一士《一士谈荟》、《一士类稿》、《近代笔记过眼录》,刘体仁《异辞录》,陈夔龙《梦蕉亭杂记》,白文贵《蕉窗话扇》,宁调元《太一丛话》,杨寿枬《云在山房丛书三种》,昂孙《网庐漫墨》,陈嘉庚《陈嘉庚回忆录》等 14 种笔记著作。其内容集中记述清末民初历史事件、名人遗事、风俗民情等掌故,如《一士谈荟》是民国年间有特殊史料价值的笔记著作,其中谈人物有崇实与骆秉章、彭玉麟与杨岳斌、张之洞与彭玉麟、荣禄与袁世凯、陆徵祥与许景澄、瞿鸿禨与张百熙,反映人际关系及其对当时时事的影响。写史事的有督府同城、首县、裁缝等官。(张继红)

I000252　**子夜手迹本**　茅盾著。中国青年出版社 1996 年 6 月版。40 万字。1 400.00 元。《子夜》的手稿,是茅盾所有长篇小说手稿中,历经战乱,得以完整地保存下来的一部。本书具有很高的艺术欣赏、文学研究、尤其是收藏价值。书中不仅包括《子夜》的全部正文,而且还附有茅盾在 1936 年应史沫特莱之邀,专门为此书亲写的小传,以及《子夜》出版后的各种中外文版本的书影、插图等。尤其珍贵的是,书中还编入了茅盾在创作此书时所构思撰写的大纲和提要,是文学爱好者及研究人员难以见到的宝贵资料。1996 年为纪念茅盾华诞百周年,将该书影印出版,并且印数为 1 996 册,每一本书都编有序号,并印有茅盾的签章,以便收藏家们珍藏。(冈宁)

I000253　**中国现代小说精品·郁达夫卷**　郁达夫著。陕西人民出版社 1996 年 1 月版。37 万字。17.50 元。"中国现代小说精品丛书"之一。选收郁达夫作于 1920 至 1935 年间的中短篇小说作品共 19 篇,几乎为其小说作品精华的全部。1921 年,郁达夫发表了早期代表作《沉沦》。小说以反帝爱国精神和大胆的描写轰动文坛。1923 年至 1927 年间,写了《春风沉醉的晚上》、《薄奠》等自己认为"多少带有一点社会主义的色彩"的小说。1932 年发表《她是一个弱女子》,小说反映了从"五四"经过第一次国内革命战争到 1931 年日军在上海发动淞沪战争期间,在社会大变动中的三个女性知识分子的分化和遭遇,并控诉了日军侵华的罪行;同年发表了思想艺术上最具其晚期创作特色的小说《迟桂花》。1935 年,郁达夫发表了他的最后一篇小说《出奔》。从此放弃了小说创作。郁达夫的小说具有浓郁的诗意、清新的文字、行云流水般舒展自如的结构。这种充满强烈浪漫主义精神的"自叙传"散文体小说,在"五四"以后的文坛上,独树一帜。本选本按作品发表时间顺序排列。(黄晓燕)

I000254 **刘震云文集** 刘震云著。江苏文艺出版社1996年6月版。100万字。56.50元。刘震云1958年生于河南省延津县，15岁当兵，1978年复员，同年考入北京大学中文系，1982年大学毕业后到《农民日报》工作。刘震云1982年开始发表作品，以小说《塔铺》崭露头角，此后又以《新兵连》、《头人》、《单位》、《一地鸡毛》、《官场》、《官人》、《温故一九四二》、《新闻》、《故乡天下黄花》、《故乡相处流传》等连续震动文坛，引起广泛反响。刘震云写乡土，写城市，写平民，写“官人”，题材广泛，风格多变。他一部分作品贴进生活现实，笔下人情世态逼真自然，善于不动声色，不露痕迹地揭示现实中某些丑陋和病态的本相，让人在不经意中受到震撼和感动；他的另一部作品反映社会历史，将社会浓缩在一个村庄、一个地区，以此为背景描绘跨越时代、风云变幻中的芸芸众生，他善于熔写实与虚拟为一炉，或直接引用资料，或荒诞变形，写得有情有趣，发人深省。本文集共4卷，分别为《向往羞愧》、《一地鸡毛》、《黄花土塬》、《温故流传》，收入了刘震云自1982年从事小说创作以来至1996年的所有名篇佳作。（沈瑞）

I000255 **《芙蓉》百期精品** 王蒙、刘心武等著。湖南文艺出版社1996年9月版。58万字。24.30元。为纪念《芙蓉》文学杂志创刊16年，出刊100期而出版。收入著名作家王蒙、刘心武、范小青、叶兆言、苏童、迟子健、何立伟等19人的作品。其中孙健忠的《甜甜的刺莓》、叶蔚林的《在没有航标的河流上》、谭谈的《山道弯弯》、韩少功的《红苹果例外》、残雪的《公牛》、范小青的《文火煨肥羊》、苏童的《十八相送》等获全国优秀中篇小说奖。

I000256 **格非文集** 格非著。江苏文艺出版社1996年1月版。76万字。40.50元。共3卷。《树与石》收录了15个短篇，《眺望》收录了6个中篇，《寂静的声音》则收录了2个长篇，基本上囊括了作者1996年以前的所有作品。作者是先锋文学的代表性作家，无论在理论上还是创作上都以不妥协的先锋立场而受人瞩目。所收作品较为全面地反映了作者的文学理念、审美趣味和创作风格，从一个侧面展示了先锋文学在中国文坛崛起的短短几年内所取得的创作成果。（黄小初）

I000257 **黄蓓佳文集** 黄蓓佳著。江苏文艺出版社1996年版。110万字。66.00元。共4卷。第一卷《雨巷同行》收录了作者早期作品；第二卷《午夜鸡尾酒》和第三卷《输掉所有的游戏》收录的都是婚姻爱情题材小说，但前者格调较为明朗，后者则是清一色的悲剧；第四卷《派克式左轮》收录了同名长篇外加一个中篇两个短篇，均取材于留学生生活。本文集收录的作品约占作者全部作品的五分之一，数量不是很多，但基本囊括了作者各个创作阶段的代表性作品，足以反映作者的整体创作风貌。作者早期作品带有较强烈的理想主义色彩和浪漫情调，中后期作品则日趋平淡、冷静，从本文集中亦可清楚地看出作者创作风格的演变脉络。（黄小初）

I000258 **伏羲六十四卦** 董庭波著。文化艺术出版社1996年2月版。90.1万字。39.50元。长篇小说。元末，烽烟四起。朱元璋与陈友谅决战鄱阳湖，乱兵中陈友谅两位妃子一位避入深山，一位被朱元璋所掠。两位妃子本是姐妹，分离时均有孕在身。姐姐生子名应文清，得遇武林泰斗张三丰，成为一代大侠；妹妹生子即燕王朱棣。后兄弟相逢，联手抗敌。燕王遵母嘱，报朱元璋杀父之仇，酬朱元璋养育之恩，改朝不换姓，在兄长协助下，得登大统。本书取《周易》六十四卦为章目，故名《伏羲六十四卦》，共64章，一卦一章。全书以卦理为贯穿全书的内核，宣仁义、重哲理，强调“仁”乃领袖人物的至高境界。全书情节曲折，惊心动魄，文笔流畅，人物形象亦丰满而新颖。（仲江）

I000259 **全唐传** 刘林仙、黄国祥著。北岳文艺出版社1996年8月版。381万字。187.00元。由《薛仁贵征东》、《薛丁山征西》、《粉妆楼》、《罗通扫北》、《五女兴唐》、《薛刚反唐》6部长篇组成。既相互贯通，又能各自独立成书。是一部以除恶扬善，弘扬民族正气和爱国主义精神为宗旨的长篇系列丛书；也是一部集史料性、文学性、艺术性为一体的长篇通俗文学作品。生动地描述了唐代数百年丰富多采的社会生活和波澜壮阔的风云变幻，成功地塑造了如徐茂公、程咬金、薛仁贵、薛丁山、秦叔宝、秦怀玉、尉迟敬德、罗增、罗通、薛刚、薛葵等一大批爱国之士和历史英雄人物形象；展示了樊梨花、洪月娥、窦金锭、吴月英、柏玉霜、纪鸾英等一代巾帼英雄的浩然壮举。书中对开国皇帝李渊和李世民广取贤士和为维护国家的统一而多次随军亲征作了生动的描述。同时也淋漓尽致地揭露了张士贵、李道宗、苏定芳、武三思、武承业、武则天之流的丑恶行径。（冯云）

I000260 **鸦片战争演义（上下）** 魏文华著。河北人民出版社1996年版。40万字。25.00元。通俗历史文艺作品。全篇50回。以正史为经、野史为纬，以生动流畅的文笔再现了鸦片战争时期的社会风情、人物悲欢，演义了中国社会如何由封建社会向半殖民地半封建社会的演变过程。记述了以林则徐为代表的革新派改革时弊、御侮图强的不屈不挠的精神,鞭笞了清王朝自上而下的官僚腐败无能、卖国求荣的丑陋嘴脸,歌颂了人民群众英勇抗争、反击外国侵略势力的英雄事迹。是一部加强爱国主义教育的好教材。(荆彦周)

I000261 **康熙大帝** 二月河著。河南文艺出版社1996年9月版。152万字。100.00元。作者创作帝王系列长篇小说的第一个大部头,也是最具影响的成名之作。含《夺宫》、《惊风密雨》、《玉宇呈祥》、《乱起萧墙》4卷。以惊心动魄的历史画面,成功地塑造了众多各具特色的历史人物。康熙从8岁登基,首先挫败了鳌拜集团的篡权阴谋,然后战胜了吴三桂为首的三藩割据势力,进而治理黄河,疏通运河,又东收台湾,展现了康熙从少年到青壮年颇有作为的帝王风采,但是康熙晚年在择储方面同诸皇子矛盾四起,同时朝廷内外腐败风也愈演愈烈。全书以现实主义手法,再现了康熙在治国安民方面的韬略才能,又暴露了封建皇帝在历史和性格方面的局限;既肯定了康熙开创康乾盛世的历史功绩,又预示了这个封建王朝在中国历史发展中的负面作用。作品写得波澜壮阔,多姿多彩又迭宕有致,这和作者后来创作的《雍正王朝》、《乾隆皇帝》连成一气,便有了史诗性质。(天俊)

I000262 **小说家喜爱的小说** 蔡葵编。北京十月文艺出版社1996年10月版。35万字。19.00元。特邀我国著名小说家王蒙、从维熙、叶兆言、刘恒、刘心武、刘震云、李国文、张贤亮、陈建功、林斤澜、凌力、贾平凹、梁晓声、蒋子龙、霍达等,将自己读过的最喜爱的中短篇小说公布于众。并撰文从思想上艺术上说明自己喜爱的原因,帮助广大读者提高对小说的阅读鉴赏能力。(龙杰)

I000263 **女市长上任** 副名:《女部长传奇》中卷。吴兴著。海峡文艺出版社1996年9月版。21.8万字。14.10元。长篇小说。以中国改革开放为大背景,以史诗般的笔力和电影蒙太奇手法,全方位地描绘了东南沿海侨乡玉城由穷变富,从十年九旱的"蕃茹县"变成初具规模的港口工业城市的辉煌时空,散发着千年古邑的乡土气息,呈现"海滨邹鲁"的人文景观。作者以浓烈的感情,优美的语言,诗化的文字,动人的细节,塑造了夏胜男、念军、宁克、曾明、程中、金坚等性格鲜明、个性迥异、血肉丰满的基层领导的群体形象,展现了"忠诚、团结、高效、廉明"的"玉城精神"及十年腾飞的"玉城速度"。(陈小培)

I000264 **中国当代名家中篇小说经典** 雷达主编。云南人民出版社1996年12月版。127万字。66.80元。收录当今最有实力也最活跃的32位中青年小说家的代表作,是当代著名作家中篇代表作的一次大巡礼。收录其中的每一个作家在选材、构思、语言运用及搜索生活的眼光上,都各具特色;渗透了作家对时代、社会、人生的深切思考。(张平慧)

I000265 **世界短篇小说精品文库·中国卷** 杨义编选。海峡文艺出版社1996年8月版。60.63万字。33.00元(平),39.00元(精)。有魏晋南北朝的志怪类短篇小说、唐人传奇、笔记小说、话本小说,现代短篇小说,当代短篇小说(含五六十年代、七十年代、八十年代后的作品)41篇。这些作品颇具特色,不但题材新颖,而且构思奇特,如:《女化蚕》、《床头捉刀人》、《快嘴李翠莲》、《邓山东》、《手》、《断魂枪》、《丈夫》、《将军的头》、《受戒》、《蝴蝶》、《棋王》等。(林秀平)

I000266 **90年代长篇小说系列** 刘心武等著。中国青年出版社1991—1996年版。包括《无性别的神》、《故乡天下黄花》、《风过耳》、《裸体问题》、《世纪贵族》、《青春游戏》、《与百万富翁同行》、《上海新贵族》、《柔姿》、《玩古》、《逃犯》、《光线》、《苦难祈祷》等13部长篇小说。作品富于时代感,注重文化积淀的开掘,艺术手法多样。(李硕儒)

I000267 **财阀思想** 刘燕荪著。农村读物出版社1996年10月版。26万字。16.00元。一部描写民族金融家李达成为发展民族银行业,和买办资本官僚资本斗争竞争的故事。时间跨度从1941年到解放,历经了抗日战争和解放战争两个历史阶段。作者从金融角度切入,反映了民族金融业在帝国主义的侵略压迫下苦苦挣扎的艰难情况,也真实地揭露了国民党利用金元券,挤倒银行,无情剥夺人民的丑恶行径。作者将毛泽东同志去重庆谈判,日本投降,国民党灭亡的重大背景,作为小说的背景,较好地表达了金融界不同代表人物的表现和冲突,也讴歌了共产党人在金融界所作的斗争。(刘宁)

I000268 **野象王国奇遇** 张祖渠著。重庆出版社1996年3月版。9万字。6.80元。中篇小说集。这是发生在祖国西南边疆密林中真实的故事。3个青年用麻醉枪打倒了一头大象,想锯下象牙卖钱。当他们锯下一颗象牙后,大象突然醒来,长吼一声逃进了密林……3年后,这头只剩下一颗象牙的"独牙象"又回到了当年猎杀它的地方,寻找曾猎杀它的三个人……本书共收进4个中篇故事。作品以写实的手

法，再现了野象王国的秘密。（余国枢）

I000269 **嫁到黑非洲** 赖翠玲著。中国文学出版社1996年版。35万字。22.00元。一部描写与黑人联姻的自传体长篇小说。述说了一个令人荡气回肠又赞叹不已的跨国界、跨种族的真实爱情故事。赖翠玲医生以中国女性的温存、宽仁、坚毅与勇敢远嫁到西非几内亚。在这块神秘而富有前途的土地上，她与这里的人民建立了深厚的友情，她以一位医生的眼光来看待人生与世界，介绍了这里的民俗风情、雕刻、舞蹈、服饰和巫术等，还讲述了嫁到这里的欧洲、亚洲妇女的种种情况。全书文辞朴实，情节扣人心弦并极富人生的哲理。

I000270 **激浪汾河湾** 李春芳著。白山出版社1996年7月版。49.8万字。24.00元。长篇小说。记述了抗日战争时期晋南地区襄陵游击队和襄汾塔儿山区人民，在中国共产党的领导下，以杨同善、梁祥云、郭平等同志，组成了抗日游击队。他们在前无屏障，后无依托，完全处在敌人包围之中的严峻形势下，依靠广大人民群众，机动灵活，神出鬼没打击敌人，使敌人无可奈何。日、蒋、阎及地方反动武装和土匪勾结起来，以数倍于游击队的兵力，多次对游击队进行袭击、“围剿”、扫荡，不仅没有消灭游击队，相反游击队越战越强，不断发展壮大。本书通过对晋南地区抗敌斗争的描述，生动真实地再现了关系民族存亡、社会进退、人类生死的大博击的那段历史。该书作者先后担任临汾县委书记和市委书记，在抗日战争和解放战争年代，亲身参加晋南地区的革命斗争，目睹了襄陵游击队及塔儿山人民同国内外敌人浴血奋战的英雄壮举。这部小说就是依据这段历史写成。（苏桂亮）

I000271 **古剑·军犬·野鸽** 沈石溪著。明天出版社1996年12月版。18万字。11.70元（平），13.70元（精）。收入“猎豹丛书”。长篇小说。以流畅的文笔，描绘了云南边境的秀丽风光和边防战士艰辛的生活。中缅边境的一个小小哨所，9名战士伴着一柄出土古剑，一只退役军犬和一对野鸽，度过了几年平淡却不平静的边防生活。终于有一天，境外毒贩子穷凶极恶地扑了过来，战火中，7名战士倒下了，而那些罪恶的毒品也被化为了灰烬。（丁淑文）

I000272 **平安世界** 周大新著。明天出版社1996年12月版。8万字。8.50元（平），10.50元（精）。收入“猎豹丛书”。长篇小说。总后勤部战时食品研究所研究员张世和，在一次高能食物粒服食实验中，视力奇变，意外获得了看穿地底的超能力。从此，他奔波于世界各地，观察地下岩层的可疑变化，预报地震，直至他身患绝症，停止呼吸……小说以富于科幻色彩的笔法，展示了我军后勤人员的生活和他们丰富的精神世界。（孟凡明）

I000273 **生死晶黄** 阎连科著。明天出版社1996年12月版。13万字。9.50元（平），11.50元（精）。收入“猎豹丛书”。长篇小说。描写了一个军人的旷日持久的自我审判。在某军事禁区的一枚战略导弹即将进行试射时，一滴晶黄的核裂变物质渗出弹体，在一场可怕的核灾难即将发生的生死关头，三排长大鹏退缩了……从此，他陷入了旷日持久的灵魂自省中。最终以悲壮的死，完成了灵魂的重塑。小说情节跌宕起伏，与人物内心激烈的冲突相融汇而成为一曲震撼人心的交响乐。（胡鹏）

I000274 **阳光下的故乡** 陶纯著。明天出版社1996年12月版。10.7万字。10.00元（平），12.00元（精）。收入“猎豹丛书”。长篇小说。应届高中毕业生苏明明向往着报名当飞行员，但一件令人伤心的往事在他的家庭中留下了抹不去的阴影，纯洁的友情又不免使他的脚步踌躇，18岁的他面临着重大的人生选择……作者用清新的笔触和时空倒错的手法娓娓地讲述了一个动人的故事，展现了飞行部队火热的生活场景，抒发了新时期的莘莘学子报效祖国的豪情壮志。（刘海栖）

I000275 **好男当兵** 简嘉著。明天出版社1996年12月版。18万字。12.90元（平），14.90元（精）。收入“猎豹丛书”。长篇小说。又一批新兵加入了某集团军的行列。他们当中有从小立志从戎的黄河，有家财万贯的杜元甲，有想当将军的史国军……在军队这个大熔炉里，他们磨炼品格，接受血与火的洗礼，最终成长为合格的战士。小说以流畅的文笔，勾画了火热的军营生活和新时期军人对友情、亲情、爱情的执著追求。（徐迪南）

I000276 **花神** 于波著。明天出版社1996年12月版。12.3万字。11.00元（平），13.00元（精）。收入“猎豹丛书”。长篇小说。中原大地，某空降部队新兵训练基地内，聚集着一群朝气蓬勃的空降兵战士。在教官江燕洲的带领下，进行艰苦紧张的集训。为了祖国的飞天事业，他们洒下了自己青春的汗水和鲜血，有的还献出了宝贵的生命。小说以充满诗情画意的笔触，展现了空降战士如火如荼的生活。（孟凡明）

I000277 **我们稍息——立正** 苗长水著。明天出版社1996年12月版。8万字。6.90元（平），8.90元（精）。收入“猎豹丛书”。中国北方的一个小山村，驻扎着一个高炮营。稍息——立正,演习操练,紧张而单调的军营生活日复一日。指挥员以及战士的喜怒哀乐也就在这样的日子中一页页掀开。小说以第一人称的写法,塑造了一群极富个性的陆军指战员形象,揭示出他们丰富、深刻的内心世界。(刘蕾)

I000278 **猎豹丛书** 阎连科等著。明天出版社1996年12月版。共7册。当今著名军旅作家写给青少年朋友的长篇小说系列。作者们以不同的视角,生动地描绘了军队这个大熔炉对官兵的磨砺和洗礼,勾画了火热的军营生活,塑造了我军官兵的崭新形象,对青少年朋友尤其是有志于献身共和国国防事业的青少年朋友具有深刻的教育意义。

I000279 **《三国演义》补(上、下)** 北京出版社1996年8月版。45万字。30.00元。承继《三国演义》的遗绪,以魏灭蜀的历史事件为背景,以姜维、邓艾、钟会等三国时期的名将征战为主线,通过沓中突围、剑阁攻守、奇袭江油、浴血绵竹等一系列重要事件,描述了蜀汉灭亡的全过程。书中塑造了诸多栩栩如生的人物形象,再现了三雄相争、同归于尽这一历史上著名的奇案和悲剧,使"汉蜀"故事有了一个完满的结局。(龙杰)

I000280 **太平天国全史演义(上下)** 魏文华著。河北人民出版社1996年1月版。90万字。45.00元。通俗历史文艺作品。以正史为经,野史为纬,加以适当的艺术虚构,生动灵活地描绘了太平天国运动的全过程,刻画了太平军领袖洪秀全、杨秀清、萧朝贵、韦昌辉、石达开等的形象,对清军将帅曾国藩、左宗棠、李鸿章的形象也进行了描绘,使得全书故事内容丰富、人物形象饱满。作者是一位资深的新华社记者,曾沿着太平军英烈们战斗过的地方进行了实地采访,搜集了数百则鲜为人知的野史掌故,掌握了大量的第一手材料。(荆彦周)

I000281 **中国红军演义** 胡兆才著。南京出版社1996年10月版。76万字。长篇历史小说。共两册。用纪实的手法,介绍了中国工农红军从无到有、从小到大、从弱到强的发展壮大过程,艺术地、全景式地再现了从南昌起义到长征胜利的历史(1927~1937);反映了以毛泽东为代表的中国共产党人从认识"枪杆子里面出政权"的真理,找到建立革命根据地,农村包围城市,夺取全国胜利这一正确道路的艰难探索过程;塑造了毛泽东、朱德、周恩来、陈毅、徐向前、贺龙、刘伯承、叶剑英等老一辈无产阶级革命家的群像。书中不回避一代伟人年轻时的幼稚和失误,尊重历史,通过对红军初创时诸多战例的描述,使人们实实在在地看到,我党我军以及一代伟人从幼稚走向成熟,从失败走向胜利的成长轨迹。对红军历史的描写,既有全景式的多方位的客观反映,又有不加粉饰的高层斗争的历史真相。如毛泽东的几起几伏、震惊世界的AB团惨案内幕、湘江大战悲剧、陈毅为何"打倒陈毅主义"、张国焘另立中央真相等,皆有独到的表现和真实的披露,揭开了以往诸多不解之谜。虽做到了严肃性、真实性和可读性,但在艺术表现上还有较多粗浅之处,在人物形象塑造和情节推动上比较简单化。(李荣昌)

I000282 **毛泽东长征在四川** 吴启权著。四川人民出版社1996年10月版。33.6万字。22.00元。一部展示毛泽东率领红军长征在四川的全景纪实长篇。以翔实的资料,再现了处于惊涛骇浪中的毛泽东在四川的传奇经历和巨人风采;记述了毛泽东的个人轶事和精神风貌;表现了毛泽东挥师入川,神机妙算、指挥若定的雄韬伟略,披露了毛泽东差点当上四川省委书记、在荥经县境内遇险、在石箱子和白沙等地主持重要会议等不少鲜为人知的史实;生动描述了毛泽东与爱妻舍子上征途、与张国焘分裂主义斗争以及红军与四川人民在战斗中结下的深情厚谊。(傅瑜)

I000283 **孔子(彩绘本)** 杨书案著。湖北少年儿童出版社1996年版。616幅图。23.00元。"诸子百家连环画丛书"之一,另3种《孙子》(已出版),《老子》、《韩非子》(待出版)。本书根据长篇历史小说《孔子》一书改编。孔子的思想和政治主张是通过故事形式反映出来,作者在书中还附有"孔子简介",使读者对孔子其人、其思想能有更集中、更全面之了解。(韦学渊)

I000284 **庄则栋与佐佐木敦子** 庄则栋、佐佐木敦子著。作家出版社1996年5月版。32.58万字。19.80元。我国著名运动员、曾连续获得三届乒乓球男子单打世界冠军的庄则栋和夫人佐佐木敦子合著的自传性作品。它以庄则栋与佐佐木敦子相识、相恋以至最后结婚为线索,真实描写了庄则栋从一个普通学生成长为世界冠军的奋斗历程,描写了他经历政治挫折之后潜心钻研乒乓球技术并带领山西女子乒乓球队大打翻身仗的艰辛过程,同时反映了他安心少年儿童的培养教育工作,发挥余热的精神境界。本书写出了两位异国恋人的真挚爱情,敦子为了和庄则栋完婚,毅然放弃日本国籍,加入中国国籍,并且定居北京。作者运用一种自然而恬淡的笔触,将两位作者的心声向读者倾述。由于庄则栋的特殊经历,此书有两点极有价值。一是关于"乒乓外交"的回忆，可弥补史料之不足；二是关于"加速制动"的研究，大大丰富了乒乓球技术理论。只是由于作者把情感和婚恋作为主线，使得书中最有价值的部分未能"浮出水面"。书中还选用了作者在不同历史时期的珍贵照片数十帧，使得作者所描写的人物和事件更加直观。(杨德华)

I000285 **孙子(彩绘本)** 杨书案著。湖北少年儿童出版社1996年版。433万字。22.00元。"诸子百家连环画丛书"之一，另3种《孔子》(已出版)，《老子》、《韩非子》(待出版)。本书根据长篇历史小说《孙子》一书改编。通过孙武随祖父征讨莒共公立头功；在吴宫操练宫女及助吴王阖闾征讨楚昭王等故事，刻画了孙武自幼就显露出军事天才，成年后更加"炉火纯青"，反映出孙武的思想、政治主张以及他高尚的"武德"。书中全文介绍了《孙子兵法》13篇，另附"孙子简介"，对孙武其人、其思想能有更集中、更全面之了解。(韦学渊)

I000286 **孙武** 韩静霆著。解放军文艺出版社1996年4月版。41万字。16.00元。韩静霆春秋人物长篇系列的开幕之作。是一部气势恢宏的历史画卷。作品艺术地再现了伟大军事家孙武的传奇一生。全方位多角度地展示了当时轰轰烈烈的战争场面。同时以生动传神的笔墨刻画了阖闾、伍子胥、楚昭王等历史人物。对旷世奇女漪罗、帛女、眉妃、四妃等人生生死死爱恋情仇都有精彩描写。(刘增新)

I000287 **孙膑传** 玉溪生著。花山文艺出版社1996年7月版。44.1万字。25.00元。孙膑，又称齐孙子，是与孙武、吴起齐名的先秦三大经家之一，其军事理论著作《孙膑兵法》对后世影响深远。该书在研究大量史料基础上，以文学形式生动形象地描写了孙膑的传奇性身世及其卓越的军事思想，展现了战国中期列国纷争的历史风云，塑造了孙膑、庞涓、鬼谷子、淳于髡、田忌、邹忌等众多人物形象。其中关于孙、庞从同学、结义兄弟变为仇敌、互相残害，两种不同军事思想的对立和斗争的描写，尤给人以深刻启迪。

I000288 **纪晓岚** 傅国标著。中国农业出版社1996年11月版。40.8万字。24.60元。长篇历史小说。作者在占有大量资料的基础上，塑造出纪晓岚、刘墉、刘统勋、和珅、司空文等栩栩如生的人物形象。小说中，纪晓岚天资机敏，生性诙谐，自幼过目不忘，夜能视物，其恢宏通达的大儒风范及聪明才智远非刘墉、戴震等同期名士所能企及，被誉为清代第一才子。他智救刘墉全家，巧斗和珅父子，多次凭借奇才睿智死里逃生，嘉庆皇帝称赞他"敏而好学可为文，授之以政无不达"。(李岩松)

I000289 **旷代逸才·杨度** 唐浩明著。湖南文艺出版社1996年4月版。105万字。58.00元。以杨度为主人公的长篇历史小说，分上、中、下3卷。作品以中日甲午战争后至20世纪20年代为背景，展现了在民族矛盾和阶级矛盾交织下，救国救民与亡国灭种、反对帝制与民主共和、复辟与反复辟的尖锐复杂的斗争，比较真实地描绘了杨度这位颇富传奇色彩人物一生曲折的政治历程和心路轨迹，揭示出在那个特定的半封建半殖民地时代里的中国知识分子为拯救国家、振兴祖国而走过的艰难曲折的道路。(陈传麟)

I000290 **沙孟海和他的CP兄弟** 黄仁柯著。作家出版社1996年11月版。29万字。18.50元。当代著名书法家沙孟海有一个革命的家庭。作为沙家老大的沙孟海，他自己是国民政府总统府秘书，在陈布雷的手下为蒋介石收发信件、修纂家谱。另一方面，他又要精心保护、紧急救援经常陷入虎口的4个共产党员的兄弟。4个兄弟中，有的是共产党的高级间谍，有的是武装的指战员。他们出生入死、义无反顾。本书忠实地再现了沙家五兄弟的奋斗历史。全书交织在兄弟间的感情纠葛和国、共两党的深刻矛盾之中。是一部中国革命艰难征程的真实记录，又是一部理想主义、英雄主义的壮丽诗篇。(朱珩育)

I000291 **宋教仁·护法先驱** 曾德厚、何忠华著。湖南文艺出版社1996年10月版。28万字。14.20元。宋教仁是著名的民主革命先驱者，为华兴会、同盟会的领导人之一，也是中国国民党的创始人之一。1913年3月被袁世凯密令杀害于上海时，年仅31岁。这部长篇历史小说真实地反映了宋教仁短暂一生可歌可泣的英雄业绩。作品着重描写了1904年后，他在长沙与黄兴等组织华兴会，策划反清起义；在日本东京辅佐孙中山成立同盟会；在香港参加筹备广州起义；武昌首义后，在湖北军政府襄理外交，出任南京临时政府法制院院长、唐绍仪内阁农林总长，民国后参与创立国民党等。讴歌了他致力于推翻封建帝制、为缔造民主宪政共和国而献身的精神和高尚的情操。再现了辛亥革命前后尧甸禹域中的风云际会、封建帝制与民主立宪、复辟与反复辟的复杂而尖锐的斗争，塑造了黄兴、刘揆一、林觉民、陈其美等一批民主革命志士形象，洋溢着磅礴的正气和强烈的爱国主义思想。(陈传麟)

I000292 **灵魂的挣扎** 黄长石、金应龙著。黑龙江朝鲜民族出版社 1996 年 8 月版。53 万字。19.80元。描写延边经济动物研究所所长李松雄的长篇实话小说。作品中的李松雄是改革开放年代可以代表我们时代的政治、经济和人与人之间复杂关系的人物。他有独特的灵魂,有普通老百姓才具有的灵魂。他在贿赂盛行的漩涡中,端正了自身的姿势,为了美好的明天,为了老百姓和朝鲜民族的未来而像火鸟一样挣扎。在冻土带生活的人,为了维持人的良心、正义,有时同兄弟、父母、朋友、同事闹翻,暂时分手。冻土地带在党的十一届三中全会以后,春天来了,草原绿起来了。人的政治舞台比任何时候宽广。作品中的李松雄在实践中认识到,作为一个智圣人、国家干部,为了生活,为了人的尊严,为了人的价值,离开公职,不得不投入到商业大海、复杂的人间关系的大风大浪。他用自己的勇气、血泪、智慧创造出真正的人间的桃源。(崔昌俊)

I000293 **秋瑾** 叶文玲著。浙江文艺出版社 1996 年 12 月版。30 万字。18.00 元。长篇小说。从秋瑾被捕起笔,然后通过此事对各界的巨大震动展开叙述。这样,船夫沈阿奎、秋瑾之兄秋誉章、丈夫王子芳、盟姊吴芝瑛、好友徐寄尘和服部繁子、学生吴珉和蔡竞、同学潘家化、同志王金发、山阴县令李钟岳乃至绍兴知府贵福等都变成叙述人,而他们眼中的秋瑾便组成了这位“巾帼英雄”的整体艺术形象,秋瑾生平事迹也就在这样的叙述中勾画、拼贴出来。小说的结尾是秋瑾之死,与开头相呼应。整部小说是严格地根据史实创作,绝大部分人物历史上确有其人、确有其事,甚至人物的性格特征、行为准则也以史实为蓝本。(严麟书)

I000294 **梁启超·公车上书** 寒波著。湖南文艺出版社 1996 年 10 月版。27 万字。16.20 元。梁启超是中国近代资产阶级启蒙宣传家、维新派领袖,著名学者。1873 年生,卒于 1929 年。这是一部反映梁启超富有传奇色彩一生的长篇历史小说。作品重点描写了他 17 岁至 44 岁年间经历的重大事件:1890 年在京会试时,与康有为策划组织会试举人“公车上书”,力促维新;1896 年在上海办《时务报》,宣传变法维新;1898 年与康有为再次入京,点燃维新烈火,参加变法;变法失败后,亡命日本,主编《清议报》等,主张君主立宪,宣扬尊重皇室、扩张民权。民国肇始,出任袁世凯政府司法总长;袁世凯复辟帝制时,与蔡锷等再造共和,定护国之计,组织护国军讨袁,迫使袁取消帝制;张勋复辟时,支持孙中山等进行护法斗争;张勋复辟失败后,出任段祺瑞内阁财政总长,三个月后即辞去总长职务,出访欧洲考察,小说到此嘎然而止。真实地再现了清末在国家面临列强豆剖瓜分的形势下,朝野上下:皇帝与太后、帝党与后党、维新派与守旧派之间的复杂斗争,亡国灭种与保国保种的激烈斗争。同时也反映了民国初期政坛的波谲云诡、风雷激荡、君主立宪与民主共和、复辟与反复辟的尖锐斗争。(陈仿麟)

I000295 **人间正道** 周梅森著。人民文学出版社 1996 年 11 月版。30.6 万字。25.80 元。一部全景式反映 90 年代改革开放生活的长篇小说。围绕平川市治水、修路、办电厂等基础设施建设这一主线,旁涉到调整领导班子中的斗争、干部队伍中的派系矛盾、国营企业濒临破产、民营企业悄然崛起等诸多方面;上至省、市委,下至工厂、农村。作品所涉猎的生活层面和社会阶层十分广泛,所包容的生活内涵十分丰富。作品以英雄群体为主人公,着力塑造了以市委书记吴明雄为代表的一大批无私无畏、不计个人荣辱毁誉、敢于为改革开放事业押上身家性命的英雄形象,使整个作品充满了一股令人荡气回肠的正气和浓重的悲剧色彩。作品中的故事、人物、情节和语言均呈现着火热生活的原生状态,粗犷自然,带着浓厚的生活露珠和改革者的血汗精气。作品着笔的虽是经济欠发达的平川市,着眼的却是整个国家的当代改革开放生活以及党的改革开放政策给国家、民族和人民带来的深刻变化。这部作品可以说是一曲社会主义现代化建设的正气歌,具有催人奋进的情感力量。(赵水金)

I000296 **花季·雨季** 郁秀著。海天出版社 1996 年 11 月版。25 万字。19.80 元。16 岁的深圳女中学生郁秀创作的一部反映特区校园生活的长篇小说。描写了紧邻香港、处于中西方文化交汇处的深圳中学生的生活学习天地和思想感情世界。他们身临汹涌的市场经济大潮和澎湃的改革开放洪流,面对升学、出国、炒股、经商、早恋、代沟、深圳“绿卡”、父母离异等等社会转型期及经济特区独有的“题目”。小说围绕这些展开画面,延伸情节,描绘出一幅色彩斑斓清新纯朴的南国校园生活图画。(旷昕)

I000297 **青春回旋曲(上下)** 肖复兴著。辽宁少年儿童出版社 1996 年 9 月版。40 万字。29.40 元。是作家长篇系列小说《青春三部曲》之三。作品写的是发生在一个教育世家和 8 个高二学生及其家庭里的青春故事。高中教师钟林和钟岚兄妹通过处理 8 个学生关于理想、事业、金钱、道德、友谊和早恋的事件，对当代中学生各自有了新的认识；8个学生也在钟岚老师的爱心滋润下渐渐懂得了什么是真正的友谊、爱情、理想和事业，各自有了不同的归宿。无论是站在青春期前面的中学生，还是已经走过青春期的成年人，他们都在认真地寻觅着属于自己的青春、谱写着浪漫而动听的青春回旋曲。（王瑞龙）

I000298 **青春梦幻曲** 肖复兴著。辽宁少年儿童出版社 1996 年 9 月版。20 万字。15.00 元。是作家长篇系列小说《青春三部曲》之二。小说通过 17 岁女学生路天琳在与父母亲情的矛盾；与班主任黄老师的磨擦；与常鸣、郭辉、丁然 3 位男生的碰撞，展现了她丰富细腻的内心世界，勾画出青春期少女对友谊与爱情的梦幻、对真诚与理想的渴望，描摹出她从动荡、幼稚逐渐走向成熟的青春轨迹。小说还描写了中学生多姿多彩的形象，真实细腻地表现了当代中学生勤于思索，追求真正人生价值的优秀品质和广阔心地。小说使用日记体第一人称娓娓道来，让读者更加感到真实、亲切，开拓了一个全景式触摸青春期少女内心世界的广阔天地。它会让正在处于青春期的中学生读者懂得并珍惜：十六岁的花季只开一次；也会让已过青春期的师长们思考如何面对这崭新的一代。（王瑞龙）

I000299 **艳影** 莫然著。百花文艺出版社 1996 年 7 月版。33 万字。18.20 元。长篇小说。以地处内陆的佳城为故事背景，以举办“’93 佳城小姐首届青春风彩大赛”为契机，由商报牵头，围绕着商业活动逐步展开故事。赞助单位佳城饭店总经理席杰、海星广告策划公司老板刘成、梦丽时装厂厂长林珊和市百货公司副经理杨佳英，都想利用这项活动达到宣传本企业的效果，各自借此推出自己新的商业形象，显示自身的商业实力。致使矛盾重重、险象环生，并于闪转腾挪之间，展示人的精神世界，透视肉欲、权欲、物欲各色人生。小说融合商业竞争和情爱思想为一体，扣扣相连，使每一位参赛小姐的命运和此次大赛息息相关，小说通过各色人物以展现这一代人的精神追求，很具时代气息。（康伟杰）

I000300 **猎鲨 2 号** 潘茂群著。春风文艺出版社 1996 年 6 月版。42 万字。25.00 元。长篇小说。日本跨国公司日东化工公司董事长平树一郎和继承人其女儿平树枝子为了击败竞争对手世界排名第二的美国 MG 公司，在股市上收购其股权，以小搏大，进而吞并它，又要避日商在世界上的恶名，经暗中严格的筛选考核，确定在美国攻读化工硕士学位的中国留学生芦丁为这个代名“猎鲨 2 号”计划的执行人、平树枝子对芦丁进行了考验和训练，出巨资帮他建立了公司。芦丁才识超人，胆略出众，吸收了以中国留学生为主，包括美国商才在内的人才，集聚大量的资金，并得到世界头号化工大亨杜邦家族的支持，在股市上施展手段，寻求政界后援，沉稳拼搏，终于如意击败 MG 公司，取得了该公司的控制权，使 MG 公司老板格罗斯愤然自杀。平树枝子想训练芦丁为忠实的奴仆，爱上他之后又想让他成为日东公司的可靠支柱，而芦丁不喜欢过分残酷的枝子，爱上了格罗斯的情人乔伊纳。当他得知日东公司平树家族欲将魔爪伸向中国以控制中国的化工业，进而控制中国经济，达到日东在战场上实现不了的目标时，芦丁毅然和日本资本家决裂并回国。本书是“布老虎”长篇小说系列之一。（崔棠）

I000301 **麻尼台** 井石著。作家出版社 1996 年 11 月版。20.8 万字。17.50 元。长篇小说。故事发生在 80 年代初，大西北河湟谷地一个僻远、贫脊的汉藏杂居的小村庄，土地承包到户刚刚进入第三年，长期被温饱压得喘不过气来的农民们才开始能吃上饱饭，男女老少们便想起了自己村上几百年来的传统——闹社火。而重修 1958 年被拆毁的村中麻尼台上的火神庙也成了大家每日的话题。决心拆掉自己住着的房子捐给火神庙的竟然是村上的老支书纪国保。当年为了响应党的号召，他带头拆庙，将自己的父亲——村里德高望重的纪善人活活气死。几十年来，他牺牲了自己的一切，带着全村人始终没能走上幸福的道路，可拆掉保祐全村人幸福的火神庙的罪名一直让他抬不起头来。而今天，站出来反对他修庙的竟是他的儿子纪维党。维党相信自己的幸福只有靠勤劳和智慧才能创造，他带领年轻人要挖开麻尼台，修建水泥厂，两代人发生了巨大的冲突。在党的政策引导下，维党和年轻人们克服重重阻力，终于使全村人走上了幸福富裕的道路。本书深刻反映改革开放以来中国农村改革所走过的路程。（刘方）

I000302 **新来的班主任** 龙秀梅著。黑龙江人民出版社 1996 年 12 月版。24 万字。14.00 元。长篇小说。通过描写一位中学教师爱校敬业的感人故事，从不同侧面反映了市场经济条件下的社会、学校、家庭、人际关系，抨击了不良倾向，讴歌了人间正气和真情。书中成功地塑造了一群个性鲜明的学生形象，如淘气包金龙讲义气重感情，好惹事生非，因“文凭第一”还是“钞票第一”的问题与书呆子王勇争论到激烈处动了拳头；他竞选当上班体委后，像变了个人似的；他与新来的班主任的女儿金凤坐同桌，感情日深,想不到真象大白后,竟是同父异母的姐弟俩。通过这些栩栩如生的人物和故事,真实地反映了当代中学生对人生与理想、友谊与早恋、现实与未来的思考和追求。(徐冲)

I000303 **刘先平大自然探险长篇系列** 刘先平著。中国青年出版社1996年8月版。136.2万字。110.00元。描写在野生动物世界探险的长篇小说系列。《云海探奇》是描写在猿猴世界探险的长篇小说。作者以饱酣的笔墨描绘了动物世界激烈的生存竞争、大森林中各种珍禽异兽和奇特的自然风光。《呦呦鹿鸣》是描写在梅花鹿世界探险的长篇小说。展示了梅花鹿世界的种种趣事、野兽之间的残酷争斗,以及神奇的畲族故事和探险中遭遇到的无数惊险。《千鸟谷追踪》是描写在鸟类世界探险的长篇小说。几位小探险家,在护林员的带领下,追踪相思鸟,历尽艰险,神游鸟类世界的故事。《大熊猫传奇》是在大熊猫世界探险的长篇小说。一对兄妹在雪山冰川中救助逃荒、被偷猎者和独眼豹追击的大熊猫母子的故事。《山野寻趣》辑录了作者多年来探险生活的奇闻奇遇。这套作品展示了人与自然的一种新关系,即不是互相征服,而是互相依存、和谐相处的关系。作者怀着深沉的社会责任感,在作品中表达了对自然环境、生态平衡遭到种种人为破坏的忧患意识。(刘佳)

I000304 **大上海小说丛书(第一辑)** 孙颙、俞天白等著。上海文艺出版社1996年12月版。87.9万字。56.70元。选辑以反映上海为主的都市题材,表现当代上海人在改革开放中创造的宏伟业绩及其生活、情感、命运、人际关系、价值观念等变化的优秀的长篇小说。第一辑共5本:《烟尘》(孙颙著)以90年代的视角,描述了昔日"火柴大王"方家和官宦世家汪家两大家族五六十年间的恩恩怨怨、分分合合。家族内部微妙的争斗,解放前夕惊心动魄的政治遭遇,魂牵梦萦遗恨终身的爱情悲剧,90年代新的年轻的白领阶层之间的潇洒与爱恋……在这里汇成了都市嬗变的历史长河。天老地荒,几代人的世怨宿恨终将成为历史的烟尘。《金环套》(俞天白著)写的是上海一个金融世家公媳、婆媳、夫妻、父子、兄弟、妯娌间所发生的种种矛盾和冲突,表现了当代都市人在经济大潮冲击下的种种心理和行为。《股潮》(李其纲著)描述一对文化伉俪耐不住寂寞,双双潜游于股潮商海之中,交际于各式人等之间,勾勒出一幅幅为孔方兄而拼搏的图画。《上海是个滩》(李春平著)是由外地作家写外地人投身浦东开发的艰难历程,风趣幽默,活现了都市人不甚了解的外来打工族"部落"别一样的生活、遭际与坚忍不拔。《水魔》则通过侦破发生在一富商家中的神秘的凶杀案展开情节,展示了90年代商界人际关系的繁杂无情与畸形的"爱情"。(郑宗培)

I000305 **金黄鹤文丛** 邓一光等著。武汉出版社1996年9月版。18.2万字。101.00元。本地作家创作的长篇小说系列。共有6部:邓一光的《家在三峡》、徐世立的《儿科医生》、何祚欢的《舍命的儿子》、彭建新的《孕城》、钱鹏喜的《不远的木屋国》和董宏量的《遍地黄金》。作者真诚地深情地面对大地,以健康的美好的关切的心理面对大地,不回避大地上的嘈杂、污痕,更以饱满的热情追踪良知、懿行。这种思想和艺术取向,反映了武汉作家长期以来的群体风格和追求。文丛收录的6部作品绝大多数以武汉的现实生活和历史生活为创作背景,形式风格各异,足以反映近年崛起的"汉军"作家群的整体创作水平。(梁杰)

I000306 **红蜘蛛** 流波著。春风文艺出版社1996年10月版。30万字。18.00元。长篇小说。桃花岛市的皇朝大酒店经理,美丽的"市花"艾蒿在卧室被人杀害,与此同时酒店的总经理、红极一时的青年企业家尚文化和市委书记马瑞迢的妻子孔燕飞也失踪了。案情调查周密地进行,一个个腐败分子、一件件怵目惊心的犯罪事实被揭露了出来。原来,孔燕飞凭藉桃花岛"第一夫人"的特权,以马瑞迢为靠山,指使尚建设和公安局长杨行四等人进行了走私等大量罪恶活动。他们还利用酒店这个安乐窝,拉拢腐蚀干部。孔燕飞在事情要败露时,指使尚建设杀死了知情人艾蒿,企图逃往境外。最后,正义战胜邪恶,犯罪集团被粉碎,桃花岛迎来了新的明天。但是,仍然有隐蔽很深的腐败分子蒙混过关,并窃据了高位,反腐败的斗争还要持续下去。此书为金枫叶长篇小说系列之一。(崔棠)

I000307 **一九三七年的爱情** 叶兆言著。江苏文艺出版社1996年10月版。23万字。14.80元。这是一个大时代中伤感的爱情故事。1937年初的南京,一片歌舞升平,人们还不可能预见到年底发生的震惊世界的大屠杀。"浪荡子"丁问渔在一个喜庆的婚礼上,不可思议地爱上了新娘雨媛。新郎余克润是个飞行英雄,人见人爱的天之骄子。新郎新娘珠联璧合。丁问渔的疯狂举动显得滑稽怪诞,成了人们的笑谈。不料,看似天作之合的婚姻,由于余克润的迷信及难以启齿的隐情而产生裂痕;看似不可能产生的爱情却因为丁问渔锲而不舍的追求而萌发。随着日军炮声的隆隆逼近，余克润战死，雨媛随大部队撤离，丁问渔在寻找中死于流弹，这爱情故事波澜起伏震撼人心。作者本意是写战争，最终却写了爱情。通过这缠绵奇特的爱情故事，再现了 1937 年南京城那一段繁荣至颓败大起大落的悲惨历史。（沈瑞）

I000308 **土门** 贾平凹著。春风文艺出版社 1996 年 10 月版。22 万字。15.80 元。长篇小说。西安近郊的仁寿村，有着淳厚的民风民俗和独特的文化背景。村里有个半瘫老人云林爷，有奇异的天生医术，善以中医治疗肝炎，各地患者纷纷慕名前来，村民遂以开设家庭病房，为患者提供食宿为主要收入。城市里的房地产商看中了这块宝地要收购它，要失去家园的村民们为了保卫自己的土地文化和传统进行了十分顽强的抵抗。长年在外不务正业却又胆大心细的单身汉成义被推举为村长来领导这一斗争。作者以仁寿村姑娘梅梅第一人称角度叙述故事，她协助成义，照顾云林爷，为实现村民的共同愿望而努力。她对成义十分敬重，怀有一种深切的隐秘的爱，终于和原来的对象、城市小干部老冉分了手，又没有对成义表示。成义为了筹办乡村企业，解决资金困难，竟铤而走险，窃走了博物馆中的兵马俑，罪行败露，被判处死刑，仁寿村的这场斗争群龙无首，也归于失败。该书是布老虎长篇小说系列之一。（崔棠）

I000309 **大都** 柳存仁著。百花文艺出版社 1996 年 6 月版。45 万字。28.00 元。华裔澳大利亚学者柳存仁先生迄今所写的唯一的一部长篇小说。庚子年间，义和团蜂起北方，八国联军觊觎北京，慈禧太后仓皇西逃，京郊某县师爷白健卿接驾夙夜操劳，不幸身亡。作品由此发端，展开了以清末直至 1925 年大约三十年间北京的几个旧家庭的生活画卷，并从这一特定角度反映了这一时期社会生活的复杂变迁，真实而毫不掩饰地勾勒出那个时代的轮廓。同时，对旧官场的腐败龌龊也作了深刻的揭露和抨击，对青年的积极进取的革命精神给予极大的肯定和赞扬，而对老北京的风俗民情，诸如庙宇、戏园、市场、饭馆、妓院、街道、建筑等都有细致入微的记叙和描绘，给人以历史和文化的启迪。作品正是在这种直面社会民情的描绘中，寄寓了对青年和妇女的极大的同情和希望。吴幹川那浸透了封建意识和旧知识分子的对“外”懦弱、对“内”专横的作派，似乎是一种“家国一体”的象征，而其妻吴玉英及其儿子精神上所受的折磨、束缚和摧残，也具有那个时代的普遍意义。白霈然的参加“五四”运动和杨家长子的投身革命，不仅符合历史真实，也蕴含着作者的政治理想。作为学者小说，本书具有很强的历史认知功能和文化价值。（颜廷奎）

I000310 **大辫子的诱惑** 飞历奇著，喻慧娟译。花山文艺出版社 1996 年 6 月版。描写了典型的澳门土生葡萄牙人和雀仔园中贫穷的中国人中间所发生的故事。葡人的富家子弟，风度翩翩的阿多森杜在中国人常去的水井边被一条乌黑、亮丽的大辫子所吸引，从而疯狂地爱上了健壮、俏丽又一贫如洗的担水妹阿玲。阿多森杜的行为自然被家人所不容，阿玲也被赶出了她赖以生存的雀仔园。这两个追求爱情自由的年轻人开始踏上艰辛的人生之旅。他们自力更生，白手起家，克服了不同语言、不同文化、不同习俗所带来的种种困难，成为了自食其力的新人。作家向人们昭示：当爱情产生之时，原始的偏见、传统的观念、过去的排斥与隔绝都将黯然失色，纯洁的爱情必将迎来胜利的曙光。

I000311 **女人的彼岸** 张廷竹著。百花文艺出版社 1996 年 3 月版。24 万字。12.00 元。黎明的童年和少女时代是在近似蛮荒的偏僻山村度过的。她目睹了母亲的出走、老师的自杀、父亲的浑浑噩噩、村支书的无耻与淫威，这一切在她那幼小的心灵上烙上了不可磨灭的创伤。她为了摆脱贫穷、落后、愚昧的现状，改变自己凄苦的命运，孤独一身走出封闭的山村去寻觅自己的梦。她历经磨难、饱尝人间酸甜苦辣，可能是由于她的善良，也可能是命运的安排她最终获得了成功，但在这成功的背后却付出了沉重的代价，包括她的青春和爱，她那感情世界仍然是一片寂寞与无奈。作品围绕着黎明的命运展开故事情节，写了一批寻梦人的尴尬、心态、失落、挣扎，将当今现实生活中的人与欲、钱与权、爱与死表现得尽情尽理，令人回味。（张竞毅）

I000312 **马桥词典** 韩少功著。作家出版社 1996 年 10 月版。28.5 万字。20.00 元。长篇小说。以“词典”的形式再现了湖南省汨罗县马桥地区的政治、经济、历史、文化和现实生活。结构为内在的思想脉络连接下的一个一个词条。全书计 113 条，词条间有的有联系，有的独立。其思路是将马桥地区存留在民间口头上的词汇搜集起来，加以选择、放大。通过对词汇的阐释，展现马桥地区全方位的生活图景。这是一种生活的原生状态。它给予读者的东西远远超过作者自己的思考和展示。就这个意义上说，本书表现了小说形式的新的探索和实验。（朱珩育）

I000313 **无根花** 许莲顺著。黑龙江朝鲜民族出版社 1996 年 7 月版。30 万字。13.80 元。长篇小说。描写洪志花和崔仁奎、池惠京夫妇在韩国所经历的悲剧。洪志花为了找到民族之根到了韩国，做了力所能及的活，但是韩国给她的却是冷待与怨恨。同洪志花所接触的另外三个女人之间凝结的是什么呢？莫名其妙的爱情、怨恨以及理智和肉欲之间的大决战。小说的另一个线索是：为了实现美梦而到韩国的崔仁奎和池惠京夫妇的悲剧。池惠京为了治好丈夫的病，愿做某社长的第二个妻子，为某社长生育子女，传宗接代。但是她不仅得不到应得的待遇，反而受尽了肉体上的折磨，为摆脱精神上的侮辱拼命挣扎。末了她失尽了情操，丢尽了人格，破碎了美梦，像寒露一样遗失在韩国的国土里。悲剧中的悲剧是其丈夫崔仁奎无选择地追她而去。(崔昌俊)

I000314 **巨澜(上、下)** 副名：当代名家精品·叶辛自选集。叶辛著。贵州人民出版社 1996 年 6 月版。62 万字。32.80 元。长篇小说。紧扣时代的脉搏，深切地关怀人民的命运，以浓郁的乡土气息，简捷而抒情的笔触，描绘了山乡农村、县到省城的广阔画面，较深刻地反映了我国农村的巨大变革，揭示了当代生活中的重大题材。(熊美琼)

I000315 **长恨歌** 王安忆著。作家出版社 1996 年 2 月版。29 万字。15.00 元。长篇小说。写一个女人 40 年的情与爱。40 年代，还是中学生的王琦瑶被选为“上海小姐”，做了某大员的“金丝雀”。上海解放，大员遇难，王琦瑶成了普通百姓。表面日子平淡如水，内心情感潮水却从未平息，有了一个私生女。80 年代，王琦瑶与女儿的男同学发生畸形恋，最终被此人失手杀死。作者说写王琦瑶，是想写出上海这个城市的精神。在作者眼中，上海是个女性形象，没有历史，没有传统；没有太高的升华，却也没有特别的沦落，有一种平民精神。作者对此谈不上多喜欢，却非常能够理解，并抱有深深的同情。(杨葵)

I000316 **平常人家** 张波著。八一出版社 1996 年 3 月版。25.3 万字。8.00 元。长篇小说。描写了一个家庭悲欢离合的故事。1948 年初冬，三名青年男女邂逅在锦州战役的隆隆炮声中。其后，男女主人公们在急剧动荡的社会变革中走上坎坷曲折的人生道路。他们或风雨同舟，或天各一方，幸福与苦难同在，希望与幻灭共存，岁月的炉火锻打着他们的情感，也锤炼了他们的信念……当时代跨入了改革开放的门槛之后，又一个人生之春展现在他们面前。与此同时，他们的后代也如同一面镜子，映出了他们成熟的微笑和沧桑的皱纹。(钱庆国)

I000317 **务虚笔记** 史铁生著。上海文艺出版社 1996 年 4 月版。41 万字。21.00 元。此作“务虚”不重实，不注重记忆中的真实，而更多注重的是对生命的一种印象、一种思考，注重印象中的真实与空间，使人物在时空上有更大的自由度。作品记述了 50 年代初以来，中国社会的嬗变给新中国成立之后出生的一代人(作品主人公如残疾人 C、画家 Z、教师 O、诗人 L、医生 F、女导演 N 大抵是这个年龄层的)自童年、青少年至中年的几十年间的历经坎坷，追求爱情，向往美好。这些人是什么，他们会成了什么，也许，他们就是这个世界的艰辛与恐惧、欲望与祈祷。在这部小说中，除了作为叙事主角的“我”之外，所有人物全部用英文字母代指，作者通过增加作品中人物的不确定性而涵盖社会各个层面，从而展示了作品的社会化特性。其次，运用多视角来推进故事的展开，从不同侧面阐述了事物存在的两重性，还使小说增加了扑朔迷离的色彩。作者以往小说中一个固执的倾向——对残疾人命运的关注，在此作中也有相当的体现，但并不仅仅是作为一种生理现象，还有着一种苦难经验之上的情感和无可究诘的思索，如广义上的人的残疾，即人的命运的局限。本书是作者史铁生的长篇小说处女作，可以说是作者病残返城从文十五六年来的小说创作的艺术小结，虽有悖传统小说某些作法，但内涵丰厚，文笔清新，充分揭示了人的复杂、历史的复杂、社会的复杂，启人思索。(郑宗培)

I000318 **百年海狼** 王家斌著。作家出版社 1996 年 6 月版。28 万字。19.00 元。长篇小说。一部色彩斑斓的海洋文学佳作。由 3 大部分组成：一是自然奇观的“沧海万世劫”；二是“史无前例”的社会大劫难；三是自然与社会交织在一起的时代大转折。在社会的大背景中，小说通过一位亲历过罕见的冰凌潮、龙兵过、娘娘挂灯、沧海万世劫的幸运者的目光，真实再现了那一幕幕惊世骇俗的海患和充满神话般的大海景观，同时生动地描绘出另一种社会政治风暴对老渔湾的荡涤与摧残，如泣如诉般向人们展示了一群经受海上风暴和社会风暴双重洗礼的海狼生存状。小说可谓集海事、海变、海滩、海劫、海宝、海盗、海神、海魂之大成，写尽了大海的百态千姿万种风情。作品中的主人公海怪马沧海和面条鱼三嫂子、小海蛆、小虾米、小老鳖等海狼渔花子，无疑都是中国文学史上不可多得的文学形象。有评论说，它是一部真正的海洋文学，具有很浓的海洋味，表现了人类对大海的热爱和开发，体现了一种代表 21 世纪的海洋意识。(潘宪立)

I000319 **亦舒作品系列** [香港]亦舒著。海天出版社 1996 年版。780 万字。9.80 元/册。共 30 册。女作家亦舒长期生活在香港这个大都市，又曾留学英国，所以她作品中的人物大都是富有时代感的都市女性，如职业女性、文员、女学生等。她们渴求爱的滋润，有着典型少女那特有的时而浪漫、时而忧郁的情怀。其作品摈弃了少女梦幻般的轰轰烈烈的爱情，而更多地表现了现实社会中，生活在各个阶层女性所经历的曲折缠绵、动人心魄的丰富的感情世界。为了避免爱情题材作品的雷同，亦舒运用了新奇的写作手法，如科幻、推理、特异功能、时空大交错等，故事情节的处理不受传统写作方法的约束，使作者能在更阔大的时空里描写主人公的命运，刻画主人公的性格，适应了当今人们追求奇巧，但又不过分夸张的需要。亦舒创作路子较宽，但她主要还是以言情小说广为人知。她那行文流畅、飘然有致的笔下，都市男女之间那微妙的情感世界被刻画得淋漓尽致，形成了一道色彩斑斓的现代都市风景线。在其作品中的主人公对情感的处理都很有分寸，决不滥用感情，即使生活充满坎坷与痛苦，都能一步一个脚印地坚实地走下去，丰富历练了人生。从这个意义上说，亦舒的言情小说其主旋律是积极而健康的，这也是其魅力之所在。(曹玉华)

I000320 **刘心武怪诞小说自选集** 刘心武著。漓江出版社 1996 年 8 月版。35.3 万字。15.00 元(平)，20.00 元(精)。作家第一次从“怪诞”手法这一角度选辑作品。18 篇作品中的《无尽的长廊》是作者自称为集怪诞手法之大成的小长篇。在怪诞的表象内部，深埋着作家对身处各种环境下的各色普通人心灵与命运的关注及悲悯情怀。收入“著名作家自选集系列”。(刘哲双)

I000321 **刘绍棠文集(第 2、3 卷)** 刘绍棠著。北京十月文艺出版社 1996 年 2 月版。80 万字。26.00元(2 卷)，27.00 元(3 卷)。共收录刘绍棠长篇小说 4 部。《敬柳亭说书》塑造了爱国绿林豪杰等一系列鲜活的人物形象。《十步香草》叙述了北京一个普通四合院里发生的故事。《京门脸子》和《野婚》则以“我”的传奇经历穿针引线，通过一系列妙趣横生的故事情节，塑造了众多栩栩如生的父老乡亲形象，生动地刻画了农村中多情重义的女子和粗犷豪放的汉子形象，记叙了他(她)们演出的一幕幕人间悲喜剧。(龙杰)

I000322 **走出蓝水河** 赵本夫著。百花文艺出版社 1996 年 10 月版。25 万字。16.00 元。收入赵本夫写于 1986—1989 年中篇小说 5 篇。作家以饱蘸感情的笔触和充满乡土气息的语言，展示了他的故乡——江苏北部紧邻黄河的这一片土地上的深深的历史足迹，刻画了生于斯长于斯的苏北农民、渔民、盗贼、乞丐、流氓、干部、百姓等一系列性格鲜明的人物形象，揭示了人的命运和他们与之抗争拼搏的生命轨迹。一个个奇诡怪诞、曲折跌宕的故事，既是悲剧，又是颂歌，可以读出作家对家乡父老深深的情怀。《涸辙》中的螃蟹、老扁，《蝙蝠》中的挑水夫、老妓女及公安局长宋源，《走出蓝水河》中的野孩、大黑驴，《营生》中的葫芦、影月等，都鲜明地烙印着苏北大地风风雨雨的刻痕，可以看出作家对故土生活的熟悉，对人物心灵的洞察，对历史变革的思考，对美好未来的憧憬。这种积极的现实主义的创作方法，使作品写了农民的苦难而并不晦涩，揭示出他们的愚昧而并无嘲弄。而且，因为对这块土地历史深深的开掘，更显示出作品的深沉和厚重，人物的丰满和挺拔。收入“名家小说自选集丛书”。(颜廷奎)

I000323 **私人生活** 陈染著。作家出版社 1996 年 3 月版。19 万字。14.00 元。陈染的第一部长篇小说，讲述了一个女孩在成长为一个女人的过程中不同寻常的经历和体验，通过对女主人公与她的男老师之间既对抗又吸引的紧张关系、与她的女邻居之间温情而奇特的关系以及与大学同学间纯真美好的恋爱关系的精心描述，揭示了从 70 年代到 90 年代女性生命意识深层的某些潜在而微妙的变化，并折射出隐匿在这后面的复杂的社会生活。与以往的中短篇创作相比，陈染在这部长篇小说中加强了小说的故事性和思辩性，同时把大量飘忽不定的内心独白、记忆片断和时空交错的遐想融入叙事中，使小说的先锋特质更具有一种骇俗的冲击力。小说具有鲜明的反抗父权制文化特征，如女主人公在家庭中对血缘之父的心理排斥和在学校中对代表着社会权威话语的老师的反抗。作者所体验到的女性独特的感受既非常个人化，又具有女性共通的心理深度，她选择了一个独特的角度来表达自己对社会政治的看法，即以女性特殊的个人体验，来开拓女性的话语空间，以对抗父权制的男性话语霸权，是一部具有强烈女权主义特征的小说。(林金荣)

I000324 **青氓** 赵光鸣著。敦煌文艺出版社 1996 年 3 月版。269 万字。14.60 元。长篇小说。以那个动乱的年代为背景，以主人公住英子不幸遭遇的延续过程为线索，透视了社会现实的种种现象。九死一生，在那个动乱的年代，生于黄土高坡上一个农家宅院的柔弱闺女住英子杀了人——她不堪忍受后娘汤氏和汤氏带来的两兄弟旺才、旺有的虐待、淫威和欺辱，就在旺有奸污她的那一刻，她举刀刺向了他……落难逃生的住英子，只好投奔数千里外的新疆边陲寻找她的生母。在西去的闷罐车上，遭到强人的欺辱，是素昧平生的陕北流民闫泰娃救了她。从此，她和泰娃结伴西行。他们跋涉在茫茫戈壁，挣扎在生命禁区的沙漠瀚海，几乎葬身大漠深处。恐怖、凶险、饥饿、疲累、沙暴……，一路上的风风雨雨，坎坎坷坷，使这对男女苦悴的心终于融合在一起。正当他们奔到那个心目中的"金牌楼"乐土驿，正当住英子扑向生母怀抱的时候，意想不到的爱情纠葛发生了，流民盲道同当地人的矛盾激化了……在这悲惘中，住英子被日夜寻踪的两个县公安带上了东去的汽车……故事情节曲折，险象环生，使人回肠荡气！(马林楠)

I000325　**苦土**　宋聚丰著。花山文艺出版社1996年10月版。96万字。20.00元。长篇小说。以运河两岸的茫茫平原为背景，通过对农村中几个年轻人在乡镇企业的拼搏、婚姻爱情纠葛和地方风物风情的描绘，生动地展现出一幅内蕴深厚的我国当代乡村生活画卷。青年农民康伟光和几个高中毕业的同学，在贫瘠的盐碱洼上创办乡镇企业，经历多次失败和挫折，才办起并发展了康家庄绒毛厂，康伟光成了赫赫有名的企业家和农民英雄。但由于他具有农民的一些思想偏见和局限，又使企业误入歧途，和他在一起创办乡镇企业的段保兴，不得不在艰难困苦的条件下二次创业。段保业经过许多困难和曲折，逐渐成熟，终于干成大事业，成了优秀农民企业家。小说通过展开康伟光、段保兴一波三折的创业故事，塑造了从农村到党政机关各种各样的人物形象，真实地描绘出新时期中国农民冲破小生产者和自然经济的狭隘界限，投身社会主义市场经济的大海，并开始走向更广阔的世界市场的不平凡的历程。小说的特别之处，不仅仅在于它充分表现了中国农民身上被压抑已久的历史主动精神和发展经济的聪明才智，而且在于它写出了具有社会主义思想和现代市场经营头脑的新型农民企业家在不断巨变中成长的艰难历程。在康伟光身上，表现出旧的小生产者的局限性与现代社会、现代经营制度对经营者的更高要求产生的尖锐矛盾；在段保兴身上，则表现出新时期农民改变旧观念、掌握自己命运的新进程，他的脉搏跳动，与环绕着他的时代风云、社会环境息息相通，反映着在最深处一直翻涌不息的人民生活之海的声势和力量。

I000326　**苦难祈祷**　程海著。中国青年出版社1996年2月版。28.3万字。17.70元。长篇小说。以令人颤栗的真实、深蕴哲理的诗语，抒写了主人公景卑卑经受常人难以想象的贫困和饥饿，沉迷与少女杨菲菲激情沸腾的苦恋，仰承少妇吴菁菁让人啼笑皆非的畸恋，悲愤于纯情女友草娃的不幸遭遇……历尽生活苦难、人格苦难和爱情苦难。然而，也正是苦难砺炼了他，造就了他事业上的辉煌。该作凝聚了著者全部的生命体验和文思才华，深刻地展现了苦难的庄严及其对人生非同寻常的意义，引人惊叹、沉思。(李向晨)

I000327　**单身贵族**　钟道新著。百花文艺出版社1996年10月版。29万字。16.50元。中篇小说自选集。收录4部中篇佳作：《威比公司内幕故事》、《权力场》、《超导》、《单身贵族》。在这些作品中，作家以敏锐的艺术眼光、新颖的艺术视角，为读者展现了我国改革开放以后，在金钱大潮的冲击下，在政界、商界、科技界等领域发生的错综复杂的矛盾冲突，辛辣地批判了诸多腐败现象和丑陋的社会弊端，形象地勾画了不同阶层人物迥异的命运轨迹和他们多种色调的精神世界。小说所反映的生活领域确为一般人所罕知，而其深邃厚重的主题思想，真实曲折的故事情节，鲜明独特的人物性格以及机智幽默的语言风格，使作品具有强烈的时代气息和引人入胜的艺术效果。(王俊石)

I000328　**泡沫**　刘鸿著。百花文艺出版社1996年版。30万字。17.80元。长篇小说。市委书记江鹏高因与情人赵楚姻的两性关系败露，受到降级处分。官场失利的江鹏高正一筹莫展之际，俩人一拍即合。鹏高利用自己原是市委书记的心腹红人和官场上的关系，很快注册成立了鹏程公司，到海南做起了房地产生意，他们利用种种关系和手段，非法贷得巨额贷款，短短时间内变成了拥有高级别墅和高级私人轿车的亿万富翁。后来楚姻受不了鹏高的专横跋扈，带着新情人离开鹏程公司。鹏高又花百万元高价逼杜岚就范。不久，鹏高公司垮台，杜岚携款飞往美国，鹏高锒铛入狱……这篇长篇以写实手法，展现了一幕幕让人触目惊心的社会现实，小说描写大胆，揭露深刻，人物生动，情节引人入胜。(王立)

I000329　**钢铁和太阳**　郝敏著。北京十月文艺出版社1996年12月版。80万字。40.00元(平)，50.00元(精)。长篇小说。以一个海滨城市的全面的改革开放为背景，通过一个外国大财团的"大投资"，从而引发了社会各阶层丰富多彩、错综复杂的矛盾、生活和斗争。作者以饱满的激情,蓬勃的气势,富有感情的笔墨,生动地塑造了90年代产业工人欧阳夏雷的英雄形象,真实地塑造了赵宇方、丁保国、部双喜等新时期优秀领导干部的多彩形象;刻画了兰天戎这个具有独特身份、独特经历的独特形象;刻画了市政府"一把手"隋岩的复杂形象。作者长期生活在社会的底层,小说深刻地触及了当代社会的重大矛盾,提出了一系列很有警世意义的社会问题。比如,社会秩序问题,产品的假冒伪劣问题,引进外资问题,工人闹事问题,物价问题,特别是党政官员的腐败问题……给人以惊心动魄的感觉。这是一部具有相当思想深度和艺术水准的以工人阶级为主体的20世纪90年代的中华民族优秀人物的群雕像。语言自然流畅,情节跌宕起伏,故事曲折生动,引人入胜,小说很有现实意义。(龙杰)

I000330 **种子** 王祥夫著。漓江出版社1996年8月版。19.5万字。14.00元。长篇小说。叙述的是假种子给刘庄、古店村等村庄带来的灾难性后果——稻种的出苗率仅1%。故事由此展开。小说震撼人心的力量在于敦厚老实的青年农民哑巴冒多顶替锒铛入狱,饮忍了血浓于水的亲情对他的践踏。作品把哑巴的悲剧性命运置放在"种子事件"及其产生的家族伦理道德观与现代社会法律制度的冲突背景中,展开了农民与种子站、县委、县政府的矛盾冲突,塑造了刘玉山、哑巴、于站长、吴书记等栩栩如生的人物形象。作品情节紧凑,语言口语化,乡土气息浓郁。(庞俭克)

I000331 **桃花灿烂** 百花文艺出版社1996年版。22万字。14.10元。"名家小说自选集丛书"之一。收入著名女作家的《白梦》、《白雾》、《船的沉没》、《黑洞》、《桃花灿烂》共5部中篇小说。这几部小说是作家中篇小说里的精品,是作家不同时期的代表作。这些作品描写城市普通人物的生活和命运。在作家笔下,生、爱、死、梦、现实与荒诞都具有了特别的味道与魔力,情节不惊险曲折却引人入胜扣人心弦。其实,坦率里透出残酷与女巫般的神秘,富有宿命般的深刻。(王立)

I000332 **特别提款权** 钟道新著。百花文艺出版社1996年7月版。28万字。15.80元。长篇小说。系"百花黄金三十万长篇小说丛书"之一。作者以机智和幽默的语言及独特的艺术视角,再现了当代商界、政界和科技界人士在各自舞台上的表演以及他们悲欢离合、荣辱沉浮的生动真实的故事情节。该小说背景广阔:国内外贸易中的程序与技巧;不倦追求利润的商业精神;构思巧妙的诈骗计谋;计算机行业的盗窃行径;国际金融舞台的险恶风波;政治利益和经济利益的勾结较量,在本书中有机地融合在一起,给人以耳目一新之感。

I000333 **烟火人间** 熊尚志著。中原农民出版社1996年9月版。35万字。22.00元。长篇小说。以其浓郁的乡土气息和独特的艺术魅力,把读者带进皖西山乡小镇的奇异风情中。在这块红土地上,安李两姓世代为邻,异姓联宗。改革开放后,奇事不断,好戏连台。当了几十年镇长的李驼子,被学生出身的林"警察"所替代,忽然又冒出了安姓后生小刀,被群众推选为镇长;大学生丁岚辞去县长的秘书不做,跟在企业家安鬼子身后四处奔波;小刀跟黑妮相爱偷情,黑妮为了村里利益嫁给了县里的局长;李驼子的女儿小满用生命爱着安鬼子,却又跟小刀结成夫妻;安鬼子一心为镇上办企业,却被人告进了大牢,几位貌美的女性悄悄去探监;安姓倾尽了人力财力扶持出个镇长,那镇长为了修路,却要挖安家祖坟,安姓乡亲一怒之下要绝他性命……爱情、乡情、儿女情。黄天上还是那个老日头,家家都有本难念的经。小说生动反映了改革开放的大潮对传统观念的冲击,农民在新生活的艰苦开拓中意识观念的转变。(李明性)

I000334 **黄金地带** 三石著。江苏文艺出版社1996年版。以书业发展为背景,反映当代图书发行生活的长篇小说。作品通过一个市级新华书店在新时期所面临的各种挑战与机遇的揭示,勾画了当代出版领域及图书市场所发生的各种矛盾与冲撞,展示了不同人对图书出版发行这一《黄金地带》所持的不同态度。书中比较成功地塑造了贺欣东、夏澜等图书发行领域主渠道、"二渠道"人物的形象。小说从多角度阐发了"书中自有黄金屋"的理念。读书人在书的海洋中寻求知识与智慧的黄金;少数唯利是图的书商利用图书从读者身上疯狂淘金;而新华书店则在"黄金地段要出黄金效益"这一经济口号的压力下,面临被排挤、被蚕食的命运。在小说中,书店拆迁、书价上涨、商场卖书、盗版盗印、教材大战、挂历大战及书业改革步履维艰、经营网点失守等现实内容,都得到了真实的反映。(于奎潮)

I000335 **婚姻小事** 赵新著。花山文艺出版社1996年8月版。24.5万字。11.80元。一部多层次多角度地描写农村几对青年男女婚姻恋爱的长篇小说。80年代中期,在冀西这片古老的黄土地上,发生了这样一个催人泪下的故事:被桂花抛弃的小木匠张林，却被荷花姑娘热烈地相恋；小石匠二槐，偷偷地爱上了个头矮矮的大菊；青年农民郝祥却在拼命地追求桂花……在婚姻问题上，老一辈有老一辈的难言苦衷，新一代有新一代的热烈追求。在改革开放的大背景下，小说矛盾错综复杂，高潮迭起，使人无不为主人公的命运所担忧。

I000336　**黑界地**　肖亦农著。百花文艺出版社1996年8月版。28万字。16.00元。长篇小说。生活在中国北部古老的黄土高原河套地带的农民们，忠厚质朴，在与大自然的抗衡中，逐渐地认识到：只有围滩造田才是他们的生存之本。但是及至清末民初官税加大、域外贸易、洋教的侵入，内乱外患，这片平静的土地开始躁动了——一时间，官府土豪串通一气，又相互欺骗，且不择手段地施暴于当地农民。以金老万为首的农人们，唯利是图，广开地，播种罂粟，以发家致富。然而，当经济利害使他们即将毁灭时，始才得知自己已被官府洋人戏弄。于是，农人们的自尊同潜在的民族意识一并暴发了。他们再一次认识了自己——为了生存，在重新开拓荒地的同时，还要同社会环境抗衡，从而走向真正的人生。历史告诉他们：道路是艰辛的，代价是血淋淋的……本部作品是作者的第一部长篇小说，颇具艺术魅力，闳中肆外，极富可读性，是近年来难得的一部长篇力作。(董令生)

I000337　**等待琦琦**　秋水著。北京十月文艺出版社1996年1月版。22.7万字。12.80元。长篇小说。以传神笔触再现了当代都市青年本色、自然、健康生动的形象系列。小说叙述的是1989年下半年发生在深圳的一群年轻人的生活与爱情故事，湿润柔美、芬芳四溢。作曲家常筒筒与主人公夏琦琦在景色明丽的云南有过一段田园诗画般的浪漫恋情，常筒筒后来在琦琦与出国深造的机会之间选择了后者，落得两手空空。美艳绝伦、精明干练的酒吧经理穆木一往情深地恋着出租司机谢顿，但谢顿一无所觉，反与别的女人结婚生子，穆木伤心之余，略施小计，使谢顿离妻别子，她一厢情愿的单恋换来的只是谢顿铭心刻骨的敌意。琦琦与谢顿，两颗受伤的心因为对生活报有的共同信念走到一起，正当朋友们为这一对天作之合庆幸时，琦琦死于一场意外的空难。琦琦死了，然而不死的是如凤凰涅槃般不断再生的青春的激情……(韩敬群)

I000338　**缱绻与决绝**　赵德发著。人民文学出版社1996年12月版。40万字。24.00元。一部风格凝重、特色突出的作品。描写了中国农民在大半个世纪里，对土地的复杂情结：由切肤的依恋，挚爱即最后走出小生产狭隘意识的艰难曲折的历程。本世纪发生在农村的重大的革命事件和经济变动，也都是通过农民与土地的关系这一轴心来表现，人物的命运也是通过这一关系来展示。小说以农民与土地的关系作为切入点，达成一种对文化的观照，这使它在对农民与革命的关系、农民的人生态度、“农民性”的发现上都更能贴近生存本身。本书还塑造了以绣绣、封大脚为代表的一系列中国普通农民的鲜明、丰满而独特的形象——绣绣是一位如土地般深厚博大的女性，封大脚把中国传统农民对土地的刻骨眷恋表达得淋漓尽致。(胡玉萍)

I000339　**金庸著名武侠小说绘画本**　莫真等改编，仕林等绘画。湖南少年儿童出版社1995年8月版(第一辑)，1996年5月版(第二辑)版。950幅图/册。共130.00元。将金庸的著名小说改编成的连环画。共两辑8册，包括9部小说，它们是：第一辑，天龙八部、射雕英雄传、神雕侠侣、倚天屠龙记；第二辑，书剑恩仇录、笑傲江湖、飞狐外传、雪山飞狐、鹿鼎记。(刘杰英)

I000340　**共和国短篇小说经典**　刘白羽主编。百花洲文艺出版社1996年10月版。100万字。系茹志鹃、王愿坚、王汶石、峻青、马烽5人短篇小说专集，共5集，收入作者50年代或60年代初发表的优秀短篇小说，堪称共和国诞生后不久短篇小说的代表作。基本内容以革命战争和社会主义革命为背景，取材于火热的斗争生活，反映了那个时代的精神面貌，每篇小说均有历史价值。《茹志鹃小说选》收集19篇小说，有《百合花》、《静静的产院》等；《王愿坚小说选》收集了《党费》、《粮食的故事》、《七根火柴》等20篇作品；《王汶石小说选》收集《新结识的伙伴》、《风雪之夜》、《大木匠》等14篇作品；《峻青小说选》收集《黎明的河边》、《党员登记表》《老水牛爷爷》等12篇小说；《马烽小说选》收集《韩梅梅》、《三年早知道》、《我的第一个上级》等20篇作品。这些作品均以革命现实主义和革命浪漫主义相结合的艺术手法，表现了共和国早晨那段时辰的生活风貌。

I000341　**林希小说精品选**　林希著。百花文艺出版社1996年6月版。57.4万字。29.80元。共收入作者中短篇小说代表作《相士无非子》、《红黑阵》、《天津闲人》、《丑末寅初》、《痒痒》、《三一部队》、《“小的儿”》、《高买》、《蛐蛐四爷》、《锅伙》、《找饭辙》、《圈儿酒》凡12种，分成两册。充分地展现了中国现代史的民情风俗画卷：隐车卖浆者流、市井无赖、市民众生、前朝遗老以及官僚政客杂然其间,重现着逝去的时光中像旧报纸一样泛黄的新闻故事,读来使人在怀旧的情感中,时有新鲜的现代情绪的冲击。作者以过去时态的写作姿态,准确而自然地把握过去时态中所发生的故事,人物、事件与时空浑然天成,于当下的现代写作环境中脱颖而出,在鲜明的比较下自成一格。(闻树国)

I000342 **黑娃的故事** [加]布迈恪著,金圣华译。译林出版社 1996 年 1 月版。8.1 万字。6.00 元。中篇小说,共 9 章,情节前后呼应,但也可以彼此独立,当作 9 个短篇小说来看。作者采用超现实主义手法处理"我"与女主角间一段爱恨交织、刻骨铭心的感情,以及两人离离合合、时断时续的交往。其中两位女主角一个金发碧眼,叫做白妞;一个黑发棕眼,叫做黑娃。作者用白妞象征光明与白昼;黑娃代表黑暗与夜晚;同时黑妞是作者创作的源泉,也是他自我形象的投影。

I000343 **蝴蝶与棋** 苏童著。江苏文艺出版社 1996 年 12 月版。25 万字。15.50 元。《苏童文集》第 7 卷,收录了作者 1995、1996 两年创作的 20 多篇短篇小说。这两年中,作者在短篇小说创作上求新图变,进行了多方面的探索和实践。本书既记录了这一时期作者在文学创作上的新进展,也展现了一个永不满足的作家不断挑战自我的勇气和魄力。(黄小初)

I000344 **中国当代文学名著启蒙读本** 袁静等编。河北少年儿童出版社 1996 年 8 月版。135 万字。75.00 元。共 10 册:《红岩精彩故事》、《青春之歌精彩故事》、《红旗谱精彩故事》、《林海雪原精彩故事》、《野火春风斗古城精彩故事》、《敌后武工队精彩故事》、《三家巷精彩故事》、《苦菜花精彩故事》、《新儿女英雄传精彩故事》、《吕梁英雄传精彩故事》。均为反映革命斗争题材的当代著名长篇小说。改编者将其中的精彩章节和段落改写成一个个既独立成篇,又有一定关联性的故事。(孟玉梅)

I000345 **爱国主义故事 100 个** 副名:"五个一百"教育活动用书。中共山东省委宣传部、山东省教育委员会编。明天出版社 1996 年 7 月版。15.5 万字。6.00 元。以人物为主线,以近现代题材为重点,编写了 100 个爱国故事。人物涉及到爱国志士、民族英雄、革命先驱、革命领袖、爱国将领、著名诗人、政治家、思想家、科学家、艺术家和航海家、实业家,还涉及到社会主义革命和建设中的英雄模范人物,古代故事 25 个,近现代故事 75 个。故事内容主要是爱国者反对外来侵略,忧国忧民,以科学技术和艺术甚至生命报效祖国。是一本对青少年进行爱国主义教育的优秀读物。(张玉梅)

I000346 **读书溢趣** 楚岩编著。湖北人民出版社 1996 年 3 月版。8.4 万字。4.70 元。"趣味语文丛书"之一。收录读书的小故事近 100 则,分为古代、现代、域外 3 大部分,各部分篇章大体以时间先后为序。文中细节,多属作者据史酌情编撰。(易学金)

I000347 **雷锋的故事——读故事学英雄文学丛书** 李伟等著。花山文艺出版社 1996 年 12 月版。8.9 万字。7.20 元。选择雷锋的爱情生活、助人为乐的品质以及努力学习文化的求知精神等具有代表性又鲜为人知的故事,加以艺术描写。全套丛书计有:《黄继光的故事》、《苏宁的故事》、《刘胡兰的故事》、《江竹筠的故事》、《董存瑞的故事》等 27 部。

I000348 **香港新锐作家丛书** [香港]陶然、钟晓阳等著。漓江出版社 1996 年 5 月版。215 万字。97.00 元。共 8 种,分别为陶然的《窥》(短篇小说集)共收有短篇小说 137 篇,风格平和,但又思想严肃犀利,活画出了香港社会的众生世相。李洛霞的《今夜,没有颜色》收有 54 篇短篇小说,一个个短篇宛如江南的小家碧玉清丽可人。王璞的《雨又悄悄》收有小说 34 篇,她视角独特,但又感情深沉,演绎着人生无定悲欢永恒的情绪。也斯的长篇小说《烦恼娃娃的旅程》,讲述了"我"和妻子在美国学成返港,途经纽约和巴黎探访旧友的故事。小说构思奇特但又充满哲学底蕴,探寻着文化冲撞之下的人文精神。颜纯钩的短篇小说集《生死澄明》,收入 21 部中短篇小说。关注普通人的普通事,表现普通人的悲苦与无奈,有较强的写实性。草雪的《妖娆》收入一个长篇两个短篇,文章充满现代感,写平常人平常事,男女的感情纠葛。钟晓阳的两部集子:含中篇 13 部的《腐朽和期待》和短篇小说集《离合》。她文字深沉驳杂但又艳丽多姿,写尽了人生的苍凉空寂。丛书题材纷呈,思想丰富多彩。作家们写的都是香港普通人的生活与情思,充分展现了香港这个高度商业化社会中的人性演变与人生景观。其中有写商海浮沉生死祸福的,有写文化冲撞生存关怀的,有写爱情纠葛精神挣扎的,让读者感受到香港社会的脉搏,显示了不同作者的不同创作风格。(董文魁)

报告文学

I000349 **二战名谍** 袁静伟著。当代世界出版社 1996 年 5 月版。31 万字。13.80 元。通过对同盟国和轴心国数十名著名间谍的描写,真实地再现了当时美、英、苏、德、日等交战国之间进行的惊心动魄的间谍战,展示了二战惨烈场面中的另一种生死画面,于无声处牵动着战场,牵动着时局。本书所记述的既有老谋深算、指挥若定的间谍巨头孟席斯、胡佛、贝利亚、海德里希、土肥原等;也有名不见经传的特工詹姆士、罗彻斯特、波波夫等;既有为反法西斯斗争舍生忘死的勇士佐尔格、特雷帕、董默尔等;也有为法西斯极尽犬马之劳的吉斯克斯、川岛芳子、吉川猛夫等走卒。(陈雪英)

I000350 **100 个当代少年的风采** 少年儿童出版社编。少年儿童出版社 1996 年 1 月版。35 万字。17.70 元。报告文学集,介绍 100 个中国当代体现时代精神的杰出少年,有:介绍 1984 年 2 月 16 日在上海展览馆受到邓小平赞扬的李劲的《闯进电脑世界的娃娃》、介绍获得杨振宁“亿利达青少年发明奖”一等奖的张今的《少年和太阳》、介绍获第一届梅纽因国际小提琴比赛少年组第一名的王晓东的《金奖琴童》、介绍盲童牛晔的《一个失明少女的日记》、介绍在第 22 届国际奥林匹克物理大赛中获金牌的王泰然的《心中升起理想的风帆》、介绍十几岁初中生考托福离满分仅差 7 分的徐敏的《托福状元徐敏》,等等。(洪祖年)

I000351 **100 个冠军的成功路** 季一德等著。少年儿童出版社 1996 年 1 月版。36 万字。18.90 元。报告文学集,介绍 100 个中外世界冠军的成长故事,有:介绍美国康诺利的《现代奥运会第一个冠军》、介绍乌克兰布勃卡的《超越时间的“飞人”》、介绍希腊鲁易斯的《送水夫成了马拉松冠军》、介绍芬兰鲁米的《世界上第一颗以运动员名字命名的行星》、介绍捷克托托倍克的《伉俪冠军》、介绍肯尼亚罗诺的《非洲中长跑巨星》、介绍中国陈跃玲的《中国第一块奥运会田径金牌》、介绍中国许海峰的《我国第一枚奥运会金牌获得者》、介绍中国谢军的《国际象棋的红颜杀手》,等等。(洪祖年)

I000352 **100 个博士的少年情** 张鸿雁、林广编。少年儿童出版社 1996 年 1 月版。28 万字。14.00 元。报告文学集。汇集 100 个当代中国博士撰写的少年时最有感触的故事,有:山东大学历史学博士黄朴民的《与〈史记〉结下不解之缘》、南京理工大学博士耿继辉的《终生难忘的一课》、北京大学法学博士吴志攀的《美术与我的学业道路》、复旦大学心理学博士胡君辰的《“我要争取第一”》、第二军医大学病理生理学博士傅红的《花季的素描》,等等。(洪祖年)

I000353 **无悔的追求** 李光伟、张伦基著。春风文艺出版社 1996 年 12 月版。17 万字。长篇报告文学,记叙了国税卫士沙广裕烈士的光辉事绩。沙广裕为辽宁丹东某国税局税务干部,工作兢兢业业,为维护国家利益,与抗税行为进行毫不妥协的坚决斗争,舍生忘死,光荣牺牲。其事迹在全国税务战线上产生强烈的反响。

I000354 **历史的转折** 副名:西南兵工军转民纪事。陈万吉等主编。重庆大学出版社 1996 年 10 月版。32.6 万字。20.00 元。运用文学笔法和新闻笔法写作,以记叙性和大事记为主,同时配发了 60 多幅有价值的照片和题词,真实地记录了党的十一届三中全会以来,西南兵器工业在圆满完成国家军品科研、生产任务的同时,如何寻求发展民用产品的过程;较全面地记述了嘉陵摩托车、建设摩托车、长安微型车、铁马重型车、工程机械及光学、化工产品开发、生产的艰难历程以及争创名牌的伟大创举。(陈晓阳)

I000355 **中国十大门将** 副名:历届国家队大连籍守门员风采录。姜永杰等编著。大连出版社 1996 年 12 月版。22 万字。15.00 元。报告文学。生动而真实地讲述了国家足球队中来自大连的 10 位门将令人神往的神奇故事。新中国第一任国家队的守门员就出自大连,名叫马绍华,当年以“马大门”誉满神州绿茵。接替他的桑廷良还是大连人,正当他准备为国家大展才能之时,一场政治风暴无情地结束了他的辉煌前程。李富胜出任国家队守门员时,身披 1 号球衣,在第 12 届世界杯外围赛中,他连扑沙特、科威特几个必进之球,从而被誉为“亚洲钢门”。在大连籍国家队守门员中,最有个性的当属傅玉斌,他性格活跃,爱说爱动,有时还爱搞个恶作剧,但他还是凭着自己的实力和技艺,终于站到了中国队的门前。此外,还有许建平、王振杰、徐弢、韩文海、程强,也都曾先后以门将的身份入选过国家足球队,并有过出神入化的表演。更值得一提的是钟红莲,这位女足守门员,从一个乡下姑娘成为一位扬名世界的球星,其中的每一步都流下了她刻苦拼搏的滴滴汗水。(徐彬)

I000356 **中国女知识青年的足迹** 《中国女知识青年的足迹》编委会编。教育科学出版社 1996 年 5 月版。21.7 万字。11.00 元。记实文学集,选编《中国妇女》杂志 1995 年举办的“中国女知识青年的足迹”征文获奖优秀文章 20 篇。其中有:《共青壮歌》——记 1955 年下乡知识青年参加江西共青垦殖场建设的故事;《胡杨的女儿》——记新疆建设兵团女知识青年的故事;《永无终点的冲刺》——记创 10 亿销售额的西单商场女工;《改名换姓的博士》——记刘少奇的女儿刘平平的经历等。本书通过一系列动人的故事,一个个有血有肉的人物,一幅幅战天斗地的画卷,展示了这一代女知识青年当年(50—70 年代)响应国家号召,到农村、边疆,不畏艰难困苦、艰苦创业的精神。也展示了国家进入改革开放时期后,这些当年的知识青年继续发扬艰苦奋斗、顽强拼搏、开拓进取的成长历程。(王兰)

I000357 **中国绿茵梦之旅** 副名:万达甲 A 征战录。何勤、徐钊编著。大连出版社 1996 年 11 月版。33 万字。19.80 元。报告文学。大连万达足球队是一支创造荣誉和奇迹的队伍,截至 1996 年底为止,已经在三届职业化联赛中两夺冠军。该书以万达队夺冠之路为线索,详细地记录了那一页页写满辉煌的历史。第一章"蔚蓝色的冲击波"精选了万达队三个赛季以来重点场次的现场纪实,逼真地再现了万达队全体将士奋战拼搏的风采。第二章"蓝色军团交响曲"是一组小型人物特写。万达队所有著名球星,如张恩华、徐弘、李明、王涛、魏意民等人的个人成长历史,均生动而真实地呈现在读者面前。第三章"托起蓝色的梦想",着重记录了大连市各级领导及社会各界对万达足球队的关心和爱护,有力地说明了万达足球队之所以能取得骄人战绩,有其坚实的社会基础。第四章"蓝蓝的倾城之恋"则着重记录了大连市球迷的痴迷和热情,是他们一如既往的全力支持,给万达队输入了巨大的精神力量。在本书的"绿茵回首特辑"中,专门回顾了大连市足球近一个世纪的发展历史,从而说明大连有着雄厚的足球基础,足球文化积淀深厚,而这正是大连足球长盛不衰的根本原因所在。(徐彬)

I000358 **中国新三级学人** 钟岩著。浙江人民出版社 1996 年 7 月版。20.5 万字。12.80 元。新三级,特指中国结束"文化大革命"、恢复高考后头三届考入大学的 77、78、79 级大学生。恢复高考,是邓小平复出后"自告奋勇抓科技"所采取的第一步至关重大的战略举措,它使"文化大革命"期间登峰造极的"左"的错误思想遭到彻底否定,首次真正实现了平等竞争。恢复高考,标志着一个历史的转折点。新三级学人正是脱颖于此,成为一个新时代最早的受益人。本书采取一种将纪实、对话融为一体的形式,探索了恢复高考后一代人的解放、思索、怀疑、否定、蜕变、超越。全书设 4 个部分:一、解放,从宿命到自觉;二、否定,从梦想到行动;三、蜕壳,从旧我到新我;四、超越,从零到一。每部分的"背景之一"、"背景之二"以纪实的笔触提纲挈领地述说当年的史实;随后以独具个性的对话体展示新三级学人的心灵足迹,提炼出了这一代学人共有的思想结晶,以考察他们是怎样变得坚定成熟并走向辉煌的。对话部分的重要意义在于,释疑了当今社会对这批学人的种种好奇:他们依旧是那批"红卫兵"式的"纯粹而狂热"的理想主义者吗?历经市场经济大潮的沉浮,这些人有了怎样的新观念?他们与老三届们沉缅于怀旧的精神状态有哪些不同?他们对马克思主义的信仰,对中华民族和中国人的前景作过怎样的再思考?本书的独到之处在于,作者与被采访者均立足于"历史的进步必然与丑恶为代价"的唯物史观,在当今这新旧交替、社会进步与道德困惑交织碰撞的交叉路口,对历史与现实作出了独立的、有价值的思考,再次显示了新三级学人敏锐的洞察力,正视挑战的勇气、自我批判的自觉。(章侬)

I000359 **世纪之光** 副名:中国 1919 年纪实。寒杨著。河北人民出版社 1996 年版。30 万字。16.00 元。《二十世纪中国风云书系》之一。运用灵活生动的纪实笔法,以五四反帝爱国运动为主题,记述了 1919 年的诸多重大事件,诸如北洋军阀的反动统治、吴佩孚的崛起及直皖战争、孙中山和中国国民党、孙中山组织广州军政府、陈炯明叛变、巴黎和会、五三之夜、五四大游行、火烧赵家楼、惩办卖国贼、挽蔡斗争、上海工人三罢斗争、拒签"和约"、留法勤工俭学运动、五四新文化运动、关于社会主义的大辩论、马克思主义在中国的传播、中国共产党的创立群体、中共"一大"等重大历史事件。是一部加强爱国主义教育、普及历史知识的通俗读物。(荆彦周)

I000360 **世界大人物丛书(第一辑)** 江来、肖芬等著。中国少年儿童出版社 1996 年 5 月版。96.7 万字。65.90 元。介绍世界大人物的知识性读物,共 8 册:《牛顿》、《彼得一世》、《华盛顿》、《拿破仑》、《林肯》、《爱因斯坦》、《罗斯福》、《希特勒》。收入的人物都曾对世界进程产生过重要的影响,包括政治、思想、科学和社会各方面有过突出作用的。每册书写一个人物,从出生到去世,完整地记述人物一生的历程,突出其重大经历,并注意用文学笔法进行细节描写,具有很强的知识性和可读性。(杨向荣)

I000361 **龙年之变** 副名:中国 1976 年纪实。夏瀚、杨凤城主编。河北人民出版社 1996 年版。

28万字。16.80元。《二十世纪中国风云书系》之一。运用灵活生动的纪实笔法,以粉碎"四人帮"反党集团为主题,记述了1976年的诸多重大历史事件,诸如邓小平复出进行全面整顿、反击右倾翻案风运动、周恩来总理逝世、四五运动人民群众反抗"四人帮"的自觉斗争、朱德委员长逝世、唐山大地震全国人民支援唐山开展抗震救灾建设新唐山、毛泽东主席逝世举国哀悼、粉碎"四人帮"反党集团的伟大胜利举国欢庆等。是对我国"文化大革命"后期的总结,体现了历史转折时期老一辈无产阶级革命家毛泽东、周恩来、朱德、邓小平、叶剑英、陈云等的光辉形象,是一部加强爱国主义教育、普及历史知识的通俗读物。(荆彦周)

I000362 **白鹭之旅** 谢春池著。鹭江出版社1996年12月版。38万字。35.00元(平),48.00元(精)。一部反映厦门经济特区建设15年来光辉历程和巨大成就的长篇报告文学作品。分上、下2卷。上卷13章,主要描写党和国家领导人对厦门的支持和关心,描写厦门经济建设各条战线所取得的成就。下卷13章,着力描写厦门在精神文明建设方面的辉煌成果,描写特区人在各条战线上的精神风貌。通过对厦门经济特区两个文明建设的多重展示,进一步证明了改革开放是中华民族走向繁荣昌盛的必由之路。

I000363 **地球村档案** 蒋承菘等著。地质出版社1996年12月版。54万字。25.00元。大型报告文学集。展现了地矿工作者在社会主义建设进程中所进行的艰苦卓绝的地质实践活动。本书取材于建国以来,新老地矿工作者在勘查、开发一处处矿山、油田,包括重大工程、科研项目中的典型事件和典型人物,多侧面地叙述了在地矿事业发展进程中所发生的一个个平凡而真实的故事,通过鲜明的人物形象,朴实无华的笔触,生动地描绘了新中国地质矿产事业的发展史。(高愉)

I000364 **再度出发** 副名:"中央苏区第一模范区"才溪新篇。郭碧良著。鹭江出版社1996年12月版。9.9万字。9.00元。报告文学。对福建省才溪镇的今昔作了全面的描绘。福建上抗的才溪,是中国千千万万小乡村中普通的一个;然而,因为半个多世纪以前毛泽东的三进才溪和毛泽东的光辉著作《才溪乡调查》,因为它被毛泽东授予了中央苏区"第一模范区"的称号,才溪又成了中国千千万万小乡村中不平凡的一个。数十年前,几千名才溪儿男跟随朱毛红军闹革命,出了刘忠、王直、王集成等"九军十八师",为才溪赢得了"将军之乡"的美称,几十年后,又有数千名才溪儿男直奔深圳,发挥才溪作为"建筑之乡"的传统优势,用"三千锄头八百斧"在特区开辟了一片新天地,涌现出王兆先、雷祖云、郭太生、孙灿金等新"九军十八师",为特区的经济建设作出了重要的贡献。他们还从特区带回信息,带回资金,带回新观念,从而带动了整个才溪的建设和发展,使才溪成为闽西老区的一个亿元镇。在邓小平称为"第二次革命"的改革开放时期,才溪人"再度出发"的勇气和拼搏的精神,为才溪老区谱写了历史的新篇章,同时也给其他老区、山区和贫困区一种有益的启示。收入"红土地的今天丛书"。(刘奇俊)

I000365 **有爱的日子** 陈丹燕著。少年儿童出版社1996年8月版。11万字。6.10元。报告文学集。收辑14篇作品。分"他的故事"、"我的故事"、"十二种颜色的彩虹"3章。在"他的故事"中有"1986:怪异的时光倒流"、"长在树上的叶子"、"九位少女的自述"等6篇报告文学;在"我的故事"中有"我的手风琴伙伴"、"我·父亲·童年朋友"、"王月的鲜花开遍了原野"等4篇报告文学;在"十二种颜色的彩虹"中有"一生中的三天"、"节日爱心"等4篇报告文学。作品均以当代少年各方面生活为题材,揭示他们渴望竞争、渴望出类拔萃、渴望友谊和理解等丰富的内心世界。(洪祖年)

I000366 **那条江与那个城** 谢春池等著。鹭江出版社1996年10月版。14.4万字。8.50元。"红土地的今天丛书"中的一本,作为献给'96国际消除贫困年的礼物。这套丛书讲述的是革命老区——闽西这块红土地上今天所发生的故事,本书则是其中的一本"来自国家历史文化名城长汀的报告"。从长汀与沿海发达城市的对比这一角度切入,引起人们对历史的回溯。古代的长汀(汀州)是经济和文化都比较发达的地区,一直是闽西政治、经济、文化的中心,也是连接闽、粤、赣的枢纽。第二次国内革命战争时期,长汀更是声名赫赫;它是中央苏区的重要组成部分,更是其经济中心。然而,历史的辉煌在历史的变迁中渐渐殒落,成了福建省的贫困县之一。就在改革开放的潮流在祖国大地上风起云涌之际,长汀人找到了与这个大时代的最佳契入点,那就是它们的优势所在——文化,于是长汀开始走上了一条与众不同的复兴之路。本书从历史名人、著名历史事件、教育、科技、城市建设、经济建设、客家学等广义的文化范畴上着笔,从方方面面介绍了长汀十几年来所取得的进步,以及正在付出的心血与汗水。(陈骋)

热烈庆祝人民教育出版社成立50周年

人民教育出版社是直属于教育部的教育专业出版社。主要承担研究、编写、出版、发行中小学基础教育教材和其他各级各类教材以及教育图书的任务。

人民教育出版社成立于1950年，毛泽东同志题写了社名。

50年来，人民教育出版社受教育部委托，参与草拟或主持草拟了1993年以前国家颁布的历次中小学各科教学大纲。先后编写、出版了九套全国通用的中小学教材，拥有数以亿计的读者，总印数已达数百亿册。

人民教育出版社出版范围：纵向，从幼儿园、小学、中学到高等师范院校教材；横向，从普通中小学到中等师范学校、幼儿师范学校，到职业中学、特殊教育、成人盲、成人中等教育、教师培训教材；学科，从人文科学、社会科学到自然科学、技术科学；品种，从教科书、教学参考书到学生课外读物、教师进修读物；形态，从文字出版物、教学挂图到幻灯片、投影片、录音带、录像带、CD、VCD、LD、电脑光盘等音像电子出版物。

人民教育出版社是中国内地唯一具有教育图书进出口权的出版社，这项业务的开展将为中国教育图书与世界进行多方面的交往与合作提供了良好的条件。

为了加强课程和教材的研究工作，1983年6月，经国家教育部批准，成立了课程教材研究所。邓小平同志题写了所名。人民教育出版社的编辑人员同时是课程教材研究所的研究人员，他们把教材的编写与教学实践、科学研究结合起来，力争使教材不断新、不断发展，以符合不同学生的生理和心理特点，适应经济和社会发展的需要。

人民教育出版社和课程教材研究所一贯重视借鉴国外经验，积极参加国际学术交流活动。长期以来，我们与联合国教科文组织、儿童基金会、人口基金、开发计划署和世界银行，以及美国、俄罗斯、日本、英国、法国等二十几个国家和香港、澳门、台湾地区的同行、专家、学者建立了友好关系，广泛开展了业务合作。

地　　址：中国·北京沙滩后街55号
邮政编码：100009
电话总机：(010)64016633
图文传真：(010)64010370
图书销售：(010)67661431　67661389　67661390　67661424
网　　址：http://www.pep.com.cn
电子信箱：pep@pep.com.cn

白云黄鹤美·鄂版图书香

湖北省出版界1996年度部分获国家级奖的图书

《楚学文库》
获第十届中国图书奖
湖北教育出版社出版

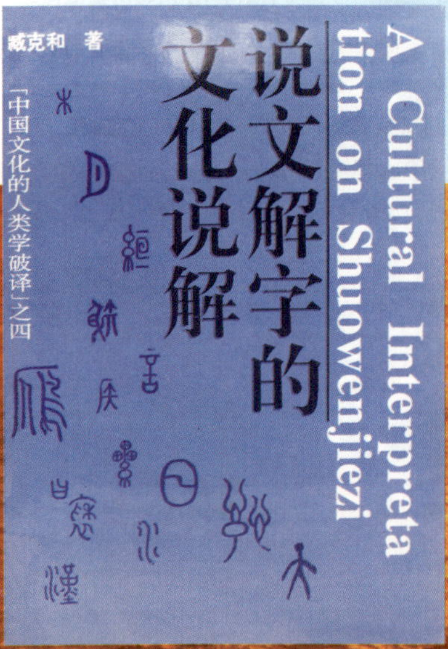

《说文解字的文化说解》
获第十届中国图书奖
湖北人民出版社出版

《师魂》
获第十届中国图书奖
湖北少儿出版社出版

湖北省新闻出版局
湖北省出版（集团）总社
局长、总社社长：邱久钦
地址：湖北省武汉市武昌黄鹂路75号
邮政编码：430077
电话、传真：027-86783629

I000367 **好儿王涛——乒乓父子情** 王世俊著,鲁来顺整理。解放军文艺出版社1996年2月版。16.8万字。12.00元。这是老子为儿子写的一本满腹情结的书。世界乒坛名将王涛,从3岁起父亲就以大海般的情怀,高山般的脊梁把他托举并带领其走进乒乓天地。几乎是天天在流着泪、洒着汗、淌着血在长满荆棘的道路上拼搏25年,终于圆了冠军梦,登上世界乒坛的巅峰。书中不仅写他成长为世界冠军历程,而且,写了一个孩子从小到大怎样做人,做一个什么样的人,写出了一个真实的人、一个好人、一个好军人。同时,它还告诉读者,一个人,不管干什么,要靠实力——真知识、真本事、真能耐——才能生存和生活,才能实现理想,才能创造出业绩的辉煌。(王侠)

I000368 **红飘带上的明珠** 副名:龙岩市脱贫奔小康的报告、闽西重镇坎市崛起纪实。张惟、张永和著。鹭江出版社1996年10月版。14.8万字。11.70元。分《龙岩市脱贫奔小康的报告》、《闽西重镇坎市崛起纪实》两篇。龙岩地区的龙岩市(现已改为龙岩市新罗区),是传说中龙的故乡,千百年来留下了不少龙的传说,也留下了毛泽东、朱德、陈毅、罗荣桓、聂荣臻等老一辈无产阶级革命家光辉的足迹。然而,同中国其他地方的老区一样,建国以后龙岩人民仍未摆脱贫困状态,60年代邓子恢回乡搞农村工作调查时,村里连半斤糯米都凑不出来,甚至还发生饿死人的事件。党的十一届三中全会以来,龙岩人民在党中央制定的改革开放和扶贫政策的指导下,在各级党政干部的具体领导下,因地制宜、自力更生、艰苦奋斗,使龙岩的贫困面貌发生了很大的改变。《龙岩市脱贫奔小康的报告》叙述了龙岩市各乡镇脱贫致富的概况,描写了龙岩市脱贫致富道路上发生和涌现的可歌可泣的事件和人物。永定县坎市镇,历史上就是一个有名的商贸集镇,烤烟业和商业贸易十分发达。在近现代史,小小的坎市曾出过国民党将领,也接纳过中国工农红军,邓子恢、肖克、粟裕、肖劲光等都曾在此留下足迹,这里还诞生了3位中科院院士。改革开放以来,坎市凭借其优越的地理位置和人文条件以及较发达的经济,被列为福建省重点规划的3个乡镇之一和全国500个小城镇建设试点乡镇之一,成为闽西、粤东、赣南交通枢纽,其商业、农业、工业、交通、科教文卫等迅速发展,经济蒸蒸日上,很快成为亿元镇,其重要地位在整个闽西老区也日益突出,是颇具实力和影响力的闽西重镇。《闽西重镇坎市发展纪实》记录的正是坎市镇快速发展、壮大的这一历程。作者张惟是闽西作协主席,文革时曾下放坎市。在《纪实》中,作者将其重返第二故乡的所见、所闻、所感通过文字表达出来,使读者在字里行间看到一个动感的坎市,一个正在腾飞的坎市。收入"红土地的今天丛书"。(刘奇俊)

I000369 **苍龙拱珠** 副名:中国经济特区开发区纪实丛书。朱先明、陈尚之著。文化艺术出版社1996年4月版。15万字。14.00元。连云港经济技术开发区的纪实文学专集。它以全方位、多视角、纪实性的手法,回顾了连云港时起时伏的历史,展现了连云港作为亚欧大陆桥头堡的特有的地理优势,记录了开发区首创阶段开拓者的脚印,介绍了活跃在开发区、为国家取得可观收益的明星企业和明星人物。作品同时对开发区未来将建成集工、商、贸、娱乐为一体的新型的开发区作了美好的设想和祝愿。(沈悦苓)

I000370 **李大钊在一九一九** 周克著。花山文艺出版社1996年5月版。17.8万字。9.00元。以饱满的激情和翔实的史料,真实地再现了伟大的无产阶级革命先驱、中国共产党的缔造者之一李大钊,在波澜壮阔的"五四"运动中的不朽功勋和光辉形象。时任北京大学图书馆主任的李大钊,以敏锐的政治嗅觉,洞察国内外风云变幻,他以马克思列宁主义思想,影响和引导北京及全国爱国青年学生,与各界广大民众相结合,向帝国主义列强及其在中国的走狗反动封建军伐,展开了一场轰轰烈烈的政治大斗争——这就是震惊中外的"五四"运动。书中对"五四"运动的风云人物陈独秀、蔡元培、毛泽东、许德珩等都有真实生动的描绘,对段祺瑞、徐世昌、顾维钧、胡适等人的刻画也有分寸。这是一部纪实性很强的具有珍贵史料价值的文学作品。

I000371 **酉水东流** 赵继兰著。重庆出版社1996年8月版。14.9万字。18.00元。纪实文学。记叙了我国早期共产党人、著名的妇女活动家赵世兰、赵君陶两姐妹奋斗的一生,描述了她们的亲人、中国革命运动中的著名先烈赵世炎、李硕勋英勇牺牲的动人情景,同时也写出了赵君陶依照丈夫遗嘱,将儿子李鹏培养成人的艰辛过程。本书既写出了赵氏姐妹和亲人们不平凡的经历,也通过他们的经历展示了中国共产党所走过的一段艰苦卓绝的光辉历程。(余国枢)

I000372 **我的艺术生涯** 力群著。北岳文艺出版社1996年10月版。力群是我国当代著名的版画艺术家。早在三、四十年代,他的木刻艺术作品就引起了当时美术界的重视。他的作品曾受到鲁迅、毛泽东等伟人的肯定和好评。本书是力群的自传体纪实文学作品。书中记述了力群在漫长的艺术生涯中个人的生活经历和艺术追求的轨迹，真实地再现了一位革命艺术家将近一个世纪以来的悲欢情感与奋斗历程。有当年延安鲁艺的追忆，有文革十年的回首；有个人命运的沉浮，也有民族悲欢的记录，折射出时代的风貌与社会的变迁，真实、朴素的叙述风格和实事求是的客观写照。(李建华)

I000373　**国共交恶**　副名：中国1927年纪实。刘志强等著。河北人民出版社1996年版。28万字。15.50元。《二十世纪中国风云书系》之一。运用灵活生动的纪实笔法，以大革命失败后国共两党关系为主线，记述了1927年的诸多重大事件，诸如国民政府迁都之争、蒋介石发动四一二反革命政变、上海工人三次武装起义、南京国民政府成立、宁汉对立、宁粤分争、第二次北伐、汪精卫七一五政变、蒋介石复出、国民党“清党反共”、中共发动南昌起义、秋收暴动、广州起义等。是一部加强爱国主义教育、普及历史知识的通俗读物。(荆彦周)

I000374　**城市与人**　副名：长沙：城市的话题。韩作荣著。作家出版社1996年12月版。13万字。12.80元。报告文学。作者站在历史的高度，从多种角度描述历经数千年沧桑的长沙。从城市的形成到它在政治、军事、经济、文化种种风云际遇中曾起的作用，以及因此而积淀下来的文化财富，展望到近现代的发展，从而设想它未来的发展；从屈原、贾谊、怀素、辛弃疾到王船山、谭嗣同以及近现代出现的一大批政治家、军事家、革命家的绵延相承中，发掘长沙历史中浑厚高远的人文精神，探求今天的领导者应如何承传历史，建设未来；作品融思想理性、文化意韵、文采情感为一体，描绘湖南的山川景物、风俗人情，自然贴切、气象丰富。本书用全景式的笔触写一个城市的变化与发展，通过城市与人的关系，展开人与文化的思辨，提醒中国城市的建设，应用一种文化意识、文化思维来指导。(林金荣)

I000375　**政变与暗杀**　刘立勤著。当代世界出版社1996年5月版。29万字。13.80元。描写了战场以外的特殊的生死形式。二战期间出现的政变与暗杀频繁、惊险、形形色色。本书涉及当时有影响的政变与暗杀事件20多起，我们不仅可以从中了解当时险恶的国际环境，而且可以窥视出正义与邪恶，光明与黑暗的殊死搏斗。本书详细介绍了法西斯为推行战争政策进行的内部残杀；反法西斯阵线中风云人物遭遇的惊险经历；爱国志士的忠心烈胆；战争魔鬼受到的正义惩罚。(陈雪英)

I000376　**拯救人类的战场**　杜正艾著。当代世界出版社1996年5月版。30万字。13.80元。运用纪实性手法，从法西斯兴起、人间灾难、战场转折、反法西斯战争最终胜利为发展主线，全面介绍了二战期间各主要战场及重大战役的情况，并从新的角度来审视战争，展示了人类历史上规模最大、场面最为惨烈的战争场面。正义的力量在人类历史最紧要的关头从四面八方聚集在一起，团结战斗，最终赢得了胜利。(陈雪英)

I000377　**革命家少年时代丛书**　杨宇心、丁隆炎等编。四川少年儿童出版社1996年6月版。100万字。80.00元。共10册，分别是《少年朱德》、《少年刘伯承》、《少年陈毅》、《少年聂荣臻》、《少年吴玉章》、《少年罗瑞卿》、《少年杨闇公》、《少年刘伯坚》、《少年郭沫若》、《少年张澜》。用纪实文学手法，记述了这些革命家从出生到离开家乡这一段人生之初的生活经历：他们降生在那个不安宁的岁月里，在与别的孩子一样的生活经历中，却又有着不同的内心世界。他们正直、善良、疾恶如仇，但又深深地同情穷苦的人们；他们理想远大，发愤向上，自幼刻苦学习，从小便开始关注国家的命运，尚未成年的时候，他们就从黑暗的现实中渐渐萌生了对旧世界的反叛意识。生动地再现了他们少年生活的情景，栩栩如生地刻画了他们各自的少年形象。让人从他们平凡、有趣而又充满传奇色彩的少年经历中领悟到革命家的伟大人格和崇高品质的形成始于人生之初。(杨初)

I000378　**闽西大跨越**　张耀清、张一鸿著。鹭江出版社1996年12月版。169万字。12.90元。作为当年毛泽东亲手开创的中央革命根据地的重要组成部分，闽西在中国革命史上占有十分重要的地位。毛泽东在这里留下了“红旗跃过汀江，直下龙岩上杭”，《关于纠正党内的错误思想》、《星星之火，可以燎原》、《才溪乡调查》等光辉诗句和著作；毛泽东、朱德、陈毅等革命领袖曾在这里留下战斗的足迹；邓子恢、陈丕显、刘亚楼、杨成武等老一辈无产阶级革命家从这里走出山坳；在中国共产党28年的革命历程中，闽西人民前仆后继，以数万名革命烈士和十多万人的生命代价，为共和国的诞生作出了巨大的牺牲和贡献。闽西成为闻名遐迩的革命老区。然而，建国以来，由于种种原因，闽西人民的生活一直未有较大的改善，1985年还被列为全国18个连片贫困区之一。昔日的荣光不再，辉煌不再。党的十一届三中全会以来，和全国人民一样，闽西人民勇敢地挣脱身上的精神枷锁，投入到改革开放的大潮中。他们像革命先辈那样艰苦奋斗，“发扬革命传统，争取更大光荣”，使偏僻落后的老区发生了翻天覆地的变化，本书即展现的正是闽西老区和闽西人在新时代的新风貌，讴歌的是闽西人代代相传的奋斗精神。收入“红土地的今天丛书”。（刘奇俊）

I000379 **美军集中营亲历记** 张泽石等著。中国文史出版社1996年5月版。30万字。14.00元。报告文学。记叙原志愿军战俘在美军集中营的亲身经历。他们由于种种原因不幸被俘，先后被美军关押在南朝鲜的釜山巨济岛、济州岛战俘营。面对敌人的严刑拷打，威胁恫吓，他们以集体的智慧，巧妙的斗争艺术反击，经过两年多的抗争，终于回归祖国。（陈海滨）

I000380 **神州大动脉** 副名：中国铁路建设一百二十年纪实。才铁军、雷风行著。福建人民出版社1996年12月版。29.4万字。17.85元。用纪实文学再现了新中国铁路建设的雄伟画卷，真实地描绘了毛泽东、周恩来、邓小平、江泽民等共和国三代领导人对中国铁路建设的决策和领导，许多资料是首次披露。作者用浓墨重彩描绘了大京九建设的辉煌历程，为广大铁道战线上的建设者谱写了可歌可泣的英雄篇章。（王开彬）

I000381 **徐虎的故事** 少年儿童出版社编。少年儿童出版社1996年5月版。3.5万字。3.20元。描述徐虎优秀品质及不平凡业绩种种小故事，有“特殊的家庭会议”、“新村挂出了报修箱”、“怎能失信于民”、“特困家庭的贴心人”、“奉献比金钱更重要”、“人民的儿子”等20多篇。（洪祖年）

I000382 **唐山，唐山！** 刘晓滨著。百花文艺出版社1996年6月版。30万字。22.00元。一部全景式反映唐山大地震二十年变化的专篇报告文学。1976年7月28日那令全世界为之震惊的短短的几秒钟，便将一座有着百年历史的重工业城市夷为一片废墟，但唐山人民并没有成为废墟中的废墟，他们擦干了身上的血迹，包扎好自己的伤口，又义无反顾地在相濡以沫、守望相助中，昂然走上了一条艰苦卓绝、栉风沐雨、重建家园的道路。20年的岁月浓缩进唐山屹立的今天，这是耸立在地面上的看得见的建筑；然而，栉比鳞次、五光十色地耸立在唐山人心里的，那更是一种看不见的、气度恢宏的建筑。作者以极大的热情，讴歌了贯穿在二十年之间的患难与共、百折不挠的抗震精神，再现了唐山各个时期那感人肺腑的一幕幕场景，全方位、多侧面地使我们看到了在改革、开放的纵深发展中龙腾虎跃的唐山的今天。（张爱乡）

I000383 **涅槃** 副名：王昌海和他的客货车队。赵柏田、王国安著。宁波出版社1996年10月版。15.2万字。9.80元。纪实报告文学。介绍了宁波海曙区王昌海在党和政府的关怀和支持下，通过创办经济实体，安置、帮助了一大批“两劳”回归人员。他们白手起家，艰苦创业，现已发展到拥有1 500多万元资产的运输企业。更为可贵的是，他们车队中的绝大多数人“遵纪守法，安居乐业”，好人好事层出不穷，重犯罪率几乎为零，为社会的稳定和精神文明建设作出了贡献。曾是“少年犯”的王昌海也成为一名优秀的共产党员。（王伯城）

I000384 **黄河落天走山西** 焦祖尧著。山西教育出版社1996年12月版。21.4万字。12.00元(平)，18.00元(精)。报告文学。全方位描绘了三晋人民引黄工程的宏伟画卷，真实地展示了“引黄人”的魅力和风采。山西是全国乃至全世界水资源奇缺的地区之一，为了从根本上改变山西水资源紧缺的状况，三晋人民高举改革开放和艰苦奋斗两面旗帜，决定在黄河上游万家寨截断黄河，修一座大型水库，把黄河水引入太原、大同。这是一项功在当代利泽千秋的伟大生命工程。作者从历史到现实，从决策到实施，从水运系乎国运、水与社会文明的关系的高度，全方位地摹写这一伟大工程及其建设者。全书气势磅礴，场面宏大，纵横捭阖，既显示了史诗般的恢宏气度，又回荡着震撼人心的时代强音，突出地表现了新一代山西人敢想敢干、迎难而上、艰苦奋斗、自强不息、万众一心的无畏精神。作为一部事件性报告文学，本书不仅生动地展示了正在建设中的引黄工程的宏伟画卷，而且描绘了众多的人物形象，上至中央领导，下至普通群众；既有工程的决策者和设计者，又有战斗在一线的建设者和指挥者，构成了一个引黄工程的英雄群体。事件叙述与人物描绘有机结合，通过人物言行表现事件内容，使本书不仅具有事件报告的性质，而且具有了较高的文学欣赏价值。（李梦燕）

I000385 **崛起的圣地** 副名：中国老区第一镇古田启示录。谢春池等著。鹭江出版社1996年10月版。19.2万字。12.60元。报告文学。古田这个闽西小镇，因为60多年前中国工农红军第四军在这里召开的第九次代表大会即“古田会议”而永载中国革命史册。在经济大潮涌动的今天，古田同样以其先驱者的形象，充分发挥自身优势，大力发展水泥乡镇企业，在闽西率先成为“十里山沟百家厂”的亿元镇。本书从古田的工业、农业、副业等经济、文化、教育和社会生活的方方面面，描写了改革开放后古田的崛起，塑造了乡镇企业厂长、村支书、教师、老红军、插队知青等一系列典型的人物形象，从中揭示了古田崛起的原因，给中国其他老区以有益的启示，并得出这样一个结论：拥有光荣历史的中国老区，在中国共产党的领导下，通过新一代老区人的拼搏奋斗，必将是“星星之火，可以燎原”，在新世纪的曙光中崛起。收入“红土地的今天丛书”。（刘奇俊）

I000386　**最后一战**　副名：中国1945年纪实。杨凤城著。河北人民出版社1996年版。30万字。16.80元。《二十世纪中国风云书系》之一。运用灵活生动的纪实笔法，以日本投降后国共两党关系的新格局为主题，记述了1945年的诸多重大事件，诸如八路军新四军举行大反攻、苏联对日宣战出兵中国东北、日本关东军的覆灭、伪满小朝廷的灭亡、日本宣布无条件投降、南京汪伪傀儡政权收场、中国战区受降、国民党军队抢夺胜利果实、中共开辟东北千军万马闯关东、毛泽东赴重庆与蒋介石谈判、蒋介石制造反共摩擦、国统区人民争取和平民主反对内战的斗争等等。是一部加强爱国主义教育、普及历史知识的通俗读物。（荆彦周）

I000387　**黑·白·红**　副名：兵团知青生活写真。宫柯著。黑龙江人民出版社1996年6月版。35万字。16.60元。作者原为兵团战士中的一员，本书以其亲身经历，记录了黑龙江生产建设兵团的战友们，在广袤的黑土地上，辛劳耕作、屯垦戍边、扑灭森林大火、抢救国家财产……兵团战士们为这片他们热衷的北大荒的黑土地献出了青春年华，甚至宝贵的生命，书中所述的故事皆为真实，读来感人肺腑。作者仅收集了一师三团的一些人和事，以一孔之见，反映出6个师、69个团的40余万生产建设兵团的知青生活，追思他们的苦和累、血和汗、乐与悲、情与爱。（徐冲）

I000388　**强者的风采**　谭吉龙主编。黑龙江人民出版社1996年12月版。40万字。36.80元。报告文学集，共2册，取材于黑龙江省综合改革试验区的七台河市，反映了这座城市在社会主义市场经济体制转变的历史进程中，那些奋力开拓，敢为人先，无私奉献，业绩卓著的人们。书中展现的强者，有身在千米井下采煤的全国劳模；有带领农民致富的全国优秀村委员会主任；有金融战线全国“五·一”劳动奖章获得者；有教书育人的全国优秀教师，这些七台河各条战线的先进人物，充分显示了七台河这一改革试验区的生机和希望。（徐冲）

I000389　**万里长征亲历记**　树军编。中共中央党校出版社1996年9月版。58.4万字。33.00元。为纪念红军长征胜利60周年而编辑出版。辑录万里长征的亲历者毛泽东、刘伯承、聂荣臻、徐向前等老一辈无产阶级革命家和杨成武、杨得志、许世友等红军将士的珍贵回忆录，依时间顺序和红军长征进程分为长征的序幕、红一方面军的长征、红二十五军的长征、红四方面军的长征、红二方面军的长征、三军大会师6个方面，生动形象地再现了各路红军斩关夺隘、涉江渡河、翻雪山、过草地、忍饥挨饿、遭受寒冻、冲破国民党军队围追堵截、战胜张国焘分裂主义的破坏、终于夺取长征胜利的艰苦卓绝而又辉煌壮丽的历史画卷，反映了红军将士富于理想，勇往直前，不畏艰险，百折不挠，亲密团结，英勇奋斗的革命英雄主义精神。（杜世伟）

I000390　**中国之友卡尔逊**　副名：纪念埃文思·福·卡尔逊诞辰一百周年。中国国际友人研究会编。辽宁人民出版社1996年10月版。14万字。25.00元。美国人卡尔逊是中国人民真挚的友人。1927年他第一次踏上中国大陆后，勤奋地学习了中国的历史和文化，通过与人民接触受到教育。1937年他作为美国海军的情报官，第三次来中国，国民党不积极抗日，他要求到共产党抗日根据地去考察。他见过毛泽东、朱德、聂荣臻、贺龙、邓小平，并于1937年底和1938年两次深入到我华北敌后根据地，在枪林弹雨中与八路军同甘共苦生活在一起。1940年他又来到中国，与路易·艾黎一起从事工业合作社运动。他回到美国后，除积极为中国人民的抗日事业奔走，发表文章介绍在中国的所见所闻外，还写出了《中国的军队》和《中国的双星》两本书。本书除了回忆卡尔逊的介绍文章外，主要有“卡尔逊谈抗战中的中国”和“三月日记”等介绍卡尔逊在中国的经历和他的思想看法。（陈志强）

I000391　**在中国的童年**　[美]浦爱德著，张放译。辽宁人民出版社1996年10月版。14万字。22.50元。美国友人浦爱德女士1888年出生于中国山东黄县一个美国传教士家庭，一位中国保姆把她带大。她在中国共生活了50年。浦爱德在她父亲的故乡佐治亚州读的大学，后到波士顿的麻省综合医院学习新兴的医学社会服务。1921年她受雇于洛克菲勒基金会，到北京协和医院建立医疗社会服务部，当了18年的主任。抗日战争爆发后,她积极支持中国的抗日斗争。浦爱德还喜爱创作,1945年在耶鲁大学出版了她的第一本书《汉女》,1974年出版了第二本书《殷老夫人,北京旧事》。《在中国的童年》是浦爱德的第三本书,以优美的语言回忆了她在山东黄县出生以后的12年生活。通过一个外国孩子的眼睛真情地描述了她的保姆及其家庭、邻居、教友,以及她生长的环境,遇到的事情。这个紧凑、描述细微、引人入胜的故事,再现了旧中国的生活方式。(陈志强)

I000392 **军官笔记** 霍加义著。民族出版社1996年4月(哈萨克文)版。5万字。7.00元。回忆录。1993年是新疆三区革命五十周年。参加这场革命斗争的老战士霍加义为纪念这具有深远历史意义和现实意义的三区革命,写了这本《军官笔记》。本书由《有关三区革命的材料》、《和阿布都如苏力英雄漫谈》、《三区革命和塔塔尔族小伙子们》等文章组成。(蔡锐坚)

I000393 **我的编年故事(1915—1935 20岁以前)** 于光远著。大象出版社1996年10月版。15万字。一部带有回忆录性质的书,将作者儿童时代的童心、童趣,青少年时代的所感所悟以及从事革命工作的经历,以真实生动的画面展现在读者面前。(会平)

I000394 **苦草魂** 杨国喜著。大连出版社1996年8月版。12万字。8.00元。长征回忆录。以生动形象的笔触,再现了红军长征,特别是过草地那一段艰苦卓绝的伟大壮举。全书由36篇独立成篇的文章组成,从不同侧面记录了红军草地之行的艰难,揭示了自然环境的恶劣和敌人围追堵截的残酷,颂扬了红军战士的革命精神和英雄气概,歌颂了毛主席率军北上的英明决策,鞭挞了张国焘分裂红军、南下逃跑的可耻行径。作为参加了两万五千里泥泞远征的一个老红军,作者写的都是他亲身经历过的事情,所以真实可信,使读者在阅读时也如身临其境,能受到强烈的感染和震憾。(李然)

I000395 **留学美国——一个时代的故事** 钱宁著。江苏文艺出版社1996年8月版。21万字。13.80元。有关留学历史及现状的新闻作品。作者所叙述的是"一个时代的故事"。对70年代末以来中国留学浪潮的历史背景、形成发展和政策变迁,以及与留学过程有关的方方面面和许多历史事件,作了详尽的描述。在美国留学的六年多时间里,作者凭着记者的敏锐和勤奋,利用各种机会采访了许多留学生,忠实地记叙了他们的故事。这里面有成功与失败,有拼搏与沉沦。人和事都完全是真实的,没有虚构和夸张。字里行间,作者对在美留学生的前途和影响充满了信心,同时对某些留学生走进自己生活的小圈子,远离社会、定居他乡的封闭心态,表露了真诚的遗憾和担忧。此外,对留学不归的种种原因,也作了实事求是的分析与探讨。(沈瑞)

I000396 **唐山地震孤儿今日** 湖北少年儿童出版社1996年5月版。30万字。16.00元(平),20.00元(精)。汇集唐山地区数十名作家、记者的佳作,对近200名孤儿进行追踪采访,深入到孩子们的心灵,真实、生动地记录了孤儿们成长、成才的经历,讴歌了社会主义制度下新型的人际关系,是新中国人权事业全面发展的真实记录。

I000397 **凝聚力工程空中展开** 中共上海市委组织部组织处等编。上海交通大学出版社1996年10月版。29.1万字。15.00元。汇编由中共上海市委组织部和上海人民广播电台举办的"'凝聚力工程'空中展示"系列活动中播出的正广和总公司党委、上海第一百货商店股份有限公司党委、宝山区泗塘医院党总支、松江县新桥镇春申村党总支等30家先进单位的广播稿,多角度、多方位、多层次地展示了上海各条战线党组织在新形势下建设"凝聚力工程的风貌和成果;体现了上海各条战线优秀共产党员在改革开放、发展社会主义市场经济,实施上海跨世纪宏伟发展战略目标下应具备的思想、作风和精神风貌;体现了用邓小平理论武装头脑,用党的基本理论、基本路线规范行动,以正确的世界观、人生观和价值观为核心和根本动力来开创各项工作新局面的时代要求。(戴柏诚)

I000398 **红土地的今天丛书** 张惟等著。鹭江出版社1996年12月版。72.2万字。54.70元。长篇报告文学集,共5册,包括《闽西大跨越》、《崛起的圣地》、《再度出发》、《红飘带上的明珠》、《那条江与那个城》等。描写了当年中央苏区范围内的龙岩、上抗、长汀、永定乃至整个闽西老区在改革开放年代所取得的巨大成就,由点到面全方位展示老区的崭新风貌,讴歌老区人民不仅创造了光荣的历史,而且创造了辉煌的今天的奋斗精神。(刘奇俊)

散文、杂著

I000399 **二十世纪中国学术文化随笔大系(第一辑)** 中国青年出版社1996年7月版。学术丛书。旨在展示20世纪学人对我国文化的思考、研究与发展,弘扬我国优秀的传统文化和人文精神。以文、史、哲3方面内容为主,选编对20世纪中国的思想文化产生过重大影响的近现代学术文化大师,以及对中国文化有着深刻思考和独到见解、取得卓著成就的当代学者的代表性精短之作。力图以比较活泼的形式,展现他们对生命的体验与思考的轨迹,对中国文化和中西文化交融中的焦点、热点问题的认识、理解、反思和探索。该丛书共20部,分两个系列,系列一包括:《梁启超学术文化随笔》(夏晓红编)、《王国维学术文化随笔》(佛雏编)、《蔡元培学术文化随笔》(桂勤编)、《鲁迅学术文化随笔》(钱理群、叶彤编)、《陈寅恪学术文化随笔》(刘桂生、张步洲编)、《胡适学术文化随笔》(欧阳哲生编)、《郭沫若学术文化随笔》(蔡乐苏编)、《梁漱溟学术文化随笔》(李凌己编)、《冯友兰学术文化随笔》(李中华编)、《宗白华学术文化随笔》(王岳川编);系列二包括:《钟敬文学术文化随笔》(杨利慧编)、《张岱年学术文化随笔》(张岱年著)、《牟宗三学术文化随笔》(王岳川编)、《费孝通学术文化随笔》(费孝通著)、《季羡林学术文化随笔》(季羡林著)、《任继愈学术文化随笔》(任继愈著)、《汤一介学术文化随笔》(汤一介著)、《庞朴学术文化随笔》(庞朴著)、《金开诚学术文化随笔》(金开诚著)、《王蒙学术文化随笔》(王山编)。(李向晨)

I000400 **中国当代文学辞典** 王庆生主编。武汉出版社1996年2月版。195万字。100.00元。收有我国1949年7月第一次文代会至1991年12月的当代文学辞目4 000余条,分为当代文学专题、文学评论、小说、诗歌、散文报告文学、戏剧电影电视文学、儿童文学、少数民族文学、民间文学、台港澳文学、文学报刊及文学社团12部分。另有附录:中国当代文学大事记、中国当代文学获奖篇目、中国当代文学部分作品篇目索引。作品类条目均分作家、作品收列词条;而小说、诗歌、戏剧电影电视文学、民间文学、台港澳文学还增列了人物形象;至于思潮、活动、会议、争鸣、术语等却统收于当代文学专题之中。(王远彦)

I000401 **中国历代古文精选** 王水照主编。东方出版中心1996年4月版。82万字。40.00元。分上、下两册。上册收历代论说、游记、小品200余名篇。论说含论证、论史、论事3小类,有诸葛亮《隆中对》、苏轼《留侯论》、李贽《童心说》等。游记含山林洞壑、溪泉湖泽、亭台楼阁3小类,有姚鼐《登泰山记》、张岱《西湖七月半》、欧阳修《醉翁亭记》等。小品含记人、述事、鉴物、谈趣4小类,有焦竑《史痴》、陈抟《睡答》、沈括《陨石》、袁枚《官癖》等。下册除收历代传奇、家书100余名篇外,还收录历代哲人精彩语录近千条。传奇分讽世、豪侠、神幻、风情4小类,有马中锡《中山狼传》、洪迈《侠妇人》、蒲松龄《促织》、张实《流红记》等。家书分立志、论学、修身、勤俭、夫妇、处世、综合7小类,有曹操、司马光、郑板桥、曾国藩等人优秀家书数十篇,语录分立志、修养、求知、为政、处世、读书6小类。全书各篇均附说明、注释。(徐容)

I000402 **中国近代文学大系·笔记文学集** 柯灵、张海珊主编。上海书店出版社1996年2月版。122万字。92.00元。两卷。第一卷共收文学笔记984条,42家;作者卒年均在辛亥革命之前。第二卷收1 090条,50家。以反映重大历史事件的作品为经,显示社会风貌的作品为纬,既突出梁章钜、王韬、薛福成等著名作家和以“笔记”为书名的优秀专集,又兼收散见于全集、别集和报章杂志的优秀笔记文学作品,点面结合,力避遗珠。对于近代作家所写时限以外题材的作品,则仍以清朝一代为限,并限制其数量;对于题材相同的优秀作品,则择其文献价值较大的人选。全书按照时代顺序编辑,题材广泛,言简意赅,生动活泼,隽永有致,既反映近代社会生活和历史风貌,又展示笔记文学在近代的发展历程及其引人注目的成就。(刘毅强)

I000403 **清文汇** 沈粹芬等辑。北京古籍出版社1996年3月版。300万字。470.00元。清代散文总集。原名《国朝文汇》200卷,共收清代散文1 300余家,10 000余篇,囊括了清代所有名家的散文代表作品,并汇集了若干不知名作家的散文佳篇。反映了清代的政教风尚、学术思想,有很高的资料价值和参考价值。(龙杰)

I000404 **今文观止** 商金林主编。山西教育出版社1996年11月版。124万字。63.00元。散文选集。按时间为序,选1848年至1949年151位作家366篇作品。所选文章均出自现代文学史上名家之手,文章亦为名篇佳构,如陈独秀《偶像破坏论》,胡适《差不多先生传》、《秋夜》、《鸭的喜剧》,徐志摩《我所知道的康桥》,郁达夫《故都的秋》《西溪的晴雨》,钱钟书《窗》《说笑》等,不仅可见中国现代散文发展的轨迹脉络,而且可以领略作家的不同风貌,鲁迅的深邃,胡适的清通,徐志摩的高华,叶圣陶的妥贴,朱自清的清丽,老舍的幽默,郁达夫的情深,冰心的甘甜,许地山的空灵,林徽因的洒脱,沈从文的纯美,季羡林的执著,废名的妙悟,周作人的冲淡,钱钟书的雅博……从中可以揣摩现代作家对于时代和人生的思考与感悟，以及其独特个性和人格色彩，进而观览现代散文的旖旎风光，扫视一个时代的文化状貌，获得情感的陶冶和审美的享受。该书选文以优美的“范文”为标准，篇日多为纯净的美文，除包括一般抒情叙事散文外，还有部分高品位的议论性散文，可与清初吴楚材、吴调侯所编《古文观止》相呼应。书前有著名学者陈贻焮序和主编撰写的前言，概言中国散文的特色和现代散文发展之大略，以及编选的初衷、要旨。（李梦燕）

I000405 **石语** 钱钟书著。中国社会科学出版社 1996 年 1 月版。12 万字。10.00 元。为钱钟书 60 余年前与清末民初著名诗人和学者陈衍一次谈话的论述。陈衍（1856—1937），号石遗，福建侯官（今福州市）人，有《石遗室诗话》、《宋诗精华录》等多种著述行世。石遗很欣赏青年学者钱钟书的人品和才华，常与之讨论诗文并结为忘年交。1932 年阴历除夕，石遗邀请钱钟书到苏州寓所度岁，相谈甚欢。谈话后，钱钟书“追记所言”，整理成文。后钱留学国外，1937 年于巴黎得到石遗辞世消息，于是对这篇谈话录又重新加以整理，还加了“附注”，并题名《石语》。60 年来，这篇谈话录一直未公开发表。全书主要内容为评论当时一些学者文人的道德文章和言行逸事，涉及严复、章太炎、梁启超、林琴南等 20 余人，其间不乏谈话者本人对诗文写作、学问人生的真知灼见。全篇为文言论述，词章优美，生动风趣，不失为一部研究近现代学术史、文学史以至钱钟书学术思想的不可多得的资料。这次出版的《石语》，除影印了作者的手迹外，还附点校过的排印稿。（郑文林）

I000406 **朱自清散文全集** 朱乔森编。江苏教育出版社 1996 年 12 月版。109.37 万字。3 册。58.10 元。共收有散文 300 篇，分上中下 3 集。凡是作者生前已经编定成集的，编印在上、中两集之内；没有来得及编成集子的则作为《集外》，按作者写作或发表的时间先后编印在中、下两集之中。上集，有编者作序，有作者对散文看法的一组文章，有《踪迹》、《背影》、《你我》、《欧游杂记》、《伦敦杂记》、《新诗杂话》等 6 个集子。中集，收有《语文零拾》、《标准与尺度》、《论雅俗共赏》、《语文影及其他》等 4 个集子以及集外的 29 篇文章。下集，全是集外，共 115 篇散文。（吴为公）

I000407 **一位现代父亲的人生忠告** 副名：对话与独白丛书。贾宝泉著。河北人民出版社 1996 年版。15.3 万字。9.00 元。一部写给青年人的励志散文读物。作者以一位父亲的身分，面对自己的一双即将走向社会大门的儿女，道出了自己作为一名过来人的生活经验和人生感悟。感情深切，文字优美流畅，教给现代社会中的青年人，如何去处理自己在工作、家庭、情感、处世等方面的难题。（李卞）

I000408 **一位现代母亲的心灵独白** 副名：对话与独白丛书。李佩芝著。河北人民出版社 1996 年 3 月版。10.3 万字。7.00 元。“对话与独白丛书”之一，是一部写给青年人的励志散文读物。作者以一位母亲的口吻，以自言自语的独白方式，向儿子讲述了自己丰富而坎坷的人生故事。叙述真切感人，催人泪下。从母亲的故事里，可以体会到天下父母对儿女的一颗博大的爱心，对儿女的谆谆教诲和殷切期望。（李卞）

I000409 **上海杂文选（1993—1995）** 罗竹风主编。上海文艺出版社 1996 年 12 月版。40 万字。21.50 元。选编上海作者发表于全国各地报刊上的杂文以及全国各地作者发表于上海报刊的杂文共计 258 篇，作者共计 104 人。所选杂文的内容也有很大的针对性：揭露丑恶现象、鞭笞反动观念、批评错误缺点。例如强调要狠抓精神文明的有《说“堵向”》（王孙）、《小姐，你为什么下跪？》（司马心）、《‘穷’得只剩下钱？》（林帆）、《诸葛亮的淡泊》（虞丹），抨击不正之风的有《漫话真假警车》（丛维熙）、《李时珍再辞名誉职》（刘金）、《未富先豪》（沈扬）、《“虚夸症”发凡》（沈栖）、《接轨术衍义》（吴中杰）、《什么叫“平民情结”》（吴非）、《一位“陪会夫人”的自白》（高低）、《邓丽君歌》（何满子），鞭笞洋奴观念的有《“引导消费”质疑》（陈祝义）、《从“诸神咒”谈到口香糖广告》（吴小如）、《下跪的“理论”》（吴非）、《引进“微笑器”》（牧惠）、《释“洋奴”》（舒展）、《香烟传奇》（蒲依）、《“包装”的异化》（虞兮），反对封建迷信的有《神功奇行之类》（西坡）、《乞丐看相》（朱亚夫）、《从招牌上的“洋腔”谈起》（杜宣）、《“择吉日历”，休矣！》（庞兆麟），还有提倡反腐倡廉的有《“养廉”纵横谈》（王尔龄）、《美女高楼漫议》（朽木）、《西门豹的“幽默”》（沈敖火）、《山乡故事》（杨子才）、《说“政绩”》（陈保平）、《看官看宦囊》（赵健生）等等。（王聿祥）

I000410 **小鸟啁啾而过** 副名：域外著名华文女作家散文自选集。[台湾]张香华著。陕西人民出版社 1996 年 3 月版。14.3 万字。10.20 元。作者似从生活中随手拈来一篇篇美文，写对散文、诗歌的见解，写海外见闻，写丈夫柏杨，写亲朋好友，写美丽的大自然和平静的家庭生活，文笔亲切优美，在随意中透出机敏与幽默。因作者长于写诗，所以其散文作品

视角新颖,感情细腻。(何大凡)

I000411 **小说家散文丛书(第一辑)** 刘心武等著。湖南文艺出版社 1996 年 10 月版。63.20 元。当代小说家的散文随笔自选集丛书。每家各自成集,分辑出版。已出第一辑 5 种:《你哼什么歌》(刘心武著,13.80 元)、《柔弱与柔韧》(张抗抗著,11.50 元)、《说三道四》(李国文著,13.80 元)、《海祭》(叶楠著,12.60 元)和《散花记散》(林斤澜著,11.50 元)。(陈仿麟)

I000412 **小窗杂识** 黑瑛著。天津教育出版社 1996 年 8 月版。19.7 万字。10.60 元。作者历年来读书笔记的结集,内容侧重于《老子》、《庄子》、《论语》、《孟子》和史籍,也涉及人生、自然等方面的话题。作者所表露的思想朴素、实在,表达了种种切实感受,具有深沉的人格力量。作者通过对中华民族历史和文化的回顾和反思,努力探讨民族文化的价值问题,以此提醒人们了解自己民族文化和历史的源流,瞻望我们民族的未来,开拓自己的认识视角,不断地追随我们民族前进的步伐。作者批判了以古非今、厚古薄今以及历史和民族虚无主义等倾向,指出了对待民族文化和外来文化的正确态度。(贯永来)

I000413 **不堪回首** 赵清阁著。重庆出版社 1996 年 4 月版。15.2 万字。11.50 元。散文集。赵清阁是中国现当代文学史上著名女作家之一,著有多部戏剧、电影、小说及散文集。《不堪回首》是其平生最后一本散文集。它包括 3 大部分:忆往事、怀故人、志陈言。写往事,有欢欣有辛酸,充满了人生三昧;写故人,多记叙的是曾经叱咤于中国文坛的大家和与作者情深意笃的友人,比如茅盾、阳翰笙、凌叔华、陆小曼、梁实秋、谢冰莹、张恨水、齐白石、梅兰芳、阮玲玉等,笔触充满激情,读来感人至深;志陈言,记述的是作者林林总总的文艺观,不乏真知灼见。本书既具欣赏价值,又具文史资料价值。(余国枢)

I000414 **中国现代美文鉴赏** 王富仁主编。河北人民出版社 1996 年 3 月版。65 万字。38.50 元。2 册。精选中国现代文学史上最有成就的作家创作的美文 120 余篇,反映出中国现代散文的最高成就。其题材多样,有人,有物,有事,有理;其艺术手法丰富,或抒情,或叙事,或写景,或说理,体现了中华艺术散文的独特风貌。120 余篇美文后,各有一篇研究人士撰写的鉴赏文字,解析深刻,语言优美,与原作品相辅相成,对读者的阅读提供方便。(李卞)

I000415 **中国现代散文精华(少年版)** 丁汀、歌辛编。湖南少年儿童出版社 1996 年 12 月版。40 万字。18.50 元。系从中国现代优秀散文中,共收集中国现代 29 位著名散文家、作家的 128 篇散文。如鲁迅的《雪》、郁达夫的《雁荡山的秋月》、徐志摩的《海滩上种花》、朱自清的《背影》、鲁彦的《故乡的杨梅》等。

I000416 **月亮岛文化随笔丛书(第一辑)** 韩少功等著。湖南文艺出版社 1996 年 10 月版。66.70 元。我国当代作家、评论家的文化随笔自选集丛书。每家独立成集,分辑出版。已推出第一辑 5 种:《世界》(韩少功著,11.60 元),选收作品 33 篇。作者是提倡“心想”、勇于探索的青年作家,其作多议论当前的文化和文学问题,视野广阔,思辨性强,思想深邃;《激情的延续》(张炜著,12.80 元),选入作品 35 篇。作者是一位多产的以小说见长的青年作家,其作多围绕自己的创作,娓娓道生活、谈经验、说甘苦,抒发对养育自己的故土和人民的挚爱,洋溢激情,富有情致;《徘徊在人生的空地上》(周国平著,13.80 元),选辑作品 61 篇。作者是位“文化的杂食者”,自然其作内容博杂,灵活多变,能对自己所见所闻所经历的事物迅速作出反映,给予批判性的评论;《与陌生人同在》(吴亮著,15.40 元),选集作品 95 篇。吴亮是破万卷书的书痴,所以他能成为一个智者,写作时能引用古今中外许多哲人名家的要言妙语。其作富有想象,充满睿智卓识。他相信作者写作的书,能够获取今天和将来的陌生读者对自己思想的认同。因此,他甘于寂寞,读书写书。(陈仿麟)

I000417 **“书边草”丛书** 李辉等著。天津教育出版社 1996 年 11 月版。64.2 万字。读书理书、书林撷英、笔底钩沉的有生命气息的文学随笔丛书。5 位作家或纵横于中国现代文学家的文脉心曲,或取心析骨解剖中国当代社会学家的荣枯得失,或涉猎外国文学家的爱恨大潮,或朝花夕拾聆听西方古典音乐的华彩乐章,或探本溯源追踪世界流行歌坛的波动轨迹,在各自的领域有主题地将多年读书的结晶呈于一处。它们不是通常五色杂陈的读书文章的汇集,而是心无旁骛、各成一体、融评于书、寄情于思,带有深切体味的精彩奉献。(李莉)

I000418 **世象杂拾** 唐达成著。作家出版社 1996 年 6 月版。17.9 万字。11.00 元。随笔杂文集。分“世象新语”、“杂文一束”、“文苑手记”、“域外漫拾”、“故人萦思”5 个分辑。作者在“后记”中说:“世事万象,尘海波澜,凡情动于中,有感于心,则率意为之,而所谓风骨品性则仍在性情中,非在其外,更非

雕琢赝造所可得。"书内有作者自画插图数幅。(杨葵)

I000419 **白桦林·校园精品文摘(第一辑)** 蓝星海等编。长江文艺出版社 1996 年 10 月版。75.5 万字。49.00 元。包括《人生诗旅》、《抒情哲学》、《倾诉沧桑》、《锦绣心情》、《青春有约》5 本。稿源多为全国报刊的上品之选,也有直接从校园师生笔下撷取的佳构华章。体裁包括散文、随笔、小品,内容有写故旧情深,有写砚友谊长,有写世情际遇,有写人生辉煌,有写生命感悟,有写时代的召征等,异彩纷呈。(赵国泰)

I000420 **对话与独白丛书** 李佩芝等著。河北人民出版社 1996 年版。现代人对当代社会生活的人生感悟集。4 册。从人生、社会、婚姻、恋爱、教育子女、为人处世等各个方面,写出自己的所见所思和所感,道出现代人的喜乐和困惑,幸福和苦恼,使读者从中摆脱心灵的浮躁,得到情感的净化,人格的升华。

I000421 **当代人生论语** 冯远征著。百花文艺出版社 1996 年版。22.4 万字。18.00 元。散文诗式的随笔。作者论女人、论男人;论好人、论坏人;论美人、论丑人;论名人、论凡人;论友人、论恋人;论穷人、论富人;论古人、论今人;论智人、论愚人;论陌人、论熟人;论伟人、论庸人;论亲人、论仇人;论国人、论洋人;论德人、论才人;论个人、论众人;论文人、论武人;论善人、论恶人;论年轻人、论老年人……论人类、论人生、论爱情、论痛苦、论读书、论教育、论奉献、论友谊、论路径、论情感、论幸福、论恋爱……作者没有制造任何抽象的概念,没有臆断任何苛刻的训条,只凭自己的深刻体验和认识,用优美的语句,推心置腹地向读者倾诉了可供日常生活的必备经验和生活智慧。书中不乏哲理式的警句,可引起人们对人生的思索,亦可作为年轻人生活的指南。(张宣杉)

I000422 **当代中国作家随笔精选** 柯灵主编。东方出版中心 1996 年 3 月版。66 万字。40.00 元。分上、下两册。上册选收张承志、韩少功、谌容、铁凝、张抗抗等随笔精品 72 篇。有张承志的《荒芜英雄路》,韩少功的《夜行者梦语》,谌容的《并非有趣的自述》,铁凝的《真挚的做作岁月》,张抗抗的《我的节日》等,作家以随笔的形式叙述了个人经历和生命体验,读来感人至深。下册选收了公刘、白桦、蒋子龙、刘心武、陈祖芬、范小青随笔精品 83 篇。有公刘的《活的纪念碑》,白桦的《儿子》,蒋子龙的《情结》,刘心武的《青春的门槛》等,记录了作家难忘的人生片断、趣事和对生活引发的深沉思考。全书较为完整地展现了近年来随笔创作的风貌。(徐客)

I000423 **当代杂文选粹丛书(第四辑)** 孙犁、余心言等著,,严秀、牧惠主编。湖南文艺出版社 1996 年 5 月版。75 万字。48.80 元。汇集新中国成立以来杂文佳作的一套大型丛书。共 4 辑,每辑 10 本,遴选 40 位有代表性的杂文作家每人一本。第四辑计有:《孙犁之卷》、《余心言之卷》、《公刘之卷》、《蒋子龙之卷》《虞丹之卷》、《李庚辰之卷》、《司徒伟智之卷》、《穆夫之卷》、《李汝伦之卷》、《邹人煜之卷》。(弘征)

I000424 **守望的距离** 副名:周国平散文集。周国平著。东方出版社 1996 年 6 月版。32.8 万字。23.00 元。收录自 1984 年以来作者发表于报纸、杂志的几乎所有的文章。按类别分成 14 辑,涵盖了对存在、精神、心灵、人生、幸福、友谊、爱情、亲情、读书、写作、学术诸问题的理解与感悟。周国平的散文充满着理性味道。以他深厚的哲学素养,以他对哲学的情有独钟的爱,以他智慧的头脑,终生都在殚精竭虑地思考存在与人生、生命与死亡、精神与信仰这些具有永恒价值的问题,他似乎把思考与解答这类问题作为衡量自身价值的标准,作为一种福份来享受。所以,他能与时代的潮流保持适当的距离,用理性的、清醒的目光注视着生活中的日常状态,并以哲学的态度思考之。(刘丽华)

I000425 **孙犁书话** 姜德明主编,金梅选编。北京出版社 1996 年 10 月版。35 万字。16.00 元。分"幻华室藏书记"、"耕堂读书记"、"耕堂读书随笔"、"耕堂序跋"、"书衣文录"、"芸斋琐谈"、"耕堂书信"共 7 辑。选汇了孙犁老先生几十年来关于读书、买书、理书、藏书的诸多卓见颖识,全书所涉及的书籍,包括文史经哲、农林畜牧、金石考古、书话美术等数百种,其中"书衣文录"这一独特文体更令人耳目一新。(龙杰)

I000426 **近看香港** 高陶主编。江西高校出版社 1996 年 4 月版。19 万字。15.00 元。为庆祝香港回归,汇集了吴祖光等 10 余名作家有关香港社会经济、政治、文化、民俗等方面的散文佳作 30 篇,力图对香港作一个全景式的鸟瞰。(严吾)

I000427 **张中行近作集** 张中行著。长江文艺出版社 1996 年 8 月版。30 万字。20.00 元。收入张中行 90 年代以来所写佳作 100 篇,作品大都见于全国各地报刊。内容宽泛,读书、谈人、说地、说现实,均为作者自身的生活及感受。从孔孟之道到现实生活,从故旧到新交,从传统道德到当今社会,方方面面,发表看法,见解独到,颇具特色。(张正平)

I000428 **张晓风散文系列** 张晓风著。湖南文艺出版社1996年10月版。63万字。58.00元。张晓风是台湾著名散文作家。本系列包括她的7种散文集:《地毯的那一端》(7.10元)、《步下红地毯之后》(8.80元)、《从你美丽的流域》(8.00元)、《有所思》(8.60元)、《魔季》(9.80元)、《玉想》(7.00元)、《丽人行》(8.70元)。这些作品,或讴歌生命,或礼赞爱情,或忆童年旧事,或抒生活感悟,都是作者人生体验里灵感的闪光。作品以女性特有的多情与细腻来感受生活中的种种况味,抒发了对自然、对人类、对生命本身的挚爱。抒情浓烈,意蕴精深,饱含着深情和哲理。(弘征、龚湘海)

I000429 **纯真季节** 殷健灵著。少年儿童出版社1996年11月版。9.5万字。9.50元。校园生活的系列散文集。分"青春有缘"、"雨中风铃"、"生命感动"、"午夜星空"、"走进阳光"5个篇章,共收31篇散文,内容涉及关于友情、关于对生命的询问、关于青春期谜一样的躁动、关于懵懵懂懂的忧伤的初恋、关于对生活的困惑、关于对人生答案的探求……"巨人丛书"第四辑之一。(洪祖年)

I000430 **苗得雨散文集** 苗得雨著。百花文艺出版社1996年2月版。34.4万字。19.80元。选集跨度四十余年,以80年代和近年发表的散文作品为主,分《生活多思》、《情深谊长》、《异国风采》、《蒙山沂水》与《旧作拾零》,共5辑。有对现实生活的感悟思索,有对战友情、师生情、文友情的回忆,有对异国风土人情的精彩描绘,约半数作品是作者对家乡沂蒙山战争时期与自己童年、少年时期难忘的生活的怀想,是作者对历史足印的真实寻觅,记录了作者成长的历程。其中,《与艾青老师东北行》、《听丁玲辅导》、《三见孙犁》、《"红嫂"的发现》等篇章有很强的史料性。作者情感真挚,语言朴素生动,富有情趣,显现了作者一贯的创作风格。(刘升盈)

I000431 **国门内外** 张恩和著。百花文艺出版社1996年11月版。17.8万字。15.00元。走出国门看世界,环顾周围看人生。作者行及中、东、南欧,亲见人类创造的灿烂文明,目睹不同国家和不同社会制度引发出作者思绪万千。收入本书的文章中,有对历史的沉思,有对生命的慨叹,还有对一些社会现象的评论。特别是,作者记述和抒发了与中国现代文学研究的三大学者——唐弢、王瑶、李何林的情谊,从中可以看到一点当时文学研究界以及社会上的情况。本书收作者近年所写散文、随笔60余篇,文笔清新流畅,生动展现了广阔的人生、社会、世界……。(张爱乡)

I000432 **凭海临风** 杨澜著。上海文艺出版社1996年12月版。8万字。20.00元。我国著名的电视节目主持人杨澜的第一本散文集。由5个篇章26篇散文经纬出作者不长的人生历程和心灵轨迹。作者用平实、真情的笔墨,向读者讲述了自己人生中的一些经历和感悟,重温"难忘的荧屏",回顾"留学的日子",展现对"蓝色的海洋"的向往,游历她"记忆中的岛屿",真实地记下自己对爱情和即将成为母亲的"心语"。(黄惠民)

I000433 **细辛草** 张承甫著。湖南文艺出版社1996年2月版。17.5万字。8.50元。杂文随笔集。收入作者近几年创作的文史小品、杂文101篇,按内容分为"古史今读"、"诗文漫话"、"世情杂说"和"科技小品"4辑。作者以科学家严谨的态度、冷峻锐利的目光,观察、审视历史、社会、现实,其作品或从历史的大观园里信手拈出人物故事、诗文资料,作逆向思维,不囿于成说,敢于大胆怀疑,表示自己的看法;或针对现实生活中的不良倾向、错误思想和问题,给以善意的批评和辛辣的讽谕;或谈诗说文,或话科技说世情,无不言之成理,益人心智。(陈仿麟)

I000434 **胡同九十九** 程小玲主编。北京出版社1996年10月版。198幅图。260.00元。收集活跃在当今文坛的冰心、萧乾、汪曾祺、邓友梅、王蒙等99位名作家撰写的99篇有关北京胡同的散文,同时配以胡同的摄影图片及说明文字。(龙杰)

I000435 **秋华集** 张厚余著。希望出版社1996年2月版。22.6万字。7.20元。散文集,字里行间洋溢着对青春的礼赞、对时代的讴歌。第一辑《东篱菊影》清新明丽,如山间小溪,带着颇富韵味的声响,逶迤而来,又逶迤而去,引起读者的许多美好回忆与遐想;第二辑《忆海钩沉》情真意切,生活中的一些不幸遭遇,以平和恬淡的语言缓缓道出,显现了作者善良的心性;第三辑《旅迹游踪》,描绘了祖国大好河山的难忘景致;第四辑《诗心画魂》,以散文诗的形式,记录了生命中的瞬间。书中作者对生活的哲理挖掘还稍欠深刻。(张秋怀)

I000436 **重返埃及** 唐小禾著。湖南美术出版社1996年2月版。26.5万字。28.00元。1987年作者应邀赴埃及完成开罗国际会议中心壁画《埃及七千年文明史》、《地久天长》,1991年应邀赴维也纳作画，作者借此机会游历亚非欧11国，写心得文章数篇，结集为《重返埃及》。艺术家敏锐的目光使文字充满了绚丽的色彩。近200幅精美的插图更增强了此书的可读性和收藏价值。（刘海珍）

I000437 **皇天后土** 副名：99个农民说人生。周同宾著。漓江出版社1996年12月版。28万字。14.00元(平)，19.00元(精)。共收录豫西南一个村庄99个农民的口述笔录体散文99篇，分3辑，“悠悠岁月”着重再现农民对人生和命运的思索，“茫茫大地”着重再现农民和土地以及生存环境的复杂关系，“芸芸众生”着重再现不同生命履历的农民的生存努力。作品的重大的文化价值在于真实、真诚、真切地再现了转型期中的农民、农业和农村的原生形态——酸甜苦辣，喜怒哀乐，长处和短处，现在和将来。（庞俭克）

I000438 **神游中国西部** 贾羽编著。宁夏人民出版社1996年11月版。19.4万字。11.80元。按中国西部省区云南、贵州、四川、西藏、陕西、甘肃、宁夏、青海、新疆、西部跨地区分为10个单元，共收入自然风光、人文习俗等纪实散文80篇，对滇池、石林、西双版纳、苍山洱海、黄果树瀑布、花溪、峨眉山、布达拉宫、大昭寺、华山、秦岭、兵马俑、莲花山、嘉峪关、六盘山、塔尔寺、青海湖、鸟岛、天池、哈纳斯湖、火焰山、香妃墓会以及各类西部怪异现象、茶俗、婚俗等作了真实记录。收入“假日休闲系列丛书”。（李秀岑）

I000439 **殉情之都** 副名：见闻、札记与随想。汤世杰著。百花洲文艺出版社1996年10月版。27万字。20.00元。以散文长卷的方式，以纪实风格与抒情笔调，反思既往的历史，重审人生的价值，抨击了某些现代人的见利忘义、薄情寡义，大声疾呼：尊重生命，尊重人的心灵！（洪宜宾）

I000440 **董桥散文** 江迅选编，董桥著。浙江文艺出版社1996年4月版。29.8万字。21.00元。董桥，1964年毕业于台湾成功大学外国语文学系，1975年入英国伦敦亚非学院研究马克思主义文学理论，长期在香港和英国两地从事新闻工作，并致力于散文写作。本书收其散文122篇，选自他历年在港台两地出版的散文集《这一代的事》、《跟中国的梦赛跑》、《辩证法的黄昏》、《另外一种心情》和《双城杂笔》等。书前有作者的代序《秋园杂卉小识》。（严麟书）

I000441 **悲情散文精品** 陈引驰、杨扬主编。云南人民出版社1996年4月版。52万字。19.80元(平)，21.80元(精)。从特殊角度选编的散文集，它饱含着失恋的伤感、离别的哀怨、丧友的痛苦、失落的辛酸，诉说着一种或浓或淡的悲愁。作者均是本世纪以来的散文大家，有鲁迅、徐志摩、梁实秋、郁达夫、张爱玲、张承志、舒婷等。（云人）

I000442 **湖南杂文百家** 湖南省杂文学会选编。湖南文艺出版社1996年7月版。32万字。19.00元。是继《花边一百三》和《湖南新时期十年优秀文艺作品选·杂文卷》之后又一个比较全面的新选本。选取了从1989年来的湖南杂文佳作共276篇，作者104人。（弘征）

I000443 **湮没的辉煌** 夏坚勇著。东方出版中心1996年9月版。25万字。20.00元。“文化大散文系列”之一。是作者近年来对中国历史和文人、文化进行深入考察和体悟之后创作的作品。全书以残存的断垣残简为出发点，追述历史现象，描绘文人行状，解析文明兴衰，感叹文化命运，探讨了文化与政治、文化与社会变革、文化与时代之间的关系。其中，《寂寞的小石湾》描写了那个天崩地坼的大时代的历史和人物，对历史与文明的关系作了独具一格的文化阐释。《小城故事》通过对历史和现实的哀怨故事的铺陈，展示了中国文人在动荡时代的心理轨迹。《百年孤独》则通过实业巨子盛宣怀的人生道路的抒写，从文化层面上演示了中国近百年来民族工业所走过的艰难历程——慷慨而悲凉。《石头记》《洛阳记》等行文直指河洛文化的兴衰，一唱三叹，具有历史穿透力。本书既揭示了中国文化的巨大内涵，使行将湮没的文明碎片重现辉煌，也有助于人文精神的反思与批判，有助于民族文化和民族精神的重建。（钟蕾）

I000444 **霜叶丛书** 林语堂等著，邓晓辉、赵红编。湖南文艺出版社1996年9月版。68.7万字。54.10元。反映老年人生活、思想的散文随笔丛书，精选现当代著名作家的散文203篇，分为4种，冠以“霜叶丛书”，取唐诗人杜牧诗句“霜叶红于二月花”之意。4种是：《凡尘清唱》是老年人身处老境，直面老年的组歌。写老年人面对老年的从容，对人生的总结，对生命的珍惜和对死亡的无畏。《黄昏絮语》是老年人对半个多世纪人事沧桑的回顾和总结。说历史，谈友人，话童年；叙世间百态，说人情冷暖。《幽兰之恋》是老年人对爱情亲情的放歌与留恋。让人们在这些最甜蜜的情感中悟出爱的内涵。《秋林小趣》展现老年人人生中的各种情趣、爱好，体味生命的意义。书中充满人生的顿悟，生命的豁达，语言的睿智和真

情的流泻。(王雨)

I000445 **“人生感悟”丛书** 周国平等著。天津人民出版社1996年7月版。70万字。49.80元。包括《爱与孤独》(周国平著)、《答自己问》(史铁生著)、《古典的人》(陈村著)、《树佛》(贾平凹著)、《呵护心灵》(毕淑敏著)、《心想》(韩少功著)等6种,每种均收入作者的散文、随笔若干篇。几位作者各具特色,哲学家周国平能将严峻而沉重的人生思考注入灵性与激情,使读者仿佛面对一位向自己敞开心扉的智者;陈村的随笔最具个性化色彩,他不失尊严的自嘲和不无挚情的讽世,像一位面冷肠热的审者;学者型作家韩少功拥有几乎是通天达地的人文视野,他的仿佛是与整个历史人类的对话表现了一位独立的思者风貌;坐在轮椅中的史铁生是一位沉静的梦者,他的文章可以说是自己的心灵笔记;始终处于光环中的贾平凹,文体自成一家,他是一位世事洞明、大巧若拙的通者;毕淑敏的随笔直抒胸意,理大于情,柔中见刚。(徐庆平)

I000446 **当代中国学者随笔丛书** 邓云乡等著。东方出版中心1996年12月版。156万字。120.00元。收录7位学者在科研、学术活动中学习、生活中的所思所感。语言风格随体而变,或妙趣横生,或沉郁凝重,或直捷犀利,或幽默辛辣,给人启迪、深省。有《书情旧梦——邓云乡随笔》、《岁华晴影——周汝昌随笔》、《未免有情——舒芜随笔》、《饮食男女——舒谨随笔》、《冷眼热心——来新夏随笔》、《思想的风景——朱正随笔》、《喘息的年轮——王春瑜随笔》。(张志华)

I000447 **“当代名家散文精品文库”丛书** 王蒙、蒋子龙等著。百花文艺出版社1996年版。150万字。150.00元。共10册。选收王蒙、蒋子龙、冯骥才、铁凝、张抗抗、陈慧瑛、叶文玲、王英琦、赵丽宏、苏叶等当代著名作家的散文自选集。这些作品都是经过作家以严酷自律的精神认真筛选,在广大读者中产生过较大影响的名篇佳作。丛书中所选作品,摒弃装腔作势,作激情状、作文雅状的浅俗轻率散文,剔除小感情、小摆设的矫情散文,注重从历史和现实的交融中展现人的心态,在时代的敏感中对人性内涵进行无穷的探索。收入丛书的作家都把代表各自风格特点的作品选入集子中。王蒙的散文丰赡练达机智幽默,既真实平易又坦荡诚实;蒋子龙的散文在真诚的倾吐中有一股冲拔之气;冯骥才的散文善于把细腻的笔触伸到人的喜怒哀乐之中,形成一股既宽广又深沉的感情波流;张抗抗则具有高深的思考;铁凝清纯俏皮无拘无束;陈慧瑛热情深邃,将历史、现实、自我融为一炉;王英琦散文率真本色;赵丽宏散文诗意绵绵;苏叶散文典雅细腻,淡淡的忧伤中有独到的风姿;叶文玲散文清俊飘逸,文笔灵秀。(刘淑文)

I000448 **楹联撷趣** 赵熙文编著。湖北人民出版社1996年3月版。1.19万字。6.50元。“趣味语文丛书”之四。选取楹联趣事160则,分为谐谑、嘲讽、斗胜、佳话、杂类等5个大类。分类以内容相近、相关为准。各类包含若干则,各则之间相对独立。一则一个故事,或讽刺贪官污吏,或颂扬平民百姓,或揶揄“上智者”的愚钝,或称许“下愚者”的智谋,同时将楹联的有关知识蕴含其中,寓教于趣。(宛志文)

民间文学、少数民族文学

I000449 **雪夜** 艾里拜·穆罕买提著。喀什维吾尔文出版社1996年9月版。150万字。6.00元。收有作者的1部中篇小说,两部短篇小说,3部报告文学,两部散文。中篇小说《雪夜》的主人公阿米娜是具有强烈的事业心,崇高的理想,高尚的道德品质的优秀小学教师。她虽然克服生活中的困难,把自己的一切献给党的教育事业,但遭到道德败坏的校长阿西木的百般刁难、迫害,受到了极大的精神和生理上的压力。她始终保持高尚的情操,以顽强的意志继续做好本职工作,决不向邪恶势力屈服,树立了改革时期党的教育工作者的光辉形象。报告文学《打满惊叹号的三角》和散文《心酸的母亲》用铁的事实揭露毒品给青少年带来的灾难,给家庭带来的不幸,呼吁全社会坚决反对贩毒、吸毒的罪恶行为。(阿布拉江·色依提)

I000450 **中国民间文学大辞典** 钟敬文名誉主编,马名超、王彩云主编。黑龙江人民出版社1996年12月版。310万字。198.00元。一部大型民间文学工具书。收辞条9 590条,囊括了民间文学的各个方面。从先秦寓言,到民间说唱艺术,以及我国各民族的故事、传说等。按民间文学产生的时代及本身的特点加以分类,分别为:名词术语、作家歌手及艺人、人物形象;神话、寓言、笑语、史诗和叙事诗、民间故事、民间传说、民间说唱、谜语等门类。每一辞条下首先先标明朝代、作者、民族,其中民间故事和传说,以及史诗、叙事诗在标明民族的基础上,并标明了故事和传说等的流传区域。书后附有笔画索引与分类索引。(徐冲)

I000451 **中华劝世谣** 潘琦主编。广西人民出版社1996年12月版。5万字。9.80元。内容分两大部分，第一部分为“中华劝世谣”，按“五禁”——禁毒、禁赌、禁黄、禁偷(抢)、禁骗5个部分独立成篇，以人民群众喜闻乐见的谣谚体裁说理抒情，寓理于情，寓情于理，声韵流畅，琅琅上口，让读者在咏唱中获得“理”的警省和“情”的熏陶。第二部分为“五禁韵白故事”，分别根据“五禁”要义从生活中选取典型事例，以韵白形式铺陈描述，有声有色，可加深对“劝世谣”的理解和感受。作者继承与发扬几千年中华文化民谣、格言、韵白之传统，爬罗剔抉，刮垢磨光，在新的历史条件下，赋予新的思想内容，成为社会主义新时期的劝世民谣、韵文，以思想性与艺术性完美结合的作品，为提高全民族的思想道德素质、科学文化素质而服务。“劝世谣”中民谣与格言并重；“韵白故事”中的七言、六言、五言齐全。前者以理服人，后者以情感人，前后呼应，相辅相成。(马玉环)

I000452 **道教传说大观** 祁连休、冯志华编。百花洲文艺出版社1996年11月版。52.8万字。24.30元。集我国传统道教传说故事之大成，共收录255个传说。分3部分：一、道教神祇传说，如三清的传说、玉皇大帝的传说、王母娘娘的传说、真武大帝的传说、八仙的传说、土地的传说、灶君的传说、门神的传说等；二、道教人物传说，如张陵的传说、许逊的传说、葛洪的传说、孙思邈的传说、陈抟的传说、邱处机的传说、张三丰的传说等；三、道教风物传说，包括有关道教胜地、宫观一类人文景物、自然景物以及物产、习俗等的传说。这些民间传说，尽管在不同程度上宣扬了道教的教义和善恶果报、劝善修真的说教，却能较为曲折而生动地揭示出广大人民群众生活的困苦艰辛，表现了他们的优良的品格、情操，以及他们对美好未来的执着追求。展示了民间文学的风采。每个传说故事都有较多详细注释，考证严谨，后有讲述者的人名和搜集整理人员的名字。(吴山芳)

I000453 **中国谚语** 郑勋烈、郑晴编著。东方出版中心1996年5月版。36万字。16.50元。精选包括少数民族谚语在内的中国谚语1万多条，解说自然，观照社会，启迪人生。按语义内容分为自然、社会、人生、哲理4篇，各篇语条再按相关语义分类编目，计有78个大类，293个细目。语条中有关方言、术语、难词、难句等处，以类法形式作必要的解释和说明，难字也作了必要的注音。(张志华)

I000454 **厦门谚语** 黄守忠等编著。鹭江出版社1996年10月版。18.4万字。13.00元(平)，20.00元(精)。“厦门文化丛书”第一辑中的一本。该丛书对厦门文化的历史渊源及其流变进行了多方位、多侧面的审视和论述。本书辑录的是厦门方言中较为定型的词组或语句。它的内容比较丰富，收入谚语2 000多条，上自天文地理，下至饮食起居，举凡市井里巷、民情风俗，亟尽搜罗，个别陋俗但无害的，也兼收并蓄。在形式上，作者力求做到通俗易懂。厦门谚语通俗、简练、顺口而且形象，作者对其中较为难懂的厦门方言的读音、用字或词组、语句的含义作了必要、简明的注释。(陈骋)

I000455 **中国历代笑话集成** 陈维礼、郭俊峰主编。时代文艺出版社1996年12月版。260万字。168.00元。中国历代笑话总集。以中国历代笑话专集、专书为收选对象，收录上自魏晋下至民国年间的笑话专集、专书90余部，依历史年代编序，基本反映了中国历代笑话的发展情况和传承、变异。每种书力求保持原著原貌，原有序、跋、批、赞等均予保留，以求内容完备、资料翔实。每种书前配有对该书的作者、版本等情况的扼要介绍，书内有简明注释。(邓淑杰)

I000456 **谜语集趣** 王先文编著。湖北人民出版社1996年3月版。9.6万字。5.40元。“趣味语文丛书”之三。包括约一百则谜语小故事，在故事的讲述中穿插介绍谜语的制法和猜法，还介绍了谜种、谜格，谈到了谜病。以谜格为序编排。(郐少雄)

儿童文学

I000457 **共和国儿童文学名著金奖文库** 海飞主编。中国少年儿童出版社1996年5月版。105万字。89.00元(平)，130.00元(精)。共10册，集中国少年儿童出版社40年儿童文学精品，全部出自名家手笔，获得国家级奖励。书名是：《稻草人》和其他童话、《宝葫芦的秘密》、《小布头奇遇记》、《小兵张嘎》、《小马倌和大皮靴叔叔》、《第三兵团》、《今年你7岁》、《荒漠奇踪》、《我们的母亲叫中国》、《在我和你之间》。(杨向荣)

I000458 **中国当代儿童文学国际性主题作品选** 浦漫汀等著。希望出版社1996年12月版。53.3万字。25.00元。分为人类与大自然、防治污染、反对侵略战争、珍视友谊4辑，以国际间共同关心的内容为主题，从传统的赞颂真善美、鞭挞假恶丑，到今天表现人类与地球，即人类与其赖以生存的环境的关系，采用诗歌、散文、童话、小说、故事等形式，向世界集中展示了我国当代儿童文学中国际性主题作品的精华及所体现出的“中国作风”、“中国气派”，向国外介绍了我国当代儿童文学在表现当今人类共同愿望上所取得的成就，以及我国对世界儿童文学的发展所做的贡献。(李军)

I000459　**中国当代优秀儿童文学作品**　陈伯吹主编。武汉出版社1996年6月版。80万字。60.00元。4卷本，即小说卷、散文卷、诗歌卷、童话卷。荟萃中华人民共和国成立以来不同历史时期各类全国性儿童文学获奖作品和包括港、澳、台地区在内的中国优秀儿童文学作品，计有小说36篇、散文70篇、诗歌160余首、童话52篇。陈伯吹、谢冰心、张天翼、严文井、王安忆、郑渊洁等各个不同时期的代表性作家及代表性作品尽在其中。作为“里程碑”式的作品集，丛书从整体上反映了我国当代儿童文学创作的水平与成就，展示了其发展历程。丛书的另一个特点是鲜明体现了中国当代儿童文学创作的一些特征。所选作品都在不同程度上具有民族特色和时代精神。从题材上看，许多作品突破了儿童文学以写神仙、公主、花鸟虫兽为主的狭小框子，把各个不同时期的现实生活直接引进了儿童文学创作，使之与时代脉搏和现代人的思想感情息息相通，从而形成了中国儿童文学创作的优良传统。在表现手法上，充分照顾到儿童的思想感情和心理特点，既注意了教育功能，又注意了文学熏陶。(刘国刚)

I000460　**老舍和儿童文学**　朱守芬、盛巽昌编。少年儿童出版社1996年11月版。35万字。32.80元。“大师和儿童文学丛书”之一。收辑老舍儿童文学各类作品61篇。计有童话2篇:《小木头人》(1943年)、《小白鼠》(1945年);小说、故事7篇:《小铃儿》(1923年)、《小坡的生日》(长篇小说，1931年)、《狗之晨》(1933年)、《小青不玩娃娃了》(1938年)等等;诗歌17首:《国葬》(1932年)、《为小朋友们作歌》(1933年)、《童谣二则》(1939年)、《祝贺儿童节》(1958年)、《红十字少年》(1960年)等等;散文19篇:《济南的冬天》(1931年)、《有了孩子以后》(1936年)、《北京的春节》(1951年)、《今天的儿童有幸福》(1959年)、《可爱的内蒙古》(1961年)等等;剧本3出:《消灭病菌》(寓言小歌舞剧，1952年)、《青蛙骑手》(大型儿童歌剧，1960年)、《宝船》(1961年);曲艺5则:《新〈拴娃娃〉》(鼓词，1939年)、《说明白话》(相声，1958年)、《读书》(小相声，1961年)等等;其他类文章8篇:《给赵家璧的信》(1936年)、《儿童节给小朋友的信》(1938年)、《我怎样写〈小坡的生日〉》(1940年)、《儿童剧的语言》(1962年)等等。书后附有“老舍与儿童文学年表”。(洪祖年)

I000461　**同你现在一般大**　副名:陈伯吹儿童文学得奖作品集刊(14)。少年儿童出版社编。少年儿童出版社1996年3月版。12万字。7.80元。收辑1994年获得“陈伯吹儿童文学奖”的作品15篇。小说有毕淑敏的《同你现在一般大》、彭学军的《油纸伞》、韩辉光的《叶子送礼》、曾小春的《父亲的城》等;童话有任大霖的《河马先生的熟食店》、石节的《打伞的城市》等;散文有钟无云的《日香》等;幼儿文学有季颖的《青蛙卖泥塘》、张毓明的《生日》等。各篇均附有作者介绍、该作品的出处及评论1篇。书后附“1994年儿童文学纪事”。(洪祖年)

I000462　**张天翼儿童文学作品全集**　张天翼著，张章编。湖南少年儿童出版社1996年12月版。80万字。43.20元。分上、下两册，由张天翼的女儿张章执编，收入了迄今为止所能找到的张天翼的全部儿童文学作品，按童话、小说、剧本、寓言和有关儿童文学的序言5个栏目排列，在各体裁之下，按年代编排。张天翼的儿童文学作品，既有强烈的现实性，又发挥了充分的想象力。他那跳脱的笔致，变形的夸张，活跃的儿童心理型叙述口吻，天才的幽默感，使他的童话名作《大林和小林》、《秃秃大王》拥有长盛不衰的艺术生命力。张天翼的儿童文学创作活动，从30年代开始，一直持续到建国以后。《宝葫芦的秘密》、《罗文应的故事》等表达健康向上的教育主题的作品，是新中国儿童文学创作的典型代表。在这套《张天翼儿童文学作品全集》中，读者还能读到张天翼写于30年代的两部未完成小说《回家》和《大来喜全传》。这两部小说以往均未收入过张天翼的作品集，此次为首次发表。这对于全面认识张天翼儿童文学方面的贡献有很高的学术资料价值。(汤素兰)

I000463　**故事鸟衔来的童话、长翅膀的云、会说话的石头**　刘喜成等著。青岛出版社1996年版。26万字。25.90元。“大耳朵丛书”之三种。专供少年儿童阅读的儿童读物。选收了中国当代知名儿童文学作家创作的童话、民间故事、少儿抒情散文等多种样式的文学作品，分为多卷本出版，已出版3卷。《故事鸟衔来的童话》向小读者们展示了一个神奇的童话世界，从大灰狼到小白兔，从布老虎到青蛙先生，从花蝴蝶到孔雀王子，都充满人情味，给人以有益的启迪。《长翅膀的云》选收了反映少年儿童审美情趣和好奇心理的抒情散文短章100余篇，以别致的生活场景和自然风物为描写对象，介绍了许多有用的生活知识。《会说话的石头》选收了少年儿童喜闻乐

见的神话传说和民间故事，告诉小读者怎样以一颗爱心去拥抱生活，怎样做一个诚实、勇敢、勤劳的人。（贺中原）

I000464 **棒槌鸟儿童文学丛书** 董恒波、张涛等著。沈阳出版社1996年12月版。120万字。68.00元。共6本。短篇小说集《盲琴》（老臣著）、《白鸟》（张涛著）、《天机不可泄露》（董恒波著）、《北方有热雪》（肖显志著）、长篇小说《走向棕榈树》（常星儿著）、童话集《魔轿车》（车培晶著）。是辽宁省6位青年儿童文学作家近年创作选集。这些作品多角度、多侧面、多层次地反映了东北少年儿童的生活境况，展现了东北大地的风土人情和新一代少年儿童积极向上的精神面貌，具有浓郁的东北地方特色。6位作者大多来自辽宁偏远的山区和小镇，作品有相当一部分是反映农村少年生活的。描写了生活在穷乡的孩子们虽然过早领略了生活的艰辛，但他们又充满了乐观向上的奋发精神。于生动的故事、形象的人物、活泼的语言中反映了现实的生活。每本书后附一篇儿童文学评论家写的评介文章，引导少年读者阅读。书中附插图。（李树权）

I000465 **满都麦 白音查干儿童作品选** 满都麦、白音查干著。内蒙古少年儿童出版社1996年3月版。"蒙古族当代儿童文学丛书"之一。选收满都麦创作的《闪烁的群星》、《齐达拉图为何没有来》等12篇短篇小说和抒情散文。他的这些作品，真实地反映了草原儿童的生活。短篇小说《高高青山怀抱里》一文中，作者塑造的小主人翁，虽说是一名中学生，但充满了传奇和浪漫色彩。作者栩栩如生地刻画出在这个神奇的土地上成长着的活泼可爱的蒙古族儿童形象。他的作品里，充分反映了草原儿童的充满幸福、充满爱的健康、积极向上的生活和精神世界。书中还收入白音查干创作的《哈斯呼和哈斯塔娜》等8篇儿童小说。作者是新时期成长起来的儿童文学作家，因此，对于新时期儿童心理、儿童特点的把握上确有独到之处。（萨仁）

I000466 **黎锦晖和儿童文学** 黎泽荣编。少年儿童出版社1996年2月版。49万字。35.00元。"大师和儿童文学丛书"之一。收辑黎锦晖儿童文学各类作品158篇（首）。计有儿童歌舞剧11出：《麻雀与小孩》（1928年）、《葡萄仙子》（1923年）、《七姊妹游花园》（1928年）等等；儿童歌舞表演曲歌词20首：《可怜的秋香》（1929年）、《好朋友来了》（1929年）、《蝴蝶姑娘》（1929年）等等；歌词83首：《春天的红叶》（1923年）、《七点钟和一点钟》（1935年）、《〈小朋友〉千期纪念歌》（1951年）、《幸福园的果实》（1955年）、《我们时刻在准备》（1955年）等等；儿歌、诗歌17首：《爱国的女郎》（1923年）、《敬神不如敬国》（1925年）、《渔人得利》（1935年）等等；故事、童话18篇：《不分大小都叫老》（1922年）、《鹦鹉姑娘的宴会》（1926年）、《十个顽童》（1929年）等等；剧本2出：《自己作主》（1923年）、《神仙姐姐》（1924年）；游记1篇：《南洋旅行记》（1935年）；回忆录1篇：《我和明月社》（1956年）。书后附有"黎锦晖与儿童文学年表"。（洪祖年）

I000467 **冬木儿童诗歌选** 佟希仁编。辽宁少年儿童出版社1996年12月版。13万字。6.80元。儿童文学作家冬木的一本遗著，共收108首儿童诗歌，其中儿童诗10首，儿歌98首。题材广泛，内容丰富，有反映少先队生活的，有反映农村孩子生活的，有反映海边孩子生活的，还有写动植物的。作品形式活泼，语言流畅，琅琅上口，适合孩子阅读。书后附有《儿歌写作漫谈》（论文），是作者多年从事儿歌创作的理论和实践方面的经验总结。（冯幽君）

I000468 **快乐岛注音画库（第一辑）** 李少白等人选注。湖南少年儿童出版社1996年10月版。32万字。共32.00元。诗歌系列的彩图注音读本，包括《民间童谣》、《生活儿歌》、《游戏儿歌》、《动植物儿歌》、《谜语诗》、《绕口令》、《儿童诗》、《古诗词》等8本，系由古今作家创作的诗歌佳作和民间广为流传的儿歌名篇精选而成。（何农荣）

I000469 **彩绘新童谣** 薛卫民文，俞理等绘。北方妇女儿童出版社1996年12月版。400幅彩图。50.00元。一部供幼儿阅读吟诵的图文并茂的童谣集，由浅入深地分为《摇篮曲》、《呀呀语》、《蹦蹦谣》、《拉手歌》4册，由200首优美的童谣和400幅绚丽的彩图组成。（龙震海）

I000470 **童心世界** 拉喜敖斯尔著。内蒙古少年儿童出版社1996年7月版。19万字。8.90元。儿童诗歌选集。共收入《妈妈的信》、《友谊之歌》、《家长座谈会》、《童心世界》45篇诗歌。诗人以细腻的笔触，描绘了儿童的纯洁心灵，纯朴的语言、感人的行为、勤奋的学习、朴素的生活。歌颂了草原儿童的心灵美、良好的品德修养、活泼可爱的性格和好学上进的精神。反映了新时期草原儿童活泼健康的成长和天天向上的精神风貌。（刘金花）

I000471 **黑泥小屋** 常星儿著。辽宁少年儿童出版社1996年11月版。19万字。9.80元。收入本书的25篇儿童小说，是从作者发表的80余篇小说中精选出来的。小说语言清丽凝重,笔法粗犷,描写生动细腻,抒情色彩浓郁,具有鲜明的地域和时代特色,从多方面反映了北方少年儿童的多彩生活。小说的故事情节简洁明快,人物形象感人。(赵庆坏)

I000472 **《三国演义》中国古典文学名著少年版** 罗贯中原著,吴庆先改写。中国少年儿童出版社 1996年1月版。31万字。15.00元。《三国演义》是我国第一部长篇历史小说,也是一部文学巨著,是由作家罗贯中根据民间传说和说唱故事,吸取《三国志》等资料编写而成。它以刘备、曹操、孙权之间的矛盾为主线,波澜起伏地展现了三国之间的政治、军事斗争,再现了三国时期的历史风貌。本书是用现代汉语改写,不仅保持了原著古典文学的语言风格特点,而且使文字更加精炼、故事情节更加集中、完整,使那些闪烁着艺术光辉的典型人物:诸葛亮、刘备、关羽、张飞、赵云、曹操、周瑜、鲁肃等人物的性格、形象更加突出、生动,以帮助少年读者更好地阅读、理解、欣赏这部古典文学名著。(杨向荣)

I000473 **女儿的故事** 梅子涵著。少年儿童出版社 1996年11月版。10万字。9.70元。系作者以自己女儿为模特儿写的长篇小说,描述了女儿从小学到初中阶段,在家里和在学校里的种种趣事。"巨人丛书"第四辑之一。(洪祖年)

I000474 **天狼星丛书(中国新科幻小说系列)** 金涛等著。中国少年儿童出版社 1996年9月版。108.5万字。49.00元。科幻小说丛书。共8册。包括《魔鬼电脑》、《幽灵海湾》、《海底记忆》、《隐没的王国》、《游戏囚徒》、《冰原迷踪》、《冰狱之火》、《心灵探险》。题材涉及的范围很广,有人们比较熟悉的基因工程、极地开发、海洋生命、外星人入侵,也有构思奇妙的心灵历险、远古部落的寻根和星系演化的历程,可开阔青少年视野,增强他们的思维敏捷能力,丰富他们的想象力、创造力。(杨向荣)

I000475 **中华当代少年小说丛书** 曹文轩、程玮等著。江苏少年儿童出版社 1996年12月版。160万字。70.00元。含10部少年长篇小说。作者系10位当今活跃在少儿文学界最富实力的中青年作家。他们从不同的角度,深入细腻地描述了少男少女们多姿多彩的生活,深刻展示了少年们丰富的内心世界,具有鲜明的时代特点和浓郁的生活气息。这些作品表达方式新颖、艺术视角独特,显示着可贵的探索精神和创新意识,富有强烈的艺术感染力。(徐健)

I000476 **中华当代科幻小说丛书** 苏学军、江渐离等著。江苏少年儿童出版社 1996年8月版。50万字。32.70元。5册。辑当代著名作家全新创作的适合少年儿童阅读的长篇科幻小说5部:《星星的使者》、《星空的诱惑》、《复活节岛上的海神梦》、《网络游戏联军》和《生死第六天》。(徐健)

I000477 **中国古代通俗小说少年文库** 杨世铎等删节、改写。中国少年儿童出版社 1996年8月版。169.7万字。91.00元。共9种。包括:《岳飞传》、《水浒后传》、《后西游记》、《海外奇游记》、《济公故事》、《杨家将》、《隋唐英雄传》、《封神演义故事》、《三言二拍故事精选》。这些历经时代检验、广泛流传于民间、深受民众喜爱的优秀通俗作品,都是中国文学宝库中的瑰宝,为了有益于小读者阅读和理解,作者们对原著进行了改编,在保留原著的精华同时,丰富和突出了人物的性格、生动风趣的形象、惊险曲折的故事情节。(杨向荣)

I000478 **《水浒》中国古典文学名著少年版** 施耐庵原著,吴庆先改写。中国少年儿童出版社 1996年1月版。30万字。16.00元。《水浒传》是我国第一部反映农民起义的长篇小说。它深刻地揭露了封建统治阶级的罪恶,热情地赞颂了农民的革命斗争。在作品中,读者可以看到,上至宋朝皇帝、高官显宦,下至恶霸地主、差役爪牙,象蔡京、高俅、张都监、西门庆、毛太公、董超、薛霸等等,一个个都是作恶多端、欺压百姓的害民贼。正是这些大大小小的统治者,逼得广大人民无法生活下去,走上反抗的道路。《水浒传》真实而生动地描绘了农民起义的全过程,使读者加深对封建社会本质的认识。本书基本采用现代汉语改写,并有删节,保留了原著的精华,使《水浒传》的艺术光辉更加夺目,以帮助少年读者阅读、理解、欣赏这部古典文学名著。(杨向荣)

I000479 **《西游记》中国古典文学名著少年版** 吴承恩原著,吴庆先改写。中国少年儿童出版社 1996年1月版。23.8万字。12.20元。《西游记》是我国古代一部优秀的神话小说,用虚构、夸张的艺术手法,描写了猴王孙悟空大闹天宫地府和协助唐僧取经、荡妖除怪的故事。本书对原著进行了改写、删节,既保留了原著的精华,又使得情节更加紧凑,便于小读者阅读、理解、欣赏这部古典文学名著。(杨向荣)

I000480 **我要做好孩子** 黄蓓佳著。江苏少年儿童出版社 1996年12月版。18万字。9.50元。适合少年儿童和家长、老师共同阅读的长篇小说,艺术地展示了一个小学毕业生金铃的学校、家庭生活,叙述了这个学习成绩中等但机敏、善良、正直的女孩,为了做一个让家长、老师满意的"好孩子"而作出的种种努力和"抗争",成功地塑造了包括金铃在内的一批小学生和妈妈、爸爸、邢老师等大人的形象。小说情节生动,情感真切,语言流畅,富有鲜明的时代特色和浓郁的生活气息,并能给读者以思考和启迪。(徐健)

I000481 **青春的螺旋** 朱效文著。少年儿童出版社 1996 年 11 月版。13 万字。10.90 元。长篇校园小说。描绘了当年少年绚丽多彩的学校生活,记录了当代中学生对金钱的魔力、朦胧的恋情、世俗的偏见和"阴盛阳衰"等敏感现象所表现出的独立的精神面貌和正确的人生态度,颂扬了纯真的友谊、青春的激情和与尘俗抗争的勇气。"巨人丛书"第四辑之一。(洪祖年)

I000482 **宝贝当家** 秦文君著。少年儿童出版社 1996 年 11 月版。12 万字。10.90 元。"巨人丛书"第四辑之一,由 3 部适合中、小学生阅读的中篇小说组成,从不同侧面生动展现了丰富多彩的少年生活。其中,《心香·可人》是一部感人的悲情小说,讲述了在动乱年代里诞生的孩子,与她们的生身父母和养父母之间悲欢离合的故事。《单身汉小韦》是一部引人深思的校园小说,塑造了能与学生融洽相处,敢于改革陈旧教育方法的年轻教师的动人形象。《宝贝当家》则是一部充满快乐、诙谐和奇思怪想的幽默小说,描写了一对性格不同的少年在父母不在家时,克服困难,学会当家作主的有趣而曲折的过程。三部小说汇聚成绚丽多彩的情感世界,绘画出当代少年蓬勃向上的真实形象。(朱效文)

I000483 **神秘的伙伴** 朱伟杰著。少年儿童出版社 1996 年 11 月版。9 万字。9.10 元。包括两部反映残疾少年生活的中篇小说。《神秘的伙伴》写失去家庭温暖、性格孤僻的残疾学生龙小星,偶然结识了一个神秘的伙伴,从而引出的许多误解和冲突。《在希望的田野上》写的则是一对残疾少年宝兰和端阳互相帮助、共渡难关的故事。"巨人丛书"第四辑之一。(洪祖年)

I000484 **莘莘学子谣** 肖道美著。少年儿童出版社 1996 年 11 月版。8 万字。8.30 元。包括两部中篇校园小说:《莘莘学生谣》和《乙班人物志》。"巨人丛书"第四辑之一。(洪祖年)

I000485 **楼群里的孩子** 东黎著。希望出版社 1996 年 10 月版。11.6 万字。7.80 元。长篇小说。楼群里住着五年级小学生肖越和他的同学杨小迪、马亮、王博、宋宇飞……他们的生活貌似平静却也偶起风浪,家庭生活更是一波三折。父母们生活在竞争激烈的时代,各有各的艰辛苦恼;孩子们肩挑学习、生活两副重担,也苦乐相间,各有各的小秘密。肖越的父亲意外死亡,他和残疾的母亲相依为命。面对肖越在生活上和学习上的困境,以杨小迪为首的同学们各尽所能,努力用种种充满孩子气的方式对他进行帮助。误解、矛盾、痛苦、欢乐也由此而来。这部长篇儿童小说,以其真挚美好的情感和活泼清新的语言,逼真地描绘出一幅幅当今孩子们纯真善良、热情烂漫的生活画面,塑造了一群可爱的孩子形象,情节感人,人物性格鲜明,富于强烈的时代气息。(张秋怀)

I000486 **横祸飞来** 郑开慧著。少年儿童出版社 1996 年 11 月版。11 万字。9.80 元。包括 3 部反映当代少年生活的中篇小说。《横祸飞来》写的是少女曾真因为救一位老奶奶而反遭怀疑、诬告,但她的爱心最终获得了满意的结果的故事。《忧郁少年》和《校园迷案》也都围绕着"爱心"这一主题展开生动感人的故事。3 部小说旨在告诉少年朋友一个真理:爱,是生命中最珍贵的;爱,是不可缺少的。"巨人丛书"第四辑之一。(洪祖年)

I000487 **代代读儿童文学经典丛书** 李心田等著。花山文艺出版社 1996 年 1 月版。704.5 万字。139.00 元。包括《闪闪的红星》、《小兵张嘎》、《小英雄雨来》、《两个小八路》、《小游击队员》、《金珠和银豆》、《鸡毛信》、《小铁道游击队》、《王孝和的故事》、《小黑马的故事》、《五彩路》、《十幅自画像》、《小侦察员》、《洋铁桶的故事》、《小铁头南征夺马记》、《大马倌和大皮靴叔叔》等 21 部优秀儿童中长篇小说。

I000488 **女孩·男孩的故事** 葛树娟著。希望出版社 1996 年 4 月版。10.5 万字。4.50 元。短篇儿童小说集,包括写给女孩子的故事《心锁》等 10 篇,写给男孩子的故事《男子汉的自白》等 12 篇。这些以校园生活为主要内容的小说,多侧面地描述了当代少男少女在进入青春期前后所特有的心态和行为,反映了他们与家长、教师之间心灵上的沟通与隔阂,从而提醒整个社会:关心少年一代的成长,为他们的身心健康创造一个良好的环境。同时作者也用较多的笔触,细腻地描绘了同学之间的各种矛盾、冲突,特别是男女生之间那种既排斥又吸引、既矛盾又友爱的关系,从而启示孩子们要珍视友谊、珍惜时光,正确地调整自己的感情,不虚度年华。(赵莲娣)

I000489 **十万个好听故事** 周基亭主编。少年儿童出版社 1996 年 12 月版。75 万字。51.00 元。包括"喜鹊厅"、"黄莺阁"、"鹦鹉宫"、"百灵馆"4 本书。

共收辑646篇故事。书中设有“小小侦探家”、“童年风景”、“聪明豆”、“知识彩虹”、“童话度假村”、“动物王国”、“智慧果”、“开心快餐店”、“五彩贝”等栏目。故事的体裁多样,有生活故事、童话故事、知识故事、侦探故事、动物故事、幽默故事、智慧故事,等等。(洪祖年)

I000490 **小太阳礼品故事宝盒(两盒)** 张占军、郭玉明等编著。河北少年儿童出版社1996年9月版。90万字。135.00元(盒)。共18册。分为“红宝盒”和“绿宝盒”两盒分装,每盒各9册,包括童话故事精选、寓言故事精选、神话故事精选、益智故事精选、动物故事精选、唐诗故事精选、宋词故事精选、成语故事精选、幽默故事精选。配有精美的彩色插图。(李远杰)

I000491 **世界儿童历险故事** 王均房、张卫主编。希望出版社1996年3月版。72.00元。共3册。精选发生在亚洲、非洲和美洲的8个历险故事。有《恶战巨鼠》、《魂惊古堡》、《礁岛揭秘》、《海岛历险记》、《三“侠”除凶》、《群童擒盗记》、《狄克传奇》、《夺宝惊魂》等。故事的主人公均为儿童少年,书中记述了孩子们亲眼目睹、亲身经历的惊险历程。故事从不同的侧面颂扬正义,鞭笞邪恶,赞美了他们临危不惧、机智勇敢的斗争精神和助人为乐,见义勇为的优秀品质。(张任)

I000492 **孙敬修爷爷讲的故事** 李行健主编。天津教育出版社1996年12月版。170.6万字。132.00元。形象地昭示做人最基本的道理,有极强的口语风格,读来琅琅上口有如其播讲风范;而故事本身,经其编讲、加工和完善之后,自然地将“什么是勤劳,什么是懒惰;什么是聪明,什么是愚蠢;什么是勇敢,什么是懦弱;什么是善良,什么是邪恶;什么是诚实,什么是虚伪;什么是好人,什么是坏人;什么是该做的,什么是不该做的”道理传输给孩子们,有着无以匹敌的魅力。(田昕)

I000493 **沈石溪动物故事系列** 沈石溪著。四川少年儿童出版社1996年9月版。41.4万字。23.10元。作者自选作品集。共4册。精选从1980年至90年代十年间所创作的优秀作品,其中短篇19篇,中篇6篇。作者从动物本身的生活习性出发,表现动物自身或动物之间的感情、纠葛和矛盾。作者不是以自然主义的方式来描写动物,也不是以童话的方式来描写动物。作者是在真实地表现动物自身的生活习性,但作者的表现是有选择,有加工,使其更有戏剧性(生动、丰富、曲折)。同时,也从中表现出作者的主要思想:动物其实在许多方面同人是相同的,他们也是有感情的、有血有肉的。人类从动物身上,其实可以得到许多启示。(田曦)

I000494 **《中华人物故事全书》古代部分(普通本)** 冯广裕、陈建洲等编写,王学明等绘图。中国少年儿童出版社1996年1月版。141.4万字。90.00元。共8册:《政治家》2卷、《军事家》卷、《思想家》卷、《科学家》卷、《文学家》卷、《外交旅行艺术家》卷、《农民妇女儿童》卷,讲述我国历史上杰出人们的故事,记录他们的人生经历,展示他们的业绩和品德。书中收入人物500多位,讲故事5 000多节。各个时期、各个方面的代表人物竞显自己的风采,使本书的内容丰富动人并具有深刻的内涵。(杨向荣)

I000495 **共和国英模故事丛书** 绍武等编著。中国少年儿童出版社1996年9月版。29.2万字。22.00元。青少年思想政治教育丛书,分成《血染的青春》、《平凡的伟大》、《闪光的足迹》和《时代的楷模》4册,分时期收集整理了共和国的英模故事:建国前夕,刘胡兰、董存瑞以血肉之躯铺平了人民解放的道路,用年轻的生命迎来新中国诞生的曙光;50年代,黄继光、杨根思、罗盛教、邱少云等一个个惊天动地的英名;60年代,雷锋、王杰的故事家喻户晓,成为社会主义时代的最强音;70、80年代,张华、张海迪、时传祥、张秉贵等人在各自平凡的岗位上实现着人生的价值,默默地向祖国和人民奉献出一颗颗赤诚之心;90年代,在改革开放的今天,徐洪刚、崔大庆、孔繁森、李国安,在中华大地上再次奏响了一曲又一曲正气的壮歌!英模们的感人事迹曾经并永远影响着一代又一代新中国的青少年茁壮成长。(杨向荣)

I000496 **共和国领袖故事丛书** 权延赤等编著。中国少年儿童出版社1996年9月版。67.3万字。52.20元。通过《伟人的足迹——毛泽东的故事》、《大地的儿子——周恩来的故事》、《人民的公仆——刘少奇的故事》、《大海的胸怀——朱德的故事》、《光辉的历程——邓小平的故事》5本书几十个故事,较为完整地记述了毛泽东、周恩来、刘少奇、朱德、邓小平5位国家领导人波澜壮阔的一生,表现了他们对中华人民共和国的创建,对中国共产党的建设,对中国人民解放军的缔造以及对社会主义事业建设及发展的巨大贡献。丛书记录了5位共和国领导人留给历史的一些闪光的足迹,记录了他们的崇高思想、光辉品德和丰功伟绩。(杨向荣)

I000497 **少年绝境自救故事丛书** 班马等著。

甘肃少年儿童出版社 1996 年 12 月版。100 万字。68.00 元。共 10 本,即《幽秘之旅》(班马著)、《古墓魔影》(许维著)、《天地无情》(薛屹峰著)、《恐怖雨林》(陈自仁著)、《都市迷途》(庄大伟著)、《魔鬼山谷》(吴季康著)、《夏日险遇》(李银泮著)、《列车奔逃》(李民发著)、《珍宝疑踪》(王钧钊著)、《遭遇火焰山》(焦炳琨著)。每本故事都把主人公置于一个极危险的境况下,如绑架、拐骗、被盗、地震等等,突出表现了主人公临危不乱、镇定不惧、机智设法、勇敢自救的过程。每本书的前半部分是由一个作家创作主体故事,后半部分收入依据故事情节发展征集来的 100 位儿童设计的“自救方案”,构成一个作家和 100 个小读者共同完成的故事作品。(郑洁)

I000498 **华夏文明故事丛书** 朵云等著。少年儿童出版社 1996 年 12 月版。62 万字。80.00 元。计 4 种:《中华名胜故事》,“名山篇”介绍 20 处名胜,如泰山封禅、黄山徐霞客历险、峨嵋山看佛光、庐山苏东坡题壁、虎丘山吴王阖闾墓等等;“名水篇”介绍 19 处名水,如桂林美景出漓江、汨罗江十二疑冢、阿里山和日月潭、太湖美景等等;“名景篇”介绍 30 处名景,如万里长城、秦陵兵马俑、孔庙孔林、成都杜甫草堂等等;“古都名城篇”介绍 11 处名城,如西安、洛阳、北京、成都、扬州、苏州等等。《中华博物故事》,“青铜国宝篇”介绍 12 种国宝,如青铜鼎、广汉古蜀人雕像、战国曾侯乙编钟、古代铜镜面面镜等等;“书画珍藏篇”介绍 14 件珍藏,如《兰亭序》、《清明上河图》、《水浒叶子》等等;“陶瓷大观篇”介绍 15 种名陶名瓷,如仰韶文化彩陶、唐三彩、青花瓷、珐琅彩瓷等等;“金银玉石篇”介绍 10 件宝物,如祭天礼地的瑞器——“玉璧”、古代象形酒杯——“银槎”、李世民昭陵六骏等等;“杂类精萃篇”介绍 8 种精萃,如古币、北京人化石等等。《中华传说故事》,收有神仙传说故事 36 篇、佛经传说故事 44 篇、民俗传说故事 37 篇。《中华武林故事》,分“拳术篇”、“剑术篇”、“枪术篇”、“棍术篇”、“刀术篇”、“其他技艺篇”6 章,共收有 75 篇各类武林故事。(洪祖年)

I000499 **极限的超越(1)(2)** 副名:当今中国体育明星写真。康兵、忻竟著。湖南少年儿童出版社 1996 年 12 月版。24.6 万字。13.00 元。面向中小学生的系列体育读物,主要介绍第二十五届奥运会以来我国体坛涌现出来的体育明星,他们大多是闻名世界的奥运会金牌得主,也有虽无缘进军奥运会,但在国内同一项目中独领风骚、深得国内体育迷喜爱的顶尖高手。两本书除了列出体育迷最感兴趣的明星档案外,着重介绍了运动员苦练成才的感人事迹以及家庭、教练在运动员成长过程中不可忽略的作用。(何农荣)

I000500 **汉藏小伙伴手拉手相约在二十一世纪** 西藏自治区宣传部、共青团、教委等编。西藏人民出版社 1996 年 7 月版。11 万字。5.50 元。在自治区党委直接领导下,由区宣传部、区团委、区教委组织发起了一次具有重大意义的“手拉手”交朋友活动。本书收集了这次活动中汉藏小朋友的往来书信。一封封充满友情的书信,反映了汉藏小朋友互助互学,心心相连,对美好未来的憧憬,对理想的追求,对伟大祖国的热爱,渴望为加强民族团结,维护祖国统一尽自己的一份努力的真诚心愿。一封封书信,沟通了不同地域,不同民族小朋友的感情,加深了他们之间的了解,增进了友谊,为建设团结、富裕、文明的社会主义新西藏打下了坚实的基础。(总编室)

I000501 **小星星丛书** 夏菶生文,李金华等画。四川少年儿童出版社 1996 年 2 月版。10.5 印张。30.00 元。共 5 本:《绿星星·雨声哗哗》(自然系列)、《红星星·窗外有一只小鸟》(情感与渴望系列)、《蓝星星·老鹰抓小鸡》(民间传统游戏)、《黄星星·大龙狮子真棒》(中国节日荟萃)、《紫星星·梦是什么》(知识系列)。每本选择了十余篇轻松、甜美、亲切的幼儿散文,展示幼儿特定的思维、情趣、好奇心和求知欲。(鄢志平)

I000502 **太阳鸟散文丛书** 吴然等著。湖北少年儿童出版社 1996 年 11 月版。130.8 万字。9.70 元。共 9 册,分别为《珍珠雨》、《萤火》、《与十六岁对话》、《少年初识愁滋味》、《向太阳》、《闲说蝈蝈》、《守林人的小屋》、《沉默的旅伴》、《樱桃花》。作者以优美的笔触,描绘了五彩缤纷的大千世界,表现了对真、善、美的追求。(刘海燕)

I000503 **露珠丛书** 肖复兴主编。河北少年儿童出版社 1996 年 12 月版。80 万字。97.00 元。散文丛书,共 11 册。含:郭风著《蒲公英和虹》,袁鹰著《春雨》,柳萌著《消融的雪》,胡昭著《绿的记忆》,韩少华著《温馨的风》,许淇著《美的凝眸》,肖复兴著《星星雨》,陆星儿著《生命的歌》,张抗抗著《热石头》,赵丽宏著《晶莹的瞬间》,铁凝著《大街上的梦》。(贾雅清)

I000504 **中华当代童话新作丛书** 彭懿等著。江苏少年儿童出版社 1996 年 8 月版。47 万字。31.90元。辑当代著名童话作家全新创作的长篇童话 4 部:《疯狂绿刺猬》、《欢乐失踪奇案》、《怪鼠和割影刀》、《灶王爷和他的朋友们》。(徐健)

I000505　**中华童话名家精品文库**　鲁兵主编。重庆出版社 1996 年 10 月版。267.5 万字。194.30 元。共 12 册。辑录叶圣陶、严文井、陈伯吹、鲁兵、张天翼、梅志、吴梦起、仇重、洪汛涛、金近、包蕾、贺宜等 12 位作家的童话作品。这些作品集中了作者数十年创作的精品,有早为人们熟悉的《大林和小林》、《稻草人》、《神笔马良》等,也有深受广大儿童喜爱的《一只想飞的猫》、《猪八戒吃西瓜》等。从不同角度反映了我国"五四"以来童话创作的历程,各个时期的风格,以及每位作家的创作轨迹。(余国枢)

I000506　**中国民间童话宝库**　曲金良主编。明天出版社 1996 年 7 月版。55 万字。48.00 元。共编选中国民间童话 293 篇。有歌颂劳动者的诚实劳动;有赞美舍己为人、自我牺牲的英雄人物的高贵品质,有表现人们反抗强暴和恶势力的不屈斗争。共分为 5 个单册,书名分别是:《中国民间童话宝库·动物卷》、《中国民间童话宝库·人物卷》、《中国民间童话宝库·神仙卷》、《中国民间童话宝库·魔法卷》和《中国民间童话宝库·怪异卷》。(王化德)

I000507　**中国民间童话故事选(上下)**　晨光出版社选编。晨光出版社 1996 年 9 月版。88 万字。39.00 元。分上下两册。入选 56 个民族的三百多件作品,这些作品是各民族历史的一个写照,民间童话同样反映了本民族的社会、生活,它是一个民族社会、生活的真实图卷。它记述了一个民族的伟大的民族性,人们的道德、行为、理想和希望。我们从这些作品中看到朴实、真挚、开朗、奔放、正义、智慧、勤劳、勇敢、坚韧、刚强的民族性格,以及他们对下一代人的期望。(张祖渠)

I000508　**中国名家新童话**　葛翠琳主编。河北少年儿童出版社 1996 年 1 月版。25 印张。35.00 元。5 册。收录 5 位童话作家的最新童话作品,分别为葛翠琳的《水孩儿》、冰波的《小神仙和小仙女》、周锐的《大侠啊呜猫》、张秋生的《毛线球奶奶讲的故事》、金波的《咔咔和汪汪》。(郭明志)

I000509　**中国寓言世界**　沈寂等编文,贺友直等绘画。少年儿童出版社 1996 年 3 月版。1 200 幅图。200.00 元。供小学低年级儿童阅读的彩色图画故事。计 10 册:《自相矛盾》、《愚人买鞋》、《打鼓求救》、《熟能生巧》、《惊弓之鸟》、《老道救虎》、《披虎皮的羊》、《断织劝学》、《少见多怪》、《狐假虎威》。共收 111 则中国古代寓言故事。(洪祖年)

I000510　**长鼻子和短鼻子**　副名:儿童周末文库。野军著。海燕出版社 1996 年 8 月版。13.4 万字。12.00 元。幽默童话集,收录野军(原名杨冶军)1978 年至 1995 年间的创作精品,共 68 篇。既有情趣又富有教益,能使读者在娱乐中增长知识,陶冶情操,启迪智慧。(范玲)

I000511　**幼儿趣味绘画谜语**　吴珹等编。河北少年儿童出版社 1996 年 3 月版。12 万字。12.00 元。通过绘画、连线、走迷宫、观察、折叠等多种形式来揭开谜底。谜语内容丰富多彩,多为幼儿喜爱的一些事物。从学习用具到日常生活用品,从植物到动物,从自然现象到茫茫宇宙无所不包。每一则谜语都以儿歌的形式来表现,并注有拼音,附有提示。(郭荣敏)

I000512　**有趣的世界**　梁泊等著。湖南少年儿童出版社 1996 年 12 月版。16 印张。6.00 元/册。包括《森林童话》、《海洋童话》、《草原童话》、《七色魔带》4 本,是一套给低年级小学生和幼儿园大班孩子阅读的知识童话书,将童心、稚拙、天真与重大的主题、严肃的思考、深刻的思想完美地融为一体。丛书中每一本的开篇都有"给家长的话"和"和孩子们说几句",向孩子们介绍了有关生活中和自然界的知识,而且以一种生动活泼的阅读形式向孩子们讲解了"生物的多样性"这一重要的自然法则,鲜明地表达了保护环境与资源的重大主题。(徐烈军)

I000513　**阿笨猫的故事**　冰波著。希望出版社 1996 年 12 月版。6 万字。5.80 元。童话集。包括 3 个中篇:《阿笨猫的故事》、《阿笨猫与外星小贩》、《花背小乌龟》。作者冰波是目前我国童话作家,主要创作适合少年儿童阅读的系列童话,热闹、活泼、故事性强、人物性格明快是他的特长。这部集子中的前两篇《阿笨猫的故事》、《阿笨猫与外星小贩》就是体现其创作风格的代表作。在第三个童话《花背小乌龟》中,冰波一改他的习惯,开始注重人物的描写,加强了文学性,以及对人物的内心世界进行了较为细致的刻画。(申月华)

I000514　**唏哩呼噜历险记**　孙幼军著。湖南少年儿童出版社 1996 年 3 月版。9.5 万字。5.70 元。著名童话作家孙幼军的童话新作,讲的是小猪唏哩呼噜的冒险故事。唏哩呼噜是一只顶聪明又顶笨的小猪,为了挣钱给妈妈买生日礼物,他到街上去打工;还把一条蛇当作裤带,系在腰上;又和月牙熊、猩猩老二等坏蛋决斗……(汤素兰)

I000515　**超世纪少年羲雷**　叶葵著。接力出版社 1996 年 6 月版。85 万字。54.50 元。长篇童话。4 册。讲述外星人为了达到称霸宇宙、移民地球的目的,选取了驰名环宇的旅游城市桂林为突破口,用尽了例如降酸雨(科学家们把酸雨称为空中死神)等手段,超世纪少年羲雷一一将他们击败,使桂林这座美丽的城市免受毁灭的动人故事。作者以其广博的知识和丰富的想象力,把当代的科学知识融进了经过提炼、创新了的优美动人的桂林山水童话故事之中。恰当的夸张、幻想,适度的时空交错等创作手法的运用,使全书既脉络清楚、格调明朗、故事变幻无穷、充满趣味而又散发着浓郁的当代生活气息。作者在着意于故事的立意、创新的同时,没有忽视形象的塑造,通过一连串五光十色、跌宕起伏、充满情趣的神奇的故事向读者推出了羲雷、神农、PS叔叔、龙王、猫精、魔面公主等众多极有个性的活灵活现的形象。全书以超世纪少年羲雷贯穿始终,作者赋予了他神勇刚强、威武不屈、机灵善变、天真活泼的性格和对大自然、对人类的诚挚的爱心,使他的形象丰满、生动、可爱。(李仕强)

I000516 **童话大王奇妙国** 李曼等著。中国少年儿童出版社 1996 年 5 月版。28.5 印张。41.80 元。共 5 册。故事均以动物为主人公,形象各异,妙趣横生。《鼠城故事》讲述在澳大利亚有座鼠城,在鼠城居民袋鼠、树袋熊、松鼠之间一连串奇怪的趣事;《京城兔儿爷》讲述脾气很大的嫦娥派身边捣药的小玉兔到人间来找失落的宝贝转笔刀所发生的故事;《猩猩探长》塑造了猩猩约瑟莱任公安部探长,足智多谋,英勇善战,和助手们一起通力合作,侦破了一系列奇案、怪案、趣案,为动物王国赢得了和平与快乐;《猴国奇事》是有英勇善战的猴王乌鲁巴,有阴险凶狠的大管家歪脖子,还有能飞一样行走的飞行太保,特别吸引人的是小猕猴蒙蒙怎样长大成熟最后当了国王;《金猫大帝》则描写金猫怎样临危受命,率领军队跋山涉水历经一路千言万难,帮助羚羊国灭鼠患,帮黄猫国剿匪平叛,最后金猫被推举荣登"大帝"之位的精彩故事。(杨向荣)

I000517 **燕子奇遇** 许祖馨著。希望出版社 1996 年 3 月版。6.9 万字。3.00 元。童话故事。江南的秋天,燕爸爸、燕妈妈、燕姐姐、燕妹妹、燕弟弟一家从中国南方迁飞到澳大利亚的途中的所见所闻。分 15 章,告别江南、南行路上、误饮污水、鹰鸟之战、勇斗风雨、智胜毒蛇、槟榔林中、小妹惨死、面目全非、仙岛之谜、大海奇观、姐弟重逢、南方的家、奇异风光、重返江南。这是一个以环境保护为内容的童话故事,反映了中国江南在经济发展的同时环境遭到破坏,燕子一家误饮毒水,空气污染等事情,生动地讲述了环境保护的重要性。(杨建云)

I000518 **四季童话丛书** 晏苏著。甘肃少年儿童出版社 1996 年 9 月版。16 万字。18.00 元。分《春天的童话》、《夏天的童话》、《秋天的童话》、《冬天的童话》4 册。每本书由 14 篇精彩的童话组成,生动有趣并蕴含有关知识。全文加注拼音,供小学一、二年级孩子独立阅读。书后附拼音练习,孩子可边读故事、边学汉字、边巩固生字,一书多用。(冯莉)

I000519 **宝葫芦丛书(第一辑)** 雪子、耿耿主编。科学普及出版社 1996 年 12 月版。选编我国 11 位科学童话名家的作品,共 10 集。《十一个奇怪的人》(陈伯吹著,9.2 万字,6.80 元)是一部关于植物、动物、自然现象及常用物品方面的科学童话集。《小钢娃夜闯玻璃宫》(蔡字征著,10 万字,7.60 元)是一套介绍玻璃和长白山珍贵动物的科学童话集。《谋杀塑料王》(耿守忠、杨治梅著,11.8 万字,8.60 元)是一部科学侦探童话集,主要是关于化学、生物方面的知识。《神奇的七色光》(嵇鸿著,11 万字,8.00 元)是一部关于动植物等自然科学的童话集。《小企鹅和北极犬》(金涛著,11.6 万字,8.60 元)是一部介绍自然地理知识的科学童话集。《走近死亡谷》(鲁克著,11.1万字,8.60 元)是一部关于动物、植物和自然现象的科学童话集。《拍脑瓜的故事》(励艺夫著,9 万字,7.20 元)是一部主要介绍动物知识的科学童话集。《森林王国失踪之谜》(盛如梅 著,11 万字,8.20 元)是一部以介绍仿生学知识为主的科学童话集。《魔叶》(王扶著,10.5 万字,7.80 元)是一部介绍植物知识的科学童话集。《怕出汗的冬瓜王子》(杨楠著,11.8万字,8.60 元)是一部关于自然和生活方面知识的科学童话集。(耿守忠、孙岚)

I000520 **城市童话系列丛书** 冰波等著。湖南少年儿童出版社 1996 年 12 月版。72 万字。48.60 元。包括《琥珀城奇游记》、《狗熊跳舞我拉琴》、《蚊子叮蚊子》、《猩猩王非比》、《迪斯科旋风》等 5 册。作品所表现的内容主要是城市生活中的方方面面,人与人的关系、价值观念的变革、心灵的孤独与困惑等,都在童话中得以体现。这些童话的显著特点是节奏快,动感强,作家们充分利用了夸张、变形等艺术手法,来表现城市的进步、发展和繁荣,也毫不回避城市的缺陷与病态。城市是乡村的明天。在"城市意识"观照下创作的"城市童话",并不只是一个创作题材上的转换,而是一种审美观念上的更新。要成为一个高素质的现代人,必须拥有健康的现代城市意识。(汤素兰)

I000521 **孙幼军童话全集** 孙幼军著。湖南少年儿童出版社 1996 年 12 月版。120 万字。103.60 元。已出版 4 卷。作品无论是幼儿童话还是少年童话,都很注意表现符合孩子年龄特征的真正属于孩子的日常生活,作为童话的核心——幻想,作品也是严格遵循孩子的思维特点展现画面。在情节和细节的设置上根据不同年龄层次各自巧妙安排。诸如《小狗的小房子》表现小狗和小猫在河边玩耍,《怪老头儿》表现少年赵新新和怪老头儿的奇遇,都写出了符合孩子年龄段的生活、情趣和幻想,给人欢乐、思索和美的享受。《全集》显示了作家对儿童生活熟透于心,对儿童心理能精细揣摸,因此,人物刻画十分生动,加上构思奇巧,语言幽默,创作态度严谨,使他的作品具有非同一般的艺术价值。(杨实诚)

I000522 **小狗乖乖(1—5)** 彭国良编绘。北京师范大学出版社 1996 年 8 月版。19.50 元(平),25.00元(精)。以看图讲故事的形式,通过小狗乖乖这一主人公展开了 120 个生动有趣的故事,每个故事后还向孩子们提出一些小问题,使小读者们在欢快的笑声中,学到知识,明辨是非,增长智力。(傅占武)

I000523 **小怪龙系列** 副名:幼儿卡通大王。冰波著。明天出版社 1996 年 2 月版。40.00 元。幼儿卡通彩色图画书,适合 3—6 岁幼儿阅读。全书共 5 册,书中的主角是 20 个小怪龙,每个小怪龙都有自已的特点,由此构成了 20 个生动有趣的故事。第一册有打雷龙、眼泪龙、金钱龙、喷嚏龙的故事;第二册是喷火龙、捉鼠龙、大头龙、青蛙龙的故事;第三册是泡泡糖龙、大胡子龙、丑丑龙、打鼓龙的故事;第四册是吹气球、大角龙、亮眼龙、吹喇叭龙的故事;第五册是鸭脚龙、凶猛龙、收破烂龙、足球龙的故事。作者冰波在幼儿卡通读物的创作上做了新的探索,塑造了 20 个清新可爱的小怪龙,每个小怪龙的故事中都蕴含着爱心和友谊,滋润和影响孩子们的心灵。(王歌风)

I000524 **小将杨文广** 夜歌等编,高洪成等绘图。辽宁少年儿童出版社 1996 年 4 月版。442 幅图。7.50元。连环画册,“绘图本中国古代小将故事丛书”之一。其内容是:小将杨文广是宋代大将杨宗保和穆桂英之子,他武艺高强,爱憎分明。他打死了仗势横行的奸臣黄文灿、黄飞彪,又挂帅征讨叛军南唐李青。在同伴寇成、孟宪明、焦光普等帮助下,杨文广冲破重重困难,揪出内奸,外克强敌,最后取得了胜利。(吴庆先)

I000525 **小将杨排风** 佳平等编文,李德庆等绘图。辽宁少年儿童出版社 1996 年 4 月版。442 幅图.7.50元。黑白连环画,“绘图本中国古代小将故事丛书”之一。讲述了宋代杨门女将中的“十姑娘”杨排风,继承杨家传统,忠勇报国的故事。书中着重表现了杨排风这个“烧火丫头”出身的小将所具有的高超的武艺、正直的性格以及精忠报国的品行,歌颂了我国古代英雄人物传统式的忠贞爱国的高贵品质。(杜晓明)

I000526 **小将狄青** 金蓉等编文,张思成等绘图。辽宁少年儿童出版社 1996 年 4 月版。442 幅图。7.50 元。黑白连环画,系《绘图本中国古代小将故事》丛书之一。其主要内容是:北宋时太原府总兵狄广被贬,后病死,随后夫人也去世,留下年仅 8 岁的儿子狄青,被邻居杨老财收留。杨家有一男孩叫杨成,与狄青一起读书,一起玩耍。由于狄青聪明过人,在当地传为美谈,并被当地僧人忘禅收为徒弟,因此学得一身武艺。后来,狄青辞别忘禅,一人奔赴京都汴梁。一路上他扶贫救弱,还结识了好汉张忠和李义,三人结为兄弟。此后,三人惩治劣绅,救助百姓,做了一系列惩恶扬善的好事。在京都汴梁,他得到郑王的赏识,得神刀快马。之后,他救助杨宗保,大战王天化,惩治叛贼孙秀,为宋朝立了赫赫战功。(崔玉平)

I000527 **小将呼延庆** 荒田等编文,程世魁等绘图。辽宁少年儿童出版社 1996 年 4 月版。442 幅图。7.50 元。黑白连环画,“绘图本中国古代小将故事丛书”之一。讲述了北宋年间著名小将呼延庆为伸张正义,给祖父呼延丕显报仇,最终惩处了奸臣庞文老贼的故事。该书对小将呼延庆智勇双全、侠肝义胆的忠良作了活灵活现的描绘,突出表现了一个扬善惩恶的主题。(张西门)

I000528 **小将罗成** 志华等编文,郭往福等绘图。辽宁少年儿童出版社 1996 年 4 月版。442 幅图。7.50 元。黑白连环画,系《绘图本中国古代小将故事》中的一种。其主要内容是隋开皇时北平王罗艺老年得子,取名罗成。罗成 7 岁时已学得一身好武艺,玩耍之中竟打死一只斑斓大虎。长大后,他的武艺愈发超群,他能一箭射中飞鹰,一枪刺死纪曾。后来他与程咬金、王伯当、单雄信、徐茂公等人聚义造反,把隋军打得人仰马翻。他还和秦琼、程咬金等人一起杀杨广夺玉印,出师必胜,战功赫赫。小将罗成勇猛聪慧,义肝侠胆,在此书中栩栩如生地被描绘出来。(崔玉平)

I000529 **小将薛刚** 阳可等编,林家等绘图。

辽宁少年儿童出版社1996年4月版。442幅图。7.50元。黑白连环画册,“绘图本中国古代小将故事丛书”之一。其主要内容是:唐代名将薛仁贵之孙薛刚从小就勇猛异常,武艺高强,他对权贵欺压平民百姓恨之入骨,因此先打了丞相张天佐,后来又打死了太子,闯下了大祸,致使薛家满门被抄斩。薛刚逃亡在外,清明节时冒着危险,去京城上坟,祭奠父母,勇闯敌人重围。为了兴唐灭周(武则天),他又去新唐国打擂借兵。因武艺超群,赢得了公主的好感,终于借到五万大军,展开了讨伐武则天的战斗。(吴庆先)

I000530 **中国古典文学名著画集** 李汝珍等原著,孟庆江等绘图,孙培镜、孙雷等改写。中国少年儿童出版社1996年6月版。20印张。238.00元。以中国古典文学名著为题材的画集,共8册,根据8本中国古典文学名著故事读本改编绘制而成。包括:《镜花缘》、《封神演义》、《西厢记》、《杨家将》、《说岳传》、《儒林外史》、《聊斋志异》、《山海经》。(杨向荣)

I000531 **中国动物故事卡通连环画** 李小玉、李梅改编,李加等绘画。北京少年儿童出版社、北京美术摄影出版社1996年9月版。313幅图/本。16.50元/本。包括《大白鲸》《八脚海魔》《湾鳄》3本。《大白鲸》讲一头来自南太平洋逃避追杀的母鲸,在黄河口生下一头白鲸崽。鲸母子从鲨鱼嘴中救出因黄河水灾漂入黄河入海口的小男孩,于是引出了一段鲸与人之间委婉离奇的故事。《八脚海魔》叙述的是一只巨型章鱼的幼崽儿意外地被沉船打捞队带到近海被一个中学生捕获后,施展常人难以想象的绝技,屡次逃跑,使追捕者啼笑皆非的故事。《湾鳄》描绘了神秘的海洋巨兽湾鳄在海啸中险些丧命,后又进入内陆河湖大战水蟒的故事。(龙杰)

I000532 **叶丹在美国(上下)** 朱抗编,洪涛画。人民美术出版社1996年6月版。1 200幅图。16.00元。漫画。以幽默的文字,生动地画面描写了一位中国男孩跟随父母来到美国后所发生的一系列真实又有趣味的故事。故事从小叶丹来到美国后上学的第一天开始,由于文化背景的迥异、生活习惯的不同,在这个一切都生疏而又新鲜的环境中所产生出的种种矛盾冲突,造成了一个又一个的笑话。(洪涛)

I000533 **老掉牙的生活故事** 幽君等编文,程世魁等画。辽宁少年儿童出版社1996年8月版。316幅。8.00元。选编中国传统的、优秀的、代代相传的生活故事,绘制成双色连环画,供学前和小学低年级孩子阅读。内容包括:《黄香温席》、《曹冲称象》、《司马光砸缸》、《孔融让梨》等22个故事。(盖如翔)

I000534 **老掉牙的仙话故事** 天木等编文,张君华等画。辽宁少年儿童出版社1996年8月版。316幅。8.00元。选编中国传统的、优秀的、代代相传、人人知道的仙话故事,绘制成双色连环画,供学前和小学低年级孩子阅读。内容包括:《王母娘娘的故事》、《八仙的故事》、《天仙配》、《柳毅传书》等14个故事。(盖如翔)

I000535 **老掉牙的民间故事** 文华等编文,胡立滨等画。辽宁少年儿童出版社1996年8月版。316幅。8.00元。选编中国传统的、优秀的、代代相传的民间故事,绘制成双色连环画,供学前和小学低年级孩子阅读。内容包括:《孟姜女的传说》、《牛郎织女》、《白娘子》、《梁山伯与祝英台》等6个故事。(盖如翔)

I000536 **老掉牙的民俗故事** 马腾编文,陈斌等画。辽宁少年儿童出版社1996年8月版。316幅。8.00元。选编中国传统的、优秀的、代代相传的民俗故事,绘制成双色连环画,供学前和小学低年级孩子阅读。内容包括:《十二生肖的传说》、《春节》、《端午节》、《中秋节》、《泼水节》等12个故事。(盖如翔)

I000537 **老掉牙的动物故事** 于智群等编文,孙平等画。辽宁少年儿童出版社1996年8月版。316幅。8.00元。选编中国传统的、优秀的、代代相传的动物故事,绘制成双色连环画,供学前和小学低年级孩子阅读。内容包括:《咕咚》、《蜗牛和黄牛》、《兔子报仇》、《猫和老鼠》等24个故事。(盖如翔)

I000538 **老掉牙的成语故事** 靳利等编文,李文成等画。辽宁少年儿童出版社1996年8月版。316幅。8.00元。选编中国传统的、优秀的、代代相传的成语故事,绘制成双色连环画,供学前和小学低年级孩子阅读,内容包括:《一鼓作气》、《唇亡齿寒》、《一鸣惊人》、《卧薪尝胆》等28个故事。(盖如翔)

I000539 **老掉牙的俗语故事** 晓丹等编文,冀维静等画。辽宁少年儿童出版社1996年8月版。316幅。8.00元。选编中国传统的、优秀的、代代相传的俗语故事,绘制成双色连环画,供学前和小学低年级孩子阅读。内容包括:《没良心》、《拍马屁》、《三个臭皮匠,抵上一个诸葛亮》、《挂羊头,卖狗肉》等15个故事。(盖如翔)

I000540 **老掉牙的鬼话故事** 王尧天编文,张成思等画。辽宁少年儿童出版社1996年8月版。316幅。8.00元。选编中国传统的、优秀的、代代相传的鬼话故事,绘制成双色连环画,供学前和小学低年级孩子阅读。内容包括:《画皮》、《牛头马面》、《钟馗打鬼》、《阎五斗鬼王》等18个故事。(盖如翔)

I000541 **老掉牙的神话故事** 荒田等编文,齐林家等画。辽宁少年儿童出版社 1996 年 8 月版。316 幅。8.00 元。编选中国传统的、优秀的、代代相传的神话故事,绘制成双色连环画,供学前和小学低年级孩子阅读。内容包括:《盘古开天地》、《女娲的传说》、《夸父追日》、《精卫填海》等 22 个故事。(盖如翔)

I000542 **老掉牙的笑话故事** 韦苇编文,周建明等画。辽宁少年儿童出版社 1996 年 8 月版。316 幅。8.00 元。选编中国传统的、优秀的、代代相传的笑话故事,绘制成双色连环画,供学前和小学低年级孩子阅读。内容包括:《嘴咬鼻》、《夫人属牛》、《"一"字长大了》、《死错了人》等 56 个故事。(盖如翔)

I000543 **老掉牙的童话故事** 村夫编文,尚士永等画。辽宁少年儿童出版社 1996 年 8 月版。316 幅。8.00 元。选编中国传统的、优秀的、代代相传的童话故事,绘制成双色连环画,供学前和小学低年级孩子阅读。内容包括:《狼外婆》、《画中人》、《渔童》、《葫芦娃》等 16 个故事。(盖如翔)

I000544 **老掉牙的寓言故事** 王少文编文,赵明钧等画。辽宁少年儿童出版社 1996 年 8 月版。316 幅。8.00 元。选编中国传统的、优秀的、代代相传的寓言故事,绘制成双色连环画,供学前和小学低年级孩子阅读。内容包括:《螳螂捕蝉》、《鹬蚌相争》、《狐假虎威》、《愚公移山》等 40 个故事。(盖如翔)

I000545 **爸爸妈妈读过的书(上)(下)** 刘继卣等绘,张再学等改编。人民美术出版社 1996 年 5 月版。1 412 幅图(上),2 424 幅图(下)。30.20 元(上),49.60 元(下)。精选 50 年代优秀连环画如:"江姐""鸡毛信""青年近卫军""钢铁是怎样炼成的"等。分上、下两集。(钟攸蓉)

I000546 **《炎黄子孙的故事》彩色绘图本** 张习孔等原著,吴盟改编。中国少年儿童出版社 1996 年 4 月版。20 印张。59.60 元(精装)。历史知识读物。原名《中国历史小故事》、《炎黄子孙四百轶事》。分上、下册,精选 100 个小故事,以连环画的形式,向小读者描述了:古人刻苦学习、勤俭节约、心灵手巧、勇敢无畏、能察善断、不信鬼神、富有远见卓识等多方面的事迹,同时也描述了画家、书法家、武将的一些小故事。(杨向荣)

I000547 **绘图本中国古代小将故事** 金蓉等编文,张成恩等绘图。辽宁少年儿童出版社 1996 年 4 月版。442 幅图/本。45.00 元。黑白连环画系列读物。共 6 册。包括《小将罗成》、《小将薛刚》、《小将呼延庆》、《小将杨排风》、《小将狄青》、《小将杨文广》。这些故事多是依据有关小说、评书、民间传说编写。歌颂了我国古代英雄人物忠贞爱国的高贵品质。(吴庆先)

I000548 **绘图本老掉牙的儿童故事丛书** 辽宁少年儿童出版社 1996 年 8 月版。316 幅/册。96.00元。2 卷 12 册。选编中国传统的、优秀的、代代相传的神话、仙话、鬼话、动物、童话、民间、生活、民俗、俗语、寓言、笑话、成语故事。绘制成双色连环画,供学前和小学低年级孩子阅读。(盖如翔)

I000549 **彩图汉语拼音读物——狼外婆讲故事** 《彩图汉语拼音读物》编绘组编绘。江苏少年儿童出版社 1996 年 8 月版。240.00 元。16 册。彩色连环画读物,根据古今中外著名童话故事、寓言故事和民间故事改编,含童话故事 8 册,寓言故事、民间故事各 4 册。(徐健)

I000550 **霹雳贝贝** 张之路工作室编绘。江苏少年儿童出版社 1996 年 9 月版。60.00 元。彩色卡通读物丛书,共 5 册。讲述了一个身上带电的孩子贝贝的奇特经历和他所遭遇的一系列有趣而惊险的故事。作品人物形象鲜明,格调轻松活泼,绘画颇具民族特色。(徐健)

I000551 **托起明天丛书** 董天柚、朱新望等著。河北教育出版社 1996 年 10 月版。95 万字。83.10元。精选河北省 10 位在全国有一定影响的儿童文学作家新创作品,共 10 册。它们是:动物小说《小狗汪汪》(朱新望著)、短篇小说《虎皮伞》(董天柚)、短篇小说《红泳衣》(张玉清著)、长篇小说《立头等功的孩子》(邹尚庸著)、童话《小阿毛当市长》(武玉桂著)、童话《淘气小天使》(郭明志著)、儿童剧《芳芳和贝贝》(陈运慧著)、诗歌《让世界充满爱》(郑世芳著)、散文诗《蒲公英》(吴珹著)、寓言《汪雨寓言》(汪雨著)。该套丛书题材广泛、体裁多样,洋溢着浓厚的当代生活气息、青春气息,努力塑造了新一代少年儿童形象,探索、揭示他们的性格和心理特征,充满了童真童情、童心童趣。

I000552 **嘀嘀鸟丛书(共 5 册)** 张美妮、巢扬主编。北京师范大学出版社 1996 年 6 月版。87.2 万字。51.00 元。包括童话、故事、儿歌、戏剧、散文和诗歌,分别由《雪孩子》、《会飞的鞋》、《荷叶上的珍珠》、《小小的船》、《神奇的羽毛》等 5 部图书组成。编者按照艺术性、教育性和愉悦性的原则精挑细选,并在每一作品的后面附有"讲读指导",点明主旨,指出艺术特色,既注重内容上的启迪又注重艺术上的熏陶。(傅占武)

各国文学

I000553 **日本俳句与中国诗歌** 関森勝夫、陆坚著。杭州大学出版社 1996 年 3 月版。31 万字。20.00元。以每一首具体俳句为基本对象,分"汉译"、"引评"、"备考"3 部分进行比较分析。"汉译",采用"汉俳"式,其长短相间,错落有致,既符合中国人的吟咏习惯,又保留日本俳句"五七五"的诗韵特色。"引评",是一篇篇由俳句意蕴及旨趣引发的中日诗歌比较研究的学术性小论文。"备考",是在"引评"所作横向比较的基础上进一步进行的纵向追踪,视野向整个中国诗歌史,通过大量相关材料,启发多维的文化观照。这两部分相互联系又各有侧重,在较为广阔的背景上,纵论中国诗歌对日本俳句的影响,以及日本俳句与中国诗歌的异同。(何明春)

I000554 **获日本芥川奖作家作品选** 唐月梅主编。漓江出版社 1996 年 10 月版。66.5 万字。16.50元。"获国际著名文学奖作家作品丛书"之一种。日本芥川文学奖创立于 1935 年,每年评奖两次。其宗旨一是为了纪念日本著名作家芥川龙之介,二是奖励文学新人,促进文艺繁荣。芥川奖在日本各项文学奖中声誉最高,60 年来培养了一大批著名作家。本书收入了获奖者 16 位作家的 16 部作品,其中包括石川达三的《苍氓》、井山靖的《斗牛》、安部公房的《墙壁——S.卡尔玛氏的犯罪》、大江健三郎的《饲育》等名作。另外还附录"芥川奖获奖作家作品一览表"。在体例上,以获奖者设章,先简介作家生平和著述,然后译出获奖作品,许多作品都是国内首译。前言总述了芥川奖的许多情况。(刘春荣)

I000555 **日人禹域旅游诗注** 孙东临编。武汉出版社 1996 年 11 月版。30 万字。26.00 元。收入日本 65 位诗家所作旅游汉诗 401 首,按照地域的大致区别,分作 9 类:京师篇、塞北篇、中原篇、关西篇、巴蜀篇、荆楚篇、吴越篇、滇南篇、港台篇。各家入选的诗作横向以类相从,纵向则依时代的先后相系,以便读者根据旅游景区的版块查找日人诗作,二是试图凸现最为吸引海东游客的中国旅游热线和热点。每首诗作的注释,均注重说明景观的兴废和沿革,同时兼顾词义的训释和典故的疏解,释语力求简要明了,雅俗共赏;而且,对于作者赋诗记游的相关资料,亦酌量附录于注释中,以便读者把握原诗的语境。同时,每位作者均附有简介。(周雁翎)

I000556 **世界短篇小说精品文库·日本卷** 高慧勤编选。海峡文艺出版社 1996 年 8 月版。58.44 万字。30.50 元(平),36.50 元(精)。收日本上世纪 90 年代至本世纪 70 年代 29 位作家的短篇精品 39 篇。以浪漫主义的开山之作《舞姬》开始,《梦的时间》作结,涵盖了各个流派、各种倾向的代表作家和代表作品,从中可以清晰地领略日本现代文学的发展脉络、精神气质、文采风流、审美情趣及如下情致:东方的智慧、日本的细腻、"唯美"的情趣、主题的深化。《编选者序》简明扼要地介绍了日本短篇小说的产生、发展、特色与成就。

I000557 **十胜山之恋** [日]三浦绫子著,文洁若译。百花文艺出版社 1996 年 6 月版。48 万字。28.00元。日本当代著名女作家三浦绫子的一部成就较高的长篇力作。原名《泥流地带》。小说的背景位于北海道十胜山一带,现在这里已成为日本著名的滑雪胜地,吸引着全国各地的运动健将。故事以 19 世纪末叶贫苦农民的恳荒史迹为经,以火山麓下拓一、福子和耕作、节子两对青年男女的恋情为纬,在曲折哀婉的描述中,歌颂了真、善、美;鞭笞了假、丑、恶。主人公拓一及其祖父市三郎等人的顽强不屈的性格特征深深打动人心。书中探讨了人类苦难的问题。作者以她一贯的简洁优美的文章,细腻而深入的心理刻画引导读者向这个千古以来的人生问题作了深入的探索。(王绍明)

I000558 **世界尽头与冷酷仙境** [日]村上春树著。漓江出版社 1996 年 3 月版。35 万字。15.50 元。小说问世于 1985 年,当年即荣获谷崎润一郎文学奖。小说依照乍看不相关的两条平行线向前铺展:一为冷酷仙境,一为世界尽头。冷酷仙境以东京大都市为舞台,展开了一场波谲云诡的情报大战。场面时而为高楼林立的地上,时而转入阴冷漆黑、山险水恶、"夜鬼"出没的地下,可谓狂澜迭起、险象环生,科学狂人们为获得足以控制人们思维系统的计算数据,努力读解"头盖骨"之谜,以图称雄世界。而在世界尽头,则完全是另一番景象。山川寂寥,村舍井然,人们相安无事。只可惜人无身影,无记忆,也无心。男女可以相亲却不能相爱。爱需要心,而心已被嵌入独角兽的头骨化为"古梦"。于是我每天读梦不止。这是一部极富虚幻色彩的奇思妙想之作,将极为荒诞的构思与极为严肃的问题巧妙糅合在一起。寓庄于谐、虚实相生,场面奇特,气氛恢宏,堪称一幅幅经过变形处理的资本主义世界和人们的虚幻心态的绝妙缩影。(汪正球)

I000559 **青春的舞步** [日]村上春树著。漓江出版社 1996 年版。33 万字。14.00 元。《挪威的森林》的姊妹篇,在日本反响强烈,是日本文坛乃至世界文坛的文学奇星村上春树的重要长篇小说。描写一个离婚男人的生活奇遇,展示了高度发达的资本主义文明下的都市人的无奈与虚妄。一位 34 岁的离婚男人在北海道一家宾馆经历一段奇遇艳情后,邂逅已成为超级影视明星的高中同学五反田。五反田打电话叫来两位高级应召女郎。女郎"咪咪"雍容华贵又清逸脱俗,足以"唤醒男人的永恒梦想"。想不到几天后她被人勒死在一家高级宾馆。因钱夹中有"我"的名片,"我"被招唤到警署。"我"为庇护五反田而矢口咬定一无所知。翌日报载:大明星五反田驱"奔驰"车入海,自杀身亡。我于是离开东京,重返北海道那家宾馆,寻找前一段故事的续篇。"舞吧!舞吧!舞吧!不停地跳舞!不要考虑为什么跳,不要去考虑什么有意义没意义,意义那玩意儿本来就是没有的。"书中的主人公对社会充满了失重感幻灭感,对生命感到无可奈何的孤寂与悲凉,因而全书充满了凄冷苦涩的幽默感,在日本文学中散发出独特的芳香。(汪正球)

I000560 **雪娘** [日]丰田正子著,陈喜儒译。译林出版社 1996 年 12 月版。22.8 万字。10.80 元。长篇小说。雪娘出生于本世纪初的日本乡间,幼年父母双亡,兄妹相依为命,共同承担起养家的责任。从小就受到的命运磨练,使雪娘养成勇敢、坚韧、乐观、爽朗、善良的性格。她向命运挑战,到了成家之年,毫不犹豫地闯到东京,嫁给一个手艺人。夫妻俩以不屈不挠的精神面对困难,以忍辱求生的态度吞酸咽苦,付出毕生劳力,却仍难以摆脱悲苦命运。先是经济大萧条使他们成为一贫如洗的失业者;随后两个儿子死在军国主义分子发动的侵略战争中;而唯一可以依靠的大女儿又因长期营养不良而得了严重的肺结核。战后日本虽然渐渐恢复国力,但勤劳俭朴的雪娘夫妻还要靠典当借债度日,子女也难以摆脱穷困的阴影。好容易熬到两个女儿结了婚,儿子也定下婚期,老俩口看到一点生活的希望,丈夫却又因疲劳过度,在高空作业时跌下成了残废,资本家又不肯承担补偿责任;政府也迟迟不给两个战死的儿子发抚恤金。偏偏这时房价高涨,房东要把雪娘一家赶出家门。这种种无情的打击使这位拼搏一生从不低头的善良女子终于倒了下来……(竺祖慈)

I000561 **狐狸宽吉变成人以后** [日]田岛伸二著,金锦译。湖南少年儿童出版社 1996 年 11 月版。5 万字。4.30 元。作者以其特有的敏感和洞察力,用一个个寓言式的故事揭露了人类为追逐金钱与私利相互残杀、污染环境、伤害自然界的生灵等种种丑恶行径,并指出这些行为终将造成地球毁灭性的结局;而他笔下那些勇敢、聪明的生灵,不论是猴子还是蒲公英,都代表了人类披荆斩棘、奋进不止、追求美好前景的形象和意志。书中对 1995 年在日本所发生的兵库地震、伪宗教狂制造的骇人听闻的东京地铁毒气杀人事件的阴影也有披露。

I000562 **心祭** 副名:域外著名华文女作家散文自选集。[泰国]梦莉著。陕西人民出版社 1996 年 3 月版。17.23 万字。10.40 元。作者系泰国著名的华裔女作家、实业家、社会活动家,作品多次在大陆举办的文学评奖中获奖,其作品、传记、作品评论集均已在大陆出版。这本散文自选集荟萃了其散文创作的精华,叙写了她对祖国的热爱、对故乡的思念、对旧时生活的回忆和旅居海外的见闻,其中多篇抒情散文,柔婉温雅,情深谊长,具有较强的感染力。她的作品真诚质朴,饱含激情,读者可从中体味到作者的内心世界。(何大凡)

I000563 **香河畔的微笑** 副名:域外著名华文女作家散文自选集。[新加坡]尤今著。陕西人民出版社 1996 年 3 月版。23.5 万字。14.30 元。作者为近年来活跃于文坛的海内外知名女作家。本散文集,叙写了近年来的旅游见闻和亲历观感,视野开阔,题材广泛,思维活跃,文笔清新。读者可从中体味到作者难以割舍的文学情结和炎黄文化情结,体味到她聪敏乐观、豁达执著的性格和驾驭小品、游记、散文的非凡笔力。(何大凡)

I000564 **世界短篇小说精品文库·印度卷** 周志宽编选。海峡文艺出版社 1996 年 8 月版。37.72 万字。20.50 元(平),26.50 元(精)。选入 37 篇作品,这些入选的作家和作品基本上反映了印度从古至今的短篇小说主流,浪漫主义流派、现实主义流派的代表作都入选了本书。《编选者序》全面地介绍了印度短篇小说产生、发展的概貌,介绍了卓有成就的作家及文学流派和作家采用的表现手法。

I000565 **沉船** [印]泰戈尔著,白开元译。陕西人民出版社 1996 年 10 月版。21 万字。13.00 元。世界文学名著。讲了一个阴差阳错的故事。两对新人从未谋面,两艘婚船同时遇险,在荒无人烟的沙洲上,少女卡玛腊与法学毕业生、未来的律师拉穆斯彼此以为夫与妻。拉穆斯较早发现误会,但为姑娘的出路担忧,不忍心点破浑然不觉的卡玛腊,让她离去;另一方面,他亦怀念着被父母阻隔的恋人,与他志同道合的胡蒙丽妮，尽管他犹豫彷徨，但却严守礼法，对卡玛腊秋毫无犯。卡玛腊知悉这一误会后，态度果决，立即从拉穆斯的宅里出走，执著地要寻回属于自己的爱情。历尽曲折，终于找到了自己的丈夫诺利那格，也被他接受，而拉穆斯亦与胡蒙丽妮谐好有望。两对青年男女的婚姻纠葛，不仅是作者对忠贞爱情的歌颂，而且是对超越世俗偏见的新式婚姻的礼赞。知悉真情后，卡玛腊并未去自尽殉节，诺利那格也并未表示嫌弃。小说还是一曲真善美的赞歌。泰戈尔不回避社会矛盾，他认为私欲泛滥是灾难的根源之一，他强调社会和谐需要自我克制，需要人与人之间的关怀理解。拉穆斯与卡玛腊，卡玛腊与流浪儿乌摩奇，贾格罗帕尔迪与卡玛腊之间无一不表现了这种和谐的美。以诗的语言状物写景，刻画人物的性格特征，是《沉船》最显著的艺术特色。（李玉皓）

I000566 **罗摩大战千臂王** 副名：《摩诃婆罗多》故事。［印度］毗耶娑原著，［俄］阿·梅利霉夫绘画，孙静云编译。中国少年儿童出版社 1996 年 6 月版。5 万字。58.00 元。《摩诃婆罗多》是古印度的典籍，是相当于汉诗 40 万行左右的史诗巨篇；同时也是一部世界名著，其中的许多神话故事灿若繁星，早已广为流传。本书将原著改编成连环画的形式。书中的神话故事通过神仙、天女、勇士、王子、公主以及妖魔等艺术形象歌颂了真善美，鞭挞了假丑恶，情节生动奇巧，场景神妙绚丽，处处闪烁着智慧的火花，引人入胜，发人深思，能启迪青少年探索古国印度的悠久历史和社会风貌，了解古印度劳动人民的生活习俗以及他们的追求、爱憎和向往。（杨向荣）

I000567 **世界短篇小说精品文库·阿拉伯卷** 郅溥浩编选。海峡文艺出版社 1996 年 8 月版。65.77万字。34.40 元(平)，40.40 元(精)。共选入 16 个阿拉伯国家短篇小说 82 篇，以埃及的居多，反映了阿拉伯社会生活的方方面面，特别是反映女性问题的小说占有的份量最大。《编选者序》介绍了阿拉伯国家近现代文学的产生、发展。（林秀平）

I000568 **托玛珍娜大街** 伊茨哈克·奥巴斯著，邵明明译。译林出版社 1996 年 4 月版。12 万字。6.80 元。由若干个情节松散的故事组成的故事集。所反映的年代是 19 世纪和 20 世纪之交，地点是利蒲克耶夫——一座传统的东欧犹太人小镇。小说所反映的是一特定时代犹太人所依附的集体、阶级和社会——民族结构中的集中体现，是一个时代的代表。

I000569 **世界短篇小说精品文库·东欧卷** 张振辉、陈九瑛编选。海峡文艺出版社 1996 年 8 月版。59.8 万字。31.50 元(平)，37.50 元(精)。选入波兰、捷克、匈牙利、罗马尼亚、保加利亚、前南斯拉夫以及阿尔巴尼亚等东欧国家的 50 个近现代乃至当代不同作家的 50 部作品。这些作品题材多样，展现了 19 世纪中叶以来东欧各国广阔的生活画面。民族解放斗争、对资本主义法制的批判、对纯真爱情的追求等题材的作品都有一定的深度，且具有写实风格；同时，本书中的一些作品还兼有抒情的、戏剧的、讽刺的、哲理的风格。《编选者序》客观地介绍了东欧国家短篇小说共同具有的特点及文学发展的进程。（林秀平）

I000570 **世界短篇小说精品文库·德语国家卷** 韩耀成编选。海峡文艺出版社 1996 年 8 月版。54.58 万字。28.60 元(平)，34.60 元(精)。汇集了德国、奥地利、瑞士 3 个国家 42 位作家的 44 篇小说，选入文学巨人、德国现代短篇小说的创始人歌德的《神怪的故事》，还选入显示奥地利作家卡夫卡创作特点的《判决》和《饥饿艺术家》。收入本书中的最后一篇是奥地利作家汉特克的《陌生人之死》。从歌德到汉特克历时 3 个世纪。《编选者序》客观地介绍了德语国家短篇小说发展的概况。（林秀平）

I000571 **莱蒙托夫全集** 顾蕴璞主编。河北教育出版社 1996 年版。190 万字。133.40 元。共 5 卷，分别为“抒情诗Ⅰ(260 首)”、“抒情诗Ⅱ(185 首)”、“长诗(27 部)”、“剧本(5 部)”、“小说·散文·书信”等。莱蒙托夫是俄罗斯文学史上屈指可数的被经典作家誉为“民族诗人”的天才作家之一，一生充满忧患意识，素以忧国忧民著称。他在诗歌、小说与戏剧等各种文学作品中都有独特建树，刚烈的气质使他的全部创作都含着浓郁的诗情画意，弹奏出有力的反叛音调。在他身上体现出俄罗斯的语言、风采、魅力和灵魂，他是反封建的革命者、自由的捍卫者。抒情叙事诗是诗人创作的基本体裁之一；讽刺性、历史性、神话传记等长诗，就题材范围之广而言，他的长诗已超越了任何前人，就艺术成就而言，他的《童僧》和《恶魔》已攀登了俄国浪漫主义诗歌的顶峰。他的戏剧创作在俄国戏剧史上也占有一定的地位。在俄国现实主义小说中，特别是在心理描写的层次上，他开辟了 19 世纪的称雄世界文坛的作品的先河。

I000572 **卡拉马佐夫兄弟** ［俄］陀思妥耶夫斯基著，徐振亚、冯增义译。浙江文艺出版社 1996 年 12 月版。80 万字。26.00 元(平)，36.60 元(精)。作者最后一部长篇小说。作品围绕着费多尔·卡拉马佐夫和他的儿子们——德米特里、伊凡、阿历克赛以及名为奴仆实为私生子的斯麦尔佳科夫，展示了一个错综复杂的社会、家庭、道德和人性的悲剧主题。这个“偶合家庭”交错着强烈的爱和憎，以其尖锐的矛盾而陷于分崩离析。它几乎是资本主义和金钱力量进攻下当时社会的悲剧的缩影。1947年出版过耿济之的译本，名《卡拉马助夫兄弟们》。为适应语言的发展和当今读者的阅读习惯，由徐振亚、冯增义重译书后附录冯增义的《论卡拉马佐夫兄弟》和陀思妥耶夫斯基关于《卡拉马佐夫兄弟的论述》。(严麟书)

I000573 **猎人笔记** [俄]屠格涅夫著，韩仰熙等译。花山文艺出版社1996年8月版。俄国作家屠格涅夫的短篇小说集，收入小说23篇。所收小说集中于田园与农庄生活的描写，对狩猎和游弋故事也有所涉及。在歌颂俄罗斯大地与森林的自然美的同时，也对俄罗斯农民卑微的、乐天的生活进行了满含深情的刻画。森林、河流、星斗、明月、池塘、小船、鸭子、猎犬、篝火、峭壁、露水；村庄酒店、地主庄园、大型宴会、事务所、集市、磨坊……屠格涅夫把俄罗斯田园中的美丽与痛苦一笔一笔地描画出来，对人类及其栖息于其中的独特的自然都有上乘的笔触。

I000574 **罪与罚(世界文学名著普及本)** [俄]陀思妥耶夫斯基著，岳麟译。上海译文出版社1996年12月版。45.4万字。12.50元。俄国作家陀思妥耶夫斯基的一部代表作。以19世纪60年代俄国废除农奴制后资本主义迅猛发展为历史背景，描写一心想做随心所欲的拿破仑式的人物、肯定自己是个超人的穷大学生拉斯柯尔尼科夫，在社会上没有靠山，贫病交加，不得不从大学退学，加之放高利贷的房东老太婆因其付不起房租，不再供他伙食并要把他撵出去而使他陷入走投无路的困境。在精神失常和无政府主义思想的毒害下，他用斧子砍死女房东和她无辜的妹妹，制造了一起在社会上引起巨大震荡、扑朔迷离的凶杀案。主人公犯罪后良心受到谴责，精神一下子崩溃，内心深感孤独、恐惧而惶惶不可终日。最终他在基督教徒索尼雅的规劝下，投案自首，被判流放西伯利亚受苦赎罪。作者分两个层次，交叉述说主人公拉斯柯尔尼科夫和退职九等文官马尔美拉陀夫两家人的痛苦命运和悲惨遭遇，并运用强烈对比的手法，塑造温柔美貌的杜尼雅，逆来顺受的索尼雅，锱铢必较的典型的资产阶级律师卢仁，以及作恶多端的地主斯维德里加依洛夫等一系列鲜明形像。作品揭示俄国广大下层人民政治上无权利、经济上日益破产的生活无出路状况。全书贯穿容忍顺从，从宗教中求解脱、从宗教中求精神再生的思想。(顾生根)

I000575 **钢铁是怎样炼成的** [苏]奥斯特洛夫斯基著，袁崇章译。陕西人民出版社1996年10月版。34.8万字。18.50元(简精)，21.50元(精)。世界文学名著。展示了主人公保尔·柯察金，这十月革命后的年轻一代，怎样在布尔什维克的领导下，经过艰苦的革命斗争锻炼，最终成为无产阶级的革命英雄。他在贫穷和饥饿中长大，幼小的心灵中就有着革命精神与情感的萌芽，冒着生命危险救出了老布尔什维克朱赫来，以后又参加红军，英勇杀敌，屡立战功。保尔身上最突出的特征是革命英雄主义精神和异常坚毅顽强的斗争意志，这种特征集中表现在筑路这段战斗生活中，他以超人的毅力战胜难以忍受的严寒、饥饿和疾病，最后因伤寒病发作，被当作“死者”拉开才离开岗位。朱赫来赞叹道：“真是无价之宝，钢铁就是这样炼成的。”在爱情问题上，当他发现少年时代的女友冬妮亚追求资产阶级生活方式，两人的思想距离越来越远时，就坚决与她决裂。他在工作中不计报酬，只讲奉献，在全身瘫痪和失明的情况下，他又以惊人的毅力拿起笔进行工作，重新回到战斗的行列中来。(李玉皓)

I000576 **钢铁是怎样炼成的** [苏]奥斯特洛夫斯基著，仰熙、凤芝译。花山文艺出版社1996年1月版。34.9万字。17.00元。系苏联革命作家奥斯特洛夫斯基的经典之作。描写了贫苦工人家庭出身的保尔从本能地对剥削与压迫的反抗到走上革命道路，成为红军骑兵战士、共青团的工作者，最终成长为共产主义战士的过程。时代气氛、地域特征十分鲜明，源自作者个人生活的故事情节也有着浓郁的生活气息。其中的几段爱情描写几乎成了相当一个时期革命浪漫主义的经典段落。

I000577 **高尔基精品集** [俄]高尔基著，刘伦振等译。北岳文艺出版社1996年1月版。120万字。70.70元。高尔基小说选集。收入4部长篇小说，1部短篇小说集。长篇小说《母亲》，分为两部。第一部描写以巴威尔为中心的工人革命小组的活动，他们掀起了反对工厂主额外剥削的斗争，巴威尔被捕，他母亲也参加了革命斗争。第二部描写母亲毅然接替儿子，勇敢地担负起革命工作。巴威尔利用法庭发表演说，揭露敌人，宣传革命真理。作品第一次塑造了具有社会主义觉悟的无产阶级革命英雄和革命知识分子的典型形象，开创了社会主义现实主义的创作方法，在世界文学史上有划时代的意义。长篇小说《童年》、《在人间》、《我的大学》是自传体三部曲，描写作者从童年到青年时期在社会底层生活和学习的经历，以及他在“社会大学”里走向革命道路的过程。《高尔基中短篇小说集》收入作者16篇作品。该译本根据苏联国家文学出版社1951年莫斯科版三十卷本《高尔基文集》译出。序言部分论述了高尔基的文学成就、地位，以及这套书的特点和价值。（韩铁马）

I000578 **飞向梯弗利斯** 副名：阿什克—克里勃。[俄]莱蒙托夫原著，谭得伶译，[俄]阿·梅利霍夫绘画，陈海燕文字主编。中国少年儿童出版社1996年6月版。0.3万字。58.00元。原著为俄罗斯著名童话。叙述了梯弗利斯城一位土耳其大富翁的独生女儿，美丽忠贞的玛古丽—梅格里与贫穷善良的歌手阿什克—克里勃，历经7年的考验最终获得爱情的动人故事。本书将原著改编为连环画本。（杨向荣）

I000579 **十字军骑士** [波]亨·显克维奇著，易丽君、张振辉译。花山文艺出版社1996年1月版。70.1万字。32.60元。波兰作家显克维奇5部享有盛誉的历史小说中的最后一部。小说以澎湃的爱国激情、五彩缤纷的历史画面、曲折生动的故事情节，描绘了15世纪初波兰人忍无可忍，不得不进行一场全民族的反侵略战争。小说最后着重描写的格伦瓦尔德大会战是全书的高潮。一方是得到罗马教皇、德意志皇帝和西欧各封建主支持的十字军条顿骑士团，拥兵十万，气焰熏天，不可一世；另一方则是得到广大农民群众支援的波兰——立陶宛联军，是正义和力量的化身。双方的血战雷奔电泄，震撼了整个欧洲。波兰军民同仇敌忾、浴血奋战，终将十字军打得落花流水，几乎全军覆没。

I000580 **卡夫卡全集** 叶廷芳等译。河北教育出版社1996年12月版。339.6万字。248.00元。《世界文豪书系》之一。卡夫卡（1883～1924）20世纪文学主潮的“现代文学”奠基者之一。这部全集基本上是根据马克斯·勃罗德的版本翻译和编纂，以各集的篇幅不太悬殊为原则，由笔者作了重新编排，或分或合，归为10卷：一、短篇小说；二、长篇小说《失踪者》；三、长篇小说《诉讼》；四、长篇小说《城堡》；五、随笔、谈话录；六、日记（1910－1923）；七、书信（1902－1924）；八、家书；九、致菲莉斯情书（Ⅰ）；十、致密伦娜情书。全集中每一卷或每部作品都加了前言，有些地方根据情况由译者或编者增添了注释。

I000581 **裴多菲文集** 裴多菲著，兴万生译。上海译文出版社1996年4月版。180万字。145.00元。裴多菲系19世纪匈牙利革命民主主义诗人。在其短促的一生中创作了大量的抒情诗、叙事长诗和一些风格独特的小说、剧本和散文。本文集共6册，收入760余首抒情诗、9部长篇叙事诗、4部小说、1个剧本和17篇散文，几乎包括了诗人的全部重要作品。初期的抒情诗主要以赞美祖国和故乡的壮丽山河、反映匈牙利劳苦大众的疾苦、歌颂劳动人民勤劳、朴实、善良的品质、抒发对幸福生活和纯洁爱情的向往之情为主题；后期大都是感情炽烈的政治抒情诗，其中不少政治抒情诗成了动员和鼓舞人民起来反抗王权和专制制度的政治宣言和号召书（如《把国王吊上绞架》、《民族之歌》等）。几部长篇叙事诗或辛辣嘲讽贵族地主阶级的贪婪和愚蠢（如《农村的大锤》），或热情讴歌勇敢的青年虽历经艰险却百折不回地寻求幸福生活和忠贞爱情的矢志不渝（如《雅诺什勇士》），或描绘新兴资产阶级激进派代表人物为平民谋福利的自我觉醒（如《使徒》），均成了匈牙利前所未有的史诗性作品，对匈牙利民族诗歌的发展起了重大的促进作用。裴多菲以其极具感染力和战斗性的、感情热烈而又直率的诗歌作品在匈牙利乃至世界文坛上确立了自己的应有地位。（朱志顺）

I000582 **中国对德国文学影响史述** 卫茂平著。上海外语教育出版社1996年版。40.1万字。30.00元。系统梳理了德国文学史各个时期（自开端至本世纪60年代）对中国文学及哲学的接受史。全书继绪论后分12章。其主要特点为：一、资料丰富，集以往之学术成就，钩稽和发掘了大量史证材料。出处译审，言出有据。二、涉及文学、哲学、艺术、宗教、习俗等人文科学的众多领域；论述人物中有歌德、托马斯·曼和卡夫卡等几十位德国文坛巨匠，又有莱布尼茨、康德和叔本华等十多位德国哲学伟人，显示出德国作家对中国的浓厚兴趣，以及中国对德国精神界的广泛影响。三、本书既勾勒了德国文学对中国进行吸收或改造的脉络，展现了两种文化传统和思维方式的融合与碰撞，又校正了以往研究中的某些讹误，同时还辨析歧异，指出个别待考之处。此终彼起，引发进一步研究的兴趣。四、书中备有翔实的目录和脚注，书后附人名索引和较完整的西文参考书目。（简力）

I000583 **里尔克诗选** 副名：20世纪桂冠诗丛。[德]里尔克著。中国文学出版社1996年版。26万字。15.80元（平），22.80元（精）。“20世纪桂冠诗丛”是本世纪世界一流诗歌大师较为完备的选集或全集。《里尔克诗选》荟萃了现代最伟大的德语诗人里尔克抒情短诗代表作百余首,并收入他最重要的长诗、组诗,如《旗手》、《安魂曲》、《杜依诺哀歌》、《致奥尔甫斯的十四行诗》及晚年法语组诗《果园》等。

I000584 **少年维特之烦恼** [德]歌德著,丁锡鹏译。花山文艺出版社 1996 年 8 月版。11.4 万字。6.50 元。德国文豪歌德的传世之作。通过少年维特的爱情故事,多侧面多角度地展示了人性的善与恶、美与丑,具有非常的人格魅力与人性力量。

I000585 **玻璃棺材中的少女** 格林著。内蒙古少年儿童出版社 1996 年 7 月版。以译文出版社出版的汉文本为蓝本,用蒙古文翻译而成。收录《猫头鹰》、《极乐世界的故事》、《玻璃棺材中的少女》等 26 篇故事,有歌颂忠诚、勤劳、勇敢、朴素等美德;有揭露谎言和嫉妒的危害性;有宣扬《正义必胜,邪恶必败》的真理,对启迪少年儿童的智育和思想品德的培养,有积极作用。(萨仁)

I000586 **格林童话全集** 丰华瞻译。河北人民出版社 1996 年 3 月修订版。60 万字。58.00 元。由德国的格林兄弟(Jakob Grimm,Wilhelm Grimm)二人从欧洲各国的民间传说和民间故事中搜集和整理的童话,共 210 篇。这些故事的产生年代,最早可追溯到两千年以前。它所描写的,除了神怪和动物外,都是旧时代的人物和旧时代的社会现象。这些童话,歌颂了善与美,揭露了丑与恶。其具体内容,有对勤劳朴实的赞扬、对自私懒惰的鄙视、对凶暴邪恶的反抗、对被虐待和被压迫者的同情、对聪明机智和诚实勇敢精神的提倡等等。本书是 50 年代初翻译的,共 10 册,由英文本(1944 年纽约 Pantheon 公司版)译出,配有 400 幅丰子恺的插画。这次出版时作了重新修订。(解京宁)

I000587 **格林童话故事** [德]雅各布·格林、威廉·格林著,段晴译。河北少年儿童出版社 1996 年 3 月版。21 万字。10.80 元。选自世界著名的儿童文学作品——《格林童话》,即《儿童和家庭童话集》。包括《白雪公主》、《小红帽》、《狼和七只小山羊》、《灰姑娘》等 40 多篇名作。这些由格林兄弟以民间童话为基础加工整理而成的童话作品保持了民间童话的思想和主题,即赞美善良、勤劳和勇敢,嘲笑怯懦、虚伪和懒惰,充分表现了日耳曼民族的质朴、幽默和机智。童话的主人公既有人、又有动物和植物,甚至家用的物件,它们各有寓意,生动而富哲理。(肖利)

I000588 **里尔克诗选** [奥地利]里尔克著,绿原译。人民文学出版社 1996 年 11 月版。45.3 万字。43.00 元。里尔克(1875—1926)是欧洲现代派诗歌的先驱。本书收入作者各个时期的代表作,包括著名的《图像集》、《定时祈祷文》、《杜伊诺哀歌》、《致俄耳甫斯十四行》等,其中《杜伊诺哀歌》和《致俄耳甫斯十四行》均为全译。所译诗歌每一集前面都有一篇相关的说明,正文则补充了一些有助理解的注释,最后还附有一份简明的年表。收入"世界文学名著文库丛书"和"名著名译丛书"。(仝保民)

I000589 **奥林匹斯的春天** [瑞士]卡尔·施皮特勒著,施岷译。漓江出版社 1996 年 5 月版。58.9 万字。30.00 元。史诗,作者代表作,1919 年获诺贝尔文学奖。全书创作不包括动笔前构思与酝酿的时间,历时 13 年。作品分为 5 个部分共 33 章:《升天》、《新娘赫拉》、《高潮》、《高潮结束》、《宙斯》。整部史诗长达 20 000 行,一律采用亚历山大体,即六步抑扬格,两行一韵,单韵双韵穿插进行。作品叙述的是一个神话故事:在奥林匹斯众神的命运决定者阿南柯的安排下,被幽禁于下界的神明们重返神山参加竞夺美女与王位。史诗除了主要人物的姓名采用了古希腊神话中的人名,在不少地方都留有北欧神话、日耳曼传说和圣经故事的痕迹。许多的细节创作也直接以史料、传说为依据。同时,作者又对史料进行了大量的修改以便更好地刻画人物性格,更有利于表达作者的思想。全书在叙述过程中不掺杂议论,不直接夹杂作者的观点。精心刻画人物及事件是作者阐明立场的途径。这样使作品从表面上看客观性更强更使人信服。此外,诗中还有对求婚、婚礼、节日、装备、搏斗、死亡等等场面的描写。凡此种种都是史诗所拥有的共性。史诗在创作手法上尚有它独到之处:一是对比、拟人的写作手法,一是滑稽与幽默的漫画式笔法,均可体现作者所坚持的不曲意逢迎俗世的独特创作观。(陈天禾)

I000590 **爱情的年龄** 副名:域外著名华文女作家散文自选集。[瑞士]赵淑侠著。陕西人民出版社 1996 年 3 月版。22.7 万字。13.80 元。作者 17 岁起发表作品,至今已有 30 部作品在台湾、香港、大陆问世,并多次获奖,现为华中师大、中国人民大学、浙江大学、南昌大学客座教授。本书为其自选的散文作品集,叙写了作者在海外的见闻,回乡观感和由女作家三毛之死引发的分析文学女人情爱、婚姻、困境等评论文章,功力深厚,观察敏锐,见解独到,在海内外的文学读者中均有相当影响。(何大凡)

I000591 **红左拉和他的伙伴** [瑞士]库特·海尔德著。少年儿童出版社 1996 年 8 月版。33 万字。20.80 元。以 18 世纪二三十年代,亚得里亚海沿岸，现克罗地亚的一个小市镇塞尼为背景的小说。少年主人公布朗科自小失母以后就没有家了，他成了以左拉为首的少年“乌斯科根”一伙的成员，藏身在古堡中。每天，这群孩子为了生存和逃避警察的追捕而斗争，处境十分危险。但是，他们随机应变，巧与敌人周旋；他们帮助穷人免遭富人的欺诈，引起包括市长在内的大人们的憎恶。幸而有个理解和爱护孤儿们的老渔夫，为他们申张正义、据理力争。（洪祖年）

I000592 **月亮姑娘之歌** ［挪威］阿·米克勒著，裴显亚译。漓江出版社 1996 年 1 月版。38.1 万字。16.50 元。长篇小说。《红宝石之歌》的姊妹篇。被西方文学评论家评价为“具有劳伦斯的功力和优美”，并独具诗人气质和语言天赋。仅仅因为五十年代末那场轰动挪威的《红宝石之歌》公案，《红宝石》一书的知名度似乎才超过该书。本书通过对艾诗·布勒弗特，一个笨嘴拙舌但却十分敏感、很通人情的年轻人的成长过程的描写，把主人公生活中的冒险展示在读者面前，把他那些早熟的性经历一一剖析。作者始终为了一个使命——向人们解释什么是真正的爱情。书中所写的是逼真的年轻人的生活，而生活是离不开性的。那些表现出来的情欲，或出自年轻人的空虚无聊，或出自他们的青春骚动，或出自他们不负责任的恶习，这种现象古今中外皆然。大凡碰壁多的人，往往能从残酷的现实中接受教训。在浪费了许多精力，良心受到深深谴责过后，书中主人公终于找到了真爱所在。（陈天禾）

I000593 **红宝石之歌** ［挪威］阿·米克勒著，裴显亚译。漓江出版社 1996 年 1 月版。28.8 万字。12.50 元。长篇小说。《月亮姑娘之歌》的姊妹篇。艾诗是一个彬彬有礼、心地善良的青年，在他的身上复活着一座巨大的情欲火山。还是个中学生时，他就与许多成年女人鬼混。上大学后，他发现自己太需要温情了。他想告别过去，寻求爱情，寻求纯洁的幸福，寻求爱情的红宝石，想在一个女人身上找到生命中最美好最可爱的珍宝。当他真的遇上一位纯洁善良的姑娘，准备不顾一切把心掏给她时，却又不敢流露出内心深处的感情与奢望……本书出版后曾在挪威引起长达 18 个月的轰动和论战，争论的原因主要是作者对性关系的描写和那种罕见程度超乎了不少不同个人背景、不同社会环境、不同宗教态度、不同人生观的非理性势力的反应。后经最高法庭审定，本书不属淫秽作品。（陈天禾）

I000594 **安徒生童话故事** ［丹麦］安徒生著，段晴等译。河北少年儿童出版社 1996 年 3 月版。20 万字。10.00 元。精选安徒生童话中《卖火柴的小女孩》《皇帝的新装》《海的女儿》《丑小鸭》等 30 多篇名作。安徒生用洋溢着诗情的笔墨赞美真、善、美，用幽默诙谐的语言鞭挞假、恶、丑。在他的作品中，人、自然现象、物器都成了童话的主人公，它们寓意深刻，生动活泼，又反映了现实生活。（肖利）

I000595 **意大利当代文学史** 沈萼梅、刘锡荣编著。外语教学与研究出版社 1996 年 10 月版。35.2 万字。16.80 元。介绍 19 世纪末到 20 世纪 70 年代一批享有国际声誉的意大利小说家、诗人和剧作家，以三十几位作家为线索介绍了五六种文学流派。对文学作品和作家的介绍方面，重点介绍了两次世界大战时期文学家及其作品。书中还专门评述了 50 年代到 70 年代意大利文学发展的趋势和格局，特别强调了 70 年代意大利的女性文学。对意大利当代文学的概貌、特色以及它的发展趋势和演变进程都作了一定的评述和勾画。作者对当代意大利文学的评述和勾画具有一定的广阔度和清晰度。20 世纪上半叶，意大利曾涌现了一大批文学刊物，这些刊物宣传各种新鲜的文艺思想，倡导不同的艺术风格，对意大利文学的兴旺发展发挥了重要作用。该书用大量篇幅予以探讨和研究。（王维国）

I000596 **爱的教育** ［意］亚米契斯著，田雅青译。北岳文艺出版社 1996 年 9 月版。22.1 万字。14.80元。原名“心”(Coure)，就是“爱心”。善良，友爱，平等，互助，热爱祖国，积极进取就是本书的精髓。小说通过一个意大利小学生的日常生活，讲述了一个又一个感人至深的故事。充满爱心、献身教育事业的老师，对孩子关怀备至、拳拳之心的父母，清纯善良、活泼可爱、见义勇为、心灵高尚的小学生，以及永生难忘的小学校园生活。爱国之情，师生之情，母子之情，同学朋友之情。这是一个情的世界，这是一个爱的世界，这是一个善的世界，这是一个真的世界。由此，这又是一个美的世界。（张秉正）

I000597 **斯巴达克思** 乔万尼奥里著，赵秋长等译。花山文艺出版社 1996 年 1 月版。古罗马历史上规模最大的奴隶起义——斯巴达克思起义军，纵横转战，痛击奴隶主的反动武装，震撼了罗马奴隶主的统治基础。本书即是根据这一史料，从中撷取素材创作而成的世界名著。小说以古罗马竞技场上角斗士格斗杀戮，供奴隶主贵族取乐的血腥情节开篇，从维苏威火山起义直至布拉达纳斯河畔大决战，对这一伟大事件的全貌作了动人心魄的历史描述。作者以犀利的文笔，在怒斥奴隶主贵族骄奢淫逸、凶狠残暴的同时,着意塑造了起义领袖斯巴达克思刚毅果敢、叱咤风云的英雄形象,热情讴歌了广大奴隶反抗阶级压迫,为自由解放浴血奋战、宁死不屈的献身精神。在小说中,刀光剑影、金戈铁马的战争场面,斯巴达克思和范莱丽娅挚诚相爱的情节,恬静旖旎的自然风光和色彩斑斓的古老习俗,常常穿插交织,于现实主义中糅合着浪漫色彩,使整部作品具有刚柔兼备的艺术特色。

I000598 **塞万提斯全集** 董燕生、杨绛等译。人民文学出版社 1996 年 12 月版。320 万字。280.00 元。8 册。塞万提斯(1547—1616)的文学创作主要分诗歌、戏剧和小说 3 类。他以写诗走上创作道路,但诗歌在其创作中所占比重不大。戏剧作品共有 10 个正剧和 8 个幕间剧,正剧有的描写作家被掳期间在阿尔及尔所经历的事件,有的反映下层劳动人民或流氓无赖的生活,有的则根据宗教故事改编而成;幕间剧属当时流行的一种戏剧形式,情节简单,短小精悍,通常在正剧幕间休息时演出。小说创作成就最高,其第一部长篇小说是田园牧歌体的《伽拉苔亚》。《警世典范小说集》是其唯一一部短篇小说集,收小说 13 篇,按其内容和形式可分为爱情故事、流浪汉故事和哲理故事 3 大类。《堂吉诃德》是其代表作,它对西班牙乃至欧洲长篇小说的发展具有重大影响,小说通过堂吉诃德这个可笑、可悲而又可爱的人物形象,突出地反映了人文主义思想与西班牙现实之间的矛盾,同时,对日趋没落、充满矛盾的西班牙封建社会和贵族阶级的荒淫无耻进行了广泛而深刻的揭露。《贝雪莱斯和西吉斯蒙达》是作者最后一部小说,它概括了作者的全部理想和追求,是"塞万提斯的最后一个浪漫的梦幻"。(胡真才)

I000599 **西班牙黄金世纪诗选** 赵振江译。春风文艺出版社 1996 年 7 月版。15 万字。11.00 元。16 世纪到 17 世纪末,西班牙涌现了众多为世人瞩目的诗人和作家,他们色彩纷呈、绚烂夺目的作品,将西班牙的文学推向了一个最辉煌鼎盛的时期。这一时期,在西班牙文学史上被称为"黄金世纪"时期。本书系统介绍了该时期 17 位著名诗人的 72 首诗作。译者在书中将这些诗歌分为两个阶段:"文学复兴"时期和"巴洛克"时期。所收诗歌代表了西班牙古典文学的最高成就。在语言中译者对每位诗人的地位、风格及对后世的影响作了系统的分析介绍。(李娅昕)

I000600 **卢卡诺伯爵** 堂胡安·曼努埃尔著,申宝楼译。黑龙江人民出版社 1996 年 12 月版。14 万字。15.00 元。西班牙文学名著。由 51 个故事组成,以卢卡诺伯爵和他的谋士帕特罗尼奥两个人物作为轴线贯串始终,以他们两人之间的谈话为主要叙事形式。所收的故事,题材广泛,内容多样,以刻画人的品德、操行、举止为主,涉及的对象有国王、商人、农夫,也有财主、文人、贫民等,对动植物的品行也作了拟人化的生动描述。本书不仅开创了西班牙小说创作的先河,也是欧洲小说创作的先声,因为它比另一部汇集了中世纪优秀故事的杰作《十日谈》早 13 年问世。(徐冲)

I000601 **民族纪事** 佩·安·德·阿拉尔孔著,朱景冬译。黑龙江人民出版社 1996 年 12 月版。16 万字。16.00 元。西班牙文学名著。由 19 篇故事组成。大多取材于民间传说、历代的趣闻逸事和抗法独立战争期间发生的可歌可泣的事件。每篇纪事都从不同的角度描述一个有趣的故事,这些故事内容包含了西班牙民族生活的方方面面,展示了西班牙历史一幅幅多彩和奇妙的画面。(徐冲)

I000602 **佩菲塔夫人** 贝·佩·加尔多斯著,李德明译。黑龙江人民出版社 1996 年 12 月版。16 万字。16.50 元。西班牙文学名著。描写的是青年工程师贝贝·莱伊与表妹罗莎里奥的爱情悲剧。姑妈佩菲塔夫人衷心感激哥哥堂胡安对她一家的关照和帮助,愿将其独生女嫁给侄子——堂胡安的儿子贝贝·莱伊。一天,贝贝·莱伊从首都马德里来到偏僻小镇欧巴霍萨。下车伊始,便置身于以姑妈为代表的旧思想、旧势力的围攻之中:指使仆人以土地官司纠缠他,以骗术使政府撤了他的公职,让邮局扣压他的来往信件,对他与其他姑娘接触编织流言蜚语,对他在教堂里的举止造谣中伤,甚至明里暗里唆使帮会头目卡瓦尤克杀害他……结果贝贝·莱伊死了,罗莎里奥疯了,一对恋人成了封建贵族势力和教会势力的牺牲品。(徐冲)

I000603 **茶花大街** 梅·罗多雷达著,李德明译。黑龙江人民出版社 1996 年 3 月版。10 万字。13.50元。西班牙文学名著。通过写孤儿出身的女主人公赛西利娅一生婚恋中的悲欢离合,描述了资本主义社会妇女的悲惨命运。作品融合了流浪汉小说、章回小说,乃至桃色小说的特点,勾画出一幅幅生活图景。全书 50 个章节如同 50 个电影镜头,再现了女主人公的皮肉生涯,把曲折而紧凑的故事情节推向一个个高潮。人物性格、心理和体态的描述虽然直接着墨不多,但细腻、真实、深刻,从而使女主人公和与之接触的男男女女的形象鲜明地印刻在读者的脑海里。小说语言纯朴、洗练,又由于以第一人称讲述,读来近似口语。梅尔塞·罗多雷达以女性作家特有的观察能力和表述能力，通过女主人公赛西利娅的亲身经历，把社会特征、生活习俗、道德观念、贫富差距、男女性爱浓缩在西班牙内战后的巴赛罗那这个社会舞台上。(徐冲)

I000604 **梦** 佛·德·克维多著，李德明译。黑龙江人民出版社 1996 年 12 月版。11 万字。14.00 元。西班牙文学名著。分 5 个部分：《最后审判之梦》、《魔鬼法警》、《地狱之梦》、《从内部看人间》和《死亡之梦》。作者借助梦游"地狱纵深行、同鬼魂交谈等形式，把自己所处时代的各类人物、多种世态、世俗偏见等一一作了无情剖析，如法官贪赃、律师受贿、酒店老板用水兑酒、糕点师用人肉制作食品等。(徐冲)

I000605 **堂娜贝尔诺和其它故事** 克拉林著，朱景冬译。黑龙江人民出版社 1996 年 12 月版。13 万字。15.00 元。西班牙文学名著。共选收作者 11 篇中篇和短篇小说，这些作品从不同的侧面描写了 19 世纪西班牙的社会生活，栩栩如生地刻画了各个社会阶层的人物形象，如望族末代小姐堂娜贝尔塔的富有悲剧色彩的爱情故事(《堂娜贝尔塔》)，来自外乡的聪明而憨厚的硕士备受嘲弄的情景(《苏里塔》)，死去的活人的荒唐葬礼和政客们的装腔作势的虚伪嘴脸(《我们的葬礼》)，面临破产的农民被迫出卖心爱的母牛的悲哀心境(《别了，"小羊"!》)，身患肺病的青年男女有心相爱却未能如愿的失望和惆怅(《咳嗽二重唱》)等等。(徐冲)

I000606 **歌妓与舞女** 拉·佩·德·阿亚拉著，李德明译。黑龙江人民出版社 1996 年 12 月版。25 万字。19.60 元。西班牙文学名著。年轻的特奥菲罗离开寡母来到马德里，开始步入文坛。不久，他结识了高级妓女罗西娜，随即沉缅于色欲之中而不能自拔。有一次，他为了穿得体面，以便同罗西娜去郊区小住，竟然偷了朋友的钱去做衣装。这铸下了他的终身大错和无法弥补的憾事。不久，他的诗剧《露天下》公演，但并没有取得预期的成功。这时，又雪上加霜，罗西娜抛弃了他，重新回到她的昔日情人的怀抱。特奥菲罗精神崩溃，身体不支。弥留之际，他向众人做了忏悔，请母亲把他偷的钱如数还给朋友；母亲也做了忏悔，说他是神父的私生子。小说的悲剧气氛达到了高潮。(徐冲)

I000607 **樱桃时节** 蒙·洛依克著，李德明译。黑龙江人民出版社 1996 年 12 月版。13 万字。15.50 元。西班牙文学名著。女主人公纳塔莉娅因参加学生运动和未婚受孕后做人工流产，被迫离家出走；自我流亡异国他乡 12 年之后，返回西班牙的巴塞罗那。通过她所见、所闻、所感，描写了卡塔卢尼亚首府巴塞罗那的社会变化和青年一代的生活、思想、学习及习俗。小说时间跨度前后约 40 年。小说还围绕纳塔莉娅一家描写了她姑妈的家庭和爱情，女仆恩卡娜的婚姻以及另外 100 多个人物的爱和憎。作品结构新颖，叙述如流水一样流畅，直叙、倒叙和插叙完美地结合在一起，使故事情节富有跳跃感，但井然而不杂乱；政治背景、社会环境、家庭气氛和个人婚恋都着墨适中，有机渗透，给人以立体感。(徐冲)

I000608 **瘸腿魔鬼** 路·贝·德·格瓦拉著，尹承东译。黑龙江人民出版社 1996 年 12 月版。8 万字。12.50 元。西班牙文学名著。通过在逃的两位主人公堂克莱奥法斯和瘸腿魔鬼从马德里到塞维利亚曲折坎坷的旅行中的所见所闻，无情地揭露和鞭挞了金钱至上、道德沦落、尔虞我诈、虚伪成风、贵族们的腐朽、穷苦人的麻木、官府的无能、利欲熏心的人不择手段地追逐财富等许许多多在社会上的丑恶现象和形形色色的邪恶嘴脸。作者巧妙而清晰地把西班牙各个阶层的生活情景活灵活现地展示在读者眼前，通过这两位神奇的旅行者沿途介绍各地风土人情的妙趣横生的对话，将其有机地贯串起来，构成了当时西班牙社会动人的写生图，令人赏心悦目，目不暇接。(徐冲)

I000609 **修道院纪事** 萨拉马戈著。花山文艺出版社 1996 年 8 月版。所叙述的两个中心事件：国王为"还愿"不惜劳民伤财，修建马芙拉修道院，及洛伦索神甫要造能飞上天的"大鸟"，都有史实可考。作家在史实的基础上虚构了两个传奇人物：一个是被称为"七个太阳"失去了一只手的士兵巴尔塔萨尔；另一个是具有超常视力的姑娘布里蒙达。他们独特的爱情故事把这两项巨大的工程联系起来了。他们参与了马芙拉修道院的修建，又是"大鸟"的实际制造者。作家巧妙地把那个动荡的时代与纯粹虚构的人物天衣无缝地结合起来，营造了一幅触目惊心又发人深思的画卷。神甫洛伦索发明了能飞上天的"大鸟"，他与一只手的士兵和布里蒙达合作，千方百计让"大鸟"升天。他们的梦想终于实现了，这是他们的智慧与意志的胜利。而国王的意志是叫人与牲口同样卖力，同样遭到被石头砸死的厄运。国王与神甫的两种意志相互映照，可见神甫的意志是高于随心所欲，权力无边的国王的意志。作家笔下的士兵与他的女友无疑是可亲可敬的英雄，他们是劳动人民勤劳智慧的化身。他们千方百计保护"大鸟"，是他们保持青春年华的秘密所在。"大鸟"体现着超人类的意志，这种意志只能从众多人类意志的联合中产生。士兵被宗教裁判所烧死，布里蒙达去收集他的意志，说明这意志只属于劳动者，属于大地。人们凭借真实的梦想，一定会从大地上飞升起来，像"大鸟"一样，离开苦难，飞向美好的未来。

I000610 **低地国家文学史** [荷]R.P.迈耶著，李路译。广西师范大学出版社1996年3月版。40万字。23.00元(平)，32.00元(精)。低地国家包括荷兰、比利时、卢森堡。本书则是荷兰和比利时两国用荷兰文写作的文学之历史。从12世纪至20世纪，介绍低地国家的文学历史。具体内容有：12—13世纪的早期阶段；14世纪的说教者和演艺人；15世纪的统治者与辞藻家；16世纪的改革派与人文主义者；17世纪的黄金时代；18世纪的古典主义者和浪漫主义者；19世纪的道德主义者与反道德主义者；20世纪的现代时期。(陶征)

I000611 **当代英国文学论文集** 张中载著。外语教学与研究出版社1996年6月版。28.5万字。14.90元。评介了二战后50年来当代英国著名作家的佳作。作者汇集了27篇论文，包括了小说、戏剧、诗歌和文学评论。通过对英国当代作家、作品的介绍，揭示了二战后当代英国文学的沿革。通过作者对二战结束后到50年代末的文学作品评述，可以看到英国当代作家怎样从现代主义的抽象、晦涩回到现实主义的通俗明朗；从内心世界的表露转向对急剧变动的外部世界的反映；从醉心于文学形式与技巧的标新立异回复到对内容的关注；从个人境遇的狭小半径扩展到现实生活的广阔天地；从眷恋失去的田园生活的感伤主义到反映广泛的社会问题，等等。通过作者对60年代到80年代当代英国文学的介绍，可以看到当代的英国文学突破了多少年来形成的"高雅文学"和"通俗文学"的界限，产生了不少雅俗共体的文学艺术形式。战后的英国当代文学不容忽视的现象是一批很有才能的前殖民地作家在英国落户，用英语写出一部部佳作，给英国文苑增添光彩。书中对此也做了评述与介绍。(王维国)

I000612 **大学英国文学史** 陈嘉、宋文林著。商务印书馆1996年9月版。42.3万字(Ⅰ)，36.80万字(Ⅱ)万字。18.70元(Ⅰ)，16.40元(Ⅱ)。英文版大学英语专业用教材，由《A History of English Literature 英国文学史》(陈嘉著，1—4册)精缩而成。从公元7世纪的英国史诗一直讲述到19世纪90年代的英国现代文学，内容涉及诗歌、民谣、传奇文学、散文、剧本和小说等诸多体裁。本书以历史时期或文学时期划分章节，对每一时期的政治或社会或文化或思想背景先作简明介绍，然后再详述该时期的代表性作品和作家。对重要作家如莎士比亚和重要时期如英国资产阶级革命时期的文学则另立章节。(周治淮)

I000613 **英国文学史** 王佐良著。商务印书馆1996年10月版。51.9万字。28.30元。涵盖英国文学的各个阶段，从英国的口头文学一直论述到20世纪90年代广播与电视上的散文。以文学的主要品种为经，以大的文学潮流为纬，使读者对英国文学的发展一目了然。作者以中国观点，以历史唯物主义为指导，论述文学与整个文化的关系。本书的价值还在于它并不是单纯地讲解英国文学的历史发展，也不是简单地介绍英国文学的重要作品和作家，而是"一个中国研究者对于英国文学的一个纵观"(作者语)。这个纵观包括了作者对英国作家、作品、所处时代、社会的了解、看法和解释，不仅为读者讲述了英国文学史，而且为读者提供了研究英国文学的方法。(周治淮)

I000614 **英国文艺复兴时期文学史** 王佐良、何其莘著。外语教学与研究出版社1996年9月版。38.9万字。26.80元。多卷本《英国文学史》的第二卷，所涉及的范围是1500—1660年，即英国文艺复兴时期。作者以历史唯物主义为指导，以叙述文学事实为主，包括所有重要流派、作家、作品。由于在这个时期产生了莎士比亚和弥尔顿两大文学巨匠，加上这又是一个意识形态激烈斗争的时期，所以在谈文学史时，又谈到当时与文学有广泛牵连的社会、政治、宗教、哲学等问题。书中有8章叙述文学品种的演进，诗剧的兴衰，诗也占了8章，各种散文占7章，翻译部分占1章。(任满申)

I000615 **勃朗特两姐妹** 宋兆霖主编。河北教育出版社1996年8月版。391万字。247.50元。共10卷，其中包括长篇小说5卷，诗歌3卷，早期作品1卷，书信1卷。长篇小说5卷收入《简·爱》、《呼啸山庄》、《谢莉》、《维莱特》、《教师》和夏洛蒂未及完稿的《艾玛》。《夏洛蒂·勃朗特诗全编》上、下两卷，共收诗204首。《艾米莉·勃朗特诗全编》一卷，收诗193首。《夏洛蒂·勃朗特早期作品集》收入作者从1829年到1838年这十年间各个时期的代表作品12篇。主要是以安格里亚国为主题的中短篇小说；卷末附有作者的《告别安格里亚》等4篇重要文章。《勃朗特两姐妹书信集》收入了两姐妹的书信455封(内有日记3篇)，此外并附录了与两姐妹密切相关的书信16封(内有安妮日记一篇)。卷末并附有两姐妹生平年表。全集有《石楠荒原上的两朵奇葩》、《关于勃朗特姐妹》两篇总序，在每一部作品前都写有译序。介绍了勃朗特两姐妹的生活和创作全貌。

I000616 **莎士比亚诗全集** 陈才宇等译。浙江文艺出版社1996年1月版。27万字。14.00元(平)，18.50元(精)。收集莎士比亚以纯粹诗的形式创作的作品。为了弥补未能收录诗剧的缺憾，该书又增加了14首有代表性的剧中歌谣和一段素体诗的剧中独白。本书收录《维纳斯与阿多尼斯》、《鲁克丽丝受辱记》、《十四行诗》、《情女悲歌》、《爱情的历程》、《凤凰与斑鸠》6部诗集。(徐妍冰)

I000617 **华兹华斯抒情诗选(英汉对照)** 杨德豫译。湖南文艺出版社1996年12月版。15万字。13.10元。威廉·华兹华斯是英国浪漫主义诗人中成就最高的一个，也是莎士比亚和弥尔顿以后英国最重要的诗人。本书从华氏《幻想的诗》、《献给民族独立和自由的诗》等诗集中选择抒情短诗66首，分类和编排顺序，都依照华氏本人生前编定的版本，入选的诗均为格律诗。入选作品充分体现了华氏“以发掘人的内心世界为主旨”的文学观。其诗开20世纪现代诗先河，开启由英诗向现代诗过渡的诗风。(罗尉宣)

I000618 **雪莱抒情诗全集** [英]雪莱著，江枫译。湖南文艺出版社1996年1月版。77万字。42.30元。收入了能够体现雪莱思想感情和诗歌艺术发展与演进过程的全部抒情诗作。总计收入抒情诗作261首，抒情长诗8首和抒情诗剧《希腊》。此外，收入了对于理解和认识雪莱其人其诗都极有价值的首次译成汉语的雪莱夫人写的有关注释和题记。附录部分收入著名文学评论家、丹麦学者勃兰兑斯的《雪莱评传》和英国学者霍斯姆的《雪莱：陨落前后》等权威性评论资料。(罗尉宣)

I000619 **莎士比亚全集** 朱生豪等译。时代文艺出版社1996年8月版。337万字。148.00元。分上下两卷。本书具有如下特色：一、基本按《中国大百科全书》外国文学卷，把朱译本的译名修正过来，二、根据商务印书馆出版的《英语译名手册》和《外国地名译名手册》，以及有关语种的词典，把剧中的人名、地名、古希腊罗马神话中的人名地名，统一起来。三、把勘校中发现较大漏译、错译之处给予补译、更正。四、每卷设有目录、另有前言、作者年谱，每个剧本前均有千余字的“背景与提要”，每页首标明剧名、幕次和场次；每个剧本附一幅外国剧照插图。(邢爱光)

I000620 **呼啸山庄** [英]艾米莉·勃朗特著。陕西人民出版社1996年12月版。29.6万字。15.00元(简精)，18.00元(精)。世界文学名著。讲述的是发生在18世纪后半期和19世纪初英国的一个爱情和复仇故事。被山庄老主人带回的弃儿希斯克利夫与其女儿凯瑟琳青梅竹马，两小无猜，渐渐产生了爱情。却遭到庄园新主人，凯瑟琳之兄亨德莱的百般阻挠、百般欺凌。希斯克利夫愤而出走，三年后归回，已是一个发了财的富人，奈何恋人凯瑟琳已被迫嫁人，且生下一女，长期的积郁使她很快谢世。希斯克利夫决心报复。他首先娶了情敌林顿的妹妹，婚后不断虐待她，继而利用亨德莱酗酒和赌博的弱点，让其将家产抵押给自己，然后又逼迫自己和依莎贝拉所生的儿子与凯瑟琳和林顿所生的女儿结婚。至此，画眉山庄(林顿之庄园)与呼啸山庄(亨德莱之庄园)都落到他的手里，他的报复计划实现了，但他却没有感到安慰和幸福，最后在年轻人的反叛行为中，他不吃不喝，恍惚中呼唤着凯瑟琳的名字，离开了人世。作者反传统社会道德的初衷不言而喻。她用自己的作品形象地向人们疾呼：让那个畸形可怕的反人性的时代赶快过去，让人间充满真与爱！小说充满悬念，引人入胜。具体描写手段也丰富多样。以客观叙事为主，同时处处洋溢着主观抒情色彩。凯瑟琳死后到处流浪的幽灵，则给故事和画面增添了某种神秘色彩和悲凉气氛。(李玉皓)

I000621 **简·爱** [英]夏·勃朗特著，小莉译。花山文艺出版社1996年1月版。43.7万字。19.80元。世界文学名著。出身贫寒、在孤儿院长大的简爱小姐天资聪慧，品德高尚，尽管她相貌平平，却有着与众不同的特质。18岁那年到一个上流社会人家当家庭教师，在和男主人罗切斯特先生长期接触中产生了刻骨铭心的爱情。由于种种原因他们并不能结合。简爱小姐只得出走躲避，后来他们才知道躲避并不是办法。一场意外的事故扫清了他们之间的障碍，有情人终成眷属。

I000622 **不平等的姻缘** [英]埃玛·坦南特著，古云龙译。译林出版社1996年7月版。13万字。7.50元。《傲慢与偏见》的续集。再现了达西与伊丽莎白的婚后生活，通过彭伯利的继承人爱德华·达西少爷成长中所受的挫折以及他犯下的一桩桩一件件“令人遗憾的事”，一方面折射出英国18世纪资产阶级伦理教育的失败，另一方面从更深层次发掘达西和伊丽莎白之间婚姻的不平等。在续集风格上，埃玛·坦南特刻意追求与简·奥斯丁保持一致。小说笔触细腻,人物栩栩如生,情节生动有趣,极为自然地完成了作品的衔接,在深度开掘资产阶级婚姻本质的过程中,从财产私有、财产地位的继承等敏感而实质的问题切入,使原作主题变得更为丰赡厚实。(孙峰)

I000623 **看得见风景的房间** [英]爱·摩·福斯特著,巫漪云译。上海译文出版社1996年10月版。19.8万字。17.40元。长篇小说。上半部写英国少女露西由表姐巴特利特小姐陪同去意大利的历史名城佛罗伦萨旅游。表姐在就餐时抱怨房东太太不遵守诺言,给了她们两间朝北的房间,看不见河光山色。同桌的文默森先生自愿把他和他儿子乔治的房间和她们对调。表姐觉得不妥,幸亏这时来了一位她们家乡的教区牧师,他去找文默森说妥了交换的事。露西第二天在阳光明亮的房间中醒来,心情愉快,在城中广场上巧遇文默森父子,性格内向的乔治开始和她交谈,一起参观大教堂。后来大家一起乘马车作郊游,一时走散了,露西迷了路,陷进一大片紫罗兰地,乔治正巧听到了声音,赶上前去,见她容光焕发,情不自禁地吻了她,这时她表姐来了,两人就分开了。下半部写露西回到英国的大宅中,又得面对囿于家庭及社会习俗而勉强接受的未婚夫塞西尔。但是这富家子弟虽然温文尔雅,内心却是空虚的。露西忘不了那纯朴自然的乔治,终于毅然和塞西尔解除婚约,和乔治结合。作者发挥他一贯的对英国上流社会的傲慢与偏见的批判态度,用细腻的笔触传达露西的觉醒过程,利用具体的细节描写和象征性的意象来揭示人物的内心世界,使这部早在1908年就发表的作品至今仍有生命力。(吴劳)

I000624 **解放了的弗兰肯斯坦** [英]布赖恩·阿尔迪斯著,林锋译。河南人民出版社1996年10月版。14.1万字。7.00元。"外国科幻小说译丛"的一种。作品发表于1973年。作者继承了玛丽·雪莱在《弗兰肯斯坦》中表达的观点——对社会、对人类不负责任的科学实验将给人类带来灾难。书中的弗兰肯斯坦一味追求知识、创造,但他制造的怪物会给人类社会带来什么恶果,他都全然不顾,以致他的弟弟被怪物扼死。他不敢讲出事实真相,听任法庭将仆人朱斯蒂娜当成杀人凶手送上绞架。后来他又屈从怪物的威胁,为它制造了一个配偶。最后,弗兰肯斯坦和两个怪物都被因时间滑移而从2020年跌入1816年的博登兰德击毙。全书分两个部分。第一部分通过博登兰德给夫人米娜的信、伦敦《泰晤士报》的剪报、仆人给女主人的电报及她俩的谈话记录,表现了2020年时,由于核战争、地球生态环境和宇宙时空结构的破坏,因而产生了时间滑移,即时空断裂,博登兰德被留在了1816年的日内瓦。第二部分写博登兰德遇见了拜伦、雪莱、玛丽及玛丽小说中的主人公弗兰肯斯坦,通过一系列惊险遭遇,说明2020年的灾难,起源于19世纪。(管黔秋)

I000625 **英国散文精选** 高健编译。北岳文艺出版社1996年8月版。38万字。22.60元。英国散文作品选集。编译了英国从16世纪至20世纪40年代期间59位优秀散文作家的102篇作品,从中可看出英国散文的发展概况和艺术风格的变化。每位作家都有一篇生平简介和其散文艺术特点的扼要介绍。译文忠实原著的内容与风格,语言规范优美,隽永考究,并有详细的注释。译者自写序言一篇,介绍此书系由原来的《英美散文六十家》一书增补扩充而来,并详细论述了英国散文的起源、发展、成就、风格以及其在世界散文中的地位和影响。(韩铁马)

I000626 **英国名家散文选** 黄绍鑫、黄丹编译。百花文艺出版社1996年版。20万字。13.80元。着力于介绍19世纪英国散文的最高成就,选译了21位作家的33篇作品,其中多数作品系第一次译成中文。(蒋华)

I000627 **花香满径** [爱尔兰]维廉·巴克莱著。作家出版社1996年6月版。34万字。20.00元。原书名《与维廉·巴克莱度过一年》,是作者从1957年至1970年间在英国报章杂志上发表的谈论人生、伦理修养短文的摘萃。全书300多篇,每日一则。以随笔形式对人生、道德、伦理、人际关系、社会服务等各方面作了较深刻的阐述;反映了宗教教义、宗教道德具有积极因素,谈及的严于律己、宽以待人、助人为乐、完善人生的道理及共同生活准则,具有普遍的适用性。作者理性地观察世事,能以平易文字、智言慧语表达深奥的哲理,深入浅出,说理清楚。本书是《作家参考丛书》系列之一,为读者管窥基督教中主流教会的主要思想,提供了适当的启迪和借鉴。(罗静文)

I000628 **法国历代诗歌** 江伙生译著。武汉大学出版社1996年7月版。65万字。26.20元(平),32.20元(精)。以时间顺序为经,将法国诗歌发展划分为法国诗歌的起源、中世纪诗歌、文艺复兴诗歌、古典时期诗歌、启蒙运动时期诗歌、19世纪诗歌、20世纪诗歌等阶段,展现了法国诗歌演变的历史轨迹。同时,作者又突出重点,从灿若群星的诗人中,遴选出62位诗人、300余篇诗作，并对诗人的生平、创作活动、代表诗作、历史地位进行了介绍与评析。本书开头，还载有作者撰写的《法国诗歌简论》及法国“诗人之家”现任主席夏尔庞托撰写的《为介绍法国诗人而作》两篇文章。前者着重阐述了法国诗歌的产生、发展过程及其主要流派与特征；后者对中法诗歌的历史与现状、同构契合与殊异差别及影响与交流进行了比较研究。（文实）

I000629 **获法国龚古尔奖作家作品选** 金志平主编。漓江出版社1996年9月版。79.3万字。20.00元。创立于1901年的法国龚古尔文学奖每年颁发一次，由龚古尔学院10位院士评选，授予当年出版的最佳长篇小说、中篇小说集及最优秀的想象性散文，以奖励青年，奖励具有独创性的才能，奖励思想和形式上新颖和大胆的倾向。本卷收入获该奖的马赛尔·普鲁斯特、西·德·波伏瓦、玛格丽特·杜拉斯、安·马尔罗等23位作家的24部作品，其中，完整收入4部中篇小说，其他字数较多的作品实行节选，选文一律采用国内已有的译本。附作者简介、作品简介及获奖作家作品一览表。收入“获国际著名文学奖作家作品丛书”。（庞俭克）

I000630 **瓦雷里诗歌全集** 副名：20世纪桂冠诗丛。[法]瓦雷里著。中国文学出版社1996年版。26万字。14.80元(平)，21.80元(精)。收录本世纪最杰出的法语诗人、“纯诗”旗手瓦雷里的全部诗作，包括他的散佚篇章，并附有瓦雷里论诗文献和布勒东、纪德、博纳富瓦等法国著名诗人、作家评论瓦雷里诗作、诗论的文章，以及译者葛雷先生所撰长篇序言和年表。

I000631 **波德莱尔诗全集** 胡小跃编。浙江文艺出版社1996年3月版。35万字。17.00元(平)，22.00元(精)。波德莱尔，法国象征派的先驱，也是现实主义的创始人之一，被誉为法国最大的诗人。本书收录其作品《恶之花》、《杂诗集》、《巴黎的忧郁》、《赤裸的心》、《可怜的比利时》、《比利时讽刺集》6部。其中，《恶之花》是波德莱尔最重要的作品，奠定了他在法国乃至世界诗歌史上的地位。（徐妍冰）

I000632 **与魔共舞——《莱娜》三部曲之二** 副名：法国当代小说精品。[法]蕾吉娜·德芙热著。中国文学出版社1996年版。25万字。16.20元。长篇小说。纳粹德国占领了法国之后，蒙蒂耶克庄园完全变了，生活已无安逸和幸福可言。物质匮乏使人为糊口而奔忙，敌人的镇压使无数人死亡。此时，到处都有胆小鬼、告密者、“合作分子”和叛徒。莱娜不顾危险，毅然继续进行抵抗，为自由而战。她巧妙地和敌人周旋，设法营救朋友和同志。

I000633 **兰色天使——《莱娜》三部曲之一** 副名：法国当代小说精品。[法]蕾吉娜·德芙热著。中国文学出版社1996年版。25万字。17.60元。长篇小说。描写了正当芳龄17岁的莱娜·德尔玛在波尔多附近的蒙蒂耶克庄园无忧无虑的生活。全家参加订婚舞会时，战争突然爆发。到处一片慌乱，但美貌、坚强、“风骚”的莱娜经历了大溃败、大逃亡，不顾纳粹的镇压，为抵抗运动传递信件……作者蕾吉娜·德芙热为法国作家兼出版商。

I000634 **走过凯旋门——一个华裔法国人的故事** [法]勒内·韩著。中国文学出版社1996年版。26万字。17.80元。长篇小说。一个被父母遗弃在法国的中国孤儿如何在异国生存长大？而他最终竟然在世界之都巴黎获得了具大成功：担任法国国家电视台台长、影视部门高级顾问等显要职务，功成名就后他几度返回台湾、大陆，寻访亲生父母，又是几番曲折、传奇……著名法籍华人勒内·韩以饱蘸感情的笔触自述坎坷生平，传奇经历和身世之谜，作者对法国养父母的挚爱，对亲生父母爱恨交织的感情，均写得朴素感人，可读性很强。

I000635 **最后的笑——《莱娜》三部曲之三** 副名：法国当代小说精品。[法]蕾吉娜·德芙热著。中国文学出版社1996年版。25万字。16.20元。长篇小说。度过了艰难时刻的莱娜终于迎来了胜利的曙光。巴黎解放了，然而报复、杀戮、大规模的军事行动在继续……莱娜完全成熟了，经过了恐惧的考验，她参加了红十字会救护团，她从欢腾而又危险四伏的巴黎来到了处处残垣断壁的柏林。死亡随时威胁着她，然而她的生命将在战争与爱情中得到升华。

I000636 **童年的许诺** 副名：法国当代小说精品。[法]罗曼·加里著。中国文学出版社1996年版。20万字。14.80元。罗曼.加里(Romain Gary，1914—1980)，法国现代著名作家。他于1945年发表处女作《欧洲教育》，一举成名。长篇小说《天之源》(1956)获龚古尔奖。但真正给他带来国际声誉的是他的自传体小说《童年的许诺》(1960)。本书是一部以幽默自嘲的笔调撰写的自传体小说，所有的磨难、奋斗和光辉的英雄业绩仿佛都被作家那支笔抹得淡化了，然而其效果却又那么发人深思、催人泪下……小说的中心人物——母亲并非没有弱点或可笑之处，然而她那决不向命运低头的坚强意志、不可侮的高贵人格、对法兰西的无限热爱和无怨无悔的牺牲精神，却是代表平民大众的最高精神境界。正是这位怀有无限爱心的母亲将儿子造就成一名获得法国最高军功章的空军英雄，一名外交官和荣获龚古尔文学奖的作家。母亲没来得及看到儿子实现“儿时的许诺”就溘然长逝了，但为了确保儿子在前线保持旺盛的斗志，老妈妈在病笃之际竟策划和完成了一件常人无法想象的惊人壮举……

I000637 **红与黑** [法]斯丹达尔著，刘志威译。陕西人民出版社 1996 年 12 月版。42.7 万字。20.00 元(简精)，23.00 元(精)。世界文学名著。“红”喻作将军，“黑”喻作教士。这两个职业，在 19 世纪初的法国，曾是既无贵族头衔，又无金钱财富的小资产阶级青年的发迹之途。拿破仑的退位，使一夜之间成为将军的美梦破产，只有挣得一袭黑道袍的途径勉可为之。出身卑微，却又聪慧敏感，渴欲出人头地的青年于连就是从这个想法入手的。他活动的场景之处：小城维里耶尔，省城贝藏松，都城巴黎。具体地点是德·雷纳尔市长家，贝藏松神学院，德·拉莫尔侯爵府。攀登的得力工具是两个女人：德·雷纳尔夫人和德·拉莫尔侯爵小姐玛蒂尔德。他终于成功了，有了贵族小姐的恋人，有了贵族骑士的头衔及相应的财产，就在他得意之时，这座沙基上的大厦坍塌了。杀人入狱后，他终于看破世情，无意抗争，被送上了断头台。在斯丹达尔出神入化的描绘下，于连成了世界艺术长廊的一个典型，一个不甘卑微向上爬而以失败告终的典型。他的形象是丰满的、立体的，性格是多层面的，他外貌秀美，内心凶悍，工于心计却又极端无知。他亦反抗，亦妥协；不平时反抗，顺逆时妥协；既机智多谋，又卑劣虚伪；既心无旁骛，又逸枝频出，是一个耐人寻思的人物。(李玉皓)

I000638 **茶花女** [法]小仲马著，胡宗泰译。陕西人民出版社 1996 年 12 月版。17 万字。11.00 元(简精)，14.00 元(精)。世界文学名著。年轻的阿尔芒对名妓玛格丽特一见钟情，而玛格丽特虽久混风月场中，笑语欢歌，纸醉金迷，只不过是在掩盖自己悲凉、孤凄的心灵。阿尔芒对她人格的尊重和真挚的爱，勾起了她对美好未来的憧憬和向往。她义无反顾地变卖家产，舍弃奢华的生活，与阿尔芒去乡间共渡清贫简朴的生活。然而，阿尔芒的父亲为了儿子的幸福和家庭的名誉，请求玛格丽特作出牺牲，与阿尔芒断绝往来。善良的玛格丽特为了成全他人的幸福，作出了痛苦的抉择，在疾病和悲痛的双重折磨下，含恨离开了人世。应当说，在小仲马的笔下，男女主人公都是理想中的人物，他们都真诚、善良、多情。为了爱情，都能一往无前地作出巨大的牺牲。事实上，与阿尔芒有着相似际遇的小仲马，是以一封措词严厉的宣布决裂的信与他的名妓恋人断绝的。正是因为内疚与追悔的心情，才使他在恋人死后，写下了传世之作《茶花女》的。但理想是美好的，艺术高于生活，玛格丽特成为世界艺术长廊中光彩夺目的形象，小说自始至终采用第一人称的写法。无论是阿尔芒的自叙，还是玛格丽特的日记，犹如两束聚光，都把焦距对准玛格丽特的内心世界。把女主人公对爱情的忠贞不渝，她的善良、纯真的本性，都一泄无余地展示了出来。(李玉皓)

I000639 **莫泊桑小说全集** 桂裕芳主编。河北教育出版社 1996 年 9 月版。280 万字。214.30 元。《世界文豪书系》中的一套，共 9 卷。广泛收录了法国著名作家伊·德·莫泊桑一生中所创作的小说，按长篇、中篇、短篇分卷出版。收入 6 部长篇小说为《一生》、《漂亮朋友》、《温泉》、《彼埃尔和若望》、《胜过死亡》、《我们的心》。中短篇小说有：《羊脂球》、《菲菲小姐》、《项链》、《遗产》、《小罗克》、《奥尔拉》等。

I000640 **莫泊桑中短篇小说全集** [法]居伊·德·莫泊桑著。花山文艺出版社 1996 年 9 月版。15.3 万字。99.80 元。共 4 卷。作品内容可以分为 4 类，第一类是反映普法战争，歌颂法国人民尤其是普通群众的爱国主义理想，并着重赞美下层人民为了祖国英勇斗争和献身精神的。如《羊脂球》、《米隆大叔》、《菲菲小姐》等。第二类是嘲讽资产阶级拜金主义、腐化堕落等丑恶行径及小资产阶级爱慕虚荣、追逐浮华的心理状态的。如《遗产》、《宝珠》、《我的叔叔于勒》、《项链》等。第三类是赞美普通人民身上的优秀品德和正直善良的。如《西蒙的爸爸》、《归来》等。第四类是描写下层人民悲惨遭遇的。如《乞丐》、《壁橱》、《流浪汉》等。

I000641 **莫泊桑长篇小说全集(Ⅱ)** 李青崖、李庠译。湖南文艺出版社 1996 年 4 月版。61 万字。39.60 元。依创作时间顺序收录莫泊桑的后 4 部长篇作品：《温泉》、《两兄弟》、《死恋》、《我们的心》。在这 4 部作品中，作者改变了前期两部作品《人生》、《俊友》表现社会现实的艺术视角，致力于专门描写社会人物的心理活动。《温泉》写一个资产阶级家庭的私情故事，揭示女主人公在传统的天主教婚姻关系中过着双重生活的焦虑意识。《两兄弟》中，作者描写一个家庭的伦理悲剧：哥哥由于发现母亲不贞，心中失去慈母形象而产生幻灭，弟弟由于哥哥对自己和母亲不可理解的粗暴而不安，母亲则为失去一个儿子的爱而难过，小说中的人物都在作自我分析。《死恋》写人在青春已逝的老年期的恋爱心理，画家奥利维埃不自觉地被酷似母亲的情人的女儿所吸引，母亲则在极大的恐慌中匆忙安排了女儿的婚事，导致画家深受刺激而意外身亡，整个小说具有一种哀伤的基调。《我们的心》则将巴黎沙龙中有闲阶级安德烈与寡妇比尔内之间的雅士名媛型爱情心理表现得十分精致。这4部小说在艺术上各具特色，对人物感情活动的描写细腻而不流于琐碎，心理矛盾充满扣人心弦的力量，风景描写优美动人。（罗尉宣）

I000642 **八大奇案（亚森·罗宾探案全集2）** 莫里士·卢布朗著。北京出版社1996年9月版。16万字。13.00元。包括《八大奇案》和《黄金三角》两篇故事。《八大奇案》叙述的是，一座荒废了数十年的古城突然传出八声钟声，随即接二连三地发生了“杀人魔女”、“皇后的项链”、“魅影幢幢”等离奇案件。智勇双全的罗宾出生入死，大显身手，闯过一个个难关，揭开了所有的案件谜底。在《黄金三角》故事中，叙述了罗宾为阻止一间谍机构将价值10亿法郎的黄金偷运出境，展开的激烈搏斗。最后，正义终于战胜了邪恶，案件曲折离奇。（龙杰）

I000643 **8·1·3之谜（亚森·罗宾探案全集6）** 莫里士·卢布朗著。北京出版社1996年9月版。16万字。13.00元。有关德、法两国间重要秘密文件的侦探故事。罗宾首次遭遇了空前的强敌黑斗篷，几次都只差一点点就被他杀掉。主人公都使出了全身的本领，最后连大侦探福尔摩斯都参与了侦察工作。《奇怪的屋子》讲的是一桩发生在一所古老住宅里的绑架案。故事情节离奇曲折，我们可以看到犯罪史上从未有过的害人诡计。（徐惠珍）

I000644 **林中阳台** [法]朱里安·格拉克著，杨剑译。译林出版社1996年9月版。14万字。8.50元。长篇小说。一片灰濛濛的天空下有一个荒凉、孤寂的法军阵地，有长长的战壕、几处碉堡、几辆坦克和几个士兵，一缕缕硝烟不时地在这个阵地上空缓缓散开，偶尔还传出了几声枪炮声，附近有一座小木屋，里面有一个可人的少妇在活动，形单影只……好一幅以灰色为基调的动态油画长卷。没有完整的故事，有这么几个士兵，朦朦胧胧，其中的一个还与这个轮廓模糊的少妇有过朦胧的感情纠葛；战斗么，没有意志，似有似无。给人印象最深的不是情节，甚至不是人物，而是色彩和画面。（韩汤麟）

I000645 **奇岩城（亚森·罗宾探案全集3）** 莫里士·卢布朗著。北京出版社1996年9月版。16万字。12.00元。包括《奇岩城》和《玻璃瓶塞的秘密》两个故事。《奇岩城》讲述的是为了寻找法兰西皇室的宝库，解开宝库之谜，亚森·罗宾和少年侦探易吉道展开了一场扑朔迷离、扣人心弦的斗智故事。《玻璃瓶塞的秘密》讲述的是亚森·罗宾为了使一个无辜青年免于死刑，设法搞到了一份许多政府要员收受贿赂的证据，并以此为交换条件，挽救了那个青年的生命。（龙杰）

I000646 **怪盗亚森·罗宾（亚森·罗宾探案全集1）** 莫里士·卢布朗著。北京出版社1996年9月版。16万字。12.00元。包括《怪盗亚森·罗宾》和《虎牙》两个故事。前者从大探长葛尼玛逮捕罗宾开始，生动地讲述罗宾在戒备森严的监狱中，仍策划和主持了惊人的大窃案，然后又设诡计金蝉脱壳，于是，怪盗罗宾与神探福尔摩斯首次展开了扣人心弦的斗智。后者则是为了两亿法郎遗产的继承权问题，造成多人相继被害。罗宾为了查出究竟，一直跟踪一名可疑的少女。当案情发展到扑朔迷离的境地时，突然出现了一个行踪缥缈的怪人，使案子变得更加离奇。（龙杰）

I000647 **消失的王冠（亚森·罗宾探案全集7）** 莫里士·卢布朗著。北京出版社1996年9月版。16万字。12.00元。包括两个故事。《消失的王冠》讲的是一顶价值连城的宝冠，落到一个富豪手中。亚森·罗宾通知他，将于某月某日某时某分取走。在著名侦探贝袖的严密监视下，宝冠还是被调换了。《金字塔的秘密》讲述了在非洲腹地一个人迹罕至的土人王国里，埋藏了大批珍宝。时光流逝几千年，指示珍宝埋藏的文件和地图早已分散流失。亚森·罗宾以他超人的智慧和勇敢，坚韧不拔的毅力，找到了珍宝埋藏的指示地图，并最终寻到了宝藏。（徐惠珍）

I000648 **勒勃朗幽默侦探小说系列** 莫里斯·勒勃朗著。上海文化出版社1996年12月版。67.5万字。47.20元。“世界畅销书金库”第一辑。共6种：《两种微笑的女人》《神探维克多》《神秘的居所》《三十口棺材岛之谜》《八次奇遇》《侠盗亚森·鲁宾》。也可以说是“亚森·鲁宾”系列。亚森·鲁宾是法国享有文学盛名的侦探小说家莫里斯·勒勃朗笔下的神探，与福尔摩斯一样风靡欧美乃至世界各地。他行踪诡秘，机警若狐，舌灿莲花，富有法国人的幽默风趣、奔放气质和浪漫情调。他既是警方恨之入骨的“罪犯”，又是侦破警方无奈之大案的赢家；他惩治邪恶，愚弄权贵，扶助弱小；一次次冒险经历，一则则爱情艳遇，令人拍案叫绝、欲罢不能。故事扣人心弦，

情节曲折离奇,破案手段别具一格。(项纯丹)

I000649　**绿眼睛的少女(亚森·罗宾探案全集5)**　莫里士·卢布朗著。北京出版社 1996 年 9 月版。16 万字。13.00 元。共两部分,第一部分由 7 个短篇奇案组成。每一篇奇案故事都渗透着一种神秘。有奇怪的诡计、巧妙的策略、出人意料的结局,以及骇人听闻的秘密。第二部分是一部侦探小说。一位善良、温顺的绿眼睛的少女,对流浪儿付出爱心,然而却被牵扯进一桩暴力凶杀案中。

I000650　**棺材岛(亚森·罗宾探案全集4)**　莫里士·卢布朗著。北京出版社 1996 年 9 月版。16 万字。12.00 元。包括两部惊险故事。《棺材岛》讲述了一位漂亮女士在一部电影中偶尔发现她已多年不用的少女时代的签名,在好奇心的驱使下,她追踪着签名来到了一个岛屿——棺材岛。在岛上,她看到一件件命案的发生过程,并总也摆脱不了魔鬼的预言。紧要关头,亚森·罗宾赶到岛上,拯救了漂亮女士和她的儿子,也揭开了魔鬼预言的真相。《怪盗与名侦探》讲述了英国名探福尔摩斯和法国怪盗亚森·罗宾在三宗曲折离奇的怪案中展开的龙争虎斗。(龙杰)

I000651　**跨国公司的大亨们**　[法]勒内—维克多·彼勒著,怀宇译。百花文艺出版社 1996 年版。23 万字。15.00 元。一部描写西方跨国公司内幕的长篇小说。一向红火的法国罗塞里斯—米奇尔跨国公司突然出现了诅咒者。诅咒者恰恰是在公司的销售部副经理意外身亡之后出现的。于是,人们接二连三地收到一份同样的用黑绿色带子捆系的羊皮纸卷,纸卷里的内容充斥着对公司首脑的嘲讽……在羊皮纸卷出现的同时,人们又发现公司大楼的地下室墙基出现了裂缝,且裂缝越来越大。这开始引起公司上下一片骚动。偏偏在这骚动中竟然有人模仿总经理圣拉梅的声音,布置了一次荒唐的公司守灵夜和散布圣拉梅女儿的死讯。一次次的挑衅与愚弄刺激着这些跨国公司的大亨们的脆弱神经。于是,无论是公司的首脑还是决策部的高级干部,甚至不甘受此愚弄的美国总部都怀着各种各样的猜忌,采取各自不同的方法进行调查,于是,一场各怀鬼胎的勾心斗角、争权夺势就此拉开了序幕……诅咒者究竟是谁?这些跨国公司的大亨们的命运最后如何?小说写作手法独特,作者采用虚实结合的手法,以平实的语言,来叙述一个离奇、荒诞的故事。特别是小说的结尾更使人有云里雾里之感。作者通过对跨国公司的高级职员的心态描述,揭示了西方的经济扩张对人们心理的畸形影响。(蒋华)

I000652　**儒尔和吉姆**　[法]亨利-皮埃尔·罗什著,王殿忠译。译林出版社 1996 年 9 月版。17.1 万字。9.50 元。长篇小说。儒尔和卡特原本是一对夫妻并已有两个女儿,为了让吉姆同卡特结婚,儒尔同意离婚并帮助他俩办理结婚手续;待到吉姆和卡特分裂后,卡特又马上与儒尔复婚,并同时又与吉姆行夫妻之实,这三个人过着群居式的生活却过得十分和谐。最后卡特与吉姆同归于尽,儒尔为他们送葬。本书的真意,正如原编者所说,乃是作者向我们展示儒尔和吉姆之间真挚、无私、忘我的友情。(韩汤麟)

I000653　**魔女与罗宾(亚森·罗宾探案全集8)**　莫里士·卢布朗著。北京出版社 1996 年 9 月版。14 万字。11.00 元。由两个故事组成。《魔女与罗宾》描写的是法国塞纳河畔 7 个修道院把募集来的款项购买了一万多颗宝石,秘密埋藏,埋藏地点用暗语表示。亚森·罗宾经过与“大女贼”和古怪神父的惊险曲折斗争,终于解开暗语,夺得宝石。《魔人与海盗王》叙述的是地中海之王——大海盗朱力克计划袭击密拉德山庄,夺取女主人娜达利的项链坠子。一位举止温文、相貌英俊、富有正义感的贵族艾林·洛克男爵自愿救助娜达利,与大海盗的手下进行了殊死的对抗。此人到底是谁?书中充满悬念。(龙杰)

I000654　**莫斯科日记**　[法]罗曼·罗兰著,周启超译。漓江出版社 1996 年 1 月版。13.8 万字。5.20元。1915 年诺贝尔文学奖得主、法国著名作家罗曼·罗兰(1866—1944)生前嘱咐“我死后 50 年才准许发表”的这部《莫斯科日记》,记下了他 1935 年 6 月 22 日至 7 月 22 日访问苏联的印象。当时苏联正处于“大清洗”、“大下放”、“大捕杀”的高度紧张状态,但由于罗曼·罗兰的巨大国际声望,在莫斯科仍受到了高规格的接待,不仅会见了许多艺术文化界的精英和高级领导人,从卡冈诺维奇、伏罗希洛夫、莫洛托夫直至斯大林,而且在高尔基的别墅里,有机会与春风得意的“克格勃”首领雅加达多次交谈,与当时担任《消息报》主编但很快被贬谪到中亚地区的布哈林有过推心置腹的交流,对当时正经历着深刻悲剧的高尔基也做了近距离的透视。《莫斯科日记》不仅是一段特殊岁月时代风云的记录,同时也反映和流露了作者对苏联社会生活中阴影与负面的忧患、对人类历史运程中矛盾与问题的思考。《莫斯科日记》中译本是根据作者妻子玛·帕·罗兰根据法文原稿打印出来的文稿——即原文打字稿的俄译文译出的,在我国是首次出版。(李淑娟)

I000655 **世界短篇小说精品文库·澳大利亚新西兰卷** 朱炯强、沈正明编选。海峡文艺出版社1996年8月版。53.22万字。28.00元(平),34.00元(精)。收编澳大利亚、新西兰作品66篇。澳大利亚文学经过了3个阶段,即由"乡村叙事诗"式的单纯景观描写和个人遭际的咏叹,开始转向对人的社会意识的发掘;用现实主义的创作手法塑造与荒原、山岳、丛林休戚相关的人物形象,描写他们的命运、心态;七十年代以后,新派作家出现,强调澳洲文学应具有"国际色彩",追求新颖的叙事艺术。这三个时期的代表作《来得不易的早餐》、《赶羊人的妻子》、《叫喊着的士兵》和《徒劳感与其他野兽》都收入本卷中。新西兰的作品真实地反映了毛利人生活中的喜怒哀乐,所希所求,从一个侧面丰富和发展了新西兰的民族文学。(林秀平)

I000656 **七个小淘气** 副名:澳大利亚文学名著丛书 世界儿童文学经典系列之一。[澳]埃塞尔·特纳著。中国文学出版社1996年版。13万字。8.80元。长篇小说。讲述了7个不同性格的澳大利亚小孩与他们的父亲伍尔科特上尉及继母埃丝特一起生活的故事。机智勇敢、活泼好动的7个小孩和严厉的父亲之间发生了一次又一次的冲突,全书笔调机智幽默,情节曲折生动,充满了浓郁的澳大利亚风情。

I000657 **内海的女人** 副名:澳大利亚文学名著丛书。[澳]托马斯·肯尼利著。中国文学出版社1996年版。26万字。14.50元。长篇小说。讲述年轻貌美的凯特嫁给一文不名的保罗,保罗成爆发户之后另有新欢,为达到抛弃凯特的目的巧设机关,结果烧死一双儿女,凯特痛不欲生,离家出走,保罗又派出杀手一路追杀……

I000658 **劳拉** 副名:澳大利亚文学名著丛书。[澳]杰西卡·安德森著。中国文学出版社1996年版。13万字。9.50元。长篇小说。讲述了一位美丽的澳大利亚女子于迟暮之年从伦敦回到阔别的故乡,老病交集的她一一坦陈心灵的隐秘:少女时代的孤僻与等待,青春期的骚动,不幸的婚姻,被弃与解脱,春风一度的性爱经历及其后果,还有艺术家、同性恋者的友谊……作品以高度凝炼的艺术手法、细腻的笔触取胜,具有一种"诗意的简洁"风格和动人的艺术力量。

I000659 **野生动物的故事** 欧内斯·汤姆孙希顿著,王东黎等译。河北少年儿童出版社1996年版。20万字。9.50元。所选故事,是作者长期深入自然界,在实地考察动物生活的基础上写成。希顿笔下的小生灵充满了智慧、慈爱、人情味,它们为了生存与来自自然界的各种威胁、其中包括人类的威胁作斗争。作者充满感情地描述野生动物的生活、描写人与动物之间那种错综复杂的情感变化。作者在讲述故事的同时还融入了大量有关自然界的各种知识。(常文彬)

I000660 **美国华侨文艺丛书** [美]黄运基主编。沈阳出版社1996年4月版。90万字。79.20元。共4本。长篇小说《奔流》(黄运基著);短篇小说集《豪宅奇缘》(老南著);散文集《异国他乡月明时》(宗鹰著);《唐人街的婚宴》(刘荒田著)。作者都是居住在美国的华侨。他们在作品中把美国华人在不同历史岁月中的生活经历和思想情感生动而深刻地表现出来,读者可以看到美国华侨的真实生活和心态,他们在异乡的辛酸和快乐,他们对祖国的深情和眷恋。《奔流》是作者《异乡三部曲》之第一部。作者从主人公余念祖14岁时,即1948年随父离家乡去美国旧金山写起,到中华人民共和国成立止。反映了新中国成立前后美国旧金山华人社会的种种反应和一系列重要事件,作者通过对主人公父辈经历的追忆,展现了近百年来华人被"卖猪仔"、修建"太平洋铁路"、备受欺压凌辱而又顽强奋斗、自立自强的历史。《豪宅奇缘》收入作者创作短篇小说24篇。全部是华侨在美国生活的写照。《唐人街的婚宴》收入散文64篇,邵燕祥作序。作者写了来美国后生活的艰辛,自身位置的丧失,心灵的失落及离乡的思愁。《异国他乡月明时》收入散文61篇。作者曾任大学教师,因而这些散文具有民族文化的传统,文中多借古人诗句来抒情、状物、写景,将现实与历史紧密相联,给人纵深感和厚重感。(李树权)

I000661 **旷野的呼唤** [美]杰克·伦敦著,吴格言等译。花山文艺出版社1996年8月版。23.5万字。13.00元。美国作家杰克·伦敦的中篇小说集,包括《旷野的呼唤》、《雪狼》和《北极英雄》3篇。其中《北极英雄》为长篇小说《毒日头》的上半部,可以独立成章。前两部小说都是以具有狼的特征的狗为主人公的小说。对寒冷、严酷、寂静、荒凉的北极世界的描写引人入胜,对动物世界中弱肉强食、适者生存关系的细腻刻画亦惊心动魄。《北极英雄》则淋漓尽致地描写了一位在北极环境中与自然搏斗的英雄。那种极限人生的壮丽,读来让人颤栗。

I000662 **热爱生命** [美]杰克·伦敦著,南哲民等译。花山文艺出版社1996年8月版。22万字。

12.00元。美国作家杰克·伦敦的短篇小说集,收入短篇小说18篇。人与自然的搏斗是这些小说的基本主题。荒无人烟的北极,寂静的雪夜,遥远的阿拉斯加、克朗代克、育空河,神秘的黄金之城道生;猎人、流浪汉、淘金者、拳击手和童工。这样的故事场景和这样的主人公们演出了一幕幕的人间悲喜剧。

I000663 **嘉莉妹妹** [美]德莱塞著,刘冲茂译。陕西人民出版社1996年12月版。37.7万字。19.00元(简精),22.00元(精)。世界文学名著。小说的主人公嘉莉妹妹不甘沉寂于狭隘、贫穷、枯燥的乡下生活,带着追求前程和出人头地的强烈欲望,单枪匹马到芝加歌去寻求自己的幸福,她追求乘坐的驿马是两名身份有别的男子。她初涉人生战场,走投无路,衣食无着时,她先与旅行推销员德鲁埃同居,开始有实无名的夫妻生活。不久,又与收入颇丰、地位显赫的酒楼经理赫斯乌德私奔,到纽约定居。当赫斯乌德时运败落,一蹶不振时,嘉莉与其分道扬镳,当了一名演员,凭借自己的美貌、天赋、时运,成了大红大紫的明星。但她依然惆怅、孤寂,似乎也没有找到梦寐以求的幸福。作者笔下的主人公并不是真的是"嘉莉"、"巨人"或"天才",而是人们心中形形色色、变幻无常、与生活现实的铜墙铁壁强烈碰撞的欲望。人们在纵横驰骋的各方力量中,像一棵飘零的小草,不断挣扎试图改变自己的命运,在理想与现实的冲突中备受折磨,在欲望与理智的较量中彷徨,永远也摆脱不了由此生出的痛苦。这就是德莱塞观察生活的视角和写作的初衷,也可以说是他包括《嘉莉妹妹》在内的作品成功的诀窍。(李玉皓)

I000664 **去吧,摩西** [美]威廉·福克纳著,李文俊译。上海译文出版社1996年5月版。24.1万字。19.70元。美国南方一庄园主麦卡斯林和女黑奴尤妮丝生有一女托玛西娜,待托玛西娜长大后,又和她生有一子泰瑞尔,泰瑞尔娶了另一庄园主布钱普的女奴谭尼。麦卡斯林的外孙女嫁了爱德蒙兹。本书即环绕这三个家族,一个黑白混血家族及两个白人家族的子孙之间错综复杂的关系展开,由两个中篇及5个短篇组成。主要的主人公为老麦卡斯林的孙子文萨克,从他于1867年诞生写起,10岁时初次加入猎人的队伍,进入大森林,12岁时杀死了第一只鹿,他的导师印第安和黑人的混血儿法泽斯为他举行正式成为猎人的印第安仪式,并于16岁时和大人们一起进大森林猎取大熊"老班",经过艰苦的奋斗,终于杀死这害人的大熊,但他宠爱的猎狗及法泽斯在激战中先后死去,使他伤心不已。后来他从家中历年的账本中发现了祖先剥削农奴的罪恶,毅然放弃祖产,搬到镇上,学耶稣基督的榜样,做一个普通的木匠。以上这些情节主要包含在中篇小说《熊》中,作者写得很艰苦,尤其是其中写猎熊的具体经过的第四章,经反复修改而成,并特地指示出版社"不得改动标点符号或句子结构",因为其中有很多创新的地方。他认为本书和《喧哗与骚动》及《我弥留之际》是自己最佳的作品。(吴劳)

I000665 **光明天使** [美]乔伊斯·卡洛尔·欧茨著。百花洲文艺出版社1996年4月版。40万字。20.50元。长篇小说。美司法委员会主席莫里的妻子伊莎贝尔,是华盛顿社交界"最漂亮、最有魅力"的名媛,也是虚荣心和性欲都特强的女人。为了永远过豪华奢侈的生活,她终于勾结情夫尼克栽赃于莫里,迫使他自杀。他们的一双儿女无法忍受母亲的放荡与残忍,立志要为父亲报仇。当得知面对的是由政客、跨国公司及犯罪集团联结成的整个社会势力,他们不得不投靠了恐怖组织。儿子亲手血刃了母亲,并与其同归于尽;女儿则利用自己诱使尼克上钩,却终因力弱未能杀死尼克。尼克于身心两伤后,对自己受贿、谋杀莫里的罪孽供认不讳,最后成了一座无名小岛上的隐士。(李鸿)

I000666 **宇宙英雄比尔** [美]哈里·哈里森著,钱斌枢译。河南人民出版社1996年10月版。11.2万字。5.90元。"外国科幻小说译丛"的一种。描写了农夫比尔人格扭曲的经过。比尔被强迫当兵,在新兵营饱受蹂躏,后被送往外星球与钦厄人作战。在战争中他失去了左臂。在危急时刻,他打出的一发炮弹击中了对方的飞船,扭转了战局,于是他成了英雄。由于丢失了地图,比尔未能按时返回营房,被电脑宣布"失踪",回来时被当成小偷。日益增多的废塑料饭盒被送入太空,污染了宇宙,并形成一颗新星,对其他行星造成威胁。卫生部责成比尔处理废饭盒。比尔将饭盒打成包裹,按电话簿里的地址寄到银河系的每个星球上。由于当局规定只有腿脚受伤的人才能回到地球,比尔便向自己的腿开了一枪。比尔回到了地球,但他的兵役期未满,他不顾母亲的悲伤把弟弟送去当了兵。作品反映出作者强烈的反战情绪和对日益严重的环境污染的担心。(管黔秋)

I000667 **珂赛特** 副名:《悲惨世界》续集。[美]劳拉·卡尔帕金著,谢素台译。作家出版社1996年3月版。55万字。36.00元。作者在充分研究雨果及《悲惨世界》的基础上,大胆构思写作了本书。继承发扬了雨果的浪漫主义写实手法,形象地描绘了法国一段特定历史条件下的革命历程。其中关于珂赛特与马吕斯的爱情描写尤其打动人心。作者巧妙地在原著之上运用并展开现代小说叙述中常用的虚构与真实互见的艺术手法,将一些真实的历史人物如路易—波拿巴等写进小说,使他们与《悲惨世界》原作中的人物活动在同一场景之内,既扩大了小说视野,又没有违背原著意旨。书中充溢着雨果所代表的人文理想。本书是一部关于历史和记忆的小说,是一曲争取更合乎正义、善意之社会的颂歌,也是一幅饱蘸着超越了个人的社会激情、历史激情的画卷。(林金荣)

I000668 **造梦人** [美]詹姆斯·冈恩著,方小燕译。河南人民出版社 1996 年 10 月版。12 万字。6.80元。"外国科幻小说译丛"的一种。描写在未来社会,一切工作都由计算机完成,人只须享受。他们可以通过服用不同的药丸,做自己喜欢的梦,也可以通过吞食化学记忆药丸,掌握知识和技能。只有少数志愿者为人们提供计算机不能提供的服务。造梦人为人们提供做梦的药丸;历史学家为造梦人提供素材。而居于一切职业中心的是记忆大师,他选择的是终身追求知识,他的任务是引导整个社会,引导社会人的生活。现在记忆大师老了,他要在造梦人中选一个接班人。小说采用现代主义手法,在叙述故事时,记忆大师的思索同时在三条线上展开,把过去和未来、梦幻与真实、历史与现实交融在一起。人类的进化与历史都用象征和比喻的手法来表现。(管黔秋)

I000669 **海底舰队** 弗里德里克·波尔、杰克·威廉姆逊著,白锡嘉译。河南人民出版社 1996 年 10 月版。13.2 万字。7.00 元。"外国科幻小说译丛"中的一种。大卫的父亲是海洋生物学家,他在深海洋底发现了出产汤加珍珠的牡蛎海床,他利用海蟒来保护他,并帮他收获珍珠。靠出卖汤加珍珠,他在海底用耐高压物质修建了一座海底城堡,过着奢华的生活。然而他老了,又有病,无法控制雇员,过去他信任的两栖类乔·特伦奇开始反对他,他的生命处在危险之中。深海军校的学员决定帮助大卫父子。他们筹资买了一艘巡洋舰,但该舰却被特伦奇开跑了,他们只好靠一艘破旧的巡洋舰与两栖类进行决斗。在深海舰队和特伦奇的女儿梅娃的帮助下,他们终于将大卫的父亲从倒塌的城堡中救了出来。(管黔秋)

I000670 **新宇宙** [美]杰克·威廉姆逊著,王丽亚译。河南人民出版社 1996 年 10月版。12.4 万字。6.80 元。"外国科幻小说译丛"的一种。亚当·凯夫的父亲是寻找外星生命的先驱者,亚当还未出生,他就去月球寻找外星生命了,但再也没有回来。亚当从空军学院毕业后,毅然决定放弃亲友为他安排的能成名获利的工作,参加月球探险队,继续父亲未竟的事业。为此,他失去了未婚妻、巨额遗产和亲人的爱。在月球上,亚当找到了父亲乘坐的飞船的遗骸,从录音带中得知,父亲在 20 年前就与外星生命取得了联系。"人类第一"组织害怕外星文明会使地球人显得无能、弱小,所以千方百计反对与外星生命取得任何联系,甚至不惜暗杀与外星生命取得联系的人。经过数次较量,地球人终于与外星生命建立了稳固的联系。外星生命救活了亚当的父亲,还给地球带来了十亿年的文明成果。未婚妻回到了亚当的怀抱,亲人们也开始接受外星文明。(管黔秋)

I000671 **美国散文选** 高健编译。北岳文艺出版社 1996 年 8 月版。28 万字。16.30 元。美国散文作品选集。编译了美国从 18 世纪至 20 世纪 40 年代期间 28 位优秀散文作家的 49 篇作品,从中可看出美国散文的发展概况和艺术风格的变化。每位作家都有一篇生平简介和其散文艺术特点的扼要介绍。译文忠实原著的内容与风格,语言规范优美,隽永考究,并有详细的注释。译者自撰序言一篇,介绍此书系由原来的《英美散文六十家》一书增补扩充而来,并详细论述了美国散文的起源、发展、成就、风格以及其在世界散文中的地位和影响。(韩铁马)

I000672 **人景与风景** 副名:域外著名华文女作家散文自选集。[美]聂华苓著。陕西人民出版社 1996 年 3 月版。23 万字。14.10 元。作者早已为我国读者所熟悉,其作品在大陆有相当知名度。她在美国爱荷华大学主持"国际写作计划",邀请世界各国知名作家前往写作、讨论、旅行,曾被推荐为诺贝尔和平奖候选人。她的作品在美国多次获奖,并被译成多种文字,在大陆、台湾及美国、意大利等地出版。本书分两部分,分别记叙了她与文化名人艾青、雷震、夏衍、冰心等人的交往和她的海内外见闻,表现了对和平、对正义事业、对生活、对文学事业的热爱和追求,风格明朗凝重,有鲜明的时代感,体现出不凡的见识和过人的文学功力。(何大凡)

I000673 **水母与蜗牛——一个生物学观察者的手记(续)** [美]刘易斯·托马斯著。湖南科学技术出版社 1996 年 8 月版。11.4 万字。9.00 元。散文随笔集。《细胞生命的礼赞》一书的续集。共 29 篇,以第一篇的篇名为书名。作者是美国科学院院士、医生、病理学家、教授、行政官员、诗人和散文作家。在这29篇文章里,作者用他特有的方式,谈生谈死、谈人间、谈地狱、谈水獭、金鱼和疣子、谈疾病、谈思维、谈诗、谈语言学和标点符号。收入“第一推动丛书”。(李遂平)

I000674 **美国名家散文选** 申奥编译。百花文艺出版社1996年版。16.7万字。12.00元。美国散文是世界散文百花园中奇秀的一枝。它的内容丰富多彩,语言形式不拘一格,创作风格自然清新,亲切动人。尤为突出的是,美国散文作者对于事物的那种独特感受和多层次的描绘往往能够使人产生富有创造力的新奇想象。本书共选译了美国富有代表性的18位作家的37篇散文作品。像富兰克林、霍桑、朗费罗等。(李家文)

I000675 **插图本迷你探险丛书** [美]爱德华·帕克德等著。北京少年儿童出版社1996年11月版。6万字/册。5.00元/册。从美国出版的《探险之路任你选》丛书中精选出的一套少年探险故事集。主要特点是:读者就是书中的主人公,每次探险都不是从头至尾讲一个完整的故事,而是随着情节的发展,出现各种不同的情况和探险之路,必须由读者自己作出选择,选择不同,经历各异,最后结局也各不相同。情节惊险曲折,事态变幻莫测。本集共包括10册:太空巡逻、恐龙岛、最幸运的日子、小不点儿、你是谁、海豚之谜、超级名星、亚马孙探险、彗星坠落、冲浪猴。(龙杰)

J 艺 术

艺术理论

J000001 **艺术语言学** 骆小所著。云南人民出版社1996年5月版。21万字。12.40元。艺术语言学是作者新建立的一门语言学科。本书探索了艺术语言的言语特点,揭示了艺术语言产生的运行轨迹,即思维特点和心理特点。分析了艺术语言的精神特质,以及艺术语言和语境的关系、艺术语言的理解和欣赏等。(云人)

J000002 **艺术教育学** 周卫东著。百花文艺出版社1996年1月版。37.6万字。48.80元。作者从哲学、自然科学、伦理学、美学、艺术学、历史学、社会学、心理学和教育学等各个领域,汲取与艺术教育有关的经验,经过分析、综合,对中西方艺术教育的历程,艺术教育的意识形态性,艺术教育的地位、功能、特征、原则、方式及当前状况等,作了深入的论述,阐明艺术教育的各个因素、各个环节、各个层次的关系,揭示艺术教育的规律,确立艺术教育的方法。又分门别类地从自然景观、人文景观、建筑艺术、文学艺术、音乐艺术、舞蹈艺术、绘画艺术、雕塑艺术、戏剧艺术、影视艺术的特征、功能等方面,探讨了与艺术教育的关系及内涵。在写作上,以史带论,系统、全面。(于明夫)

J000003 **艺术掌握论** 邢煦寰著。中国青年出版社1996年12月版。49万字。29.30元。在马克思主义美学观和文学观指导下兼采众长,并自有开拓、自有突破的创新的艺术美学著作。作者从马克思关于人对世界的“掌握方式”的理论出发,系统深入地探讨了艺术与美学问题,对“艺术掌握”的奥秘作出了清晰而又系统的回答。全书以艺术掌握方式为中心范畴,从主体、客体及其关系的角度,把艺术和审美的一系列重要问题有机统一为一个整体,建构了一个相当完整的艺术美学的独到理论体系,并以艺术掌握论为本体,重新审视、进一步阐释了艺术美学中的许多基本或重要命题和范畴。从马克思主义的意识形态论与艺术生产论、艺术认识论与艺术价值论、艺术系统论与艺术层次论的统一中来认识、阐释和把握艺术的本质和规律,指出艺术是一种介于人类物质实践与思维认识感性活动与理性活动之间的,综合了实践活动的感性、具体、物质性与科学认识的理性、抽象、精神性特点的独特的艺术掌握世界的方式,它具有感性与理性、形象与抽象、情感与理智、物质与精神、实践与认识、求真求善与审美求美高度融合和统一的特点。这部著作有3个特点:1.适时。此书的主调是从正面阐述“艺术化生存”的意义,以大量有力的事实和论证,说明“技术掌握世界的方式”与“艺术掌握世界的方式”是根本不同的。“艺术掌握”是一种全面的和完整的方式，不仅需要知识和技术，还需要人类的情感，是一种更理想、更全面的掌握方式。2.新颖。本书的每一章节，都不乏具有深刻哲理的新的见解，其中最引人注目的是，作者指出“艺术掌握”处于精神与物质认识与实践、再现与表现、再造与创造、理智与情感等诸对立二元之间的边缘地带，兼具上述诸二元的特性又有独立的品格，显示出其特有的整体性、系统性、多元性和边缘性等性质。3.丰富。每当提出一个新的概念或命题时，总伴有具体的论证和生动的事例。（刘霜）

J000004 **朦胧的七种类型** ［英］威廉·燕卜荪著，周邦宪等译。中国美术学院出版社 1996 年 10 月版。28.4 万字。25.50 元。“学院丛书”之一。燕卜荪系中国人民的老朋友，抗日战争期间在西南联合大学任教，为中国培养了一批人才，在我国学术界享有很高的威望。本书系燕卜荪的代表作，集中体现了他的美学思想。在此书中他以诗歌为主要研究对象，也广泛地讨论了戏剧等其他姊妹艺术的问题。从戏剧的角度来看，此书也是研究莎士比亚的名著，因此有助于戏剧界对于莎士比亚戏剧的研究。（陈平）

J000005 **艺术美学文选（1979－1989）** 邓福星主编。重庆出版社 1996 年 3 月版。69 万字。42.00 元。改革开放十年国内重要艺术、美学论文精选集。这些论文基本上代表了国内艺术学、美学研究的最高水平。内容涉及绘画、音乐、舞蹈、戏曲、电影等学科。作者有一代宗师宗白华、王朝闻、吴晓邦，以及一批近年来活跃在艺术史论、艺术批评领域内卓有成就的中青年学者。所选论文除了考虑到作者的知名度和影响之外，更着重论文的理论创意和学术上的精典价值，并不拘一家之说而广收并取，力求在研究对象、范围、方法以及观念等方面的宽泛和多样，客观地展示了中国艺术理论领域所呈现出来的百家争鸣、百花齐放的局面。（余国枢）

J000006 **中国造型艺术辞典** 郎绍君等主编。中国青年出版社 1996 年 12 月版。60 万字。1 400幅图。175.00 元。集中华五千年造型艺术作品之精粹，其中包括中国雕塑、建筑、青铜、陶瓷、玉器、金银器、漆器、印染织绣、竹木牙角和民间工艺 10 大类，1 400余件作品。每件作品下配一彩图，并说明它的质地、尺寸及收藏地等。每条文字由知识性介绍与赏析两部分组成。（刘艳丽）

世界各国艺术概况

J000007 **艺术的起源** 章建刚、杨志明著。云南大学出版社 1996 年 12 月版。22.6 万字。16.00 元。“原始意识丛书”之一。依据历史、考古以及民族学的翔实资料，从哲学的深度探寻艺术的起源问题。该书作者认为艺术起源问题所要探讨的“不是一件件艺术品的诞生问题，而是作为一种社会活动，作为人与自然之间一种互动模式、作为人与人之间一种相互关系、作为人的一种存在方式的艺术从无到有的发生过程”。书中首先回顾和评析了关于艺术的起源的各种理论，进而提出，以马克思主义的符号论作为阐释艺术起源问题的一种新理论。在此基础上，该书从人类发展的大背景出发，具体、细致地展示、剖析了艺术起源的历史过程，提出：“艺术的诞生不仅是一个瞬间性的过程，也不仅是在一个特定的领域里一次性实现的。”“艺术是不断变化着的，甚至可以说是不断起源着的“等等一系列新的、具有哲学深度的见解，加深、扩大、推进了当前对艺术起源的研究。（伍奇）

J000008 **东方美术史话** 范梦著。中国青年出版社 1996 年 12 月版。23 万字。214 幅图。20.40 元。介绍东方美术发展史的通俗读物。全书以醒目的标题、生动的文字和图文并茂的版式，将亚洲、非洲、拉丁美洲、大洋洲各国和各民族的美术面貌作了系统的介绍，并对许多美术奇观给予趣味性的描述。（刘艳丽）

J000009 **中华民间艺术大观** 张仃主编。湖北少年儿童出版社 1996 年 1 月版。80 万字。42.00 元。比较全面、系统地介绍了我国民间艺术知识，再现了我国民间艺术硕果，分为雕刻工艺、编制工艺、织绣蜡染、工艺画、彩塑、面塑、工艺扇、工艺伞、剪纸、花灯、风筝、陶瓷、木偶、脸谱、民间玩具、民间歌舞、民族乐器、民间曲艺等类别。各类包括若干小类：如雕刻工艺包括木雕、竹雕、石雕……；编制工艺包括竹编、藤编、棕编……；织绣蜡染包括织锦、刺绣、地毯、蜡染……；工艺画包括年画、贝雕画、铁画、内壶画……；工艺伞、扇包括纸扇、绢扇、羽毛扇、檀香扇、葵扇、绸伞、油纸花伞……；民间玩具包括泥制玩具、木制玩具、音响玩具、益智玩具……；民间歌舞包括汉民族的龙舞、秧歌、腰鼓……少数民族的“安代”、“赛乃姆”、“阿细跳月”、“芦笙舞”、“孔雀舞”……；民族乐器包括吹管乐器（如箫、笛、唢呐……）、拉弦乐器

(如二胡、马头琴、板胡……)、弹拨乐器(如古琴、筝、琵琶……)、打击乐器(如编钟、磬、锣、鼓……);民间曲艺包括评书、相声、快板、鼓曲、双簧等等。以上各类均介绍了其起源与发展、主要功用与特点、主要技法与制作、著名艺术家及作品。

J000010 **中国少数民族美术史** 王伯敏主编。福建美术出版社 1996 年版。300 万字。1 880.00 元。系统完整记述我国少数民族美术发展历程的大型史册。共 5 篇 6 册,分为 55 章,分别介绍了 55 个少数民族的美术,从古代到近代,从民俗到艺术创作,涉及绘画、书法、雕塑、建筑、工艺美术、美术理论与美术教育等;除此,还记述了历史上已消失的民族,如匈奴、党项羌等的美术。本书收录广泛、涵盖全面,并附有中国少数民族美术史年表、中国少数民族美术史文献目录等。选配黑白插图 3 000 余幅,彩色插图 900 多幅。有些史料十分珍贵,如神秘的藏族“古格王国”壁画,古老的滇文化遗迹;戈壁滩头高昌回鹘的宗教雕塑、南海三岛京族的“哈亭”建筑、水族水书、古傣族文身、布依族傩面具、赫哲族鱼皮服饰等。(卢韦)

J000011 **中央工艺美术学院艺术设计** 袁运甫主编。河北美术出版社 1996 年 10 月版。450.00 元。系统地介绍了中央工艺美术学院建校四十周年以来在教学、科研、创作各个方面的成果。分专题系列、师生作品、基础教学 3 个部分。专题系列划分为 15 个专题:第一专题 国旗、国徽;第二专题 50 年代末以来中国十大建筑、纪念堂的环境艺术设计;第三专题首都机场壁画群;第四专题 发展中的 90 年代建筑环境艺术;第五专题 设计效果图象荟萃;第六专题 印、染、织、绣配套成龙;第七专题 书籍装帧、插图、邮票、动画设计;第八专题 平面设计的新发展;第九专题 日用陶瓷比翼双飞;第十专题 中国青年服装设计的摇篮;第十一专题 都市公共系统设计;第十二专题 金属艺术的当代目标;第十三专题工业产品、交通工具和展示设计;第十四专题 雕塑、壁画、建筑三位一体的公共艺术综合设计;第十五专题 民间工艺美术的保护、继承和发展。师生作品和基础教学两部分展现了中央工艺美术学院老、中、青三代人在各自研究和实践的艺术领域中所取得的成就。(王静)

J000012 **敦煌艺术宗教与礼乐文明** 副名:敦煌心史散论。姜伯勤著。中国社会科学出版社 1996 年 11 月版。49.4 万字。38.00 元。作者从了解中国文化的若干“范畴”入手,立足于以陈寅恪为代表的文化史研究的中国文化传统之上,以解读文本及其上下文、图像及其“上下文”为中心,通过对意义、象征和隐喻的阐释,来找寻探究中国心史的途径。作者熟悉敦煌出土资料,而且能在范围更为广大的中原文明和中西文明交流的范围内讨论问题,使宏观与微观的研究融为一体,同时更竭力关注当代学术界所思考的问题:从心史方法到图像学方法,从“文本”的解读到“意义”的解释;从道释相激中,探讨中国超越智慧的追寻;从“变文”“令舞”“傩礼”的新解中,探讨雅俗文化的互动。正是通过敦煌这个人类历史上少见的没有中断的文明窗口,以缩影的形式显示了一个民族心灵的提升和追寻卓越智慧的历程,揭示了盛唐前后中国民族在一个强盛时期的博大情怀、青春心态和汲纳人类已有智慧的积极进取精神。(冯广裕)

绘　画

J000013 **丁聪漫画·插图·素描·速写·肖像·设计集** 丁聪著。河北教育出版社 1996 年 8 月版。30 万字。29.50 元。系丁聪先生创作六十五年回顾。按时间顺序进行排列,有:初试画笔——从看京剧开始,速写与素描——基本功的训练,不让画偷着画——北大荒风情,做广告、设计工作——随遇而安,转而为文学作品画插图——另辟新径,人物画——无心插柳柳成荫,我选中了漫画——因为它简单而又有战斗力等 7 个方面内容。每一个单元前配有丁聪先生的回忆文章,并间有彩页,是丁聪先生绘画艺术的总结。

J000014 **国画购藏指南** 景阳编著。黑龙江人民出版社 1996 年 10 月版。23 万字。16.00 元。对 260 位重要画家名号、师承、擅长、作品艺术特点、地位与影响作了介绍,指出了国画购藏中的一些基本知识。(徐冲)

J000015 **中国绘画与中国文化** 章利国著。中国美术学院出版社 1996 年 10 月版。25 万字。27 幅图。19.50 元。以中国绘画与中国传统文化相关成分之间的渊源关系为专题来展开阐释。全文分为 16 章,也即是 16 个专题。在总论中国文化与中国绘画之下,内容涉及中国绘画与原始文化、经济文化、礼法制度文化、民俗文化、酒茶食文化、妇女文化、伦理教育文化、宗教文化、心理文化、“味”、人体文化、音乐文化、实用文化、语言文字艺术文化、中外文化交流等。作者融贯社会学、宗教学、美学、心理学、伦理

学诸研究方法，以历史文化学为主运用于各章节中，分门别类，颇具匠心。（杨英）

J000016 **二十世纪末欧洲艺术家大系** 乔治·阿伦斯等作。河北美术出版社1996年12月版。515.00元。20世纪的美术，在经历了现代主义、后现代主义等各种思潮的洗礼之后，到今天已发展成为一个极为丰富多彩的局面。本套画册推出的正是这个时代活跃在欧洲画坛并已崭露头角的中青年艺术家，他们的艺术创作在根本上反映了当代欧洲绘画艺术的真实状态。画册中的艺术家均由欧洲著名批评家推荐并撰写文章，由艺术家本人提供作品照片及有关材料。

J000017 **中国现代版画史** 李允经著。山西人民出版社1996年10月版。48万字。248幅图。128.00元。记载我国"五四"运动以来新兴版画的发展史实的著作。以中国新兴版画的萌芽期、成长期、发展期、非常期、繁荣期5个部分作为本书的纲，又从版画运动、版画家、版画作品及中外版画交流、版画的理论建设等几个方面进行了介绍和论述。该书始终贯穿了毛泽东的文艺思想，展示了版画艺术在各个历史时期的先锋作用，尤其是对鲁迅先生在新兴版画发展中所作出的巨大贡献给予了高度的评价。对我国1929年—1994年间版画事业发展历程作了全面、客观、系统的总结。（柏学玲）

J000018 **八大山人** 胡光华著。吉林美术出版社1996年5月版。26万字。28.50元。"明清中国画大师研究丛书"之一。共9章。第一章介绍与论述了"八大山人学"的兴起与八大山人研究之研究。第二章介绍了其生平与时代背景。第三章论述了八大山人艺术形成的社会原因。第四章评述了其凄迷与辉煌的晚年，重点揭示了其"癫狂"与艺术风格的形成，包括"衰年"变法、晚年凄苦的卖画生涯、八大山人的艺术圈等内容。第五章论述其花鸟画的艺术风格，阐明了其"从塑形到简化"、"从简化到夸张"、"夸张与扭曲变形"等一生中几个阶段的变化。第六章论述了八大山人山水画的艺术风格及在中国绘画理论上的建树。第七章论述了八大山人书法的艺术风格。第八章评述了八大山人对后世的影响及在中国画坛的地位。第九章为对八大山人诗文名号篆刻研究。附录包括年表、现存书目、画论辑要、题画录、名家评论辑要、参考文献。（王兴吉）

J000019 **王石谷** 陈履生著。吉林美术出版社1996年5月版。23万字。27.00元。"明清中国画大师研究丛书"之一。共9章。第一章介绍了王石谷的生平。第二章阐述了其艺术渊源。第三章论述了艺术成就。第四章论述了其艺术思想。第五章介绍了王石谷的恩师益友。第六章介绍了其酬酢交游。第七章评述了王石谷的摹古问题。第八章分析了其艺术的不足之处。第九章论述了其艺术影响。附录包括画家年表、著录画目、现存画目、画论辑要、评论辑要、参考书目。（王兴吉）

J000020 **中国美术图典·人马画** 余辉绘。岭南美术出版社1996年6月版。9.8万字。270幅图。165.00元。"中国美术图典"系列之一。该丛书从专业研究的角度以图带文，自古至今，分门别类阐述、研讨中国绘画史中某一影响深远的专门领域（题材）的起源、在历史长河中的发展变迁，在各个时代的面貌、地位和对社会、历史及其文化领域造成的影响。无论是代表作品和代表画家的收集、介绍、评价，皆能掘古引今，质疑问全，辟肌分理，纤缕无遗。人马画是缓慢发展的中国历史中社会文化在美术上一种特别而又平常的反映，它的自古至今广泛而繁多的与人民生活的各个层面的紧密结合性决定了它在美术史上的地位。《中国美术图典·人马画》从远古时代的岩画到今天丰富多彩的各种形式流派，比较完整地萃集了中国绘画、雕刻中这一题材的代表作品，阐论了它们的时代背景、作者、风格与时代烙印，传统的承接与发展的关系，以及这一独特的题材对社会各个层面和绘画的深刻影响。（杨石友）

J000021 **文征明** 刘纲纪著。吉林美术出版社1996年5月版。26万字。28.00元。"明清中国画大师研究丛书"之一。共6章。第一章论述了吴门画派在中国绘画史上的地位，其中包括"从宋画到元画"、"浙派与明代绘画"、"吴门四家的兴起"、"吴门四家与董其昌的松江派"等内容。第二章介绍了文征明的生平。第三章论述了画家的思想。第四章论述了文征明美学观，并对其美学观的基本特征进行了较为详尽的分析。第五章介绍了画家的绘画艺术，对其师承渊源、作品意境特征、作品形式等进行了分析，并介绍了文氏传派以及对后世的影响。第六章介绍了其诗、文、书法。附录有年表、书画题跋选录、画目、参考书目，以及明清名家论述文征明诗文书画等。（王兴吉）

J000022 **石涛** 李万才著。吉林美术出版社1996年5月版。21万字。25.50元。"明清中国画大师研究丛书"之一。共5章。第一章介绍石涛出生的时代背景。第二章介绍石涛家史及生平经历，以及对石涛气节的评价。第三章评介石涛的绘画艺术。第四章评述石涛的艺术思想。第五章论述石涛与扬州的关系。附录有年表、清人撰石涛小传选录、石涛画语录释注、石涛画谱(点校)、大涤子题画诗跋(点校)、书画目,参考书目及有关论文。(王兴吉)

J000023 **弘仁** 陈传席著。吉林美术出版社1996年5月版。26万字。28.50元。"明清中国画大师研究丛书"之一。共6章。第一章为有关弘仁问题的考证,包括姓名字号和生卒年,里籍等内容。第二章论述了弘仁的生平和思想。第三章评述了其绘画艺术。第四章论述了其在山水画史上的地位和影响。第五章论述了"四僧"画审美观的变迁。第六章介绍了徽商与以弘仁为首的新安画派。附录包括年谱、画目、弘仁的《画偈》和《偈外诗》、传记与评论及题赠辑要,参考文献等。(王兴吉)

J000024 **沈周** 阮荣春著。吉林美术出版社1996年5月版。26万字。30.00元。"明清中国画大师研究丛书"之一。共8章。第一章"生涯",作者较为详细地介绍了沈周的出生时代背景、家传、师授、生平,以及容貌、为人等。第二章介绍了画家的交游。第三章介绍了山游。第四章论述了画家的思想。第五章论述了画家的绘画,详细地介绍了师承、注重观察自然、笔墨技巧,以及他开创了一代新风等内容。第六章论述了画家的诗文成就。第七章论述了其书法成就,以及沈周与"吴门书风"的关系。第八章论述了画家的影响,介绍了沈周传人和他对整个清代以至近代的影响。最后是附录,包括年表、画目、题画诗、事略资料、参考文献等。(王兴吉)

J000025 **陈洪绶** 王璜生著。吉林美术出版社1996年10月版。14万字。25.00元。"明清中国画大师研究丛书"之一。共4章。第一章评述陈洪绶生平,包括童年及家庭关系、交往,以及奔走功名和其忧愤的晚年等内容。第二章论述其画学渊源。第三章论述陈洪绶的绘画风格及影响。第四章评述其诗文和书法。附录包括年表、现存及著录画目、画论辑要、题画录、诸家评论辑要、参考文献。(王兴吉)

J000026 **陈淳** 萧平著。吉林美术出版社1996年5月版。13万字。20.50元。"明清中国画大师研究丛书"之一。全书六章。第一章介绍了陈淳的时代背景、生平与交游。第二章评述了画家的花鸟画,包括师承关系、作品分析、写生与创造等内容。第三章评述了陈淳的山水画,也包括师承关系、作品分析等内容。第四章介绍了其书法与诗词。第五章论述了画家的影响。第六章介绍了对陈淳作品的鉴别。附录里包括作品编年表、题诗选抄、现存画目、著录画目、书法目录等。(王兴吉)

J000027 **郑板桥** 周积寅著。吉林美术出版社1996年5月版。42万字。39.50元。"明清中国画大师研究丛书"之一。共9章。第一章介绍郑板桥所处的时代。第二章介绍其读书、教书、扬州卖画,以及中举人、进士和作吏山东等生平经历。第三章论述了其与"扬州八怪"诸家交游考。第四章详尽地论述了其美学思想,揭示了其"以造物为师"、"眼中、手中、胸中之竹"、"专以意似,不在形求"、"维新特立"、"适其天全其性"、"画有在纸中者有在纸外者"、"不容荆棘不成艺"、"文章以沉著痛快为最"、"写字作画是雅事亦是俗事"、"书法与人品的关系"、"文必归于日用"等美学思想的基本特征。第五章介绍其文学。第六章评述其绘画。第七章评述其书法。第八章介绍题款和印章。第九章论述画家的影响。附录包括年表、画目、书目、题画录、诸家评论、参考文献等内容。(王兴吉)

J000028 **恽寿平** 杨臣彬著。吉林美术出版社1996年5月版。24万字。217.00元。"明清中国画大师研究丛书"之一。共4章。第一章介绍了画家的家世与生平。第二章论述了其艺术成就,详细分析了他的花鸟画、山水画以至诗文书法的风格特色。第三章阐述了画家的艺术主张与艺术道路,包括正确师法传统、重视师法造化、重视笔墨技巧的运用、重视创作中的情感投入、重视格调的追求等内容。第四章论述了其历史地位与影响。附录包括年谱、画目、画论辑要、题画诗、诸家评论辑要、参考文献等内容。(王兴吉)

J000029 **徐渭** 李德仁著。吉林美术出版社1996年5月版。32万字。32.50元。"明清中国画大师研究丛书"之一。共4章。第一章介绍了徐渭的生平事迹,对画家奋斗求学、坎坷的中年,以及晚年生活进行详细介绍。第二章论述其绘画艺术,包括绘画题材、形式与技巧等内容。第三章论述了其书法及文学作品,对其书法的形式特色、渊源、观点,以及诗文戏曲等作了分析评述。第四章论述了画家的美学思想及艺术历史地位。附录包括年谱、书画目、书画文论辑要、题画录、诸家评论、参考文献等。(王兴吉)

J000030 **唐寅** 谢建华著。吉林美术出版社1996年10月版。20万字。"明清中国画大师研究丛书"之一。共4章。第一章介绍唐寅的家世背景,详细介绍了其生平经历。第二章对唐寅这一"江南第一风流才子"的佯狂自放进行了较为透彻的剖析。第三章评述其诗文,对他在一生中几个阶段诗文风格特点的变化加以阐述。第四章评述唐寅的书法与绘画,详尽分析了唐寅书画作品的风格面貌、技巧，以及在绘画史中的地位等。附录包括年表、唐寅汇传、著录画目与现存画目。题画诗录、诸家评论辑要、参考文献。(王兴吉)

J000031 **龚贤** 萧平、刘宇甲著。吉林美术出版社1996年5月版。30万字。30.50元。“明清中国画大师研究丛书”之一。共4章。第一章介绍龚贤的生平，附其晚年故居考辨。第二章评述其绘画，包括早期及中晚期绘画，并对其人物画、设色画、传统渊源、龚贤作品的鉴别，和其绘画艺术的影响等都作了论述。第三章评述龚贤的书法。第四章对龚贤的诗歌进行评介，并通过对其诗歌的分析，揭示出画家坎坷的一生和政治思想的基本内涵。附录包括年表、画目、画论辑要、题画诗、诗词、尺牍、诸家评论辑要等。(王兴吉)

J000032 **董其昌** 樊波著。吉林美术出版社1996年10月版。34万字。34.00元。“明清中国画大师研究丛书”之一。共5章。第一章介绍董其昌所处的文化政治背景，包括其与明代哲学、明代禅学、明代文艺、明代绘画的关系，以及董其昌的政治生涯。第二章评述其书法的美学思想和艺术特征。第三章评述其绘画的美学思想和艺术特征。第四章阐述董其昌南北分宗理论的美学本义，包括南北分宗问题的提出和争论、理论渊源和文化背景、禅学思想基础等。第五章评述董其昌的影响以及人们的评价。附录包括年表、画目、书目、画论辑要、书论辑要、诸家评论辑要、参考文献。(王兴吉)

J000033 **髡残** 薛锋、薛翔著。吉林美术出版社1996年5月版。9万字。17.00元。“明清中国画大师研究丛书”之一。共3章。第一章介绍髡残所处的时代。第二章评述其生平及其思想，还包括其交游。第三章论述其绘画成就及其影响，包括绘画成就、绘画艺术与有关诸家之比较、代表作品鉴赏、论画辑要、称谓、绘画艺术对后世的影响等。附录包括诸家评论辑要、传世作品通识汇编、年谱、参考书目等。(王兴吉)

J000034 **明清中国画大师研究丛书** 周积寅主编。吉林美术出版社1996年5月版。400万字。488.00元(套)。明清中国画大师研究的美术史论丛书，共16册，其中明代画家8人，清代画家8人。内容包括：画家的生平事迹，反映画家成长的全过程，揭示画家完整的艺术生活道路以及所处的时代背景，社会氛围等；艺术成就及其在中国美术史中的地位、作用，着重对画家的艺术思想、师承关系、技法特点、艺术风格以及业绩等方面力争进行全面、系统、充分的研究与评价；科学、客观地评估画家的历史地位与作用，同时指出其局限性。各书附录部分包括画家以艺术活动为主的年表、书画作品目录、画论、书论、文论辑要、题画录、诸家评论辑要、参考文献(画家著述目以及他人著述目)。书后还附有彩色插图若干幅。各册分列如下：《戴进》、《弘仁》、《沈周》、《髡残》、《文征明》、《龚贤》、《唐寅》、《八大山人》、《陈淳》、《王石谷》、《徐渭》、《恽寿平》、《董其昌》、《石涛》、《陈洪绶》、《郑板桥》。(王兴吉)

J000035 **漆画技法与艺术表现** 乔十光著。湖南美术出版社1996年8月版。8.5万字。38.00元。主要内容由绪论、材料、工具和设备、胎板的制法、漆画技法概述、漆画制作过程三例、漆画的艺术表现三十图、后记、参考书目等组成。全书从中国漆艺的历史谈起，涉及最基本的漆画制作工具、材料等。重点放在技法上，为了使读者更清楚地了解漆画的制作过程，作者从花卉、人物、风景三方面中各举出最典型的一例漆画制作过程。此书最大的特点是不限于技法，技法之外，又涉及到漆画的艺术表现。表现图都是作者精选的优作，每页一图，配以技法与表现形式相结合的文字说明，这样不至于把技法绝对化。

J000036 **风景素描技法** 高冬编著。黑龙江科学技术出版社1996年3月版。14万字。18.00元。为全国建筑高校师生和广大美术爱好者编写的一本辅助教材。以风景素描为专题，详尽介绍了风景写生和创作的原则与方法。内容包括：工具与材料、材料与效果、对象与规律、构图与处理、用笔及技法。收录近百幅范图，并对其进行详细分析与介绍。(曲家东)

J000037 **水粉静物教学问答** 官六朝著。河北美术出版社1996年10月版。4.3万字。93幅图。23.00元。用教学问答的方式从色彩学的角度，回答水粉静物写生的一系列问题；从写生前的准备工作开始，直至各个步骤程序以及各种特技中的具体方法等等，逐一作了回答。(杨怀武)

J000038 **壁画设计艺术** 唐鸣岳、赵松青著。山东教育出版社1996年8月版。14万字。75.00元。导引性的壁画艺术设计梗概。作者通过精选的大量图例，来阐释壁画艺术的设计思想、观念和方法，使读者获得大量的艺术信息。在文字撰写上则力求简洁明了，深入浅出，并努力使壁画理论形象化。作者还尽可能引用设计者本人的体会和原文，来介绍中外壁画设计家的设计观念和构思方法，以便读者更准确地理解和运用。图例的选择兼顾了不同国度和

不同的艺术风格，为读者提供了可资学习借鉴的实用性资料。(谢荣岱)

J000039　**中国农民画**　孙振发主编。中国世界语出版社 1996 年版。400 幅图。188.00 元。画册。从全国各地三千多幅具有鲜明民族特色和地方风格的农民画中精选出优秀作品约 400 幅。以农村生活为题材，创作手法一般源于当地特有的民间艺术，如剪纸、刺绣、编织、宗教画、戏剧等形式，因而既有传统的装饰性，也具有现代审美特征。农民画具有鲜明的民族风格和地方特色，陕西黄土高坡的农民画的粗犷、质朴；上海金山县农民画的细腻、严谨；云南地区农民画以少数民族载歌载舞的多彩生活为其主题等。农民画的创作一般不遵循透视、解剖等原则，而是按照一定的规律，变立体为平面，根据作者的想象，任意构图。农民画创作的一个重要特点是发挥主观想象力而不是再现、记录视觉对客观事物的印象。他们的作画是用心而不是用眼，农民画造型夸张生动，色彩对比强烈，内容丰富，直率地表达作者向往美好生活的朴素情感和多彩的理想，因而充满欢乐的气氛和进取向上的精神。在农民画家笔下再现的世界是经过他们思维加工过的世界，是一个把自己的理想和希望融为一体的世界。当代农民画中鲜有描绘过去艰难生活和把希望寄托在泥塑神佛身上的题材，这反映了农民画的作者们积极进取，乐观向上的精神世界。(苏漪军)

J000040　**当代著名中国画家专列·上海**　韩天衡主编。上海教育出版社 1996 年 5 月版。68 印张。935.00 元。辑录当代中国画领域有造诣、有影响、有鲜明个人风格的上海著名画家：朱屺瞻、施大畏、陆一飞、吴青霞、方增光、刘旦宅、张桂铭、毛国伦、韩天衡、张雷平、杨永新、程十发、陈家泠、沈柔坚、吕蒙、徐昌铭、林曦明等 17 位个人专集。均由画家本人自选毕生最满意的作品。(薛培华)

J000041　**画海**　蒋义海主编。哈尔滨出版社 1996 年 8 月版。2 万幅图。280.00 元。分上、下两卷，将世间 2 万余种物象分门别类，列为植物、动物、人物、服饰、道具、器械、军事、交通、风景、建筑 10 大篇，由江苏省美术界 30 位著名画家画图。(李战)

J000042　**金农书画集**　金农作。上海书画出版社 1996 年 2 月版。1 万字。220 幅图。360.00 元。清代中叶的著名书画家金农的书法、绘画作品集。金农是“扬州画派”的重要画家。其画风生拙雅致，韵味淳朴，不落前人窠臼，自成一格；书法以隶、楷见长，隶书古拙厚重，楷书笔法奇峭，一反常态，称为“漆书”。金农是清代中叶书法和绘画创新潮流的代表，对后人的影响很大。本画册集国内外博物馆、文化单位以及私人藏品的精华，基本上反映了金农书、画创作的全貌。前有序文，介绍“扬州画派”的背景，阐述了金农艺术的成因、嬗变和特色；后附图录，用编年来贯串画册中作品，用图片、著录文字来反映这些作品的全貌，书末还附有《金农年表》。(江宏)

J000043　**潘天寿书画集**　潘天寿书画集编辑委员会编。浙江人民美术出版社 1996 年 12 月版。17 万字。888.00 元。为纪念 1997 年潘天寿诞辰 100 周年而出版。共收录潘天寿 1918—1966 年的书画作品 526 幅，分编成上下两册。上编精选其 176 幅代表作，并配大量详尽、周全、系统的研究性文字，将其放在整个中国画的传统及其现代际遇大背景中进行论述。下编包括 526 幅作品的图版、书画作品的著录与评述以及附录。

J000044　**河北八家画集**　韩羽等绘。河北美术出版社 1996 年 8 月版。80 页。318.00 元。选择河北 8 位风格特色相对明确的中老年画家。其中包括人物画家韩羽、王怀骐、赵贵德；山水画家李明久、钟长生、刘克仁；花鸟画家胡嘉梁、问雨。作品为画家自选，每人 10 幅。(刘克仁)

J000045　**中国·新疆·麦盖提农民画集**　新疆美术摄影出版社编。新疆美术摄影出版社 1996 年 8 月(维汉)版。120.00 元。收录麦盖提农民画家的代表作，以群体形式向美术界及社会展示当前农民画的现状。(叶尔起)

J000046　**丁绍光**　丁绍光绘。云南人民出版社 1996 年版。3 万字。110.00 元。丁绍光是一位杰出的色彩诗人，他的画以一种人类高尚的情感打动着人们的心扉。此书精选了画家 50 多幅具有代表性的作品，从流光溢彩的早晨，到水天一色、详和安宁的白夜，从母子情深到人类对自由、和平的向往，从幽深的西双版纳峡谷到神秘的非洲，都是画家笔下的题材。(张平慧)

J000047　**中国近现代名家画集**　天津人民美术出版社编。天津人民美术出版社 1996 年版。是天津人民美术出版社、人民美术出版社与台湾锦绣出版事业股份有限公司合作出版，大陆版本的一部分。这部分包括：《任伯年画集》、《吴昌硕画集》、《张大千画集》、《溥心畬画集》、《傅抱石画集》和《徐悲鸿画集》共 6 卷。每卷 200 页幅彩色图面，收入画家有代表性作品近 200 件，是从全国各博物馆、纪念馆及相关收藏单位藏品真迹中精选。每本专集都系统地包容画家在各时期各画种中有代表性有特色的作品，基本上体现了每位画家的风格、面貌及艺术成就。

J000048 **中国近现代名家画集·吴作人** 吴作人绘。人民美术出版社1996年6月版。202幅图。300.00元。共编入吴作人创作的油画、中国画、水彩素描速写202幅，油画家闻立鹏作序。他的油画水彩继承了西方绘画艺术的造型与色彩特长，并能体现出中国艺术的气质；他的中国画以画动物为主，写意写实相结合，创造了熊猫、骆驼等一批新的艺术形象，素描、速写笔法严谨，造型准确。代表作有油画《纤夫》、《黄河三门峡》、《齐白石像》等，中国画有《金鱼》、《熊猫》、《骆驼》、《牦牛》等。（刘汝阳）

J000049 **中国近现代名家画集·吴冠中** 吴冠中绘。人民美术出版社1996年6月版。145幅图。300.00元。吴冠中，当代著名画家、美术教育家。本画册共收入作者自50年代以来创作的油画、中国画及少量水彩和速写145幅，其中有具代表性的作品，如油画《太湖鹅群》、《长江三峡》，中国画《高昌遗址》、《小鸟天堂》等，均被收入在内。美术评论家翟墨为本书撰写了序文，对作者的生平与艺术成就作了评介。书后附有作品年表。（刘普生）

J000050 **中国近现代名家画集·黄胄** 黄胄绘。人民美术出版社1996年6月版。157幅图。300.00元。黄胄(1925—1997年)当代画坛杰出的人物、动物画家。画册编入了黄胄各时期的中国画和素描作品如《洪荒风雪》、《载歌行》、《巡逻图》、《维族舞》、《刁羊图》、《群驴》等，共140幅，并附有精彩的局部图16幅和部分常用印章。美术评论家李松为本书撰写序文，对黄胄的艺术成就和生平作了评介。黄胄的夫人郑闻慧撰写了黄胄年表。（刘继明）

J000051 **齐白石全集** 郎绍君、郭天民主编。湖南美术出版社1996年10月版。60万字。5 000幅图。8 000.00元。分10卷：第一卷早期雕刻与绘画(1882—1918年)、第二卷中期绘画(1919—1927年)、第三卷盛期绘画(1928—1933年)、第四卷盛期绘画(1934—1939年)、第五卷盛期绘画(1940—1944年)、第六卷盛期绘画(1945—1948年)、第七卷晚期绘画(1949—1957年)、第八卷篆刻、第九卷书法、第十卷诗文。（勒天民）

J000052 **关阔书画集** 关阔作。民族出版社1996年12月版。138幅图。158.00元。由水彩画、国画和书法三部分组成的豪华型大八开精装画集。其中水彩画27幅，国画83幅，书法20幅，另有常用印篆刻8件。其水彩画，从英国水彩入手，后来受前苏联克里马申的影响，并与中国水墨画结合，形成了他独特的一种清新自然而又具有民族风格的水彩画风。作者善于从纷繁的大自然中摄取生活中最典型的部分入画，讲究意境构图，充满牧歌情趣。如《小憩》、《晚归》、《农闲时节》等都富有田园抒情诗的意境。《武列河边》、《草原雨后》等又多富于民歌气息。《冬之晨》、《山城春晓》等可以明显看得出作者在吸收克里马申水彩技法的基础上，是如何运用自如地把中国水墨画溶于其中。《风雨如晦》、《家门》、《绿阴庭院》等可以说是格调清雅的地道的中国水彩画。关阔最喜画梅，他的梅花以冷逸、倔强、峭拔的个性扑人眉宇。构图、章法极其讲究，老干横斜，大有冲破纸外之势。他的画大可寻丈，小到不足盈尺，都能笔简意繁，宛若天然。尤其善于利用空白，给人以无限遐想。又如他的巨幅画《小石潭意趣》，仅一石一鸟，加上右上角的长题，此外，空无一物。可是，石之峭拔，鸟之神态，使得全体画面空旷无涯，简无可简，使读者立时联想起：四面竹树环合，潭水清澈，游鱼可数，和柳宗元的妙文相映成趣。关阔的书法早年受清代大家何绍基的影响，中年以后，始一意先秦两汉，魏晋南北朝的金石碑版。行楷书则吸取北魏风神，于《张玄墓志》尤具心得。书画集所收《胡索然先生小传》，虽晚年信笔疾书，而《黑女》神韵却时露笔端，读来耐人寻味。书画中的小行楷书，乃画家信笔杂记，细玩味之，也都具有北魏神韵。（乌云巴图）

J000053 **吴冠中画选** 吴冠中作。中国三峡出版社1996年9月版。80万字。380.00元。收集吴冠中自本世纪60年代至今发表和未发表的作品近百幅。（王海燕）

J000054 **天一阁藏书画选** 洪可尧编。宁波出版社1996年11月版。119幅图。298.00元。系天一阁建阁430年来所藏书画作品的第一次公开结集出版。编者从近4 000幅藏品中精选了119幅，其中画101幅，书法18幅，绝大多数为明清时期有全国影响的书画大家的精湛之作，充分展示了宁波作为历史文化名城丰厚的文化底蕴。（王伯城）

J000055 **沈周书画集(上下卷)** 沈周绘，天津人民美术出版社编。天津人民美术出版社1996年版。980.00元。沈周，字石田，号启南，明代杰出的大画家。他精工山水，兼擅花鸟人物。早年画学“元四家”，及后又上追宋代董源、巨然及米家父子，融汇了各家技法之长，创立了自己的风貌。他的山水画结构严谨、用笔苍劲、墨色沉郁雄厚，开创了有明以来一代画风。花鸟画也一变宋人的精工为雅逸，人物画则用笔简约而神态若活，成为明代画坛上的全才。本画集选自全国25家博物馆精品154件，图版363幅，由著名学者、故宫研究员单国强先生撰文，附有《沈周年谱》及《沈周存世作品目录》。

J000056　**董其昌书画集**　天津人民美术出版社编。天津人民美术出版社1996年版。380.00元。董其昌(1555—1636年)明朝晚期重要的书画家，少学黄公望，上溯董巨，又取法宋元，行以己意，画风气韵秀润，为松江派创始人，由于他官居高位，家富收藏品，学识渊博，又是集诸家大成的画家，影响之大使他成为画坛领袖式的人物，他在艺术上大力提倡南宗画，主张平淡天真的意趣，笔墨轻淡含蓄，境界静谧清雅，借以传达文人士大夫的理想和情怀。其时正值吴浙两派末流恶习泛滥，他力纠时弊，重振文人画，以其书画理论和创作实践，使文人画在画坛取得正统和主宰地位。本画册选自故宫博物院、天津市艺术博物馆、安徽省博物馆、无锡市博物馆藏品、扬州市博物馆藏品，作品既有师法黄公望、倪瓒用笔，又兼融董源、黄公望之浑厚，于轻淡中见秀润的作品；又有多取法董巨、二米、吴镇等，墨色爽朗清润，干湿、浓淡、层次丰富的作品；还有设色作品，一种为墨色相兼，以墨笔勾皴后敷色，于淡雅中见清丽，一种是设色没骨法，色彩鲜艳，但用笔、结体都很拙朴，有天真质朴的情趣，在书法上，董其昌也极有成就，他师学历代名家，魏晋、唐宋，尤其是得王羲之神韵，秀丽而潇洒，所选作品有对联、轴、长卷，本书画册共选作品约50件，149页。并请故宫博物院研究员单国强作序。

J000057　**扬州画派书画全集·金农(上、下卷)**　金农绘，天津人民美术出版社编。天津人民美术出版社1996年12月版。830.00元。扬州画派是清乾隆年间活跃在扬州一带的画家集群，他们的绘画清新洒脱，别具一格，打破了清初以四王为代表的摹古袭古之风的沉闷空气，给清季绘画平添了勃发的生机，有力地推动了中国画的发展。金农(1687—1764)扬州画派的主要画家之一，工诗，善画，长于书法。本书汇集了故宫博物院、南京博物院、上海博物院、天津艺术博物馆、辽宁省博物馆、广东省博物馆、广州美术馆、中国历史博物馆、四川省博物馆、安徽省博物馆、福建省博物馆、浙江省博物馆、首都博物馆、扬州博物馆、苏州博物馆、中央工艺美术学院等全国各大文物收藏部门所藏书画作品三百多幅，全部按编年顺序精选精印，系统地反映了金农艺术道路的发展轨迹和完整的个人风格特点。该画集还附录了《金农存世书画作品要目》。

J000058　**袁江袁耀画集**　袁江、袁耀绘，天津人民美术出版社编。天津人民美术出版社1996年6月版。440.00元。袁江、袁耀父子是清代康熙、雍正、乾隆时期的杰出界画家，其作品因画工精致，一丝不苟，气势恢宏，设色华丽，金碧辉煌，灿烂夺目而雅俗共赏，名重当时，并为后人所珍赏。工笔青绿设色山水楼阁界画，元明以后每况愈下，袁氏父子在继承唐、宋界画传统的同时，把界画创新到几乎“绝唱”的水平，此不独为中国山水画之奇观，亦中国美术史之辉煌篇章。惜二袁作品被收藏后即视为珍宝，传世作品很少。据不完全统计，仅在200幅左右，本画集从全国十余家著名博物馆、美术馆所藏作品中精选出袁江作品55件，袁耀作品88件，共计143件，图版177幅，全面展现了袁氏父子的艺术风貌。袁江的《阿房宫图》、袁耀的《蓬莱仙境图》分别驰名画史，为他们各自的代表作，观者无不惊其构思之奇伟，技巧之精微，从中可以发现画家擅长处理全景式的场景，重楼台阁，回廊曲折，叠嶂峰峦，云蒸霞蔚，其建筑图几与建筑设计图丝毫不爽，然而又能与山川景物融为一体，实是中国绘画史之杰构，界画的巅峰。编者将12幅条屏全部以局部形式收入画集。因画史上对袁氏父子的记载过于简略，二袁生平，从艺经历鲜为人知。著名学者聂崇正先生为画集撰写了序言。文章旁征博引，议论翔实，为我们了解袁氏父子的生平与艺术提供了不少珍贵的资料。

J000059　**任熊、任薰、任颐、任预扇面精品**　任熊等作。河北美术出版社1996年10月版。56页。59.00元。任熊、任薰、任颐、任预是清末活跃在上海画坛的重要画家。其作品在中国绘画史上占有重要地位，对近、现代中国画的发展产生了较大的影响。四位画家由于师承渊源及绘画风格大体相近，又长期寓居上海，故近代一些学者称“海上四任”。“四任”在人物、花鸟、山水画方面都有自己的建树，意境空灵，画风古雅，格调清新，雅俗共赏，构图上出奇制胜，富有节奏感，赋色鲜活明朗、形象生动活泼，充满一派生机。本画册收4位画家的扇面精品45幅。

J000060　**二十世纪下半叶中国画家丛书——新文人画**　陈平、田黎明等编。河北教育出版社1996年11月版。70幅/册。5 600.00元。大型画册套书。共20册。收入80年代以来活跃于中国画坛的新文人画派的代表画家20人。每人1册，每册约收入70幅作品。文人画曾是传统中国画中最有代表性的一种，甚至可以说是传统中国画的代名词，新文人画派特别注重对传统的继承。注重追求文人画的尚意精神。他们的创作不是求奇、求险、求怪，而是在继承前人的基础上，努力创作出具有中国风格和中国气派的作品。入选者即是其中具有代表性的人物。他们是陈平、于水、田黎明、王镛、李老十、卢禹舜、霍春阳、刘进安、北鱼、王和平、陈绶祥、王孟奇、徐乐乐、江宠伟、常进、方骏、周亚鸣、边平山、朱新建、刘二刚。他们虽同属一派，但画风却迥然有别。他们的画作可以说很大程度上展现了20世纪下半叶中国画坛的风貌。画册为8开套封精装，除图版外，还有作者简介，专家评论等。

J000061 **中国近现代名家画集·朱屺瞻** 朱屺瞻绘。人民美术出版社1996年6月版。167幅图。300.00元。共编入朱屺瞻自1954年至1993年间创作的花鸟、山水画作品167幅。因作者早年研习过西画，所以在中国画的创作中体现了西画的色彩功底，使笔下的中国画笔墨苍劲、色彩绚丽。形成了鲜明的艺术风格。张纫慈、章涪凌为本书撰写了序文，对作者艺术成就及生平作了评介。书后附有作者年表。（刘普生）

J000062 **中国近现代名家画集·关山月** 关山月绘。人民美术出版社1996年6月版。198幅图。300.00元。编选关山月1939年－1992年共196幅花鸟、人物、山水作品，同时编选了20幅常用章。端木蕻良为此画册作了序。（李秀玲）

J000063 **中国近现代名家画集·李苦禅** 李苦禅绘。人民美术出版社1996年6月版。0.8万字。300.00元。精选画家李苦禅花鸟、人物、山水、书法210幅作品。其作品年代跨度自1932年至1983年，几乎囊括了画家终生创作的所有精品。画家李苦禅极致推崇青藤（明代万历年间主张现实主义与浪漫主义相结合的著名画家，名徐渭，字文长，号天池）。其许多作品的题识中，皆显现了对徐渭（青藤）的崇敬与钦佩。书的最后附有作者的常用图章15方，及作者由1899至1983年和1984至1994年逝世前和逝世10周年的较为详细的年表。（吴传麟）

J000064 **中国近现代名家画集·黄秋园** 黄秋园绘。人民美术出版社1996年6月版。1.5万字。300.00元。收入黄秋园写意山水画123幅，界画6幅，人物1幅，花卉2幅。画集由薛永年撰写论文："黄秋园的艺术理论"。附画家艺术年表及常用印章。（刘汝阳）

J000065 **中国近现代名家画集·黄宾虹** 黄宾虹绘。人民美术出版社1996年6月版。184幅图。400.00元。黄宾虹（1865—1955年）我国近代山水画大家。本画册共编入他各时期的山水画作品139幅，附有精美的局部图43幅和32方常用印章。杨陆建为本书撰写了序文，对作者的艺术成就及生平作了评介。赵志钧撰写了黄宾虹年表。（刘继明）

J000066 **中国近现代名家画集·潘天寿** 潘天寿绘。人民美术出版社1996年6月版。167幅图。300.00元。潘天寿（1897—1971年）我国著名艺术大师和杰出艺术教育家。画册编选了他的164幅作品，其中18幅是书法作品，同时编选了27幅常用章。（李秀玲）

J000067 **刘奎龄绘画全集** 刘奎龄绘，天津人民美术出版社编。天津人民美术出版社1996年6月版。1 148.00元。刘奎龄是我国现代著名的花鸟、走兽画家。一生创作了大量的优秀工笔画。他继承宋元明清以来名家的工笔花鸟画传统技法，同时又吸收了西方的绘画技巧，中西合璧，融为一体，创造出与众不同的、崭新的翎毛走兽画派，他的作品不仅造型准确，精细逼真，而且富有神韵，充满生气，他更注重笔墨意趣，在多种用笔和微妙的赋色变化中，形成了独树一帜的艺术风格，为中国工笔花鸟、走兽画的发展作出了贡献，是中国近代美术发展中的一代宗师。本书是在1989年出版的社藏画《刘奎龄画集》（以后称第一卷）的基础上续编二、三卷汇集而成，全卷呈八开精装本，内外双层封套。共收集刘奎龄从1921年至1961年间创作的花鸟鱼虫、人物走兽、楼台殿阁等作品近400件，画集中还将一些作品局部放大，便于读者阅读和学习研究。

J000068 **周永家水墨画集** 周永家绘。人民美术出版社1996年10月版。1.5万字。35幅图。320.00元。周永家是一位由海军战士成长起来的画家，60年代他的处女作《祖国的眼睛》被中国美术馆收藏。他的作品有海军题材，但更多的是以大海为内容：海洋、海军、渔民、渔女、渔村等，近年他又把大海空间扩展到西北高原，表现西藏牧民，藏族老妇、康巴汉子等。作品深沉、博大、有力度，人物生动、感人、细腻极赋个性。他在艺术观念上吸收传统与现代、东方和西方的审美情趣，运用工笔和写意相结合的手法，形成自己的独特的"永家皴"的绘画语言。该画册收作品30余幅，每件作品均有多幅局部放大，并有作者撰写长篇生活体验和创作体会。（杨恩）

J000069 **浙江二十家中国画集** 孔仲起等绘。上海书画出版社1996年4月版。2万字。200幅图。280.00元。浙江省20位中国画家近年创作的中国画代表作的合集。20位浙江省的中国画家,风格差异很大,题材多样,虽说以省会杭州市的画家为主,但基本上可以代表浙江省中国画创作近年来的水准,反映出以“浙派”为基础,兼收并蓄的浙江中国画创作风貌。序文以20位浙江中国画家为中心,纵论浙江中国画的特色以及近年来创作成果;每位画家作品前有短文介绍各自的画风和创作谈。(江宏)

J000070 **海上中国画选续集** 戴敦邦等绘。上海书画出版社1996年8月版。154幅图。320.00元。收集钱行健、韩伍、戴敦邦、吴玉梅、陈谷长、张迪平、赵豫、戴明德、陈龙、周若兰、张培础、毛国伦、蔡大雄、张雷平、汪大伟、乐震文等16位当前活跃在上海中国画画坛上著名画家的154幅最新作品。内容包括花卉、翎毛、走兽、山水、人物等。这个出色的群体除了运用写生、白描、工笔、设骨、写意等传统技法外,可贵的创新精神使这些作品更具现代意识和新海派绘画的特点。本书基本上反映了这些具有代表性的上海中国画画家队伍的现状及其作品的概貌。(华逸龙)

J000071 **全国美术学院在校学生优秀素描选** 福建美术出版社1996年版。12印张。30.00元。收入中央美术学院等全国10所美术院校学生的优秀素描作品80幅,其中20幅获得“吴作人国际美术基金会”1992年基础素描奖学金。这些作品有头像、石膏像、静物、人体、人像等,反映了我国高等美术教育在重视素描基本功方面称誉世界,表现了当代美术学子继往开来的艺术功力和崭新面貌。附原全国美协主席、中央美院院长吴作人先生的素描讲课笔记。

J000072 **蔡亮作品集——素描卷** 宋忠元主编。中国美术学院出版社1996年5月版。235幅图。240.00元。收录蔡亮1950至1990年30年间遵循“讲话”精神,深入陕北农村,所创作的素描164幅。其素描作品具有浓厚的生活气息和形神兼备的艺术感染力。1958年在延安画的3幅吹鼓手速写生动捕捉住了对象的神情,并成为他1959年创作油画《延安火炬》中的重要形象素材。60～70年代是作者素描创作的成熟期。《延安农民》(1979年),《吹唢呐》(1978年)、《含烟锅的农民》(1978年)等作品,生动真实地呈现了那个时代农民的精神风貌,实为描写中国农民的传神之作。(毛羽、许江)

J000073 **中国古代版画精品系列丛书** 陈老莲等绘。河北美术出版社1996年8月版。332.00元。收录版画11种共10册,包括《列仙全传》、《无双谱》、《离骚图》、《剑侠图传》、《凌烟阁功臣图》、《红楼梦图咏》、《程氏墨苑》、《顾氏画谱》、《水浒叶子·水浒全传》、《晚笑堂画传》。(王静)

J000074 **中国儿童漫画家选集** 丰子恺等绘。四川少年儿童出版社1996年版。24.50元。选编我国儿童漫画界具有代表性的丰子恺、乐小英、缪印堂、詹同4位画家的作品。分单册出版。(余林)

J000075 **庄锡龙漫画选集** 庄锡龙著。湖南文艺出版社1996年8月版。18万字。42.00元。庄锡龙是我国卓有成就的中年漫画家。本画集选收其1989年以来创作的漫画力作90余幅。它的特点:一是作品的思想新、视角新、内容新、表现形式新。如:《又在杀鸡给我们看了,真好玩》、《富人头上三把刀》、《真棒》、《深圳抒怀》等,反映了改革大潮中的新事物新风貌,富有现实教育意义,给人耳目一新之感。二是构思新颖,表现形式奇巧。如《工厂也有出次品的时候嘛!》,思想深刻,形象生动。(欧阳强)

J000076 **呐喊** 副名:漫画鲁迅小说。鲁迅原著,左川等绘画。河北人民出版社1996年9月版。7万字。700幅图,24.00元。《呐喊》是鲁迅小说集,收入鲁迅小说14篇,分别写于1918年至1922年。本漫画本以漫画的艺术形式再现了鲁迅小说的丰富内蕴,该书编文尊重原著,绘画生动有趣,二者珠联璧合,相映成趣。(王书华)

J000077 **彷徨** 副名:漫画鲁迅小说。鲁迅原著,左川等绘画。河北人民出版社1996年9月版。7万字。700幅图,24.00元。《彷徨》是鲁迅的小说集,收入鲁迅小说11篇,分别写于1924年至1925年。本漫画本以漫画的艺术形式再现了鲁迅小说的丰富内蕴,该书编文尊重原著,绘画生动有趣,二者珠联璧合,相映成趣。(王书华)

J000078 **故事新编** 副名:漫画鲁迅小说。鲁迅原著,赵文彬绘画。河北人民出版社1996年9月版。6万字。600幅图,18.00元。《故事新编》是鲁迅写的历史小说集,收入鲁迅小说8篇分别写于1922年至1935年。本漫画本以漫画的艺术形式再现了鲁迅小说的丰富内蕴,该书编文尊重原著,绘画生动有趣,二者珠联璧合,相映成趣。(王书华)

J000079 **漫画鲁迅小说** 鲁迅原著,左川绘画。河北人民出版社1996年9月版。20万字。2 000幅图,66.00元。将鲁迅的全部小说改为漫画本,分为《呐喊》、《彷徨》、《故事新编》3卷。(王书华)

J000080 **男人的海——模范团长李国安** 张卫明编文,杨在溪等绘画。中国连环画出版社1996年11月版。74幅图。24.00元。以连环图画的形式介绍了李国安的全部先进事迹。李国安带领部队官兵在祖国缺水地区开掘水源,战胜了常人难以想象的困难,不惜牺牲个人的一切。为祖国和人民作出了突出的贡献。此书给人以不怕牺牲的革命英雄主义教育;无私奉献的共产主义思想教育;爱祖国爱人民的爱国主义教育。(颜铁明)

J000081 **中国敦煌壁画全集(西夏·元卷)** 中国壁画全集壁画编委会编。天津人民美术出版社1996年版。380.00元。精选敦煌莫高窟、西千佛洞、安西榆林窟和东千佛沿、肃北蒙古族自治县五个庙石窟寺的壁画代表作近200余帧,每帧彩图都附有精美的文字说明。本卷论文由敦煌研究院研究员刘玉权先生撰写。

J000082 **永乐宫壁画精品线描** 成文正主编。陕西人民美术出版社1996年9月版。0.6万字,19幅图。18.80元。从大量壁画临摹作品中选取精品几十幅,去掉颜色的粉饰和积年的斑尘,找寻线的运行痕迹,完其精神骨气,研析加工整理,使之成为一幅幅完整畅美独立的线描作品,并以尽可能大的篇幅印制。(杨平)

J000083 **敦煌壁画精品线描** 张小琴主编。陕西人民美术出版社1996年9月版。0.6万字,20幅图。18.80元。选取敦煌壁画临摹精品几十幅,去掉颜色的粉饰和积年的斑尘,找寻线的运行迹痕,完其精神骨气,研析加工整理,使之成为一幅幅完整畅美独立的线描作品,并以尽可能大的篇幅印制。(杨平)

J000084 **民间鬼神画** 颜新元著。湖南美术出版社1996年8月版。77.00元。从艺术审美的角度介绍在民间广泛流传的一种民间宗教绘画,俗称水陆道场画,其内容包涵丰富的民俗民风,其形式表达手法具独特风格。该书共收录图片200余幅,并配有介绍背景材料的论文。(颜新元)

J000085 **世界美术全集** 天津人民美术出版社绘。天津人民美术出版社1996年12月版。720.00。共10卷,分别为:①原始与古代美术;②欧洲中世纪与文艺复兴美术;③文艺复兴美术;④巴洛克与罗可可美术;⑤古典主义与浪漫主义美术;⑥欧洲现实主义美术;⑦印象主义美术;⑧西方现代美术;⑨中国美术(原始—唐);⑩中国美术(五代—清)。全书详尽地展现了人类上至远古、下至现代绵延数万年在美术领域中取得的辉煌成就。表现出人类的不同的历史时期,形成的各种绘画艺术流派和其中杰出的画家及作品。各卷中除一般读者熟悉的画家作品外,还收入了一些过去鲜为人知的画家及作品。全书收入绘画作品近3 000幅。

J000086 **世界风景名画临本** 河北美术出版社编。河北美术出版社1996年10月版。59.00元。介绍有欧洲17世纪荷兰画派霍伯玛;19世纪英国杰出风景画家康斯泰勒、透纳;法国巴比松画派的柯罗、库尔贝和印象主义画家莫奈、西斯莱、毕沙罗、高庚、凡·高;俄罗斯巡回展览派优秀风景画家希施金、列维坦;以及美国和澳大利亚等国风景画家的作品50余幅,均为精印彩图。(赫福路)

J000087 **安特卫普皇家美术馆藏画** 天津人民美术出版社编。天津人民美术出版社1996年版。385.00元。安特卫普皇家美术馆是欧洲的重要博物馆之一,它历史悠久,藏品丰富。作品大多出自历代大师之手,在世界美术史中占有重要地位,画册收画120余幅。所有底片都由原作反拍的约15×20mm的大片。

J000088 **《大草原上的小老鼠》彩图本** 于永安等策划,余青等改编。中国少年儿童出版社1996年9月版。24印张。72.00元。根据中美首次合拍和出品的长达52集大型电视系列动画片改编,共4册,描写了生活在大草原上的一群拟人化了的可爱的小老鼠们爱自然、爱劳动、诚实可爱、团结互助的故事。生动塑造了特维兹尔·狄、奥斯谷、比蒂、维基、莫茜小姐、杰瑞迈亚、帕克太太等一系列正面形象,同时刻画了斯威尼、大坏猫等反面形象。通过妙趣横生、悬念迭起的52个故事,使小读者们在寓教于乐中得到许多启迪和收获。(杨向荣)

书法、篆刻

J000089 **当代书法艺术论** 周俊杰著。河南人民出版社1996年6月版。24.4万字。18.00元。当代书法艺术理论著作。包括:论、史、评、个案研究、志、表等篇,系统地对中国当代书法艺术家的艺术作品和实践进行梳理,研究、提出了衷恳的意见、看法,勾勒出中国当代书法艺术进步的脉络。(赵向毅)

J000090 **近现代百家书法赏析** 何峭等编著。四川大学出版社1996年4月版。28.3万字。24.00元。较为全面地介绍与评析近现代书家及其书法作品的著作。收入近现代颇具影响的书家114名,较为客观地分析评价了他们的书法成就和艺术风格。并收入图版149幅。书后附录近现代书家、善书人约300名,仅列其姓名、字号、生卒年及所擅长的书体。(陈克坚)

J000091 **董文艺术论** 阿红主编。辽宁大学出版社1996年12月版。24万字。48.00元。对董文的书法进行了较为全面的评介。集省内外70多名的作家、书法家、知名人士对董文书法从艺术方面进行了深入的研究和阐发。董文自幼酷爱书法,临池近四十载,对古贤前哲名迹摹写不辍,于篆、隶、楷、行诸体无不精擅,尤长草书,广采诸家之长,继承传统技法,掌握书艺神髓,逐渐形成自家面貌,作品飞动而刚劲,流畅而稳健,驰骋变化不离严谨端庄之规别有一种韵味。(刘东杰)

J000092 **中国历代法书墨迹大观(十六、十七、十八)** 谢稚柳主编。上海书店出版社1996年10月版。136万字(16),140万字(17),144万字(18)。65.00元(16),65.00元(17),68.00元(18)。内容为近百年来陆续发现的殷商甲骨、玉片、白陶上的朱书墨迹,以及秦汉竹木简牍、帛书,其中出自云梦睡虎地、银雀山、居延、阜阳、马王堆、敦煌等地的作品最具代表。此外,还有大量的民间无名氏写经,各体具备,风格异样。这对于研究我国书法历史演变,字体风格流派的形成及相互影响极具参考研究价值。(陈其瑞)

J000093 **中国古代书法经典** 董文、李勤学主编。春风文艺出版社1996年10月版。4 500幅图。588.00元。收入从殷商甲骨直至近代书法3000年历史跨度的书法优秀作品,按书体分类,以篆、隶、楷、行、草5种书体立卷,充分展示了书体的流变过程。所收作品广泛吸收辽宁、北京、上海、日本等博物馆馆藏精品,字迹漫漶者亦不作任何修饰,韵味高古。书前冠以"书体概说",对汉字和书艺变化的规律进行了阐释。(崔崇)

J000094 **初拓三希堂原本** 钟繇等作。岭南美术出版社1996年6月版。400.00元。清代乾隆十一年(公元1746年)二月,乾隆皇帝弘历为西暖阁取名"三希堂",因为他在这儿珍藏了三件稀世的书法作品:王羲之的《快雪时晴帖》、王献之的《中秋帖》、王珣的《伯远帖》。《三希堂法帖》是我国古代最具规模的一部丛帖。乾隆十二年十二月,弘历皇帝颁布《特谕》,指定由经筵讲官太子少师协办大学士史部尚书梁诗正等,负责编次内府所藏魏晋至明代书法佳作。历时三年,于乾隆十五年完成镌石拓墨装帧出版《三希堂法帖》,共32册。《三希堂法帖》出版已有二百多年,故其"初拓原本"已较为稀罕。本次出版按初拓本原大影印出版,基本上保留了古籍的原貌。《三希堂法帖》从曹魏时期的钟繇,东晋的王羲之、王献之、王珣,到明代的董其昌,收有这个时期的最出色的书法家的代表品作品,连同历代帝王、名家附在这些作品前后的题跋也有选收。(谢耿)

J000095 **敦煌汉简书法精选** 马建华、赵吴成编。甘肃人民美术出版社1996年2月版。195幅图。48.00元。编选出土于敦煌附近的数万枚简牍中最精华、最有代表性的简牍分不同书体、不同内容的影印原照汇编成书。具体采用正篇用小学习字帖,正式公文正隶体,公文底稿,家书章草体,另外编入一些河西走廊其他地点出土的简牍书文。采用这种编排方式是希望能给读者以河西地区的简牍文书艺术的整体印象。本书还邀请甘肃省博物馆从事多年汉简研究的徐乐尧研究员撰写五千余字文章。本书以正隶书体收编了简牍影印件60幅、章草书体70幅,附篇部分65幅,全书共精选简牍195幅,每个简牍均加有释文,以供读者辨认,了解其内涵。(刘云石)

J000096 **乐善堂帖** 元·赵孟頫书。北京图书馆出版社1996年9月版。3 000.00元。北京图书馆藏明拓元《乐善堂帖》是赵体丛帖中价值最高的拓本。此帖明末为张寰所藏,几经辗转,民国时期落入张伯英手中,最后转赠北京图书馆收藏,世上仅见此一部。此帖汇集了赵氏的精华之作《兰亭序》、《归去来辞》、《千字文》、《心经》等;还收有赵氏与顾善夫行草书札和兰竹图一幅,更是罕见之珍品。帖内另有赵氏手绘老子坐像一幅、张寰所题内签及跋文一页、张伯英的批跋千余字,均是极为珍贵资料。本书将拓本采用传统的珂罗版精印,依原尺寸装璜复制出版。(卢玉荣)

J000097 **今注今释正续三希堂法帖** 沈阳出版社1996年7月版。102万字。138.00元。《三希堂法帖》和《续刻三希堂法帖》是乾隆年间问世的大型法帖,在传统书法艺术领域享有极高声誉。本书集正、续《三希堂法帖》为一编,将所存法书、真迹、印文及题跋加以今译,并酌加注解。(姜波)

J000098 **楹联墨迹选集** 高朝英编。河北美术出版社1996年12月版。132页。69.00元。选辑河北省博物馆藏楹联墨迹精品131件并附有释文和作者小传。明之米万钟;清之刘墉、梁同书、纪昀、王文治、翁方纲、何绍基、包世臣、曾国藩、张裕钊;近现代的罗振玉、于右任、张大千等102位名家真迹收入本集。在大量的楹联遗迹中,不仅可以看到真、草、隶、篆乃至金文甲骨各类书体及书风的展示,更能看出清代书家对书法艺术的创造与发展。清代是楹联发展的鼎盛时期。清代楹联之盛,首先表现在楹联的普及和应用之广泛，楹联已经走进千家万户以及社会各个领域，咏叹风物、述事晓理、抒情言志、歌颂贤良、贺庆挽哀、风物民俗、人际交往、书体源流、哲理名言、学术文风、古今人物等等，是楹联的主要内容。（马志实）

J000099 **二十世纪中国名人书法大成** 何国栋编。北岳文艺出版社 1996 年 3 月版。34.00 元。收集近代各界名人 300 人的书法手迹，全面、系统地反映了 20 世纪华夏子孙各种政治人物、学者教授、宗教首领、文艺界、乃至科学界名流巨子，各自对于书法的独到领会和造诣，内容丰富，风格多样。（马森彪）

J000100 **民国名人手迹** 上海市档案馆编。上海书画出版社 1996 年 12 月版。5 万字。350 幅图。550.00 元。收录民国时期(1911 年～1949 年)各党派首脑、历届北洋政府内阁总理、总长，国民政府五院院长、部长、省长等要人，早期同盟会成员、革命党人、著名社团活跃分子以及文化教育、科学技术、经济金融，如徐世昌、黎元洪、冯国璋、熊希龄、段祺瑞、蔡锷、李烈钧、秋瑾、孙中山、蒋介石、李宗仁、孔祥熙、陈诚、陈布雷、宋子文、王世杰、于佑任、胡适、张元济、梁启超、谭延闿、居正、张静江、陈其美、朱经农、江恒源、杨虎、虞洽卿等一百余位重要历史人物的作品。其形式包括函札、电稿、文牍、诗稿、题词等。书中对每位入选者附有人物介绍。收集的内容反映了民国时期重要历史人物在当时社会环境下的内心世界和思想演变过程，对研究其人生轨迹和民国历史有特殊意义。（沈承志）

J000101 **何绍基墨迹** 何绍基墨迹编委会编。湖南美术出版社 1996 年 7 月版。3 万字。237.00 元。从全国很多图书馆、博物馆及私人收藏的何绍基书法作品中精选 318 件，较为全面、系统地介绍何绍基书法。第一辑为楹联、中堂、屏条、斗方；第二辑为首次发表的何绍基日记，这些日记选自他从清道光十四年(1835)至清同治十年(1871)的 9 本日记手迹；第三辑书信、手札、诗笺、墓志题跋等。从这些墨迹中可以看出他那种意随笔走，笔随意转，外柔内刚，外圆内方的何字，特别是日记手迹书写更随意，运笔节奏、结体、章法更为自由，真实地凸现了何绍基的生命流程，为研究何绍基提供了珍贵的资料。（童曼之）

J000102 **二十世纪书法经典** 沈曾植等作，尹树人等编。河北教育出版社 1996 年 12 月版。2 400 幅图。4 960.00 元。20 世纪中国著名书法艺术家代表作的总结性著作。辑录 20 位书法家及其作品。他们是：沈曾植、吴昌硕、康有为、郑孝胥、于右任、马一浮、谢无量、李叔同、徐生翁、齐白石、沈尹默、郭沫若、高二适、胡小石、吴玉如、王蘧常、林散之、沙孟海、陆维钊、台静农等。每人设 1 卷，共 20 卷分别介绍他们的书法理论与实践。在各卷中，收入该书法家不同时期、不同风格、形式的代表作约 120 幅。为了完整、全面、客观地介绍书法家在书法艺术领域苦苦追求，独树一帜、登峰造极的奋斗历程，丛书注意在选择作品时顾及其学艺、探索、成名的各个阶段；并考虑到读者的欣赏情趣，收入了书家的多种书体的作品。这其中，有青年时的楷书，工整严谨；有中年时自己的风格独特的探索，或楷或草，或篆或隶，无不充满作者对书艺的孜孜追求之情；亦有作者晚年时的倾心之作，则安排巧妙，挥洒自如，尽显一代大家的书学风范。作品之外，书中尚有延请专家撰著的书家书法艺术评价文章一、二篇，这些文章理论与实践相结合，深入浅出地分析、评论了该书家书法创作的艺术特点，指出其成功及不足之处，虽是一家之言，却不无独到之处。各部作品集中，还有其他一些内容，分别是："作品释文"(详细标明每幅作品的文字内容)；"作者简历"(是作者的艺术履历)；"常用印"(为作者生前不同时期自备印章中之有代表性者)。

J000103 **王个簃书法选集** 王个簃作。上海书画出版社 1996 年 1 月版。150 幅图。240.00 元。为纪念王个簃诞辰 100 周年(1897－1996)而出版。收集其 30 岁至 92 岁 150 幅书法精品。册后附有 36 方各个时期的自用印，以及弟子曹用平撰写"王个簃大事年谱简编"。（方传鑫）

J000104 **中日书法作品汇观** 陈振濂主编。中国人事出版社 1996 年版。1 894 幅图。129.00 元。共收入日本当今书坛著名书法家西川宁、青山杉雨、村上三岛、今日凌雪、柳田泰云等 327 人的作品和海外华人 3 人，中国包括台湾、香港、澳门在内的 32 个省、市、地区 1 567 人的作品。每幅作品均附书法评论家的简评，对作品的师承、特点、意境作了简单评述。（戴宗济）

J000105 **海上当代书法作品集** 韩碧池作。上海书画出版社 1996 年 8 月版。1 万字。180 幅图。250.00 元。比较全面地介绍当代上海书法艺术成就的书法作品集。作品集八开精装，汇集了 30 位上海书法家中知名度较高的和一些享誉画坛的书家的作品共 180 件。从这部书法集来看，各人的书法风格各异，很少雷同，完全没有墨守成一家之规的情况。在这些作品中，可以看到上海书法家的共同的地域特点，那就是不管自身的风格如何，是重帖还是重碑，是秀丽还是古拙，对传统的尊重和继承始终是上海书法家艺术创造的基础，正是这个共同的基础，使当今上海的书法艺术形成了既有个性又有共性的"海派"书风。同时，在这部作品集中，还可以了解到目前上海书法艺术整体水平的一个概貌。(薛锦清)

J000106　**梅园风范**　梅园新村纪念馆编。南京出版社1996年2月版。98幅图。120.00元。为纪念以周恩来为代表的中国共产党代表团进驻南京梅园新村同国民党政府进行和平谈判50周年而出版的画集。共收入全国各地的著名书画艺术家的书法、绘画作品百余幅，其中有中共代表团老同志的作品，如董必武书于1960年的"梅园新村纪念馆旧址题词"，陆定一书于1979年的题词"三十三年旧地重游"，廖承志作于1978年的揭露当年国民党军、警、宪如临大敌，严密监视中共代表团的"群魔图"。画集还收录了一部分党和国家领导人及知名人士的题词：如江泽民总书记为梅园新村纪念馆的题词："梅园风范，万古长青"，郭沫若1965年创作并书写的梅花诗等等。(杨晓岗)

J000107　**中国历代书法精品观止**　雷志雄等编。湖北人民出版社1996年11月版。35万字。1 000幅图。190.00元。共5卷，每卷介绍一种书体，即篆书、隶书、草书、楷书和行书。共收历代书法精品300件，每件均撰有评论文章。作品取自国内外博物馆、图书馆及私家收藏，不少拓本和法书是首次面世。评论文章深入浅出，作者不仅注重作品形制、质地的记载，收藏、流传的记载，书写技法的分析，风格特征的分析，更注重对书家及作品在书法史上的意义、作用、影响的评价。同时，力求从各个角度，在书法的审美方法、书法创作的心理分析等方面，作出具有启迪性意义的探索。(王建槐)

J000108　**武则天升仙太子碑**　武则天作。湖北美术出版社1996年12月版。120万字。35.00元。升仙太子碑并序是中国历史上唯一的一位女皇帝武则天遗留下来的最为完整的书法、碑文作品。此碑文语势畅达，气象恢宏，虽多僻语典故，然亦无碍文思，语句俪偶工整，情韵悠长无穷，读来令人回肠荡气，不禁为之击节。武则天写此文时已75高龄，以"飞白体"书写此碑文，颇受方家称誉："其行书有丈夫气。今观其草法极工，有鸟丝方格，尚似章草及皇鸟书"(《偃师县志》)。宋代《宣和画谱》卷一云："凛凛英断，脱去铅华脂韦气味。"今人杨剑虹先生言："她写的《升仙太子碑》，集行书、飞白于一体，笔画中丝丝露白，深得飞白佳趣。飞白书上又配以鸟形，蕴含着太子晋乘鹤升天为仙的传说，借以抒发道家思想。笔画灵活流畅，婉约圆转，是书法中的上乘佳作。"该碑文据传抗日战争时期为日寇盗拓在日本出版，建国前夕香港一家出版社也曾出版，但现在都难寻觅到这两个版本。本书直接从原碑上拓印而成，将碑文、注释、校正、插图溶为一体。(孙恩道)

J000109　**明文徵明书醉翁亭记**　支运亭编。辽宁古籍出版社1996年9月版。60幅图。158.00元。文徵明是以诗书画三绝而饮誉书坛的明代艺术大家。他的行书，以奇逸奔放，矫健纵横而蜚声中外。文徵明行书"醉翁亭记"卷，纸本，全绫裱，全高一尺五寸，全长五十七尺九寸，书心高一尺四寸，书心长四十四尺八寸。为明嘉靖十六年(1537年)文徵明六十七岁时所作，这是他传世之稀有的大字行书佳作，曾入清宫庋藏，现藏於沈阳故宫博物院。本书即是据此影印出版的，并附释文。此卷是以气势取胜而重整体效果的，给人以鲜明的第一感觉，但求神情贯注，一点一画不计工拙，反映出文氏在写这幅手卷时的一股激情，从而给人以一气呵成之感。从构体上观之，其字径大都在三寸左右，每行四、五字不等，错落有致，疏朗大方，而不失其整体的完美感；在用笔上则更多地参以黄庭坚的凝重，充分体现出侧锋取势，笔实墨沉的个性特征。此卷卷首钤朱文御玺"乾隆御览之宝"，朱文椭圆印，"御书房鉴藏宝"等。(高虹)

J000110　**篆刻欣赏**　叶一苇著。中国青年出版社1996年9月版。13万字。269幅图。13.60元。篆刻作品赏鉴。采用一印或数印配文欣赏的方式，全书分4部分：一、古印谈。选取战国古玺、秦印、汉印共51方，讲述篆刻的起源、发展、功能、审美。二、技法谈。选取清末民初作品30幅(印及边款)，着重分析各种篆刻技法，重在章法，也谈篆法及刀法。三、境界谈。选取清末民初作品172幅，着重分析作品的艺术内涵，着眼印面与内容的呼应，边款的修饰作用。附录作者本人作品16幅，讲述创作体会。四、专论4篇。是作者多年艺术实践的经验结晶。

J000111　**近现代书画名家印鉴**　金怀英编。上海书画出版社1996年12月版。1万字。6 000幅图。35.00元。近现代中国画和书法名家用印资料的工具书，以书画家名字为条目。被收的人物，皆为主要成名和活动于1840年以后的已故者，共100家，按生年序排。每一条目分为文字和图版两部分，文字部分由生卒和活动时期、字号、籍贯等内容组成，图版部分为所用印章的原大影印图。(庄新兴)

雕 塑

J000112 **中国根艺** 马驷骥等编著。金盾出版社1996年10月版。7.2万字。19.80元。系统地介绍了中国根艺的发展历史，论述了中国根艺的特点。指出根艺美术有别于木雕艺术，它是在发现并体现根的自然美的同时，又显示创造性加工的造型艺术，是三分人工、七分天成的一门独立的艺术，是一种天趣。作者总结了中国根艺的实践经验，运用大量资料，将中国根艺作品科学地分为三类：一是根艺美术品，包括树根雕、竹根雕、根造型、根贴画、根书法和根瘿作品；二是根艺装饰品，包括根艺床饰、根艺壁饰、根艺花架和根艺盆景；三是根艺实用品，包括根艺拐杖、根艺文房四宝和根艺家具等。在书中着重论述了根艺作品创作的美学原则，并结合具体根艺作品，详细介绍了从选材到成品的全部艺术实践过程，以及与之相关的加工工艺。作者还从根艺的审美特征，根艺作品的"影象"、环境和主题、根艺形象的神似和抒情、根材的形体美、色泽美等多个角度，向读者介绍了对根艺美术作品的鉴赏知识和要领。书中有150余幅优秀根艺作品的精美彩照。其中有(出土的)战国时期的作品、明清时期的作品，也有从1985年以来，历届中国根艺作品展评中，数十位根艺美术家所创作的获奖作品以及其他优秀作品。(周叔仲)

J000113 **中国青田石——名石·名雕·名家(中英文对照)** 陈慕榕编著。浙江人民出版社1996年10月版。10.25印张。210.00元。全面介绍青田石石貌、石性、石史、艺史的大型画册。青田石素以质地晶莹、色感雅丽、五彩相宜著称于世，因仅产于浙江省青田县得名。本书分"话说青田"(青田石又称青田)、"青田石雕"、"青田石章"、"石雕邮票"、"名石选介"5大部分，以图片为主，中英文说明、鉴赏文字为辅，系统地再现了青田石史、艺史的发展历程及最新成就，展示了青田石及其石雕、石刻精品的艺术魅力。所选作品档次很高，均为国家级馆藏品或高质量的私家藏品，有些作品尚属首次公开，如乾隆皇帝八旬万寿节寿礼——"宝典福书"。而且面广量大，几乎囊括了古今所有青田石雕珍品。其中，"青田石雕"部分收录石雕发端的六朝至明清、民国、乃至建国后各个不同历史时期的各类题材的艺术精品，"青田印章"部分收录明清篆刻家何震、苏宣、丁敬、吴昌硕等14位名家的17方名作及皇家贡品。在"名石选介"中编著者从青田佳石中选取灯光冻、封门清、蜜蜡黄、五彩青田等17种名石珍品，从其特性、产地、藏量、价值、宜雕宜刻作品等，进行分门别类的介绍。同时，在各大部分中，结合作品对10余位工艺美术大师的代表作品、雕刻技法、擅长技艺等进行推介；并融进自己的研究心得与体会，对一些名家名作的巧妙构思、主题思想、石料价值、雕刻技法、艺术价值等，一一作出鉴赏与分析。每幅作品下方均注明作品名称、尺寸、出品时间、石料、作者，具有较高的收藏与鉴赏价值。(陈巧丽)

J000114 **陶艺撷英** 景德镇陶瓷学院编。江西美术出版社1996年3月版。1.5万字。118.00元。景德镇陶瓷学院师生作品选。主要是美术系教师的陶瓷艺术作品，其中包括陶瓷雕塑、现代陶艺、青花粉古彩新彩、瓷板画等等。(韩建武)

J000115 **法国雕刻** 啸声编。江西美术出版社1996年9月版。108.00元。以185幅精美的图片立体而全面地介绍了法兰西从立国到二次世界大战前后雕刻艺术的演变及成果，并以法国雕刻史上名家杰作为主线，从艺术家本人禀赋才学的高下和周围环境影响的强弱，艺术思潮的改道和时代风尚的转变、宗教势力的起落和政权统治的兴衰、国家社会的治乱和民族天性的扬抑等方面，探讨了法兰西民族在雕刻领域的创造精神涨落起伏的因由，以及为人类艺术宝库所作贡献的独特之处。(韩建武)

摄影艺术

J000116 **现代摄影实用技艺丛书——家庭摄影技巧** 谷威主编。山西科学技术出版社1996年1月版。16.2万字。12.00元。分技巧和实践两篇，技巧篇为基本的摄影知识、方法和技巧，实践篇为家庭摄影中各个门类的拍摄技巧，形式有：人物摄影、建筑物摄影、静物摄影、动体摄影、儿童摄影、喜庆摄影、节日摄影、日常风情摄影等。(温洁茹)

J000117 **新摄影手册** 约翰·海吉科著。浙江科学技术出版社1996年12月版。21.5印张。248,00元。作者是当今全球著名摄影家。书中讲述了拍摄佳作的成功方法，并用作者自己所拍摄的饶有趣味的照片作为范例，通俗易懂地剖析了其中的关键因素，同时，对一些技术问题也作了充分解释。

J000118 **新闻摄影学** 徐忠民著。杭州大学出版社1996年6月版。28.9万字。16.00元。新闻摄影学专著。系统地介绍和论述了新闻摄影的发展历程及定义、特性，探讨了摄影记者、摄影采访、拍摄手

段和专题摄影及照片与文字的配合、构图等,研究了新闻摄影与法律的关系。(吕凤韦)

J000119　**中国百年摄影图录**　胡志川编著。福建美术出版社1996年版。280.00元。精选我国百年来摄影作品547幅,时间从1844年我国拍摄的第一幅照片起至1979年底。照片内容反映近现代不同历史时期各阶层人物的活动;反映风土民情、风俗习惯、服饰礼义、文化娱乐、劳动生产和体育运动等生活情景。

J000120　**池文学摄影作品选**　池文学著。吉林摄影出版社1996年12月版。82幅图。38.00元。画册。收入中国摄影家池文学的摄影作品82幅,是从作者从事摄影事业40年拍摄上千幅作品中筛选出的精华。作品有反映石油工人生活、工作、精神面貌的照片。有自然风光、民俗民情、新闻纪实的照片。其中,有许多作品成为传世之作。这些作品风格纯朴,内涵深厚,既有古典之韵,又有现实主义之美。(秦真元)

J000121　**异域风情**　副名:吕鸿勋国外摄影作品集。吕鸿勋摄。河南美术出版社1996年2月版。128.00元。摄影画册,共选入国外风情摄影作品81幅,1万字中英文对照。摄影者利用长期驻外工作之便,捕捉一个个瞬间,拍下一幅幅精美的异域风光及风土人情。"异域风情"的内容、情节景物的选择、瞬间的捕捉、构图安排、光色的运用,使作品中人与景、人与人、景与物的交织安排中发出真实美的魅力。(孙肃显)

J000122　**中国风光画库·北京风光**　中国风光画库编委会编。新华出版社1996年2月版。74幅图。50.00元。北京风光摄影作品集。收入"中国风光画库"系列丛书。展现了一个古老而又欣欣向荣的北京,用中英日3种文字说明。(陈卫东)

J000123　**大漠 太阳 生命**　郭新作。新疆美术摄影出版社1996年3月版。53万字。58.00元。以新疆的自然景观为创作素材的黑白摄影画册。在造型语汇上,作者多用深沉凝重的基调和鲜明的反差对比,烘托了浓烈的环境氛围。同时,利用画面上显示的气象的变化和时令的变更,以及流动的线条和跳跃的节奏,又体现了一种动的宇宙意识。画册总体上表现出了这种阳刚之美。在摄影的表现上,作者选择了黑白摄影。他认为黑白摄影有着能自如地改变客观物象的独特优势。在黑白之间,作者把客观的自然作为主观的情思的象征,创造出了一种新的意境。而欣赏者通过这种意境,可以领会一种不同的审美趣味。(刘振)

J000124　**美丽的桂林**　李会先、滕彬等摄。广西师范大学出版社1996年10月版。87幅图片。48.00元。摄影画册。精选桂林市摄影家协会12位会员的87幅图片,从不同的角度展现出桂林的山青、水秀、洞奇、石美的秀丽风光和大桂林的风貌及风土人情。(唐长兴)

J000125　**中国风光画库·故宫**　中国风光画库编委会编。新华出版社1996年2月版。88幅图。50.00元。故宫摄影作品集。收入"中国风光画库"系列丛书。以精选的照片展现故宫各方面的迷人之处,用中英日3种文字说明。(陈卫东)

J000126　**北京立交桥**　张百发主编。北京出版社1996年4月版。138万字。96.00元。全面反映北京市道路立交桥建筑的精美摄影集,共收入161座形态、建筑各异的立交桥,既能够让读者观赏到每座立交桥的全貌,又能从机动车行车示意图上了解该座立交桥的行驶路线,还能从各图的文字介绍了解其坐落位置、建成时间、立交形式、建筑特点和有关参数。为市政规划、市政设计、公路桥梁施工等部门的工程技术人员提供直观的帮助。(龙杰)

J000127　**沪上名桥**　吴永甫主编。上海人民美术出版社1996年12月版。136万字。65.00元。以桥为题反映上海城市发展历史的摄影画册。第一部分为"古桥风韵",展现了上海地区现有的宋元明清时期桥梁的风姿,反映了不同时期桥梁建筑的特点:诸如宋代普济桥的精致;元代顺德桥的粗犷;明代放生桥的巍峨;清代天恩桥的秀丽。作者特别重视桥梁演变的状况,考察了上海经济、文化发展的历史。第二部分为"吴淞雁横",主要展示了上海苏州河上众多桥梁的画面。这些桥梁都有近百年的历史。它穿越于上海闹市之中,是上海近代经济发展的"见证人",从一定意义上说,也是中国近代经济发展史上的标志性建筑。其中有标志中国第一条铁路建成的铁马路桥(河南路桥),最早建有煤气包的自来火桥(西藏路桥)、自来水桥(江西路桥),以及标志邮政、金融事业发展状况的邮政局桥(四川路桥)、造币厂桥(江宁路桥)等等。同时画册也通过苏州河上的桥梁反映中国人民奋抗的历史。画册在叙述了上海桥梁的过去之后,以《浦江长虹》、《都市锦带》两个部分,介绍了改革开放以来上海建成的南浦大桥、杨浦大桥、奉浦大桥、徐浦大桥的雄姿,以及市内纵横交错、造型美观、形态各异的立交桥、高架桥、人行天桥。这些桥梁的建成标志着上海社会主义现代化建设将要通向更

为广阔的天地、更加美好的未来。画册以诗与画的形式歌颂了这个变化。(吴永甫)

J000128 **20世纪外国摄影名家名作** 狄源沧编。江西美术出版社1996年12月版。10万字。58.00元(平),68.00元(精)。收入20多位当代摄影名家的作品,并对他们的生平、创作观念和风格以及技术手段,进行了较为详尽的介绍和分析。(韩建武)

工艺美术

J000129 **《设计家》丛书** 施慧等编。浙江人民美术出版社1996年版。19.50元。共18册,分别为《现代时装设计入门》、《户外广告设计》、《广告摄影技巧》、《城市环境雕塑》、《商业店面广告》、《黑白广告艺术》、《现代壁挂设计》、《时装效果图》、《样本图册设计》、《广告全案策划》、《女性形象广告》、《广告摄影创意100例》、《纸的造型设计》、《时装样式风格》、《幽默广告艺术》、《现代装饰艺术》、《室内表现图》、《广告设计10法》。(杨海平)

J000130 **现代工艺设计丛书** 杨永善主编。吉林美术出版社1996年7月版。40万字。270.50元。共12册,几乎囊括了工艺美术领域中的所有门类,全面介绍各门类的设计理论、设计概念、设计技法。各分册均采用类似教学的手法,以详尽介绍技法为主,以少量的资料为辅。各分册为:《服装设计》(刘元风著)、《室内设计》(郑曙阳著)、《工业设计》(蔡军著)、《展示设计》(林福厚著)、《陶艺设计》(陈进海著)、《装饰雕塑》(赵萌著)、《图形设计》(何杰著)、《书籍装帧》(吴冠英著)、《纤维艺术》(林乐成著)、《金属工艺》(周尚仪著)、《壁画艺术》(郗海飞著)、《漆器艺术》(邱坚著)。(朱循)

J000131 **心灵之光——盲童画集** 韩铁城编。内蒙古人民出版社1996年8月版。134幅图。300.00元。收入内蒙古呼和浩特市特殊教育学校24位10至16岁盲童的134幅剪贴、泼彩、扎染、蜡染、形拓、砖刻作品,并辅以汉、英、盲文说明文字。这些作品完全摈弃了逼真写实、摹仿再现生活的绘画传统,其造型既是合理的具象,又是明眼人绞尽脑汁也想象不出来的变形,构图新颖而随意,造型奇特、怪诞,色彩斑斓而又显得光怪陆离。这些作品的内容包罗万象,表现的主题是对光明的追求和向往,对真善美的赞颂,对假恶丑的鞭笞。体裁大致包括:花鸟鱼虫、飞禽走兽、自然风光、人情世态、神魔鬼怪、灾难战争、体育竞技等。(钢巴特尔)

J000132 **民间美术图集** 安正中编。陕西人民美术出版社1996年12月版。0.3万字。19.50元。“造型丛书”之一。较为全面地展示了中国各地区民间艺术造型图案千余种。全书分为刺绣、戏剧脸谱、皮影、玩具、染织、陶瓷、剪纸、风筝、面具等十几大类。这些造型图案是各民族人民在漫长的日常生活中创造出来的,作品含有质朴灵巧的美,构思奇特大胆,不受任何约束,具有强烈的装饰性,形成了一个多种样式、多种风格的造型艺术宝库。

J000133 **广东民间美术** 王树村主编。岭南美术出版社1996年6月版。11万字。230幅图。240.00元。全面系统展示广东民间美术的大型画册。从各地公私藏品中搜集遴选作品约210件,不少还是民间绝品,按类分编,有:剪纸、耍货、年画、绘画、版画、雕塑及其他共7类。书前有关于广东民间美术的历史渊源、演变及风格特色的研究论文,每类有专文详述,书末有图版说明逐图解释。(林声光)

J000134 **中国设计年鉴** 《中国设计年鉴》编辑部编著。黑龙江美术出版社1996年1月版。1 500幅图。380.00元。在标志设计、包装设计、识别设计、招贴设计、广告设计、工业设计、装帧设计、环境设计、展示设计等各种设计类别方面客观地反映了从1980年至1995年这一时期中中国设计师们多元化的设计特点,体现了中国设计师们的创意和技巧。港、澳、台及海外华人众多设计家的设计作品也收入多帧。(黄国楹)

J000135 **内蒙古青少年剪纸集** 阿木尔巴图、哈日巴拉编。内蒙古少年儿童出版社1996年8月版。281幅图。12.60元。汇集内蒙古青少年剪纸作品,展示内蒙古青少年剪纸艺术创作现状的专辑。从内蒙古各族青少年1990—1996年期间所创作、展览、获奖、收藏的剪纸作品中精选281幅作品。内容丰富、风格多样化,具有浓郁的乡土气息和地方特色。思想内容上,反映内蒙古草原生活的作品居多,其次是反映校园生活和家乡风土人情作品占一定数量,充分艺术地再现了他们所熟悉、所热爱的生活,表达了对生活的赞美和向往。艺术表现手法上,大部分剪纸作品,是运用了现代构图和装饰变形手法,讲求有价值的探索,有些仍追求传统民间剪纸艺术风格和朴实的画风,在继承和发展民间剪纸艺术传统的同时,承先启后,推陈出新,富有探索精神。(哈日巴拉)

J000136 **刘小娟剪纸百鸡图** 刘小娟作。陕西人民美术出版社1996年8月版。30.00元。民间艺术剪纸画册。以“鸡”为题材,用百种不同的表现手法和形式,概括和总结了民间关于鸡形象的造型经验及流传样式。在继承民间剪纸艺术传统的基础上,大胆创新。作者的作品,以陕北古朴为主调,开剪果断而不生硬,简捷之中时时透着细密,造型奇特,想象新颖,有独特的艺术韵味和魅力。这些作品表现了对生命的领悟与崇拜,对爱情的憧憬与赞美,对幸福生活的向往与追求。(桑勤志)

J000137 **中国面具史** 顾朴光著。贵州民族出版社 1996 年 1 月版。40 万字。36.00 元。共 6 章。第一章阐述了我国面具的界定和分类,探索了面具产生的年代和孕育面具的因素。第二章对各地史前岩画中的面具图像和远古时期的雕塑作品中的面饰和各地遗存的远古面饰进行了研究和介绍。第三章论述方相氏面具的形制、质地、原型,以及各地出土的夏商周、春秋战国时期的面具。第四章对中古时期傩仪和傩面具的衍变、面具乐舞、兰陵王面具、各地出土的中古面具、日本国保存的中国系面具等进行了分析和介绍。第五章论述傩戏形成的时间和傩面具的基本特征,以及“羌姆”的起源、传播,“羌姆”面具的制作和分类;还对藏戏面具、各地出土的近古面具及近古美术作品中的面具图像进行了艺术性、民俗性等方面的分析。第六章论述和介绍近代以来各地的傩戏面具、藏戏面具及其他少数民族的民俗面具等。全书按远古、上古、中古、近古和近代以来 5 个时期展示了中国面具文化源远流长的历史。正文前附彩色图片 48 幅,正文中随文黑白插图 288 幅,形象直观地展示了各个历史时期面具的文化内涵和艺术风采。(胡廷夺)

J000138 **头饰 面具 脸谱** 俨韦编绘。黑龙江人民出版社 1996 年 6 月版。2 万字。48.00 元。以图为主,附简要文字说明,汇集了世界各民族在不同的发展阶段所采用的具有典型性的头饰、面具和脸谱造型形式,基本形成了一个形象的人类头部装饰文化体系。书中侧重于原始时代与现代、西方世界与中国头部装饰造型的比较,意在使读者辨识出人类头部装饰文化发展的世界共通性、历史继承性、区域融合性及鲜明的民族特征。(徐冲)

J000139 **《新艺术》设计** 副名:世界名派名家设计大系。钱凤根著。河北美术出版社 1996 年版。103 万字。226 幅图。280.00 元。“新艺术”是欧美设计全面进入 20 世纪和走向现代的标志,作为西欧现代设计运动的始端,是新世纪的意识在设计方面的体现,其本质表现为一种装饰倾向和潮流,一种强调曲线的装饰价值的二维装饰风格。新艺术风格同时造就了一大批杰出的设计大师,主要代表人物有:查尔斯·雷尼·麦金托希;爱米勒·嘎莱;亨利·范德维尔德;彼得·贝伦斯;约瑟夫·霍夫曼等。全书通过介绍以法国为主要代表的西欧各国的设计与代表人物,深入浅出地论述了新艺术运动所体现的设计思想和精神特征,展示了这一阶段典型的设计语言。因此,“新艺术”设计以“英国工艺美术运动——新艺术的奠基石”为切入点,以法国“一切师从自然的新风格”;“比利时的新艺术”;德国“充满活力的青年风格”;奥地利“从线条转向几何形的奥地利分离风格”;西班牙和意大利“新艺术的两个小家族”;荷兰和斯堪的纳维亚“掺杂的新艺术”;英国“后来居上的新艺术”为构架,分别叙述,在比较中逐章介绍,涉及到建筑、室内、家具、玻璃、陶瓷、纺织品和图形等诸多设计样式从而形成这一时期设计的史料概述。(张建斌)

J000140 **艺术铸造** 谭德睿等主编。上海交通大学出版社 1996 年 10 月版。63.4 万字。60.00 元。叙述艺术铸件从翻模、铸造工艺设计、国内外各种行之有效的艺术铸造工艺方法、艺术铸造合金,直至铸后加工、焊接和着色的工艺技术。专设一章阐述中国艺术铸造发展的历史,展示中国历代艺术铸造的成就。最后介绍各种艺术铸件的实际制作例子。(成敬祥)

音 乐

J000141 **青少年作曲入门** 刘德增、刘昭编。中国青年出版社 1996 年 1 月版。19 万字。16.00 元。主要讲解歌曲、旋律的创作方法。从学习乐理开始、推及创作;设计练习,从练习中领悟乐曲规律。(石钢)

J000142 **西洋音乐名作故事** [日]志鸟荣八郎著,包容译。人民音乐出版社 1996 年 11 月版。36 万字。23.30 元。以生动的笔触描绘了 80 余部外国大作曲家著名作品的创作过程、音乐内涵以及许多生动有趣并且鲜为人知的背景故事。阅读这些文章不仅能够使你了解这些音乐家们当时的生活创作状况,而且能使你通过这些故事加深对其作品的理解,更能够通过这些领悟到大作曲家的内心世界与他们的人生苦乐观。(陈胜海)

J000143 **音乐大师与世界名作** 刘璞编著。中国人民大学出版社 1996 年 2 月版。47.9 万字。

45.00元。首先介绍了26位世界音乐大师的生平、创作情况，包括其出身门第、成长经历、婚恋、性格、成就及一些生动感人的传说、逸闻趣事等，进而按前述的规律，编排、介绍了百余首欧洲音乐名作，所选曲目均为音乐史上最重要的作品。（郑伯平）

J000144 **365首外国古今名曲欣赏·续集（上、下册）** 贺锡德编著。人民音乐出版社1996年10月版。1 216面乐谱及文字。55.60元。分上、下两册，上册为器乐曲部分，收录有管弦乐作品、钢琴作品、小提琴作品及其他器乐作品共计174首；下册为声乐曲部分，收录有艺术歌曲、通俗歌曲、民间歌曲、电影插曲、音乐剧选曲和歌剧选曲共计191首。以分析讲解乐曲，介绍作曲家生平和创作背景为主，附有乐曲主题的简谱谱例与声乐曲完整的曲谱与中译配歌。（王顺通）

J000145 **中国古代音乐概论（远古—汉代）** 方建军著。陕西人民出版社1996年12月版。21万字。23.00元。中国音乐考古学专著。中国古代乐器的研究是考古学与音学史等学科领域的新的门类，上古到汉代的乐器更有其中国古代音乐文化的特点与含义。研究中国古代乐器，其对象是乐器实物、文献及图像；其内容是断代和分域、形制与类型、材料和工艺、铭文和纹饰、安置与演奏、结构和音响等；其方法主要是从考古学、音乐学与音响学以及几者的综合研究入手，判断乐器的各种形制及性能，并把它与中国古代文化结合起来，比照分析，说明它在中国古代社会中随文化的享有差别而表现出的不同作用。上古到汉代，乐器基本上分三大类，一是打击乐器，如鼓、磬、钟、铙等；二是管乐器，如哨、笛、角、埙、箫、笙等等；三是弦乐器，如瑟、琴、筑等。这些乐器，从上古到汉代，不断流传，代有改进，有的消失了，有的传承下来，却被改造得更为精制。无论是消失的或是被改制的，它们都代表了一个时代音乐文化的一个方面，都是中国文化宝库中的璀璨的明珠。（董玉英）

J000146 **莫扎特之魂** 赵鑫珊、周玉明著。上海音乐出版社1996年12月版。41.5万字。27.00元（平），33.00元（精）。全面完整地多视角地论述莫扎特的著作。莫扎特究竟是怎样的神童？一生服的是怎样的“甜美的苦役”？他的音乐的美、音乐的深刻性和“征服我们的最大秘诀”体现在哪里？他的喷涌如泉的美妙乐思、浩瀚似海的诸多作品与哲学、宗教，与地理、建筑以及与人生、爱情都有什么关联？他音乐中体现的欧洲文化又与东方文化（如中国的唐诗宋词）有着怎样的内在审美瓜葛？我们又该如何来理解及欣赏他的音乐？对诸多如此类的大文化课题，书中都有较完美的透视、感悟和解答。（方立平）

J000147 **中国民间歌舞音乐（音乐自学丛书）** 杨民康著。人民音乐出版社1996年4月版。300文字及简谱。23.30元。系统、全面地介绍了中国各民族民间歌舞音乐产生的历史背景及发展概况。并运用艺术形态学、艺术语义学、艺术文化学等国际上通行的分类及分析、研究方法，阐述了流行于我国不同民族、不同地区的民间歌舞音乐的形态特征和风格特点。（吴朋）

J000148 **西方音乐史** ［美］唐纳德·杰·格劳特等著，汪启璋等译。人民音乐出版社1996年6月版。74.5万字。99.00元。中译本根据1988年最新修订四版，除保持编年史顺序和原有文笔风格外，在布局上有所更动：①将《音乐荟萃》文字与正文分开；②新设“前人言论”栏目，用引文数则；③设分章年表。全书含大量谱例和珍贵图片。（高士彦）

J000149 **律学（第三次修订版）** 缪天瑞著。人民音乐出版社1996年1月版。16万字。21.00元。共10章：前5章侧重于阐明律学的原理，后5章侧重于律学的应用。第一章为导论，主要说明律学的研究范围和理论性质，音的类别和发音原理；音的国际标准高度；律学的实验方法与工具等。第二章为音律计算法，主要阐述数学上如何计算音律（音程）的各种方法。第三章至第五章，分别讲述了3种国际间广泛应用的律制：五度相生律，纯律和十二平均律的来源；构成与特征以及生律方法；3种律制间的异同及其矛盾表现等。第六章至第八章，分别讲述了中国律学史，欧洲律学史和阿拉伯——伊朗律学史，它们分别代表着世界3种乐制体系，即五声体系、七声体系和四分之三音体系。第九章分别讲述了亚洲地区包括中国、日本、印度次大陆、印尼、泰国、缅甸、土耳其等地民族乐制。第十章为律制的应用，主要讲述了各种音乐形式（人声、乐器和乐队等）的音律问题。书末附录有“音分值和频率对照表”和“音律表”均详列精密数据，为重要参考资料。现在这个版本是基于第一次修订版与第二次增订版后的第三次修订版。主要将80年代以来中外有关律学研究的新资料，新成就补充进去或据以修改，在全书修订中对全部数据重新作了精密测算。（许再扬）

J000150 **荀勖笛律研究（中国传统文化研究丛书）** 王子初著。人民音乐出版社1996年2月版。15.00元。关于中国古代乐律学史专题研究的一部学术著作。所论“荀勖笛律”,指史志所载四晋初年荀勖主持下太乐乐府创制的一套正律器。据考,它是中国乐律学史上第一次成功地在一组(十二支)侧面连续开孔的律管制作与计算中运用了管口校正的方法,获得了系统而简明的校正数,而且其计算巧妙地包容在律尺度量的进退上下的直观形式之中。这在中国乃至世界声学史、乐器科技史、乐律发展史上都属于最早的意义重大的事件(西方有关管口校正法的研究只是上个世纪以来的事)。有关荀勖笛律的详细史料,载于《宋书·律历志》(《晋志》同),而将其中隐含应用了管口校正法这一光辉的科学发明事实揭示出来的,乃是当代民族音乐学家杨荫浏。《荀勖笛律研究》一书作为著者硕士学位论文,则是在杨荫浏及黄翔鹏等前辈学者研究基础上,通过进一步多种实验和论证提出的新的学术成果。其中包括如下四点:一、指明荀勖笛律管口校正的形式为侧孔校正而非端口校正,而侧孔校正在当今世界仍属于疑难课题;二、证实荀勖笛律所采取的只可能为异径管而非同径管;三、提出荀勖笛律所构成的律制的不规则的22律;四、对史料及前人研究上的纠谬辨讹。这无疑将此项专题研究大大推进了一步。本书包括绪言、上篇、下篇、附录4个部分。绪言综述清乾隆以来200年间笛律研究的概况;上篇“荀笛研究五题”,集中就笛律的管口校正、律制、笛律管径及功用、笛上三调等课题作了论证;下篇“研究资料辑矜”,共节录《宋书律志》、胡彦升《乐律袁微》、徐养原《荀勖笛律图注》、凌廷堪《晋泰始笛律匡谬》、陈澧《声律通考》等5种,释文侧重于乐律学有关词语。附录部分节选有近人研究资料6种及《晋书》本传。(许在扬)

J000151　**和声的民族风格与现代技法(论文集)**　人民音乐出版社编辑部编。人民音乐出版社1996年9月版。50.2万字。30.50元。系据1979年、1986年两次全国高等音乐院校和声学学术报告会提交的论文编选而成。这两次学术报告会集中展示了1978年前后两个不同时期我国和声学教学与研究的学术水平、主要成果和发展趋势。所选录论文总计24篇,其内容范围大致有如下几方面:一、总体性、基础性的理论研究。这类论文由于突破了传统和声理论观念的局限,在研究范围的广度与理论探索的深度方面都较前有大的拓展。其中提出了许多新的观念、新的理论方法与手段,以探求与现代音乐创作相适应的、具有更大包容能力与实践意义的和声理论技法系统。如《和声逻辑概论》提出控制和声运动的三大基本逻辑,(即调性逻辑、数理逻辑、音相逻辑)的学说,在较高层次上包容了近现代多声音乐和声的一般规律。《近现代和声的功能网》、《近现代和弦的数列结构》则从纵、横两方面探寻近现代和声的规律,力求把传统和声与近现代手法(包括十二音音乐、多调性、泛调性音乐)、功能体系与音级体系融为一体,使新的理论与技法更简明易学,更便于应用。其他如《和声力学研究》等文均于新的和声理论与技法建设有重要意义。二、我国民族民间音乐形态的特点及和声运用上的民族风格研究。本书选录有《论同宫场》、《五声纵合性和声结构的探讨》、《我国民间多声与近现代和声》等重要论文多篇,它们多是从民族民间音乐形态(如五声性调式、旋律、原始多声结构)的特点研究及我国当代音乐创作中和声运用的民族风格成功经验中所做理论概括与总结。有关和声的民族风格问题,实际是两次学术报告会的中心议题,它贯穿于本书所编选的所有论文之中。三、近现代西方主要音乐流派和声技法的分析与研究。其中涉及德彪西、勋伯格、巴托克、兴德米特、斯克里亚宾、肖斯塔科维奇等有一定代表性的作曲家及其作品。分析与介绍近现代西方和声技法,作为当代音乐创作中多声结构民族化的借鉴,作为新的和声理论与技法体系建立的借鉴,是当今和声研究的重要趋向。本书附录有一篇关于两次和声学学术报告会的评介文章并附录有一份有关和声学论著的目录索引。(许在扬)

J000152　**词乐曲唱**　洛地著。人民音乐出版社1996年11月版。26万字。18.20元。对“以文化乐”即“依字声行腔”的代表性品种“词乐”和“曲唱”进行了全面、系统和深入的论述。上编横向剖析现存“曲唱”(现今存在于“昆腔”中的“曲唱”),从“声韵、节奏、旋律、用调”4个方面完整地详述了“曲唱”的构成。正确而详细地阐明了“曲唱”是怎么样的一类唱,廓清了近百年来对“曲唱”(“昆曲”、“昆腔”)的种种混乱说法;因而,对现今“昆腔”的作曲和演唱具有现实指导作用。下编,纵向地研究“词”及“词唱、词乐”的各方面的结构。以及“曲唱”对“词乐”的承继、发展。切实地阐述了在南宋时达到历史高峰(因蒙元灭宋而被中继)的“词”及“词乐”的产生,其各方面的结构、形态,以及与后世“曲唱”的关系,廓清了自明清至今词学界对“词乐”的各种臆测,包括被人们称之为“迷宫”的“宫调”问题。“把历来弄得非常深奥难懂的唐燕乐二十八调问题,返朴归真,回复本来面目,是唐二十八调研究方面的一个重大突破和重大收获”。在现代,本书可谓音乐界对“词乐”研究的第

一部著作。(常静之)

J000153 **笛子演奏艺术原理** 张学庆著。花山文艺出版社1996年3月版。作者从教多年的经验总结。从人体生理机能、音乐声学原理、基本技能和技法、演奏艺术原理、演奏基础知识等方面进行了深入的分析和研究。

J000154 **中国钢琴文化之形成与发展** 卞萌著,卞善艺译。人民音乐出版社1996年8月版。13.6万字。12.00元。系统研究中国钢琴文化历史和理论的著作。阐述了中国传统文化及西方各种钢琴学派对中国钢琴文化的形成与发展的影响;总结了中国钢琴文化迅速发展的经验。使读者对钢琴文化的产生与发展、有关人物与事件、成就与不足、现状与未来等方面能有较全面、系统的认识。(王华)

J000155 **钢琴考级作品练习指南** 张静蔚著。人民音乐出版社1996年9月版。24.4万字。19.10元。针对全国钢琴(业余)考级一、二、三套(共150首)曲目而撰写的学习指导用书。其内容为两个方面:一是对每首乐曲的技术难点提出了规范的具体解决方案,如对臂、肘、手指等关节在每个技术难点的具体运用进行了详解;二是对每首乐曲的创作背景、风格特征进行了注释。通过两个不同角度的引导,一方面帮助考级学生顺利解决技术问题,流畅、完整地体现谱面的音符,另一方面,更能让演奏者在演奏过程中获得审美体验,充分表达乐曲应有的乐思和抒发演奏者内心深处的情感。(郭峰)

J000156 **中国打击乐** 李民雄编著。人民音乐出版社1996年8月版。484面。46.60元。作者根据自己多年的教学和实践的经验,集我国南北鼓派诸家之长编撰而成。内容包括:中国打击乐器演奏法;司鼓艺术;中国打击乐器记谱法;练习曲和乐曲;古今打击乐曲荟萃5大部分。并附有简洁的文字介绍,图片示范,介绍了中国打击乐器的性能、奏法、不同风格的优秀打击乐曲的结构、织体写法、锣鼓语汇、记谱法及发展手法等等。(陈兴荣)

J000157 **维吾尔多郎木卡姆** 麦盖提县多郎木卡姆研究会、麦盖提县人民政府文化局编。新疆美术摄影出版社1996年8月(维吾尔文)版。20万字。100.00元。维吾尔多郎木卡姆,是维吾尔十二木卡姆的重要组成部分,是中华民族文化艺术宝库中的无价之宝。它的曲调、旋律没有受到其他木卡姆或其他地方音乐的影响。它是多郎维吾尔人的心声,是充分表达哀与乐、爱与恨和美好理想的旋律的喷泉,是集歌舞音乐和各种有趣活动之大成的综合性艺术形式。多郎木卡姆曲调古老,原始的乡村生活气息比较浓郁,舞蹈优美、豪放、稳重,具有浓厚的民族特色。本书收集了近20部"小节目"的唱词和曲谱。以维、汉两种文字对照,配上五线谱。(叶尔起)

J000158 **亮晶晶的儿歌** 王清秀著。河北少年儿童出版社1996年4月版。12万字。4.70元。儿歌集。收儿歌170余首,涉及的生活面广,内容健康,韵律优美。作者用儿童的眼光观察世界,用儿童的心理理解生活,用儿童的语言歌唱生活。面对生活中平常的事物,奇思突起,用符合逻辑的思维,合乎情理的想像,运用独特的构思手法,对这些事物进行了比喻、拟人、夸张等艺术修饰,给自然景物以慈祥的面目,给鸟兽虫鱼以人的感情,给花草树木以向上的力量,让少年儿童在阅读歌唱的同时,体味人生、认识生活。(安家宁)

J000159 **读拼音念儿歌** 程逸汝、曹留夫等编。河北少年儿童出版社1996年3月版。10.5印张。12.00元。精选著名儿歌作家的100首儿歌。既有自然知识和生活知识;也有对祖国大好河山的赞美;还有对各种小动物的热爱之情。在编排形式上,文字采用单独占一页,配汉语拼音。每首儿歌配一幅整页的彩色插图,画面用夸张手法,色彩鲜明趣味性强。(徐光立)

J000160 **彩图名家儿歌** 鲁兵等著。希望出版社1996年4月版。75.00元(平),140.00元(精)。包括《鲁兵儿歌》、《圣野儿歌》、《金波儿歌》、《聪聪儿歌》、《杨畅儿歌》、《樊发稼儿歌》、《张继楼儿歌》、《郑春华儿歌》、《王清秀儿歌》、《滕毓旭儿歌》10册。都是作家从自己的作品中挑选出来的最优秀的儿歌。每首儿歌配有精美的插图。(侯天祥)

J000161 **马思聪小提琴曲集** 马思聪研究会编。人民音乐出版社1996年5月版。128面。6.10元。共收入马思聪小提琴作品16首,其中包括8首独奏小曲、3首回旋曲、4首组曲和1首奏鸣曲。在这些作品中有马思聪早年创作、已经出版并在国内外广为流传的佳作,如《摇篮曲》、《牧歌》等,此外,还有一部分马思聪在中、晚年所作、首次出版的作品,如《高山组曲》、《第三回旋曲》、《第三奏鸣曲》等。较全面地反映了马思聪在小提琴音乐创作方面的成就,为马思聪小提琴作品的研究和演奏提供了宝贵的资料和丰富的曲目,它更是中国小提琴学派的重要组成部分。(侯波)

J000162 **中国钢琴名曲30首** 魏廷格编注。人民音乐出版社1996年12月版。173面。32.50元。

侧重于采用中国传统、民间音乐素材编创的作品。这些作品具有较浓郁的民族风格、较高的艺术质量,在较长时间的演奏和教学实践中显示出了持久的艺术生命力。这些乐曲的乐谱在传抄、出版过程中程度不等地存在着弹奏的标记不全、不准确,以及其他错讹之处。本书对乐谱的错讹之处加以订正,确认和补充了与弹奏有关的所有标记,加注了供参考的指法等。此外,还附有作曲家及其作品的简介,供弹奏者参考。(戴于吾)

J000163 **蒋风之二胡演奏谱十五首** 蒋菁整理。人民音乐出版社 1996 年 10 月版。36 面。4.50 元。蒋风之是我国著名的二胡演奏家。在书中 15 首演奏谱中,有 7 首是他生前在中央人民广播电台录制、播放过而未曾正式出版,另 8 首于 50 年代曾出版过(《蒋风之二胡曲八首》),但现已绝版。这 15 首乐曲中含古曲 4 首(《汉宫秋月》《鸥鹭忘饥》等),民间乐曲 7 首(《高山流水》《三宝佛》等),江南丝竹乐移植曲 4 首(《梅花三弄》等)。这些乐曲无论从历史的角度,还是从学术的角度都有很高的价值。《汉宫秋月》演奏谱是在刘天华传谱的基础上通过演奏实践,蒋风之不断对其进行艺术加工的成果,如将原谱的一拍基本上扩充为两拍,一小节变为两小节;对休止符时值的变化以及上下滑音、虚按音、压弦等技法,都在乐谱上做了详尽的标记。这些变化使旋律更加丰满与流动,形成了蒋派的独特风格。《高山流水》是蒋风之 30 年代和筝演奏家娄树华合作时得到的浙派筝曲,后经蒋氏整理移植成二胡曲。《鸥鹭忘饥》是蒋风之在与古琴家查阜西合作演出的古琴、二胡重奏曲的基础上,根据二胡的特点加工成为独立的艺术作品。本书是其女儿蒋菁通过录音带整理记谱,并对照她当年向父亲学习的笔记将一些演奏技法一一标上,是学习与研究"蒋派"的演奏艺术风格,发展我国的二胡演奏艺术极为珍贵的资料。(静燕)

舞　蹈

J000164 **民族大秧歌** 刘翠玉等编创。金盾出版社 1996 年 11 月版。3 万字。8.00 元。介绍了在我国民间广为流行的汉族舞蹈形式之一——秧歌(又称田歌)。作者在前言中,论述了秧歌这种起源于农业劳动的舞蹈形式的产生与发展。在第一部分中,讲述了秧歌舞的基本动律、步法训练、持扇方法及手中花的舞法等基础技法。在第二部分中,教授了扇花秧歌、手绸花秧歌、手巾花秧歌的跳法。第三部分是作者在传统秧歌的基础上,吸取陕北秧歌、东北秧歌、山东秧歌、河北秧歌、云南花灯、安徽花鼓灯的特点,编创出的一整套优美的形体表现动作——女子秧歌舞,使秧歌这一舞蹈形式进一步美化、完善和规范。(周叔仲)

J000165 **现代舞欣赏法** 欧建平著。上海音乐出版社 1996 年 11 月版。38 万字。35.00 元。介绍了 123 部现代舞的经典作品。全书共两大部分,即"怎样欣赏现代舞"和"现代舞名作赏析"。在第一部分中,介绍了观看现代舞的最佳方法。这些经验之谈,是作者在向外国现代舞大师学习理论和实践时所积累的。第二部分,以人物和作品经纬出现代舞的历史,勾勒现代舞各名家的生平事迹,社会背景、创作心态及编舞手法,以及描写、评价现代舞史上的经典作品(包括成名之作)。作者用细致的剖析手段将每部名作分为"历史资料"、"作品描述"、"作品分析"、"创作背景"等几部分来加以介绍,使读者得到"系统而完整的信息和留下形象逼真的印象"。(黄惠民)

J000166 **教你跳舞更潇洒** 胡乃耀著。人民体育出版社 1996 年版。18 万字。14.00 元。内容包括跳舞的益处、美感的来源、衡量好坏的标准、显示美妙的公式、基本功训练、与舞伴相处、舞蹈美的性别特点、邀请舞伴的不同方式、组织和参加舞会的注意事项、引用和自创动作的基本原则,以及几种舞蹈的新花样,对与交谊舞相关的各方面知识均有所触及。(范孙操)

戏剧艺术

J000167 **戏剧管理学** 路海波著。中国美术学院出版社 1996 年 9 月版。21.1 万字。22.50 元。共 5 篇,12 章。第一篇绪论由纵向切入历史,考察戏剧管理的发展,归纳其特性、原理、观念及内容。第二篇将戏剧管理的过程作横向剖析,分别对计划、人事、组织、指挥与领导等管理的基本环节作了详尽的描述。第三篇戏剧生产的过程与方法,从个例入手分别对专业戏剧、校园戏剧和社区戏剧等几种不同的戏剧生产形态的运作过程和方法作深入探讨。第四篇着重讨论了戏剧管理中的财政管理,提出开展多样化经营,改革体制走戏剧公益事业与赞助事业相结合的道路才是戏剧自救的必由之路。第五篇从公共关系、促销手段与媒介及观众等方面进行扩充性的研究。将戏剧管理置于相互渗透相互交错的学科群的背景之上进行宏观分析,展望中国戏剧的未来。

（沈珉）

J000168 **戏剧思维** 陈世雄著。福建教育出版社 1996 年 8 月版。27 万字。16.00 元。探讨戏剧创作所特有的思维活动，分上、中、下 3 编。上编："戏剧思维的发生与形成"；中篇："戏剧思维的方式与定势"；下编："戏剧思维的当代特征"。书末附文 4 篇：《人的异化与现代西方戏剧的发展》、《试论布莱希特的真实观》、《本雅明美学与布莱希特戏剧》、《木偶艺术论纲》。（阙国虬）

J000169 **二十世纪中国戏剧思潮** 胡星亮著。江苏文艺出版社 1996 年版。15.00 元。作者将 20 世纪中国戏剧思潮的发展大致划分为 4 个时期：1898—1916 年，社会政治革命的强烈刺激，资产阶级维新派、革命派对戏剧艺术用以宣扬现实变革的呼唤，有力地推进戏剧界的改良或革命，从而带来传统戏曲的变革和新型话剧的创造；1917—1929 年，思想的解放、科学和民主的呼唤以及西方近现代思潮的涌入，引发了中外戏剧的激烈碰撞，新旧戏剧的论争，现实主义、浪漫主义、新浪漫主义、国剧运动等形成了此期戏剧发展的壮丽景观；1930—1966 年，话剧民族化、戏曲现代化、创建民族新歌剧、斯坦尼斯拉夫斯基体系的实践等戏剧思潮推动了中国戏剧的发展，十年"文革"构成了 20 世纪中国戏剧思潮史上的一股逆流；1977—1989 年，伴随思想解放运动，重新开始了对戏剧的现实审美、美学规律、戏剧本质、艺术表现等问题的思考与探索，戏剧观的论争、现实主义的复归与深化、新演剧体系的尝试等思潮蓬勃兴起，导引中国戏剧在新的探索中拓展。（朱建华）

J000170 **闽西汉剧简史** 王远廷编著。海潮摄影艺术出版社 1996 年 10 月版。20 万字。15.00 元。比较全面、系统地阐述了闽西汉剧的形成及其发展历史。通过许多偶然现象，理清了它的发展脉络。生动地告诉人们：闽西汉剧在近 300 多年的发展过程中，有过兴衰曲折，但从未中断过，昭示我们戏曲是不会消亡的，其根本原因在于它植根于民众之中。（黄兆荣）

J000171 **中国戏剧图史** 廖奔著。大象出版社 1996 年 8 月版。30 万字。以形象画面为辅证的中国戏剧史专著，体现为设计精美的大型彩色画页与高学术水准的文字表述相结合的特点，涵盖历史面深远广博，保存传统文化信息厚重丰富，切入学术领域深邃牢固，无论内容和形式都富有科学性、开创性、独特性。本书共收集上古至清末的戏曲文物图片约 1 400 幅，包括帛画、岩画、石刻、雕砖、壁画、墓壁画、绘画、版画、年画、木雕、陶俑、砖俑、泥人等各类工艺中的戏曲人物形象和场面，以及古代戏台实物。（会平）

J000172 **戏曲表演概论** 陈幼韩著。文化艺术出版社 1996 年 1 月版。22.7 万字。12.70 元。"中国戏曲史论丛书"之一。从戏曲表演艺术的本质特征入手，以戏曲表演的美学构架为脉络，对体现中国古典艺术美的戏曲表演艺术体系，进行了认识论和方法论的系统研究，阐述了有关戏曲表演艺术的一系列基础理论，主要包括以下 4 个方面：一、戏曲表演体系的"写意"艺术观：指出与西方"写实"艺术观的区别，论述了"写意"艺术观的哲学命脉及审美理想；二、戏曲表演体系的艺术规律：指出"程式化"是戏曲表演艺术规律的核心，论证了各种规律之间的关系；三、戏曲表演体系的艺术方法与技巧：具体介绍了"唱"、"念"、"做"、"打"等艺术方法与技巧，论证它们是为演员而存在的，演员必须做这一权威的主宰者；四、戏曲表演的艺术形象：指出形象是戏曲表演体系的结晶，是区别不同流派、不同剧种的决定性因素。（蔺鸿静）

J000173 **中国戏台** 高琦华著。浙江人民出版社 1996 年 11 月版。12 万字。12.50 元。"造型文化丛书"之一。以翔实的资料，细致地描写了中国传统戏台从产生到发展的过程，并对戏台的建筑规制进行了深入的分析。尤其对龙楼凤阁内的宫廷戏台、园囿亭池边的私家戏台作了详尽考察。明清之际空前繁荣的戏台——庙台，也在书内有图文并茂的描述。

J000174 **中华戏曲（第一辑——第十九辑）** 中国戏曲学会、山西师范大学戏曲文物研究所编。山西人民出版社、山西古籍出版社 1986 年—1996 年版。大型辑刊性戏曲研究著作。1—12 辑由山西人民出版社出版，从第十三辑始，由山西古籍出版社编辑出版，现已出版到第十九辑。该丛书以中华戏曲的摇篮——晋南地区丰富的戏曲文物为依托，坚持刊布并研究戏曲文物为特征，兼及戏曲、剧种及戏曲美学的研讨。每辑均能刊出一定数量的戏曲文物，著名者如山西万荣宋代戏曲碑刻，河南温县宋墓杂剧砖雕图，山西临汾东亢村金代戏台及魏村元代戏台，明万历二年手抄本《迎神赛社礼节传簿四十曲宫调》，山西曲沃任庄《扇鼓神谱》等，涉及唐宋以来傩戏、院本、杂剧、传奇等多方面。对这些戏曲文物的深入研究，逐渐理清了宋金元时期平阳地区戏曲发生到繁荣的脉络，并对中国戏曲的发生、发展历史有了更清晰、更深入的认识，为重新修纂中国戏曲史提供了大

量新发现的重要的文物资料，从而开拓了新的思路、新的视角。(张继红)

J000175 **中国京剧脸谱宝典** 于长澍著。黑龙江美术出版社1996年1月版。999幅图。198.00元。比较集中地选编了各种流派的著名定式脸谱。分为上古、殷商、周秦、两汉、三国、两晋和南北朝、隋唐、五代、宋代、元代、明代、清代等12部分加以介绍，并配以中英文对照。(黄国楹)

J000176 **中国舞剧** 翟子霞主编。中国世界语出版社1996年版。30万字。800幅图。480.00元。画册。综合了舞蹈、哑剧、音乐、舞台艺术等多种艺术手段来表现故事和人物。本书以洗炼的文字，精美的图片向读者介绍了100部我国(包括台湾和香港地区)有影响的舞剧，其中13个少数民族的舞剧近30部，具有汉族古代和民间舞蹈传统的舞剧50余部，具有中国风格的芭蕾舞剧10余部。画册展现了我国舞剧艺术发展的历史，是一部集文献性、史料性、艺术性、观赏性与知识性为一体的图书珍品。(苏漪军)

J000177 **戏剧人生** 李默然著。春风文艺出版社1996年9月版。43万字。35.00元。选入作者自1946年参加革命队伍并从事戏剧表演活动至1996年50年间的文章近百篇，分为戏事琐忆、创作札记、文苑纵横、往事云烟4辑。重点回顾了其饰演库列聘、邓世昌、李尔王等人物形象的创作经验和体会。同时收入他的大量的坚持党的文艺方针，为人民服务的心得体会文章，特别是反对戏剧艺术脱离时代、脱离群众、脱离艺术规律、一切向钱看的评论文章。书中还附录了艺术评论家、作家、记者评述李默然表演艺术的大量文章，体现李默然的艺术风彩，总结评介了他的艺术追求和艺术风格，书中附有作者的剧照、生活照等数十幅照片。(崔崇)

J000178 **二人转本体美学** 田子馥著。时代文艺出版社1996年10月版。36万字。24.00元。东北二人转是东北劳动人民喜闻乐见风格独特的民间艺术。本书分10章4大部分，从本体美学角度全面系统地研究二人转形态本体、文学本体、风格本体、剧诗本体以及美学现象、美学特征、美学规律、审美经验等。它的价值在于作者将二人转放在本世纪世界戏剧文化的大背景中阐发它的独特性。第一，在与传统戏剧与曲艺的比较中提出"演人物又不人物扮"独特的理论体系，确认二人转是区别于传统戏剧与曲艺的第三体，是形态独特的民间戏剧。凭"二人"可以表演"千军万马"。第二，在传统与现代艺术传承研究中阐发二人转的特征与现代精神。他写道："二人转的本质是二人，二人是内容，是形式，也是一种哲学意蕴。""转"是生发与变化的机制，从而呈现了吞吐自由的多元演剧形态。即有"二人"的二人转，又有"一人"的单出头，也有"多人"的拉场戏，三位一体。第三，紧紧把握独特性的本质，在理论与实践结合上深入浅出地阐发其"剧诗艺"整合的文学构成规律，"半变活"的转学规律，红火、滑稽、美趣的表演规律，以及有法与无法，规范性与即兴性，稳定性与发展性的辩证关系。进而澄清以往二人转研究的一些理论混乱。(郭俊峰)

J000179 **昆曲理论史稿** 詹慕陶著。杭州大学出版社1996年9月版。24.6万字。12.00元。以昆曲300年的理论发展思潮为主轴，辅以文学创作、声腔发展、舞台表演3个方面，一经一纬交织出本书的脉络、体系、内容。本书史料丰富，突破了对一般著名曲论、曲话的介绍，书稿建立在中国曲论在昆曲史阶段的有机系统。基于一种"以世论曲"和"以曲见世"的厚重，作者看到了明清时代光辉的人文精神正突出地体现在优秀的昆曲艺术中以及明清时代的小说和其他艺术中。书中结合昆曲创作主线和曲论发展的刻画既谈到了情与理的抗争，情的发展，情与律、义的争论，更有着对人自身情感美好与丑恶的剖析。(金素芳)

J000180 **厦门戏曲** 曾学文著。鹭江出版社1996年7月版。10万字。8.40元(平)，15.40元(精)。"厦门文化丛书"之一。厦门戏曲丰富多彩，源远流长，是厦门民间极为重要的艺术，也是厦门文化极为重要的一部分。厦门地处东南沿海，特殊的地理位置使它成为各地文化的交汇地，成为闽南文化的中心。民间百戏、乡音民调、歌仔、南音、梨园戏、目连戏、高甲戏、京剧、越剧、歌仔戏等等都在厦门经历了许多曲折和嬗变，经历了各自的兴起和发展。本书从厦门民间表演艺术的广阔角度，收集、整理有关厦门戏曲的珍贵资料，描绘了一部厦门戏曲的兴衰史。(裴慎勤)

J000181 **评弹文化辞典** 吴宗锡主编。汉语大词典出版社1996年2月版。91万字。50.00元。系统、全面诠释评弹艺术的辞书，共收苏州评弹及其相关文化的词目3 200余条，特别瞩目于文化涵义，词目按内容分成10大门类，计有"总类"、"名词·术语"、"评弹书目"、"弹词音乐·流派曲调"、"人物"、"社团"、"书场"、"著述·书刊"、"民俗"、"方言·俗语"等，林林总总，包罗丰赡，其中"民俗"及"方言·俗语"从文化角度反映评弹扎根民间文学的深度与广度，极有史料价值。书后另有附录 7 种：《苏州评弹传统书目历代传人系脉表》、《南词必览》、《苏州评弹演出团体一览表》、《各地书场一览表》、《苏州评弹著述、书刊目录》、《苏州评弹唱片目录》、《苏州弹词检韵》等资料荟萃。附有照片多帧。（江更生）

电影、电视艺术

J000182 **中国电视史** 张庆、胡星亮主编。中央广播电视大学出版社 1996 年 9 月版。36.9 万字。23.00 元。“南京大学戏剧影视学丛书”之一，是影视学专业的必修课。书中真实地反映出中国电视近 40 年来的发展面貌，深刻地论述中国电视在电视新闻、电视专题、电视文艺、电视剧、电视教育等方面所取得的主要成就、艺术特点及不足，并力求从历史的发展中总结出对今天中国电视发展有益的经验教训。全书包括：“世界电视的发明与发展”、“中国电视的发展历程”、“电视新闻”、“电视专题”、“电视文艺”、“电视剧”、“电视教育”、“台港电视”以及附录“中国各省级电视台概况”等内容。（张静）

J000183 **第五代导演丛书** 韩秀凤、吕晓明等著，张振华、曾果伟主编。湖南文艺出版社 1996 年 12 月版。138 万字。78.00 元。以张艺谋、陈凯歌、吴子牛、黄建新和周晓文为代表的中国第五代导演，是获奖最多、折腾也最多的导演群体，他们以其不同凡响的成就震惊了中国，也令世界影坛为之瞩目。“第五代导演丛书”以上述 5 人为代表，对该群体进行了一次全面的回顾。分“导演小传”、“小说原作”、“导演阐述”、“名家论坛”4 个部分。由谢晋担任艺术顾问。《张艺谋·为艺谋不为稻粱谋》（韩秀凤、晓海编选，28 万字，16.60 元）。随着张艺谋的足迹，你不仅可以了解到他“开后门”入学的尴尬以及卖血求艺的努力，同时还可在小说原作中重新领略《红高粱》里那舞蹈般的颠轿，以及《大红灯笼高高挂》所照出的一条漂动着无数冤魂的历史的隧道。《陈凯歌·我们都经历过的日子》（张振华编选，28 万字，16.40 元）。在本书里，陈凯歌给我们讲述了他在云南边陲的传奇经历，以及“红海洋”里父子决裂的磨难生涯。同时，我们还可以在原作中重温《黄土地》中那腰鼓方阵的壮观场面和《霸王别姬》中“人戏不分，雌雄同在”的梨园生涯。《吴子牛·晚钟为谁而鸣》（张煊编著，22 万字，13.60 元）。随着吴子牛的足迹，你不仅可以了解到《鸽子树》被禁演的内幕，听到《晚钟》给吴子牛敲响的“丧钟”声。同时还可以在小说原作中重睹《大磨坊》里所推碾出的一幕幕血肉模糊的景象，以及在“扬子江啊，你快快跑”的歌声中回顾《南京大屠杀》那段惨痛的民族辛酸史。《黄建新·年轻的眼睛》（吕晓明、紫效锋、纪珉编著，32 万字，16.90 元）。随着黄建新的足迹，你不仅可以了解到他钻暖气管偷看“内部参考片”的苦苦学艺精神，也可以了解到他怎样利用方便之门做到爱情水到渠成。同时还可以在小说原作中重温《黑炮事件》的荒唐世事，以及《轮回》中那诙谐幽默的“王朔式”的调侃。《周晓文·晓文也疯狂》（紫效锋编著，30 万字，14.50 元）。随着周晓文的足迹，你不仅可以了解到他因打架被“充军”而结识了他的“小芳”，以及由于义气用事而被从北京城发配到遥远的西安。同时还可以在小说原作中，重温《黑山路》上“挡道人”情欲与义气的较量，以及在国际上获奖最多的《二嫫》，为买一部电视机而演绎出来的令人啼笑皆非的故事。（汤亚竹）

K 历史、地理

史学理论

K000001 **历史学的思想和方法** 杨豫、胡成著。南京大学出版社 1996 年 1 月版。31.6 万字。16.50元。全面地展示了史学发展的基本问题及深刻思想内涵，其中包括历史的永恒运动、历史进步、历史中的自由意志和历史必然性、历史规律、历史时间、历史中的道德判断和真理标准等。同时，又特别强调了史学思想在史学研究中的重要意义，从学术研究的角度来看，即使是那些最为具体的历史研究也都有着某种逻辑程序，历史学家对史料必须有鉴别力，对史料的理解具备独创性，甚至最为权威的史料也都不是无懈可击，它同样必须经受怀疑和审查，所以,任何史学都不可能摆脱理论的制约和影响。在评述“自下而上的历史学”时,作者指出,它所反映的是思想的重要转捩,即历史学将目光从统治者和精英人物转向普通人民群众的日常生活、活动和经历。此外,书中颇具特色的还有,作者在讨论史学思想和史学方法时,竭力避免空泛的理论演绎和“教导”人们如何去做、怎样去做,而是着重讨论那些可供借鉴和参照的古今中外伟大的历史学家在这方面做了些什么,以及他们怎样进行自己的学术活动。(马蓝婕)

K000002 **现代西方史学** 张广智、张广勇著。复旦大学出版社 1996 年 5 月版。33.1 万字。20.00 元。以时代为大背景,将宏观分析与细部考察相结合,展示本世纪初以来西方史学思潮的新陈代谢,史学流派的此消彼长,各派重要的史家、史著以及史学理论与方法论的发展全貌。如汤因比那样对人类历史作出整体性描述的史学家,巴勒克拉那样对历史自身模式作出深刻反省的学者,法国年鉴史学派的源流、成就、问题及其世界性的影响,书中的研究都展开了“纵横并举,点面结合”的系统论述,周密地建构了对域外史学文化的一种论述体系。另外值得一提的是,书中还回顾了现代西方史学在我国的引进状况,提出了可供进一步思考与研讨的课题。(吴仁杰)

K000003 **中国史学思想史** 吴怀祺著。安徽人民出版社 1996 年 12 月版。34 万字。20.00 元。主要有三个特点:(一)结合经学、玄学、理学、实学等哲学思想,论述中国史学思想的发展,扩大了该学科研究的视野。十分重视史学家和思想家两个方面的贡献,列举大量事例证明中国古代许多思想家在对历史过程的研究中显露了他们对历史的杰出的见解,他们同史学家一道,把人们对历史的认识推向前进。(二)以传统史学的二重性为线索,展开对历代史学思想的论述,揭示了中国史学的内在矛盾。史学有两个方面,一是对历史事实的记录,一是对历史事实的解释。史学两个方面存在的差异,实际上是主体与客体的矛盾;是对历史相对认识与对历史的绝对认识的矛盾。这种矛盾的变化与发展,导致史学的变化与发展。(三)从社会发展的角度,论述了历代历史借鉴思想的基本内容,充分肯定了传统史学的社会价值。从《尚书》的殷鉴思想到《资治通鉴》的资治观,再到《读通鉴论》的兴亡论,表明历史借鉴思想在不断地发展。(曹文益)

世 界 史

K000004 **现代化冲击下的世界丛书** 陈方正主编。学林出版社 1996 年 12 月版。共 6 册。通过世界近代史译著,介绍自 17 世纪以来受到西欧势力扩张影响的一些古老帝国的现代化历程,以及促成欧洲本身蜕变的一些深层因素。这些古老帝国,主要指俄罗斯帝国、奥托曼帝国、西班牙帝国以及日本帝国。它们的共同点是各自有悠久的传统与文化和经过长期发展的政治结构与军事力量,因此具有抵受西欧冲击的相当能力,能够通过一系列反应与蜕变达到某种能够立足于现代世界,甚至与西方作一定程度竞争的状态。也就是说,它们都有一段和中国类似的艰困而漫长的现代化历程。这些历程的考察可以带领我们脱离华夏中心的世界观,令我们以更宏观和实际的心态来了解、比较西方与世界其他文化、政治体系的互动。(叶适)

K000005 **外国象征典故辞典** 曹乃云译著。辽宁人民出版社 1996 年 1 月版。40 万字。25.00 元。收集 256 个象征条目,分地区、按类别分 12 项重大的象征内容。从地域上讲,从印度到埃及,从欧洲到拉丁美洲;从时间上讲,从遥远的古代到人们熟悉的今天,涵盖面很大。具体包括:原始象征,如直立的光柱、十字世界、锚、三角形、宇宙蛇等;印度象征,如三位一体神、湿婆的鼓、象头神、十大化身等;印第安象征,如印第安人、岩石、山峦、金字塔、水、雨、云彩、羽蛇等;希腊神话和象征,如宙斯、阿波罗、波赛冬、潘多拉、狮子等;基督教象征,如逐出伊甸园、天使长、魔鬼等;童话中的象征,如童话中的男女主角、魔幻宝贝、熊等;民间传说中智慧女子的象征,如黑夜女王、舞蹈等;天体星象象征,如七大行星、月亮等;炼丹象征;塔罗纸牌象征;日常象征;人物象征。对每一象征的起源、自身内涵和象征意义都做了清晰的阐释,反映以上各个地区和阶段的象征文化。本书的编译主要参考了鲍埃、狄莫茨和戈洛文编著的《象征辞典》和厄伯哈特编著的《中国象征辞典》。外文译名均参考国内各大辞典的传统译法。书后附有译名对照表和参考书目。(常晶)

K000006 **世界百年掠影** 上海人民美术出版社 1996 年 5 月版。35.5 万字。图 1 500 余幅。260.00 元。挑选本世纪具有影响的重大事件的历史照片,按年代次序排列,以图片形式来展现 20 世纪的世界历史,共收入图片 1 500 余幅,涉及人类社会主要的政治、经济、军事、文化、科技、体育与其他活动，包括重要人物的生卒与天灾人祸等。编排上以年份分段，每年开首都有大事年表，在人文科学项下附有文学、艺术，间或包括医药、建筑和考古方面的成就和作品。每10年有一篇纵述性的评论，介绍这一年代的进程。每幅图片都配以简练的文字说明，图文并茂。原著自1989年初版后每年再版一次，加入当年的世界大事，中译本内容自世纪之初至1992年止，基本上勾勒出20世纪的轮廓。（邓德）

K000007 **东方文化大观** 楼宇烈主编。安徽人民出版社1996年12月版。125万字。48.00元。从哲学、宗教、语言文字、文学、艺术、民俗等方面，分类按条目对东方文化作了介绍，详尽地论述了东方文化中蕴含着东方人的智慧精华，肯定了东方文化对古代文明发展作出的巨大贡献，指出在即将到来的21世纪必将对人类的物质文明和精神文明产生更广泛更深刻的影响。以阐发精神文明为主，兼涉及文化的各个方面，既突出了重点，又照顾了全面，在准确介绍东方各民族文化的基础上，总结了东方文化的精髓，概括了东方文化的主要特征。书中所述，凡受中国文化影响的，都一一说明，显示了中国文化与东方其他各国文化密切的联系。

K000008 **菲利普二世时代的地中海和地中海世界** ［法］费尔南·布罗代尔著，唐家龙、曾培耿、吴模信译。商务印书馆1996年12月版。135.2万字。96.90元。共2卷。当代最著名的史学家、法国年鉴学派第二代代表人物、集大成者布罗代尔（1902～1985）的代表作，全面体现了年鉴学派的史学研究方法与成果。以"整体历史"的思想为指导，综合考察了16世纪后半期即西班牙国王菲利普二世在位时期（1556～1598）的地中海世界。全书包括3个部分：第一部分论述了地中海的地理环境，包括山川平原、海岛屿、生态气候、交通、城市等；第二部分由单篇论文组成，包括人口密度、劳动力、贵金属流通、物价、商业、财政、运输、海盗、宗教以及当时称霸地中海的土耳其帝国和西班牙帝国的社会形态、战争方式等；第三部分属于传统的政治、军事史，记述上述两大帝国争霸地中海的过程。（王仲涛）

K000009 **20世纪纵览（1990～1995）** 陶德言主编。浙江人民出版社1996年7月版。191万字。138.00元。从世界舞台所演出的一幕幕活剧中，以一年十件大事的编年史体例，精心撷取了全球影响人类历史进程的1 000件大事编纂而成。既收入人造卫星遨游太空、电子计算机风靡全球等科技创举事件，也收入人间地狱奥斯威辛集中营、惨绝人寰的南京大屠杀等战争灾难事件；有中国的反右派斗争、庐山会议以及爆发于天安门的"四五"运动等国内较为敏感的政治事件，也收有戈尔巴乔夫上台执政、苏联东欧解体以及南斯拉夫分裂等国家演变事件等。书中有近1 000幅珍贵的历史图片。（郎忆倩）

K000010 **犹太人之谜——一个神奇民族的成功智慧** 贺雄飞编著。时事出版社1996年版。34.5万字。22.80元。在世界民族之林中，犹太民族是个富于传奇色彩的民族，如：希特勒这个恶魔为什么要屠杀600万犹太人？马克思的《资本论》是如何诞生的？犹太教与基督教有何关联？犹太民族为什么具有一种善于经商的美德？以色列复国之心为何不灭等一系列谜在本书中都有详细的介绍。（苏绣芳）

K000011 **域外民族透视丛书** 宋全、职慧勇主编。中国民族摄影艺术出版社1996年12月版。70万字。45.00元。共10册。从学术和文化的视角，展现了当今世界一些富有代表性的文化群体。所选取的写作对象都是目前世界上有一定影响且特点比较突出的民族或族群。从原始的爱斯基摩人、吉普赛人到现代的日尔曼人，从落后的印第安人到发达的美利坚人，不一而足。对这些民族或族群进行了客观介绍。（刘树枫）

中国史

K000012 **中华五千年史话** 吴廷俊主编。长江文艺出版社1996年11月版。100万字。60.00元。共10册。按时间顺序为《先纪归秦》（万锦屏著）、《两汉递遭》（简定宇著）、《三国鼎峙》（盛瑞裕著）、《魏晋纷争》（傅隆基著）、《南北乱世》（廖超慧著）、《隋唐春秋》（秦惠民著）、《宋室南移》（丁地树著）、《元明风云》（屠忠俊著）、《清绝帝制》（宫同、赵锦一著）。从上古一直到中华人民共和国建立，完整地描述了中华民族五千年（甚至更久远）的历程路程。写法是以点带面。点是事件，事件是历史的主干，在这主干上，一边是一段时空的社会面貌和民族前进的脚步，一边是一段时空的历史人物。（田扬帆）

K000013 **中华通史大历典** 王可夫、李民合编。四川民族出版社1996年8月版。463.4万字。480.00元。分上、中、下卷。将我国采用岁星法和干支法所记录的时间按年月日相对照一一列出，时间跨度长达4674年即从公元前2674年至公元2000年。含有公历、夏历、伊斯兰历、藏历、天历（太平天国历)、傣历、阴阳彝历、太阳彝历、俄历等9种历象对照表，通过此表可以查找到上述各种历法的相应时间。因此，多民族的历法计时得到了统一换算，从而沟通了我国多民族的文化。在列出年月日对照表的同时，还把当年的主要执政者、辅政者、朝代年号、封号、都城及其变迁，以及当年的对外交往、发明创造、战乱灾异、农民起义、名人名著，甚至财政收支、人口耕地面积等史料按月记载。书中还介绍了许多鲜为人知的中国远古部落、氏族、民族、国家，数量之多，可谓空前。此外，书中还介绍了上述的9种历法。还系统地介绍了中国4674年的历代帝王世系及其传承。(戴作民)

K000014 **中国历代演义** 蔡东藩著。江苏人民出版社1996年1月版。600万字。300.00元。分11卷，包括前汉、后汉、西晋、南北史、唐史、宋史、元史、明史、清史、民国史等。作者本着"以正史为经，务求确凿；以轶闻为纬，不尚虚诬"的原则，注重史料的真实性，力求化板为活，奇正相生，兼具知识性与趣味性。因而本书在历史知识的传播上，起着二十四史等正史所不能起到的作用。(唐爱平)

K000015 **中国社会通史** 龚书铎主编。山西教育出版社1996年12月版。374.8万字。268.00元。共8册。以社会本身为研究对象，将社会存在前提、社会构成、社会运行机制与状态以及社会变迁作为研究内容。从纵的方面说，贯通了自先秦至民国的所有历史阶段；从横的方面说，按照作者自己对社会史研究的认识和理解，涵盖了包括社会存在、社会构造、社会运行机制、社会运行状态与社会变迁等方面的内容。在书中提出了一套关于宏观社会史的理论框架，并按照这一理论框架来设计全书的结构和内容。书中在传统史学研究方面具有重要的突破，紧紧围绕"社会"这个核心来进行研究，尤其是对社会结构和社会运行机制所包含的一些问题，都提出了一些独到的见解。(李梦燕)

K000016 **中国通史(1～10卷)** 范文澜、蔡美彪等著。人民出版社1996年版。310.5万字。580.00元。凡10卷。附有插图。论述自先秦时期至1840年以前整个中国古代社会的历史演进历程。观点自成一家，把中国古代社会划分为原始公社制社会、奴隶社会和封建社会诸阶段，不承认存在亚细亚特殊阶段之说；明清时期存在资本主义萌芽，但远不曾发展到破坏封建社会的程度；鸦片战争以前，中国还是完整的封建社会，其中并无封建制崩解之说。资料慎重精凿，所用史料，一般是以著作年代较早和较完整的书籍如《尚书》、《毛诗》、《春秋左氏传》、战国诸子、《史记》等历代重要典籍为主体；未定之论，没有率作采录，从而避免了穿凿附会求新求奇，做到每下一义、泰山不移。由少数人著成而非编写而成，前后融贯一体，有机地把作者的史学思想和学术观点融入了其中，避免了前后不一致、水平参差不齐的现象。(张昭军)

K000017 **新编中国通史** 邱树森、陈振江主编。福建人民出版社1993至1996年版。178万字。59.90元。"大学历史丛书"之一。分4册、8编。全面阐述从中国历史开端到中华民国结束的各时期的经济、政治、社会、文化、民族、风俗等。与同类教材相比，其特点：一、明确以朝代名称作为编名、章名；二、注意厚今薄古和知识的全面性，与中学历史教材有机衔接；三、注意吸收国内外最新考古发现和新史料，拓宽历史的覆盖面，大幅度地增加了许多民族史、文化史、社会史、中外关系史等方面的内容。书中配有精美插图和历史地图，各章后有参考书目。(祝闽影)

K000018 **新编中国通史(第四册)** 李良玉著。福建人民出版社1996年5月版。44万字。20.40元。"大学历史丛书"的一种《新编中国通史》(国家教委指定的高等院校文科教材)中的第八编"民国"部分，分中华民国的建立与民族民主运动的高涨、十年内战与日本帝国主义侵华、抗日战争与战时经济文化、中华民国的终结与民国社会概貌等4章，力求客观反映民国史的全貌。把民国史作为中国通史的一部分，这在高校文科教材中为首创。全书以民国史发展轨迹为主线，大幅度增加了政治财经、典章制度、中外关系、文化教育、哲学社会科学、科学技术、文学艺术和社会习俗变革等内容，对一些重点和难点问题提出了突破性的见解，较好地做到了融学术于教材之中，具有体系新、内容新、观念新、适应性强等特点。(竹篱)

K000019 **中华古文明少年图典** 史卫民编著。中国少年儿童出版社1996年5月版。21印张。分上、下册。188.00元(精装)。根据《中华古文明大图集》改编。共22部分。运用一千多幅图片，加上故事和文字说明，有景有情向青少年展示了祖国几千年文明成果的伟大成就。(杨向荣)

K000020 **中华古代文化辞典** 钱玉林、黄丽丽主编。齐鲁书社1996年版。176.3万字。88.00元。共收辞目5 000余条，上起远古，下及明清，举凡中国古代文化史、文化学等方面的知识、理论、专题、人物等都尽量收入；采用科学、完整、准确的知识性释义，着重于描述，着重于把辞目中所蕴含的文化内涵揭示出来。书中所使用的资料是古代典籍和有关古文献，还有古文物和社会历史调查资料以及外国有关的比较研究资料。辞目按内容分为38类，并按此类进行编排，每一门类的辞目编在一起，增加了知识的系统性。书前有“总目”、“分类目录”和“分类细目”，书后有辞目的“笔画索引”。附录收有与中国古代文化有关的9个附表，以及编写本辞典的“主要参考书目”。（于志强）

K000021 **中国山水文化** 李文初等著。广东人民出版社1996年9月版。41.6万字。28.00元。包括导论和3编15章。导论对“山水文化”的涵义、中国人的山水观、研究中国山水文化的意义作了阐述；第一编包括山水与宗教、山水与哲学、山水与美学3章；第二编包括山水诗的孕育与形成、山水诗的蓬勃发展、中国山水诗人的审美追求、山水与赋、山水与散文5章；第三编包括山水画的界说与孕育、山水画的形成与独立、山水画的兴盛与繁荣、明清山水画——波平流泛的绵延、山水与书法、山水与园林结合的历史进程、中国文化精神与园林山水的艺术特征7章。（黄彦辉）

K000022 **中国文化史导论** 钱穆著。商务印书馆1996年影印版。15万字。13.20元。《国史大纲》中有关文化史一端的导论。分10章，阐述了中国文化产生的地理背景、国家的形成与民族融合、古代观念与古代生活、古代学术与古代文字、文艺美术与个性伸展、中西接触与文化更新等问题。作者认为，中国是一个文化发达很早的国家，与埃及、巴比伦、印度一样，在世界上古史中占据重要地位。人类文化的最先开始均为易于河水灌溉的大河流域，埃及文化产生于尼罗河流域，印度文化产生于印度河流域，巴比伦文化产生于两河流域，中国文化的摇篮则是黄河及黄河流域的各个支流，是在一个复杂而广大的地域展开的，因而有许多独特之点。人类文化可分为西方欧洲文化和东方中国文化两大系统，因产生的地理背景不同，其政治制度、经济形态、人生观念、文化精神及历史大流都走了一条完全不同的路。（任雪芳）

K000023 **汉唐文化与古代日本文化** 王金林著。天津人民出版社1996年10月版。28万字。15.80元。开篇从形成与发展起笔，撰述早期中日文化交流，而视野首先放在公元前三世纪日本列岛内部的情况，即绳纹石器时代，又称绳纹文化。作者利用丰富的日本考古资料，如遗址、出土文物阐述绳纹人创造的绳纹文化，再进一步说明日本人对外来文化的吸收与发展。以“外部因素通过内部因素发生作用”这一历史观，选择邪马台国和大和国说明中国古代文化对日本的影响和日本对中国文化的接受与吸收。这一部分有4个专题，即秦汉时代的中国与日本；弥生时代日本人的信仰、习俗与中国；大陆文化与大和朝廷的内政建设；中国的天地观、祭祀制与日本的古坟文化。书中重点阐述唐代政治、经济制度对奈良王朝的影响，奈良王朝政治的理论支柱，古代日本法治思想及律令比较，唐文化与奈良文化。（李洁萍）

K000024 **二十五史（简体标点本）** 西汉·司马迁等撰，杜经国等点校。中州古籍出版社1996年10月版。1 820.00元。12册。共收《史记》、《汉书》、《后汉书》、《三国志》、《晋书》、《宋书》、《旧唐书》、《新唐书》、《宋史》、《元史》、《明史》、《清史稿》等25部纪传体史书，是中华民族自远古至清末绵延不绝的历史的权威记录，历来被史家奉为圭臬和“正史”。此次对之重新点校整理，前二十四史以武英殿本为底本，《清史稿》则以关外二次本为底本，各本均参校了其有关善本，并吸收了前贤时哲的研究成果，对底本中的讹误进行了订正。改繁体字为简体，加新式标点，符合了现代读者的阅读习惯；16开对栏横排，略去部分史书中的年表，节约了篇幅，降低了价格，便于家藏。（康华）

K000025 **二十四史订补** 徐蜀选编。北京图书馆出版社1996年9月版。影印。4 000.00元。共15册。《二十四史》是中国古代正史，是研究中国古代历史的重要参考资料。但《二十四史》也存在不少缺陷，为此历代学者做了大量注释、考证、校正及补遗的工作。为弥补《二十四史》的不足，将北京图书馆馆藏一百六十余种《二十四史》的订补之作聚为一编，影印出版。所收古籍达六万面，皆为善本。所述范围，纪、传、表、志，均在其中。（卢玉荣）

K000026 **史记通论** 韩兆琦著。广西师范大学出版社1996年6月版。44.2万字。25.00元。包括了《史记》如下方面的研究所得：一、关于司马迁其人，二、关于《史记》其书，三、关于司马迁的思想，四、关于《史记》的艺术性，五、《史记》的继往与开来，六《史记》的50篇精品篇章的题评。（桑林德）

K000027 **司马迁与史记论集（第三辑）** 袁仲一等著。陕西人民出版社1996年10月版。50万字。32.80元。辑选了中国、日本、美国、韩国学者研究司马迁与《史记》的论文 47 篇,内容有两类,一是开拓《史记》及司马迁研究新领域的文章,如从语言学、民族史、军事思想、建筑思想、神秘文化、因果报应、地学思想、开放观、科技思想等角度对司马迁及《史记》进行多方位、多视角、多层次地研究,从而拓展到对“三家注”及其作者的研究,如对司马贞、对《史记》结构与构思的研究,提出了司马迁“物盛而衰”为中心的史学观等。二是对过去已有的观点,作了进一步论证,注入了新的思想。例如对司马迁的天人观,有的文章从思维方式的角度出发,认为其天人观和与其相连的神秘思维给《史记》蒙上了神秘色彩。关于司马迁的遵儒倾向、性格与人格、悲剧心理、忧患意识、侠义精神、怀疑精神、复仇观等,关于班、马异同问题,《货殖列传》中的义利观等,书中亦载文予以深入论述并提出了新的看法。(吴秉辉)

K000028 **资治通鉴干部读本** 苏双碧主编。湖北人民出版社 1996 年 5 月版。67.3 万字。29.50 元。将《资治通鉴》中可作借鉴的,或于干部修养有关的段落摘出来,分成“治国安邦,为政之道;选贤任能,用人无私;勤政廉政,忠于职守;爱国至上,顾全大局;执法如山,刚正不阿;直言敢谏,嫉恶如仇;豁达大度,从谏如流;政绩卓著,造福一方;重教勤学,提倡节俭;严于律己,修身自好;揭露腐败,吸取教训;前车之鉴,是非得失”12 大类编排,并对其中难懂的字句作必要的注解,对较重要的条文加评注。(谢嘉呈)

K000029 **中华五千年纪事本末** 宁可主编。人民出版社 1996 年 10 月版。220 万字。160.00 元。按朝代排列,以时间为序,选择起自传说时代,迄止 1949 年中华人民共和国成立的历史事件 1 216 件,其中多为政治和军事事件,但也着力在经济、文化、科技、民族、宗教、制度、中外关系等方面有较多反映,以全面展现历史的面貌。人物活动则结合在事件的记述之中。近现代历史事件约占全书篇幅的一半,体现了“厚古薄今”的原则,也突破了以往某些纪事本末体通史的局限性。此外,书中还十分注意中国是统一的多民族国家这一特点,对历史上汉民族与少数民族的关系,对少数民族所建立的政权的成就均立条有所反映。书中注重以历史事件为中心和以历史进程为线索相结合,坚持以历史唯物主义为指导,对每个历史事件的来龙去脉都作了明细、具体的叙述,且富有一定的情节性。注意广泛吸收史学界近年来学术研究的新成果;对某些说法不一的史料必做考证;对某些传闻失实的史料,则加以厘正。评价客观公允,寓论于史。(鲁静)

K000030 **新编中国历朝纪事本末** 王连升主编。山西教育出版社 1996 年 6 月版。485.7 万字。289.00 元。共 12 册。纪事本末体史书。借助纪事本末体这种述史方式,通过政治、经济、军事、文化大事,展示了中国历史的发展进程。时间上前推至中华民族起源,下延至辛亥首义清廷覆亡。(李梦燕)

K000031 **野史大观** 王雅轩主编。辽宁人民出版社 1996 年 5 月版。180 万字。120.00 元。从历代杂史琐记、小说传奇中精选趣书百余种,译成白话,辑为 8 册。所选之书皆具有浓郁的趣味性,更有鲜为人知的奇闻异事。有许多在一般书籍中查不到的典故趣闻,在此书中都可见到。同时所选之书更注意了思想性,让人们在生动奇异的故事中去看看古代社会的真善美与假恶丑,也可得到对人生的启迪。其中第一册以全景画的方式描绘了从春秋战国的诸侯争霸到秦汉王朝统一那个龙虎风云的时代耐人寻味的故事。第二册介绍魏晋南北朝的豪杰气概,高人逸士的风范,包括各种遗及后世的新语、杂记、传奇、轶趣。第三册侧重叙述了隋唐时期的传奇故事。反映了隋唐时,中国作为一个统一大国时代的历史和社会状况。第四册汇编了唐后期与五代十国时的野史,涉及唐玄宗与太平公主政变的故事,杨贵妃的故事,及史家“安史之乱”。第五册叙述宋朝的传奇故事:呼家将、杨家将、水泊梁山一百单八将都跃然纸上。以真实的史料讲述轶史的由来。第六册汇集了宋辽金元时期的轶事。涉书《靖康纪闻》、《北狩见闻录》、《窃愤录》、《松漠纪闻》。第七册明朝充满了戏剧性,从开国到亡国,环环相扣,都被演绎成一个一个故事。本册叙述了明代的传奇故事。第八册不是小说,却有生动、逼真;不是历史,却展示历史的真实场景。(刘中平)

K000032 **中国历代反贪全书** 杨敏之编。湖南大学出版社 1996 年 12 月版。77.4 万字。48.00 元。由 3 部分构成:第一部分为反贪事例。本部分内容含三个层次,一是记述历史上具体的贪贿案件的发生和处理情况;二是记述了部分贪贿史事,这些史事虽在当时未经处理定性,但历史已判定为贪贿案件;三是记载了部分清官循吏反贪拒贿的史事。三个层次的特点是立足反贪,总结规律,鞭挞罪恶,弘扬正气。第二部分为反贪法规。收录了历代法律文本中的反贪条文,历代帝王的诏书、敕令等。这部分内容力求全面周详,反映出历代反贪法规的特点。第三部分为反贪言论。收录历代清官循吏、文人学士的反贪言论，有影响的诗词、民谣、起义檄文等，也酌量收录。全书内容力求正确反映历史以为现实提供有益的借鉴。后两部分都有简明的注释。书中史料丰富，论述周密，三部分均缀以一篇导言，对该部分内容做了概括。（卢宇）

K000033 **新笔记大观** 副名：《新编文史笔记丛书》精选。姚以恩、刘华庭编选。上海书店出版社 1996 年 8 月版。85 万字。60.00 元。从《新编文史笔记丛书》50 册中选出 8 百余篇笔记。选录标准以史料真、内容新、文笔佳者为主，兼顾其他。全书共分 36 个类目，基本包括了从晚清至民国社会现象的方方面面，记录了这一时期风云变幻、国仇家难、人民奋起反抗的历史。（俞子林）

K000034 **治乱警鉴（1—4）** 赵禄祥主编。北京出版社 1996 年 8 月版。70 万字。190.00 元（精）。记述、总结、分析了上起先秦，下迄清朝灭亡，在中国五千多年的文明史中，历代王朝治乱兴亡的历史过程及其原因。几乎囊括了所有的治世和乱世中可供记取的正反两个方面丰富的历史经验。全书分为 4 卷，第一卷为先秦、秦汉；第二卷为魏晋南北朝、隋唐五代；第三卷为宋辽金元；第四卷为明清。（龙杰）

K000035 **读史漫录** 明·于慎行著，黄恩彤校注。齐鲁书社 1996 年版。34.1 万字。30.50 元。是作者由礼部尚书罢官家居时所作。全书共 24 卷，内容主要以《史记》及《资治通鉴》等为依据，评价自远古至元朝历代的事件与人物，亦间作辨误与考证。其语言之犀利，其评价之中肯，如当头棒喝，发聋振聩。全书重于立论，继承了唐宋以来“经世致用”的史学传统，并予后来者以启发。且态度严正，爱憎分明，发扬正气，鞭斥丑类，为明末一些野史所不及，亦是其主要价值之所在。本书初刊于明万历三十七年，此刊本已不可见。现依据的底本为明万历四十一年“本衙藏阪”刊本，本书点校，主要参考清道光二十六年刊行之存素斋藏版本。书中加了大量的评论、眉批和夹注，纠正了原著的不少错讹。（于春香）

K000036 **人类远古的活迹** 副名：对残存在近现代中华大地的原始公社研究。官杉著。首都师范大学出版社 1996 年 1 月版。17.7 万字。11.50 元。主要用残存在近现代中华大地的原始公社的活人、活事、活制度的调查材料（有 100 多种）来研究远古社会，其研究的重点在经济方面，也涉及到民俗、政治制度等。在研究中，以恩格斯《家庭、私有制和国家的起源》为指导，坚持实事求是的历史唯物观点，把这一难以论说的课题：东方华夏远古社会的基本情况、特色及其由兴到衰的发展过程和客观规律，分 5 章活生生地展示出来。（李荣平）

K000037 **楚国史** 魏昌著。武汉出版社 1996 年 12 月版。30 万字。22.00 元。以楚人的早期历史文化为起点，按夏、商、西周、春秋、战国的历史顺序，全面叙述了楚国的政治、经济、文化、军事各方面的发展过程。书中还把楚国的物质文化与精神文化阐述得也颇为全面精当。（陈殿云）

K000038 **中国历代名臣上皇帝书鉴赏** 刘凤泉、牟瑞平编。山东友谊出版社 1996 年 8 月版。35 万字。21.80 元。在中国历代名臣众多的上行公文中，本着“剔除其封建性糟粕，吸收其民主性精华”的原则，择收了 63 篇在思想内容、文章艺术等方面俱佳的精品。在编排体例上，是按历史年代的先后次序，从西周到清末，从各个朝代中精选出每一位大臣，以名臣的姓名为一个篇目，再选其奏疏中的代表作一至二篇；在每一篇目中，按作者头像、作者介绍、原文、白话译文、鉴赏提要为序编排，从而使读者对作者所处历史背景和上书的缘源，以及文章的全貌和内涵都能了解。书中所选奏疏，皆是当时有识之士勇敢地承担起时代的责任、尽心竭虑、深谋远虑的结果。又因是上批逆鳞，故拟篇行文大都精于揣摩，巧于言辞，故文章艺术性强，其中许多早已是久负盛名的佳作。（鹿凤芍）

K000039 **早期奴隶制社会比较研究** 胡庆钧主编，廖学盛副主编。中国社会科学出版社 1996 年版。85 万字。110.00 元。除前言外，分 5 编。前言和第一编就当前开展奴隶制研究的意义、内容、方法提出见解，肯定在世界和中国范围内曾存在早期奴隶制；第二至第五编为专题研究。以中国商代甲骨文资料、中国凉山彝族的第一手民族学资料、希腊荷马史诗、古典作家有关罗马王政时代的论著、恺撒《高卢战记》以及塔西陀《日尔曼志》等资料，就世界范围内的早期奴隶制社会的政治组织、等级关系、阶级关系、社会生产力发展水平、婚姻家庭、宗教、哲学思想、文学艺术、风俗习惯等方面的内容做了整体的比较研究。综合论证了东西方奴隶制社会形态的异同之处，并且进一步在理论上做了探讨。论点明确，论证有据，突出三个论点：1. 肯定奴隶制社会的客观存在；2. 否定在学术界较为广泛流传的、认为原始社会末期曾广泛存在的所谓“英雄时代”的论点；3. 认为授产奴隶（分居奴隶）是奴隶制存在的一种重要形式，而非农奴。（周用宜）

K000040 **顾颉刚古史论文集（第三册）** 顾颉

刚著。中华书局1996年4月版。32.8万字。22.00元。收了顾颉刚先生《三皇考》和《五德终始说下的政治和历史》两篇专题性的研究文章。在《三皇考》中，顾先生认为三皇之出现在先，太一和三一的出现在后，后者的发生是受了前者的影响。三一是三皇的化身，泰一是泰皇的化身。本来三皇中泰皇最贵，所以三一中亦以泰一为最贵。三皇之所以能成立就是因为他的背后除了三统说以外，还有那个太一说的衬托。因为有了这种关系，三皇和太一就可以打成一片了，便可以说"三皇是战国末的时势造成的，至秦而见于政府的文告，至汉而成为国家的宗教"。在《五德终始说下的政治和历史》中，顾先生认为五行是中国人对宇宙系统的一种信仰，二千余年来它有极强固的势力。它的起源在夏商之前，秦汉时在社会上大为活跃。文中对驺衍的五德终始说、汉为水德或土德的争辩、五行相生说、世经的出现、对世经的批判等二十四个与五德相关的问题都作了较深入的研究，对我们研究五德等问题有很大的启发和参考价值。(骈宇马)

K000041　**《尚书·虞夏书》新解**　金景芳、吕绍纲著。辽海出版社1996年6月版。37万字。26.00元。《尚书》是经孔子编次的典籍，是我国传统文化中最古老、最珍贵的一部典籍。所谓《虞夏书》，是指《尚书》中的前四篇：《尧典》、《皋陶谟》、《禹贡》、《甘誓》。其中《尧典》记载的是尧舜治理天下和禅让之事，《皋陶谟》记载的是皋陶同禹在舜前讨论为政纲要。这两篇文献当是舜主天下时掌史者所录，舜为有虞氏故后人称之为《虞书》。《禹贡》记载的是禹平治水土、划天下为九州及任土作贡之事，《甘誓》是夏后启讨伐有扈氏的誓文。本书摒弃成见，运用现代的科学理论和方法做指导，历史地全面地看问题，从而在研究的基础上取得突破性的认识。如对《尧典》的阐述，金先生指出："从尧典的内容看，有三项是主要的，一是制历，二是选贤，三是命官。而第一项制历是划时代的大事，这件事是尧完成的。"——说《尧典》记载的尧完成制历工作是划时代的大事，将遭秦火焚烧而沉沦丧失了两千余年的《尚书》精义再度揭示出来，从而使我国传统的天、天下、天子概念的形成和含义得到了历史的实际的阐明，使孔子编次《尚书》以《尧典》为首篇的缘故得到解答。关于第二篇《皋陶谟》，作者通过研究，指出这是一篇谈论政治的史文，并肯定了是当时人的意识形态的真实记录，对《禹贡》篇，则指出篇首"禹敷土，随山刊木，奠高山大川"十二字是全书纲领，并根据《禹贡》记载的黄河下游非春秋中叶以后的河道和"震泽三江"是太湖水域而非长江入海水道，批驳了把《禹贡》说为战国时地理观念或秦统一中国后的伪作说法之非，从而肯定了《禹贡》篇的历史学意义。对最后一篇《甘誓》的讲解，精要点是对夏后君说的"威侮五行，怠弃三正"的讲解。(郭守信)

K000042　**荆湘民间文学和楚文化**　巫瑞书著。岳麓书社1996年7月版。28万字。12.50元。"中国传统文化研究丛书"(第二辑)之一。从民间文学、民俗学、民族学等角度，分导论、神话传说编、史诗歌谣编、巫舞傩戏编和余论五部分，对楚文化作了深度的系统的探索；且针对楚文化研究大多偏重于上层的、书面的、断代的、历史陈迹的现象，侧重对楚裔系族下层的、仍然活着的楚文化进行研究。(饶毅)

K000043　**楚国历史文化辞典**　石泉主编。武汉大学出版社1996年1月版。144.4万字。120.00元。具有以下特点：1.内容丰富，资料翔实。根据楚学研究的现状和特点，这部辞典分人物、政治法律、经济、军事、外交、科学技术、礼仪习俗、哲学思想、文学语言、艺术、地理、考古文物、古文字等门类，对楚国历史文化进行了全面、系统、概括地介绍。2.考据严密，新见叠出。书中引用了大量的先秦典籍或古文字资料，使辞目的出处有据可考，并运用大量的现代最新研究成果对辞条进行旁征博引，缜密精到的阐释，并充分利用典籍资料、考古新发现及他人的研究成果，取得了一些新的见解和成果。3.纳百家言，兼收并蓄。对有争议的问题或较有影响的不同说法，只要持之有据，言之成理，都尽可能兼收并蓄。4.结构严谨，布局合理。编撰者们按其内容分工撰写，并进行了反复的修改和增删，避免了内容交叉所出现的重复现象，在编排时则按辞目笔画顺序，在正文的前面和后面，安排有"笔画辞目表"、"分类辞目表"、"楚国相关地域图"及有关重要文物彩图。(张俊超)

K000044　**西周王年论稿**　张闻玉著。贵州人民出版社1996年9月版。21万字。22.00元。主要内容有"王国维《生霸死霸考》志误"、"西周铜器断代研究三题"、"帝辛、文王年代考"、"武王伐纣天象之辨析"、"《世俘》篇译注"、"武王克商在公元前1106年"、"《小盂鼎》非康五器"、"昭王在位年数考"、"《善夫山鼎》王世考"、"《曶鼎》王年考"、"谁揭开了'两度日出'之谜"、"话说'丁亥'"、"金文'庚寅'辨析"、"共孝懿夷王序、王年考"、"试论金文对号与西周纪年诸问题"、"《鲜簋》王年与西周昭穆制"、"《鲁世家》与西周王年"和西周朔闰表。(熊美琮)

K000045 **中国封建王朝兴亡史** 周远廉主编。广西人民出版社 1996 年 9 月版。240 万字。158.00元。共 8 册。以断代为序分 8 卷，即秦汉卷、三国两晋南北朝卷、隋唐卷、两宋卷、辽金卷、元朝卷、明朝卷和清朝卷。合则是一部中国秦以降两千年帝制王朝的通史，分则为 8 个历史时期的断代史。主旨在"兴亡"二字。全书以新视角、新体系，提出并论证了中国封建王朝兴亡的重大学术命题。此外，值得一提的是，各卷本都把历代开国后走向鼎盛作为重要组成部分来加以论证。（马丕环）

K000046 **汉书辞典** 仓修良主编。山东教育出版社 1996 年 10 月版。235 万字。76.80 元。"二十五史专书辞典丛书"之一。以中华书局版标点本《汉书》为依据，排查收录有关名词、语词、典故、术语 26 000余条，按笔画笔顺排列成序，加以诠释。收词全面、广泛，涉及政治、经济、文化等百科；释文简明扼要，并汲取了学术界古今中外的学术研究成果；编排井然有序，便于设计者查阅。书末附有《西汉年表》、《西汉世系表》、《西汉时期全图》。（温玉川）

K000047 **漫画后汉书** 李秀民等编绘。河北教育出版社 1996 年 11 月版。87.75 印张。140.20 元。"三味漫画屋"之一。共 4 册。将错综复杂的东汉历史及形形色色的历史人物准确生动、有张有弛、从容不迫地跃然纸上，以一种新的艺术形式，编绘成 6 000幅画面，重新把握和再现了历史。

K000048 **漫画三国志** 魏连科等编绘。河北教育出版社 1996 年 6 月版。117 印张。176.00 元。"三味漫画屋"之一。共 4 册。采用漫画这种艺术形式，以简练、生动的文字将《三国志》所述内容凝练成 7 000 幅幽默风趣的画面。

K000049 **北魏政治史研究** 张金龙著。甘肃教育出版社 1996 年 12 月版。25 万字。18.00 元。在大量掌握历史资料的基础上，主要对围绕北魏朝皇权政治运作为中心而展开的统治阶级内部政治关系的发展变化进行了清理，勾勒出了北魏政治发展的基本线索和重要问题。全书主要叙述了以下问题：北魏建立前的拓跋鲜卑历史，北魏的建立和拓跋鲜卑入主中原，太武帝时期进入统治阶层的河北、河西士人，冯太后与乙浑专权，献文帝时期的政治，冯太后临朝听政与其统治集团，孝文帝的身世与其听政时间，孝文帝时期的统治阶级结构，孝文帝的迁都与巡察，辅政大臣和宣武帝初年政局，宣武帝的统治与高肇专权，于忠专权与胡太后临朝听政，元叉专权始末等。（黄强）

K000050 **市井文化与市民心态** 赵伯陶著。湖北教育出版社 1996 年 9 月版。24.1 万字。14.50 元。"中国传统文化专题研究丛书"之一。以先秦、两宋、明代中后期作为市井文化发展的三大阶段，再贯通整个封建时代加以讨论，从历史的纵横两方面对市井文化与市民心态的产生、发展到成熟的标志，以及其背后所隐藏的商品经济的杠杆作用均作出了令人信服的探讨。（熊茵）

K000051 **归义军史研究 唐宋时代敦煌历史考察** 荣新江著。上海古籍出版社 1996 年 11 月版。29.6 万字。22.60 元。分 11 章。第一章"归义军大事纪年及相关问题"为微缩的归义军通史纲目，提供了归义军史的基本线索与体系框架。第二章"归义军历任节度使的卒立世系与称号"，以沙州归义军张、索、曹三姓节度使的传承世次为序，考察了从张议潮到曹延禄 180 多年间共 11 位节度使的卒立年代，以及当地称用和朝廷授赠的种种称号的起迄年代，实际上是对归义军史和晚唐五代北宋敦煌政治史支配轴心的研究。第三章至第十一章分别论述归义军的创立与发展；张淮深执政及其与唐廷的关系；敦煌李氏家族执政始末；金山国的创立与灭亡；曹议金及曹氏归义军的继起；归义军时代的敦煌佛教与都僧统世次；归义军与甘州回鹘、西州回鹘的关系等一系列重大问题，对归义军重大史事及重点人物作了专题研究，探讨了归义军内政中的豪门世族与佛教势力，外交中的与中原王朝及甘州、西州回鹘等关系的重要课题，发明良多。（蒋维崧）

K000052 **消逝的太阳** 副名：唐代城市生活长卷。黄新亚著。湖南人民出版社 1996 年 9 月版。21.6 万字。19.40 元。围绕唐代城市的 4 个特征展开叙述，即她的"以'胡化'为标志的开放气度；崇尚知识的高度的文明水准；城市生活的国际性；奔放的情调"。描写上以诗入文，富于形象感和真实感。收入"中国古代城市生活长卷丛书"。（穆陵宁）

K000053 **牛李党争** 王炎平著。西北大学出版社 1996 年 3 月版。16.3 万字。8.50 元。从唐后期政局的大端出发，即从帝王废立、宦官擅柄、藩镇割据与牛李党争相互之间的错综复杂关系，考察牛李党争的全过程，对有关的重要人物和重要事件，一一考辨澄清，并在澄清事实真相的前提下，对于党争的原因、性质、结局提出新说。在考史的基础上，确立牛李党争的起讫时间，评说牛李党争与唐后期政局及其国家命运的关系。（黄伟敏）

K000054 **辽金简史** 李桂芝著。福建人民出版社 1996 年 4 月版。30 万字。14.40 元。“大学历史丛书”之一。从政治、经济、军事、文化、生活习俗和民族关系等方面，论述辽、金两个王朝的总体情况，特别突出地介绍了契丹、女真两个北方少数民族在封建政治统治方式上的独创之处。从土地占有、经营方式、经济制度和阶级结构的发展变化，全面描述两个王朝经济发展的一般情况和独有特点。对北方各民族间的经济交往和政治联系，尤其是对两王朝与中原两宋的政治文化的相互渗透状况，有深入的分析。(林斌)

K000055　**都市中的游牧民**　副名：元代城市生活长卷。史卫民著。湖南人民出版社 1996 年 9 月版。24 万字。18.00 元。展示了元代特定历史环境下游牧民族对城市价值的判断，以及当他们生活融入城市之后给旧有城市带来的新风貌。收入“中国古代城市生活长卷丛书”。(穆陵宁)

K000056　**元代社会生活史**　史卫民著。中国社会科学出版社 1996 年 1 月版。30 万字。18.60 元。《中国古代社会生活史》之一种。对公元 13～14 世纪元代中国社会生活各层面进行了详尽的描述。全书分为 16 章。第一章至第三章介绍元代社会的基本情况，包括行政区划、生态环境、人口和民族分布等方面的内容，并重点说明游牧文化和农耕文化的相互交融给元代社会生活带来的影响。第四章专门介绍元代婚姻家庭状况和婚礼习俗。第五章至第十一章记述衣、食、住、行方面的内容，并根据元代的特点，特别用 3 章分别介绍皇室住房、城市住房和乡村草原住房的情况，用一章专门介绍民间主要生活用品。第十二章和第十三章专述元代的医疗卫生条件和丧葬习俗。最后的 3 章，则分别介绍伦理道德、社会禁约、礼节、岁时风俗和娱乐等方面的内容。书后附参考图片 60 幅。(马晓光)

K000057　**飘摇的传统**　副名：明代城市生活长卷。陈宝良著。湖南人民出版社 1996 年 9 月版。27 万字。19.20 元。通过对城市生活中上层、下层、宫廷、市井淋漓尽致的描写，展现了明代城市继承了汉唐而又异于汉唐的风貌。收入“中国古代城市生活长卷丛书”。(穆陵宁)

K000058　**乡土之链**　副名：明清会馆与社会变迁。王日根著。天津人民出版社 1996 年 7 月版。26 万字。16.60 元。以翔实丰富的史料，论述了明清会馆的演进历程、地域分布特点、内部运行机制、其文化内涵，及社会变迁中它所发挥的种种社会功能等。尤其在会馆的社会整合、内在运作和文化意义上的探讨，对此前的会馆研究领域作了较深入的拓展。将会馆与明清时代的市场机制、人口迁徙、科举制度、阶级分化、地域文化等联系起来考察，认为：会馆是社会变迁的产物，同时又反作用于社会。它是政府行政管理体制以外的一种民间自发的管理体制，并且超越了民间家族组织的作用力，把传统的地缘关系与现实的行业纽带融为一体；而会馆的文化意义又非一般行业协会的文化内涵所能包容，它在不同地域间、不同社会阶层间乃至城乡之间，发挥了文化交融的作用；此外，会馆在推进明清市场经济走向规范化的过程中，注重了道德建设的提倡，也显示出其积极向上的意义。(陈益民)

K000059　**明清人物史事论析**　[香港]马楚坚著。江西高校出版社 1996 年 9 月版。49 万字。25.00 元。论文集。包括 4 方面的内容：一是阐释道教及始于明清两代的儒佛道三教合一思想；二是对明代人物进行考索分析，如王阳明的社区思想，张天师世家，严嵩传记及谱系，汤显祖、陈子龙的文学成就；三是介绍明清地志交通驿传，尤以对南澳地理分析有特色；四是探讨明清时期中西关系。史料丰富，文字简约，分析直接关键且叙述连贯为本书特色。书中还多处运用插图、示意图及表格。(罗志梅)

K000060　**明清史散论**　王春瑜著。东方出版中心 1996 年 1 月版。26 万字。18.00 元。“东方学术丛书”之一。全书主要由两大部分组成。一为专题论文，有明代宦官简论、说酒与明朝政治、略论八旗子弟等 20 篇，着重论述当时宦官活动、流氓社会、园林建筑、商业文化、农民战争、官宦子弟、历史人物等问题。二为考微与识小录，有李自成登极辨、大顺军与耶稣会士关系史实初探、明朝学者对语录的批判、张居正悲剧的启示等 17 篇。主要是考证或阐发了明清时期一些零星人物史事，由微见著，有一定学术价值及社会意义。另有附录 2 篇，即作者对陈守时及谢国桢两位前辈学者的怀念文章。(徐芷琳)

K000061　**明朝总督巡抚辖区研究**　靳润成著。天津古籍出版社 1996 年 8 月版。12.2 万字。13.00元。在详尽收集并占有大量史料的基础上，对明朝出现的所有总督、巡抚的设置原因、罢弃理由及辖区的分并盈缩全过程进行探讨，进而理清了明朝政区地理研究的关键问题。还附录了与主体内容有关的图表，使得主体内容与图表相得益彰。(孙青)

K000062　**腐朽与神奇**　副名：清代城市生活长卷。赵世瑜著。湖南人民出版社 1996 年 9 月版。22.5 万字。17.00 元。抓住清代城市虽处封建社会末世而仍然具有极大魅力及其腐朽与神奇共存的特点，从京师写到重镇，写到东南沿海的一颗颗“东方之珠”，直到文明冲突的凸起和古代城市的“最后盛世”。（穆陵宁）

K000063 **清兵入关与中国社会** 孙文良主编。辽宁人民出版社 1996 年 4 月版。50 万字。35.00 元。论文集。有的论文研究了当年的力量对比和清朝的决策，指出清朝内部曾有“退保关外”与“进取中原”两种主张之争，关键时刻多尔衮起了重要作用。有的论文论述了明朝和清军由于各自的腐败与内讧，最后导致失败。清朝能以少胜多，正是利用对方的腐败与内讧。有的论文论述了清军入关本身促进了民族间的融合，并对满族政治思想文化发展起了推动作用。在政治上，清军入关之初就大量录用清代汉人（汉军），以及采用明制。康熙皇帝不愧为有清一代在政治上、思想上有突出贡献的帝王。雍正帝关于东夷、西夷均属中华的论断颇有远见卓识。类似这些观点，能够启迪思考，推动我们进一步研究。（刘中平）

K000064 **康熙政风录** 王春瑜主编。中共中央党校出版社 1996 年 9 月版。30 万字。16.50 元。从浩如烟海的清代官、私史籍中精选出反映我国古代政风卓越的政治家康熙皇帝清政廉洁、惩治腐败、为民为国、务实苦学的重要史事和言论，并进行翻译、注释，将康熙皇帝的政风做为一面镜子，供今人对照、自省。（王君）

K000065 **三姓副都统衙门满汉文档案选编** 关嘉录等译编。辽宁古籍出版社 1996 年 6 月版。350 万字。22.00 元。三姓即今黑龙江省依兰县，原为清代东北三省的一个边陲重镇。三姓副都统衙门正式设立于雍正十年（1732 年）。辖区很大，达于松花江下游，乌苏里江以东濒海，黑龙江下游暨于库页岛的广大地区。因之，三姓副都统衙门是管辖大片边疆国土的重要衙门，其所涉事务十分重要。辽宁省档案馆（原为东北档案馆）所藏三姓副都统衙的档案，从乾隆到光绪，历时 170 年，占清朝的三分之二。这些档案全部为三姓副都统衙门与吉等将年衙门以及几个副都统衙门之间来往文书的抄存档册原件，共计 2 万余件。本书只能选中很少一部分，设立 5 类，每类以时间为序精选若干件，官庄类选 97 件，流民垦荒类选 47 件，台站卡伦类选 99 件，设置沿革类选 20 件，沙俄侵略类选 77 件，共精选 340 件。书中所选乾隆、嘉庆两相之 80 余年的档册多系满文，该书的 5 位译者关嘉录等皆为我国第一代，也是惟一的一代中央民族大学满文班之学生，中、满文造诣都甚高。他们的译文格式标准，称谓正确，译笔可靠，译文准确，忠实原著。（高虹）

K000066 **开国奠基** 副名：中国 1949 年纪实。余科杰、程杞国主编。河北人民出版社 1996 年版。30 万字。16.00 元。“二十世纪中国风云书系”之一。运用灵活生动的纪实笔法，以中华人民共和国的成立为主题，记述了 1949 年的诸多重大历史事件，诸如辽沈战役、淮海战役、平津战役、蒋介石下野李宗仁代理总统、国共和平谈判、渡江战役、解放南京、上海、武汉，解放军挺进大西南大西北、筹备召开政治协商会议、中华人民共和国开国大典、封闭北京妓院实行社会改造、平抑物价稳定金融市场、大禁毒品、毛泽东访苏、中苏缔结友好同盟条约等。（荆彦周）

K000067 **不应忘记的故事** 邵宏谟、曹培森著。未来出版社 1996 年 8 月版。27.4 万字。14.20 元。“昨天的中国丛书”之一。收录中国近现代史上的重大历史事件。按时间分为上下两卷。上卷从 1840 年鸦片战争到 1919 年五四运动，下卷从五四运动到 1949 年建国。分别收录各个时期中国在政治、军事、经济、文化等方面发生的重大历史事件。对每个历史事件均放在当时的历史背景下，从历史事实出发力求给予客观公正的介绍与评说。（李建明）

K000068 **中华文史资料文库** 《中华文史资料文库》编委会著。中国文史出版社 1996 年 4 月版。3 000 万字。1 898.00 元。共 7 编 20 卷。其中：《政治军事编》8 卷、《军政人物编》3 卷、《经济工商编》3 卷、《文化教育编》3 卷、《民族宗教编》1 卷、《华侨华人编》1 卷、《社会民情编》1 卷。所收史料的内容，上起 1898 年戊戌变法，下迄 1949 年中华人民共和国建国。入选篇目多为历史见证人所提供，以记述亲历或亲见亲闻为主，很多史料的内容往往是旁人不可能知道的细节。他们以过来人的身份，再现历史事件发生时的场景和历史人物当年的风貌，让人如临其境、如见其人，颇具可读性。有些史料还可以视为某一领域的有代表性的典型材料。其中有的作者在史事中处于某种特殊的地位，如关于解放战争的文章大多为原国民党将领所撰写，他们从战争的对方转变立场到人民方面来，回顾他们亲历的战役，以特殊的视角提供了鲜为人知的史料，为已有的文献作了重要的补充。文史资料中所反映的历史，既有中华民族在近百年来遭遇的无穷苦难和中国人民受到的重重压迫，又有中国人民为求解放而进行的英勇斗争；

所记述的人物，既有一时窃据国家统治地位的军阀官僚，又有众多的为拯救国家危亡，为争取社会进步而舍生取义的革命烈士和致力于提高民族文化、振兴民族经济的仁人志士，等等。(吕长赋)

K000069 **光绪宣统两朝上谕档** 中国第一历史档案馆编。广西师范大学出版社 1996 年 10 月版。1 559.9 万字。15 000.00 元。共 37 册。军机处的“上谕档”是汇抄皇帝谕旨的综合性档册，内容涉及政治、经济、军事、外交、文化、民族、宗教等方面，具有极高的史料价值。本书收录了中国第一档案馆所收藏的光绪、宣统两朝的全部上谕档(原档共 402 册，104600 页)，原文影印出版。(宾长初)

K000070 **鸦片战争史** 萧致治主编。福建人民出版社 1996 年 12 月版。66.1 万字。59.00 元。分 2 册，共 13 章，全面反映了鸦片战争时期的社会、经济、政治、军事、中外关系、文化思想等各个领域的深刻变化。从早期殖民者东来入手，展现了当时的世界大势特别是英国对华侵略的背景，剖析了中国的衰败之势，评估了林则徐等的禁烟和备战，详尽介绍了战争的全过程，着力探讨了抵抗性和妥协派力量的消长特别是道光帝的反复无常，热情讴歌了爱国官兵和广大人民群众的反侵略斗争，全面揭示了战争失败的原因和战后中国社会的变化，深刻论述了由鸦片战争引起的中国历史上第三次社会大变革。研究方法、论述内容有明显特点：一是视野拓展，把鸦片战争作为一个历史时期来研究，进行全方位多层次的探究，如战争本书占 5 章，而战前、战后占 9 章；二是挖掘和使用各种中外文资料，材料极丰富；三是勇于探索，独立研究，考证细密，对许多课题作了重要修正、补充，或提出独到见解。(竹篱)

K000071 **赵俪生史学论著自选集** 赵俪生著。山东大学出版社 1996 年 9 月版。46 万字。27.80 元。选取论文 16 篇，所选都是史学名家赵俪生在各研究领域的代表作。这些研究既有宏观的把握，又有微观的个案分析；既有纵观千年的规律总结，又有微观研究的事件解剖。赵俪生研究的第一个重点是中国农民战争史。书中收入的《靖康、建炎间若干农民武装力量性质的分析》一文对两河民兵、山东民兵等各民间武装势力的政治态度，从当时的土地制度、农业生产组织入手进行了深层次的剖析，让我们看到了历史的多样性。赵俪生研究的第二个重点是中国土地制度史。其中《中国土地制度史论要》集中体现了赵俪生的创造性研究成果。赵俪生研究的第三个重点是文化史。《顾炎武〈日知录〉研究》、《顾炎武新传》、《顾炎武〈天下郡国利病书〉研究》对顾炎武的哲学思想、政治思想及对历史学和文献学的贡献作了客观的分析、概括、评价。文化史部分还收入了《朱熹与王守仁之比较的探索》、《清初遗民奔走活动事迹考略》、《王山史年谱》。最后部分举徐松、张穆两人物为例，对他们在西北学方面所做的贡献进行了切实的分析，从中钩稽出研究新疆、内蒙古、西域、外藩的资料。(王桂琴)

K000072 **甲午国耻丛书** 关捷主编。中央民族大学出版社 1996 年版。140 万字。66.00 元。分 6 册。即：《觉醒——甲午风云与近代中国》是关捷的研究专著；《恨海——甲午大连之战》是黄海海战、旅大之战的纪实；《国殇——从甲午战争至甲辰战争》是对日俄两国为推行“大陆政策”和“远东政策”而发动的甲午战争和日俄战争的写实；《史鉴——甲午战争研究备要》是研究甲午战争的工具书；《血证——甲午战争亲历记》是日本随军记者的日记，记载了日军从东京出发进攻辽东半岛乃至《马关条约》签订的过程；《忠魂——甲午战争的故事》以通俗易懂的方式讲述了战争的全过程。全书以日本军国主义的侵略和中国人民的斗争为基本线索，以重大历史事实和人物活动为主要内容，既对历史纵向发展进行详尽叙述，又对历史事件和人物进行横向评论。通过具体史实充分揭露了日本军国主义的战争本质及其给中国人民造成的深重灾难，深刻揭示了清政府的腐败，经济技术落后，是导致中国战败的主要原因，弘扬了中国人民为挽救民族危亡而进行英勇斗争的伟大爱国主义精神。(邱立)

K000073 **清王朝的覆灭** 房德邻著。河南人民出版社 1996 年 4 月版。39.5 万字。23.00 元。叙述、论析了 1900 年至 1912 年这段曲折复杂的历史，探讨了这段历史的发展规律。并将这一历史时期的重大事件放在 20 世纪历史长河中予以记述、观照，紧紧抓住社会转型期的历史特点，提出了颇有新意的观点。(蔡瑛)

K000074 **共和与专制的较量** 唐宝林、郑师渠著。河南人民出版社 1996 年 4 月版。49.7 万字。27.00 元。以共和与专制的较量为主线，描述了统治阶级内部云谲波诡的政治斗争，剖析了袁世凯、冯国璋、黎元洪等的特点，展示了孙中山、陈独秀等百折不挠的奋斗轨迹。(蔡瑛)

K000075 **临时大总统和他的支持者** 副名：孙中山英文藏档透视。邓丽兰著。中国文史出版社 1996 年 2 月版。18 万字。9.50 元。以孙中山所藏的一批民国前后的英文信函、电报和有关文物为线索，对民国前后曾活跃在孙中山周围的外国人士及若干名不经传的华侨人士加以勾勒，对他们和孙中山的交往、支持的种种情节作了简要的叙述。（曹振中）

K000076　**民国野史大观**　李泽平、伍恒山、袁华编。江苏文艺出版社 1996 年版。45 万字。26.00 元。收集民国时期各种野史轶闻、分类编纂成书。分 8 大类：史料、人物、轶闻、弊政、诈骗、帮会、艺文、风俗。编著者十分重视本书高格调的编撰原则，坚决摒弃民国史料中许多品位不高的野史轶闻，也不辑录花边新闻，保持了全书高雅耐读的风格。（伍恒山）

K000077　**北洋军阀史料**　《北洋军阀史料》编委会编。天津古籍出版社 1996 年版。2 257 印张。16 000.00元。含有《袁世凯卷》、《黎元洪卷》、《徐世昌卷》和《吴景濂卷》等。包括他们的家书、文稿、函电、批示、条陈、报告、译呈、圈阅文件等等公私文件。这些史料最大特点是：层次高、机密性强、内容庞杂而丰赡，绝大数史料是第一次披露，在此之前罕为人知，如袁世凯朱批的《二十一条》，清楚地看到其形成过程，极富历史价值。本书采用原件的原大影印。（韩嘉祥）

K000078　**中国现代史**　张模超编著。重庆大学出版社 1996 年 6 月版。59.8 万字。17.80 元。本着"写历史要严格尊重事实"的精神，以教材的思想性、科学性、知识性和可读性为原则，采用论从史出、夹叙夹议的方法，循着历史的轨迹，全面、系统、客观、公正地叙述了从 1919 年五四运动到 1949 年中华人民共和国成立的 30 年历史进程。全书分 6 章，叙述了：北洋军阀统治的继续与新民主主义革命的开端；国共合作的国民革命与北洋军阀统治的衰败；国民党统治在全国的确立与共产党掀起土地革命的风暴；日本帝国主义的武装侵略与中国逐步向实行团结抗日的新时期过渡；第二次国共合作与全民族的抗日战争；国民党统治在大陆的崩溃与中国新民主主义革命的胜利。本书的特点：一是每章有内容概说，对其主要内容进行了扼要说明，起到了提纲挈领、一目了然的作用。二是结构、目录新颖，打破了中国现代史主要是在中共党史、中国革命史的基础上建立和演变过来的状况，构架了新教材体系。三是所包容的历史，较同类教材更为丰富，尤其是对西南军阀的纷争、少数民族地区的爱国革命斗争及其政治、经济和文化状况、现代中国的文化等，进行了阐述，极大地丰富了中国通史的内容。（牟敏昌）

K000079　**中国新民主主义革命史长编**　李新、陈铁健主编。上海人民出版社 1991 年至 1996 年版。500 万字。263.65 元。史学专著。共 12 卷。记述 1919 至 1949 年中国新民主主义革命 30 年的历史。各卷为：《伟大的开端》(1919～1923 年)、《国民革命的兴起》(1923～1926 年)、《北伐战争》(1926～1927 年)、《星火燎原》(1927～1931 年)、《抗日潮流的起伏》(1931～1935 年)、《从内战到抗战》(1935～1937 年)、《全民抗战 气壮山河》(1937～1938 年)、《坚持抗战 苦撑待变》(1938～1941 年)、《同盟抗战 赢得胜利》(1941～1945 年)、《争取和平民主》(1945～1946 年)、《战略防御 转守为攻》(1946～1947 年)、《最后的决战》(1947～1949 年)。（郝盛潮）

K000080　**浩气长存**　厉华编著。重庆大学出版社 1996 年 10 月版。6.5 万字。3.00 元。全面、系统地介绍了在抗日战争时期和解放战争时期重庆歌乐山下的"中美合作所"、"军统集中营"，报道了反动派倒行逆施的罪恶，宣传了在监狱这个特殊的战场中革命者英勇无畏、大义凛然的斗争事迹。（贾蔓）

K000081　**广州国民政府**　曾庆榴著。广东人民出版社 1996 年 12 月版。28 万字。23.00 元(平)，33.00 元(精)。"岭南文库"之一。论述了孙中山大元帅府和广州国民政府这两个政府的成立、组织机构、内政外交以及各种政权行为。本着"从史实求史识"的原则，通过对史料的考订、整理和对史事的概述，着重揭示了这两个政府的演变过程和内政外交方针的演变情况；以及此期间发生在广东的工农革命运动从兴起、发展、高涨到遭受挫折的演变；军事运动从黄埔建军、统一军政、统一广东、统一两广到兴师北伐的演变；国共两党关系从建立合作、维护合作到两党分裂的演变；此外还论及南北关系的演变。对广州国民政府与历史潮流共进的进步表现和作用予以充分肯定，同时对其后期的蜕变亦作了实事求是的阐述。（曾宪志）

K000082　**五四运动：现代中国的思想革命**　［美］周纵策著。江苏人民出版社 1996 年 12 月版。50 万字。24.00 元。以大量的历史资料为基础，对五四新文化运动的历史背景、思想流派和具体过程都作了细致入微的描述和深刻的分析，对新一代知识分子的社会功能和历史命运作了深入的探讨和研究。（丁嫣霞）

K000083　**国民革命事典**　曾宪林主编。湖北辞书出版社 1996 年 11 月版。124 万字。45.00 元。收录了中国近代史上 1924～1927 年国民革命期间的历史事件。全书的特点是：全，包括了国民革命历史中的14个部类，涉及到这段历史的方方面面；二是深，对重大历史事件和具体的历史问题，都有切合历史实际的分析和结论；三是新，发前人之所未发，如经济、思想、文化方面人们是较少研究的。全书较全面、系统地反映国民革命史上的各个方面，共有14个部类，即政党、政权、军事、经济、思想、文化、工人运动、农民运动、青年和妇女运动、对外关系、典章制度、人物、史迹等。共1 400多个条目，其内容既有国民革命史基础知识的普及，也有对这段历史重大事件、重要问题的深层次论述和研究，在历史唯物主义指导下，多方位、多层次、多侧面地研究和反映这段国民革命历史，介绍和论述了这一革命运动所经历的兴起、发展、高潮，以及从胜利转向失败的过程。(刘丹)

K000084 **国共合作北伐记** 陈伙成著。军事科学出版社1996年1月版。22万字。17.50元。记述20世纪20年代中国共产党与中国国民党合作，进行北伐革命战争的历史。包括中国共产党确立革命统一战线方针，促进第一次国共合作的形成；帮助创建黄埔军校，筹建党军；积极开展工农运动；广东革命根据地的统一与巩固等北伐战争的起源与准备。战前敌情我情；国共两党的战略主张，共产党对北伐战争的战略指导和策略配合，维护革命统一战线的努力，发展工农运动，建立群众武装，中国共产党组织的发展等北伐战争的基本进程。以及蒋介石、汪精卫集团相继背叛革命，陈独秀右倾投降主义的严重危害，共产党对土地革命和武装斗争认识的飞跃等内容。还以雄辩的事实说明了中国共产党在北伐战争中所起的重要作用，评析了中国共产党在大革命中理论与实践的得失，以历史经验阐明，国共两党应当团结与合作，不应相互内战与对抗，祖国统一是不可阻挡的历史趋势。(夏征难)

K000085 **内争外患的交错** 鲁振祥、陈绍畴、郭飞平著。河南人民出版社1996年8月版。43.8万字。25.80元。“20世纪的中国丛书”之一。记述了1927年至1937年6月10年间错综复杂的历史。全书围绕“内争外患的交错”演化这一主线展开，以停止内战准备抗战结尾。内容涉及广泛。对于曾有不同看法或偏颇意见及估计不足的许多问题都进行了研究探讨，对过去未曾注意或注意不够的问题展开论述。(胡茵)

K000086 **毛泽东走进延安** 王昙著。陕西人民出版社1996年12月版。46.4万字。35.00元。详尽地描述了中共中央、毛泽东主席领导红军初到陕北，经过东征、西征和西安事变等一系列艰苦卓绝的斗争，排除了“左”倾错误和分裂主义的干扰，胜利走进延安，在陕北站稳脚跟的历史过程，重现了这一特定历史时期的壮丽画卷，塑造了毛泽东等老一辈无产阶级革命家的光辉形象，展示了波澜壮阔的革命斗争和复杂的党内斗争，反映了这一时期的党史和革命史，具有题材新、资料丰、开掘深、气势大的特点。在写法上，以事件和人物为主线，通过事件塑造人物，通过事件和人物反映主题，因而有较强的故事性和连贯性，人物既有共性也有个性，事件多、场面大而不杂不乱。同时，朴实、生动而带有陕北方言特色的语言，优美的陕北民歌的恰当选用，对富有悲壮韵味的陕北历史的介绍，以及对陕北山川形势和风土人情的描写，又形成了本书的乡土气息，增强了历史的厚重感。(弓保安)

K000087 **中国工农红军长征史** 中国人民解放军军科院军史部编纂。山西人民出版社1996年9月版。92.1万字。180.00元。以长征的全过程为线索，配有百余幅珍贵历史照片，既有宏观整体把握，又有情节、细节描写。(姚军)

K000088 **长征人话长征** 王长龙等著。河北少年儿童出版社1996年10月版。120万字。69.00元。共5册。通过参加过二万五千里长征的老将军、老战士的回忆，展示了整个长征的基本过程。第一、二、三集反映的是中央红军即第一方面军从江西瑞金出发直至延安过程中所经历的战斗故事；第四集是第四方面军进行长征的小故事；第五集是第二方面军进行长征的小故事。本书的特点是：1.以小故事的形式展示长征的全过程。2.选材既全面，又有重点，既宏观又具体，多角度、多侧面地概括了整个长征的过程。3.做到了历史性和故事性的统一，真实性与生动性并重。全书记叙的长征历程和历史事件准确无误，翔实可靠，是历史的真实写照，同时又具有引人入胜的故事情节，富于文学色彩，读来津津有味，动人心弦。(冯彦廷)

K000089 **长征事典** 郑广瑾编。河南人民出版社1996年10月版。70万字。45.00元。以马列主义毛泽东思想为指导，选收了1934～1936年中国工农红军期间重要的历史事件、部队编成、重要会议、战役战斗、文电报纸、历史人物等2 330余辞目。

K000090 **红军长征史** 中共中央党史研究室第一研究部编著。辽宁人民出版社1996年9月版。44.6万字。39.00元。以红军长征的历史进程为线索，融红军长征的重大历史事件和重要历史人物为一体，全面反映红一、红二、红四方面军和北上抗日先遣队、红二十五军的战斗历程和革命精神。书中引用大量当时的报道、文章、书信、日记、诗词、回忆等生动史料和珍贵的历史照片；评价历史人物和历史事件不拘泥于已有历史结论，对李德、博古、夏曦、陈昌浩等人的分析客观公正，通过大量典型战例的描述与分析使读者能够对“北上”还是“南下”等问题展开的错综复杂的党内矛盾和斗争有清晰、明确的认识。书中还运用一定的笔墨描写蒋介石及国民党“中央军”、地方军阀的部署和行动，从中更加深读者对以毛泽东领导的红军部队英勇善战和革命斗争精神的认识和理解。（王松）

K000091 **漫漫红军长征路** 胡世宗著。辽宁少年儿童出版社 1996 年 1 月版。10 万字。5.00 元。介绍了长征的始末，展示了英雄的红军战士是怎样经历千山万水、吃尽千辛万苦、战胜千难万险，创造人间奇迹的。“长征精神”是老一代革命家为我们留下的永不贬值的宝贵精神财富。（张允炜）

K000092 **红军长征将台堡会师** 宁夏区党委党史研究室编。宁夏人民出版社 1996 年 10 月版。23 万字。14.80 元。选收了党史、军史著作，史料选编，回忆录等正式出版物中红一、红二、红四方面军长征的有关史料，并逐一考证、分析，得出结论：继 1936 年 10 月 9 日红四方面军与红一方面军在甘肃会宁胜利会师后，1936 年 10 月 22 日红一、红二方面军又在今宁夏西吉县将台堡胜利会师，这标志着红军三大主力全部胜利会师，长征结束。全书分综述、史料选编、附录 3 个部分。综述部分收入作者的研究文章，史料选编部分收入红军会师的相关史料，附录部分选收了中共中央、中央军委等确认将台堡会师及在将台堡建立会师纪念碑的文件。（王立平）

K000093 **红军长征纪实丛书** 张琦等著。浙江人民出版社 1996 年 7 月版。149.9 万字。105.00 元。共分 7 册。其中《历史选择——长征中的红军领袖》（张琦著）叙述毛泽东、周恩来、朱德、张闻天、王稼祥、博古、陈云、刘少奇、任弼时、邓小平等红军领袖在长征中的主要活动和动人事迹，深刻地反映以毛泽东为代表的中国共产党第一代领导核心在长征中产生的历史必然性。《征程军魂——长征中的著名将领》（朱少军等著）叙述朱德、彭德怀、林彪、刘伯承、贺龙、陈毅、罗荣桓、徐向前、聂荣臻、叶剑英、十大元帅，以及董振堂、罗炳辉、徐海东、肖克、陈庚、肖劲光、杨成武、杨得志、杨勇、宋时轮、王震等著名将领在长征中杰出的指挥才能和军事上的重要贡献，展示了中国共产党一代名将在长征中的风貌。《跨越雄关——长征中的重大战役》（陈伯江著）详细描述长征中较有影响的 6 次战役，即湘江之战、四渡赤水、抢渡大渡河、直罗镇战役、乌蒙山战斗及嘉陵江战役，充分反映了红军领袖高超的指挥艺术，广大指战员英勇顽强、勇往直前的斗争事迹。《战地女杰——长征中的红军女战士》（常敬竹著）叙述中国共产党杰出女性邓颖超、蔡畅、贺子珍、康克清、刘英、陈琮英、李伯钊、危秀英、曾玉、钱希均、陈慧清、邓六金、张琴秋等在长征中的动人事迹，展现了一代巾帼英雄的杰出风采。《永远情谊——长征与少数民族》（苗晓平著）通过对长征路上红军与彝族、藏族、苗族及羌回等少数民族结下深情厚谊的描写，宣传了党的民族政策及党发动和组织少数民族参加民族解放斗争的事迹，歌颂了党一贯维护少数民族的优良传统。《是非曲直——长征中的政治斗争》（文显堂著）描述毛泽东等党中央领导人在长征中战胜王明“左”倾教条主义和张国焘右倾分裂主义的历史过程，展示了 1934～1935 年党内艰苦曲折的斗争场面。《东方魅力——长征与外国人》（肖显社著）介绍德国人李德、瑞士牧师勃沙特、越南人洪水、朝鲜人武亭在长征中的经历，叙述美国记者斯诺最早向世界宣传红军长征的经过及外国人对长征这一震惊世界奇迹的评价。

K000094 **长征·丰碑永存** 袁伟编。中国人民解放军出版社 1996 年 6 月版。450.00 元。纪念长征胜利 60 周年的大型纪念画册。共收照片 520 余幅，其中历史照片近 70 幅，还有著名国画、油画、风景照片及大量实物照片，并配有文字说明。

K000095 **长征画典** 蒋建农等著。河南人民出版社 1996 年 9 月版。225 幅图。490.00 元。用美术作品，按照长征历史进程，分 7 个部分全面展示了长征历程，将思想性、艺术性、文献性熔于一炉。全书采用历史纪实手法，按长征历史顺序加以科学编排设计，塑造了毛泽东等英雄群像。（蔡瑛）

K000096 **民族存亡与搏斗** 黄道炫等著。河南人民出版社 1996 年 9 月版。44.1 万字。24.10 元。全景式地记录了中华民族在 1937～1945 年同仇敌忾，抵御异族入侵的可歌可泣的沧桑历史。以中日民族矛盾的发展为主线，再现了淞沪血战、百团大战等史诗般画面，论述了国共合作的内里详情，鞭笞了忘祖媚日的汪精卫集团的罪行，揭示了国共两党在抗日战争中的地位和作用。

K000097 **中共中央与八年抗战** 杨瑞广、雷云峰著。陕西人民出版社1996年1月版。53万字。28.00元。共12章。集中撰写了毛泽东和中共中央在八年抗战中所起的政治领导核心地位和卓越的军事战略指挥艺术。书中采用了大量的史实和文献资料说明中国共产党及其领导下的广大抗日军民进行抗日作战、配合其他抗日军队对日作战及在敌后发动的游击战争对整个战局的影响作用,说明了中国共产党及其领导下的抗日军民是整个抗日战争最终取得胜利的中流砥柱,纠正只有国民党在抗战的误导。特别值得一提的是,书中的所有引文均注明出处,便于引用和查证。(王敏)

K000098 **抗日战争史丛书续编** 王桧林主编。广西师范大学出版社1996年7月版。676万字。333.65元(平),451.15元(精)。共22册。汇集国内名家研治抗日战争史的精心之作。时间上始于1931年"九一八"事变,下迄于1945年9月日本无条件投降,内容上包括"政治系列"、"经济系列"、"军事系列"、"外交系列"、"人物系列"、"综合系列"等。每册专门研究一个方面或一个问题,许多结论、观点都突破了过去学术界的习闻常说,显现当代学人的求真求实的学术情怀。具体书目如下:《金钱与战争——抗战时期的货币》、《没有硝烟的战线——抗战时期的中共外交》、《鏖兵华北——震惊中外的百团大战》、《铁军纵横——华中抗战的新四军》、《八载干戈仗延安——抗战时期的毛泽东》、《砥柱中流——抗战中的解放区战场》、《战争生命线——国际交通与八年抗战》、《国魂,在国难中挣扎——抗战时期的中国文化》、《留学与救国——抗战时期海外学人群像》、《烽火映方舟——抗战时期大后方经济》、《争吵不休的伙伴——美援与中美抗日同盟》、《合作与冲突——1931~1945年的中苏关系》、《从中立到结盟——抗战时期美国对华政策》、《炮火下的觉醒——卢沟桥事变》、《中国战区的"最高统帅"——抗战时期的蒋介石》、《在历史的漩流中——抗战时期的国民政府》、《兵火奇观——武汉保卫战》、《超载——抗战与交通》、《大捷——台儿庄战役实录》、《友乎?敌乎——德国与中国抗战》、《唇枪舌剑——九一八事变时期的中日外交》、《走向深渊——抗战时期的汪精卫》。(何林夏)

K000099 **中央苏区文化建设史** 汤家庆著。鹭江出版社1996年2月版。23.7万字。16.00元。通过丰富可靠的史料,全面、真实地展示苏区文化建设的成就与历史进程,总结其成功的经验与失败的教训,歌颂为创建苏区文化事业开拓进取的革命前辈。在内容上,从大文化角度,记叙了中央苏区的教育、文学、艺术、新闻报刊、出版发行、体育、卫生和科技事业;在结构上,前两章总括苏区文化的历史发展概况,从第三章开始,按专业分类进行叙述。(熊孜)

K000100 **开创新纪元** 副名:新中国100个第一。陈凤仪、李菊人、曹克谕编著。未来出版社1996年8月版。66.6万字。45.00元。以新中国成立至今的辉煌历史为主线,撷取了各条战线、各个领域中第一次发生的重大事件为内容。详细介绍了每个事件的背景、概况和精彩片断。全套书分为《国事篇》、《军事篇》、《建设篇》、《科技篇》、《文教篇》5本,每本书各有100个首次发生的重大事件的动人故事,开国大典、国事决策、巨大变革、宏伟建设、军事行动、战争风云、科技发明、文化巨著、体育盛事、医疗成果,在书中均有记载,共计为500篇。(肖建国)

民族史志

K000101 **民族大家庭** 国家民委文化宣传司编。南海出版公司1996年12月版。43万字。28.00元。介绍我国56个民族悠久的历史、光荣的传统、优秀的传统文化以及他们丰富多彩的风俗习惯、节庆礼仪和翻天覆地的变化的普及性读物。从民族的来源到民族语言、人口状况、地理分布、历史传统、风俗习惯、物产资源、生产方式、文化教育、宗教信仰以及衣食住行等方面,以翔实的材料系统地介绍了中华民族大家庭中56个成员的基本情况。(周诗鸿)

K000102 **丝绸之路草原民族文化** 盖山林著。新疆人民出版社1996年11月版。41万字。40.00元。"丝绸之路研究丛书"之一。全书分12章,论述了我国北方草原地带从古至今,即石器时代、青铜器时代至早期铁器时代、北朝至唐代、辽代至清代、当代的草原文化艺术,尤其侧重艺术方面的成就。以新的研究方法和新的思路、新的资料,介绍了中国最大、最早的岩画长廊,辽宁、内蒙古出土的五千年前的女神头像,鄂尔多斯青铜艺术、鹿石艺术,斑斓多彩的石雕人像、面具文化、契丹人绘画、西夏彩塑等等。全书分别从草原艺术的区系类型、种类和演化,草原画派及其特点,草原早期造型艺术的视觉感受,草原古民从自然偶像崇拜到祖先偶像崇拜在文化内涵上的演变、草原艺术与中原及国外艺术的关系、草原艺术的制约因素、草原艺术在人类艺术中的历史地位等方面阐释了草原民族文化的审美价值及其作为母体艺术对现代艺术的影响和滋养。(李春

华）

K000103 **中国历代民族史丛书** 《中国历代民族史丛书》编委会编。四川民族出版社 1996 年 6 月版。300 万字。共 8 部，即《先秦民族史》、《秦汉民族史》、《魏晋南北朝民族史》、《隋唐民族史》、《宋辽金时期民族史》、《元代民族史》、《明代民族史》、《清代民族史》。丛书以马克思主义历史观和民族观为指导，完整而系统地阐述了我国各民族从先秦以降到清王朝灭亡三千多年的历史。丛书每部史著史料丰富而运用得当，论述精详而系统有致。在材料使用上，各部图书还注重于吸取考古学、历史语言学和民族志的研究成果及材料，使其学术观点明晰而极具说服力。涉猎范围较广，凡中国历史上不同时期出现的不同的部族或民族均有论及；对各时期活跃于中国历史舞台的主要的人们共同体集团，分别考证、叙述其社会政治、经济、文化、科技，以及民族渊源和族际关系等。全套丛书为 8 部断代史，每部既可独立成书，成套后又是一个完整的通史体系，实现了历史的横通与纵通。"横通"，主要体现在对我国特定历史时期各民族的社会、文化诸方面及民族关系，分别加以综合分析和细致表述；"纵通"则体现在全套丛书中各民族历史首尾衔接，脉络贯通，表现了中华民族历史发展过程及其规律，从总体上构筑了一部具有丰富历史内涵的中国少数民族通史。（杨凌）

K000104 **中国新疆民族民俗知识丛书** 田卫疆、许建英主编。新疆美术摄影出版社 1996 年版。60 万字。66.00 元。共 10 册。分别为《维吾尔族》、《汉族》、《哈萨克族》、《蒙古族》、《锡伯族》、《柯尔克孜族》、《回族》、《塔吉克族》、《满族、达斡尔族、塔塔尔族》及《俄罗斯族、乌孜别克族》。分别从"概述"、"历史源流"、"社会经济"、"物质生活"、"婚姻家庭"、"宗教信仰"、"文化艺术"、"风俗娱乐"等方面深入细致地介绍新疆 13 个主体民族的历史渊源、社会变迁、文化生活和风俗民情。（许建英）

K000105 **新疆各族历史文化辞典** 余太山、陈高华、谢方主编。中华书局 1996 年 9 月版。56.3 万字。36.00 元。把新疆这些绚丽多姿的历史文化编成词条，以"辞典"的形式表现出来，按笔划顺序排列，便于查阅。各词条按性质可分 14 类：一、现代民族，二、历史，三、历史地理，四、史籍文献，五、考古，六、语言文字，七、文学，八、戏剧，九、音乐，十、舞蹈，十一、美术、古窟艺术，十二、宗教，十三、风俗习惯，十四、农艺、特产。书末附录按分类条目编成索引，更易于检索。附录还有有关新疆历史的各种一览表和地图。（谢方）

K000106 **客家学导论** 王东著。上海人民出版社 1996 年 8 月版。21.5 万字。18.00 元。系统阐述了客家学的学科体系和研究方法、客家学研究的基本理论、客家学研究的回顾和展望，并就客家氏系的起源和发展、客家社会与客家文化等重要问题进行了探讨，特别是对当前客家问题研究中存在的不足提出了自己的看法。（黄建章）

K000107 **青海蒙古族历史简编** 齐·布仁巴雅尔等译。内蒙古科学技术出版社 1996 年 10 月蒙文版。24 万字。18.60 元。共 5 章 18 节，系统全面地叙述青海蒙古族历史。书中广征博引、资料丰富、观点正确。对资料进行认真分析研究，去伪存真、去粗取精，考证细密、自成体系、论述得当。（香梅）

K000108 **甘肃藏族部落的社会与历史研究** 洲塔著。甘肃民族出版社 1996 年 1 月版。45 万字。28.00 元。内容包括：甘肃藏族部落的形成与演变、生存环境、历史沿革、建置状况、分布区域、社会形态、宗教信仰、生产经济、法律规范、军事制度、文化教育、风俗习惯等诸多方面。（赵兰泉）

K000109 **苗族历史与文化** 李廷贵、张山、周光大主编。中央民族大学出版社 1996 年 10 月版。36 万字。17.60 元。由叙论及 14 章组成。叙论部分着重介绍了苗族人口、分布、语言等基本情况，苗族历史文化研究的现状及难题。第一章至第四章为苗族历史，分别论述了苗族古代社会和近现代社会，包括苗族族源、迁徙，各历史阶段的政治、经济状况，重大历史事件等等。第五章至第十三章为苗族文化，分别介绍了苗族的宗教文化、服饰文化、饮食文化及医药、建筑、音乐、舞蹈、婚姻、丧葬、节日、民间文学等等。第十四章论述了苗族社会历史发展的特点及其形成原因、研究其发展特点的意义。书中对苗族历史研究上一些疑难点提出了作者的全新观点。（张山）

K000110 **苗楚文化研究** 李建国、蒋南华著。贵州人民出版社 1996 年 5 月版。22.4 万字。12.00 元。分章论述了苗楚文化的亲缘关系，苗楚文化的哲学生成，苗楚文化的历史演变、巫风巫俗及其时代特点，苗楚民族的人文主义传统，苗楚文化的伦理思想、民风民俗、审美追求以及苗楚文化的杰出贡献。附论文 3 篇：《略论上古南方文化渊源及其文学艺术的风格特征》、《试论苗楚文化的历史渊源关系》、《炎帝——南方民族的始祖》。（谢丹华）

K000111 **满族历史与文化** 中央民族大学出版社 1996 年 8 月版。23.1 万字。15.80 元。从不同的侧面剖析和探讨了满族历史和文化方面的若干问题,其中对满族的命名,清太宗文治,皇太极所谓诸申的辨正,金与大清的区别,清初的政治资源,清入关前的统治政策,满族习惯法,清代绿营中的八旗官兵,清代伊犁满营,满蒙联合体制的重要场所——木兰围场和避暑山庄,满族对承德的开发,清入关前的宫廷文化,宫廷文化的来源与基础,乾隆皇帝的《盛京赋》。满族宗教信仰与宗教政策的嬗变,满族萨满祭祀,满族的祖先崇拜,满文音节字母的音素,满汉语言的融合,《尼山萨满》研究,清代满族的传统体育的兴盛,满文古籍文献等重大问题进行了全面的论析。(戴佩丽)

K000112 **民族研究文集** 民族出版社1996年版。多册集丛书。主要辑录我国一些著名学者建国前后有关民族(含人类学、社会学)方面的论著,综合阐述民族理论、政治、经济、文化艺术、语言文字、宗教、经典、民族识别、民族起源与发展、文物、地理、历史、天文考证、民族迁徙与融合、民族史研究、近今社区、人口与开放、民族关系与文化交流、缩小民族差距、社会学及人类学发展趋势、中外民族学等诸多内容。各册文集皆附录作者传略、著作目录。本书1988年《费孝通民族研究文集》首册编辑出版后,至1996年已有吴文藻、任乃强、杨堃、马学良、吴泽霖、江应樑、岑家梧、梁钊韬、潘光旦、石钟健的《民族研究文集》问世,《王静如民族研究文集》、《清格尔泰民族研究文集》,正在排校过程中,文集一般每本在30万字左右,所收论文力求体现老一辈民族研究工作者的学术水平。分精、平装二种。(江维俭)

K000113 **突厥汗国史** 刘锡淦著。新疆大学出版社1996年12月版。14万字。10.00元。分9章:第一章,突厥的勃兴;第二章,突厥民族的形成与汗国的建立;第三章,突厥汗国的内政与外交;第四章,突厥汗国的分裂;第五章,分裂后的东突厥;第六章,分裂后西突厥的曲折历程;第七章,北突厥汗国的建立及灭亡;第八章,突厥族的经济;第九章,突厥族的文化。(武戎)

地方史志

K000114 **楚学文库** 高至喜等著。湖北教育出版社1996年6月版。190万字。159.00元。共17种,1996年出版6种,即《楚文化的南渐》、《楚人的纺织与服饰》、《楚国的城市与建筑》、《楚文学史》、《楚国经济史》、《楚国的货币》。文库是对本世纪楚国历史文化研究成果的汇集,但它不是楚学研究的终结,而是楚学研究的开始。随着进一步的考古发现,楚学研究必然会有更多的创获。(魏天无)

K000115 **古都艺海撷英** 副名:北京旧闻丛书。《燕都》杂志汇编,赵珩选编。北京燕山出版社1996年6月版。41.8万字。24.70元。系《燕都》杂志汇编,全书尽《燕都》之精华,从几个侧面反映了北京文教、文博、新闻、出版、图书、戏剧等的历史风貌。书中多为名家之作,由于笔者"功底深厚,通达古今",在成文的过程中大多从小处落笔,从大处立意,窥其一斑全豹可知。往往一篇短文,毕显了北京传统文化之博大精深。(方彪)

K000116 **旧京史照(画册)** 北京市正阳门管理处编。北京出版社1996年5月版。8万字。700幅照片。120.00元(平),150.00元(精)。本画册共分城池、风俗、名胜、文化、街巷、宗教、商工、人物8个部分,精选了700多幅珍贵历史照片,配以中英文说明,生动再现北京的旧貌风情。(龙杰)

K000117 **古承德探秘** 安忠和著。地质出版社1996年6月版。21.6万字。9.80元。收承德史话40篇,内容主要有:恐龙走过承德大地,远古时的承德人,王莽时的承德,三国人物与承德,郦道元与承德山水,唐朝时的承德,破译双塔山千古之谜,"华林天柱"在承德,辽国九帝与承德,公主墓与宰相墓,忽必烈与承德,永乐皇帝与承德,戚继光塞上守边记,细说乾隆,避暑山庄风云录等。(林建)

K000118 **锡林郭勒盟志(上、中、下)** 《锡林郭勒盟志》编纂委员会编。内蒙古人民出版社1996年12月版。231万字。390.00元。所记史实上溯新石器时代,下至1990年。既载古,又记今;既记政治、经济、军事、文化、民情、风俗,又述气象、山川、形胜,为今人和后人辑存了大量资料。全书以历史唯物主义观点为准绳,着重记述当地重大历史事件和历史人物的是非曲直,实事求是,秉笔直书。所述内容,行业和门类齐全。为了体现以畜牧业为主的经济状况,将"畜牧业"独立设卷,重点介绍,还从当地实际出发,突出民族经济成分,突出民族工业产品。(陈利保)

K000119 **乌海市志** 《乌海市志》编纂委员会编。内蒙古人民出版社1996年8月版。120万字。189.00元。以马列主义、毛泽东思想为指导,运用辩证唯物主义和历史唯物主义的观点,客观记述了乌海自然和社会的历史与现状。具有资料翔实,实事求是,重在记事,不尚议论的特点。本书上限据实追溯,下限为 1993 年底，个别节、目延续到 1995 年底。分建置、自然环境、人口民族、经济综述、农业、交通邮电、商业、经济综合管理、政党及人民团体、公安司法、军事、文化、人物等 21 篇。（陈利保）

K000120 **西域通史** 余太山主编。中州古籍出版社 1996 年 6 月版。71.3 万字。65.00 元。“中国传统文化研究丛书”(第一辑)之一。全书分为 10 编。依次是：史前时期的西域，汉代西域，魏晋南北朝时期的西域，突厥汗国及其对西域的统治，唐代西域，汉唐时期塔里木盆地的文化，唐末、宋辽金时期的西域，蒙元时期的西域，明代及清初之西域，清代西域。特点一是其系统性。在充分利用现有文献和考古资料、尽量吸收国内外研究成果的基础上，第一次系统地勾勒出西域的大致轮廓。特点二是其重要的学术价值。是各种文化的交汇处，呈现出特殊的历史文化特征。书中以政治史研究为主，但对各种文化交流、冲突和融合的规律也给予一定的关注，并在某些重大意义的问题上提供丰富的启示。特点三是观点新颖。用马克思主义唯物史观，对西域历史上许多重大问题进行诠释。在表现方法上突破了传统通史的写法，用宏观、微观视角相结合，更多地融入文化史的成分。（孙宝瑞）

K000121 **东南沿海城市与中国近代化** 张仲礼主编。上海人民出版社 1996 年 7 月版。63.7 万字。43.20 元(精)。全书紧扣东南沿海城市(上海、宁波、厦门、福州、广州)与中国近代化这一主题，以总论、分论与专论相结合的方式，或将五个沿海城市与中国近代化作个案研究，或从经济、文化、社会、市政等方面对五大城市作专题研究、比较研究和综合研究，既勾画出每个城市的个性，又归纳出五个城市的共性，展示了中国东南沿海城市近代化发展的轨迹。（黄建章）

K000122 **从上海发现历史** 副名：现代化进程中的上海及其社会生活(1927～1937)。忻平著。上海人民出版社 1996 年 12 月版。46.5 万字。32.00 元。从城市化与现代化的关系出发，把上海作为“现代中国的锁钥”，选择了民国时期 1927～1937 年间上海人及其社会生活为研究对象，运用历史学、社会学、经济学、文化学、语言学等多种学科综合研究的方法，详尽地论述了这一时期上海的人口构成、社会分层、社会人格和社会生活的各个方面及其特点，广泛涉及诸如人口、人格、社会、收入、消费、建筑、语言、民俗、衣食住行乃至物化环境、人文生态等各个层面上与时代同构共进、多元趋新发展变迁的特点，描绘了一幅现代上海都市世俗生态的绚丽多姿的画卷，揭示了当时上海人与社会生活的现代化特征与转变规律，从而用以说明近现代中国的现代化运动的历史。（黄建章）

K000123 **现代上海大事记** 任建树主编。上海辞书出版社 1996 年 5 月版。大 32 开，142.3 万字。75.00 元(精)。以编年体形式反映现代上海史实的工具书。主要反映上海地区 1919 年至 1949 年间发生的大事，凡属全国性的大事也有适当的反映。内容涉及政治、经济、军事、文化诸方面，上海十里洋场中的形形式式，举凡通商贸易、城建市政、方言民俗、园林名胜、游艺百戏及至烟酒赌娼、轶闻奇观等，都可从书中找到踪迹，回溯原委。书中所引资料，除方志、档案、文集、专著、传记、年谱、杂志、报刊外，还博采外文书刊数百种，以求在广泛扎实的资料基础上，忠实地再现昔日上海的原貌。书末还附有《中共上海党组织领导人名录》、《上海行政官员年表》、《外国驻沪领事年表》、《工部局公董局董事名录》、《上海县辖变化情况表》等。（胡安权）

K000124 **追忆——近代上海图史** 上海市档案馆编，史梅定主编。上海古籍出版社 1996 年 9 月版。图 660 幅。200.00 元。分 4 章 16 节 98 题，展示了上海从开埠以来至 1949 年解放的百余年历史。采用总分式表述方式，除总序外，于各节安排一提纲挈领的小序，下列小题，每题安排二面，以图为主，配以解说词，使读者在较轻松的浏览中，从感性到理性，从总体到局部，再从局部到全面，认识上海与上海人，了解中国与世界。全书的内容涉及上海历史、地理、人文的各个方面，举凡上海的租界与华界、海外洋人与外地民工，上海的金融、贸易、教育、文化、海港、码头以及上海的革命斗争等等，均得以重现，既做到要事不漏，又重点介绍了上海人的社会生活，有独到之处。（顾美华）

K000125 **可爱的南京丛书·第二辑** 陈安吉主编。南京出版社 1996 年 12 月版。70 万字。40.50 元。共 5 本，从不同角度观照南京的深厚的文化底蕴。《名人与南京》介绍了一批在中国的政治、思想、经济、文化、教育、军事等领域卓有成就的历史人物，叙述了他们在南京的生活、工作经历，反映他们对南京的贡献和南京对其人生道路的影响；《南京的民间传说》以一则则脍炙人口、极富浓郁地方特色的民间传说，展现了南京不同历史时期的社会文化状况，歌颂了劳动人民勤劳、善良、聪明、乐观的品质，鞭挞嘲弄了假、恶、丑；《南京地名趣话》介绍了南京一些地名中浓缩的历史人物事迹和掌故，揭示了古城深厚的文化积淀；《南京的书香》记载了围绕书籍的史迹名胜、轶闻趣事，弘扬了大都会的悠久的文化传统和人文魅力；《南京的交通》描述了南京城市交通的发展演变，折射出南京文明进步的历史。(樊立文)

K000126 **浙江文史集粹** 浙江省政协文史资料委员会编。浙江人民出版社 1996 年 12 月版。300 万字。240.00 元。分为《政治军事卷》(上、下册)、《经济卷》(上、下册)、《教育科技卷》、《文化艺术卷》、《社会民情卷》，共 5 卷 7 册。所收史料时限上起戊戌变法前后的 19 世纪末叶，下至新中国成立和浙江全省解放的 20 世纪 40 年代末和 50 年代初。全书对半个多世纪以来中国、特别是浙江省社会生活的各个方面均有翔实生动的记述，蕴含着丰富的内容和庞大的信息量，展示了以民国时期为主的旧中国和旧时浙江风云变幻、多姿多态的历史画卷。

K000127 **绍兴市志** 绍兴市地方志编纂委员会编，任桂全总纂。浙江人民出版社 1996 年 12 月版。16 开，543.5 万字。480.00 元(精)。共 6 册。全面地记述了绍兴 7000 年来自然、社会各方面的历史和现状。全志共设 45 卷、247 章、747 节。其特点主要体现在：1. 突出历史文化名城志的特色。重点突出了历史文化的比重。如以清宣统三年(1911)为古今界限，在全志文字量中，古今比例分别占 35%和 65%。而在 45 卷志稿中，属于文化类的就有 15 卷，占卷目总数的三分之一；在文字量安排上，文化类志稿约为 200 万字，占总文字量的五分之二强。2. 地方特色鲜明。在篇目上，设有"乡镇企业"、"名优特产"、"名家学术思想"、"戏曲 曲艺"等卷，突出绍兴的地方特色；并在有关卷章中详记桥梁、酿酒、陶瓷、丝绸、纺织、锡箔、市场、光复会、古文化遗址、绍兴师爷、堕民等内容。3. 资料翔实。在资料的收集、剪裁和运用上，主要是坚持了明古详今和存真求实的原则，既把事物发展的源流、变化说清楚，又对现当代社会经济蓬勃发展的现状，系统翔实地加以记录，为后人提供借鉴。4. 强调著述性。采用著述体的编纂方法，在资料性的著述上作了尝试，并取得了一定的效果。5. 图文并茂，印制精美。在地图与照片的选择、编排上，具有数量多、品种齐全、突出历史性内容、存史价值较高等特点。全志共收录各类图片 966 幅(帧)，大多随文穿插，图文相得益彰。6. 索引单独成册。共设 6 个专题索引："目与子目索引"、"人名索引"、"地名索引"、"艺文志著录书目索引"、"图照索引"、"表格索引"，并附有"主要参考书目"，共计 70 余万字。(王福群)

K000128 **千古一村——流坑历史文化的考察** 周銮书等著。江西人民出版社 1996 年 7 月版。40 万字。38.00 元。江西乐安流坑村至今还保留着明清格局和大量明清建筑、文物。本书就该村的历史、建筑、艺术、人物、风俗、文献作了记录和论述，并附有大量精美的照片和详确的图表。(刘凯军)

K000129 **厦门史话** 陈孔立著。鹭江出版社 1996 年 7 月版。9.5 万字。8.10 元(平)，15.10 元(精)。"厦门文化丛书"之一。根据厦门在历史上长期形成的"八闽门户，海防重镇"的特点，着重介绍了厦门的对外关系和反对外国侵略的斗争历史。(裴慎勤)

K000130 **厦门志(清・道光十九年镌)** 厦门市地方志编纂委员会办公室整理。鹭江出版社 1996 年 3 月版。38.2 万字。21.00 元。依据清道光十二年编修、十九年刻印的《厦门志》，经整理而成的。全书共 16 卷，是关于厦门的一部内容较为详备的地方志。除了具有一般地方志的体例和内容外，还因厦门岛的特殊地位而在志书的编修上独具特色，不仅详细记载了关于闽台关系、厦门的对外关系、对外贸易和海防、航运等情况，而且提供了不少郑成功的历史活动遗迹，台湾朱一贯、林爽文起义和蔡牵海上武装集团的资料，以及明代以来倭寇、红夷等外国侵略者进犯福建、台澎的记载。还征引了百余种文献资料，其中不少是已经散佚的有关厦门的其他文献，如《晃岩集》、《夕阳案存稿》和一些家谱、族谱等，并在志中以"按"作为注释，这部志书关于厦门的自然环境和厦门在封建社会时期的政治、经济、文化、社会生活等方面的记录，为后人研究厦门乃至福建、台湾提供了极有参考价值的珍贵史料。当然，由于本志书是由当时的封建官吏主持纂修的，必然存在不少的封建糟粕，也不可避免地带上封建统治阶级的烙印。本着忠于历史的原则，在整理出版时志书基本保持了原貌。(刘奇俊)

K000131 **厦门海防文化** 黄鸣奋著。鹭江出版社 1996 年 12 月版。23.4 万字。15.00 元(平)，22.00元(精)。"厦门文化丛书"之一。书中并不局限于从军事斗争的角度来看待厦门海防，而是运用"海防 18 面"、"海防 6 要素"和"文化 5 要素"、"文化 3 层圈"的方法，从大文化的角度对厦门海防作全面的考察，从大文化视角把握决定战争胜负的多种因素，分厦门海防背景、厦门海防设施、厦门海防才器、厦门海防规臬、厦门海防战局、厦门海防观念 6 章，在广阔背景中展现特定历史时期的厦门海防精神。(裴

慎勤）

K000132 **可爱的家乡丛书** 王英选等编。陕西人民出版社 1995 年至 1996 年版。1 000 万字。共 100 个分册，分别对全省 100 个县(市)的自然资源、土特产、人文景观、历史传统、古今英模、两个文明建设成就和未来发展前景等作了介绍。以亲切、鲜活、生动、具体的事实，激发青少年一代热爱家乡、建设家乡、发奋学习和努力工作的积极性和创造力；培养和引导他们树立热爱祖国、报效祖国的自觉意识和远大志向。其特色在于其作为对青少年进行爱国主义教育的乡土教材，把爱祖国与爱家乡教育紧密结合起来，使爱国主义教育落实得更实在，更有说服力；作为对外宣传的窗口，与经济建设和改革开放结合起来，对于加强与外界信息交流，推动地区经济发展起到促进作用；作为对各级干部和职工进行县情教育的教材，对提高干部职工的思想素质和从实际出发的工作作风具有良好的帮助作用。（张海潮）

K000133 **外国列强与近代湖北社会** 徐凯希、田锡富主编。湖北人民出版社 1996 年 6 月版。22.7 万字。9.50 元。介绍自 1861 年汉口开埠后，随着武汉三镇从封建市镇向半殖民地半封建型的近代都会的转变，以及其后宜昌、沙市的相继开埠，湖北社会进入了一个剧变的时代。这里不仅有张之洞在鄂 18 年间所创办的一批近代企业，同时还发生过辛亥革命、北伐军建立武汉国民政府等全国性的重大政治事件。在近百年的沧桑巨变中，湖北人民一方面承受着外国列强入侵所造成的种种屈辱，不断奋起抗争，一方面则把握契机，通过向西方学习，振衰起疲，自救自强，推动湖北社会近代化历程的不断发展。（左泽荣）

K000134 **近代湖湘文化概论** 郑焱著。湖南师范大学出版社 1996 年 10 月版。22.6 万字。10.00 元。"湖湘文化研究丛书"之一。在叙述及近代湖湘文化之前，还先行追溯了一下古代湖湘文化的某些内容和特点。对近代湖湘文化的内涵、代表人物及其思想主张、演变过程及阶段性特征等进行了粗略的勾画，基本理清了其发展的线索。本书的特色之二是切入视角较新。如从性格角度来论述近代湖湘文化与湖南人性格特征二者之间的关系，就是将心理学实用到历史科学研究的有益尝试，书中还有诸多新颖的观点，很能给人以启发。（黄林）

K000135 **湖南省志·第四卷·政务志·外事** 湖南省地方志编纂委员会编。湖南人民出版社 1996 年 4 月版。38.8 万字。25.80 元。记叙湖南在对外交往、发展方面的情况及外国政府首脑、友人访湘等事宜。（郭平）

K000136 **湖湘文化纵横谈** 王兴国等编。湖南大学出版社 1996 年 11 月版。29 万字。16.00 元。共 7 编，由 51 篇既独立成章又相互呼应的论文组合而成。系统地揭示了湖湘文化发展的源流及其丰富内涵。湖湘文化的发展分为源头、形成、发展几个阶段。源头指先秦至汉唐时期。其特点是：剽悍的民风、穷究天人之际的哲学思想、以楚辞为代表的文学艺术以及相当发达的科技成就。形成时期则以宋代周敦颐开创的理学特别是湖湘学派为主要代表。发展时期为湖湘学系统的确立和王夫之对湖湘思想的继承发扬。到近代对经世致用传统的发扬和维新思潮的产生、革命思想的传播。湖湘文化的特征主要有三点：一是以屈原为代表的爱国主义精神，二是经世致用的优良学风，三是融汇百家的博大精神。湖湘文化的形式丰富多彩，文学、艺术、科技、出版、工艺、建筑、民俗、方言等等都具有自己的特色。本书在写法上力求通俗易懂，适合于一般读者阅读。（卢宇）

K000137 **粤港澳近代关系史** 邓开颂、陆晓敏主编。广东人民出版社 1996 年 3 月版。23.2 万字。18.00 元。"岭南文库"之一，研究近代粤、港、澳三地区之间关系的历史。时间上限为 1840 年，下限为 1949 年。（林秀钰）

K000138 **广州简史** 杨万秀、钟卓安主编。广东人民出版社 1996 年 3 月版。35 万字。28.00 元(平)，38.00 元(精)。"岭南文库"之一。全面、系统地叙述了广州自远古至 1949 年新中国成立期间的历史状况。全书分为 25 章，举凡经济、政治、军事、文化、社会生活、对外交往等方面，均有涉及。对秦统一岭南，南越国兴衰，海上丝绸之路的初步形成，隋唐时期广州成为国际贸易大都会，南汉政权的建立及当时经济文化建设状况，宋元时期都市经济的繁荣与城市建设的发展以及多元并立的文化风俗的存在，明清时期封建社会经济的全面高涨，及至近现代外国帝国主义对广州的入侵以及广州人民的反帝反封建的革命斗争，民族融合、维护中华民族团结统一的情况，广州历史上重要人物的业绩，等等重要内容，均作了重点论述。（曾宪志）

K000139 **近代广州口岸经济社会概况** 副名：粤海关报告汇集。广州市地方志编纂委员会办公室、广州海关志编纂委员会编译。暨南大学出版社 1996 年 1 月版。92 万字。95.00 元(平)，110.00 元(精)。旧中国的海关大权由外国人掌握。粤海关税务司每年给总税务司编制“广州贸易报告”,每10年编制“十年报告”。“贸易报告”内容包括税课、船舶、货物、金银、货币、旅客进出境等情况,并附有本口岸的比较统计与分析。“十年报告”依据海关统计档案以及通过各种渠道搜集的情报资料撰写成的,主要记述各个时期广州口岸的贸易、关税、工业、农业、商业、物产、矿藏、市镇建设、交通运输、邮政电信、财政金融、人物、军事活动、文化教育、医疗卫生、气候、民情、宗教、人口等内容。本书收入粤海关从1860年至1949年度的“贸易报告”和1882年至1931年(以10年为期)的5个“十年报告”,原文为英文。(陈红)

K000140 **广州历史文化图册** 广州博物馆编。广东人民出版社1996年1月版。20.4万字。178.00元(平),198.00元(精)。“岭南文库”之一。以广州城市发展为主线,涵盖经济、政治、军事、文化、社会生活、对外交往等方面,上溯原始社会,下迄1949年广州解放。共采编历史照片和文物、文献照片及地图822帧(其中彩色照片181帧)。分为“远古先民的生活”、“岭南都会的勃兴”、“城市的稳定发展”、“世界名港与三城的修建”、“繁华的省城”、“民主革命的策源地”、“大革命中心和近代都市”等7篇,每篇内设若干节。篇、节有概述性文字,每幅图有说明文字,均为中文、英文对照。反映了广州博物馆建馆65年来,特别是解放后45年来对文物资料的搜集、研究、陈列的心得,并吸收了有关方面的新的研究成果。书末有《名城广州的历史文化特点》一文,较系统地、简明扼要地叙述了广州的历史发展概貌,并介绍了其开放开明,多元兼容,革新求变,务实重利,接近平民等文化特点。(曾宪志)

K000141 **知我香港** 陈雨石等编写。少年儿童出版社1996年2月版。8万字。5.00元。介绍香港的历史和现状。分5章:“香港概况”,有“祖国南方的明珠”、“香港地名的由来”等节;“五千年历史”,有“省港为何并称”、“一座东汉古墓的发现”、“屯驻防守的门户”、“‘迁海’和‘复界’”等节;“近代风云录”,有“强占港岛”、“从‘租借’到割占”、“‘五四’风暴在香港”、“港九抗日斗争”等节;“经济的腾飞”,有“银行多过米铺”、“世界最大的‘自由港’”、“中资是香港经济发展的支持力量”、“港商对内地的投资”等节;“社会面面观”,有“香港的方言”、“香港人怎样过节”、“香港的教育”、“六合彩和赛马”等节。(洪祖年)

K000142 **香港大瞭望** 陈多等编著。海天出版社1996年10月版。6.6万字。168.00元。以后过渡期为重点,采用图文并茂的形式对“九七”前夕香港的政治法律、经济发展、社会文化和两地关系展开全景式的瞭望,力求以实事求是的精神和尊重历史的观点,多层面地客观介绍香港的现状,以期帮助读者探索香港社会的发展规律,正确评价香港的成功经验和存在的问题,认识一个实实在在的香港。(陈丹)

K000143 **香港跨世纪的沧桑** 许锡挥、陈丽君、朱德新著。广东人民出版社版。25万字。25.00元。“岭南文库”之一。回顾香港100多年的历程,从理论上确定它在中国历史上所处的地位。一方面,19世纪40年代,清政府因第一次鸦片战争失败而将香港割让给英国。经过100多年的风云变幻,中国曾有两次机会收回香港,终因国力衰弱而输给了英国,香港被强占,这是中华民族屈辱的标志。另一方面,香港作为一个特殊的地区拥有其特殊的地位。经过100多年的发展,到20世纪下半叶,香港取得了骄人的经济成就,步入了世界发达社会的行列。同时香港成为中国与世界经济联接的桥梁、中外沟通和合作的纽带。在中国近现代历次政治变迁的风浪中,香港又是各种政治势力的活动舞台、文化人的集中地,在这里成长起一代新的知识阶层,成为世界先进科技的窗口之一。在中国改革开放大潮中,香港凭其特殊地位,更在其中起着巨大的影响力。本书用史实来论述香港这100多年的变化和发展、成就和矛盾,最后以《中英联合声明》的签署作为全书的结束。(林秀钰)

K000144 **香港纪实丛书** 巴图主编。时事出版社1996年版。124万字。75.00元。共5本:《别了,港督》,系统介绍历届香港总督的生平履历、政治活动、个人志趣;《1949,飘摇港岛》,以1949年这一具有特殊意义的年份为背景,介绍在国共两大政治力量处于大决战的关键时刻,发生在香港政治舞台上一些鲜为人知的事件;《香港洪帮》,系统介绍了洪帮的起源、军统特务对洪帮的插手、洪帮在香港的立舵、洪青帮在香港的不同命运、香港黑帮组织的规范、黑帮的种种罪恶、黑帮的最新发展动向等;《文化名人在香港》,记述了苏曼殊、茅盾、张爱玲、叶浅予等文化巨擘在香港的不凡经历;《香港演艺圈》,按照历史发展线索,系统介绍60年代以来涌现在香港演艺界的著名人物,以演义体的方式展示香港娱乐事业发展的基本脉络。(何桂全)

K000145 **雅安市志** 雅安市志编纂委员会编纂。四川人民出版社1996年11月版。110万字。78.00元。记述了雅安市政治、经济、文化等各方面的历史和现状。记述时限，上限一般在1911年，对有些需溯源的事物，则适当上溯，下限截至于1985年，由概述、大事记、专志、人物、附录组成，概述综述市情，总摄全书；大事记纵贯古今，记述建置以来的大事、要事；专志分27篇纵述史实；人物设人物传略及烈士英名录；附录辑重要文告、文存等。（叶勇）

K000146 **万源县志** 《万源县志》编纂委员会编纂。四川人民出版社1996年10月版。128万字。90.00元。上限上起1911年，力求追溯事物之发端，下限一般截止于1985年，个别门类根据需要延伸至1988年，体裁以志为主，图表穿插其中，录、传、记、述等形式并用，内容涉及自然地理、政治经济、文化教育等方方面面的历史和现状，以翔实、准确、系统、全面的资料着重记述了万源县在中国共产党领导下进行革命和建设取得的伟大成就。（叶勇）

K000147 **云南物质文化·农耕卷（上、下）** 尹绍亭著。云南教育出版社1996年11月版。13万字。66.00元。分2册。涉及文化人类学、文化史学、农耕文化学、农史学、考古学、农学、生态学、科学技术史等，具有多学科学术及文化价值。虽以云南为中心，但将比较的视野扩大到黄河流域、长江流域、南亚及东南亚。主要内容有：刀斧的生态史，从竹木锄到铁锄，云南犁的类型和源流，耖耙图谱，播种和灌溉，箩篮马班车舟，秋收画卷，粮仓和磨房。图文结合（图片多达1 000余幅），重在图示，细致剖析，达到了“再现”和“保存”物质文化的极佳效果。（郭蓓）

K000148 **云南物质文化·采集渔猎卷** 罗钰著。云南教育出版社1996年11月版。21万字。36.00元。将考古材料、对少数民族的调查材料结合起来，进行纵、横比较研究；采用叙述、描写、说明等语言手段，阐述清晰流畅、简明生动；插图270余幅，以图补文、以文释图，具有鲜明特色。书中丰富的采集渔猎资料，包括其发展历史和现状，涉及众多少数民族采集渔猎的工具、手段、方法、过程、加工、储藏、禁忌、习俗、宗教祭祀、恋爱婚姻、节日庆典等，具有较高的资料价值和学术价值。同时，书中对云南少数民族异彩纷呈的采集渔猎活动的生动展现，极富情趣和吸引力。（张强）

K000149 **天朝筹藏录** 东明怀、李学琴编著。西藏人民出版社1996年9月版。58.6万字。36.00元。以极其新颖的写作思想和写作手法显示出其独特的风格和特点。落笔之处都站在维护国家统一，民族团结和中央权威的立场上，以清中央王朝对西藏治理的得失来展现西藏的历史，所有历史发展脉络的叙述都融注了编著者的国家意识与历史责任感。编著者没有重复以往就西藏历史而写历史的写作的视角，而是站在广阔而高远的视点上，把西藏作为一个基本行政单位，将其历史活动融汇到全国的大背景中，以其生动的笔调述写了清中央王朝对西藏的治理历史，展示出西藏地区在全国王朝更替过程中积极参与，与其他割据政权同台共舞，波澜壮阔的生动场面。书中涉及对许多重大历史事件和历史人物的译述和臧否，而所有笔墨都统一到一个主题思想之内，即反对分裂，维护统一，坚持进步，反对倒退，歌颂正义与光明，鞭挞丑恶与黑暗。作者站在历史唯物主义的立场上，以客观公正的态度和辩证唯物主义的观点对待历史事件和历史人物，对历史上的功过是非作了客观、公正的叙述。全书一改过去古奥艰深考据式的写法，而是采用了史实直叙与史实描述相结合的手法，既保留了历史原貌，又采用了生动活泼的语言形式，通俗易懂，易于为读者所接受。（总编室）

K000150 **西藏风土志** 赤烈曲扎著。西藏人民出版社1996年8月版。20万字。13.00元。介绍了藏族历史、藏传佛教的发展及各教派情况以及有关藏族、门巴、珞巴等少数民族的民风民俗，详细介绍了拉萨、山南、日喀则、昌都、阿里、那曲的情况、藏族的民间文学及藏戏等等。（总编室）

K000151 **雪域西部阿里廓尔松早期史** 冈日瓦·群英多吉著。西藏人民出版社1996年4月藏文版。25万字。13.50元。详细介绍了阿里地区的历史沿革、名胜古迹和风土人情，着重叙述了托林寺的历史、建筑、壁画、文物等内容。（总编室）

外国历史

K000152 **日本西方文化摄取史** 郑彭年著。杭州大学出版社1996年7月版。35万字。18.00元。以文化为主体，论述日本国如何通过摄取西方文明，建成现代化国家的经过。全书共10章。前九章以时间为序纵向论述日本国从一个闭关锁国的封建岛国怎样在西方殖民势力冲击下，被迫打开国门；在与先进的西方文化的直接碰撞中，自觉落后挨打转而主动跨出国门，向西方发达国家学习，进而迅速实现了近现代化的历程。其中又分锁国时代、幕末时期和明治政府三大历史阶段，重点论述日本汲取和消化洋学和现代西方文化的经过和成果。第十章总结日本摄取西方文化的经验和教训。（任明春）

K000153　**东南亚文化发展史**　贺圣达著。云南人民出版社 1996 年版。42 万字。34.00 元(平),42.00 元(精)。全面系统地论述了从原始社会到 20 世纪 40 年代整个东南亚及该地区各个国家文化的发展,对各个历史时期的东南亚文化作了具体的介绍,并对东南亚文化产生、形成、发展和演变的原因和背景,作了初步的探讨。(云人)

K000154　**从瓦解到新生**　副名:土耳其的现代化历程。戴维森著。学林出版社 1996 年 12 月版。15 万字。12.00 元。"现代化冲击下的世界丛书"之一。土耳其共和国于 1923 年成立。它经过争取独立的艰苦斗争,在历时六个世纪的奥托曼帝国废墟上崛起。现代的土耳其在很多地方继承了奥托曼帝国人民、制度和文化的传统,同时也有很多重大的变革,成为一个新国家。现代土耳其的继往与革新是本书的主题。本书概述了奥托曼帝国的兴起、繁荣鼎盛以至没落的历史,并特别评述帝国后期历史和共和国之对外关系,对土耳其的发展,亦至为重要,这些情形则交织穿插在文中。(叶适)

K000155　**帝国的剖析**　副名:奥托曼的制度与精神。伊兹科维兹著。学林出版社 1996 年 12 月版。8.7 万字。8.00 元。"现代化冲击下的世界丛书"之一。概要介绍奥托曼帝国的历史、制度、社会结构及其思想根源。史实部分纵括奥托曼人发迹于拜占庭帝国边境一个伊斯兰武士公国,其后发展成帝国,直至 18 世纪末认识到必须致力于现代化这一历程。同时勾勒了奥托曼国的基本制度、社会内部的主要分界线,以及政府和社会结构的基本观念,奥托曼正是凭借这样一些基本观念来缔造和壮大他们的帝国,并在以后的岁月里度过了各种内忧外患的。全书的重点在于阐述奥托曼人如何看待他们的历史经验,对他们的社会有何思考,如何认识他们存在的问题和他们自己解决问题的尝试。以此可以使西方对奥托曼世界的表面观察进入奥托曼生活的核心。(叶适)

K000156　**俄罗斯文化国情辞典**　[俄]B.波里先科、[俄]Ю.普罗霍罗夫,郭聿楷编。外语教学与研究出版社 1995 年 12 月版。31.7 万字。24.80 元。内容涉及俄罗斯文化和国情的诸多方面,选材偏重于传统文化、民俗和历史方面,同时也照顾到前苏联时期的国情问题,并提供了某些有关苏联解体后的俄罗斯社会的信息。辞典结构采用专题门类与词条结合的原则。每一专题门类包括两个结构部分:一、词条:选取与本题关系最密切的词语,作扼要释义,以辞典形式按字母顺序排列,这可视为了解本专题内容的"钥匙";二、短文:系统论述本专题。辞典包括汉、俄语两部分,二者内容基本一致,但又不是逐字逐句的对译。汉语部分词条本词以俄、汉两种文字表示,俄文为词条,汉语译文在后。词条释义及短文均以汉语行文,但遇有重要专名、术语及其他语汇时,汉语后注释俄语原文。正文后附有所收全部词条的总索引,以及与俄罗斯文化有关的两个附录。(王维国)

K000157　**独裁下的嬗变与危机**　副名:俄罗斯帝国二百年剖析。[俄]拉伊夫著。学林出版社 1996 年 12 月版。13.9 万字。10.50 元。"现代化冲击下的世界丛书"之一。在 16、17 世纪西欧崛起后,其他古老帝国相继受到强烈冲击,因而必须改弦更张,大事革新,以应付前所未有的变局。在这些所谓"后进现代化国家"之中,最幸运、最值得土耳其、中国、日本等国艳羡的,无过于俄罗斯帝国了。在所有欧洲以外的国家之中,俄帝国的改革无疑应该最成功,最能带领它进入现代。不可否认,从建立一个健全、整治、蓬勃有生机、能适应现代世界的国家这一点看,俄罗斯长达两个世纪之久,在最理想条件下锐意推行的现代化却彻底失败了。本书通过对其国家和社会之间互动关系的分析,认为:在帝俄,以沙皇为首的国家是主动的,是改革和现代化的原动力,但它以独断、强制方式改造庞大、顽惰社会的努力却往往落空,甚至产生意料之外的相反效果。而尼古拉一世时代兴起的著名知识分子,对实际改革没有、也不愿意作出任何贡献,而选择成为死硬反对派,从而造成俄国政治的两极分化。正因为此,阻止了具有自主性的俄国公民社会的出现。这些分析值得今人的审慎思考。(叶适)

K000158　**惶惑的旅程**　副名:西班牙的现代化历程。雷蒙德·卡尔著,许步曾、林勇军、郑凤译。学林出版社 1996 年 12 月版。21.3 万字。16.00 元。"现代化冲击下的世界丛书"之一。现代化从西欧开始,但欧洲并非一个单一的实体,而且许多不同国家的集合。这些国家中最特殊的,也许要算是西班牙了。在 16 世纪,无论从政治、军事、海外殖民的角度看,它都是欧洲最先进、最强大的帝国。然而到 18 世纪,这个现代化的先驱却已经没落,成为欧洲边陲一个没有活力,不受尊敬,甚至于不受注意的二流国家。到 19 世纪下半叶,当革命和自由思想终于传至西班牙,并产生政治影响的时候,它好像应该能赶上中欧的"迟现代化国家"——意大利和德国了。意想不到的是，那只不过是它政治旷野中长达整一个世纪的飘泊之开始。和欧洲大陆的其他现代化国家一样，西班牙在走向现代化之前，也经历了猛烈的思想、宗教和政治上的革新，尤其经历了20世纪30年代那场震惊世界的酷烈内战，经过这次血与火的洗礼，终于导致70年代中期佛朗哥漫长的专政时代的结束和民主政治的开始。本书对西班牙的这段历史作了比较详细的论述。书后附《西班牙政治大事年表1868～1979》等资料。（林震浩）

K000159 **法兰西第三共和国兴衰史** 楼均信主编。人民出版社1996年4月版。52万字。30.00元。论述法兰西第三共和国（1870～1940年）从确立、巩固、发展、重建、繁荣直至衰亡的历史；从社会、经济、政治、军事、外交、人口、科技、文化教育等不同侧面反映第三共和国历史面貌。有附录概述中国学者的第三共和国史研究，另附历届总统和内阁任职时间、大事年表、人名译名对照表等。（王一禾）

K000160 **在天堂和地狱间徜徉** 副名：美国梦寻。孟蔚彦著。复旦大学出版社1996年12月版。30.6万字。18.00元。通过作者在美国的游历、采访和考察，分4部分描述了"美国梦"的追寻过程。第一部分为"缔造美利坚"，从政治的视角描述了美国的开国先驱在缔造美国的过程中所经历的种种艰难曲折，以及当代美国政坛的一些引人注目的特征；第二部分为"挂在草叶上的梦"，以游览名人故居、采访名家等为线索，分析、探讨了美国的文化；第三部分为"血与火的洗礼"，通过对美国历史上重大事件的回顾，展示了一幅幅美国人民浴血奋战，巩固家园的壮丽历史画面；第四部分为"天堂与地狱"，着重描述美国壮美的山川景观及风土民情。全书内容叙及美国历史上众多名人轶事，包括政治、文化、经济、军事等诸多领域，有开国先驱乔治·华盛顿、托马斯·杰弗逊，还有理查德·尼克松、华盛顿·欧文、海明威、瓦尔特·惠特曼、丹尼尔·斯蒂尔、小洛克菲勒、迪斯尼、艾德加·胡佛等等。书中并附有多幅彩色插图。（邬红伟）

K000161 **秘鲁征服史** ［美］普雷斯科特著，周叶谦等译。商务印书馆1996年9月版。55.1万字。37.00元。分5卷。第一卷导言部分回顾了印加文明概貌、印加帝国的传说和历史；第二卷叙述了秘鲁的发现；第三卷为秘鲁的征服；第四卷叙写了征服者的内战；第五卷记述了这个国家的平定。作者偏爱西班牙征服南美的殖民活动，不遗余力地撰写的这部"征服史"在一定程度上反映了19世纪初期美国资产阶级羽毛丰满后对于向拉丁美洲扩张表现出的强烈兴趣。书中除记述西班牙征服者丧心病狂的"征服"活动外，也用一定的篇幅叙述了殖民主义者头目之间的勾心斗角，争权夺利和互相残杀的丑史，使读者能够了解资本原始积累时期西方殖民者的狰狞面目。（李夫）

传 记

K000162 **千古风流人物** 天然、曹学恩等著。未来出版社1996年8月版。29万字。14.90元。"昨天的中国丛书"之一。收录了中国近现代史上的著名人物。分上下两卷，对主要活动在1840年至1919年五四运动这段时期的人物编为上卷，对主要活动在1919年至1949年这一时期的人物编为下卷。对有些建国后仍活跃在中国历史舞台的人物，重在反映他们建国前的重要活动。所收人物包括政治家、军事家、民族英雄、科学家、教育家、实业家以及文化名人。对那些曾在抵御外族入侵、捍卫民族独立斗争中起过进步历史作用的人物也酌情予以收录，力求把这些人物放在他们各自所处的历史环境中给予客观公正的介绍与评说。（李建明）

K000163 **世界大失败者传** 车吉心、朱德法主编。明天出版社1996年1月版。198万字。98.00元。一部以世界范围的、不同历史时期的著名人物为描述对象的大型人物传记著作。收录了不同时代不同国家（包括中国）名人共计100人。所收人物，以对历史有重大影响并且就其个人结局而言最终归于失败为标准，着力客观地叙述传主一生所经历的重大事件，尤其重点叙述并剖析其失败的过程及内在的原因，由此获得对人性的深层次把握。同时，亦不忽视传主家庭生活、兴趣爱好、性格特征等细节的描述，努力追求历史真实性、科学性和艺术性及可读性的统一。（孟凡明）

K000164 **世界少年奇才（上、下）** 叶雄等卡通绘画。浙江人民美术出版社1996年12月版。20万字。32.00元。《中华少年奇才》的姐妹篇。精选了世界范围内各领域杰出人物的50个故事。以科学发明家为主，通过杰出人物少年时期刻苦学习、勤奋探索、勇于实践的一个个小故事，真实而感人地把他们优良的品德、坚强的意念、刻苦的精神展现在小读者面前。（冯玮）

K000165 **诺贝尔奖获奖者的故事** 季风、曾智成等著。四川少年儿童出版社1996年4月版。

33.8万字。15.00元。收集了诺贝尔奖6个奖项获得者中的84位获奖者的故事。这些故事短小生动、极有代表性。通过这些故事,读者可以了解到诺贝尔奖获得者的成长和奋斗的历程。(曾胜利)

K000166　**厦门人物(海外篇)**　郭瑞明编撰。鹭江出版社1996年9月版。23.8万字。15.50元(平),22.50元(精)。“厦门文化丛书”之一。厦门是我国著名的侨乡,与华侨、华人联系在一起的历史至少有600多年,据统计,祖籍厦门的华侨、华人有数十万之多,分布在43个国家与地区。他们羁旅海外,心系故土,有的为中华民族的解放和民主革命的胜利慷慨解囊,甚至牺牲生命;有的倾资兴学,投身建设,为繁荣家乡,促进祖国的现代化,作出了无私的奉献。本书记述了数百十位海外厦门人的事迹,展示了翔实的珍贵史料。(裴慎勤)

K000167　**中国人民的朋友丛书**　陈昊苏主编。河北少年儿童出版社1996年12月版。180万字。108.00元。共11册,分别记述了11位最著名的国际友人的生平故事。其中有4位是医生,即白求恩、柯棣华、罗生特、马海德,他们在最为严峻的战争年代来到中国,为解放区的抗日军民热忱服务,不惜牺牲自己的健康乃至生命,他们的革命人道主义精神和毫无自私自利的品德成为各行各业人们学习的楷模;还有五位是新闻记者和作家,即斯诺、史沫特莱、斯特朗、艾黎、爱泼斯坦,他们用手中的笔写下热情讴歌中国人民正义事业的文章,把中国革命和建设的影响传播到全世界。其中艾黎还首创了中国的“工合”事业。另外还有两位国际友人,一位是李约瑟,他是科学史上的巨人,对中国古老的文明情有独钟,他所完成的关于中国科技史的巨著,揭示了两千多年以来中国科学技术发展的辉煌成就。一位是阿尔希波夫,他是杰出的政治活动家,曾作为前苏联来华专家组的总负责人参加新中国的工业化建设,付出了巨大辛劳,受到中国政府领导人的高度评价。这11位国际友人用毕生的奋斗向中国人民表达了诚挚的友谊,其中有的还加入了中国籍,有好几位甚至选择中国作为最后安息的地方。(冯铁军)

K000168　**“名人传记丛书”(第二辑)**　徐友珍等编著。湖北辞书出版社1996年4月版。250万字。120.00元。共10册。包括《艾森豪威尔传》、《戴高乐传》、《杰斐逊传》、《彼得大帝传》、《达尔文传》、《伽俐略传》、《法拉第传》、《诺贝尔传》、《牛顿传》和《哥白尼传》。全书以生动简练的文字记录了传主生平。(刘丹)

K000169　**世界著名教育思想家**　扎古尔·摩西著,梅祖培、龙治芳等翻译。中国对外翻译出版公司1996年版。64.00元。分4卷,每卷均收入25名国际、地区或各个国家公认的专家所撰写的文章,分别介绍25位世界著名的教育思想家。书中只把献身于教育的思想家和教育家当作“教育的奠基人”,而把各个时期和各种文化曾就教育这个课题发表过许多言论的哲学家、政治家、社会学家、科学家、神学家、小说家、诗人和历史学家排除在外。所介绍的100位世界著名教育思想家,从时间上说最古老、最遥远的莫过于中国的孔子,其次是西方的苏格拉底、柏拉图,直到在我们生活的时代仍然在直接间接地推动着关于教育的普遍性辩论的一些非常活跃的人物;从地理空间而言,覆盖亚洲、非洲、南北美洲、欧洲的许许多多国家。其中属于中国的,除孔子外还有孟子、孙中山、毛泽东和蔡元培。每篇文章均介绍一位著名教育思想家。首段往往概述其教育思想、影响和历史地位,随后各节分述生平、业绩、思想和对教育作出的杰出贡献。由于各入选教育思想家生活在不同的历史时期,有其不同的文化、专业背景,其业绩和思想丰富多彩,知识覆盖面宽泛,对人类教育思想的方方面面都是一种寻本溯源的探讨。内容涉及教育理论的跨学科基础、政治、宗教、意识形态对教育的独特影响,基本的教育制度,管理决策模式和一些微观的分阶段的施教方法,对我国的教育决策、研究和实施都有其深刻的指导意义和价值。(龙治芳)

K000170　**改变世界的大科学家**　[英]菲奥纳·麦克唐纳等著,张宇宏等译。上海译文出版社1996年9月版。48万字。528幅图。210.00元。介绍爱因斯坦、爱迪生、贝尔、达尔文、弗莱明、伽利莱、谷登堡、莱特兄弟、马可尼、米德、牛顿和瓦特等12位对世界文明有重大影响的科学家和发明家,主要阐述他们的生平事迹,以及他们对世界科学技术的发展和人类文明的进步所作出的伟大贡献。全书分为12个部分,每一部分介绍一位科学家,并配以大量精美的图片以及该科学家的大事年表。(刘李萍)

K000171　**罪恶的殉葬者**　朱少军著。当代世界出版社1996年5月版。10.80元。全面、系统介绍二战中傀儡人物的著作。记述了贝当、赖伐尔、吉斯林、汪精卫、巴莫等19个傀儡人物堕落为法西斯傀儡的经过和他们的私人生活。他们中有人为了求荣,背信弃义、助纣为虐,成为民族罪人;有人为了活命,卑躬屈膝、卖身变节,成为国家叛逆;有人为了追逐名利,卑鄙奸诈、玩弄权术,成为法西斯的走卒。他们在第二次世界大战法西斯横行的岁月里，纷纷投身于法西斯的怀抱，对国家和民族犯下了不可饶恕的罪行，但他们最终没有逃脱历史的惩罚。(陈雪英)

中国人物传记

K000172 **历代藏族名人传** 曾国庆、郭卫平编著。西藏人民出版社 1996 年 9 月版。31.5 万字。18.80 元。详细叙述了在藏族历史上有过突出贡献的佼佼者的成果和软弱不足的一面。对藏族历代名人的出身、家庭和父亲阐述详细，并注藏文本名，免去译音的分歧。(总编室)

K000173 **中共党史人物传(第 58 卷)** 中共党史人物研究会编。陕西人民出版社 1996 年 7 月版。25.7 万字。16.00 元。收录中共党史人物 10 位。有被毛泽东喻为"赣南农运的一面旗帜"的陈奇涵将军，有为创建湘鄂西革命根据地做出重要贡献的孙一中，有对琼崖革命根据地建立和发展做出重要贡献的王文宇，有九一八事变后在东北奋起抗战的民族英雄唐聚五，有身经百战，为党为国做出贡献的将军钟赤兵、姚喆、黄定基、王一伦等。同时也实事求是地记述了我党历史上"左"倾机会主义的主要代表人物王明的一生，历史地、公正地评价了他的功与过。还收录了具有伟大革命精神，但又走过弯路的冯玉祥将军的生平。(刘景巍)

K000174 **中国圣贤人生丛书(第二辑)** 扬帆等著。长江文艺出版社 1996 年版。200 万字。107.00 元。共 8 册：分别为《曹操：枭雄人生》(扬帆著)、《商鞅：权智人生》(丁毅华著)、《范仲淹：忧乐人生》(王耀辉著)、《李白：诗酒人生》(徐文海、李晓峰著)、《刘伯温：雄略人生》(陈文新著)、《曾国藩：忠毅人生》(彭基博著)、《魏征：忠谏人生》(余和祥著)、《梁启超：改良人生》(鲍风著)。承接第一辑的特点，一个人物一本。在内容与体式上，完整地再现与评述人物的人生历程、事业成就与思想影响。在语言与行文上，作者以散文随笔的语言写出，因而使丛书有很好的可读性。在思想观念上，作者尽量摆脱陈腐观念，只是面对事实，面对常情常理，且尽可能地以生命体验的角度切入内容，以充分地写出历史人物在特定的历史事件中的复杂心理，以及这种心理乃至行为所呈现的复杂性格。(田扬帆)

K000175 **晚清巨人传** 徐立亭主编。哈尔滨出版社 1996 年 3 月版。500 万字。照片 150 幅。298.00元。共 10 册。择选晚清时期在各个领域中有极为突出贡献和影响巨大的 10 位人物：林则徐、曾国藩、李鸿章、左宗棠、梁启超、盛宣怀、洪秀全、康有为、严复、章太炎。展现一幅晚清时期政治、军事、经济、文化、革命等多方面的立体画卷。从传主横空出世到巨星陨落，全面介绍重大历史事件及其历史角色。文中较重要的引句、引文均注有出处。全书打破了传统的历史人物传记中以评、记为主的形式，以大量的原始资源贯于书中，使读者既能了解传主的生平及后人的评价，也能从这些史料中更直观地感受到传主的文学灵感、政治气魄、经济头脑、改革思想，使人、史、事、变融为一体。(王放)

K000176 **风云人物采访集** 杨建业著。浙江教育出版社 1996 年 7 月版。30 万字。13.80 元。选收作者从 1977 年至 1994 年，这十七年间所采写的 100 多位风云人物中的一部分。书中除序言、附录后记外，正文共分 5 辑：第一辑为党政要人，第二辑为部省官员，第三辑为各界名流，第四辑为海外学子，第五辑为作者出国采访。所收文稿 53 篇，所写的人物有 40 多位。他们中有毛泽东、周恩来、邓小平、李先念、陈云、李鹏、胡耀邦、万里、习仲勋、方毅、胡乔木、陈慕华、邓力群、李铁映；李贵、胡愈之、蒋南翔、何东昌、朱开轩、赵志宏以及各界名流马寅初、姚雪垠、黄昆、霍懋征、柳玉芳、叶辛、刘白羽、曲波、草明、张光年、康殷等等；还有几篇是写我国海外学子奋发读书和运动健儿为国争光的感人事迹群体通讯。书中的代序和附录是介绍我国新闻工作和写作情况，对了解作者及其作品有所帮助。

K000177 **厦门人物(历史篇)** 黄鸣奋、李菁编撰。鹭江出版社 1996 年 11 月版。14.7 万字。11.10元(平)，18.10 元(精)。"厦门文化丛书"之一。搜集了官修史志所收的厦门籍或在本地区活动过的历代人物，自唐迄清，凡 162 人。其中，有才高情长的文人，亦有艺高胆大的武将；有替鹭岛增辉的寓贤，亦有他乡为官的名臣；有富冠乡里的缙绅，亦有贫不夺志的寒儒；有效忠朝廷的臣属，亦有揭竿而起的志士，等等。(裴慎勤)

K000178 **孔子祖籍考** 骆承烈主编。中州古籍出版社 1996 年 5 月版。17.3 万字。8.10 元。收录有关论文 22 篇，对孔子的先世、孔子思想源流、孔子祖籍一带的文物古迹及孔子后裔还乡等方面进行考证，论点明确，论据充分，具有一定的史料价值。书中诸篇文章从不同方面和角度对孔子的先世进行探究，得出结论性论断。即孔子的先世为黄帝的一脉，是殷天子帝乙的一支。周取代殷后殷氏遗族被分封到宋，即今河南东北、江苏西北端、山东西端一带。经历了由国君至公族、卿、大夫、士的衰落过程，至孔父嘉时，由宋国迁居到鲁国定居下来。据考孔氏的祖籍应是河南省夏邑县。对孔子思想体系的渊源进行了历史的分析。宋是殷人直系后裔的封国，是殷文化的直接继承者；鲁是周公子伯禽的封国，具有典型的周代礼乐制度。宋鲁两国历史文化的遗存不同，决定其社会基础的差异。孔子更多地吸取了周文化的营养，形成以周礼为核心的儒家学派的思想体系；他对殷文化的继承，最明显地体现在天命观上，既不能摆脱对天命的畏惧，但学说的核心已是重人事而轻鬼神。这是历史的进步。从而说明思想文化的产生，除社会根源外，文化本身具有继承性和延续性。但是书中在对孔子祖籍文化的历史考证中，由于年代久远，所传世系繁杂，出现一些历史质疑，如“木金父奔鲁”还是“鲁防叔奔鲁”等，有待进一步探讨。（孙宝瑞）

K000179 **曹雪芹祖籍考论** 王畅著。河北教育出版社 1996 年 6 月版。44.3 万字。26.80 元。在充分占有、分析有关原始材料及他人考论文章的基础上，排除“丰润说”与“辽阳说”中的非学术因素，本着“跟着证据走”的宗旨，条分缕析。共分 6 章。第一章从“红学”到“曹学”，谈论有关“曹学”的若干问题；第二章至第四章曹雪芹祖籍问题研究的源与流，以充足的材料，介绍了“丰润说”的提出与确立，“辽阳说”的崛起，“丰润说”与“辽阳说”的新论争等核心问题；第五章关于《五庆堂曹氏宗谱》的真伪问题，对“辽阳说”及赖以成说的《五庆堂谱》一书作出评价；第六章“丰润说”论证，在客观分析的基础上，论证了“丰润说”成立。附录部分，辑有(康熙)江宁府志·曹玺传、(康熙)上元县志·曹玺传、曹雪芹家世新考、《兰墅文存》与《石头记》、曹雪芹家的籍贯(胡适)、曹雪芹的籍贯(李西郊)、辽阳“三碑”、曹雪芹祖籍问题研究资料目录索引。另附表 4：丰润曹氏十六世以上谱表、五庆堂曹比宗谱世系表、五庆堂曹氏谱系全图、《五庆堂曹氏谱系全图》人物简历。

K000180 **福建族谱** 陈支平著。福建人民出版社 1996 年 8 月版。24.6 万字。17.20 元。“福建文化丛书”之一。对福建族谱的演化过程及其社会特征进行了全面的考察，对福建族谱的地方特色提出了富有独创性的见解。通过族谱研究探索福建传统家族文化的发展，是全书的一大特色；通过夸张炫耀的族谱文化，透视福建家族社会强欺弱、众暴寡的历史现象，并探究其对福建地区的家族心理和人文性格产生的影响，是全书的另一特点。（刘亚忠）

K000181 **中国历代年谱总录(增订本)** 杨殿珣编。北京图书馆出版社 1996 年 6 月版。54.9 万字。21.50 元。著录年谱 4 000 余种，反映古今谱主 2 800 余人。年谱著录，一般以原书的原题为准，以谱主的生年先后为排列顺序。书后附《待访年谱简目》、《谱主姓名别名索引》。（卢玉荣）

K000182 **中共党史人物传(第 56 卷)** 中共党史人物研究会编。陕西人民出版社 1996 年 7 月版。25 万字。16.00 元。收录中共党史人物 12 位。其中有在战场上与敌交锋的共和国元帅徐向前，将军刘培善，普通一兵黄继光，有投身革命英年早逝的热血男儿廖梦樵、宛希俨、祁致中、李震瀛、冯平等，有血战河西走廊的巾帼英雄吴富莲；也有在新闻战线用纸笔与敌斗争的邵漂萍，以及在水利事业、教育事业为国为党作出贡献的王化云、陶行知等。（刘景巍）

K000183 **中共党史人物传(第 57 卷)** 中共党史人物研究会编。陕西人民出版社 1996 年 7 月版。25.3 万字。16.00 元。收录中共党史人物 13 位。有共和国大将、人民海军的主要创建者肖劲光，有革命早期工人运动、农民运动的重要领导人周其鉴、王立益、晏福生等，有大革命时期为开辟革命根据地立下功绩的刘士奇、张达志等，有抗日战争时期率部脱离国民党阵营，加入共产党所领导的敌后抗日斗争的范子侠，有新中国县委书记的好榜样焦裕禄，时间跨度大，能够从一个侧面了解中国革命的历程。还收录著名的人民艺术家、坚贞不渝的爱国主义者老舍。（刘景巍）

K000184 **中共党史人物传(第 59 卷)** 中共党史人物研究会编。陕西人民出版社 1996 年 7 月版。27 万字。16.00 元。收录党史人物 10 位。有中国共产党在白区的隐蔽战线上的杰出代表，中国共产党和人民军队情报、保卫工作的卓越组织者和领导人李克农；有性格乐观，英勇善战的军中虎将陶勇；有早年追随孙中山先生，后加入中国共产党，利用特殊身份为党工作的李锡九；有在文化战线上宣传党的政策，坚持与敌英勇斗争的胡愈之；也有不满国民党黑暗统治，投奔共产党的韩练成将军；还收录一生主和，为祖国和平、统一，竭智尽忠的爱国将领张治中先生的生平。（刘景巍）

K000185 **中共党史人物传(第 60 卷)** 中共党史人物研究会编。陕西人民出版社 1996 年 7 月版。27 万字。16.00 元。收录中共党史人物 12 位。有为创建人民军队，为建立新中国立下汗马功劳的共和国元帅聂荣臻；有真心实意为革命做工，为抗战出力，被陕甘宁边区人民授予“特等劳动英雄”称号的普通工人赵占魁；有投身革命，英年早逝的许卓、高咏生、杨克明、黄文杰等；也有在新中国建立后，不做将军做农夫，为建设社会主义新农村而继续战斗的将军甘祖昌；还有在改革大潮中建功立业的优秀共产党员许士杰；为祖国和平事业奔走呼号，为台湾回归祖国做了不懈努力的民主人士邵力子先生。（刘景巍）

K000186 **中国名人画传——军事家** 杜富山主编。河北少年儿童出版社 1996 年 11 月版。124 万字。39.00 元。共 5 册。共收录了从先秦到新中国成立前的 52 位著名军事家的传记。文中记叙了他们的主要生平事迹，突出表现了他们在军事理论、军事韬略上的突出贡献和他们的指挥才能，以及这些著名军事家们的智慧、勇敢和伟大的爱国主义精神。书中配有大量插图，图文并茂。（郭翠英）

K000187 **百战将星** 钟兆云、尹家民、冷梦等著。解放军文艺出版社 1996 年 1 月版。114.9 万字。50.90 元。共 7 册。首批推出的《刘亚楼》、《肖永银》、《陈赓》、《何基沣》受到读者喜爱，第二批将推出《秦基伟》、《陈再道》、《毛近山》等。其中《刘亚楼》介绍了由周恩来点将由“东野”参谋长出任空军司令员，从黄帝岭大血战到津门挂帅，从一无所有组建空军，到朝鲜上空击落一架架美机，揭开中国空军名震世界辉煌一页，建立奇迹的刘亚楼；《陈赓》介绍了风度翩翩，才华横溢，个性幽默，与毛泽东、周恩来等高层领导有私交，与蒋介石等黄埔族系有恩仇，与大叛徒顾顺章、林彪有复杂矛盾和争斗的陈赓。其他各册描述了将星们九死一生的征战经历，展示了他们各自独特的个性、情感世界，以及不同的人生遭遇和将军丰采。（郭薇）

K000188 **朱德军事活动纪事（1886～1976）** 中国军事博物馆、中央文献研究室朱德研究组编。解放军出版社 1996 年 11 月版。66.1 万字。46.00 元。编年体的著作，按朱德元帅早期军事活动、土地革命战争时期、抗日战争时期、解放战争时期和社会主义时期进行编写，以朱德军事活动为主，以年月日顺序纪事。较全面地反映每一事件的始末，一般一事一条，一日一条，少数条目采用纪事本末的写法，进行了综合编写。

K000189 **伊斯哈克伯克将军** 瓦哈甫木哈耶夫著。新疆人民出版社 1996 年 2 月哈萨克文版。15 万字。5.00 元。叙述了伊斯哈克伯克将军的战斗一生和他在三区革命中卓越的军事领导才能。通过作者的回忆形式，描写了伊斯哈克伯克将军在三区革命中为和平解放新疆而做出的卓越贡献，并用具体的实事讲述了将军的英雄事迹和给自己留下的深刻的印象。（阿扎马提）

K000190 **李光弼** 马驰著。陕西师范大学出版社 1996 年 4 月版。13.4 万字。7.50 元。“唐代历史文化丛书”之一。旧新两《唐书》皆为李光弼立传，在平定安史之乱中，九节度与安庆绪战于相州，这是平乱战事中的一次大战。《旧唐书·郭子仪传》记战前置帅事，谓“子仪、光弼俱是元勋，难相统属，故不立元帅”。《新唐书·郭子仪传》记此事，仅以元勋易元勋，其实是一样的。可见当时朝中平议，李光弼与郭子仪的勋绩是相当的，可是后来的际遇却并非相同，郭子仪位极人臣，子孙瓜瓞绵延，贻福后代；李光弼驻节徐州，仿佛与王朝还稍有些嫌隙，后世显者亦非甚多。两人际遇既有差异，史书记载复未能详尽，这就不免使后来知人论世者谓其间尚有轩轾。本书可以作为补苴。李光弼于唐代蕃将中，最为突出，两《唐书》后，迄今尚未闻有人再为之董理，使所谓轩轾之处未能早日稍加救平，也是一种缺陷。本书亦使旧史不稍详尽处得以充实，李光弼当年荡平叛乱的功绩，不致多所湮失，是可以称道的。李光弼的先世本为契丹的酋长，其父楷洛，武后时即已南迁入朝，下迄安史倡乱，已多历年所。可是对于李楷洛的身世就间有歧误之处。楷洛虽非中原世家，于契丹诸部中仍系名族。姑不论楷洛当时的名声，即以李光弼来说，转战疆场，建立奇功，奈何家世尚有歧误，似非重世族、尊门第之时的细事。本书澄清了有关李光弼父族、母族及其本人诸多历史迷雾，纠正了两《唐书》、《资治通鉴》诸书籍中的某些错误，也是值得称道的。（陆三强）

K000191 **吴起传** 孙开泰、孙东著。花山文艺出版社 1996 年 5 月版。30.5 万字。21.00 元。“先秦诸子文学传记丛书”之一。吴起（约公元前 440～381 年），史称吴子，卫左氏人，是继春秋末期军事家孙武之后，在战国初期出现的最卓越的军事家、政治家、改革家。所著《吴起兵法》是与《孙子兵法》齐名的军事理论著作，对后世影响深远。本书在史传的基础上，第一次将吴起“大战七十六，全胜六十四，余则均解”的军事才能，以及先后在魏、楚等国推行法治，进行政治、经济、军事改革的辉煌业绩，以文学形式展示出来，塑造了吴起这位东方战神的光辉形象。

K000192 **余秋里回忆录** 余秋里著。解放军出版社 1996 年 4 月版。55 万字。44.00 元。生动翔实地记述了作者由一个穷孩子成长为我军著名将领的曲折历程。为了革命的成功，余秋里将军曾带领我军官兵浴血杀场，并在一次战争中失去了一只手臂，从此便被誉为“独臂将军”之号。建国后，我国为了甩掉“贫油”的帽子，余秋里将军由毛主席委派，来到了大庆油田发展我国石油工业，硬是建成了驰名中外的“大庆油田”。在“文革”期间，他又顶着强大的政治风浪，与“四人帮”反革命集团展开了激烈的斗争。(郭莹)

K000193 **将帅在逆境中** 董保存著。人民出版社1996年8月版。20.5万字。13.00元。对“文革”时期在逆境中艰难斗争的将帅作了主要评述细说，兼及将帅们在革命战争年代艰苦奋斗的感人故事。主要有：“刘伯承1958年受磨难”、“叶挺危难受命组建新四军”、“粟裕大将智斗‘四人帮’”、“敢唱反调的大将黄克诚”、“谭政大将书生气”、“谭震林逆境中的辉煌”、“萧克吟诗叹坎坷”、“磨难之中三将军——文革中的杨成武、余立金、傅崇碧”、“宁折不弯的张经武”等。(张昭军)

K000194 **贺龙年谱** 李烈主编。人民出版社1996年2月版。63.7万字。40.00元(平)，55.00元(精)。贺龙(1896～1969)是我们党的老一辈无产阶级革命家，卓越的军事家，党、国家和人民军队的领导人之一。在土地革命、抗日战争和解放战争时期，在社会主义革命和建设时期，贺龙在党中央、毛泽东同志的领导下，历经艰险，不屈不挠，赤胆忠心，艰苦奋斗，为中国革命建立了卓越的功勋，深受全党、全军、全国人民的衷心爱戴。贺龙从青少年时代就追求真理，有为穷苦大众谋解放的迫切愿望。“两把菜刀闹革命”，名扬四海。1927年参与领导南昌起义，并任起义军总指挥。他待人热情、诚恳、豁达大度；他胸怀坦白，光明磊落，表里如一；他党性强，大公无私，考虑和处理一切问题都是从大局着眼；他对革命坚信不移，对困难从无畏惧，始终充满革命乐观主义。贺龙在几十年的斗争生涯中走过了坎坷的历程，同形形色色的机会主义作过斗争，特别是同林彪、“四人帮”反革命集团的斗争中，他立场坚定，旗帜鲜明，直到最后一息。他忠于党、忠于人民、忠于革命事业的高贵品质是留给我们的宝贵财富。《年谱》忠实地记述了贺龙光辉的一生。(王能雄)

K000195 **新中国体育事业奠基人** 伍绍祖主编。人民体育出版社1996年3月版。17.2万字。25.00元。为了深切缅怀这位令人敬重的老一辈革命家贺龙元帅，数十位老体育工作者提笔疾书，抒发胸中的无尽思念。他们当中，有历任国家体委主任、副主任，有体委机关各级工作人员、教练员、运动员、体育科研工作者、医务人员、体育新闻记者等。他们用亲身经历，从不同的侧面讴歌了贺龙元帅对新中国体育事业的开创、发展所付出的巨大心血，从而衬托出今天大好的体育形势的来之不易。通过一桩桩催人泪下的感人故事，反映出贺龙元帅高尚的革命理想和情操，严以律己、宽以待人的工作作风，对下级、对运动员无微不至关怀的领导者风范。全书40余篇文章，配有几十幅贺龙元帅的珍贵照片。在这些文章中，通过回顾贺龙元帅的丰功伟绩，也同时反映了新中国体育战线几十年来的发展进程，反映了党和政府给体育战线制定的各种方针政策。(张建林)

K000196 **僧格林沁纪略** 宿梓枢、刑亦尘著。内蒙古人民出版社1996年12月版。8.1万字。14.80元。客观公正地反映评价僧格林沁一生的活动。以介绍僧格林沁在中国近代史上是一个极为重要和复杂的人物。半个世纪里，他参与了道光、咸丰、同治三个时期的朝政，地位尊崇、备受重用，被清廷倚为“长城”。僧格林沁所处的时代正是中国外部遭受西方列强侵略，国内人民纷纷揭竿起义，清朝政权摇摇欲坠的动乱年代。为了维护封建统治和为“国”分忧，他戎行十余年，统帅以蒙古骑兵为主力的清军驰骋于中原大地，成为近代史上的一个传奇式人物。综观他的戎马生涯，既有镇压太平天国及捻军等农民起义的血腥历史，又有维护祖国统一、反抗列强侵略的光辉业绩，是对中国社会产生过重大影响的少数民族领袖人物。(刘继尧)

K000197 **薛暮桥回忆录** 薛暮桥著。天津人民出版社1996年9月版。35.5万字。33.90元。以朴素的文字和真挚的感情，记述了薛暮桥60多年经济领导工作以及经济理论研究生涯。书前辑入的32幅照片，记录了他各个时期工作和生活的部分情况。书后附“改革就是为了解放生产力”的文章、主要著作目录以及90年的历程。书中以经济思想发展过程为主线贯穿全书，由于他的特殊地位，这一主线客观地再现了中国社会主义革命和社会主义经济建设所走过的曲折道路，特别是党的十一届三中全会后经济体制改革的发展过程以及改革开放的各项方针政策的决策与实施概况，对于总结我国经济建设经验和研究社会主义经济理论的发展有其重要的意义。(王镜德)

K000198 **中国知名民营企业家大辞典** 桓玉山主编。辽宁人民出版社1996年1月版。76.5万字。60.00元。收入660多位工商联会员中的知名企业家。在他们中有全国和省市级人大代表、政协委员；有获得全国和省级各种光荣称号的先进人物；有中华全国工商联合会的副主席、常务委员和执行委员；有港澳地区工商界的知名人士；有省市级工商联会长、副会长和常务理事等。书中介绍了这些企业家们的简历，艰苦创业的历程，在经营管理上的超群胆略意识和智慧才能，致富不忘国家，带领身边人们走共同富裕的道路，积极缴纳税金，并主动捐助希望工程等突出的业绩，和党与政府授予这些企业家们的光荣称号。（孙绍军）

K000199 **王国维年谱长编** 袁英光、刘寅生著。天津人民出版社1996年10月版。38万字。22.00元。以编年体形式，详细记述了王国维的生平大事、学术贡献，资料极丰富，论述极公允。对于许多尚存争议的问题，决不妄加臆说，如王国维之死究竟由什么原因引起，书中通过排列许多相关材料间接反映自己的观点，并不直接下断语。而对于前人错误的记述，凡能确定其有误，则必详加辨析。在记事方面，著者旁征博引，从王国维自己的论著、书信，到他人的记录，无不充分利用，从许多细微、翔实的文献中，映照出王国维的思想言行、人际交往和学术活动的变迁。（陈益民）

K000200 **国学大师陈寅恪** 刘以焕著。重庆出版社1996年2月版。26.8万字。16.80元。以详实的史料、谨严的史笔、卓越的史识，记述了陈寅恪的学家渊源、求学历程、治学轨迹，对其学术成就、方法，介绍、评析甚详。（余国枢）

K000201 **胡适传论** 胡明著。人民文学出版社1996年6月版。79万字。48.50元。分上、下册。按照"纪实传真"、"纪实传信"的"实录派"史学的学术原则，致力于恢复胡适的本来面目。全书以传为纲，但论也很充分，而且在思想观念上摆脱过去的成见，充分考虑到具体历史条件和客观环境，对胡适的一生采取一种宽容而稳重的实事求是的评价态度。（王培元）

K000202 **胡适家书** 杜春和编。河北人民出版社1996年5月版。44.8万字。24.80元。主要汇集了胡适自1908年到1946年间在上海求学、赴美留学、回国任教、驻美大使等阶段写给母亲冯顺弟、妻子江冬秀、儿子胡祖望、胡思杜的书信230多封，为照顾所述一些问题的完整性，又精选了胡母、江冬秀、兄长胡耘云、胡绍之及儿子、侄子的来信65封作为附录。这些书信，除表达相互问候、希望要求及家庭生活状况、社会关系之间的交往等情况外，对全面而深刻地了解胡适本人的家庭观念、道德修养、志向与追求、才学与事业、婚姻与家庭，以及留美期间和回国后从事的学术教育活动，都提供了更为直接、更为重要的第一手原始资料。此外，在许多往来书信中，所反映的一些奇闻轶事、物产景观及民间生活、民俗民情等，更是趣味横生，也都很有史料价值。（张琦）

K000203 **维新志士爱国报人彭翼仲** 姜纬堂、彭望宁、彭望克编。大连出版社1996年2月版。22万字。17.00元。清末有一"彭翼仲案"，以16字罪而进刑部大狱，又被判到新疆监禁10年。"彭翼仲案"一出，一直说法纷纭，充满了神秘。从清末到民国，官方讳莫如深。然彭翼仲在1913年从新疆被赦回北京后，写了自传式回忆录《五十年历史》。《五十年历史》是一部权威的历史资料著作，作为案主自述，不但评述了"彭翼仲案"的内情原委，还以所见所历所闻，本书披露了大量的珍贵轶史。即是对《五十年历史》的整理和注释。书中首先披露了1858年咸丰朝"戊午科科场案"；也揭露了袁世凯在反对、镇压戊戌维新中的秘密手段；还有清政府捉拿康有为的一些细情；更有吴樾炸出洋王大臣的独特情景。还讲述了八国联军侵占北京的恶行。书中关于"清末四大奇案"的春阿氏案，有专文叙述亲见亲查。（俞慈韵）

K000204 **晏阳初纪念文集** 《晏阳初纪念文集》编委会编。重庆出版社1996年8月版。17万字。9.80元。晏阳初祖籍四川巴中县，早年留学美国获博士学位。本世纪二三十年代在河北定县开展平民教育和乡村改造实验，创造了著名的"定县实验"。抗战期间在重庆创办"中国乡村建设学院"。1949年后定居美国，在亚、非、拉广大地区发展平民教育和乡村改造运动，产生了世界性的广泛影响。"晏氏教育观"至今在国外备受推崇。本书是晏阳初的同事、亲属、学生、研究者对这位杰出人物的事业、风貌、人格、生活的回忆。（余国枢）

K000205 **一生落寞，一生辉煌** 副名：高长虹评传。言行著。百花文艺出版社1996年版。35万字。22.50元。传主、山西籍作家高长虹是二三十年代中有一定影响的进步文学组织"狂飙社"的创办者，和鲁迅有师生之谊，被认为"颇有些先生的作风在内"。鲁迅也视高长虹为"我所相信的诚实的朋友"。然而仅仅一年多一点的密切合作之后，高长虹与鲁迅之间就演出了一场轰动文坛的"高鲁冲突"。历史的选择是高长虹成了现代文学史中的"争议作家"而被长期打入冷宫以致湮没无闻。本书从高长虹幼年写起,重点刻画了这位“狂飙社”主将只身闯太原、北京、上海,主编系列“狂飙”刊物,激烈抨击封建旧文化、旧道德的斗士风采;叙述了高长虹与鲁迅发生笔战的前因后果,以及出国考察、重庆拒官、奔向延安的传奇经历。(杨进刚)

K000206 **中国文学家大辞典·先秦汉魏南北朝卷** 曹道衡、沈玉成编撰。中华书局 1996 年 8 月版。56.4 万字。38.00 元。收录先秦至隋代作家近 1 500 人。凡是有诗作或辞赋等文学作品存世者、有文学批评著作存世者、无作品传世而据传文或史志记其能文而生平可考者及传统记载中以为诗人者,概予收录。作家生平,凡史籍有传者,则对传文加以考核,参以其他材料,而录为条目文字;凡史籍无传,则钩稽原始材料考订排比,重加撰写。书后附《作者姓名字号综合索引》。(孙通海)

K000207 **中国文学家大辞典·清代卷** 钱仲联主编。中华书局 1996 年 10 月版。110.4 万字。46.00元。收录清顺治元年(1644)至道光十九年(1839)鸦片战争以前的文学家 3 124 人。除参照史传外,还博采总集、别集、笔记、方志、金石等书,搜罗广泛,从《晚晴簃诗汇》、《国朝文汇》、《国朝闺秀正始续集》、《清史稿》等二十二种有关清代历史、文学的文献中清理、筛选出来,以求全与求实的宗旨,较好地反映了有清一代文学家的创作情况。书后附《作者姓名字号综合索引》。(孙通海)

K000208 **中国现代作家评传丛书** 陈涌主编。重庆出版社 1993 年至 1996 年版。431.3 万字。151.25 元。文学批评专著。已出版二辑 15 本。第一辑 8 本,即陈早春、万家骥的《冯雪峰评传》,田本相、刘一军的《曹禺评传》,秦川的《郭沫若评传》,邓仪中的《沙汀评传》,王科、徐塞的《萧军评传》,陈丙莹的《戴望舒评传》,周葱秀的《叶紫评传》,张恩和的《郭小川评传》。第二辑 7 本,即郑择魁、黄昌勇、彭耀春的《左联五烈士评传》,李景彬、邱梦英的《周作人评传》,王保生的《沈从文评传》,万平近的《林语堂评传》,牛运清的《刘白羽评传》,郭志刚的《孙犁评传》,谭兴国的《艾芜评传》。丛书有三个方面的特点:一、弘扬了“五四”以来的革命文学的优良传统,突出了时代的主旋律。即充分肯定革命作家和进步作家,对“五四”新文学的主流予以较高的评价。二、倡导文学风格的多样化,体现了“百花齐放,百家争鸣”的特点。实事求是地选人各个流派的代表作家进行客观的评价。三、在评论作家、作品时强调科学性和全面性。既要站在 20 世纪 90 年代的高度进行审视,又要照顾当时的历史情况,更要照顾到作家、作品的全貌。(杨希之)

K000209 **苏雪林自传** 苏雪林著。江苏文艺出版社 1996 年 12 月版。20 万字。13.50 元。“名人自传丛书”之一。由作者的《浮生九四》、《我的生活》及《眼泪的海》等书稿中,有关自述部分选编而成。内含对一个世纪以来人生经历的追忆,对亲人的缅怀、对朋友师长的怀念等。由于历史的原因(作者历史上曾反共反鲁,现居台湾),中国现代文学史一直没有提及这位五四时代的女作家,解放后也一直没有出版过她的作品,世人知之甚少。(张昌华)

K000210 **时代碣鉴** 副名:胡适的白话文 政论 婚恋。沈寂著。重庆出版社 1996 年 3 月版。34.6 万字。23.00 元。以充分的史料,介绍胡适的白话文、政论、婚恋,再现了典型的中国知识分子胡适当年的实在身份、实在精神、实在口吻。(余国枢)

K000211 **茅盾传** 钟桂松著。东方出版社 1996 年 7 月版。26.1 万字。20.00 元。以时间编年为线索,记述了中国现代文学大师、中国共产党最早的党员之一茅盾的丰富、复杂而充满时代意义的一生。(邓仁娥)

K000212 **林语堂评传** 万平近著。重庆出版社 1996 年 2 月版。40.7 万字。17.50 元。以林语堂的生平为线索,全面评价了林语堂的思想状况和文学成就。全书分为 24 章。按林语堂的思想的变化,他的一生可以分为五个阶段。第一个阶段是他的求学成长时代,包括他到国外留学和回国初期的学术活动。第二阶段是他在鲁迅影响下参加“语丝派”时期,这是他创作的第一个“黄金期”,他写出了《翦拂集》中的有战斗力的杂文。第三阶段是他创办《论语》、《人间世》时期,这时他的思想已向右转,创作上也趋于提倡“幽默”、“闲适”。第四阶段是他到国外生活时期,这时,他创作了《瞬息京华》、《风声鹤唳》、《朱门》、《唐人街》、《红牡丹》等长篇小说,取得了较大的文学成就。第五阶段是他回台湾定居时期。书中对林语堂复杂的一生予以了实事求是的评价,认为“他的散文杂文别具一格”,“推出了几部可读性较强的作品,但由于思想、生活和艺术修养的局限,小说创作未能达到中国现代小说的最高水平”。书中对林语堂的文学成就是基本肯定的,但对他的思想倾向则持批评态度。(杨希之)

K000213 **郁达夫传** 刘炎生著。百花洲文艺出版社 1996 年 12 月版。29 万字。14.70 元。记叙我国新文学的重要奠基者之一郁达夫的生平事迹。以大量史料为依据，展示了郁达夫曲折而悲壮的人生道路和复杂的思想性格：既追求个性解放，敢于向不合理的社会现实抗争，愤世嫉俗，嫉恶如仇，同情下层劳动群众，又受到封建士大夫文人习气和西方世纪末思想的熏染而一度放浪形骸；既具有炽热的反帝反封建的爱国主义思想感情，勇敢抨击国民党当局的反动统治，同情和拥护工农革命，在抗战中大义凛然直至壮烈殉国，又迫于生存的需要而不得不故作风雅乃至装出富商模样，与国民党权贵和日本侵略者周旋。书中还描述了郁达夫与鲁迅、郭沫若、徐志摩、林语堂、周作人等人的交往，以及他始终坚持正确的文艺方向的史迹。（洪安南）

K000214　**周作人评传**　李景彬、邱梦英著。重庆出版社 1996 年 2 月版。28 万字。13.50 元。以周作人的一生主要经历为线索，对周作人的人生活动、思想发展力求科学客观地进行解剖和阐释。评述了“五四时期”，周作人作为新文化运动的主要代表人物之一，参加发起了“文学研究会”，起草了《文学研究会宣言》，发表了《人的文学》、《平民文学》和《思想革命》等重要理论文章。与此同时，他热情地介绍了俄国、日本、希腊、波兰、匈牙利等国的文学，并以自己散文和新诗的创作，显示了文学革命的实绩，开创了散文中以冲淡为特色的流派。“五四”以后，周作人一方面写了大量社会批评和文明批评的散文，继续批判封建道德、旧文化，同时他的封建隐逸思想有了发展，逐渐成了新文学阵营中的落伍者。1937 年抗战爆发后，周作人仍留在了日本占领下的北平。不久，出任了伪职、成为汉奸。抗战胜利后，被国民党政府以叛国罪逮捕入狱。解放后，定居北京，除了写作关于鲁迅的回忆资料外，主要从事日本和希腊文学的翻译。周作人在 1967 年病逝。（陈慧）

K000215　**屈子传**　曹尧德著。花山文艺出版社 1996 年 5 月版。44.7 万字。25.00 元。“先秦诸子文学传记丛书”之一。屈子（公元前 340～公元前 278 年），名平，字原，楚秭归（今湖北省秭归县）人，战国时期著名政治家、改革家、伟大的爱国主义诗人。作为政治家，屈原在楚国对内实行变法改革，富民强国，削弱奴隶主贵族特权，以法治国，发展生产力；对外联齐抗秦，力图统一中国，使楚国一度成为六国盟主。遭到奸佞谗害被贬谪，流放以后，他仍然忧国忧民，创作了《离骚》、《九歌》、《九章》等千古绝唱，成为中国历史上第一位伟大的爱国主义诗人。本书重笔浓彩，生动形象地再现了屈原所处的时代及其辉煌而又坎坷的一生。

K000216　**韩愈传**　陈新璋著。广东高等教育出版社 1996 年 9 月版。18.6 万字。14.50 元。“唐宋八大家传”之一。以朴实无华而饱蘸感情之笔墨，全面系统地叙写了唐代文学家、思想家韩愈坎坷不平的人生历程，在广阔的历史背景上充分展现其作为一代文坛宗主的人生风采，公正地评介其思想、品行、业绩，特别是其文学创作成就及历史地位。（何业光）

K000217　**二十世纪书画名家年龄 干支 年号公元速查表**　陈履生编。人民美术出版社 1996 年 6 月版。20 万字。22.00 元。二十世纪中国书画名家众多，相应也产生了无数的书画作品。在这些作品中一般都有题跋，其中有关于作者年龄、干支、年号、公元等方面的记录，对于这四方面的任何一项，都难以准确地知道另三项，本书则以一简表的形式，可以快速查出某一书画家的年龄和与之相应的干支、年号、公元。如在书画上已知齐白石 70 岁，那么通过该表可查出这一年为民国 21 年，公元 1932 年，农历壬申年。书中共收录 153 位书画名家，截止于 1996 年，年龄为 72 岁者。书后附有书画家“姓氏字号音序索引”。（杨中）

K000218　**中国古今女美术家传略**　李光德编著。中共中央党校出版社 1995 年 10 月版。36.5 万字。28.00 元。对二千多名中国古今著名女美术家的生平、业绩、成名之作等，作了简要介绍。作者还用行家的眼光，对传主进行了精当的评点。（宿华）

K000219　**我的漫画生涯**　李滨声著。北京图书馆出版社 1996 年 11 月版。23.6 万字。24.00 元。用随笔散记的形式，按时间先后，一事一文，生动、诙谐地记录作者从 50 年代以来从事漫画创作的甜、酸、苦、辣和轶闻趣事，真实地反映了 50 年代政治运动中一批北京文化名人的坎坷磨难，书中可辑录的“居京琐记”和“艺苑杂谈”又从另一个侧面展现了著者在京剧、魔术、民俗等文化艺术方面的博学多才。（卢玉荣）

K000220　**沧海人生**　副名：刘海粟传。石楠著。黑龙江人民出版社 1996 年 3 月版。50 万字。32.80元。共分上、中、下 3 卷，下设逃婚、少年校长、美术先河、模特儿论战、暗箭、东渡归来、虎步西洋艺海、欧游归来、百折不回、风流欧陆、英雄落魄、人生炼狱、铁骨红梅、老树新花寰宇香、百年人生犹未尽 15 章。讲述了刘海粟老先生作为新美术运动的拓荒者，现代美术教育的奠基人，站在时代前列的一代艺

术宗师具传奇色彩的一生。(徐冲)

K000221 **马连良传** 张永和著。河北教育出版社 1996 年 12 月版。26.2 万字。20.40 元。"京剧泰斗传记书丛"之一。以传记的形式描述了被称为"北马"的表演艺术家马连良一生的经历。全书共分艰难的童年,艺坛升起一颗星,马派新声动梨园,雨露滋润枯树荣,说不尽的话题等 5 部分。材料翔实、描写生动,随文还穿插了若干幅艺术照片或生活照,图文并茂。

K000222 **田汉传** 董健著。北京十月文艺出版社 1996 年 12 月版。891 页。28.00 元。田汉是我国革命戏剧运动的奠基人和戏曲改革工作的先驱者,是我国杰出的戏剧家。他创作的《义勇军进行曲》成为时代的强音,成为我们国家和民族的象征,唱遍了全中国,响彻全世界。本书多侧面地展示了田汉的艺术个性和人格力量,塑造了一个灵魂真实的田汉。(黄倩)

K000223 **张君秋传** 安志强著。河北教育出版社 1996 年 12 月版。21.8 万字。17.00 元。"京剧泰斗传记书丛"之一。叙述张君秋的艺术生涯。张君秋幼年家贫,立志学艺。曾以王瑶卿学京剧青衣;15 岁时在北京演出初露头角。在北京、天津、上海等地先后与谭富英、马连良等同台演出,声誉渐起。1942 年组谦和社,自挑头牌,后改组为秋社。1948 年同马连良等至香港演出。1951 年回广州,后至武汉,参加中南区联谊京剧团。1952 年在北京组成北京市京剧三团,任团长。1956 年曾赴朝鲜慰问中国人民志愿军,同年与马连良等组成北京京剧团,任副团长。1979 年入中国戏曲学院。张君秋扮相雍容华贵,嗓音宽亮甜润;建国后,致力于剧本、音乐、表演及舞台美术等方面的革新,他演出经过整理的《起解》、《会审》、《怜香伴》等传统剧目,思想性、艺术性均有提高。他善于在京剧旦角传统唱腔的基础上,吸收其他行当及曲艺、歌曲的唱腔,创制出大量新腔。充分发挥了嗓音"娇、媚、脆、水"的优异天赋;发音强调全身的松弛,保持共鸣位置的准确和运气的畅通;行腔讲究轻重、快慢、繁简的对比,感情丰富,舒展自如。表演身段端庄含蓄,自然率真。在长期的艺术实践中,成功地塑造了谭记儿、崔莺莺、秦香莲等聪明秀丽、勇于同旧势力抗争的古代妇女形象。他还参加过《红色娘子军》、《平原游击队》等戏的音乐设计,发挥了创造唱腔的艺术才能。他主演的《打渔杀家》等摄制成舞台艺术影片。

K000224 **周信芳传** 沈鸿鑫、何国栋著。河北教育出版社 1996 年 12 月版。21.6 万字。16.80 元。"京剧泰斗传记书丛"之一。以丰富的史料,生动的文笔,勾勒了周信芳坎坷而光辉的人生历程和艺术道路,并突现了这位艺术大师伟大而真实的形象。还结合周信芳的艺术经历,通俗地介绍了京剧的剧目,京剧的艺术特色,京剧的历史及麒派的特征等,而像《身世之谜》、《麒麟童的由来》等章节还融进了有关周信芳的一些有趣的遗闻轶事,使全书更加生动风趣,增强了可读性。书中还附录了《周信芳年谱》及 33 幅珍贵图片,都显示了这部传记资料的完备性。

K000225 **荀慧生传** 谭志湘著。河北教育出版社 1996 年 12 月版。26.7 万字。20.80 元。"京剧泰斗传记书丛"之一。从荀慧生幼年学戏写起,一直写到文革中他含冤去世,全面、真实地展现了荀慧生坎坷而辉煌的一生。特别是对其艺术风格的形成、发展,书中有较为详实、深入的评说。

K000226 **梅兰芳传** 刘彦君著。河北教育出版社 1996 年 12 月版。30 万字。23.80 元。"京剧泰斗传记书丛"之一。全书分 5 章描述了梅兰芳的艺术生涯。梅兰芳于 1894 年生于北京的一个梨园世家。名澜,字畹华,兰芳为其后来的艺名。原籍江苏泰州,其父母早亡,由伯父梅雨田扶养成人。他 7 岁开始学艺,10 岁登台,14 岁搭喜连成科班演出。曾拜吴菱仙、陈德霖为师,专攻青衣,后又向路三宝学花旦戏,最后向王瑶卿请教,完成了融青衣、花旦、刀马旦于一体的"花衫"行当的创立。1921 年他一跃而起,充任"洛群社"大梁,首创旦角挑班记录。1919、1924 年他两次赴日本,1929、1935 年又先后赴美国、苏联演出。几次海外之行,梅兰芳获得了崇高国际声誉,使京剧走向世界。1937 年抗日战争爆发,他蓄须明志,表现了崇高的民族气节。在辛亥革命及戏曲改良运动的影响下,他对京剧表现当代题材进行了探索;接着又把主要精力投入新戏的创作和传统剧目的加工上。不仅打破了旦角各行当的界线,而且从艺术表现手段、化妆方法、唱腔、伴奏等各方面对旦角艺术进行了重大革新,创立有深远影响的"梅派"艺术。其代表剧有《三娘教子》、《祭江》、《一缕麻》、《络神》、《霸王别姬》、《穆桂英挂帅》等。建国后他担任中国戏曲研究院院长、中国京剧院院长等职。1959 年加入中国共产党。同时致力于本身艺术的总结。其艺术传人有李世芳、张君秋、言慧珠、梅葆玖等。1961 年 8 月 8 日在北京病逝。

K000227 **盖叫天传** 龚义江著。河北教育出版社 1996 年 12 月版。24 万字。18.60 元。"京剧泰斗传记书丛”之一。真实、生动地反映了艺人盖叫天的艺品人品。传主盖叫天出生于 1888 年，祖籍河北高阴县西演村，姓张，名英杰，字燕南，取艺名盖叫天。父亲张开山，佃农。盖叫天弟兄五人中排行最末。长兄张英甫学戏工武旦，艺名“赛阵风”。四兄张英俊艺名“七金子”，工文武老生。二兄三兄务农。盖叫天八岁学戏，曾见过谭鑫培、孙菊仙、杨月楼、老黑灯、一阵风等戏曲界名家的演出。这时在天津。后到上海投长兄张英甫，改原来的武生戏而学文戏。初登上海舞台，演《打金枝》中的唐皇一角。后演过老旦戏。十五岁时改演武生戏，如《伐子都》、《界牌关》、《长坂坡》、《蜈蚣岭》等。久在上海、杭州、苏州、镇江一带巡演。也曾与周春奎、汪笑侬、吕月樵、崔灵芝、小想九霄、水上飘等名角联袂。盖叫天钟情艺术、忘情艺术，以毕生心血为京剧武生戏的开拓、发展铺筑着一条坦途。他尊重传统、继承精华，却又大胆改革、锐意创新。不仅有骄人的艺术实践经验，又有精深的戏曲表演理论。他的“四面八方”等盖派美学至今昭示后人。苡高德馨。盖叫天一生演英雄：赵子龙、高宠、武松等等，他一生也做英雄，戏曲界的硬骨头他当之无愧。清宫不理，军阀不惧，黑帮吓不倒，日寇压不屈，不仅是一代武生泰斗，更是一座民族的丰碑。当然，折臂、断腿也有他学艺的艰辛；还有，“文化大革命”对他的种种不公。

K000228 **程长庚传** 刘强、杨宏英著。河北教育出版社 1996 年 12 月版。25 万字。19.40 元。“京剧泰斗传记书丛”之一。以紧扣人心的布局和生动形象的语言展示了传主艰辛又辉煌的一生。幼年学戏是迫不得已，初露头角的百般不易，兼容并蓄促成京剧艺术形成的探索创新，在梨园界大耻大荣弃旧扬新终成“大老板”的经历等等。全书分为 12 章，引人入胜地介绍了传主的出生、学艺、进京、拜师、成名、受辱、接班、请贤、成功、进宫、授徒和逝世。不仅展示了他如何千锤百炼，为京剧的形成做出重要贡献，还展示了他高尚的人品和艺德。

K000229 **程砚秋传** 陈培仲、胡世均著。河北教育出版社 1996 年 12 月版。25.6 万字。20.00 元。“京剧泰斗传记书丛”之一。以翔实的史料和大量的图片为基础，成功地展现了“四大名旦”之一程砚秋京剧舞台表演、京剧艺术研究创新的一生。以严谨的态度，全面、客观地记述了程砚秋作为京剧艺术家的艰辛而又辉煌的艺术生涯，较详细地评述了传主一生编演的近 30 出剧目产生的过程、内容、历史背景、演出时的情景，以及演出后的评价。全书的结构是以“剧”带史，即围绕程砚秋一生创演的剧目，多角度、多侧面地评述了他一生的艺术成就，展示了与剧目相联系的人、社会和时代的广阔的生活画面。从而使读者清晰地了解了独树一帜的程派艺术形成的各种因素。本书的又一特点是生动地描写了程砚秋的高尚“艺德”，例如他的知恩图报，例如他的自尊自强，以及他在抗日战争时期的罢演务农，于今仍具有积极的现实意义。

K000230 **裘盛戎传** 刘琦著。河北教育出版社 1996 年 12 月版。25 万字。19.40 元。“京剧泰斗传记书丛”之一。介绍了裘盛戎的艺术生涯。裘盛戎自幼从父学艺，1928 年入富连成社坐科，受业于萧长华等。1934 年出科，搭班演戏。本世纪 40 年代后期自己挑班，以花脸为主演大轴，为金少山以后的第一人。50 年代，北京京剧团成立，任副团长，长期与马连良等合作。裘盛戎继承家学，在唱功方面有独到建树，世称“裘派”。他所创的唱腔继承了净角儿传统唱腔雄浑豪放的风格，又融合了老生、青衣唱腔中低回婉转的抒情特色，形成韵味醇厚、含蓄细腻的独特风格，把花脸唱腔推到了新的境界。他注重发声的宽窄、高低、强弱、刚柔等变化，讲求气口、尺寸、润腔等演唱技巧，唱来不仅萦曳动听，感情色彩也十分鲜明丰富。为了刻画人物、以声传情，他成功地设计了不少出口惊人的高腔；如在《姚期》中，他运用滑音、颤音、哭音等多种艺术处理，细腻地表现出姚期惊、惧、恨、哀的复杂心情，具有强烈的艺术感染力。裘盛戎还成功地创造了不少新腔；在做功方面，工架稳健严谨、刚柔相济，动作洒脱大方、节奏鲜明。他演不同人物时，揣度情理，采用了不同的步法，更能利用髯口的撕、推、拢、托、甩和水袖的舞动，着力表现人物情感的变化。在现代戏《雪花飘》、《杜鹃山》中，对花脸行当的表演，又有所突破和创造，取得了可贵的经验。他还参加了影片《群英会》、《铡美案》的拍摄。

K000231 **谭鑫培传** 周传家著。河北教育出版社 1996 年 12 月版。24 万字。18.60 元。“京剧泰斗传记书丛”之一。全书分 10 章描述了谭鑫培的艺术生涯。谭鑫培于 1847 年生于湖北武昌，11 岁入北京奎班坐科，习文武昆乱老生。5 年后出科，后因“倒仓”改演武生。在京东一带农村跑“粥班”，备尝艰辛。后入三庆班演武生兼武丑，甚得班主程长庚器重，收为义子。嗓音恢复后重唱老生戏但仍以武生为主，长靠短打均颇受欢迎，锤炼了坚实的武功基础。谭鑫培于 1887 年自组同春班，此时与四喜班的孙菊仙、春台班的汪桂芬成为鼎足之势。1890 年被选为升平署外学。后孙菊仙远处上海,汪桂芬遁世出家,谭鑫培积30年的努力,终于成为"四海一人,声名如雷"的一代伶界大王。其表演艺术的主要特点是:首先他创造了细腻婉转的"谭腔"。时人有"国家兴亡谁能管,满城争说'叫天儿'","无腔不学谭"的说法。其次他善于体察人物的身分、性格和气质,追求形与神的结合,创造了众多形神兼备的人物形象。另外,他武功基础坚实、善于开掘新难技巧又不脱离人物,不违背剧情。谭鑫培是一位文武昆乱皆精的艺术家,能戏甚多,其代表性剧目有《空城计》、《洪羊洞》、《击鼓骂曹》、《琼林宴》、《打渔杀家》、《定军山》、《战太平》等。其传人有贵俊卿、贾洪林、王又良、余叔岩、言菊朋、谭小培、谭富英等。于1917年3月20日在北京病逝。

K000232 **名人自传丛书(第一辑)** 吴福辉、钱理群主编。江苏文艺出版社1996年7月版。每册23万字。310.00元。共有《巴金自传》《冰心自传》《老舍自传》《沈从文自传》《胡适自传》《茅盾自传》《鲁迅自传》《郭沫若自传》《丁玲自传》《林语堂自传》《胡风自传》《梁实秋自传》《丰子恺自传》《郁达夫自传》《瞿秋白自传》《萧红自传》《徐志摩自传》《朱自清自传》《夏衍自传》《曹禺自传》《苏雪林自传》《季羡林自传》计22种。为现代著名作家自传。丛书由学术专家根据传主的自传性材料的特点,采用编辑的方式连缀而成;自传并不仅仅指那种由传主有计划一次性出版的自传作品,它包括传主一生各个时期由传主本人撰写的一切有关自己生活、创作,以及思想、精神活动的记录资料。本丛书的创新意义在于:通过编辑的方式,从传主自述的角度,全面而具体地反映出传主一生有关生活、创作、思想、精神的道路与风貌,从而再现了传主侧身其中的历史事件和社会形态。(郭济访)

K000233 **中国科学院院士自述** 中国科学院学部联合办公室编。上海教育出版社1996年3月版。1 750万字。由中国科学院500多位院士撰写,其中包括少量知名度极高的已故院士的遗作。以辞书体例编纂,每篇包括院士相片、签名,300字左右的成就简介及2 500字左右的自述文稿。体现了院士真人真事真思想,既有还科学史本来面目,对学科展望的前瞻性自述,也有忆成才之路,念师友之情的极富人情的回忆;还有论人生格言,谈研究方法与艺术的哲理性文稿。(薛培华)

K000234 **中国院士** 张建伟、邓琮琮著。浙江文艺出版社1996年12月版。33.4万字。18.00元(平),26.00元(精)。描述了中国几代院士的奋斗史:从响应"红色的召唤"建设新中国的老一辈科学家,到社会主义建设时期成长起来的中国科学家,乃至改革开放后与世界科技对接过程中诞生的新一代院士。全书以史诗的笔调揭示了新中国科技事业一系列重大成就的来龙去脉:从万吨水压机的制成、人工合成胰岛素,到两弹的爆炸、卫星的上天,乃至"863"高科技计划、三峡工程论证,作品通过一系列可歌可泣的重大事例,典型地表现了新中国院士为了中国的科技事业,虽九死而不悔的奋斗精神。书后附有中国科学院和中国工程院院士名单。(严麟书)

K000235 **赤子情怀(新中国100位成就卓著的科技人员)** 马庆生、徐光春主编。广西科学技术出版社1996年7月版。23.35万字。12.50元。"弘扬爱国主义精神"和宣传"科学技术是第一生产力"的"赤子情怀"征文活动获奖作品和部分优秀作品的结集。热情讴歌了100位成就卓著的科技人员为繁荣祖国、团结拼搏、无私奉献给社会主义、奉献给祖国人民的光辉业绩。(王晓红)

K000236 **院士故事** 樊洪业编著。浙江科技出版社1996年10月版。32万字。19.50元。通过记述100位院士成长、成功的艰难历程(并附有每位院士逼真的肖像画),从不同侧面,表现了我国科学家奋斗、拼搏的闪光点,组成了中国院士的一个完整形象。(杨咏梅)

K000237 **跨世纪青年科技创业英才** 中华全国青年联合会秘书处主编。辽宁科学技术出版社1996年版。400幅图。55.00元。以图片的形式展现100名获奖者的风采,力争用青年科技带头人的典型事迹,激励更多的青年科技工作者,发扬刻苦钻研、艰苦创业的精神,不断推动我国的科技进步和经济发展。(韩延本)

K000238 **谈家桢与遗传学** 赵功民著。广西科学技术出版社1996年6月版。34.2万字。43.00元。生动、翔实、客观地反映了谈家桢教授的成长、学识、胆识和他在遗传科学上对中国、对世界的贡献。(王晓红)

K000239 **中国科学技术专家传略·工程技术编·纺织卷(1)** 中国科学技术协会编。中国纺织出版社1996年3月版。44万字。50.00元。编入51位专家的传略,记述他们的成长过程,一生经历,学术思想,政治态度,敬业精神,业绩成就和道德风范。(管杰兴)

K000240 **许振英教授纪念文集** 中国畜牧兽

医学会动物营养学分会、东北农业大学编。中国农业出版社 1996 年 5 月版。10.2 万字。14.50 元。分 4 部分：许振英教授自我述怀；悼念缅怀；许振英教授生平大事年表；许振英教授论著目录。许振英教授是我国著名畜牧学家和动物营养学家，是东北农业大学终身一级教授。曾兼全国政协委员、黑龙江省人大常委、政协常委、民盟副主任委员、国务院学位委员会委员、中国畜牧兽医学会名誉理事长等职。曾先后获省特级劳动模范、优秀教育工作者和全国"五一"劳动奖章。先生执教 60 年，一生孜孜不倦地从事畜牧科研与教学，成就辉煌。从 30 年代主持的洛克菲勒文化基金项目的"中国养猪研究"、40 年代任中央畜牧试验场技术主任期间执导的"中国猪种特征的研究和引进杂交效果研究"、50 年代参加全国 12 年科学远景规划工作及至 80 年代以后主持的国家攻关项目及重大自然科学基金项目期间所发表的大量论述及专著，都体现出先生"寓道于教"、"中学为体、西学为用"的一贯主张。在动物营养学界倡导"在家畜饲养问题上应首先弄清饲料营养价值"，建立具有中国特色的"饲养标准体系"等一系列重大宏观决策方面的建议，都显示出先生对国情之洞察与对决策的真知灼见。1978 年至 1985 年，先后主编了《家畜饲养学》、主持中国猪饲养标准的制订、牵头中国猪种质测定、创建了中国动物营养研究分会、主编了《动物营养进展》、主编《中国农业大百科全书(畜牧卷)》等。(李锦明)

K000241　**三巨人说(漫画本)**　张磊、方成等主编。广东经济出版社 1996 年 10 月版。40.90 元。分 3 册：第一册《孙中山说：革命尚未成功》，张磊文字主编、方成漫画主编；第二册《毛泽东说：中国人民站起来了》，廖盖隆、吴智棠主编、王复羊漫画主编；第三册《邓小平说：建设有中国特色的社会主义》，解聘如、赵辛茅文字主编、廖冰兄漫画主编。用大众喜闻乐见的漫画形式，系统、准确、生动地表现三位历史巨人的伟大思想，歌颂三位巨人的丰功伟绩：中国民主革命先行者孙中山先生领导辛亥革命，推翻统治中国几千年的君主制；伟大领袖毛泽东把马列主义普遍真理同中国革命实践相结合，领导中国人民夺取新民主主义革命胜利，建立社会主义新中国；当代伟大的马列主义者邓小平创造性地继承和发展马克思主义、毛泽东思想，倡导改革开放，领导中国人民成功地走出了一条建设有中国特色社会主义的新道路。(姚钜)

K000242　**卫拉特历史名人**　那·阿拉坦沙编。新疆人民出版社 1996 年 9 月蒙古文版。25 万字。5.00 元。从历史的客观的实事求是的角度，重点介绍古代新疆卫拉特蒙古的土尔扈特、和硕特、杜尔伯特、准噶尔、淖尔斯、辉特等诸部落的首领和名人：忽都合别乞、阿儿浑、木来、脱欢台什、也先、鄂齐尔图车臣汗、拜巴戈斯、噶尔丹巴、噶尔丹、顾实汗、阿玉奇、和鄂尔勒克、渥巴锡、巴图尔珲台吉、僧格、出斑、策妄阿喇布坦、阿睦尔撒纳、咱雅班策达、罗布桑丹津、丹济拉、达瓦齐等 50 来人的生平、主要社会活动及其思想、性格、策略、影响和其功与过等广泛问题。通过上述历史名人的历史事迹，从各方面了解古代卫拉特蒙古各部落的社会制度、政治经济、军事战争、阶级矛盾、部落斗争和卫拉特的统一兴旺、分裂衰亡及其文化艺术、宗教信仰、民俗民情等社会现象。书中的历史名人，不仅包括新疆卫拉特的历史名人，同时还包括青海、甘肃、内蒙古和卡尔梅克的卫拉特部的历史名人。这些历史名人中，有部落首领、有军事将领、有文人、有学者。(艾仁才)

K000243　**王若飞传**　马连儒、袁钟秀著。贵州人民出版社 1996 年 9 月第 2 版。7.50 元。依据王若飞生前留下来的自传、日记、著作、讲话、书信、回忆录等资料，结合他所处的时代背景和具体事件而写成的。全书由 6 大部分组成，分别是"在磨难中前进"、"终于找到了真理"、"严峻的历史考验"、"铁窗难锁钢铁心"、"努力筑起全民抗战的钢铁长城"、"为争取国内和平、民主、团结而战斗到最后一息"。(熊美琼)

K000244　**王猛**　江永红著。解放军出版社 1996 年 11 月版。22.4 万字。13.50 元。"中国历代智囊人物丛书"之一卷，介绍了"五胡十六国"时代功盖诸葛的政治家、军事家王猛辅佐苻坚治国、强国、兴国的辉煌一生。王猛(公元 325～375)，字景略，是东晋后期前秦国的丞相。他出身贫寒，初以卖簸箕为生，空怀满腹经纶；后遇东海王苻坚，辅佐苻坚励精图治，伐荆州、擒李俨、斩苻柳，取洛阳、灭前燕，创造了丰功伟绩。(郭莹)

K000245　**中国十大皇帝本传丛书**　徐彻等著。辽宁古籍出版社 1996 年 4 月版。245 万字。154.00元。共 10 册，由《秦始皇本传》、《汉武帝本传》、《唐太宗本传》、《宋太祖本传》、《元太祖本传》、《明太祖本传》、《明成祖本传》、《康熙帝本传》、《雍正帝本传》、《光绪帝本传》组成。其中前五位是毛泽东亲自点过名的。丛书旨在通过研究中国历代皇帝的典型人物，来了解皇帝个人意志在处理国家大事中所起的重大作用，及找出历史发展的来龙去脉，并通过研究这些典型的历史人物来总结历史发展的客观规律。丛书是学术专著，它冲破一些学术禁区。如《光绪帝本传》一书在撰写签订马关条约时就不是为光绪帝掩过，而是客观真实地记叙了李鸿章签订马关条约是得到光绪帝首肯的。丛书既注意了历史的真实性，又考虑到行文的通俗性，全书体例统一，不设章节，小标题或整齐划一、或参差错落，并附大事年表，对难字注音。（高虹）

K000246　**中国历代帝王名臣像真迹**　河北美术出版社 1996 年 10 月版。450.00 元。从民间新发现的两种古代图册的合编，一种署名为《乾隆年制历代帝王像真迹》，收历代帝王自伏羲至清高宗画像 44 幅；一种署名为《历代名臣像解》，收历代名臣自仓颉至史可法画像 256 幅；两种总计 300 幅。这两部图册无作者署名，但显然不是出于同一人之手。《乾隆年制历代帝王像真迹》并不完全是从历代帝王中选择所谓名主贤君创作成图，而是根据现有的帝王像临摹而成，很可能是宫廷画师所作。而《历代名臣图像解》所选人物基本上是民间习闻的忠臣烈士、文人墨客，民间气息很重。两部图册的绘画风格也有较大差异，册页的尺寸、装裱也不同，《乾隆年制历代帝王像真迹》有图无文，《历代名臣图像解》则是"左图右史"。本书将两部分合二为一，并为《乾隆年制历代帝王像真迹》补充了文字说明。（王静）

K000247　**毛泽东王稼祥在我的生活中**　朱仲丽著。中共中央党校出版社 1995 年 10 月版。20 万字。12.00 元。作者为王稼祥的夫人。书中以"我"为主线，以作者本人的经历为依托，采用纪实性手法回忆了自作者童年时代与毛泽东相识相知、在延安与王稼祥相识相爱直至王稼祥和毛泽东逝世的真实生活经历。全书共 34 章，以时间为序，既从纵向上勾画了中国革命和建设的艰难历史进程，又从横向上描述了毛泽东、王稼祥及作者本人一生所走过的风雨历程，他们的理想与抱负、荣辱与坎坷、品格与志趣。作者以饱含浓情的笔墨表达了对毛泽东发自内心的崇敬和热爱，对同甘共苦的伴侣王稼祥始终不渝的忠诚和信任，追述了三人之间不平凡的交往和饱经沧桑的真挚革命友情。喜悦与悲哀，斗争与磨难，真知真情与无奈疑惑，正确与失误，理解与遗憾，淋漓尽致地展现在那一桩桩、一件件的大事小情中，道出了凡人的伟大之所在和伟人的凡心之所属，既生动感人，又引人深思。（曲炜）

K000248　**为中华腾飞**　副名：周恩来的故事。胡景芳著。辽宁少年儿童出版社 1996 年 1 月版。6 万字。3.00 元。分上、下两集。上集通过周总理战斗和生活中几个典型事例，突出表现了他的光辉业绩和崇高人格。下集主要记叙了周恩来童年时代学习和生活中一些感人至深的故事，反映他从小立志为中华腾飞的进取精神。（张允炜）

K000249　**邓子恢传**　《邓子恢传》编辑委员会著。人民出版社 1996 年 7 月版。31.90 元（平），36.90元（精）。分 16 章，即青少年时代、崛起闽西、发动福建沿海农民运动、瑞金风云、艰难岁月、北上皖南、开辟淮南抗日局面、发展淮北抗日根据地、华中打响自卫战争、转战山东、经略中原、迎接新中国的诞生、开辟中南新天地、在农业合作化道路上、为变革人民公社体制而奔波、最后的岁月。本书尤其生动记述了 50、60 年代，邓子恢因主张建立包括包产到户在内的多种形式的责任制而受到批判的来龙去脉，从中折射出中国农村改革的历史背景。（李春林）

K000250　**托举民族之魂 笑迎香港回归**　副名：一代伟人林则徐。赵星主编。福建美术出版社 1996 年版。98.00 元。介绍名人各界向林则徐的题字赞颂他的丰功伟绩。一、发表林则徐生平简介和当时发表手书和对联，林则徐纪念馆内之御碑亭，为咸丰帝于林则徐逝世后所颂之"圣旨""御制碑文"三方石碑。在省、市领导重视重新建造林则徐出生地和幼年读书处。二、林则徐生平大事年表。三、福建省领导重视林则徐遗迹保护修复工作。四、福建省举行隆重的活动纪念民族英雄——林则徐诞辰 210 周年。五、林则徐受到全国各地人民敬仰，书中发表林则徐手书及图片 155 幅。（卢韦）

K000251　**同在高原**　副名：怀念孔繁森。中共中央组织部研究室、中共辽宁省委组织部编。辽宁人民出版社 1996 年 4 月版。29 万字。19.60 元。共搜集 60 篇回忆、怀念孔繁森同志的文章，这些文章描述了发生在孔繁森同志和他的战友们之间的真实情况，展示了孔繁森同志崇高的思想境界。书前载有江泽民、李鹏的题辞，及十余幅十分珍贵的照片。（修玉祥）

K000252　**伟人周恩来**　副名：一个中国人的故事。宋家玲等编。中共中央党校出版社 1996 年 10 月版。20.1 万字。14.00 元。以在全国 30 多家电视台播映并引起巨大反响的 16 集历史回顾纪实片《伟人周恩来》为蓝本编辑而成。全书以周恩来多姿多彩的人生历程和撼人心扉的情感心态为依托，讲述了一个永恒的中国人的故事，再现了周恩来一生独具光彩的人格魅力。其中有他与毛泽东五羊城下初识直至其后堪称纪念碑式的神圣共事；有他与蒋介石长达半个世纪颇富戏剧性的合作交往与对立交锋；有他与邓颖超简朴浪漫而又至情至爱的心灵交印；有亲属、身边工作人员、保健医生等披露的开国总理那鲜为人知而又真正感人的工作、生活细节以及他度过生命中最后一段时光的详情；有外国政要及各阶层人士对周恩来完美人格的由衷评价。他曾是梅园新村 70 多人的户主，又是西花厅的男主人；他被誉为中国的第一外交家，又担当着一个大国的总管家，这就是在史无前例的“文化大革命”中成为一道抵抗风雨的红墙的史无前例的周恩来。独特的视角，真实的第一手材料，生动而颇富感染力的语言使该书极具可读性，同时也具有珍贵的文献收藏价值。(曲炜)

K000253 **孙中山** 副名：纪念孙中山先生诞辰 130 周年。上海孙中山故居纪念馆编。上海人民出版社 1996 年 10 月版。照片 500 幅。250.00 元。画册。形象地展示了孙中山先生立志救国、推翻帝制、建立民国、倡办实业、讨袁护法到第一次国共合作的光辉历程，再现了孙中山伟大的一生。书中的照片，其中有不少系首次面世；对已发表过的图片，编者也作了进一步考证，纠正了不少讹误。(黄建章)

K000254 **孙中山与日本关系研究** 俞辛焞著。人民出版社 1996 年 8 月版。46 万字。26.00 元。分上下两篇。上篇系统地阐述了自 1894 年至 1925 年约 30 余年间的孙中山及其革命运动与日本的关系，并以政治、外交为重点，叙述了两者关系的建立和变迁的历史过程，探讨了两者相互关系的内在规律。下篇由 11 篇论文组成，就孙中山及其革命运动与日本关系中的重大专题，进行了深层次探讨，以国际关系理论和比较、考证等历史研究方法考析孙日关系中产生的种种矛盾及其原因，并评析了其在孙中山革命运动中产生的积极和消极的双重性意义。(张昭军)

K000255 **孙中山与北京** 黄宗汉、王灿炽编著。人民出版社 1996 年 7 月版。42 万字。48.50 元(精)。按时间顺序记述，起于 1894 年孙中山第一次来北京，迄于 1929 年孙中山灵柩移出北京。全书共 5 章，分别为：第一章，首次莅京；第二章，二次莅京；第三章，三次莅京；第四章，治丧纪事；第五章，移灵纪实。全书以记述孙中山先生三次北上北京、谋求中国独立、富强、统一道路的艰难历程为主，兼收与此活动有关的资料。全书以第一、第二、第三次莅京为主线，按年、月、日逐录当时的报刊及以后的回忆录、资料选辑中的孙中山的讲话，政治、经济主张等等。书中所据的资料，均注明出处，首次写明了书名及报刊名、篇名、作者、卷数、出版时间等。有些资料是首次发表(如孙中山与袁世凯的十三次会谈)，十分珍贵。(张秀平)

K000256 **孙中山评传** 施晃、刘彭陶著。云南人民出版社 1996 年 12 月版。21 万字。18.00 元。是施晃烈士在美国斯坦福大学攻读东方史时撰写的硕士论文，写成于 1928 年，即孙中山逝世 3 周年。现根据原英文稿译成中文问世。书中广泛征引了当时中外一百多种书报杂志资料，极为珍贵。(云人)

K000257 **李斯** 常敬竹著。解放军出版社 1996 年 5 月版。18 万字。13.00 元。“中国历代智囊人物丛书”之一。以纪实的手法生动形象地再现了中国历史上二千年以前的李斯——这位秦始皇的名相风云波诡的一生。李斯是中国古代史上一位传奇人物，后人记得他的功劳是辅佐秦始皇统一天下，同时又唾骂他力主的焚书坑儒。他原本是当时楚国上蔡的一名小吏，通过苦心钻营，心黑手狠，才爬上秦国丞相的高位。为此，他也付出了沉重的代价，良心、同窗好友、老丞相，甚至包括本该继承皇位的公子扶苏，都被他所出卖。然而他最终也落得被腰斩街市、夷灭九族的下场。(郭莹)

K000258 **我的父亲朱德** 朱敏著。辽宁人民出版社 1996 年 12 月版。23 万字。24.80 元。朱敏是朱德的女儿，她从亲身经历，亲眼所见，亲耳所闻的角度，生动、形象、深情地再现了朱德的一生。书中还描述了朱敏被父亲送到莫斯科孤儿院的生活，21 名多国孩子沦陷在战争火海中，在德国法西斯集中营的苦难经历。全书共分 3 篇，上篇“黄土圣地”，描述了 14 岁的朱敏第一次见到父亲朱德，以及他们在陕北延安的生活和斗争，回顾了朱德的青少年时期和走上革命的历程。中篇“天堂地狱”，主要写朱敏离开父亲，在苏联的生活，在德国集中营里的遭遇，远离亲人的浓厚父女深情。下篇“平凡伟大”，从多方面展现了朱德那英武、忠厚、俭朴、善良的性格，以及晚年的遭遇。(陈志强)

K000259 **我的祖父孙中山** [美]孙穗芳著。人民出版社 1996 年 9 月版。25 万字。40.00 元。从一个特殊的视角再现了伟大的革命先行者——孙中山先生波澜壮阔的一生。全书共 15 章：童年纪事、在檀香山的少年生活、革命思想的萌芽、兴中会的成立和第一次广州起义、伦敦蒙难、在海外为革命奔走、中国同盟会的成立、在国内积极发动武装起义、创立中华民国、为和平辞去临时大总统、国民党的成立、二次革命、度过艰难时期、完成三民主义、陈炯明的叛变、在北京逝世。本书还收入孙中山的一生大事年表和家族世系表、后裔亲属世次表。由赵朴初、南怀谨、顾毓琇题序,收录有关的珍贵照片和手迹近50帧。(冀良)

K000260 **宋庆龄全传** 陈廷一著。青岛出版社1996年7月版。42万字。19.80元。宋庆龄是中国共产党党员,中华人民共和国名誉主席,是世界和平事业的著名领袖。他的一生,从美国留学到成为孙中山先生的夫人;从中山舰蒙难到莫斯科流亡;从武汉政府的中流砥柱到令蒋介石头疼的中国民主保障同盟主席;从中央人民政府副主席到"四人帮"仇视的对象,充满了传奇,充满了故事,充满了血与火的交搏。本书在占有历史资料的基础上,对宋庆龄的一生进行了全景式的刻划,尤其是对于宋庆龄性格、爱情、生活细节的描写,达到了较高的水平。(高继民)

K000261 **林则徐** 杨国桢主编。福建美术出版社1996年版。5万字。500幅图。380.00元(精)。以"年少志高显英才"、"官海生涯展抱负"、"虎门销烟震环宇"、"开眼向洋看世界"、"鞠躬尽瘁报中华"5部分浓缩伟大的爱国主义者和杰出的民族英雄林则徐的一生历程,同时生动、直观地再现了他所处的历史时代。(卢为峰)

K000262 **周恩来的历程** 副名:一个伟人和他毕生事业。江明武编。解放军文艺出版社1996年1月版。82.3万字。45.00元。"一代天骄丛书"之一。分上、下2卷。从有关周恩来的生平材料中撷取最生动最精彩的部分,反映他一生的革命奋斗历程:从南开求学、东渡日本,到赴法勤工俭学领导组建中共旅欧党团组织;从大革命时黄埔军校的政治部主任到组织上海工人武装起义、领导八一南昌起义、主持上海党中央工作,到苏区反围剿、遵义会议、长征;从肩负特殊使命于国民党统治区,到协同毛泽东指挥三大战役、筹建新中国;从呕心沥血总理国务、政务,到身患绝症仍鞠躬尽瘁,死而后已,系统地展现了这个伟大人物在各个历史阶段和紧要关头的胸怀风范、胆略智慧、事业追求和人格风采。(钱庆国)

K000263 **冼夫人考略** 张均绍著。广东省地图出版社1996年1月版。11万字。18.00元。冼夫人是我国古代岭南百越领袖,一生经历梁、陈、隋三个朝代,始终致力于维护国家统一,坚持民族团结,为岭南地区的和平稳定和汉俚民族融和作出了特殊的贡献。她大力革除陋习,推动俚人社会的封建化进程,促进了岭南的经济、文化发展。冼夫人是一位杰出的政治家和军事家,也是一位深受人民爱戴的民族英雄,先后被中央王朝封为保护侯夫人、石龙太夫人、宋康郡夫人和谯国夫人,而岭南各郡皆奉其为圣母。作者在全面系统地考察了冼夫人的文化遗址基础上,写出了这部全面研究冼夫人的学术专著,内容涉及各个方面,有故里考、墓地考、族属考、服饰窥探及其他方面的考证研究。书中提供了丰富史料。(张志丹)

K000264 **姜子牙** 谋莱著。解放军出版社1996年5月版。18.6万字。12.50元。"中国历代智囊人物丛书"之一。介绍姜子牙传奇的一生。姜子牙,即吕尚,周初人。姓姜名望,字子牙,俗称姜太公,因祖先封于吕,故叫吕尚。商朝末年,姜子牙年少气盛,一把火烧了州府,被迫上昆仑山学道。四十年后,学道已成的姜子牙下山造反,终于辅佐武王成就了霸业。江山易主,纣王一把火烧了摘星楼,并死于大火之中。爱妃妲己也被押上断头台,她回眸一笑,武士们手中的刀纷纷落地。姜子牙掩面落泪,风雨兼程奔赴齐国。(郭莹)

K000265 **爱新觉罗·溥仪日记** 爱新觉罗·溥仪著,王庆祥整理注释。天津人民出版社1996年6月版。56万字。38.00元。日记上限从1914年开始,下限到1967年10月12日。共分4部分,一是溥仪在北京清宫当"关门皇帝"期间的日记存篇,即有1914年到1921年的存篇;二是溥仪寓居天津日租界期间的日记存篇,是1926年和1928年所记;三是溥仪在抚顺战犯管理所改造期间的日记存篇,为1956年和1957年所记;四是溥仪特赦后作为公民生活期间的日记存篇,是1959年至1967年所记,其中1962年的日记已经散佚。这些日记包含了溥仪这一生的学习、工作、劳动、家族、家庭、婚姻、生活、人际关系、社会活动和外事活动的各个方面,具有真实性和完整性。日记从每天的具体活动入笔,详则记录情节、对话,略亦按日记事,又具细致、生动的特点。(李洁萍)

K000266 **诸葛亮** 雪悟著。解放军出版社1996年11月版。20万字。13.00元。"中国历代智囊人物丛书"之一。介绍了我国历史上最著名的军事战略家——诸葛亮的一生。他一生戎马生涯,运筹帷幄,决胜千里,神机妙算,应对裕如,奇策泉涌,智谋纵横,达到了出神入化的境地。如隆中对策,巧借东风,赤壁之战,巧夺四郡,奇取益州,临危受命,六出祁山，七擒孟获等脍炙人口的故事，无不闪耀出智慧的光芒。他还是一位善于治国的蜀相，科教严明，奉行法制，帮助刘备抚百姓，示仪轨，约官职，从权制，开诚心，布公道，德威并举，儒法兼用，为蜀汉政权的建立和巩固做出了不朽的贡献。

K000267 **蒋介石全传** 张宪文、方庆秋主编。河南人民出版社 1996 年 5 月版。80.5 万字。42.50 元。利用大量档案馆收藏的尚未公开出版的史料，如：蒋介石日记、书信、年谱、会议记录等等；蒋介石亲信们的各类档案资料；以及美国、日本等国的文献资料等。在充分搜集、筛选鲜为人知资料的基础上，详述蒋介石复杂曲折、耐人寻味的人生历程。并详细介绍蒋介石在台的政治生涯及其他重要活动，客观再现了一个血肉丰满的历史人物形象，并对其是非功过给予了恰切的评价。（张黛）

K000268 **蒋介石家事·家书** 肖心力、春明编著。华文出版社 1996 年 1 月版。30 万字。14.80 元。叙述了蒋介石的家世、身世及其家庭子女在长达一个世纪的时间里发展变化的历史过程。对蒋介石的身世，进行了综合分析和详细考证；对蒋介石的婚姻劣迹，从对蒋介石的政治、军事生涯背景的叙述中，予以揭露和贬责；对蒋的子女，结合历史，一一作了介绍。从蒋介石的家世、身世中，透视了蒋家王朝必然走向衰落的客观规律。书中还披露了蒋介石的部分家书及手迹。（高建中）

K000269 **曾国藩家藏史料考论** 王澧华著。广西师范大学出版社 1996 年 4 月版。24.3 万字。13.50 元。曾国藩家藏史料，是指 1839 年至 1954 年间，曾经收藏于曾国藩家府湘乡富厚堂的出自曾氏世代自撰或手批的各类文献史料。本书着重对曾国藩的奏稿、书信、诗文编刊、日记、家书、批牍等史料的版本、内容、特点及史料价值进行了深入细致的分析和考论。此外，还对《求阙斋读书录》编刊、《湘乡曾氏文献》、《湘乡曾氏文献补》、《古文四象》编刊、《李秀成亲供手迹》、《曾惠敏公手写日记》等曾府家藏史料也进行了考论。（宾长初）

K000270 **谢叠山大传** 俞兆鹏著。江西人民出版社 1996 年 8 月版。35 万字。28.00 元。谢枋得(1226～1289)，是南宋著名爱国志士、学者和诗人。他关心民众，蔑视权贵，曾经无情地揭露南宋的封建统治；他尊崇气节，反对投降，曾经全力抗击蒙古贵族的压迫；他贫贱不移，坚贞不屈，多次拒绝元朝的诱降。其一生事迹可歌可泣，极富传奇色彩，一向与文天祥齐名，并称“文山”、“叠山”，被视为我国历史上两位杰出的爱国主义者、民族英雄。本书在搜辑大量历史资料和遍访生活、活动旧址的基础上，用生动流畅的语言，形象地、准确地描绘出了谢枋得的一生。（游道勤）

K000271 **魂系上海——刘晓传** 仇学宝、于炳坤著。上海文艺出版社 1996 年 8 月版。20 万字。13.00 元。刘晓对建设上海地下党组织，领导上海的人民革命运动有着卓越贡献，他还是一位著名的外交家。1937 年 6 月，在上海地下党遭到敌人严重的破坏，大批共产党员被逮捕、杀害，并失去了党中央的领导时，刘晓奉命秘密来到上海，重建上海地下党。在白色恐怖下，他舍死忘生地工作，使地下党的斗争得到了顺利的发展。1946 年他第二次秘密来到上海，先后担任中共中央上海分局书记、上海局书记，直到解放。1954 年被任命为驻苏联大使。1963 年被任命为外交部常务副部长。十年浩劫中，刘晓遭到残酷迫害，1981 年 8 月党中央对他作出平反决定。1988 年 6 月 11 日，不幸在北京病逝。本书生动地描写了刘晓同志光辉的革命生涯。（姜金城）

K000272 **新中国的奠基石——刘惜芬** 郭秀治主编。鹭江出版社 1996 年 9 月版。7 万字。12.00 元。刘惜芬是我党女地下工作者。厦门解放前夕，她多次深入国民党厦门要塞司令部刺探军情、收集情报，出色地完成了党交给的各项任务，为厦门的解放做出了不可磨灭的贡献。1949 年 9 月 19 日，刘惜芬同志由于叛徒出卖而被敌人逮捕入狱。在狱中，任凭敌人软硬兼施，严刑拷打，她始终英勇顽强、坚贞不屈，坚持共产党员的气节。1949 年 10 月 16 日厦门解放前一天，刘惜芬慷慨就义，牺牲时年仅 25 岁，被誉为“新中国的奠基石”。本书收入 20 余帧照片和刘惜芬烈士的战友、亲属回忆文章 29 篇，真实地记录了刘惜芬烈士的家庭、生活、工作及成长过程，其中刘惜芬烈士的革命活动以及狱中难友的回忆文章尤有史料价值。（王聪文）

K000273 **潘汉年的情报生涯** 尹骐著。人民出版社 1996 年 9 月版。19.1 万字。19.50 元。潘汉年是中国现代史上的一位传奇人物，一生经历复杂曲折，又是建国以后第一起重大政治冤案的受害者。本书选择他鲜为人知的情报生涯为主题，把传主同国民党在隐蔽战线上的艰苦机智斗争翔实地做了描述。故事情节富有传奇色彩，“危急时刻出任中央特科情报科长”、“以血还血严惩叛徒特务首恶”、“长线钓鱼从国民党市党部打开缺口”、“斗智斗法巧妙反击‘伍豪事件’”、“亲临一线构建敌后情报系统”、“随机应变和岩井在情报战场角逐”、“事出意外被挟持会见汪精卫”等章节曲折动人,富有新意。所引资料多为未公开的档案资料,因此,对于研究和了解国共两党的地下斗争又具有学术价值。(张昭军)

K000274 **伟人之初丛书** 曹志为等著。浙江人民出版社1996年6月版。315.2万字。262.50元。共21种,分“伟人之初·领袖篇”、“伟人之初·将帅篇”、“伟人之初·先辈篇”三个系列,分别叙述了毛泽东、周恩来、刘少奇、朱德、任弼时、邓小平、陈云、彭德怀、刘伯承、贺龙、陈毅、罗荣桓、徐向前、聂荣臻、叶剑英、董必武、张闻天、林伯渠、乌兰夫、李先念、邓颖超等21位伟人青少年时期的历程。丛书具有如下特点:1.写作目的明确。每本书的作者都带着《丛书献词》中提出的这样一些问题展开叙述:“同处在历史的地平线上,为什么他们能走出封建中国凝重的历史和文化壁垒,在改造社会中不断抛弃旧我,完善新我?为什么他们会有如此宏大的理想,如此不屈的求索精神,如此撼人的牺牲精神?为什么他们能脱颖而出,成为领着中华民族走向独立与富强的领袖,成为我们这个悠久、灿烂又一度落伍的古老民族的脊梁?”应该说,每本书的作者都在书中比较好的回答了这些问题。2.资料翔实。每本书都利用了大量档案、历史资料、回忆录,以及作者新搜集的资料。由于有丰富的资料作保证,每本书的内容都比较丰满。3.实事求是。每本书的作者都没有试图神化传主,而是以事实为依据,再现传主从平凡走向伟人的履迹。

K000275 **人生楷模——时传祥** 马自天著。河北人民出版社1996年10月版。17.2万字。15.00元。“人生楷模丛书”之一。时传祥是一位在平凡的工作岗位上做出非凡贡献的全国劳动模范。他的一生恰如一首朴素而感人的“正气歌”。他在旧社会经历的牛马不如的生活,斑斑血泪的苦难,决定了他勤劳、勇敢、正直、无私的优秀品质和渴望翻身解放的朴素的阶级感情,也是他热爱党、热爱人民、热爱祖国,并将全部身心无私地奉献于他的清洁工作之中的动力之源。本书透过时传祥平凡的生命历程,向纵深开拓,揭示了“宁愿一人脏,换来万家净”的时传祥精神的深刻内涵。(解京宁)

K000276 **徐福文化集成** 张炜主编。山东友谊出版社1996年版。125万字。130.00元。以历史唯物主义观点为指导,客观、严肃地对我国历史上的航海家、中日文化交流的先驱——徐福的故里、起航点、途经点、落脚点以及他对日本文化产生的影响等进行深入的探讨、研究,中外学者在各抒己见的基础上,在基本问题上达成共识,发表了大量学术文章,全书分学术研究卷3卷,戏剧、文学卷2卷。

K000277 **掌宫宦官全书** 副名:历代太监秘史。张跃铭编写。黑龙江人民出版社1996年9月版。152万字。89.70元。分上、中、下3卷。选取了从秦朝到清朝的2000多年时间里,27个有代表性的宦官,以正史为纲,通过其人其事,揭露了宫廷内部鲜为人知的皇权争斗,书中记述了如:秽乱宫廷的嫪毐,指鹿为马的赵高,欺君抑相的仇士良,弄权有术的刘瑾,阴险残恶的魏忠贤,阿谀逢迎的李莲英等宦官的传记。(徐冲)

外国人物传记

K000278 **改造日本的大企业家** [日]铃木康雄等著。新华出版社1996年1月版。76万字。77.00元。丛书共7册。是曾经并正在以其经济奇迹改变日本及世界的7位日本大企业家的传记。他们包括:松下幸之助(松下电器)、本田宗一郎(本田技研)、丰田英二(丰田汽车)、盛田昭夫(索尼电器)、中内功(大荣集团)、稻盛和夫(第二电信电话)、堤义明(西武集团)。这7部书的作者是日本颇负盛名的经济新闻记者和理论家,全书充满了引人入胜的情节和细节,并从宏观角度将七位企业家的个性作风、经营特点勾画出来。(蓝强)

K000279 **川端康成传** 谭晶华著。上海外语教育出版社1996年版。14.2万字。16.00元。用真实可靠的资料,恰如其分地叙述了川端康成从孑然一身的孤儿到摘取世界文学桂冠的大家经历。川端康成以“标举新感觉,写出传统美”著称于世,他的代表作有《伊豆的舞女》、《雪国》、《千鹤》、《古都》等。书中刻意介绍川端康成如何在他的作品中“以敏锐的感受,高超的叙事技巧,表现了日本人的精神实质”。使我们深切体会到川端文学的形成轨迹和川端本人对世态及客观世界的态度,以及作品中处处散发出浓郁抒情的日本味;同时也体验到他在作品中流露出的消极、悲观、颓废的情绪。(江龙娣)

K000280 **半世球魂** 副名:贝肯鲍尔自传。[德]弗朗茨·贝肯鲍尔著,桂乾元、钱顺德译。北京十月文艺出版社1996年12月版。20万字。19.80元。书中贝肯鲍尔述说了他足球生涯顶峰时期的种种经历,也描述了他在球场上为取得奖杯奋力拼搏的种种感受。书中不但活画出一代足球巨星的矫健身影,同时也使一位既充满自信与刚毅,又不无自大

与傲慢，既精明又狡黠，既务实又多情的典型德国人跃然纸上。（龙杰）

K000281 **富甲美国** 副名：零售大王沃尔顿自传。[美]萨姆·沃尔顿、约翰·休伊著，沈志彦等译。上海译文出版社 1996 年 4 月版。20 万字。24.40 元。以独特的生动笔触介绍了美国零售业巨人——沃马特百货公司的创始人萨姆·沃尔顿传奇的一生。萨姆·沃尔顿出身贫寒之家，在他求学期间，其学费与生活费用大部分全靠自己打工筹措。1945 年退伍后，他即从小市镇本顿维尔经营零售业开始，展开其创业生活。经过几十年锲而不舍的奋斗，他终于建立起全球最大的零售业王国——沃马特百货公司。萨姆·沃尔顿也被 1985 年 10 月出版的《福布斯》杂志列为全美第一富豪。到 1993 年，沃尔顿家族的资产已达 230 亿美元。书中的叙述生动，内容感人，尤其是萨姆·沃尔顿的创业精神、经营经验、管理方法，以及经营企业的十大规则值得广大的企业领导人借鉴。十大规则是：1. 敬业。2. 与所有同事分享你的利润，把他们视为合伙人。3. 激励你的合伙人。4. 交流沟通。5. 感激你的同事为公司所做的每一件事。6. 成功要大肆庆祝，失败则不必耿耿于怀。7. 倾听公司中每一位员工的意见。8. 要做得比顾客所期望的更好。9. 比对手更好地控制费用。10. 逆流而上，另辟蹊径，藐视传统的观念。（高文英）

K000282 **杨振宁——20 世纪一位伟大的物理学家** 丘成桐、刘兆玄编，甘幼玶译。广西师范大学出版社 1996 年 11 月版。17.2 万字。13.80 元。收录世界各地的著名科学家，包括多名诺贝尔奖获得者撰写的颂扬杨振宁论文数篇。从不同的角度、侧面，颂扬了杨振宁先生对人类所作的伟大贡献及他本人的崇高品格，其内容丰富，包含了物理学史上及杨振宁先生经历上许多鲜为人知的真人真事。读者可从中吸取杨先生的工作方法、研究问题的方式和经验。（唐丹宁）

K000283 **陈香梅回忆录** 陈香梅著。浙江文艺出版社 1996 年 9 月版。44.5 万字。25.00 元。结集了陈香梅女士多年来写的回忆文章，共分“家事·往事”、“留云借月”、“一千个春天”、“华府风云”四辑，主要描写了家族情况，与“飞虎将军”陈纳德的爱情生活以及在华盛顿闯荡的经历。（徐妍冰）

K000284 **美国历任总统** 梅人主编。时事出版社 1996 年版。37.3 万字。22.50 元。原名为《美国四十任总统》（1988 版）此次再版对书中个别内容作了修订。从第一任美国总统——国父乔治·华盛顿到第四十二任总统——战后首次连任的民主党总统比尔·克林顿的传略在本书中都有详尽的介绍。在介绍每位总统时叙述的角度都不一样，但是基本上都对每位总统的生活经历、家庭情况、成长历程都有细致的描述。特别是还能从每位总统当政的这段时期了解美国在这个时期发生的国内外重大事件及内外政策制定和演变的过程。（苏绣芳）

文物考古

K000285 **中国佛教文物精华鉴赏** 张健、万金丽主编。北京图书馆出版社 1996 年 7 月版。200 幅图。280.00 元。包括佛教寺院的陈设及佛教徒在修禅祀神和奉行佛教仪式时使用的各种物品，如供养和礼佛时用的佛像佛龛、佛教绘画及佛教法器的士珍、八宝、王供、坛城等佛教艺术和古代文物中的精华。全书分总论和鉴赏两部分，总论介绍佛教在中国的发生和发展史，及佛教文物的品类和功能；鉴赏部分是全书的主要部分，有 200 余幅精美的彩色照片，并按品类介绍佛教文物和艺术品中的精华，其中近半资料为首次公开发表。（卢玉荣）

K000286 **文玩鉴赏丛书** 赵汝珍等编。北京出版社 1996 年 9 月版。175 万字。98.00 元（平），125.60 元（精）。已出 5 本：《古玩指南全编》（赵汝珍编述）论及铜器、玉器、瓷器、金石、书画、木器、漆器、牙雕、景泰蓝等诸类的源流、鉴别等等，是步入古玩界必备的工具书。《骨董琐记全编》（邓之诚著）是著名历史学家邓之诚先生费时二三十年陆续写成的关于考释文物、纪述史实方面的随笔、札记的总集，凡近 1 200 则，具有重要的学术价值。《楹联丛话全编》（梁章钜等编著）是清代大文学家梁章钜调集其门人幕客合力编著的一部古代佳妙名联的鉴赏集，包括宙宇、胜迹、格言、佳话、集句以及挽词、杂缀等类，选博取精，文化含量极高。《古玩谈旧闻》（陈重远著）记述老北京古玩界半个世纪的风雨沉浮及旧京古玩商们的生活和命运，颇具专业水准地介绍其经营活动状况及鉴别古玩真伪的知识和造假技术，具较高的史料与文化价值。《文物话春秋》（陈重远著）记述老北京文物三条街和街上著名老字号的真实景况，还有鉴定、经营古玩、珠宝的行家里手们在这条街上的活动、掌故、轶事、趣闻及鉴赏文物的知识，具较高的史料与文化价值。（龙杰）

K000287 **骨董琐记全编** 邓之诚著。北京出版社 1996 年版。40 万字。23.00 元（平），28.00 元

(精)。包括《骨董琐记》、《续记》、《三记》和《松堪小记》4部分。分为金石印砚、书画印刷、陶瓷雕绣、书录诗文、古迹轶闻、朝章国故等，书中摄有不少鲜为人知的地方史的史料，是有关我国历代社会、历史、文物的专记和杂记的名著。(龙杰)

K000288 **敦煌历史文化艺术** 聂锋、祁淑虹著。甘肃人民出版社1996年12月版。27万字。16.80元。分上下两编，上编“敦煌历史”，包括6章内容，详细记述了从石器时代至民国时期敦煌地区的历史沿革。重点内容有：西汉、东汉时期，敦煌地区在中国古代历史中地位的建立和发展；魏晋十六国南北朝时期，敦煌地区的民族分割和民族融合；隋唐时期，敦煌地区走向自己封建时代历史发展的最高峰。对石器时代及汉以前的敦煌历史，由于众说纷纭，文献资料记载多有出入，仅作了简要的介绍，并参录了古今学者对敦煌与“三危”的各种注释与考证，以备进一步研究。而五代、西夏、宋元时期，尤其是明、清、民国时期，由于丝绸之路的衰落，敦煌已失去了中西交通枢纽的地位，它的历史已不具备典型意义，对于这部分内容，也作了简略的介绍。下编“敦煌文化艺术”，包括4章内容，介绍了从石器时代到民国时期敦煌地区的石刻岩画、诗词歌赋、书法、建筑、彩塑、壁画等方面的主要成就。由于敦煌石窟包括今甘肃省敦煌市境内以莫高窟为主体的古敦煌境内的西千佛洞，今安西县境内的榆林窟，东千佛洞，小千佛洞，今肃北蒙古族自治县境内的五个庙、一个庙等石窟，而书中的敦煌艺术内容部分，仅介绍了莫高窟艺术内容，而其中又以莫高窟建筑、雕塑、壁画艺术为主体出现，这就使得这部分内容显得略为单薄。(连凌云)

K000289 **中国文物精华大辞典** 彭卿云、耿宝昌、马承源、刘九庵、史树青主编。上海辞书出版社1996年1月版。特大16开，160万字。1 752.00元(精)。展示中国馆藏文物精品的大型工具书，分陶瓷、青铜、书画、金银玉石4大卷。共收录文物5 323件，均选自中国大陆一百余家国家级、省级、市级、县级博物馆及文物考古研究所一级藏品。所收文物，上起旧石器时代，下迄宋元明，纵贯180万年，横跨除台湾省以外的全部国土。各个朝代，各个省、市、自治区，各个民族，各个品类(计有石器、铜器、陶器、瓷器、铁器、金银器、玉器、石刻、甲骨简牍、印玺、牙骨器、料器、漆木器、砖瓦、织绣、货币、法书、绘画、文献、拓片、杂项等21项)应有尽有。对入选文物均有文字说明，包括品名、制作或创作年代、质地用料、尺寸重量、制作或创作特点、历史价值、艺术特色、出土时间与地点、传世经过和收藏单位。所附5 500余幅照片一律采用实物原拍，其中彩色图片达80%以上，逼真地展现了中国馆藏文物的神韵风采。(王圣良)

K000290 **清代书画鉴定与艺术市场** 徐建融著。上海书店出版社1996年10月版。40万字。50.00元。将清代书画的鉴定工作提升到科学和理论的高度，以大量的实践经验为基础，通过与古代书画鉴定的方法相比较，详细剖析了清代“四王吴恽”、“四高僧”以及“海上画派”等书画名家的艺术风格、笔墨技法，提供了在书画经营和投资活动中辨真识伪的各种依据，图文并茂，真伪对照，一目了然。并附有著名书画家作品的行情要览。(柯国富)

K000291 **北京文物精华** 北京文物局编。北京燕山出版社1996年9月版。167万字。200.00元。画册。收集了从石器时代至今7个历史时期北京历史文物、革命文物精美图片，配有精彩的解说文字。图录中的骨针、骨镯、北京人遗址、克罍等，生动反映了石器时代、商周时期的发展状况；隋唐五代的石经洞是我国古代石刻艺术的一大宝藏；清末民初流出宫外，于1995年以每字超过万元的高价收回故宫珍藏的北宋·张先《十咏图》也在画册中展现给广大读者；驰名中外的八达岭长城、故宫、天坛、北海、十三陵等古迹雄姿更令读者叹为观止。(李艾肖)

K000292 **兰州文物** 兰州市博物馆编。甘肃人民美术出版社1996年7月版。140幅图。158.00元(精)。中英文对照。收编了兰州市博物馆馆藏文物精品140件。全书以史串物，以物说史，重点展示了兰州新石器时期马家窑文物各类型的彩陶器，兰州地区出土的东汉墨迹纸、肃王千字文书法长卷、以及明代兰州白衣寺塔出土的镂空金莲玉雕抱子观音簪等珍贵文物，体现了兰州文物的地方特色。(刘云石)

K000293 **中国文物地图集(青海分册)** 国家文物局编。中国地图出版社1996年1月版。70万字。图47幅。110.00元。全面、系统、详细地反映了青海省文物工作的成果和文物分布的状况。由序图、专题文物图、市县文物图、重点文物图、文物单位简介、文物单位索引等6部分组成。图集着重对青海省文物调查所获得的资料进行科学的概括，综合反映文物考古工作已经取得的学术成果和新的重大发现，较全面地反映了全省境内已知现存不可移动文物的状况和特征。青海省已经登记的不同时代、不同类别的文物古迹共3 700余处，其中全国重点文物保护单位4处,省级文物保护单位224处。图集收录不可移动的文物点按类型分,有古遗址2 595处,古墓葬565处,古建筑342处,古石刻47处,近代重要史迹58处,近现代典型建筑52处,其他文物点57处。(孙洁)

K000294 **新疆文物考古新收获** 新疆文物考古所编。新疆人民出版社1996年8月版。105万字。80.00元。田野发掘报告集。书中提供了有价值的实物资料。其中史前时期细石器的遗存的发现,为研究当时地理、气候等自然环境,提供了有价值的资料,陶器与青铜器并存又是挖掘中发现的新特点,通过孔雀河下游古墓沟墓地、和硕特新塔拉遗址,可以看出距今4000年前后新疆开始进入青铜时代,继续步入文明,同时与周邻地区交往增多、考古文化呈现丰富多彩的局面。除此之外罗布淖尔地区的楼兰考古、塞人考古、车师考古、察吾乎沟考古、回鹘考古、喀拉汗考古等,不仅对民族资源、社会经济生活、宗教信仰、文学艺术提供必要的实物资料,为古代西域文明勾划出一个大致清楚的眉目。(陈琳)

K000295 **厦门考古与文物** 吴诗池著。鹭江出版社1996年10月版。18.7万字。13.10元(平),20.10元(精)。"厦门文化丛书"之一。用大量考古资料,补充了原始社会以来的考古发现,根据考古的特点,分述了厦门海岸线的变迁、古文化遗址、墓葬、古代建筑、海上"陶瓷之路"的重要港口、交通史迹、名人遗迹、石刻、雕塑、名胜古迹、革命遗址及博物馆、纪念馆、寺庙珍藏文物等,从不同角度记录了厦门各个历史时期政治、经济、科技、教育、文化、宗教的风貌和革命先辈光荣的革命斗争史实,并将厦门的历史至少推前到几千年前的原始社会新石器时代。(裘慎勤)

K000296 **楚美术图集** 张正明、皮道坚主编。湖北美术出版社1996年12月版。260幅图。598.00元。从美术文化学的角度,选取具有强烈代表性的楚美术文物青铜器41种,漆木器36种,玉石琉璃器26种,丝绸13种以及绘画(帛画漆绘)4种,全图及局部放大之图版近600幅。书中突出了楚文物中的重器与典型,其中又突出了艺术精神尤为强烈的代表作品,其中又特别强调与现代人审美意识相契合的部分。书中之导言分别从文化史与艺术学角度,对楚文化的形成与发展,它的样式与美学特征,它的巨大文化艺术价值作了系统深刻的阐述与揭示,一些图片的导读文字则是鉴赏性的钥匙。(余澜)

K000297 **历代铜镜纹饰** 裴淑兰主编。河北美术出版社1996年2月版。426幅图。139.00元。从4千多方历代铜镜纹饰拓片中精选出来的,共426方,分为战国铜镜、汉代铜镜、魏晋南北朝铜镜、隋唐五代铜镜、宋辽金铜镜、元明清铜镜6大部分。并插入部分铜镜实物的彩色照片和黑白照片。更便于读者了解和研究铜镜艺术。著者撰写的长篇绪论,对中国铜镜的起源及历代铜镜的艺术特点作了详尽地论述。铜镜是古人用以梳妆照面的生活用具,也是深受人们喜爱的工艺美术品。我国最早的铜镜见于金石并用时期的齐家文化,距今约四千年,后经历商周、春秋战国、汉唐,以迄明清,它伴随着人们的日常生活长期流行,直到近代才被玻璃取代而退出了历史舞台。铜镜形制多是圆形,有钮,可以穿系悬挂。铜镜背面大都装饰着精美华丽的图案纹饰及铭文,不仅折射着古代人的审美意识,而且与当时的政治、经济、文化艺术以及社会风俗密切相关。铜镜虽小,却是今天研究古代社会的重要实物资料。通过它可以了解各个朝代铸造技术、工艺美术、工官制度、商业关系、思想意识以及对国外的交往等。选入的每幅铜镜拓片图版下均有说明文字,对铜镜名称、时代、形制特点、纹饰内容及构成、铭文、艺术特点、尺寸和发掘地点等项都一一介绍。(吴守明)

K000298 **中国衣冠服饰大辞典** 周汛、高春明编写。上海辞书出版社1996年12月版。187.8万字。16开。150.00元(精)。收词8 272条,内容采自正史、野史、笔记、诗词、戏文和考古发现的实物,以及各大博物馆珍藏的文物等,上起先秦,下迄民国,系统地介绍中国衣冠服饰文化知识。分总类、冠巾、上衣、下裳、鞋袜、发式、化妆、饰物、衣料、染采、纹样、工艺、其他及文献等15个门类。释文一般包括衣冠服饰的名称、款式、质料、色彩、纹饰、用途、产生年代、礼仪制度、源流沿革、穿着方式、使用场合及相关习俗等,从经济、政治、思想、文化等角度发掘其文化意蕴。配有彩图273幅,黑白图表1 107幅。书前有《中国衣冠服饰史述略》一文,书末收有《中国服饰史年表》、《衣冠服饰等秩表》、《历代服饰禁例》、《历代时世妆》、《古今尺度对照表》、《中国服饰沿革简明图表》等6种附录。(苏骅)

K000299 **鲁柘澄泥砚** 石可著。青岛出版社1996年1月版。5.5万字。80.00元。鲁柘澄泥砚始于唐、盛于北宋,至今湮没已有800余年。本书对砚史及鲁砚的振兴,以及澄泥砚发展过程、鲁柘澄泥砚的恢复和发展等问题进行了详尽的阐述,并对鲁柘澄泥砚的艺术风格进行了探讨。(刘永贵)

K000300 **北京名匾** 齐心主编。北京美术摄影出版社 1996 年 5 月版。200 幅图。180.00 元。画册。共收入 370 余方匾额。展示了匾额的全景外观及其细部,精辟简洁的文字介绍了名匾的渊源、形制、匾文的涵义及书法特点等。(龙杰)

K000301 **齐币图释** 山东省钱币学会编。齐鲁书社 1996 年 8 月版。15.4 万字。200.00 元。其主要特点如下:一、资料全面、翔实。图录部分收古贝、齐刀、賹化、明刀、圜钱(包括币范)等先秦齐地所有形式的货币,以发掘品为主体,兼以稀见的传世品;考释部分则搜集、总结了对以上货币形式的考释与研究。二、重点突出。齐刀是先秦齐国的主要货币形式,在图录所收 450 余件拓片中,齐刀近 300 件,基本反映了已知齐刀的形制、尺寸、工艺、铭文等诸多方面的全貌。三、考释与研究系统、深入。书中考释部分对先秦齐币的产生、演进,以及各种货币形式的断代、流通范围、铸造工艺、面背铭文等进行系统研究,并运用大量科学统计的数据,对齐币进行了化学成分等理化对比方面的研究。四、阐述观点公允、客观。考释与研究采用学术界最新成果,对不同见解作出公正、科学的裁断,既不固执成见,又不标新立异,体现出资料总集的特色。(贺伟)

K000302 **中国古代钱币略说** 高英民、张金乾著。地质出版社 1996 年 4 月版。42.2 万字。48.00 元。"文物鉴赏系列丛书"之一。对我国从夏、商、周至民国这几千年间,各主要历史时期钱币的制作、形制和文字特点做了较为详尽的介绍,同时对钱币的演变规律及其对社会经济的影响亦进行了较为深入的探讨,并对古钱币造伪做了概略介绍,对鉴别古代钱币的真伪及如何断代亦做了专门介绍。附录一介绍了流入我国的邻国或地区的古钱。附录二为中国古钱币市场参考价目表。(王璞)

K000303 **中国珍稀钱币** 周祥著。学林出版社 1996 年 12 月版。388.00 元(精)。汇集了我国历代珍稀钱币 4 200 余枚,并分先秦钱币、秦汉六朝隋钱币、唐五代十国钱币、宋辽金元西夏钱币、元明钱币、清代钱币、民国钱币七大部分论述和罗列,完整地反映了自春秋战国至民国年代钱币的铸造、考古、发展概况,并提供了钱币考古、发展方面的基本现状,体现了我国钱币研究领域的最新成果。在每幅图版之下按珍、罕、稀三个等级标出,并点明其性质、特征,另外,还附有这些钱币的价目表(活页)。(曹维劲)

K000304 **古泉汇考** 清·翁树培著。北京图书馆出版社 1996 年 2 月版。影印。1 500.00 元。作者为清代著名文物鉴赏家、古钱币学家。自 9 岁即蓄古钱,数十年如一日,藏古钱数千枚,皆加考释,竭终生之力,完成是书。本书是清代最重要的一部钱币学著作,有"古泉学之总论"之誉。全书分 8 卷:卷一至卷六叙述历代钱币;卷七为外国钱和不知年代品;卷八为撒帐、吉语、厌胜等钱。其最大价值在于搜集宏富和研究方法新颖独特。在每个钱币条目之下,汇集历代有关记载,凡见于古代典籍者,无不搜罗及之。特别是,翁氏曾花费数年时间将《永乐大典》中关于古泉的记载,全部收录,将其分散在各钱条目下。现在《永乐大典》已佚,仅存 3%,而其中古泉一门赖此书而得以保存。(卢玉荣)

K000305 **天民楼珍藏青花瓷器** 汪庆正、葛师科编。上海科学技术出版社 1996 年 10 月版。大 16 开,243 页。350.00 元。集中介绍香港葛氏天民楼收藏的典型青花瓷器的画册。选用元至清典型青花瓷器 100 件,其中元代青花瓷器 21 件,明代青花瓷器 55 件,清代青花瓷器 24 件。编排上采用目前国际上流行的中英文对照形式,每图一文,图文并茂,对每件器物分别从器形、釉色、款式、圈足、画意等多方面进行客观论述。(周祖贻)

K000306 **楚秦汉漆器艺术** 陈振裕主编,郝勤建摄影。湖北美术出版社 1996 年 12 月版。10 万字。600 幅图。598.00 元。以 350 余幅彩色图片和严谨的论述及说明,介绍了从湖北出土的漆器中精选的春秋、战国楚漆器 114 件,秦代漆器 32 件和西汉漆器 61 件。其中既有早已闻名遐迩的小座屏和彩绘鸳鸯豆等漆器精品,也有新近出土的且从未发表过的 60 余件漆器佳作。选器拍照,设计剪裁,处处从审美的角度着力,务求在最大程度上突出漆器的造型、纹饰、雕刻、绘画的艺术特征,充分显现出它的卓越的艺术成就,借此鲜明强烈地体现出楚文化特有的深邃高超的审美观念。书中由刘纲纪撰写的导言,从研究中国上古艺术在世界艺术史上的地位出发,从美学和文化史的角度论述评价了漆器艺术特殊的历史地位及其对后世艺术深远巨大的影响;主编陈振裕从 60 年代即开始注重对春秋战国、秦汉漆器的研究,由他撰写的专题论文对楚、秦、汉三代漆器的考古发现,制作工艺、器皿造型及装饰纹样作了深入而系统的阐述;图版说明部分则对每件漆器的名称、型制、胎质、尺寸、出土时间和地点、收藏单位等一一作了说明。(贺飞白)

K000307 **中国玉器赏鉴** 薛贵笙编。上海科学技术出版社 1996 年 11 月版。500 页。580.00 元。其特点为：一、权威编著：画册由中国权威文物鉴定专家薛贵笙积几十年鉴赏玉器经验编著而成。二、精心编排：画册有别于一般玉器画册依时代顺序介绍的方式，首次以玉器的类型来划分，把同类型的玉器集中，按不同时代编排，让读者可以比较和欣赏到同类型玉器在不同时代的面貌。三、内容丰富：收入自新石器时代以来的玉器 700 余件，彩图 1 200 多幅，拓片及纹饰图案超过 500 幅，内容和资料比同类型画册丰富。四、赏鉴兼备：本书分“欣赏篇”、“鉴辨篇”及“资料篇”三大部分，其中“鉴辨篇”的“仿古玉器”、“改制玉器”及“常见真伪沁色”，深入浅出地介绍了辨伪知识，为同类画册中少见。五、资料齐全：“资料篇”中“玉器常用述语”、“玉器品种与产况”及“玉器整理”均介绍了很多有关玉器的基本知识，图文相辅、趣味盎然。“玉器参考纹饰”共收集玉器图案 400 多幅，分类编排，一目了然，对赏玉及设计人士实为难得的参考资料。（周祖贻）

K000308 **中国砖铭文字徵** 殷荪编。上海书画出版社 1996 年 10 月版。3 640 页。600.00 元。分上、中、下 3 册。收字 1 千 9 百余，每字列有字例数字至数百字不等，共列字例 2 万 3 千 8 百余个。合文（含连笔字）1 千 2 百余条。重文 23 条。待考之字 5 百余个。卷首之序，较详细地阐述了砖铭的种类、形式、内容、书体、艺术特点及其发展。在编纂过程中，引用和参考各种文献达 134 种。集字面涉及城砖、墓砖、刑徒砖等，书体有篆、隶、楷、行楷、草隶等，制作手法既有模印又有镌刻和墨书，还有阳文和阴文之分。所集之字，书法颇具特色，粗犷、瘦硬、秀美、飘逸、朴崛、劲涩无所不包。每一字例，标明时代，三国至南北朝之字例还标明国别。正文之字的编排均以部首归类，卷末检字表以笔画数归类，极便于检索。另外，卷首还附有不同时期的不同风格、形式、内容的砖铭图版数十种。（庄新兴）

K000309 **三秦碑刻英华** 陈根远、罗小幸编著。陕西师范大学出版社 1996 年 3 月版。23.00 元。图文并茂地系统介绍三秦金石碑刻，撷取碑石、摩崖、造像、塔铭、墓志、经幢 140 品。从“中华第一古物”东周《石鼓文》起，到现代汲古出新的书坛巨擘于右任，吴昌硕碑版止。集金石考订、书法评鉴、精美图版为一体。其总体特点是：纵排横写、博采广征、拾遗补阙。其通篇版式以图版证文字、以文字明图版，起到图文并茂相得益彰的功效。其文字介绍方面，以全称、碑刻原址或何事何时何处出土、碑刻辗转、碑刻形制尺寸及字体、引字之数、碑石的首、身、座的装饰、碑志文义概略、书法评鉴为序。其书法评鉴既重古人语又博今人之说，对新出土的资料也尽力找出资料评鉴。书中注重拾遗补阙，首次发表著录了众多最新出土及从未面世的碑刻佳作。如首次发表的北魏杨椿妻崔氏墓志、杨侃墓志、邑子七十人造像铭、邑师晏僧定合邑子六十七人造像铭、西魏邑师仇法超合邑子三十人造像铭、康向虎造像铭、唐乙速孤引俨墓志等。（周耘）

K000310 **殷墟甲骨分期** 李学勤、彭裕商著。上海古籍出版社 1996 年版。29.1 万字。28.00 元。将殷墟考古与甲骨分期紧密结合，运用甲骨分期研究新论，对各类殷墟卜辞进行了系统的分期研究。在评介前人的理论方法之后，极注意新的理论方法的探索，作者认为分类是断代的基础，甲骨分期应充分使用考古学方法，先分类，再断代。对殷墟甲骨断代与殷墟考古、甲骨分期的具体方法和标准，目前甲骨分期研究的特殊性等方面都作了全面系统的阐述。书中还运用类型学的方法，广泛结合殷墟考古材料，判定各类甲骨的年代，新创见颇多。如对自组、宾组、何组、历组、无名组、非王卜辞等的时代分析，都具有很强的说服力，在该研究领域中做出了重要贡献。还从战争、田猎、气象等方面探讨殷墟卜辞中所见的商代史实，为商代历史文化的研究提供了许多重要材料。（刘德权）

K000311 **长江三峡工程水库水文题刻文物图集** 水利部长江水利委员会编著。科学出版社 1996 年 6 月版。42 万字。280.00 元。由序片、历史洪水题刻、历史枯水题刻和附录等部分组成。收入各类图片 397 幅，其中序版 6 幅，历史洪水题刻 131 幅，历史枯水题刻 188 幅，背景性照片 46 幅，附录 26 幅。基本上包括了三峡库区的全部水文题刻，是一部既有水文专业科学特色、又富有历史文化艺术价值的文物图集。图集编制遵循的原则是：在全面收集资料的基础上，突出重点、兼顾一般。由于历史洪水题刻与历史枯水题刻的作用、意义不同，故将洪水、枯水题刻分类汇集。洪水题刻的重点是反映 1870 年特大洪水的题刻，枯水题刻的重点是反映白鹤梁枯水题刻。图片编排次序则根据水文题刻的发生年代和地点，按年代由远及近、地点从上至下原则排列。（科学出版社总编室）

K000312 **中国古建筑全览** 杨永生主编。天津科学技术出版社 1996 年 7 月版。75 万字。3 500.00元。由 40 多名专家、教授就每一座清末前建造的古建筑撰写专文，说明其修建始末、规模形式、结构构造及名人轶事等。最远的已有2000多年历史，最近的也有500多年。每座建筑附有精美的照片或建筑速写、平面图。书中附有“古建筑术语简释”及地区索引。全书共编入近千项古建筑。(丁文红)

K000313　**大甸子——夏家店下层文化遗址与墓地发掘报告**　副名：中国田野考古报告集 考古学专刊 丁种第48号。中国社会科学院考古研究所编著。科学出版社1996年3月版。70.2万字。110.00元。中国社会科学院考古研究所内蒙古队于1974～1983年在内蒙古赤峰市大甸子村发掘的夏家店下层文化聚落遗址和墓葬的发掘报告。夏家店下层文化属燕山南北早期青铜时代(距今约3600年左右，相当于中原地区的夏代)遗存。本书对于研究该文化的埋葬制度及其所反映的社会组织结构，中国古代“礼制”的发生过程，以及中国商、周青铜器某些特有纹饰的渊源，都提供了重要的实物资料。(杨新改)

K000314　**枣庄建新——新石器时代遗址发掘报告**　山东省文物考古研究所、枣庄市文化局编。科学出版社1996年6月版。44.5万字。88.00元。枣庄建新遗址的考古发掘报告，主要报道1992年至1993年配合济枣公路建设工程而进行的较大规模的考古发掘所获得的全部资料。内容包括已清理出的大汶口文化房址、灰坑、墓葬、陶窑、水井及龙山文化的灰坑等。这批资料除用文字叙述外，还有144幅插图、80面黑白照片图版，图文并茂，论述清楚而细致。(杨新改)

K000315　**永城西汉梁国王陵与寝园**　河南省文物考古研究所编。中州古籍出版社1996年版。46.8万字。80.00元。是对西汉梁国陵墓与寝园的分布、结构、陵园布局、陪葬墓等进行勘察发掘后所整理出版的考古报告。为研究西汉政治、经济、文化及陵寝制度提供了重要资料。墓内出土的文字资料，不论是对建筑考古学、历法、尺度等的研究，还是对书法艺术、文字学的研究，都是十分珍贵的资料。(张燕萍)

K000316　**明清帝后陵**　望天星、施永南编。中国世界语出版社1996年版。3万字。68.00元。画册。以精美的图片、翔实的文字，介绍明清两代最后帝、后、妃陵寝的建筑规制和地宫状况。明帝后陵以长陵地面建筑和定陵地宫为重点，其他各陵则简单提及；清帝后陵则以定陵为重点，详细介绍各单位建筑的名称、作用、特点。本书有中英文对照、德法文对照两种版本。(苏漪军)

K000317　**中国古尸**　徐永庆、何惠琴著。上海科技教育出版社1996年12月版。23.3万字。23.00元。对中国历代古尸的出土情况作了概述，并结合墓主生存时代的背景材料、与古尸同时出土的文物，对墓主作了介绍，对古尸形成的原因作了探讨。书中还以流畅的文字介绍了古尸研究各领域的新成就。(王义炯)

K000318　**中山陵史迹图集**　南京市档案局等编。江苏古籍出版社1996年10月版。400.00元。以丰富多彩的历史图片再现了中山陵70年风风雨雨的变迁史，主要内容包括：中山伟陵、北上病逝、钟山建陵、迎榇奉安、谒陵悼念、陵园名胜。《图集》翔实反映了中山陵从选址、择定建筑蓝图到建造施工等全过程；再现了孙中山灵榇由西山碧云寺奉移至南京中山陵安葬并举行奉安大典的历史场面；辑录了近70年来中外各界名人谒陵的历史照片。书中的资料来源于中山陵园管理局、南京市档案局、中国第二历史档案馆、新华社照片档案馆、北京宋庆龄故居、江苏省档案馆、南京图书馆、中共代表团南京梅园新村纪念馆等单位珍藏的历史照片。这些照片多为尚未公开发表或国内外稀见。(严亚伟)

K000319　**中国古代俑**　曹者祉、孙秉根主编。上海文化出版社1996年9月版。36万字。彩照90幅，单色照282幅。45.00元。选取具有历史价值、艺术价值，可供鉴赏的历代各类俑的精品249件(组)，详加赏析介绍，按历史发展顺序，分先秦、秦汉、魏晋南北朝、隋唐、宋辽金元、明清六段编排，每一段应自成系列，各种质地，不同形制、品类的俑均应选取，以求完备系统，达到全面反映各时代俑的全貌、特点、内涵。(蔡耕)

K000320　**书画鉴真**　史树青著。北京燕山出版社1996年12月版。33万字。29.80元。论文集。内容分4部分：一、法书；二、绘画；三、印章；四、余论。前三部分以现存实物为依据，论述作品的历史、艺术价值。第四部分有数篇总结了他对书画鉴定的经验，颇多个人创见。并提出“书画征史论”之说，以矫正某些在书画鉴定方面艺术标准第一的偏见。(海国林)

K000321　**敦煌石窟艺术**　段文杰主编。江苏美术出版社1996年12月版。153万字。大32开，图近万幅。7 653.00元。共22卷，分卷书名：榆林窟25窟、莫高窟45窟、莫高窟9、12窟、莫高窟154窟、莫高窟209窟、莫高窟61窟、莫高窟156窟、莫高窟

249 窟、莫高窟 321 窟、莫高窟 285 窟、莫高窟 303 窟、莫高窟 14 窟、莫高窟 57、322 窟、莫高窟 419、402 窟、莫高窟 464 窟、莫高窟 85、196 窟、莫高窟 112 窟、莫高窟 465 窟、莫高窟 296 窟、莫高窟 428 窟、莫高窟 254 窟、莫高窟 158 窟。收录敦煌 33 个洞窟的壁画、雕塑作品。采用全新的编辑方法:以石窟为单元,全景式收录洞窟的现貌,多角度反映石窟艺术架构,对精彩的艺术形象进行局部放大。所收录的论文 22 篇,汇集了敦煌艺术的最新研究成果。(郭康夫)

K000322 **敦煌莫高窟史研究** 马德著。甘肃教育出版社 1996 年 12 月版。31 万字。28.00 元。在国内外学者、专家多方面研究成果的基础上,充分利用史籍、敦煌文书、莫高窟供养人题记、窟前考古发掘、敦煌并相关地区的佛教和历史遗迹等大量资料,系统地论述了莫高窟创建、营造、发展的历史过程,重点考证了其中部分洞窟营造的具体年代。同时,就莫高窟营造的各个时代的社会历史背景、各个时期的统治者、贵族阶层和僧侣集团对莫高窟及其营造活动的利用,广大劳动者阶层对莫高窟的贡献,各个时代各个阶层和洞窟营造者们之间的相互关系,莫高窟在敦煌历史上的社会作用等,进行了分析研究。全书共分两篇 10 章,包括莫高窟营造历史、莫高窟的创建、莫高窟前期营造、莫高窟中后期营造、莫高窟的营造者;莫高窟佛教的人文内涵、莫高窟与敦煌佛教社团、莫高窟与瓜沙归义军、敦煌世族与家窟家庙、敦煌的庶民与莫高窟等。(白玉岱)

K000323 **中国岩画** 盖山林著。广东旅游出版社 1995 年 8 月版。20 万字。14.80 元。"中国旅游文化书系"之一。全面介绍中国岩画的分布状况,对它们的年代、内容作认真的考订,并就岩画的保护和研究提出建设性的意见。(李瑞苑)

风俗习惯

K000324 **中外节庆大观** 张宪周、张泽琪主编。江西高校出版社 1996 年 5 月版。73 万字。38.00 元。将古今中外有关节日庆典的民俗现象,经广泛搜集、反复筛选、认真编纂,按照"岁时农节"、"宗教节祀"、"交游节会"、"纪庆节日"、"人生庆礼"五大部分编排,条目共 1 300 余条,通过介绍世界各国各民族丰富多样、绚丽多彩的节庆活动,展示华妙人生、纷披世象,反映了数千年来人类文明的博大精深。对名称相同的节庆进行介绍时,对不同国家和民族的一些同名节日分别列条目,如中国高山族的丰收节、俄罗斯的丰收节、赞比亚的丰收节;对有一定渊源关系的不同民族的同名节日也介绍其源流,如中国的中秋节、越南的中秋节;对一些重大的且影响较深的节日则择其重要和有特色的予以介绍,如中国各民族的春节,不同国家的新年,欧洲和美洲的狂欢节,等。为便于查阅,本书在按节庆类型编排之外,还按汉字笔画笔形排列。(花传贵)

K000325 **国际交往礼俗趣谈** 耿建华编著。天津教育出版社 1996 年 10 月版。17 万字。10.80 元。全面地介绍了有关国际交往中应普遍遵循和掌握的礼仪标准,以及各国国情、民俗、知识等,其中还记述了一些国际交往中的趣闻轶事。书中涉及了称呼、握手、礼貌用语、场所礼规、国宾迎送、姓名、手势、服饰、饮食、节日、竞技、宗教、建筑、国名、小费、数字、忌讳等方面的知识共 50 多条目,有关趣闻轶事 50 多件。

K000326 **实用公关礼仪** 杨继明、罗来发主编。南方出版社 1996 年 6 月版。18 万字。12.80 元。从历史和自然的角度简要分析了古代传统礼仪的种类和渊源,介绍了一些不同国度和民族的礼仪礼俗和禁忌,对传统礼仪中的一些带有封建迷信色彩和繁琐的部分予以剔除和简化。(林澧波)

K000327 **民俗文化学:梗概与兴起** 钟敬文著,董晓萍编。中华书局 1996 年 11 月版。16 万字。23.00 元。汇编了钟敬文先生有关民俗文化学这一新兴学科的提出、结构、范畴和基本理论诸方面的论述文章,反映了这一学科的梗概面貌与兴起过程。共分为 3 编。第一编属基本理论梗概,大致体现了钟敬文先生的民俗文化学思想体系的纲要,包括这门学科的概念确立、结构框架、内容特征和方法原则等。第二编属学科兴起的历史,它是通过作者半个多世纪的理论研究著述,即学术思想发展历程来体现的。第三编属文本分析,体现了作者关于民俗文化研究的方法论,即"观点兼技术性的方法,这就是我关于民俗文化研究的概括、审视的总体方法。"此外,书末附录了国内学者刘魁立、马昌仪研究钟敬文先生民俗文化学思想的 2 篇论文。(孙通海)

K000328 **晚清社会风俗百图** 吴友如绘,孙继林编。学林出版社 1996 年 1 月版。100 幅图。50.00元。画册。从吴友如创作的近千幅通俗画作品中精选 100 幅,分为"风尚习俗"、"洋场百态"、"宗教迷信"、"奇闻异事"4 个部分,各幅画面及其简练的题记仿佛一个个《聊斋》故事,能从新的角度看待历史,反思我们民族的文化精神。(周清霖)

K000329 **昭穆制度研究** 李衡眉著。齐鲁书社 1996 年 11 月版。16 万字。15.20 元。分 7 章，外加余论和附录。借助当代的社会学、民族学和人类学等科学理论，以有周一代为典型，联系各代，瞻前顾后，既讲清了昭穆制度的来龙去脉，又揭示了昭穆制度产生的时间、原因和实质。文中所论，颇多创建。或发前人所未发，或发前人有所发而未尽意。(赵捷)

K000330 **中华美术民俗** 王惕著。中国人民大学出版社 1996 年 4 月版。58.4 万字。135.00 元。以视觉传承论为指导，研究中华民族文化渊源的专著，配有近 500 幅彩图及黑白插图，书中揭示了中华民族丰富多彩的民俗美术现象的文化内涵和审美价值。全书在导言之外包括 3 篇。第一篇“社会美术民俗”介绍人生仪礼美术民俗、家族及村落美术民俗、人体美术及涂抹艺术、大地艺术；第二篇“信仰美术民俗”介绍原始信仰与民间信仰、佛教美术民俗、道教美术民俗；第三篇“岩画视觉符号”。附录为“民间神像与民俗版画”。书中提出“眼睛不仅仅是反映客观的照像机”的观点，认为“眼睛本身有感知，有视觉思维，眼睛一方面在被动接受，另一方面有积极的知觉，它时时在搜寻、捕捉，并有自己的需求”，视觉与思维是同时作用的，美术民俗正是在眼睛具备这种功能的前提下产生的。(郑伯平)

K000331 **市民涉外礼仪读本** 刘迎初主编。沈阳出版社 1996 年 10 月版。6.5 万字。3.00 元。全面地介绍了市民应具备和掌握的基本礼貌修养和基本礼节，系统介绍了市民在公共场所的具体社交行为中应做到的基本礼仪规范及市民涉外礼仪的基本常识。本书主要有以下几个特点：一是规范性。全书对在各种场合下的语言、行为的表述力求达到规范的程度。二是简明性。全书对语言、行为的表述，简明、直接，基本不加修饰、说明，通俗易懂。三是操作性。全书语言、行为的表述非常具体，加上具体场合和具体环节的设定，使得这些语言、行为拿来即用，具有很强的实用性、操作性。(薛劲松)

K000332 **中国少数民族禁忌大观** 方素梅主编。广西民族出版社 1996 年 1 月版。32 万字。15.80 元。以民族为单位，收录了我国 55 个少数民族的禁忌。每一个少数民族独自成一篇，内容由两大部组成：一是民族概况，二是禁忌。民族概况部分，是对民族居住地、人口、历史、文化的概述；禁忌部分，根据各个民族的禁忌存在的实际情况及以尊重少数民族的意愿为前提，收录了至今仍对各个民族的劳作、生活及行为起约束、限制的规范作用的禁忌。这些禁忌计有：生产禁忌、生活禁忌、社交禁忌、节日禁忌、婚丧(生育)禁忌、宗教信仰(自然崇拜、图腾崇拜)禁忌等。对那些本民族不愿再提及的，随着社会的发展正在消亡的禁忌，不作收录。(覃文静)

K000333 **蒙古民俗学** 色音著。民族出版社 1996 年 3 月蒙古文版。24 万字。12.00 元。总结了已往民俗学研究中取得的成绩，回顾了蒙古民俗学发展的艰难曲折的过程，提出了今后研究的设想。全书由上下两篇，12 章。上篇 8 章为理论部分，也是全书的核心部分；下篇 4 章为蒙古族具体的民俗材料，是上篇的理论依据。上篇第一章介绍自 1846 年英国民俗学家托马斯的《民俗学》名词闻世以来，世界各国民俗学家研究各自国家的民俗情况和一些著名民俗学家对民俗学下的定义等。这无疑拉近了蒙古民俗研究与世界民俗研究间的距离；第二章介绍国内外学者在民俗学研究对象问题上的种种观点和认识，在此基础上作者认为，人类生活中形成的各种习俗皆可成为民俗学研究对象，这无疑拓宽了民俗学研究对象；后几章分别论述民俗的分类、民俗学基本概念、民俗的特点、民俗的起源与发展、民俗的基本要素、民俗的变化和革新、民俗学研究方法等。作者发挥自己外语优势，尽可能参考利用国外新成果，结合民俗理论成就，提出了自己的见解。指出物质、娱乐、祝福、宗教、礼节等要素是整个民俗形成的关键要素。下篇 4 章分别介绍蒙古族生活习俗、礼仪习俗、祭祀习俗和娱乐习俗等。(万喜)

K000334 **维吾尔风俗** 阿·热合曼著。新疆青少年出版社 1996 年 8 月维文版。40 万字。42.00 元。以研究维吾尔族习俗为主，介绍了维吾尔人的经济习俗、社会习俗、独特的民族心理的精神习俗、宗教习俗，民间艺术、音乐、舞蹈习俗和审美观等分类阐述。(金锐)

K000335 **称谓藏趣** 谢逢江编著。湖北人民出版社 1996 年 3 月版。11.2 万字。6.20 元。“趣味语文丛书”之六。以知识性和趣味性相结合为特点，收录广义上的“称谓”小知识约 200 篇。在编排上大致以时间先后为序。(易学金)

地　理

K000336 **地理学史研究** 钮仲勋著。地质出版社 1996 年 8 月版。9.4 万字。5.00 元。选收了作者在地理学史方面研究的论文 11 篇，主要涉及 3 个领域，即古代天文大地测量、古代地图、古代地理考察和认识。内容有:黄河河源考察和认识的历史研究,我国古代对中亚的地理考察和认识,郑和远航以前中国人在南海之航行与地理认识,中国古代航海事业的发展及其成就,我国古代地图的发展及其成就,论“计里画方”地图在我国的发展,试论明清两代地图的系统渊源,《郑和航海图》的初步研究,我国古代天文大地测量发展及取得成就的原因初探等。(杜广慈)

K000337 **地理知识丛书** 佘世建、朱志宁编。湖南地图出版社 1996 年 8 月版。7 万字。35.20 元。共分 7 册:《到亚洲去》、《到欧洲去》、《到非洲去》、《到南极洲去》、《到北冰洋去》、《到大洋洲去》、《到美洲去》。根据少年儿童读者的特点,用地图与卡通画相结合的形式,通过三个卡通人物或旅游,或探险,或以科学考察的形式,穿梭于世界各大洲,向少年儿童介绍地理知识。每分册都有共同的表现形式和内容。共同的内容是分别介绍各大洲的地理位置、国家和民族,丰富多彩的动植物。各分册又有各自的独特内容,其中《到亚洲去》介绍了亚洲特点。《到欧洲去》介绍了欧洲温暖宜人的气候,秀丽的自然风光和众多的古典建筑。《到美洲去》介绍了美洲著名的城市、气候、资源,展示了南北美洲的古老文明和现代社会的发展。《到非洲去》介绍了非洲的天然动物园,丰富的物产资源,展现了一个古朴而神秘、奇特而绚丽的大千世界。《到南极洲去》介绍了南极建站的主要国家,可爱有趣的南极动物和丰富的资源。《到北冰洋去》介绍了北冰洋周围的国家,北冰洋古老的民族,丰富的宝藏,可爱有趣的北冰洋动物以及各国去北冰洋探险的路线,展现了冰天雪地的自然景观。《到大洋洲去》介绍了大洋洲的地形特点,矿产资源,展现澳大利亚和太平洋岛屿的风土人情。(张燕宇)

K000338 **世界各国知识丛书** 王启明、黄作汉等编著。军事谊文出版社 1994 年 10 月至 1996 年 3 月版。380 万字。208.00 元。共 4 卷 58 册。分为欧洲卷,美洲、大洋洲卷,亚洲卷,非洲卷四卷,每一卷按国家分册撰写,以盒精装。丛书各卷逐一介绍了世界上各个独立国家的地理位置、历史渊源、政治体制、经济状况、科学技术、文化艺术、名胜古迹、风俗民情等各方面的情况,内容丰富,知识性强,有助于读者比较全面系统地了解世界各国的情况。丛书由长期工作、生活在国外的使馆官员和国内从事国际问题研究的专家、学者编著,他们熟悉所写国家的情况,有过比较深入的研究,并不乏亲身经历和切身感受,因而笔下的国家描述具有真实、生动、独到的特点。作为知识性普及读物,丛书受到了出国人员、青年人和广大读者的欢迎,1994 年出版后曾再次重印,在上海市教委组织的第二届中小学生喜爱的图书评选活动中获二等奖。(赵爱华)

K000339 **奇妙的大自然丛书** 朱翔主编。湖南师范大学出版社 1996 年 9 月版。58.00 元。共 10 个分册:沙漠之迷、海洋揽胜、河流奇观、湖泊奥秘、森林探幽、草原博览、中外名山、奇妙的冰川、恼人的天灾、神奇的北极。其突出的特点:一是内容集中,可读性强。每一分册对一特定的地理环境和自然现象进行了全面集中的介绍,融自然奥秘、民俗风情、人文历史于一炉,集科学性与趣味性于一体,内容丰富,引人入胜。如《沙漠之谜》,不仅介绍了沙漠形成的原因、沙漠景观的特点、沙漠地区的动植物和矿产资源,而且介绍了全世界沙漠地区的风俗民情及人类对沙漠的治理情况,能使读者获得丰富的自然地理知识。二是主题突出,启发性强。全书在揭示自然科学奥秘的同时,始终注意培养读者正确的资源观、生态观和科学观,从而进一步增强科学探索精神和环保意识。如《恼人的天灾》,一方面介绍各种自然灾害形成的原因,另一方面又大量宣讲减灾防灾的知识。三是文笔生动、通俗易懂。(徐新平)

K000340 **世界地名词典(修订版)** 中科院地理研究所等编著。上海辞书出版社 1996 年 12 月版。221.4 万字。91.00 元(精)。收词 10 200 条,比初版本约增加 200 条。与初版本相比,资料更新,内容更充实、更完整。本书初版于 1981 年,由于国际形势的变化和各国经济建设的发展,出现了许多新的情况,如大洋洲的密克罗西尼亚联邦、马绍尔群岛共和国、帕劳共和国、北马里亚纳群岛自由联邦,原是美国在太平洋的托管地,现已有三个地区独立;还有如日本青函隧道的建成,对日本的经济建设有重要的促进作用;又如苏联解体后分为 15 个国家,南斯拉夫分裂,两德合并等重大国际事件,在修订版中都有反映。书中采用了大量新的资料,如有关中国国家、地区的人口均为 90 年代的数据。同时还根据《外国地名译名手册》统一了译名。书末还增加了附录《世界各国家和地区行政区划表》。在装帧形式上改初版本的 32 开为 16 开,并配上 65 幅彩图。(谢佩珍)

K000341 **诸蕃志校释** 宋·赵汝适原著,杨博文校释。中华书局 1996 年 11 月版。12.5 万字。10.00 元。《诸蕃志》原是南宋时泉州市舶使赵汝适所撰的记述海外各国情况和物产的书,分上、下两卷。上卷志国,内容为东亚、东南亚、南亚、西亚、北非和东罗马等地共58个国家和地区的地理交通、现状、贸易和与中国关系的叙述。下卷志物，为海外47种物产的产地、生产状况、性能、用途的叙述，最后还有关于海南岛历史、地理、民族、物产的综述。是宋代以前中国有关海外情况最详细的一部专著。校释主要参考本世纪30年代出版的冯承钧《诸蕃志校注》，并加上自己新的见解。冯注主要根据外国学者夏德和柔克义的《赵汝适》英文本。冯注简略，而且有不少讹误，校释均作了全面的考订修正。原书中的大量古地名都注明今地所在。但个别有失考之处，如真腊国条的“窊里”，其实应为“窳里”之误，校释据冯注是错的，应据《岭外代答》。校释的底本为《函海》本。(谢方)

K000342 **旧京人物与风情** 北京燕山出版社1996年6月版。42.1万字。24.90元。“北京旧闻丛书”之一。介绍北京历史文物、人文掌故和社会生活，大部分文章是作者亲闻、亲历。文章的作者除了民俗大家如石继昌、翁偶虹、单士元、朱家溍、白化文等人的作品外，也有专门从事关注民俗文化的普通作者。所撰写的旧京人物除名人轶事如孙中山、郭守敬、杨小楼、鲁迅、章太炎外，也写了五行八作、三教九流的普通人。同时，书中还对旧京风情如春节旧俗、清末过端午、玩鹰等。(李艾肖)

K000343 **燕都说故** 胡玉远、胡春焕、白鹤群编。北京燕山出版社1996年10月版。47.5万字。25.00元。“北京旧闻丛书”之一。分9部分：一、街巷觅古；二、河“海”春秋；三、古建撷英；四、王府名宅；五、京都民俗；六、碑塔石刻；七、寺庙观堂；八、古墓名陵；九、文苑拾穗。全书除了写北京的宫殿、陵寝、园林、寺庙、会馆、故居等内容，也从中反映出了在这块古土上的人文轶事。(李艾肖)

K000344 **陕西省地理** 陈明荣、唐海彬等著。陕西人民出版社1996年3月版。24万字。11.50元。“中国地理丛书”之一。全书分10章阐述陕西省自然、经济、文化地理面貌。其中第一章概述，介绍陕西省的地理位置、面积、行政区划、历史地位、人口及其分布；第二章地质与矿产，记述陕西所处的复杂地质条件和丰富的矿产资源，如秦岭山区的有色金属矿产和渭北陕北丰富的煤炭、石油、天然气资源；第三章千姿百态的地貌，介绍陕西三大地貌区的不同特点及其与经济建设的关系等；第四章复杂多样的气候，主要介绍陕西气候的特点、气象灾害和气候变化；第五章丰富多彩的生物类群，介绍陕西植被类型、动物植物种类及其分布和生物资源的保护；第六、七两章，介绍陕西土地资源、土地利用及其生产潜力和农业发展历史、生产特点等；第八章蓬勃发展的工业，介绍陕西的工业发展历程、工业门类、生产布局及所取得的巨大成就；第九章介绍陕西交通运输业的发展历史和成就；第十章主要城市和名胜古迹，介绍陕西主要城市如西安、延安、宝鸡、铜川的发展和建设新貌，以及陕西的主要名胜古迹旅游景点的特色等。书前附有反映陕西地理风貌的彩色照片。(张卫东)

K000345 **雍录** 宋·程大昌撰。陕西师范大学出版社1996年8月版。21万字。14.00元。以考订关中古迹为主，尤侧重汉、唐。凡10卷，博采《三辅黄图》、《唐六典》、《元和郡县志》、宋敏求《长安志》、吕大防《长安图记》、绍兴秘书省图、汉唐志书及各代文人诗赋等资料，互为考证，精究原委。康海《雍录序》称本书“以渭为经，取五代都地随列渭帝。能沿渭以推其方，而雍关地望如指诸掌矣。”李经《雍录后序》称本书“图文相参，表以山川，明示如掌”，“可谓博且雅矣”，是研究周、秦、汉、隋、唐等朝都城沿革、山川地望、礼仪典章、关隘兵要的重要文献之一。清徐松《唐两京城坊考》，有关长安的城坊、宫苑图系据本书插图重新绘制。本书“卷五”专述汉唐用兵攻取守避要地，《四库提要》谓其“隐寓经略西北之意”，亦是事出有因。本书以《关中丛书》本为底本。此本系明嘉靖十一年西安知府李经刊本的翻刻本，参以《古今逸史》本及《四库》本。“附录”中收入宋张礼《游城南记》、明赵崡《访古游记》。(杨恩成)

K000346 **浦东辞典** 顾炳权主编。上海书店出版社1996年12月版。110万字。100.00元。以整个浦东地区为记述范围，即包括现在的浦东新区、南汇县、奉贤县、金山县，和闵行区、松江县在浦东的若干乡镇。共分地理、政治、经济、文化、社会、名迹、文献、人物8大类，约6千余条目。其特点是既写今，又述古，所收资料起自远古，迄于1994年底。书前有序及专文多篇，并附浦东全境及各区、县行政区划图；后附浦东大事记、浦东地区行政区划表、浦东地区党政机关负责人名录，及上海话、浦东话拼音方案、方言汇释等。(俞子林)

K000347 **客家祖地——闽西** 海潮摄影艺术出版社1996年10月版。150幅图。38.00元。画册。分为：一、祖地寻根，二、客家风情，三、祖地风光，四、风流人物，五、未来展望。5个部分来展现客家祖地的风貌。(曲利明)

K000348 **中州名典** 陈守强、霍宪章主编。中州古籍出版社 1996 年 11 月版。120 万字。148.00 元。将河南古往今来著名的人、事、物汇为一编，加以系统介绍评说，分为名山、名关、名水、名花、名景、名烟、名酒、名矿产、名工艺、名厂矿、名城、名镇、名寺、名塔、名陵、名碑、名馆、名校、名著、名事件、名战役、名君、名相、名将、名家、名士等 66 大类，4 400 多辞条。突破狭义物质产品名牌的范围，扩展到精神的名牌、自然的名牌、社会的名牌、文化的名牌。（郭孟良）

K000349 **广州旧影** 李穗梅编著。人民美术出版社 1996 年 8 月版。3 万字。50.00 元。“中国名城百年丛书”之一，方 12 开本（250mm×260mm），黑白图片 320 幅，中、英、日三国文字对照。内容分：序文、南国都市、医疗教育、名胜古迹、民俗风情。（赵朵朵）

K000350 **江门百事通** 黄仲坚著。湖南地图出版社 1996 年 2 月版。15 万字。4.00 元。介绍江门的经济建设、投资开发、优惠政策、城市交通、邮电通讯、文化娱乐、旅游服务、住宿饮食、购物商场、金融证券等等。（韩锡珍）

K000351 **中国南海诸岛** 陈克勤主编。南方出版社 1996 年 8 月版。48.3 万字。彩图 16 幅。38.00 元。内容覆盖自然地理和人文历史。在自然地理方面，介绍了南海、南海诸岛的地理位置和美丽风光，南海海盆形成过程、海底地形地貌，以及各群岛的具体概况；分析了南海海区的气候、水文和生物状况；并对其丰富的海洋资源，如海洋生物、矿产等作了详细的陈述，预示了宝岛潜在的发展前景。在人文历史方面，真实地介绍了我国南海、南海诸岛从渔民创业开发，经历代治理管辖，到作为联结中西的“海上丝绸之路”的历史，以及新中国成立后其政治经济、科学文化、国防军事建设的巨大变化。既有详实史料，又有现实写照。（程春华）

K000352 **宜宾百科全书** 周继尧等主编。四川辞书出版社 1996 年 10 月版。175 万字。200.00 元。全面反映宜宾地区的历史与现状的地域性百科事典类大型工具书。正文由概述和条目组成。“概述”提纲挈领；“条目”按类编排，共设 23 大类，4 156 条目。选收属宜宾地区的知识主题，也适当选收在宜宾地区具有重要地位或重要影响的共性知识主题。书中配置宜宾地区行政区划地图、所属各县（市）地图和地区地势图、地区风景旅游资源图、地区综合交通图、地区交通能源化工冶金重点项目分布图、宜宾市城市总体规划图，以及 262 幅彩色图片，随文黑白插图 126 幅。配合正文编有《条目分类目录》，书后附录《条目笔画索引》、《条目音序索引》，方便读者用不同手段检索。书后尚附录《主要参考书目》，供读者进一步查阅和深入研究宜宾地区各方面知识之用。此外还有《宜宾大事年表》、《宜宾地区主要旅游风景名胜区简表》、《宜宾地区各级文物保护单位一览表》、《宜宾地区对外经贸企业一览表》等，方便读者根据需要使用。（敬建萍）

K000353 **拉萨踏古** 杜培华著。西藏人民出版社 1996 年 10 月版。14 万字。7.80 元。以大量的史实资料介绍了拉萨的由来，以及拉萨的各大寺院、庙宇、宫殿的建成、发展、历史价值、文化价值。并且详细叙述了西藏文字的发祥地——波龙卡。用一定篇幅文字讲述了文成公主进藏、大昭寺前的公主柳、唐蕃会盟碑，关于罗布林卡、布达拉宫的传说。（总编室）

K000354 **中国胜境图集** 肖建伟、刘英等编。陕西人民美术出版社 1996 年 2 月版。0.6 万字。23.00元。“造型丛书”之一。以简朴清爽的图绘形式表现全国各省、市、自治区的重要人文和自然胜境，包括宫殿楼阁、城池庙堂、帝王陵寝、石窟佛塔以及各大名山、奇峰怪石、江河峡谷、湖泊瀑布等等。（李星明）

K000355 **禹贡锥指** 清·胡渭著，邹逸麟整理。上海古籍出版社 1996 年 12 月版。62 万字。54.60元。总共仅 1 193 个字的《尚书·禹贡》，历来被称为我国“古今地理志之祖”。它假托大禹治水以后的政治区划，从地理角度，将全国分为九州，并记述了这九个区划的山岭、河流、薮泽、土壤、物产、贡赋以及交通道路，还缕列了我国主要山脉河流的走向和流经，中原地域以外五个不同层次区域和中央的关系，是我国最早一部科学价值很高的区域地理著作。前人群起为之进行注释考证，形成一门专门之学。清人胡渭采撷众说，又一扫前人在《禹贡》研究上的附会变乱，撰成集大成的《禹贡锥指》，题为二十卷，其中卷十一《导山》分为上下两卷，卷十三《导河》并《附论历代流徙》分为卷十三上、卷十三中之上、中之下、下四卷，卷十四又分《导漾》、《导江》上下两卷，另外书首附图一卷，实共为二十六卷，又附图四十幅（其中十六幅实采自明艾南英《禹贡图注》），为今日人们理解《禹贡》时代的地理面貌以及历代的变迁提供了极为丰富的资料和重要启示。邹逸麟在工作之余，搜罗资料、印证学术成果，对是书作了全面、深入的整理，还汇集了不少关于胡渭的资料，附录书后。（江建忠）

K000356 **两汉时期边政与边吏** 李大龙著。黑龙江教育出版社 1996 年 10 月版。13.5 万字。7.00元。“边疆史地丛书”之一。以边政与民族问题、民族政策的内在联系为楔入点,详细考察两汉时期中原王朝与周边少数民族的关系,深入细致地分析、论证了两汉时期的民族政策及演变,还论述了两汉时期边疆民族管理体制,对其管理体制的运作的成则和存废,作了恰如其分的总结与评价。书后所附两个简表,对研究两汉边政、官制、边疆民族关系都有较高的参考价值。(王爱林)

K000357 **中华五岳游** 何战苏编。湖南地图出版社 1996 年 8 月版。3.3 万字。5.40 元。其内容主要由位置图、游览图和旅游知识 3 部分组成。包含了 1 幅中国重点风景名胜分布图,5 幅名岳位置图,5 幅用彩色画表达的游览图,42 张重要景点的彩色照片及文字介绍。全面系统地介绍了“中华五岳”的交通、位置、旅游路线,景点分布,景观特点,风土人情,风味特产以及与旅游有关的交通、气候、饮食、住宿、购物服务项目等,精选了许多旅游知识,史地趣闻等,另外还介绍了我国主要山脉及其高度,主要河流长度,流域面积。(韩锡珍)

K000358 **古云梦泽研究** 石泉、蔡述明著。湖北教育出版社 1996 年 1 月版。14.8 万字。9.10 元。作者一位是历史地理专家,一位是测量与地球物理专家,他们一起对传统的关于古代云梦泽的说法进行了否定,提出了崭新的观点。传统观点认为历史上的古代云梦泽是跨长江包括今洞庭湖及江汉平原广大地区的太湖沼。石泉先生经过考证,历史上不存在这样的大云梦泽,古代云梦泽在不同历史时期指的是不同的湖沼(这一湖沼是该时期较著称的众多湖沼之一)。蔡述明先生则从大地测量地球物理勘探、水生生物等方面支持了石泉先生的观点。两人从不同的科学研究角度出发,得出了共同一致的结论。(熊茵)

K000359 **四川省志·峨眉山志** 四川省地方志编纂委员会编。四川科学技术出版社 1996 年 6 月版。60 万字。70.00 元。以大峨山为范围的山志,追溯历史,上限不齐,因事而断;记述现状,下限止于 1993 年底。全志分为总叙、千年史程、自然环境、风景名胜、宗教、文物、艺文、建设与旅游、保护和管理等部分。总叙是以人文为主提纲挈领地记述峨眉山的开发沿革和发展趋势,突出人在峨眉山发展进程中的首创精神和历史作用。千年史程为大事记,将能收集到的史料和累见典籍的主要传说,按年代顺序,逐年条陈胪列。自然环境,记述峨眉山特异的地质、地貌、气候、水文、土壤、植被、生物资源等外,意在以现代科学研究成果,阐述自然景观。宗教主要是记实存史,特别是佛教对开山、建山所发挥的明显作用和主要史迹。文物主要记述文物藏品和文物保护单位。艺文包括描绘峨眉山有关的诗歌、词赋、游记、楹联。该志有地图一幅、立体全景图一幅、彩插图照 69 幅。(喻瑞卿)

K000360 **水经注全译** 北魏·郦道元撰,陈桥驿等译。贵州人民出版社 1996 年 9 月版。112.3 万字。51.50 元。“中国历代名著全译丛书”之一种。《水经注》是公元 6 世纪初期北魏郦道元的著作。内容丰富,牵涉广泛,语言文字丰富多彩,其中还收入了许多生动优美的故事和神话,同时还有许多作者对祖国大好河山的生动描绘和热情赞美。本书采用上海古籍出版社的武英殿聚珍本为底本,参考了《水经注疏》,对《水经注》进行全注全译,书后还附有一幅郑德坤的《重编水经注图》。(熊美琼)

K000361 **华夏文明的核心——古代都城** 郭引强、史家珍、乔栋等编著。辽宁师范大学出版社 1996 年 10 月版。19.5 万字。15.00 元。“中华文物古迹旅游丛书”之一。在序言部分对中国古都的类型与规划,中国古都旅游资源的特点进行了详尽的描述。正文部分共分 6 章。第一章:白马驮经事已空,断碑残刹见遗踪——洛阳。介绍了洛阳在中国古都中的历史地位;汉魏洛阳城遗址,隋唐洛阳城遗址;洛阳的宗教古迹;文史古迹,如名人墓葬,祠庙会馆等。第二章:西上秦原见未央,山岚川色晚苍苍——西安。介绍了西安为都的地理与历史背景;西安的古城遗迹如秦咸阳城与阿房宫,西汉长安城,隋唐长安城,明西安城等。帝王陵墓等。第三章:金银宫阙诸天上,锦绣山川一气中——北京。介绍了北京城史及其国都地位之形成;北京的宫殿坛庙、宗教古迹、园林庄苑、皇陵名寝及长城等。第四章:舞影歌声散绿池,空余汴水东流海——开封、安阳。第五章:江雨霏霏江草齐,六朝如梦鸟空啼——南京、杭州。第六章:斜日落花人去尽,淡烟楼阁数钟声——其他著名古都。包括曲阜、太原、苏州、成都、拉萨、吐鲁番、大理、沈阳的故城古迹。(邓丽萍)

K000362 **花都市地名志** 花都市地名编纂委员会编。广东省地图出版社 1996 年 12 月版。42.5 万字。地图 14 幅。120.00 元。在 1981 年地名普查,1986 年编写《广州市地名志》(花都部分)的资料基础上,并于 1994 年补查和资料更新后编写而成。收录地名力求做到标准化、规范化。对各种地名由来、含义进行深入考证、追本溯源。共收录地名共2 745条，分为政区地名、聚落地名、企业地名、人工建筑地名、交通地名、文化地名、游览名胜地名、自然地名和历史地名9类。书中以镇为单元，每个单元配以8开地名图1幅。（练常霖）

K000363 **荒漠独行** 副名：西域探险考察热点寻迹。杨镰著。中共中央党校出版社1995年11月版。24万字。15.00元。关于新疆探险史方面的著作。其结构、角度、写法独具特色。首先，以地域及地域史为经，全书由两部分组成：楼兰/罗布泊探险，与于阗/和田探险；以人物为纬，全书涉及到的中外探险家多达十几人。这两部分交织而成，在具体描写中客观而质感突出，揭示出历史人物的内心世界，十几个历史人物个个写得生动、形象，实为史记著作中不多得者。本书另一特点，是把作者自己多年的观察、思考作为“启动”历史事件的“钥匙”。作者本人即探险家，曾十数次深入戈壁、荒漠考察，在书中，作者对西域探险史中诸多之谜也提出了自己的见解，例如罗布泊游移问题，以及对探险史上著名的阿不旦渔村的报道。（王彩琴）

K000364 **新绘神异全图山海经** 王红旗、孙晓琴编绘。昆仑出版社1996年1月版。17.9万字。350幅图。24.60元。《山海经》连同《易经》、《黄帝内经》被世人称为上古三大奇书。集中国远古的神话、传说、历史、地理、物产、宗教、民俗于一体，堪称华夏古文化的宝库。《山海经》原以图为主，后图散失，仅留下简扼深奥的文字。清人虽整理过图谱，但残缺不全。王红旗先生和孙晓琴女士花20余年的心血收集、研究、考证、重绘这部《新绘神异全图山海经》，350幅被异图画既有原貌又有新创，使《山海经》讲到的怪兽、人神、奇景、异观跃然纸上。（钱庆国）

K000365 **中华文物古迹旅游** 朱耀廷、郭引强、刘曙光编。辽宁师范大学出版社1996年10月版。175.5万字。135.00元。共9册：《华夏文明的核心——古代都城》、《永恒的家园——古代陵墓》、《战争与和平的纽带——古代长城》、《擎天摩云的七宝庄严——古代名塔》、《宗教与艺术的殿堂——古代佛教石窟寺》、《力与美的交融——古代桥梁》、《神灵与苍生的感应场——古代坛庙》、《红尘世界的倒影——古代佛寺》、《长生久视的胜境——古代仙山道观》。本丛书有以下特点：一是丛书是从各级重点文物保护单位中精选，几乎把最重要的文物古迹全都包括进去了，内容上具有广泛性、知识性和科学性的特点。二是对文物古迹的历史、艺术和科学价值给予了充分的解说。昔日的古建筑存留至今，每一个殿堂、每一座门阙、甚至每一处楼台廊院、井亭山石、花草树木，都在诉说一些悲欢兴亡的故事。丛书的作者很好地遵循了“有物可看、有事可说”的原则，不仅写文物古迹本身，还写了历史、写了文化、写了掌故，不少文字都很有思想性和趣味性。三是丛书把文物古迹的保护、利用与旅游事业的发展联系起来，从而去说明两者之间相辅相成、相得益彰的关系。（邓丽萍）

K000366 **京华古迹寻踪** 单士元等著。北京燕山出版社1996年6月版。33.8万字。19.80元。多位学者的合集，如：单士元、邓云乡、金启踪、阎崇年、周绍良、萧乾、李养正、史树青、叶祖浮等等。文章多是这些学者多年的研究成果或亲身经历。全面介绍北京历史文化遗存，同时对在历史长河中成为过眼烟云、片瓦无存的历史也有广泛的涉猎。（陈果）

K000367 **中国新疆名胜古迹** 周绍祖、李春华著。新疆青少年出版社1996年1月版。40万字。22.98元。以丰富、详实的资料介绍了新疆的文物古迹、风光名胜乃至绚丽多彩的历史文化，编著者们一改以往同类书籍的写作传统，将全书内容分为人文景观和自然景观两大部分，并附有序索引备查。（刘丽萍）

K000368 **庐山旅游介绍** 戈木编。湖南地图出版社1996年5月版。13.5万字。图3幅。5.40元。基本内容有：简述庐山的地理位置、地形特点、自然风貌、气候特征，概括庐山的隶属沿革，基本史貌；选录了毛泽东、陶渊明、王安石、李白等60多位古今名人庐山题诗；描绘了云海、云瀑、玉带云、云梯云、乱石飞渡、佛光、蜃景和观日出日落等7种异景奇观；记述了禹王、陶渊明、白居易、朱熹、唐伯虎等11位历史人物的轶闻趣事；详细介绍了街心公园，飞来石、仙人洞、黄龙寺、五老峰等112处风景名胜的由来、传说、概况等；图示了重要景点的分布位置，表列了从牯岭（九江）去各景点的走法和里程；提供了给游客选择的多种旅游线路，购物参考的地区特产。正文前附有庐山山上、山下及九江市旅游交通图。书中把文学诗词、民间传说、历史典故、人文景观、名人轶事同“秀丽巍峨绝世容”的庐山风光的描绘融汇在一起，多层次、全方位地透视庐山，全面、真实地反映了庐山的神奇和峻美。（韩锡珍）

K000369 **厦门景观** 李熙泰等编著。鹭江出版社1996年10月版。11.7万字。9.20元（平），16.20元（精）。“厦门文化丛书”（第一辑）之一。对厦门景观作了既全面又详尽的分类介绍,包括自然、人文、宗教、园林、饮食、文艺等方面。在论述过程中,着重介绍了具有历史传统的人文景观,并揭示了它所具有的鲜明的闽南特色和海洋性。另外,还用了不小的篇幅介绍了在这一新的历史背景下的新的景观,使读者能更为清晰地看到厦门景观形成和发展的脉络,对其总体有了个更深更全面的把握。(陈骋)

K000370 **广东名胜古迹辞典** 杨森主编。北京燕山出版社1996年4月版。126万字。85.00元。按区域、辖区编目,以词条形式撰文。全书共收词目3 000余条,内容包括古遗址、古葬墓、古建筑、石刻、革命文物史迹和文物出土点等。如文中介绍的封开黄岩洞、阳春独石仔、曲江石峡,等不同类型的遗址,内涵极为丰富,充分展示出广东史前文化的地方特色。建于明正德年间的石湾南风灶,至今仍在使用,实属罕见。广州象岗山西汉南越王墓,是八十年代中国的重大考古发现之一。分布在各风景名胜区的摩崖石刻,既是书法艺术宝库,也是历史、科学研究的重要资料。肇庆七星岩保存自唐至民国近五百题石刻,被誉为"千年诗廊"。(李艾肖)

K000371 **中国三峡文化概论** 郑敬东主编。中国三峡出版社1996年7月版。27万字。35.00元。根据三峡和三峡文化的界定,将长江三峡文化的主要内容概括为8个方面:(1)三峡地区历史和文物古迹;(2)三峡工程文化;(3)三峡地区的科技与教育;(4)三峡历史文化名人及名著;(5)三峡文学艺术;(6)三峡民俗宗教;(7)三峡旅游文化;(8)三峡饮食文化。(李玉璞)

K000372 **河东名胜** 王大高主编。山西古籍出版社1996年10月版。10万字。图85幅。25.80元。位于山西省西南部的运城地区,古称河东,黄河、汾河交汇于此,历史悠久,人文荟萃,素有中华民族发祥地和摇篮之称。处于这一地区的西侯度遗址、匼河文化遗址、西阴遗址、禹王城遗址、蒲津渡遗址、垣曲商城遗址等遐迩闻名;遍布各地的古建筑如芮城永乐宫、解州关帝庙、万蒲东岳庙、太赵稷王庙、临猗双塔、稷山青龙寺、永济普救寺、古垛戏台等宏伟辉煌,各具特色;舜帝陵、晋文公墓、东周墓群、猗顿墓、裴氏墓群、司马光墓等古墓葬绵延千古;以绛守居园池、绛州大堂、三官庙、龙兴寺等显名的新绛县本世纪80年代既跻身于国家历史文化名城之列;永济中条山五老峰、蒲州大禹渡、茅津渡,芮城风陵渡,河津"鲤鱼跃龙门"的禹门口,1988年被列为国家级自然保护区的历山自然保护区等风光秀美;至今保存于此的东汉建宁残碑、霍扬碑、平淮西碑等碑刻弥足珍贵;皮藏文物如商代铜方鼎、刖人守囿铜挽车、叔向父簋、秦蚘鍪量等等丰富多彩。本书除对上述名胜作了文字评价外,同时大多配以精美彩图。(赵梅生)

K000373 **长生久视的胜境——古代仙山道观** 顾军、朱耀廷著。辽宁师范大学出版社1996年10月版。19.5万字。15.00元。"中华文物古迹旅游丛书"之一。在序言部分先介绍了道教源流勾沉,道教"功""术"发微,道教名山宫观。正文部分共5章:第一章,仙山福地竞逍遥——道教名山游。介绍了泰山、华山、崂山、武当山、终南山、青城山、王屋山、茅山、龙虎山、阁皂山、崆峒山、巍宝山。第二章,洞天神窟修正果——道教尊神宫观揽胜。主要介绍了诸多三清宫、玉皇阁、真武庙、圣母殿、文昌阁、三官殿。第三章,神州何处是仙家——道教仙真祖庭探源。内容为:道教仙真与祖庭、老君传道显圣地,吕仙胜迹遍华夏,全真丛林与祖庵,正一宗坛传符箓,丹鼎名山觅葛仙,其他仙真祠庙。第四章,大自然的礼拜堂——道教岳镇海渎神庙猎奇。介绍了泰山、华山、衡山、恒山、嵩山、医巫闾山、济水、南海的神祠岱庙、西岳庙、南岳庙、北岳庙、中岳庙、北镇庙、济渎庙、南海神庙。第五章,无所不在的神祇——道教俗神祠庙大观。作者介绍了诸多城隍庙、东岳庙、酆都、药王庙、风火神庙、妈祖庙、水神龙王庙、其他俗神庙宇等。(邓丽萍)

K000374 **安徽古塔艺术** 王声振编。安徽美术出版社1996年8月版。5万字。彩图185幅,黑白图65幅。128.00元。画册。选收了安徽境内遍布长江南北的古塔近百座,其中包括徽州古代佛塔,还有少数未经考证、无建筑年代的无名古塔。有远眺、全景、局部建筑构件、特写等画面。每塔皆附有简要文字说明。(马燕)

K000375 **红尘世界的倒影——古代佛寺** 张连城、孙学雷编著。辽宁师范大学出版社1996年10月版。19.5万字。15.00元。"中华文物古迹旅游丛书"之一。序言部分介绍了佛教寺院文化溯源——印度的寺庙;汉地最早的佛寺与佛教东渐之谜;佛教寺院的三大类型;佛教造像的演变与佛教信仰思想内涵的内在关系;中国佛教寺院的地方特色与文物旅游。正文共6章:第一章世外沧桑阅如幻,叶茂林枝绿如荫——鼎足而立的三类佛寺;第二章妙庄严相无人识,长抱空山宝月辉——佛寺殿堂塑像释名及其风格类型的演化;第三章金色界中兜率境,高出尘寰迥不同——中国佛教名山寻踪;第四章相逢尽说从天降，七宝休夸是鬼工——北方著名佛寺揽胜；第五章参差兰若香分径，隐隐招提倚崔嵬——南方名刹古寺探胜；第六章幽深闳伟出尘外，香云缭布现鹫峰——藏青甘蒙滇寺庙荟萃。（邓丽萍）

K000376 **宗教与艺术的殿堂——古代佛教石窟寺** 辰闻编。辽宁师范大学出版社 1996 年 10 月版。19.5 万字。15.00 元。“中华文物古迹旅游丛书”之一。在序言部分对宗教与艺术的关系及中国佛教石窟进行探源。正文共 5 章：第一章，从理想到现实——中国佛教石窟艺术纵览，介绍了魏晋南北朝佛教石窟造像模式、隋唐宋佛教石窟艺术。第二章，沙漠绿洲的佛国世界——新疆石窟。介绍了龟兹石窟艺术、高昌石窟艺术。第三章，漫漫丝路上的祈福之地——甘宁陕石窟。介绍了甘肃石窟、宁夏固原须弥山石窟、陕西延安地区石窟。第四章，高原平川的缕缕香火——晋豫冀石窟。介绍了山西大同云冈石窟、太原天龙山石窟；河南的洛阳龙门石窟、巩县石窟寺、安阳宝山石窟；河北邯郸响堂山石窟。第五章，大江上下的熠熠佛光——川浙石窟。介绍了四川川北广元和巴中石窟，川中安岳和大足石窟、乐山大佛；浙江杭州飞来峰宋元造像。（邓丽萍）

K000377 **神灵与苍生的感应场——古代坛庙** 龙霄飞、刘曙光著。辽宁师范大学出版社 1996 年 10 月版。18 万字。70 幅插图。15.00 元。“中华文物古迹旅游丛书”之一。在介绍诸坛庙之前，先对崇拜与祭祀，祭坛与祠庙作了历史的讲解，也就是介绍了坛庙的文化背景。全书共 7 章：第一章天地尊神的礼拜台——祭坛；第二章祖宗的享堂——宗庙与家庙；第三章儒教的圣地——孔庙；第四章上古圣德贤王的奠堂——华夏人文初祖庙；第五章全民的教馆——忠臣祠庙(上)；第六章道德的讲习所——忠臣祠庙(下)；第七章社会良心的纪念馆——文人祠庙。书中将分散在全国各地的著名坛庙建筑分为 6 类，不仅提供给读者一些较为具体的坛庙知识，而且还可以帮助读者从总体上观察、把握这一类祭祀性建筑的特征。每一处祠庙的讲述都使人们很好地了解了某地的历史延革、风土民情。（邓丽萍）

K000378 **擎天摩云的七宝庄严——古代名塔** 罗哲文编著。辽宁师范大学出版社 1996 年 10 月版。19.5 万字。15.00 元。“中华文物古迹旅游丛书”之一。用优美的文字介绍了中国古塔的由来、发展历程、用途，作为全书的开场白。然后对中华大地上遍布的古塔进行了生动的解说。其中第一章巧用百物造浮屠 隐显虚实自有程——古塔概说。介绍了古塔的类型、结构及如何施工修建。第二章每上穹然绝顶处 固凝身到碧虚中——京津冀辽古塔。第三章擎天一柱碍云低 破暗功同日月齐——晋鲁豫皖湘鄂古塔。第四章却讶飞鸟平地上 自惊人语半空中——陕甘宁蒙新古塔。第五章层层宝镜含朝彩 面面风铃映晓红——沪苏浙闽粤古塔。第六章晴光闪灿天中落 紫气摇空云外寒——滇贵川藏青古塔。全书共介绍了古塔 112 座，对每座塔作者不但介绍了它的外形风貌，对其包含的每个典故，每个传说都进行了亲切的述说。（邓丽萍）

K000379 **永恒的家园——古代陵墓** 桑永夫等编著。辽宁师范大学出版社 1996 年 10 月版。19.5 万字。15.00 元。“中华文物古迹旅游丛书”之一。序言部分介绍了丧葬礼俗的起源，中国古代丧葬制度的历史回顾，中国古代丧葬文化的主要特点。正文部分共 6 章：第一章明间的宫殿——历代帝王陵寝；第二章幽界的殿堂——历代王侯墓；第三章嵌砖砌石的美屋——汉代画像石墓和画像砖墓；第四章施纹绘彩的画室——历代壁画墓；第五章重建的家宅——宋元时期仿木结构雕砖墓；第六章青山处处埋忠骨——历代名人墓。（邓丽萍）

K000380 **北京长城** 施永南编。中国世界语出版社 1996 年版。2 万字。11.50 元。集中篇幅介绍了北京长城的四大景点，同时还介绍了万里长城的东起点和西止点。还以精美的图片，简约的文字分章介绍了北京长城的各个景观。本书有英汉对照、德法对照两种版本。（苏漪军）

K000381 **战争与和平的纽带——古代长城** 张量编著。辽宁师范大学出版社 1996 年 10 月版。19.5 万字。15.00 元。“中华文物古迹旅游丛书”之一。序言部分介绍了古代长城概况、历史评价及现实意义。正文 6 章分别为：第一章上下两千年 纵横十万里——中国的历代长城；第二章江河锁链——辽宁长城；第三章燕山飞龙——京津冀地区长城；第四章高原脊梁——晋陕宁长城；第五章草原飘带——内蒙古地区长城；第六章大漠长河——甘肃新疆地区长城。（邓丽萍）

K000382 **力与美的交融——古代桥梁** 田久川、孟宪刚编著。辽宁师范大学出版社 1996 年 10 月版。19.5 万字。15.00 元。“中华文物古迹旅游丛书”之一。序言部分介绍了古代桥梁的起源，原始社会末期的桥梁，中外古代桥梁的演进，中国现存古桥的分布。正文部分共 7 章：第一章皇都内外古桥横——北京地区古桥；第二章长城南北多雄胜——北方地区古桥;第三章画桥三百映江城——苏州地区古桥;第四章泉州桥梁甲闽中——泉州地区古桥;第五章玉帛千丈天投虹——西南地区古桥;第六章长虹飞集大江南——南方其他著名古桥;第七章采石凝结如天成——园林山水古桥。(邓丽萍)

K000383 **天歌难再——独身中国陆疆万里行** 范春歌著。武汉出版社1996年版。18万字。12.00元。纪录了作者独自完成中国万里陆疆行程,包括丹东波澜不惊的鸭绿江口起始,到黑龙江赫哲族村庄,到新疆塔克拉玛干大沙漠,到西藏阿里高原和古格遗址,到云南梅里雪山和麻栗坡,最后抵达终点广西东兴海滩。作者以洗练的笔触和富有哲理的语言反映出万里征程和"体验生命"的博大主题,在同类作品中独具一格。(南平)

K000384 **中国历代游记精华全编** 倪志云等编。河北教育出版社1996年12月版。116万字。69.40元。共收游记662篇。以地域分类,共收入北京、江苏、安徽、浙江、山东等十九个省市区的各类著名景点600多个,各景区景点记文则依作者生活时代先后为序。为便于读者了解本书收录游记所涉及的重点的古今风貌及人文梗概,每一省区游记正文前缀该省区景点介绍一篇。一般收录单篇游记,对一些重要的游记专著如宋代陆游《入蜀记》、明徐弘祖《徐霞客游记》等,选其精华片段。另有一些赋体散文,如吴均《与朱元思书》,苏轼《赤壁赋》等,实为纪游杰作,亦收入。

K000385 **壮士中华行(卷一)——余纯顺孤身徒步走西藏** 余纯顺著。上海文艺出版社1996年9月版。28.8万字。20.00元。作者余纯顺是一位传奇人物,有"中国的托马斯"、"当代徐霞客"之称。他自1988年7月1日起开始"孤身徒步走访全中国",至1996年6月像"倒下的铜像"在罗布泊遇难,8年间克服千难万险,风餐露宿,跋山涉水,走访了33个少数民族主要居住点,完成了59个探险项目,总行程已达8.4万华里(接近了阿根廷人托马斯的9万余华里世界纪录),其中尤以他前后用一年半时间,冒着泥石流、雪崩、高原反应等不断穿越海拔5 000米左右的"生命禁区",创下人类史上第一个孤身徒步考察"世界第三极"——青藏高原的纪录而震惊海内外。他沿途记录了祖国各地的自然景观、民俗风情,成为反映国情民情的珍贵资料。本书就是余纯顺留下的唯一一部完整的遗著,详细记叙了他二进拉萨、穿越川藏、青藏、滇藏、新藏、中尼等五条"天堑"公路,遍访"世界第三极"的全过程。(方立平)

K000386 **壮士中华行(卷二)——余纯顺风雨八年日记选** 余纯顺著。上海文艺出版社1996年12月版。29.4万字。25.00元。与卷一《余纯顺孤身徒步走西藏》合在一起,基本上反映出了余纯顺"走访全中国"的全貌。卷一"走西藏",是"点的深入展示";卷二"则是'面'的全面展开;'点''面'结合,相互辉映,完整地凸现了余纯顺壮士的壮行壮情壮思壮志"(江曾培语)。与卷一相似的是,这部"日记选"也反映了作者孤身徒步途中不少"九死一生"的场面,如他登封山后的长白山天池,差点冻死在山顶;穿越有"黑熊的啸声"伴随的大兴安岭的茫茫原始森林,险象环生,等等。同时,也将让我们看到旅行家"风雨八年"中更广阔的旅途视野和其丰富的个性与思想感情,他的"年初一,我饥肠辘辘"和出征后第一个在荒郊野岭中度过的"生日"所显示出的"生命苍凉感"让人读之唏嘘;而他如此景仰杨靖宇将军及革命圣地延安等又让人对他有另一种人性人格的理解。书中还编入了余纯顺著名的《壮心献给父母之邦》演讲稿及他徒步全中国途中"一步一个脚印"盖下的1 500余枚珍贵的邮戳。(方立平)

K000387 **蓬莱旅游大观** 臧伟腾、孔庆友主编。山东友谊出版社1996年版。17万字。9.60元。分为"旅游景观览胜"、"诗文楹联选萃"、"仙境名人撷英"、"文化习俗掠影"和"旅游服务概观"几大部分。"旅游景观览胜"较全面地介绍了蓬莱各处的著名景观;"诗文楹联选萃"收录了歌咏蓬莱的历代名家的散文、诗词和楹联;"仙境名人撷英"叙写了自古迄今蓬莱最著名人物的生平和业绩;"文化习俗掠影"汇集了蓬莱各地的掌故、传说、民间文体活动、风味特产和民间习俗;"旅游服务概观"介绍了蓬莱的旅游机构及宾馆、饭店、商店、体育场、影剧院、医疗保健和交通通讯等各方面的服务设施。正文之前设计安排有精美的彩色图片,充分展示了蓬莱优美的自然风光。正文的每一大部分前设计有与本部分内容相一致的黑白图片,对正文起到了较好的诠释作用。(张继红)

K000388 **当代英国概况** 肖惠云主编。上海外语教育出版社1996年英语版。63.4万字。19.50元。关于当代英国社会与文化概况的教材。全书包括18个单元,分别从概貌、家庭、就业、业余生活、教育、福利、宗教、大众媒介等方面介绍当代英国社会与文化及其变化,不仅抓住了能真正反映一国社会与文化特点的话题,而且每个话题的展开都简洁明了、画龙点睛,让读者能见一斑而知全豹。在结构上,每个单元还分 3 部分：信息提供、信息利用及附加部分。信息提供部分是让读者利用英语获取信息；信息利用部分是让读者利用信息发展语言应用能力，为以后的文化交流工作打下基础；附加部分则是为学生提供更有深度的相关资料和讨论题目。本书还配有教师用书。（陈鑫源）

K000389 **世界地图** 地质出版社地图编辑室编。地质出版社 1996 年 6 月版。一全张。50.00 元。着重表示世界各国的地理位置，相互关系，各国政区，各国首都及重要城市，大的河流、湖泊和各大洋、海。突出表示世界范围内陆、海交通情况，并对城市按人口多少进行了分级表示。（王作勇）

K000390 **ATLAS OF CHINA** 副名：中国地图集。刘斌编译。中国地图出版社 1996 年 6 月版。16 开，47 幅图。70.00 元（精）。在中文版《中华人民共和国分省地图集》基础上，经改编、翻译而成。在改编过程中，图集编排体例按照英文版图书编辑要求重新设计。图集由总图（中国政区、中国地形）2 幅、省区图 30 幅、地形图 15 幅及 28 000 余条地名索引组成。除省、市、自治区一级行政区外，还有两个具有重要战略和经济意义的地理区域，沪、宁、杭地区和成渝地区另用两幅图单独表示。香港、澳门在广东省图后用一单页图表，地形图之后，还编排了汉语拼音和英语中的近似音对照表、国际音标对照表等 4 个附表。（刘斌）

K000391 **黑龙江省地图（2 全开）** 哈尔滨地图出版社编制。哈尔滨地图出版社 1996 年版。20.00 元。详细表示了黑龙江省的行政区划、水系、道路、乡镇以上居民地的分布及名称等自然地理要素。（杨屹丽）

K000392 **广州市地图册** 广东省地图出版社编。广东省地图出版社 1996 年 1 月版。64 幅图。14.80元。综合性城市地图册，以反映街道、居民地、交通、旅游点、境界为主，对旅游点、企事业单位表示较为详细。分为总图、市区图、辖区市图、游览图 4 部分。其中有反映广州古老城区变迁的地图，有介绍公园的地图。市区中心的比例尺为 1∶10 000，特级道路按真形表示。人行天桥和高架路、建筑中的地铁，基本全部表示，还注出了部分门牌号。（胡安宇）

K000393 **加摹乾隆京城全图** 北京古代建筑研究所加摹整理。北京燕山出版社 1996 年 5 月版。200 幅图。660.00 元。清乾隆年间绘制的北京城区图。图绘制清晰准确，标有当时京城辖区、官署、寺庙、宫殿，甚至每一胡同及府邸。不仅史料价值珍贵，亦是清盛时期北京原貌的忠实记录。乾隆京城全图因其珍贵，一直被故宫珍藏。日本侵华时期，日本侵略者打着繁荣东亚文化的幌子，曾翻印并注释此图。解放后，此版本亦有留传。本书就是根据此本加以描摹、注释，并且更进一步校勘整理，编示索引，以便查看、检索。（李剑波）

K000394 **实用中国交通旅游地图册** 哈尔滨地图出版社编制。哈尔滨地图出版社 1996 年版。14.80元。由序图、大区旅游图、分省、区交通旅游图、主要城市图以及风景名胜图等 5 部分组成。序图 4 幅，概括表示了国家重点风景名胜 119 处，历史文化名城 99 座，经济特区 5 个。大区图 9 幅，分省交通旅游图 33 幅，较详细地介绍了各省、区行政区划、旅游资源分布和铁路、公路、航空等交通概况。城市图 168 幅，详细介绍了全国省会以上城市、历史文化名城、七大古都以及著名旅游城市的风景名胜和食、宿、购物等旅游服务设施的分布。风景名胜图 169 幅，详细介绍了风景名胜旅游景点及其旅游线路的分布。（杨屹丽）

K000395 **无锡生活指南地图册** 杜秀荣编。中国地图出版社 1996 年 7 月版。24 开本，2.5 万字。图 26 幅。7.00 元。由 6 部分组成。①序图，反映无锡市自然地理环境、城市结构、交通等内容。包括无锡市全图、城区图、城区分幅检索图。②生活向导图，包括风景名胜、宾馆饭店、风味特色餐馆及食品店、大型商场及老字号商店。③工商企事业单位分布图，是图册的主体。主要表示街区、交通状况，详细地分等级表示工商企事业单位的分布。图册的内容丰富、信息量大、服务面广等特点在这部分得以充分体现。④游览图，包括欧洲城、鼋头渚、锡惠公园、蠡园公园、梅园公园等游览图。⑤工商企事业单位分布图索引。主要表示图册中部分单位的名称、地址、电话、邮编等项内容。⑥广告。图册全面反映无锡市工商业、旅游业、交通业、文化教育、环境卫生等各项事业成就。图册兼有一般城市图、交通旅游图、工商企事业图等多种地图的功能。（杜秀荣）

K000396 **朝鲜·韩国地图册** 刘惠云编。中国地图出版社 1996 年 8 月版。1.2 万字。图 38 幅。13.00 元。由总图、分道（市）图、城市图、文字、照片 5 部分组成。总图由位置、地形、气候、人口、工业、交通、旅游资源 6 幅图组成。分道（市）图：包括朝鲜政区、9 道、3 市；韩国政区 9 道、6 市。城市图：包括朝鲜的平壤等 10 个主要城市；韩国的汉城等 11 个主要城市。文字简介：介绍朝鲜、韩国的概况、简史、行

政区划，自然、经济、文化、主要城市、著名旅游地、朝鲜、韩国与中国的联系等情况。(刘惠云)

N 自然科学总论

N000001　**系统·演化·发展**　江秀乐著。陕西师范大学出版社 1996 年 5 月版。35.1 万字。19.00元。通过阐释一般系统论、信息论、控制论、突变理论、耗散结构理论、超循环理论、协同学与混沌理论等新兴学科以及与它们相关的生物进化论、分子生物学、格式塔理论、发生认识论、认知心理学、系统动力学、计量经济学、定量社会学以及科学哲学的内容，运用马克思主义哲学的观点与方法，揭示了它们之间的内在联系，并相应地将这些学科分支及理论系统化、体系化，说明了这些理论在渊源与背景上对哲学的影响与联系以及对哲学新的意义与启示，明确指出，随着科学技术的飞速发展，作为反映时代精神精华的哲学也应有相应的变革与发展。(白跃世)

N000002　**科学的哲学**　[美]W.H.沃克迈斯特著，李德容等译。商务印书馆 1996 年 5 月版。37.7 万字。21.60 元。作者综述了近代科学的发展历程和研究方法；对自然科学和社会科学中的诸多学科，如数学、物理学、化学、语言学、生物学、心理学等进行了哲学探讨，并试图以其"第一人称经验基础论"构建他的科学认识论。(郭继贤)

N000003　**科学哲学引论**　殷正坤、邱仁宗著。华中理工大学出版社 1996 年 3 月版。29.8 万字。13.80 元。"华中理工大学文学院学术丛书"之一。作者围绕有关科学的分界、科学的结构、科学的功能、科学问题、科学发现、科学理论的评价、科学真理、科学发展的模式、科学的进步、科学的合理性和科学的价值等问题进行了论述和探讨，并通过这些问题详细介绍了科学哲学的主要概念、重要流派主要代表人物的观点，国内外最新学术动态和两位作者多年从事科学哲学研究的成果。(钱坤)

N000004　**概率与决定论**　柳延延著。上海社会科学院出版社 1996 年 12 月版。26.3 万字。15.00 元。作者以历史和逻辑统一的方法叙述了这些问题的来龙去脉及其最新进展，并从哲学基本问题的角度，对现代科学知识体系中所使用的概率概念作了介绍，着重分析了经典物理学的成功所导致的哲学结论——严格决定论(物理决定论)及它如何将概率观念纳入自己的轨道。随后作者详尽介绍了现代数学、现代物理学(量子力学、非线性科学)、现代生物学和现代信息科学涉及到的一些新的观念和结论，以及它们对严格决定论所构成的威胁，从而给出概率统计观念可能蕴含的世界观意义。最后，作者对这场讨论作了评述，论述了物理的和哲学的决定论观念在现代科学中的不同命运。(张龙华)

N000005　**新整体论**　孙慕天、п.з采赫米斯特罗著。黑龙江教育出版社 1996 年 10 月版。18 万字。9.00 元。作者强调整体的突现性，从系统内在要素的耦合功能去探索整体新质的发生机制；重视整体中各组元、各子系统的特定地位和特殊功能；注意整体内结构与功能的统一，揭示结构重组所引出的功能转换；探求整体的演化过程，把握整体的双向变化(发生、发展、衰退、解体)的轨迹，找出整体存在和发展的条件。引进系统方法研究整体，建构整体的结构—功能模型，并以精密的定量分析给出相应的数学模型。(崔伟奇)

N000006　**一个哲学学派正在中国兴起**　于光远著。江西科学技术出版社 1996 年 12 月版。48 万字。28.00 元。详细阐述中国自然辩证法在中国的兴起，及其属性、特点；叙述它在中国经济文化建设，精神文明建设等方面所起的作用。

N000007　**科技标准术语词典**　《科技标准术语》编辑委员会编。中国标准出版社 1995、1996 年版。862 万字。382.00 元。在采用或参考国际标准或国外先进标准的基础上，我国已发布了一千多项术语国家标准和行业标准，包括理工医农各行业标准术语数十万条。本词典是根据这些国家标准和行业标准，按以下 7 卷编纂的：第一卷，综合(包括标准、计量、质量管理等)；第二卷，农林、纺织、食品、轻工；第三卷，矿业、冶金；第四卷，石油、化工、建材；第五卷，机械；第六卷，铁路、车辆、船舶、运输；第七卷，电工、电子、信息技术。书中许多词条的释文是针对特定的专业范围的。为了说明词条应用范围，每个词条都注有其适用的专业的标准文献分类号。本书正文前面列出中国标准文献分类法大类类目以及与各卷有关的专业的全部分类号。书末附有英文索引。（吴湘澍）

N000008 **《人类怎样认识了世界》丛书** 朱志尧等编著。湖南少年儿童出版社 1996 年 12 月版。76.3 万字。39.10 元。介绍人类怎样探索和认识自然界的历史。丛书分 5 册，包括《星空的诱惑》——人类怎样认识了宇宙，20 万，9.80 元；《问苍茫大地》——人类怎样认识了地球，14.5 万，7.60 元；《走进原子世界》——人类怎样认识了原子，15.8 万，8.00 元；《了解自身》——人类怎样认识了人体，13.4 万，7.00元；《生命之谜》——人类怎样认识了生命，12.6 万，6.70 元。它们的共同点是既按年代顺序，又考虑学科或问题的性质，从古到今，承上启下，分别阐明人类逐步认识外界事物的过程。尤其酣墨重彩于人类在各个不同历史阶段的重大科学事件、关键的科学人物及其科学活动。（冯小竹）

N000009 **自然科学发展史纲要** 潘永祥、李慎著。首都师范大学出版社 1996 年 9 月版。33.9 万字。16.00 元。分 18 章，包括自然科学前史、近代自然科学的崛起与经典力学的成熟、经典物理学体系的形成、近代化学的历史轨迹、近代生物学演进、近代天文学的进展与地质学的起步、16—19 世纪数学概论、19—20 世纪之交的“物理学危机”与物理学革命、原子内部世界探秘、20 世纪化学的展开、现代生物科学的成就及其前景、现代天文学、空间科技和地质学、海洋科技的进展、20 世纪数学的发展、无线电电子学、半导体科学技术和激光科学技术的兴起、电子计算机科学技术的概貌及其影响、材料和能源科学技术的现状与未来、环境科学技术的兴起、控制论、信息论和系统论的建立及其影响等内容。（沈小梅）

N000010 **给我一个支点** 副名：世界著名科学故事大观。胡贤鑫、李抒编著。贵州人民出版社 1996 年 5 月版。32 万字。14.50 元。描绘了世界科学史上 100 多个重大发明、重大发现的故事。有“太阳历、儒略历和公历”、“科学始祖泰勒斯”、“张衡与地动仪”、“杰出的天文学家郭守敬”、“波义耳定律的发现”、“哥尼斯堡七桥漫步”、“世界上的第一个白炽灯”、“杆菌的发现者——科赫”等等。（熊美琼）

N000011 **20 世纪科学大师与科学大事（上、下）** 接力出版社 1996 年 12 月版。分上、下两卷，大 16 开本，通过描绘影响本世纪科学面貌、决定本世纪科技命运的二十多位科学大师的生平历程和主要科学成就，图文并茂地展现了 20 世纪自然科学发展的宏伟画卷。内容涉及数学、物理学、化学、天文学、地学、生物学、医学和技术工业等。（冯舒扬）

N000013 **漫画科学史探险（1—3）** 星河编写，任军等漫画。北京少年儿童出版社 1996 年 12 月版。695 幅图。9.00 元/册。由著名科学史专家审定，青年科普作家和卡通漫画作者创作，以引导少年儿童学科学、爱科学、培养探索精神为主题，描写了两位少年在时间的长河中历尽艰辛，有幸与科学史上近百位著名科学家相遇，引出了许多发明、发现的故事。丛书采用卡通漫画的表现手法，将深奥、抽象的科学史用生动的故事、通俗的文字与富于感染力和趣味性的画面展现出来，使读者在历史的“探险”中，跟踪伟大先驱们的创造足迹，亲身“经历”人类几千年科学技术发展的历程，亲身“体验”科学创造的艰辛、困惑、遗憾和欢乐，具体了解科学大师们追求真理、献身科学、刻苦钻研、顽强探索的精神。（龙杰）

N000014 **世界科技发展史画库** 王建邦、朱正伦主编。江苏科学技术出版社 1996 年 12 月版。70 万字。55.00 元。以 140 个重大科技事件为脉络，采用以图为主，配以简短文字的形式，展示了世界 5000 年来科学技术发展的历程。全书分为古代、近代、现代 3 大部分。古代部分包括 48 个科技事件，叙述了自有文字记载的历史开始，直到公元 15 世纪中叶欧洲文艺复兴之前的科技发展情况。主要介绍了中国、埃及、巴比伦和印度四大文明古国在天文学、数学、农学、医学和工程技术方面的成就。同时还介绍了古希腊人在几何学、力学、天文学方面创造的科学奇迹。近代部分包括 55 个科技事件，叙述了从 15 世纪后半叶起截止于 19 世纪末前后约 400 余年的科技发展情况。主要介绍了天文学、经典力学、近代数学、近代物理学、近代化学，以及地质学、生物学、生理学和医学等学科的进展，同时还介绍了 18 世纪中叶到 19 世纪欧洲经历的一系列技术革命，如蒸汽机、电力、内燃机、电信技术等的发明经过。现代部分包括 37 个科技事件，叙述了 19 世纪末 20 世纪初开始的现代科技革命，如因 X 射线、放射性元素和电子三大发现而引起的物理学革命，以及伴随而来的生物学和医学的革命，还介绍了因火箭、青霉素的实际应用而带动的以自动化、电子化和高分子化学化为特征的科技发展，以及自 20 世纪 60 年代开始，在环境科学、新能源、气象、地震、器官移植学方面发展

的情况。(黄元森)

N000015 **中华科技五千年** 关广庆等主编。辽宁少年儿童出版社1996年6月版。100万字。65.00元。分5册,系统地介绍了从远古到1993年的中国科学技术发展史。(刘铁柱)

N000016 **中华科技五千年④** 关广庆等主编。辽宁少年儿童出版社1996年6月版。20万字。12.50元。"中华科技五千年"之一。着重反映了1949年到1977年的科学技术成就。内容包括中国科学院及学部的建立,全国科学技术发展规划的制订,我国第一座原子能反应堆、第一台回旋加速器、第一台电子计算机、第一枚国产导弹、第一颗原子弹、第一颗氢弹、第一艘核潜艇、第一颗人造地球卫星的诞生,鞍山钢铁公司、第一汽车制造厂、大庆油田等重大工程的营建,地洼学说、工程控制论、层子模型等理论的提出,反西格马负超子的发现,人工合成结晶牛胰岛素,断手再植成功,南京长江大桥建成通车,施今墨、马寅初、李四光、竺可桢、饶毓泰、叶企孙、吴有训、严济慈、汤飞凡、朱洗、林巧稚、华罗庚、钱三强、邓稼先、彭加木、陈景润等著名科学家的事迹等。(刘铁柱)

N000017 **中华科技五千年②** 关广庆等主编。辽宁少年儿童出版社1996年6月版。18万字。11.50元。"中华科技五千年"之一。着重反映了从宋(公元960年)到晚清(1840年鸦片战争)时期的科学技术成就。内容包括煤、石油和天然气的使用,铜壶、圭表、香篆、辊弹等古代计时器的发展,火药、指南针、活字印刷术等重大发明的产生与传播,应县木塔、卢沟桥、明长城、布达拉宫、北京故宫等著名工程的营建,冶金技术、制瓷技术、中医诊治技术等传统技术的发展,郑和下西洋的航海创举,西学东渐的科技交流情况;秦九韶、苏颂、沈括、刘完素、宋慈、郭守敬、黄道婆、王桢、李时珍、徐光启、徐霞客、宋应星、梅文鼎等著名科学家的事迹;《海潮论》、《新仪象法要》、《梦溪笔谈》、《营造法式》、《洗冤集录》、《本草纲目》、《徐霞客游记》、《天工开物》、《植物名实图考》等代表典籍的介绍等。(刘铁柱)

N000018 **中华科技五千年⑤** 关广庆等主编。辽宁少年儿童出版社1996年6月版。22万字。16.00元。"中华科技五千年"之一。着重反映了1978年到1993年的科学技术成就。内容包括我国第一颗实验通信卫星、第一颗同步通信卫星、第一颗气象卫星、第一个试管婴儿的诞生、人工合成酵母丙氨酸转移核糖核酸、潜艇水下发射运载火箭获得成功、中国环流器一号、北京正负电子对撞机、兰州重离子加速器、合肥同步辐射光源、中国南极长城科学考察站建成、"银河"巨型机与智能机、"曙光一号"并行计算机的研制开发、葛洲坝水利枢纽工程、"三北"防护林体系工程、沈大高速公路、攀枝花钢铁公司、兰州炼油化工总厂、上海杨浦大桥等重大工程的营建、"863计划"的实施与中国科技体制的改革;金善宝、苏步青、黄及清、唐敖庆、钱学森、吴阶平、周光召、袁隆平、宋健、陈章良等著名科学家的事迹。(刘铁柱)

N000019 **中华科技五千年①** 关广庆等主编。辽宁少年儿童出版社1996年6月版。20万字。12.50元。"中华科技五千年"之一。着重反映了从远古到隋唐五代(公元960年)的科学技术成就。内容包括我国古代石器的制造,我国古代人类用火记,稻、粟的发明,汉字的形成与演变,十进制记数法与算筹、筹算的创造、造纸术、雕版印刷术的发明与传播,都江堰、大运河、长安城、赵州桥等著名工程的营建,青铜器、陶器、瓷器、漆器的生产;墨翟、扁鹊、鲁班、张仲景、华佗、张衡、刘徽、祖冲之、贾思勰、郦道元、一行等著名科学家的事迹;《墨经》、《黄帝内经》、《伤寒杂病》、《九章算术》、《水经注》、《齐民要术》、《算经十书》等代表典籍的介绍等。(刘铁柱)

N000020 **中华科技五千年③** 关广庆、滕福星、于雷主编。辽宁少年儿童出版社1996年6月版。20万字。12.50元。"中华科技五千年"之一。着重反映了从1840年到1949年的科学技术成就。内容包括铁模铸炮技术、自动起爆技术的发明,侯氏制碱法、熊氏无穷级、华氏定理、卡门—钱公式、王氏公式、何氏系数、黄散射、地质力学等成就的创立,汉冶萍煤铁厂矿公司、京张铁路、钱塘江大桥等著名工程的营建,新教育制度、中央研究院、近代科技社团等的建立;李善兰、华蘅芳、徐寿、徐建寅、冯如、詹天佑、何育杰、蒋丙然、李仪祉、侯德榜、茅以升等著名科学家的事迹;《象数一原》《镜镜诊痴》《温热经纬》《演炮图说》《天演论》《地文学》《石雅》等代表典籍的介绍等。(刘铁柱)

N000021 **通史卷** 李迪主编。广西科学技术出版社1996年6月版。42.4万字。22.30元。是"中国少数民族科学技术史丛书"的第一卷,介绍中国少数民族在天文历法、数学、地理学、物理学、农牧技术、医药学、建筑工程、纺织技术、机械工具、化工等方面的成就。(王晓红)

N000022 **21世纪小小百科·科技卷** 蒋放等编著。浙江教育出版社1996年12月版。16开本,

9.25印张。40.00元。沿着人类技术进步的阶梯引导孩子们迈入现代科技的神圣殿堂，让孩子们了解到现代科学技术是通过日常的衣食住行、文化娱乐等生活和生产实践得到再实现的，感受到人利用各种现代化手段来探索和开发神秘宇宙的精彩活动，培养他们从小爱科学与学科学的兴趣。

N000023 **21世纪初科学发展趋势** 21世纪初科学发展趋势课题组编著。科学出版社1996年6月版。58.1万字。52.00元。试图用现代系统思维方式和科学系统观，把科学作为一个有层次结构，并在社会环境系统中不断进化的自组织系统，着重论述了这一复杂系统各层次在21世纪初的发展趋势。这包括：在宏观层次上，论述了科学系统整体发展趋势；在中观层次上，分别论述了最基本的、富有深远意义的10门门类科学和学科，及其交叉领域的发展趋势；在微观层次上，有选择地论述了122个重大科学问题的学术意义和解决的前景。最后，论述了中国科学发展的振兴战略，包括战略思想、目标、重点（16门门类科学和学科），其实质是阐明中华民族的振兴主要在于教育和科学的振兴。（总编室）

N000024 **当代中国重大科技成就鸟瞰与探微** 赵玉林著。湖北教育出版社1996年4月版。44.7万字。27.40元。是当代中国重大科学技术成就的综合考察和案例研究。对1949年以来，我国科技工作者研制完成，具有重要科学价值，对经济建设产生重大效益并有较大国际影响的科技成果的研制过程、科技背景、科学意义、应用价值、主要经验和方法等，进行了深入的考察和分析，旨在帮助读者认识和了解我国当代科技成就及其对人类文明的贡献，并以此为起点向新的科学高峰攀登，同时也可以从中得到社会主义的爱国主义教育，以及科研道路和科学方法的启迪。（熊茵）

N000025 **大众高技术** 陈幼松著。中共中央党校出版社1996年9月版。24.3万字。12.50元。依循我国“863”计划中所划分的7个高技术领域，逐一介绍了信息技术、材料技术、能源技术、生物技术、自动化技术、航空航天海洋技术、激光技术以及其他重要高技术的一般性知识、发展过程、主要应用、当前热点、前沿问题及对人类社会所产生或将会产生的巨大影响和作用。（曲炜）

N000026 **21世纪的中国** 姜大明、海飞总策划，黄伯诚主编。中国少年儿童出版社1996年1月版。18万字。21.00元。共30篇，展望了我国21世纪高新科技发展的趋势，诸如“开创信息时代新纪元——21世纪的中国信息高速公路”，“飞向宇宙，飞向太空——21世纪的中国航天”，“向海洋大世界进军——21世纪的中国海洋开发”，“未来世纪的神机妙算——21世纪的中国计算机”，“神奇的生物技术——21世纪的中国生物技术”，“迈入世界第一方阵——21世纪的中国造船工业和船舶科技”，“机器人就在你身边——21世纪的中国机器人”，“造福于民的科技新秀——21世纪的中国核技术应用”，“江河携手‘南水北调’——跨世纪的水资源调整战略”，“神州遍地气象新——21世纪的中国军事与国防”等等。（陈天昌）

N000027 **自然科学简明手册** 谢希德主编。上海文艺出版社1996年11月版。131.9万字。42.00元。分列6篇72章近2 100条目，阐述各个学科的发展历史、基本概念、重要原理和定律以及应用用途等基础知识，同时结合科学发展的现状和知识更新的需要，注意介绍有关学科最新的科普知识。（张有煌）

N000028 **领导干部科技手册** 胡昭广主编。北京出版社1996年5月版。35万字。26.00元（平），31.00元（精）。分17章，结合当前干部们的迫切需要，紧紧把握住提高科技意识和政策水平、了解现代科技前沿动态的精神内核，在科技与社会、信息科学、计算机技术、大众传媒、当代通信、航天技术、传统工业现代化、当代农业、生物工程、现代医学、城市建设、当代交通、能源与环保、技术经济、管理科学、系统工程、科技法规等17个方面，按条目分类作了详细具体、简明扼要的阐述。重点突出了科技发展的生长点和关键点，以点带面式地反映了整个科技动态的全貌。（龙杰）

N000029 **少年科学大世界** 副名：发明发现卷。王行国等主编。新蕾出版社1996年12月版。63万字。44.40元。共10册，即《数学和化学的故事》、《物理的故事》、《机电的故事》、《电子和电器的故事》、《高科技的故事》、《天文和地理的故事》、《农业和食品的故事》、《生活用品的故事》、《文化体育用品的故事》、《生活和医学的故事》。（李志明）

N000030 **少年智慧画库** 王敬东、于启斋编著。明天出版社1996年7月版。60万字。71.00元。分6卷，分别是数学卷、物理卷、化学卷、生物卷、天文地理卷和军事侦探卷。每卷包含约50个科学发现、发明、创造方面的故事。每一个故事，均有3部分组成，正文前有一段类似引子的短语，或介绍时代背景，或提示主要内容……正文之后，也有一段短文作

为结语,结语是有关知识的延伸与扩展,或者是一段富有哲理的话语。(薛禄芝)

N000031 **中外科学发明故事** 王洪等编著。河北少年儿童出版社 1996 年 8 月版。42 万字。19.50元。依据可靠的科技史资料,利用故事的形式和浅显易懂的文字介绍了中外近 200 个发明小故事。全书分为生活篇、应用篇和纵横篇 3 部分。(杨才)

N000032 **高等学校电气类专科系列教材** 吴治隆、许克明等主编。重庆大学出版社 1996 年 2 月版。900 万字。360.00 元。包括:高等数学、科技文献检索与利用、画法几何及机械制图(习题集)、工程力学、工厂电气控制技术、工厂供电、自动控制原则、自动控制系统、可编程序控制器及其应用、电力系统继电保护、电力系统自动装置、微机控制技术、电力电子技术、电机及电力拖动等。(曾令维)

N000033 **《中国孩子的疑问》七色光卷** 庄之明主编。中国少年儿童出版社 1996 年 8 月版。21 印张。44.80 元。共 4 册,包括《名城名胜篇》、《科学之谜篇》、《身边科学篇》、《航空航天篇》。(杨向荣)

N000034 **改变世界面貌的科技** 华裕达、徐福生主编。上海科学技术出版社 1996 年 3 月版。30 万字。18.50 元。介绍了在 1995 年中,科学技术是如何改变着世界的面貌、改变着人类生活的。其中有“全球新闻热点中的科学”、“人类正在进入信息时代”、“保护我们的生存环境”、“交通、通讯和城市建设”、“太空探秘和海洋开发”、“农业、资源和人口”、“重大疾病与新医疗法”、“保健养生和智力发展”、“科苑新闻人物”、“海外科技巡礼”等 10 方面的内容,并附有 8 面 36 帧彩色照片。本书系“科技文汇系列”丛书之一(1995)。(周兆钧)

N000035 **现代科技与上海** 杨福家主编。上海科学普及出版社 1996 年 6 月版。33.2 万字。16.00元。从世界经济和科学发展的史实与现状出发,深入阐述了“科学技术是第一生产力”的思想,以及现代科学对人类精神文明建设的影响。全书着重对信息技术、生物技术、空间科学技术、新材料等当代高技术的重要前沿领域,以及能源与交通、环境与防灾等人类社会共同面临的重大问题,还有科学管理和科学决策的基本知识等,作了论述,对世界,尤其是上海的高新技术及其产业发展的现状与趋势,特别是对迈向 21 世纪的上海科技发展的战略和政策作了重点介绍。(黄家礼)

N000036 **学友文库** 副名:新世纪科技瞭望。余双好、罗金远主编。长江文艺出版社 1996 年 11 月版。100 万字。60.00 元。丛书类,10 卷本,包括《明天的家园》、《神光异彩》、《网络的奥秘》、《九天揽月》、《蓝色的诱惑》、《跨越时空》、《大脑的延伸》、《重构世界》、《空中帝国》、《创世新说》。

N000037 **说不完的谜** 金波等编写。中国少年儿童出版社 1996 年 9 月版。34.6 万字。25.00 元。共 5 册,包括《植物能相互对话吗》、《真能有发光的人吗》、《外星人来过地球吗》、《世上真有美人鱼吗》、《神农架真有野人吗》。(杨向荣)

N000038 **大自然的为什么** 卫凤霞编。新世纪出版社 1996 年 6 月版。112 万字。152.00 元。选取孩子们喜闻乐见的自然界的科学现象编写而成,分 4 册:“动物故事篇”、“植物故事篇”、“物理故事篇”、“天地故事篇”,本书共收集 120 个小故事,约 1 300幅彩色插图。(梁培龙)

N000039 **学科故事丛书** 张远南等编著。上海科学普及出版社 1996 年 6 月版。294.8 万字。135.00 元。包括数学、物理、化学、地理、生物故事。每科故事丛书为 6 册盒装,每册包括该学科的一个分支内容由 20 个左右故事组成,每个故事均配有 1～3 幅生动形象的插图。全套共有 30 册。(陈英黔)

N000040 **望远镜丛书** 詹以勤、郑延慧主编。希望出版社、海燕出版社、明天出版社、河北少年儿童出版社 1996 年 10 月版。100.6 万字。85.00 元。共 8 本,包括:《“芝麻开门”新咒语——开发新能源新资源》(刘光曙编著);《外星人,你在哪里——地球外智慧生命探索》(李龙臣编著);《高技术的前导——现代信息技术》(王洪、宋秋安、王海燕编著);《争夺制高点——高科技战争面面观》(苏刚编著);《寻找永远的绿色——环境保护展望》(袁清林、杜秀英编著);《蓝玫瑰梦幻成真——21 世纪的生物工程》(桂耀林、桂进编著);《人类生存的前景——生命科学探秘》(卢存国编著);《明天你怎样生活——未来的衣食住行》(程天时、雷时豪、刘先曙、乐嘉龙编著)。(刘凤荣)

N000041 **谈祥柏科普文集** 谈祥柏著。上海科学普及出版社 1996 年 3 月版。31.6 万字。18.00 元。挑选作者多年来潜心创作的一百多篇科普作品,内容涉及数学渗透的许多领域。(陈泽加)

N000042 **能工巧匠篇** 刘国良主编。江苏科学技术出版社 1996 年 7 月版。是“跨世纪农村书库”之一。包括《木工实用手册》、《砖瓦抹灰工实用手册》、《混凝土工实用手册》、《油漆工实用手册》、《水电工实用手册》、《装饰工实用手册》、《手扶拖拉机驾驶与维修手册》、《摩托车驾驶与维修手册》等10本。书中不仅介绍了实用的操作技术，例如，混凝土的拌料，水管的安装，电线的铺设等，还介绍了各工种的国家标准、企业标准等。（王永发）

N000043　**现代科学技术博览丛书**　朱光亚主编，柳斌副主编。上海科技教育出版社1996年9月至1996年12月版。117.9万字。47.00元。含8个分册：《永无止境的探索——自然科学基本问题》（王淦昌主编）、《向上帝挑战——生物技术》（谈家桢主编）、《大步跨越时空——信息技术》（张效祥主编）、《摆脱地球的羁绊——空间技术》（庄逢甘主编）、《在大自然的馈赠之外——材料技术》（严东生主编）、《继承普罗米修斯的伟业——能源技术》（朱亚杰主编）、《向蔚蓝的世界进军——海洋技术》（曾呈奎主编）、《爱护我们的"地球村"——环境保护技术》（钱易主编）。在结构框架上采用了一种近似杂志的形式，即以相对独立的知识点为基本单元，每个基本单元独立成篇。用故事、典故、自然现象、日常生活中的科技应用、中小学教材中的例子为引子展开，并配有插图与说明方框。（朱惠霖）

N000044　**海峡两岸科技术语对照词典**　姜振寰编。湖北教育出版社1996年3月版。79.4万字。34.90元。收入自然科学、技术科学和工程方面词条一万五千余条，按大陆—港台—英语对照排列。附有港台科技术语索引和英文科技术语索引。（熊茵）

N000045　**现代英汉科技词汇**　李光泉等编著。天津大学出版社1996年8月版。340万字。128.00元。共收入词条约15万条，概括了现代科学技术领域内的基本的、常用的、关键的术语，收入了大量新的专有名词和术语。本书所涉及的学科范围覆盖了现代科技领域，重点突出了化学化工、土木建筑、海船水利、机械、动力、电力、自动化、精密仪器、电子、计算机、力学、技术经济、系统工程、现代管理等科目的内容，并适当收入了有关财经与国际贸易以及医药卫生等方面的词条。（张颖）

N000046　**俄英汉科技大辞典**　吴鸿适主编。电子工业出版社1996年11月版。345万字。188.00元。共收词约9万余条，包括的专业有：数学、物理、化学、真空技术、核子物理、无线电电子学、雷达、通信、广播、电视电声、计算机软硬件、天文、石油采矿、农林业、航空、空中摄影、火箭技术、大地测量、汽车拖拉机制造、土木建筑、卫生技术、印刷、热机等。（李继东）

N000047　**21世纪小小百科·自然卷**　王志明主编，李学健副主编。浙江教育出版社1996年5月版。16开本，10印张。40.00元。从地理的角度描述千姿百态的动植物和形形色色的微生物世界，以及生生不息的自然环境。

N000048　**开放的复杂巨系统**　王寿云、戴汝为等编著。浙江科学技术出版社1996年12月版。21.2万字。22.00元。对开放的复杂巨系统从方法论、相关的高新技术以及在社会系统、地理系统、军事系统中的应用都进行了介绍，其中也包括作者们应用开放的复杂巨系统的理论，对目前国内外十分关注的信息网络建设的研究。

N000049　**灰色数学基础**　王清印等著。华中理工大学出版社1996年9月版。12.6万字。6.00元。分5章，第一章介绍灰色数学产生的背景及渊源；第二章灰集合概论，包括灰集合的概念、常规灰集的运算、泛灰集合的运算等；第三章区间型灰数学基础，论述了灰数概念及分类、区间型灰数及其代数运算、区间型灰距离空间、灰函数、灰极限、区间型灰矩阵及其运算、区间型灰行列式、区间型灰线性方程组的求解、区间型灰线性规划及其求解方法、灰整数及区间型灰整数规划等；第四章泛灰代数基础，内容包括泛灰数及其代数运算、泛灰数的代数运算性质、泛灰数的序关系、泛灰向量及其运算、泛灰行列式、泛灰矩阵及其运算、泛灰线性方程组的求解、一元二次泛灰代数方程、泛灰代数在区间分析中的应用、泛灰线性规划及其求解方法；第五章泛灰数学分析基础，建立了泛灰距离空间、泛灰函数、泛灰极限、泛灰导数等概念。（姜新祺）

N000050　**泛系：不合上帝模子的哲学**　吴学谋著。武汉出版社1996年6月版。30万字。30.00元。作者从理工农医文社史哲等多学科综合的角度，论述了泛系哲学思想和泛系方法论，创设了泛系定理300余条。（邹德清）

N000051　**系统研究**　副名：祝贺钱学森同志85寿辰论文集。许国志编著。浙江教育出版社1996年11月版。33万字。25.00元。1996年12月11日是我国著名科学家钱学森85寿辰。本书是按国际惯例由钱老的同学、朋友和学生撰写的科学论文集，用以祝贺钱老的寿辰。全书收入论文31篇，按其风格分为两大类：一类是对系统与控制及其分支学科进行系统、全面、完整地回顾、总结、评述的论文，作者多为我国科学界德高望重的权威学者；另一类是对系统与控制及其分支领域进行研究的论文，包括定理的发现和证明、公式的建立和演算等，作者都是各分支学科的著名专家。按论文所涉及的内容方面分类，全书可分成控制论运筹学、系统科学与系统工程、管理科学与管理工程、相关学科与相关问题4部分。

N000052 **汪应洛文选** 汪应洛著。陕西人民出版社1996年12月版。68万字。47.00元。上编收录用中文发表的43篇论文，下编收录用英文发表的23篇论文。作者自1980年参加中国管理学家代表团首次访美归来后，就率先提出了我国发展战略研究的理论框架，建立了发展战略的模型体系，推动了我国运用系统工程的理论方法进行发展战略的研究，先后参加了“2000年的中国”中的“人口与经济协调发展”，“2000年的教育”中的定量分析研究，三峡区域经济发展战略研究，欧亚大陆桥与东西双向开放战略研究，图们江经济区和东北亚国际贸易发展战略研究，以及我国管理科学学科发展的战略研究，等等。随着计算机在管理决策中的广泛应用，便开始研究决策支持系统及其在社会经济系统中的应用；用定性与定量相结合的方法，分析系统的和谐程度，寻求系统从不和谐到和谐的状态，首创了“和谐理论”；90年代提出了“系统的核与核度理论”，特别是在人工神经网络的应用研究方面取得了令人满意的成果。(常平阳)

O 数理科学和化学

数 学

O000001 **理化符号手册** 李慎安主编。中国计量出版社1996年版。24万字。17.00元。根据国际标准化组织ISO、国际电工委员会IEC、国际纯物理和应用物理联合会IUPAP、国际纯化学和应用化学联合会IUPAC公布的有关术语的符号编订。按词目体例编写，共20个类，有量、单位的一般术语、概念和符号；周期及有关现象；时间和空间；经典力学；电学和磁学；光及有关电磁辐射；声学；量子力学；波谱学；原子和分子以及核物理；热力学；统计热力学；化学热力学；普通化学；电化学；化学动力学；胶体化学；核反应和电离辐射；固体物理；无量纲参数；计量单位及符号。另外书中附有物理量的法定计量单位及换算关系，1986年基本物理常量，常数的推荐值和英文索引。(施燕天)

O000002 **数学解题过程与解题数学** 张国栋著。北京教育出版社1996年11月版。10.70元。在总结解题教学经验的基础上从认知心理学、人工智能、思维科学的角度，对数学教学思想、教育观念、教学目标、教学内容和方法等方面进行了认真的探讨，阐述了数学教育教学如何促进人的全面发展，解题教学如何体现人的主体性这一根本性问题。(黄倩)

O000003 **吴文俊论数学机械化** 吴文俊著。山东教育出版社1996年7月版。49.8万字。27.20元。围绕数学机械化这一主题，以数学机械化思想为主线，结合对有关史料的研讨，分类选编了作者在这一领域的研究论文，反映了作者对整个数学的认识、作者的思想实质以及作者对发展数学的主张和意图。作者在书中提出了数学机械化思想，并对这一思想进行了深入的剖析，揭示了数学机械化思想的杰出成就和美好前景。(孙永大)

O000004 **数学观与方法论** 周春荔著。首都师范大学出版社1996年8月版。18.7万字。10.00元。通过对数学的客观基础、数学的研究对象和方法，数学概念的联系，数学运算的转化，数学的发现的研究分析，介绍了数学观与方法的基本知识。(杨鸿霄)

O000005 **数学史教学导论** 骆祖英编著。浙江教育出版社1996年9月版。32.6万字。12.80元。是作者从事10年数学史教学实践的理论概括与系统总结。概述了古今中外数学发展状况；介绍了从数的产生、算术、数学各分支学科到数学科学的演变过程；展示了中外数学名著、名家、名题和重要数学事件的背景与现状；阐述了数学史教学与研究的重要意义、基本观点和从事中学数学史教学的基本方法。它渗透着数学思想史与数学教育史；剖析了当前数学发展与数学史研究的热点问题，如：李约瑟难题、陈省身猜想、四色定理与费马大定理的证明、机器与计算机等。本书采取纵横交织、史哲共熔、内外结合的编写方法，将有关数学及数学史、思想史和教育史内容相互渗透。第一、二章是通论中国数学史；第三、四章展示了中国传统数学对数与形的独特研究方法及其成果；第五章介绍著名中国数学家的业绩与贡献；第六章俯视世界数学史全貌；第七章择典型性学科予以剖析；第八章介绍近现代数学发展的某些侧面；第九章结合中外数学教育简史，阐述数学史教学的方方面面。每章的“问题研究”兼有习题性质；“论文选读”是选择作者已发表的部分论文作史料信息，供读者研究时参考；“附录”给阅读本书和从事数学教学带来方便。

O000006 **中华传统数学名著导读丛书** 沈康身、孔国平、郭熙汉著。湖北教育出版社 1996 年 12 月版。115.9 万字。87.00 元。1996 年出版 3 册：一、《〈九章算术〉导读》。首先对《九章算术》(含刘徽的《海岛算经》)及其刘徽、李淳风注的各种版本进行整理，使之尽可能恢复宋刊原貌。其次是将原文译为现代汉语。再次是对有关数学现象作今释，其中对各时代、各民族间的数学文化发展作了比较。二、《〈测圆海镜〉导读》。介绍了《测圆海镜》的相关研究情况，给出译文和必要的注释，并选录了原书有代表性的文字。书后提供了古今中外有关《测圆海镜》的丰富资料，还介绍了当时高次方程的具体解法。三、《〈杨辉算法〉导读》。分引论、本论和附录 3 部分。引论简介杨辉其人及其数学思想风格。本论逐卷逐题进行诠释、疏导，间或评议。附录收入了有关杨辉其他数学著作的珍贵资料。(熊茵)

O000007 **初等数学研究教程** 编委会编写。湖南教育出版社 1996 年版。50 万字。20.70 元。由 10 余所高校联合编写。分 3 篇：第一篇“初等数学研究概述”，内含“初等数学的涵义及其特点”、“初等数学研究的内容、现状和意义”两章；第二篇“初等代数研究”，包括“初等集合论”、“数系”、“式”、“函数”、“方程”、“不等式”、“绝对值问题”、“数列”、“组合数学初步”等 9 章；第三篇“初等几何研究”含有“几何基础与几何结构”、“几何变换”、“几何轨迹与几何作图”、“平面几何”、“立体几何”、“平面解析几何”等 6 章。(孟可文)

O000008 **初等数学前沿** 陈计、叶中豪著。江苏教育出版社 1996 年 4 月版。37 万字。13.60 元。收录 50 余篇文章，以初等数学研究论文及短文集锦为主，也包含了初等数学研究讲座、翻译报告、未解决的问题及治学方法、现代数学介绍、当代数学史话、人物传记、翻译新书评介等方面的体裁。内容涉及到拓扑学、数论、组合数学、图论、几何不等式、平面几何、立体几何、解析几何、三角、代数等。(王巧林)

O000009 **世界珠算通典** 李培业、[日]铃木久男主编。陕西人民出版社 1996 年 8 月版。163.4 万字。198.00 元。主要内容有基础知识、珠算初级方法、珠算高级方法、珠算史、算具、珠算教育、珠算比赛及鉴定、各国珠算发展状况、珠算团体组织、珠算刊物、趣味算题、其他等 12 部分，列有 2 000 多词条，对古今中外珠算知识均作了反映，既有古代的各种算法，又有最新的发明创造；既有中国珠算介绍，又有世界其他各国珠算简述，其中特别对日本珠算重点加以介绍。本书在珠算基础理论方面作了探究，如珠算公理、中进率定理、最少珠数定理、对称性定理等最新科研成果。在珠算算法方面，总结归纳了传统方法和技能，并以现代观点对这些方法作了阐述和整理，详尽地介绍了中、日两国学者在 20 世纪 70 年代以来在珠算算法研究方面的新成果，如珠算代数、珠算几何等。在珠算史方面，对世界各国，特别是中国各种算具、古算具、古算法、古算术的介绍，对近几年来珠算方面的重大发现的介绍，并对珠算史学的传误进行了重新订正。在算具方面，提出了算盘分类法。书中还收录了大量的珠算趣题。(常平阳)

O000010 **高等数学习题课讲义** 欧维义等编著。吉林大学出版社 1996 年 6 月版。61.2 万字。33.00元。内容涵盖了一元微积分、多元微积分、场论、级数和常微分方程等。阐述了所涉及的重要概念、定理及方法，并对重点、难点以及易于混淆和出错之处予以注释，着重阐述了解题思路、解题方法和技巧。(王瑞金)

O000011 **高等数学习题课教程** 陈鸣皋主编。青岛海洋大学出版社 1996 年 10 月版。46.3 万字。16.50 元。依据高等学校工科数学教学指导委员会审订的《高等工业学校高等数学课程教学基本要求》编写的、用以配合工科高等数学课教学使用的习题课教材。共 12 章 29 节。每节由内容摘要、教学要求、典型例题、课内练习、自我检查题和课外练习等 6 部分组成。在每节中，首先提出本次习题课配合教材的主要内容；在内容摘要中，扼要地介绍有关定义、定理、公式等；教学要求着重叙述学习该章、节内容应注意的问题及对各部分内容的不同要求；在典型例题中，除对典型问题进行详解外，还在题末给出解同类题的一般方法及应注意事项。所设置题目既有一般用以巩固所学基本知识的练习题，也有一定

难度的综合练习题以及部分工学类硕士研究生高等数学入学考试试题。书末附有参考答案。(韩玉堂)

O000012 **数学建模竞赛教程** 李尚志主编。江苏教育出版社1996年6月版。34.7万字。13.50元。分26讲,其中"赛事畅谈"篇4讲,"建模揽胜"篇22讲。"通过问题学建模",是本书的特色。作者们在剖析、评价MCM问题以及获特等奖的论文的同时,系统介绍有关数学模型的知识以及数学建模的途径与技巧。(喻纬)

O000013 **三元系大集及其有关结构(英文版)** 康庆德著。科学出版社1996年12月版。Steiner三元系是完全图划分为边不交的三角形的一个分拆。假设完全图有v个顶点,则这种分拆必然包括v(v-1)/6个三角形。因此3整除v或v(v-1)。熟知v阶Steiner三元系存在当且仅当v=1或3(mod6)且v≥3。注意到共有总计v(v-1)(v-2)/6个三角形,故分拆这些三角形为v-2个不相交的Steiner三元系成了一个有趣而困难的问题,即Steiner三元系的大集问题,它始于1850年。1983年,我国的中学物理教员、业余的数学家陆家羲基本解决了这个长达130年的公开问题。之后,作者和他的学生与同事建立了所提到的三元系有向变体的大集问题。他们建立了有向三元系,门德尔松三元系及混成三元系的大集问题。本书展示了各种类型三元系大集的现阶段状况。第一章涉及数学基础,对于全书内容提供了足够的基础代数与设计理论背景。第二章处理重要的Steiner三元系大集问题。它保持了陆的证明的框架,但加入了Teirlinck与作者的简化。尽管仍有陆的一些繁复的证明,但阐述是清楚的。第三章是门德尔松三元系大集,是由作者与常彦勋、雷建国一起解决的。第四章涉及的是有向三元系的类似问题。第五章解决混成三元系大集。第六章涉及一般的门德尔松设计,即完全图分划为有向k圈的入重分拆。一系列大集问题被提出,并给出了其中一些的解。第七章讨论了相关的Golf设计的存在性(即对称幂等拉丁方的大集)。作者给出了大11阶Golf设计的存在性仍被怀疑时,常彦勋作出了几乎完全的解。本书出版后,G. Nonay和加拿大的G. J. Colbourn已解决了这一问题,从而改进了这一结果并可大大缩短整个证明。第七章还讨论了自反的有向三元系和自反的门德尔松三元系。全书结束于一个非常值得注意的附录:"陆家羲生平传略"。他建立了柯克曼三元系及区组长为4的可分解区组设计的存在性,比独立发现此结果的其他人要早。他最后成功在他对大集问题的颇受瞩目的研究上。不幸的是他刚一成功就去世了,年仅48岁。(吕虹)

O000014 **数学教育研究丛书** 曹才翰等著。上海教育出版社1994~1996年版。分册有:《中学数学课程导论》、《数学教育实验设计》、《数学教学测量与评估》、《数学方法论稿》、《数学思维教育论》、《数学习题理论》等。(冯贤)

O000015 **群论及其在分子结构中的应用** 李运伦著。湖南科学技术出版社1996年3月版。23.4万字。12.80元。共8章:群论的基本概念,点群,矩阵,群的表示,群的表示与量子力学,分子振动与光谱,群论在分子结构中的简单使用(包括杂化轨道、简单MO和HMO法),过渡金属化学。(胡海清)

O000016 **组合设计理论** 沈灏编著。上海交通大学出版社1996年10月版。22.6万字。12.40元。对组合设计的基本概念、方法和理论作了介绍,全书分8章。第一章是全书的引论,从关联结构的角度引出组合设计理论中最重要的基本概念。第二章介绍对称设计的一般理论。第三、四、五章分别介绍和对称设计密切相关的几类设计——有限几何、Hadamard矩阵和差集以及有关问题。第六章讨论正交拉丁方。第七章介绍构作BIB的几个方法。第八章研究BIB设计和PBD设计的渐近存在性并给出存在性猜想的完整证明。(成敬祥)

O000017 **离散数学及应用** 温武、钟沃坚编著。华南理工大学出版社1996年8月版。39万字。20.00元。内容包括数理逻辑(命题运算、谓词运算)、集合论(集合、关系、映射与无限集)、图论、代数结构(代数结构的基本知识、环与域、格与布尔代数)4个基本部分及其应用部分(用计算机化简逻辑函数、形式语言自动机)。对各基本部分的阐述着重于基本术语、基本概念、基本定理、运算技巧及其在计算机科学中的应用,大部分概念都用例题予以具体说明。各部分附有学习提要、习题及习题提示。(江厚祥)

O000018 **近世代数基础** 和福生等著。云南科学技术出版社1996年8月版。20万字。6.50元。内容包括21章47讲的近330个范例,以及300多个思考与练习题。(刘康)

O000019 **数学分析研究** 王汝发、辛发元著。甘肃教育出版社1996年6月版。25万字。12.00元。由上篇(一元函数)和下篇(级数及多元函数)组成。主要内容有:函数、极限及重要不等式、微分中值定理、导数、积分及其应用、级数、多元函数、多元函数

的微分及重积分、数学分析中是非命题若干例等。(梅榆生)

O000020 **指标定理与热方程方法** 虞言林著。上海科学技术出版社 1996 年 11 月版。21.8 万字。32.00 元。共 8 章,第一章介绍黎曼几何学中的基础知识;第二和第四章介绍椭圆方程和热方程的一般理论;第三章介绍陈省身—韦依(Weil)理论;第五章介绍 Clifford 代数与超代数;第六、七章介绍各种椭圆微分算子(Signature 算子、de Rham-Hodge 算子、Dirac 算子、Laplace 平方根算子等)的局部指标定理;第八章引进 Atiyah-Singer 算子的概念。(赵序明)

O000021 **哈密顿系统与时滞微分方程的周期解** 刘正荣等著。科学出版社 1996 年 10 月版。20.5 万字。13.50 元。首先简要地介绍近年来迅速发展的高维哈密顿系统周期解存在性研究的变分方法,涉及临界点理论中极大极小原理等理论的应用,接着研究具有特殊对称性质的多时滞微分差分方程周期解存在的多样性。作者们利用高维自治哈密顿系统周期解的存在性理论及对称性质,通过哈密顿系统的周期解来产生上述多时滞微分差分方程的周期解,给出了几类多时滞微分差分方程 Kaplan-Yorke 型周期解存在性的系统结果。书中所述内容是作者们近年所发表的系列论文的概括和总结。本书第三章和第四章分别介绍泛函微分方程的 Hopf 分支理论和奇异摄动理论,通过中心流形理论研究奇摄动泛函微分方程的正弦波和方波解存在性,涉及该领域研究的前沿,作者们考虑到该问题与扰动平面哈密顿系统周期解存在性之间存在紧密的关系,对奇摄动几何理论作了介绍。(吕虹)

O000022 **由块生成的空间** 陆善镇、M.H.泰勃尔森、G.怀特著。湖南教育出版社 1996 年版。12.9万字。11.10 元(精装)。介绍了自 80 年代初发展起来的由块生成的函数空间(以下简称块空间)的理论及其对调和分析问题的应用。全书分 12 章:第一章"背景"提供了产生块空间的数学背景;第二章"块(block)及由它生成的空间 Bq"给出了块空间的定义;第三章"Bq 空间与熵"、第四章"B∞的分布函数特征"、第五章"平移算子与 Bq 空间"、第六章"空间 Bq 的对偶"的内容涉及块空间的基本性质;第七章"Bq 的弱米完备化与 Bq 上同平移可交换的有界算子的特征"、第八章"临界阶 Bochner-Riesz 平均的几乎处处收敛"、第九章"有关 B∞插值构造的卷积算子"、第十章"Hardy-Littlewood 极大算子与有关块空间的 Hardy 空间"、第十一章"齐性空间上的块和 a.e. 收敛"、第十二章"块分解方法的其他应用"是关于块空间对调和分析问题的应用。(孟可文)

O000023 **张量分析及演算** 余天庆编著。华中理工大学出版社 1996 年 5 月版。28.4 万字。9.00 元。含括了张量基础知识、张量代数、张量分析和黎曼空间的曲率等内容。(佟文珍)

O000024 **随机分形引论** 胡迪鹤等著。武汉大学出版社 1996 年 2 月版。36.6 万字。15.80 元。凡 11 章。第一章的基础是拓扑空间测度理论。先详述 Hausdorff 和 Packing 的测度与维数概念,继介绍盒的、Kaufman 的、离散 Hausdorff 的和离散 Packing 的维数概念,并研究诸维数之间的关系及性质。第二至五章论述随机过程样本轨道的分形理论(重在 Brown 运动与 Stable 过程)。第六章就几类常见随机场的分形理论来阐明从随机过程推广到随机场带来的新的方法、内容和困难。第七章讨论离散分形及其在随机徘徊中的应用。第八至十章讨论几类典型随机集——随机 Cantor 集、统计自相似集和统计自仿射集——的分形理论。第十一章以 Sierpinski 垫上的 Brown 运动及在一个平面分形集上自回避过程的构造为题简单介绍分形集上的随机过程的研究。对无限分叉分形集,附有后记备查阅。(夏天安)

O000025 **随机过程通论(上下卷)** 王梓坤著。北京师范大学出版社 1996 年 5 月版。101.8 万字。50.00 元。叙述随机过程的最基本、最核心的部分。如:马氏过程,平稳过程,马氏链,布朗运动,泊松过程,生灭过程等。作者把随机过程的经典理论按现代的观点进行了深入浅出的论述,总结了几十年来国际国内在随机过程方面研究的成果。阐述了由作者创立的构造论中的"极限过渡法",以及关于从 0 出发的高维布朗运动对于球面的末离位置有均匀分布的结论。(傅占武)

O000026 **两参数马尔可夫过程论** 杨向群、李应求著。湖南科学技术出版社 1996 年 6 月版。28.8万字。40.00 元。共 5 篇 14 章,论述了两参数马尔可夫过程的基本理论:各种两参数马氏性及其关系,轨道的有界性、灯函数性、阶梯性、连续性等性质。重点论述了几类重要的两参数马氏过程:两参数随机游动,两参数随机事件流,Levy 单,Poisson 单和广义 Poisson,Brown 单,OuP_2 等,最后论述马氏型两参数随机微分方程的解。(胡海清)

O000027 **子波分析与子波变换** 马维祯、殷瑞祥编著。华南理工大学出版社 1996 年10月版。17

万字。9.00元。内容包括:完全重构滤波器组,子波表示式,多维多分辨分析,子波基的构造,连续子波变换和框架,子波变换的复杂性,信号压缩和子带编码。此外,附有二维非分离型子波分辨和重构的C^{++}源程序。(江厚祥)

O000028 **实用统计计算** 高祖新、尹勤著。南京大学出版社1996年7月版。41.5万字。20.00元。介绍了统计计算和应用的各种原理、方法和计算机上实行的具体算法步骤。其主要内容包括进行统计计算所必需的数值计算、矩阵计算、概率统计等基础部分;随机数和随机模拟法及其应用;回归分析、方差分析和因子分析、主成分分析、典型相关分析、判别分析、聚类分析等多元统计分析及其应用等。(高祖新)

O000029 **线性模型中的M方法** 陈希孺、赵林城著。上海科学技术出版社1996年12月版。16.9万字。27.00元。是"现代数学丛书"中的一种。全书共6章,第一章介绍M估计定义的讨论,以后诸章论述M估计的大样本理论,包括:M估计的弱、强相合性;渐近正态性;基于M估计的线性假设检验的方法和理论;M估计的线性表示,即用一个线性独立之和去逼近M估计的问题。书中列出了尚待解决或尚待彻底解决的问题。(赵序明)

O000030 **数理统计原理** 郝黎仁、蔺云著。甘肃教育出版社1996年5月版。26万字。介绍数理统计的基本原理与方法。全书有6章:数理统计基本概念、参数估计、假设检验、方差分析、线性回归分析、质量管理与抽样检验;附录部分介绍了"计算器上统计功能的使用方法"等。(梅榆生)

O000031 **线性规划与网络流** 林诒勋著。河南大学出版社1996年8月版。24万字。11.00元。作者沿着线性规划的发展思路,以线性规划与网络流的结合点为基础,详细讲解了从一般线性规划到网络规划的研究历程。(朱建伟)

O000032 **多变量控制系统的分析和设计** 王诗宓编著。中国电力出版社1996年9月版。38.7万字。25.00元。内容包括多变量控制系统的表示法、零极点、能控性、完整性、鲁棒性、极点配置、解耦控制、现代频域设计方法、鲁棒调节器和内模控制器。(姜萍)

O000033 **计算方法** 王世儒、王金金等著。西安电子科技大学出版社1996年6月版。17万字。8.80元。内容包括绪论、线性方程组的数值解法、方程的近似根求法、插值与数据拟合、数值积分与数值微分、常微分方程初值问题的数值解法、矩阵的特征向量的计算等。(李惠萍)

O000034 **随机逼近** 陈翰馥、朱允民编著。上海科学技术出版社1996年10月版。23万字。26.00元。"现代数学丛书"之一。阐述了作者"随机分析"的研究成果及国际上这一领域的最新进展。体现了作者对随机逼近的重要贡献:一、提出"随机变界截尾算法",对噪声要求很松,对回归函数的增长速度也不加限制,并且不用事先假定算法有界,这使随机逼近的适用范围扩充许多;二、作者以及和国外同行的合作研究表明,利用作者在随机逼近方面的新结果,用来分析不同领域中出现的算法十分有效:或改善了已有结果,或给出了新定理;三、直接利用Lyapлоч函数的性质,简化了常用的常微分方程方法来分析收敛性。(江云)

O000035 **小波分析与应用实例** 徐佩霞、孙功宪编著。中国科学技术大学出版社1996年7月版。29.6万字。11.90元。阐述小波变换的基本原理和基本方法,介绍了小波分析在信号处理与信号检测、语音与图像编码、多尺度边缘提取与重建等领域的应用,给出了许多实用程序。同时对小波变换的快速算法和算法结构、小波包的基本原理与其应用以及小波分析的最新发展动向作了介绍。书后附有各种算法的C语言源程序清单,包括:一维小波变换源程序、一维小波反变换源程序、一维小波包正变换程序、一维小波包重建源程序、二维正交小波变换源程序、二维小波反变换源程序、二维小波分解源程序、二维小波包重建源程序8种清单。(张善全)

力 学

O000036 **BIRKHOFF系统动力学** 梅凤翔、史荣昌等著。北京理工大学出版社1996年版。19.3万字。13.00元。包括Birkhoff方程和Ptaff–Birkhoff原理,完整系统的Birkhoff动力学,非完整力学系统的Birkhoff动力学,Birkhoff系统的积分理论,Birkhoff系统动力学逆向题,Birkhoff系统的运动稳定性,Birkhoff系统的代数和几何描述等7章。每章后均附有习题和主要参考文献。(总编办)

O000037 **热应力** 王洪刚等著。云南科学技术出版社1996年12月版。42万字。20.00元。内容包括热弹性、非热弹性、热应力、热疲劳、热传导及换热、金属相变、陶瓷及非金属热力学等分支学科的多篇论文。(胡平)

O000038 **裂纹柱的扭转理论** 汤任基著。上海交通大学出版社 1996 年 8 月版。38.4 万字。13.50元。使用主值奇异和超(强)奇异两类积分方程方法,从断裂力学角度,对含裂纹柱体扭转的求解理论和计算方法作了介绍,其中除均质裂纹柱的扭转外,还对分片均质和含杂质复合裂纹柱的扭转作了介绍。不仅在理论上进行严格分析,还对各类裂纹柱的具体求解建立相应的解析数值法。(成敬祥)

O000039 **流体运动经典分析** 杨本洛著。科学出版社 1996 年 5 月版。28.2 万字。20.00 元。分 7 章。在第一、二章中,采用了现代张量分析的方法,对流体力学基本定理和涡量场性质作了描述;对在连续介质力学中具有重要应用的 Gibbs－Duhem 方程的适用性条件;对 Reynolds 输运方程的解释,提出了不同的看法。第三～六章除了对涡量场分析的现状作了介绍外,还就双旋度 Poisson 方程解的性态和相应积分方程的构造问题、用散度和涡量表述速度场的唯一性分析及其积分表述等一系列问题进行了讨论;论证了作为涡动力学中基本定理及基本公式的“经典唯一性定理”和“广义 Biot－Savart”公式的错误,指出将速度场划分为单独决定于散度、涡量及边界上流体速度分布等几个速度分量的思想是不恰当的。第七章讨论了不可压缩流的流动问题。(总编室)

O000040 **渗流力学** 吴林高等著。上海科学技术文献出版社 1996 年 1 月版。25.7 万字。20.00 元。是国家自然科学基金项目——“反复抽灌水作用下土层变形与地下水运动关系的研究”;上海自然科学基金项目——“大型井点降水引起地面沉降的研究”及“山东省部分城市地下水资源评价与合理开发研究”、“湖北省鸡笼山金铜矿矿坑涌水量预测”等 4 个科研项目的总结。重点介绍抽水与注水作用下,土层变形特点、土层应力应变本构律、渗透系数随应力变化规律以及粘弹性多孔介质中的渗流规律。另外,对于弹性多孔介质中渗流的介绍不求全面,而是介绍解题方法的应用,如分离变量法、积分变换法、镜象法、摄动法及逐次迭代法等。本书共 3 篇,分别为:第一篇弹性多孔介质中的渗流;第二篇粘弹性多孔介质中的渗流;第三篇多孔介质渗流随机模型。其中第二篇是本书的重点,包括:抽水与注水作用下土层的应力应变本构律、粘弹性多孔介质中的渗流方程、粘弹性多孔介质中的二维井流模型及其解析解、粘弹性越流含水层组的三维井流模型的建立、粘弹性越流含水层组的三维井流模型的数值解。(方虹)

O000041 **湍流反应流的 PDF 模拟** 郑楚光、周向阳著。华中理工大学出版社 1996 年 11 月版。15.6 万字。9.50 元。详细阐述了 PDF 模型的基本理论,包括输运方程的推导、模型的建立、求解方法以及化学反应机理的简化等,并结合实际燃烧过程,介绍了模型的应用方法和计算结果。(陈晓娟)

物 理 学

O000042 **科学发现小故事·物理** 仁钦苏荣、巴布道尔吉编。内蒙古少年儿童出版社 1996 年 2 月版。11 万字。6.80 元。按人类历史发展的顺序,介绍了物理学发展中的许多重要实验,以及实验对证实物理论的作用和与理论的关系,配合实验成果,还介绍了许多著名物理学家的生平和工作。本书重点在力学、热学、电磁学、电动力学和原子物理实验。(满仓)

O000043 **混沌学导论** 吴祥兴、陈忠著。上海科学技术文献出版社 1996 年 11 月版。23.5 万字。18.50 元。介绍混沌学发展的历史渊源、常见的混沌现象、混沌的定性特征和定量测度;系统论述了保守系统和耗散系统中的混沌运动形态及其规律;探讨了学科发展的前沿热点时空混沌、量子混沌与混沌控制。(总编室)

O000044 **强噪声学** 沈豪著。科学出版社 1996 年 1 月版。25.7 万字。20.00 元。介绍了 60～90 年代作者在中国科学院声学研究所从事大功率气流调制扬声器研制和高强度噪声引起金属板材声疲劳现象以及对生物影响的主要研究成果。介绍了航空工程中声疲劳试验的一些方法以及最新发展,讨论了噪声生物效应的一些新规律。其内容涉及物理学、空气动力学、医学、生物学以及航空工程、振动工程等领域。(总编室)

O000045 **自适应光学** 周仁忠等著。国防工业出版社 1996 年 4 月版。43.8 万字。23.90 元。阐述自适应光学的理论、技术和系统。全书共 8 章,内容包括:光波波前扰动理论,微弱光探测理论,光波波前传感技术,波前重构理论与技术,光学移相技术,校正式自适应光学系统,解卷积处理在自适应光学系统中的应用,非线性光学相位共轭原理。(沈崇渊)

O000046 **高等光学** 蒋秀明等编著。上海交通大学出版社 1996 年 8 月版。21.9 万字。8.00 元。以唯象的经典的电磁理论为基础,着重描述光波的传播。共3部分:第一部分通过对波动方程求解,讨论光波在无限大介质中的传播,以及用边界条件代替波动方程讨论界面上光波的行为;第二部分讨论光波的衍射;第三部分用干涉的方法讨论部分相干及部分相干成像的问题。(成敬祥)

O000047 **非线性与量子光学** 谭维翰著。科学出版社1996年5月版。60.5万字。42.00元。从光与物质相互作用的非线性与量子性出发,介绍20多年来在非线性与量子光学领域中的最新研究成果。全书共10章:前5章偏重基础理论,包括非线性介质中的波、光与物质相互作用的经典与量子理论,二能级、三能级密度矩阵,原子缀饰态,激光振荡理论等;后5章主要介绍最新发展,包括光的相干与统计性质,共振荧光与微腔的Q.E.D.,激光偏转原子束,超短脉冲传输与锁定,以及光学噪音分岔与混沌。(总编室)

O000048 **光全息学及其应用** 于美文著。北京理工大学出版社1996年版。45.6万字。21.00元。以傅里叶变换、物理光学为数理基础,阐明光全息的物理过程,全息学的基础理论及全息图基本类型;各类全息图的特点、理论、记录与再现系统;对各种全息记录介质的成像机制、特性、类型及使用也作了简要介绍;对全息图的主要制作方法:光学记录和计算机制作进行了较详细的介绍。从实用的角度加强了白光全息如彩虹全息、合成全息、彩色全息的内容;系统地介绍了全息高密度信息存储、全息元件、全息干涉计量和全息显微术等重要的应用;并对有应用前景的发展方向,如偏振全息、二元光学元件、光学互联元件、X射线激光全息和新型记录材料也作了简要的介绍。引入了国内外学者在这一学科领域中的重要成就。(总编办)

O000049 **电磁理论中的并矢格林函数** 戴振铎等著。武汉大学出版社1996年1月版。30.1万字。13.40元。那勃勒算子(▽)在实际应用中被赋予两种涵义:(1)当做微分符号;(2)被看成是矢量,可以与矢量进行运算。作者发现:那勃勒算子与矢量形式的"点乘"——散度,与矢量形式的"叉乘"——旋度,都是有赖于坐标系的选择的,这就暴露了它本身的矛盾与混淆。为此,作者引入了散度算子和旋度算子符号,那勃勒算子只能作为梯子算子符号。在此基础上,作者又引入了符号矢量,称为虚矢量,作为梯度算子、散度算子、旋度算子的生成矢量,从而构成了一种崭新的"符号矢量方法",重新构造了矢量场论的基础。本书阐述了各种典型形体的电磁散射,给出了精确解及大量计算图形。在计算中采用全新的"符号矢量方法"。(史新奎)

O000050 **磁性理论及其应用** 宛德福编著。华中理工大学出版社1996年1月版。20.8万字。6.90元。分8章,包括:基础理论,磁有序机理,自发磁化随温度变化的各种近似计算方法,磁性相变理论,磁性杂质理论和若干专题讨论,其中一些是作者的研究成果。所介绍的专题包括:磁各向异性,自旋波频谱和各种耦合效应等。(傅岚亭)

O000051 **电磁场与波** 黎滨洪等编著。上海交通大学出版社1996年2月版。30.3万字。7.80元。采用公理法系统阐述电磁场与波的基本理论,主要内容包括:矢量分析,电磁场运动的基本规律,静电场,静磁场,平面电磁波,导行电磁波,电磁波辐射和狭义相对论等,书末的附录收集了符号和单位,一些有用材料的常数,矢量分析公式。(戴柏诚)

O000052 **固体物理学** 吴代鸣著。吉林大学出版社1996年7月版。28.1万字。13.00元。重点介绍固体物理学的基础知识,内容包括:晶体结构,晶体的结合,晶格振动与晶体的热学性质,晶体缺陷,金属电子论,能带,晶体中电子的运动,半导体,固体的磁性,超导电性,固体的相变、非晶体、低维体系等。(唐万计)

O000053 **铁电体物理学** 钟维烈著。科学出版社1996年6月版。55.6万字。60.00元。为"凝聚态物理学丛书"之一。论述铁电体物理学的基本规律和最新进展。全书共9章,前4章主要阐述了自发极化机制,包括铁电体的晶体结构、宏观理论、微观理论;后5章讨论极化状态在外场作用下的变化,即铁电体的各种功能效应,包括电畴结构、极化反转、介电响应、压电效应和电致伸缩效应、热电效应、光学效应(电光、非线性、光折变)。此外,结合每种功能效应,介绍若干典型铁电材料及其应用。书末附有3个附录和详细的内容索引。(总编室)

O000054 **粒子物理和场论** 李政道著,汤拒非等译。山东科学技术出版社1996年12月版。73.3万字。68.00元。分两大部分共25章,第一部分场论,主要讲述自旋场、量子电动力学、孤立子等内容;第二部分粒子物理,主要研究粒子对称性理论和粒子相互作用理论。(宋涛)

O000055 **北京正负电子对撞机和北京谱仪** 谢家麟主编。浙江科学技术出版社1996年11月版。74万字。60.00元。介绍的北京正负电子对撞机、北京谱仪、北京同步辐射装置3部分内容是目前我国高能物理研究的"硅谷",也是世界高能物理实验的重要组成部分。本书介绍了北京正负电子对撞机工程的设计思想、技术路线、运行情况和取得的成果。它记载了我国几代高能物理科学家的开创性研究和具有世界先进水平的成果,凝聚了对撞机工程成千上万创业者的心血,是作者根据自己的切身体会和实践经验编写而成的。

O000056 **亚夸克理论** 焦善庆、蓝其开著。重庆出版社 1996 年 8 月版。20 万字。13.30 元。介绍国内外有关亚夸克模型的研究成果。全书包括结构模型、结构的特征函数、典型应用及亚夸克理论综述 4 章。着重阐述亚夸克运动学部分。(余国枢)

O000057 **有机波谱分析** 陈洁、宋启泽编著。北京理工大学出版社 1996 年版。41.3 万字。19.00 元。论述了紫外光谱、红外光谱、核磁共振氢谱和碳谱、质谱的原理、仪器结构、实验方法和技术、谱图解析以及这 4 种谱在有机定性、定量分析中的应用。(总编办)

化学、晶体学

O000058 **固态化学** 吕孟凯著。山东大学出版社 1996 年 11 月版。60 万字。38.00 元。分 11 章:绪论;固态材料的制备;几何结晶学基础;固态物质的鉴定;结晶化学基础;典型晶体构造;相图及其应用;相变;晶体中的缺陷;玻璃和准晶体;新材料的设计。结构和性质之间的关系是贯穿该书的主线。作者从不同的角度用大量材料科学研究的最新成果,着重强调了固体材料的制备、缺陷及结构和性质之间的关系。书中突出了新材料在固态化学中的地位和作用。例如纳米材料、插层化合物、固溶体、超晶格、调制结构、C_{60}、分子筛、铁电体、非整比化合物及其缺陷结构、金属玻璃、半导体玻璃、准晶体、激光及非线性光学晶体、复合材料等。作者现任山东大学晶体材料国家重点实验室教授、博士生导师。长期从事材料科学科研和教学,著有《固态化学》和《绚丽多彩的新材料》等著作。(祝清亮)

O000059 **有机分子的簇集和自卷** 蒋锡夔、张劲涛编著。上海科学技术出版社 1996 年 12 月版。16.7 万字。23.00 元。分 8 章。第一章为绪论;第二章研究分子簇集和自卷的主要方法;第三章簇集体的结构和性质;第四章有机分子的自卷现象;第五章簇集现象对化学反应活性和选择性的影响;第六章有机分子簇集对光物理过程的影响;第七章与生命过程有关的共簇和解簇现象;第八章静电稳定化簇集体。(计斌)

O000060 **中国有机氟化学研究** 黄维垣主编。上海科学技术出版社 1996 年 12 月版。35.3 万字。40.00 元。分 10 章。第一章有机氟化物反应中某些有用的规律性概念及非自由基型反应的反应规律;第二章若干含氟有机化合物的反应;第三章过渡金属催化氟化物的一些反应;第四章含氟膦钾叶立德及其盐的化学;第五章全氟碘代烷的单电子转移反应;第六章二氟甲基化和三氟甲基化;第七章氧化还原体系在有机氟化学中的应用;第八章亚磺化脱卤反应;第九章全氟烷基亚磺酸盐及其磺酰卤的化学;第十章应用含 CF_3 基团的砌块合成含氟有机化合物。(计斌)

O000061 **化学化工实验师手册** 李伯骥编著。大连理工大学出版社 1996 年 12 月版。198.4 万字。100.00 元。对现代化设备、仪器进行分析、介绍,如:红外线气体分析仪、核磁共振波谱仪、顺磁共振波谱仪、质谱仪、旋光仪等 13 种现代分析仪器。对实验室常用的仪器仪表做了全面介绍。在实验技术、实验设计、实验安全及防腐处理几部分均借鉴了国际最新数据、信息和结果。(王佳玉)

O000062 **化验员手册** 张铁垣等编著。中国电力出版社 1996 年 12 月第二版。68.2 万字。40.00 元。主要介绍化验人员必备的管理、操作、运算等基础知识及常用分析仪器;常用无机物和有机物的定性分析方法;重量分析、滴定分析、分光光度分析、色谱分析等定量分析方法。(刘广峰)

O000063 **高分子链结构** 朱善农等著。科学出版社 1996 年 3 月版。60.2 万字。49.00 元。"高分子科学丛书"之一。阐述高分子链结构的研究方法和研究成果。书中汇集了我国在高分子链结构方面的研究成果;介绍了高分子链结构概念,聚合物统计力学,核磁共振实验技术,高分子链构象及其与 13C—NMR 化学位移,高分子链不规划结构的测定,振动光谱等。(刘俊来)

O000064 **固体与表面** [美]R·霍夫曼著,郭洪猷、李静翻译。化学工业出版社 1996 年 6 月版。13.4 万字。14.00 元。作者描述了固体科学中的基本概念(晶体轨道,能带结构和态密度等),并探讨了研究固体及表面电子结构和反应性能的理论方法[前线轨道,态密度分解和晶体轨道重叠布居(COOP)等]。(郭燕)

O000065 **界面化学基础** 朱珖瑶、赵振国编著。化学工业出版社 1996 年 9 月版。34.5 万字。25.00元。介绍各种相界面和界面活性剂的特性,界面上的各种物理化学作用的原理、理论、研究方法及重要的应用。本书在介绍各种界面特性的同时,逐步讲解界面化学的各种基本概念、理论和方法,并尽力吸取当代国内外界面科学的新成果,适当讲解应用实例。每章附有习题及主要参考书目。(郭燕)

O000066 **分析化学(下册)** 《分析化学》编委会编。地质出版社 1996 年 2 月版。42 万字。21.00 元。分为上、下两册,共 20 章。上册为化学分析,下册为仪器分析。本书论述了分析化学各类方法的基本原理和基础知识,重点介绍了化学分析、分光光度分析、原子吸收光谱分析、发射光谱分析、荧光光谱分析、电化学分析、色谱分析以及其他现代分析新技术新方法;同时介绍了与分析有关的试样分解、溶液配制、分析数据处理、分析标准基本知识等。(王永奉)

O000067 **分析化学** 上海市高等专科学校《分析化学》编写组编。上海科学技术出版社 1996 年 7 月版。27.5 万字。9.20 元。"高等专科学校试用教材"之一。着重介绍定量分析中的误差、滴定分析法概论、酸碱滴定法、配位滴定法、氧化还原滴定法、沉淀滴定法、重量分析法、吸光光度法、原子吸收光谱法、色谱分析法、定量分析的一般过程,以及有关的例题、思考题、习题。还收录了与分析化学有关的常用数据和资料。(张满鸿)

O000068 **定量化学分析** 许晓文等著。南开大学出版社 1996 年 8 月版。48.2 万字。19.50 元。分 12 章,主要内容包括定量分析导论、误差及数据处理、溶液中的离子平衡及滴定分析方法、重量分析法、光度分析法、常见的分离方法和分析化学发展前沿及趋势介绍。(王家骅)

O000069 **扫描隧道显微学引论** [美]陈成钧著,华中一等译。中国轻工业出版社 1996 年 12 月版。36.3 万字。39.00 元。译自 1993 年牛津大学出版社出版的 Introduction to Scanning Tunneling Microscopy。共 10 章,内容主要包括扫描隧道显微学的历史及概貌,原子尺度的隧穿、晶体表面成像、原子态的成像、原子力与隧穿、针尖与样品的互相作用等成像原理,仪器及部件,以及扫描隧道电子谱、原子力显微镜和若干应用实例。(缪丽雯)

O000070 **仪器分析实验** 杨孙楷、苏循荣等编著。厦门大学出版社 1996 年 1 月版。41 万字。15.00元。内容包括紫外—可见分光光度法、红外吸收光谱法、分子荧光光谱法、原子发射光谱法、电导分析法、电位分析法、电解分析法、气相色谱法、高效液相色谱法、色—质联用法、核磁共振法、计算机程序设计与编写等共 16 章 54 个实验。每章包括基本原理、仪器和实验 3 个部分,书后刊有附录和参考资料。(宋文艳)

O000071 **准晶结构及对称新理论** 陈敬中著。华中理工大学出版社 1996 年 11 月版。15 万字。7.00 元。除通过比较晶体和准晶体的特征,提出了准晶体生长的一般过程以及准晶体生长中的布拉维法则和面角守恒定律的广义性之外,论述了准晶体结构的几何理论,在高维空间的基础上,提出了一套构筑准晶体空间几何的方法,推导了 5,8,10,12 次准晶体的空间几何格子和平面几何格子,并拼构出了相应的准晶体结构几何点阵,讨论了准晶体结构中的多重分数维的特征,计算出了自相似比例因子、分数维结构的维数值及准晶体结构的准周期;研究了准晶结构模型,在分析含有 5 次对称轴的二十面体准晶结构的 Penrose 模型、玻璃模型及无规堆砌模型的基础上,提出了一种立体结构具有有规自相似性、填充结构具有有规和无规自相似性的正二十面体与正十二面体共轭生长多重分数维的准晶模型,提出了具有 8,10,12 次对称性的准晶胞,提出了具有 8,10,12 次对称性的纳米微粒多重分数维准晶结构模型,研究了它们的基本特征。此外,本书还系统总结了晶体、准晶体的对称型(点群)和单形,进行了新的分类及详细描述。(姜新祺)

O000072 **晶体缺陷** 林栋樑编著。上海交通大学出版社 1996 年 5 月版。32 万字。10.50 元。阐述晶体缺陷的基本理论。全书分 3 部分:第一部分介绍晶体中点缺陷的基本理论,包括点缺陷的基本类型、热平衡态点缺陷的统计理论、点缺陷的运动和结合、点缺陷的形成能和形成熵、迁移能和迁移熵,并介绍了金属中的淬火空位和辐照产生的点缺陷;第二部分介绍了晶体中位错的基本理论,包括位错的基本概念、位错的弹性性质、位错的点阵模型、位错的运动、增殖、交割及位错动力学、实际晶体中的位错;第三部分介绍了晶体中晶界结构的模型和现代理论,包括晶界的位错模型、晶界的旋转模型、重位点阵模型、O 点阵理论、DSC 点阵理论、晶界的原子模拟、晶界的多面体紧密堆垛模型和结构单元模型。(戴柏诚)

P 天文学、地球科学

P000001 **敦煌天文历法辑校** 邓文宽辑校。江苏古籍出版社 1996 年 5 月版。50 万字。125.00 元。是国家哲学社会科学"六五"规划重点项目——《敦煌文献分类录校丛刊》中的一种。全书分上下两编，上编为"天文书和星图"，下编为"历书"。"天文书和星图"部分共收入文献 5 件：二十八宿次位经和三家星经、伯二五一二号玄像诗、伯三五八九号玄像诗、全天星图、紫微宫星图。此 5 件都是不可多得的古天文资料，其中"全天星图"和"紫微宫星图"尤为珍贵。"全天星图"实有星数 1 348 颗，是现知世界上最古老也是星数最多的古代星图。"历书"部分共收入文献 45 件，其中具注日历 37 件，年代最早的是北魏太平真君十年(449)，最迟的是宋淳化四年(993)，是研究我国古代历法史极其珍贵的资料。其中保存的唐归义军时期的历书，因不同于中原官颁历书，对于研究古代科技史和敦煌地区的民俗民情，都有十分重要的意义。(府建明)

P000002 **中国回回历法辑丛** 马明达、陈静辑注。甘肃民族出版社 1996 年 9 月版。169 万字。158.00 元。"中国少数民族古籍丛书"之一。作者辑录编纂了《传记资料》、《书目资料》和《中国历法大事系年》。主要收入了明清时期中国流传下来的《天文书》、《西域历法通经》、《七政推步》、《历法新书》、《唐顺元、周述学论回历二种》、《明史回回历法》、《梅文鼎论回历三种》、《马复初天文历法著作二种》、《回回历解》、《天方教历考》等数十种回历名著。(王振华)

P000003 **大地测量学** 徐绍铨主编。武汉测绘科技大学出版社 1996 年 9 月版。54 万字。24.80 元。分 14 章分别介绍大地测量学的内容，是 1989 年版《大地测量学》的修定本。本次修改中，删除了所有陈旧的内容，删减了各章节有关公式繁琐的数学推演和使用仪器的具体操作，突出了基本原理、基本理论的阐述，并考虑到本学科的最新发展，增加了大地测量学新技术、电子经纬仪、电子记簿、电磁波测距三角高程、测边网导线网概算、1980 年国家大地坐标系、新 1954 年北京坐标系及坐标系转换等内容。

P000004 **控制测量学(上、下册)** 孔祥元、梅是义主编。武汉测绘科技大学出版社 1996 年 10 月版。88.4 万字。19.80 元。上册有 1 篇共 6 章，主要讲述建立国家及工程测量控制网的基本理论和技术。下册有 2 篇共 7 章，主要讲述控制网数据处理的理论和方法。根据当代控制测量学科发展和趋势，在上册中增加了控制网优化设计、全站仪、数字水准仪等先进仪器和方法，特别是增加了 GPS 卫星定位技术。在下册中，地球椭球高斯投影及平差计算中的理论和公式的推导尽量简化，舍去不必要的级数展开，使其适于电算；加强了近代平差理论及在工程测量中的应用，特别是 GPS 网地面网联合平差等内容，简介了参改椭球定位，1980 大地坐标系，光标变换及投影面选择等内容。(张立福)

P000005 **高等应用测量** 陈永奇等编著。武汉测绘科技大学出版社 1996 年 11 月版。68 万字。28.00 元。内容包括 4 个方面：现代应用测量的技术和方法，现代测量成果数据理论与方法，测量优化设计理论与实践，测量数据库和专题信息系统。现代测量方法是以全站型仪器和全球定位系统两者应用的结合为基础的，引入微电子技术、传感技术、计算机技术、通讯技术，借助机光电集成的各类测量仪器，使测量工作发生了一体化、自动化、智能化、数字化革命。现代测量的数据处理方面，在最小二乘平差的基础上，又吸收了误差理论，数理统计，相关分析与预报及非最小二乘理论。现代测量的优化设计，重点在于控制网设计方案的最优性。最优化问题(含动态和静态)，主要是网形优化、观测精度优化和网的改进和加密。作者针对上述 3 类问题详细比较了解析和机助两类优化方法。建立测量数据库和专题信息系统是现代应用测量发展的必然结果。内容涉及数字关系数据库、图形数据库以及两者综合应用的专题信息系统等几个方面都有简要的介绍。(徐方)

P000006 **差分 GPS 定位技术与应用** 王广运等著。电子工业出版社 1996 年 3 月版。28.5 万字。18.00 元。分 9 章。叙述了 GPS 信号结构、观测量与数据提取、卫星位置计算、差分 GPS 定位原理、数据链、RTCM SC－104 标准格式、差分 GPS 设备以及

差分 GPS 的应用。(文宏武)

P000007 **海洋重力测量与磁力测量** 梁开龙等编著。测绘出版社 1996 年 6 月版。27 万字。15.00 元。在全面概述地球重力场与磁力场的基本理论的基础上,集中论述了在海洋环境条件下进行重力测量与磁力测量的方法、仪器设备、数据处理及其应用。反映了当代国内外该学科发展的新技术和新水平。(文湘北)

P000008 **摄影测量学** 金为铣等编著。武汉测绘科技大学出版社 1996 年 8 月版。43.2 万字。21.50 元。除对生产中适用的模拟法测图的理论、方法和仪器作了全面的论述外,还新增了摄影测量的新理论、新技术、新方法,如双象解析摄影测量地面数字模型及应用、数字纠正、土地调查等。(张鹏涛)

P000009 **数字摄影测量学** 张祖勋等编著。武汉测绘科技大学出版社 1996 年 11 月版。46.1 万字。38.50 元。内容包括:计算机辅助测图(数字测图)的方法与重要过程;数字地面模型的理论与应用;数字影像基础;数字影像特征提取与定位;数字影像匹配理论与算法;数字微分纠正与数字摄影测量系统。全书分 2 篇 14 章,每章后还附有思考题,并在附录中附加了一些与本书有关的基础知识。(张立福)

P000010 **地籍测量学** 章书寿主编。河海大学出版社 1996 年 7 月版。25 万字。9.80 元。结合诸如"GPS"卫星定位系统等最新手段,系统介绍地籍测量和土地管理的有关知识和各种新近的方法,内容包括:权属调查、地籍控制测量、地籍碎部测量、面积量算、城镇初始地籍调查的技术管理、变更地籍调查、计算机地籍数据处理等。除介绍一般方法外,还对各种方法的精度予以分析与阐释。(谢业保)

P000011 **变比例尺地图投影方法** 王桥等著。武汉测绘科技大学出版社 1996 年 3 月版。5 万字。6.00 元。针对传统地图投影的某些不足,为了满足不同用途的地图对地图投影的要求,研究了多种变比例尺地图投影的方法,这些方法一般不保持统一比例尺,对重要的地方进行局部放大,周围地区适当压缩,这些方法有指定特殊点比例尺的方法,引入过渡球面的方法,设计比例尺变比函数的方法,基于长度比曲线的积分方法,透视方法等。(金森)

P000012 **地理信息系统原理和方法** 边馥苓主编。测绘出版社 1996 年 8 月版。44.3 万字。45.00 元。从地理信息系统所具有的"空间概念"和"空间特性"出发,着重叙述了地理信息系统的构成、功能、地理基础、空间数据的获取、组织与管理、空间分析、制图输出与应用等基本概念。对一些与其相关的理论:地理信息系统的数学建模、三维地理信息系统概念和地理信息系统的网络工程等作了描述。书中阐述了信息系统工程化思想和系统工程的框架。附录中对国内常用的 GIS 基础软件、商用数据库和空间数据转换标准作了介绍。(朱伟)

P000013 **中国地球物理图集** 袁学诚等主编。地质出版社 1996 年 6 月版。390.00 元。是反映中国岩石圈地球物理特征的图集。内容包括 37 幅全国性图件、10 幅区域性图件,附文字说明。主要图件有航磁异常图、中长波磁力异常图、卫星磁异常图、布格重力异常图、自由空气重力异常图、均衡重力异常图、卫星重力异常图以及岩石圈的电磁特性、速度特征、热结构、地球物理构造等图件。区域性地球物理图件分别是:东北、华北、东南沿海、祁连山、长江中下游、秦一巴、西南三江、新疆和青藏等地区。(王文孝)

P000014 **环境制图** 褚广荣编著。测绘出版社 1996 年 11 月版。24.8 万字。20.00 元。介绍专题地图编制的一个分支——环境制图,主要内容包括环境地图基础知识、不同类型和内容的环境地图的编制方法、遥感资料在环境制图中的应用以及环境地图的应用方法等。本书论述了环境地图的设计、编制理论与制图方法,对环境地图的过去、现在和未来做了阐述,既追溯了历史的发展,也探讨了发展的前景,并对环境地图信息的开发与应用给予了足够的重视。(刘洪涛)

P000015 **地幔流体与软流层(体)地球化学** 杜乐天主编。地质出版社 1996 年 7 月版。71 万字。55.00 元。共 11 章,包括玄武岩、金伯利岩、煌斑岩、金刚石、巨晶对地幔流体与软流层的反演;地幔流体中微量元素及同位素;地幔流体中碱金属钠钾地球化学;地幔岩熔融和产浆机制;地幔气体及微粒合金;地幔岩形变;软流层(体)成因及判别标志;地幔流体与金属、天然气成矿关系等。(赵俊磊)

P000016 **数理地震学进展(中文版)** 冯德益、小山顺主编。地震出版社 1996 年 6 月版。35.2 万字。20.00 元。主要介绍应用数学手段及理论和实验分析方法解决地震问题的最新进展。其中包括统计地震学、模糊地震学、震源物理学、非线性地震科学等方面的新成果。涉及最多的地震学问题有地震活动性分析、地震预报、震源孕育与破裂过程的数学模拟等。全书共 8 章。第一章介绍分形几何与地学中复杂现象的定标关系；第二、三章分别介绍统计地震学与模糊地震学的新进展；第四、五章分别介绍新近发展起来的 H_{∞} 控制论和神经网络理论与方法在地震研究中的应用；第六、七章分别介绍地震活动性及地震孕育与发生过程的数学模拟；第八章给出用确定性的观点和随机的观点综合研究复杂的震源破裂过程的一些最新结果。（张慧平）

P000017 **横向各向同性介质中地震波及其数值模拟** 何樵登、张中杰编著。吉林大学出版社 1996 年 7 月版。33.5 万字。19.00 元。从最简单的各向异性介质的成因开始，分析了一般介质中弹性劲度系数的特点和约束条件，从克利斯托费尔方程进而导出横向各向异性介质中平面弹性波的相速度和群速度，介绍了描述能量守恒关系的坡印廷定理。书中用 4 章介绍了作者研究的差分法、有限元法、传播矩阵法、伪谱法和格林函数法的横向各向同性介质弹性波场数值模拟方法及算例。（唐万计）

P000018 **大地震规律研究** 郑联达著。北京理工大学出版社 1996 年版。35.9 万字。18.00 元。对中国大陆古今全部七八级地震 98 个逐个进行溯流追源的探索，发现在漫长的孕震进程中阶段性明显：先慢后快，愈来愈快，并符合准正比时间公式规律，可估计出大震发生的年份。又以地震乃岩层破裂现象的观点，对大范围岩层在历史上累积的破裂景观进行研究，发现它与一震源体岩层的破裂及实验室岩样的破裂有共同之处，从而拓宽了地震预测的研究范围。（总编室）

P000019 **地震问答** 副名：知识・预测・防范。殷维翰等编著。地质出版社 1996 年 6 月第四版。9 万字。6.50 元。以问答形式解答了群众关心的地震问题，以帮助群众了解地震这一自然现象，并预防和减少地震带来的损失。全书由地震是一种自然现象、地震的观测与预报、地震的灾害及其预防 3 大部分构成。（刘亚军）

P000020 **中国黄土古地磁学** 岳乐平、薛祥煦著。地质出版社 1996 年 7 月版。20.4 万字。12.00 元。以数十个剖面的古地磁学研究为基础，结合古生物学、气候环境学资料，讨论了中国黄土古地磁与古生物、气候及环境的关系。本书涉及黄土古地磁学原理、磁性地层学、第四纪哺乳动物学、气候环境学等。（蔡卫东）

P000021 **大尺度流域水文模拟国际会议论文集** 刘新仁、李纪人等著。河海大学出版社 1996 年 10 月版。32 万字。35.00 元。1997 年 5 月国际学术会议论文集。收集 43 篇论文，涉及 4 个方面的内容：(一)水文模拟的尺度问题；(二)水热通量与大气环流模拟；(三)遥感与地理信息系统的应用及流域调查；(四)水文模拟策略。其中有基本理论研究，也有应用研究。有对某一特定流域的研究成果，也有对整个亚洲的研究成果。（吴毅文）

P000022 **黄河水文志** 黄河水利委员会水文局编著。河南人民出版社 1996 年 8 月版。82 万字。70.00 元。《黄河志》丛书之一。记载了黄河水文事业的历史与现状，反映了从大禹治水到近代采用先进技术进行水文测报、进行研究的发展过程，尤其是新中国成立以来黄河水文事业的发展历程和成就。全书分 8 篇 32 章。主要内容有管理机构、水文站网、水文测验、水文实验研究、水文资料整编、水文气象情报预报、黄河水沙特征研究、水文分析计算等。卷首配有彩色黄河流域水文站、水位站分布图及珍贵彩照 26 幅。（张素秋）

P000023 **江苏省志・气象事业志** 《江苏省志・气象事业志》编纂委员会编。江苏科学技术出版社 1996 年 8 月版。45.6 万字。65.00 元。分为概述、机构队伍、气候、大气探测、天气预报、气象服务、农业气象、气象资料、气象电信、气象设备、气象科研、气象教育、财务基建、气象社团、国际合作与交往、附录（大事年表、气象灾害年表、气象谚语、重要文献辑存）。（金宝佳）

P000024 **山东水旱灾害** 山东省水利厅水旱灾害编委会编著，马麟主编。黄河水利出版社 1996 年 10 月版。60 万字。60.00 元。分 5 篇 17 章。收集、整理和归纳了山东省历史的和现实的水旱灾害资料，综合分析了自然的和社会的各种影响因素，查明了主要矛盾和主要矛盾的主要方面，揭示了水旱灾害及其相关灾害的类型、危害程度和演变规律，总结了山东省人民与水旱灾害长期抗争的经验，吸取了国内外的先进技术，密切联系山东省的实际，研究和论述了防治与减轻水旱灾害的各种对策措施。（胡庆泉）

P000025 **山西水旱灾害** 山西省水利厅水旱灾害编委会编著，李建国主编。黄河水利出版社 1996 年 2 月版。82 万字。54.00 元。分 4 篇 23 章。收集、整理和归纳了山西省历史的和现实的水旱灾害资料，综合分析了自然的和社会的各种影响因素，查明了主要矛盾和主要矛盾的主要方面，揭示了水旱灾害及其相关灾害的类型、危害程度与演变规律，总结了山西省人民与水旱灾害长期抗争的经验，吸

取了国内外的先进技术,密切联系山西实际,研究和论述了防治与减轻水旱灾害的各种对策措施。(胡庆泉)

P000026 **黄河流域水旱灾害** 黄河流域及西北片水旱灾害编委会编著,马秀峰主编。黄河水利出版社1996年4月版。66.4万字。10.00元(精)。分4篇15章。收集、整理和归纳了黄河流域历史的和现实的水旱灾害资料,综合分析了自然的和社会的各种影响因素,查明了主要矛盾和主要矛盾的主要方面,揭示了水旱灾害及其相关灾害的类型、危害程度与演变规律,总结了人类与水旱灾害长期抗争的经验,吸取了国内外的先进技术,密切联系黄河的实际,研究和论述了防治与减轻水旱灾害的各种对策措施。(胡庆泉)

P000027 **天山积雪与雪崩** 谢自楚、N.B.谢维尔斯基主编。湖南师范大学出版社1996年6月版。29.5万字。25.00元(精装)。是中国科学院兰州冰川冻土研究所和哈萨克斯坦国家科学院地理研究所联合科学技术研究课题的成果。本书以N.B.谢维尔斯基院士的"导出雪线"理论和谢自楚教授的"零平衡线"理论为指导,首次全面计算出天山高山和整个区积雪量、稳定积雪日期,其分布的时空规律和局地因子的影响,深入分析天山积雪的物理力学特征、雪崩形成条件,雪崩参数计算及雪崩危险的地域分布规律。总结了中国和前苏联在山区积雪资源计算和评估、雪崩灾害的调查、防治及救护方面的成功经验。(黄林)

P000028 **非线性大气动力学** 刘式适等编著。国防工业出版社1996年7月版。43.9万字。26.90元。分为两篇。第一篇主要从非线性动力学的一些物理问题出发引入非线性动力学的一些基本概念,如平衡点、稳定性、分岔、突变和浑沌等,在系统叙述这些概念的基础上介绍它们在流体力学,特别是在大气科学中的应用,突出流体平衡态的分析和湍流的新思维;第二篇着重从非线性波中的非线性、耗散和频散等因子的物理分析出发,探讨与物理科学紧密相关的非线性演化方程(Burgers方程、Kdv方程、sine-Gordon方程、非线性Schrö diger方程、非线性位涡度方程等)的解析行波解,并引入椭圆波、孤立波和偶极波等概念。介绍了求解非线性演化方程的方法:摄动法、级数展开法、特殊变换法、散射反演法和Bä cklund变换法等。(朱秀芬)

P000029 **中国气候与海面变化及其趋势和影响** 施雅风总主编。山东科学技术出版社1995~1996年版。260万字。222.40元。分4卷。第一卷《中国历史气候变化》,书中根据孢粉和考古记录重建了中国各地区一万年来气候和植被变化的序列,根据历史文献整理4000年来我国冷暖变化及近2000年旱涝变化序列,论述近百年来的气候变化和未来的变化趋势。第二卷《中国海面变化》,书中应用典型剖面和高分辨率地质资料重建了近1万年海面升降的曲线,指出在五六千年前海面高出现代海面高度2~3米,估算了未来海面上升对沿海地区的影响,预测了海平面的上升。第三卷《全球气候变暖》,书中详细地讨论了大气中的CO_2等温室气体浓度的增加情形及未来的变化趋势,论述了温室气体增加引起气候变化的物理基础,模拟了温室气体倍增下全球气体变化的情景。第四卷《气体变化对西北华北水资源的影响》,书中分析了我国西北地区的冰川、积雪、湖泊及河川径流的变化及未来的趋势,研究了华北地区水量平衡以及在气候变化和人类活动共同影响下的河川径流、地下水、湖泊、水库、土壤水分的变化趋势。(宋涛)

P000030 **中国数学地质·7** 中国地质学会数学地质专业委员会编。地质出版社1996年10月版。50万字。32.00元。内容包括以下10方面:一、数学地质的进展和展望;二、矿产(油气)资源评价预测;三、地质统计学和随机模拟;四、地质数据库、计算机自动绘图和显示;五、人工智能和神经元网络;六、地质过程的数学模拟;七、非地震物化探和地化资料处理;八、稳健统计学;九、数学地质新理论、新技术;十、第30届国际地质大会数学地质学术内容简介。(杨友爱)

P000031 **地质综合场论——理论·方法·应用** 刘石年等编著。中南工业大学出版社1996年6月版。19.4万字。结合近代自然科学和地球科学的有关新理论,提出了许多新概念和新内容,阐述了地质综合场的概念及其数学模型,地质综合场体系的成分、内涵和结构特征,体系中的时空有序状态,热力学和动力学因素,以及有关综合信息矿产预测方法。

P000032 **前地质调查所的历史回顾(1916~1950)** 程裕淇、陈梦雄著。地质出版社1996年11月版。54万字。40.00元。内容分为4部分:一、创业与奉献,主要论述前地质调查所的创业历史与对地质科学的主要贡献;二、开拓与创新,主要反映该所对地球物理、土壤科学、新生代地质与古人类学等学科的开拓与成就;三、回忆与怀念,通过回忆,叙述有

关人才培养、学术风气以及刻苦钻研与艰苦奋斗的优良传统；四、追念与激励，搜集了该所100余位已故专家的传记。（屠涌泉）

P000033 **深水牵引流沉积：内潮汐、内波和等深流沉积研究** 高振中等著。科学出版社1996年7月版。18万字。19.00元。主要论述内潮汐、内波沉积及等深流沉积的基本理论、研究现状和主要研究成果。全书共7章，第一章至第三章论述内潮汐、内波沉积的基本概念，现代和古代内潮汐、内波沉积的基本特征、沉积层序、相类型、形成条件和鉴别标志；第四章至第六章论述现代等深流及等深流沉积、等深岩类型及特征、等深岩堆积体——等深岩丘的特征及分布规律；第七章为深水牵引流沉积研究的回顾与展望。（总编室）

P000034 **中国交通图册** 湖南地图出版社编。湖南地图出版社1996年6月版。7万字。11.50元。汇编有全国公路图、全国铁路图、全国内河航运图、全国航空图4幅，省、市区交通图34幅，全国大、中城市和边贸城市图92幅，全国有重要意义或是旅游热点的风景名胜区图27幅，图中公路按国道、省道、县乡道三级和高速公路用4种颜色表示。在公路上相邻县级行政中心之间和二级公路交叉点之间注明里程。31幅省、市图和城市图附有简短的文字介绍。（韩锡珍）

P000035 **地史学教程** 刘本培、金秋琦主编。地质出版社1996年11月第三版。42.3万字。13.95元。分4篇，第一篇总论部分介绍了现代地史学的基本概念、研究方法和发展趋势；第二、三、四篇分别介绍了自地球早期历史至第四纪期间，各地质时期的生物演化史、海平面升降史、古环境变迁史和古板块构造史，同时还对全球重大地质事件依据新资料做了介绍。在结论部分对地史发展中的一些基本问题做了扼要探讨。（王璞）

P000036 **甘蒙北山地区早古生代岩石圈形成与演化** 左国朝等著。甘肃科学技术出版社1996年6月版。19万字。11.50元。作者在1983～1987年《北山板块构造及成矿规律》研究的基础上，对北山地区早古生代的复杂地质构造史的沉积作用、冰期的冷事件、岩浆热事件、蛇绿岩、古地磁等诸方面作了深入的研究。（王辉）

P000037 **中国地层典 奥陶系** 《中国地层典编委会》汪啸风等编著。地质出版社1996年8月版。25万字。22.00元。对我国奥陶系开始研究以来所建年代地层单位（统和阶）和组及组以上岩石地层单位进行了全面收集和清理。在尊重历史优先律的同时，根据本典编委会统一制订的编写原则和细则，结合岩石地层、生物地层和年代地层研究的新进展，并联系事件地层、层序地层等新理论，重点对每个组及组以上岩石地层单位的含义——包括命名、沿革、主要岩性特征及其所含古生物或地质事件或同位素年龄或古地磁依据、顶底界线标志、接触关系、与相应岩石地层单位的关系、横向变化、厚度以及时代归属，或与相应年代地层单位的关系等——进行了描述和厘定，以期尽可能明确地限定每个岩石地层单位的含义及范围，澄清在我国奥陶纪地层名词使用上存在的某些不当之处。（舒志清）

P000038 **The Palaeozoic－Mesozoic Boundary－Candidates of global stratotype section and point of the Permian-Triassic boundary（二叠、三叠系界线——二叠-三叠系界线层型的全球供选剖面及点）** 殷鸿福等著。中国地质大学出版社1996年7月版。32万字。是联合国教科文组织的全球科研项目之一（IGCP 359）的研究成果。该项目先后在杨遵仪、殷鸿福院士指导下，由中国、英国、印度的18位科学家合作完成。因为涉及古生界中生界分界及许多全球事件，二叠系三叠系分界（PTB）的研究成为许多国际地质对比计划（如IGCP 106，203，272和359）及国际二叠系三叠系界线工作组（PTBWG）的研究焦点。1993年该工作组提出4个供选的PTB全球层型剖面及点，即浙江长兴煤山剖面、克什米尔Guryul Ravine剖面、四川广元上寺剖面及西藏聂拉木色龙剖面。其后发表了上10种专著和数百篇论文，从而确定PTB层型的工作已臻成熟。本书全面分析了这些成果。作者们深入调研后，强调PTBWG 1995年调查问卷中的煤山剖面比其余3个供选剖面更优。作者们用生物地层、岩石地层、同位素地层、事件地层及层序地层学对典型的PTB剖面及点综合研究后，着重推荐煤山剖面的27C层底作为三叠系全球对比的底界，该层型界面由lantidentatus-parvus-turgida-isarcica牙形石演化系列中的Hindeodus parvus种的初现面标定。其余3个供选剖面的最新研究成果也在本书中作了充分反映。（龙祥符）

P000039 **大陆层控构造导论** 李扬鉴等著。地质出版社1996年5月版。24.9万字。22.00元。作者在自己多年野外工作实践中，受地质现象的启发，运用模式思维研究方法，先根据力学的原理，建立理想模式，然后再寻找有关事实进行检验，对大地构造理论提出了一系列新观点和新看法,并将之称为层控构造学说。作者认为大陆地壳由7个圈层构成,不同层次刚硬层的构造运动,都受其下伏软弱层控制,形成不同层次的层控构造,这些构造运动发生在不同的地质时期,是由不同的动力驱使的。作者将这些看法归纳为:多层次构造观、多元动力成因观、地球层圈结构多阶段演化观、地球不对称膨胀观、盆—山系成因整体观、升降—冲叠造山观、自上而下发育观、多旋回运动现象消减与增生并存观。(王璞)

P000040 **地洼学说——活化构造及成矿理论体系** 陈国达著。中南工业大学出版社1996年12月版。75.8万字。60.00元(精装)。内容包括:最初在地洼区(一种新发现的大陆地壳构造单元)基础上建立的初始理论;继后为充实、扩展这一理论有关的理论新概念和实体研究;发展成为历史-因果论综合大地构造学的理论体系,由地洼构造和全球性综合大地构造单元(壳体构造等)核心概念,5个部分和4个衍生新学科组成的活化(地洼)构造理论体系。

P000041 **造山带沉积地质与圈层耦合** 龚一鸣等著。中国地质大学出版社1996年6月版。30万字。29.80元。从流态圈的角度,从圈层耦合、内外力地质作用耦合、盆山耦合的角度,系统阐述了当代造山带沉积地质研究的理论和方法,特别对造山带非史密斯地层学,板块沉积学,古地理、古海洋重塑,层序地层,非暖水—暖水碳酸盐沉积几方面做了重点研究。全书附图70幅,附表24张,彩色照片48幅,黑白照片64幅。(李继英)

P000042 **南极现代地壳运动与遥感成图研究** 鄂栋臣、陈春明等主编。武汉测绘科技大学出版社1996年9月版。33.6万字。20.00元。汇集南极现代地壳运动与遥感成图研究论文25篇,内容涉及到利用高精度GPS定位技术开展南极地壳运动形变监测,南极地区大地水准面的研究,南极地区卫星影像图的研制、南极地区遥感应用等,许多论文作者都亲身参加了南极科考,该书是他们心血的结晶。(经纬)

P000043 **中国大陆根—柱构造** 副名:大陆动力学的钥匙。邓晋福等著。地质出版社1996年1月版。16.9万字。12.80元。是地球物质科学与地球物理学、深部热状态、地质多学科交叉的优秀成果。本书从岩石大地构造历史研究出发,提出了大陆根柱构造理论——陆—陆碰撞和陆内造山带对应于山根与造山岩石圈根,克拉通对应于大陆岩石圈根,大陆裂谷带对应于地幔热柱。基于大陆根—柱构造概念,讨论了中生代以来中国大陆上构造性质截然不同的东、西部地区的成生联系,与中、新生代之交的地幔对流系统的逆转;提出了新生代以来中国大陆岩石圈尺度的大地构造分区方案,与之对应的壳幔岩石学结构类型,地壳物质演化的两个不同方向及其与大地构造之间的联系,岩石圈热减薄速度的3种类型(非常快速、快速与慢速)及其识别标志等。基于层圈相互作用的概念,阐述了中国大陆三层式壳幔动力学系统——下地幔的重力—崩塌堆积构造层是表壳运动(物理的与化学的)的总动力源,是亚洲大陆中生代以来不断生长扩大的最根本原因;上地幔与岩石圈的大陆根—柱构造层是表壳运动的驱动力系统;表壳块体构造层是大陆根—柱构造的表现与浅部响应。本书还论证了许多重要地质问题,如地球多层对流系统、Pangea与大陆分裂、造山带的分类等。(周继荣)

P000044 **山西地堑系新生代沉积与构造地貌** 王乃樑等著。科学出版社1996年3月版。60.5万字。52.00元。内容分山西地堑系晚新生代沉积与环境和构造地貌两部分,共13章。在晚新生代沉积与环境方面,讨论了从上新世以来的环境演变及其对沉积物的影响,并根据红崖地区地层剖面的对比与分析以及临汾深钻孔岩芯的实验分析和湖泊沉积研究,对早更新世早期气候明显变温湿及更新世的环境做了系统分析。在构造地貌方面,对盆地演化与构造活动关系、水平运动和垂直运动在地貌上的表现,全新世构造运动与地震、地貌都做了详尽探讨。同时,根据沉积与地貌研究,对地堑系的河流发育也进行了讨论,提出在上新世时汾河、桑干河和滹沱河就已存在,由于构造运动的影响,经历了湖河演变过程,使一些河流发生改道。直到晚更新世才形成现今的河道流路。(总编室)

P000045 **吉黑东部构造格架及地壳演化** 赵春荆等著。辽宁大学出版社1996年7月版。30万字。24.80元。以大量地质和物探、化探资料为基础,以板块构造理论为指导,阐明了吉黑东部地区佳木斯—兴凯早前寒武纪地块的存在及其地质构造特征,认定它们在古生代时期控制了该区地壳形成、演化历程;建立了华北板块和佳木斯—兴凯板块两大构造演化系列,从而确定了其对接带的地理范围、时限和隐匿对接性质;总结、论证了上述两大板块的侧向增生、垂向增厚特征和机制,探讨了地壳结构和演化特征;认为滨太平洋构造域,在本区除自身增生外,还对古亚洲洋构造域进行了叠覆、改造,两构造域的转化具有过渡性特征。首次根据板块构造理论，用活动论和阶段论观点编制了《吉黑东部大地构造图(1：150 万)》，反映了本区构造格架及不同构造单元之间的时空演化关系。(刘东杰)

P000046 **中国地壳演化与矿产分布图集** 蒋志主编。地质出版社 1996 年 8 月版。2.60 元。以作者的新地球脉动学说为理论指导，以理论地质年表为时序，用系列图的形式反映中国地壳演化特征和矿产时空分布规律。图中采用的大地构造单元是根据新地球脉动理论归纳的地壳演化八重态——地台、海岭、海槽、陆槽、收缩期和膨胀期陆洼、收缩期和膨胀期海洼，反映了地壳演化过程。按照地质时代分幅(22 幅)编制地壳演化与矿产分布图，展示中国地壳演化和 40 种主要矿产分布的规律是本图集的特色之一，反映了不同成矿域、不同成矿阶段所形成矿产的特色。(谭惠静)

P000047 **李四光全集(8 卷)** 本书编委会编。湖北人民出版社 1996 年 6 月版。400 万字。400.00 元。共 8 卷：第一卷中国地质；第二卷冰川地质；第三卷地质古生物；第四卷地质力学(1)；第五卷地质力学(2)；第六卷区域地质；第七卷矿产地质与地震地质；第八卷其他，并附录《李四光年表》与《李四光著作总目录》。本全集还载有相关图片资料以及作者手迹。李四光从事科学研究，大致可分为两个阶段：建国前侧重地质基础学科的研究，涉及虫筳科化石、中国第四纪冰川地质、地质力学、石油地质等；建国后则致力于应用领域的研究，包括地震地质、地热地质、矿产地质、煤田地质、工程地质、水文地质等。本书全面反映了李四光长达半个世纪的科学研究历程及其丰硕成果，是李四光终生发展地质科学的成功记录与科学总结。(傅爱民)

P000048 **走向 21 世纪的地学与矿产资源** 中国地质矿产信息研究院编著。地质出版社 1996 年 8 月版。30 万字。20.00 元。是为第三十届地质大会的召开而出版的有关地球科学与地质信息的论文集。内容分为 4 部分：一、矿产资源与矿产经济：论述了中国矿产资源的形势、特点、前景以及中国的矿业投资环境和矿山发展；二、分析了国际地质科学的走向，预测了中国地质环境的态势；三、提出了矿床勘查战略，介绍了物探、化探和遥感等技术的进展；四、介绍了矿产评价、矿产储量估计的新方法，展望了 21 世纪的地质信息系统。(王章俊)

P000049 **日英汉地质词典** 常子文编。地质出版社、日本东方书店 1996 年 7 月合作出版。128.5 万字。120.00 元。共收录词汇近 5 万条。词条内容包括普通地质学、矿物学、结晶学、岩石学、地球化学、古生物学、地层学、构造地质学、地貌学、第四纪地质、海洋地质、火山地质、水文地质、物探与化探……。(刘学琮)

P000050 **第 30 届国际地质大会地质旅行指南(第 1～6 卷)** 侯鸿飞等主编。地质出版社 1996 年 7 月英文版。98 万字。从原计划的 142 条旅行路线中精选出 79 条，分为会前、会间和会后 3 部分。这 79 条路线的旅行指南除分装成 6 册合订本外，还以单行本形式分发给考察者。其内容涉及中国主要造山带，大规模沉积盆地，具有不同成因类型的大规模、超大规模矿床的成矿带和地质学家感兴趣的许多其他地质现象，如自然灾害、环境保护和基础地质等。涵盖的领域包括地层学、古生物学、沉积学、石油地质学、煤田地质学、前寒武纪地质、矿产、地震、火山、第四纪地质、地貌、水文地质、工程地质、环境地质、地热、岩石学、区域地质、构造地质、大地构造、变质带等。(周继荣)

P000051 **青藏高原的形成演化** 孙鸿烈等著。上海科学技术出版社 1996 年 12 月版。38 万字。44.60 元。阐明了青藏高原地学、生物学多个综合研究领域的重要成果和最新进展，反映了国家攀登计划重点项目“青藏高原形成演化、环境变迁与生态系统研究”的成果。自 50 年代起，特别是 70 年代后，我国开展了大规模的青藏高原综合科学考察，在高原的地质历史、地壳结构、环境变迁、大气环流、生物区系形成、自然地域分异以及资源开发利用等方面积累了大量宝贵的资料，取得了重大成果和显著进展，在国际上处于领先地位。本书系统地总结了从事青藏高原考察研究工作的中国科学家 40 年来的主要成果，对青藏高原隆升的时间、形式、幅度、速度，高原水系的形成与演化，第四系冰川规模、冰期的时间系列等重大科学问题上提出了独特理论；对青藏高原形成的各种理论模式作出评述；对重大国际争论问题提出独创见解；对青藏高原生物区系与群落作出了总结；此外，还对青藏高原的自然资源及其利用和保护作了阐述。本书主编为中科院院士，第三世界科学院院士，国家攀登计划“青藏高原形成演化、环境变迁与生态系统研究”项目首席科学家。他主持的“青藏高原形成演化及其对自然环境与人类活动影响的综合研究”项目获国家自然科学奖一等奖，陈嘉庚地球科学奖。(李维靖)

P000052 **四川地质路线考察丛书** 四川省地

质矿产局编著。成都科技大学出版社 1991 年 8 月至 1996 年 6 月版。83 万字。42.70 元。共 9 册,书目如下:《四川省黄龙—九寨沟高寒岩溶地质自然景观考察指南》、《自贡恐龙和川南岩溶地质考察指南》、《长江三峡地质地貌与崩塌滑坡考察指南》、《螺髻山古冰川地质景观考察指南》、《贡嘎山海螺沟冰川与第四纪地质考察指南》、《龙门山推覆构造带与景观考察指南》、《青藏高原东部松潘—甘孜印支造山带考察指南》、《峨眉山地质景观考察指南》、《攀西裂谷地质考察指南》。丛书系统地介绍了各路线独特的地质构造背景和地貌景观,将地质、地貌、人文、自然景观渊远流长的依存发展关系巧妙地结合起来,突破了单纯地质专业解说的局限性和一般观光旅游宣传品的单一性,融科学与观赏于一体。每册均附有 20 幅左右彩色照片,内容既有地质地貌景观,又有人文自然景观。每册均列有考察内容和具体日程安排。(周兴泰)

P000053 **矿物珍品** 郭克毅、周正编著。地质出版社 1996 年 8 月版。19.5 印张。360.00 元。以中国地质博物馆的馆藏标本为基础,博采国内部分省市有关单位及奇石收藏家的矿物珍品作补充,经认真研究和精心摄影后,选择其中 200 余种矿物的照片 400 余幅,采用中、英对照的介绍方式,根据当前通用的矿物分类方法按系统编著而成。书中珍稀矿物比例较大,突出了辰砂、雄黄、雌黄、辉锑矿等中国优势矿物,还介绍橙汞矿、红铊矿等自然界罕见矿物和香花石、绿泥间蜡石、羟硅铁锰石等有学术价值的中外新矿物。(魏宏贞)

P000054 **新疆东准噶尔富碱花岗岩类及其成矿作用** 刘家远、袁奎荣等著。中南工业大学出版社 1996 年 10 月版。26.9 万字。25.00 元。以野外观察与室内测试为基础,阐述了富碱花岗岩类形成的区域地质构造背景、时空分布特点与规律及其岩带的划分。详尽论述了该地区碱性花岗岩及伴生偏碱性花岗岩的地质学、岩石学、矿物学和地球化学特征。重点对各带碱性花岗岩的成因及其大地构造环境作了研究,首次划分出 A_1 型(形成于非造山期陆或板内裂谷或陷环境)和 A_2 型(形成于造山运动期后的拉伸、松弛的构造环境)两个亚类。本书后部分还论述了碱性花岗岩的地质意义及其与锡成矿的关系。

P000055 **颐和园昆明湖 3500 余年沉积物研究** 黄成彦等著。海洋出版社 1996 年 7 月版。31.6 万字。25.00 元。系国家自然科学基金委员会、地质行业科学技术发展基金委员会和地质矿产部专项基金联合资助的"从昆明湖沉积物探讨北京西山地区气候变化和环境变迁"课题的研究成果。该课题由地质矿产部地质研究所黄成彦主持,与中国科学院植物研究所、地质研究所、动物研究所、地质矿产部岩矿测试研究所、河北地质学院、中国地质学会和颐和园管理处等 8 个单位 20 位科学工作者历经近 5 年时间,在通过对昆明湖底沉积物采用 11 种测试方法所获取的 16 万余个数据的基础上,进行综合分析研究取得了重要成果。全书分 11 章,并附有图版 24 个。主要内容包括沉积相(地层)、磁性地层、粘土矿物、化学元素、石英砂、软体动物、介形虫、孢粉、硅藻、昆明湖历史和综述。(赵叔松)

P000056 **东秦岭大别高压超高压变质带(中文版)** 游振东等著。中国地质大学出版社 1996 年 7 月版。30 万字。30.00 元。以东秦岭、大别区段的区域构造演化为背景,总结了大别高压超高压变质带的同位素年龄框架;阐述了高压超高压变质岩的时空分布、岩石化学和地球化学特征;研究了高压超高压变质岩的岩石学、矿物学,揭示了矿物晶体内部成分变化规律,重塑了变质作用的 PTt 轨迹,结合变形分析再造了 PTtD 轨迹;对高压超高压变质岩中的流体包裹体作了成分、物理性质和温度压力条件等全面测定,同时在多种超高压变质矿物中发现了熔融包裹体;通过典型地区的大比例尺填图,对高压超高压变质岩进行了从宏观到超微观的系统构造解析,提出了高压超高压变质岩形成与折返的地球动力学模式。(赵颖弘)

P000057 **水—岩相互作用和成矿物质来源** 梁祥济著。学苑出版社 1996 年 1 月版。37 万字。18.00元。是作者 20 多年来从事实验地球化学、矿物和岩石研究的系统总结。实验是在柿竹园、德兴、大冶、石碌、黄岗、红砬子和小汤山等全国 17 个典型的钨、锡、钼、铋、铁、铜、铅、锌、金、银矿区和泉区野外地质工作基础上进行的。通过这些矿区不同类型的围岩与含钾、钠卤化物为主的水溶液,在不同的温度和压力、不同成分的溶液及其 pH 值和不同氧化-还原环境等条件下,经历了 120—576 小时持续相互作用的实验(5 000 多次),结果表明这些矿区(泉区)的成矿和成泉物质来源于各自的围岩——侵入岩、火山岩、变质岩、混合岩和沉积岩。本书提出了成矿物质来自围岩的新认识,揭示了这些成矿和成泉元素活化、迁移和沉淀的机理。(朱迎)

P000058 **成矿系列研究** 翟裕生等著。中国地质大学出版社 1996 年 7 月版。40 万字。38.00 元。

分8章,分别介绍成矿系列研究的历史和现状,成矿系列研究的思路和途径,成矿系列的层次及分类,成矿系列的成因类型构成和工业意义,成矿系列的内部结构和系列间的相互关系,还介绍了成矿系列的研究方法,重点剖析了几类成矿系列,如:与同熔型花岗岩有关的成矿系列、与重熔型(S)花岗岩有关的成矿系列、陆相火山—次火山岩系的金铜(银铅锌)成矿系列、与斜长岩—辉长岩有关的成矿系列、与晚古生代沉积盆地有关的成矿系列。(李继英)

P000059 **含能源盆地沉积体系——中国内陆和近海主要沉积体系类型的典型分析** 李思田主编。中国地质大学出版社 1996 年 7 月版。54 万字。40.00 元。选择 11 种沉积体系的典型研究成果,侧重于陆相,特别是扇三角洲、河流和深切谷、潮湿型冲积扇、湖泊三角洲、湖盆水下重力流、古盐湖和古沙漠沉积体系等,其次是近海条件下沉积体系的研究成果,如三角洲、碎屑岸线体系,碳酸盐台地和礁等。特别注重在露头良好的地区,对沉积体系进行三维追索和大断面写实,揭示了沉积体系内部构成的细节。(赵颖弘)

P000060 **山西晚古生代含煤地层和古生物群** 孔宪祯等编著。山西科学技术出版社 1996 年 6 月版。40.4 万字。20.00 元。按多重地层学方式,论述了山西石炭系及二叠系的岩石地层单位,建立了各门类化石组合(带),对主要标志层、煤层进行了全区对比,概述了有关门类化石的古生态特征及生物群所处的古气候条件。全书分为上、下两篇,上篇为山西晚古生代含煤地层。分 7 章:第一章地层分区,第二章年代地层单位,第三章岩石地层单位,第四章古生物组合(带)特征,第五章主要标志层、煤层的对比,第六章古生物地理、古气候及古生态,第七章为与其他地区的对比;下篇古生物系统描述,包括古植物、孢粉、牙形刺、腕足类、双壳类、珊瑚、腹足类等化石门类。并附 29 条地层剖面及古生物图版 49 版。(温洁茹)

P000061 **中国东部及陆缘扩张带油气成矿学** 魏洲龄著。中南工业大学出版社 1996 年 2 月版。21.8 万字。22.00 元。以壳体大地构造学为指导,从油气成矿学角度,深入阐述了中国东部及陆缘扩张带中不同的大地构造体系的油气专属性、油气继承性、油气深源性、油气复成性以及过渡际油气形成的特殊性。在此基础上,进一步地阐明了不同的大地构造类型以及不同级别的大地构造单元的油气分布规律。同时,在研究的基础上,指出其油气成矿的有利远景区。

P000062 **砂岩油气藏描述** 杨永彪等编译。西北大学出版社 1996 年 9 月版。34 万字。35.00 元。编译文章 11 篇。分别以阿拉斯加普鲁得霍湾油田、密西西比州利特尔克里克油田、加利福尼亚州南贝尔里奇油田、密西西比 Soth State Line 油田、北海西此赫顿油田、俄亥俄州塞尼卡维尔气田、南美哥伦比亚 Cano Limon 油田、加利福尼亚州 Yowlumne 油田、北海福蒂斯油田、加利福尼亚州米德韦·森塞特油田等为实例,从构造与圈闭、沉积相与储集体、成因作用与储层性质、生产特征及勘探开发战略等方面对油藏进行了论述,内容涉及河流、三角洲、风成岩和浊积岩等砂岩油气藏的油藏描述,体现了当今国外油气藏研究的动向和目标。(兰世雄)

P000063 **柴达木盆地地质与油气预测** 副名:立体地质·三维应力·聚油模式。黄汉纯著。地质出版社 1996 年 8 月版。41.5 万字。42.00 元。分为 3 篇。第一篇以柴达木盆地石油地质构造为主体,研究了柴达木盆地基底与周边老山、基底与中新生代盖层、中新生代深层与中浅层、构造体系与沉积、古今湖盆与油气源、生油凹陷与储油构造、古盆地基底与古生代油源,编制了成套全盆地构造图、厚度图、剖面图和不同深度地质图,建立了盆地立体地质模型。第二篇在上述基础上,研制了盆地多层、非均匀介质三维力学模型,完成了柴达木盆地内包括基底、三个生油层、三个储油层的三维应力、能量的测试、计算和四维数据场空间图形的绘制。第三篇论述了柴达木盆地多期生油以及构造、构造应力逐级控油规律,提出中侏罗世、古生代油源及含油区,预测了中新生代含油气区、油气田或含油气构造。本书同时以中、英文两种文字出版。(张新元)

P000064 **新疆塔里木盆地北部构造演化与油气关系** 陈发景、汪新文等著。地质出版社 1996 年 3 月版。27.7 万字。13.80 元。主要根据阶段论、活动论的观点,从盆地分析的角度,讨论了塔里木盆地北部构造演化及其与油气的关系。内容包括:一、从造山带与盆地形成的耦合关系阐述了该地区板块构造背景、板块离散和聚敛作用的构造演化过程及各阶段盆地性质的变化;二、对库车前陆盆地和满加尔克拉通内挤压挠曲坳陷进行了充填系列、物源分析及沉降史分析,并对库车前陆盆地做了数值模拟分析;三、阐述了本区构造运动的期次、不整合类型、盆地横向与侧向迁移、叠加和改造(反转)特征;四、论述了本区构造变形的几何学、运动学、地球动力学特

征;五、讨论了盆地构造特征和构造演化与油气的关系。(刘亚军)

P000065 **世界油气田译名手册** 陈家煌等编。石油工业出版社1996年6月版。30万字。15.00元。收录世界各国油、气田名称约1.2万条,其中包括油、气田、含油气盆地等名称,分为拉汉和俄汉两部分编写。(何莉)

P000066 **中国黑色有色金属矿产图集** 中国地质科学院地质研究所编。地质出版社1996年8月版。30.5印张。520.00元。为8开本桌面用图,共有48个图幅,每幅图由主图、说明书及若干附图、附表组成。可分为5个层次:全球、全国、特色大区及省、市、自治区,以及典型矿田、矿床或矿体。世界主要金属矿产图;全国矿产图;各幅大区性矿产图;各省、市、自治区矿产图,是图集的主体,客观反映各行政区的资源特征;第五层次包括矿床密集区放大图、矿田地质图、矿床地质图、剖面图、成矿模式图等,以各图幅的附图形式出现。本图集包括铁、锰、铬、钛、钒、铜、铅、锌、铝、镍、钨、锡、钼、铋、汞、锑和镁等17个矿种。矿床规模按标准划分为大、中、小3级。矿床类型的划分以成矿作用为主。图上以颜色表示矿种,以不同的形状区别矿床类型,以符号的大小表示矿床规模。(郁秀荣)

P000067 **中国南方锰矿地质** 侯宗林、薛有智等著。四川科学技术出版社1996年7月版。42万字。30.00元。论文集,计29篇。全部论文都是在冶金工业部"八五"重点科技项目"扬子地台周边及其邻区优质锰矿成矿规律及资源评价"的有关子题研究成果基础上改写的,作者基本上是各级子题科研工作负责人。论文集以现代地学理论为支撑,以优质锰矿为主要研究目标,通过对优质锰矿成矿地质背景、时空分布规律、含锰沉积建造、含锰岩系、矿床成因类型、成矿作用机理、勘查技术方法等领域的研究,总结出关于我国南方锰矿地质的若干重要结论。(喻瑞卿)

P000068 **中国伴生金矿床** 丁俊华等著。地质出版社1996年6月版。42.5万字。30.00元。论述中国伴生金矿床的类型划分、时一空分布规律及成矿物质来源与成矿机制,总结了伴生金矿床区域性分布上的"下"字形分布格局,时间上的"三峰三谷"分布格局以及4个"三位一体"的成矿机制;分析了15种不同类型的典型矿床中伴生金不同的赋存状态;探索了扩大金资源,开展外围找矿的新途径。(叶丹)

P000069 **中国主要类型金矿床找矿模型** 邹光华、欧阳宗圻等主编。地质出版社1996年4月版。45万字。30.00元。阐述了中国绿岩带型(包括产于花岗杂岩体、绿岩地体及碱性杂岩3种亚类)、变质碎屑岩型、沉积岩型(包括微细粒浸染型、碳硅泥岩型及钠长角砾岩型3种亚型)、火山一次火山岩型(包括火山岩型与爆破角砾岩型)4种主要类型金矿中一批典型金矿床(田)的地质一地球物理一地球化学找矿模型;各类型金矿地球物理、地球化学特征、找矿标志、评价指标、有效方法组合与工作程序,并收集了成功运用模型指导找矿的部分实例。(王文孝)

P000070 **中国银矿床主要类型及矿床特征** 李舒编著。地震出版社1996年1月版。26.3万字。15.00元。确立了我国银矿床的5个主要类型,提出了各类型不同的控矿条件及矿床特征,以及银矿床的时空分布、成矿岩浆岩的专属性,赋矿围岩在成矿中的作用,某些类型矿床的空间关系,内生矿床中成矿元素分带及银的赋存状态等见解。文中列举了反映当代地质勘查成果的若干矿床实例。(张慧平)

P000071 **世界首例独立碲矿床的成矿机理及成矿模式** 银剑钊著。重庆出版社1996年7月版。31.5万字。24.75元。论述中国四川大水沟独立碲矿床这一目前世界首例独立碲矿床的成矿地质背景、矿床地质、矿床矿物学及稳定同位素地质等。在此基础上,应用90年代新兴的纳米科技成果,阐释了矿床的形成机理;借助耗散结构理论、协同学及分支理论等,解释了碲矿床就位于现今位置而非其他构造空间的内在机制;借鉴现代地学的最新研究成果,即地球深部排气这一现象,提出了该矿床形成的三级矿浆演化成矿模式,即由"云雾状"初始"纳米效应"矿浆(Ⅰ)→液滴状分散矿浆(Ⅱ)→终态平衡矿浆(Ⅲ),最终因某种微弱外场的差异,导致矿浆上贯进入局域化耗散结构即聚矿的最佳"吸引子"而成矿,最后指出了找矿方向——地台周边与地槽过渡带,其中尤其是存在地幔上隆及地球物理异常的地段,即地幔物质能上涌到地壳的部位。(余国枢)

P000072 **非金属矿物的开发与利用** 福建省地质矿产局编著。福建科学技术出版社1996年10月版。40.8万字。23.30元。是在"工业矿物国内外开发利用状况及发展趋势"科研课题研究成果基础上编写而成的。原始资料来源于与非金属矿物开发、利用有关的厂矿企业及情报、科研、统计、管理、进出口贸易等部门。书中详述了与国民经济建设关系较为密切的10多种非金属矿物的资源分布、矿床成因类型、矿物工艺特性、矿物的主要用途和工业指标及产品质量要求，还侧重介绍了国内外各种矿种的选矿技术水平，选矿加工工艺，深加工方法和新工艺，产品性能、用途，以及各种矿种的国内外开发利用情况和发展趋势等。涉及的非金属矿物主要有：高岭土、膨润土、硅质原料（岩类矿与砂类矿）、叶腊石、长石和霞石正长岩、萤石、重晶石、花岗石、石墨和石灰岩。（黄宗鋆）

P000073 **中国原生金刚石成矿地质条件研究** 池际尚、路凤香等著。中国地质大学出版社 1996年7月版。30万字。35.00元。在介绍华北地台两个金刚石矿区（山东蒙阴和辽宁复县）与扬子地台3个含金刚石岩区（贵州镇远、凯里和湖南宁乡）的地质、岩石特征的基础上，通过华北地台形成工业矿床和不具工业矿床的金伯利岩的对比，以及扬子地台含金刚石的各种钾镁煌斑岩的对比，探讨了原生金刚石成矿的3个主要控制因素：基底构造与克拉通性质，深部岩石圈组成、厚度、热状态与演化，以及金刚石寄主岩的地质、岩石、矿物、地球化学与岩浆起源的特征；结合我国实际情况厘定了我国金刚石成矿时代、寄主岩含矿标志、找矿远景区；提出了"三组分体系"（地幔－岩浆－流体共存并相互作用后，固结形成金伯利岩或钾镁煌斑岩，金刚石寄主岩的特点和含金刚石性取决于三者的比例）及深部流体与金刚石形成、保存关系等新认识。（刘士东）

P000074 **地质矿产点源信息系统设计原理及应用** 吴冲尤等著。中国地质大学出版社 1996年版。42万字。35.00元。分6章，分别论述和介绍了地矿点源信息系统的基本概念与设计原理，系统分析的内容与方法，点源数据库子系统的总体设计思想，管理系统、绘图系统的开发与应用及综合评价系统的建立、检测和应用等。（刘先洲）

P000075 **钻孔冲洗与注浆** 王文臣主编。冶金工业出版社 1996年10月版。32.7万字。13.10元。内容包括：钻孔冲洗：水及润滑冲洗液，泥浆，无固相冲洗液与低密度流体；钻孔注浆：钻孔注浆材料，钻孔护壁与堵漏，地基处理注浆。（宋良）

P000076 **专门水文地质学** 房佩贤等主编。地质出版社 1996年11月版。40.8万字。13.65元。共3篇16章。第一篇介绍水文地质调查的各种方法和手段，包括水文地质测绘、钻探、物探、野外试验和地下水动态与均衡监测等；第二篇介绍供水水文地质的勘察方法，水质评价，地下水资源量的计算与评价，地下水资源的开发、保护与管理等；第三篇为矿床水文地质，介绍了矿床充水条件、矿床水文地质类型、矿坑涌水量的预测方法、矿井突水预测、矿床疏干及矿区环境地质等。（戴鸿麟）

P000077 **海水入侵灾害防治研究** 赵德三主编。山东科学技术出版社 1996年3月版。40万字。22.00元。集中了地理学、地质学、海洋科学、环境科学、水文地质、水利工程、农业生态、信息科学等多学科的优势，揭示了海水入侵过程的成因、机理和规律，并提出了攻克这一难题的方法和技术措施，制定了变恶性循环为良性循环的整体方案。本书以山东沿海海水入侵区为实验基地，从地质构造、地貌类型、海岸形态、海洋水动力条件等方面，阐述海水入侵的成因、类型、规律、危害程度。（杨靖）

P000078 **中国北方沿海第四纪地下卤水** 韩有松等著。科学出版社 1996年8月版。31.4万字。58.00元。分8章，论述了该类型地下卤水的物理化学性质、分布规律、矿床沉积特征、生存海岸地质环境和成因理论。叙述了有关的调查研究、预测普查与勘探技术方法以及利用价值及其有关技术。初步探讨了滨海平原浅层地下卤水的环境地质问题。（总编室）

P000079 **铁路工程地质** 西南交通大学李隽蓬主编。中国铁道出版社 1996年9月版。26.6万字。8.90元。共6章。主要讲述工程地质的基础理论，其中包括：岩石与土的地质特性和工程特性；岩层及其产状、褶皱构造和断裂构造等；地表水与地下水的地质作用。另外，书中还结合工程实例阐述了铁路地质灾害，如滑坡、崩塌、岩堆、泥石流、岩溶等，以及线路、桥隧等工程中的有关工程地质问题。最后，还介绍了铁路上有关工程地质勘测的一般知识。（刘桂华）

P000080 **高层建筑工程地质** 匡有为编著。中国地质大学出版社 1996年6月版。33万字。10.50元。分3篇。第一篇高层建筑的结构体系和地基基础，介绍了高层建筑的3种结构体系与结构体系的选择、高层建筑的各种基础类型及其选择的工程地质依据、地基土的工程地质分类和工程地质性质等。第二篇高层建筑工程地质问题分析，内容包括场地稳定问题、地基承载力和沉降问题、桩的动测法、基础的施工工程地质问题等。第三篇工程地质勘察，介绍工程地质勘察要点、地基评价内容和勘察中的试验工作。本书除对有关原理作必要的阐明外，对经常遇到的高层建筑工程地质主要问题均作了详细讨论,并附有工程实例和例题。

P000081 **北京西山岩溶** 蒋忠诚、翁金桃等著。广西师范大学出版社 1996 年 7 月版。18 万字。9.80 元。根据岩溶环境系统理论,以岩溶形态组合的成因和形成环境系列观点为指导,运用多学科结合,对北京西山各种岩溶形成物进行了实地调查、测试和综合研究,并在岩溶景观现状调查的基础上,对旅游资源进行了评价,设计了岩溶地质旅游专线,提出了保护方案。(汤志林)

P000082 **清江流域岩溶研究** 沈继方等著。地质出版社 1996 年 8 月版。34 万字。38.00 元。是根据《湖北省清江流域岩溶发育及其资源环境效应研究》成果编写而成。作者对清江流域岩溶发育的地质、气候、水文背景条件、岩溶地貌、洞穴系统、岩溶水系统、岩溶水文地球化学、岩溶发育史及有关资源环境问题进行了调查分析。(屠涌泉)

P000083 **岩溶与人类生存、环境、资源和灾害** 袁道先、谢云鹤主编。广西师范大学出版社 1996 年 5 月版。27.9 万字。15.00 元(平),25.00 元(精)。是中国地质学会岩溶地质专业委员会献给第 30 届国际地质大会的礼物,共收入论文 20 篇,内容包括岩溶学的基本理论问题和与国民经济密切相关的实际问题的论述,探讨了涉及资源、环境和灾害等岩溶分支学科中的主要问题。(余鑫晖)

P000084 **地质灾害经济评价系统** 向缉熙等著。地质出版社 1996 年 8 月版。13.2 万字。8.00 元。作者论述了地质灾害经济学的含义、研究内容及任务,系统介绍了地质灾害经济评价的理论和方法;创建了"地质灾害经济评价系统(GHEES)",并研制出相匹配的电子计算机软件;结合实例分别介绍了地质灾害风险评估、灾害经济评价的目的和任务以及方法和模型。(张新元)

P000085 **中国分省地质灾害图集** 段永侯编著。中国地图出版社 1996 年 7 月版。8 万字。34 幅图。120.00 元。根据 1992 年以前大量调查成果和万余个典型地质灾害点资料及数据库资料编制而成。全面反映各省、市、自治区地质灾害的类型、区域分布特点及发生的规律、危害程度和发展趋势。对地质灾害产生的地质环境背景和条件如:地形地貌、地质构造,特别是最新活动断裂、岩土体工程地质类型、水文地质条件等也作了概略反映。每幅图背面附有 2 000 字左右的地图说明。图集分序图和省区图两部分。序图包括:中国政区、中国地形、中国强地震震中分布和主要地震带。省区图包括 31 个省市自治区地质灾害发育分布图。图集表示的地质灾害主要有:地震、地裂缝、砂土液化、滑坡、崩塌、泥石流、地面沉降与塌陷、矿区突水、土地胀缩、冰融、雪崩、冷浸田、土壤退化(盐渍化、沼泽化)、土地沙漠化、河湖库港淤积、洪水、江岸崩塌、地下水污染、地方病(克山病、地氟病、地甲病、克汀病、核辐射病)、火山、煤田自燃、煤矿瓦斯爆炸等。(杜秀荣)

P000086 **海洋博物馆** 谭征主编。天津教育出版社 1996 年 12 月版。87.7 万字。80.00 元。为"大自然博物馆丛书"之一,介绍如海洋地理、海洋地质、海洋环境、海洋开发、海洋工程、航海、潜水、南极、北极等方面的知识,且在具体条目中,巧妙地糅合了历史、天文、艺术、民俗、生物等方面的内容。(张纪欣)

P000087 **中国海洋地理** 王颖主编。科学出版社 1996 年 9 月版。83 万字。85.00 元。分 4 篇 24 章,分别论述了我国的海洋环境与资源(包括地质、地貌、气候、水文、资源与环境变迁)、海洋经济(包括海岸带土地利用、沿海农业、渔业、盐业、工业、交通、港口、旅游及开发地带与开放地区等)、区域海洋地理(包括我国渤海,及邻海黄海、东海与南海)以及海洋灾害与环境保护等内容。(总编室)

P000088 **长江冲淡水扩展机制** 朱建荣、沈焕庭著。华东师范大学出版社 1996 年 3 月版。20 万字。18.00 元。建立了一个 δ 坐标下三维非线性斜压浅海与陆架模式,研究长江冲淡水扩展的动力机制。计算区域为整个东中国海,水平分辨率为 7.5'×7.5',垂向分 11 层,数值计算采用 ADI 方法。由于长江冲淡水的扩展与余流密切相关,本书先对长江口外海区的余流,包括风生流、边界力产生的余流、密度流、潮致余流作了数值模拟,并分析了它们对长江冲淡水的扩展可能带来的影响。数值模拟了底形、斜压及其相互作用等对长江冲淡水扩展的影响,并用一个考虑底斜和海面坡度及其与斜压相互作用的涡度方程对模拟的结果作了动力分析。夏季长江冲淡水的扩展,尤其是夏季长江冲淡水的转向现象,是本书的重点。对径流量、台湾暖流、风场、黄海冷涡等因子对夏季长江冲淡水扩展的影响,作了详细的数值模拟和动力分析。最后对冬季长江冲淡水的扩展作了数值模拟。本书不仅模拟了长江冲淡水夏季转向东北、冬季在沿岸一狭窄带内向南扩展的现象,同时再现了东中国海冬夏季的环流结构。(倪明)

P000089 **西北太平洋波浪统计集** 方钟圣等编著。国防工业出版社 1996 年 5 月版。94.2 万字。

48.00元。提供了西北太平洋各海域波浪要素(波高、周期和波向)的长期统计数据,按照地理位置(区块)、季节和波向的不同,以相应的有效波高与平均跨零周期的联合概率分布的形式给出。这些数据是基于对长达30年约760万条船舶报资料,经过专门研制的波候综合模式统计处理的结果。该模式原在英国提出和使用,本书作者曾参与研制,后又有改进,期间分析了分布在世界各地的仪器测量的风和浪长期统计资料,特别是利用了西北太平洋日本浮标站器测资料约10万条。此外书中还专列一章综述海洋波浪统计研究的进展和应用情况。(史国成)

P000090 **南极布兰斯菲尔德海区地质** 副名:"海洋四号"船南极地质地球物理科学考察成果。王光宇、陈邦彦等著。地质出版社1996年10月版。20万字。32.00元。是地质矿产部派出"海洋四号"船1986年开始南极考察的成果汇集。主要是通过对地质、地球物理资料的综合研究,总结了南极半岛布兰斯菲尔德海区的地形地貌、地球物理场特征、表层沉积特征和区域地质构造,确认了布兰斯菲尔德盆地的范围、地层、构造、火山岩分布及盆地演化,标志着我国海洋地质、极地地质、海洋地球物理调查工作进入了一个新领域,也标志着中国地学工作者为人类和平利用南极作出了新的贡献。(陈磊)

P000091 **南海珠江口盆地第三纪微体古生物及古海洋学研究** 郝诒纯等著。中国地质大学出版社1996年7月版。29.8万字。图版20幅。50.00元。入选论文14篇,其中结合生产实践论述层序地层分析在井下地层研究中的重要性及其与高分辨率、定量生物地层学研究关系的1篇;研究有孔虫、沟鞭藻、钙质超微及孢粉化石的5篇;研究微体化石及其古环境意义的2篇;测定古海洋沉积速率、古水团变化及古生产率变化等古海洋学专题研究的6篇。研究的时间跨度从始新世到更新世,中以第三纪为主。(龙祥符)

P000092 **中国海洋21世纪议** 国家海洋局编。海洋出版社1996年版。9.5万字。13.00元。阐明了海洋可持续发展的基本战略、战略目标、基本对策,以及主要行动领域。各章均设导言和方案领域两部分。导言部分阐述各章的中心内容、主要依据、现状和问题、趋势展望等。每个方案领域包括3部分:行动依据,说明该方案领域的国际、国内法律根据,要解决的主要问题及解决问题的时空可行性等;目标,主要说明该领域采取各种行动要达到的目标和目的;行动,实现目标需要采取的各种措施和行动。全书共11章:一、战略和对策;二、海洋产业的可持续发展;三、海洋与沿海地区的可持续发展;四、海岛可持续发展;五、海洋生物资源保护和可持续利用;六、科学技术促进海洋可持续利用;七、沿海区、管辖海域的综合管理;八、海洋环境保护;九、海洋防灾、减灾;十、国际海洋事务;十一、公众参与。(马凤珍)

P000093 **岭南海洋国土** 司徒尚纪著。广东人民出版社1996年6月版。32万字。28.00元(平),38.00元(精)。是"岭南文库丛书"之一。介绍海洋国土基本概念。概述了岭南海洋国土的地理区位和自然环境特点,回顾了其开发简史,分类论述了其海水化学与动力资源、海洋矿产资源、海洋生物资源、滩涂资源、海岛资源、港湾资源与海洋运输、旅游资源的分布状况,以及开发利用和海洋资源的环境保护等问题。在此基础上,总结了岭南海洋国土开发的规律与经验。(曾宪志)

P000094 **胶州湾及邻近海岸带功能区划** 联席会议著。海洋出版社1996年8月版。50万字。52.00元。从研究自然和区位条件入手,分析了环境、资源、经济、社会状况,对胶州湾及邻近海岸带功能,采用大比例尺进行区域功能区划。运用了专家与部门、定性与定量研究、专题与综合分析相结合的方法,设立了功能区划数字模型研究、海岸线变化对水动力与水质影响研究、港群布局研究、资源开发与保护研究、综合管理研究及功能区划多媒体计算机信息系统等6个专题,分别从方法手段、制约条件、开发重点行业和重点区域及政策法规和管理方式等方面进行了研究。(张宝珍)

P000095 **神奇的海洋世界** 苏永生等主编。青岛海洋大学出版社1996年6月版。27万字。12.00元。包括:蔚蓝色的海洋、孕育生命的摇篮、海底世界的奥秘、海底聚宝盆—丰富的矿产资源、绚丽多彩的海洋植物、高新技术铺就未来之路等共21个部分。全书从科学技术的角度审视人与海洋的关系,向人们展现了海洋科学的过去、现在和未来。(宫同文)

Q　生物科学

Q000001　**分子生态学**　向近敏等主编。湖北科学技术出版社 1996 年 2 月版。64 万字。45.00 元。分 6 篇 40 章。第一篇为分子生态学的基本论点,介绍生态学研究发展沿革,从宏观到微观,从微观到分子观,讨论了分子生物学与分子生态学的分野,逆转病毒、自身免疫、分子免疫学、遗传分子生态学等。第二篇为病毒分子生态学,讨论病毒的基因结构、病毒的感染与宿主细胞内分子生态环境条件的关系,人乙肝病毒和艾滋病等的分子生态学问题。第三篇为免疫分子生态学,讨论 T 细胞、B 细胞、巨噬细胞、循环淋巴细胞、免疫细胞等的分子生态学问题。第四篇为细胞素分子生态学,主要讨论干扰素、细胞素网络的分子生态学问题。第五篇为肿瘤分子生态学,讨论癌细胞、核癌蛋白、癌基因和抑癌基因等。第六篇为内皮素及其他分子生态学。(蔡荣春)

Q000002　**保护生物学概论**　[美]理查德·B·普里迈克著。湖南科学技术出版社 1996 年 12 月版。53.8 万字。40.00 元。共 6 篇 22 章。首篇从什么是生物保护学和什么是生物多样性及其分布诸方面介绍了保护生物学的主要内容;第二篇就生物多样性的丧失,对灭绝的脆弱性,生境的破坏、片断化和退化,外来种引入、病害和资源过度开发等问题论述了对生物多样性的胁迫性;第三篇论述了生物多样性的直接与间接经济价值及伦理价值;第四篇论述了种群层次保护问题;第五篇从保护区的建立、设计、管理和保护区境外的人类经营活动和环境恢复及迁地保护策略诸方面论述了若干实际保护措施;末篇论述如何保护物种和生境、国际协定及国际投资和未来议程等自然保护与人类社会的关系。各篇章中还穿插论述了 35 个相关专题。(常绳生)

Q000003　**现代生物学技术**　张丰德、樊廷玉主编。南开大学出版社 1996 年 1 月版。59.7 万字。23.80 元。共 14 章,含实验近百个,实验部分对每项实验方法的结果,属于定量分析的均列出了数据,供同行验证时参考。为了教学的需要,附有实际使用仪器的性能和操作方法,并在部分章节后选编了思考题。(张蓓)

Q000004　**高效液相色谱在生命科学中的应用**　林秉承、邹雄等著。山东科学技术出版社 1996 年 10 月版。68.4 万字。56.00 元。着重阐述 HPLC 的基础理论、仪器、基本技术和应用原则,介绍 HPLC 在分析氨基酸、肽、蛋白质、酶和同工酶、甾类激素、受体、糖类、核酸、常用药物等方面的应用和操作步骤。阐述中既分析这些对象的理化性质,又给出了分离策略、模式选择,最后还给出了许多应用范例。(宋涛)

Q000005　**现代遗传学丛书**　李汝祺、谈家桢主编。科学出版社 1981 年 7 月至 1996 年版。已出版 6 册:李汝祺编著的《发生遗传学》(上、下册,1985),盛祖嘉编著的《微生物遗传学》(1982,1987),李竞雄、宋同明编著的《植物细胞遗传学》(1993),孟金陵等编著的《植物生殖遗传学》(1995),以及童克中著的《基因及其表达》(1996)。(刘安)

Q000006　**视觉的神经机制**　杨雄里著。上海科学技术出版社 1996 年 12 月版。30.7 万字。在叙述视觉的基本特性的基础上,着重讨论了视网膜的信息处理机制和视觉的中枢机制。分 16 章,分别介绍眼球及其屈光系统、眼球运动、色觉、视系统的分辨特性、光感受器兴奋、视网膜中信息的传递和调控、中枢视通路神经元的反应和各级视皮层的构筑、视信息的处理,以及视系统的发育和可塑性等。(濮紫兰)

Q000007　**生物化学动力学**　金家骏等著。上海交通大学出版社 1996 年 7 月版。40.9 万字。20.00元。分 10 章。第一章讨论生物化学动力学的理论基础;第二章生化反应速率方程;第三章一般生化反应动力学;第四章生化反应 Sigmoid 动力学;第五章生化反应扩散动力学;第六章生化反应动力学分析;第七章动力学溶剂效应;第八章动力学盐效应;第九章动力学温度、压力和外场效应;第十章生物振荡和生物混沌。(成敬祥)

Q000008　**现代生化技术**　郭勇编著。华南理工大学出版社 1996 年 8 月版。35 万字。22.00 元。阐述现代生物科学领域中重要而又常用的生化技术的基本原理、实际应用及操作要点。全书共 3 篇。第一篇为生化分离技术，包括生物大分子的提取与沉淀分离技术、层析分离技术、电泳分离技术和离心分离技术；第二篇为生化检测技术，包括化学检测技术、光学检测技术、放射性同位素检测技术、生物检测技术和核磁共振检测技术；第三篇为酶、基因和细胞操作技术，包括酶技术、细胞和原生质体融合技术等。（潘宜玲）

Q000009 **三链核酸的结构与生物化学** 白春礼等著。科学出版社 1996 年 9 月版。26.2 万字。24.00元。作者及其领导的科研组采用扫描隧道显微学技术，于 1990 年观察到了一种三链辫状 DNA。此后在这一领域取得较大进展。本书即是此项科研成果专著。全书共 10 章。第一至四章对核酸的组成、物化性质、结构和变异结构进行描述。第五章介绍三螺旋 DNA 的物化性质。第六章是关于寡聚核酸的合成和改性。第七章介绍三螺旋 DNA 和双螺旋 DNA 的识别与切割。第八章论述三螺旋 DNA 与反基因战略。第九章讨论三螺旋 DNA 与基因重组。第十章介绍三链 DNA 新结构的研究。（杨淑兰）

Q000010 **医学分子生物学** 伍欣星等著。武汉大学出版社 1996 年 4 月版。44 万字。24.80 元。将分子生物学理论、技术与医学紧密结合，系统整理了医学科学前沿领域如肿瘤、免疫、神经、衰老等在分子水平上的研究进展，及时体现分子生物学理论、技术对医学的巨大推动作用。全书分上下两篇。上篇为理论篇，第一章绪论，回顾了分子生物学发展历程，明确了医学分子生物学学科定义并勾划了学科体系；第二—四章分别为生物大分子、基因组结构和功能、基因表达和调控，介绍了分子生物学基本理论和基础知识；阐述了 RNA 功能的两项重大发现即核酶和反义 RNA，以及转基因和基因敲除（gene knock out）在基因调控研究中的应用；第五、六章为分子克隆和克隆基因的表达，详细论述了 DNA 重组技术的原理、主要步骤及真核基因在原核、真核系统有效表达的条件、各自的优缺点；第七章核酸分子杂交；第八章 PCR 详细介绍了这两大技术的原理及在医学中的应用；第十章肿瘤分子生物学、十一章免疫分子生物学、十二章衰老分子生物学、十三章信息传递与受体分子生物学、十四章神经分子生物学，着重反映了 90 年代高新技术对医学进步的深远影响；新概念、新思想、新理论的阐述使人们能从分子水平探讨生长、发育、衰老和死亡的奥秘；提高对疾病尤其是威胁人类生命的疾病的预防、诊断和治疗水平。本书下篇为技术篇，包括 20 个常用分子生物学技术，并从原理、试剂与器材、操作等方面进行了详细介绍。最后是附录，提供常用数据、配方以便查询。（伍欣星）

Q000011 **基因及其表达** 童克中著。科学出版社 1996 年 1 月版。24 万字。18.00 元。内容包括：遗传的物质基础，遗传物质的组织结构，遗传密码，基因突变，基因组复制，基因重组、转录、翻译，原核基因表达的调节，真核基因的表达及其调节。书中所使用的专业名词术语规范，各物种的基因符号正与 1995 年国际《TIG 基因符号运用指导细则》接轨，每一章后有参考文献目录，书后有汉英对照的名词索引。本书已纳入“现代遗传学丛书”。（刘安）

Q000012 **基因工程操作技术** 李德葆、周雪平等著。上海科学技术出版社 1996 年 3 月版。13.2 万字。13.20 元。介绍基因工程操作的基本技术，包括质粒 DNA 的分离、纯化和鉴定；DNA 酶切及凝胶电泳；大肠杆菌感受态细胞制备和转化；RNA 提取和 CDNA 合成；重组质粒连接、转化及筛选；基因组 DNA 提取；RFLP 和 RAPD 技术；聚合酶链式反应（PCR）扩增和扩增产物克隆；分子杂交技术；测序技术；表达载体构建及鉴定；蛋白质分析方法和技术；mRNA 差别显示技术等内容。（周星娣）

Q000013 **西秦岭石炭纪、二叠纪生物地层及沉积环境** 曾学鲁等著。地质出版社 1996 年 5 月版。50.8 万字。36.00 元。运用现代地层学多重划分的理论首次对西秦岭地区石炭纪、二叠纪地层、古生物进行了系统研究和综合分析，建立了该区地层层序和各门类化石序列。根据新发现的资料，对泥盆—石炭系、石炭—二叠系的界线及德坞阶、隆林阶等有关问题作了详细论述和深入讨论；对本区的碳酸盐微相作了分析。本书涉及到蜓类、有孔虫、珊瑚、腕足类、牙形石、古植物等 6 个古生物门类，对其中的重要化石新属新种进行了描述。（舒志清）

Q000014 **南沙群岛及邻近海区晚第四纪的微体生物与环境** 中国科学院南沙综合科学考察队著。海洋出版社 1996 年 7 月版。35 万字。30.00 元。作者因循微体生物群的演替，是环境变化的结果这一原理，充分利用各个门类所提供的生物与环境的信息，结合氧同位素与^{14}C 等测试资料，着力对取自不同区域地貌单元的柱状样做了详细分析，分别说明每个地质时期古生物群特征、整体面貌及与古环境演化的关系，并对南沙群岛海区古水温变化特征和冰期、间冰期海水的盐度特征、海流与水团特征、碳酸盐溶解特征等作了分析，书中还分析晚第四纪以来的几个典型特征事件，使这些特征事件以及它们所代表的年龄在该海区得到较好的反映与揭示，书中还对海平面变化与环境特征进行了探讨，研究了环境演化趋势。(赵士青)

Q000015　**内蒙古通古尔中新世小哺乳动物群**　邱铸鼎著。科学出版社 1996 年 1 月版。34.1 万字。58.80 元。记述了 1986 年用现代筛选技术在内蒙古通古尔地区采集到的 1 500 余件小哺乳动物化石标本，并介绍了含化石层位的地质剖面。化石标本包括食虫目、翼手目、啮齿目和兔形目的 13 科 27 属 39 种，其中有两个新属、16 个新种和 6 个首次在我国发现的属。这不仅是我国，而且是亚洲种类最多的一个中新世中期小哺乳动物群。书中系统地对该小哺乳动物群的各个分类单元作了描述和形态比较，对其中一些属、种的起源、演化及时空分布作了评述；通过对动物组合性质的分析，探讨了动物群的精确时代、所指示的生态环境及与欧洲同期动物群的关系。书中有较详细的英文摘要，附有插图 75 幅、图版 8 幅。(总编室)

Q000016　**四川恐龙**　周世武著。重庆出版社 1996 年 12 月版。7.2 万字。12.50 元。作者整理了四川盆地恐龙化石历年来研究的成果，介绍了恐龙的起源、演化和灭绝的历史，以及各种类型恐龙的生态环境、生活习性、身体构造和研究恐龙化石的意义与用途。书中还用不少篇幅讲述恐龙化石野外考察、发掘和室内修复装架的知识与技能。(余国枢)

Q000017　**横断山地区新生代哺乳动物及其生活环境**　宗冠福等著。海洋出版社 1996 年版。45 万字。69.00 元。中国科学院青藏高原综合科学考察队，于 1982～1985 年间，先后 5 次进入横断山地区考察陆相新生代地层，找寻和挖掘了脊椎动物，尤其是哺乳动物化石，发现了一些史前人类的踪迹，并系统地进行了环境样品的采集和分析，获得了宝贵资料。采得的哺乳动物遗骸标本，包括老第三纪始新世、新第三纪上新世、第四纪早中晚及全新世等各门类动物 106 种，其中含有 13 个新种。对一些典型的含哺乳动物化石地层剖面，逐层采集了岩土样品 1 000余个，并对其进行了化学全量、pH 值、有机质、碳酸钙、水化学、重矿物、粘土矿物(含 X 射线衍射、差热分析)、孢粉以及 ^{14}C 等分析测试，取得数据 780 余个。编制了一些地点的新生代地质图、古地理图和古景观环境图，对横断山脉的古气候、古环境以及高原的隆起进行了推测。本书即是这一考察成果的总结。(马凤珍)

Q000018　**恐龙问答 101**　刘国梁编著。少年儿童出版社 1996 年 1 月版。17 万字。12.60 元。介绍有关恐龙的知识，如恐龙是谁发现的，恐龙的“三亲六戚”，恐龙如何“进餐”、行走、生儿育女，恐龙还能否复活，以及恐龙留给人类哪些疑谜等等。全书共收有 101 个题目，分成 6 个篇章。在“称霸远古，扬名今世”中有：“恐龙是不是传说中的‘龙’”、“恐龙的名称是谁起的”、“世界各大洲都有恐龙的足迹吗”、“恐龙为什么有那么多种类”等等；在“‘历史档案’，出土丰富”中有：“恐龙留下了哪些珍贵的‘历史档案’”、“恐龙蛋化石是怎样形成的”、“白垩纪末恐龙蛋化石为什么这么多”、“恐龙的体重是怎么知道的”等等；在“奇妙生态，几多疑窦”中有：“为什么有些恐龙个儿那么大”、“肉食恐龙与素食恐龙怎样相处”、“恐龙都是卵生的吗”等等；在“先祖后裔，三亲六戚”中有：“恐龙的老祖宗是什么动物”、“谁敢与恐龙匹敌”、“恐龙有哪些活着的亲戚”等等；在“绝灭之谜，难解难释”中有：“恐龙到底是什么时候绝灭的”、“为什么有的爬行动物没有绝灭”、“能使已绝灭的恐龙复活吗”等等；在“中华大地，恐龙之乡”中有：“我国哪些地区盛产恐龙化石”、“新中国成立后恐龙化石有哪些重要发现”、“为什么说我国的恐龙蛋化石举世无双”等等。(洪祖年)

Q000019　**中国恐龙——恐龙知识画册**　黄大喜、郭川等著。四川少年儿童出版社 1996 年 5 月版。3.5 印张。12.00 元。含 3 个部分：一是恐龙之谜；二是对恐龙研究的现状(以中国恐龙为主)；三是展望恐龙研究的未来。(颜小鹂)

Q000020　**乳酸菌——生物学基础及应用**　杨洁彬等编著。中国轻工业出版社 1996 年 4 月版。40.2万字。24.00 元。分 10 章，内容包括乳酸菌的分类鉴定；乳酸菌的分离、培养和保藏；乳酸菌在自然界中的分布；乳酸菌的代谢；乳酸菌的分子遗传和基因工程；乳酸菌在食品中的应用；乳酸菌在医药中的应用；乳酸菌在饲料中的应用；乳酸菌在工业乳酸生产中的应用；乳酸菌的未来。(彭倍勤)

Q000021　**植物花粉剥离观察扫描电镜图解**　蓝盛银等著。科学出版社 1996 年 5 月版。93.50 元。以农林植物包括蜜源和食品花粉植物为主要对象，从其花粉表面、花粉壁断面、壁层结合面直至内壁花粉原生质体的结构特征以扫描电镜图像，按大田作物、蔬菜作物、果树林木、花卉植物、药用植物几个实用类型进行分科图解。共录入 66 科、148 种植物，选

用 682 幅图片,反映了孢粉学研究的最新成果。(总编室)

Q000022 **植物组织培养导论** 安利佳、姜长阳著。辽宁师范大学出版社 1996 年 3 月版。22 万字。9.80 元。分 14 章,前 4 章介绍植物组织培养的历史发展、基本概念和基本操作方法。五至十二章主要介绍植物组织、细胞和原生质培养的一般规律和实际应用。最后则对离体培养条件下的遗传变异规律和植物的遗传转化进行了介绍。(果阳)

Q000023 **植物生殖生态学** 方炎明主编。山东大学出版社 1996 年 12 月版。40 万字。32.00 元。分 16 章。第一章综述植物生殖生态学和进展;第二至第八章介绍植物繁殖系统的基本理论;第九至第十三章论述植物生殖的生态作用力;第十四至第十六章介绍藻类、苔类和蕨类植物的生殖对策。(陈岩)

Q000024 **植物激素及其免疫检测技术** 李宗霆、周燮著。江苏科学技术出版社 1996 年 9 月版。54 万字。30.00 元。主要论述生长素类、赤霉素类、细胞分裂素类、乙烯、脱落酸等 6 类植物激素的发现与发展、合成与代谢、生理作用,植物激素的免疫检测技术,植物激素受体的免疫探针,等等。(王达政)

Q000025 **岩土植物大系统研究 岩土果树大系统** 李正积著。科学出版社 1996 年 10 月版。55.7 万字。65.00 元。分为岩土植物(果树)大系统原理,岩土甜橙,宽皮柑橘类大系统、岩土柚类大系统,果树大系统工程,岩土植物大系统研究方法及前景分析 5 大部分,共 19 章。论述了岩土植物大系统的整体动态关联性,关联基农业地质背景系统的作用,非均衡全息映射效应,物流、能流、信息流传递和果树大生态场势,大生态系统模型及控制,柑橘、桃、柚、橙大系统工程试验等;阐明了信源(风化岩体)→信宿(果树)的端元效应和多维耗散混沌态,柑桔等果树高产优质高效与生态环境、农业地质背景系统及人为活动的关系;介绍了岩土植物大系统的研究方法及前景。(总编室)

Q000026 **湘黔桂交界地区植物名录** 赵运林、潘晓玲合编。湖南科学技术出版社 1996 年 5 月版。71.3 万字。40.00 元。收录野生及常见栽培的植物共 266 种,1 468 属,5 394 种,603 变种,44 亚种和 36 变型。每种植物均记载了其植物的性状、生境、产地和地理分布。书后附设了中文、拉丁文科、属名索引。名录中蕨类植物采用秦仁昌系统(1978 年),裸子植物采用郑万钧系统(1978 年),被子植物采用哈钦松系统(双子叶植物 1926 年,单子叶植物 1934 年)。属和种的排列按拉丁文名首字母顺序。凡是栽培科、属、种在中文名旁均作了标记。(常绳生)

Q000027 **甘肃珍稀濒危保护植物** 任继文编著。甘肃科学技术出版社 1996 年 5 月版。11 万字。8.00 元。作者经过数十年的考察,对甘肃省境内的 4 000多种植物进行了珍稀濒危综合分析,并在此基础上收录了在甘肃意义重大的珍稀濒危植物 103 种,其中一级保护植物 46 种;二级保护植物 20 种;三级保护植物 37 种,并对每一种保护植物的形态特征、生物学、生态学、分布、保护价值及用途作了详尽的描述,且每一种配有插图。(黄培武)

Q000028 **横断山区真菌** 中国科学院青藏高原综合科学考察队著。科学出版社 1996 年 8 月版。91.9 万字。86.00 元。"青藏高原横断山区科学考察丛书"之一。作者将在横断山区采集和调查获得的大量真菌标本和资料,进行了整理和鉴定,书中描述的真菌共 81 科 353 属 1 830 种,其中不少是新发现的分类群,不少标本是首次在无人区中采到的。本书附有图版 25 幅。(总编室)

Q000029 **中国野生花卉** 黎盛臣等编著。天津教育出版社 1996 年 11 月版。43 印张。580.00 元。收入野生花卉彩色照片 900 多幅(共 748 种,隶属于 80 科 300 属)。(钟启红)

Q000030 **野生动物世界** 梁泊著。河北少年儿童出版社 1996 年 4 月版。30 万字。11.20 元。分为"陆地野性篇"、"空中虫鸟篇"、"水底精灵篇"3 个篇章,共介绍 130 余种野生动物的生活习性、特点及生存环境等。如冬眠的黑熊,在春暖花开时醒来后,面对自己在沉睡中生的孩子如何惊讶;狡猾的狐如何施诡计将天真的小兔引入自己的"狐口";丹顶鹤为了培养、锻炼自己的孩子,如何狠心地驱赶儿女,不惜将它们啄得遍体鳞伤;杜鹃如何将"寄主"的卵推出窠外,自己产卵代之,骗"寄主"代她孵出的杜鹃的贼儿子又如何将"寄主"的孩子推出摔死,自己独享"父母"之爱;庞大的鲸竟然肯驮着人遨游深海;恩爱的鲎夫妇如何双双迭背着度过一生,终而不弃……本书还从生态平衡的角度,指出了对野生动物狂杀滥捕造成的危害。(安家宁)

Q000031 **动物胚胎学** 张天荫著。山东科学技术出版社 1996 年 1 月版。20 万字。23.00 元。以形态发生和基本机能相结合的观点,从发育生物学、细胞生物学和分子生物学的角度,介绍了当代的细胞工程、胚胎工程和基因工程在本学科的应用及前景。(张波)

Q000032 **中国珍贵濒危动物** 卿建华著。上海科学技术出版社1996年12月版。大16开，320面。200.00元。共收集一、二级保护动物176种，其中兽类80种、鸟类84种、爬行类9种、两栖类3种。反映了我国野生重点保护动物现有状况。全书共选用彩色照片339幅，有一部分照片是在全国各自然保护区及有关地区，在动物生存的自然环境中拍摄的；有一部分照片是在模拟动物的生态环境中拍摄的。(朱可才)

Q000033 **鳄蜥超微结构及染色体研究** 张玉霞等著。广西师范大学出版社1996年8月版。8万字。8.00元。阐述了对鳄蜥颅顶眼、皮肤、肾脏组织、卵泡细胞等超微结构的电镜观察；对鳄蜥与同目壁虎科、石龙子科、鬣蜥科动物染色体组型的比较研究，并通过对鳄蜥的地理分布、骨骼、颅顶眼、皮肤以及染色体组型的比较分析，阐述了鳄蜥的分类地位及其与各科蜥蜴的亲缘关系，进一步提供了鳄蜥为古老蜥蜴类动物的证据。(陈仲芳)

Q000034 **虫国探奇** 柳仲康编著。天津科学技术出版社1996年7月版。13.3万字。4.70元。介绍与人类关系最密切、人们最熟悉的螳螂、蝴蝶、萤、苍蝇、瓢虫、蜘蛛、蜣螂、蚂蚁、龙虱、蝎、蜾蜂、白蚁、蚊、蜻蜓、蝉、蜜蜂、飞蝗、蟋蟀等20种昆虫引发的故事。(李馥华)

Q000035 **昆虫地理学概论** 章士美编著。江西科学技术出版社1996年12月版。10万字。6.00元。分5部分，一、概说，二、世界昆虫区系简介，三、中国昆虫分布概貌，四、中国昆虫区系和区划，五、以省为单元的昆虫地理分布。

Q000036 **喀喇昆仑山－昆仑山地区昆虫** 中国科学院青藏高原综合科学考察队著。科学出版社1996年2月版。55.7万字。45.00元。"青藏高原喀喇昆仑山－昆仑山地区科学考察丛书"之一。本书是1987～1990年喀喇昆仑山－昆仑山－可可西里地区昆虫区系考察和研究的系统总结，共记载该区的昆虫纲12目、92科、397属、741种。全书以昆虫为主，也涉及节肢动物的蜘蛛纲蜱螨目13科、16属、16种；蜘蛛目7科、8属、22种及鳃足纲枝角目1科、1属、1种。其中记述了3个新属、106个新种、49个新记录。除各论部分种类记述外，在通论部分还对本区昆虫区系特征、组成及其演替等作了深入的讨论。(总编室)

Q000037 **世界蝗虫及其近缘种类分布目录(英文版)** 印象初等编著。中国林业出版社1996年6月版。100万字。380.00元。介绍了目前世界上所有蝗虫及其近缘种类的数量和分布。搜集的资料从1758年到1990年，包括9科，2 261属，10 136种。科依据系统发生排序，种按字母序排列。此外，书中列出了各个种的蝗虫及其近缘种类的同物异名和异物同名。(朱崇胜)

Q000038 **蝴蝶世界** 张松奎、赵爱玲编著。江苏科学技术出版社1996年4月版。9.9万字。9.50元。详细介绍蝴蝶的基础知识、研究蝴蝶的方法、蝴蝶科教活动的开展、蝴蝶艺术品的制作、人与蝴蝶的关系、中国的蝴蝶资源、珍稀蝶类的保护，等等。(贾丽华)

Q000039 **中国小蠹虫寄生蜂** 杨忠岐著。科学出版社1996年1月版。55.7万字。59.00元。记述了我国小蠹虫寄生蜂2总科5科45属141种2亚种，其中包括5新属112新种及中国新记录属21属，中国新记录种17种、新记录亚种2种。在概论中对小蠹虫寄生蜂国外研究概况及现状作了介绍，并对小蠹虫寄生蜂的形态、生物和研究方法进行了阐述。分类部分详细描述了每个科、属的形态特征、生物学习性等，并列出了属的主要参考文献；对每个种都作了详尽的描述；书末还附有参考文献，英文摘要，小蠹虫－寄生蜂名录，小蠹虫及其寄主树种学名对照，小蜂中名、学名索引及黑白照片和扫描电镜照片86幅。(总编室)

R 医药、卫生

预防医学、卫生学

R000001 **九亿农民健康教育读本 生活、环境、劳动分册** 伍汉文主编。湖南科学技术出版社 1996 年 12 月版。16.1 万字。7.70 元。系配合"全国九亿农民健康教育行动"而编写的医学科普图书中的一种,分生活、环境、劳动 3 篇。生活卫生篇介绍了人们衣、食、住、行中的初级保健常识,包括个人卫生、心理及行为卫生、饮食卫生等;环境卫生篇介绍了农村生活环境对人们健康的影响,水源、土地、空气等一旦被农药、化肥、废气、噪声污染所带来的危害,包括居住环境、改水改厕、灭害、地方病防治等;劳动卫生篇介绍了农、林、牧、副、渔各项生产劳动的防护知识,包括乡镇企业劳动及外出打工应注意事项。全书 290 多条问答式题目,都是通过作者下乡调查研究,经过专家论证,并交给农民阅读后定稿的,贴近生活,符合农村实际需要。(车平)

R000002 **最新医学科技信息** 周增垣编。广东高等教育出版社 1996 年 6 月版。25 万字。15.00 元。从医学科学技术发展的客观事实出发,收集自 1993 年至 1996 年最新医学科技信息,特别注意收集基因工程和基因治疗等前沿研究领域的最新进展。(黄一龙)

R000003 **人与高原——青海高原医学研究** 张彦博等主编。青海人民出版社 1996 年 7 月版。60 万字。30.00 元(平装),40.00 元(精装)。反映了青海 1981~1995 年间高原医学基础和临床研究的新成就、新发展和重要的学术理论。全书分 23 章,以高原现场的人体和动物实验研究为主体,分类论述。书中阐明了青海高原自然环境因素及其对人体的主要影响;取得了高原人体生理学和医学的系列常数;从不同侧面重点研究了人对高原的生理适应和高原病的发生机理及其防治,并取得一定进展,如高原肺动脉高压机理探讨、高原肺水肿的就地治疗等;对高原土生动物适应低氧环境奥秘的探讨,在心肺功能、形态和超微结构的研究方面有重要发现;通过对平原移居者"高原习服"的研究,对其后代"适应高原"可能性的探讨,对移居者重返平原后"脱适应"的观察,以及对适应高原最佳世居人群的系统研究,发现了适应的重要线索;通过对青藏高原药类植物的筛选,发现了几种可以提高动物低氧耐力的药物,为研制致适应剂开辟了前景。(陈孝全)

R000004 **水果的妙用与忌口** 何悦飞、王莉杰等编。江西科学技术出版社 1996 年 5 月版。22 万字。12.00 元。应用中医学观点和现代医学知识,介绍了近 40 种生活中常见水果的营养成份、药用价值及治疗作用和忌口常识。

R000005 **家庭保健百科** 杨秉辉主编。上海科技教育出版社 1996 年 12 月版。74.2 万字。45.00 元。介绍人们"身边的医学",如生理解剖、衣食住行、恋爱生育、养身锻炼、小毛小病自我防治、家庭护理、药物与急救等;也反映了最新诊疗知识、新诊断方法、新检验指标、新颖药物、心脏起搏器、介入疗法、光量子血液疗法等特殊疗法。书中附有 300 余幅照片与线条图。(方婷嫄)

R000006 **九亿农民健康教育读本 婚姻、优生、优育分册** 伍汉文主编。湖南科学技术出版社 1996 年 12 月版。18.9 万字。8.80 元。系配合"全国九亿农民健康教育行动"而编写的医学科普图书中的一种,分婚姻保健、孕产保健、儿童保健 3 篇。婚姻篇介绍了男女青年必须知道的婚恋知识,包括婚姻与健康、遗传与优生、避孕与节育、妇女保健等知识;优生篇介绍了科学实用的孕产期保健及育儿方法,包括妊娠保健、分娩保健和产后保健;优育篇介绍了儿童的心理和心理特点、哺乳卫生、饮食卫生、生活料理、智力教育、计划免疫及其他有关儿童健康成长的保健知识。全书共 330 个问答式题目,都是通过作者下乡调查研究,经过专家论证,并交给农民阅读后定稿的,贴近生活,符合农民实际需要。(车平)

R000007 **婚孕百科图典、育儿百科图典** 刘湘云、华嘉增等主编。上海文化出版社 1996 年 12 月版。300 幅图。180.00 元。《婚孕百科图典》分上、中、下 3 篇:上篇〈新婚〉将婚前医学咨询、婚前性知识了解、婚后性生活指导等常识，以彩图配注解的形式作介绍；中篇〈妊娠与分娩〉将生命的准备(受精卵——胚胎——胎儿)到生命的诞生(胎儿——新生儿)等各个阶段的生命状态，通过真实直观的彩色照片显示出来；下篇〈新生儿护理〉教会读者照料初生婴儿。《育儿百科图典》分上、下两篇：上篇〈家庭养育〉以婴幼儿生长发育进程为序，将婴幼儿的喂养和保育，用直观形象的彩色图照和浅简易懂的文字作介绍；下篇〈家庭保健〉针对婴幼儿阶段的各种常见性疾病作系统全面的讲解和指导，增强家庭防病意识和处理能力。(赵志勤)

R000008　**年轻父母必读**　刘越璋、刘兰香主编。金盾出版社 1996 年 12 月版。35.9 万字。14.50 元。从现代科学的角度，以年轻父母为对象，以优生优育为中心，介绍了自胚胎孕育至婴儿出生，经婴儿期、幼儿期、学龄前期小儿的生理特点及喂养、衣着、护理保健等养育儿女的科学知识。(马伯孚)

R000009　**婴幼儿家庭教养全书**　韩棣华编。天津科学技术出版社 1996 年 5 月版。24 万字。内容涉及从生命开始到满 3 岁小儿各方面的育儿问题，包括各阶段儿童生长发育的生理，心理发展规律和特点，根据这些特点详细叙述了照顾婴幼儿衣食住行各方面的具体知识和方法，良好习惯的养成，尤其着重阐述教养原则和方法，此外还简单介绍了儿童常见病的预防，早期识别和家庭护理及处理，也包括较易发生心理行为偏异的预防，发现和初步矫治。(郭宝华)

R000010　**医务管理**　新疆科技卫生出版社(K)1996 年 7 月维文版。15 万字。10.50 元。主要介绍“管理学和他的意义、性质”，“医务管理的重点和医务工作者的特点”，“系统化的管理规则”，“领导制度”，“领导艺术”，“电脑在医务管理工作中的应用”等内容。(美丽克木)

中国医学

R000011　**中医体质病理学**　匡调元著。上海科学普及出版社 1996 年 10 月版。30 万字。25.00 元。是“中医病理研究丛书”之一。阐述了中医病理学的哲学基础、体质生理学、体质病理学、体质治疗学和体质养生学，将历代中医家的体质理论分别作了剖析和归纳；对历代各种体质理论学派等传统医学发展的重要意义作了评述，并将体质人类学、西医学、生态学、气象学等现代科学与中医体质学融汇，形成了体质学的新体系。(丁有如)

R000012　**高原中医学**　姜正谦著。西藏人民出版社 1996 年 8 月版。40 万字。16.00 元。作者结合在高原工作十余年的临床经验，阐述了中医学在高海拔地区的应用、实践和创新。(总编室)

R000013　**中医诊断治疗学**　李任先、刘国普主编。广东科技出版社 1996 年 9 月版。169.8 万字。130.00 元。分中医诊断学基础和中医各科病证治疗两篇。重点是后者，包括内科、儿科、男科、妇科、外科、骨伤科、皮肤科、耳科、鼻科、咽喉科、口齿科、眼科和肿瘤科等近 440 种病证的临床诊断和治疗。每一病证都有诊断要点、辨证分析、辨证论治，并予以分型论述；治疗方法包括主方、中成药、单方验方，还有针灸、外治法、饮食疗法等其他疗法。选录的处方均说明来源，古中医书籍均标明作者。(刘启文)

R000014　**普通高等教育中医药类规划教材**　上海科学技术出版社 1996 年 1 月至 1996 年 12 月版。1 600 余万字。本套教材包括中医专业、中药专业、针灸专业、骨伤专业的主要课程及专业课程教材，计有《医古文》、《中医基础理论》、《中医诊断学》、《中药学》、《方剂学》、《中医内科学》、《中医外科学》、《中医妇科学》、《中医儿科学》、《中医急诊学》、《内经选读》、《伤寒论选读》、《金匮要略选读》、《温病学》、《正常人体解剖学》、《生理学》、《病理学》、《生物化学》、《诊断学基础》、《内科学》、《中医学基础》、《药用植物学》、《中药化学》、《中药药理学》、《中药鉴定学》、《中药药剂学》、《中药炮制学》、《中药制剂分析》、《中药制药工程原理与设备》、《针灸学》、《经络学》、《腧穴学》、《刺法灸法学》、《针灸治疗学》、《中医骨伤科学基础》、《中医骨伤学》、《中医骨病学》、《中医筋伤学》等 38 门课程及其相关实践、实验教材 43 种。(虞厚安)

R000015　**中国古典运动推拿**　副名：子母运动康复 108 法。郑志荣、郑德光著。上海科学普及出版社 1996 年 4 月版。48.5 万字。35.00 元。我国子母运动推拿医学渊源深远，据传为古代名医，黄帝时期俞跗所创，后由历代传人不断完善，推陈出新，总结为子母运动康复 108 法，正骨 30 法，内治子母补泻 18 法，其适应症范围也不断扩大，由一般骨折脱位、筋伤，扩大至关节骨折，骨折合并缺血性坏死，骨折延迟愈合，外伤性不全性截瘫，外伤性肘关节挛缩，脑外伤后遗症，腰椎间盘突出症等。又由骨伤科疾病扩大到内科疾病，如高血压、心悸怔忡、中风偏瘫、风湿关节炎、胃脘痛、腹痛、泄泻、遗尿、痛经、痿症等。特别是老年疾病有临床价值。子母运动康复法在我国几至湮没，几至失传。本书作者为子母运动传人的后代，在挖掘和整理祖国医学遗产的基础上，结合自己丰富的临床经验结集成册。（陈泽加）

R000016　**内妇儿病实用推拿疗法**　骆竞洪顾问，骆仲达编著。人民体育出版社 1996 年版。30 万字。19.50 元。是在推拿专家骆竞洪教授的家传治法基础上，融合作者多年临床实践的经验而编写的。书中每一种治法后附有历年推拿医家有关论述目录和古今推拿名著在国内各地的藏书情况。全书共 4 篇。第一篇内科病证，包括 21 种内科病的辨病论治和 21 种内科病的辨证论治。第二篇妇科，包括 8 种妇科病证的论治。第三篇儿科，包括 12 种小儿病证的论治。第四篇五官科病症，包括 6 种五官科病症的论治。每种病的论治包括临床症状、辨证施术、参考文献等内容。每种治法均配以详细的图示。（骆勤方）

R000017　**骨伤实用推拿疗法**　骆仲逵编著。人民体育出版社 1996 年版。是在推拿专家骆竞洪教授的家传治法基础上，融合作者多年临床实践的经验而编写的。书中每一种治法后均附有历年推拿医家有关论述目录和古今推拿名著在国内各地的藏书情况。全书共两篇 7 章。第一篇绪论包括推拿医学史略、推拿著名代表作中的手法分类和运用。第二篇推拿治病方法包括上肢、下肢、颈、背、胸、腹疾病及关节脱位、其他外伤疾病的治疗手法。共 70 余种疾病的治疗方法。每种病都包括临床表现、辨证施术和参考文献等内容。还配以详细的图示。（骆勤方）

R000018　**实用推拿手册**　陈省三等编著。浙江科学技术出版社 1996 年 8 月版。32.2 万字。28.00元。分 6 章主要介绍推拿的基本手法，以及躯干、四肢筋伤及内妇科、杂病等的推拿治疗。书中共收录病证 120 余种，具体介绍每一病证的病因病理、诊断要点及推拿治疗的操作方法，一证（病）一法，规范有序；还对每一病证的推拿治疗作了疗效评价。

R000019　**中国八卦针经**　刘杰著。青岛出版社 1996 年 9 月版。55 万字。38.00 元。“八卦医学丛书”之一。从八卦针灸沿革入手，叙述九针八卦、八卦人体、八卦经络、八卦针刺、八卦腧穴、八卦针灸取穴等内容，突出体现天人系统论的内涵。（高继民）

R000020　**中国针灸刺灸法通鉴**　黄龙祥等编著。青岛出版社 1996 年 2 月版。60 万字。138.00 元。分总论、刺法、灸法、附录 4 部分。总论概要论述了刺灸法的形成与发展，并辑录有关针具、针刺一般原则、适应症、针后调理、针灸取穴及针、灸、药的关系等内容；刺法介绍了古代毫针刺法、分部刺法、火热针法、挑割法，简要介绍了现代刺法，如耳针法、头皮针法等 16 种；灸法主要介绍了瘢痕灸、石药火灸、保健灸、焠法、熨法、隔物灸、烁法、火熏法 8 大类灸法；附录包括古代有关刺灸法的歌赋及本书的主要引用书目。文献收集范围以古代医书为主，兼取其他古籍。（李茗茗）

R000021　**中国针灸学（法文版）**　蒲蕴星等著。上海科学技术出版社 1996 年 9 月版。89 万字。80.00 元。共 15 章，理论部分不仅完整地展现了针灸学丰富的内涵，而且根据古代文献结合现代研究进展进行注解。临床部分则从实用角度出发，详述针灸治疗原则、治疗方法及其应用，并融入作者长期积累的治疗经验。（侯屹）

R000022　**针灸学[临床篇]（英文版）**　刘公望主编，曹立娅主译。天津科技翻译出版公司 1996 年 12 月版。100 万字。150.00 元。内容分两大部分。第一部分包括总论一和总论二，前者论述了针灸治疗的原理和原则，后者阐述了针灸处方学，包括选穴法、脏腑经络辨证选穴、特定穴的应用以及配穴法。第二部分对内、妇、儿、耳鼻喉、皮肤等科的 92 种常见病，从病因病理、辨证（含主症、并发症、舌象脉象和征候分析）、治疗（含治则、选穴、处方解释和操作）、古今成方精选、其他疗法及注意事项等方面作了详尽阐述，然后以图表形式作一小结。各病均配有穴位图。书末附有古今参考文献及中、英文索引。（张毓青）

R000023　**针疗须察——论经络腧穴刺禁与局部解剖的关系**　林先哲著。云南科学技术出版社 1996 年 6 月版。6 万字。8.00 元。据解剖学实验，分析穴位内部应避免刺伤的解剖学结构及其局部位置与针刺深度和针刺方向的关系，并指出了刺伤的后果和避免刺伤的方法。（李红）

R000024　**彝汉针灸学（彝汉文对照）**　江永生、海乃拉莫等编译。四川民族出版社 1996 年 6 月版。49.65 万字。25.00 元。按理、法、方、穴知识体系组成。对经络腧穴等基础理论及针法、灸法、拔罐疗法、彝族针灸疗法、现代针灸疗法相结合的 26 种方法作了介绍和论述，同时，对包括彝族地区常见病在内的 72 种内、妇、儿、外五官各病症和多种行之有效的针灸治疗方法作了重点论述。（阿克克的）

R000025　**针灸奇穴疗法大全**　胡兴立编著。江苏科学技术出版社 1996 年 6 月版。60 万字。33.00元。收入古今奇穴将近 700 个，穴下分设定位、解剖、主治、刺灸、出处、别名、文献摘录等项。全书分上、下2篇,包括取奇穴的方法,奇穴分类,治疗总则,常用针灸疗法、外、伤、皮肤科疾病,内、妇、儿科疾病,传染性疾病,眼、耳鼻咽喉科疾病,附篇等章节。(孙连民)

R000026 **百病独特疗法丛书——百病脏器疗法** 智世宏等编著。山西科学技术出版社1996年10月版。17.6万字。10.00元。集古今验方、民间验方与本人临床经验于一体,且有简便易行,药源广泛,疗效显著,无副作用,能因时、因地、因人制宜的优点。本书一至三章介绍了脏器疗法的基础知识,第四章分8节介绍脏器疗法的具体应用。本书重点介绍运用动物脏器治疗疾病的方法。(温洁茹)

R000027 **家庭食疗600问** 施仁潮等编著。浙江科学技术出版社1996年12月版。23.6万字。13.60元。21世纪家庭健康顾问丛书之一。介绍传统的食疗知识及行之有效的食疗验方,也注意结合现代研究成果,力求使各种食疗方法有一定的科学依据,而不仅仅是实践与经验的积累。

R000028 **二续名医类案(上、下)** 鲁兆麟等主编。辽宁科学技术出版社1996年9月版。800万字。580.00元。明代江瓘父子收集明代以前的200余家2 300余则医案,分为250门,著成《名医类案》,集古今医案之大成,清代魏之琇对《名医类案》进行了重订,并广搜博采明清及明以前江氏未收入的医案5 800余则,分列345门,辑成《续名医类案》。本书对清代中叶至中华人民共和国建国初期谢世的名医医案进行整理、收集,依照《名医类案》、《续名医类案》的体例编撰而成。全书共收集300位名医案约15 000余则。(李夏)

R000029 **中医临证录** 高省身著。武汉出版社1996年6月版。40万字。24.00元。中医论文、药方、病案及随笔的合集,分5篇:一、医理求是:收录学术论文17篇,重点阐发了《内经》的理论原则,并整理、发挥了脏象、经络、气血等学说,还对中医独特的"气化"学说从生理、病理、辨证、药物等各方面予以阐述。二、临证论治:收录论文21篇,从临床应用的角度,对中医各类病证的辨证、分型、治疗作了论析。三、得效方录:收录作者在临床用之有效的方药近200副,包括自拟经验方、收集来的验方及单方,还有经个人实践化裁的传统方药,并以五脏系统病、内外科杂病及妇儿科诸病分类罗列。其中妇科方多为传统特效良方。四、临床验案:收录个人治疗验案130例,包括外感、中风、内科五脏诸病,以及五官、外科、妇幼科杂病等,并附有一些疑难重证的病例。五、医学散录:收录医学随笔37篇,内容较为零散,主要为作者个人的心得体会。

R000030 **阳虚证治** 田维君、魏桂芝编著。江西科学技术出版社1996年5月第二版。29万字。15.00元。是《阴虚证治》的姊妹篇,分上、下两篇,共16章。上篇溯秦汉对阳虚学说的研究,使读者对阳虚学说理论在历史上有一个完整的认识;下篇以五脏为主体,按系统归类,重点讨论内、妇、儿科常见阳虚病证的辨证论治。对每一种病证论点,从病因病机、临床表现、治则方药等内容进行讨论。

R000031 **阴虚证治** 田维君、魏桂芝编著。江西科学技术出版社1996年4月第二版。31万字。16.00元。分上下两篇,共14章。上篇简述了阴及阴虚概念,阴虚学说的形成与发展,病因病机,以及常用治法,并从临床角度述及了养阴保精,用药原则,阴虚保健等内容。下篇以五脏为主体,按系统归类,重点讨论了内、妇、儿科常见阴虚病证的辨证治疗。对每一个病证,不拘体例,从病因病机、临床表现、治则方药等内容进行讨论。

R000032 **睡眠障碍的中医治疗** 徐凌云、高荣林著。福建科学技术出版社1996年6月版。14万字。8.30元。以现代睡眠学说的基础知识和中医睡眠学说为开篇,以睡眠障碍的分类、病因病机、常见证候和常用治法为基础,论述了失眠、嗜眠、鼾眠、梦游、梦魇、梦惊、梦语、梦交、梦遗、拘挛与瘈疭、遗尿和龂齿等13种常见睡眠障碍的中医辨证论治;并对卧室卧具、睡前准备、睡姿睡法及睡眠习惯等有关中医睡眠卫生的内容进行详细的阐释。书中既有古人的宝贵经验,更有作者多年临床之感悟。(俞鼎芬)

R000033 **中国肛肠病学** 黄乃健著。山东科学技术出版社1996年6月版。240万字。188.00元。共39章,3部分,介绍中国肛肠医学的基本理论、基础知识及各肛肠疾病的诊治。第一~十六章从总体上介绍肛肠医学的发展史、中医认识、生理病理、症状学、检查、麻醉与手术、输血、体液平衡、护理及食疗、气功保健等。第十七~三十九章重点介绍肛门、直肠部位的各种疾病,包括痔、瘘、大便失禁、直肠脱垂、肛周皮肤病、性传播疾病、肠炎、各种综合征、息肉、肿瘤、急症、先天性疾病、寄生虫病等,共120余种。为突出中医特色,特辟"中医学对肛肠疾病的论述";一些基础理论方面的新进展如免疫学、新检查方法等在相应章节中作了介绍;康复保健日益为人们所重视,故专辟食疗、气功和预防保健章节;肛肠

重建方面我国学术成就斐然，也列专章重点介绍。第三部分为附录，介绍了常用方药和食疗方剂。（夏魁周）

R000034 **中医名词术语精华辞典** 李经纬等编著。天津科学技术出版社 1996 年 5 月版。263 万字。除中药、方剂名称不收外，包括医史文献、基础理论、临床各科、针灸推拿按摩、养生气功及部分中医古籍中常用的一般字词，同时也适当收录了一些少数民族医学的内容。全书共收词目 20 139 条。（于伯海）

R000035 **中医眼科全书** 唐由之、肖国士主编。人民卫生出版社 1996 年 5 月版。175 万字。128.00元。由 8 个分册组成，其主要内容为：第一分册《眼科学说源流》，专论中医眼科各种学说的源流，以正本清源，理清中医眼科发展的脉络。第二分册《眼科古文荟萃》，精选《内经》至清末眼科文献佳作 81 篇，详加注释，并列出作者简介和内容提要，以古为今用。第三分册《眼科治法指南》，专论眼科传统治法，重点介绍药物内治法、药物外治法、针灸法和手术法，并从药物、方剂、组方技巧等方面详加阐述，以发人所未发。第四分册《眼科方剂精选》，共选方 199 首，分内外两类加以介绍，以求实用。第五分册《眼科药物纂要》，精选眼科常用药物 253 种，按功效分为 14 类，以供临床应用之参考。第六分册《眼科证治要诀》，共选临床常见病 61 种，分门别类加以详述。第七分册《眼科临证精华》，诚为散金碎玉，集腋成裘之作。第八分册《眼科现代研究》，反映了中医眼科现代研究概况及进展。（郝胜利）

R000036 **中国本草彩色图鉴 常用中药篇（上、中、下册）** 钱信忠主编。人民卫生出版社 1996 年 5 月版。180 万字。722 幅图。950.00 元。全套书分常用中药篇（上、中、下卷）、中草药篇（1～5 卷）、民族药篇（1～4 卷）和其他篇（1～3 卷），共 4 篇 15 卷，收载药物 5 000 种。本书共收载临床常用中药 555 种，涉及原动、植、矿物中药 722 种。对每种中药的介绍都包括其来源、原动（植）物形态、生境分布、采制、化学成分、药理作用、性味功能、主治、用法用量及英文摘要等项内容。同时，每味中药文末都配有中药原动、植、矿物彩色插图。（匡罗均）

R000037 **菟丝子生物学及其应用** 郭澄等著。成都科技大学出版社 1996 年 6 月版。14 万字。8.00 元。菟丝子是我国传统的常用补益类中药之一，药用历史悠久。作者对菟丝子及其亲缘植物的中医理论、植物学、植物化学、药理学、临床应用、炮制、人工栽培与杂草防治等方面进行阐述，并对菟丝子的品种整理、质量评价和资源开发作重点研究。全书共 9 章。第一章菟丝子的考证与植物学概述；第二章菟丝子的药源调查和商品鉴定；第三章菟丝子药材的质量鉴定；第四章炮制研究；第五章菟丝子的化学成分；第六章菟丝子的药理作用；第七章临床应用；第八章生长习性、栽培与资源开发；第九章菟丝子杂草防治。作者在对菟丝子的质量鉴定和测定化学成分的过程中，采用了扫描电镜、紫外光谱、核磁共振、凝胶电泳、氨基酸自动分析仪和质子静电加速器等新技术。并将原来生药学以形态组织学为主的研究，扩展到质量评价和药理作用方面的综合研究。（葛人仪）

R000038 **中国海洋湖沼药物学** 副名：蓝色本草。贾玉海编著。学苑出版社 1996 年 9 月版。63.5 万字。65.00 元。分总论、各论和图谱 3 部分，其中总论部分 5 章，各论部分 6 章，共 11 章。共收载海洋湖沼药物 390 种，多数同科属同效动物归为一种，共涉及药用动物 760 种、植物 99 种、矿物 9 种。动物药和一部分植物药图谱共 606 幅。（朱迎）

R000039 **中华人民共和国药典中药彩色图集** 中华人民共和国卫生部药典委员会编。广东科技出版社 1996 年 8 月版。33 印张。280.00 元。收载《中华人民共和国药典》（1995 年版，一部）全部 522 种药材及其制品，并按其顺序编排。将其原植（动、矿）物生态、药材性状、组织横切面和表面观的显微特征，采用彩色摄影。本图集中英文对照。彩图 1 506 幅，其中原植物照片 606 幅，药材照片 659 幅，显微照片 241 幅。原植物（动物）照片均系实地拍摄，能如实反映其生态环境，绝大多数原植物照片均有花、果等鉴别特征。药材彩色照片主要根据商品实物拍摄后精选。药材横切面和表面观采用显微摄影照片，并增加了偏振光显微摄影，突出毛茸、结晶、粘液层等的特征。（陈岩）

R000040 **实用中草药原色图谱（二）** 黄燮才主编。广西科学技术出版社 1996 年 4 月版。19 万字。85.00 元。收载临床实用中草药 250 种，每种中草药均有一帧形态逼真的彩色照片图，极易辨认。每种草药均有一面文字介绍。每种草药都介绍了它的来源、形态、采收、性能、应用及选方。全书还精选治疗多种常见病的有效处方 1 857 条。（王晓红）

R000041 **中药辞海** 余传隆等主编。中国医药科技出版社 1993 年 12 月至 1996 年 4 月版。1 213 万字。240.00 元。共 4 卷，第一、二卷已出版，第一卷收载中药2 849条，综合条目6 943条，共9 792条，书后附中药拉丁学名索引。第二卷收载中药4 949条，综合条目6 281条，共11 230条，书后附中药拉丁学名索引。本辞海分12类。中药条目名一般选择习用的中药名称，无习用药名者，采用原植(动、矿)物名，并注明其来源。按概况、生药、化学、药理、药性、临床应用、历代医药家论述等分别叙述。综合条目收载与中药有关的其他内容，包括中国古今本草著作和方书、古代食疗本草、中成药、中药资源及鉴定、中药分析、药性药理、保管等内容以及专业名词简释，并对中药专业设置情况、培养目标、学习课程作了介绍。附录部分包括中国古今中医药学家生平事迹简介，中国现代各中药企业的历史沿革和发展规模等。(赵海)

R000042　**临床实用中成药手册**　郁觉初、巢因慈主编。江苏科学技术出版社1996年9月版。43万字。22.00元。收载当前内、外、妇、儿、五官、骨伤、皮肤等临床各科常用中成药1 191种，涉及丸、散、膏、丹、锭、酒、露和片、酊、糖浆、气雾、颗粒、口服液、注射液等新老剂型。每种中成药均按药物组成、功效主治、规格用法等项，有的还有注意事项、现代研究等内容。书中每一药物的应用，皆以中医辨证论治理论为指导，阐述功效途径与组成药物的性能及配伍作用相吻合，主治病证则与其所述功效前后呼应，体现理法方药的一致性；对主治范围较广者，分清主次，先后排列；所列病名，有中有西，贴近临床。凡言西医之病，并非简单的对号入座，必须遵循“有是证才用是药”的准则。书末附有“方名笔画索引”和“病症用药索引”。(郑大坤)

R000043　**中医临床基本处方**　李飞主编。福建科学技术出版社1996年11月版。47万字。23.70元。分内、妇、儿、外、皮肤、骨伤、眼、耳鼻喉科等8章。根据辨证与辨病相结合的原则，以病为纲，以证为目，立法选分，灵活加减，使疾病、证型、方剂、加减，四位一体，理法方药，层次分明，阐述临床辨证施治的基本规律。本书编写适值国家中医药管理局发布中华人民共和国中医药行业标准《中医病证诊断疗效标准》之际，著者参照其中的基本证型，选择疗效确切的基本方剂，围绕病情的变化发展，补充辨证加减之法，并录备选方剂，以供查考。(尤廉)

R000044　**古方妙用**　陈宝明、赵进喜主编。科学普及出版社1996年2月版。32.5万字。15.00元。挑选古代名方116首，对其临床应用规律进行了归纳和总结，揭示了用古方治今病的秘诀和章法。(屈惠美)

R000045　**医方指南**　苏晋南等编著。鹭江出版社1996年5月版。55.3万字。30.00元。分上下篇。上篇总论，下篇各论。下篇收集历代名方近400首。每首方剂按组成、用法、功效、主治、方解、运用和参考等项目编排。在运用项目中有两个特色：一是指出方剂的用药特点、主要病机、主症、病位、病性和使用方向；二是对组成、功效和主治相似的方剂作针对性的比较，以明确其要点。除此之外，附有方剂作用机理简表，概括每首方剂各项内容；还附有方歌。(陈逸君)

R000046　**佛家跌打损伤方药**　陈新民、王泽鸿编。鹭江出版社1996年10月版。16.5万字。11.00元。编者阅读、搜集了许多佛医小册子或手抄本等，结合长期的临床实践，从中选出有效方药，并整理成册。书中罗列了跌打损伤急救方药、十二时辰论治方药、穴道损伤论治方药、身体各部位损伤论治方药、佛家骨折筋伤方药、跌打损伤内证论治方药、跌打损伤外用方药、练功方药、骨伤食疗方药等。(熊孜)

R000047　**中国方剂精华辞典**　张浩良编。天津科学技术出版社1996年1月版。303万字。选收方剂约万余首。选方原则是：组成严密，临床实用，久传不衰，验证确实。包括古代名方、秘方，现代临床验方，各省市规范方，民族方，港台方，现代科研新方，中西医结合新方等。选方密切结合临床，并附有编者体会等。(于伯海)

R000048　**孙真人千金方**　副名：附真本千金方。唐·孙思邈著，李景荣等校订。人民卫生出版社1996年10月版。62万字。83.00元。《孙真人千金方》系清末藏书家黄丕烈发现的一种《千金要方》古本。全书仅存二十卷(即卷一至卷五，卷十一至卷十五，卷二十一至卷三十)。书中分别介绍了医学总论、妇人方、少小婴孺方、脏腑病证治(肝、胆、心、小肠、脾)、消渴淋闭及疔肿痔漏的证治，另外，还阐述了各种急救方法、养生导引法、食治及针灸等方面的内容。该书在编次先后，篇章段落，字句方药等方面均与宋本《千金要方》有一定的区别。《真本千金方》系日本和气嗣成氏据唐写本抄录而成的写本。仅存一卷。其体式文字与用药篇品次序均与宋本不同，保存了孙氏原著的本来面目。以上两书均未经宋人校改，相当程度上保存了唐代《千金要方》的原貌，虽皆成残卷，但仍不失为研究《千金要方》和孙思邈学术思想的重要资料，以及研究唐代医学的珍贵文献。此次

校勘是以原本原文为基础，对文字、讹漏衍倒之处进行处理。（李丽）

R000049 **现代中医奇效良方宝典（上册）** 李彬之等主编。上海科学普及出版社 1996 年 3 月版。325.3 万字。140.00 元。收集我国 40 多年来治疗的经验与方法，经过系统整理、归纳、分析、比较，优选出历经验证、疗效确切的各种治疗方法。内容按西医病种系统分类，以中医辨证分型论治。治法上综合了中西医各种方法，包括中药、西药，中药有单方、验方、复方加减及针灸、火罐、推拿等，并附有疗效与治率分析。本书内容分 16 章，包括传染病、呼吸、循环、消化、泌尿、生殖、内分泌、新陈代谢、免疫、神经、精神、结缔组织、造血、骨与关节等系统的病症 787 个，载方 15 193 个。（丁有如）

R000050 **新编实用方剂歌诀** 王锦鸿、王树槐主编。金盾出版社 1996 年 6 月版。20.2 万字。10.00元。以方剂歌诀为主体，主要介绍方剂的具体药物组成、制法用法、功效主治及每方剂按语中的方名出处及演变、方义解释、加减变化、现代剂型、主治内容变化、临床例证、化学成分及药理研究等。收撰的常用正方歌诀 224 首，相关的加减方歌诀 74 首，按功效分为解表、泻下、和解、清热、祛暑、温里、表里双解、补益、安神、开窍、固涩、理气、理血、治风、治燥、祛湿、祛痰、消导化积、驱虫、痈疡等 20 类。歌诀忠实表达了原方的方名、组成、用法和功能主治；反映了 80 年代以来的方剂学发展水平和动态。（马伯乎）

R000051 **乌珠穆沁蒙药材鉴** 东乌珠穆沁旗蒙医协会等著。内蒙古科学技术出版社 1996 年 6 月蒙文版。41 万字。50.00 元。以图文并茂的形式，介绍了每一种药材的所属科目名称以及形态特征、生长环境、炮制方法、性味、功能、资源保护措施、引种驯化技术等内容，还附有蒙、汉、拉丁 3 种文字索引。在每一种药材的附录中还介绍了与此有关的方剂内容和名老蒙医的秘方、验方以及民间单方、简方等内容。绪论和总论中介绍了乌珠地区自然地理概况，野生药材的分布情况、药材与自然环境的有机联系、引种驯化野生药材和种植栽培内地药材的基本知识。（斯勤达来）

R000052 **塔教得——《四部医典》注释** 龙日格丹达尔著。内蒙古科学技术出版社 1996 年 6 月蒙文版。18 万字。13.60 元。以哲学辩论法，澄清是非，追踪原由，对蒙医药进行了深刻的探讨。从《四部医典》的《序》到蒙药的作用，乃至对著书人都作了注释。（香梅）

R000053 **中国藏药** 青海省药品检验所、青海藏医药研究所编著。上海科学技术出版社 1996 年 12 月版。208 万字。在 1980 年至 1984 年间，在各地卫生部门的积极配合下，本书的众多专家学者克服了高原缺氧、风雪严寒、交通不便诸多困难，深入青海、西藏、甘肃南部、四川西部等藏族同胞生活地区，爬山涉水，风餐露宿，艰苦工作，胜利完成了野外考察和品种调查任务。共采集藏药材标本近 2 万份，并收集了大量民间藏医药学资料，初步查清了藏药材的种类。据统计，计有原植物 2 172 种，原动物 120 余种，矿物 70 余种，在本书中即收载记录了藏医常用药材 1 500 余种。对临床常用药材进行了广泛的药材鉴别、化学成分、药理实验等方面的研究，使传统的藏药学有了科学实验的依据。在此同时，为做好品种考证和临床应用情况的调查，还组织翻译了一大批藏医药学典籍，如《四部医典》、《晶珠本草》、《藏医临床札记》等。书中所收载的药材，有三分之一以上为青藏高原特产或主产，有许多药材的研究资料均系首次发表。书中对每一味药材均详细介绍了其原植（动、矿）物的拉丁学名、生态、分布范围、药材鉴别、性味、功效主治、临床应用等方面内容。书中所有插图，均参照实物描绘。由于藏医药学的专业名词术语与中医、西医均不相同，为了方便读者阅读，在书后附录了“藏医病名简释”。（虞厚安）

R000054 **藏医学窍诀选集·利他明灯（藏文）** 达拉罗布著。西藏人民出版社 1996 年 5 月版。19 万字。12.50 元。分 3 部分详细阐述了藏医学理论和临床知识。第一部分为医德方面。作者阐述了一位医生要具备的高尚的情操和一心一意为患者服务的坚定信念。第二部分为治疗方面。作者将自己丰富的临床经验与传统藏医有机地结合起来，独创了许多配制方便、药效显著的藏药方剂，这些药涉及各种肝炎、传染性疾病及癫痫等精神病的防治等方面。第三部分为诊断方面。作者把深奥的密宗原理与传统藏医学理论充分地结合起来，总结出一套独特的诊断手段。（总编室）

R000055 **卡农且** 玉素甫·阿吉编。新疆科技卫生出版社（W）1996 年 3 月维文版。10 万字。7.50元。分 4 部分，即理论部分、病例部分、营养部分及药剂部分。理论部分详细介绍了维吾尔医对气质、体液的理论基础并介绍了艾灸、放血等内容。病例部分简要介绍了在新疆地区常见病的病因、症状、诊疗等内容。营养部分主要介绍了谷类、肉类、蛋类、蔬

菜、干鲜果类、脂类、果酱类及汤类的性质及其疗效。药剂部分主要介绍了单剂及复方剂的性质、用途等。(阿不力克木)

R000056 **哈医处方(下)** 马合木提编。新疆科技卫生出版社(K)1996年3月哈文版。20万字。8.10元。主要介绍哈萨克医学历来利用各种草药、矿物、动物等自然物种治疗多科疾病的诊断方法和配制药物处方。书中包括治疗内、外、妇、儿、皮肤科等疾病的2 000多种处方,还解释了340多种药物的应用范围和疗程。(阿合木)

R000057 **中国少数民族医药(丛书)** 关祥祖等主编。云南民族出版社1993年9月至1996年10月版。120万字。51.50元。已出版《土家族医药学》(关祥祖、彭延辉主编):分15章60节,20万字,定价8.50元。汇集了土家族医药理论和实践经验,在疾病分类、诊断方法、治疗原则、药物归属上都具有土家族医药特点,并介绍了药物资源和验方。《维吾尔族医药学》(关祥祖、朱琪主编):分10章53节,25万字,定价12.00元。在医学理论上独具特点,认为疾病成因是水、火、土、气等四大物质相互反应、变化和作用的结果。在疾病分类上,分为单性疾病与复杂性疾病,而且分为非物质性气质异常病和物质性疾病,在疾病诊断和治疗上也有维吾尔族医药的特色。《壮族医药学》(关祥祖、杨顺发主编):分15章60节,25万字,定价12.00元。根据流传在广西壮族地区医药理论和实践经验,介绍以治疗痧瘴等地方病为主的一整套用中草药内服、外洗以及刮痧、针挑、灯火灸等具体操作方法,并用生草药外敷来治疗瘿瘤、疮疡、跌打损伤、虫蚊咬伤等具体经验。对壮医的常用药物、计量、验方等用现代医药学观点加以论述和分析。《朝鲜族医药》(关祥祖、许香兰主编):分12章42节,20万字,定价11.00元。在医药理论上,按每个人的脏器大小不同,分为:太阳、少阳、太阴、少阴等4类人。在治疗上严格按脏器补小泻大的原则进行医治,并介绍了每个方剂的组成、主治、功效、用法等,还论述了各种疾病产生的原因及预防保健等。《苗族医药学》(关祥祖、田兴秀主编):分15章53节,30万字,定价18.00元。理论部分论述了苗族医药的产生过程和三位一体的苗医生成哲学(即事物生成的三大要素,三大关系和三大结局)及人体生灵学的三大原素。在治疗方法上,重点介绍17大法和49套医术。

基础医学

R000058 **现代激光医学** 黄卓正、李峻享主编。广西科学技术出版社1996年4月版。92.6万字。75.00元。内容包括1993年上半年国内、外激光医学基础和临床研究的新成果,以及各编著专家自身的丰富实践经验。(王晓红)

R000059 **人体科学与现代科技发展纵横观** 钱学森著。人民出版社1996年9月版。34.7万字。25.00元。由中国人体科学学会与国防科工委某研究所根据钱学森1983—1987年在学术讨论会上的发言整理而出的,以年代为篇,分为1983、1984、1985、1986、1987年5大部分,集中反映了钱学森在这一时期的学术思考和科学思想。在"1983年"编中,主要涉及科学道德、现代科学技术的结构及人体科学相关问题的讨论。其中包括:科学道德规范的核心、系统科学的概念、人体科学的概念、关于系统科学的认识及控制论的应用、人体科学研究的哲学指导;"1984年"编讨论了人体科学研究的内容和方法,包括:用系统观研究人体、系统科学与人体功能态、用现代科学写人体学、人体科学与现代科学研究的结合、人体科学研究的若干问题等;"1985年"编继续了以上的思考,主要内容有:人体科学研究方向、科研工作的指导思想、综合客观材料研究人体等;在"1986年"编中,探讨了浑沌理论、量子力学与人体科学、电磁场与生命现象、脑科学研究、分子生物学研究等问题;"1987年"编涉及人的潜力与教育革命、人体科学的实验方法、模拟技术与人体科学研究、时间医学和巨系统与人体科学研究,最后,是对21世纪人—机—环境系统工程发展的展望。(孙英春)

R000060 **血液流变学及其医学应用** 秦任甲著。广西师范大学出版社1996年8月版。22.6万字。13.00元(平),18.50元(精)。是作者结合自己的教学经验、科研实践及收集的最新翔实资料编著而成,主要包括血液流变学基础理论、检测技术、微循环理论与检测以及临床应用4大部分。(唐丹宁)

R000061 **中国人兽共患病学** 于恩庶等著。福建科学技术出版社1996年6月版。192.4万字。94.60元。共介绍137种疾病,分10章125节,按概论、细菌病、立克次体与衣原体病、病毒病、真菌病、吸虫病、绦虫病、线虫病、原虫病和寄生动物病进行介绍,每种病分别按病原学、流行病学、实验诊断技

术、临床学和防治予以论述。(陈金良)

临床医学

R000062 **九亿农民健康教育读本 识病、防病、治病分册** 伍汉文主编。湖南科学技术出版社 1996 年 12 月版。21.9 万字。11.00 元。系配合“全国九亿农民健康教育行动”而编写的医学科普图书中的一种,分常见急症和意外事故处理、常见疾病、性保健及性传播疾病 3 篇。急救知识篇从安全防范措施和应急处理方法上进行了介绍,包括常见急症、中毒及意外伤害等内容;疾病篇介绍了内、外、妇、儿、眼、耳鼻喉、口腔、传染等科常见病的性质和特征、治疗方法和处理措施;性病篇是针对近年来性传播疾病发病率逐年上升的现象,着重介绍了性生理、性心理方面的保健常识,系统地讲解了性功能障碍及性病防治的知识。全书共 330 多个问答式题目,都是通过作者下乡调查研究,经过专家论证,并交给农民阅读后定稿的,贴近生活,符合农村实际需要。(车平)

R000063 **百病防治与自我康复** 赖祥林主编。广西科学技术出版社 1996 年 10 月版。29.69 万字。13.80 元。介绍生活中最常见的 100 多种疾病的自我调养、病后康复、保持青春活力、延年益寿的良方妙法。全书分内、外、妇、儿、五官、皮肤、肿瘤等科论述,包括对各种疾病的概念、临床主要表现、自我调养、饮食疗法、辨证治疗、秘方验方、疗效判断等 7 个方面的内容。(王晓红)

R000064 **临床医学与检验诊断** 王鸿利等主编。上海科学技术文献出版社 1996 年 7 月版。76.8 万字。38.00 元。介绍与检验有关的临床和临床相应的基本知识和常见疾病的检验诊断。全书共 34 章,其中第一章至第四章为临床医学概述,包括疾病学概述、诊断学概述、症状与检验诊断和治疗学概述,叙述了疾病的概念,发病的原因,临床表现,防治原则,检验诊断方法和内容,治疗总则等。以后各章为各系统疾病,主要叙述内科、儿科、妇产科、五官科和皮肤科等主要疾病的临床要点和检验诊断。书后附有“常用临床检验项目正常参考值”和“临床常用药物”。(叶德仁)

R000065 **跨世纪农村书库(幸福生活篇)** 江苏科学技术出版社 1996 年 7 月版。共出版《优生·优育·优教》、《孕产前后 200 问》、《婴幼儿喂养 200 问》、《不孕不育症 180 问》、《高血压病 200 问》、《中风康复 200 问》、《肝炎防治 200 问》、《胃病诊治 200 问》、《胆石症诊治 200 问》、《家庭急救 180 个怎么办》、《家庭用药 100 问》等 15 种。(顾志伟)

R000066 **多系统脏器衰竭** [美]Donald E Fry 等著,江学成等译。上海科学技术文献出版社 1996 年 9 月版。60 万字。42.00 元。阐述了 MSOF 的发病机制、病理生理变化和脏器支持的知识。书中的许多内容是近来对 MSOF 研究的新成就。对危重病人的物质代谢和营养支持等方面做了阐述,并详尽地介绍了细菌移位和肠道污染的新概念,尤其对 MSOF 中调理介质和效应介质陈述所占篇幅较大。另外从正反两个方面对 MSOF 的争论焦点进行了阐述。(陆琦)

R000067 **现代超声诊断学** 湖南医科大学第二附属医院编。湖南科学技术出版社 1996 年 8 月版。102.7 万字。150.00 元。“临床医学高级研修书系”之一。本书分总论、心脏大血管、头颈部、腹部盆腔、骨关节及介入性超声等 5 篇,共 39 章,介绍了超声显像的基本理论,基本知识及其在临床应用中必需掌握的关键技术和最新进展,以及人体各系统正常组织典型的声像表现和患病者的声像图特征;并以临床应用为重点,详述常见病、多发病的超声显像鉴别诊断要点,书中精选 1 200 余幅超声显像图片,配以 985 幅示意图与简要的文字说明。书前铜版纸印有彩色多普勒图像 208 幅。(车平)

R000068 **临床超声鉴别诊断学** 贾译清著。江苏科学技术出版社 1996 年 1 月版。136 万字。88.00元。共 23 章。第一～二章论述超声物理基础和技术原理,使超声基础理论与超声医学临床紧密结合;第三章讨论了超声诊断基本知识;从第四章起按系统编写,每章第四节对各系统病理声像进行分类,并列出具有类似声像的疾病。在鉴别诊断方面,为突出声像特点,较多以表格形式表示,声像插图另附有简明模式图,便于理解。(黎雪)

R000069 **超声医学影像诊断学** 黄承孝主编。四川科学技术出版社 1996 年 3 月版。74 万字。48.00 元。分为超声诊断基础、心脏超声检查、腹部超声检查、妇产科超声检查、浅表器官超声检查以及介入性超声、外周血管和小儿疾病的超声诊断等 6 篇,共 30 章。在各章中,依次叙述了超声应用解剖、检查方法、正常和病理的声像图与血流图、诊断和鉴别要点等内容,并对超声的发展作了介绍。全书有插图 718 幅,彩色图片 23 幅。(杨佛章)

R000070 **眼耳鼻喉科影像诊断学图谱** 宋济昌等著。上海科学普及出版社 1996 年 1 月版。800

幅图。100.00元。内容分眼、耳、鼻和鼻窦、咽喉4章,共收集了476个病例,800多幅影像图片。每一章第一节为正常的解剖影像图片,第二节开始为病例。病例编排采用图文对照的形式。图片有平片影像图片,也有CT片影像图片。图片中病灶处均有箭头标示。文字着重描写X线表现,另外还提供了病人的性别、年龄、主诉、体征,最后为病理诊断,并附有英文诊断。书中的病例是从上海医科大学眼耳鼻喉科医院放射科的数万例经手术证实的资料中选取出来的,极具代表性。选用的病例多为常见病和多发病,也有部分少见病和罕见病。(方晴)

R000071 **现代临床生物化学** 朱明德著。上海医科大学出版社1996年12月版。51.7万字。41.50元(精)。分3篇20章,第一篇为生物化学与分子生物学基础,简要叙述生物小分子、大分子的结构和功能及其与医学的关系;第二篇为疾病的生物化学,以全身各系统疾病为纲,以生化为线,介绍临床医学的病因、病理机制、诊断及防治等的生物化学基础。重点介绍呼吸、心血管、泌尿、血液、内分泌、神经等系统疾病的生化紊乱与生化检验评价;第三篇为生物化学检验的新技术,讨论常用医学生化检验新技术及其临床意义。(沈彬源)

R000072 **中华医学检验全书(上下卷)** 李影林主编。人民卫生出版社1996年9月版。676万字。444.30元。分上下两卷,共18篇,155章。荟萃了临床医学检验(包括医学检验常用仪器及基本技术,血液学检验,体液、分泌物及排泄物检验,临床细胞学检验,生物化学检验,细菌学检验,病毒学检验,真菌学检验,免疫学检验,寄生虫学检验)、预防医学检验(包括食品卫生理化检验,空气卫生理化检验,水质、土壤,化妆品卫生理化检验等),法医学检验,遗传学检验,体外放射分析技术,航天航空医学检验等全方位的医学检验理论与技术。(赵莳)

R000073 **健康咨询丛书** 江苏科学技术出版社1993年至1996年版。共出版《高血压病200问》、《中风200问》、《冠心病200问》、《肝炎300问》、《胃病200问》、《肾脏病200问》、《糖尿病200问》、《痛风200问》、《孕产前后200问》、《婴幼儿喂养300问》、《腰腿痛200问》、《养生200问》、《家庭食疗200问》等40种。(顾志伟)

R000074 **自然疗法丛书** 陈可冀总主编。湖南科学技术出版社1996年8月版。约150万字。介绍中国和世界各地传统的有一定疗效的以自然环境如阳光、森林、泥砂、水等,或天然物品如草木、花果、茶醋、磁蜡等,或各种传统医疗和运动项目如针灸、按摩、步行、跑跳、拳操等为手段进行预防、治疗、康复而保持身心健康的方法,分10册出版。已出版的有《起居疗法》、《食物疗法》、《草木疗法》、《花果疗法》、《针灸疗法》、《运动疗法》、《茶与茶疗》、《醋疗与养生及自然美容术和自然美发术》。(张碧金)

R000075 **临床急诊学** 秦桂玺等主编。人民卫生出版社1996年11月版。162万字。133.40元。共24篇,分急诊总论,重点介绍现代心肺脑复苏、成人呼吸窘迫综合征、弥漫性血管内凝血、昏迷、发热、休克、急腹症的急诊急救,并对危重病氧气疗法、急诊临床各种诊疗技术与呼吸机的临床应用作了简要介绍。急诊内科重点介绍心血管、脑神经、呼吸、消化、泌尿、内分泌、血液疾病以及急性中毒的急诊急救;急诊外科重点介绍普外、骨外、胸外、心外、泌尿外、脑外、小儿外科疾病的急诊急救,还介绍了妇产科、五官科常见急症疾病的急诊急救。(姚冰)

R000076 **乡村医生手册** 孙明主编。金盾出版社1996年3月版。81.8万字。29.00元(平),35.00元(精)。分上、下两篇,共15章。上篇为常见疾病的诊断与治疗;下篇为诊断治疗技术。作者结合各自丰富的临床经验,介绍了各科疾病的诊断、治疗、预防以及常用的诊疗技术。书后还附有小儿用药剂量折算法、抗菌药物的临床应用、常用人体检验的正常值及临床意义等9项附录。(刘敏志)

R000077 **全科医疗手册** 《全科医疗手册》编写组编。浙江科学技术出版社1996年3月版。44.2万字。22.00元。分3篇。前两篇阐述全科医学的基础理论、基本技能及社区医疗的基本工作;第三篇着重介绍社区常见疾患的诊治,从常见的110个健康问题着手,详述门诊、急诊及出诊的诊疗方法和技术。

R000078 **临床医师手册** 牛扶幼编。河南医科大学出版社1996年10月版。29.6万字。22.00元。从临床实际出发,重点对多种新的诊疗技术的基本原理、临床意义、应用范围、诊断原则与方法,以及注意事项和诊疗前准备等作了简要阐述。介绍了临床常见症状的病因诊断与鉴别,常见疾病的诊断标准,临床常用数值及意义,医学论文写作规范和书写规则,以及科学研究课题、成果及专利申报程序等。(蔡婷)

R000079 **急救护理学** 周秀华主编。北京科学技术出版社1996年8月版。47万字。25.00元。分上下两篇介绍急诊科的设施与管理,重症监护,心搏骤停与心肺脑复苏，脏器功能衰竭，休克，急性中毒，输血和输液，缺氧和氧疗，各项救护技术以及内、外、妇、儿、眼、耳鼻喉科各种危急重症的病因、病情判断、紧急处理、护理重点等有关急救护理的问题。

R000080 **重症加强监护学** 苏鸿熙主编。人民卫生出版社 1996 年 11 月版。109 万字。89.20 元。分 46 个专题进行阐述。上篇中第一～十二章为“基础知识与理论”，包括循环、呼吸生理与病理生理，各类休克，水、电解质与酸碱平衡，凝血障碍等，其内容除基础知识与理论外，亦有治疗原则与措施。中篇第十三～二十二章为“基本技术”的介绍，从心电图与血流动力学的监测、人工气道与机械通气的应用与护理、心肺脑复苏术、心脏起搏器的应用、血液净化治疗到 ICP 的消毒与感染的预防等，都有论述。其余的 24 章为下篇“加强医疗”，重点在呼吸、循环、中枢神经系统的重症。（石智辉）

内 科 学

R000081 **医论选粹** 袁家麟主编。辽宁少年儿童出版社 1996 年版。75 万字。42.00 元。论文集。选编了各级医务人员及管理人员近几年来在省级以上刊物发表的著作、学术论文及科研成果。（王瑞起）

R000082 **实用心脏超声诊断学** 吴雅峰、张桂珍主编。中国医药科技出版社 1996 年 5 月版。58 万字。148.00 元。详细介绍多种超声方法（M 型超声、二维超声、频谱多普勒、彩色多普勒、心脏声学造影、经食管超声心动图）在对心脏及大血管疾病进行检查、诊断方面的综合应用。全书分 38 章，主要内容包括心脏超声诊断基础，常见及罕见、复杂的先天性和后天获得性心血管疾病的超声诊断，经食管超声心动图的应用，胎儿心脏超声心动图诊断，心脏及大血管功能和血流动力学测定方法，超声诊断新技术的进展及应用。书中附图 450 余幅，所用图像资料均为作者亲自采集的病例，且经过病理、导管或手术等证实。（张君则）

R000083 **介入心脏病学** 副名：第二届长城国际心脏病学研讨会论文集。胡大一编。万国学术出版社 1996 年 9 月英文版。52.5 万字。92.00 元。详细介绍国际介入心脏病学研究的最新进展。内容包括：冠状动脉支架的应用、急性心肌梗塞的溶栓疗法、冠心病的外科治疗、冠心病的介入治疗、瓣膜病的介入治疗、先天性心脏病的介入治疗、快速心律失常的介入治疗、心脏病的电生理与测定、冠状介入管理与溶解血栓疗法、球形心瓣塑制、心脏外科和其他心血管疾病。（周幼葵）

R000084 **现代急性心肌梗塞诊断治疗进展** 宋文宣等主编。青岛海洋大学出版社 1996 年 12 月版。42.7 万字。18.50 元。分 9 个专题研究、分析、探讨了急性心肌梗塞的病理基础；临床诊断；常规处理与心肺复苏；泵功能紊乱的治疗、心律失常的治疗、其他并发症的治疗；特殊处理；特殊检查；预后判断和康复治疗。（韩玉堂）

R000085 **血栓与止血** 副名：基础理论与临床。王振义等主编。上海科学技术出版社 1996 年 10 月版。104.2 万字。60.00 元。是在 1988 年第一版的基础上进行全面修订的。共 6 篇，分别为“止凝血机制的基础理论”、“血栓与止血的分子生物学基础”、“出血性疾病”、“血栓形成和血栓栓塞性疾病”、“各种疾病中的止凝血异常”、“血栓与止血的实验室检查”。书末附有外文缩写的“略词检索”。第二篇“血栓与止血的分子生物学基础”是本版新增的一个重要内容，还新增了“中医学对血栓与出血性疾病的认识和防治”、“老年人止凝血功能的特点”、“老年人出血性疾病”等章。（瞿世英）

R000086 **动脉粥样硬化——基础与临床** 蔡海江等著。江苏科学技术出版社 1996 年 5 月版。45 万字。27.00 元。分 9 章，包括动脉粥样硬化的病理学、流行病学，脂蛋白代谢与高脂血症，动脉粥样硬化的发生、发展及消退机制，动脉粥样硬化的临床表现和诊断、治疗。书中着重引用近年相关的细胞及分子学研究成果，重点介绍其他书籍涉及较少的动脉粥样硬化发病学。（徐欣）

R000087 **中国内科年鉴（1995）** 陈思聪、李石等编著。上海科学技术文献出版社 1996 年 9 月版。107.4 万字。60.00 元。为 1983 年出版至今的第十三卷。本年鉴包括上一年度的传染病，寄生虫病，呼吸系病，心血管病，消化系病，血液病，肾脏病，内分泌腺病，神经系病，结缔组织病，代谢病，中毒，物理因子所致疾病等内科各专业，并按内科各系统编撰。每个系统分“一年回顾”（附参考文献）和“文选”两大部分。本卷年鉴取材于 1993 年 11 月至 1994 年 10 月期间国内公开发行的 169 种有关医学杂志，共收集文献 20 675 篇。再在其中选出 37.3%的有代表性的论文撰写成一年回顾，其参考文献序号附有星号（*）者，系选入文选。各专业的一年回顾按需要分为若干章节，反映上述期间我国内科各专业的基础与临床研究进展，同时收录有关新技术、新经验及罕见病例。文选摘录文题,首位作者单位及姓名、材料与方法,研究结果及作者的主要见解或结论。部分文选有述评,仅表达个人对该文的看法并酌情介绍其他同类研究的概况。书末还载有上述同期有关杂志刊出的各专业会议拟订的新的诊断标准(或建议)、有关学科的全国性学术会议概况以及本卷所选杂志的全称及缩写、索引等附录。(蔡平)

R000088 **呼吸系统疾病的最新进展** 王贤才译。青岛出版社 1996 年 8 月版。72 万字。128.00 元。原名为 Upalate Pulmonary Diseases and Disorder,由 Alfred P·Fishman 主编。本书涵盖了呼吸系统各个方面的新进展。内容包括:肺的老衰、肺气肿、气道病、肺间质变、免疫性疾病、成人呼吸窘迫综合征、睡眠紊乱、传染病、影像检查、肺癌、肺循环等。列举了许多参考文献,各章所列出的参考文献,都对其内容附有简要说明。(刘琳)

R000089 **内科实用诊疗手册** 王一举、李治明主编。重庆出版社 1996 年 1 月版。24.2 万字。15.00元。阐述了内科常见的 160 多个病症,既有内科各系统(即呼吸、循环、消化、肾脏、血液、内分泌、代谢及神经系统等)常见疾病的诊断标准和治疗措施,又有常见传染病的诊断、治疗和预防。(余国枢)

R000090 **内科临床医师手册** 王淑梅、李继昌主编。河南医科大学出版社 1996 年 10 月版。69.4 万字。32.50 元。共 14 章,内容包括:常见症状的诊断与处理,呼吸系统疾病、心血管系统疾病、消化系统疾病、泌尿系统疾病、造血系统疾病、内分泌系统与新陈代谢疾病、结缔组织病、中毒、常见内科急症处理、内科常用诊疗技术,常用内科疗法、内科特殊检查、心电及心功能检查、常用临床检验参考值等。重点是内科疾病的诊断、治疗与预防等方面的新知识、新技术和新的防治方法。按照常见的症状学及系统疾病的次序进行编写,特殊的检查与诊治技术如实验室检查、肺心肾各种功能检查、心电图、心电向量以及介入性诊断与治疗技术等则专章叙述。(李龙传)

R000091 **肺部感染性疾病** 何礼贤主编。上海医科大学出版社 1996 年 11 月版。57.7 万字。33.00元。第一篇为总论,论述呼吸系统的防御免疫功能、肺部感染的发病机制、病原学诊断技术、抗微生物药物及其应用,并就肺部感染临床诊治实践中的一些难题专门列出一章进行讨论。第二篇分别叙述不同病原体的肺部感染。在当今化学治疗时代病原体的确立对选择性抗微生物治疗显得尤其重要。以病原体作为肺部感染分类的基础并加以强调。第三篇是从感染途径、宿主状态等不同角度论述各种肺炎“集合体”,如社区获得性肺炎、医院获得性肺炎、儿童肺炎、老年人肺炎、免疫损害宿主的肺炎等。随着近年来作者对感染包括肺部感染在急性呼吸窘迫综合征和多脏器衰竭发病学上的作用及发病机制的深入研究,基于对感染与器官损伤方面的认识,将其列为专题加以叙述。(何剑秋)

R000092 **急性消化系统疾病诊断治疗学** 刘来村等著。中国医药科技出版社 1996 年 4 月版。70 万字。40.00 元。“诊断治疗学系列丛书”之一。共 13 章,分别介绍了常见消化系统急性症状的鉴别诊断与治疗原则;本书在编写形式上突出“急”字,注重新方法、新技术的介绍,并对一些少见急性消化系统疾病、消化系统肿瘤急性并发症及祖国医学对消化系统急症的认识作了详细论述。书末附消化系统疾病急性症状诊治图示、抗生素静脉滴注配伍禁忌及人体检验数值新旧单位换算表。(蔡红)

R000093 **中医舌像与胃镜像对照图谱** 姚保泰著。山东科学技术出版社 1996 年 11 月版。318 幅图。48.00 元。作者从亲自观察的 4 000 多个病例中筛选出一部分,整理成书。全书分总论、各论两部分。总论介绍了舌诊的渊源、发展、内容、方法及与脾胃的关系。各论介绍了正常与病理舌像及其对应的胃镜像共 62 例。因舌与胃粘膜像随人的年龄增长而有生理性变化,故从 30~60 岁的病例中,以 10 岁为一年龄段,选取 4 例正常舌像及对应的胃镜像作为对照。全部病例均先进行舌诊观察,摄舌像,辨证分型,然后立即进行胃镜检查和摄像,真实地将舌像与上消化道粘膜像展现在读者面前。(夏魁周)

R000094 **肝脏病学新进展——基础与临床** 王宝恩主编。北京出版社 1996 年 1 月版。35 万字。33.00 元(精)。分为 25 个部分,对肝脏病学的基础与临床的重点问题,如抗病毒治疗、乙肝病毒基因组变异、核医学在肝胆病诊断中的应用等进行了详细阐述,并介绍了国内外的最新成果和先进经验。(龙杰)

R000095 **肝炎学大典** 叶维法、钟振义主编。天津科学技术出版社 1996 年 7 月版。227.8 万字。是“现代肝胆病学高级丛书”之一。分上下两卷。上卷 9 篇 62 章,介绍肝炎病毒学、病毒性肝炎免疫学、病毒性肝炎的流行病学;重点介绍病毒性肝炎病理学、检验诊断学,病毒性肝炎的临床表现、类型、合并症、诊断、治疗及预防。下卷 3 篇 32 章,介绍药物性及酒精性肝损害、自身免疫性肝炎。书中所介绍的内容既有现代医学的最新成就,也有中医对肝炎的认识,中医中药的治疗——全国各地著名老中医治疗肝炎的经验,还有中西医结合治疗的措施、方法。(郝俊利)

R000096 **糖尿病并发症防治400问** 陈艳主编。金盾出版社1996年9月版。19.7万字。7.70元。包括糖尿病性低血糖症、糖尿病酮症及其酸中毒、糖尿病高渗性昏迷、糖尿病乳酸性酸中毒、糖尿病并发感染,以及糖尿病性高血压、心脏病、脑血管病、下肢血管病变、肾病、视网膜病变、神经病变、高脂血症和其他并发症的防治知识。书中以问答形式介绍了上述并发症的发病原因、临床特点、诊断原则、治疗方法及预防措施。(李占春)

R000097 **遗传性代谢病** 杨跃煌著。云南科学技术出版社1996年10月版。15万字。10.40元。论述了各种遗传性代谢病,包括糖代谢病类、先天性氨基酸病类等,在脂蛋白及血浆蛋白代谢异常方面重点叙述了遗传性脂蛋白代谢病;在先天性色素代谢异常方面叙述了先天性高铁血红蛋白症和卟啉病。此外,对嘌呤代谢病和先天性金属代谢病也作了专门介绍。(刘康)

R000098 **实用血气分析** 王忠平等著。云南科学技术出版社1996年7月版。9万字。7.00元。在叙述有关酸碱失衡和电解质紊乱的生理学和病理生理学改变的理论基础上,着重描写了各种类型酸碱失衡的病因、代偿机制、血气及电解质改变的特点,以及具体的判断步骤与方法,并列出多种常见的临床实例予以说明。(温翔)

R000099 **老年病诊疗与保健** 李敬录等主编。河南医科大学出版社1996年8月版。17.7万字。10.50元。分老年人心血管疾病、脑血管疾病、呼吸系统疾病、消化系统疾病、内分泌系统疾病、前列腺疾病、妇科疾病、口腔疾病、职业病、骨性关节病、老年保健等内容。(李龙传)

外 科 学

R000100 **外科学新理论与新技术** 吴孟超、仲剑平著。上海科技教育出版社1996年12月版。11万字。66.80元。是“医学新理论与新技术”丛书之一。内容涉及外科学各个专业,如创伤与急救、烧伤、外科营养支持、神经外科、胸心外科、胃十二指肠外科、小肠外科、肝脏外科、胆道外科、胰腺外科、肛肠外科、血管外科、泌尿外科、矫形外科以及内镜、放射、介入疗法和核医学在外科中应用的新理论、新观点、新技术、新诊疗方法。(方婷嫄)

R000101 **临床外科学纲要** 齐兆生、计建华著。上海科学技术出版社1996年9月版。112.4万字。66.00元。概括了外科工作的全过程,从外科病人的接诊到系统疾病的诊断和治疗都作了概述;既有基础知识讲解,又有各专业独到见解和新技术介绍,重点突出疾病、创伤的外科诊疗。(华春荣)

R000102 **家庭医学百科** 江绍基等主编。上海科学技术文献出版社1996年6月版。80万字。28.00元。分“预防保健”、“医疗康复”、“自救互救”3篇。预防保健篇包括“一日保健术”;饮食、饮水、生活及娱乐卫生;居室卫生,传染病者活动场所及用物消毒,除害;妇幼保健;中老年保健等章节。医疗康复篇包括常见疾病如:传染病,心、肺系疾病,呼吸、消化、血液、内分泌、肾脏等内科疾病;手术前后处理、损伤、烧伤、冻伤、甲状腺瘤、乳房肿块、胆石症、阑尾炎、下肢静脉曲张等各种普外科疾病;泌尿、胸外、妇产科、儿科类疾病;神经、精神、眼科、耳鼻喉科及口腔科疾病以及各种病人的家庭护理等章节。自救互救篇包括高热、惊厥、昏迷、休克、心跳骤停等常见疾病(症状)的急救以及中毒、灾害伤等急救和现场急救基础知识等章节。书中还有就医指南、特殊医疗检查须知以及疾病预测预报、家庭药箱、急救备药和旅游携药等附录。(蔡平)

R000103 **心胸外科麻醉手册** 王凤学主编。辽宁科学技术出版社1996年版。45万字。30.00元。分42章,从心、肺解剖生理学基础入手,介绍心胸手术麻醉的有关问题,诸如麻醉前检查与准备、常用麻醉药与心血管用药、心胸手术的麻醉方法、术中输血与输液、麻醉机与呼吸机的应用、体外循环与心肌保护、术中监测技术等。尤其对常见心胸手术的麻醉处理,小儿、老年与并存疾病的特点及术后处理等都作为重点加以介绍。在对新型心血管药服用及较长时间的机械通气的运用等方面,都有丰富的经验,书末列编有关数据供查阅。(张希茹)

R000104 **手术学全集** 黎介寿、吴孟超等著。人民军医出版社1994年至1996年分卷出版。1 800万字。1 300.00元。由中国人民解放军总后勤部卫生部组织编写,共13卷,包含总论、普通外科、整形与烧伤外科、矫形外科、神经外科、胸外科、心血管外科、泌尿外科、眼科、耳鼻咽喉科、口腔颌面外科、妇产科、小儿外科。总论卷主要介绍与各科手术均有关的基础理论,以及麻醉、基本手术器械、基本技术操作等;其他各卷除简要介绍与本科特点有关的基础理论外,重点介绍本科各种手术,包括手术的适应证、禁忌证、术前准备、麻醉与体位、手术步骤、术中注意要点、术后处理和主要并发症,并插有清晰的局部解剖图和手术操作步骤图。各卷介绍的手术,既有传统的典型与改良术式,又有国内外风行的最新术式。(杨磊石)

R000105 **实用手术图解全书** 吴阶平总主编。江苏科学技术出版社 1996 年 5 月版。1 100 万字。863.00 元。分普通外科、神经外科、胸心外科、泌尿外科、骨科、整形外科、妇科、眼科、耳鼻咽喉—头颈外科和口腔颌面外科等 10 册,1.8 万幅线条图,2 300个手术术式,覆盖了临床手术各科。全书各册介绍了临床各科的手术。每个手术术式由手术指征、术前准备、麻醉、体位、手术步骤和术后处理 6 部分组成。手术步骤是其中的重点。专家、教授们数十年的临床手术的经验、体会、心得、教训和对手术术式的改进有机地融进了手术步骤中。全书以图解的形式,连续地有重点地介绍了每个手术的全过程,图旁串以说明性文字。(顾志伟)

R000106 **家庭医学顾问** 高东宸著。人民卫生出版社 1996 年 1 月版。92 万字。65.00 元。内容主要包括 3 大部分。第一部分为临床各科,内、外、妇、儿、眼、耳鼻喉、皮肤等各科的常见病知识。第二部分为专题讲座和单病种防治知识介绍,如:噪音保健、育儿知识、优生优育、计划生育、营养处方、糖尿病防治等内容。第三部分为群众在日常就诊当中常遇到的问题和所需具备的知识,如:就诊指南、如何挂号、填单、如何看化验单、如何服药、中药汤剂的优点、视力检查法、B 超检查注意事项等。另外,本书还包括法定医学计量单位,北京地区医院情况介绍等附录。(孟昭美)

R000107 **医学美容学** 张其亮主编。上海科学技术出版社 1996 年 11 月版。89.7 万字。65.00 元。分医学美容学概论、临床美容学总论、临床美容学各论(上、下)和美容保健 5 大部分,共 800 幅插图。(杨成功)

R000108 **现代创伤学** 黎鳌等 42 人编著。人民卫生出版社 1996 年 12 月版。186 万字。是作者总结几十年临床经验、科研成果,结合国际最新进展资料编著而成。论述了创伤学基础理论、创伤社会医学、创伤流行病学、现代创伤救治组织、救治程序及创伤临床的基本问题;阐述了不同原因创伤、不同部位创伤的病因、创伤机制、机体应激反应、病理生理改变、病理解剖变化、免疫反应改变、创伤临床表现、损伤特点诊断和鉴别诊断、快速抢救措施、治疗和预防,以及创伤并发症的预防诊断和治疗;介绍了创伤整形、创伤修复、创伤康复和功能评定等。本书应用病理学、生物化学、免疫学、分子生物学、生物力学等基础医学理论和技术,以及流行病学、社会医学等预防医学理论结合现代临床医学实践和经验,阐述了创伤发生、发展规律及其预防、诊断和治疗的理论与实践,介绍了交通事故伤、矿井下创伤、运动伤、军事训练伤及创伤法律问题等。(杜贤)

R000109 **中国外科年鉴(1995)** 仲剑平、马永江等编。上海科学技术文献出版社 1996 年 12 月版。68.5 万字。60.00 元。包括上一年度的外科基础及创伤、烧伤、整形外科,肿瘤,器官移植,麻醉,普通外科,神经外科,胸外科,泌尿外科,骨科等专业,并按外科各系统编撰。每个系统分“一年回顾”(附参考文献)和“文选”两大部分。本卷包容了 1993 年 11 月至 1994 年 10 月期间的外科信息,从 145 种国内出版的医药卫生期刊中选出的有关学术论文 5 672 篇,再在其中选出 30%～40%有代表性的论文撰写成一年回顾,又选出约 6%的优秀论文摘写成文选。一年回顾中全面反映了该年度我国外科各专业在临床与基础研究方面以常见病、多发病为重点的进展情况,同时收录有关新理论、新技术及罕见病例。述评是表达摘编者个人对介绍该文的看法,并酌情介绍其他同类研究的结果及见解。一年回顾的参考文献序号附有星号(*)者,系已选入文选。书末还有所选期刊的全称及缩写、索引等附录。本年鉴为 1983 年出版至今的第十二卷。(蔡平)

R000110 **实用胸部外科手术学** 苏应衡、郭兰敏主编。山东科学技术出版社 1996 年 7 月版。168 万字。165.00 元。共 86 章,分总论、胸部外科各论、心血管外科各论 3 篇。总论 22 章,主要介绍胸部解剖生理、胸心疾病诊断技术、手术前准备与手术后护理、麻醉、体外循环、氧气疗法与机械通气、人工心脏起搏、术后低心排量综合征、心肺复苏等胸心外科基础理论和基本技术;各论 64 章,重点讲述胸心外科常见病与多发病防治知识,对近年来发展较快的胸腺瘤、重症肌无力、肺与气管移植术、下腔静脉梗阻综合征、心律失常、肥厚性心肌病、心肌梗死后并发症等,也都列题进行了详细论述。全书列题介绍疾病 67 种,包括涉及疾病共 80 余种。对于每种疾病,均按病因病理、外科解剖、临床特点、辅助检查、诊断、自然病程、手术方法、围手术期处理与治疗效果等项进行编写，其中重点讲述了各种手术方法的适应症、体位、切口、手术操作和要点，有些病种除了讲述临床经常采用的手术方法之外，还介绍了其他多种有价值的手术途径与手术方式，说明其操作特点及特殊适应症，分析其在不同情况下的疗效。为反映有关医学的新进展，本书还详细介绍了温血停搏液心肌保护方法、布加综合征的外科治疗、心律失常的心房隔离术等胸心外科领域新技术、新方法与新概念。每章末附有主要参考文献；全书末附有胸心解剖名词、疾病名称及手术名词索引。(初世均)

R000111 **现代腹部外科学** 夏穗生主编。湖北科学技术出版社 1996 年 4 月版。110 万字。70.00 元。分腹部外科实用基础、腹部外科疾病和腹部外科常见的临床综合征 3 篇。第一篇重点介绍了与腹部外科临床联系紧密的基础知识，如休克、液体治疗、围手术期处理、营养支持、抗生素的应用、免疫功能调节、腹部外科影像学检查及放射免疫分析等。第二篇重点介绍了胃、十二指肠外科疾病、小肠外科疾病、肝脏外科疾病、胆道外科疾病等临床上最常见的外科疾病的临床表现特征、诊断和治疗方法。第三篇重点介绍了急腹症、消化道出血、腹部肿块、腹部创伤等综合征的表现特征、鉴别诊断方法和治疗手段。(熊木忠)

R000112 **中国急腹症治疗学** 郑显理、石水生主编。天津科学技术出版社 1996 年 1 月版。97.1 万字。为 1982 年版《中西医结合治疗常见外科急腹症》的修订版本。本书分 25 章，前 10 章主要介绍急腹症的病因、病理、症状、诊断、鉴别诊断、术前准备、麻醉、剖腹探查、术后处理及护理。后 15 章介绍急腹症范畴的各种疾病的病因、病理、诊断、并发症、治疗。(郝俊利)

R000113 **实用胆囊外科** 郭振武著。天津科学技术出版社 1996 年 6 月版。45.4 万字。分 8 章，依次介绍胆囊的解剖生理、胆囊疾病、胆囊疾病的诊断、胆囊疾病的手术方法、胆囊外科疾病的药物疗法、胆囊外科疾病的液体疗法、胆囊外科病人的护理，以及胆囊外科的有关问题。书中所附图片 160 余幅，多来自作者的临床资料。(郝俊利)

R000114 **实用手外科手术** 戴学山主编。人民卫生出版社 1996 年 12 月版。33 万字。32.50 元。对手的种种创伤、各种急慢性疾患，包括手的各关节畸形，先天性畸形，手部肿瘤，尤其是周围神经、手的修复重建等手术，功能康复与支具等诸方面，作了介绍。具体内容包括：手部外科器械；麻醉；基本功与术前准备；急性手外伤；断指(肢)再植；手部肌腱损伤的修复；周围神经损伤早期手术及晚期重建术；手部烧伤晚期矫形修复术；掌指关节和近侧指间关节矫形术；前臂和手的肌肉挛缩；掌筋膜挛缩的手术；皮肤缺损的修复；上肢神经嵌压综合征；拇再造与再造手(晚期)；腱鞘炎与腱鞘囊肿；手部感染；手部先天畸形；腕手部骨折与脱位；手部支具与功能康复；手部肿瘤。全书共 20 章，插图 500 余幅。(石智辉)

R000115 **实用脊柱病学** 潘之清主编。山东科学技术出版社 1996 年 3 月版。145 万字。150.00 元。分 40 章，前 15 章主要介绍了脊柱及其周围组织解剖生理基础，脊柱疾病病因学，X 线、CT、MRI 诊断技术，以及治脊疗法、封闭疗法和脊柱疾病物理康复治疗等有关基础理论、基本技术和基础知识；16 章之后按疾病性质分为颈椎病、椎间盘突出症、脊髓损伤、椎管狭窄、骨质疏松、软组织疾病、脊柱结核及肿瘤等 20 余章，讲述了各种脊柱疾病的病因与发病机制、临床表现、诊断与治疗等；第四十章为脊柱相关疾病研究，收载专论 30 篇，从多方位、多角度介绍了脊柱疾病与血压异常、心律失常、运动神经元疾病、视力障碍等 20 余种相关疾病的研究成果与研究动向。书末附有主要参考文献及脊柱疾病相关名词术语索引。(初世均)

R000116 **脊椎外科学** 赵定麟主编。上海科学技术文献出版社 1996 年 11 月版。139 万字。148.00元。分为概论、颈椎疾患、腰骶椎疾患、脊柱脊髓伤及其他脊柱疾患等 5 篇 40 章。在概论篇中，除有关脊柱的解剖及生物力学外，对脊椎伤患的诊断学基础及脊髓受损的定位诊断作了介绍。在颈椎及腰骶椎两篇椎疾患中，介绍了各种常见的病变，对较少见之疾患亦加以介绍。脊柱脊髓损伤篇中虽仅有 6 章，但所述内容较为全面。其他篇中包括：脊柱的结核、肿瘤、感染等 14 种疾患。(陆琦)

R000117 **肩关节外科学** 冯传汉等主编。天津科学技术出版社 1996 年 1 月版。69.1 万字。分 3 部分 14 章，开篇为绪论，介绍肩关节外科历史、现状与展望。第一部分为一至二章，主要介绍肩的胚胎发育、解剖、生理和有关的生物力学；第二部分为三至五章，主要介绍肩关节疾病的历史与检查，肩部疾病的诊断与鉴别诊断，肩关节疾病的手术治疗；第三部分为六至十四章，介绍各种肩关节疾病的病因、病理、诊断、治疗以及预后等。(郝俊利)

R000118 **实用骨科手术图谱** 唐英翰等主编。黑龙江科学技术出版社 1996 年 5 月版。100 万字。98.00元。依次按颈、肩关节、上臂、肘关节、前臂、腕关节、手、髋、髋关节、大腿、膝关节、小腿、踝关节、足及脊柱分别介绍。除每个手术的手术步骤均有文、图说明外,对有关手术的显露途径、应用解剖、手术适应证、禁忌证、术前准备、麻醉选择及术后治疗等也都作了简要介绍或附图说明。(章虹)

妇产科学、儿科学

R000119 **妇产科学新理论与新技术** 袁耀萼、盛丹菁主编。上海科技教育出版社1996年12月版。58万字。41.50元。是"医学新理论与新技术"丛书之一。着重论述这个领域内新、深的成就与进展,包括生育调节、抗早孕新药、高危妊娠诊治新进展、遗传疾病的产前诊断与宫内治疗、妇科肿瘤基因诊断与介入疗法、妇产科内分泌学新进展、妇科手术关键性操作、影像学诊断与腹腔镜手术新进展,以及老年妇女保健工作等。(方婷娘)

R000120 **妇产科病理学** 陈忠年等著。上海医科大学出版社1996年10月版。60.8万字。118.00元。分13章,其中以女性生殖系统器官立章的有外阴、阴道、宫颈、宫体、输卵管、卵巢、阔勒带和女性腹膜及胎膜8章。以专题立章的有女性内分泌、子宫内膜异位、异位妊娠、性分化异常和阴道脱落细胞5章。器官章皆从正常基础知识开始,后依次为先天性或发育异常,功能性或内分泌紊乱病变,炎症及增生性病变,瘤样病变和肿瘤。每章以病理部分为中心,病理诊断以形态变化为重点,结合临床表现而确立诊断与鉴别诊断。本书附线图100余幅,照片700余幅。(王晓萍)

R000121 **中西医结合妇科学** 王爱琴、曹慧娟主编。北京出版社1996年9月版。80万字。56.00元(平),62.00元(精)。分为总论、各论两部分,共6篇26章。总论从中西医结合角度,对妇科解剖与生理、妇科诊断学、妇科治疗学作了详细论述;各论对近百种常见妇科疾病的中西医病因病理(机)、诊断、治疗、预防与护理等内容作了详尽介绍。(龙杰)

R000122 **女性生殖系统畸形学** 朱全道主编。河南医科大学出版社1996年12月版。32.5万字。40.00元。共20章,百余幅图,系统讲述了女性生殖系统的发生、演变、成熟的整个过程和女性生殖系统畸形的形成、诊断和治疗;对各种畸形手术方法的改进讲解尤为详尽,特别是先天性无阴道成形术。对较为少见的真两性畸形、假两性畸形、小儿生殖道畸形也作了介绍。本书作者自1984年至今十余年来,一直潜心研究女性生殖系统畸形的手术学,特别是对先天性无阴道采用"腹膜代阴道成形术"成绩显著。(杨秦予)

R000123 **现代分娩学** 王若楷等主编。人民卫生出版社1996年1月版。55.8万字。42.10元。分为分娩生理、异常分娩和现代分娩学3篇,图130余幅。书中既搜罗了1988—1993年国内外有关分娩的新知识、新理论和新方法,也介绍了编者在分娩现代化管理中的经验与体会,并首次提出与论述了现代分娩学这一全新的分娩概念,即利用现代科学技术及现代医学医疗仪器,研究分娩的动因和分娩过程,阐明分娩的最佳条件、最佳时间、最佳产程规律以及最佳分娩方式,实现全部过程在自动化监护与控制下的无痛分娩。(周春桃)

R000124 **畸胎学** 傅立杰等著。上海科技教育出版社1996年2月版。55万字。38.00元。内容包括:畸胎学的基本概念和原理,人类胚胎的正常发育,遗传因素与先天畸形,药物引起的出生缺陷,工业和环境化学与先天畸形,物理因素的致畸危害,微生物感染引起的出生缺陷,母体营养,疾病和社会因素与先天畸形,畸胎学实验研究方法,以及出生缺陷监测和人类流行病学调查等。(方婷娘)

R000125 **儿科基本功** 周秦玉编。天津科学技术出版社1996年9月版。99.7万字。主要介绍小儿内科范围内的基础理论、基本知识和操作技能。第一篇介绍小儿水电解质代谢紊乱的诊治,第二篇至第十三篇依次按营养、新生儿、呼吸、消化、心血管、肾脏、血液、神经、内分泌代谢、免疫和中毒急救等系统编写,对小儿常见的结核病另列篇章介绍。各系统均重点介绍小儿的生理、解剖特点,对各系统的常见病、多发病的病因、发病机理、病理生理、临床表现、诊断、鉴别诊断、特列检查和防、治等方面都作重点介绍。对一些有鉴别诊断意义的少见病也作了介绍。除基础理论与基本方法外,还介绍了一些新的理论和进展。在诊断标准和分类标准等方面均采纳国际最新的统一标准。(袁向远)

R000126 **小儿泌尿外科学** 黄澄如主编。山东科学技术出版社1996年3月版。58万字。80.00元。通过大量影像学照片,详细阐述小儿泌尿外科疾病影像学表现及诊断;对于小儿泌尿生殖系畸形、梗阻、肿瘤、感染、返流、损伤、结石、性别异常等问题,作者密切联系基础医学,从胚胎、遗传、解剖、病理、临床诊治等多角度分章论述。详细介绍了小儿泌尿外科典型手术方法。

肿　瘤　学

R000127 **胃癌的X线诊断** 张晓鹏主编。辽宁科学技术出版社1996年版。16万字。68.00元。对各种X线检查方法在胃癌诊断中的综合应用进行了分析讨论，强调规范化检查方法的重要性，对双对比造影体位的灵活运用做了探讨。本书采用大量病例照片，图文并茂地对胃癌各种X线征象进行分析。此外，对于鉴别诊断也做了重点阐述。（李夏）

R000128 **肝癌** 江正辉、黄志强主编。重庆出版社1996年12月版。73.2万字。59.00元。分4篇33章。全面介绍了肝癌的流行病学、病因、病理、临床诊断、治疗、普查、预后等内容。对小肝癌、癌侵入胆道、纤维板层型肝癌、肝胆管细胞癌、继发性肝癌、其他肝良性、恶性肿瘤及小儿肝癌等的发病机理、现代影像诊断、临床与鉴别诊断作了专章介绍和深入讨论。（余国枢）

R000129 **临床肿瘤内科手册** 孙燕、周际昌主编。人民卫生出版社1996年6月第三版。32.3万字。27.70元。第三版对全书药物治疗内容作了修改，增加了许多新的抗肿瘤药物，并在附录中增加中医治疗的参考方剂。（姚冰）

R000130 **乳腺疾病影像诊断与治疗学** 徐开埜、唐敖荣主编。上海科技教育出版社1996年1月版。53万字。54.00元。介绍乳腺疾病诊断与治疗，以影像学诊断、乳腺癌为重点分述，共26章，包括乳腺解剖、临床检查和诊断、流行病学与病理学；重点介绍各科X线诊断技术，如静电摄影、导管造影等，以及细针穿刺活检早期隐性乳腺癌的新技术；对超声红外热像图、液晶近红外、放射性核素、CT和MRI诊断技术也作了介绍；有关乳腺疾病的各种治疗（外科、放疗、化疗和内分泌治疗）与乳房重建均作了介绍。正文配有大量插图和照片200余幅。（方婷媛）

R000131 **实用头颈肿瘤学** 曾宗渊主编。华南理工大学出版社1996年9月版。35.00元。由中山医科大学肿瘤医院多位专家学者根据多年来的肿瘤临床研究的经验，并参阅大量国内外有关文献编写而成。书中阐述了头颈肿瘤的基础理论及常见肿瘤的临床诊断技术和方法。全书分为总论和各论两部分。总论着重介绍头颈肿瘤的病因、流行病学、病理、诊断和治疗的研究进展；各论着重介绍各类头颈肿瘤的临床特征、诊治方法及其预后。（潘宜玲）

神经病学与精神病学

R000132 **临床神经病学** 黄如训等主编。人民卫生出版社1996年12月版。83.6万字。71.20元。重点介绍神经系统疾病的病史和检查，神经系统疾病的症状学、定位诊断、定性诊断，脑脊液检查、脑电图检查、肌电图检查、诱发电位检查，颅脑X线、CT、磁共振、数字减影血管造影、放射性核素、超声多普勒、肌肉和周围神经活检，神经系统常见症状和综合征，详细介绍神经系统各类疾病的诊断及治疗内容。（姚冰）

R000133 **高级临床神经学** 刘澄中著。大连出版社1996年12月版。63万字。58.00元。由高等临床神经学基础，高级躯体感觉及其障碍，高级躯体运动及其障碍，……高级临床神经学的过去学与未来学等8篇构成。书末列世界重要参考文献500，中英文索引逾千条。（张绪蒲）

皮肤病学与性病学

R000134 **皮肤病性病临床诊断学** 张信江主编。贵州科学技术出版社1996年11月版。90万字。46.00元。由总论、皮肤病及性病3篇共29章组成。第一篇为总论，重点阐述与皮肤病、性病密切相关的病理学基础、免疫学基础、分子生物学基础及实验诊断学基础的有关知识。第二篇、第三篇分别为皮肤病、性病的有关内容，主要是在临床表现、实验检查的基础上，对每个疾病的诊断、鉴别诊断、治疗等方面的问题进行了介绍。全书所介绍的疾病近500种，是皮肤性病科的常见病、多发病，并对其中的危急重症进行了重点阐述；同时也对有关的性病综合征进行了介绍。（夏同珩）

R000135 **现代皮肤病学** 杨国亮、王侠生主编。上海医科大学出版社1996年5月版。247.8万字。218.00元。分为总论和各论两篇。总论共15章，介绍了与临床相关的基础理论和技术，内容包括皮肤病学发展史、皮肤胚胎学、皮肤解剖学、皮肤组织学、皮肤的超微结构、皮肤生物化学、皮肤的变态反应与免疫、皮肤病理学、皮肤病遗传学、皮肤细胞生物学、皮肤病的症状、皮肤病的诊断、皮肤病的护理。各论共35章，根据上海医科大学华山医院几十年积累的丰富资料，结合国内外文献，从病因及发病机制、临床表现、组织病理、诊断及鉴别诊断、治疗等方面介绍各类皮肤病达 1 500 余种,并附临床病例彩色照片 176 幅,以少见病或一些具有特殊、典型表现的病种为主。(阮天明)

R000136 **皮肤免疫学基础与临床** 翁孟武著。上海科学技术文献出版社 1996 年 4 月版。44.6 万字。25.00 元。作者综合国内外免疫皮肤病学研究的成就和最新的进展,结合临床研究,按基础、临床、技术 3 编分述。基础编概述近 30 种皮肤抗原及其相关的自身抗体的细胞、分子成分和炎症介质;人白细胞抗原与某些皮肤病的关系;皮肤衰老的免疫学基础与预防的理论基础;皮肤病的免疫病理学诊断、免疫药理和免疫疗法等。临床编主要从免疫学基础着手,介绍与免疫有关的皮肤病,如感染性、性传播性、变态反应性、光敏性、自身免疫性、免疫缺陷性和恶性增生性等 30 余大类皮肤病,运用分子生物学和免疫电镜等最新技术,对每一疾病的免疫学发病机理、病情演变和预后等进行阐述,并对免疫病理学诊断、免疫药物疗法和免疫重建等作全面介绍。技术编对一些最新的免疫学检测技术,如免疫组化、免疫电镜、免疫印迹、聚合酶链反应和原位杂交等从原理、具体方法、结果评价等方面作了详细介绍。(项署烽)

R000137 **实用皮肤病诊疗全书** 梁勇才主编。学苑出版社 1996 年 6 月版。250 万字。135.00 元。分 10 篇,第一至第八篇分别阐述了皮肤的解剖组织胚胎学、中西医病理学、中西医症状学、中西医诊断学、中西医内外治法及其药物和制剂,第九篇详述了各种皮肤病和性病的别名、中医病名、中西医病因病机、中西医辨证诊断、鉴别诊断、中西医内外治法、疗效评价及国内外诊治经验,第十篇附录了皮肤科有关资料。(陈辉)

耳鼻咽喉科学、眼科学、口腔科学

R000138 **耳部望诊彩色图谱** 刘绍武主编。天津科技翻译出版公司 1996 年 1 月版。16 万字。123 幅彩图。75.00 元。分上下两篇。上篇为总论,概述了外耳形态结构,耳与脏腑身形、经络俞穴的关系,以及耳部望诊与证候辨识。下篇为耳病篇,以现代耳科疾病分类为标准,从耳廓、外耳道、鼓膜等相关部位疾病出发,用 120 余幅彩图及与之相对应的病灶部位示意图,展示了耳科 32 种疾病及其不同阶段的临床表现特征,并遵循中医耳科学诊断治疗标准,以中、西医诊断二法互补的角度,配合图像描述了疾病的病因和病理。(张毓青)

R000139 **变态反应性鼻炎临床与实验研究** 王德云著。福建科学技术出版社 1996 年 12 月版。18.5 万字。20.60 元。作者收集当前国际上的最新进展,并结合自己的临床实践和科研成果,从流行病学、病因、鼻部应用解剖、组织病理学、病理生理学、临床诊断与鉴别诊断以及治疗等方面,分 13 章 14 节系统地加以介绍。(陈金良)

R000140 **现代临床眼科学** 吴振中主编。湖南科学技术出版社 1996 年 1 月版。72.5 万字。48.00元。"临床医学高级研修书系"之一。全书分 4 篇:基础篇、临床篇、治疗篇及手术篇。基础篇紧密结合眼科临床介绍了眼的解剖生理及其发育,眼部检查、眼的屈光学及屈光检查法。临床篇详细介绍各种眼病的病因、诊断及治疗,包括眼睑、泪器、结膜、角膜、巩膜、晶体、玻璃体、色素、视网膜疾病及青光眼、视神经、眼外伤等,对新发病、少见病及疑难症也作了全面介绍。治疗篇详介各种眼科药物及其用药原则与方法,常用眼科特殊治疗等。手术篇阐述眼各部疾病手术治疗的适应证、手术器械、麻醉、手术步骤及注意事项。全书配有 500 多幅插图,包括彩图 16 幅。(车平)

R000141 **临床眼科诊治进展** 孙兴怀等著。上海科学技术文献出版社 1996 年 10 月版。38 万字。21.50 元。介绍眼科最新诊断和检查技术,如角膜地形图的运用、白内障影像诊断、激光扫描眼底镜,以及眼底脉络膜血管造影(ICG)等最新检查技术。在眼病防治方面亦有不少新观点,包括 PRK 在内的各种角膜屈光手术和白内障超声乳化装置及其操作运作的新手法,并详细介绍了导管植入引流治疗顽固性青光眼、玻璃体视网膜手术的各种新型玻璃体替代物以及各种眼科麻醉操作技术的新进展。(总编办)

R000142 **实用临床神经眼科** [日]藤野贞、[中]童绎等编著。福建科学技术出版社 1996 年 10 月版。24 万字。21.30 元。分 14 部分,包括视路的解剖生理,从症状、体征至诊断,视神经疾病,视乳头异常,与神经及颅内病变密切相关的眼部疾病,视交叉、颅内视路和枕叶视区的病变,瞳孔及瞳孔异常,眼球运动障碍,眼球震颤,眼睑异常与颜面神经障碍,眼眶病,头痛与偏头痛,CT 和 MRI 在神经眼科的应用,视觉电生理在神经眼科的应用,袖珍自制神经眼科检查器及其应用。本书着重介绍国内外最新的神经眼科临床科研成果及经验,配有神经眼科临

床解剖生理彩色图谱24幅,以及其他相应的线条图70多幅。(郑爱今)

R000143 **眼科全书(上、中、下册)** 李凤鸣主编。人民卫生出版社1996年6月版。574万字。446.00元。共12卷,1 000余幅插图。全书汇集了我国眼科方面的最新成就,吸收了当代眼科的最新进展,充分地反映了我国眼科事业的全貌;对眼科的基本理论、基本知识及基本技能等作了论述;在对眼科常见病和多发病详细论述的同时,对近年来新认识的疾病或罕见病种也有详简不同的介绍。为了适应眼科临床工作的需要,还系统介绍了全身性疾病在眼部的表现及与眼科有关的综合征,并列出了对临床、教学、科研有一定参考价值的资料。每篇文后列有主要参考文献,书末附有较为详细的中文、英文索引。(郝巨为)

R000144 **我们怎样摘掉了眼镜** 副名:近视眼防治新法。陈兰、白水泉著。鹭江出版社1996年1月版。1.5印张。3.98元。以现身说法的方式,讲述自己成为"四只眼"的过程以及摘掉眼镜的新方法。全书配有真实具体的照片和插图。(熊弢)

R000145 **近视眼** 汪芳润著。上海医科大学出版社1996年9月版。57.7万字。42.90元。10章,包括近视眼流行病学,诊断学与研究法,近视屈光与视力,实验性近视眼,近视眼的发病机制、治疗与预防等。介绍了国内外研究资料、学术动态及工作展望。阐述了不同理论及各家学说,并介绍了作者30余年来的研究成果,包括学术观点、理论认识及具体方法上的多项创新,如近视眼流行病学特点的发现,近视眼发生发展规律及性质的讨论,近视眼分类设计及防治方法评介与建议等。提出"近视"、"近视眼"及"近视眼病"为不同概念,强调近视眼不宜再分真假。作者是上海医科大学眼科教授,发表近视眼论文51篇,撰写《眼科全书》、《眼科争论》及《眼科新编》等书的近视眼章节。现任全国学生近视眼防治专家组成员,中华医学会小儿眼科学组副主任委员及国际近视眼学会委员。(宫建平)

R000146 **实用颅颌面成形外科** 吴求亮、铁达闻主编。浙江科学技术出版社1996年12月版。50.1万字。50.00元。分8章介绍了成形外科的基本操作与麻醉、颅面缺损与先天性畸形、颌骨畸形、面骨骨折和头面部软组织畸形缺损、唇裂与腭裂以及面部美容外科等内容。

R000147 **口腔正畸学现代原理与技术** Thomas M·Graber、Robert L. Vanarsolall,Jr,徐芸主译。天津科技翻译出版公司1996年10月版。161.2万字。2 744幅图。168.00元。内容分为诊断和治疗计划、技术与治疗两大部分,随文插图2 744幅。(李丕章)

特种医学

R000148 **胸部颈面部CT** 周康荣主编。上海医科大学出版社1996年9月版。66.3万字。136.00元。共12章。第一～十章分别描述了肺、纵膈、胸膜、胸壁、横膈、心脏、大血管、颈部、眼、眼眶、鼻、鼻旁窦、耳、颞骨、咽和喉等胸、颈面部正常解剖与变异,以及各部位常见病、少见病罕见疾病的CT表现;在描述各疾病CT表现和特征之前,还概述了其病理和临床表现;最后还对各种影像检查方法作综合分析比较。第十一章专述了现今CT检查中最先进的螺旋CT扫描技术。第十二章介绍了CT导引下胸部穿刺活检技术,叙述了其适应证、相对禁忌证与并发症等。全书有线条插图近130幅,精选CT图1 540幅。(高敬泉)

R000149 **人—机—环境系统工程生理学基础** 陈信、袁修干主编。北京航空航天大学出版社1996年10月版。90万字。54.00元。着重阐述飞行环境对人的影响及防护。内容有:大气环境因素、力学环境因素,以及照明供水与营养。(赵延永)

R000150 **运动医学** 陈中伟主编。上海科技教育出版社1996年1月版。71.1万字。48.00元。介绍运动医学研究和运动损伤的处理。分总论与各论两大篇,总论包括运动生理、运动心理、医学检查、特殊人群与运动、运动员训练、运动员医务监督、运动员营养、药物与竞技体育、运动员旅行等;各论分别介绍急性损伤、过度使用损伤、三十三类各项运动特性造成特定损伤,以及各项运动常见的发病机制、病理生理、治疗与预防方法;最后一章介绍运动损伤的评价与康复处理。全书有插图170余幅。(方婷嫄)

药 学

R000151 **宁夏回族自治区医院制剂规范** 宁夏回族自治区卫生厅编。宁夏人民出版社1996年5月版。80万字。48.00元。以剂型分类为序,包括制剂用水、芳香水剂、溶液剂、合剂、糖浆剂、胶浆剂、酊剂与酒剂、醑剂、搽剂、洗剂、涂剂、乳剂、软膏剂、乳膏剂、糊剂、滴耳剂、滴鼻剂、滴眼剂与洗眼剂、眼膏剂、口腔用制剂、散剂、丸剂、片剂、煎剂、注射剂、透析液、其他制剂等273种制剂。其中属1982年版而保留及修订的制剂150种,新增制剂123种。(孙立明)

R000152　**临床精神药理学**　颜文伟主编。湖南科学技术出版社1996年10月版。26.7万字。11.00元。"新精神医学丛书"中的一本。扼要介绍了有关临床药理学的基础知识、精神药物的应用原则、精神药物临床研究方法,以及有关精神药物中毒和抢救的技术。书末还附有详细的中、英文药物名称的索引。(李遂平)

R000153　**现代药制剂产品手册**　中国医药工业公司、中国化学制药工业协会编。化学工业出版社1996年5月版。52.5万字。60.00元。收集全国绝大多数现代药生产企业所生产的2 000多个制剂品种,涉及到50多种剂型。每种制剂分别以药品名、别名(含商品名)、英文名、剂型、规格和生产企业表述。反映了我国医药制剂工业的现状和水平,体现了制剂产品结构调整的进展。(郭燕)

R000154　**国家基本药物及新特药临床指南**　胡文铎等编著。天津科技翻译出版公司1996年9月版。130万字。90.00元。收编药品1 200余种,除国家基本药物外,又增加了部分有实用价值的国内外新特药。书中收编的药品,除详细介绍其正名、别名、外文名、分子式、性状、药理作用、临床应用、用法用量、不良反应、注意事项、制剂规格等基本内容外,还由医药界权威人士对药物作了"临床评价参考",在重点章节前面作了概括性评介论述。本书备有多种检索方式,以卫生部颁布的"国家基本药物目录"分类编排,读者可通过详细的中、英文目录进行分类检索;同时,书后编有包括全部药品名称的中、英文索引。(崔乃敏)

R000155　**实用药物手册**　冯高闳等编著。江西科学技术出版社1996年4月版。40万字。25.00元。共55章,对临床各科用药作了介绍,以西药为主,包括国内外新药及进口药品,国内已生产且疗效肯定临床常用的药物和很有前途但国内尚未正式生产或正式着手研制的药物。

R000156　**临床实用药物手册**　陆凤翔、杨玉等编著。江苏科学技术出版社1996年10月版。85万字。34.00元。共收载临床常用药物(国产、中外合资、进口)1 900余种,以西药为主,尽量载入新药,按其主要药理作用分类。从临床应用的实际出发,在介绍每一品种的标准名、异名、商品名、外文名后,分述药理作用与用途、用法、不良反应与注意事项以及制剂。附录有常用拉丁文缩写、药物计量单位等。书末附有中、外文药名索引等。(徐欣)

R000157　**临床实用新药手册**　中国药学会上海分会编著。上海科学技术出版社1996年11月版。62万字。28.00元。收载了1985～1995年国内研制生产或从国外进口并应用于临床的新药653种,按临床应用分成中枢神经系统药物、心血管系统药物等21章。对于每一种药物,均按药理作用、药物动力学、临床应用、不良反应、药物相互作用、用法与剂量、注意事项、剂型与规格等分门别类予以介绍。书末附有中、英文药名索引。(李依)

R000158　**常用药物手册**　赵瑞编著。内蒙古教育出版社1996年6月版。28万字。12.00元。共收载药品1 009种。其中包括西药671种(21类);中成药274种(22类);蒙药64种(20类)。除介绍一些常用药物外,还有国内外报道的一些新特药、中成药及蒙成药,并对药品的毒副作用及注意事项也作了说明。书中还列有常用药物剂量表、中英俄文月份对照表以及常用临床检验新旧单位对照表和中外文药名索引。对每种药品只是通过"剂型与规格"、"用法与用量"、"作用与用途"、"注意事项"等几方面进行简要介绍,所收药品仅限于常用药及一些新特药、中成药和蒙成药。(王文云)

R000159　**新编实用药物手册**　容健材、廖锡麟主编。东南大学出版社1996年11月版。15.78万字。49.50元。西药部分共收载新老药物2 700余种,其中包含有90年代以来国内外市场新药400余种(包括各种基因工程药物),对每种药物都详细介绍了药名、商品名、外文名、作用与用途、用法与用量、不良反应与注意点、制剂与规格等。中药部分主要介绍①按传统祖国医学理论分类的中草药,收载了427种,重点介绍药品名、别名、性味、归经、功用、附注等;②临床常用方剂119种;③中药配伍与配伍禁忌;④脏腑用药规律;⑤按现代药理作用分类的中草药;⑥中草药的不良反应及有毒中草药。附录中介绍了常用的外剂、乳化剂的主要性能及用途;淘汰的127种药品及卫生部不推荐使用的115种药品。(常凤阁)

R000160　**β受体阻断药的药理及临床应用**　张仕清主编。东南大学出版社1996年4月版。28万字。18.00元。主要介绍了β受体阻断药近年来的新进展和新概念、主要药理特性、药理效应和不良反应;另外,还介绍了国外已用于临床的一些新制剂,

阐述了这类药物临床应用的范围、理论基础、使用方法和注意事项。(常凤阁)

S 农业科学

农业科学

S000001 **科技进步与新疆农业** 《科技进步与新疆农业》编委会编。新疆科技卫生出版社(K)1996年11月版。36.8万字。30.00元。研究和总结了46年来新疆农业科技事业取得的成就和经验。(张新泰)

S000002 **农业卷** 李炳东、俞德华主编。广西科学技术出版社1996年10月版。43万字。21.20元。"中国少数民族科学技术史丛书"之一。叙述少数民族农业科学科技史的时间从先秦时期开始到近代结束;根据所见资料,分先秦、秦汉至唐宋、元明清3个时期叙述:先秦时期主要叙述非华夏族区域的农业文化;秦汉至唐宋时期主要叙述常见于史载的非汉族的农业生产技术;元明清时期则分别叙述55个少数民族的农业生产技术。(王晓红)

农业基础科学

S000003 **吐鲁番—哈密农民实用技术丛书** 合力切木·阿不都热衣木等编。新疆科技卫生出版社(K)1996年12月维文版。5万字。29.10元。由《甜瓜、西瓜栽培技术》、《葡萄栽培技术》、《蔬菜栽培技术》、《牛羊育肥技术》、《棉花栽培技术》、《果树栽培技术》等6篇组成。(艾尼瓦尔、热依拉)

S000004 **农民实用技术教育读本** 农业部编。新疆科技卫生出版社(K)1996年3月维文版。22万字。9.80元。内容主要有:农作物新品种及其栽培技术,植物保护与土壤肥料学,牲畜、家禽的科学饲养技术,鱼类饲养技术等。(买买提肉孜、艾尼瓦尔)

S000005 **跨世纪农村书库** 江苏科学技术出版社1996年版。书库共192种,已出版两批。其中,第一批"科技致富篇"与第二批"实用技术篇"共出版实用农业科技书34种。第一批为23种,主要有《水稻抛秧新技术》、《蔬菜快速育苗新技术》等;第二批为11种,主要有《水稻旱育秧稀植新技术》、《新编农药使用技术》、《特种经济林栽培新技术》等。内容涉及农、林、牧、渔几大门类实用技术。(王达政)

S000006 **中国农业百科全书·农业化学** 孙羲主编。中国农业出版社1996年6月版。125万字。88.00元。收选570多个条目,配有344幅随文插图和182幅彩色插图。正文条目按汉语拼音顺序排列,书前有条目的分类目录。书后附有条目的汉字笔画索引、条目的英文索引和更详尽的内容索引。还附有农业化学名词的英汉对照。本书叙述了植物营养的生理特点、各种营养元素的形态与功能、土壤养分的转化与供应、肥料种类、各种作物的需肥特点与施肥技术,以及有关研究方法和测试技术,吸收了国内外植物营养和诊断技术研究的新成果,反映了农作物科学施肥的经验和成就。(宛秀兰)

S000007 **中国农业百科全书·土壤** 土壤卷编辑委员会编。中国农业出版社1996年12月版。136万字。120.00元。选收626个条目,配有202幅随文插图,188幅彩色插图。全卷按学科体系分设9分支。总论分支论述了土壤学的发展史,土壤学的理论体系,中国土壤学的科研教育机构,国内外对土壤学作出贡献的科学家及土壤学的专著期刊等。土壤地理分支详述了土壤发生分类、土壤分布规律、土壤调查和制图、土壤资源及其合理利用、土壤侵蚀与防治等。土壤物理分支研究土壤中水分的保持和移动,土壤热传导和转化,土壤空气的保持与大气进行交换,土壤固相颗粒的组成及其排列,土壤力学性质、电磁性质等。其他分支还有土壤化学分支、土壤生物分支、土壤生物化学分支、土壤肥力分支和土壤的改良与利用分支。彩图配有中国土壤图、中国土壤质地图、中国土壤pH图、中国成土母质类型图、中国成土风化壳类型图、中国红黄壤地区土地利用改良区划图以及中国土壤盐渍分区图;并有中国各种土壤的剖面、景观和利用的图片。(郭何生)

S000008 **土壤理化分析与剖面描述** 刘光崧等著。中国标准出版社1996年10月版。57.6万字。

34.00元。是“中国生态系统研究网络观测与分析标准方法丛书”的土壤分册,包括土壤样品的采集与制备、土壤物理性质分析、化学性质和常量养分分析、水溶性盐分分析、矿质全量分析、微量元素和重金属元素分析、粘土矿物鉴定以及剖面描述8部分,内容涉及我国土壤学各分支学科。编选87个土壤要素的观测与分析方法。标准方法的编选原则是:尽量采用现行的国家标准;若国家标准已不适应当前学科发展需要,则重新编写;如现行国家标准仅需稍作修改,则予以补充说明。书后收入40项需引用的国家标准。(张宁)

S000009 **可变电荷土壤的电化学** 于天仁等著。科学出版社1996年5月版。47.4万字。56.00元。系统阐明可变电荷土壤的表面化学性质,着重于带电粒子(胶粒、离子、质子、电子)之间的相互作用及其化学表现。(总编室)

S000010 **中国土壤微量元素** 刘铮主编。江苏科学技术出版社1996年12月版。62万字。40.00元。主要内容有:一、自然界和土壤中的微量元素的一般概念、来源、含量、形态、有效性、循环途径、分布规律。揭示了我国土壤微量元素的空间分异规律,查明了丰缺的情况,并绘制了“中国土壤微量元素分布图”和“农业中分区应用微量元素的区划图”。二、微量元素与农牧业生产的关系。从土壤—植物—肥料体系论述三者相互影响和依存的关系,并联系到动物健康和畜牧业生产。明确了我国微量元素供给不足的土壤和地区,根据土壤类型和作物种类来分区的应用微量元素肥料。三、将土壤作为一个缓冲体系来考虑微量元素过量与环境质量的关系。包括与土壤生物活性、大气质量、水质、污染土壤的治理和利用等。四、土壤中硼、钼、锰、锌、铜、钴、镍、钒、钛、稀土元素、硒,以及土壤中镉、砷、汞、铅、铬等元素的来源、含量、形态、有效性及其影响因子。从化学元素的周期性考虑,对还未被证实是必需的有益元素,如钴、钒、钛和稀土元素的研究资料,是具有突破性的。五、根据化学周期性对微量元素的化学行为,如吸附和解吸价的研究也是比较深入的,探明了微量元素发生丰缺的规律。对中国农业土壤中镉、砷、汞、铅和铬的污染现状、途径、地区以及防治的对策等作了论述。(陆宝珠)

S000011 **中国土种志(第一卷至第六卷)** 全国土壤普查办公室编著。中国农业出版社1993年3月至1996年10月版。746.6万字。563.40元。按华东、东北、中南、华北、西北、西南6大区分别立为第一卷、第二卷、第三卷、第四卷、第五卷、第六卷,叙述了各土种在土壤分类系统中的归属、分布、面积、主要性状、典型剖面、生产性能综述,并附有土种的理化分析数据表。入卷的2 473个土种,分属于60个土类、203个亚类、702个土属。书中每一个土种是一个实体,有形态特征和理化属性指标,每一土种的指标具体明确,不同土种间有明确属性区分,做到了土种指标定量化。在生产性能叙述项目中,包括有土种的适种性、适耕性、肥水管理、产量水平、存在问题、利用改良措施等。(徐蒲生)

S000012 **中国耕地的基础地力与土壤改良** 王蓉芳等编著。中国农业出版社1996年12月版。30万字。40.00元。分为两篇,第一篇总论,概述中国农耕历史,耕地的地理分布、开发与利用特征。阐述耕地基础地力的基本要素、建立全国耕地基础地力等级、中低产田类型与改良技术指标体系的框架结构的方法、程序以及在实际中的应用。第二篇各论,根据反映耕地生产能力的土壤类型及地域气候特征,将全国分为7个耕地类型区,分7章进行论述。各章的内容为类型区分布范围的界定与地域特征,耕地的主要土壤类型,基础地力等级的基本要素构成与指标,中低产田类型,主导障碍因素,改良技术措施与标准。(贺志清)

S000013 **江苏省土种志** 江苏省土壤普查办公室编。江苏科学技术出版社1996年3月版。47万字。50.00元。以江苏全省的150个土种个体为基本单元,展示各个土种基层生态实体在江苏土壤分类系统中的归属、地形位置、水热状况、分布面积、土体构型、形态特征、理化性状、利用现状、生产性能和改良利用意见。贯穿了定性、定量、定位的一致性。定性——各土种的个体特征,每一土种与其他土种的区别;定量——土种的中心定义与边缘概念及其在理化性状上反映的量级指标;定位——各土种所处的地理位置。即每个土种在宏观上具有一定的分布范围和区域;微观上具有严格的中心定义和边缘概念,在其典型特性与个体性状近似的范围内,与平面连续地渐进分布相一致,由量变到质变,直到另一个土种开始。全书内容以江苏省第二次土壤普查的第一手资料,与群众的识土、用土、改土、育土的经验融为一体。对江苏土壤的发生、发育等自身特性,密切联系自然、社会、经济条件,并对全省土种资源的开发、治理作了论述。书中的每一个土种都具有一定的地形,植被景观,一致的成土母质或母土类型,相似的土体构型,相似的农业生产性状、肥力及生产潜力等。全书还配置了150个土种的土壤剖面和景观彩色图片150幅，并标注采样地点、海拔、时间、地形地貌、利用方式等。(陆宝珠)

S000014 **广东气候与农业** 广东省人民政府农业办公室、广东省气象局农业气象中心编著。广东高等教育出版社1996年12月版。53.4万字。30.00元(平)，40.00元(精)。对广东农业气候条件及气候资源的开发和利用进行综合评述，并结合农业生产的实际，就广东对农业生产起显著作用和关系密切的气候问题进行探讨，如根据广东气候的基本特征和广东的地理位置把广东划分为粤北山区、粤中北山地丘陵、粤中丘陵山地、粤中南丘陵平原、粤西丘陵台地等5个农业气候区并指出各气候区的农业气候资源及其特征，对合理开发利用广东山区农业气候资源、冬季农业气候资源和海洋农业气候资源提出了具体的可操作的建议；还对气候与主要粮食作物、主要经济作物、主要果树、蔬菜生产、食用菌、花卉、林业、畜牧业、水产渔业、药材作了具体的分析。(李敏康)

S000015 **农业生态学** 沈亨理主编。中国农业出版社1996年10月版。44万字。14.85元。主要包括：农业的基本生态分析，农业生态系统概述，生物种群与群落，农业生态系统的能流、物质循环，系统结构，系统生产力及土壤库，区域环境对农业生态系统的影响，农业生态系统的设计，生态农业，农业发展展望与农业生态学的使命等。(贺志清)

S000016 **微生物工程及应用** 胡尚勤、张远琼著。四川大学出版社1996年9月版。20万字。8.10元。分10章，论述微生物饲料、微生物肥料、微生物农药、沼气发酵、农产蔬菜发酵、农产发酵饮料、生理活性物质发酵生产等基本原理，以及微生物与生态农业的关系。着重介绍了菌肥、微生物杀虫剂、微生物饲料、沼气发酵、发酵饮料及蔬菜发酵制品的生产工艺流程及方法。(王敦平)

S000017 **农业生物力学及农业生物电磁学** 孙一源、余登苑编著。中国农业出版社1996年5月版。39.6万字。35.00元。主要内容有：植物流体力学、农业物料流变学、农产品损伤力学、役畜力学、农业生物电学与磁学的基础理论和实际应用。(段丽君)

S000018 **中国农林昆虫地理分布** 章士美、赵泳祥著。中国农业出版社1996年6月版。64万字。43.00元。记述了我国已知的农林昆虫1591种和近似种421种，共2012种。对每种昆虫介绍了其为害的主要对象、在国内外的分布。对一些具有重要经济意义的种类，除讲清它的分布范围外，并对其主要寄主和最早记载分布的文献名称和年代，也一并加以引证。(杨国栋)

S000019 **中国东北西部退化土地治理** 王春裕、陈宣庆著。地质出版社1996年9月版。15.3万字。5.80元。对中国东北西部平原地区的沙漠化、盐碱化及草场退化现象进行了专题研究，并提出了一些设想和治理模式。全书分5章，前4章主要阐述东北西部地区自然与社会经济概况，土地沙漠化、盐碱化及草原退化的现状与发展趋势，综合治理的划分与治理模式，以及退化土地综合治理的战略措施。第五章阐述适于东北西部沙碱化地区的水稻综合育秧技术。(高愉)

农业工程、农学

S000020 **精选农机使用维修技巧** 严霖元等编写。江西科学技术出版社1996年3月版。11万字。5.00元。"当代农村百事通丛书"之一。从农用动力机械到配套农具，包括产前、产中、产后整个农业生产过程中的生产机具和新技术，着重介绍各种农机具的正确使用、调整及维修方法和技巧。书后还精选了当前我国农村大力推广的农业机械化新技术。

S000021 **农业水管理学** 康绍忠、蔡焕杰主编。中国农业出版社1996年12月版。43万字。65.00元。强调水—土—作物之关系，并把与农业生产密切相关的水分与土壤作为主要研究对象，对农田土壤水分循环及其调控、农业水量供需平衡预测与节水潜力分析、水分逆境对作物的影响及其定量诊断指标、作物水分生产函数与缺水条件下的作物水管理、农田综合节水技术、灌溉系统水管理技术、农业水资源综合利用与管理、中低产田治理中的水管理技术、农业水环境问题及其改造、农业水管理的社会与经济问题等内容进行了阐述。本书既突出了作者的研究成果，又反映了代表国际最新科技水平和学科前沿的热点问题；注意理论与实践的结合，阐述了理论如何应用于农业水管理实践的途径，提出了能具体指导农业水管理的方法和指标。(彭明喜)

S000022 **中国北方旱地农田水分开发利用** 赵聚宝、徐祝龄等著。中国农业出版社1996年6月版。22.5万字。23.50元。从我国北方旱区的现状出发，以田间定位试验结果为基础，紧密围绕着旱地农田的蓄水、保水、供水和提高作物水分利用效率问题,对我国北方旱区的干旱特征、田间集水保墒、秸秆覆盖、地膜覆盖、以肥调水和高产节水灌溉等方面进行了论述。(刘存)

S000023 **农畜水产品品质化学分析** 鲍士旦主编。中国农业出版社 1996 年 7 月版。46.5 万字。39.80 元。介绍农、畜、水产品的营养品质,食用品质以及对人畜有害的某些化学物质的分析方法。主要内容包括水分、灰分,蛋白质及氨基酸,脂类、脂肪酸及其化学特性,碳水化合物,各种维生素,有机酸及其他成分,无机常量元素和微量元素,有害有毒等物质的测定;几种主要仪器分析法的介绍;分析质量控制及数据处理等共 12 章。本书选择分析方法的原则是原理和技术比较成熟,操作简便,技术和设备能适合于国内多数实验室,结果稳定可靠,能满足生产和科研工作的要求。在书中除了介绍我国部分的法定方法外,吸取了美国 AOAC、日本等国家先进分析技术和权威方法,某些项目中同时推荐国内外目前常用的两个或两个以上的方法。(徐蒲生)

S000024 **精选高效农村加工新技术** 上官新晨等编写。江西科学技术出版社 1996 年 3 月版。12 万字。5.00 元。"当代农村百事通丛书"之一。全书包括粮食食品加工、果品贮藏加工、蔬菜贮藏加工、保健饮料加工、畜禽水产品加工、其他加工共 6 大部分 100 多项实用技术。书中所介绍的各种技术均具有原料易得、产品实用、配方可靠、设备简单、操作容易、投资少、见效快等特点。

植物保护

S000025 **中国农业植物病害** 方中达主编。中国农业出版社 1996 年 11 月版。117 万字。97.00 元。叙述发生在我国水稻、麦类、玉米、高粱、谷子、薯类、大豆、花生、芝麻、向日葵、棉花、麻类、甘蔗、甜菜、烟草、茶树、桑树、牧草、果树、蔬菜、食用菌、花卉、药用植物等各种真菌、细菌、病毒、线虫、寄生性植物引起的各种病害。对每种病害的病原物、症状、发病条件、寄主植物及分布进行了描述。(胡志江)

S000026 **中国农业百科全书·植物病理学** 植物病理学卷编辑委员会编著。中国农业出版社 1996 年 12 月版。170 万字。130.00 元。共选用 710 个条目,由总论及各分支学科组成,总论叙述了中国和世界植物病理学的起源和发展简史,植物病理学术团体,植物检疫,植物病理学科研、教育以及重要专著、期刊和著名植物病理学家等;阐述的分支学科有:植物病理学基础,植物病原生物,植病生理生化,植物病害流行,病害控制,粮食作物病害(含稻、麦、杂粮等重要病害),经济作物病害(含棉、麻、油料、烟草、药材等重要病害)以及特种作物病害(含果树、蔬菜、花卉等病害)等。在正文前设有分类目录和彩图目录,正文后设有条目汉字笔画索引,外文条目索引,内容索引,以及拉—汉病原物名称对照等附录。(伏月华)

S000027 **主要农作物营养失调症诊断图谱** 韩晓日主编。辽宁科学技术出版社 1996 年版。10 万字。15.00 元。介绍了粮食作物、油料作物、经济作物、蔬菜作物和果树类 40 余种主要农作物常见营养失调症的诊断方法,配有 230 幅彩色症状照片,还介绍了营养失调症发生的原因和防治方法。书中所列营养失调症及其诊断仅为单元素失调,不包括复合元素缺乏或过剩,诊断为形态诊断。在生产实践中,往往出现复合元素失调现象,进行这类营养失调症诊断时,必须借助土壤诊断和植物化学诊断。(栾世禄)

S000028 **中国南方地下害虫及其天敌** 张继祖、徐金汉著。中国农业出版社 1996 年 9 月版。21.6 万字。19.60 元。分 2 篇 18 章。第一篇介绍中国南方地下害虫 234 种,并对其中的 31 种重要种类的形态特征、生活习性、预测预报及防治方法等予以详细介绍。第二篇搜集调查整理了我国南方地下害虫天敌 130 种,并对其中重要种类的形态特征、生物学特性及其应用作了详细介绍。(张洪光)

S000029 **云南牧草有害生物** 尹俊著。云南科学技术出版社 1996 年 12 月版。40 万字。35.00 元。介绍了云南牧草的病害、虫害、草害以及鼠害等的种类(包括中文名、拉丁学名)、分布、生态环境、海拔范围、发生规律、危害程度、防治措施等。(刘康)

S000030 **中草药病虫害原色图谱** 于春海等著。山东科学技术出版社 1996 年 4 月版。5.5 万字。300 余幅图。35.00 元。是作者在栽培药材病虫害资源调查的基础上编写而成。在调查中,作者就中草药常见病、多发病及主要害虫实地拍摄了数百幅原色照片,从中选出 200 余幅,汇综病害 38 种、虫害 39 种纳入了该图谱之中。并以简明扼要的文字介绍了各种病、虫害的形态特征,发生(病)规律,危害症状,及有效的防治方法。在防治方法上,以农业防治、化学防治和生物防治相结合的方法阐叙。重点突出农业综合防治和化学防治。化学防治部分,强调用低毒

农药,以便减少或消除中草药材的残毒问题。(刘韶明)

S000031 **烟仓害虫及其防治** 陈迅、高念昭主编。贵州科学技术出版社 1996 年 1 月版。17 万字。27.00 元。以贵州烟仓害虫普查和防治试验的材料为主,参考兄弟省及国外发表的科研成果编写而成。全书分概述、发生的生态因子、系统防治措施及方法、烟仓害虫及烟仓害虫天敌等 6 章。分为 3 个部分:第一部分系统介绍烟仓害虫的概念,以及给烟草业带来的危害和造成的经济损失,制约烟仓害虫发生的生态因子及烟仓害虫的系统防治措施和办法。第二部分系统介绍各种烟仓害虫和天敌的形态特征、生物与生态学特性、防治办法与保护利用措施等。第三部分介绍烟仓昆虫的采集、保存和邮寄方法。(苏北建)

S000032 **蔬菜病虫害防治彩色图说** 房德纯、蒋玉文编著。中国农业出版社 1996 年 4 月版。3.5 万字。120 幅图。13.80 元。以图文并茂的形式介绍主要蔬菜的主要病虫害识别及防治技术。介绍主要蔬菜种类上易发生、难防治的 60 种病害、32 种虫害的田间识别、发病原因及防治要点(综合防治措施)。(杨金妹)

S000033 **梨 桃 杏 樱桃病虫害原色图谱** 刘开启等编著。山东科学技术出版社 1996 年 2 月版。6 万字。262 幅图。40.00 元。包括病虫害 110 种,其中有若干种类是国内首次发表的,共采用彩色照片及病源菌插图 300 余幅。文内对每种病虫害的形态特征,识别特点,发生(病)规律,防治方法都有文字说明。(刘韶明)

农 作 物

S000034 **精选粮棉油种植新技术** 蒋秋明等编写。江西科学技术出版社 1996 年 3 月版。15 万字。6.00 元。“当代农村百事通丛书”之一。挑选出一批具有国内领先水平和代表当代农业发展趋势的新产品、新技术,其中包括水稻、小麦、玉米、红薯、棉花、大豆、花生、油菜、芝麻等作物共 140 余个优良品种和 160 余项生产新技术。书中除了介绍各品种来源、品种特性之外,还介绍了各品种适宜种植的地区和栽培要点。

S000035 **当代农民新知识丛书** 万文发主编。武汉出版社 1996 年 3 月版。57 万字。13.00 元。共 5 册,其中《农用三字经》和《农村政策法规知识问答》旨在提高当代农民的思想文化素质,通过宣讲历史文化、国情农情、思想道德、政策法规等知识,让他们能懂得如何做一个高尚的人、一个合格的公民,如何遵纪守法,并用法律武器保护自己。《水产养殖知识问答》、《丘陵经济作物栽培知识问答》、《禽畜虫养殖知识问答》着重于提高农民群众的科技水平,以一问一答的形式,结合湖北农村经济发展实际,对种植业、养殖业中的选种育种、场地规划、栽培养殖、防病治病、加工储运、市场营销等方面的科学知识、科学方法,进行了详尽的解说。(杨建文)

S000036 **农业新技术丛书** 郭清秀等编著。中原农民出版社 1985～1996 年版。500 万字。到 1996 年共出 60 余种,分别介绍农、林、牧、副、渔等各方面的新成果、新经验、新技术。(江伯勋)

S000037 **奔小康丛书** 本丛书编委会编。中原农民出版社 1996 年 11 月版。508 万字。264.70 元。分养殖系列、林果系列、蔬菜系列、加工系列,共 55 种。着重以中小型投资规模(如中小型养殖场或专业户等)为基础,介绍新工艺、新技术。注意顺应国家产业政策和农业发展方向,如在养殖业方面大力介绍草食性动物养殖技术,种植业方面大力介绍新品种、保护栽培、间作套种等新技术。为适应市场需求,介绍一些效益好、产品有出路的新品种、新技术,如特种养殖、特种种植等。(汪大凯)

S000038 **“菜篮子”工程技术丛书** 江苏科学技术出版社 1995～1996 年版。分 3 个系列——蔬菜种植系列、畜禽养殖系列、水产养殖系列。蔬菜种植系列中已出版《甘蓝类蔬菜优质高效栽培技术》、《蔬菜快速育苗》、《日光温室蔬菜高效节能栽培技术》等 10 种;畜禽养殖系列中已出版《养鸭实用新技术》、《养猪实用新技术》、《肉鸽饲养新技术》、《山羊饲养新技术》等 5 种;水产养殖系列中已出版《牛蛙养殖新技术》、《鱼苗鱼种繁殖与培育技术》、《河蟹养殖新技术》等 3 种。(王达政)

S000039 **温敏核不育水稻的光温生态生理学** 周广治著。湖南师范大学出版社 1996 年 12 月版。46.8 万字。35.00 元。对温敏核不育水稻的不育基因表达条件、育性转换规律及其生态、生理作介绍。重点介绍了高温诱导与低温阻遏不育基因表达的作用时期、感温部位、临界温度和育性恢复等方面研究的新成果,并从花药的超微结构、花粉败育的细胞学到不育的生理、生化特性等方面探讨了温敏核不育的机理。(黄林)

S000040 **水稻育种学** 闵绍楷等主编。中国农业出版社 1996 年 8 月版。40.7 万字。37.00 元。共 19 章。第一章是全球稻米生产及水稻育种概述，作为本书的导引。第二章和第三章主要阐述稻属分类、稻的染色体组和连锁群，以及栽培稻的起源、演化、传播和变异的多样性，作为水稻育种的基础理论。稻种资源是水稻育种的物质基础，故特设第四章，侧重介绍稻种资源研究和利用以及各主要产稻国的资源现状。第五章涉及稻作与生态环境的关系和育种目标的制订。第六章至第十章是按不同育种技术分列的，包括纯系育种、杂交育种、诱变育种、杂优利用及组织培养技术在水稻育种上的应用。第十一章至第十六章则分别围绕各种育种目标介绍有关性状的遗传行为、生理生化机制、环境影响、鉴定评价方法及改良途径和技术。第十七章水稻品种适应性及区域化试验和第十八章种子生产。第十九章为水稻育种技术的新进展，着重探讨穿梭育种、光(温)敏雄性核不育材料的研究与利用、新技术应用等。(范林)

S000041 **杂交水稻繁殖制种技术研究文集** 黄桂莎主编。湖南科学技术出版社 1996 年 9 月版。31 万字。15.00 元。收入研究文章 80 篇，作者都是在生产一线，长期从事种子工作。书中既有繁殖制种技术，又有质量控制技术；既有试验研究，又有经验总结和问题探讨。(李遂平)

S000042 **水稻旱育秧抛栽新技术** 陈小浒等主编。南京出版社 1996 年 6 月版。9 万字。4.50 元。重点介绍水稻旱育秧抛栽生产发育的特点；水稻旱育抛栽高产群体的特征；旱育秧技术；旱育秧抛栽技术；旱育秧抛栽稻的大田管理；旱育秧抛栽稻田病虫草鼠的发生与防治。为“农村致富金钥匙丛书”之一。(张德玲)

S000043 **中国小麦学** 金善宝主编。中国农业出版社 1996 年 8 月版。136 万字。129.00 元。“中国主要农作物栽培学系列”书之一。并已列入“当代科技重要著作·农业领域丛书”系列。全书共 28 章，论述 60 年代以来，我国小麦生产、育种、栽培等研究成果，以及国内外这些领域的最新进展。还论述了中国小麦生产概况；小麦栽培史；种植区划；小麦生产发展战略；小麦生长发育；小麦育种的遗传学基础；小麦遗传资源的收集、保存、评价、创新和利用；小麦育种的目标和策略；杂种小麦研究新进展；小麦栽培的基本原则和技术体系等。(张兴瓒)

S000044 **中国大麦学** 卢良恕主编。中国农业出版社 1996 年 8 月版。74.4 万字。53.50 元。共 15 章，主要包括：概论、形态结构、分类、大麦起源、生态区划、种质资源、大麦遗传育种、良种繁育、大麦生物学特性、主要栽培技术措施、病虫害防治以及综合利用与加工等。(张兴瓒)

S000045 **非常规饲料资源的开发与利用** 《非常规饲料资源的开发与利用》研究组编著。中国农业出版社 1996 年 8 月版。20 万字。21.00 元。分为综论、各论、典例共 3 章，综论简要介绍了饲料的发展趋势、非常规饲料资源的含义、研究动态及其开发利用的意义与前景等；各论主要论述我国各种非常规饲料资源的数量、分布、营养价值、利用现状、开发潜力及途径与方法等；典例介绍了全国各地对非常规饲料资源利用效果比较好的 17 个典型及其具体的试验方法、饲喂效果和经济效益。(颜景辰)

S000046 **中国棉花品种及其系谱** 黄滋康主编。中国农业出版社 1996 年 3 月版。47.4 万字。70.00元。在论述了中国棉花品种事业的进展、棉区的划分、品种改良简史和种质资源概况之后，以广泛栽培的陆地棉品种为主体，按棉区分别介绍了品种演变、选育系谱及各品种的性状；对于历史上长期种植的亚洲棉品种、长绒的海岛棉品种、兼用种子营养品质的低酚棉品种和生产利用的杂种棉分别专章介绍；最后一章总结中国棉花改良的经验，并提出棉花育种前景的展望。书前有 4 个彩色插页，书后附录为中国棉花品种改良记事、中国育成的品种、主要品种性状表、品种系谱总图及品种名称检索。(范林)

S000047 **中国棉花抗病育种** 顾本康、马存等编著。江苏科学技术出版社 1996 年 8 月版。27 万字。22.80 元。介绍棉花的主要病害种类，重点阐明对棉花生产威胁性极大的棉花枯萎病和棉花黄萎病的发生传播规律、危害损失，病原菌的致病类型、致病机制和棉花品种抗病性遗传研究新进展。介绍病原菌致病性的遗传变异、棉花抗病性的遗传变异及棉花与病原物的互作关系，论述了棉花品种抗病性在综合防治中的地位。介绍棉花抗病育种的方法，总结了系统育种技术、杂交育种技术、多抗高产优质育种技术、诱变育种技术等的理论依据、育种程序、经验与成就，突出展现了现代生物技术的应用前景。介绍了我国棉花抗病育种取得的重大成果，以及部分育成品种的特性及其栽培技术。(钱路生)

S000048 **苎麻高产优质模式栽培** 刘献国编著。江西科学技术出版社 1996 年 12 月版。11 万字。6.00 元。分苎麻生产概况、苎麻生育的脾性和特性、苎麻高产优质的构成因素、苎麻高产优质的品种、苎麻高产优质繁殖方法的选择、新植苎麻高产优质的模式栽培、红壤新植麻园高产优质的模式栽培、壮龄麻园高产优质的模式栽培、苎麻败蔸的原因与更新复壮、苎麻受自然灾害的影响与防止、苎麻病虫害的防治、苎麻的剥制和分级检验、苎麻的综合利用等13章介绍苎麻高产栽培。

S000049 **甜菜种植技术** 尼扎米丁编。新疆科技卫生出版社(K)1996年5月维文版。15万字。8.50元。包括甜菜的主要品种、育种和种子繁殖、甜菜栽培技术、甜菜的主要病虫害防治等内容。(哈斯也提)

S000050 **热带作物营养与施肥** 张少若主编。中国农业出版社1996年10月版。35.3万字。12.25元。共9章,第一至第四章阐述作物矿质营养的基本理论、营养诊断及施肥原理和技术,第五章阐述热带地区的气候和土壤特点,第六至九章介绍主要热带经济作物和果树(包括橡胶、咖啡、胡椒、椰子、剑麻、柑桔、油梨、芒果、香蕉和菠萝)的营养特性、营养诊断和施肥技术。(徐蒲生)

园 艺

S000051 **精选果蔬种植新技术** 赵庆华等编写。江西科学技术出版社1996年3月版。12.5万字。5.50元。"当代农村百事通丛书"之一。详细介绍柑橘、苹果、桃、葡萄、草莓、梨及其果树、西瓜、辣椒、番茄、食用菌及其他蔬菜种植新技术。

S000052 **瓜菜新优品种高效栽培技术** 苏崇森编著。中国农业出版社1996年3月版。21万字。19.80元。介绍国内外市场竞争力强、品质优、效益高的最新瓜菜优良品种,包括10大类,100多个品种。重点介绍品种特征特性、营养及保健价值、高效栽培技术。(何致莹)

S000053 **蔬菜育苗技术** 刘宜生、王贵臣编著。金盾出版社1996年3月版。7.7万字。4.00元。内容包括蔬菜育苗的意义,育苗技术的新进展,蔬菜种子与发芽,适龄壮苗标准及形成的环境条件,育苗的设施,蔬菜苗的锻炼,包装运输和蔬菜苗病虫害的综合防治等8部分。根据育苗技术的发展状况,着重介绍蔬菜控温快速育苗、无土育苗、容器育苗、嫁接苗和扦插育苗、试管脱毒苗、夏秋季遮阳网育苗和机械化育苗等新技术。还对9类38种蔬菜育苗的具体技术作详细介绍。(沈启新)

S000054 **蔬菜施肥原理与技术** 张振贤、于贤昌主编。中国农业出版社1996年11月版。24万字。17.00元。主要内容包括:施肥的基本原理,肥料的增产效应,蔬菜优化施肥,蔬菜的营养诊断,肥料及其施用技术,白菜类、根菜类、葱蒜类、瓜类、豆类、茄果类、薯芋类、绿叶菜类蔬菜施肥技术。(刘存)

S000055 **中国传统蔬菜图谱** 陈杭主编。浙江科学技术出版社1996年8月版。22.5万字。160.00元。分根菜类、茎菜类、豆类、瓜果菜类、叶菜类、花菜类、水生蔬菜类、菌藻类等对130多种中国传统蔬菜(即中国原产或已经是长期在中国栽培驯化形成特色的传统蔬菜)进行了详细介绍。

S000056 **食用菌制种技术** 汪昭月编著。金盾出版社1996年2月版。10.7万字。6.00元。分5章,介绍食用菌的基础知识,食用菌制种的物资准备,食用菌制种技术,食用菌菌种鉴定与保藏和食用菌菌种选育。制种技术中着重介绍食用菌菌种的科学分离与繁殖技术,并具体介绍了香菇、双孢蘑菇、草菇、银耳、黑木耳菌种的制备技术。为选育高产优质抗逆性强的菌种,本书还介绍了自然选育、人工诱变及杂交等手段。(沈启新)

S000057 **山东野生蔬菜志** 樊守志、赵尊田主编。山东科学技术出版社1996年8月版。27万字。15.00元。介绍山东野生蔬菜资源的分布概况,共收编包括蕨类及种子类植物在内的野生蔬菜242种。书中对每一种蔬菜都记有植物学、别名和学名,对其形态特征、生长环境、产地、营养成分和食用方法等都给予了详实的记述,并附有插图对照。(胡新蓉)

S000058 **果树林木育苗大全** 刘德先、吴秉钧等主编。中国农业出版社1996年1月版。36.5万字。26.20元。介绍果林育苗的全过程必须掌握的技术。包括苗圃的建立、整地施肥、土壤消毒、苗木培育、圃地化学除草及出圃的基本技术。重点介绍了国内外的育苗新技术、新成果及生产中常见果树、林木的育苗技术措施。(林新华)

S000059 **果树整形修剪大全** 张克俊等主编。中国农业出版社1996年1月版。43万字。19.70元。分为两大部分:第一至三章综述果树修剪基础知识,包括果树整形修剪的意义、原则和依据;整形修剪的作用、修剪的时期、生物学特性与整形修剪的关系和修剪工具。同时对整形中砧木的密、矮度,不同树种果园的丰产树体指标、树体结构、枝量等基本技术作了介绍。文中特别对主要果树品种的整形修剪作了介绍。第四至十八章,分别对葡萄、桃、杏、樱桃、李、柿、枣树、板栗、核桃、石榴、猕猴桃、银杏、无花果、巴旦杏等树种的整形修剪有针对性地作了详尽的说

明。(林新华)

S000060 **矮化苹果树营养生理** 王中英著。中国农业出版社1996年11月版。28万字。22.50元。是作者科研成果特别是国家自然科学基金项目研究成果的总结,反映了矮化苹果树营养生理代谢的基本特点,以及苹果树矮化、早果、优质、丰产的主要机理。全书共6章,包括矮化苹果树的光合作用,矮化苹果树的矿质营养,矮化苹果树氨基酸代谢,^{14}C同化物质代谢,^{32}P同化物质代谢,矮化苹果树的水分代谢。(彭明喜)

S000061 **红富士苹果优质高产栽培技术** 申为宝、李峰编著。山东科学技术出版社1996年5月版。15万字。9.00元。分12部分,分别介绍红富士苹果品系及特性,规范化管理,高标准果园建立,果园土、肥、水管理,整形修剪,花果管理,优质果品质量标准及提高果品质量措施,主要病虫害防治,无公害苹果生产,果实采收及采后处理等,全面论述了红富士苹果丰产、稳产、优质的技术途径。(胡新蓉)

S000062 **中国果树志·山楂卷** 赵焕谆、丰宝田主编。中国林业出版社1996年5月版。24万字。50.00元。阐述山楂的经济价值、栽培历史、主要产区、中国山楂属植物、生物学特性、农业技术要点、化学成分及用途、种质资源描述评价系统和山楂品种。通过对最早的栽培中心考证,认为山楂原产中国,并对其传播进行论述;根据地理位置、气候、品种特性及管理情况,将主要产区分为北方山楂产区和云贵高原云南山楂产区;详细描述了中国18个种的山楂资源及地理分布;在论述其器官生长发育的基础上,对其年周期和生命周期及其与环境的关系进行论述;对繁殖、栽培、生长调节剂的应用、病虫害及其防治等农业技术要点进行了系统总结;结合山楂所含的维生素、黄酮、三萜类、氨基酸、有机酸、碳水化合物及矿质元素等化学成分,对其加工、入药制品及发展沿革进行论述;为了促进国际交流,提出了山楂种质资源评价描述系统;重点记载了山楂品种142个,其中山楂系统115个,云南山楂系统17个,其他资源10个,并对其栽培和育种价值进行了评价。(朱崇胜)

S000063 **中国果树志·核桃卷** 郗荣庭、张毅萍主编。中国林业出版社1996年1月版。35万字。68.00元。绪言部分主要论述核桃的价值和用途,并介绍了生产和科研概况;起源和栽培历史部分主要论述了核桃的起源、栽培历史及传播,并依据实际资料提出核桃原产中国,而非引自异域;地理分布与区域划分主要论述核桃及铁核桃在世界各地的分布及环境条件;核桃属植物部分详细介绍了8个种的核桃;生物学特性部分主要介绍了生长和结果习性以及对环境条件的要求;农业技术部分有繁殖、栽培及管理、主要病虫害防治、产品处理和加工;种质资源及其分类对资源的多样性及分类进行论述;重点阐述核桃品种(品系)386个,其中核桃种群327个,铁核桃种群59个。(朱崇胜)

S000064 **中国果树志·龙眼 枇杷卷** 邱武陵、章恢志主编。中国林业出版社1996年5月版。37万字。72.00元。是1949年以来,龙眼、枇杷种质资源及其相关研究的阶段总结。龙眼部分主要论述其国民经济意义、栽培历史、地理分布、形态特征和生物学特性、农业技术要点、植物分类学上的地位与种的记述,重点记载了龙眼品种128个,其中主栽品种25个,一般品种68个,稀有品种60个,并对其栽培、育种价值进行评价。枇杷部分主要有枇杷的经济意义、栽培历史、枇杷属植物及地理分布、起源和进化、形态特征和生物学特性、农业技术特点、品种分类原则和方法,重点记载了枇杷品种379个,其中白肉枇杷104个,红肉枇杷275个,此外,还有18个半栽培枇杷单株,对其栽培和育种价值进行评价。(朱崇胜)

S000065 **中国珍稀野生花卉①** 冯国楣主编。中国林业出版社1996年1月版。20万字。180.00元。共记录分布于我国西南、华中一带的野生花卉311种。每种植物介绍的内容包括:中文名、拉丁学名、科名、别名;植物类型、大小,枝条、叶片、花序、果实的形态特征描述、花期、果期;产地及生态环境,繁殖方法,应用价值。每种均配有彩色图片。书后附有中文名索引,拉丁学名索引。(陈英君)

S000066 **新编实用养花大全** 冯天哲等编著。中国农业出版社1996年5月版。44.9万字。25.00元。分3篇介绍养花的基本知识和操作技术;常见花卉的培育与欣赏;养花技术咨询(总计110个疑难问题)。对观叶植物、花叶共赏花卉以及多肉植物养殖的关键技术作了阐述,对许多花卉的变种、品种及其同属观赏花卉等也作了介绍。第二版的内容由原来100种花卉增至182种,插图增至181幅。此外还对室内花卉装饰方法;盆花秋、冬季管理;阳台养花;鲜花干制;盆景陈设等补充了不少新经验和新技术。(林新华)

S000067 **山水与树桩盆景制作技艺** 汪彝鼎、邵海忠编著。上海科学技术出版社1996年12月版。

13.3 万字。10.40 元。在扼要介绍盆景构图布局的形式后，重点介绍山水盆景的制作，树桩盆景的制作，盆景的养护，盆景的赏析，以及盆、几架和摆件的选择等内容。书中附有盆景制作中的各种操作示意图186 幅。(刘宗达)

林 业

S000068 **现代林业论** 张建国等著。中国林业出版社 1996 年 5 月版。25 万字。12.80 元。分为林业发展的历史进程、现代林业的基本特征、生态林业论、社会林业论 4 篇，论述了林业发展的历史，证明森林和林业自古以来就与人类社会发展息息相关。书中扼要地从社会历史时期(古代、近代、现代)，从森林利用，森林经营方式和森林消长变化不同角度看林业的历史发展，特别是对我国林业发展的历史进程，做了论述。(张敏)

S000069 **黄土高原径流林业** 王斌瑞、王百田主编。中国林业出版社 1996 年 12 月版。29.6 万字。19.60 元。包括：降水资源环境容量与合理密度控制、微区域水量平衡与水分利用效率、地表防渗与人工引发径流、集水整地工程设计与施工技术、土壤性质改良与蓄水保墒措施、集水型经济林栽培技术等方面的内容。主要反映了当前我国干旱半干旱地区森林培育集水造林的理论和技术成果的现状和发展趋势。(哈郝尔)

S000070 **中国森林生态系统水文生态功能规律** 刘世荣等著。中国林业出版社 1996 年 7 月版。58 万字。39.00 元。是国家自然科学基金重大项目《中国森林生态系统结构与功能规律研究》(项目编号 9390011)的系列专著之一。以分布在我国各自然地理区的 10 余个森林生态站和水文观测点为依据，在汇集森林水文长期定位观测数据资料的基础上，采用水量平衡场、小集水区和典型流域研究相结合的方法，在不同尺度上(定位站点、自然地理区域和全国范围)，对比研究了森林生态系统对降雨截留、水分循环、径流和洪峰调节等功能特征及随地理、气候和植被条件的变化规律。构建了森林水文要素的数学模型和气候生产力模型，模拟预测了森林水文功能和气候生产力的地理分布格局和变化规律。利用 FoxBase 语言的 MIS 数据信息管理技术，建立了中国森林水文研究网络图文信息系统；运用 GIS 图形手段，计量评价了小流域森林水文生态经济效益。研究了森林生态系统水分循环与养分循环、能量转换的相互作用关系，自然和人为干扰以及 CO_2 浓度增加引起的气候变化对植物水分关系和森林水文生态功能的可能影响。(刘先银)

S000071 **迪庆森林遥感分析** 李芝喜、和强著。云南科学技术出版社 1996 年 5 月版。10 万字。25.00 元。内容包括遥感实施方案、遥感图像判读，以及森林植被划分、森林资源特点、森林蓄积量测定、林地动态监测等。(侯德勋)

S000072 **森林生态学建模与仿真** 葛剑平编著。东北林业大学出版社 1996 年 12 月版。27.5 万字。18.00 元。介绍森林生态学建模与仿真的基本概念、数学理论、量纲分析、模拟程序和语言，以及建模的基本原则和理论，从多方面对森林生态学模型进行分类，选择当前较为著名的各类模型进行剖析，评述了各类模型的建模理论、方法、应用范围及存在的问题；对林隙模型进行了改进，并应用于红松林结构和动态过程的模拟；最后综述了现代森林生态学建模研究的概况和发展趋势。(卜彩虹)

S000073 **云南主要林木种质资源** 云南省林业厅编著。云南科学技术出版社 1996 年 12 月版。70 万字。88.00 元。内容包括云南森林资源的演化、种质资源普查的方法和标准，以及用材林、经济林、薪炭林和果树林的种质资源等。(侯德勋)

S000074 **云南省哀牢山森林土地持续管理研究** 赵俊臣编著。云南科学技术出版社 1996 年 5 月版。20 万字。28.00 元。对云南哀牢山区的森林资源和土地利用的现状进行了分析，总结出各民族群众的成功经验，对潜在的危机作了评价，并寻找了造成危机的多种原因。着重把传统技术和管理知识应用到当地村民管理森林土地的决策、分析和利用中，以寻求解决危机的方法。(李永丽)

S000075 **木材材积累计表(修订版)** 中国林业科学研究院林科所森林经理研究室编。中国标准出版社 1996 年版。9.5 万字。10.00 元。包括 GB4814-84《原木材积表》、GB4815-84《杉原条材积表》及根据两个标准编制的原木材积累计表、杉原条材积累计表 4 部分内容。(刘焱)

S000076 **原木和锯材建模及求积理论** 马岩著。东北林业大学出版社 1996 年 12 月版。21.6 万字。25.00 元。以制材设备、特别是现代数控制材设备制材的下锯优化(BOF)、计算机辅助设计(CAD)和计算机辅助制造(CAM)的软件编制为研究目标，对传统测树学中的原木描述理论进行了扩充和创新，提出了各种类型原木的定义和 50 多个材积计算公式，对严重影响原木出材率的弯曲、尖削、大兜、偏心等缺陷进行详细的解析分析和论述；提出了精确的材积计算公式及方法；推导出板皮、边条、钝棱边、毛边板、锯材、扁方材材积计算的精确公式和数学模型，建立了完整的原木与锯材求积及数学模型的理论体系。(卜彩虹)

S000077　**中国森林植物检疫对象**　林业部野生动物和森林植物保护司等主编。中国林业出版社1996年6月版。16.3万字。23.00元。介绍新公布的35种森林植物检疫对象。论述每种检疫对象分类地位、经济重要性、传播途径、分布、寄主、生物学特性、检验及鉴定、检疫处理方法。(温晋)

S000078　**云南商品材薄木手册**　张铁中等编著。云南科学技术出版社1993年至1996年版。42万字。150套标本。1500.00元。描述了木材名称、产地分布和木材特征、性质、用途等内容。全书分册分期陆续出版(每册载有30种木材)。(侯德勋)

S000079　**非洲热带木材**　刘鹏等编著。中国林业出版社1996年8月版。51.8万字。80.00元。分3部分。第一、二部分介绍非洲裸子植物材和被子植物材主要商品材特性和利用。共记载非洲热带木材205种，隶156属，43科。其中阔叶树材占98%。每种记载包括名称(中文名、拉丁名、商品材名和地方名)、树木及分布、木材构造(宏观特征及微观特征)、木材性质(密度、干缩、力学、干燥、耐腐及加工)和木材用途5部分。每种木材附3张(横切面、弦切面、径切面)显微照片。第三部分是非洲主要商品材的用途分类，根据实际生活需要，列出了木材主要用途37类。(徐小英)

S000080　**银杏叶的开发利用**　李兆龙等编著。上海科学技术文献出版社1996年4月版。19.4万字。12.80元。介绍银杏资源概况、银杏叶的成份、银杏叶开发现状和国内外银杏叶制剂；银杏叶提取物的制备方法、长醇的制备及药理作用；含有银杏叶提取物的药物种类及其配方，银杏叶提取物在保健食品如饮料类、糖果类以及在日用化工中的应用和制备方法；黄酮类化合物、萜内酯、聚异戊烯醇等的分析方法。还介绍了银杏叶提取物的药理作用及其制剂在临床上的应用。(总编室)

S000081　**中国毛竹**　汪奎宏、黄伯惠主编。浙江科学技术出版社1996年10月版。26万字。16.50元。分3部分对毛竹进行了系统介绍。第一部分介绍基础理论(包括毛竹生态学、毛竹生理、毛竹的构造与特性)，第二部分介绍栽培技术(包括毛竹用材林栽培、毛竹笋用林培育、笋竹两用林栽培及病虫害防治等)，第三部分介绍加工利用方法(包括竹材加工、竹笋加工和毛竹副产品的加工利用)。

畜牧、动物医学、狩猎、蚕、蜂

S000082　**羊牛育肥技术**　哈依尔哈力、哈列力编著。新疆科技卫生出版社(K)1996年8月哈文版。5万字。3.25元。主要介绍牛羊种的选择，育肥技术，牛羊育肥标准，羊羔育肥技术，牛羊饲料，饲料的加工和配制，饲料作物，饲料的化学加工，秸秆的加工和使用，我区的秸秆来源，秸秆的利用方法，牛羊饲料的调整，在我区用科学技术来发展饲草工业等内容。(哈里)

S000083　**1：100万中国草地资源图集**　苏大学编绘。中国地图出版社1996年6月版。64幅图。800.00元。按国际分幅标准把全国分为64幅，划分为6个大片。反映了我国草地资源的自然特征和利用现状，不仅将草地等级、季节草地、割草地和改良草地同时反映在一张图上，而且反映了重要草地分布和利用的状况。本图集是用各省、自治区、直辖市中比例尺草地类型图、草地等级图、草地利用现状图和近期TM、MSS卫片影像图，遵循制图原则编绘，并采用卫片影像图校正定位，采用遥感制图与地面实地调查相结合的方法成图。其中，台湾省图幅的编绘利用了近期法国SPOT和美国TM卫片，并参考了有关资料。(姜春明)

S000084　**家畜人工授精技术**　阿尔达克著。新疆科技卫生出版社(K)1996年9月哈文版。6万字。4.00元。主要包括人工授精技术的意义，发展和现状，家畜性器官解剖学及其生理学，采精技术，评定精液品质的方法，精液的稀释，精液的贮存及运输，精液的冷冻技术，输精技术，各种家畜输精的技术操作规程等内容。(图日别克)

S000085　**精选畜禽养殖新技术**　王连铮主编。江西科学技术出版社1996年3月版。13万字。5.50元。“当代农村百事通丛书”之一。介绍新技术、新成果在传统的大宗养殖项目(如猪、牛、羊、鸡、鸭、鹅)上的运用，推出了一大批高效特种畜禽养殖技术。书中所选取的内容，其中相当一部分来源于“九五”国家推广农业项目和“丰收计划”。在“疾病防治”部分中，根据我国农村分布范围广，许多地方地处偏远山区，缺医少药现象较为普遍的特点，精选了一些功效卓著的治病验方。

S000086 **秸秆畜牧业** 郭庭双主编。上海科学技术出版社 1996 年 3 月版。24 万字。29.00 元。分 3 篇。宏观篇阐述秸秆畜牧业。综合技术篇论述秸秆的构成及其营养特性、改进秸秆饲用价值的方法、秸秆氨化技术和青贮技术、秸秆饲料饲喂技术、秸秆饲料开发利用的工程设施和秸秆饲料开发利用新途径,并对秸秆养牛的经济效益作深入分析。文献篇介绍关于 1996～2000 年全国秸秆养畜过腹还田项目发展纲要等有关文献资料 25 篇。(黄庆)

S000087 **反刍动物营养与饲养** 韩名堂等主编。黑龙江科学技术出版社 1996 年 5 月版。52 万字。35.00 元。分反刍动物营养原理、饲料科学、营养需要标准及科学饲养 4 编计 25 章内容。涉及动物生物化学、动物生理学、微生物学、饲料生产学、畜牧机械学、配合饲料学、养牛学、养羊学和养鹿学等多门学科知识。是作者在广泛收集、分析、归纳近年来国内外反刍动物营养方面的文献、资料;认真总结在科研、教学、生产中的科学数据和体会;广泛调查和整理生产实践经验的基础上编写而成的。书中第一编介绍反刍动物的营养原理,包括瘤胃维生物与反刍动物营养,饲料的养分及其功能,以及反刍动物的蛋白质营养、碳水化合物营养、脂肪营养、维生素营养、矿物质营养、水与反刍动物营养;第二编详细论述了饲料,包括青饲料、青贮饲料、粗饲料、能量饲料、蛋白质饲料、矿物质饲料、饲料添加剂及饲料与动物产品品质的关系;第三编阐明了反刍动物的营养需要和标准,饲料的配方原则和方法,牛、羊、鹿的饲养标准及饲料配方;第四编是反刍动物的科学饲养,包括乳牛、肉牛、绵羊与鹿的饲养管理方法和措施。(常瀛建)

S000088 **牦牛遗传与育种** 钟金城著。四川科学技术出版社 1996 年 7 月版。19 万字。14.00 元。追溯了牦牛的起源与驯化的历史过程。在分析牦牛品种形成的条件和因素后,介绍 8 个中国牦牛品种和 6 个国外的牦牛品种。论述牦牛染色体的普通核型、显带核型和 SC 核型。介绍牦牛的红细胞血型、血液蛋白型和乳蛋白型,并阐述了牦牛血型在育种工作中的应用情况。对牦牛的外貌特征,如角、毛色、毛性状、体型以及性别的遗传规律作了探讨。论述了牦牛生长发育阶段的划分和牦牛生长发育的不平衡性,分析了影响牦牛生长发育的因素。概述了牦牛的选择原理和方法,对牦牛品质选配和亲缘选配也作了介绍。对牦牛本品种选育的意义、作用、原则、基本措施以及品系繁育作了论述。探讨了牦牛杂交改良的意义和方法。最后介绍了牦牛保种的意义及方法,对牦牛遗传资源的利用提出了作者的看法。书末附录中介绍了九龙牦牛、麦洼牦牛和天祝牦牛的品种标准。(郭俊铨)

S000089 **奶牛高效益饲养技术** 秦志锐等编著。金盾出版社 1996 年 11 月版。16.1 万字。7.50 元。内容包括建立奶牛群、公牛繁殖能力检查、奶牛的人工授精技术、奶牛发情控制技术、奶牛的营养需要、干草与青贮、生长奶牛各阶段的饲养管理、成年母牛的饲养、奶牛群改良的基础工作、奶牛场的选配工作、奶牛的特殊管理、农村奶牛舍建筑与内部设备等共 12 章。作者根据国内外奶牛高产的科研成果和饲养管理经验,着重介绍犊牛及育成牛的饲养管理技术、干奶母牛的饲养技术、泌乳母牛的饲养技术、高产奶牛的饲养技术。特别是对农村奶牛舍的建筑与内部设备作了比较详细的介绍,并附有多幅设计图示。还附录有奶牛的胚胎移植技术和 25 幅彩照。(沈启新)

S000090 **奶山羊高效益饲养技术** 李建文编著。金盾出版社 1996 年 10 月版。11.8 万字。5.30 元。内容包括奶山羊的品种,奶山羊的选育,奶山羊的营养需要,饲养标准与饲料配合,奶山羊的繁殖,山羊奶及其加工利用,羊场建设与设备,提高奶山羊业经济效益的措施等 8 部分。重点介绍我国西农沙能奶山羊、关中奶山羊、崂山奶山羊、唐山奶山羊和延边奶山羊的生产性能和利用情况;奶山羊的日粮配方和设计方法;山东文登、陕西富平、四川雅安和云南路南的饲养模式。还提出了通过加强经营管理、提高母羊繁殖率和羔羊成活率、综合利用与开发新产品、搞好奶山羊基地建设等提高经济效益的措施。(沈启新)

S000091 **山羊** 副名:第六届国际山羊会议论文集。中国畜牧兽医学会编。万国学术出版社 1996 年 5 月英文版。150 万字。185.00 元。介绍国际山羊研究的最新进展。内容包括:生产系统、遗传学与繁殖、经济学与社会问题、营养学与喂养、病理学与健康、产品、环境与生态学、繁殖等。本书为 1996 年 5 月在北京召开的第六届国际山羊大会论文集。主要文章有:山羊奶生产系统:分支系统和演变因素、亚洲山羊基因改良的现状和前景、山羊在当前世界农业中的地位、奶酪和其他制品的山羊奶质量;山羊与环境的相互作用:地中海地区的范例、营养学和饲料资源的研究趋向;热带反刍动物产品的制约因素:疾病和繁殖浪费、影响生殖的环境和社会

因素等。(周幼葵)

S000092 **肥育猪科学饲养技术** 苏振环等编著。金盾出版社1996年9月版。13.2万字。5.90元。包括猪的品种及杂交,肥育猪的营养需要量及常用饲料,肥育猪的饲养管理,猪场(舍)建设与设备,肥育猪常见病防治,猪场的经营管理等6章。着重介绍利用杂种优势,科学地进行猪的两品种、三品种和多元杂交生产瘦肉型商品肥育猪的经验,还介绍了瘦肉型肥育猪的营养需要、典型饲料配方、科学管理要求和各种快速育肥方法及其优缺点。(沈启新)

S000093 **看图学养猪** 张一芝、杨木成编著。广西科学技术出版社1996年10月版。5.6万字。5.90元。"三农工程书库·看图学技术丛书"之一。介绍猪的经济分类和优良品种、猪的杂交利用、种猪和育肥仔猪的选择及饲养管理、猪病防治知识技术等。(王晓红)

S000094 **科学快速养猪问答** 副名:农业实用新技术。刘华贵著。地质出版社1996年3月版。16万字。6.00元。"农业实用新技术丛书"之一。丛书共18册,包括12册种植类:玉米、小麦、水稻、花生、西瓜、草莓、优质苹果、樱桃、露地蔬菜、保护地蔬菜、名特优蔬菜和食用菌;6册畜牧水产养殖类:蛋鸡、肉鸡、猪、淡水鱼、名优水产品及鱼病防治。本书采用问答的形式,重点介绍优质种猪的选择与杂交利用,猪的繁殖技术,猪的营养与配合饲料,商品猪的饲养管理及提高瘦肉率的途径,规模式养猪及养猪中常见疾病的防治等6个部分共140余个问题。(何蔓)

S000095 **养鸽手册** 任忠芳编著。山西科学技术出版社1996年2月版。26.4万字。12.00元。将鸽子分为3大类,即通信鸽、肉用鸽和观赏鸽,并将3大类鸽子的有关问题,分11题作了论述。对鸽子的起源和分类,一般构造和生理特点,鸽子的区别、特征、名种、花色、遗传特性,选鸽标准,繁殖培育,饲料种类,饲养管理,疾病防治等作了详细的叙述。对在养鸽实践中经常遇到的各种各样的问题,作了解答。同时介绍了肉用鸽肉的烹饪技术,信鸽民谚和信鸽协会章程、法规规则等内容。(温洁茹)

S000096 **中兽医释义** 金重冶等著。中国农业出版社1996年7月版。15.5万字。12.90元。共收载作者在《农业考古》等杂志上发表过的15篇有关中兽医的论文,主要阐述中兽医的发展史、中兽医谚语集注、中兽医与信息论、中兽医针灸的应用、中兽医八证辨症、中兽医与免疫学、中兽医外科、中兽医诊疗技术、中草药和中兽医方剂的使用方法、中兽医与中医的异同等内容。(颜景辰)

S000097 **王丕建论文集** 广西农业大学动物繁殖研究室编。广西科学技术出版社1996年7月版。28万字。26.80元。主要包括王丕建教授有关黄牛、水牛、猪、兔人工授精(包括精液稀释、保存)以及繁殖生理和畜种改良的论文;此外,还包括他对发展广西畜牧业的论述和在国内外考察畜牧业的报道,共35篇。(王晓红)

S000098 **兽医处方大全** 黄家良等编著。广西科学技术出版社1996年10月版。66.11万字。35.00元(精)。从医疗种类讲,有兽医西药处方;从畜禽种类和年龄讲,既有牛、猪、马、羊、鸡、鹅的各类常见病,又有兔、猫、狗等主要疾病和一般常见幼畜(禽)病方的详细载录。全书共载有1 175种病症,7 964条处方。(王晓红)

S000099 **兽医内科学** 倪有煌、李毓义主编。中国农业出版社1996年12月版。114万字。79.00元。依据我国畜牧业生产发展形势和畜禽内科病的特点,分为器官系统疾病、营养代谢疾病、中毒性疾病、免疫与遗传疾病以及胚胎与幼畜疾病等5篇23章,共460种病,并对每种疾病的病因、病理变化、临床表现、诊断和治疗技术等进行了详细的阐述。其中除包括家畜、家禽外,还涉及经济动物、伴侣动物和水生动物等。(颜景辰)

S000100 **中国畜牧兽医辞典** 中国畜牧兽医辞典编纂委员会编。上海科学技术出版社1996年9月版。233.2万字。100.00元。分基础学科、畜牧、兽医3部分,共33个分支学科(基础学科4个分科、畜牧16个分科、兽医13个分科),共收词目8 000余条。书末附录(如畜禽躯体部位图、生理常数等)、词目笔画索引和英(拉)汉名词对照索引。每条词目均有相对应的英文名(生物附拉丁学名,某些分科词目附拉丁名),释文包括简称或别称、定义(或定性)、释义、应用等内容,必要时附有插图。本书记载我国在世界上得天独厚的、丰富的畜禽资源,如太湖猪、金华猪、北京鸭、九斤黄鸡、秦川牛、湖羊,闻名于世的畜禽产品,如金华火腿、香肠、板鸭、羽毛绒等。收集了祖国医学宝库中的中兽医文献、中草药和针灸术等。(李箕康)

S000101 **养畜及其疾病防治** 那生巴图编著。新疆科技卫生出版社(K)1996年7月蒙文版。13万字。4.50元。内容分有家畜传染病,内科疾病,外科疾病,产科疾病,寄生虫病等章节,在传染病部分中介绍传染病的传染源、发病机理、预防措施、防治方法等；在内科疾病部分里介绍家畜消化器官疾病、泌尿器官疾病、呼吸系统疾病及中毒性疾病的临床检查方法、给予治疗知识等；在外科疾病部分中介绍家畜常见创伤及救护治疗方法等；在寄生虫病部分中介绍对家畜危害极大近十种寄生虫的传染源、预防措施、驱虫方法等。（乌尔图那生）

S000102 **鸡病最新防治技术** 辽宁省畜牧兽医科学研究所编。辽宁科学技术出版社 1996 年版。36 万字。17.00 元。主要选编了鸡新城疫、传染性法氏囊病、马立克氏病、传染性支气管炎、EDS-76、鸡大肠杆菌病、沙门氏菌病、禽霍乱、球虫病、肉鸡腿病、腹水综合征以及若干新的鸡病等方面文章。（寿亚荷）

S000103 **湖北省重点保护野生动物图谱** 湖北省林业厅、湖北省水产局、湖北省野生动物保护协会编著。湖北科学技术出版社 1996 年 10 月版。18 万字。257 幅图。60.00 元。所列 258 种重点保护野生动物，可分为陆生和水生两个部分，其中，有国家一级保护动物 23 种，国家二级保护动物 89 种，湖北省省级重点保护动物 146 种，分别属于兽纲（7 目 42 种）、鸟纲（18 目 151 种）、爬行纲（4 目 17 种）、两栖纲（2 目 25 种）、鱼纲（3 目 17 种）、瓣鳃纲（1 目 3 种）、昆虫纲（2 目 3 种）。每个物种都列上了国际统一认定的拉丁学名和国际上较多应用的英文名称及中文名。本书各物种的识别特征部分主要介绍动物的外观形态；生活习性部分介绍动物栖息环境、食性、活动及繁殖习性；地理分布部分主要描述物种在国内和湖北省境内的分布情况；保护意义部分介绍各动物在生态系统中所起的主要作用及其在经济方面的价值。

S000104 **养狐实用新技术** 郭永佳、佟煜人编著。金盾出版社 1996 年 5 月版。13.1 万字。5.90 元。内容包括狐的生物学特性，狐的繁殖，狐的育种，狐的营养需要，狐的饲养标准和日粮配合比例，狐的饲料种类及评价，日粮的配制方法，狐各生物学时期饲养管理要点，狐皮的初步加工，养狐场场址选择与建设，养狐场的计划管理，狐的疫病防治等 12 章。作者根据多年的实践经验，系统介绍狐的繁殖育种、饲养管理和防病知识与技术。介绍了根据我国先进养狐饲养场的高产经验和多次饲料消耗试验，总结提出的我国狐的饲养标准和日粮配合比例。书中附有彩照 24 幅。（沈启新）

S000105 **蚕病防治** 舒惠国主编。江西科学技术出版社 1996 年 6 月版。11 万字。6.00 元。叙述蚕病概论、传染性与非传染性蚕病、蚕病检查诊断、化学消毒药剂和蚕病综合防治等内容，重点介绍对养蚕危害较大的蚕病发生、发展的规律和防治方法、经验等。

S000106 **中国蚕丝大全** 黄君霆等编著。四川科学技术出版社 1996 年 2 月版。220 万字。200.00元。介绍中国先进的蚕丝科学技术，同时汇集了国外蚕丝科学技术的最新成就，内容包括概况和桑树、养蚕、蚕病、蚕种、蚕茧、丝绸、副产物、野蚕（非桑蚕）、蚕丝基地等 10 篇 66 章。（谢增桓）

S000107 **蚕桑病虫害原色图谱** 华德公主编。山东科学技术出版社 1996 年 6 月版。7 万字。454 幅图。57.00 元。彩色照片均是作者现场拍照，形态特征、危害症状、颜色相貌逼真、确切。并有病虫名称，发生（病）规律，防治方法的描述。所采用的彩色照片均采用先进工艺标准制作。（刘韶明）

S000108 **桑树病虫害防治** 舒惠国主编。江西科学技术出版社 1996 年 6 月版。12 万字。6.50 元。介绍 21 种桑树害虫和 16 种桑树病害的发生情况、发生规律及其防治措施和综合防治模式等。（卢继芳）

S000109 **蜂王培育技术** 黄文诚编著。金盾出版社 1996 年 11 月版。9.5 万字。5.00 元。包括培育蜂王的生物学基础，蜂王产卵力与蜂卵的关系，雄蜂的培育和护理，培育蜂王的各项准备工作，哺育群的组织管理，移虫育王法，移卵育王法，交尾群的组织管理，产卵蜂王的诱入，蜂王的储存与运输，蜂王人工授精技术，蜂王疾病防治等 15 部分内容。总结了国内外培育蜂王的经验，重点介绍组织哺育蜂群、交尾蜂群和移虫、移卵育王的方法，特别是采用限制蜂王产卵的措施获取大卵，用以培育优质蜂王的方法。（沈启新）

S000110 **蜜蜂机具学** 龚一飞主编。福建科学技术出版社 1996 年 3 月版。41.5 万字。21.00 元。共 9 章，内容包括：蜂机具发展概述，蜂箱，饲养管理器具，蜂蜜采收机具，巢础及巢础生产机具，运蜂工具与养蜂专用车辆，蜂王与笼蜂生产器械，蜂王浆、蜂花粉、蜂蜡、蜂毒及蜂胶生产机具，蜂场建筑等。以蜂箱、巢础机和分蜜机 3 大蜂具为主干，系统阐述现代蜂机具的发展，各系列机具的构造、工作原理和使用方法。根据本学科实践性强的特点，着重讨论了 3 大蜂具的设计与制造的基础理论与方法。书中各部分内容除了客观总结我国的蜂机具外，还有选择地介绍了国外的现代化养蜂机具与设备。此外，书中还

配有大量的插图。(林万泉)

水产、渔业

S000111 **中国淡水鱼类种质资源和保护** 李思发编著。中国农业出版社1996年11月版。15万字。21.20元。从我国淡水鱼类种质资源分述开始,论述了鱼类的遗传变异、群体遗传与进化以及鱼类遗传变异的表现。重点探讨了鱼类种质资源的层次和所处的状态,就地保护和易地保护的种质资源保护战略,原种、良种的提纯和复壮,冷冻保存及其机理,长江三峡大坝对长江鱼类种质资源的影响和补救措施,水产种质资源保护的有关社会和经济问题。同时也涉及到了鱼类种质鉴定与评价的基本原则与方法,系统评价工作的组织。(张志)

S000112 **鱼虾蟹贝疾病诊断和防治** 孟庆显、俞开康编著。中国农业出版社1996年6月版。26万字。分8章。第一至第六章分别介绍海、淡水养殖动物疾病,包括鱼类、对虾、罗氏沼虾、中华绒螯蟹、贝类、牛蛙和鳖等的各种疾病的病原、症状、流行情况、诊断和防治方法。重点论述海水养殖动物疾病的诊断和防治,适当介绍一些危害严重而又常见的淡水动物疾病。第七章介绍水产动物疾病防治的常用药物,包括药物的种类和选择原则、给药的方法、常用药物。第八章介绍水产动物疾病的综合防治措施,包括控制和消灭病原体,改善和优化养殖环境,提高养殖群体的免疫力和抵抗力。(林维芳)

S000113 **精选水产养殖新技术** 柳冰编写。江西科学技术出版社1996年3月版。12万字。5.00元。"当代农村百事通丛书"之一。选收水产养殖新技术、新成果,共100多项,其中不少属于"九五"国家推广农业项目和"丰收计划"推广的新技术。

S000114 **中国湖泊、水库渔业现状与发展** 宁宗德等编。中国农业出版社1996年4月版。8万字。7.50元。总结和分析了80年代以来我国湖泊、水库的分布、形态特征及理化性质,考察了我国湖泊、水库的水生生物状态、水生生物资源的渔业利用以及湖库主要鱼类组成,叙述了我国湖泊、水库的渔业产量、经营管理方式、养殖形式及渔业开发方式等基本渔业现状,提出了我国湖泊、水库渔业发展的方向,即湖泊渔业上,大型湖泊以资源增殖和人工放流为主,提高水域天然鱼产力;中型湖泊以养殖为主,大幅度提高水域生产潜力;小型湖泊(包括湾汊)以精养为主,采取科学措施,获得高产。而在水库渔业上,坚持向大水面投放的养殖方式,加强管理,统一规划,完善服务,充分利用现有的水面资源,重视立体开发,因地制宜地发展名、特、优水产品养殖。(张志)

S000115 **大口鲶生物学及养殖技术** 丁瑞华等编著。四川科学技术出版社1996年12月版。30万字。35.00元。分17章,阐述大口鲶的分类、分布、形态特征、遗传性状、生态、生物学特性、种群变动、渔业状况、资源保护、合理利用和引种驯化、亲鱼培育、人工繁殖、鱼苗培育、鱼种饲养、商品鱼生产、饵料及加工、疾病防治、运输、推广养殖、营养价值与食品加工等方面的研究与生产技术。书中有随文插图80余幅,有图版16页,其中有彩图10余幅,黑白图20余幅。(郭俊铨)

S000116 **中华鳖高效实用养殖新技术** 华南农业大学、虎门绿卡科技开发中心著。广东经济出版社1996年12月版。9.6万字。28.00元。介绍鳖的整个生长周期的全套养殖技术及各种先进、实用的养鳖方式;对鳖病防治及养鳖业如何竞争取胜等方面,提出了全新的概念和对策;加插了大量的彩图和黑白图,可方便读者对各地鳖种的鉴别、对各种鳖病的判断及对各种养鳖设施的认识等。(孙力)

S000117 **龟鳖快速养殖技术** 温桂敖编著。广东经济出版社1996年12月版。17万字。9.80元。介绍龟鳖的生活习性和人工饲养管理方法,以及食用与药用方法。(李惠玉)

S000118 **水声助渔仪器设备** 骆大为主编。中国农业出版社1996年10月版。46.7万字。21.80元。介绍水声助渔仪器设备的基础知识、工作原理、组成结构及实现方法。主要内容有:渔业水声学基础知识、探测波束的形成、鱼群目标的测定、水声发射机、水声接收机、终端指示装置、探鱼仪与渔用声纳、声纳方程与总体设计、供电系统及安装维修等。最后还设有附录,提供有关彩色图片及中英专业名词对照。(段丽君)

T 工业技术

T000002 **电机工程手册·基础卷(一)** 机械工程手册电机工程手册编辑委员会编。机械工业出版社 1996 年 9 月版。243.9 万字。180.00 元。包括通用基础资料,电工数学,基础物理,电磁场、电路、磁路,高电压、大电流技术,电工电子材料,电工产品通用制造工艺,可靠性技术,电工、电子产品环境技术,电气安全,现代企业管理基础,电工标准和技术法规等 12 篇。第一篇到第五篇以结论性的定义、公式、数据、图表等,结合电机工程实际需要,提供了各种备查的资料。第六篇电工、电子材料介绍了导电材料、超导电材料、磁性材料、特种合金材料、电碳制品、半导体材料、特种电子材料、绝缘材料等的分类、品种、型号、性能、规格及应用技术等。第七篇电工产品通用制造工艺重点突出通用制造工艺,如铁心制造、线圈和绕组制造、绝缘处理、绝缘件和塑料件制造、装配工艺及表面防护和涂装等。同时也介绍了电机、电器的其他关键工艺。第八篇到第十篇是电工技术的基础共性技术。第十一篇现代企业管理基础是为了适应当前形势的要求,从现代企业管理概述、目标管理、项目管理、可靠性管理、效益管理等方面介绍了现代电气工程师必备的管理知识。第十二篇电工标准和技术法规除简要介绍了基本概念之外,选择应用性强的标准和法规作了重点介绍。(牛新国)

T000003 **电机工程手册·基础卷(二)** 机械工程手册电机工程手册编辑委员会编。机械工业出版社 1996 年 7 月版。182.8 万字。140.00 元。共 6 篇,第一篇电子元器件主要从正确选用和合理使用的需要角度,介绍了 17 大类电子元器件的性能、特点、应用技术参数、适用范围和应用技术;第二篇电子电路从电子元器件和集成电路的功能、特性和应用入手,介绍了放大电路、信号发生器、运算电路、信号处理电路、调制解调电路、组合逻辑电路、时序逻辑电路、D/A 和 A/D 转换电路、电源电路等的原理及应用,并给出了常用电路的设计举例;第三篇电力电子技术介绍了整流二极管、晶体闸流管、可关断晶闸管(GTO)、电力晶体管(GTR)、功率 MOSFET、IGBT 等器件的应用数据和应用电路,以及整流器、逆变器、谐波变流器、变频器等电力电子装置的设计和应用技术;第四篇电子计算机从计算机硬件、软件、微型计算机、计算机网络等 4 个方面介绍了电子计算机的基础知识;第五篇自动控制除介绍了经典控制理论的定律、概念、公式和方法之外,还着重介绍了智能控制、模糊控制等现代控制技术;第六篇电磁测量与仪器仪表除包括了电磁测量和电工仪器仪表方面的内容外,还包括了高频和超高频测量及仪器、微波测量及仪器、红外测量及仪器、激光测量及仪器、辐射线测量及仪器等内容。(牛新国)

一般工业技术

T000004 **工程模糊论方法及其应用** 杨松林编著。国防工业出版社 1996 年 4 月版。47.3 万字。25.80 元。主要记述了确定性、随机性和模糊性,特别是工程系统的模糊性;并讲述了模糊数学基础;论述了工程模糊综合评价的各种模型、模糊模式识别的直接方法和间接方法,工程模糊聚类的各种方法、工程模糊优化的对称和非对称方法,工程模糊控制原理、工程模糊网络计划技术、模糊可靠性工程方法和模糊神经网络方法。每部分都附有工程应用实例。(史国成)

T000005 **边界元法程序设计及工程应用** 蔡瑞瑛等著。江苏科学技术出版社 1996 年 4 月版。34 万字。15.30 元。以标量势(位势)问题为例,介绍了边界元法的基本原理和方法。对边界元法的数学基础,例如,格林公式、狄拉克函数、张量分析等,作了叙述;对边界元法应用的对象的专业基础知识也作了介绍。给出各类问题的基本边界元公式;以二维、三维位势问题为重点,介绍边界元法的边界离散化方法;并以二维位势问题的两个程序为例,介绍了边界元法程序结构及其所涉及的关键技术和编程技巧。在此基础上,给出了三维位势问题和二维弹性力学问题的边界元法程序，着重介绍了它们所涉及的特殊问题，例如，奇异积分问题、角点问题等，还给出了一些工程应用实例，例如，三维温度场计算，二维弹性应力分析及结构可靠性计算等。最后，介绍了两个成熟的边界元法程序。(王永发)

T000006 **工程断裂动力学** 刘再华等著。华中理工大学出版社 1996 年 11 月版。27.6 万字。12.00元。介绍工程断裂动力学的基本概念及工程结构动态断裂控制的主要方法。全书共 8 章，在绪论中介绍工程断裂动力学的基本概念，随后几章分别讨论：裂纹的快速扩展；快速扩展裂纹的轨迹与分岔；快速扩展裂纹的止裂；重大工程中的止裂结构；冲击载荷作用下的裂纹起裂控制；动态断裂分析中的数值方法；动态断裂研究中常用的实验方法。(陈晓娟)

T000007 **工程流体力学** 谢永曜主编。四川科学技术出版社 1996 年 10 月版。45 万字。20.00元。介绍了流体的物理性质、流体静力学、一元流体动力学、理想流体动力学、粘性流体动力学、流动阻力与水头损失、管路水力计算、相似理论与量纲分析、机翼理论与翼栅理论及紊流射流、堰流、渗流等内容。(赵钢)

T000008 **人—机—环境系统工程总论** 陈信、袁修干主编。北京航空航天大学出版社 1996 年 9 月版。38 万字。24.00 元。着重阐述了人体是个开放的复杂巨系统、人体与环境进行物质交换的各种信息，以及提取这些信息的各种方法和数据处理。(赵延永)

T000009 **工业设计理念与方法** 张宪荣等编著。北京理工大学出版社 1996 年版。26 万字。16.00元。阐明了以下基本观点：工业设计是工业设计师的创造性活动，他们必须具备对人、物关系的根本理解；有工程专业知识与技能，有丰富社会人文学科素养；有宽阔的视野、科学的思维能力以及对造型的高度敏感性。书中重点讲述：技术美学与工业设计相结合；在现代大工业生产与商品经济激烈竞争中工业设计的形成；其多学科综合的性质；让产品与使用者取得最佳匹配实现人本位设计的根本理念；在对功能、材料与技术的综合基础上进行美的形式的创造。(总编办)

T000010 **工程结构系统软设计理论及应用** 王光远、陈树勋著。国防工业出版社 1996 年 2 月版。23.1 万字。16.80 元。介绍了作者在工程结构系统软设计方面的理论与应用成果，讨论了现代工程结构系统设计理论的特点与发展方向及其软科学性质，介绍了工程设计中常见的几种不确定性因素及其数字处理方法，重点介绍了可直接应用于工程设计的结构模糊优化设计与结构系统全局优化设计的理论与方法，以及上述理论与方法在大型天线结构及空间飞行器——卫星结构系统中成功应用的实例。全书分 3 篇：论工程软设计理论；工程结构系统的软设计理论；工程应用。书中虽然以机电工程及航空航天工程中的结构系统设计作为应用对象，但所提理论与方法，同样适用于其他工程学科。本书是作者近 20 年理论研究与科学实践的成果结晶。(何曼庆)

T000011 **工程测试基础** 胡均安、曾光奇主编。华中理工大学出版社 1996 年 10 月版。34 万字。12.00 元。内容分为两大部分。第一部分(一～六章)介绍工程测试中需要掌握的基础知识，如信号分析基础、测试装置的特性、常用传感器、信号调理方法、信号记录装置以及信号分析仪简介等。各章按信号流和测试系统组成环节的顺序来编排，有利于学生对测试过程和测试系统的完整了解。第二部分(第七章)具体介绍工程中常见非电物理量的测量方法，包括振动、位移、速度、噪声、温度和压力的测量。(胡均安)

T000012 **工程绘画** 王秀珍等编著。山东科学技术出版社 1996 年 7 月版。32 万字。28.00 元。前 5 章介绍轴测投影图、透视投影图的基本理论和基本作图。轴测图部分介绍了立体表面交线的画法，剖视图、草图、装配图的画法，轴测图的选择；机件透视图部分介绍了次透视概念的应用、曲面立体及立体表面交线透视图的画法，以及透视图的选择；阴影部分介绍了基本理论、绘制阴影的基本方法。后几章介绍了润饰的知识与方法、常用件轴测图的画法与润饰、计算机在工程绘画中的应用等。

T000013 **画法几何及工程制图(土建类)** 宋兆全主编。中国铁道出版社 1996 年 5 月版。54.2 万字。22.50 元。主要内容包括画法几何、制图的基本知识、土木建筑制图及计算机绘图几大部分。其中，在画法几何部分介绍了投影的基本知识，点、线、面、体，轴测投影、透视投影、标高投影等；在制图的基本知识部分介绍了组合体，图样画法；在土木建筑制图部分介绍了钢筋混凝土结构图、钢结构图，房屋建筑图及桥隧工程图；在计算机绘图中，介绍了计算机绘图的基本知识以及绘图软件的简单内容。书后附有适量的体视图。(刘桂华)

T000014 **Auto CAD 在工程设计制图中的应用** [美]James .Earle 著。上海科学普及出版社

1996 年 9 月版。146.9 万字。95.00 元。英文原名为《Engineering Design Graphics》。英文原版的出版者是 Addison－Wesley 出版公司。本书内容分为 4 方面：一、设计过程的组织安排；二、各种制图仪器工具、CAD 软件包的功能和用法、标准字体的书写等；三、几何作图和画法几何的原理；四、实用的机械工程加工图和装配图，包括齿轮、凸轮等零件的画法，以及地理图、地质图、各类统计图表及诺模图的设计和绘制等。（胡名正）

T000015 **环境模拟技术** 王浚等著。国防工业出版社 1996 年 5 月版。64.3 万字。37.00 元。阐述了环境模拟技术的基本理论、环境效应、环境模拟的原理及方法、模拟设备工程设计理论和方法以及环境试验技术。总结了我国环境模拟技术多年来的研究成果，也吸取了国外的最新技术成就。全书共 6 章，包括环境模拟技术基础；环境参数与环境效应；地面环境模拟技术；空中环境模拟技术；空间环境模拟技术；力学环境模拟技术。（何曼庆）

T000016 **材料的织构 ICOTOM-11** 副名：第十一届国际材料织构会议论文集。梁志德等著。万国学术出版社 1996 年版。1 511 万字。500.00 元。两卷。共收录论文 234 篇，其中包括由国际著名专家学者发表的大会综述报告 4 篇和分组邀请主题报告 15 篇。论文分为下述 10 大类：一、织构测定和分析；二、形变织构；三、再结晶织构；四、相变织构；五、工艺、织构和性能；六、新型材料中的织构；七、薄膜和涂层材料中的织构；八、两相和特殊材料中的织构；九、局域织构和微织构；十、织构在其他测量中的校正。（褚幼义）

T000017 **材料织构** 副名：第十一届国际材料织构会议论文集。梁志德等编。万国学术出版社 1996 年 9 月英文版。225 万字。249.00 元。介绍了国际材料织构研究的最新进展。内容包括：织构测量与分析、变形织构、再结晶织构、变相织构、新材料的织构、薄膜与涂料的织构、双相与特殊材料的织构、局部织构和显微织构、其他测量的织构调整等。本书为 1996 年 9 月在西安召开的第十一届国际材料织构会议论文集。主要文章有：复合材料织构分析的先进实验技术、某些超快速退火金属的织构、各种不同的织构分析技术比较、冷轧钢中变形态发展、再结晶的显微织构研究、显微应变的不同性质与变形织构的预测、冷轧和退火钛钢的相变织构、低对称材料的织构和力学性能、毫微结晶织构材料的 X 射线分析、薄膜织构、双相金属织构、织构材料的晶界工程等。（周幼葵）

T000018 **脆性材料力学性能评价与设计** 金宗哲、包亦望著。中国铁道出版社 1996 年 10 月版。16.3 万字。16.70 元。作者在总结 40 余年非金属材料研究经验，特别是承担国家科技攻关项目和科技基金项目成果的基础上编撰而成。主要论述近代最重要、发展最快的无机非金属材料——陶瓷材料的力学性能与其评价方法以及材料强度设计的基本原理和今后的发展方向。第一～七章，主要论述当代材料强度学中的 7 个大问题。为了解决脆性对材料强度的影响，引入破坏发生区的概念，提出了强度、裂纹和破坏发生区三者关系的新理论和破坏准则，以此解决了弯曲强度的尺寸效应与拉伸和弯曲强度的关系。另外，作者在脆性评价、裂纹扩展、微裂强度、冲击过程、时间连续增载疲劳等理论方面都提出了新概念和测试新方法。第八～九章中论述陶瓷材料强度特性，叙述常用的 14 项性能的评价方法标准并指出存在的问题。第十章论述材料强度设计新方法与今后的发展动向。（傅希刚）

T000019 **新型陶瓷材料手册** 钦征骑主编。江苏科学技术出版社 1996 年 10 月版。135 万字。55.00 元。分 15 章，第一章绪论介绍新型陶瓷的概念、分类、特性及发展趋势。第二章介绍陶瓷材料的结构与组织。第三章新型陶瓷原料中介绍了矿物原料、氧化物原料、非氧化物原料和辅助原料。第四章新型陶瓷生产工艺介绍了成型、干燥与排塑、烧结、陶瓷的金属化与封接、陶瓷的加工等内容。第五章新型陶瓷生产设备介绍了原料制备的设备、成型机械、热工设备和精加工设备。第六章结构陶瓷介绍了氧化物、氮化物、碳化物、硼化物、硅化物等类型的陶瓷。第七章功能陶瓷介绍了具有绝缘、电真空、压电、磁性、敏感等功能的陶瓷。第八章介绍了陶瓷基复合材料。第九章多孔陶瓷介绍了多孔、蜂窝、泡沫、孔梯度等类型的陶瓷。第十章、第十一章、第十二章分别介绍生物陶瓷、导电陶瓷、红外辐射陶瓷。第十三章介绍陶瓷涂层的喷涂设备和工艺。第十四章介绍纳米材料、梯度材料、智能材料、环境调和材料等发展中的高技术陶瓷。第十五章介绍陶瓷材料性能检测与评价。（黄元森）

T000020 **功能高分子材料化学** 赵文元、王亦军编著。化学工业出版社 1996 年 10 月版。48 万字。36.00 元。在阐述功能高分子材料的结构与性能的关系、功能高分子化学的研究方法基础上，对反应型功能高分子材料（如高分子化学反应试剂、高分子催化剂等)、导电高分子材料、聚合物修饰电极、高分子液晶材料、高分子功能膜材料、光敏高分子材料、高分子吸附剂和吸水性聚合物(如离子型和非离子型高分子吸附树脂、高分子螯合剂、高吸水性高分子材料)以及高分子表面活性剂、农用功能高分子(除草剂、除螺剂、防污涂料、高分子化肥)、高分子药物、高分子食品添加剂和阻燃剂、高分子驻极体和压电及热电现象、高分子染料等进行了详细论述,并阐述其结构与性能、制备方法和应用领域。(郭燕)

T000021 **金属基复合材料导论** [英]克莱因、威瑟斯著,余永宁、房志刚译,贾成厂校。冶金工业出版社 1996 年 11 月版。45.9 万字。52.00 元。围绕颗粒、短纤维和长纤维增强体,着重金属基复合材料的力学性能,描述了增强体的存在对刚性、强化和断裂特性的影响,其中包括评价纤维或颗粒的存在对载荷传递和改善微观组织方面的作用。本书还介绍了金属基复合材料的其他一些性能,包括导热和导电性能,抗热冲击、磨损和耐腐蚀的能力等。对生产和工艺也进行了讨论。最后两章提供了一些实用的信息,如金属基复合材料研究的专门技术和商业应用的详细的例子。(张卫)

T000022 **材料科学技术百科全书** 本书编委会编。中国大百科全书出版社 1996 年 12 月版。350 万字。320.00 元。共 2073 个条目,含 227 幅彩色图片,从材料发展史、材料科学技术研究机构与学术团体、材料科学基础、金属材料、无机非金属材料、高分子材料、复合材料、半导体材料、光学光电子材料、磁性材料、超导材料、生物医学材料、核材料等方面系统介绍了材料科学技术的发展概况。(马汝军)

T000023 **机械工程手册·工程材料卷** 机械工程手册、电机工程手册编辑委员会编。机械工业出版社 1996 年 9 月第二版。288.8 万字。210.00 元。共 12 篇,包括材料总论、材料学基础、材料强度、钢、铸铁、非铁金属材料、粉末冶金材料、有机高分子材料、无机非金属材料、复合材料、功能材料、材料测试与分析等。介绍了大小材料品种系列近 500 个,材料牌号逾万。本书从应用角度系统地介绍各类材料的性能、特点、适用范围和改性技术等;用综合归纳和分类对比的方式,着重介绍材料使用性能与合理选用之间的关系。在材料品种方面,以介绍基本、常用和适用的材料为重点。(康振章)

T000024 **新编简明五金手册** 王仁彪等编著。北京出版社 1996 年 2 月版。60 万字。52.00 元(平),57.00 元(精)。内容包括五金材料基本知识,黑色金属材料,有色金属材料,硬质合金,精密合金,高温合金,非金属材料,五金配件和器材,工具、刃具、量具。书中介绍的各种新材料,选用国家最新标准,采用通用化和系列化数据。表格内列出新、旧两种单位制的对照数据。(龙杰)

T000025 **智能材料** 姚康德编著。天津大学出版社 1996 年 7 月版。29.6 万字。16.00 元。作者根据近几年来在智能材料方面的研究成果,并综合国内外智能材料的最新文献,对刺激响应高分子凝胶,智能药物释放体系,高分子材料表面的环境响应性,智能复合材料与器件,智能膜与微球等方面进行了详细的叙述,而对灵巧无机材料和智能金属材料方面的介绍显得单薄。(胡文华)

T000026 **采暖空调制冷手册** 黄素逸等编著。机械工业出版社 1996 年 1 月版。166.9 万字。90.00 元。介绍了有关采暖、空调和制冷的基础理论,以及它们的系统、设备、设计、计算、运行、调试、控制方面的知识。对于热力系统和热工设备的计算,也作了介绍,并附有详细计算步骤。书中还介绍了西方国家采暖、空调和制冷方面的新技术,并引用了国外不少实用计算图表和资料。(蒋有彩)

T000027 **简明制冷空调工手册** 张金城主编。机械工业出版社 1996 年 12 月版。57.2 万字。32.00 元。阐述制冷空调技术的必备基础理论和最新成果。主要内容包括:制冷空调技术理论基础,制冷剂、冷冻油和载冷剂,制冷压缩机,制冷循环系统主要部件,制冷空调设备自控元器件,制冷空调设备安装维修用工具器材,制冷空调设备维修基本工艺及方法,冷冻冷藏箱、冷藏陈列柜,家用电冰箱,空调器,在附录中提供了常用单位与单位换算,制冷空调设备上常用英文单词和缩写字母的中文含义对照表,常用制冷剂的 lgp-h 图和湿空气的 h-d 图。(边萌)

T000028 **国际法制计量管理** 戴润生、陆志方著。中国计量出版社 1996 年 2 月版。23.7 万字。21.00 元。汇集国际法制计量组织公布的有关法制计量管理的文件,其中包括计量法的立法内容、法定计量单位、法制计量及计量器具的监督和管理。本书还详细介绍了国际法制计量组织的机构、工作范围和主要出版物,集中说明了法制计量工作在国际上的通用方式。(孙维民)

T000029 **量和单位国家标准实施指南** 王以铭主编。中国标准出版社 1996 年 11 月版。72.2 万字。40.00 元。共 15 章,分别按 GB3100、GB3101、

GB3102.1～GB3102.13 逐个进行讲解。对标准中的主要修订进行了详细的解释和说明；对已废除的量和单位予以明确表态；对暂时允许使用的量和单位一一做了说明；对使用中经常出现的问题和易混淆的概念进行了分析和对比。同时考虑到对外贸易和科技交流的需要，对国际单位制的构成及进展进行了简要介绍，对我国法定计量单位与国际单位制的关系进行了论述。各章后附有参考文献和换算表。（段方）

T000030 **测量不确定度与检测辞典** 李慎安、李兴仁著。中国计量出版社 1996 年版。35.2 万字。18.00 元。收集同测量技术及误差问题有关的过去和当前仍在使用的一些术语，特别是对国际和国内已标准化的术语作了解释。同时，书中还收入了我国计量学界有关专家于 1987 年就已研究得到并为国内外一些学者所验证、赞同成立的广义协方差等概念及其一系列有关不确定度的公式。书中共收词目 1 000 余条，并有英文名称及索引。附录收集了有关的文献资料。（王秉义）

T000031 **计量测试技术手册** 《计量测试技术手册》编辑委员会编。中国计量出版社 1996 年版。1 939.9 万字。1 269.00 元。共 13 卷，包括：技术基础、几何量、温度、力学(一)、力学(二)、力学(三)、电磁学、电子学、声学、光学、时间频率、电离辐射、化学卷。书内介绍了我国 40 多年来计量和测试科研与实践经验中提炼出来行之有效的、各个领域的所有被测"量"的测量原理和方法，测量仪器和设备，常用数据和图、表，以及计量仪器的检定等，还介绍了国外的先进技术。（李绍贵）

矿业工程

T000032 **峒室大爆破** 林大泽等著。湖南科学技术出版社 1996 年 7 月版。27.7 万字。26.00 元。介绍了峒室爆破的药量计算、炸药单耗、填塞、专用延期雷管等相关问题的最新研究进展，并结合湘潭大爆破工程论述了峒室大爆破装药、施工、安全及炸药现场加工设计。此外，还介绍了峒室爆破中初期爆炸场的数值模拟和爆破地震波的数值模拟。（李遂平）

T000033 **现代矿井提升机电控系统** 王清灵、龚幼民编著。机械工业出版社 1996 年 12 月版。23.9 万字。20.00 元。为"电气自动化新技术丛书"之一，详细介绍了应用于矿井提升机的各种现代电控系统(如磁场换向的晶闸管直流可逆调速系统和代表当前先进水平的交-交变频的现代交流调速系统)的工作原理、主电路和控制电路以及设计方法和相关技术，并从基本原理出发，介绍了各种实际线路和工程实际问题。在控制策略方面，介绍了前馈复合控制、自适应控制、转矩单值调节控制、模拟数字混合控制和全数字控制等；在安全保护方面，介绍了过驱动保护、电流上升率限制保护、S 形速度图及速度保护、封锁的冗余控制等。（孙流芳）

T000034 **中国镍钴矿山现代化开采技术** 刘同有、金铭良主编。冶金工业出版社 1996 年 6 月版。70.4 万字。55.00 元。阐述以金川镍钴矿为代表的我国镍钴矿开采的历史和现代化技术，书中插图 334 幅，表 193 个，介绍了中瑞(典)采矿技术合作中，金川镍钴矿在岩石力学、采矿方法的成果，以及如何与中国的实际情况相结合，变引进技术为中国的经验，使矿山生产能力接近和达到国际先进水平。同时还介绍了国内外矿山机械设备的配套使用、维修和备件管理及如何发挥效率，如何应用先进的采矿技术、采矿设备和矿山管理手段，使矿山生产管理达到世界先进水平。（谭学余）

T000035 **选矿与冶金药剂分子设计** 王淀佐等著。中南工业大学出版社 1996 年 12 月版。22 万字。应用量子化学和现代有机化学分子结构理论，在原子-电子层次上定量讨论了浮选和冶金药剂的作用机理，提出了"浮选剂结构模型"新概念和"浮选剂分子设计"新方法，研究确定了一系列选矿与冶金药剂性能的定量判据和计算公式，建立了药剂结构和分子设计理论，并对一系列的选矿和冶金中有特定用途的药剂进行了分子设计和性能预测。（秦瑞卿）

T000036 **中国钒钛磁铁矿选矿** 朱俊士主编。冶金工业出版社 1996 年 7 月版。66 万字。48.00 元。主要以我国铁矿选矿科研、设计、生产实践经验，具体以河北承德、四川攀西钒钛磁铁矿为对象，全面总结了中国钒钛磁铁矿石的资源特点、工艺矿物学特征、矿物的可选性以及可供综合开发的性质。（黄淦祥）

石油、天然气工业

T000037 **现代完井工程** 万仁溥编著。石油工业出版社 1996 年 6 月版。49.5 万字。28.00 元(平)、35.00 元(精)。作者在总结近年来国内外完井工程的成功经验和新技术发展的基础上，论述了现代完井工程的概念、内容、技术体系和技术路线，主要包括完井工程基础、完井方式选择、油管及生产套管尺寸的选择、完井液和射孔液、生产套管及注水泥、射孔、完井的试井评价、完井管柱设计及投产措施。(孙培国)

T000038　**英汉石油大辞典**　《英汉石油大辞典》编写组编。石油工业出版社 1996 年 6 月版。600 万字。200.00 元。分 10 个分册：《石油地质分册》、《地球物理勘探与测井分册》、《钻井工程分册》、《油田开发与开采分册》、《炼油工程分册》、《天然气分册》、《油气储运分册》、《油田地面工程分册》、《经济管理分册》、《海洋石油工程分册》。本辞书除了有英汉对照外，还给以定义和简明的注释，书后附有“词目汉字拼音索引”。(蒋子贞)

T000039　**石油加工单元过程原理(上、下册)**　沈复、李阳初主编。中国石化出版社 1996 年 8 月版(上册)，1996 年 11 月版(下册)版。127 万字。64.00元。介绍石油加工及石油化工有关单元过程的基本原理、计算方法及其设备的结构、操作方法、选型与发展方向等，分上、下两册。上册包括绪论、流体流动、流体输送机械、非均相物系的分离、固体流态化和气力输送、传热、换热器、辐射传热和管式加热炉等，下册包括传质过程概论、气体吸收、蒸馏、萃取、传质设备、气体的增湿与减湿等。(张正威)

T000040　**合成润滑剂**　颜志光、杨正宇主编。中国石化出版社 1996 年 6 月版。79 万字。39.00 元。总结了自 30 年代来合成润滑剂的发展情况，详细论述了各类合成润滑剂的性能特点、制备方法及应用，介绍了 90 年代以来在合成润滑剂方面最新的生产和应用技术。全书共 10 章。第一章绪论，介绍合成润滑剂的范畴、分类、历史、现状、特点和应用范围；第二至九章分别论述酯类油、聚醚、合成烃油、硅油和硅酸酯、含氟油脂、磷酸酯、合成润滑脂及新型合成润滑油等各种合成润滑剂的性能特点、制备方法、应用及发展动向；第十章介绍合成润滑剂的研究和生产中所使用的一些特殊测试方法。(张正威)

T000041　**国内外润滑油品简明手册**　吕兆岐等编。中国石化出版社 1996 年 2 月版。37 万字。18.00元。1993 年中国石化总公司代表团访俄罗斯期间，对前苏联与原经互会成员国生产的润滑油进行了深入的了解并搜集了详尽的资料，本书是在此基础上并参阅其他有关资料编写而成。书中介绍了前苏联生产的润滑油产品的品种规格及用途，给出了我国、前苏联与原经互会成员国及世界其他几大石油公司生产的内燃机油、传动用油、液压油及工业设备用油的分类、品种、性能及它们之间的互换性。(王金祐)

T000042　**石油化工原料与产品安全手册**　王广生主编。中国石化出版社 1996 年 7 月版。72 万字。40.00 元。收录石油化工生产过程中常用的具有危险性的原料与产品 550 多种，每种物质包括：标识、理化性质、燃烧爆炸危险性、包装与储运、毒性及健康危害性、急救、泄露处置、文献等 9 大项、50 多小项的安全卫生数据。数据模式是依据国内外现行法规要求和格式设计的，其中有一些数据是根据国内最新的实测数据收录。(王力健)

T000043　**移动式平台设计**　潘斌编。上海交通大学出版社 1996 年 3 月版。24 万字。8.30 元。系 1991～1995 年中国船舶工业总公司船舶工程教材委员会的指令性计划教材，按该会通过的“移动式平台设计”大纲编写。内容有海上油气开发、平台设计、移动式平台的结构型式与操作，重点讲述移动式平台设计中应考虑并需要解决的问题，如平台重量重心计算、海洋环境条件的确定及外载荷计算、平台总体性能、定位系统、总布置等，最后对移动式平台的设计特点进行了归纳。(丁善溶)

T000044　**测量仪表及自动化**　谢建昌、王克华著。石油工业出版社 1996 年 11 月版。32.8 万字。10.50 元。根据石油中等专业学校储运专业“测量仪表及自动化教学大纲”编写的。主要介绍了石油储运工程中常用测量仪表、DDZ-Ⅱ型、DDZ-Ⅲ型电动调节仪表，以及自动调节系统的组成、原理、设计、整定和应用。(蔡运权)

T000045　**石油化工装置设备腐蚀与防护手册**　中国石油化工设备管理协会设备防腐专业组编著。中国石化出版社 1996 年 3 月版。110 万字。65.00元。以石油炼制、石油化工、化纤生产、化肥生产中的 51 套装置为主线，介绍每套装置的工艺流程(简介)、腐蚀介质、主要腐蚀部位、腐蚀形态，以及为防止腐蚀可采取的若干防护措施；为延长设备寿命，根据操作条件、腐蚀状况、现行标准及材料供应情况，提供设备可选用的材质。书末附有典型腐蚀实例照片 82 张。(汪霞倩)

冶金工业

T000046　**冶金热力学**　朱吉庆编著。中南工业大学出版社 1996 年 1 月版。28.2 万字。叙述冶金提取过程中各种物质之间化学反应的热力学性质、热力学计算，二元、三元相图和热力学性质的关系及其计算；多相体系的化学热力学平衡图，多元体系化学平衡的计算原理和方法。书中除一些基本原理和计算之外，还介绍国内外在冶金热力学领域中的新成果。（秦瑞卿）

T000047 **烧结球团学** 傅菊英等编。中南工业大学出版社 1996 年 2 月版。33.3 万字。13.00 元。论述烧结球团造块方法的基本理论、工艺流程和主要工艺设备。同时对球团矿的直接还原理论、压团理论、工艺与设备也作了介绍。主要内容有：烧结料层燃料燃烧与传热规律、烧结生产工艺、成球理论基础、球团矿烧结理论基础及其工艺、球团矿直接还原、低湿固结球团法及其压团原理与工艺等。（秦瑞卿）

T000048 **炉外精炼用耐火材料** 王诚训等编著。冶金工业出版社 1996 年 6 月版。17 万字。10.00 元。内容包括炉外精炼及其发展，耐火材料抗蚀性和热震稳定性；真空脱气装置用耐火材料；不锈钢精炼装置用耐火材料；钢包精炼装置用耐火材料等。（章秀珍）

T000049 **英汉耐火材料词汇** 刘景林、陶少平主编。冶金工业出版社 1996 年 10 月版。28.1 万字。16.00 元。以钢铁工业用耐火材料为主，共编入耐火材料及相关词汇 13000 条。全书内容包括：传统耐火材料、特种耐火材料、耐火材料的定型及不定形制品、耐火矿物原料及其制品的显微结构、岩相分析、检测方法、耐火材料热工设备、制造机械等专业词汇及相关的钢铁工业词汇。（章秀珍）

T000050 **钢铁企业电力设计手册** 陈延镖主编。冶金工业出版社 1996 年 1 月版。560 万字。240.00元。详细介绍工程规划、设计各阶段电力设计原则、方案确定、技术经济比较、设备选择、传动与控制、补偿及保护、设备安装、线路敷设等。全书共 41 章。上册 22 章为高压供配电，主要包括：高压供配电系统，供电系统中的有功和无功冲击负荷，功率因数的改善，高次谐波及其滤波装置，继电保护，高压配电装置等。下册 19 章为低压配电、电力传动、电气照明等，主要包括：交流调速，晶闸管变流器及直流调速系统，可编程序控制器及其应用，低压电器选择，爆炸、火灾、腐蚀环境的电力设计，电气设备及设施的防震措施等。（戈兰）

T000051 **钢铁厂总图运输设计手册** 傅永新等编著。冶金工业出版社 1996 年 10 月版。110.00 元。内容包括：厂址选择及总体布置、总平面布置、竖向布置、管线综合布置、绿化、准轨铁路运输、水路及其他运输、设计方案评价及计算机应用、运输装卸及其他设备等 10 篇及 7 个附录。（纪晓津）

T000052 **粉末冶金零件实用手册** 韩凤麟主编。兵器工业出版社 1996 年 1 月版。83 万字。64.00 元。分 9 章，分别对粉末冶金零件的技术—经济特点，常用钢铁粉末与有色金属粉末的性能，粉末冶金零件的生产过程，粉末冶金材料设计，粉末冶金零件的设计，质量检验及在汽车、摩托车中的应用进行了阐述。此外还详细介绍了国内外汽车、摩托车工业中广泛使用的 110 多种典型粉末冶金零件的形状设计、材料、性能及特点。（张凤英）

T000053 **高炉过程数学模型及计算机控制** 毕学工著。冶金工业出版社 1996 年 5 月版。28 万字。28.00 元。为“冶金反应工程学丛书”中的一种，主要内容包括高炉过程计算机控制，过程数据的采集和检测仪表，检测数据的预处理，高炉基本传输现象的数学描述，高炉过程的模拟模型，高炉过程的控制模型，高炉过程的人工智能控制，热风炉模拟模型和人工智能控制等。（杨传福）

T000054 **熔融还原与直接还原** 方觉著。东北大学出版社 1996 年版。31.8 万字。28.00 元。论述了熔融还原和直接还原在现代化钢铁生产中的地位和作用。以 COREX 法和 MIDREX 法为重点，介绍了主要的熔融还原和直接还原工艺流程。结合作者多年的研究成果对还原气、有关工艺装置、重要反应的热力学和动力学基础进行了深入的讨论。（冯淑琴）

T000055 **现代大型高炉设备及制造技术** 中国冶金设备总公司编著。冶金工业出版社 1996 年 4 月版。155.7 万字。82.00 元。介绍了现代大型高炉技术装备和我国大型高炉设备设计与制造开发成果。全书对高炉主工艺线设备，包括原料储存、原料输送与上料、高炉本体、炉体冷却、无料钟炉顶、送风管路、煤气清洗、炉前机械化、热风炉、煤粉喷吹、水渣处理、自动化控制和检测设备等采用的新技术、新装备的结构特点、工作原理、设计计算和制造技术作了阐述；对高炉大型鼓风机、炉顶余压发电、环保、供电和水处理等设施的技术特点和采用新设备的选型、结构特点、功率选择作了介绍；对国内大型高炉炉壳用钢及其焊接，对高炉设备及结构的涂装和出厂包装等设计、制造技术也作了阐述。书中附有必要的数据、计算实例和大量的图表。（李培禄）

T000056 **纯净钢及二次精炼** 蒋国昌著。上海科学技术出版社 1996 年 10 月版。47 万字。30.00 元。内容包括:纯净钢概论;二次精炼技术的发展和运行参数;二次精炼过程的单元操作分析;几种纯净钢的二次精炼技术及其分析;二次精炼技术的整体优化和系统优化。并配有 400 余幅插图,以辅助文字说明。(任侃)

T000057 **火焰炉理论** [乌克兰]古宾斯基、陆钟武著。东北大学出版社 1996 年 12 月版。21.1 万字。15.80 元。分 3 篇。第一篇分别研究了两种不同供热制度下的火焰炉热工行为,第一种为在炉长方向上炉子各段供热量的分配是固定不变的情况,第二种为在炉长方向上炉子各段供热量的分配是可变的情况,并介绍了火焰炉热工行为的实验研究及研究结果的工业应用。第二篇为估计气体循环的炉子热工,包括气体运动一维模型及炉气热工,炉气热工的实验研究和炉膛内温度场的控制方法,非移动厚材炉料在气流中加热的加热理论问题,多段直通式炉内炉料在气流中加热的加热理论问题。第三篇为估计气体循环及燃烧条件的炉子热工和物料加热的数值一解析计算方法,包括给定介质温度条件下物料加热的数值一解析计算方法,第二类边界条件下物体加热问题的数值一解析解法,估计炉气循环制度和燃料燃烧条件的炉子热工数学模拟。(刘淑芳)

T000058 **铅及铅合金** 李松瑞主编。中南工业大学出版社 1996 年 12 月版。41.4 万字。主要内容有:铅的主要物理、化学、力学性质及其应用,铅的物理冶金基础,铅合金(铅蓄电池用铅合金、电缆护套铅合金、含铅软钎料、含铅滑动轴承合金、易熔合金、铅阳极)、铅及铅合金的材料加工工艺与设备,铅的再生回收生产工艺与设备,铅生产环境与保护以及铅及铅合金的检测方法与设备。

T000059 **锌冶金学** 徐鑫坤、魏昶著。云南科学技术出版社 1996 年 12 月版。28 万字。22.00 元。分 5 章,阐述了锌提取冶金的基本原理、基本流程及基本方法,同时介绍锌冶金发展的新技术和新工艺,并列入了锌产品的延伸、再生锌的生产及综合回收有价金属等内容。(胡平)

T000060 **锌铟实用冶金** 陈志飞等编著。中南工业大学出版社 1996 年 4 月版。27.4 万字。14.00元。主要内容是阐述了黄钾铁矾法炼锌和富集于铁矾渣中铟的提取原理和工艺流程及其主要设备。

T000061 **难浸金矿提金新技术** 夏光祥著。冶金工业出版社 1996 年 12 月版。15 万字。12.00 元。在简要介绍了难浸金矿的生产技术现状和存在的问题基础上,阐述了作者经过多年研究开发的富有创造性和实用性的低温低压下处理难浸金矿及多金属金矿的新技术——催化氧化一氰化法的基本原理、工艺流程、反应设备等。(谭学余)

T000062 **重有色金属冶炼设计手册** 北京有色冶金设计研究院等编著。冶金工业出版社 1996 年 11 月版。624 万字。380.00 元。分 4 卷:《锡锑汞贵金属》、《铅锌铋》、《铜镍》、《冶炼烟气收尘 通用工程常用数据》。每种金属均包括传统冶炼工艺和现代冶炼工艺,每种工艺的叙述均包括原料、技术操作条件选择、产物、技术经济指标选择、主要设备选择计算、配置参考图、冶金计算等部分,每步设计均有厂家生产实例。(刁传仁)

金属学和金属工艺

T000063 **铁铝金属间化合物** 副名:合金化与成分设计。尹衍升等著。上海交通大学出版社 1996 年 1 月版。12 万字。7.70 元。概括叙述铁铝基金属间化合物的物理性能,然后用实例来解释铁铝合金形变强化和脆性产生的由来。内容包括:铁铝基金属间化合物概述;铁铝基金属化合物的制备与加工;铁铝基金属间化合物的铸态组织及性能;铁铝基金属间化合物的断口形貌及位错组态;形变态铁铝基金属间化合物组织及断裂机制;固体与分子经验电子理论简介及 Fe_3Al 合金的价电子结构等。(成敬祥)

T000064 **热处理工操作技能与考核(中级工适用)** 机械工业部统编。机械工业出版社 1996 年 1 月版。28.5 万字。15.00 元。为“机械工人操作技能培训教材”之一。内容分操作技能训练课题和考核实例两部分。主要内容有热处理常用加热设备及辅助设备的操作与维护;热处理加热和冷却介质的配制及工装的使用、维护;常用材料的热处理;减少热处理畸变的技能;热处理工件的检查;常见热处理质量问题的分析;化学热处理质量问题的分析;工艺分析能力训练等。考核实例的设计和选定,紧密结合课题和生产实际,力求照顾到不同产品的生产企业和不同地区的实际。本书共有 20 个考核实例,并分别附有考核评分表。(何月秋)

T000065 **热处理过程的数值模拟** 刘庄等

著。科学出版社 1996 年 10 月版。29.6 万字。28.80 元。介绍了数值模拟热处理过程的各个方面,包括淬火过程的温度场、组织场、应力场和浓度场的计算;应力对组织转变的影响;实测残余应力分布;计算与实例数据比较,影响计算准确度的因素分析;回火过程的计算;安全评估等,最后给出一些典型的应用算例。(总编室)

T000066 **金属热加工实用手册** 《金属热加工实用手册》编写组编。机械工业出版社 1996 年 12 月版。225.3 万字。110.00 元。分 3 篇 15 章,第一篇为热加工工艺;第二篇为热加工设备;第三篇为热加工缺陷及质量分析。第一章提供各热加工专业通用的基础数据和资料,其中包括金属材料国内外牌号对照、金属相变基本原理、金属物理性能数据、热加工常用国际标准及专业标准索引等;第十章提供热加工各专业通用的起重运输设备;其余各章分别介绍了铸、锻、焊、热处理等热加工专业的生产工艺、设备与工艺材料、质量分析等。(韩会民)

T000067 **热处理工职业技能鉴定指南** 中华人民共和国职业技能鉴定辅导丛书编审委员会编。机械工业出版社 1996 年 12 月版。42 万字。22.00 元。为"中华人民共和国职业技能鉴定辅导丛书"之一。内容包括:初级、中级、高级热处理工应掌握的基本知识、专业知识、相关工种的工艺知识;各等级典型工件(工作项目)的考前准备、考核项目、容易出现的问题和解决方法。(俞逢英)

T000068 **表面工程与维修** 徐滨士主编。机械工业出版社 1996 年 6 月版。121.2 万字。58.00 元。介绍表面工程的有关基础理论,各种表面技术,如表面清洗技术、维修焊接技术、维修热喷涂技术、电刷镀技术、胶粘技术、特种表面技术的理论、工艺和在设备维修等方面的应用。(武江)

T000069 **金属表面处理新技术** 闫洪编著。冶金工业出版社 1996 年 10 月版。18 万字。18.00 元。介绍金属材料表面处理技术的最新研究成果和技术进展,主要内容有:金属材料表面的功能性镀覆、金属材料表面的高能束处理、金属材料表面的涂覆和热浸镀技术、金属材料表面的气相沉积方法、金属材料表面的热扩散渗入工艺。对金属材料表面处理目前所存在的问题及其改进方向,书中也作了介绍。(谭学余)

T000070 **铸造工操作技能与考核(中级工适用)** 机械工业部统编。机械工业出版社 1996 年 5 月版。40.1 万字。22.00 元。为"机械工人操作技能培训教材"之一。共 13 个课题,包括以下主要内容:铸造工艺图和铸型装配图的识读;型、芯砂及涂料的性能及配制方法,砂型的烘干方法;砂箱造型操作方法;刮板造型、造芯操作;铸件铸造工艺分析;铸型浇注及铸件清理;砂床的制备和地坑造型操作;铸件缺陷产生的原因及防止方法;熔模铸造方法;机器造型与造芯;典型铸件的工艺分析方法等。此外还有 19 个具有一定代表性的铸件的考核实例和评分表。(马明)

T000071 **大型注塑模具设计** 奚永生等编著。中国轻工业出版社 1996 年 12 月版。20 万字。17.00 元。着重讨论了大型注塑模具的设计重点和要求。讨论了大型注塑模具的型腔壁厚计算,加热冷却设计计算,各种机构的强度和刚度计算。对延长大型注塑模具的使用寿命问题,作者介绍了几种具有科学依据和经验性的措施和方法。(王淳)

T000072 **模样工操作技能与考核(中级工适用)** 机械工业部统编。机械工业出版社 1996 年 4 月版。32.4 万字。17.00 元。为"机械工人操作技能培训教材"之一。内容分为操作技能训练课题和考核实例两大部分,内容包括:较复杂木模的造型方法及机械加工对木模的要求;常用木工机床的精度调整技能;木模结构工艺分析;木模工艺规程的编制及木模结构图的绘制;典型木模制作技能及其他材料的模样制作技能;工艺分析能力训练等。此外还有 20 个具有一定典型性、通用性的模样考核实例和评分表。(马明)

T000073 **模样工职业技能鉴定指南** 中华人民共和国职业技能鉴定辅导丛书编审委员会编。机械工业出版社 1996 年 11 月版。32.4 万字。21.00 元。为"中华人民共和国职业技能鉴定辅导丛书"之一。全书共 3 篇,即初级篇,中级篇,高级篇。每篇都紧扣模样工的考核大纲编写了:知识要求(包括基本知识、专业知识、相关知识)及技能要求两部分。每篇的知识要求深度由初、中、高级不断加深。如初级工只编写了识图、量具与公差配合、机械与电工的一般知识及手工工具、木材、木模结构、钳工等的一般专业知识。中级工编写了机械制图、铸造与模样工艺图,木工机床、木材、模样、齿轮、机械制造及生产管理的知识。高级篇编写了模样图、木模工艺规程的基本知识以及木工机床、非金属模样、典型零件模样制造及特种铸造等专业知识。技能要求,从初、中、高级的模样制造技术由简单到复杂。如初级工中给出了三通管等简单的零件模样制造。中级工中给出了锥

齿轮等中等常用的典型零件模样制造。高级工中给出了复杂零件如绞龙叶等模样制造技术。(余茂祚)

T000074 **铸件挽救工程** 钱翰城主编。重庆大学出版社 1996 年 6 月版。共 10 章,分别为概论(主要叙述挽救工程的意义及内容,铸造缺陷的形成与预防)、金属学基本知识、熔焊修复技术、钎焊修复技术、溶解扩散焊修复技术、扩散焊及应用、喷涂技术、电刷镀技术、粘接修补技术、渗漏缺陷挽救技术等。本书收入国家教委"现代机械新技术"丛书。(梁涛)

T000075 **铸造工职业技能鉴定指南** 中华人民共和国职业技能鉴定辅导丛书编审委员会编。机械工业出版社 1996 年 12 月版。34.9 万字。20.00 元。为"中华人民共和国职业技能鉴定辅导丛书"之一。内容有铸造工基本知识、专业知识、相关工种工艺知识;技能方面则列举了一系列代表铸造工不同等级水平的考核实例,并对其进行了详细的分析讲解。(马明)

T000076 **金属挤压与拉拔技术** 温景林著。东北大学出版社 1996 年 12 月版。41.2 万字。19.80 元。分 2 篇 14 章,第一篇金属挤压,第二篇金属拉拔。每一篇可分基础理论、工艺与工艺参数以及工具与设备等重要章节。全书从基础理论出发,对工艺及工艺参数的确定,工具的设计以及设备的结构、原理等进行了叙述。同时介绍了新成果与先进技术。(刘淑芳)

T000077 **锻造工操作技能与考核(中级工适用)** 机械工业部统编。机械工业出版社 1996 年 5 月版。23.7 万字。12.00 元。为"机械工人操作技能培训教材"之一。主要内容有:锤上自由锻造操作技能,水压机锻造操作技能,胎模锻造操作技能,模型锻造操作技能,高合金钢和有色金属锻造,考核实例,同时在相应课题后编有工艺分析能力训练。(李铭杰)

T000078 **锻造工职业技能鉴定指南** 中华人民共和国职业技能鉴定辅导丛书编审委员会编。机械工业出版社 1996 年 12 月版。33.2 万字。22.00 元。为"中华人民共和国职业技能鉴定辅导丛书"之一。内容包括:初级、中级、高级锻造工应掌握的基本知识、专业知识、相关工种的工艺知识,各等级典型工件(工作项目)的考前准备、考核项目、操作要领及容易出现的问题和解决方法。技能方面列举了一系列代表不同等级水平的考核实例,并对其进行详细的分析介绍。(李铭杰)

T000079 **现代带钢连轧机控制** 汪祥能、丁修堃主编。东北大学出版社 1996 年 6 月版。49.6 万字。39.00 元。力图把轧制工艺和过程控制紧密结合起来,从实际应用出发,重点介绍宽带钢轧机过程控制的各种技术。本书分 4 篇 21 章。第一篇为板带钢轧制厚度自动控制,介绍了板带钢厚度波动的原因及其厚度的变化规律,板带钢轧制时厚度控制用工艺数学模型,板带钢厚度自动控制的基本原理,2050mm 热连轧机的厚度自动控制,2030mm 冷连轧机的厚度自动控制。第二篇为宽带钢轧机平直度自动控制,介绍了带钢平直度概念,平直度控制的一般理论,可变凸度控制方法的兴起及其工作原理,冷轧连续可变凸度平直度控制的机械结构,带钢板形测量,平直度控制的基础自动化,板形计算机控制系统,板形控制数学模型及程序设计,平直度控制的展望。第三篇为热轧带钢宽度自动控制,介绍了带钢轧机板宽的控制,板宽测量系统,计算机宽度控制系统,板宽控制基础自动化系统,微张力控制在热带钢连轧机上的应用。第四篇为热轧带钢温度控制,包括热轧带钢终轧温度控制,热轧带钢卷取温度控制。(刘淑芳)

T000080 **楔横轧理论与应用** 胡正寰等著。冶金工业出版社 1996 年 6 月版。21.5 万字。16.00 元。内容包括:轧制原理、轧齐曲线理论、轧制压力与力矩、模具设计与机械设备等。(葛志祺)

T000081 **冷轧薄钢板生产** 傅作宝主编。冶金工业出版社 1996 年版。49.4 万字。29.80 元。介绍国内冷轧薄钢板的生产现状及水平,国外冷轧新技术、新设备。本书共 6 章,第一章概述冷轧薄钢板生产的发展历史、工艺流程、技术进步、产品质量及有关标准等;第二章为酸洗,阐述了酸洗原理与影响酸洗的因素、连续式酸洗机组的工艺与设备,以及废酸液的回收等内容;第三章冷轧,介绍了冷轧设备、工艺和计算机控制,以及冷轧带钢的质量控制;第四章为热处理,介绍了有关退火炉的设备与工艺,并对各种退火炉的工艺技术进行比较;第五章为精整,介绍了冷轧带钢的平整、横剪、纵剪重卷以及包装等;第六章为镀涂层钢板的生产,其中包括连续热镀锌钢板的生产、连续电镀锌钢板的生产、连续镀锡钢板的生产、连续有机涂层钢板的生产及镀铝钢板的生产。(李培禄)

T000082 **钢结构变形火焰矫正** 付荣柏、付琼编著。机械工业出版社 1996 年 10 月版。27 万字。18.00 元。阐述火焰矫正的工艺和实施技术,揭示了钢结构变形的机理和火焰矫正的理论依据，以及由于火焰矫正加工带来的一些影响产品质量的问题，尤其本书中渗透了作者多年丰富的实践经验，列举了较多实例。另外，书中还介绍了国外火焰矫正方面的一些技术资料。（武江）

T000083 **金属切削原理与刀具** 吴林禅主编。机械工业出版社 1996 年 5 月版。37.1 万字。11.70元。由两大部分组成：金属切削原理部分，以车削为重点，系统地讲述金属切削过程的基本规律及其应用，在此基础上介绍钻削、铣削和磨削过程的特点；金属切削刀具部分，按照国家新的刀具标准，主要讲述常用标准刀具的类型、结构特点及其选用，介绍几种典型非标准刀具的设计要点。（冯铁）

T000084 **精密焊接** 曾乐著。上海科学技术出版社 1996 年 12 月版。20 万字。21.00 元。共 8 章，叙述平行间隙精密电阻焊的特点、原理、工艺、设备及应用，印刷电路板上穿孔插装或表面贴装微电子元器件时的精密软钎接，以及精密细微零件的电子束焊接、激光焊接、键接、粘接等焊（连）接新技术。还叙述钎料、钎剂及两者融为一体的软钎膏的配方和性状，以及保护气体助钎技术等。书末 24 面彩色插页，展示了有代表性的精密焊接件、所采用的工具、设备和测试仪器。（钮国俊）

T000085 **电焊工操作技能与考核（中级工适用）** 机械工业部统编。机械工业出版社 1996 年 1 月版。39 万字。17.00 元。为“机械工人操作技能培训教材”之一。着重介绍手弧焊、CO_2 焊、电渣焊及堆焊的操作要领；不锈钢、铸铁、铜、铝及其合金等常用金属材料的焊接操作；焊接应力与变形的预防、矫正以及焊接辅助装置的使用。同时，对压力容器及其他典型构件的焊接、焊接参数与焊接材料的选择、焊接缺陷的消除等也作了详细工艺分析。教材中配有大量立体插图。书末还附有考核实例。（俞逢英）

T000086 **电焊工职业技能鉴定指南** 中华人民共和国职业技能鉴定辅导丛书编审委员会编。机械工业出版社 1996 年 12 月版。49.6 万字。25.00 元。为“中华人民共和国职业技能鉴定辅导丛书”之一。全书分初级、中级、高级 3 篇。内容包括：初级、中级、高级电焊工应掌握的基本知识、专业知识、相关工种的工艺知识；各等级典型焊件的考前准备、考核项目、操作要领、容易出现的问题和解决方法。（何月秋）

T000087 **气焊工操作技能与考核（中级工适用）** 机械工业部统编。机械工业出版社 1996 年 1 月版。19 万字。10.00元。为“机械工人操作技能培训教材”之一。主要介绍常用气焊、气割设备和工具的使用与维修；仰位气焊的操作要领；常用黑色和有色金属的气焊、堆焊、气体火焰钎焊和火焰矫正这些中级气焊工应掌握的操作技能；另外还介绍了对焊接缺陷进行工艺分析的方法及手工气割的特殊应用，书末还附有 20 个气焊工操作技能考核实例。（何月秋）

T000088 **工程焊接实用手册** 强健主编。中国计划出版社 1996 年 1 月版。96 万字。70.00 元。以工程建设焊接技术的实用知识和操作经验为中心内容编写。分为工程焊接方法、母材和焊接材料、焊接机具和设备、工程中的焊接结构、焊接管理、焊接质量检验和质量保证、工程焊接实例等 8 章，同时在附录中列出了工程焊接常用国家标准目录、国内外常用焊接材料对照及塑料的焊接等相关内容。（郭连庄）

T000089 **机床防漏治漏 100 例** 陈克栋主编。机械工业出版社 1996 年 4 月版。14 万字。10.00 元。总结了近 20 年来机械工业系统解决各类机床泄漏的主要技术经验和管理经验。其中，重点介绍了各类机床的旋转轴、往复运动部件、固定件和元件的防漏治漏经验 100 例；管理经验部分，包括机床防漏治漏的基本知识、机床防漏治漏工作考核验收实施细则和机床行业部分试点厂的防漏治漏管理制度等。书末附有机床行业广泛使用的橡胶密封件、密封胶的生产厂及产品型号；密封件标准目录索引等。（崔世荣）

T000090 **金属切削机床标准应用手册** 陈光权主编。机械工业出版社 1996 年 5 月版。433.1 万字。340.00 元。共 15 篇，有金属切削机床基础标准、车床标准、钻床标准、铣床标准、镗床标准、磨床标准、齿轮加工机床标准、螺纹加工机床标准、拉床标准、刨插床标准、锯床标准、组合机床标准、特种加工机床标准、机床附件标准及通用部件标准。除了介绍标准本身外，着重阐述标准的应用，并附有实例、新旧标准与国内外标准对照。书中还对标准制定或修订的背景，相应国际标准及国外先进标准的情况也做了相应地介绍。（孙本绪）

T000091 **难加工材料切削加工** 韩荣第、于启勋主编。机械工业出版社 1996 年 11 月版。38.1 万字。19.00 元。主要介绍各种金属和非金属难加工材料的切削加工机理与应用技术；对难加工材料的磨削和非常规切削方法进行了介绍。全书分 4 篇 18

章。第一篇介绍难加工材料切削加工的基础知识，包括被加工材料的切削加工性、难加工材料的分类及切削加工特点及改善难加工材料切削加工性的途径；第二篇为难加工金属材料的切削加工，包括高强度钢和超高强度钢的切削加工、高锰钢的切削加工、淬硬钢与冷硬铸铁、耐磨合金铸铁的切削加工、不锈钢及高温合金的切削加工、钛合金的切削加工、热喷焊(涂)材料的切削加工，稀有难熔金属及合金的切削加工等；第三篇为难加工非金属和复合材料的切削加工，包括工程塑料的切削加工、工程陶瓷材料的切削加工、复合材料的切削加工、工程橡胶、工业搪瓷和石材等的切削加工；第四篇为难加工材料的其他机械加工方法，包括磨削加工、振动切削、加热切削和带磁切削、低温切削等。(高文龙)

T000092　**合金铸铁切削原理与技术**　王耀华等著。江苏科学技术出版社 1996 年 12 月版。26.8 万字。18.70 元。根据作者的第一手实验资料(其中不少实验尚无先例)，发现了合金铸铁切削中的一些特殊现象，在此基础上综合运用材料力学、损伤力学、塑性动力学和表面科学等现代基础理论，以合金铸铁切削中的切削变形为中心，对切削力、切削温度、刀具磨损、工件表面质量等物理过程及生产中的实际问题作了系统的分析。在分析中，特别注意将切削过程中刀具与工件材料的宏观表现与微观机理相结合，揭示了合金铸铁切削的一系列特殊规律，提出了新的理论观点。详细论证了合金铸铁切削中刀具粘附现象的特殊性，剖析了粘附刃同合金铸铁切削中诸物理、力学等现象的本质联系，特别考察了粘附刃与提高刀具寿命和工件表面质量的密切关系，从而确立了粘附刃的科学概念，建立了在摩擦学理论及其应用领域里有重要意义的粘附刃理论。本书还以切削机理的研究和粘附刃理论为基础，结合成功的切削加工生产实践，对合金铸铁的切削技术提出了一些原则性意见。(钱亮)

T000093　**实用金属切削加工工艺手册**　陈家芳等主编。上海科学技术出版社 1996 年 6 月版。58.2万字。25.20 元。内容包括：光滑圆柱体的尺寸公差与配合、形位公差与表面粗糙度、金属材料与热处理知识、金属切削知识、机床夹具、钻床工作、车床工作、刨床工作、铣床工作、镗床工作、磨床工作、齿轮机床工作和切削加工工艺规程等知识。

T000094　**车工操作技能与考核(中级工适用)**　机械工业部统编。机械工业出版社 1996 年 11 月版。29 万字。16.00 元。为“机械工人操作技能培训教材”之一。共 12 个课题，其中的两个课题为工艺分析能力的综合练习课题。这 12 个课题包括了蜗杆、多线螺纹、复杂内孔、细长轴、偏心工件的车削，在立式车床上车盘轮类工件，用四爪单动卡盘和花盘、角铁装夹车削复杂工件，车床主要机构的调整和工艺分析能力训练。书末还附有考核实例 20 个，并附有评分表。(荆宏智)

T000095　**车工职业技能鉴定指南**　中华人民共和国职业技能鉴定辅导丛书编审委员会编。机械工业出版社 1996 年 12 月版。43.4 万字。22.00 元。为“中华人民共和国职业技能鉴定辅导丛书”之一。内容包括：初级、中级、高级车工应掌握的基本知识、专业知识、相关工种的工艺知识；各等级典型工件的考核实例讲解，包括考前准备、考核项目分析、操作要领、容易出现的问题和解决方法。(吴天培)

T000096　**铣工操作技能与考核(中级工适用)**　机械工业部统编。机械工业出版社 1996 年 3 月版。30.6 万字。16.00 元。为“机械工人操作技能培训教材”之一。主要内容为：介绍在铣床上钻、铰、镗孔操作方法；铣削加工牙嵌离合器、链轮、模具、球面和刀具齿槽的操作方法；还介绍了常用铣床精度检测与调试；轴类零件、薄形零件、组合件的工艺分析能力训练。此外，书中编有考核实例。(吴天培)

T000097　**铣工职业技能鉴定指南**　中华人民共和国职业技能鉴定辅导丛书编审委员会编。机械工业出版社 1996 年 12 月版。37.6 万字。22.00 元。为“中华人民共和国职业技能鉴定辅导丛书”之一。内容包括初级篇、中级篇和高级篇。初级篇知识要求有识图、量具与公差、机械传动、电工、金属材料与热处理、专业数学计算、铣床基本知识、铣刀、工件定位与装夹、铣削用量与切削液、铣削方法、钳工基本知识和相关工种一般知识等；技能要求有铣削键槽、铣削互相垂直的两个表面、铣削直齿条、铣削直齿圆柱齿轮、铣削单(双)台阶和单(双)直角沟槽、铣削直铰刀、铣削 T 形槽等 9 个考核实例。中级篇知识要求有制图、金属切削原理与刀具、机械制造工艺基础与夹具、铣床与铣削工艺知识、生产技术管理知识；技能要求有铣削锥铰刀、在铣床上镗削坐标孔、铣削花键、铣削直齿锥齿轮、铣削凸轮、螺旋齿铣刀开刃、铣削单头蜗杆等 9 个考核实例。高级篇知识要求有液压传动、机床电气控制、机构与机械零件、工件定位与装夹、铣削工艺知识、提高劳动生产率知识等；技能要求有铣削错齿三面刃铣刀、铣削等前角和等螺旋角锥度刀具、铣削大质数直齿锥齿轮、刻制读数值

材料的分析化学测试方法。(李夏)

T000129 **计算机集成制造技术** 吴锡英、周伯鑫编著。机械工业出版社 1996 年 12 月版。20.6 万字。15.00 元。内容包括制造企业通常必须具有的管理信息系统、工程设计系统、制造自动化系统、质量保证系统等 4 个功能系统和计算机网络与数据库两个支持系统,此外还介绍了开发大系统时应掌握的系统设计方法。(王世刚)

T000130 **机械工程手册·机械制造工艺及设备卷(一)** 机械工程手册、电机工程手册编辑委员会编。机械工业出版社 1996 年 8 月第二版。295.9 万字。210.00 元。共 8 篇。第一篇机械制造工艺综论介绍机械制造工艺过程的总体概念及各种工艺方法的关系、横向比较和综合应用。第二篇至第八篇为热加工专业篇,分别介绍铸造、锻压、冲压、焊接、切割、胶接等毛坯成形技术,热处理、材料保护等毛坯和零件改性技术的基本知识和最新发展,包括工艺原理、工艺方法、工艺设计、工艺参数的合理选择,模具的设计制造,工艺设备的结构及选用,工艺过程控制及质量检测,生产线的布置等,同时结合典型零件的应用实例介绍具体应用原则和范围。(何祚芝)

T000131 **起重机钢结构制造工艺** 付荣柏著。中国铁道出版社 1996 年 9 月版。28.8 万字。15.80元。主要内容包括起重机钢结构技术要求、工艺装备、结构变形规律及控制方法、火焰矫正变形、制造研配工艺,并有具体制造实例及结构检查验收要求及检查方法等。本书 1991 年出版,后来又根据新的国家标准颁布,如《通用桥式起重机》GB/T14405-93、《通用门式起重机》GB/T14406-93、和《焊接质量保证》GB/T12467～12469-90 等有关标准,于 1996 年再版。其中钢盘尺测量桥架跨度,按新标准又重新修订了计算方法。根据近些年市场经济的发展,乡镇企业也生产起重机,本书再版时增加了起重机钢结构焊接质量一节,并将钢材除锈与预处理调整到一章里。书中列举了梁、桥架、门腿等制造与组装工艺。(黄燕)

T000132 **起重工操作技能与考核(中级工适用)** 机械工业部统编。机械工业出版社 1996 年 11 月版。21.4 万字。14.00 元。为"机械工人操作技能培训教材"之一。主要内容为:常用起重设备的使用;桅杆起重机的组装、架设与使用;起重作业的操作;大型机械设备及复杂物件的起重与运输;架子的绑结以及考核实例等。(吴天培)

T000133 **泵与风机** 周义光主编。四川科学技术出版社 1996 年 10 月版。28 万字。15.50 元。主要内容有泵与风机的结构、泵与风机基本理论、泵与风机性能、泵内汽蚀、泵与风机的运行、调节及选择等 6 章。书末还附有泵与风机的型号编制、泵系列谱及风机选择曲线等内容。(赵钢)

T000134 **机电一体化设计手册(上、下)** 顾冠群主编。江苏科学技术出版社 1996 年 10 月版。355 万字。195.00 元。内容以与机电一体化技术有关的机械装置、测试系统和计算机控制系统的设计为重点,在汇集了与机电一体化技术密切相关的部件、分系统设计内容以后,介绍了 7 类机电一体化系统实例。考虑到现代机电一体化系统的复杂性,书中还编入了系统可靠性设计、维修性设计、工况监视与故障诊断技术的内容。(许顺生)

T000135 **机电一体化系统可靠性设计** 邹桂根主编。上海交通大学出版社 1996 年 7 月版。37.1 万字。12.00 元。介绍机电一体化系统中机、电两大学科领域内的可靠性设计的基本知识、理论和应用技术。先按系统设计程序介绍可靠性工程中的理论要点、可靠性特征量、失效分布类型及其特性;再阐述可靠性设计要点,对常用的设计技术作了综述;继而阐述寿命试验、抽样检验及故障分析。(成敬祥)

T000136 **机电一体化系统设计** 张建民等著。北京理工大学出版社 1996 年版。53.4 万字。25.00元。以"以机为主,以电为用,机电有机结合"为方向,从系统设计的角度论述了机械系统和微机控制系统的主部件原理、特点、选用方法,对其静动特性进行了简明分析,并从机电有机结合的角度对稳态设计和动态设计的分析方法做了论述。书中除列举了设计实例之外,还对一些典型的机电一体化系统做了简明扼要的介绍。全书共 8 章,主要内容有机电一体化基本思想,机电一体化机械系统及微机控制系统的元部件原理、设计与选择,执行元件的原理、分类、驱动与选择,机电一体化系统的元部件特性分析,机电有机结合分析与设计,机床的机电一体化改造分析与设计,典型机电一体化系统等。(总编办)

T000137 **高等学校机械类专科系列教材** 张希周、周始终等主编。重庆大学出版社 1996 年 2 月版。800 万字。320.00 元。包括:高等数学、线性代数、体育、工业企业管理学、科技文献检索与利用、画法几何及机械制图、画法几何及机械制图习题集、理论力学、材料力学、机械原理、机械设计、机械加工工艺基础、热加工工艺基础、电工技术、电子技术、金属切

削原理及刀具等25种。(曾令维)

T000138　**风机产品样本**　机械工业部编。机械工业出版社1996年10月版。364.4万字。225.00元。主要按通风机、鼓风机、压缩机、罗茨鼓风机等4大类编写;而通风机包括一般低中高压离心通风机、工业锅炉用离心通引风机、高温通风机、煤粉离心通风机、排尘离心通风机、化铁炉水泥窑烧结小化肥用风机、附腐离心通风机、卷烟风机、谷物粉末输送风机、影机化工通风机、降温凉风用轴流通风机、电站风机、屋顶通风机及其他风机等,列出了各类风机的名称、型号、用途、结构、性能规范、外形及安装尺寸、外貌照片、生产厂家、性能曲线图谱。(沈红)

T000139　**机械工程手册·基础理论卷**　机械工程手册、电机工程手册编辑委员会编。机械工业出版社1996年7月第二版。366.7万字。260.00元。共11篇。除单位、数据、资料篇外,其他各篇涉及到数、理、化、力、热、光、声等学科。与第一版相比,内容均有明显的拓宽与提高。例如:数学篇增加了概率论、最优化方法、运筹学方法、时间序列分析、模糊数学、数值计算方法等,以及现代数学基础、组合数学和分叉、混沌等内容。固体力学篇扩充到结构力学、弹塑性力学、断裂力学、复合材料力学、计算力学和实验力学等学科的基础理论。其他各篇如流体力学、刚体力学、热工学、机械振动学、声学、光学、相似理论与模化及新增加的化学篇均在加强基础理论、反映当代水平、适应电子计算机的应用等方面作了许多更新和充实。(吴曾评)

T000140　**机械工程手册·检测、控制与仪器仪表卷**　机械工程手册、电机工程手册编辑委员会编。机械工业出版社1996年4月第二版。318.1万字。224.00元。包括3方面内容:仪器仪表基础理论;各门类仪器仪表介绍;仪表元器件及其特种工艺。全书共10篇。仪器仪表基础理论部分包括:总论篇;检测技术基础篇;控制技术基础篇。它们分别阐述了有关仪器仪表的基本概念、检测和控制的基本原理。各门类仪器仪表介绍部分包括:科学测试仪器篇;专用仪器仪表篇;过程检测、控制仪表与装置篇;机械量检测技术与仪器仪表篇;文化办公机械篇。将当代各部门中所使用的主要仪器仪表加以阐述。介绍了它们的典型结构、工作原理、性能及应用等。仪表元器件及特种工艺部分包括:仪器仪表元器件篇;仪器仪表特种工艺篇。(秦起佑)

T000141　**自动化仪表手册**　林良明、顾剑青主编。上海科学技术文献出版社1996年8月版。107万字。90.00元。收集国内外自动化仪表领域的最新资料。叙述了气动单元组合仪表和电动单元组合仪表的变送单元、显示单元、计算单元、调节单元、给定单元、转换单元和辅助单元;S系列仪表的控制器、运算器、逻辑控制器、系统监视器和联锁操作器;数字化智能测试仪表的数据采集系统、动态分析仪表、无线电测试仪表、电子维修测试系统、电讯测量仪表和专用数字化仪表;工业过程控制计算机的硬件、软件、外部设备、过程通道和应用实例;集散型控制系统的结构、操作站、现场控制单元、网络技术和应用实例。(蔡振敏)

武器工业

T000142　**火炮自紧技术**　潘玉田、刘清珺编著。兵器工业出版社1996年6月版。20.6万字。13.60元。作者在多年从事火炮身管教学和科研的基础上介绍了:国内外火炮身管自紧技术的发展历史和现状,火炮身管各种自紧方法,火炮身管自紧应力分布状态;被国内外广泛采用的、比较成熟的液压自紧技术的压力和位移公式,不同屈服条件下的自紧压力、应变和位移公式,自紧残余应力的计算公式和测定方法;考虑鲍辛格效应和机械加工影响因素后液压自紧身管的计算方法和设计程序,我国国内同行专家研究成功的高效液压自紧技术;闭式液压自紧法的模具设计;利用非线性有限元技术进行火炮身管自紧分析的方法和途径,给出了具体算法;探讨了自紧身管的稳定化处理和残余应力释放问题;推导了开式自紧法自紧冲头的计算公式及液压自紧身管的设计规范。(蒋昌群)

T000143　**火工品可靠性技术:基础与管理**　徐振相、秦士嘉编著。兵器工业出版社1996年12月版。27.1万字。16.00元。分8章,主要内容包括:可靠性数学基本知识;可靠性概念的特征量;可靠性保证大纲;可靠性评定;可靠性抽样检验;可靠性贮存寿命的评定及可靠性管理等。(任燕)

T000144　**宽频带反辐射导弹导引头技术基础**　司锡才、赵建民等著。哈尔滨工程大学出版社1996年10月版。79.8万字。50.00元。简要介绍反辐射导弹的发展过程和现状,论述了它在战争中的作用和作战使用方式;重点论述了它的技术性能与技术指标,推导了计算公式,详细地讨论了超宽频带导引头的信号检测、信号处理,复杂电磁环境中的信号预分选、分选与选择。ARM的主要技术类似于电子战中的侦察接收机。但是，由于其自身特点，须实时截获跟踪目标，其电磁环境更复杂，要求对信号的检测、处理速度更快、实时性及抗干扰能力更强。因此要求被动式雷达导引头要具有宽频带（2GHz～18GHz 甚至 0.5GHz～40GHz），高灵敏度、大动态范围，瞬时自动增益控制等突出特点。本书对这些特点进行了专门论述。（国廷生）

能源与动力工程

T000145 **串列叶栅理论** 吴国钏著。国防工业出版社 1996 年 5 月版。18.6 万字。11.60 元。内容分 5 章：第一章绪论；第二章串列叶栅的参数；第三章串列叶栅参数对流动和性能的影响；第四章串列叶栅的计算；第五章串列叶栅的气动优化设计。（王坡麟）

T000146 **㶲方法及其应用** ［俄］B.M.布罗章斯基著，王加璇编译。中国电力出版社 1996 年 4 月版。36.8 万字。24.50 元。是以俄国技术科学博士 B.M.布罗章斯基等人的专著《㶲方法及其应用》为主线，参考《工程系统㶲计算》等编译的。主要内容有：绪论，物质与能量转换系统——热力学分析的一般问题，㶲值及其方程式，物流㶲计算与㶲图，㶲平衡与工程系统的特性，基本过程分析，工程系统的热力学分析与优化，㶲在技术—经济分析中的应用。（方开先）

T000147 **流体输送与热工基础** 李文彬著。云南科学技术出版社 1996 年 4 月版。28 万字。12.00元。是根据中国烟草总公司教育处制定的烟草中等专业学校卷烟机械、卷烟工艺、复烤工艺专业教学计划及流体输送与热工基础教学大纲编写而成。内容包括流体流动、流体输送机械、传热、干燥、气体吸收、冷冻等，书末附实验。（刘康）

T000148 **工业炉词典** 史竞主编。机械工业出版社 1996 年 4 月版。37.8 万字。38.00 元。由基础理论、工业炉热工与节能、燃料炉、电炉、燃料及燃烧装置、余热回收利用、炉用材料、热工仪表及控制系统、供风及排烟系统、炉用机械及附件、筑炉、环保、质量管理等内容组成，共 1 275 条。每个词条有简要定义及说明，配有英、德、俄、日 4 种外文译名。同时还有中、英、德、俄、日文索引，工业炉技术标准目录，常用法定计量单位介绍等。（尹荣英）

T000149 **工业炉设计手册** 王秉铨主编。机械工业出版社 1996 年 8 月第二版。212.4 万字。110.00 元。共 17 章。内容包括：概论（包括设计概论、炉型选择、节能）；传热计算；燃料与燃烧计算；钢材加热；燃料消耗量计算；燃烧装置；预热器；筑炉材料与炉衬设计；炉前管道；排烟系统；炉用结构件；炉用机械；常用炉型设计（包括室式炉、台车式炉、井式炉、振底式炉、环形炉、步进式炉、罩式炉、煤炉、冲天炉、干燥炉、坩埚炉等）；电阻炉；可控气氛炉；热工测量与控制；环境保护及附录。第二版增加了传热计算及有关的理论分析等内容，反映了当代最新科研成果，把许多新研制的获奖产品，如复合式高效空气预热器，鼓风式平焰烧嘴，宝钢连铸坯热送热装技术，QRF 全热风比调油嘴，大型耐火纤维炉衬台车式炉，引射式平焰炉嘴，油压自动化调油嘴等都写进了手册。（余茂祚）

T000150 **电力建设施工及验收技术规范锅炉机组篇 DL/T5047-95** 中华人民共和国电力工业部发布。中国电力出版社 1996 年 6 月版。14.6 万字。21.00 元。本规范适用于容量为 65～2100t/h、主蒸汽压力为 3.82～25MPa、主蒸汽温度为 450～550℃的国产电站锅炉机组的施工及验收；对于大于或小于上述容量和参数的锅炉机组施工及验收工作可参考使用本规范。其内容包括：总则；锅炉构架及有关金属结构；受热面；锅炉附属管道；烟风煤管道及附属设备；燃油系统设备及管道；锅炉辅助机械；输煤设备；锅炉炉墙、热力设备和管道的保温油漆；锅炉机组启动试运及验收。此外，还附有标准的附录 9 个，提示的附录 11 个。（张宝茹）

T000151 **焊工培训指南** 副名：锅炉压力容器的焊接。抚顺市锅炉压力容器检验所编著。机械工业出版社 1996 年 9 月第二版。38.7 万字。18.00 元。近年来，随着焊接技术的不断发展，国家又相继颁布、实施了新的焊接技术标准及其他专业标准；锅炉压力容器的许多国家标准、规程及焊工考试规则也进行修订和更新。鉴于此，本书在 1986 年版基础上，结合上述最新标准、规程、规则进行修订。第二版除保持原结构外，还在内容上作了部分调整和增删。书中对锅炉压力容器基础知识及其常用金属材料、焊接材料、设备冶金与焊接接头性能等作了一般介绍；并对锅炉压力容器制造、安装过程质量控制、焊接方法、工艺及其材料的焊接、安全技术作了重点论述；同时还对焊接常见缺陷、各种检验方法、焊接应力与变形以及防止措施等作了叙述。（俞逢英）

T000152 **弥散介质的光学特性及辐射传热** 郑楚光、柳朝晖著。华中理工大学出版社 1996 年 10

月版。15.2万字。9.00元。分6章,结合煤粉炉内各种颗粒的辐射特性的研究,阐述了颗粒光散射、吸收的电磁理论方法,以及有吸收、发射和各向异性散射的弥散粒子云的辐射传输的基本理论,结合介绍了国内外在研究煤粉炉内各种颗粒的光学、辐射特性中所使用的测量、计算方法,以及有关研究结果,书中还给出了作者们在非均匀颗粒和炭燃尽过程中辐射特性变迁等方面的最新研究成果。(陈晓娟)

T000153 **内燃机工作过程模拟** 刘永长著。华中理工大学出版社1996年12月版。23.7万字。12.00元。介绍内燃机工作过程模拟的有关理论和方法,全书分8章,其中包括:稳态过程模拟、瞬态过程模拟、进排气管内的气体流动模拟、燃烧模拟、燃烧放热率分析、二冲程柴油机工质更换模拟以及内燃机工作过程模拟优化等。(陈晓娟)

T000154 **英汉内燃机技术词典** 《英汉内燃机技术词典》编写组编。北京科学技术出版社1996年10月版。104万字。68.00元。共收41000余词条,汇集了内燃机行业及相关科学技术领域的词汇,特别注意收入新出现的词汇和术语,新词汇和术语收入的截止日期为1996年4月。(吴建)

T000155 **燃气轮机与蒸汽轮机** 翁史烈主编。上海交通大学出版社1996年7月版。35.4万字。11.60元。以工程热力学和流体力学的基本原理,系统阐述蒸汽轮机和燃气轮机主要部件的有关理论及所遵循的基本规律。(成敬祥)

T000156 **太阳能物理学** 李申生著。首都师范大学出版社1996年6月版。29.5万字。23.00元。从太阳能物理学的角度出发,讨论了太阳能的产生根源、太阳能与物质的相互作用、太阳能的光—热转换和光—电转换机理以及太阳能的存贮问题等。(张国栋)

T000157 **火力发电厂绝热节能的分析与评价** 刘民义编著。中国电力出版社1996年8月版。26.5万字。12.70元。从新的角度讨论了绝热问题,引入了烟分析、热能极限价格和节能的影子价值等概念。全书主要内容包括:传热的基本方式及火电厂热力设备的传热特点,绝热材料的性能参数及火电厂常用绝热材料介绍,绝热对火电厂热力设备安全可靠运行及启动性能的影响,绝热工程的设计计算,火电厂绝热的特点及质量检查,绝热工程的热态考核测试,绝热效果的综合技术经济评价,国产在役机组绝热现状和国内外绝热水平的差距,重要绝热标准及电力系统绝热规程介绍。(潘宏娟)

电工技术

T000158 **内外线电工操作技能与考核(中级工适用)** 机械工业部统编。机械工业出版社1996年3月版。34.2万字。16.00元。为"机械工人操作技能培训教材"之一。内容包括操作技能训练课题和考核实例两大部分,共10个课题和24个考核实例,考核实例与课题内容相呼应。课题1到课题10的主要内容是:车间电力设备的电气安装,机床设备的电气安装与调试,30t/5t桥式起重机电气安装与调试,晶闸管整流电路的安装与调试,车间变配电所设备的安装与调试,高压配电装置的安装调试和维修,特殊环境电气装置的安装,10KV及以下架空线路的安装,电力电缆的施工,接地接零系统的制作与安装。(边萌)

T000159 **新标准电气工程图** 何永华、闫晓霞编著。中国水利水电出版社1996年12月版。36万字。28.00元。共6章,主要内容有:电气图的基本知识;发电厂及变电站一次系统的构成及分析;逻辑图的构成原则及应用;电路图(包括断路器的控制和信号电路、隔离开关的二次电路、中央信号电路、互感器的二次电路、小型电厂二次电路、备用电源自动投入及自动重合闸装置电路图);功能表图;接线图。讲述电气制图和识图的基本方法以及各种电气图的组成和特征。(王青学)

T000160 **农电工考工问答** 魏书铭编著。山东科学技术出版社1996年8月版。11.4万字。8.00元。是对1994年版《农电工必读》中的思考问题的解答。书中包括电工基础知识、电力系统与电力网、异步电动机、无功功率和并联电容器、接地与接零、漏电流动作保护器等理论知识,也有变压器、架空电力线路、室内外布线与照明、配电装置、常用电工仪表、防雷与防火、安全工器具、触电急救和预防等实用知识,还涉及了农村用电管理工作的有关知识。(刘东杰)

T000161 **维修电工操作技能与考核(中级工适用)** 机械工业部统编。机械工业出版社1996年1月版。23.1万字。15.00元。为"机械工人操作技能培训教材"之一。内容包括操作技能训练课题和考核实例两大部分,共11个训练课题和20个考核实例。课题1讲述了常用工具、量具的使用,包括塞尺、喷灯、功率表、电桥及示波器。课题2介绍了电力变压器的修理,其中包括变压器的使用和保养、吊心检查、试验及故障诊断与排除。课题 3 介绍 10kV 电压互感器和电流互感器的使用、维修及更换。课题 4 介绍低压电缆终端头和中间接线盒的制作。课题 5 讲述交流多速异步电动机的修理,主要介绍单绕组多速异步电动机。课题 6、课题 7、课题 8 分别介绍交流同步电机的拆装及修理,中小型直流电机故障的修理,以及电磁调速电动机的修理与试车。课题 9 介绍晶闸管整流电路的安装与调整。课题 10 讲述 X6132 型万能升降台铣床电气控制装置的安装、调试与维修及 20/5t 桥式起重机电气控制装置的安装与检修。(边萌)

T000162 **电工计算手册(增订本)** 方大千编著。山东科学技术出版社 1996 年 7 月版。133.8 万字。75.00 元。介绍电气工作者经常涉及到的电气的计算,诸如基本原理、电气计算公式和计算方法、参数等,具体内容包括:基础知识、输配电、变压器、电容器及无功补偿、电动机、短路电流计算、高低压电器、继电保护、电焊机、风机、空压机、水泵、起重机运输设备、电加热、可控硅及电子电路、仪器仪表、照明、小型发电、接地接零、防雷保护及其他。(费沂虹)

T000163 **典型电线电缆设备电气控制** 程焕文、高安邦编著。机械工业出版社 1996 年 4 月版。66.8 万字。45.00 元。介绍国内外典型电线电缆设备的电控技术,重点分析了它们的控制原理、设计思想、各种实用线路和先进技术以及阅读、绘制设备电气图的方法。全书共 12 章,包括总论、6 种国产设备以及从德国、瑞士和奥地利等国家引进的拉丝、束线、漆包、镀锡和挤出设备 5 类生产线。(周娟)

T000164 **铁氧体** 都有为著。江苏科学技术出版社 1996 年 4 月版。43 万字。26.00 元。在介绍尖晶石型、石榴石型及六角铁氧体三大晶系的晶体化学、晶体结构、离子分布与本征性能的基础上,以分子设计为指导思想,着重阐明各种离子的择优点位与对磁性的影响。全书分 15 章,涉及到铁氧体的各种类型、应用特性及制备工艺,尤其着重于目前广泛生产与应用的永磁铁氧体、微波铁氧体及磁纪录介质等各类铁氧体材料的性能要求、配方、工艺、磁特性与实例。书中不仅注意介绍国外在铁氧体研究与应用上的新进展和新成果,也注意总结国内在该领域的工作,反映了 90 年代国际铁氧体发展的新水平。(程增础)

T000165 **同步发电机运行技术与实践** 周德贵、巩北宁著。中国电力出版社 1996 年 5 月版。34.4 万字。15.20 元。介绍同步发电机正常运行、进相运行、失磁异步运行和不对称运行的性能与技术。在扼要论述同步电机运行基本理论的基础上,阐述和分析同步发电机正常和特殊运行方式时的特点、限制因素以及确定实际运行能力的方法和原则。整理汇集了不同机型在各种运行方式下实测的大量数据和科研成果,分析了同步发电机特殊运行方式对电力系统的作用和影响。列举了典型事例说明同步发电机在正常运行中出现的一些问题和解决问题的方法。(刘瑞玲)

T000166 **发电机故障检查分析及预防** 李伟清、王绍禹主编。中国电力出版社 1996 年 9 月版。23.8 万字。11.60 元。分 12 章。根据近年来我国发电机运行中发生的各种事故,特别是一些具有典型意义、有代表性的事故,叙述并分析了事故的原因,对事故的检查、分析及预防作了论述。(曹新伟)

T000167 **电机工程手册·电机卷** 机械工程手册、电机工程手册编辑委员会编。机械工业出版社 1996 年 7 月版。131.3 万字。104.00 元。内容包括旋转电机通论、同步电机、异步电机、直流电机、小功率电机和微特电机等 6 篇。综合介绍了上述各类电机的工作原理、主要结构、设计要点、机械强度计算、绝缘结构、发热与冷却、励磁方式、振动、噪声、试验、安装、运行和维护、选用和节能等方面的基本技术内容、主要经验、常用公式、数据、图表和曲线,并介绍了有关的专用电机、派生电机及若干新型微特电机的特点与应用,还概括地介绍了变频调速电机、超导电机等新技术。对各种类型电机的发展趋势,也做了叙述。(周娟)

T000168 **电动机绕组接线图册** 金续曾主编。中国电力出版社 1996 年 8 月第二版。约 600 幅图。65.00 元。介绍了三相异步电动机、三相变极多速电动机、单相异步电动机、单相和三相异步换向器电动机以及直流电动机绕组的工作原理与绕组接线。共汇集有黑白、彩色各类电动机绕组接线展开图、原理图、示意图近 600 余幅。(王晶)

T000169 **直流无刷电动机原理及应用** 张琛编著。机械工业出版社 1996 年 4 月版。15.5 万字。9.00 元。为"电气自动化新技术丛书"之一。介绍了直流无刷电动机的基本工作原理、永磁材料基本特性和磁路结构、定子绕组的特点、设计计算及具体应用。(孙流芳)

T000170 **同步电动机调速系统** 李志民、张遇杰编著。机械工业出版社 1996 年 8 月版。18 万字。13.00 元。为"电气自动化新技术丛书"之一。介绍同步电动机调速的基本原理、系统组成、控制思想和数学模型,并对永磁同步电动机调速控制系统、负载换相同步电动机调速控制系统、气隙磁场定向的同步电动机矢量控制调速系统等进行了分析和阐述,同时还介绍了电磁式、磁敏式、光电式和间接式转子位置检测方法。(孙流芳)

T000171 **锥形异步电动机** 冯信华著。华中理工大学出版社 1996 年 8 月版。21 万字。7.00 元。阐述了锥形异步电动机的磁路、轴向磁拉力、变极调速、优化设计、设计的专家系统、启动与制动特性、控制、保护等内容。书中内容与工程实际紧密结合,重点论述了锥形异步电动机与普通圆柱形异步电动机不同的各个方面,有些内容是作者多年积累的研究成果。书中提供了实验数据、理论模型、计算和设计方法及有关结果。(傅岚亭)

T000172 **同步器解算器及其工程系统设计实验** 马克刚编著。兵器工业出版社 1996 年 10 月版。34.8 万字。20.00 元。主要介绍以下 6 方面的内容:1.同步器和解算器的基本概念以及各种类型的同步器和解算器;2.同步器和解算器的各种误差、性能参数测试、调试方法、连接方法以及系统综合分析所必须的传递函数;3.近几年来研制的同步器/数字变换器和解算器/数字变换器;4.数字/同步器变换器和数字/解算器;5.同步器和解算器在坦克火控系统、地炮火控系统以及海空军事装备中的应用;6.同步器和解算器在机床、机器人以及众多机械设备中的应用。(尤兰琴)

T000173 **DL/T 572-95 电力变压器运行规程** 中华人民共和国电力工业部编。中国电力出版社 1996 年 2 月版。4.2 万字。8.40 元。规定了电力变压器运行的基本要求、运行方式、运行维护、不正常运行和处理,以及安装、检修、试验、验收的要求。本规程适用于电压为 1kV 及以上的电力变压器、电抗器、消弧线圈、调压器等。(丰兴庆)

T000174 **电工** 李成良主编。中国劳动出版社 1996 年 10 月版。42.1 万字。22.10 元。分 6 部分 13 章,包括初级、中级、高级 3 个技术等级的知识要求和技能要求。主要内容有电工基础知识、电工专业知识、电工操作技能、内外线安装技能、变配电所设备维护与操作等。(张秉淑)

T000175 **全国电力工人公用类培训教材** 本书编委会编。中国电力出版社 1996 年 1 月版。260 万字。130.00 元。共 14 个分册:(1)电力工人职业道德与修养;(2)电力生产知识;(3)电力安全知识;(4)应用电工基础;(5)应用电子技术基础;(6)电力工程识图与绘图;(7)应用钳工基础;(8)应用机械基础;(9)应用力学基础;(10)应用水力学基础;(11) 电力工程常用材料;(12)计算机应用基础;(13)应用热工基础;(14)公用类培训教材使用说明。各分册中附有大量练习和思考题,并出版了配套的《习题解答》丛书。(顾希衍)

T000176 **变压器技术大全** 副名:1964～1993《变压器》精选。变压器杂志编辑委员会编。辽宁科学技术出版社 1996 年版。280 万字。180.00 元。内容涉及变压器类产品设计、制造、使用、维护等技术领域,如变压器的绝缘与冷却,变压器阻抗、损耗与机械力,电力变压器、特种变压器、互感器、电抗器、调压器的结构与设计,变压器组件的结构与设计,变压器类产品的运行和维护,变压器类产品的材料、工艺和设备,变压器类产品的试验和试验设备等。本书汇总有各个不同时期的技术参数,精选有多种主要产品的计算实例。(庄百川)

T000177 **漏电保护器安装运行技术问答** 姚林禹编。中国水利水电出版社 1996 年 12 月版。11.4 万字。10.00 元。采用问答的方式,对我国城乡低压电网的漏电保护和漏电保护器的原理与实用技术、分级保护的方式及漏电保护器的安装使用、维修管理进行了介绍。其主要内容有漏电保护、漏电保护器、漏电保护器的分级保护等。(王永法)

T000178 **工厂电气控制设备** 河北省机电学校许翏主编。机械工业出版社 1996 年 5 月版。51 万字。14.10 元。以继电器接触器控制电路基本环节、电机放大机自动控制系统基本环节为主线,讲述了常用机床、组合机床、起重机与电梯、A 系列龙门刨床的电气控制,对继电器接触器控制系统的设计、可编程序控制器(PLC)的程序设计和应用作了介绍。同时,加强了实践技能的培养,对工厂电气控制设备的常见故障及维修、电气元件的选择、继电器接触器控制系统的施工设计等都进行了讨论,反映了新元件、新成果与新技术。(贡克勤)

T000179 **电工职业技能鉴定指南** 中华人民共和国职业技能鉴定辅导丛书编审委员会编。机械工业出版社 1996 年 12 月版。40.9 万字。21.00 元。为"中华人民共和国职业技能鉴定辅导丛书"之一。内容包括:初级、中级、高级电工应掌握的基本知识、专业知识、相关工种的工艺知识;各等级典型工作项目和考核实例,对考前准备、考核项目、操作要领及容易出现的问题和解决方法做了详细的论述。(边

萌）

T000180 **整体煤气化燃气—蒸汽联合循环（IGCC）** 焦树建编著。中国电力出版社 1996 年 12 月版。31.2 万字。16.60 元。对 IGCC 及其主要部件作了阐述和分析，包括系统与部件的工作原理、特性，系统构成与优化，热力学分析与经济评估，热力系统工程实例分析，IGCC 发展的动态概述等。（高体基）

T000181 **电工电子技术实用手册** 本书编写组编。中国计划出版社 1996 年 8 月版。122.1 万字。75.00 元。共 4 篇 30 章。主要内容：电器基础篇，包括常用数据、数学基础、电工基础、自动控制、电气仪表与测量、电气标准、电气安全；电子技术篇，包括电子元器件、集成电路、模拟电子电路、数学电路、电力电子技术、常用电子测量仪器与仪表、常用传感器、计算机技术；电工技术篇，包括电工材料、电机、低压电器、变压器、互感器、调压器、电抗器、电容器、高压开关、避雷器与绝缘子、电线电缆、电力网络、工业与民用建筑供电；电气应用篇，包括工业电加热、电化学与电池、电气照明、家用电器、电气传动、广播与电视、电梯等。（陈楠）

T000182 **发电厂低循环倍率塔式锅炉** 丁尔谋主编。中国电力出版社 1996 年 7 月版。44.9 万字。50.00元。以太原第一热电厂和神头第二发电厂引进的亚临界压力低循环倍率塔式锅炉为典型机组，介绍了该种类型锅炉的工作原理、结构、布置特点、系统配置，以及工程实践中涉及到的主要问题；阐述了该种类型锅炉的安装、调整试验、运行维护、热工自动化系统、化学水处理工况与锅炉腐蚀等方面的技术内容。（张宝茹）

T000183 **超临界压力 600MW 机组的启动和运行** 汪祖鑫编著。中国电力出版社 1996 年 11 月版。16.6 万字。9.00 元。华能上海石洞口第二电厂装设的两台超临界压力 600MW 机组是我国首次整套引进的超临界参数火电机组。本书着重从调试、启动和运行的角度，对这两台机组进行了总结。主要包括超临界压力 600MW 机组的启动、运行和停机，机组的初步评价和存在问题，机组的调试 3 部分。在启动、运行和停机部分中，介绍了机组从启动准备开始到带上满负荷的全过程的做法、要求、注意事项及有关的数据。在初步评价和存在问题部分中总结了两台机组的调试和早期运行的实践，提出了初步评价并对存在问题进行了分析。在机组调试部分中从管理和组织角度总结了两台机组调试工作的具体做法和取得的实际效果。（潘宏娟）

T000184 **计算机在火电厂中的应用** 陈骏林主编。中国电力出版社 1996 年 11 月版。36.4 万字。12.60 元。主要内容有：火电厂生产自动化中的计算机控制系统特点和系统类型，火电厂计算机监控系统的硬件、软件系统结构，火电厂生产过程中的集散控制系统，分布式计算机控制系统，火电厂计算机控制系统的通信网络和计算机仿真培训系统等。（肖兰）

T000185 **DL/T 5054-1996 火力发电厂汽水管道设计技术规定** 中华人民共和国电力工业部著。中国电力出版社 1996 年 12 月版。24.7 万字。27.00 元。内容包括管子、管道附件的选择，管道及附件的布置，管系水力计算，支吊架设计，疏水、放水、放气和锅炉排污系统的设计，工业水系统的设计等。本规定适用于火力发电厂范围内主蒸汽参数为 27MPa、550℃（高温再热蒸汽可达 565℃）及以下机组的汽水管道设计。（高体基）

T000186 **变电所常用规程及电气技术规范新编** 孙方法主编。辽宁科学技术出版社 1996 年版。88 万字。70.00 元。内容主要包括 3 大部分：电气安全标准、工作票和操作票、技术规范和运行规程。书中收录了 30 多部技术规程和相关法规。并附有说明和应用举例。（马凤兰）

T000187 **200～500kV 变电所二次接线设计** 宋继成著。中国电力出版社 1996 年 9 月版。39.6 万字。18.70 元。在总结我国 220～500kV 变电所设计、运行成功经验的基础上，结合我国国情并参考部分国外资料和文献写成。书中详细论述 200～500kV 变电所二次接线设计涉及到的各方面问题，包括控制、信号、同步系统，变压器、电抗器、电容器的保护，计算机的应用，片断路器接线二次线特点，电流、电压互感器的选择，直流系统，不间断电源系统（UPS），抗干扰，无功功率电压自动调节等。书中收入了大量图表、公式以及工程应用实例。（刘瑞玲）

T000188 **发供电设备运行管理手册** 蒋振忠、李常熺主编。中国水利水电出版社 1996 年 12 月版。130 万字。90.00 元。分 3 篇：第一篇为运行管理知识，内容有发供电运行管理、电网调度、省煤节电、节水、降损及燃料供应、供热、水电、社会节电等；第二篇为运行政策、文件、规定；第三篇为发供电企业运行管理案例。（王青学）

T000189 **电力工程电气设备手册·电气二次部分** 电力工业部西北电力设计院编。中国电力出版社1996年12月版。262.6万字。131.00元。《电力工程电气设备手册》分为2册，即为电气一次部分和电气二次部分。主要介绍发电厂、变电所及其他工矿企业常用电气设备的型式、规范、技术参数、外形及安装尺寸等。本册内容为：控制屏(台)，测量仪表，自动装置，保护继电器，组合式继电保护装置，高压线路和母线的继电保护及系统安全自动装置，二次配件，弱电设备，直流系统设备及交流不间断电源装置，调度自动化设备，厂内通信设备，电力系统通信，微机自动化系统等。(朱铁生)

T000190 **电机工程手册·电力系统卷** 机械工程手册电机工程手册编辑委员会编。机械工业出版社1996年8月版。202.3万字。155.00元。内容包括电力系统、水力发电、火力发电、核能发电、其他能源发电、输电、变电、配电和工业与民用建筑供电等9篇。(周娟)

T000191 **电力系统安全稳定控制** 袁季修编著。中国电力出版社1996年12月版。41.6万字。27.20元。根据国内外的大量研究成果和实践经验，集中介绍电力系统紧急状态下安全稳定控制的原理和技术，主要讨论紧急状态下运行稳定性和供电持续性的分析方法和控制技术。书中首先介绍了可靠性、安全性和稳定性的基本概念及科学定义，电力系统稳态、动态和暂态过程的分析方法及数学模型。着重讨论了保证运行稳定性和供电持续性的有关控制问题，包括：保证静态非周期稳定和振荡稳定、暂态稳定的控制技术，特别是复杂大系统的稳定控制技术；限制频率异常下降或上升(包括频率稳定性)的控制技术；限制电压异常下降或上升(包括电压稳定性)的控制技术；消除电力系统异步运行状态的控制技术；以及电力系统紧急控制装置的配置原则及构成方法。(张为龙)

T000192 **干扰性负荷的供电** 孙树勤、林海雪编著。中国电力出版社1996年12月版。20.3万字。10.00元。作者对供电系统中干扰产生的原因、过程和存在干扰性负荷时的补偿与抑制措施等进行了多年研究和实践，参与了我国电能质量国标的起草和制定工作，并参加了多种企业的谐波治理。因而本书取材于工程实际，内容涉及谐波、电压波动和闪变及三相不平衡等，分别论述了电能质量的基本概念、几种典型的干扰性负荷供电及其用电特性、干扰的预测计算方法、国内外有关的限制标准、干扰的测量以及抑制干扰的技术措施。(王晶)

T000193 **超高压设备及其周围环境保护** Г. Н. 阿列克山德洛夫著，顾乐观等译。重庆大学出版社1996年12月版。30.9万字。15.00元。综合论述了前苏联超高压输电技术的科研成果和设计、制造、运行等方面的经验。主要内容包括导线和导线对杆塔的绝缘结构、空气绝缘距离的选择、杆塔和金具的布置、变电站母线组及其绝缘距离(包括相间)的选择。本书还介绍了超高压输电建设的生态问题，指出了利用超高压线路走廊发展农业的可能性和合理性。(李淑芳)

T000194 **DL/T 599-1996 城市中低压配电网改造技术导则** 中华人民共和国电力工业部编。中国电力出版社1996年9月版。1万字。1.60元。对城市电网改造中，中压配电网、柱上变压器、低压配电网、开闭所、配电站、路灯供电等应达到的安全可靠性、技术先进性、经济合理性做了详细规定。(曹新伟)

T000195 **电力系统运行操作和计算** 东北电业管理局调度通信中心编著。辽宁科学技术出版社1996年版。110万字。70.00元。共15章。第一章叙述电力系统操作的基本知识。交代操作步骤，如何选择正确的操作方法以及如何在操作中防止发生事故。第二章至第十二章叙述实现正确运行操作所需的基础知识和必要的计算方法，紧紧围绕运行操作这个主题，突出物理概念，简明扼要地介绍发电机、变压器、开关设备、消弧线圈、继电保护等设备。第七章讲述发电机的特殊运行方式及其所需要解决的特殊问题。第十一章叙述操作可能引起的异常现象——过电压及其防止。第十二章叙述扩大常规运行范围至非对称领域的运行操作。第十三章至第十四章叙述涉及电网几个单位的复杂运行操作——调整频率和电压。第十五章叙述如何判断和清除电网的事故处理等。(马骏)

T000196 **电机工程** 副名：国际电机工程会议论文集。电力科学研究院编。万国学术出版社1996年8月英文版。210万字。237.00元。介绍了国际电机工程研究的最新进展。内容包括：电力系统的规划和发展、电力系统的运行和管理、电力系统连网、电机工程和设备、高压电流和高压直流系统、设备与绝缘材料、应用电磁体、电力电子设备、可变交流输电系统、电力系统控制、发电厂和变电站的自动化和控制、电力系统通讯、能源利用、负荷预测、电力系统分析、电力系统操作与管理、干扰控制、电压稳定性、电力系统稳定性与振荡、识别与模型、谐波、电力市场、电机和转换开关、绝缘、电磁瞬变、电力电子

学、故障与事故、继电器保护、保护装置和电厂控制、通讯、新能源和再生能源等。(周幼葵)

T000197 **计算机智能及其在电力系统中的应用** 宋永华等著。科学出版社 1996 年版。论述了计算机人工智能的理论和方法:专家系统、人工神经元网络、遗传算法和混合系统。作者根据多年研究的积累,总结了人工智能在电力系统中的各种应用。如管理系统(EMS)告警专家系统,电力系统故障智能诊断和实现,无功和电压控制系统,模糊逻辑稳定控制,水力发电模糊线性规划,人工神经元网络负荷和静态安全评估,智能自动重合闸技术,经济调度的智能算法,模糊、网络与遗传算法综合系统在电力系统中的应用等等。(林鹏)

T000198 **电气主设备继电保护原理与应用** 王维俭编著。中国电力出版社 1996 年 1 月版。75.2 万字。41.70 元。共 15 章及附录。前 11 章讨论发电机、变压器的继电保护问题,包括内部短路故障主保护、短路故障后备保护、接地保护、低励和失磁保护、失步和失步预测保护,以及主设备异常运行保护等。后续 3 章介绍电抗器、电容器和电动机的保护问题。最后 1 章介绍抽水蓄能机组保护原理。其特点是:①在介绍电气主设备继电保护基本原理的基础上,特别注重整定计算方法、运行中出现的问题和成功的运行经验、现场提供的宝贵试验资料;②以大机组为主,兼顾中、小机组;③以发电机、变压器保护为主,同时介绍了电抗器、电容器和电动机的保护;④对具有发展前景的主设备微机保护,采用与模拟式保护对比的方式,作了介绍。(贺至刚)

T000199 **ATM 理论及应用** 杨宗凯著。西安电子科技大学出版社 1996 年 8 月版。32.4 万字。18.50 元。论述 ATM 研究领域的有关内容,主要包括 ATM 和 B-ISDN 的基本概念、标准、协议,ATM 业务源特性,宽带信令,ATM 交换技术,ATM 硬件与软件,业务量控制和拥塞控制,ATM 的应用,基于 ATM 的网络互连,ATM 与 FR、SMDS、IP、FDDI 等其他技术的比较,ATM 发展方向等。本书在强调基础理论和系统性的同时,着重面向应用。(梁家新)

T000200 **供电企业安全性评价** 中国华北电力集团公司安全监察部编著。中国电力出版社 1996 年 5 月版。14.6 万字。13.00 元。针对供电企业生产设备系统、劳动安全和作业环境以及安全管理 3 个方面可能引发事故的危险因素,以防止人身事故、特大和重大设备事故及频发性事故为重点,进行查评诊断,其目的是要评价一个供电单位或一个供电系统安全基础的现状和水平,尤其是预知和掌握客观存在的危险因素及严重程度,明确反事故斗争的重点和需要采取的反事故措施,实现超前控制,减少和消灭事故。(姜丽敏)

T000201 **常用电气设备维修手册** 方大千编著。福建科学技术出版社 1996 年 12 月版。96.9 万字。48.60 元。介绍了常用电气设备的维修技术,包括维护保养、故障处理、检修调试及试验等内容。全书共 12 章,包括电气设备维修方法和手段、变压器、异步电动机、直流电机、同步电机、高低压电器、成套电气设备、电焊机、继电保护和二次回路、电子电路和晶闸管电路、机床电路等电气设备的维修技术以及常用检修仪表和电工安全用具的使用等。(邓雄)

T000202 **交流步进传动系统** 孙鹤旭著。机械工业出版社 1996 年 12 月版。26.9 万字。20.00 元。为"电气自动化新技术丛书"之一。介绍交流步进传动的基本理论、分析方法、控制方式、系统设计及工业应用。在分析增量运动控制机理的基础上,论述同步电动机步进传动的基本特征、供电方式、动态特性、步进控制、离散技术、参数影响以及应用实例。(孙流芳)

T000203 **照明电器标准汇编(1)(2)** 照明电器标准汇编组编。中国标准出版社 1996 年 5 月版。318.2 万字。209.00 元。在《照明电器标准汇编 1995》的基础上,增加了新发布的 7 项标准及修订的 8 项标准,共收入截止 1996 年底前发布的照明电器标准 165 项,其中国家标准 91 项,行业标准 74 项,分两册出版。第一册内容包括灯具、灯头和灯座。第二册内容包括电光源及其附件、电光源专用原材料和半成品。(张琳瑄)

T000204 **电业安全工作问答(发电厂和变电所电气部分)** 刘文威编著。中国电力出版社 1996 年 9 月版。24.3 万字。12.60 元。以 DL408-91《电业安全工作规程》(发电厂和变电所电气部分)(以下简称《安规》)为准则和依据,结合实际,以问答的形式对电气安全工作中的问题作了阐述和概括,主要内容包括:电力生产安全管理简介、电力安全工作的基本要求、安全工作的组织措施和技术措施、带电作业、电气测试、高压施转电机、SF_6 设备、继电保护、二次设备回路上工作等,并就紧急救护法知识提出的 59 问作了概括,并编成了歌诀。(纪素青)

T000205 **巧用家用电器 1188 例** 钟志诚编著。中国电力出版社 1996 年 11 月版。33.2 万字。17.10 元。介绍 40 多种家用电器的使用方法和常见故障,共1 188题。全书分为8类,主要包括:电信器具,洗熨器具,厨房器具,音像器具,电脑,保健器具,美容器具,灯具等。书中专门介绍了家庭用电基础知识,以及各种家用电器的性能特点、维护保养、使用方法、选购注意事项及常用故障的排除。(肖兰)

T000206 **家用电子线路手册** 周仲编。上海科学技术文献出版社1996年5月版。44万字。23.80元。收集343个线路和问题,分成23个部分,包括电子门铃线路、家用灯具线路、家用电器安全保护线路、报警器线路、电子锁线路、负离子发生器线路、助听器线路、催眠器线路、电子钟表线路、电热制品线路、灭虫线路、照相机线路、电子琴线路、彩色音乐线路、彩灯链线路、音乐集成电路和电子玩具线路、电话机线路、业余生活电子线路、收音机线路、录音机线路、黑白电视机线路、彩色电视机线路、家用电视游戏机、家用电脑、电源及其他线路。(蔡振敏)

T000207 **新编家用电器元器件手册** 杨崇志、杨民福主编。辽宁科学技术出版社1996年版。210万字。104.00元。所汇集的数据资料来源于近几年新研制生产的家用电器元器件,其中包括彩色电视机、家用录像机、家庭影院装置、音响设备、家用电话机、BP机、无绳电话机、电子计算器、家用电脑等家用电器上使用的新型元器件。选取的数据资料包括各类各种元器件的名称、型号、性能、用途、各引脚正常工作电压值、正反向对地电阻值及可直接代换的国内外型号等,有的还给出外型图、内部电路方框图等。(刘绍山)

T000208 **用电监察手册** 李如虎、陆红编。广西科学技术出版社1996年2月版。14.2万字。50.00元。内容有法规和政策性文件,技术性规范;安全用电知识,营业计量要求;设备运行规程,安装验收标准;设备安全管理,进网电工培训等。(王晓红)

T000209 **电气测试技术** 林德杰等编。机械工业出版社1996年7月版。55万字。24.00元。内容分为测试的基本理论和测试的实践两部分。理论部分除了介绍测试系统(仪表或传感器)的性能、静态特性和测量方法及其选择外,重点论述了测量误差的分析、综合及误差的分配、测量数据的处理和提高测量精度的方法。在时域与频域测试技术中,介绍了信号的时域与频域分析方法、原理和常用的测试仪器的原理、特性及其应用,重点论述了最新的智能存储示波器的原理及其应用。在电参数测量技术中,重点介绍了电压、电流、功率、阻抗、频率和相位的测量原理和常用仪器的特性。在非电量电测技术中,除了介绍常用的检测元件、测量电路外,还注重了现代最新的检测手段的介绍,例如红外、超声、激光和半导体热敏、气敏及霍尔等新型检测元件,并有大量的应用实例。在智能测试技术中,重点阐述了智能仪器仪表的组成、基本算法、监控程序的设计、测试系统的设计原则和实例分析。此外,还介绍了测试仪器仪表和自动控制装置中常用的抗干扰技术。(贡克勤)

T000210 **新编电工仪表电路手册** 徐岚、刘玉珍等编。机械工业出版社1996年12月版。86.6万字。54.00元。收集万用电表、钳形电表、电阻测量仪、实验室电表和安装式电表等5类260种型号的国产电工仪表的电气原理图,以及电表的结构简介、主要技术参数、电路元器件参数和部分较复杂电表的电路配置图等内容。在附录中列出了与上述产品相关的一些国家标准或行业标准代号与名称。(张沪光)

无线电、电子学、电信技术

T000211 **电子技术** 华成英主编。中央广播电视大学出版社1996年10月版。64万字。27.60元。是根据中央广播电视大学机电专业"电子技术课程教学大纲"(1994年6月太原会议修订、通过)编写的。分为模拟电子技术和数字电子技术两大部分。模拟电子技术部分的重点是有关放大的基本概念、反馈及集成运算应用电路的分析方法;数字电子技术的重点是中规模集成组合电路和时序电路的逻辑功能、分析方法和使用方法,突出了集成电路的应用。(曹葆华)

T000212 **电子技术(电工学Ⅱ)** 肖广润、周惠领主编。华中理工大学出版社1996年2月第三版。39万字。18.00元。着重于电子电路的工程应用,对传统的内容进行精选,并更新了知识结构。简化了电子元件内部结构的内容,如电子分立元件的内部结构和电路,触发器的内部结构等。增加了电子集成电路元件及其应用电路的有关内容,如集成运算放大器应用电路的分析与设计,中规模数字集成电路与电子实用电路的分析与设计等。书中电子元器件和数字逻辑部件的图形符号与文字符号全部采用了国家标准局规定的统一技术标准。(叶翠华)

T000213 **微波网络** 尚洪臣主编。东南大学出版社1996年5月版。51.7万字。38.00元。主要介绍线性无源微波网络,着重阐述微波网络的基本理论、基本分析方法和综合方法。对不定导纳参量、

复频域上不定散射参量及网络的时域分析与计算方法等内容也作了简介与综述。(雷家煜)

T000214 **中子管及其应用技术** 魏宝杰、钟海明等著。东北师大出版社 1996 年版。内容包括密封中子发生器结构原理,自成靶陶瓷中子管设计和制作,中子石油测井,中子辐照育种、刺激生物体生长,中子教学实验,以及中子辐射剂量与防护等。(王忠山)

T000215 **实用光电技术** 李庆祥、徐端颐编著。中国计量出版社 1996 年版。24.5 万字。15.00 元。是“长度计量测试丛书”之第六分册。全书共 10 章,从光电技术的基础知识入手,介绍了光电探测器、光学系统、光电检测电路系统、光电位移测量系统、对称目标光电对准系统、光电技术在微小尺寸测量中的应用、CCD 电荷耦合器件原理及其在测量中的应用、光纤传感器等。(田建华)

T000216 **光辐射探测技术** 张松祥等编著。上海交通大学出版社 1996 年 5 月版。23.6 万字。8.90元。分 12 章,内容分为两大部分。第一部分主要介绍各种光辐射探测器件的原理、结构、基本特性及使用方法等,包括光辐射探测器基础,热探测器,光电发射探测器,光伏探测器,特种探测器和成像探测器等;第二部分介绍几种探测技术,包括光电探测中的噪声,微弱信号检测技术,超短脉冲测量技术,光外差探测技术和光纤传感技术等。(戴柏诚)

T000217 **激光材料** 干福熹、邓佩珍著。上海科学技术出版社 1996 年 12 月版。33.9 万字。28.40 元。介绍的激光材料以光泵方式的离子激活的固体激光材料为主。全书系统地介绍了有关激光玻璃和激光晶体的结构、性质、工艺和应用。着重总结了作者在激光材料的光谱、物理、结构和缺陷,以及新的激光玻璃和激光晶体方面的研究成果,显示了我国在该领域中的研究水平。(吴诗华)

T000218 **激光与材料相互作用物理学** 陆建等著。机械工业出版社 1996 年 12 月版。18 万字。11.80 元。以物理概念为基础,通过原理论述,结合数学模型,研究了激光与材料相互作用过程中所发生的几种物理现象,这些物理现象包括激光熔融,靶材气化,等离子体点燃、膨胀与屏蔽,激光支持燃烧波与爆轰波的产生、发展与传播过程,激光对靶材的冲量作用,以及激光与固体透明介质和光学介质薄膜相互作用的规律。讨论内容包括物理现象、模型建立、数学方程与数值解法、实验测试方法与结果等。(韩雪清)

T000219 **激光与物质相互作用** 郑启光著。华中理工大学出版社 1996 年 12 月版。23.5 万字。9.50 元。主要讲述激光与物质相互作用的基础知识,激光打孔、焊接、切割及激光表面处理等的简要机理,其中重点介绍了激光焊接和激光表面强化的作用机制、过程和结果。全书共 6 章,内容包括:激光与物质相互作用的基础知识;激光打孔和切割;激光焊接;激光表面强化;激光产生的等离子体;激光与非金属材料相互作用。(陈晓娟)

T000220 **电力电子场控器件及其应用** 张立、黄两一编著。机械工业出版社 1996 年 4 月版。24.2 万字。16.00 元。是“电气自动化新技术丛书”之一。从应用角度出发,介绍电力电子场控器件的工作原理、特性和参数、驱动电路、保护方法和其他应用技术,以及典型应用实例,同时还专门介绍了与这些高频器件配套的快速二极管、高频功率磁性元件、高频电容器和快速传感器。(孙流芳)

T000221 **电力电子器件及其应用** 李序葆、赵永健编著。机械工业出版社 1996 年 12 月版。35.6 万字。26.00 元。是“电气自动化新技术丛书”之一,以器件为核心,重点介绍了功率二极管、普通晶闸管、电力晶体管、可关断晶闸管、功率场控晶体管、绝缘栅双极晶体管、静电感应晶体管和功率集成电路等的原理、结构、特性和参数。此外,从应用的角度出发,介绍了与其相关的应用技术、新型电路、控制策略,以及典型的应用实例。(孙流芳)

T000222 **模拟集成电子学** 秦世才、贾香鸾编著。天津科学技术出版社 1996 年 1 月版。73 万字。15.00 元。主要介绍模拟集成电子学的基础知识,集成电路工艺,各种元、器件、放大器的工作原理和设计方法,以及各类集成电路的噪声、计算机辅助设计等。(宋淑萍)

T000223 **555 集成电路实用大全** 郝鸿安、徐红媛编。上海科学普及出版社 1996 年 11 月版。75 万字。36.00 元。列举 500 多个常用实例,均由 555 集成电路为主,用一些通用元器件的外围电路组合派生而成,电路小型而简单,一种产品附有一个电路图。(刘瑞莲)

T000224 **微波集成电路的格林函数法计算** 佘显烨编著。国防工业出版社 1996 年 4 月版。23.5 万字。14.00 元。主要介绍用格林函数计算微波集成电路的方法。重点叙述镜像格林函数。本书按静态、准静态、准动态、动态全波的次序进行叙述。书中附有很多算例。(杨其眉)

T000225 **中外集成电路数据与型号互换手册(下册)** 宋玉兴等主编。电子工业出版社 1996 年 5 月版。170 万字。112.00 元。收集中外集成电路 28 800余条,编排成 6 700 多个集成电路型号互换组,分上、下两册出版。上册包括中外接口集成电路 5 000余条,900 多个互换组以及中外线性集成电路 6 850条,2 020个集成电路型号互换组。下册包括中外数字集成电路17 000余条,3 800多个集成电路型号互换组。下册共 16 章。第一章加(减)法器;第二章算术逻辑单元;第三章比较器;第四章计数器;第五章译码器;第六章延迟线;第七章触发器;第八章分频器;第九章门电路;第十章锁存器;第十一章乘法器;第十二章多谐振荡器和时钟;第十三章寄存器;第十四章超前进位发生器;第十五章奇偶发生器;第十六章消费电路。本手册备有功能端符号表、中外集成电路型号索引和目录。(刘文杰)

T000226 **电路分析基础** 沈元隆等编著。东南大学出版社 1996 年 5 月版。52.1 万字。25.00 元。根据邮电部高等院校专业基础课指导委员会制定的“电路分析基础课程教学基本要求”和“电路分析基础教学大纲”编写而成。阐述电路基本理论和分析方法,并适当反映学科进展的新动向。具体包括:绪论、简单电阻电路分析、网络的一般分析方法、网络定理、一阶电路、二阶电路、正弦稳态电器、耦合电感和变压器电路分析、电路的频率特性、大规划线性网络的分析方法、双口网络等。(朱经邦)

T000227 **实用电子电路 500 例** 魏海明、杨兴瑶编。化学工业出版社 1996 年 6 月版。52.4 万字。33.00 元。汇集国内尚未发表的实用电子电路 500 个,内容涉及工业控制、家用电器、仪器仪表、安全报警等各个方面。每个电路除表示出线路图外还注有元器件参数,并对原理及安装使用方面的问题作了简要说明。(郭燕)

T000228 **石英晶体振荡器** 赵声衡著。湖南大学出版社 1996 年 10 月版。32 万字。20.00 元。阐述恒温晶体振荡器、压控晶体振荡器、温度补偿晶体振荡器和集成电路晶体振荡器的工作原理和设计方法。书中对石英谐振器的性能、电噪声和低噪声电子电路等问题,都作了叙述。特别介绍了高指标长稳晶振、短稳晶振的分析、设计及典型设计实例。(卢宇)

T000229 **空间光调制器及其应用** 李育林、傅晓理编著。国防工业出版社 1996 年 5 月版。31.7 万字。22.00 元。从材料研究、器件制造和系统应用 3 个方面对空间光调制器的研究和发展现状作了阐述,还包括它在实时光信息处理、光神经网络、光电混合模式识别、数字全息三维存储等应用研究中所起的关键作用。(周润芬)

T000230 **平板显示器件原理及应用** 柴天恩编著。机械工业出版社 1996 年 10 月版。21.6 万字。16.00 元。分 7 章:第一章绪论中对各类平板显示器件的发展简况、显示原理、器件结构和显示性能、特征进行了比较,并介绍了测光和测色的基本知识。在第二～六章中,以各类新型平板显示器件 LCD、PDP、ELD、LED、VFD 为对象,介绍了器件的工作原理、制做工艺、驱动方法及应用的技术领域。第七章介绍了平板系列 CRT 的研究近况。(贡克勤)

T000231 **多媒体实用技术(图像分册)** 王新成著。电子科技大学出版社 1996 年 6 月版。68 万字。31.80 元。主要内容包括:多媒体与图像科学发展综述;图像的边缘提取和图像分割,图像生成,图像增强和图像恢复,图像变换,图像数据压缩和小波分析,机器视觉、图像分析和马尔科夫随机场,图像变形;以及图像算法与程序集成等。(许宣伟)

T000232 **激光电唱机激光影碟机原理与维修** 杨崇志、柳潇主编。辽宁科学技术出版社 1996 年版。24 万字。13.80 元。是“家用电器维修自学丛学”中的一种。首先介绍了激光电唱机和激光影碟机的结构、工作原理,然后结合具体电路的分析,介绍各个单元电路的构成、信号流程、各元器件的作用、性能等,接着介绍真假故障的识别方法并结合具体机型详细介绍各种故障的排除方法,其中包括通用的方法和特殊情况下的特殊方法;用专门仪器进行检修的方法和仅用万用表进行检修的方法,并且通过维修实例讲清分析故障原因的思路,确定故障部位的步骤和排除故障的经验、技巧等。(刘绍山)

T000233 **国外音响集成电路集锦** 梁沛杰著。上海科学技术文献出版社 1996 年10 月版。48.9 万字。35.00 元。收集 256 种型号的常用进口音响集成电路,其功能包括音频预放、功放、运放、电子开关、电子音量音调控制、杜比降噪、电脑自动选曲与显示驱动、自动换向机芯控制与电机驱动,以及收音电调谐、数字调谐控制、中放、鉴频、锁相环立体声解调、静噪控制、高低音频截止控制等,另外还包括各种低压随身听专用音响集成电路,以及光电信号处理、数/模信号转换、解码、滤波、聚焦、径向与寻迹信号处理、脉宽调制驱动等激光唱机(CD)专用集成电路。本书按集成电路功能和用途分为 9 大部分,对所选集成电路提供内电路方框图、典型使用电路、电气

特性参数、极限使用条件、推荐使用条件和使用说明等方面的图表文字资料，并附有各种有关的附录。（袁仲江）

T000234 **数字通信系统中的网络优化技术** 李乐民等编著。国防工业出版社 1996 年 6 月版。34.4万字。19.40 元。阐述用于数字通信系统的网络，主要是各类形成滤波器和信道群延时均衡器的理论和优化设计方法，以及网络特性对通信系统性能的影响问题。全书分 8 章，分别介绍数字信号传输对系统特性的要求，优化设计基础和常用的优化设计方法、各类形成滤波器的优化设计方法、大量有价值的设计数据与图表、各种特殊用途的形成滤波器、讨论由零、极点实现电路的方法、数字式的 FIR、IIR 以及 ROM 实现形成滤波器理论、设计和实现方法、信道群延时均衡器的优化设计。（孙中明）

T000235 **新编英汉通信词典** 梅杓春主编。东南大学出版社 1996 年 12 月版。71.1 万字。35.00 元。内容涉及电子技术、多媒体技术、交换技术、传输技术、终端技术、计算机通信、数据通信、光通信、移动通信、微波及卫星通信、电信新业务、信息高速公路等方面的常用词汇和缩略语 15 636 条，词组及短语 22 000 多条，常用附录 3 个。（陈天授）

T000236 **光纤通信技术及应用** 苏斌等编著。湖北科学技术出版社 1996 年 3 月版。61.6 万字。32.00 元。共 19 章。从实际出发，在着重介绍光纤通信原理、概念的基础上，介绍模拟和数字光纤通信技术及其在各方面的典型应用。本书是在多次为光纤通信技术培训班讲课讲稿和所发表的文章基础上，又吸收了最近几年有关专家著作中的新成果，加工整理而成。（李海宁）

T000237 **光纤通信原理与系统** 张明德、孙小菡编。东南大学出版社 1996 年 12 月版。29.7 万字。10.35 元。主要内容包括光纤传输的原理与特性、光源与光发送机、光检测器与光接收机、模拟与数学光纤通信系统、相干光纤通信系统、波分复用光纤通信系统、光纤局域网、光放大器与全光通信、光纤孤子通信等。（冉榴红）

T000238 **同步光通信基础** 王廷尧等编著。天津科学技术出版社 1996 年 4 月版。101 万字。叙述 SDH 光纤网的基础知识。介绍了 SDH 原理、设备、系统与管理以及相关测量仪器，对光通信与光纤技术的发展前沿与成就、ATM 与光纤用户网、局域网等问题也进行论述。此外，还对一些光纤通信专业的关键词作了扼要诠释。（宋淑萍）

T000239 **光纤通信工程师实用手册** 王廷尧、董孝义编著。天津科学技术出版社 1996 年 6 月版。104 万字。除重点解释基础知识和基本概念外，主要列举了光纤通信的有关数据、图表、资料及有关设备、工程设计、调测方法等，在附录中汇集了有关光通信的标准目录及摘要有实用价值的资料。（宋淑萍）

T000240 **无线电寻呼和无绳通信** 沈连丰编著。东南大学出版社 1996 年 12 月版。63.6 万字。32.00 元。从个人通信的角度，论述无线电寻呼和无绳通信的基本理论和主要技术，在技术层面展现了目前的国际先进水平。如寻呼方面论述了 FLEX 等新一代高速寻呼系统、语言文本寻呼系统等；无绳通信方面介绍了 900MHz 频段多信道无绳电话、扩频码分多址无绳电话以及 DECT 系统等最新技术。在诸如信源编码的讨论和新方法的探讨，BCH 码的软件译码，查表法纠错和检验法检错，各类寻呼系统的信道容量方程，全频道多功能实验寻呼系统的设计，无绳 LAN 及 WLL 的设计方法等方面都有作者的创新点。（朱经邦）

T000241 **移动通信** 宋文涛等编。上海交通大学出版社 1996 年 1 月版。27.5 万字。9.20 元。分 5 章。第一章概论，叙述移动通信的基本原理和基本技术问题；第二章为数字调制技术；第三章为移动通信的数字信令；第四章为组网技术；第五章为移动通信系统，并在介绍了典型的移动通信系统的工作原理以后，对个人通信也有介绍。（丁善溶）

T000242 **大哥大的原理、使用及维修** 罗凡华编。机械工业出版社 1996 年 11 月版。30.6 万字。24.00 元。介绍了在我国使用最广的 TACS 全入网蜂窝移动电话系统。还分别介绍已在我国使用较广的日本电气公司（NEC）P688 型、芬兰诺基亚（NOKIA）公司 121 型、瑞典爱立信（ERICSSON）公司 EH237 型、美国摩托罗拉（MOTOROLA）公司 8500X 型和 9900X 型及日本冲电气（OKI）公司 OKI900 型移动电话的工作原理、技术性能、使用方法、故障检修、原理图等内容。（张沪光）

T000243 **移动蜂窝通信模拟和数字系统** [美]WillianC. Y. Lee（李建业）著。电子工业出版社 1996 年 3 月第二版。70 万字。48.00 元。分 18 章。介绍蜂窝通信领域中的关键概念；蜂窝通信系统的性能指标；点对点模式；同信道及非同信道干扰问题；改善系统性能的解决方法；数字系统及其通信的关键性问题；最新发展的数字蜂窝系统；智能小区概念以及如何利用它增加容量、改进系统性能;高级智能网络以及用于未来无线信息高速公路的宽带交换;与蜂窝系统有关的一些专题。(陆孝如)

T000244 **开路与闭路电视原理及维修** 何学谈主编。华南理工大学出版社1996年9月版。57.2万字。28.50元。分4篇15章。第一篇黑白电视原理,包括黑白电视广播及接收原理;第二篇黑白电视接收机电路分析,内容有高频调谐器、图像通道电路、伴音电路、场扫描电路、行扫描电路、显像管电路等;第三篇彩色电视,内容有彩色电视原理、集成电路彩色电视接收机电路分析及故障检修;第四篇闭路电视,包括闭路电视系统、电缆电视系统、光缆电视系统等。(赖淑华)

T000245 **激光影碟机检修555例** 洪济民编著。天津科学技术出版社1996年12月版。25.9万字。收集夏普、三洋、先锋、东芝、索尼、爱华、高士达等牌号的影碟机检修实例555个,故障现象包含开机不显示、托盘不出仓、画面有雪花点、碟片不转等常见故障几十种,针对每种机型易产生哪些故障,如何确认这些故障,如何根据所确认的故障现象采取正确的调整和维修措施进行了讲述。(王定一)

T000246 **长虹牌大屏幕彩色电视机原理·使用与维修** 张小林主编。辽宁科学技术出版社1996年版。60万字。39.50元。以长虹公司生产的C2591AV、C2588PV、C2919PV大屏幕彩色电视机为例,详细介绍了其整机电路故障检修要点,包括:辅助电源电路,遥控发射和接收电路,手动和自动搜台电路,字符显示和记忆电路,频段切换电路,开关稳压电源电路,公共通道电路,色度解调电路,行、场扫描电路,末级视放电路等,还给出了科学合理的检修流程图,提供了主要集成块的工作数据和波形,汇集了大量的检修数据和电子线路图。(韩延本)

T000247 **新型直角平面大屏幕彩电故障分析与检修** 黄签名、李艳编著。金盾出版社1996年8月版。23.4万字。9.50元。主要介绍国内家电市场上常见的进口与国产的大屏幕彩电故障分析与检修,共250个实例。每个实例均列出机型、故障现象和分析检修方法。分析检修方法做到理论分析与实际检修并举,图文并茂。书末还附有新型大屏幕彩电的新技术、新电路介绍。(金家麟)

T000248 **电磁特征抽取与目标识别** 郭桂蓉等编著。国防科技大学出版社1996年3月版。17.6万字。18.00元。分3部分:第一部分对目标识别技术的国内外研究情况进行了综述、分类、比较。第二、三部分是全书的核心,分别论述了谐振区利用目标极点、光学区利用目标结构特征的识别技术。这两部分论述有从目标散射模型、特征描述、特征提取到自动识别的基本理论,也有工程实现的基本框图与方法。(罗青)

T000249 **单多基地有源无源定位技术** 孙仲康等著。国防工业出版社1996年5月版。29.5万字。20.00元。介绍了定位原理、定位精度分析方法,特别对单站无源定位跟踪方法及双/多基地系统的定位性能分析等进行了深入地研究和探讨。本书的主要内容有:定位的基本原理,单基地系统定位原理、定位方法和误差分析,双/多基地系统的定位方法、定位误差几何分布分析、定位性能优化、无源被动定位跟踪技术、单站无源被动定位跟踪技术及其定位跟踪精度的量度,两坐标测量系统实现三维空间定位跟踪技术等。(孙忠玉)

自动化技术、计算机技术

T000250 **大型动力系统的理论与应用 卷5** 副名:测度型脉冲大系统的稳定镇定与控制。刘永清、关治洪著。华南理工大学出版社1996年7月版。27万字。30.00元。是作者在"测度型脉冲大系统的稳定镇定与控制"领域中的研究成果,同时也为解决这一领域中的大型工程实际提供理论方法及解决的途径。(张树元)

T000251 **变结构控制的理论及设计方法** 高为炳著。科学出版社1996年2月版。55.7万字。49.00元。包括了迄今国内外有关变结构控制的主要成果和作者的最新研究成果,对变结构控制理论,线性、非线性、离散、随机等多种系统的变结构控制器设计和分析方法,以及变结构理论在电机电力系统、机器人、航空航天等方面的应用作了论述。(李淑兰)

T000252 **信息、智能与系统** 副名:1996年电气和电子工程师协会关于系统、人与控制论国际会议论文集。清华大学编。万国学术出版社1996年10月英文版。495万字。522.00元。介绍了国际信息、智能与系统研究的最新进展。内容包括:控制技术应用、模式识别应用、控制系统、控制系统模式与分析、控制技术、决策支持系统、经济增长与控制、专家系统、故障识别、特征提取、模糊决策与控制、机器人技术和机械电子学的模糊控制、模糊认识程序、模糊系统与控制、手写字体识别、手写字体识别技术、图像加工、信息与数据分析、集合与合作、认知与学习、知识系统、学习系统、神经控制、目标识别、模式分类与分段、模式识别、模式识别与神经网、监督控制系统、系统模拟、通讯与信息系统等。(周幼葵)

T000253 **人工智能** 陆汝钤编著。科学出版社 1995 年 8 月至 1996 年 9 月版。111 万字。52.00 元。分上、下两册。上册开篇,作者即在引言中从思维与计算两个方面阐述了自己对人工智能学科的深入思考,不仅介绍了人工智能研究的来源与演变,而且阐述了在这个学科中相互矛盾的现象及存在的争议。接下来,作者在上册中集中介绍了当代人工智能的两大支柱——知识表示与搜索技术。前者以演绎系统、产生式系统、框架结构、语义网络和过程性知识表示为中心;后者则涉及盲目搜索、启发式搜索、博弈树搜索,以及状态空间搜索、问题空间搜索等各个方面。下册讲人工智能的逻辑基础及应用。书中主要内容之一是推理。一般说,人工智能的推理是建立在数理逻辑之上的,而 Herbrand 定理又起着主要作用。本书作者采用了与传统不同的作法,将这部分内容与推理分开讲授,并将其作为人工智能的一个分支——定理机器证明来处理,这样,这部分不仅包括了归结法,还包括了其他方法。而对推理,则强调常识的意义。使非经典逻辑在书中占有更主要的位置。下册中的其他内容还包括自然语言理论、知识工程等。(总编室)

T000254 **神经网络与信号分析** 余英林等著。华南理工大学出版社 1996 年 1 月版。38.3 万字。18.80 元。共 11 章,内容主要有两大部分:一是关于与信号分析有关的人工神经网络模型及新算法,如感知器、自适应谐振理论、优化问题、神经网与混沌、分形、自组织映射、高阶神经网、模糊神经网、主分量分析理论等;另一部分是神经网络在图像分析、语音分析、生物信号分析方面的应用。(杨昭茂)

T000255 **模糊逻辑与神经网络理论研究与探索** 刘增良、刘有才著。北京航空航天大学出版社 1996 年 5 月版。62 万字。33.00 元。介绍了作者近年来在模糊逻辑与神经网络的结合研究与探索中的部分研究成果与心得体会。全书共 5 篇,内容包括:智能模拟中的模糊逻辑与神经网络;模糊命题逻辑与模糊谓词逻辑;神经网络基本概念、机理与系统理论;模糊系统与模糊神经网络;因素神经网络的基本概念与理论,解析型因素神经网络和模拟型因素神经网络。(王小青)

T000256 **神经网络及其在工程中的应用** 张际先、宓霞编著。机械工业出版社 1996 年 3 月版。12.7 万字。12.00 元。共 6 章。第一章是神经网络的简介。概括介绍了什么是人工神经网络,如何发展起来的,能解决哪些实际问题。第二章介绍神经网络的学习方法和机理,神经网络的一般工作原理。第三章介绍了如何建立神经网络、设计网络结构、训练网络的数据和评价网络的性能。第四章介绍了几种常用的神经网络和算法。第五章介绍了一些在不同工程领域应用神经网络的实例,包括分类、预测、过程控制等。第六章介绍了两套神经网络程序的使用方法,其中 BPS 为后传播神经网络程序,NN 程序包括后传播网络、Kohonen 自组织网络及模糊神经网络。(余茂祚)

T000257 **测试系统动力学** 黄俊钦著。国防工业出版社 1996 年 6 月版。34.7 万字。22.40 元。论述了研究测试系统动力学的目的意义、主要采用的研究方法和研究内容。全书共 3 篇:测试系统动力学基本原理,包括各种建模方法和在线测试系统动力学中需应用的各种自适应建模和处理方法;测试系统动态校准和动态性能研究,包括多种信号调理器与变换器、记录仪、伺服测量系统以及多种测试系统的动态性能研究;测试系统动态性能改进,包括改进的原理和方法以及改进的典型实例。本书是作者 40 多年来从事仪器仪表测试系统理论研究及实验工作成果的结晶。(何曼庆)

T000258 **智能化测量控制仪表原理与设计** 徐爱钧编著。北京航空航天大学出版社 1996 年 1 月版。66.56 万字。32.00 元。阐述了基于单片机的智能化测量控制仪表的基本原理与设计方法。介绍了 Intel8051、8XC51、PHILIPS 8XC552 等增强型单片机的基本原理及应用。详细论述了智能化测量控制仪表的人机接口、过程通道接口、串行和并行通讯接口、硬件和软件抗干扰技术、数据处理技术、仪表硬件及软件的设计方法,给出了大量实用的硬件电路和软件程序。还介绍了一种适用于 IBM-PC 及其兼容机的 MCS-51 系列单片机模拟仿真软件 SIM8051 的使用方法。(王小青)

T000259 **机器人技术基础** 熊有伦主编。华中理工大学出版社 1996 年 8 月版。28 万字。介绍机器人学的基础理论和关键技术,并尽量反映机器人学在规划、控制和编程方面近期所取得的成果 。书中首先介绍了机器人的机构、位姿描述和齐次变换等基本知识,接着介绍了操作臂运动学、操作臂的雅可比、操作臂动力学等基础理论,最后介绍了轨迹规划、操作臂控制、机器人语言和离线编程等关键技

术。(钟小珉)

T000260　**计算机控制系统**　张宇河、金钰编著。北京理工大学出版社 1996 年版。37.4 万字。18.00元。分 9 章:第一章概述计算机控制系统的一般概念;第二章通道接口技术,主要讲解计算机控制系统的硬件设计;第三章到第六章分别介绍 4 种实用的数字控制器的设计方法,它们是:数字 PID 控制器设计、模拟化设计方法、离散化设计方法、状态空间设计方法;第七章讨论数字控制器由计算机实现时所遇到的特殊问题——量化效应;第八章为适应机电一体化发展的需要,介绍计算机在机床业和顺序控制方面的应用即数控与可编程控制器;第九章介绍了计算机控制系统的实例。(总编办)

T000261　**过程控制系统及设计**　朱麟章主编。机械工业出版社 1996 年 5 月版。62.7 万字。20.20元。内容包括:控制对象的特性与辨识方法,常规单回路控制系统、串级控制系统、均匀控制系统、集散控制系统、比值控制系统、前馈控制系统以及选择性控制系统;对直接数字控制系统、过程控制系统的设计,以及系统抗干扰技术都作了介绍。(王小东)

T000262　**现代计算机控制系统**　冯勇著。哈尔滨工业大学出版社 1996 年 12 月版。58.9 万字。26.00 元。介绍计算机控制系统的构成、作用与原理。在经典理论的基础上,加入了许多计算机控制系统现代分析与设计方法,并给出了计算机控制系统实例。介绍了计算机控制系统现代分析与设计。(徐欣颖)

T000263　**现代计算机数控系统**　冯勇等编著。机械工业出版社 1996 年 6 月版。36.7 万字。25.00元。为"电气自动化新技术丛书"之一,介绍计算机数控系统的组成、工作原理、编程方法、插补原理、刀具补偿原理,并完整地给出了各种算法,介绍了计算机数控系统的伺服系统、硬件和软件,并给出了具体实现方法。此外,还介绍了自适应数控系统、计算机集成制造系统,突出了计算机数控系统的高层次应用,最后介绍了新一代计算机数控系统的起源、作用、实现和发展。(孙流芳)

T000264　**预测控制系统及其应用**　舒迪前编著。机械工业出版社 1996 年 3 月版。32.8 万字。20.00元。为"电气自动化新技术丛书"之一,介绍模型算法控制(MAC)、动态矩阵控制(DMC)、广义预测控制(GPC)和广义预测极点配置控制(GPP)等几种主要预测控制算法的基本原理、设计方法、参数选择及闭环特性分析等,并且用内模控制结构将各类预测控制算法统一起来,给出了它们的统一格式。此外,还将预测控制与自适应控制结合起来,分析了自适应预测控制算法的全局收敛性。全书突出理论联系实际,给出了 8 个工业应用实例。(孙流芳)

T000265　**模糊控制·神经控制和智能控制论**　李士勇编著。哈尔滨工业大学出版社 1996 年 10 月版。100 万字。42.00 元。分 4 篇 24 章,主要包括 3 部分内容:智能控制的学科基础,模糊控制、神经控制和智能控制理论、系统设计及实现技术,模糊控制、神经控制和智能控制的应用等。(张秀华)

T000266　**电力拖动自动控制系统**　陈伯时著。机械工业出版社 1996 年 5 月第二版。48.5 万字。11.95 元。内容包括直流和交流拖动控制系统。本书遵循理论和实际相结合的原则,应用自动控制理论解决系统的分析和设计问题,以系统的控制规律为主线,主要讲述系统的静、动态性能和设计方法。(韩雪清)

T000267　**计算机与管理信息系统**　刘小辉主编。华南理工大学出版社 1996 年 3 月版。22.3 万字。10.50 元。阐明计算机与管理信息系统的基本概念、原理及方法,介绍了有关目前国内比较流行的系统软件和操作实例。全书分 3 篇共 13 章。第一篇为计算机的基础知识,介绍计算机的发展简史、基本结构、操作系统、汉字操作系统、WPS 文字操作系统、数据库管理系统;第二篇为管理信息系统概述,介绍管理信息系统的概念和信息技术基础;第三篇为管理信息的开发,介绍了管理信息系统的开发方法、分析、设计、实施与运作等。(周莉华)

T000268　**计算机及其使用基础**　余祥宣主编。华中理工大学出版社 1996 年 6 月第二版。38.5 万字。13.80 元。介绍计算机的基本组成,PC-DOS、CCDOS 磁盘操作系统的命令及用法,中、英文录入方法和几种常用工具软件 PCTOOLS、SIDEKICK 和 WPS 的功能及用法,还介绍了计算机病毒及 BASIC 语言程序设计的基本知识等。(陈晓娟)

T000269　**计算机组成原理**　莫正坤、高建生著。华中理工大学出版社 1996 年 7 月第二版。43 万字。16.00 元。从层次结构的观点叙述计算机各主要功能部件及组成原理;以数据信息和控制信息的表示、处理为主线来组织内容。全书共 8 章并附有"学习指导与实验"。(沈旭明)

T000270　**计算机原理与系统结构**　吴祖增、马国森编著。上海科学技术文献出版社 1996 年 2 月版。34.9 万字。22.00 元。内容包括计算机概论、数

95 及 Office 95 管理器的实用操作，及它们之间的联合操作。（胡毓坚）

T000304 **Windows 95 奥秘** Brian Liringston&Davis Straub 著。电子工业出版社 1996 年 7 月版。118.2 万字。100.00 元。“美国 IDG‘奥秘’丛书”之一。详细讲解了 Windows 95 中的各种工具和功能，并披露了一些未公开的特性。主要内容有：定制 Windows 95 的桌面设置、文件名、图标、字体，使读者始终处于最佳的工作状态；通过内置的拨入型网络、传真或连接到 Internet 的在线服务等在全球范围内进行信息交换；编辑登记文件，更改 Windows 95 的基本设置，使它能更好地配合你工作；利用捷径（到应用程序或文献的连接）打开你的机器并轻而易举地得到你想要的信息；配置硬件消除你现有的外围设备与新的即插即用设备（像 CD-ROM 驱动器、调制解调器、声卡等）之间的冲突。（陈晓莉）

T000305 **计算机软件英汉双向词典** 张尚仁编著。天津科技翻译出版公司 1996 年 12 月版。406.2万字。128.00 元。共收词汇近 10 万条，常用缩略语 1.5 万条，加上汉语检词，共 20 余万条。内容包括计算机科学、各类计算机系统软件、应用软件、操作系统、算法语言、形式语言理论、自动机理论、网络、数据通信、图像处理、办公自动化、人工智能、专家系统、数据库、应用数学、计算方法、程序设计、编译理论、软件工程、软件环境开发、汉字处理、模式识别、多媒体技术和信息高速公路等。收编了 1.5 万条国内同类工具书中所没有的新词语。在正文词条和常用缩略语之后编排了汉英检词索引。（王秀兰）

T000306 **中文版 Excel 及其在经济管理中的应用** 周民、周鸿年著。电子工业出版社 1996 年 7 月版。44.8 万字。22.00 元。内容包括中文版 Excel 基础知识和应用两大部分。第一部分共 7 章，分别对 Excel 基本知识、工作表基础、工作表的编辑和格式化、工作簿、文件打印、图形对象、函数和 Excel 与其他软件的数据交换等专题进行了讨论，并配备了大量实例。第二部分共 5 章，分别在经营管理、预测，图表制作和数据分析、销售管理、经营决策、固定资产台账管理和折旧计算等 5 个经济管理专题上作了论述。（王昌铭）

T000307 **数字逻辑** 毛法尧等著。华中理工大学出版社 1996 年 9 月版。46.2 万字。15.30 元。介绍数字系统逻辑设计的基本理论和方法，着重阐述数字逻辑电路的一般原理，并反映数字逻辑电路的新发展。全书分 9 章，第一章数制与码制，介绍数字系统中常用的数制及转换、码制与编码。第二章逻辑代数基础，介绍逻辑代数、逻辑函数及函数化简。第三章组合逻辑电路，着重介绍组合逻辑电路的分析和设计方法。第四章同步时序逻辑电路，介绍同步时序逻辑电路的一般分析和设计方法。第五章异步时序逻辑电路，讨论脉冲异步时序逻辑电路和电平异步时序逻辑电路的分析和设计。第六章采用中、大规模集成电路的逻辑设计，介绍用中、大规模集成电路进行逻辑设计的特点和一般方法。第七章数字系统设计，仅对数字系统逻辑设计的方法和步骤进行探讨。第八章计算机辅助逻辑设计，简单介绍计算机辅助逻辑设计这一先进设计技术。第九章逻辑器件，介绍目前广泛使用的几种器件的结构和特点。（陈晓娟）

T000308 **计算机接口技术** 于英民等编著。电子工业出版社 1996 年 6 月版。54 万字。27.00 元。共 10 章：计算机基本接口原理；微处理器系统和微计算机系统总线；并行接口；标准并行接口（打印机接口和 GPIB 接口）；串行接口（异步通信接口、通信差错检验和同步通信）；定时器接口及 CRT 显示器接口；模拟器件接口；信号处理器接口和多微处理器系统；底板总线；接口软件设计。（张荣琴）

T000309 **计算机应用初级教程（上、下）** 山东省计算机应用能力考核办公室编。山东科学技术出版社 1996 年 10 月版。56.5 万字。28.00 元。分上、下两册，上册主要是基础知识介绍，包括：计算机概论、操作系统 DOS 与 Windows 简介、汉字信息处理与汉字操作系统、WPS 的操作与使用、数据库管理系统 FoxBASE+、计算机系统维护及微机工具软件的使用等 6 章，下册主要是上机操作练习及各章习题解答等。（胡新蓉）

T000310 **计算机应用基础——非计算机专业等级考试一、二级教材** 崔志明、陈建明编著。电子科技大学出版社 1996 年 8 月版。43 万字。13.50 元。依据江苏省计算机等级考试一级和二级（DBASE Ⅲ部分）的大纲内容编写而成。介绍了计算机软、硬件方面的基础知识；微机操作系统 PC-DOS 的使用；汉字操作系统 2.13H 和 SP-CCDOS 的使用以及汉字的拼音和五笔字型输入方法；文字处理软件 C-WORDSTAR 和 WPS 的使用；数据库系统 DBASE Ⅲ及其程序设计。（万晓桐）

T000311 **计算机基础教程** 吕其诚、王万学编著。哈尔滨工业大学出版社 1996 年 6 月第二版。

42 万字。15.50 元。分 4 篇,第一篇为计算机基础知识;第二篇为汉字操作系统和几种常用的汉字输入方法;第三篇为文字处理系统;第四篇为 FoxBASE⁺关系数据库及程序设计。(孙雅杰)

T000312 **全国计算机等级考试(一级)简明教程及上机指导** 王莉等编著。科学出版社 1996 年 8 月第二版。65.8 万字。30.00 元。根据国家计算机等级考试(一级)大纲及北京市非计算机专业大学生计算机水平测试要求,在对《全国计算机等级考试(一级)上机指导》的内容进行了修订并增加了大量理论概念的基础上写成的。全书分为 6 章,通过 25 个典型实验,介绍了计算机基础知识、DOS 操作系统使用、汉字系统及文字编辑、数据库基本操作及 FOXBASE 程序设计、窗口平台 WINDOWS 3.2 和 WORD 6.0 的初步使用。(总编室)

T000313 **电脑科学传奇** 叶平编著。湖北少年儿童出版社 1996 年 5 月版。22 万字。8.20 元。以章回体的形式讲述了整个电脑的发展历程。(刘海燕)

T000314 **微机应用基础** 张伟、伦立军著。哈尔滨工程大学出版社 1996 年 1 月版。50 万字。19.80元。是根据国家教委制订的高等学校非计算机专业计算机基础教学大纲的要求编写的计算机应用基础课程的通用教材,着重叙述了计算机的基础知识、操作系统、文字编辑与程序设计。全书分上、下两篇共 13 章。上篇内容为计算机基础知识、MS-DOS 微机操作系统、常用工具软件、汉字操作系统和 WPS 文字处理系统;下篇内容为 FoxBASE⁺数据库管理系统及应用程序。各章均配有习题和上机实验练习题。(张植朴)

T000315 **微机实用教程** 齐志儒主编。东北大学出版社 1996 年版。65 万字。29.50 元。从实用的角度出发,介绍了微机基本知识、键盘指法、DOS 命令和汉字操作系统,详细讲述了五笔字型、自然码汉字输入方法与文字处理系统 WPS 的使用方法。系统地讲述了数据库的基本概念和关系数据库 FOXBASE⁺函数、命令及编程方法和技巧。介绍了 Windows 的基本操作、故障诊断、磁盘备份(HD-COPY)、文件压缩、Norton Utility、DEBUG、PC-TOOLS 和游戏克星等常用软件的使用方法。(李毓兴)

T000316 **微型计算机原理** 季维发、王典金著。电子科技大学出版社 1996 年 3 月版。28.5 万字。8.50 元。主要内容包括 3 大部分:第一部分介绍计算机的一般知识,计算机的基本组成和微型计算机的组成特点,计算机中信息的表示方法,数的运算和存储,以及硬件和软件的关系。第二部分介绍 16 位微处理器,并以 8086/8088 微处理器为例讲述其内部结构、基本工作原理、指令系统及应用,并以 ASM86 汇编程序为例介绍汇编语言源程序的设计方法、主要伪指令的格式和应用。第三部分从微型机系统角度介绍微型计算机的系统设计、组成、存储器结构以及微型计算机的接口方法和常用接口芯片。(张琴)

T000317 **微型计算机原理** 黄国建主编。上海交通大学出版社 1996 年 8 月版。35 万字。18.00 元。分 10 章,每章均附有小结、思考题和习题。内容包括:计算机基础知识,MCS-51 单片机的结构及其工作原理,微型计算机的汇编程序设计方法,计算机系统中使用的半导体存贮器工作原理、特点及其与 CPU 的连接等问题,微型计算机的输入/输出、中断系统及接口技术等。(成敬祥)

T000318 **微型计算机原理与应用** 周惠领等编著。华中理工大学出版社 1996 年 9 月版。52 万字。17.50 元。以微型计算机的基础知识为主线,介绍 MCS-51、96 的组成结构、工作原理及应用系统的硬软件设计技术。全书共 8 章。第一章“计算机基础知识”介绍计算机发展与组成,学习计算机中数字的表示方法和运算方法。第二章“微型计算机结构”介绍微型计算机和内部基本结构、主要功能部件及其工作原理。第三章“计算机指令系统”介绍计算机汇编语言和机器语言的指令格式、指令功能和汇编方法。第四章“汇编语言程序设计”介绍汇编语言程序结构及常用程序的分析与设计。第五章“半导体存储器及其应用”介绍半导体存储器及常用半导体存储器芯片的使用方法。第六章“输入输出与中断”介绍计算机输入输出与中断技术的基本概念与控制方式。第七章“I/O 接口电路”介绍常用 I/O 接口电路的结构原理和使用。第八章“微型计算机接口技术”介绍基本 I/O 接口电路的设计技术。(张郢亮)

T000319 **最新电脑用户辞典** 《最新电脑用户辞典》编写组编。湖南科学技术出版社 1996 年 5 月版。56.6 万字。37.00 元。本书不是专业型辞典,而类似于电脑用户详解。用户不必具备计算机专业理论基础,不必学会程序设计,只要熟悉有关应用软件,就可以掌握电脑的基本用法。基于这一考虑,属于基础理论或设计、工艺方面的概念、术语,一律从略或从简;反之,专业型辞典中从略或从简的各种系统软件、应用软件中的文件、命令的内容与方法，电脑及其外部设备和软件的选购知识、电脑的操作知识，就给予详尽的解释和说明。正文按英文词条的字母顺序编排，但前面增加了汉语词条目录，使得不谙英语的读者按汉语拼音顺序查找也同样方便。少数仅有中文而无需英文对照的词条(例如中文信息处理方面的术语)，也可从汉语词条目录中查找。本书原名为《英汉微计算机词典》，1982 年初版。此次再版，在内容上作了彻底的改编。(李遂平)

T000320 **微机常用外部设备原理与维修** 吴少强、胡亚平编著。中国科学技术大学出版社 1996 年 8 月版。49.2 万字。21.80 元。介绍微型计算机常用外部设备的结构、原理、接口以及维护、维修等方面的知识，内容包括键盘、打印机、显示器、软盘驱动器、硬盘驱动器、主机及外设电源的原理与维修方法，以及实际维修工作中常用元器件的识别与检测方法。书后附有各种硬盘参数表及多种典型设备的电路原理图。(李攀峰)

T000321 **微型计算机接口技术及应用** 徐仁贵主编。机械工业出版社 1996 年 10 月版。61.9 万字。21.50 元。结合 MCS-51 系列单片机讲述微机接口技术及应用，内容包括：微型计算机系统基本知识，MCS-51 系列单片机的结构和工作原理；存储器扩展、并行 I/O 口、计数器/定时器、串行 I/O 口、常用外设、输入通道以及输出通道的接口技术；微机控制系统的设计和调试，微机控制系统实例。(王小东)

T000322 **微型计算机接口技术原理及应用** 刘乐善等编著。华中理工大学出版社 1996 年 3 月版。53 万字。16.80 元。以 IBM-PC 系列及兼容机为主要对象，阐述微型计算机接口技术的原理及应用。其主要内容包括 I/O 端口地址译码技术、总线技术、中断技术、DMA 技术、定时/计数技术、并行接口、串行接口、人-机接口、多媒体设备接口、模拟接口、磁盘机接口等。(陈晓娟)

T000323 **新编微机基础教程** 李淑华著。东北大学出版社 1996 年版。26.9 万字。10.00 元。由 6 章组成。第一章计算机基础，主要介绍计算机的发展过程及计算机系统的硬件与软件基础知识。第二章微机磁盘操作系统，主要介绍磁盘操作系统 MS-DOS 基本概念和 DOS 的常用命令。第三章汉字操作系统，简要介绍了 SPDOS5.10 和 UCDOS3.1。第四章主要介绍五笔字型汉字输入方法。第五章和第六章分别介绍文字处理系统 WPS 和汉字字表编辑软件 CCED5.0 的基本操作方法。(李毓兴)

T000324 **计算机应用基础与 FoxPro 程序设计** 李宗华主编。湖北科学技术出版社 1996 年 6 月版。68 万字。32.40 元。是根据国家教委高教司 1989 年 11 月审定的全国财经类高等院校非计算机类专业《计算机应用基础》课程教学大纲和 1994 年国家教委考试中心制订的全国计算机等级考试(一、二级)大纲而编写的。全书共 6 篇：微型计算机基础知识，磁盘操作系统(DOS V6.22)，字处理软件(WPS)的使用，FoxPro 基础操作，FoxPro 程序设计，及上机实验指导。(李海宁)

T000325 **Intel 16 位单片机** 孙涵芳主编。北京航空航天大学出版社 1996 年 1 月版。104.3 万字。53.00 元。介绍了 Intel 公司 MCS-16 系列各种单片机，重点描述了 8096/8098、80C196KB、80C196KC、80C196MC 的硬件结构和指令系统，并给出了丰富的应用实例，特别是控制系统方面的实例。(杨昌竹)

T000326 **MC68332 单片机结构与应用** 张宁等编著。北京航空航天大学出版社 1996 年 4 月版。53 万字。28.00 元。内容包括 MC68332 的基本原理，软、硬件结构和基本的开发知识。有下述章节：概论，引脚信号和硬件配置，CPU 和存储器，寻址方式(寄存器直接、间接寻址，程序计数器相对寻址，立即寻址等)，指令系统(数据传送指令，算术、逻辑运算指令，操作指令，控制指令，伪指令)，异常情况处理，编程技术，总线操作，系统集成模块 SIM，片上 RAM，队列串模块 QSM，定时处理器 TPU，应用程序设计，开发系统等。(肖之牛)

T000327 **8098 单片机原理及应用** 王培东等著。哈尔滨工业大学出版社 1996 年 1 月版。56.1 万字。24.00 元。通过多个典型单片机应用实例，讲述了单片机原理、硬件特性和应用软件设计方法，并对典型系统进行了全面分析。讲解了系统设计步骤和开发方法。(潘桂英)

T000328 **Z8 高性能单片微机原理与应用** [美]Zilog Inc. 著。中国科学技术大学出版社 1996 年 1 月版。88 万字。27.00 元。共 20 章，介绍 Z8 系列单片微机的原理、应用与开发。包括 Z8 单片机的结构、地址空间、寻址方式、指令系统、外部接口、I/O接口、中断系统、计数/计时器、Z8IC 编程序、链接程序、开发系统的使用、以及 Z8 系列的新产品 Z86018 数据通路控制器和几种数字信号处理器等。(黄德)

T000329 **个人电脑实用丛书** 谢柏青、王攻本主编。科学普及出版社 1994 年至 1996 年版。约 240 万字。86.00 元。以个人电脑为中心,选择软、硬件知识中实用性强的部分,按实用的各个方面编写。丛书中的每本书结合一个或两个应用方面,讲解这方面的计算机知识和概念及这方面使用个人电脑的一些实例、实际经验和技巧。(赵兰慧)

T000330 **家用电脑金钥匙丛书** 王路敬、许志平等著。中国计量出版社 1996 年版。160 万字。120.00 元。共 10 册,分别为:《家电新成员——家用电脑》;《电脑总管家——DOS》;《电脑小编辑——字处理软件》;《写字不用笔——汉字输入法》;《家庭管理员——数据库软件》;《电脑的语言——GWBASIC》;《您的小助手——常用工具软件》;《软件万花筒——应用 300 例》;《动画小天地——动画制作》;《电脑小诊所——常见故障处理》。

T000331 **多媒体及其相关技术的原理与应用** 吴乐南主编。东南大学出版社 1996 年 5 月版。77.4万字。37.00 元。分 20 章,分别介绍多媒体系统的硬件组成(多媒体个人计算机平台标准、多媒体计算机硬件组成、音频和视频子系统的接口与处理方式、以及多媒体专用集成电路芯片和现有硬件平台等)、光盘存储、多媒体计算机软件系统(多媒体操作系统、数据准备软件、编辑软件等)、多媒体数据压缩的标准技术和国际建议与规范、多媒体数据库与信息管理和服务系统(文教、服务、医学)、多媒体电子出版和文化教育、多媒体通信的网络和终端技术(信息高速公路、计算机网络、Internet、电话会议、PC 电话等)以及分布式多媒体信息技术、多媒体广播系统(高清晰度电视、数字音频广播、点播电视、综合业务数字广播等)及其他工业军事应用和虚拟现实等。(陈天授)

T000332 **Authorware 多媒体创作图示教程** 华南理工大学出版社 1996 年 12 月版。19 万字。12.50元。主要以 Authorware 的 13 个功能图标为线索,以大量的图示,逐一介绍文字、图形、动画、判断、交互、电影、声音、视频等对象创作的方法和技巧。(陈怀芬)

T000333 **PC 多媒体技术** 王士元著。南开大学出版社 1996 年 12 月版。37.8 万字。18.80 元。讲述了信息技术中使用的一些多媒体如声音、视频、图像的本质及加载信息的方法,传送、存贮这些媒体信息采用的压缩与解压缩原理与实际方法,揭示了光盘存贮多媒体信息的原理及光盘驱动器读出光盘信息的原理,介绍了声卡、解压缩卡、视频卡的结构和原理,并给出一些应用实例。全书共 10 章,分别是多媒体技术概述、多媒体卡与 PC 接口时的设置、显示器与显示适配器、音频信号的压缩、视频信号的压缩、CD-ROM、声卡及其与 CD-ROM 的配合、MIDI 与 MIDI 文件、解压卡及其他视频卡、多媒体计算机中的一些常用设备。(王家骅)

T000334 **多媒体手册** [美]Jessica Keyes 等著。电子工业出版社 1996 年 4 月版。96 万字。68.00 元。分 5 部分 50 章,主要介绍什么是多媒体和如何使用多媒体,其发展历史和前景;多媒体系统组成,如何建立和编写多媒体系统;动画、视频和声音的组合和实际应用;如何处置连网、虚拟现实和标准等问题,分布式多媒体系统和多媒体会议系统的建立和应用;多媒体产品一览表和有关著作软件、声卡、CD-ROM、咨询、出版、协会、剪辑艺术等资料信息。本书原英文版为[美]Jessica Keyes 等著《The McGraw-Hill Multimedia Handbook》, McGraw-Hill 1994 年版。(陆孝如)

T000335 **生物计算机——日本的下一代计算机** 顾仲梅、甘云祥译。国防工业出版社 1996 年 6 月版。18.7 万字。10.00 元。主要介绍生物计算机的简短历史、现代水平和发展前景;生命科学的新发展;生物计算机的基本原理;生物计算机的发展方向和途径。本书是根据 1991 年版英译本《Biocomputer-the next generation from Japan》译出的。(刘炯)

T000336 **微机应用基础** 上海高等专科学校计算机编写组编。上海科学技术出版社 1996 年 8 月版。28.9 万字。9.80 元。从计算机的基础知识、键盘、指法等讲起,内容由浅入深逐步展开。介绍了多种具有很强操作性和应用性的软件,如 WPS、WINDOWS、PCTOOLS 等,并突出其应用和操作的内容。全书共 7 章,除第一、二、三章外,其余几章如 WPS 文字处理系统、WINDOWS 和微机工具软件都相对独立。还介绍了两种汉字编码和输入方法:自然码和表形码。(陈慧敏)

T000337 **自然语言的计算机处理** 冯志伟著。上海外语教育出版社 1996 年版。37.4 万字。20.00元。分 8 章。第一章至第七章讲述基本知识,着重讲述自然语言处理与理论语言学的关系,讲述自动语法分析、自动句法分析、自动语义分析等;第八章讲述各种类型的自然语言处理系统。本书特别注意介绍自然语言处理的方法。书中有章节提出以汉语科技术语作研究素材的潜在歧义和中文信息处理的多叉多标记树模型理论是作者的研究成果。(姚积

勋）

T000338 **电脑文书编排与数据库应用基础实验教程** 陈三明主编。广西师范大学出版社 1996 年 7 月版。26.8 万字。10.80 元。介绍目前广泛使用在微机上的两种优秀的汉字输入方法及两种功能强大的编辑排版软件，讲述了流行的数据库管理系统 FOXBASE 的基本命令的操作使用。重订本补充了许多微机领域的最新技术。（莫曲波）

T000339 **五笔字型三日通** 黎剑华、唐辉著。广东世界图书出版公司 1996 年 5 月版。8 万字。9.00元。讲述五笔字型输入法，详细讲解五笔字型基本字根新的形象助记口诀；汉字出现多种拆分可能时的直观拆分方法；字根在汉字中组字时的变形情况；识别码快速确定方法技巧。（沈永璇）

T000340 **汉字处理与五笔字型输入技术（修订本）** 张雪兰、李月华编。北京理工大学出版社 1996 年版。28.4 万字。12.00 元。介绍目前在 IBM-PC 系列机及其兼容机上广泛流行的中文文字处理系统 WORDSTAR、WPS 以及王永民先生研制的五笔字型汉字输入技术。内容包括：微机基础知识，DOS 常用命令，微机打字及键盘操作，五笔字型输入技术，全屏幕通用文字处理软件——WORDSTAR，汉字处理系统 WPS。（总编办）

T000341 **电脑汉字输入码速查字典** 邹靖华编著。湖南人民出版社 1996 年 4 月版。44.8 万字。16.90 元。共收录 7 155 个，常用词组 5 216 个，内容分为 3 大部分。一、五笔字型编码。二、其他汉字输入码。本字典提供了全拼拼音、双拼拼音、国际码、区位码等 4 种编码。三、电脑汉字输入的基础知识。书中附录了《五笔字型输入法简介》、《拼音输入法简介》、《WPS 系统命令速查》、《DOS 命令速查》。（张志红）

T000342 **视觉计算原理** 周昌乐著。杭州大学出版社 1996 年版。20.4 万字。12.00 元。以强调原理为主，系统论述了视觉计算研究中的主要方法和技术，共 14 章。第一章是概述；第二至第五章为视觉低层处理方面的内容，分别介绍了图形、运动、空间和分形信息的差异性检测技术；第六至第九章则是关于视觉中层处理方面的内容，就线条、区域、纹理和表面诸方面的相似性分析方法作了介绍；从第十章开始给出有关视觉高层处理方面的内容，涉及到匹配、推理、学习和规划等方面；最后在第十四章中，基于视觉高层处理原理，扼要给出了一个计算机视觉系统的完整描述。（蒋保纬）

T000343 **CorelDRAW！5 从入门到精通** Dan Gray、Steve Bain 著，方卫译。学苑出版社 1996 年 1 月版。12. 68 万字。66. 60 元。主要讲解 CorelDRAW！5的基本概念、操作。本书得自美国 Sinon & Schuster 旗下 Macmillan 出版集团 New Riders Publishing 出版公司出版的《Inside CorelDRAW！5》，由 Sinon & Schuster 授权翻译出版。（陆为民）

T000344 **实用设计电脑** 潘晓山、郭开鹤编著。湖南人民出版社 1996 年 11 月版。31.5 万字。13.50 元。分 5 部分：第一部分为电脑设计基础知识；第二部分为简单的图形设计；第三部分为高级绘图软件 Corel Draw 介绍；第四部分为图像修饰与创意；第五部分为电脑绘图技术。本书为“实用电脑丛书”之一。（聂双武）

T000345 **计算机辅助可信性设计、测试与评估（英文）** 闵应骅、唐东著。万国学术出版社 1996 年版。66 万字。124.50 元。是于 1996 年 7 月在北京召开的“计算机辅助可信性设计、测试与评估国际研讨会”的论文集。该会议由中国科学院计算技术研究所主办，IEEE 计算机学会容错专委、测试专委、中国计算机学会容错专委、国家自然科学基金委及美国 SohaR 公司协办。该论文集包括论文 49 篇，其中有容错计算领域 4 位公认的国际学术带头人的大会特邀报告和 8 位 IEEE 院士的特邀报告。主要论述如何通过硬件和软件的各种手段，在系统的设计、测试和评估的各环节，来保证计算机系统的可信性。书中的 8 节分别为软件测试与工具、VLSI 测试与验证、系统模型化与评估、系统测试和实验评价、软件测试与验证、容错体系结构与系统、VLSI 自校验与测试、故障检测诊断和模型化。（闵应骅）

T000346 **CAM 技术与应用** 杨岳等编著。机械工业出版社 1996 年 9 月版。44.1 万字。27.00 元。介绍计算机辅助制造（CAM）的基本概念、原理、开发和应用方法。全书共 11 章。主要内容有：CAM 中的硬件和软件系统、软件工程方法、CAM 数据库；成组技术基础；计算机辅助工艺设计的原理、实施技术及软件开发方法；计算机辅助生产管理的原理，物料需求计划及其应用；计算机数控系统的原理与结构、数控加工编程和 DNC 系统；计算机辅助质量控制系统的体系结构与实施方法；智能制造系统的基本原理与方法、专家系统的应用、工业机器人的原理与构造；柔性制造系统的原理、结构和实施技术；计算机集成制造系统的基本结构和实施技术。本书各章节均有实例介绍。（何月秋）

T000347 **计算机网络** 雷震甲、马玉祥著。西安电子科技大学出版社 1996 年 5 月版。42.6 万字。14.00 元。鉴于网络应用现状,以 OSI 参考模型为主线,在介绍网络及数据通信基本知识的基础上,介绍了计算机网络协议的主要内容。同时,还介绍了局域网和网络互连的基本概念和原理,并注重介绍组网技术、协议机制与最实用的网络应用技术。本书每章末都配有习题。(陈宇光)

T000348 **网络与接口技术** 杨新辉、邱智亮等著。电子工业出版社 1996 年 7 月版。76.6 万字。50.00 元。介绍 Motorola 有关网络与接口技术方面的专用集成电路芯片,包括综合业务数字网,用户环路接口,编译码器,电路交换,数据网络物理层接口,异常收发器,IEEE802.4 协议控制器,X.25 协议控制器,MLAPD 协议控制器以及 FDDI 网络接口等各类芯片,对每一类芯片从原理到使用都作了描述。(张荣琴)

T000349 **网络并行计算与分布式编程环境** 孙家昶等编著。科学出版社 1996 年 3 月版。35.6 万字。19.80 元。分为两大部分。前 5 章阐述了国内外分布式并行机与国内网络环境的最新发展、分布式并行计算的基本方法以及常用的矩阵并行算法和区域分解方法的应用。后 5 章详细介绍了可移植网络并行环境 PVM 的获取、安装、测试、编程与实现。书后附有若干 PVM 应用程序及 PVM 系统库函数的调用说明;考虑到我国教育科研部门计算机设备的现状,书中专门介绍了 Linux 操作系统以及微机网络并行计算环境。(总编室)

T000350 **虚拟环境技术** 李锦涛、刘国香等编著。中国铁道出版社 1996 年 9 月版。26.4 万字。25.00 元。主要内容包括:虚拟环境技术的发展历史及未来发展趋势;虚拟环境系统的关键技术、概念模型及体系结构;虚拟环境系统的硬件支撑技术,包括视觉环境系统、听觉环境系统及触觉环境系统;虚拟环境系统的支撑软件,介绍同个典型的支撑软件系统;虚拟环境系统的实现技术,包括系统的性能要求,人的因素的要求及工程实现等方面的考虑;虚拟环境技术的应用。(殷小燕)

T000351 **Novell 网络百科全书** [美]Werner Feibel 著。电子工业出版社 1996 年 12 月版。138 万字。72.00 元。收集有关网络的概念、术语、标准、缩略语等内容,对数百种有关网络的图书、磁盘、论文和文档中的资料进行了总结。本书附录收集了 3 000 多条缩略词。(史明杰)

T000352 **OS/2 WARP Internet 网络连接** [美]Deborah Morrison 著,邓召义等译,吴小明审校。电子工业出版社 1996 年版。24.3 万字。18.00 元。分 4 部分。第一部分介绍 Internet 和 Internet Connection for os/2 Warp;第二部分介绍如何注册和如何与服务提供者连接;第三部分介绍如何探寻 Internet、如何与其他 Internet 用户通信、如何参与联机论坛、如何访问其他计算机、如何传送来自计算机上的文件和如何保持 Internet Connection 软件的更新;第四部分是参考资料,列出了某些流行的 Web、Gopher、FTP 和 Telnet 服务器以及某些 Internet 服务提供者的名字、地址和电话号码。(应月燕)

T000353 **Internet 网络系统与资源** 郭力等编著。科学出版社 1996 年 2 月版。60 万字。32.00 元。介绍 Internet 各种服务的使用方法,包括最新的 Internet 客户软件的获取、安装和使用;从 Internet 上能获取什么样的资源,以及如何获取的问题;如何连入 Internet 和 Internet 客户软件的使用方法。为便于用户在 Internet 上提供信息服务,书中还介绍了如何建立自己的服务器的方法。本书所有关于 Internet 服务的介绍都配有翔实的屏幕硬拷贝,所有的 Internet 客户软件都有出处,读者可以在 Internet 上通过匿名文件传输服务获取它们。(总编室)

T000354 **Internet 网络实用指南** 中国科学院计算机网络信息中心编著。北京理工大学出版社 1996 年版。42.2 万字。20.00 元。以国内的 Internet 网络为主体,介绍了 Internet 的各项功能及其详细的使用方法,并基于国内网络的具体情况列举实例,介绍如何使用各项功能。(总编办)

T000355 **计算机应用能力培训教程** 许传福、吴铁军主编。河南大学出版社 1996 年 1 月版。32.8 万字。16.00 元。从计算机基础知识入手,介绍了计算机的发展历程、系统组成、特点、分类及应用情况;简述了微型计算机安装、维护和病毒防治的一般方法;着重讲述了微型计算机中 DOS、WPS 和 Foxbase^{+}3 个常用软件的组成、安装步骤、启动过程和操作方法,详细阐释了常用命令的功能、格式、参数和使用注意事项,并给出大量示例。针对汉字处理的需要,概述了汉字编码的基本原理,详细介绍了区位、拼音、五笔字型、自然码汉字输入法的编码及输入方法。(陈宇)

T000356 **遥感在中国** 副名:纪念中国国家遥感中心成立 15 周年论文集。徐冠华等主编。测绘出版社 1996 年 9 月版。60 万字。68.00 元。选录 55 篇论文,内容包括:一般综述,可再生资源与生态环境遥感,灾害遥感,海洋、大气与水文遥感,地质矿产遥感,测量、制图与空间数据分析及基础研究与技术系统等。每篇论文之后附有英文摘要。(赵彬)

化学工业

T000357 **精细化工装备** 李春燕、陆辟疆主编。化学工业出版社 1996 年 1 月版。36.8 万字。22.00元。主要阐述了精细化学品生产中的主要生产原理、技术及其装备。内容包括:加热技术、制冷技术、极限技术、多组分精馏及特殊精馏、过滤、膜分离技术、干燥、粉碎、混合及乳化,并对精细化工装备的应用与发展作了介绍,同时附有图、表、文献等供查阅。(郭燕)

T000358 **化工过程系统工程** 姚平经著。大连理工大学出版社 1996 年 4 月版。42.7 万字。8.50 元。论述化工过程系统工程学科的基本内容及其发展。分 4 章,第一章介绍化工过程系统工程学科的发展及前沿;第二章讨论化工过程系统的稳态模型化及模拟方法的分析;第三章化工过程综合的基本策略;第四章为过程系统最优化方法。(王君仁)

T000359 **流态化技术的理论和应用** 陈甘棠、王樟茂编著。中国石化出版社 1996 年版。21.9 万字。14.00 元。分 8 章。第一章对流态化技术作总体简述。第二章介绍颗粒的流化特性。第三章是对液固流态化的简要叙述。第四章是重点,介绍了整个流态化技术的基础鼓泡流化床。第五章介绍湍动流化床与快速流化床,它们是近年来的研究重点。第六章扼要介绍了颗粒的输运和捕集,这是流态化技术的重要组成部分。第七章是对其他类别流化床的简介。第八章则对流态化技术的工业应用作了系列介绍,阐述流态化的具体应用。(赵怡)

T000360 **化学工程手册(上、下卷)** 时钧、汪家鼎等主编。化学工业出版社 1996 年 1 月第二版。331.2 万字。300.00 元。第二版对第一版的内容作了补充和改写,如膜过程、萃取、塔设备、过程系统工程和过程控制等篇;增设了重要的生物化学工程和污染治理等新篇。本书分 29 篇,主要包括化工基础数据、化工热力学、流体流动、流体输送、搅拌及混合、传热及传热设备、工业炉、制冷、蒸发、结晶、传质、气体吸收、蒸馏、气液传质设备、萃取及浸取、增湿、减湿及水冷却、干燥、吸附及离子交换、膜过程、颗粒及颗粒系统、流态化、液固分离、气固分离、粉碎、分级及团聚、反应动力学及反应器、生物化工、过程系统工程、过程控制、污染治理。(郭燕)

T000361 **新编精细化工产品手册** 李祥君主编。化学工业出版社 1996 年 7 月版。160 万字。78.00元。分 9 部分。其中,一至八为产品,依次介绍了饲料添加剂、食品添加剂、工业表面活性剂、皮革化学品、造纸化学品、水处理化学品、油田化学品、电子化学品约 2 000 个产品的名称、英文名称、别名、化学名或成分、生产方法、主要性能、质量指标、用途及主要生产厂家等,并在每部分的前面都写有综述。第九部分为企业名录,介绍了 4 000 家生产上述产品和相关产品的厂家基本信息。书后附有产品索引和国内长途直拨电话通达地点及区号。(郭燕)

T000362 **化工设备设计基础** 周志安等编。化学工业出版社 1996 年 1 月版。74.2 万字。39.50 元。主要阐述化工设计中涉及的机械基础知识。全书分 3 篇,共 18 章。第一篇工程力学基础,主要讨论构件的受力分析,构件的变形与破坏的规律,以及构件的强度、刚度和稳定性计算;第二篇薄壁容器设计,主要介绍化工设备常用材料,压力容器筒体、封头的类型、特点及设计计算方法;第三篇典型化工设备设计,主要介绍化工生产中几种常用设备——换热设备、塔设备、反应设备的结构特点、选型和机械设计方法。(郭燕)

T000363 **化工工艺设计手册(上、下册)** 国家医药管理局上海医药设计院编。化学工业出版社 1996 年 1 月第二版。422.1 万字。187.00 元。上册内容包括工程项目总体及前期工作、化工单元设备的工艺计算两篇,主要介绍工厂设计常用规范及有关资料,厂址选择和工厂布置,工程经济,车间布置,工程建设项目专篇编列的设计文件(环境保护、职业安全卫生、消防、节能),以及液体混合器、换热器、干燥器、蒸馏和吸收、反应器、压缩与膨胀等化工设备的工艺计算和物化数据。下册内容包括管道设计,设备及仪表选型两篇,主要介绍管道布置,金属管道与管件,非金属管道与管件,设备和管道绝热设计,材料,以及化工用泵、离心机和过滤机、空气压缩机和制冷机、固体物料搬运和粉碎、几种常用设备系列、工业仪表、电机与照明、常用减速机(器)和附件、实验室用仪表、采暖通风和空调等设备的作用原理、结构种类、产品规格和性能说明。第二版在 1989 年版本基础上作了较大的修订和增删,其中化工单元设备的工艺计算和计算机应用为新增加内容,并全面

修订过时的标准、产品,采用法定计量单位,对前版的篇章结构也作了适当调整。(郭燕)

T000364 **橡胶塑料机械产品样本** 机械工业部编。机械工业出版社 1996 年 4 月版。306.1 万字。178.00 元。主要分橡胶塑料两用设备、橡胶加工设备、塑料机械、橡胶塑料机械模具与备件等 4 大类,按各类产品的具体规格型号分别列出了其用途、主要技术规格、外形尺寸、安装尺寸、生产厂家等内容。(沈红)

T000365 **160 种实用化工产品配方与制造** 陈三斌编著。金盾出版社 1996 年 11 月版。28.9 万字。12.00 元。收载护肤美容制剂、口腔卫生用化学品、发用化妆品、工业清洗剂、家用洗涤剂、涂料、胶粘剂、表面处理用化学品、食品加工用化学品、保鲜防霉制剂、农用化学品、农药和杀虫剂、家用化学方剂、皮革及织物助剂、塑料和树脂化学品、电镀化学品、建材化学品、光亮剂、纸张化学品、文教用品、摄影用化学品等共 21 大类 160 种化工产品,对每一种产品的特点、用途、原材料、配方、制备及使用方法均作了阐述。(金家麟)

T000366 **实用化学品配方手册** 宋小平、韩长日等著。四川科学技术出版社 1996 年 3 月版。40 万字。19.80 元。"乡镇企业技术丛书"之一。是从 1992 年～1994 年国内外公告的专利资料和研究成果中,挑选出 700 余例精细化工产品。内容除有各生产部门需用的胶粘剂、油漆与涂料、表面活性剂、清洗剂及人们日常生活需用的美发美容化妆品及其他实用化学品外,而以皮革和纺织等工业部门需用的合成染料为主要内容。对配方及用量、配制方法和使用方法作了阐述。(洪荣泽)

T000367 **无机盐工业手册(上、下册)** 天津化工研究院等编。化学工业出版社 1996 年 6 月版。238.7 万字。154.00 元。讲述无机盐工业的生产原理、生产设备、生产原料、生产工艺和方法。介绍了 1 200种无机盐产品,其中包括:产品性质、用途、生产方法、主要制法、流程、技术经济指标及物化数据。手册之末还附有中文、英文、分子式索引;生产厂家产品和通讯录。手册分上下两册。上册包括通论和各论两部分,在通论中讲述了生产原料、设备、工艺方法、生产原理等;在各论中对 360 种无机盐产品作了详细介绍。下册包括各论(续),附录和索引。在各论中介绍了 500 种无机盐产品的性质、用途、生产方法、技术经济指标及物理化学数据等。此外还以表格形式简明介绍了 370 种无机盐产品。附录中介绍了无机盐生产中的三废治理;常用计量单位及其换算;金属氢氧化物沉淀的 pH 值及无机盐生产中常见离子的离子半径;国内、外主要无机盐生产企业。书末有中文索引、分子式索引和英文索引。(郭燕)

T000368 **磷化工研究新进展** 廖华书、王励生著。成都科技大学出版社 1996 年 10 月版。38.6 万字。30.00 元(精装)。收载四川联合大学磷复肥及磷酸盐研究室成立 30 多年以来的科研论文 44 篇(图 154 幅)。科研课题涉及磷矿、湿法磷酸、磷酸盐、磷复肥和饲料添加剂磷酸氢钙等内容。其中大部分课题已通过有关方面的鉴定,其研究成果在生产中得到实际应用。作者的工作和成果包括基础研究、过程研究、工程开发研究、基础设计、模型试验、中间试验及工业性试验等实际生产活动。分 9 个部分。第一部分磷矿(论文 9 篇):针对我国磷矿中镁元素含量高的特点,主要对如何降镁、脱镁进行了研究。第二部分湿法磷酸(论文 4 篇):对用湖北黄梅磷矿按双槽半水物法制取磷酸和用金河磷矿按半水-二水物法制高浓度磷酸,以及对磷酸的脱氟试验进行了研究。第三部分硝酸磷肥(论文 3 篇):提出了硫酸循环法制硝酸磷肥的新工艺,对如何用中品位昆阳磷矿制硝酸磷肥及对硝酸分解磷矿的动力学进行了研究。第四部分磷石膏转化制硫酸铵(论文 5 篇):对用磷石膏生产硫酸铵进行了研究。第五部分饲料级磷酸氢钙(论文 9 篇):对万吨级饲料磷酸氢钙生产装置进行了开发研究,对 3 万吨/年磷铵装置联产 1 万吨/年饲料磷酸氢钙进行了可行性探讨。第六部分应用基础理论研究(论文 8 篇):研究的内容属反应热力学、动力学及结晶化学的范围。第七部分其他磷酸盐(论文 3 篇):其品种为磷锌白、食品级磷酸氢钙和磷酸脲。第八部分磷石膏的再利用(论文 3 篇)。第九部分其他(论文 2 篇)。上述论文总结了作者们历年来的工作和成果,反映了我国磷化工事业的进展和动态。(葛人仪)

T000369 **功能电极材料及其应用** 刘业翔编著。中南工业大学出版社 1996 年 11 月版。23.2 万字。介绍功能材料的基础理论、有关功能电极材料的性能与制备工艺,电极材料的改性以及它们在氯碱工业、湿法冶金、熔盐电解、水电解制氢与有机电化学合成工业中的应用。

T000370 **电镀工操作技能与考核(中级工适用)** 机械工业部统编。机械工业出版社 1996 年 1 月版。33.7 万字。16.00 元。为"机械工人操作技能培训教材"之一。共 17 个课题和 20 个考核实例。课题1为常用电镀挂具及辅助极的设计，介绍了常用挂具、辅助极的设计与使用以及挂具和辅助极组合应用实例；课题2至课题5、课题7至课题10，分别介绍了镀锌、镀铜、镀镍、镀铬、镀锡、镀银、镀金和电镀合金操作，介绍了该镀种的常用电镀方法、镀液配方、操作条件和注事事项以及常见电镀故障与排除方法等；课题12、13分别介绍了钢铁工件的氧化、磷化操作和铝及铝合金工件的阳极氧化与着色操作用的溶液配方和工艺规范；课题14介绍了刷镀用的设备、工件刷镀前的表面处理、刷镀工艺参数选择与控制以及钢铁工件的刷镀操作；课题15、16分别介绍了镀层、氧化膜和磷化膜的检测方法、所有设备、检测操作及注意事项等；课题17为电镀废水的治理，介绍了电解法处理含氰废水、离子交换法处理含铬废水、气浮分离法处理混合废水；课题6和课题11为两个工艺分析能力训练课题，通过这两个课题训练，可进一步了解和掌握镀液的故障诊断与排除方法。此外，本书还编有考核实例20题，此题结合生产实际，并照顾到不同产品的生产企业和不同地区情况。（崔世荣）

T000371 **人造金刚石生产工艺与理论** 林铭西著。广西师范大学出版社 1996年7月版。30.4万字。20.50元。以热力学理论为基础，围绕生产金刚石过程的工艺条件和形成机理两个中心内容，将人造金刚石生产的全过程中最佳工艺条件的确定及控制方法和理论结合起来，进行讨论；并对某些有实际意义的关键性问题做了分析研究。本书对近几年来发展的化学气相沉积金刚石方法也做了介绍与评述。全书以作者长期生产实践经验为基础，提出成熟的经验方法、工艺规律，并以作者对问题的思考方法为重点进行阐述。（于诗藻）

T000372 **合成金刚石的研究与应用** 方啸虎编著。地质出版社 1996年8月版。45万字。30.00元。作者从人造金刚石研制的实践出发，将人造金刚石工艺与人造金刚石钻探技术有机地结合起来，论述了人造金刚石单晶，人造金刚石烧结体和复合体，人造金刚石钻头与钻探，人造金刚石有关的其他技术问题；介绍了人造金刚石各类地质钻头、超硬材料及其他人造金刚石制品等。书后附有超硬材料产品水平的评价与分析研究报告、国家重点超硬材料及其新产品开发指南、人造金刚石单晶钻头色谱及部分优质多品种钻头和扩孔器介绍等。（郁秀荣）

T000373 **聚合物共混改性** 吴培熙等编著。中国轻工业出版社 1996年2月版。61.8万字。45.00元。是1984年版的《聚合物共混改性原理及工艺》的修订版。书中系统论述了聚合物共混改性的基本原理：聚合物之间的相容性，聚合物共混物的形态结构、力学性能，聚合物熔体的流变性能、透气性和可渗性，聚合物共混物的密度以及电学、光学、热性能；聚合物共混物的制备方法及相关设备；增容理论和应用；同时分别介绍了聚乙烯、聚丙烯、聚氯乙烯、聚苯乙烯系列、聚酰胺、聚碳酸酯、聚对苯二甲酸脂、聚苯醚、聚苯硫醚、氟树脂、环氧树脂、酚醛树脂等十余类，数十种聚合物共混改性物的开发与最新进展；还介绍了新型聚合物共混物——互穿网络聚合物。（赵红玉）

T000374 **英汉·汉英高分子词汇** 黄葆同主编。化学工业出版社 1996年1月版。51.9万字。25.00元。收载英汉、汉英对照的高分子词汇约30 000条，收词范围包括高分子化学、高分子物理、高分子加工与制品、天然高分子、生物高分子、功能高分子、高分子复合材料、高分子共混材料、高分子检测技术等方面。（郭燕）

T000375 **常用塑料配方集** 杨丽、王惠琼等编。化学工业出版社 1996年6月版。20.2万字。14.00元。主要包括聚乙烯、聚丙烯、氯化聚乙烯、聚苯乙烯、聚氯乙烯、聚碳酸酯、聚酰胺、热塑性聚酯、酸氨酯等合成树脂的改性配方，产品涉及薄膜、发泡制品、阻燃制品、电缆及其他产品。每个配方都有工艺条件和物性测试数据，对商品和牌号进行了说明。本书第一版列选了214个配方，本版增补了297个配方，共511个配方。（郭燕）

T000376 **最新塑料成形工艺与模具** 王旭编著。上海科学技术出版社 1996年6月版。29.5万字。12.40元。共9章，包括精密注塑模具、特种注塑模具、整体模塑成形模具、反应注射模具、高技术吹塑模具、热成形模具、发泡成形模具、粉末成形模具和塑料模 CAE、CAD、CAM 等。（陈国铃）

T000377 **塑料挤出** ［德］Chris Rauwendaal著，陈文瑛等译。中国轻工业出版社 1996年11月第二版。66.6万字。47.00元。译自 Chris Rauwendaal著的 Polymer Extrusion。书中分挤出机械、基本理论、实际应用3篇，阐述了挤出理论如何应用于挤出机的螺杆设计、模头设计、塑料加工过程，以及加工过程中故障分析及排除等实际问题。（赵红玉）

T000378 **合成树脂和塑料牌号手册（上、下册）** 张知先主编。化学工业出版社 1996年6月版。269.3万字。111.00元。取材于1989年以来国内外期刊产品说明书及其他有关资料,收集了世界上近50个国家和地区2000余家公司、厂商的4万多个牌号产品的特性、用途。上册涉及高、中、低密度聚乙烯,甚低、超高分子量聚乙烯、聚丙烯,其他聚烯烃,聚氯乙烯、聚酰胺类,包括共聚物、共混、交联、氯化改性物等产品。下册包括32个国家和地区近20000种合成树脂和塑料的牌号。品种有聚苯乙烯(PS)及其共聚物、(ABS、AS)、丙烯酸类树脂及其共聚物(PAA、PMMA等)、聚碳酸酯(PC)、聚甲醛(POM)、热塑性聚酯(PETP、PBTP)、聚砜(PSU)、聚醚砜(PFS)、聚苯醚(PPO)、聚醚醚酮(PEEK)、聚苯硫醚(PPS)、聚四氟乙烯及其共聚物(PTFE、FEP、PFA、PVDF、PCTFE、E/TFE)、聚氨酯(PU)、不饱和聚酯树脂(UP)、环氧树脂(EP)、酚醛树脂和塑料(PF)、脲甲醛树脂和塑料(UF)、三聚氰胺甲醛树脂和塑料(MF)、聚酰亚胺(PI)、有机硅树脂、液晶聚合物(LCP)、EVOH树脂、纤维素树脂、离子交换树脂、聚偏二氯乙烯(PVDC)类等。书中对各种牌号的树脂性能、特点和用途均有介绍。(郭燕)

T000379 **实用化学配方手册** 韩长日等编。四川科学技术出版社1996年5月版。26万字。12.60元。为"乡镇企业技术丛书"之一。以无机化工产品为主要内容,简述了无机化工品种的分子量、分子式后,分述了其理化性质、主要用途、生产方法、原料配方、生产工艺,有的列出了质量指标、注意事项。玻璃钢和有机香料的制造,是本分册另一新内容,分别介绍了不饱和聚酯、环氧树脂、酚醛树脂、新酚树脂和呋喃树脂等玻璃钢,醇类、醛酮类、烷烯类、醚酯类等有机香料的生产原理,原料配方,配制工艺等。(洪荣泽)

T000380 **聚氯乙烯生产与加工应用手册** 蓝凤祥、柯竹天等编著。化学工业出版社1996年1月版。61.8万字。38.00元。有12章,前3章论述90年代世界聚氯乙烯工业概况,分析氯乙烯单体与树脂的产、供、销及市场趋势。第四章至第九章重点介绍国外单体合成和聚合新工艺,并进行技术经济评价,分20类介绍36种性能优良的PVC专用树脂;从耐热、阻燃、透明等22个方面介绍PVC合金及配料技术,并提供大量新配方。最后两章介绍各国有关标准、企业商品牌号和规格,PVC工业国内外差距和对策。并附有世界PVC工业大事记。(郭燕)

T000381 **塑料工业实用手册(上、下册)** 丁浩主编。化学工业出版社1996年3月版。364.4万字。150.00元。分上下两册共7篇,上册2篇35章:第一篇涉及塑料及塑料原材料,阐述各种合成树脂的特征、性能、加工和应用,国内产品标准、产品质量指标,国外商品名和生产厂;介绍塑料用添加剂的作用和品种,塑料使用环境及加工条件对配方的要求和配方设计。第二篇的前7章阐述加工原理,熔体的流变行为、加热与冷却、干燥和运输等技术原理,并阐述塑料共混、填充、增强、复合的原理和国内外发展水平。第二十～三十五章分章阐述热塑性和热固性塑料的成型加工工艺,即介绍传统成型工艺和经验数据,又阐述新近引进的先进成型工艺设备和加工技术。下册5篇24章:塑料机械与电器篇计4章,介绍塑料机械维修和电器控制;产品设计篇计7章,阐述塑料制品设计基础和各种成型工艺的制品设计;模具设计篇计6章,阐述模塑、注塑、挤出、吹塑模具的设计,CAD/CAM/CAE的应用;质量控制篇计4章,介绍塑料性能测试,并列出有关标准;塑料工厂设计与塑料回收篇计3章,叙述设计方法与程序、车间工艺和非工艺设计、塑料回收与再生。此外还有塑料常用缩略语、塑料原材料生产厂一览表、塑料性能综合表等附录。(郭燕)

T000382 **塑料技术标准手册——树脂·制品·试验方法** 厉蕾、左逢兴等编。化学工业出版社1996年5月版。265.8万字。145.00元。共收集了现行最新有关塑料的国家标准、行业标准及部分企业标准,总数共433个。内容包括各品种合成树脂与塑料制品的技术要求、试验方法及其标准以及检验规则等。书末还附有作废标准和现行标准对照表。(郭燕)

T000383 **橡胶工业手册** 谢遂志、王梦蛟等主编。化学工业出版社1996年6月第二版。1849.1万字。764.80元。修订版增加了第十二分册,专门介绍技术管理的内容。全书采用了我国1984年2月公布的法定计量单位,并附有原计量单位和法定计量单位之间的换算关系。修订后,由原来9个分册增订为12个分册:生胶与骨架材料;配合剂;配方与基本工艺;轮胎;胶带;胶管与胶布;工业橡胶制品;生活橡胶制品和胶乳制品;试验方法;橡胶机械(上、下册);工厂设计;标准与文献;技术经济。(郭燕)

T000384 **钱宝钧教授学术论文选集** 中国纺织大学出版社1996年4月版。74.7万字。45.00元。精选钱宝钧教授发表在国内外各种学术期刊及国际学术会议录中的具有代表性的学术论文,其中第一至第五篇反映了钱宝钧教授在90年代在大分子缠结这一领域的重大学术成果,开创了大分子缠结实验研究的新途径，提出了开创性见解以及应用前景。第六至第十六篇反映了钱宝钧教授在化学纤维结构、性能、成形理论以及高聚物及纤维的热分析方法等领域所做的基础研究工作。第十九至第二十篇是钱宝钧在创建化学纤维学科初期的研究成果。第二十一和第二十二篇是钱宝钧应用光学的方法在纤维学科的研究中所作出的学术成果。（曹继正）

T000385 **纤维素科学** 高洁等主编。科学出版社 1996 年 10 月版。42.1 万字。38.00 元。“高分子科学丛书”之一。共 13 章，第一章总论介绍纤维素的来源和植物纤维细胞的超微结构。第二至四章分别介绍纤维素的分子结构、聚集态结构和化学反应。第五至七章分别介绍纤维素酯类、醚类、混合酯和混合醚类。第八至十一章分别介绍纤维素的接枝共聚、交联、溶胶和降解。第十二、十三章介绍半纤维素和木质素。（总编室）

T000386 **煤制活性炭及污染治理** 曹玉登著。中国环境科学出版社 1996 年 2 月版。23.8 万字。12.50 元。根据目前国内外活性炭生产的状况和发展趋势，本书从煤制活性炭的特点、性质、用途、生产工艺、设备及操作方法等方面作了全面介绍。针对活性炭工厂普遍存在的问题侧重阐述了活性炭的各种再生回收技术，及环境污染治理措施方面的内容。书中还对国内外部分先进工艺、设备和实际生产中几项行之有效的技改措施作了简要说明。（周煜）

T000387 **粘合与密封材料** 张开主编。化学工业出版社 1996 年 6 月版。36.2 万字。25.00 元。共 13 章，首先介绍粘合与密封材料通性的定义、分类、材料的基本组成和配方原则以及国民经济和科技的关系；然后分建筑、包装、木材、电子、交通运输、纺织、航空与航天、机械、制鞋等主要工业部门和耐高温、耐烧蚀、耐低温、光学、生体材料等高新技术结合基本概念、主要要求、研究概况、材料组成及配方和实际应用举例进行系统介绍。（郭燕）

T000388 **木材工业实用大全·胶粘剂卷** 夏志远等编著。中国林业出版社 1996 年 5 月版。56.5 万字。70.00 元。除概说外有脲醛树脂胶粘剂、酚醛树脂胶粘剂、聚醋酸乙烯酯乳液、异氰酸酯和聚氨酯胶粘剂、单宁胶粘剂、淀粉胶粘剂、热熔胶粘剂、氯丁橡胶类胶粘剂、天然蛋白胶粘剂；制胶设备、胶粘剂主要原料的质量指标及测定方法、树脂及胶粘剂的测试方法、木材胶合的耐久性能、仪器分析及其在木材胶粘剂方面的应用等章。阐述了国内木材胶粘剂主要品种以及制造工艺和性能。介绍了胶粘剂主要原料（13 种）的质量要求及其检测方法和胶粘剂产品质量检验方法。此外，介绍了仪器分析技术及其应用。（夏志远）

T000389 **小氮肥厂生产分析规程** 中国氮肥工业协会组织编写。化学工业出版社 1996 年 9 月版。65.5 万字。38.00 元。是 1982 年《化工部“小氮肥厂生产分析测定规程”(试行)》的修订版。共 9 章，从小氮肥生产的原材料、成品、生产控制、生产测定、生产中排放物以及环境中有害物质的监测等方面介绍国内、外先进、快速的标准分析方法和操作规范。同时介绍了分析方法的基础知识和基本操作，书末附有分析工作中常用数据表及单位换算等。（郭燕）

T000390 **英汉·汉英化学化工词汇（汉英部分）** 化学工业出版社组织编写。化学工业出版社 1996 年 6 月版。178 万字。75.00 元。共收词 76000 余条，主要包括化学化工各学科和各专业中最常见的基础词、常用词、重要词和新词。一些罕用语、古语和已废除的旧用名均未选入本书。词汇中科技术语的中译名按照全国自然科学名词审定委员会推荐和公布的名称进行统一，工业名称尽量与国家标准或部颁标准取得一致。本词汇重点放在两种文字的对应释义，而不解决定义、概念及应用方面的问题，这类问题留待释文的词典去解决。词汇的编纂目的在于用作翻译的工具。因此，本书没有收入大量而又繁琐的化学结构式及分子式，以节省篇幅。（郭燕）

T000391 **实用小化工生产大全（第一卷）** 副名：无机化工产品·复混肥料·农药·兽药。《实用小化工生产大全》编委会组织编写，潘长华主编。化学工业出版社 1996 年 9 月版。96.5 万字。55.00 元。为适应乡镇企业办好小型化工厂的需要而编辑出版的《实用小化工生产大全》拟分为 4～5 卷出版，1～4 卷以介绍化工产品为主。第五卷则主要介绍化工生产中的重要综合性技术课题和管理方法。本书是第一卷。书中除阐述无机化工产品、复混肥料和微量元素、农药、兽药等有关技术知识外，主要是按品种分述其性质、用途、生产方法、原材料及动力消耗指标、产品质量标准以及安全与环保等。选择的产品品种大都是生产技术成熟可靠、乡镇企业（甚至个人）有能力组织生产、生产规模较小而经济效益较好的。（郭燕）

T000392 **涂料工艺（增订本）** 陈士杰、虞兆年等主编。化学工业出版社 1996 年 3 月版。272.5 万字。180.00 元。是在 1976 年出版的《涂料工艺》的基础上重新增订编写的新版本。共 6 个分册，一、四、五分册已于1994年出版。第一分册主要介绍油基树脂漆、生漆、沥青漆、醇酸树脂漆、氨基树脂漆、纤维素漆、乙烯树脂漆的原料、配方、反应机理、生产工艺、性能、应用等。第二分册主要介绍丙烯酸酯漆、不饱和聚酯漆、乳胶漆、聚氨酯漆、环氧树脂漆的原料、配方、反应机理、生产工艺、性能和应用。第三分册主要介绍色漆用原材料、色漆配方、色漆制造、色漆质量控制、色漆施工涂膜病态产生原因与预防措施。第四分册主要介绍橡胶漆、水溶性树脂漆、电沉积涂漆、有机硅涂料和粉末涂料。第五分册主要介绍防锈和防腐蚀涂料、船舶涂料、电工绝缘涂料、家用电器及自行车涂料、塑料用涂料、预涂卷材涂料这6类常用专业涂料的生产和使用。第六分册按4个专题论述。涂料施工部分除介绍物体表面处理涂布方法、涂膜干燥外，还介绍典型的涂料加工工艺。涂料性能测试包括涂料产品的检测、涂膜性能的检测和涂料、涂膜的组成分析。涂料生产设备重点介绍树脂、漆料和清漆、色漆生产设备。涂料工厂设计主要介绍工厂总体设计、涂料生产装置设计和工程项目的经济评价。(郭燕)

T000393　**现代涂料的生产及应用**　李肇强编著。上海科学技术文献出版社1996年2月版。34.4万字。20.70元。从原料、生产过程、性能测试、施工应用等方面介绍了涂料的生产，施工应用。(总编办)

T000394　**涂装工操作技能与考核(中级工适用)**　机械工业部统编。机械工业出版社1996年4月版。39.3万字。18.00元。为"机械工人操作技能培训教材"之一。内容包括：涂装施工前的估工、估料；常用涂装生产线设备、工具；涂装前表面预处理；表面预处理工艺分析能力训练；高保护、高装饰性涂层的涂装；产品涂装工艺分析；涂料与涂层疵病的防治及其工艺分析；涂装工艺实例；涂料与涂层的质量检测；涂装过程中的环保治理等，以及考核实例。(俞逢英)

T000395　**香料概论——香料、调配、应用**　孙宝国、何坚编著。化学工业出版社1996年7月版。48.6万字。28.00元。包括香精生产所用的香料、调配和应用3部分内容。介绍了天然香料52科，150多种，合成香料13类，270多种。在对香精的组成、香精的分类、香精的配制、香精的生产作了阐述的同时，还介绍了400多种香精配方。(郭燕)

T000396　**新化妆品学**　[日]光井武夫主编，张宝旭译。中国轻工业出版社1996年4月版。72万字。90.00元。分3个部分，第一部分是化妆品概论，简要论述人类化妆的目的、意义和化妆品的分类。第二部分是化妆品科学的总论，首先论述了皮肤、头发、指甲的构造和生理功能，化妆品和皮肤、毛发、指甲的关系，详细叙述了构成现代化妆品原料和辅料的质量要求，以及化妆品和香料、化妆品与药物的关系和作用。第三部分是化妆品科学的各论，列举了6大类化妆品的功能特点、主要成分和制造方法。(劳国强)

T000397　**微生物工程工艺原理**　姚汝华主编。华南理工大学出版社1996年3月版。64.6万字。28.00元。内容包括菌种与种子扩大培养、培养基及其制备、发酵机理、发酵动力学等。(张巧巧)

轻工业、手工业

T000398　**轻工业技术装备手册(第1卷)**　中国轻工总会编。机械工业出版社1996年1月版。260.9万字。153.00元。内容分3篇：轻工业技术装备工业概论、制浆造纸设备、烟草加工设备。概论包括轻工业技术装备工业生产简史及展望、行业生产基本情况、产业结构、引进情况。制浆设备包括木材备料、非木纤维材料备料、废纸回用、磨石磨木浆、盘磨机械浆、化学浆蒸煮、洗涤与浓缩、漂白、纸浆筛选、商品浆等设备，制浆后的酸碱回收和废水处理设备；造纸设备包括浆料输送贮存、打浆、供浆设备，造纸机、纸板机及其附属设备、系统，整饰和纸加工设备。烟草加工设备包括打叶复烤设备，烟丝生产设备，烟丝、梗丝膨胀设备，滤棒的成形和输送设备，卷制、接装、装卸盘设备，包装设备，烟草薄片设备，检测仪器等。主要介绍相应行业的工艺流程、生产线分类及选择、设备组成、设备功能用途、分类型谱、结构原理、技术参数、设计计算、造型原则、控制系统与配套设备、安装调试、使用维修及发展趋势等内容。(沈红)

T000399　**轻工业技术装备手册(第2卷)**　中国轻工总会编。机械工业出版社1996年10月版。406.5万字。190.00元。内容分5篇：陶瓷制品生产设备、玻璃制品生产设备、电光源制品生产设备、自行车生产设备、钟表生产设备。陶瓷制品生产设备包括陶瓷原料制备机械设备，成形机械设备，烧成设备、施釉和装饰机械设备，检测、控制和实验室机械设备，附属专业设备。玻璃制品生产设备包括配合料制备设备，瓶罐制品成形设备，保温瓶瓶胆生产设备，玻璃器皿制品生产设备。电光源制品生产设备包括灯用钨钼材料、金钢石拉丝模、灯用玻璃半制品、半透明氧化铝管、荧光粉和电子粉、灯用吸气剂及释汞吸气剂、灯头、灯丝、导丝生产设备,喇叭机、芯柱机及绷丝机,普通照明灯泡、汽车灯泡、卤钨灯、装饰灯、荧光灯、高压钠灯、高压汞灯、金属卤化物灯、氖氩辉光灯生产设备,以及灯具附属部件生产、灯具检测设备。自行车生产设备包括自行车各零部件生产设备,自行车涂漆、电镀设备。钟表生产设备包括钟表、定时器的元件、外观件生产设备及检测仪器。主要介绍相应行业的主要工艺流程、生产线分类及选择、设备组成、功能用途、分类型谱、结构原理、技术参数、设计计算、造型原则、控制系统与配套设备、安装调试、使用维修及发展趋势等内容。(沈红)

T000400 **轻工业技术装备手册(第4卷)** 中国轻工总会编。机械工业出版社 1996 年 3 月版。351.9 万字。180.00 元。内容分 4 篇:日用化工设备、包装设备、塑料加工设备、家用电器生产设备。日用化工设备包括洗涤用品生产设备,如粉状合成洗涤剂、香皂、洗衣皂、甘油、油脂高压连续水解、裂解法烷基苯、热法三聚磷酸钠、湿法三聚磷酸钠、天然高级醇生产设备;火柴生产设备;干电池生产设备;油墨行业技术设备。包装设备包括计量充填机械、封口机械、容器成形-充填-封口机械、裹包机械、真空包装机械、捆扎机械、集装机械、包装装潢印刷机械、钢桶制造设备。塑料加工设备包括塑料成形准备设备、塑料加工成形设备、塑料二次加工成形设备、其他塑料加工设备。家用电器生产设备包括家用冰箱、房间空气调节器、制冷压缩机、家用洗衣机、电风扇、真空吸尘器、电熨斗、电饭锅等生产设备。主要介绍相应行业的主要工艺流程、生产线分类及选择、设备组成、设备功能用途、分类型谱、结构原理、技术参数、设计计算、造型原则、控制系统与配套设备、安装调试、使用维修及发展趋势等内容。(沈红)

T000401 **轻工业技术装备手册(第6卷)** 中国轻工总会编。机械工业出版社 1996 年 8 月版。173.1 万字。120.00 元。内容分 4 篇:五金制品生产设备,文教、体育、办公及其他日用品生产设备,工艺美术品生产设备,衡器。五金制品生产设备包括制锁、铝制品、桅灯、剃刀、打火机、发夹、电筒、电珠、拉链、铸锅、手缝针、刀剪、厨房用具、工具五金生产设备,五金制品检测设备。文教、办公用品生产设备包括制自来水笔、圆珠笔、铅笔、活动铅笔生产设备,笔类通用零件加工设备,笔类专用检测仪器,墨水生产设备,打字机生产设备。文教用品包括文教针、速印机、号码机、绘图仪器、打字蜡纸、复写纸、打字色带、卷笔刀等生产设备。体育用品生产设备包括扑克牌、乒乓球、羽毛球、网球、气枪、冰刀、钓鱼竿等生产设备。工艺美术品生产设备包括各种地毯加工设备,多头刺绣设备,抽纱刺绣加工设备,烟花炮竹加工设备。衡器包括各种机械、电子秤及特种秤和称重传感器、显示器,衡器的检测及其器具。主要介绍相应行业的主要工艺流程、生产线分类及选择、设备组成、设备功能用途、分类型谱、结构原理、技术参数、设计计算、控制系统与配套设备、安装调试、使用维修及发展趋势等内容。(沈红)

T000402 **产业用纤维及纺织品** 晏雄、肖建宇著。中国纺织大学出版社 1996 年 10 月版。24 万字。15.00 元。从纤维、织物的性能要求及基础理论,到产业用纤维、纺织品制造、加工技术的特殊要求,以及其具体应用的领域和国外目前使用的现状、未来的展望等,介绍了产业用纺织品制造、应用的情况。(俞丽琮)

T000403 **纺织机械设计原理** 陈人哲、陈明等编。中国纺织出版社 1996 年 6 月第二版。74.2 万字。47.00 元。分上、下两册,上册为纺纱机械设计原理,下册为织机设计原理。上册分别叙述开清棉机械、梳棉机、牵伸机构、卷绕机构、气力输送设备以及细纱机的总体设计,着重介绍设计基本原理、基本知识和计算方法。下册分别叙述了织机的开口机构、打纬机构、引纬机构、送经卷取机构、传动系统的设计原理以及织机的总体设计,着重介绍设计基本原理、基本知识和计算方法。(王颖)

T000404 **远红外保健纺织品** 姚鼎山编。中国纺织大学出版社 1996 年 9 月版。3.75 万字。10.00元。分 5 个部分。主要介绍红外的基本知识,红外的生物效应,远红外纺织品的基本特点,远红外保健纺织品的选择和应用,远红外保健纺织品及其适应症等。(张益储)

T000405 **纺织品标准汇编 1995** 中国纺织总会科技发展部标准处编。中国标准出版社 1996 年版。653 万字。304.00 元。共汇集纺织品标准 401 个。其中棉纺织标准 130 个,毛纺织标准 59 个,麻纺织标准 39 个,丝纺织标准 45 个,化纤标准 61 个,服装标准 49 个,针织标准 18 个,分 5 册出版:棉纺织(一);棉纺织(二)(包括衬布,帘子布,帆布,金属化纺织品,巾被,线带等);毛、麻纺织;丝纺织、化纤;服装、针织。5 册均附有截止到 1995 年 9 月底的纺织工业标准目录。(徐莲珍)

T000406 **织物词典** 《织物词典》编辑委员会员编。中国纺织出版社 1996 年 8 月版。74.5 万字。65.00元。收入古今中外服装、装饰和产业用各类织物词目 2 300 余条,插图 130 余幅。释文包括简明定义、名称由来、织物风格特征、原料、织物组织、主要结构参数、生产工艺特点和用途等。收词以现代织物为主,兼收有价值的传统织物。本书除按笔划编目外,还编有分行业的词目分类索引和词目英文索引。(管杰兴)

T000407 **禁用染料及其代用** 陈荣圻、王建平编著。中国纺织出版社 1996 年 3 月第二版。39.3 万字。36.00 元。第二版保持第一版原有框架,内容作了大量的调整。书中补充了新的有关环保法规;调整了禁用染料品种,增加了大量代用染料和其他环保染料及其性能的介绍;对所有禁用染料及代用染料列举了分子结构式,通过对禁用染料的合成与还原分解过程的分析,使读者很容易了解哪些染料属禁用之列,加强了说理性;印染助剂对生态和环境的影响,提出了更高和切合实际的要求,并提供了大量环保型助剂;在纺织生态与毒物监测的分析技术方面增加了可操作性和最新公布的检测方法。(黄崇芬)

T000408 **合成纤维着色技术** 吴立峰等编著。中国石油化学工业出版社 1996 年 1 月版。14.7 万字。6.50 元。以纺前着色和共混改性法为基础,详细阐述着色纤维的主要方法、生产着色纤维的原理、生产工艺、生产设备及各种着色纤维的应用。为"差别化纤维丛书"之一。(赵怡)

T000409 **最新染料使用大全** 《最新染料使用大全》编写组编。中国纺织出版社 1996 年 8 月版。294.2 万字。195.00 元。分两大部分,第一部分介绍各染料的染色、印花工艺,尤其是节能新工艺和符合环保标准的新工艺;第二部分介绍各类染料品种,尤其是近年来新研制的新染料和禁用染料。(戴超)

T000410 **食品风味化学** 丁耐克编著。中国轻工业出版社 1996 年 11 月版。32.2 万字。26.00 元。归纳了当前有关味感和嗅感理论,重点阐述了食品风味的化学本质及其变化机理,介绍了各类典型食品的特征风味成分,并设专章讨论食品香料和食品调香味的原则及方法。(朱玲)

T000411 **食品添加剂手册** 中国食品添加剂生产应用工业协会编著。中国轻工业出版社 1996 年 12 月版。120 万字。120.00 元。分总论、各论和附录 3 部分。总论简述食品添加剂的定义、发展概况、品种和分类以及食品添加剂的利弊权衡和安全使用等。各论分别介绍我国许可使用的双类食品添加剂:酸度调节剂、抗结剂、消泡剂、抗氧化剂、漂白剂、膨松剂、胶姆糖基础剂、着色剂、护色剂、乳化剂、酶制剂、增味剂、面粉处理剂、被膜剂、水分保持剂、营养强化剂、防腐剂、稳定和凝固剂、甜味剂、增稠剂、其他及香料的名称、编码、化学结构、性状、制法、质量标准、鉴别方法、毒理学依据和使用等。附录收集了我国新近颁布的有关法规、食品添加剂标准、1995～1996 年我国许可使用的食品添加剂新品种、FAO/WHO 食品法典委员会及美国 FDA 新近公布的食品添加剂品种名单及中英文索引。(熊慧珊)

T000412 **畜产品加工名词术语标准** 农业部畜牧兽医司、中国畜产品加工研究会编。中国农业出版社 1996 年 5 月版。14 万字。9.90 元。分乳品、肉品、蛋品、综合利用和羽绒毛皮等 5 大部分,科学规范畜产品加工名词术语 700 余条。对名词术语的含义、适用范围、营养参数含量和专业分类等作了科学规定,有的词条还简单介绍了其制作方法或工艺、主产地,以及国别之间的异同。每个名词术语都附有英文。书末按笔画顺序附有中文索引。(刘振生)

T000413 **蔬菜水果脱水干燥技术** 赵元藩著。云南科学技术出版社 1996 年 5 月版。15 万字。12.00 元。介绍蔬菜水果干燥的原理、基本方法、常用设备以及常见蔬菜、水果和食用菌的具体脱水干燥方法等。(史青)

T000414 **酿造酒工艺学** 顾国贤主编。中国轻工业出版社 1996 年 12 月第二版。79 万字。50.00 元。分 3 篇:第一篇啤酒工艺学,主要介绍啤酒酿造的原料、麦芽制备、麦芽汁制备工艺、啤酒发酵、成品啤酒、啤酒工厂三废治理和副产物利用等内容;第二篇葡萄酒工艺学,主要内容有葡萄原料、葡萄酒酵母、葡萄酒发酵前的准备工作、红葡萄酒生产工艺、白葡萄酒生产工艺、桃红葡萄酒生产工艺、山葡萄酒生产工艺、苹果酸-乳酸发酵、葡萄酒的贮存管理、世界著名的特种葡萄酒、葡萄酒的稳定性与病害、葡萄酒的再加工、葡萄酒的成分、葡萄酒副产物的综合利用等;第三篇黄酒生产工艺学,主要由原料和辅料、原料的处理、糖化发酵剂的制备、发酵、压滤、澄清、煎酒和贮存、黄酒生产的综合利用、黄酒生产的物料平衡及生产计算、清酒等章组成。(李炳华)

T000415 **低度白酒生产技术** 沈怡方等编著。中国轻工业出版社 1996 年 7 月版。29.2 万字。30.00 元。收集了近几年来低度白酒的有关科研成果，总结了作者数十年酿酒实践的丰富经验。从各种香型的高度酒生产简介起，重点介绍了基酒质量的提高，固态法蒸馏，白酒的香气成分，白酒中的异杂味及解决措施，稀释降度用水，除浊方法，贮存老熟以及勾兑调味等低度白酒的生产工艺。（唐是雯）

T000416　**软饮料工艺学**　潘太安著。宁夏人民出版社 1996 年 8 月版。58.3 万字。21.60 元。收集了近 10 年来国内外软饮料生产方面的最新成就，反映了 90 年代的工艺水平。在介绍软饮料工业一般技术及原辅料、营养学特性、添加剂和微生物学的基础上，详尽地论述了工艺学所涉及的基本理论、生产工艺及现代软饮料加工机械与设备。具体内容包括：绪论、饮料用水与水处理、软饮料常用的原辅材料、饮料包装与材料、碳酸饮料、果蔬汁饮料、豆奶饮料、乳饮料、矿泉水、固体饮料、其他饮料、新产品开发与配方设计、饮料生产质量控制与卫生管理、软饮料质量检验、实用软饮料配方。（孙立明）

T000417　**茶经·茶道·茶药方**　王缵叔、王冰莹编著。西北大学出版社 1996 年 6 月版。28.9 万字。13.80 元。为“饮食文化丛书”第一部，以介绍中国悠久的传统茶文化为宗旨。共 5 卷。第一卷“古茶经七部注释”，选录了唐·陆羽《茶经》，宋·赵佶《大观茶论》等 7 部古代论茶专著。第二卷“历代茶事辑录”，从各朝正史、野史、笔记、杂说中辑录出“民众茶事”、“宫廷茶事”、“佛门茶事”、“文人茶事”上千条，供研究茶史者参考。第三卷“历代名人茶饮逸闻选辑”，从古籍中选录神农氏、周武王、王安石、宋徽宗、康熙、乾隆与茶有关的逸闻趣事近百条，供饮茶者煮茶畅谈。第四卷“历代咏茶诗精选”，计选注李白、杜甫、苏轼、陆游、曹雪芹等巨匠对茶的吟咏，以示茶的文化品位。第五卷“古今药茶二百方”，从《本草纲目》、《金匮要略》等古医书中选取简便、实用、有效的茶药方，推荐读者参用。（徐怀东）

T000418　**皮革化学品手册**　石碧主编。中国轻工业出版社 1996 年 3 月版。68.9 万字。80.00 元。介绍当前我国生产的皮革化学品及进口的主要皮革化学品的性能和使用方法，分为基本化工材料、鞣剂、皮革加脂剂、涂饰材料、制革助剂、染料等 6 章，含 49 类、900 余种产品，每种产品除了列出名称、主要成分、产品质量标准等一般特性外，着重介绍了产品的功能和切实可行的应用工艺。（李亦兵）

T000419　**中国竹材工业化利用**　张齐生等著。中国林业出版社 1996 年 7 月版。22 万字。10.80 元。以“竹材高温软化—展平”工艺为主要内容，系统介绍了相关产品的生产工艺及专用设备，其中包括：合成树脂胶粘剂、竹材胶合板、竹编胶合板、竹篾积成胶合板、竹材碎料板、竹材复合板、竹材集成地板、竹胶合水泥模板等。（李宙）

T000420　**清代家具**　陆志荣编著。上海书店出版社 1996 年 12 月版。13 万字。160.00 元。借助二百幅左右的彩色照片对传世的清代家具中的代表作逐一介绍，并通过实例对清代家具的断代鉴定及价值评估提出了自己的看法。由于作者先祖先父是在红木制造行业享有一定声誉者，自幼耳濡目染，所以借助一百多幅线描图，对清代家具的结构特征、用材及装饰特点作了分析介绍。（陆坚心）

T000421　**中国古代家具拍卖图鉴**　施大光等编。辽宁画报出版社 1996 年 10 月版。1.2 万字。888.00 元（套）。分上、下卷，共收录 600 余件历代家具。这些家具既有宫廷用品也有民间日常使用的物品，是历代文物中重要的一部分，凝聚着人类文明进步的历史足迹。（谭谈）

T000422　**高效清洁制浆漂白新技术**　陈嘉翔编著。中国轻工业出版社 1996 年 3 月版。25.5 万字。19.80 元。介绍制浆与漂白技术方面目前存在的严重污染的来源和污染物，减少或消除制浆污染和纸浆漂白污染的新技术，包括超高得率制浆技术、无硫制浆技术、氧脱木素技术、少氯漂白技术、无元素氯漂白技术、全无氯漂白技术、生物漂白技术、超高得率纸浆的漂白技术等。最后介绍了纸厂综合废水和各种制浆与漂白废液厂外治理的传统方法和新兴技术。书中既阐明技术原理，更以大量的图表数据，详细介绍了技术流程、工艺参数和效果比较。（林媛）

T000423　**珠宝玉石国家标准释义**　国家珠宝玉石质量监督检验中心编。地质出版社 1996 年 11 月版。18.2 万字。78.00 元。是为配合《珠宝玉石 名称》、《珠宝玉石 鉴定》、《钻石分级》3 个国家标准的贯彻实施，由该标准起草小组采用问答的形式对标准中的有关条文和具体操作应用进行了解释。全书分 3 个部分 78 个问题，分别解释了 3 个标准的制定目的、意义、技术依据、总体结构和基本内容等，同时附录了 3 个国家标准的主要内容。（郑长胜）

T000424　**刺绣图案集锦**　努尔穆汗麦提·米曼编著。喀什维吾尔文出版社 1996 年 6 月版。150 万字。13.00 元。介绍机器刺绣的作用和意义，各种图案的刺绣，花式取样，放大和缩小，绣前准备，机绣的操作方法及训练，刺绣技巧，质量标准，色彩的搭配，花卉、叶片、飞鸟、字形的刺绣方法，刺绣中各种问题的处理及注意事项等知识。书末附有各种服装装饰图案，综合性刺绣图案，家具修饰图等500余幅，彩色插图8幅。(热孜万古丽)

T000425　**手编艺术包袋**　段迅克编著。金盾出版社1996年2月版。4.5万字。14.80元。介绍121款手编艺术包袋的编钩方法，内容包括使用的材料与工具、成品规格、钩织要点及针法图等，大部分是为女士们设计的，一部分是为孩子设计的，各款均附有实物彩照。(张德巩)

T000426　**宝宝新毛衣**　方圆编。中国纺织大学出版社1996年10月版。23万字。25.80元。选择适合于0～12岁的儿童穿着的毛衣款式250款。书中有毛衣实样图，毛衣局部实物图以及毛衣编结图。(吴川灵)

T000427　**上海服装结构设计**　朱光尧编著。中国纺织大学出版社1996年9月版。35.2万字。14.80元。论述服装结构设计的特点、内容、变化原理和方法、国家新的服装号型系列的推广以及服装样板设计技法。书中从服装结构制图基础开始，首先介绍国内普遍采用的比例分配法，讲解平面结构的基本形态，进而分析服装结构制图设计的原理、方法以及变化形态。(俞丽琮)

T000428　**服装样板设计技术**　[日]森 郁子著，范树林等编译。中国轻工业出版社1996年4月版。29.6万字。60.00元。分2集，第一集介绍服装样板制作的基础知识和服装基本原型的制作方法，第二集介绍各种服装款型的样板设计技术和制版方法。(王钊)

T000429　**布扣盘花新编**　齐凤阁等编著。金盾出版社1996年11月版。18.00元。是《布扣与盘花》(金盾出版社1993年9月第一版)一书的续篇。书中共介绍传统及创新的布扣、盘花造型200种，展示了布扣、盘花的专门技艺；各式盘扣在吸收传统技艺精华的同时，着重创新和发展，在图案、造型、色彩运用等方面，力求能体现当代的审美标准，从而呈现鲜明的时代特点；材料的选用，除了沿用缝制的绸布盘扣带以外，还采用了以丝麻及合成材料等机织圆索或编织带。各款均附有彩色照片。(张德巩)

T000430　**服装速成裁剪技法与原理**　李大鸿著。中国纺织出版社1996年9月版。24万字。15.00元。是以服装量裁基础知识、服装流行款式、领型、袖型、裁剪技巧等内容为主体的科普读物，书中介绍了多种基本领型、基本袖型及主要服装品种的简便裁剪技法，有些服装品种同时介绍了几种不同的裁剪制图方法。(姜娜琳)

T000431　**服装裁剪入门(秋冬篇)**　方圆编。中国纺织大学出版社1996年10月版。20万字。22.00元。介绍了新潮服装168款，并附有服装裁剪图。书中有领子裁剪要领、袖子裁剪要领、上衣裁剪要领、肩垫固定要领、长裤裁剪要领、裙子裁剪要领等。(吴川灵)

T000432　**中国十佳服装设计师代表作**　中国服装设计师协会编。山东科学技术出版社1996年7月版。1万字。98.00元。将由中国服装设计师协会组织评选出的首届全国“十佳”服装设计师的代表作集结成册。这10位设计师是吴海燕、刘洋、王新元、张肇达、马可、于泽正、陈红、罗亚萍、刘丽丽、崔游。本书用彩色图片介绍了他们的设计代表作168幅。(费沂虹)

T000433　**现代英汉服装词汇**　王传铭主编。中国纺织出版社1996年9月版。60万字。50.00元。收集词目约35 000条，其中包含了许多工程技术专业术语、固定词组以及一些外来语，还编入了近几年来国际服装界通用的新词汇，内容涉及纺织服装的面辅材料、染料色彩、美学艺术、款式设计、加工工艺、缝纫设备、质量检验和鞋帽饰品、服饰配件，以及引入了相关的计算机技术，外贸营销等。(黄崇芬)

T000434　**玩具论**　蒋风等著。希望出版社1996年12月版。28.9万字。28.00元。分玩具的历史、玩具文化、玩具功能、玩具种类、玩具制作、玩具选择、玩具市场、玩具展望等10章，运用多学科的研究方法，从历史、文化、教育、心理、审美诸方面出发，对玩具的产生、作用及发展作了详尽的论述。(李军)

T000435　**瑞丽服饰美容**　本书编译组编译。中国轻工业出版社1996年2月至1996年11月版。18万字/辑。18.80元/辑。以介绍时装、饰品、发型、化妆4方面的谐调组合为宗旨，内容主要包括四季流行服饰资讯、各类服饰个性搭配、各种新发式和新妆型等。1996年出版“瑞丽”丛书第2辑、第3辑、第4辑和第5辑。(罗佳)

T000436　**彩色图解菜谱系列丛书**　引进台湾汉光版。浙江科学技术出版社1995年1月～1996年8月版。36.75印张。195.00元。分5册。《彩色图解四季菜谱》、《彩色图解海鲜菜谱》、《彩色图解鸡肉菜谱》、《彩色图解速简菜谱》、《彩色图解点心食谱》。

T000437　**上海老城隍庙小吃**　周金华编著。上海科学技术出版社1996年6月版。27万字。

70.00元。以百余幅精选的彩图展现了上海著名高级技师周金华的中点精品和高超技艺,同时,这些精品也反映了上海老城隍庙小吃的传统品种和近年来发展的新品。(金锦美)

T000438 **海派西点** 上海饮食业行业协会、上海市技师协会新亚工作委员会编。上海科学技术出版社 1996 年 6 月版。28 万字。65.00 元。介绍边兴华的海派西点作品近百幅,分门别类介绍了生活艺术蛋糕、节日蛋糕、混酥类、清酥类、雅致小饼、精致茶点、系列切片、面包、布丁、冻等西点。每幅彩照都附有工艺简介。(金锦美)

T000439 **广东名菜(一)(二)(三)** 许其和、梁远雄编。广东科技出版社 1995 年 2 月至 1996 年 10 月版。介绍广东菜中有代表性的菜品 331 款,共有彩色照片 1 000 多幅,展现了原料的组成、精巧的刀工以及烹调过程等,显示了每个工序的要求和效果。所介绍的菜品既有传统名菜,又有近十几年来脱颖而出的创新名菜,介绍了各个菜式的所有原料和制法。(古玉)

T000440 **中国名菜图谱与营养分析** 北京国际饭店编著。中国轻工业出版社 1996 年 1 月版。26 万字。72.50 元。按山东名菜、广东名菜、四川名菜、淮扬名菜与全素名菜分类,收入餐饮酒楼业惯用的传统定型风味热菜 240 种。其中对 120 种成品热菜逐一给出营养素含量实际检测结果,包括蛋白质、脂肪、碳水化合物、维生素 E、维生素 B1、维生素 B2、维生素 PP、胡萝卜素、膳食纤维、钙、铁、锌等 12 种成分。(袁幼南、王文光)

T000441 **现代家政学** 李宁达、孙民从著。中国地质大学出版社 1996 年版。22 万字。8.50 元。共 10 章,分别阐述了现代家政学研究对象与范畴,家庭生活与社会发展,家庭经济与管理模式,计划生育与教育原则,家庭内外的人际关系的调适,家庭生活与法律法规,家事管理与卫生保健,家庭娱乐与文体生活和家政教育与社会保障体系等。(刘先洲)

T000442 **女孩子系列丛书** 吉什拉·瓦特曼等著。江苏科学技术出版社 1996 年 5 月版。每册 20 万字。40.00 元/册。已出版 6 个分册:《服装配色与你》、《完美化妆与你》、《皮肤保养与你》、《美发护发与你》、《形体健美与你》、《温馨居室与你》。丛书从日常生活中最基本的衣着打扮入手,以"色彩季节论"为基础,教会现代女性选择适合自己肤色及气质的服装,配合不同场合辅以相应的化妆及发型,平时进行基本的皮肤护理和发质保养,科学地进行形体锻炼,以帮助现代女性增强自信,形成自我的风格,充分体现自己的气质。(邓海云)

建筑科学

T000443 **中国古建筑术语辞典** 王效青等编。山西人民出版社 1996 年 10 月版。52.7 万字。78.00 元。以木结构方式为主,以中国古代的寺塔、桥、石窟、陵园、都城、园林、宫殿、祠庙、宫苑、住宅等实物建筑为对象,从基础的选择,工程的制作到装修的彩画等最基本的组成结构拟定了 3 000 余条辞目,将古建筑中的名称沿袭、制作、作用范围等均作了介绍,对各结构的比例和加工的方法以及各构件的相互关系也作了阐述,并配有黑白照片及线条图加以说明。(赵世莲)

T000444 **苏南名山建筑** 齐康、郑嬅编著。江苏科学技术出版社 1996 年 6 月版。15 万字。361 幅图。35.00 元。从形态、空间和文化内涵 3 方面探讨了苏南名山建筑中一些与景区规划、景观设计以及建筑设计有关的规律性问题,特别是具体地分析了苏南名山建筑群体与山体的接合状态,并从传统哲学与美学的角度加深对名山建筑整体形态关系的理解。在形态研究中,分析了山体形态的特征,探讨了其成因;在空间研究中,以空间限定作为空间分析的基本出发点,探讨了其外部空间、中介空间及室内空间的形成,在一定程度上充实了中国古典建筑空间理论的内容;在文化内涵研究中,涉及了与名山建筑活动相关的政治、经济、社会群体及建造者等方面的问题,分析了其建造活动的特点。(王剑钊)

T000445 **彝族建筑文化探源** 郭东风著。云南人民出版社 1996 年 3 月版。12 万字。10.40 元。从人类学、民俗学、建筑学角度探讨从穴居、干栏、棚居衍生发展出丰富的建筑文化和观念系统之间的相互关系。(李志民)

T000446 **瞻淇** 龚恺等主编。东南大学出版社 1996 年 8 月版。13 万字。25.00 元。是"徽州古建筑丛书"之一。瞻淇村位于安徽省歙县城东约 20 公里,前后有山,三条水渠从村落流过,宋代就有村建制,现今有 2000 多人口,并遗存明清建筑二十余幢,保存有礼制中心的总祠和支祠九座,有文化休闲的交往空间——对坦、庙坦、田坂。书中有 160 多幅测绘图和 130 余帧照片,并对村落选址、建筑布局和建筑细部进行分析研究。(晏隆余)

T000447 **中国近代建筑总览** 汪坦、藤森照信等编著。中国建筑工业出版社 1996 年 2 月版。300 万字。300.00 元。共 15 分册，包括：北京篇、南京篇、大连篇、哈尔滨篇、沈阳篇、济南篇、青岛篇、庐山篇、广州篇、武汉篇、营口篇、厦门篇、烟台篇、重庆篇、昆明篇。每篇内容为：各城市的建筑概说、实测报告、近代建筑一览表、分布图、调查表及英文摘要等。(郭洪兰)

T000448　**中国建筑艺术全集·3·沈阳故宫**　支运亭、王佩环等编著。中国建筑工业出版社 1996 年 8 月版。介绍沈阳故宫在总体布局、个体建筑、建筑的室内外装修以及在装饰雕刻和色彩应用等方面的成就。(于志公)

T000449　**唐代园林别业考**　李浩著。西北大学出版社 1996 年 4 月版。24.8 万字。20.80 元。为周秦汉唐研究书系之一。全书分上下两篇。上篇共 6 章，6 章之前有一引言，为理论研究部分。引言评述了唐代园林别业研究的现状、不足之处及困难所在，道出了作者的研究方向、研究重点和研究方法。一至六章，作者侧重从文史研究的角度，将唐代园林史这部庞大的机器巧妙地肢解开来，对这一时期园林的景象构成、意境创造、历史风貌进行了深入细致的勾勒描摹，对别业与文学创作、文人隐逸、士林风尚等的关系做了详尽的探讨，对园林别业的地理分布、准确数目、具体方位、古今沿革详加考证。其中第六章将园林之于士人的作用概括为雅集聚会、修道习禅、避暑纳凉、疗疾养病、志学读书等 5 个方面。下篇为甄别考证部分，主要考证唐代私家园林。作者把唐人诗文笔记、正史、野史和壁画上有关的记载集中起来，按照唐代道、州(府)加以编排，对各家园林的地理方位、园主及工匠姓名逐一介绍，并以简注今地名的方式分别确定其地理位置与造园时间，撩开了许多尘封已久的谜团，解决了一些悬而未决的难题。(张养年)

T000450　**建筑节能技术**　中国建筑业协会建筑节能专业委员会编。中国计划出版社 1996 年 9 月版。82 万字。47.00 元。介绍建筑节能各个方面技术业务，包括建筑热工、房屋建筑、暖通空调、技术检测、经济评价和节能管理等不同专业；总结了多年来我国建筑节能技术的实践经验，分析了今后的发展势趋，介绍了国外先进的建筑节能技术，还有实例分析。主要内容包括：综述、建筑节能规划、采暖居住建筑节能设计、围护结构节能设计、节能建筑施工、建筑节能检测等。并结合我国建筑节能工作的实际，推荐了一些优秀节能产品。(陈楠)

T000451　**现代照明装饰设计精华**　戴瑜兴编。湖南科学技术出版社 1996 年 5 月版。508 幅图。98.00 元。按接受照明装饰设计的建筑物种类划分，全书含商店建筑照明、旅馆建筑照明、体育馆(场)照明、影剧院照明、办公建筑照明、住宅照明、博展建筑照明、舞厅照明、建筑立面、庭园、广场、道路照明等 9 部分。共介绍近 500 个设计实例，包括商场、宾馆、展览馆、影剧院、音乐厅、礼堂、多功能厅、舞厅、酒吧、咖啡屋、宴会厅与餐厅、雅座、报告厅、会议室、办公室、计算机室、设计室、运动场、游泳池、台球房、健身房、体育馆、住宅、别墅、音乐喷泉等。全书含 500 多幅彩色照片，并附有说明文字。对每一类建筑物照明，书中还给出了装饰设计基本要求、装饰设计要点、照度标准等。(陈一心)

T000452　**建筑艺术照明设计百例**　李恭慰编著。辽宁科学技术出版社 1996 年版。23 万字。68.00 元。收集 124 个优秀艺术照明实例，包括商业照明、体育场照明、建筑立面照明、室内外环境照明等。(周振林)

T000453　**室内外建筑效果图技法**　吴昊著。陕西人民美术出版社 1996 年 1 月版。4 万字。28.00 元。阐明了画建筑效果图应具备的理论、基础、技巧及方法步骤。本书含有：透明画法、不透明画法、综合画法、骨线淡彩画法、喷笔画法及麦克笔画法等多种表现技法。(刘青青)

T000454　**'95 中国建筑画选**　《建筑画》编辑部编。中国建筑工业出版社 1996 年 9 月版。30 万字。98.00 元。内容为"第四届全国建筑画展览及评选"活动的获奖作品，共计 203 幅。(于志公)

T000455　**90 年代日本建筑设计实例精选**　日本《近代建筑》杂志社供稿。黑龙江科学技术出版社 1996 年 3 月版。600 幅图。220.00 元。重点介绍 90 年代初期到中期日本著名建筑师设计的 100 个优秀设计方案与实例。对每一设计实例与方案均介绍其设计要求、设计宗旨，附有各种平、立、剖面图和实物照片。(曲家东)

T000456　**建筑设计资料集 8**　本书编委会编。中国建筑工业出版社 1996 年 1 月第二版。60 万字。40.00 元。共 10 集。内容为通用性建筑构造，包括地基基础、地下室防水、墙体、楼地面、屋面、楼梯、电梯、室外工程、装配式建筑、防腐蚀、防辐射、防电磁、防雷、防爆等工程做法与构造详图。(许顺法)

T000457　**家具与陈设**　庄荣、吴叶红编著。中国建筑工业出版社 1996 年 10 月版。32 万字。40.00

元。是“室内设计与建筑装饰专业教学丛书暨高级培训教材”之一。主要讲述家具与室内设计的关系；家具在室内设计中的地位与作用；家具设计的三个基本要素，即人体机能是家具设计的依据，材料及构造是家具设计的物质基础，家具造型法则是审美的需求；家具陈设在室内环境中的作用；陈设的类型与室内环境的关系，陈设的选择及在各种室内环境中的应用等，并介绍了许多实例。书中介绍不仅列出了人体尺度、家具材料的各种规格与性能，还叙述了家具的构造及连接方法。简述了中国明、清及现代家具的发展以及西方文艺复兴时期、巴洛克及洛可可家具及新古典家具。（朱象清）

T000458 **工薪阶层住宅装修实例** 胡旭冲编著。浙江科学技术出版社 1996 年 2 月版。29.00 元。选编了当前一些普通居民中比较优秀的各种家庭居室装修实例。每一套居室都配置了平面图、立体图和部分家具图、主要装修材料表，并提供装修费参考价格。

T000459 **室内设计原理（上册）** 来增祥、陆震纬著。中国建筑工业出版社 1996 年 10 月版。43.5 万字。53.00 元。主要内容包括：室内设计的含义、发展和基本观点，室内设计的内容、分类和方法步骤，室内设计的依据、要求和特点，室内空间组织和界面处理，室内采光与照明，室内色彩与材料质地，室内家具与陈设，室内庭园与绿化，人体工程学、环境心理学与室内设计，室内设计的风格与流派等。（欧剑）

T000460 **建筑装饰实用手册·3·** 中国建筑装饰协会编。中国建筑工业出版社 1996 年 3 月版。210.2 万字。112.00 元。有 4 个分册，本书为第三分册，主要介绍建筑装饰材料与五金，全书共 10 篇。主要内容包括：建筑装饰材料的分类、功能、发展与选择；墙面装饰材料，如石材、各种玻璃、镭射玻璃、玻璃幕墙、陶瓷、木质、塑料、金属、涂料、壁纸、墙布等；地面装饰材料，如石材、涂料、塑料、橡胶地板、木质地板、竹材地板、地毯等；顶棚材料，如涂料、木质、石膏、矿棉、塑料、金属等；建筑门窗，如钢、塑钢、铝合金门窗及门窗五金；卫生洁具及配件；建筑胶粘剂；厨房设备；灯饰灯具等。书中介绍了各种装饰材料的特点、用途、品种规格、生产厂家、主要技术性能及应用技术要点。（余永祯）

T000461 **建筑装饰实用手册·4·** 副名：建筑装饰施工技术。中国建筑装饰协会编。中国建筑工业出版社 1996 年 6 月版。180.1 万字。98.00 元。由 3 部分组成。第一部分建筑装饰施工技术，介绍了地面、墙面、顶棚、门窗等室内外各部位的装饰施工技术，以及广泛用于装饰施工中的各种小型电动机具。第二部分建筑装饰施工图，收入了客房、大堂、酒家、商场、专业用房、歌舞厅等工程实例的律筑装饰施工图及节点评图。第三部分建筑装饰工程标准、规范、规定，收入国家及地方颁布的有关装饰工程的施工技术、质量标准、安全管理等各项规定。（林婉华）

T000462 **中国住宅设计十年精品选** 赵冠谦等编。中国建筑工业出版社 1996 年 1 月版。89.4 万字。65.00 元。所搜集的作品，由编委、专家从大量已投入建设、使用的设计中加以筛选，并加以评说。全书按华北、东北、西北、西南、华东、中南地区排序编写。（郭洪兰）

T000463 **世界传统民居——生态家屋** 荆其敏、张丽安著。天津科学技术出版社 1996 年 3 月版。46.5 万字。以继承人类优秀传统民居的建筑特色和保护生态环境的观点，按建筑材料和民居分布区域两种脉络，介绍了人类在不同地域根据资源、气候和传统习俗创造出的取自天然材料的住宅，书中将它们分为石头的家、木头的家、竹木的家、苇草的家、地下的家、土中的家、游动的家、装饰的家、现代的家、大师设计的家及传统家屋设计。书中对每种建筑从全貌到细部，从立面到平面，从图形到文字等多个角度进行了展示。（宗洁）

T000464 **北京四合院** 陆翔、王其明编。中国建筑工业出版社 1996 年 3 月版。34 万字。50.00 元。运用当代史学研究方法，从多学科多角度透视了北京四合院的起源和演变；探讨了北京四合院与周边地域四合院，与城市、里坊、胡同的内在关联；诠释了北京四合院的政治、宗教、文化、民俗等诸多深层内涵。同时，本书还考证了明清四合院的型制，并在详析当代北京四合院状况的基础上，提出了对未来北京四合院的展望与建议。（王伯扬）

T000465 **中国民居图集** 宋焕成等著。陕西人民美术出版社 1996 年版。0.3 万字。23.00 元。收入全国 31 个省、自治区、直辖市（含台湾、金门）的传统民居近 600 例。除占主要篇幅的传统民居、古民居，也适量收入一些吸收外来建筑样式的西式民居。（储小平）

T000466 **结构分析光测力学** 云大真、于万明著。大连理工大学出版社 1996 年 12 月版。20 万字。12.00 元。主要内容有：曲栅影栅云纹法、薄壳光弹性法、复杂空间结构应力分析的光弹性光塑性法、清江二级垂直升船机承重结构的应力及预应力分析

等。(于明珍)

T000467　**工程结构可靠性理论与应用**　赵国藩著。大连理工大学出版社1996年12月版。29.3万字。18.00元。主要内容是随机可靠度的分析方法,其中除介绍中心点法和JC法外,还介绍了著者提出的与JC法精度相当、应用简便的一次二阶矩的映射变换法和实用分析法,考虑随机变量相关的广义随机空间的一次二阶矩法、精度较高的二次二阶矩法和以信息论中的最大熵原理为基础的二次四阶矩法。对功能函数难以直接明确表达的响应面方法和工程中广泛应用的蒙特卡洛法,以及难度较大的结构体系可靠度分析方法也作了介绍。对难度较大、研究较少的模糊可靠度问题,本书介绍了著者的一些初步研究成果,提出了模糊随机概率的可靠度分析模型。(李水舟)

T000468　**建模·变换·优化**　副名:结构综合方法新进展。隋允康著。大连理工大学出版社1996年12月版。35.6万字。20.00元。每一章从建模、变换和优化3方面展开,并从背景、理论、方法与应用上依次进行翔实的论述。从松弛优化、映射优化、累积优化、曲线优化、分解优化等方面阐明了作者关于结构综合方法的一些研究成果,具体涉及到结构优化的截面层次、形状层次乃至拓扑层次的研究,涉及到模型化对于建模与变换的重要性则强调地予以论述,涉及到最优化则从实用非线性规划的解法上阐述新进展,既处理连续变量问题也处理离散变量问题,既有理论与方法的研究,也有程序的研制及对工程实际问题的解决。书中包括了若干考题。书末的附录对有关研究方法作了探讨。(方延明)

T000469　**建筑结构设计手册**　黄存汉主编。中国建筑工业出版社1996年9月版。221.2万字。125.00元。根据建筑结构设计领域中以最新一代基础标准《工程结构可靠度设计统一标准》(GB50153-92)和《建筑结构设计术语和符号》(GB/T50083-96)为基础的约50本国家标准、行业标准及其局部修订进行编著。内容包括设计基础和各种常用结构设计。有设计技术措施、数据、计算图表、计算例题等。(刘江)

T000470　**板壳稳定性理论**　吴连元编著。华中理工大学出版社1996年1月版。22.8万字。7.40元。阐明板壳稳定性的物理本质和基本概念,介绍板壳稳定性的基本理论、各种解法及近代稳定性理论。全书共7章,内容包括基本概念和基本方程;薄板稳定性;薄板后屈曲;壳体稳定性;壳体后屈曲;板壳塑性屈曲;板壳动力稳定性、热屈曲及蠕变屈曲。(陈晓娟)

T000471　**实用混凝土结构构造手册**　国振喜等编著。中国建筑工业出版社1996年12月第二版。109万字。94.00元。共16章,主要内容包括:材料标准与基本规定;钢筋混凝土板、梁、柱、牛腿和基础的一般构造规定,截面选用原则,配筋构造规定及构造简图等;钢筋混凝土深梁与叠合梁的截面尺寸规定,构造配筋要求及配筋简图等;钢筋混凝土楼梯、楼盖的截面构造要求,构造尺寸选用原则,配筋构造要求与构造简图等;预应力混凝土结构构件的构造要求,截面选择,配筋构造简图等;素混凝土结构构件的应用,计算方法,构造配筋原则等;预埋件的构造规定,选用原则,构造简图等;钢筋混凝土结构抗震构造的基本规定,梁、柱,框架、剪力墙等的截面尺寸构造规定、构造配筋要求及配筋简图等;预制构件连接的构造要求,计算方法,构造简图等;钢筋混凝土水池、水塔及烟囱等特种结构构造尺寸要求,截面选用原则,构件配筋规定,配筋简图等;常用资料等。(赵梦梅)

T000472　**钢管混凝土力学**　韩林海、钟善桐著。大连理工大学出版社1996年12月版。20.8万字。12.00元。系"大连理工大学博士丛书"之一。从机理方面认识钢管混凝土结构的力学性能,在掌握钢材和混凝土本构关系模型的基础上,利用数值分析方法对钢管混凝土轴压、纯弯、纯扭及压变、弯扭、压扭和压弯扭构件进行了全过程分析,并进一步推导了压弯、弯扭、压扭、压弯扭、压弯剪及压弯扭剪构件承载力相关方程,从而使轴压、纯弯、纯扭及剪切构件承载力计算公式相互衔接,计算结果得到大量试验结果的验证,最终形成钢管混凝土统一理论。(李水舟)

T000473　**钢筋混凝土高层建筑结构设计**　茹恩华等编。冶金工业出版社1996年5月版。36万字。12.10元。内容包括:常用的框架、框架-剪力墙及剪力墙结构的高层建筑设计原则、荷载分析、内力和位移分析的基本概念及常用的手算方法,还介绍了筒体结构设计的基本知识及高层结构机算分析的原则和方法。(宋良)

T000474　**钢结构**　夏志斌、姚谏编著。浙江大学出版社1996年5月版。84.2万字。34.00元。分10章,包括:绪论,钢结构的材料及其性能,钢结构的设计方法,钢结构的焊缝连接,钢结构的螺栓连接,轴心受力构件,受弯构件(梁),拉弯构件和压弯构件,桁架及屋盖,疲劳计算和吊车梁设计等。书末有附录，列出设计和计算需用表格 39 张。书中还列举了较多的计算和设计例题，章末附有习题。全书采用现行国家标准《钢结构设计规范》GBJ17-88。

T000475 **简明钢结构设计手册** 严正庭、严立编著。中国建筑工业出版社 1996 年 8 月版。122.9 万字。69.00 元。根据最新颁布的国家标准《钢结构设计规范》(GBJ17-88)以及有关的材料和设计标准编写而成。全书共 20 章、10 个附录。其内容包括钢结构基本构件设计、单层厂房钢结构设计、高层建筑钢结构设计、钢结构设计计算图表。阐述钢结构塑性设计、压型钢板设计、钢与混凝土组合板、组合梁以及圆钢管结构节点的设计。（戚大庆）

T000476 **钢结构工程质量检验评定手册** 俞国音、李大鹏编著。中国计划出版社 1996 年 8 月版。19.3 万字。12.00 元。共 9 章。第一章总则从建筑工程质量检验评定标准的性质、与一般产品质量的检验判定标准的区别，以及建筑工程质量检验评定标准的特点等方面作了介绍。第二章从“工程项目的划分”、“质量等级和检验评定”和“质量检验评定程序和组织”等方面作了论述，并简要介绍了“工程质量检验计划”的主要内容。其他各章提供了“钢结构焊接工程”、“钢结构高强度螺栓连接工程”、“钢结构制作工程”、“钢结构安装工程”、“压型金属板工程”、“钢网架结构工程”和“钢结构涂装工程”的质量检验要点、注意事项和方法。（陈楠）

T000477 **钢与混凝土组合结构计算构造手册** 严正庭、严立编著。中国建筑工业出版社 1996 年 5 月版。55.7 万字。33.50 元。分 14 章，主要介绍压型钢板与混凝土组合平台梁、钢管混凝土柱，以及用于承受动荷载的吊车梁等组合结构的发展概况、最新科研成果、组合结构的材料力学性能、设计计算方法、构造要求和施工要点等内容。同时，专辟一章对高层建筑中近期发展的几种钢与混凝土混合结构体系的主体构造形式作了介绍。（夏英超）

T000478 **软土固结与流变** 赵维炳著。河海大学出版社 1996 年 11 月版。33 万字。25.00 元。主要研究和阐述土建工程中软土的固结和流变问题。分 5 章，分别介绍预备知识、各种常用土的固结理论、河海大学在软土固结方面的成果、固结与流变问题的几种数值解法及固结与流变对地基稳定性的影响等。（朱辉）

T000479 **分形-岩石力学导论** 谢和平著。科学出版社 1996 年 11 月版。32 万字。24.00 元。介绍了分形-岩石力学的数学基础，从空间、测度、维数、分形和分形空间入手，引入自相似和自仿射，多重分形和分形插值等概念，讨论了分形空间中的力学量和力学定律。重点介绍了岩石材料中的分形损伤，分形断裂（微观断裂、动静态分形裂纹扩展、疲劳裂纹的分形扩展、多重分形断裂等），岩土介质的分形孔隙和分形粒子，分形接触力学和分形节理（内表面）的理论和实验研究。（总编室）

T000480 **地基基础设计** 林图编著。华中理工大学出版社 1996 年 1 月版。40 万字。12.50 元。主要讲授土木工程中最常用的基础类型的设计理论。重点有墙下条形基础、独立基础、柱下条形基础、筏形基础、箱形基础、柱基础等。（佟文珍）

T000481 **深基坑工程实用技术** 黄运飞编著。兵器工业出版社 1996 年 11 月版。101.9 万字。80.00 元。论述了有关深基坑开挖与支护的工程技术，主要内容包括：现状评述；无支护开挖；侧土压力；支护结构内力计算；护坡桩、地下连续墙、锚杆、土钉墙、水泥土挡墙、灌浆加固设计与施工；基坑开挖与封底；地下水的治理；施工监测与信息施工；综合技术与优化设计；基坑事故治理；计算机应用及工程投标技巧等。（任燕）

T000482 **清华大学建筑学术丛书（1946—1996）** 清华大学建筑学术丛书编委会编。中国建筑工业出版社 1996 年 9 月版。457 万字。826.00 元。精选了清华大学建筑学院的师生们半个世纪以来最有代表性的学术论文、设计规划作品和美术作品，并按学科范围分册编辑。丛书共 10 册：《清华大学建筑学院（系）成立五十周年纪念文集》、《梁思成学术思想研究论文集》、《吴良镛城市研究论文集（1986—1995）》、《北京城市规划研究论文集》、《建筑学研究论文集》、《建筑史研究论文集》、《建筑物理研究论文集》、《建筑设计城市规划作品集》、《美术教师作品集》、《学生建筑设计作业集》。（王伯扬）

T000483 **建筑装饰五金手册** 张士炯主编。中国建筑工业出版社 1996 年 5 月版。128.5 万字。68.00 元。主要介绍建筑装饰五金、金属装饰材料、龙骨与吊顶材料、门窗、灯具、装饰塑料、卫生洁具及配件、空调系列产品、电工器材及其他产品、工具、机具、厨房五金等。手册对这些产品的性能、外形结构、特点及用途等方面的内容作了详细介绍。在手册的附录中介绍了一些最新的装饰材料，其中有薄型建筑平板、屋面材料、建筑饰面玻璃、陶瓷、装饰石膏板、装饰板材、装饰涂料等。（李金龙）

T000484 **现代建筑新材料手册** 胡春芝主

编。广西科学技术出版社 1996 年 5 月版。26.21 万字。148.00 元。编者搜集了全国各地的建材新产品资料,分门别类进行加工整理,重点叙述了新产品的规格、性能、特点和应用注意事项。(王晓红)

T000485 **建筑涂料与涂装技术 400 问** 石玉梅、赵孟彬编。化学工业出版社 1996 年 3 月版。20.5 万字。10.00 元。以问答形式,通过对各种建筑涂料的制备、施工技术及与之密切相关的科技知识共 419 题的解答,介绍了建筑涂料与涂装的基本知识;建筑涂料用乳液及树脂;室内外最新建筑涂料品种(如多彩、幻彩、绒面、仿瓷、仿石、植绒、纤维状、乳胶、功能性涂料等)的特性、运用范围;技术关键及施工技术、涂层弊病及防治措施;工程维修;涂料性能的测试方法、标准、施工规范等。(郭燕)

T000486 **工程机械(下册)** 西南交通大学唐经世编著。中国铁道出版社 1996 年 11 月版。20.6 万字。13.00 元。分上、下两册出版。本册内容为工程机械底盘的原理、构造与设计计算。(吴桂萍)

T000487 **工程机械(上册)** 西南交通大学唐经世、高国安编著。中国铁道出版社 1996 年 11 月版。57 万字。18.30 元。分上、下两册。本册内容含工程机械的一般理论、牵引力学、总体设计与典型工程机械的总体与分析。(吴桂萍)

T000488 **英汉住房·城市规划与建筑管理词汇** 中华人民共和国城乡建设环境保护部、美利坚合众国住房与城市发展部编。商务印书馆 1996 年 12 月版。50 万字。19.00元。是根据中国原城乡建设环境保护部与美国住房与城市发展部所签订的房屋建筑与城市规划科技合作议定书进行的一个合作项目。本词汇共收词条 1 036 个,每一词条均有英文释义和中文释义。这 1 036 个词条是从数千个词条精选出来的,凡一般建筑施工与工程专业词典可查出的词汇都不考虑,所选的词条都是难以查找或解释的词条,并且都经中美双方的专业人员多次讨论确定下来。在确实辨清词条含义后才作解释,中、英文释义均由双方人员反复推敲之后而成。该词汇 1987 年先由美方出版,在国际建筑界和我国建筑行业都引起很大反响。现征得美方同意,在我国正式出版发行。(周治淮)

T000489 **俄汉建筑工程词典** 哈尔滨建筑大学、中国建筑工业出版社编。中国建筑工业出版社 1996 年 6 月版。186 万字。50.00 元。第二版增加新词 30 000 余条,删去了 5 000 条,现收词 75 000 条。涵盖了建筑史、建筑艺术、建筑设计、城市规划、园林绿化、建筑结构、土力学与地基基础、建筑施工、建筑机械、设备安装、建筑工程材料、给水排水、暖通空调、道路桥梁、建筑经济与管理等专业。(朱象清)

T000490 **工程建设监理** 袁洪志、施鲁沙主编。河海大学出版社 1996 年 12 月版。31 万字。19.00元。主要介绍工程建设监理的基本概念以及监理工作中的投资控制、质量控制、进度控制、合同管理、信息管理及计算机辅助建设监理等内容,包括下列方面:一、投资控制。包括建设前期、设计阶段、施工招标阶段、施工期间的投资控制及缺陷责任期的费用控制原则。二、质量控制。包括质量评估的数理统计方法、全面质量管理的思想与质量控制的统计分析方法、工程项目实施各阶段的质量控制工作。三、进度控制。包括网络计划技术、设计阶段和施工阶段的进度控制。四、合同管理。包括经济合同、业主及咨询工程师标准服务协议书、勘察设计合同、建设工程招投标合同、土木工程施工合同及各阶段的合同管理。五、信息管理及计算机辅助建设监理。包括监理信息的系统分析、设计和实施。(龚俊)

T000491 **项目经理实用手册** 本书编写组、潘全祥主编。中国建筑工业出版社 1996 年 7 月版。43.4 万字。28.00 元。综合了近几年项目法施工的实践经验,介绍了项目法施工的管理内容、管理方法、管理要求和项目经理责任制的主要内容。全书共 10 章,主要讲述施工项目管理与项目经理部;施工项目经理;工程项目招投标与项目合同管理;施工项目的计划管理;工程项目的施工技术管理;施工项目的质量管理;施工项目的资源管理;施工项目的成本管理;施工项目的安全生产管理;工程项目的竣工验收。(胡永旭)

T000492 **建筑施工组织与现代管理** 刘金昌等著。中国建筑工业出版社 1996 年 3 月版。51.7 万字。23.00 元。分 4 篇、共 11 章,内容包括建筑施工组织与管理概述、施工准备工作、流水施工基本理论、网络计划技术、网络计划优化、单位工程施工组织设计、施工组织总设计、建筑施工中的进度、成本、质量、安全管理与控制、施工现场中的技术与业务管理、计算机在网络计划与施工项目管理中的应用等。(刘江)

T000493 **建筑安装工程施工组织设计集粹** 郭宪忠、张以宁主编。地震出版社 1996 年版。180 万字。138.00 元。共收入工程施工组织设计实例 58 项,其中工程施工组织总设计 15 例,单位工程施工组织设计 23 例,分部、分项工程施工组织设计 20

例。其中有一些项目,如中国国际贸易中心、北京燕莎中心、北京城乡贸易中心、深圳国际贸易中心、香港屯门市广场、澳门葡京大酒店、开罗国际会议中心、辽宁电视塔、天津电视塔、大亚湾核电站、妈湾电厂等,都是在国内外有影响的工程;其他各个项目也都具有广泛的代表性。(张慧平)

T000494 **建筑工程技术基础知识** 张哲民主编,萧绍统、朱象清副主编。中国建筑工业出版社1996年1月版。36.3万字。18.00元。针对施工中的主要技术问题,分混凝土、建筑物地基、钢筋混凝土结构、预应力混凝土、空间结构、焊接和施工中的稳定措施7个方面,阐明基本的技术理论概念和工艺原理,指出带有共性的技术关键和处理方法。难点问题结合工程实际阐述,复杂的计算问题用简明例题说明。(沈元勤)

T000495 **基础工程施工手册** 本书编写组编。中国计划出版社1996年8月版。112万字。85.00元。介绍地基基础工程各方面的理论知识、设计原则、施工技术和方法,以及有关的最新标准、规范和法规,对各种施工方法,明确指出其优缺点、适用条件和施工中常见问题与处理对策,并配有大量的工程实例。共9篇,主要内容包括:名词术语,技术数据及施工灾害与对策,人工地基与地基处理方法,排水与降水,深基坑挡土支护结构设计与施工,桩基础,直接基础,季节施工,基础防水工程,基础工程施工组织与管理。(陈楠)

T000496 **新型混凝土及其施工工艺** 赵志缙主编。中国建筑工业出版社1996年1月版。35.3万字。19.00元。从基本理论入手,对聚合物混凝土、补偿收缩混凝土、无砂大孔混凝土、防水混凝土、轻集料混凝土、高强混凝土、特细砂混凝土、泵送混凝土等18种混凝土,分别叙述了这些混凝土的用途及发展趋势、原材料组成、功能机理、配合比设计、物理力学性能、施工技术和方法等。其中高强混凝土和特细砂混凝土都是自1986年以来日益广泛应用于基本建设中的新型混凝土,书中作了较系统而详尽的介绍。(林婉华)

T000497 **玻璃幕墙工程技术规范应用手册** 陈建东主编。中国建筑工业出版社1996年12月版。177.6万字。130.00元。针对玻璃幕墙材料的选用、设计原则、结构设计的计算方法、组装、安装和验收,在“规范”的基础上作了补充和延伸。(姚荣华)

T000498 **管道工操作技能与考核(中级工适用)** 机械工业部统编。机械工业出版社1996年3月版。39万字。18.50元。为“机械工人操作技能培训教材”之一。主要内容包括:机械图和建筑图的绘制,弯管计算和弯管方法,各种三通、弯头的下料和制作,各种管道的试压、防腐及保温,给排水管道的安装与维修,小型锅炉、锅炉房管道及附属设备的安装与维修,采暖设备和采暖管道的安装与维修,各种工业管道的安装与维修,考核实例等。(李铭杰)

T000499 **管道安装工程概预算手册** 夏开训、蒋玉翠主编。中国建筑工业出版社1996年7月版。72.7万字。37.50元。为安装工程概预算系列手册之一。根据《全国统一安装工程预算定额》,结合管道安装的特点和管道安装工程概预算人员在实际工作中的需要编写。介绍了管道工程图例等基础知识;管材、管件、阀门、法兰及紧固件、管件支吊架等常用技术参数;与概预算有关的管道安装工艺;工程量计算规则及定额有关规定;以及管道工程概预算编制的方法和实例等。(沈元勤)

T000500 **民用建筑暖通空调设计技术措施** 建设部建筑设计院编。中国建筑工业出版社1996年2月第二版。46万字。25.00元。是在1983年出版的《民用建筑采暖通风设计技术措施》的基础上修订而成的。本书为民用和公共建筑的供暖通风和空气调节设计提供了具体的设计原则、计算步骤和方法,以及设计中应注意的问题。(姚荣华)

T000501 **供热制冷设备手册** 范季贤等编著。天津科学技术出版社1996年11月版。126万字。包容了供热制冷方面的全部设备,主要包括锅炉、汽轮机、空调和制冷设备、换热设备、除氧器、减压减温器及阀门、排污及疏水扩容器、风机、水处理设备、水泵、补偿器、减震器、保温材料、输煤设备、除尘设备、微机控制等,同时对每种设备均列出了型号、技术性能和规范尺寸等。(宗洁)

T000502 **建筑电气工程安装·设计·材料图册** 李东明编。地震出版社1996年4月版。90万字。50.00元。包括的主要分项工程有:一、室外架空配线;二、埋地电缆;三、明配线;四、暗配线;五、火灾自动报警与消防系统;六、共用天线电视系统;七、电话通信系统;八、广播音响系统;九、电视监视系统;十、电子传呼控制系统;十一、电源设备安装;十二、系统接地;附录中编有电气工程常用材料、紧固件品种规格;世界各国各地区广播电视制式;我国44个城市卫星接收天线指向角、电视频道划分表等。(张慧平)

T000503 **外部空间与建筑环境设计资料集**

乐嘉龙主编。中国建筑工业出版社1996年9月版。106万字。76.00元。从外部空间的概念、环境的涵义、外部空间的分隔、设计要素谈起,分别叙述建筑环境艺术、大门建筑设计、纪念性建筑设计、建筑与水景、环境与雕塑、室外建筑小品、开拓室外绿化空间等。并以大量的实例图介绍了建筑广场与入口处理、大门围墙、水池喷泉与水景做法、园林绿地花坛亭子与庭院设计、游乐场与娱乐设施等。(朱象清)

T000504 **电气安装工程概预算手册** 李娟娟等编著。中国建筑工业出版社1996年7月版。56.1万字。30.00元。为安装工程概预算系列手册之一。根据《全国统一安装工程预算定额》,结合电气安装的特点和电气安装工程概预算人员在实际工作中的需要编写。分别介绍了电气设备安装工程和送电线路工程常用图例及文字符号;常用电气设备技术参数;与概预算有关的电气设备安装工艺和送电线路施工方法;工程量计算规则及使用定额的有关规定;电气安装及送电线路工程概预算的编制方法和实例。(沈元勤)

T000505 **电气安装技术手册(上、下)** [德]Günter G. Seip著,胡明忠等译。中国建筑工业出版社1996年6月版。220.3万字。296.00元。详细介绍德国西门子(SIEMENS)股份公司的先进电气设备及全面综合的电气安装技术。全书分上、下两册。上册主要介绍供电和配电技术直至向用电设备供电,其中包括建筑电气安装中的高低压电网;三相交流电网中短路电流计算;电网保护;高压开关电器和开关设备;开关设备近距离控制和主控技术;变压器;测量互感器;低压开关设备与低压配电装置;变电站;接地设备;备用电源设备;无功功率补偿;电力电缆和电线;用电设备回路中的保护电器等内容。下册主要介绍大型建筑、高层建筑、住宅建筑和专用建筑等的电气安装技术。其中包括建筑电气安装用开关插座系统以及控制信号、检测保护电器与系统;照明技术;具有不同操作电压的遥控电路;室内取暖、室内空调与室内通风;建筑电气的系统工程;大型建筑;高层建筑;住宅建筑;办公建筑;旅馆;医院;剧院与多功能文化建筑;电影与电视演播室;工业建筑与展览大厅;载客、载货和载重电梯;照明喷泉与音乐喷泉;公路照明与广场照明;隧道照明;机场灯光航标;大楼建筑自动化;电磁兼容性;信息技术的设备;信号系统、门与建筑物的通话系统;光呼技术的设备等内容。(佘永祯)

T000506 **现代电梯控制技术** 张汉杰等著。哈尔滨工业大学出版社1996年版。54.5万字。25.50元。在阐述电梯的基本构造、分类和主要性能指标、电梯运动系统动力学、运行速度给定曲线和电梯曳引电动机等有关各类电梯的共性问题的基础上,详细论述了交流双速电梯、交流调压调速电梯、蜗流制动器半闭环调速电梯和交流变压变频调速电梯拖动控制系统的组成、工作原理及电梯运行逻辑控制系统的工作原理,还讲述了电梯的调试、选用、安装和使用维护等有关内容。(黄菊英)

T000507 **走向21世纪的建筑** 副名:当代世界建筑发展动向。彭华亮主编。中国建筑工业出版社1996年3月版。28万字。30.00元。主要内容有吴焕加:"20世纪世界建筑艺术"、邹德侬:"解构主义和反构成主义建筑"、刘开济:"20世纪60年代以来美国建筑的发展与变化"、张钦楠:"拉美建筑简介"、王其钧:"加拿大当代建筑一瞥"、关肇业:"西欧当代建筑"、马国馨:"日本建筑的新发展"、赵冠谦:"当代住宅建设的发展趋势"等。(朱象清)

T000508 **中国穆斯林民居文化** 马平、赖存理著。宁夏人民出版社1996年12月版。18.5万字。10.00元。作者经过广泛而深入的实地考察,运用建筑学、民俗学、宗教学及美学等多种理论方法,以我国回、东乡、保安、撒拉、维吾尔、乌孜别克、哈萨克、塔吉克、塔塔尔、柯尔克孜等10个穆斯林民族的"民居"这一特定的生活场景为对象,从其自然环境、社会背景、文化特点等软要素入手,并渗透到营造、布局、装饰等硬要素之中,进行探讨,总结概括出中国穆斯林民居的本质与特征:"它实际上是中国不同的穆斯林民族家庭的物质生活和精神生活的综合环境,是他们家庭生活藉以展现的生动丰富的历史舞台。"同时,形成了独特的空间性、艺术性、社会性和民族宗教性。

T000509 **崛起的一代建筑师作品集** 于志公等编。中国建筑工业出版社1996年7月版。56.3万字。80.00元。收集第二届"建筑师杯"全国中青年建筑师优秀设计评选获奖作品共53项,其中建成项目26项,设计方案27项。(王明贤)

T000510 **地下工程设计理论与实践** 孙钧著。上海科学技术出版社1996年12月版。60万字。38.00元。分14章,其中属软土地下工程方面的有4章,分别介绍了软土地区质构隧道管片衬砌与地下结构的力学分析与计算;市区地下连续墙基坑开挖对环境土工病害的预测与防治;越江隧道工程方案设计及其抗震加固研究;公路悬索桥软土地基锚碇结构变形与稳定分析。其余10章属岩石地下工程方面,分别介绍了锚喷支护地下洞室岩体力学试验和信息化施工;软弱破碎围岩洞室施工性态的力学模拟;地下洞室围岩-支护结构系统粘弹塑性分析;地下采掘对山体上覆边坡稳定性的影响分析;岩体介质内地下铁道的合理埋置深度研究;地下工程开挖爆破时邻近洞室及已运行机组振动影响的实测与安全控制;地下工程复合支护的原理与计算;还介绍了软岩大变形巷道支护设计,悬索桥岩基锚碇工程的稳定性评价与对策,地下工程岩爆的机理、预测及防治。(陈立群)

T000511 **高层建筑结构方案优选** 刘大海、杨翠如著。中国建筑工业出版社 1996年6月版。89万字。48.00元。以结构方案优化为主线,论述高层建筑结构的设计特点、静载下竖向构件差异缩短的计算、抗风设计、风振加速度控制和抗震概念设计。书中,根据国内外大量工程资料,归纳整理出适用于高层建筑的5种配筋砌体结构体系、14种钢筋混凝土结构体系、12种钢结构体系、7种混凝土—钢结构体系和5种型钢混凝土结构体系;并系统地阐述他们的构件组成、结构特征、力学特征、变形性质、适用范围、设计要点及可供借鉴的典型实例。书末,还介绍了高层建筑的筏形基础、箱形基础、桩基础、岩石锚杆基础、高层建筑与裙房整体式基础等设计方法和构造要点。(蒋协炳)

T000512 **钢筋混凝土高层建筑结构设计手册** 徐培福、郝锐坤主编。中国建筑工业出版社 1996年12月版。37万字。42.00元。介绍高层建筑结构的方案选择、设计原则、计算方法、构造措施及工程实例。分9章及附录,内容囊括了目前钢筋混凝土高层建筑结构设计中所采用的各种结构体系(如框架、剪力墙、框架-剪力墙、底部大空间剪力墙、筒体等)。计算方法除常规的手算近似方法(如分层计算法、D值法等)外,还着重介绍了采用计算机的各种分析方法(如空间协同分析、三维杆空间分析、有限单元分析、动力时程分析等)。书中除编写了必要的应用图表、构造措施以及有代表性的工程实例外,还根据高层建筑发展的需要,专门介绍了高层公共建筑顶部常设的旋转餐厅的结构造型、设计计算和工程实例。(夏英超)

T000513 **高层建筑施工** 赵志缙、赵帆著。中国建筑工业出版社 1996年9月版。55.5万字。28.00元。讲述高层建筑基础工程和结构工程的施工技术。内容包括:降低地下水与基坑土方开挖、深基坑的支护结构,地下连续墙,土层锚杆,桩基施工,大体积混凝土基础结构施工,高层建筑施工用起重运输机械及脚手架,现浇钢筋混凝土结构高层建筑施工,装配式钢筋混凝土结构高层建筑施工,钢结构高层建筑施工等。(朱首明)

T000514 **中国古代城市规划史** 贺业钜著。中国建筑工业出版社 1996年3月版。104万字。60.00元。内容分上、下两卷。上卷包括“导论”、“原始社会氏族公社聚落规划”、“奴隶社会都邑规划”3章,下卷包括“前期封建社会城市规划”、“中期封建社会城市规划”、“后期封建社会城市规划”3章。本书内容的特点是:对中国古代城市规划的历史进行了清晰的说明,对不同时代的不同特征进行了介绍,并总结出其中的规律性的特质,提出了“华夏城市规划体系”命题;把城市规划看作一个时代、政治、经济、意识形态等综合作用的必然结果,详述了城市规划体系产生的渊源及促使其建立并不断变革的各种社会环境因素,特别注意历史条件转变与城市规划制度发展的关系;将古代城市规划的内容不囿于城墙之内和城市单体,还涉及到封建社会都城和经济都会的区域规划以及城市群的组织;按照古代城市规划体系自身发展的特点和发展转折环节提出了城市规划史分期的论点。(吴小亚)

T000515 **厦门新貌** 《厦门新貌》编委会编。鹭江出版社 1996年10月版。400幅图。198.00元。以图片为主反映厦门城市建设发展的图集。全书内容包括城市面貌、基础设施、教育、科技、文化、卫生、体育、工业、商贸、金融、房地产、生活小区、旅游、政府机构等方面,共收入照片400多幅,每一部分配以简要的文字说明,反映了厦门城市建设发展的情况,特别是反映了厦门经济特区建设15年来的建设成就。

T000516 **公园绿地规划设计** 封云编著。中国林业出版社 1996年2月版。27万字。21.80元。分12章,阐述了中外城市公园的发展概况、公园规划的基本理论和基本技法。对公园设计要点、公园规划的步骤和园林图解设计、公园规划的表现方法、庭园绿化设计、各类公园(如儿童公园、盆景园、植物园、动物园、纪念性园林、综合性公园等各类公园绿地)的规划设计,作了论述。(丁宇真)

T000517 **中国园林** [德]玛丽安娜·鲍榭蒂著。中国建筑工业出版社 1996年4月版。43.7万字。86.00元。从造园特点、历史、理论、社会、文化思想等多方面论述了中国园林。作者是德国著名的园艺学家和知名作家。她酷爱中国文化,尤其对中国园林艺术极感兴趣。作者曾多次访问中国,考察中国园林和城市环境绿化,广泛接触我国园林专家和学者,交换意见后写成本书,它是作者献给中国园林工作者的珍贵礼物。(张惠珍)

T000518　**集中供热设计手册**　李善化、康慧等编。中国电力出版社 1996 年 3 月版。74.6 万字。41.30 元。内容包括:集中供热规划、可行性研究、初步设计、施工图设计等各阶段的设计,如热负荷、热源系统、供热系统的设计计算,供热管网敷设,管道水力及强度计算,主要设备材料等;不仅介绍了集中供热设计的基本方法,而且列入了大量常用设计资料、数据和估算技术指标,并采用条文、表格形式,介绍了国内外本技术领域的新内容,如直埋敷设、多热源、燃气机热电联产、垃圾焚烧炉、热泵热源等。(刘广峰)

T000519　**新编消防技术标准规范汇编**　公安部消防局编。中国计划出版社 1996 年 7 月版。119.1 万字。64.00 元。全部为国家标准。汇集了 1984 年至 1995 年以来新颁布的和现行的有关消防方面的标准、规范共 33 个。(陈楠)

T000520　**新编消防技术标准规范条文说明**　中国计划出版社编。中国计划出版社 1996 年 7 月版。195 万字。96.00 元。汇集了 1984 年至 1995 年来新颁布的和现行的有关消防方面的标准规范条文说明 31 个。(陈楠)

水利工程

T000521　**中国的水**　纽茂生著。河海大学出版社 1996 年 3 月版。3 万字。5.00 元。作者使用大量的历史资料和统计数据,从盼水、怕水、治水、忧水、节水、调水和管水等 7 个方面阐述中国水的问题始终是一个大问题,这是中国的自然地理特点和社会经济条件所决定的。水在中国历史上具有特殊的战略地位。水利能给人类带来巨大利益,但水害又能给人类带来巨大的祸患。作者希望全社会都来关心水、爱惜水、保护水,增强水的忧患意识,使我国水利事业能够持续发展。(王其超)

T000522　**水资源与国民经济协调发展研究——理论·模型·实践**　郑垂勇等著。河海大学出版社 1996 年 9 月版。25.3 万字。15.00 元。分上、下两篇。上篇为水资源开发利用与国民经济协调发展的模型与策略研究,下篇为水利科技管理。主要内容包括:一、论述了水资源开发利用与国民经济协调发展互相制约关系,分析了两者之间不相协调的表现和原因,提出了一定要协调发展的基本思想。二、应用系统动力学的理论与方法,构建了水资源开发利用与国民经济协调发展的系统动态模型、因果反馈图、流图。通过模拟实验,确定了水利基本建设占全国基本建设投资的合理比重和水利产业各部门最佳的投资比例。三、根据模型的基本运行结果和仿真实验对水资源乃至国民经济系统的发展状况以及未来趋势进行评估和政策分析,并对协调发展的策略进行了研究,为确定未来的水利工作重点,特别是水利发展"九五"计划和 2010 年发展规划的制定提供了科学的、定量的政策依据。四、应用生产函数和灰色系统理论,构建了水利科技进步贡献份额测算模型,并使用回归分析方法估计了模型参数,最后得出了全国水利科技进步贡献份额。五、运用综合分析评价方法,对水利研究与开发机构的绩效和实力进行了分析和评价。(朱宪卿)

T000523　**中国 21 世纪水问题方略**　刘昌明等著。科学出版社 1996 年 6 月版。31.10 万字。26.00元。结合《中国 21 世纪议程》提出的任务,针对我国水问题的主要方面,探讨了解决我国水问题的方略。共 10 章:概述了我国水资源的基本特点和主要问题;讨论了我国工农业用水的供需矛盾、趋势与对策;分析了我国水资源的质与量,以及节水潜力;分析了我国需水量的零增长及 21 世纪水资源的开发利用;探讨了我国水源污染及治理对策;分析了我国旱涝灾害的规律及防治对策;从区域角度分别对西北、东北、华北、华中、东南、西南的水资源的开发利用问题进行了讨论;根据国土整治的宏观规划及人口与经济发展,探讨了我国水资源调配方案与调水工程;从水资源管理角度,提出了我国水资源开发利用的政策、体制与组织机构等管理方略。(总编室)

T000524　**水利行业工人技术考核培训教材**　本套书编委会编。黄河水利出版社 1996 年 3 月版。900 万字。692.66 元/套。38 册。分为通用教材和专业教材两大类。通用教材 8 本,分别为:《水利工程施工基础知识》、《工程力学与建筑结构基础知识》、《地质与土力学基础知识》、《水工建筑物基础知识》、《水力学与水文测验基础知识》、《水利工程制图基础知识》、《机械基础知识》、《电工基础知识》,其内容主要侧重于为 30 本专业教材配套使用的基础理论知识;专业教材共 30 本,分别为:《开挖钻工》、《水工爆破工》、《锻钎工》、《坝工模板工》、《坝工钢筋工》、《坝工混凝土工》、《钻探灌浆工》、《喷护工》、《防渗墙工》、《砌筑工》、《坝工土料实验》、《坝工混凝土实验工》、《水工泥沙实验工》、《水工结构实验工》、《混凝土维修工》、《土石维修工》、《闸门运行工》、《水工防腐工》、《水工监测工》、《河道修防工与防治工》、《渠道维护工》、《灌区供水工》、《灌溉试验工》、《泵站机电设备维修工与泵站运行工》、《灌排工程工》、《水文勘测工》、《水文勘测船工》、《水土保持防治工》、《水土保持测试工》、《水土保持勘测工》,其内容包括各工种的初、中、高级工的专业知识和技能知识。(兰云霞)

T000525 **水利工程建设监理培训教材** 韦志立等主编。水利电力出版社 1994 年 11 月～1996 年 4 月版。206 万字。140.00 元。共 6 册:《建设监理概论》、《建设项目合同管理》、《建设项目投资控制》、《建设项目进度控制》、《建设项目质量控制》、《建设项目信息管理》。《建设监理概论》包括:导论、建设监理制、社会监理单位、监理工程师、社会监理单位选聘、建设监理规划、建设监理组织、建设项目前期监理、施工招标阶段监理,以及施工阶段监理等;《建设项目合同管理》包括:合同法的基本知识、水利建设项目的招标承包、施工合同文件与合同条款、施工合同管理的一般问题、工程计量与支付、工程变更与索赔,以及合同争议与仲裁等;《建设项目投资控制》包括:经济计算基础知识、投资资金来源与筹措、决策阶段投资控制、招投标阶段的投资控制、施工阶段的投资控制、投资回收和经济后评价,以及世界银行的业务知识等;《建设项目进度控制》包括:网络计划技术基础、网络计划的优化、建设项目进度网络计划的编制、水利建设项目施工阶段进度控制,以及计算机在进度控制中的应用等;《建设项目质量控制》包括:设计阶段质量控制、招标投标阶段的质量控制、施工阶段质量控制、工程质量评定验收和缺陷责任期质量控制、工程质量事故分析处理、工程质量检验、质量控制的统计分析方法,以及工程施工的安全控制等;《建设项目信息管理》包括:建设监理信息系统开发概述、建设监理信息系统分析、建设监理信息系统设计、系统的实施与评价、数据处理基础、数据库的建立与维护、数据的检索与统计、多重数据库操作、数据库程序设计、数据输入与输出技术等。每册书中都有复习思考题,有的还附有实例分析。(陈琦英)

T000526 **水工建筑物(上、下)** 左东启主编。河海大学出版社 1996 年 8 月版。120.8 万字。内容包括各种水工建筑物和水利枢纽的体型布置、工作原理、构造特点、适用条件和安全监控,注意对典型的挡水、泄水和输水建筑物的设计理论与设计方法进行阐述。本书对各种混凝土溢流坝和坝身泄水孔列章集中讲述,对各种坝型的发展以及包括碾压混凝土坝和面板堆石坝在内的新型坝列章专题论述,对包括水工隧洞和地下厂房结构在内的水工地下洞室列章作了讨论,对水工现代分析计算方法专章概括介绍。每章后附有复习思考题。(吴俊燕)

T000527 **闸、坝与电站建筑物** 董士镛主编,陈万阳副主编。水利电力出版社 1996 年 1 月版。39.3万字。27.00 元。为"葛洲坝工程丛书"之 5。共 5 章,包括:引言,枢纽布置,二江泄水闸,冲沙闸,电站建筑物和挡水坝。介绍了长江葛洲坝河段河势特点,根据川江治水治沙经验及模型试验成果研究河势规划和枢纽布置,运用前人修建水利工程实践经验结合坝址实际情况,采取理论分析计算与模型试验相结合的方法设计闸、坝和水电站建筑物,同时介绍了实际运行中原型监测资料的验证情况。(黄会明)

T000528 **三峡工程与移民** 陈地宇主编。成都科技大学出版社 1996 年 12 月版。57 万字。60.00 元。在历史与现实、理论与实践相结合的基础上,以其翔实的资料论述了三峡工程与移民的有关问题,包括三峡地区的自然地理成因与人文历史,三峡工程的缘起、论证决策及正式开工,三峡地区移民工作的开展及研究等。本书从技术科学的角度,就三峡工程的防洪减灾、河流泥沙、地质地震、国防防卫和生态平衡等前沿科学问题进行了专题论证,证明了三峡工程开发的巨大价值及安全可靠性。从历史与现实、政治与经济的角度,阐述了有关移民的历史沿革,有利条件和存在的问题,移民方针和政策,具体形式和措施,城镇新址的选择,移民人才的培养等。(周兴泰)

T000529 **全国第三届大坝安全学术讨论会论文集** 水利部大坝安全管理中心编著。河海大学出版社 1996 年 10 月版。80.7 万字。50.00 元。由水利部水利管理司和中国水利学会水利管理专业委员会主办,水利部大坝安全管理中心承办的全国第三届大坝安全学术讨论会于 1996 年召开。经有关专家评审,共选录 66 篇论文组成论文集。其中总论 9 篇,水库防洪安全专题 9 篇,除险加固技术专题 20 篇,大坝安全监测 12 篇,大坝安全评估 15 篇等。(王其超)

T000530 **水库防洪预报调度方法及应用** 大连理工大学、国家防汛抗旱总指挥部办公室编著。中国水利水电出版社1996年11月版。24万字。18.00元。分两篇，共9章。第一章阐述水库防洪调度的基本概念和实施水库防洪预报调度的基本条件。第二、三章概述水库防洪预报调度所依据的洪水短期预报方法、气象部门提供的短期降雨预报成果利用方法；第四章重点论述水库防洪预报调度规划设计与计划编制方法；第五章阐述了不同类型水库防洪实时预报调度方案选择原理与方法、风险分析方法；第六章叙述水库防洪限制水位动态控制的预泄能力约束法和综合信息推理模式法；第七至第九章介绍单库与群库防洪预报调度系统应用软件设计方法，典型系统应用软件开发实例。(穆励生)

T000531 **小型水电站机电设计手册 电气一次** 强尧臣主编。中国电力出版社1996年6月版。122.8万字。69.20元。《小型水电站机电设计手册》包括4个分册，内容为水力机械、电气一次、电气二次、金属结构。分别介绍小型水电站水力机械、电气、金属结构方面的设计原则和计算方法、设备的选择和布置、计算实例、设计所需的技术资料、图表、设备主要规格及外形安装尺寸、典型工程图纸等。本书系电气一次分册。主要内容有小型水电站和地区电网的连接，水电站电气主接线；厂用电设计；短路电流计算，高压电气设备及其选择；电气设备布置；过电压保护与接地；电缆选择与敷设；照明；工程设计实例及常用电气设备等。本书还附有常用法定计量单位及其有关换算，小型水电站常用电气设计图形符号等参考资料。(姜萍)

T000532 **小水电专业知识与实用技术千题问答** 田中兴、张盛世主编。中国水利水电出版社1996年11月版。31万字。18.00元。结合小水电的特点和安全运行与管理的工作实际，以问答的形式着重阐述了水工建筑物、水轮机及辅助设备、金属结构、电气一次、电气二次、用电管理和安全生产管理等方面的基础理论知识与实际操作技能。(彭志豪)

T000533 **黄河河政志** 黄河志总编室编。河南人民出版社1996年2月版。64万字。60.00元。“黄河志丛书”之一。全书分治河管理机构、治河法规、治河经费、水资源保护、用水管理、水事纠纷、黄河档案7篇。集中反映了自大禹治水起连续迄今的历代治河机构及中央、地方治河官员的设置，综述并选辑出古今的重要治河、防洪、灌溉、航运法令全文，择要记述历代治河经费投资及具有代表性的水事纠纷和纠纷调处，水资源保护和用水管理方面，除简要记述我国古代劳动人民保护水源、节约用水的经验外，着重反映了中华人民共和国成立以来黄河流域利用科学技术进行水源保护、水量调度、用水管理的实际情况和经验。黄河档案篇着重介绍治理黄河档案馆收藏的明清至民国年间的治河档案及建国以来的治河科技档案和文书档案，并介绍了黄河档案的收集、保护和利用。(张素秋)

T000534 **长江三峡工程坝区及外围地壳稳定性研究** 袁登维等著。中国地质大学出版社1996年11月版。27万字。25.00元。三峡工程于50年代中开始了全面的勘测和设计工作。自那时起，区域地壳稳定性和地震活动性问题就一直作为三峡工程建设中的重大课题进行研究。1958—1963年，国家首次组织有关三峡工程重大技术问题的科学研究，区域地壳稳定性和地震活动性都被列为重点课题。嗣后的20余年间，又围绕一些相关专题，如区域地震地质条件、重点断裂及其活动性、第四纪断裂、夷平面及阶地位相、断裂形变观测及地震监测台网的改造完善、历史及仪器记录地震资料的整编复核等又进行了不间断的研究，积累了许多有价值的基础资料和成果。时值“七五”国家科技攻关立项之际，区域和坝区地壳隐定性，再一次被列为重点课题进行专题研究。本书就是该项研究成果的总结。本书充分利用30多年来三峡地区丰富的地质、地震资料，阐述了三峡工程区域地质构造环境、地壳结构和深部构造特征；新构造运动和现今构造活动性质；断裂活动和地震活动特征。在此基础上进行了构造区带划分、坝区地震危险性分析、构造应力场数学模拟计算、区域及库首区地壳稳定性模糊数学综合评判，并进行了地壳稳定性定量化综合评价的探索，分别作了区域及库首区地壳稳定性分区和地壳稳定性综合分析评价。(贾晓青)

T000535 **中国三峡建设年鉴 1995** 《中国三峡建设年鉴》编辑部著。中国三峡出版社1996年10月版。79.4万字。95.00元。《中国三峡建设年鉴》是国务院三峡工程建设委员会主管，中国长江三峡工程开发总公司主办编辑的年刊。它逐年集中反映三峡工程建设和长江水力资源开发过程中的重要事件、技术资料、统计报表，以及中国长江三峡工程开发总公司创建现代化企业的发展情况。1995年卷分为特载、法规文献、综述、枢纽工程、移民开发、专论、国际合作与交流、直属单位(企业)、新闻宣传与出版、人物、大事记、统计资料、附录和英文目录，共14个专栏。(杨昕)

T000536 **飞云江下游综合治理开发研究** 陈

钦峦、项青等著。河海大学出版社 1996 年 1 月版。14 万字。15.00 元。是作者通过大量实地调查、研究，收集、分析有关资料，并曾编写过有关飞云江下游综合治理开发 8 个专项报告的基础上编著成书的。主要论述飞云江下游河道特性、水沙过程、冲淤演变、洪涝灾害、河道治理开发以及沿江区域发展等问题；并深入分析中游兴建珊溪水库大型水利枢纽和引水工程完成后，将对下游河道水情、河床演变及开发治理的影响；着重分析了强潮河口环境下，对裁弯取直工程、顺直分汉河道的航道整治和瑞安市深水港建设等方面提出规划设想和多方案综合比较建议。（陈钦鸾等）

T000537 **GSM 数字移动通信系统** Michel Mouly 著。电子工业出版社 1996 年版。62.8 万字。40.00 元。分 9 章。以 GSM 系统作为一个例子，深入探讨了数字移动通信系统的许多共同需求、特点、设计方法和技术难点。（文宏武）

U 交通运输

U000001 **区间信号自动控制** 南京铁路运输学校著。中国铁道出版社 1996 年 12 月版。54.8 万字。18.10 元。分 8 章，内容包括半自动闭塞、计轴站间闭塞；移频、微电子电码自动闭塞及其相应的机车信号、站内电码化；自动停车装置简介及道口信号。最后一章对 UM71 型无绝缘轨道电路与 TVM300 型带速度监督机车信号的基本原理作了介绍。（倪嘉寒）

U000002 **货运需求与经济发展** 王际祥著。中国铁道出版社 1996 年 9 月版。23.3 万字。20.10 元。围绕着铁路货运需求与经济发展的关系问题，重点论述了货运需求增长与经济发展的基本理论关系，货运需求增长过程的规律性，货运需求增长的阶段性导因，中国铁路货运需求与经济发展状况等问题。本书对各国铁路货运需求弹性系数和铁路货运需求强度的变化进行分析，在理论上作了说明，充分阐述了铁路货运需求增长出现阶段性的各种原因。在分析发达国家以后，对照研究了我国铁路状况，指出我国铁路货运增长与经济发展不相协调的主要原因在于铁路网规模偏小，扩展速度滞后于经济发展。作者预测了未来铁路货运量、货运弹性和今后发展阶段的延续时间等数据，提出了运输建设若干政策性建议。（吴军）

U000003 **中国山区道路灾害防治** 蒋忠信等编著。重庆大学出版社 1996 年 6 月版。35.6 万字。25.00 元。在阐述中国山区道路地质灾害特点、空间分布规律、时间分布规律及其防治原则、对策的基础上，分别介绍了中国山区道路最常见的崩塌落石、滑坡、泥石流、岩溶地面塌陷、坑道涌水、软土、膨胀土等道路灾害，重点对各类灾害的内涵、形成条件、特征、预测、评价及其防治和工程措施，进行了论述。本书是国家“八五”重点图书“减灾防灾工程丛书”之一。（李长惠）

U000004 **钱江二桥技术总结** 铁道部大桥工程局编著。武汉测绘科技大学出版社 1996 年 2 月版。33 万字。58.00 元。以大量的图片、数据表格等资料对在大桥建设中采用的新技术、新工艺、新材料、新设备给予详细的介绍，重点总结了在强涌潮河段上修建桥梁基础工程新技术和十八孔一联大跨度预应力箱梁的新结构等。全书分 6 篇。第一篇介绍勘测设计过程；第二篇介绍施工组织的设计；第三篇介绍桥梁的基础工程建设；第四篇介绍梁部结构的施工；第五篇是对桥梁进行的科学研究的介绍；第六篇则是对建成大桥的评述与分析。（任翔）

U000005 **中国桥梁** 於贤德著。广东旅游出版社 1996 年 7 月版。20 万字。13.80 元。从美学的角度出发，把桥梁作为审美的客体，对桥梁的美学因素作了剖析和阐述。它涉及桥梁的起源、结构、形式、材料和功用等多方面，介绍了中国桥梁的种类和形态。（李瑞苑）

U000006 **大型斜拉桥施工测量** 吴栋材、谢建钢等编著。测绘出版社 1996 年 10 月版。18 万字。15.00 元。在总结武汉长江二桥精密施工测量实践的基础上，结合收集其他有关桥梁的测量资料文献编写而成。介绍了大型斜拉桥施工中的测量工作，主要针对斜拉桥的结构和特点，系统叙述了桥梁施工控制网的布设、桥墩基础施工测量、高塔柱施工测量、主梁施工测量、索道管精密定位测量、斜拉桥施工中的变形观测等各部分测量工作的内容、原理和方法,并详细介绍了某些专用方法。(赫建中)

U000007　**国外汽车车型手册**　手册编写组编。机械工业出版社 1996 年 9 月第三版。80.7 万字。50.00 元。收集美国、日本、德国、法国、意大利、英国、西班牙、捷克、韩国等 9 个国家,共 33 家汽车公司近几年来生产的新车型 415 种,主要为轿车,此外还包括跑车、越野车、旅行车、多用途车、货车等,每种车型均附有外形图。另外还着重介绍了当今主要汽车公司的近况,包括经营、销售、开发的新产品、采用的新技术等。书中还附有彩色插页。本次修订主要是对旧车型进行更新,主要收录了 1993～1996 年生产的新车型。(孙慧波)

U000008　**中外汽车底盘修理工艺**　唐艺编著。湖南科学技术出版社 1996 年 11 月版。73.9 万字。34.00 元。由两大部分组成:第一部分为机械结构部分,是按汽车底盘的结构分类的,其中详细介绍了中国(包括台湾地区)、日本和欧美型汽车的底盘,剖析了它们的总成、组件的构造、性能、作用与工作原理,并配有插图 186 幅,对插图中标示的各零件还附有英文名。第二部分为修理工艺部分,详尽给出了汽车底盘的修理工艺及程序,对拆卸、分解、检验、校正、修理、调整、装配(组合)、安装、试验调校和验收等程序,分别进行了说明,并配有插图 580 幅。书末还列有中外豪华轿车、小客车、旅行车、越野车、轻、中、重型货车、倾卸车和牵引车等 20 个车型底盘构件的尺寸数据和配合数据。本书与《中外汽车发动机修理工艺》配套使用。(陈一心)

U000009　**汽车轮胎学**　庄继德著。北京理工大学出版社 1996 年版。42.1 万字。25.00 元。专门把汽车轮胎作为研究对象,以系统的观点,对轮胎的工程化过程进行全面论述,既包括轮胎的结构、理论与设计基础,又介绍了轮胎的试验与正确使用方法,其中尤以轮胎的滚动理论和力学特性作为核心内容。其中包括:轮胎的正确选择和合理使用;轮胎的性能特征(滚动阻力与附着性能,侧偏特性,振动与噪声特性,耐久性与磨耗特性)以及影响因素,轮胎的设计基础(结构特征、材料使用、应力分析、花纹选型)等。(总编室)

U000010　**现代汽车电器与电子设备(结构·原理·使用·维修)**　王遂双等编著。机械工业出版社 1996 年 11 月版。61.3 万字。38.00 元。介绍现代汽车电器与电子设备的用途、结构、原理、使用与维修。对汽车发动机电子燃油喷射装置;汽车传动系电子自动变速器;汽车制动系电子防抱死系统;汽车安全气囊等的结构、原理、使用与维修作了详尽介绍。(高金生)

U000011　**国外汽车最新结构图册**　徐清富编。机械工业出版社 1996 年 6 月版。39 万字。22.00 元。根据近年来国外汽车结构的发展,按照汽车的整车结构、发动机总成、发动机零部件和系统、传动系统和装置、车桥与悬架、转向系统和装置、制动系统和装置、车身及附件进行分类,通过 200 余幅典型汽车结构图样,展示近几年来国外汽车的先进技术和结构。(孙慧波)

U000012　**车辆及其发动机 CAD 技术**　常思勤著。北京理工大学出版社 1996 年版。20.4 万字。13.00 元。介绍 CAD 技术应用的基础知识:包括 CAD 系统的软硬件与系统的开发与建立;计算机辅助绘图,工程数据处理与 CAD 数据库基础,CAD 中的分析计算和三维造型、专家系统、CIMS 等。着重介绍 CAD 技术在国内外汽车、摩托车等各方面的应用。(总编室)

U000013　**发动机的浪漫**　铃木孝著,赵淑琴译。北京理工大学出版社 1996 年版。29.7 万字。22.00元。从发动机的构想、发明、发展和现状以及发动机的未来,作了记述。以车用发动机为主线,涉猎了飞机、坦克用发动机的成败与兴衰,其中不乏一些明星发动机及其研制者的轶闻趣事。对各个时期的代表性发动机上出现的各种故障进行了技术剖析;对影响发动机健康、寿命的常见“病例”进行了诊断。(总编室)

U000014　**汽车电子控制汽油喷射系统结构原理检修**　林平编著。福建科学技术出版社 1996 年 2 月版。34.6 万字。15.50 元。以 90 年代制造生产的高级进口小轿车为例,阐述现代各种类型电子控制汽油喷射系统的整体及部件的构造与工作原理;并在此基础上,详细叙述了该系统的检修方法,包括故障代码的读取、主要部件的检修及常见故障的诊断与排除等。书中介绍了丰田 HIACE 小客车、丰田 CROWN3.0 小轿车、凌志 LS400 小轿车、马自达 929 小轿车、尼桑 MAXIMA 小轿车、本田 ACCORD2.0 小轿车、现代小轿车、沃尔沃小轿车等车型的电子控制汽油喷射系统;说明了通用、福特、克莱斯勒、丰田、尼桑、本田、五十铃、富士重工、大发、吉喔、三菱、现代等公司生产的汽车故障代码含义及

读取方法。(刘宜学)

U000015 **现代汽车、摩托车图解丛书** 刘若南等译。吉林科学技术出版社和香港万里出版社1996年联合出版。320万字。120.70元(全套)。共8种,包括《摩托车驾驶技术图解》、《摩托车发动机图解》、《摩托车构造图解》、《汽车驾驶技术问答图解》、《汽车发动机图解》、《汽车车身底盘图解》、《汽车构造图解》、《四轮驱动汽车构造图解》等。介绍了汽车摩托车的基础技术知识及实践经验。(林先根)

U000016 **天津夏利轿车结构与使用维修** 戴恕、孙明惠编著。金盾出版社1996年11月版。26.8万字。11.80元。以问答的形式,对夏利轿车的正确使用与维护、车型的结构特点、拆卸装配程序和技术检查规范等方面作了详细介绍。主要内容分为轿车主要技术参数、新车的使用和保养、发动机、底盘、车身和电气设备等。(董焕庆)

U000017 **夏利汽车构造与原理** 谢东升等著。天津科学技术出版社1996年4月版。14.6万字。6.20元。是《夏利汽车拆检图解》的配套书。提供了TJ7100轿车的构造与原理知识。重点突出介绍了夏利车与其他车型的异同点。(刘万年)

U000018 **桑塔纳轿车构造、使用与维修(增订本)** 丁鸣朝等编著。北京理工大学出版社1996年版。22.3万字。12.80元。根据作者多年教学和修理工作中积累的经验,参照近期汽车驾驶员和修理工技术等级考评工作的实践,参阅大量技术资料编写而成。详细介绍了桑塔纳轿车构造、使用与修理技术和调整数据等。以问答形式逐一解答了驾驶员和修理人员在实际工作中遇到的各种疑难问题。(总编室)

U000019 **微型汽车使用与应急维修** 汤子兴等编。天津大学出版社1996年9月版。35.3万字。19.80元。内容包括引进日本大发公司的“夏利”“华利”及引进日本铃木公司的“昌河”“长安”“松花江”“吉林”等微型汽车。在扼要论述微型汽车的结构特点的基础上,系统介绍了它们的使用要点、调整方法和数据、日常维护的项目及其操作,主要总成及部件的检验标准、修理规范,常见故障的现象、分析、排除等。(尚丽娜)

U000020 **夏利汽车拆检图解** 谢东升、刘大勇编著。天津科学技术出版社1996年4月版。35.2万字。14.00元。提供了TJ7100轿车包括解体修理在内的故障产生原因和维修、调整方法、拆装要领、配合间隙、各螺栓拧紧力矩以及为完成这些作业所必须的保养与重点检修技术的全部内容。(刘万年)

U000021 **世界当代著名跑车** 佟春光编著。吉林摄影出版社1996年9月版。172幅图。39.00元。画册。分两大类介绍了当代具有代表性的跑车。一类是生产型跑车,一类是仅在展览会亮相,并不一定投产的跑车。而以生产型跑车为主。汇集了30余生产厂家的近百种著名跑车。有麦拿仑队制造的世界第一快车麦拿仑F1,英国美洲虎轿车公司制造的美洲虎XJ220、XJS,英国洛特斯汽车公司制造的莲花·奔放S2、莲花·精灵300、S4、S4S,英国本特利公司制造的全球最佳开篷跑车,英国式的经典传统小跑车,意大利布加迪汽车有限公司制造的布加迪·EB110、意大利兰博基尼轿车公司制造的兰博基尼·魔鬼,法拉利公司成立50周年推出的跑车极品法拉利F50,德国波尔舍研究设计发展公司制造的波尔舍·911,德国宝马汽车公司制造的宝马·Z3,美国通用汽车公司雪佛兰汽车部生产的雪佛兰·卡马洛,美国福特公司制造的福特·野马,美国克莱斯勒公司道奇汽车部制造的道奇·蝰蛇,日本丰田汽车公司制造的丰田·超群,以及日本尼桑公司、法国标致、瑞典绅宝等公司生产的各种新型著名跑车。此外,还介绍了世界著名的意大利汽车设计大师博通和他的最新杰作,以及最新推动的概念车。(秦真元)

U000022 **机动车修理工操作技能与考核(中级工适用)** 机械工业部统编。机械工业出版社1996年3月版。33.2万字。16.00元。为“机械工人操作技能培训教材”之一。主要内容有:车辆保修设备的正确使用;发动机的检查和调整;化油器、喷油泵的检查和调整;离合器、变速器、传动轴、减速器、差速器的检查和故障判断与排除;转向机构、制动系故障的检查、判断与排除;悬挂装置和前轮定位的检修。另外,还有电器设备的保养测试及汽车零件的技术检查和修理及考核实例。(朱华)

U000023 **汽车声响与故障判断排除** 张德麟编著。金盾出版社1996年12月版。33.3万字。14.00元。内容包括概述、汽车发动机声响与故障判断排除、汽车底盘声响与故障判断排除、汽车车身声响与故障排除、汽车电器声响与故障排除以及汽车噪声与检测等6部分。介绍了汽车各种声响故障现象、原因和故障判断排除方法。(谭家训)

U000024 **图解汽车修理** 吴歆修编著。机械工业出版社1996年4月版。45.3万字。22.00元。分为发动机修理、底盘修理与电气系统修理3个部分。在介绍了汽车与总成构造、工作原理的基础上,讲述了国产与进口汽车的拆装、检查、调整、修理与故障诊断方法。其中,重点阐述了汽油喷射、排气净化、自动变速、动力转向、液压制动与全晶体管无触点点火装置等新技术,并在附录中给出了55种常见中外汽车结构、性能参数。(钱既佳)

U000025 **简明汽车检测设备使用手册** 杨绍林、金力群编。机械工业出版社1996年11月版。28.2万字。20.00元。主要内容有:汽车发动机检测设备;汽车电器检测设备;汽车转向参数检测设备;汽车侧滑检测设备;汽车制动、轴重、车轮动平衡检测设备等百余种检测仪器的用途、主要技术参数、工作原理、安装与调试、检测、操作、故障的判断与排除。(朱华)

U000026 **进口摩托车使用与维修** 于曰桂主编。金盾出版社1996年11月版。84万字。45.00元。分18章,介绍了近年来日本本田、雅马哈、铃木和川崎4大摩托车公司生产的、进口到我国的"本田王"、"铃木王"、GL125、GL145、CG125、"大白鲨"、CB125S、H100S、、LEAD90、CD90、TR125U、HI50、AG50、SR125Z、RX125、KH110等摩托车的结构、工作原理、保养、使用及常见故障排除方法。(谭家训)

U000027 **摩托车驾驶与维修** 吴思光等编著。金盾出版社1996年6月第二版。21万字。8.00元。以问答的形式,对摩托车的结构特点、工作原理、安全驾驶、维护修理、故障排除及摩托车的选购等作了介绍。除国产的主要车型外,还对日本本田、雅马哈和铃木等产品的结构和技术,亦给予了介绍。(董焕庆)

U000028 **城市交通分析与道路设计** 沈建武、吴瑞麟编著。武汉测绘科技大学出版社1996年8月版。35万字。15.00元。主要介绍城市交通分析、交通规则、管理及道路设计的有关理论和基本方法。介绍了交通流基本知识、远景交通量预测、城市货运交通规则和路网规则,城市道路平、纵、横面设计,平面交叉口及主体交叉工程的设计方法和步骤,以及城市道路公用设施和道路交通管理与控制的有关内容。(张鹏涛)

U000029 **道路交通事故处理概论** 苏志成等编著。河北科学技术出版社1996年11月版。17.5万字。10.00元。重点研究了交通事故的概念、领域、交通事故的现场处理、现场勘查、现场摄影、现场绘图、交通事故的责任认定和交通事故行政处罚、行政复议与行政诉讼,交通事故伤残人员的伤残评定,交通事故损坏车辆物品的评估,交通事故损害赔偿的调解以及逃逸交通事故案件的侦察和涉外交通事故处理等内容。并收编了《行政处罚法》、《刑事诉讼法》、《国家赔偿法》等有关法规。(籍素英)

U000030 **船舶及海洋工程导论** 程斌主编。上海交通大学出版社1996年3月版。47.3万字。15.00元。着重介绍与船舶工程有关的知识,包括船舶类型、船舶发展史、水路运输系统、船舶的各主要组成、船舶技术与经济性能、船舶设计、船舶建造、民用船舶的发展趋势等方面的内容。对海洋开发与利用也作了简述。(丁善溶)

U000031 **船舶动力装置** 杨承参等编。上海交通大学出版社1996年8月版。41.8万字。20.00元。着重阐明船舶柴油动力装置的基本理论及概念、工作原理和性能。共7章。第一章叙述船舶动力装置的基本概念和技术性能指标;第二、三章分别论述柴油机推进装置的组成结构(轴系和传动部件)以及动力管系的工作原理;第四章到第六章论述推进装置稳态和动态配合特性,介绍它们的定性和定量分析方法,讨论热力系统的经济性和提高装置经济性的有关措施,阐明推进装置扭转振动机理,定量计算模式和控制振动方法;第七章论述总体设计内容、观点、方法以及设计方案的模糊综合评判原理。(戴柏诚)

U000032 **潜艇装置及系统** 张希贤等编。上海交通大学出版社1996年2月版。47.36万字。14.60元。介绍潜艇装置与系统的基本性能及设计计算的基本方法。全书分13章,主要包括锚装置、舵装置、升降装置、救生装置、管路水力计算基础、潜浮系统、液压系统、疏水系统、均衡系统、压缩空气系统等。着重介绍了各装置和系统的作用、组成、结构原理、基本要求以及设计计算方法。(丁善溶)

V 航空、航天

V000001 **固体火箭发动机计算机辅助设计** 张振鹏主编。北京航空航天大学出版社 1996 年 7 月版。27.7 万字。13.00 元。根据固体火箭发动机设计的特点和要求，介绍了 CAD 技术的基本概念和基础知识以及固体火箭发动机 CAD 技术和开发方法。（陶金福）

V000002 **卫星转动动力学** 郁永熙等著。上海交通大学出版社 1996 年 4 月版。37.1 万字。11.80元。介绍最新的卫星科学技术研究成果，从卫星动力学的基本原理出发，讨论卫星姿态动力学的有关基础理论，如坐标变换、欧拉定律、欧拉方程的应用等。并详细研究了重心和质心的关系，卫星摆动对稳定的影响，卫星结构变形对稳定性影响，介绍了预测卫星稳定性的新的共线原理，自旋卫星的具体的稳定方法。（丁善溶）

V000003 **汉英德俄航空航天词典** 范洁川主编。航空工业出版社 1996 年 1 月版。156 万字。98.00元。内容主要包括航空航天经济、工业管理、飞行器总体设计、空气动力学与飞行力学、飞行器结构设计与强度、推进技术与发动机、飞行控制与导航、电子与计算机技术、机载武器系统、机电系统、材料、制造工程、飞行试验与测试技术、安全与救生、航空航天医学等。（黄苏桥）

X 环境科学、安全科学

X000001 **中国农业部门生物多样性保护行动计划** 农业部生物多样性保护行动计划专家组编。中国农业出版社 1996 年 7 月版。47.5 万字。28.00 元。分 4 篇：中国农区生物多样性保护；中国作物遗传资源多样性保护；草原生物多样性保护；水产水域生物多样性保护。书后还收集归纳了与保护农业生物多样性工作关系密切的一些附录资料。（刘存）

X000002 **世界无末日** 副名：经济学·环境与可持续发展。戴维·皮尔斯、杰瑞米·沃福德著，张世秋等译，张坤民校。中国财政经济出版社 1996 年 6 月版。40 万字。35.00 元。探讨了如何把经济分析手段应用于解决发展中国家的环境问题；归纳分析了新兴的环境经济学以及可持续发展理论与实践中的一系列问题。其独特之处在于采用经济学的分析方法探讨环境问题的解决方式。同时引用了大量最新研究成果和资料，对环境和经济政策进行了广泛深入的分析并提供了政策分析的理论框架。针对学术界和社会对人类未来所持有的各种论点，作者用自己的研究成果说明，只要制定和实施适当的政策，人类就会拥有一个可持续发展的未来。（童映华）

X000003 **全球环境导论** 宁大同著。山东科学技术出版社 1996 年 6 月版。44 万字。35.00 元。分 4 篇 14 章。第一篇介绍了当前人类面临的全球环境问题，综述了发达国家、发展中国家的环境现状及主要环境问题。第二篇为全球环境各论，它从全球淡水资源环境及海洋环境、土地资源、生物多样性、能源与环境、城市环境、极地环境与全球变化、环境与发展等各专门论题出发，根据所掌握的资料，结合作者近年来的科研成果，深入分析了不同领域、不同层次的环境问题。在第三篇全球气候变化及化学气候问题中，集中讨论了举世瞩目的全球气候变暖、臭氧层耗竭、酸雨沉降，以及引起大范围变化的其他人类活动。第四篇阐述了全球环境问题方面的国际合作。书中许多章节卓具特色，如第十三章“引起大范围变化的其他人类活动”，概述了核冬天效应及其对环境的冲击，以及其他大规模人类活动对气候的干扰。

X000004 **可持续发展战略读本** 陈耀邦主编。中国计划出版社1996年11月版。30万字。18.00元。论述了可持续发展战略的基本内容和体现其要求的《中国21世纪议程》,介绍了这一战略产生的背景、核心内涵和特点,阐明了人口、资源、环境、经济与可持续发展的关系以及实施这一战略的重要途径。(陈国平)

X000005 **人与自然丛书** 余谋昌等著。东北林业大学出版社1996年12月版。100万字。169.00元。共3册。以人类纪元的演进为时代背景,以人与自然的关系为基本视角,以人类文化演进为思想主线,生动描述并全面展现了人与自然关系的壮丽画卷,阐释了自然、人文、科学三位一体、协调互动、生态共荣、和谐发展的新文化观,探索性地提出了人类未来发展的几条可能之路。(卜彩虹)

X000006 **云南省澜沧江流域环境规划研究** 云南省环境保护局编。云南科学技术出版社1996年5月版。36万字。42.00元。清晰地描述了澜沧江流域的环境、资源、自然条件、经济开发、社会发展等特征和相互关系,在系统、全面地分析该流域环境特征及其与社会经济活动的关系的基础上,对流域的主要环境问题进行了诊断,根据区域社会经济发展规划和战略部署,分析了区域环境的发展趋势,提出了流域环境保护宏观政策和具体工程措施和规划方案。(刘康)

X000007 **GB/T24000－ISO14000环境管理系列国家标准宣贯教材(一)** 国家技术监督局标准化司、全国环境管理标准化技术委员会编。中国标准出版社1996年版。53.4万字。65.00元。主要围绕1996年国家技术监督局发布的5项环境管理标准进行宣贯,这5项标准均等同采用了相应的ISO14000系列国际标准。全书共6章,第一章,总论,主要介绍了环境管理体系(以下简称EMS)ISO14000系列国际标准在欧美及日本等国的实施情况以及我国实施ISO14000系列标准需注意的有关问题;第二章,术语,介绍了EMS标准引用的术语及ISO正在制订中的术语标准的情况;第三章EMS要求,介绍了EMS各体要素及体系运行特点;第四章,EMS的实施,这是全书最核心的内容,这章共10节,介绍了EMS建立的准备、初始环境评审、环境方针、计划、EMS的实施、实施程序、EMS文件以及环境评审、改进;第五章,环境审核;第六章,环境审核员,介绍审核员应具备的素质、技能以及审核员的培训等。全书的价值在于它解决了标准实施中会常遇到的术语、条文难以理解的问题,介绍了如何建立环境管理体系,对环境认证工作具有重要的指导意义。书中不足之处在于它只是对EMS其中5项标准的宣贯,而EMS标准将会陆续发布,以后会有新内容本书未能包括在内,故在名称中加了“(一)”,以后新内容将在以后各卷中阐述。(刘国普)

X000008 **应变行为学** 王楫涛、赵刚著。辽宁人民出版社1996年10月版。20万字。12.00元。全书分9章。具体包括各种不同环境和条件下可能发生意外事件时的应变行为能力分析、应变行为能力的评价及其标准、提高应变行为能力的方法等主要内容。如对地震、水灾、雪灾、风灾、战争、恐怖活动;火灾、交通事故、房屋倒塌、爆炸;坠落、中毒(食物、农药、气体、咬鹜等中毒)、传染病、休克、触电、中暑、晕厥、高原病、气管异物;危险体育运动,如拳击、赛车、滑雪、漂流、探险、攀岩、登山、游泳、航空体育、皮条反弹(蹦极)、彩弹射击等,常见运动损伤处理;自杀、吸毒、少女怀孕、出走、艾滋病、猝死;对杀人、抢劫、故意伤害、强奸、拐卖人口、入室盗窃犯罪等的预防措施和应变行为技能分析。涉及到医学、心理学、法律、德育、体育、物理、建筑、材料、交通等多学科、多领域的各种知识和技能,实质是对安全教育问题的对策研究。书中还阐述了应变行为能力是衡量人基本能力的重要标准的观点,以及影响应变行为能力的主要因素和提高应变行为能力的社会意义。(潘启友)

X000009 **地球是我家丛书** 李其瑞等著。四川少年儿童出版社1996年8月版。12万字。29.50元。共3册:《只有一个地球》从地球与人类生存、生活的关系,全球环境状况及环境保护的重要性等方面进行深入浅出的阐述;《珍惜我们的家园》谈建立人类与大自然和谐相处的绿色文明,大家自觉地行动起来,保护人类赖以生存的地球,珍惜家园要从现在做起;《自然与孩子》谈未来生态环境与下一代的依存关系,让人类永远拥有一个美丽、清新的生存环境。全书采用图文并茂的形式,生动、活泼、有趣,适合广大少儿的阅读特点。(颜小鹂)

X000010 **长江黄河流域旱涝规律和成因研究** 叶笃正、黄荣辉等著。山东科学技术出版社1996年12月版。56万字。50.00元。全面系统地论述了长江黄河流域旱涝发生规律;此两流域旱涝发生的大尺度环流条件;此两流域旱涝灾害发生的成因;旱涝的数值模拟和预测。分析了我国长江黄河流域旱涝发生的历史、年代际、年际和季节内变化规律和发生的环流条件。深入地阐述了长江黄河流域不同时间尺度旱涝发生规律及其空间分布类型、变化特征。深入地论述了造成此两流域旱涝发生的动力、热力过程和大气外部的强迫作用，并在国际上首先提出了可作为预测依据的两流域旱涝发生的物理模型，对旱涝成因提出了有物理依据的看法。从观测事实、动力理论和数值模拟等方面指明了热带太平洋热力状态，特别是西太平洋暖池热状态及其上空对流活动，青藏高原热源、季风及其低频振荡，西风带的瞬变扰动对此两流域旱涝形成的作用，并提出了相关理论。（门丽雅）

X000011 **近600年来自然灾害与福州社会** 王振忠著。福建人民出版社1996年1月版。18.4万字。15.00元。综述了明代初年至中华人民共和国建立近600年来的福州地区水、火、旱、时疫、地震等给人们带来的苦难和人们对自然灾害的抗争，又描写了自然灾害袭击下福州社会的反响，详尽地阐述了与自然灾害有密切联系的民间信仰。在“余论”中指出，数百年来困扰过我们祖先的那些自然灾害迄今仍不时肆虐，某些一度沉寂的传统的民间信仰也以新的姿态卷土重来，随着福州现代化建设的进展、成片旧城的改造，以及福州城市人口的急剧膨胀，又增添了诸如城市热岛效应、三废污染等更具人祸色彩的灾害，因而抵御灾害的形势更趋严峻，城市建设的规模、速度和内涵如不适时加以注意和适当把握，将给我们生存空间带来负面影响。本书主要特色：一、立意新颖，体现了自然科学和社会科学的汇合，从更宽广的视角考察自然灾害与社会关系，这是前人未曾探索过的新领域。二、取材丰富，立论基础扎实，书中搜集、引用资料多达130余种。三、论证周密，富有创见，作者指出，城市灾害的重要特性是它的复杂性，一方面表现为多种因素复杂叠加而促成的灾情，另一方面则是一种灾害会引发数种并行，从而起到灾害放大作用。四、乡土气息浓郁。书中反映大量福州乡土人情，并运用许多民歌、童谣、谚语，用得恰到好处，增强可读性。（吴锦通）

X000012 **中国自然灾害丛书** 国家科委全国重大自然灾害综合研究组编。科学出版社1993年至1996年版。300万字。包括《中国重大自然灾害及减灾对策（总论）》、《中国重大自然灾害及减灾对策（分论）》、《中国重大自然灾害及减灾图丛》、《中国重大自然灾害年表与资料集》4部书。其中《中国重大自然灾害及减灾对策（分论）》共7篇35章，详细论述了对我国威胁最大的地震灾害、气象灾害、洪水灾害、海洋灾害、地质灾害、农作物和森林生物灾害与森林火灾等7大类24种自然灾害的灾情概况、特点、发展趋势、防御措施、国内外研究概况及减灾对策等内容。《中国重大自然灾害及减灾对策（总论）》综合论述了上述7大类灾害的灾情总况、特点、规律、区划，总结了我国减灾40年来的成就和问题，提出了今后我国减灾的对策和建议。《中国重大自然灾害年表与资料集》按年份先后和统一体例综合辑入了我国各类自然灾害事件的灾情实例。《中国重大自然灾害及减灾图丛》包括12张1：400全国7大类自然灾害的分布与类型地图，形象、生动地显示了我国各类自然灾害的灾情和分布规律等。（吴三保）

X000013 **城市综合防灾减灾战略与对策论文集** 建设部科学技术委员会编。中国建筑工业出版社1996年6月版。38.2万字。20.00元。收录的35篇论文既有宏观战略与对策，又有技术措施；既有对国外经验教训的分析（如日本阪神淡路大震灾等），又有技术发展展望和科技成果评介。论文作者均为建设部、公安部、国家地震局、国家防汛总、国家气象局、有关大学和科研院所的专家学者（其中有2名工程院院士）。（时咏梅）

X000014 **灾害大百科** 郭强等编。山西人民出版社1996年4月版。315万字。188.00元。收录条目近6 175个。分总论、自然灾害、人为灾害和环境灾害4大部分。分编为灾害哲学社会科学、灾害自然科学和工程技术、宇宙圈灾害、岩石圈灾害、大气圈灾害、生物圈灾害、水圈灾害、社会灾害、经济灾害、安全事故、生态环境灾害、能源灾害等13大部分，内容包括减灾理论与实践、减灾人物与机构、减灾工程与工具、灾史与灾例等，涉及灾害哲学、灾害物理学等上百个学科和地震、火山、洪涝、虫灾等100余个灾种。全书条目由灾害背景条目、基本概念条目、灾害研究人物条目、减灾管理机构条目、减灾书籍报刊条目、灾害研究会议条目、灾例条目等构成。其中基本概念条目约占全书总条目的五分之三。在收词方面，学科发展比较成熟的，收入词条就比较全面，而对新兴学科，只择其主要条目收入。书后附有灾害年表、灾害日历、灾毁城市表、世界严重灾难简表和国外减灾机构名称等索引。（聂正平）

X000015 **地球家园** 梁从诫主编。山西教育出版社1996年12月版。18万字。45.00元。环保科普读物。全面讲述了人类目前面临的重大环境问题，分为“大气篇”、“动植物篇”、“水篇”、“土地篇”、“人类行为篇”5个部分，以故事为叙述主体（全书共精编85个小故事),讲述一个故事,介绍一个环保事件,并延伸一个环保主题。每一个故事后都精心设计了"环境专栏"、"环境警告牌"、"读后想想"、"建议"等栏目,将目前全球性的重要环境问题、环保知识告诉读者,关于人与自然的思考,体现了一种对完美的理解和追求,启发读者深入思考,促使读者从小事做起,保护环境,保护地球。全书还配有500多幅插图。(李梦熙)

X000016 **中国环保产业设备大全(第二卷)** 环境科学出版社编。环境科学出版社1996年4月版。25万字。96.00元。收入了大气污染防治设备26个,水污染防治设备57个,消烟除尘锅炉与附属设备5个,环境监测仪器仪表10个,噪声控制设备8个及其他如固体废物处理设备、环保专用辅机与材料等17个,共计133个产品。(刘大徽)

X000017 **蓝天绿地丛书** 刘泽纯等编。江苏科学技术出版社1996年12月版。52.8万字。130.00元。分7册。其中《人类的家园——地球》,介绍了地球的起源、大气圈、水圈、土石圈、生物圈的基本常识,灌输地球是人类唯一家园,人类要珍惜它的观点。《生命的源泉——水》,介绍了水的状况、水的作用、水的危机,以及人类为保护水资源而采取的措施,告诫人们要珍惜水。《地球的外衣——大气》,阐述了大气、云、风等气象知识,说明了大气与生命的关系。《我们的朋友——动物》,展示了千姿百态的动物世界,告诉人们动物是人类的财富,动物正遭受劫难,人类要行动起来,爱护动物,给动物一个家。《绿色的宝库——植物》,介绍了植物的起源与演化,植物对人类的作用,植物面临的灾难,保护植物等知识。《生存的威胁——污染》,介绍了大气污染、水污染、土壤污染、噪音、热污染等方面的知识,讲述了污染对人类的危害,以及人类治理污染的措施。《永恒的追求——可持续发展》,介绍了人类取得的辉煌成就,以及由此带来的人口、资源、环境问题,进而讲述了可持续发展的基本知识,并对美好的未来进行了展望。(郁宝平)

X000018 **南沙群岛及其邻近海域环境质量研究** "南沙群岛及其邻近海域综合考察"专题组编。海洋出版社1996年3月版。18万字。18.00元。主要包括南沙海域环境质量状况及其成因分析和评价;南沙生态环境系的特点、污染现状、发展趋势和保护对策;与南沙环境相关的重要问题如沉积物中重金属Cd的分布规律,油种鉴别,以及油气资源开发和埃尔尼诺现象对南沙海域环境的影响。(张宝珍)

X000019 **俄英汉环境科学词典** 郭建钦主编。中国农业出版社1996年12月版。149.8万字。115.00元。以俄、英、汉三种文字对照,收集了环境科学发展中出现的新词,并根据现代环境科学发展水平,参考大量文献,对部分词条用汉语作了专业性、知识性解释。收词包括环境化学、环境热学、环境光学、环境声学、环境电磁、环境气象、环境空气动力学、环境地学、环境生物、环境生态、环境工程、环境医学、环境毒物、环境数学、环境海洋、环境水利、环境土壤、环境经济、环境教育、环境管理、环境统计、环境规划、环境监测以及农业环境等几十种科技领域的词汇共25 000余条。其中5 000余条附有中文环境科学专业释义。为方便从汉语词汇查找相应的俄、英词汇或汉语专业知识的释义,按汉语拼音顺序列有中文索引。(赵立山)

X000020 **固体废物处理与利用** 娄性义主编。冶金工业出版社1996年5月版。34.5万字。11.50元。对固体废物的含义、来源、分类及对人类生存环境的危害作了简要说明后,着重对固体废物处理利用的各种方法和几种典型固体废物的具体处理与利用方法。关于固体废物的处理利用方法主要介绍了物理法、热化学法、溶剂浸法处理法和生物化学处理法等。对于典型的固体废物的处理利用方法,主要讲述了高炉渣、钢渣等冶金渣的处理利用;粉煤灰和煤矸石等燃料渣的处理利用;铬渣和硫铁矿烧渣的处理利用以及放射性有害废物的处理利用。书中还对固体废物的资源化系统及固体废物的最终处置作了较深入的论述。(赵玉学)

X000021 **石油化工废水处理设计手册** 王良均、吴孟周主编。中国石化出版社1996年5月版。105.6万字。70.00元。按石油炼制、石油化工、化纤、化肥工业分别介绍废水来源、种类、特点、影响因素及排放水量、水质指标和治理原则等;分别按废水物理处理、化学处理、生物处理、污泥处理等重点介绍其方法概述、工作原理、设计原则、设计参数、主要计算公式和设计实例。为设计需要,还给出废水预处理、单元组合流程举例、技术综合指标和技术经济指标等。同时分别列出常用机械、设备、仪表、器材及常用基础资料,便于查找、选用。(王金祜)

X000022 **热力发电厂水处理** 施燮钧等著。中国电力出版社1996年5月第三版。64.9万字。31.60元。初版于1976年,1984年出修订版。本书第三版仍分上下两册,上册主要讲述水质的净化,下册主要讲述热力发电厂机炉系统水处理。书中增添了许多20世纪90年代在我国发展起来的新技术，如反渗透、凝结水精处理、循环冷却水的阻垢技术和空冷机组的水质控制等，删除了一些较为陈旧的内容，如中压、高压锅炉的水质控制、离子交换树脂硫酸再生法等。（何郁）

X000023 **城市垃圾堆埋的地质环境效应及地质处理** 副名：以上海浦东为例。张锡根等著。地质出版社1996年7月版。21万字。18.00元。系统介绍了城市垃圾埋场的地质环境效应及垃圾的地质处置方法。书中详细地论述了上海浦东垃圾堆放对地质环境的影响及水－土系统中有害组分的迁移转化特征，微生物对水－土系统有害组分的积累和消散的影响及调控作用，垃圾堆放场及不同结构卫生填埋体的地质环境效应和污染趋势的模拟分析，垃圾堆放场的选址及适宜性评价，以及垃圾堆放场对地质环境影响的控制途径等理论和方法。（屠涌泉）

X000024 **城市水资源与水环境保护** 杨存信等著。河海大学出版社1996年7月版。26.6万字。12.00元。主要内容有城市水资源和水环境概述；城市水资源的开发利用和城市水环境的监测、模拟；城市水资源与水环境的评价和规划、管理和保护以及城市的旱涝潮灾、水污染问题和相应的防治减灾措施。还附有我国工业用水与水环境质量标准和实例研究。（王其超）

X000025 **环境监测技术** 吴邦灿著。中国环境科学出版社1996年3月版。45万字。23.00元。系统地阐述了国内外通用的监测技术及原理，以污染物的类型分章论述。全书分8章。第一章概述，综述了环境监测技术的基本概念、基本思想以及新技术开发状况；第二章至第六章依污染物类型、性质，分水、气、固体废弃物、物理4类污染物监测技术，包括监测项目、基本原理、基本技术、基本技能及仪器装置等；第七章专门阐述污染源现场快速监测技术，以适应当前不断发展的环境监理执法检查的需要；第八章专述了国内外自动连续监测技术。（朱丹琪）

X000026 **DL5027－93电力设备典型消防规程** 中华人民共和国电力工业部编。中国电力出版社1996年1月版。11.8万字。13.80元。主要内容包括：总则，防火责任制，防火重点部位及动火管理，发电厂和变电所的一般消防措施和灭火规则，消防给水，发电厂热机部分和水力部分的防火措施和灭火规则，发电厂和变电所电气部分的防火措施和灭火规则，控制室（网控室、主控室、集控室）、调度室、计算机室（房）、通信室、计量室、档案室的防火措施和灭火规则，发电厂和变电所其他部分的防火措施和灭火规则。（丰兴庆）

Z 综合性图书

Z000001 **中国智慧集萃丛书** 黄长义等著。湖北教育出版社1996年10月版。81.5万字。47.40元。共3册：《养生荟要》，将中国传统养生术分为贵生重己、法天遵道、修心养德、养气和神、动静合宜，导引按摩、起居有常、饮食滋补和妙合阴阳等十个部分，充分展示了中国传统养生术这个古老东方智慧的清新夺目的光辉和千古如斯的独特魅力。《兵家韬略》，着重研究中国古典军事学与中国智慧之间的关系，对丰富的历史资料搜求爬梳，条分缕析、探赜索隐，揭示了中国兵家智慧重整体之“势”、因辩证之“机”、贵人论之“和”和循实用之“理”的特点，充分展示了中国古代兵家韬略的无限魅力。《文人雅言》，针对中国雅文化超功利、追求心灵的审美体验和宁静的人生境界的特点，众搜博采，从中国古代文人的雅言中提炼出关于人生、关于世界、关于生活的独特智慧，使读者领略到“雅”的韵味。（熊茵）

Z000002 **传世藏书** 季羡林总编。南方出版社1996年9月版。27 600万字。68 000.00元。分经、史、子、集四库，每库分若干部类，精选先秦至清末文化典籍1 000种、30 000卷，编为123巨册，囊括了《四库全书》以及其他大型古籍中全部的一流经典和重要著作。全部采用横排简化字形式标点，并增编了目录和索引，便于阅读和检索。（唐海燕）

Z000003 **民国丛书第五编** 民国丛书编辑委员会编。上海书店出版社1996年12月版。85 664幅图。8 800.00元。共100册。从民国时期出版的约10

万种图书中选取具有较强学术性、资料性、实用性的图书近200种，按哲学宗教、社会科学总论、政治法律军事、经济文化教育体育、语言文字、文学、美学艺术、历史地理、科学技术史、综合等11大类编排。重点收入了一批研究先秦诸子的注释本，其中有程树德的《论语集释》，胡毓寰的《孟子本义》，陈柱的《老子集训》和《公孙龙子集解》，高亨的《老子正诂》，马叙伦的《庄子义证》，刘文典的《淮南鸿烈集解》等等，这批注释本反映了民国时期学者对诸子的深入研究、精湛学识，也是当今学者需要了解的资料。还选取了一批断代文学史著作，如柳存仁的《上古秦汉文学史》，陈中凡的《汉魏六朝文学》，刘师培的《中古文学史》，陈子展的《唐代文学史》，杨荫深的《五代文学》，柯敦伯的《宋文学史》，吴梅的《辽金元文学史》，宋佩韦的《明文学史》，张宗祥的《清代文学》，基本反映了民国时期对中国古代文学史的研究状况和成就。还选取了一些地方文化史著作，中国古代建筑史著作。(徐力劲)

Z000004　**中国民间文化丛书**　晓星等编。河北少年儿童出版社1996年12月版。51万字。54.50元。共4本，包括《汉字别识》、《气魂功魄》、《安乐窝风情》、《行旅觅踪》。主要着眼于弘扬民族民间文化，以生动浅显的形式，丰富详实的资料向青少年介绍我国多彩的民间文化。其中《汉字别识》介绍我国汉字的起源、构造、汉字密码、汉字场效应及汉字文化圈等内容，有独特见解。《气魂功魄》介绍我国气功的渊源流派，揭示气功之奥秘，点化了气功是中国特有的气文化内核。《安乐窝风情》介绍我国丰富多彩的民居历史渊源演进、地域特点、建筑形式、风俗禁忌、空间艺术特征等自然文化理念。《行旅觅踪》介绍我国民间行旅文化风貌，从历史、民族、民俗、文学等视角揭示其文化内涵。(郭明志)

Z000005　**全国扫盲和扫盲后教育阅读丛书**　全国扫盲和扫盲后教育阅读丛书编委会编。人民教育出版社1996年版。40万字。32.40元。共10册。包括《生活小窍门》、《农家笑话》、《学会读书看报》、《农村日常应用文》、《塑料大棚栽培技术》、《卫生保健常识》、《畜禽品加工技术》、《中国著名景观》、《谚语·谜语·对联》、《农药安全使用常识》。每册字数3万～4万，文字浅显易懂，图文并茂，实用性强，操作简便易行，适合于扫盲和扫盲后人员阅读。(龚贵春)

Z000006　**名著名家导读丛书**　蔡尚思、杨伯峻等编。巴蜀书社1996年9月版。200万字。收入《诗经导读》、《论语导读》、《孟子导读》、《孙子兵法导读》、《考工记导读》、《黄帝内经导读》、《文选导读》、《梦溪笔谈导读》、《日知录导读》、《坛经导读》等10种。所选的古代典籍，均为传承不衰，素有定评之作，对中国文化、思想、文学、科学、军事、医学等领域，产生过深远的影响。入选的作品，经诸大师分析其精神实质，指出其重点和特色，深入浅出地指导读者找到登堂入室的门径。如蔡尚思的《论语导读》一书，以义类重新编排，对前贤旧说，或驳正或赞同，几乎字字珠玑；杨伯峻的《孟子译注》一书更是炉火纯青；屈守元的《文选导读》则是一部文学总集高屋建瓴的把握和诠释。(汪启明)

Z000007　**多多看世界彩图科学故事丛书**　崔利玲编。江苏科学技术出版社1996年9月版。120万字。150.00元。共6套60个分册，分别为《动物世界》、《植物天地》、《交通大观》、《人体王国》、《多彩生活》、《宇宙空间》，共有600多个故事，内容涉及到科学的各个领域，从人的身体到遥远的宇宙空间，从自然到社会，从有生命的生物体到无生命的物质，甚至还涉及到当代科技的前沿，而且这些知识都是儿童生活中常见的或相关的，符合儿童的年龄和认知特点。(马桂琴)

Z000008　**白话十三经(上中下)**　钱伯城主编。国际文化出版公司1996年2月版。380万字。220.00元。《周易》、《尚书》、《诗经》、《周礼》、《仪礼》、《礼记》、《论语》、《孝经》、《尔雅》、《孟子》以及《春秋左传》、《春秋公羊传》、《春秋谷梁传》这些我国古代文化最重要的经典著作统称为十三经，为便于广大读者能够读懂这些文辞深奥的古籍经典，编者将翻译和注释于一书。

Z000009　**群经要义**　陈克明著。东方出版社1996年12月版。32万字。21.80元。侧重介绍3个方面的内容：一介绍诸经成书经过及有关问题；二评述后代学者研治诸经的情况及其创获；三略谈诸经的主要内容和特点。全书系统地研究了中国古典经籍从先秦“五经”到宋代“十三经”直至元明清的演变历史。(夏青)

Z000010　**类说校注**　宋·曾慥编纂，王汝涛等校注。福建人民出版社1996年1月版。136万字。95.00元。分2册。共60卷，系摘录250多种古籍的精华汇编而成。大量内容为古代的笔记和小说，并有诗话、书画、文字、音韵、宗教、兵书、医药、地理、生物等多种内容。明天启刊本。收入“八闽文献丛刊”。(林斌)

Z000011 **中国大百科全书(青少年版)** 梅益主编。海燕出版社 1996 年 6 月版。1000 万字。888.00元。以《中国大百科全书》为蓝本,以 20 世纪人类已有的知识为基础,针对中国当代青少年的实际需要而构筑框架,涵盖哲学、政治、经济、文化教育、社会与家庭、文学、艺术、历史、地理、数理化、天文与地球、生命、工程技术等 13 大类 76 个学科的知识,自然科学条目占 40%,社会科学条目占 60%。全书共分 10 卷,1.2 万个条目,插图 1 万余幅。采用国际工具书通行的编排方法,所有条目均按汉语拼音字母统一排列,附有汉语拼音和汉字笔画两种索引。全书具有以下特色:第一,权威性强。本书编委会成员和撰稿人均为国内各学科领域的专家,他们严谨科学的态度和卓有成效的工作为全书的权威性提供了可靠的保证。第二,科学性强。书中术语、译名力求标准规范,计量单位、科技数据均依国际标准,新知识、新成果均有定评定论,释文表达讲求教科书化。第三,针对性强。为真正适合青少年阅读和使用,书中不是简单地限于将《中国大百科全书》的原有条目进行缩写改编,而是在保持原学科框架的基础上,针对青少年的特点、兴趣和学习需要,增加了许多新条目。第四,知识新颖。由于本书是在《中国大百科全书》编定或出版后着手进行的,基础知识已得到更新,选材也更新。有些条目选材迄至 20 世纪 90 年代中期,全书 1 万多幅图片中,有 6 000 多幅是《中国大百科全书》所没有的。(王舒姝)

Z000012 **中国大百科全书(简明版)** 《中国大百科全书》编委会编。中国大百科全书出版社 1996 年 12 月版。2 080 万字。2 800.00 元。在《中国大百科全书》第一版的基础上,经增补、改编、浓缩而成的一部综合性百科全书。全书包括正文、附录和索引三大部分。正文包括条目及相应的插图或表格,条目共 3.1 万条;随文插图和表格 1.1 万幅。附录为《中外大事年表》。索引包括条目笔画索引和连同条目在内的内容音序索引。全书的知识体系以《中国大百科全书》第一版为基础,删除了第一版各卷中重复、交叉、过专、过僻的条目,归并了散见在各卷中从不同角度阐述的、属于同一主题的条目,增补了知识总论、国家、能源、材料、信息、旅游、民俗以及服饰、烹饪、家政等方面的条目,补入了近几年出现的大量新知识,它面向 21 世纪,充分反映近现代,尤其是 1978 年改革开放以来中国出现的新事物、新情况、新成就。在以条目为主要形式介绍知识时,注重深入浅出力求简明易懂;注重采用综合的写法,讲求条目的知识密集性;注重介绍具有普遍性、典型性和高检索率的知识,不收或少收过专、过僻的概念;注重引用资料和数据的时效性、准确性和权威性,重要的资料收录到 1996 年;随文附有 1.1 万幅插图和表格使严谨的知识主题显得直观、生动和便于比较。条目正文所附的《中外大事年表》,高度概括地介绍了自人类文明发祥以来各时期、各地区、各领域发生的重大事件,揭示了人类文明的发展脉络,为读者提供了社会发展的基本线索。索引采用汉字笔画和汉语拼音两种方式,为读者的查阅提供方便。(马汝军)

Z000013 **万事由来故事大全** 张卓编。黑龙江少年儿童出版社 1996 年 1 月版。34 万字。20.00 元(平),24.00 元(精)。以故事形式,对世间诸多事物的形成追根溯源。全书由 313 个故事构成,根据题材类别分为 10 个部分:一、推开政法宗教之窗;二、打开科技经贸大门;三、步入文学艺术殿堂;四、漫步教育卫生天地;五、走进军事文体广场;六、走马观花世界各地;七、游览人名称谓长廊;八、人祖习俗节日溯源;九、漫游衣食日用世界;十、探询动物植物由来。(刁小菊)

Z000014 **中华发明发现大典** 周积民、张林川主编。武汉出版社 1996 年 6 月版。160 万字。120.00元。收集我国重大发明发现近 5 000 项。正文按军事、文化艺术、文物考古等 24 目分类编排;正文后附有港、台及海外部分华人发明发现条目。书前配有 1.5 印张彩图,书后还附有条目笔画索引。全书体例完备、分类清晰、资料翔实、释文准确。(刘昌钊)

Z000015 **来龙去脉** 黄镜生等编著。广东省地图出版社 1996 年 6 月版。32.9 万字。16.80 元。分政治、军事、人物、经济、文化、体育、生活、节日、宗教、地理、建筑、医学、科技、交通 14 部分,共 722 个条目。在每一部分中,就一些习语和典故进行分析,解说了阐述其由来,而这种由来往往是诸多说法中论据最充分、最有说服力的。例如"鸣锣开道"解(政治篇)、"汗马功劳"的来历(军事篇)、"下海"的由来(经济篇)、"黑马"一词的来历(体育篇)等。同时,书中也有一些较为严肃的内容,如第一个农村人民公社的由来(政治篇)、何谓"武士道"(军事篇)、地球有生命物质始于何时(地理篇)、《全国山河一片红》邮票错在何处等。在编排上,先中国后外国;中国的原则上按朝代的先后,国外的则按时间顺序排列。由于收录内容广泛,条目繁多,书中有少量内容给人牵强附会之感。(章罗兰)

Z000016 **国史百科系列** 韩东育等编。东北朝鲜民族教育出版社 1996 年 12 月版。200 万字。108.75 元。共 25 册。分为国族、国疆、国政、国策、国役、国事、国魂、国难、国业、国技、国币、国圣、国荣、国德、国智、国学、国字、国书、国艺、国宝、国君、国母、国相、国臣、国将等 25 册。包括中华民族有史以来的重大实践活动、发明创造等大事件近千件。其特点是:短小精悍,可读性强;信息量大,包罗万象;逻辑性强,引人入胜。(安国锋)

Z000017　**涉外知识手册**　遇建浩等编。上海交通大学出版社 1996 年 2 月版。85 万字。28.00 元。分 10 篇,主要内容包括外交政策;对外交往;礼宾工作;出国旅行;对外文书;金融外汇;节日、风俗;常用术语;国际组织与会议;综合知识等,书末的附录收集了有关公约、条例、规定、实施细则和暂行办法等。涉及到外事工作和对外交往中的基本知识和出国旅行的基本常识。(戴柏诚)

Z000018　**儿童百科知识图典(黄封编)**　冯幽君等文,刘泽岱等画。辽宁少年儿童出版社 1996 年 9 月版。40 万字。38.00 元。共 10 卷,具体卷名为:世界童话人物卷、最新兵器卷、名枪名炮卷、世界名车卷、微生物卷、国旗国徽卷(上)、国旗国徽卷(下)、中国历史卷、世界历史卷、常见标志符号卷。每卷 120 篇文字,配 120 幅图画,介绍所涉及的知识,如微生物卷即用图典形式介绍了 120 种微生物的有关知识,插图采用写实表现手法,具有资料价值,其余 9 卷亦然。(杨焕才)

Z000019　**天天学百科**　周舜培主编。少年儿童出版社 1996 年 9 月版。30 万字。1 500 幅彩图。112.00 元(精)。共 4 册。适合幼儿及小学低年级儿童阅看的知识小百科丛书。分"金钥匙篇"2 册、"金字典篇"1 册、"金喇叭篇"1 册。收有 290 个题目,以图为主,向小读者展示自然界、社会界、人体、卫生等知识,供小读者认识。(洪祖年)

Z000020　**少儿十万个为什么?**　茅以升主编,沙马拉则译。四川民族出版社 1996 年 4 月彝文版。13 万字。12.25 元。共 3 册。根据茅以升主编的套书《学前儿童十万个为什么?》翻译而成的分册之一。主要内容是回答:"太阳能晒干衣服,为什么晒不干花草?"、"头发会长长,眉毛为什么长不长"等 360 个有趣的问题。(孙国英)

Z000021　**图说生活文明史**　计斌等编译。上海科学技术出版社 1996 年 6 月版。130 万字。65.00 元。分上、下两册,是从英国沃茨公司引进、翻译出版的专为少年儿童编辑的文明演进读物。原书共分"船的家族"、"飞机的演进"、"创造与发明"、"车的发展史"、"城市的兴衰"、"服饰大观"、"人类与医学"以及"体育和运动"8 个分册,现合成两本出版,每本包括 4 个主题。依年代先后,解说人类生活文明演进的过程;以图为主,文字为辅,轻松有趣,一目了然;插图精致典雅,有精美的剖面图;书末的"大事记"、"名词解释"有助于读者了解文明演进的轨迹。(史领宪)

Z000022　**彩图贝贝启蒙知识百科**　路肖榕编写。少年儿童出版社 1996 年 9 月版。图 1 000 幅。40.00 元(平),50.00 元(精)。分上下 2 卷,适合幼儿阅看的知识小百科。以图为主,让幼儿认识动物、植物、自然现象、生活环境。(洪祖年)

Z000023　**童话十万个为什么**　关福堃主编。辽宁师范大学出版社 1996 年 2 月版。180 万字。108.00 元。共 12 册。以童话故事来提出问题,以"科学解说"来回答问题,而不是以直接的答疑来对待孩子们的好奇。书中所编选的故事皆为古今中外知识性童话之杰作,这些作品有利于开发孩子们的想象力,激发他们的学习兴趣,而书中的知识性解说则不仅遍及传统的自然百科、人文百科内容,还涉及到现代科技、生态学、生命科学、环境科学等有关领域。全套书 4 辑,12 册,按专题分别定书名为:动物世界、植物王国、天体宇宙、自然奥秘、人间万象、万物由来、生态环境、生命之谜、科技之光、人生启蒙、山川地理、熟语天地。(刘文刚)

Z000024　**儿童百科图谱(生物篇·运载工具篇)**　周本湘等编文。少年儿童出版社 1996 年 12 月版。88.00 元(精)。共 2 册。全书的物体形象图全部以仿真形式印刷。在"生物篇"中分"动物图谱"、"植物图谱"、"古生物图谱"3 章;"动物图谱"收有 276 幅各种动物图谱,"植物图谱"收有 312 幅各种植物图谱,"古生物图谱"收有 276 幅各种古生物图谱。在"运载工具篇"中分"飞行器图谱"、"舰船图谱"、"车辆图谱"3 章;"飞行器图谱"收有 288 幅各种飞行器图谱,"舰船图谱"收有 276 幅图谱,"车辆图谱"收有 288 幅车辆图谱。(洪祖年)

Z000025　**当代博物馆丛书**　崔振华等编。河南教育出版社 1996 年 1 月版。200 万字。共 10 册。以图文并茂的形式,科学系统地介绍了天文、地理、植物、动物、海洋、航空航天、水陆交通、艺术、社会历史、体育等方面的知识。(会平)

Z000026　**农村娃科普系列丛书**　葛纪谦主编。海燕出版社 1996 年 6 月版。单册 250 万字。100.00元。共 50 种:《家庭与道德》、《法连千万家》、

《经济合同与诉讼文书》、《外出的学问》、《农村十杰青年》、《税务常识》、《工商常识》、《水稻高产新技术》、《果树栽培技术》、《种庄稼的学问》、《巧施多种肥料》、《土壤知识漫谈》、《农村常见病防治》、《行为与健康》、《饮食卫生》、《少年心理卫生》、《漫谈人体寄生虫病》、《农村卫生与保健》、《常见口腔病防治》、《怎样建造农村新居》、《漫话农村用电》、《小型农田作业机械》、《小型农用动力机械》、《自行车修理》、《民间工艺开发》、《说说地方戏》、《说杂技 道曲艺》、《中国古代圣人》、《爱护祖国文物》、《农村应用文写作》、《怎样写信》、《怎样当"土记者"》、《对联与谜语》、《棋牌游娱》、《庭院聚宝盆》、《美味的食用菌》、《日本真姬菇的栽培方法》、《果品蔬菜保鲜技术》、《野菜野果的加工》、《酱菜腌制》、《面食制作》、《生活中的化学物理现象》、《怎样消灭老鼠》、《庄稼医院》、《禽畜疫病防治》、《保护我们的环境》、《漫步蔬菜王国》、《怎样栽培花卉》、《草莓种植》、《水产养殖》、《天麻栽培法》。

Z000027 **稿本丛书** 北京大学图书馆古籍特藏部编辑。天津古籍出版社 1996 年 3 月版。960 万字。5 600.00 元。共 12 册。所选稿本上起明朝,下迄民国,计收 36 种,包括手稿本、清稿本、校定稿本、待刊定稿本。从内容上看主要收专著、诗文稿。这批稿本,凝聚了撰著者以及几代藏书家的心血。有的稿本历经沧桑,辗转流传,几为毁灭。所辑稿本,大部分未曾面市,沉埋已久。无论从文物角度、版本角度及学术价值诸方面,均堪称善本,是弥足珍贵的文献资料。如清人朱彝尊的《曝书亭手录文稿》一卷,系竹坨及夫人手笔,另有《竹坨文稿》系父子夫人三人手笔,一门三人合璧,被收藏家视如瑰宝。又《戴东原先生文》,多为戴氏手笔。胡适对此书赞不绝口,称"戴氏稿本文理贯串,远胜刻本。如《明堂考》,可以补足刻本,使此文可得一个完足的定本"。如此等等,不胜枚举。本书系原稿影印,保持了稿本的原貌及风采。书前并附排印之内容提要,概要介绍了稿本的撰著者及主要内容,对所收稿本的成书情况及流藏情况等,均有介绍。(张玮)

Z000028 **乡园忆旧录** 清·王培荀著,蒲泽校点。齐鲁书社 1996 年版。10.70 元。笔记体杂著,初刻 6 卷,后增补为 8 卷,收文凡 1 123 条。是作者久宦四川,公馀据记忆"随意笔之,以慰乡土之思"而作。书中所记内容上起明中叶,下迄清道光朝,对三百年间的山东地理沿革、风土人情、名胜古迹、诗文掌故以及山东或游宦山东的名贤耆旧的嘉言懿行、逸闻轶事,均有生动翔实的记载,既有知识性、趣味性,也是一部颇具学术价值的研究山东明清史的历史文献。书中所记掌故,可以补史;而大量有关文人生活和创作活动的记述,也可以补山东文人传记资料之不足。本整理本系以王氏定本 8 卷本为底本,校点中改正作者凭记忆所转引的诗文、史料中舛误处颇多,对原书后补刻二卷与前数卷中重复篇文皆已删除,并对每条前加序后,目录中每条前加小标题,以方便查寻和阅读。(周晶)

Z000029 **倦游庵椠记** 清·周悦让著。齐鲁书社 1996 年 8 月版。61.2 万字。48.00 元。"山左名贤遗书丛书"之一,是清代经学家周悦让的读书笔记。周悦让,字梦白,山东莱阳人,道光丁未年(1847)进士,曾官礼部主事,后专以读书著述为务,名其居曰"倦游庵"。《椠记》一书即是他一生研经治史的专门著作。全书分《经隐》、《经逸》、《史牾》、《子通》、《集通》、《丛考》6 类。由于作者精于古代典章制度,在经文史实的分析考辨上,非常精核。于经文有疑议而与他经可通者,往往条取引证互为发明,严守以经解经的古文经学家法;对观点平庸陈旧、望文生意的浮词曲说,敢于大胆识破,多有独到见解;在《史牾》、《子通》、《集通》、《丛考》中,有大小考证数千条,抓住要害刊伪纠缪,精采纷呈,给人留下深刻的印象。齐鲁前辈学人安丘赵孝陆评曰:《椠记》"精湛浩博,不亚高邮王氏(念孙)《读书杂志》"。把是书的学术价值提到清代朴学的最高水平。本书写定在 120 多年以前,其门人王懿荣曾亲抄其书,拟刊印流传,因其殉国而抄本飘零。后由赵孝陆与王献唐辗转购求到周氏后人的家抄本,入藏于山东省图书馆之奎虚书藏。抗战爆发,献唐先生为防孤稿散落,乃在万难之中筹资请人重录一部,即今平乐印庐抄本。现将此稿的家抄本与平乐印庐本对校,整理出版成为本书。(赵捷)

Z000030 **世界知识年鉴(1995/96)** 沈允熬主编。世界知识出版社 1996 年 1 月版。233.9 万字。120.00 元。分 5 个部分:1. 国际大事,包括世界多极化趋势继续发展、中东和平进程等 4 篇;2. 新闻事件、人物和名词;3. 各国概况,介绍 231 个国家和地区,一般包括国名(名称)、面积、人口、首都(首府)、国家元首、简况、政治、经济、军事、文化教育、对外关系等;4. 国际组织和国际会议,介绍 200 多个国际组织和国际会议;5. 便览。书中资料一般截至 1994 年底。(陈平)

Z000031 **日本藏宋人文集善本钩沉** 严绍璗编著。杭州大学出版社 1996 年 12 月版。30 万字。

25.00元。“日本文化研究丛书”之六。所著录皆为“日藏汉籍”。著录分“正题”、“按语”、“附录”3部分。“正题”著录典籍的名称、卷数、著者、版本,以及此书现今所在的日本藏书地等。“按语”著录此书的书款版式、序跋题记、刻工印玺、流传状况等等。因为是日藏的汉籍,故又尽可能地将日本古文献中涉及本书的相关材料,以及江户时代中国商船向日本输出同一书物的原始材料一并记录其中。“附录”著录同一书物在日本的刊本,包括自五山版以来的各种刻本、活字印本和写本。其特点是:1.资料珍贵,所录宋人别集、总集、笔记、诗文评、词曲和宋人编丛书中,有许多古本、稀本,还有大量名家的校本、题识本,对国内的域外汉籍研究者及中日文化交流史研究者提供了大量的第一手资料。2.编排有序,著录事项完备,便于读者查阅。3.所加按语,内容丰富,表述了作者对所著录书籍的记载和评价,有助于文献研究工作者“辨章学术,考镜源流”,其学术价值远非一般“簿录甲乙”的目录书可比。(仁明春)

Z000032 **馆藏精选** 上海图书馆、上海科技情报所编。上海科学技术文献出版社1996年11月版。224页。280.00元(精)。内容涵盖历代雕、刻、抄、写本、法帖、手迹及近代报刊之珍品图谱,同时还收集部分西文手稿、图书、画册、照片等。书中所录藏品,绝大多数为传世孤品,极具文物鉴赏价值。(上海科技文献出版社总编办)

Z000033 **影响中国近代社会的一百种译作** 邹振环编。中国对外翻译出版公司1996年版。38万字。12.00元。以明清之际至新中国诞生前的三百余年西学翻译为考察对象,采用翻译作品为主线,以这三百余年影响较大的一百种译作的出版先后为经,以这一时期的文化人与文化运动为纬,来展示一部西书中译的历史,以及这三百年来西书中译与社会文化之间的关系。书中译作入选的标准是译本的社会影响。这种影响可以是正面的,也可以是负面的;有直接的,也有间接的;有回返影响,也有超越影响。译作入选标准首先在于,它是产生共时性和历时性重大影响的名著。如《几何原本》、《圣经》、《新工具》、《民约论》、《法意》、《黑奴吁天录》、《原富》、《悲惨世界》、《物种起源》、《少年维特之烦恼》、《约翰·克利斯朵夫》、《共产党宣言》等等。其次是,译作虽非名著,但在当时流传甚广,并深刻地影响过国人的思想,在社会政治生活中产生过强烈的反响,如《万国公法》、《泰西新史揽要》、《天演论》、《佳人奇遇》、《爱的教育》、《天下一家》、《苏联共产党(布)历史简要读本》。再者是影响深度也许有限,但在当时却是轰动一时或风靡文坛的译作,如《交友论》、《十五小豪杰》、《自由血》、《血史》、《妖怪学讲义录》、《福尔摩斯侦探案全集》等等。最后是影响较深的文学名著或是其他学科输入史的“第一部”,这一部分数量最多,如《坤舆万国全图》、《同文算指》、《泰西水法》、《远西奇器图说》、《代数学》、《听夕闲谈》、《社会学》、《学理管理法》、《威廉·退尔》、《浮士德》、《李尔王》、《性心理学》等等。入选的一百种译作中,有几大部的宏篇巨帙,有几种书的结集,有单本小册子,也有诗歌和地图。本书通过这些译作,来展示这三百余年西书中译发展变化的大致脉络。有些学科史上有重大意义的译作,由于内容太专,出版后并无太大影响,则不入选;有些名著,由于中西文化背景的差异,在西方引起巨大反响,译成中文后反应却极为冷淡,亦不入选。(毕小之)

Z000034 **徽州历史档案总目提要** 严桂夫主编。黄山书社1996年8月版。65万字。彩图13幅,黑白图52幅。98.00元。上卷首先说明所运用的研究方法,然后从整体上讨论徽州社会各发展阶段的特点及各时期中各种档案的形成、流传存毁等情况,分析徽州历史档案遗存丰富的原因,得出“不排除徽州历史档案成批发现的可能性”、“徽州历史档案的利用价值决定其存毁和流传”、“徽州历史档案丰富有其必然性和偶然性等结论;从总体上介绍徽州历史档案的数量、时间地域分布及利用价值,国内徽州历史档案收集保管现状;同时,以现代档案分类法为基础,结合徽州历史档案的具体情况,建构徽州历史档案的分类框架。下卷是全书的重点。分宋元明清及民国两段,按门类以时间顺序排列徽州历史档案要目。宋元明清为政务、宗法、文化、土地、赋税、工商、邮政8类,并附“清代休宁县鱼鳞图册目录”;民国分“歙县档案要目”和“休宁县‘户领丘册地亩等则归户表’案卷目录”两部分,其中歙县档案要目分政务、经济、财政金融、军事、司法、民政、教育、文化、卫生、邮电交通、宗教11类。两段共收入从13万余件徽州历史档案中精选出来的要目近万条。各条下注明其形成年代、件数、藏地及索引号,一些大型及尤为珍贵、重要的档案还配有照片,并以简要文字介绍及内部结构、主要内容及研究价值。(徐力)

Z000035 **中国文言小说总目提要** 宁稼雨撰。齐鲁书社1996年12月版。97万字。80.00元。收中国先秦至1919年汉语单篇文言小说、文言小说集、文言小说丛书、文言小说类书,正文正名2 184

种，异名 516 种。另附《剔除书目》正名 292 种，异名 57 种，《伪讹书目》正名 172 种，异名 4 种。全书共收正名 2 648 种，异名 577 种，总日 3 225 种。全书按时代顺序，共分为“唐前”、“唐五代”、“宋辽金元”、“明代”、“清代至民初”5 编，每一编包括“志怪”、“传奇”、“杂俎”、“志人”、“谐谑”5 类。每一类中按作者生年顺序排列。书中对历代文言小说作了比较全面的概述，对某些书的作者和版本作了必要的考察。书后附有“书名、作者笔画索引”和“书名、作者音序索引”。（于志强）

Z000036 **续修四库全书总目提要** 柯劭忞等编。齐鲁书社 1996 年 12 月版。2 100 万字。20 000.00元。全书 38 册、32 960 余篇。收书范围是：《四库全书总目提要》漏收的及虽收录但经篡改、删削过甚的古籍；乾隆以后的著作和辑佚书；乾隆以后新发现的古籍和外国人用汉文撰写的书籍。这样，它与《四库全书总目提要》相互补充，20 世纪 30 年代之前的中国学术流派和存世典籍情况皆备于此。编撰者 71 人，多是当时著名学者，如柯劭忞、罗振玉、江瀚、胡玉缙、王式通、杨树达、傅增湘、向达、王重民、尚秉和、孙楷第、刘节、吴承仕、谢国桢、赵万里、吴廷燮等，他们花了前后 17 年时间才编成。与《四库全书总目提要》相比较，本书有三大特点：首先是收罗完备，其次是评论比较公允，力图扫除门户之见；第三是著录了版本，极便学人。（鲍思陶）

Z000037 **道藏索引——五种版本道藏通检** [法]施舟人编，陈耀庭改编。上海书店出版社 1996 年 8 月版。53 万字。100.00 元。据法兰西汉学研究所所长施舟人（Kristofer M. Schipper 又译施博尔）1975 年编制的《道藏通检》改编而成，仍依原书采用逐字引得的编制方法，即据经名中的任何一字均可快速查到经名的全称及在各种版本中的册页数。而所收入的版本，在《道藏通检》的基础上颇有增加，使包括了至今出版的《道藏》和《续道藏》的所有版本，即：明代首次刻印的经夹本，上海涵芬楼 30 年代的影印线装本，台湾艺文印书馆 1977 年出版的影印本，台湾新文丰出版公司 1977 年出版的影印本，文物出版社、上海书店及天津古籍出版社 1988 年联合出版的影印本。还新编了《五种版本道藏经术子目联合目录》，以及《五种版本道藏经书子目联合目录》与哈佛燕京学社《道藏子目引得》编号对照表、《道藏阙经目录》等附录两种。（陆国强）

Z000038 **中国近代文学大系·史料索引集** 魏绍昌主编。上海书店出版社 1996 年 7 月版。175 万字。160.00 元。分上下两卷，由大事记、报刊索引、研究论文索引、作者索引、海外研究论文索引等几大板块组成。（龚建星）

获奖书目

1995 年度"五个一工程"奖获奖图书名单

〔书　名〕	〔编著者〕	〔出版者〕
早年周恩来(上下卷)	庞瑞垠著	江苏教育出版社
邓小平设计中国改革开放实录	高　屹主编	辽宁人民出版社
中国农村政治稳定与发展	徐　勇等著	武汉出版社
战争启示录(上下册)	柳溪著	北京十月文艺出版社
科学的历程(上下册)	吴国盛著	湖南科学技术出版社
高原雪魂——孔繁森	郭保林著	山东文艺出版社
中华少年奇才(上下册)	北京大学历史系编写、叶童绘画	浙江人民美术出版社
赤子丛书(3 册)	金振林等著	河北少年儿童出版社
南方有嘉木	王旭峰著	浙江文艺出版社
中国市场经济法律问题丛书(9 册)	江平主编	贵州人民出版社
中国革命史话(10 册)	夏以溶主编	湖南少年儿童出版社
第二次世界大战通鉴	张跃铭等主编	天津人民出版社
心灵长城——中华爱国主义传统	张岱年主编	安徽教育出版社
画说《资本论》(4 册)	宋涛主编	二十一世纪出版社
帅星升起丛书(9 册)	魏巍主编	广东教育出版社
筑成我们新的长城	江西人民出版社编写	江西人民出版社
精编小学生十万个为什么(12 册)	杨勇翔等主编	黑龙江科学技术出版社
爱我家乡　爱我辽宁丛书(15 册)	陈秀庭等编	辽宁教育出版社
图说高新技术应用	殷之文等著	上海科学普及出版社
邓亚萍	高　山等著	河南教育出版社
肝胆相照　荣辱与共——中国共产党领导的多党合作制度的历史考察	王顺生著	福建人民出版社
西藏地方与中央政府关系史	黄玉生等编著	西藏人民出版社
中国自然地理知识丛书(11 册)	方如康等著	商务印书馆
中国国防科技报告文学丛书(7 册)	彭继超等著	中共中央党校出版社
走向 21 世纪的中国经济	李京文主编	经济管理出版社
大国长剑——中国战略导弹部队纪实	徐　剑著	作家出版社
陈龙传——中国隐蔽战线的卓越指挥员	修来荣著	群众出版社
毛泽东军事思想原理	刘继贤等主编	解放军出版社
神脑聪仔(10 册)	本书编委会编著	接力出版社
中国新疆壁画全集(6 册)	中国壁画全集编辑委员会编	新疆美术摄影出版社、天津人民美术出版社、辽宁美术出版社

当代中国的唯物辩证法——邓小平著作中的哲学思想	袁贵仁著	中国青年出版社
西藏历史档案荟萃	西藏自治区档案馆编	文物出版社
邓小平军事活动图集	中国有色金属工业新闻工作者协会等编	长城出版社
孤儿泪	张　平著	山西人民出版社
中华当代少年小说丛书(10册)	曹文轩等著	江苏少年儿童出版社
青春风景创作丛书(5册)	秦文君等著	安徽少年儿童出版社
中国的妇女人权	董云虎等主编	四川人民出版社
大学生思想政治教育的战略思考	刘仁学等主编	东北师范大学出版社
中小学生普法教育画册(上下册)	霍宝珍主编	南海出版公司
内蒙古民族团结史	林　干等著	远方出版社
陕西文物旅游博览	李炳武主编	陕西旅游出版社

第十届中国图书奖获奖名单

〔书　名〕	〔出版者〕	〔编著者〕
邓小平理论与广东实践研究丛书	广东人民出版社	于幼军主编
中国特色社会主义论二十题	中央党校出版社	龚育之著
中国市场经济与社会发展丛书	黑龙江人民出版社	邓伟志、张琢主编
中国市场经济法律快通丛书	中国政法大学出版社	宋镇铃、孙鸿翔编委会主任
世界市场全书	中国大百科出版社	顾海良、姚开建等主编
国际经济惯例丛书	贵州人民出版社	周成启主编
流通经济学	人民出版社	张绪昌、丁俊发主编
亚太地区经济发展多元化研究	北京师范大学出版社	赵春明著
现代西方经济学	复旦大学出版社	宋承先著
资源经济新论	重庆大学出版社	李金晶等编著
中国解放区邮票史	安徽教育出版社	张辛农主编
中国抗日战争纪实丛书	解放军文艺出版社	全军专业作家著
中国人民抗日战争史录	中央文献出版社	徐　焰主编
侵华日军暴行总录	河北人民出版社	李秉新、徐俊元等主编
中国抗日战争史地图集	中国地图出版社	武月星主编
黄河在咆哮——纪念中国人民抗日战争伟大胜利	沈阳出版社	袁伟、周岩主编
中国少数民族美术史	福建美术出版社	王伯敏主编
中国佛教思想史	福建人民出版社	郭　朋著
中国上古军事史	军事科学出版社	高　锐著
中国音乐美学史	人民音乐出版社	蔡仲德著
科学认识思想史	江苏教育出版社	林德宏、肖玲等著
中国诗学批评史	江西人民出版社	陈良运著

〔书　名〕	〔出版者〕	〔编著者〕
中国古典文学研究史	中华书局	郭英德、谢思炜等著
长江文化史	江西教育出版社	李学勤、徐吉军等主编
国际关系史	世界知识出版社	王绳祖主编
非洲通史	华东师大出版社	何芳川、宁骚主编
当代东南亚系列	四川人民出版社	陈吕范主编
心理学百科全书	浙江教育出版社	李维编委会主任
韬奋全集	上海人民出版社	邹韬奋著
人类服饰文化学	天津人民出版社	华梅著
中国戏曲服装图集	山西教育出版社	马强、于巧兰等著
天文博物馆	河南教育出版社	崔振华主编
旷代逸才	湖南文艺出版社	唐浩明著
浣纱王后	中国青年出版社	杨佩瑾著
国家重点建设工程丛书	广西科技出版社	周文斌、刘路沙主编
中国邮电百科全书	人民邮电出版社	杨泰芳、吴基传编委会主任
世纪之交与高科技专家对话	辽宁教育出版社	朱丽兰总主编
迈向21世纪科普丛书	广东教育出版社	黄寿年、卞德培等主编
手拉手奔向新世纪丛书	新蕾出版社	中国少工委编
老外公的故事	浙江少儿出版社	公治平等编、刘泽岱等画
中国著名科学家的故事	四川少儿出版社	董仁成、松鹰等编写
德育故事大金库	江苏少儿出版社	颜煦之、刘健屏主编
任熊　任薰　任颐　任预精品	河北美术出版社	赵贵德、吴守明主编
周彦生画集	河南美术出版社	周彦生著
中国针灸四大通鉴	青岛出版社	邓良月、王德深等主编
中医方剂通释	河北科技出版社	宗全和主编
中医急诊医学	福建科技出版社	陈佑邦、王永炎主编
现代内科学	人民军医出版社	方　圻主编
风湿病学	科学出版社	蒋明、朱立平等主编
手的修复与再造	上海医科大出版社	顾玉东著
实用手术图解全书	江苏科技出版社	吴阶平等主编
应用解剖彩色图谱	辽宁科技出版社	韩子玉、曹郁琦主编
中国鸟类图鉴	河南科技出版社	钱燕文执行主编
动物活性成分化学	天津科技出版社	张豁中、温玉麟编著
膜分子生物学	厦门大学出版社	洪水根、汪德耀编著
损伤力学	华中理工大学出版社	沈　为著
有限元高精度理论	湖南科技出版社	陈传淼、黄云清著
弹性力学求解新体系	大连理工大学出版社	钟万勰著
远程火箭精度分析与评估	国防科技大学出版社	张金槐主编
加聚反应微观动力学	吉林大学出版社	沈家骢、杨梅林等著
气候变化对西北华北水资源的影响	山东科技出版社	施雅风总主编
中国煤矿通风安全工程图集	中国矿大出版社	李学诚、王省身主编
华北地区节水型农业技术	中国农业科技出版社	胡毓骐、李英能等编
电磁理论中的并矢格林函数	武汉大学出版社	戴振铎、鲁述著

〔书　名〕	〔出版者〕	〔编著者〕
鱼雷制导规律及命中精度	西北工大出版社	詹致祥著
空间等离子体数值模拟	安徽科技出版社	傅竹风、胡友秋编著
中国地质时期植物群	广东科技出版社	李星学主编
西藏高原森林生态研究	辽宁大学出版社	徐凤翔著
中国古代军戎服饰	上海古籍出版社	刘永华著
生态文化与文明前景	武汉出版社	陈敏豪著
全宋诗(1—25册)	北京大学出版社	傅璇琮、孙钦善等主编
宋文纪事	四川大学出版社	曾枣庄、李凯等编
中华传统文化观止丛书	学林出版社	马关信、刘永翔等主编
郭煌愿文集	岳麓书社	黄征、吴伟编校
中华民族故事大系	上海文艺出版社	孙剑冰等编
中华人物故事全书近代部分	中国少年儿童出版社	王世义、李凤祥等编著
楚学文库	湖北教育出版社	张正明主编
凉山彝家的巨变	商务印书馆	林耀华著
蓝田直立人	陕西人民出版社	陈恩志编著
崇高美的历史再现	山西人民出版社	蔡子谔、顾棣著
元典文化	河南大学出版社	李振宏主编
中国书法五体系列大字典	上海书画出版社	李志贤主编
现代汉语学习词典	上海外语教育出版社	孙全洲主编
汉英词典(修订版)	外语教学与研究出版社	北京外国语大学编
云南民族女性文化丛书	云南教育出版社	高发元主编
红罂粟丛书	河北教育出版社	王蒙主编
西藏历史地位辨	民族出版社	王贵、喜饶尼玛等著
犯罪学大辞书	甘肃人民出版社	康树华、王岱等主编
语言理论与应用研究	东北师大出版社	杨忠、张绍杰著
二十世纪教育回顾与前瞻	山东教育出版社	陆有铨主编
张家港人	江苏人民出版社	凤　章著
处世百题	辽宁人民出版社	余心言著
院士风采	浙江科技出版社	何仁甫、陈丹、侯艺兵编
她们与世纪同行丛书	河北少儿出版社	王思梅、赵金平主编
师魂	湖北少儿出版社	韩作黎主编
丝路文化	浙江人民出版社	黄新亚、刘迎胜等著
21世纪文学之星丛书	百花文艺出版社	冯牧、袁鹰编审委主任
古都今昔	北京出版社	张百发主编
大地风景	东方出版社	云　杉著
说文解字的文化评解	湖北人民出版社	臧克和著

统计资料

1996 年图书出版情况

表一

	总数（种）	总印数（亿册）	总印张（亿印张）	折合用纸量（万吨）	与上年相比种数	与上年相比总印数	与上年相比总印张
图书	112813(其中初版 63647，重版 49166)	71.58	360.45	85.07	＋11.3％（初版＋7.6％，重版＋16.4％）	＋13.2％	＋13.8％
书籍	91716(其中初版 55825，重版 35891)	35.13	188.603（其中包括附录用纸 2.59）	44.32（其中包括附录折合用纸量 0.59）	＋10.97％（初版＋6.99％，重版＋17.78％）	＋11.17％	＋10.88％
课本	18561(其中初版 5588，重版 12973)	35.97	169.277	39.78	＋13.63％（初版＋10.68％，重版＋14.95％）	＋15.57％	＋17.12％
图片	2536(其中初版 2234，重版 302)	0.5	2.571	0.97	＋5.9％（初版＋15.8％，重版－34.9％）	－3.1％	＋19.1％

*“＋”表示增长，“－”表示下降。

1996 年使用《中国标准书号》22 类图书出版情况

表二

类别	种数（种）	总印数（万册）	总印张（千印张）	占种数的百分数	占总印数的百分数	占总印张的百分数	与上年相比种数	与上年相比总印数	与上年相比总印张
马克思主义、列宁主义、毛泽东思想	132（新版 69）	139	24480	0.12％（初版占 0.11％）	0.02％	0.07％	＋26.9％（初版－13.8％）	＋40.4％	＋74.1％
哲学	1184（初版 743）	1071	132785	1.07％（初版占 1.21％）	0.15％	0.37％	＋10.9％（初版＋8.6％）	＋18.5％	＋17.5％

类别	种数（种）	总印数（万册）	总印张（千印张）	占种数的百分数	占总印数的百分数	占总印张的百分数	与上年相比种数	与上年相比总印数	与上年相比总印张
社会科学总论	1084（初版 899）	1087	110230	0.98%（初版占1.46%）	0.15%	0.31%	+10.5%（初版+12.7%）	+53.1%	+51.7%
政治、法律	3585（初版2768）	6365	624804	3.25%（初版占4.51%）	0.9%	1.76%	+7.7%（初版+8.3%）	−9.2%	+1.7%
军事	278（初版 222）	269	29428	0.25%（初版占0.36%）	0.04%	0.08%	−51.4%（初版−57.4%）	−15.7%	−19.8%
经济	7027（初版5253）	7205	937623	6.37%（初版占8.55%）	1.01%	2.64%	+6.5%（初版+1.2%）	−0.8%	−2.7%
文化、科学、教育、体育	48167（初版19935）	627265	26347619	43.68%（初版占32.47%）	88.21%	74.15%	+14.7%（初版+8%）	+18.6%	+16.9%
语言、文字	3765（初版1885）	8645	1192206	3.41%（初版占3.07%）	1.22%	3.36%	+12.2%（初版+11.2%）	+7.1%	+4.2%
文学	9887（初版7120）	13547	1706030	9.87%（初版占11.59%）	1.90%	4.80%	+10.5%（初版+10.9%）	+4.5%	−0.2%
艺术	5953（初版3457）	9957	528400	5.4%（初版占5.63%）	1.4%	1.49%	+22.8%（初版+13.1%）	+26%	+14.6%
历史、地理	4052（初版3161）	8500	569678	3.76%（初版占5.15%）	1.2%	1.6%	+7.3%（初版+8.0%）	+48.9%	+32.2%
自然科学总论	459（初版 244）	2759	98709	0.42%（初版占0.4%）	0.39%	0.28%	+14.2%（初版+7.5%）	+79.2%	+24.9%
数理科学、化学	1686（初版 942）	2809	309065	1.53%（初版占1.53%）	0.4%	0.87%	+5.0%（初版+6.2%）	+15.5%	+8.1%
天文学、地球科学	742（初版 688）	197	16842	0.67%（初版占1.12%）	0.03%	0.05%	+33.5%（初版+34.4%）	持平	+12.1%
生物科学	395（初版 274）	162	21975	0.36%（初版占0.45%）	0.02%	0.06%	+4.5%（初版+4.2%）	+11.7%	+12.3%
医药、卫生	4276（初版2593）	4467	633616	3.88%（初版占4.22%）	0.63%	1.78%	+15.9%（初版+10.6%）	+20.4%	+9.9%
农业科学	2329（初版1431）	2046	153415	2.11%（初版占2.33%）	0.29%	0.43%	−1.9%（初版−3.2%）	−7.2%	−6.8%

类别	种数（种）	总印数（万册）	总印张（千印张）	占种数的百分数	占总印数的百分数	占总印张的百分数	与上年相比种数	与上年相比总印数	与上年相比总印张
工业技术	11191（初版6641）	9980	1477058	10.15％（初版占10.81％）	1.4％	4.16％	＋7.6％（初版＋11.5％）	＋7.2％	＋1.4％
交通运输	817（初版486）	981	109571	0.74％（初版占0.79％）	0.14％	0.31％	－8.7％（初版－12.1％）	－27％	－30.9％
航空、航天	119（初版111）	52	5246	0.11％（初版占0.18％）	0.01％	0.01％	＋19％（初版＋14.4％）	＋2.0％	＋16.6％
环境科学	218（初版197）	88	11683	0.2％（初版占0.32％）	0.01％	0.03％	＋32.1％（初版＋31.3％）	持平	24.7％
综合	2931（初版2294）	3395	494471	2.66％（初版占3.74％）	0.48％	1.39％	＋2.2％（初版－3.2％）	＋3.9％	＋18.5％

*“＋”表示增长，“－”表示下降。

1996 年各类课本及少年儿童读物出版情况

表三

类别	总数（种）	总印数（万册）	总印张（千印张）	与上年相比种数	与上年相比总印数	与上年相比总印张
大专课本	6575（初版2714）	8274	1202130	＋17.41％（初版＋20.78％）	－4.92％	－2.12％
中专课本	2754（初版714）	8764	999600	＋13.43％（初版＋0.85％）	＋21.1％	＋23.66％
中学课本	2997（初版614）	133439	8163658	＋12.71％（初版＋2.16％）	＋15.2％	＋18.39％
小学课本	3396（初版829）	203001	6064863	＋11.75％（初版＋25.04％）	＋18％	＋22.17％
业余教育课本	331（初版158）	661	88935	－24.77％（初版＋12.06％）	－21.96％	－11.74％

类别	总数（种）	总印数（万册）	总印张（千印张）	与上年相比种数	与上年相比总印数	与上年相比总印张
扫盲课本	2	5	226	－80%（初版－100%）	－16.67%	－60.76%
教学用书	2506（初版 559）	5556	408306	＋16.07%（初版－18.27%）	－15.42%	－10.21%
少年儿童读物	3053（初版 1588）	14387	504300	＋28.6%（新版＋13.92%）	＋21.28%	＋3.21%

*“＋”表示增长，“－”表示下降。

章玮根据新闻出版署计划财务司公布的新闻出版统计资料整理。

图书出版纪事

1996 年图书出版纪事

1　　月

4 日　由中宣部、国家教委、文化部、新闻出版署、团中央联合举办的捐赠百种爱国主义教育图书仪式在北京举行。全国 100 个贫困县代表、新闻出版单位以及首都部分中小学教师 100 余人参加捐赠仪式。

5 日　中韩出版科研与出版教育研讨会在北京举行。

△　《周恩来外交风采》大型画册首发式在北京举行。江泽民题写书名；李鹏题词："真切感人的形象，新中国外交的先驱"。

5～8 日　由上海出版社经营管理协会、上海市出版工作者协会、上海书刊发行业协会联合举办的第十届沪版图书备样订货会在上海举行。1 万余种图书参展。订货码洋 2.6 亿元。

9～11 日　由中宣部、国家民委、新闻出版署联合召开的全国民族出版工作会议在北京举行。全国各省、自治区、直辖市党委宣传部、民委和新闻出版局的负责同志出席会议。

16～19 日　第六届全国地方科技出版社联合体图书交易会在河北省石家庄市举行。来自全国 40 家科技出版社、400 余家新华书店的近万种图书参展。订货码洋 8100 万元。

17 日　国家版权局发布第 5 号公告。

18 日　新闻出版署向各省、自治区、直辖市新闻出版局发出《关于对青海人民出版社部分图书停售、销毁的通知》。

19 日　国家版权局发出《关于印发〈国家版权局 1996 年工作要点〉的通知》。

20～26 日　'96 春全国美术图书交易会在北京举行。

21～25 日　由中国出版工作者协会经营管理研究会主办的第九届首都社科图书交易会在北京举行。来自全国 300 余家出版社、500 余家新华书店的 4 万余种图书参展。订货总码洋 11.2 亿元。

22 日　新闻出版署发出关于变更《常备书目》(1995)中《牛虻》一书出版社的通知。

25 日　国务院办公厅发出《关于坚决取缔非法出版活动的通知》。

29 日　新闻出版署发布《新闻出版企业法定代表人离任审计工作规定》令。自发布之日起实施。

△　新闻出版署发出《关于出版鲁迅著作的意见》。

△　中宣部、新闻出版署联合召开《汉译世界学术名著》丛书出版座谈会在北京举行。

30 日　由新闻出版署主办的第二届国家图书奖颁奖大会在北京举行。全国人大常委会副委员长吴阶平、中宣部副部长徐光春、国务院副秘书长刘奇葆、新闻出版署署长于友先等为获奖出版社、作者和编辑的代表颁奖。

2　　月

1 日　新闻出版署向各省、自治区、直辖市和计划单列市新闻出版局、新华书店总店发出《关于转发〈第七届全国书市实施细则〉的通知》。

2 日　国家版权局向各省、自治区、直辖市版权局(处)发出《关于对中国检察出版社未经授权出版〈萨特文集〉给予行政处罚的通告》。

5 日　新闻出版署向各省、自治区、直辖市新闻出版局和全国各出版社发出《关于制止格调低下的 16 开本出版物出版发行的通知》。

7 日　新闻出版署向各省、自治区、直辖市新闻出版局和总政治部宣传部发出《关于使用全国统一〈图书、期刊印制委托书〉的通知》。

12 日　新闻出版署向各省、自治区、直辖市、计划单列市新闻出版局和中央级各出版社、新华书店总店发出《关于使用统一的〈书刊征订发行委托书〉的通知》。

15日 新闻出版署向各省、自治区、直辖市新闻出版局发出《关于转发编辑出版〈中国地区百科全书〉第二次座谈会纪要的通知》。

16日 国家科委、新闻出版署联合发出《关于印发宋健、于友先等同志在全国科技出版工作会议上讲话的通知》。

17日 国家版权局向各省、自治区、直辖市及部分计划单列市版权局(处)发出《关于颁发版权管理荣誉证书的通知》。

△ 新闻出版署向各省、自治区、直辖市新闻出版局发出《关于不得转载、转摘〈康克清和她的"红卫兵"秘书〉一文的通知》。

△ 全国"扫黄"工作小组办公室发出《关于印发〈刘忠德同志在全国"扫黄"工作小组会议开始时的讲话〉及全国"扫黄"办〈1995年前10个月"扫黄""打非"工作情况汇报〉的通知》。

26日 新闻出版署增补中国政法大学出版社、中信出版社为良好出版社。

27日 新闻出版署向中央、国家机关各部门，各省、自治区、直辖市新闻出版局、音像行政管理部门、署有关直属单位发出《关于做好新闻出版三资企业合同、章程履行情况检查及换发批准证书工作的通知》。

28日 新闻出版署向各省、自治区、直辖市及计划单列市新闻出版局，山东出版总社、新疆生产建设兵团新闻出版局，署部分直属单位，中央、国家机关有关部门发出《关于召开全国新闻出版局长会议的通知》。

3 月

4日 新闻出版署向各省、自治区、直辖市、计划单列市新闻出版局、山东出版总社发出《关于总结〈奇异的性婚俗〉一案教训，进行业务整顿的通知》。

7日、18日 新闻出版署向各省、自治区、直辖市新闻出版局，中央和国家机关各部委、各民主党派、人民团体、解放军总政宣传部、各直属单位发出《关于印发〈中国出版成就展〉筹备工作实施细则(一、二)的通知》。

9日 首届上海市优秀少年儿童读物评选颁奖大会在上海举行。《男生贾里》等22部作品获奖。

10～14日 由中国大学出版社协会主办的第八届全国大学出版社图书看样订货会在成都举行。

11日 新闻出版署向各省、自治区、直辖市新闻出版局发出《关于发布〈关于举办国内图书展销活动的管理规定〉的通知》。

12日 新闻出版署向各省、自治区、直辖市新闻出版局发出《关于进一步在出版物上全面推广使用条码的通知》。

13日 新闻出版署发出《关于在"全国图书质量大检查"中对漓江出版社等35家出版社出版的35种图书进行质量检查情况的通报》。

15日 新闻出版署向各省、自治区、直辖市新闻出版局发出《关于重申出版台、港、澳文学作品需专题报批的通知》。

△ 新闻出版署向新疆地区赠书仪式在北京举行。

19日 新闻出版署向各省、自治区、直辖市新闻出版局发出《关于出版宣传香港回归图书的通知》。

19～23日 全国新闻出版局长会在南京举行。来自各省、自治区、直辖市及计划单列市的新闻出版局局长、署直属单位、中央有关部门负责人100余人出席会议。

20日 全国"扫黄"工作小组办公室发出《关于转发〈奇异的性婚俗〉专案组〈关于加强文化市场管理的建议〉的通知》。

22日～4月1日 第11届文汇书展在上海举行，北京两个图书发行联合体的20家出版社参展。

4 月

2日 《陈毅年谱》首发式在北京举行。这是第一部记述陈毅思想和生平业绩的编年体著作。

3日 新闻出版署召开关于改进精神文明建设"五个一工程"评选工作会议。

△ 《人民文学》昌达杯'95优秀小说颁奖会在北京举行。《年前年后》获特别奖。

6～8日 应新闻出版署、国家版权局的邀请，世界知识产权组织助理总干事米哈依·菲彻尔博士一行6人来华讲学。

6～18日　波洛尼亚国际儿童图书博览会在意大利举行。

8～10日　由解放军总政治部宣传部召开的全军出版社社长会议在北京举行。

8～19日　由北京出版社、北京市新华书店联合举办的北京版精品图书、音像制品展在城区55家新华书店同时举行。

10日　新闻出版署发出《关于重申缴送样书的通知》。

11～14日　第48届美国亚洲学会年会及书展在美国夏威夷檀香山市举行。我国派员出席会议。

13日　河南教育出版社设立"中国科学史著作出版基金"。李铁映发了贺信。

13～21日　由北京市新闻出版局、市新华书店、书刊发行协会联合主办的'96北京双休日书市暨降价书市在北京举行。150余家出版社、新华书店的4万余种图书及音像制品参展。

15日　国家版权局、国家工商局联合发出《关于发布〈著作权涉外代理机构管理暂行办法〉的通知》。

16日　全国"扫黄"工作小组办公室发出《关于立即查缴非法出版物〈张爱玲全集〉的通知》。

20日　由经济日报社主办的全国十佳经济读物评选揭晓。《中国利用外资基础知识》、《世界各国贸易和投资指南》丛书等10种图书获奖。《成功创业》丛书等5种图书获提名奖。

23日　联合国教科文组织第28届大会通过决议,宣布今后每年的4月23日为世界图书和版权日。

△《站在世纪之交的思考》出版座谈会在北京举行。雷洁琼等领导人出席座谈会。

25日　由新闻出版报社等9家报刊社联合主办的第八届全国图书"金钥匙"奖颁奖大会在北京举行。《邓小平文选大辞典》、《中华五千年》等15种图书获一等奖;《中南海珍藏画集》等25种图书获二等奖;《微机使用三日通》等40种图书获三等奖;《农村百事通》等100种图书获优胜奖。

△　新闻出版署办公室向各直属出版社及有关单位转发《国家科委"关于将杰出科技著作纳入国家科技进步奖系列"的通知》。

25～27日　由中宣部出版局、新闻出版署图书司联合举办的繁荣长篇小说出版专题研讨会在福州举行。

26日　新华书店总店批销中心在北京正式开业,292家出版社的7000余种图书参加展销。

△　黑龙江省图书音像发行集团成立。

27日　《走出贫困的抉择》出版座谈会在北京举行,马文瑞、陈俊生题词。雷洁琼等出席座谈会。

5　月

3日　全国"扫黄"工作小组办公室发出《关于查禁〈绝妙厚黑学〉等非法出版物的通知》。

4日　台北计量工程学会年会在台北举行。大陆派中国计量、中国标准出版社参加海峡两岸计量书籍文献交流活动。

6日　新闻出版署发出《关于举办第三届全国优秀少年儿童读物评奖活动的通知》。

6～8日　国家版权局、世界知识产权组织联合举办的数字技术版权保护国际研讨会在北京举行。来自美国、荷兰、日本及中国等国的专家学者出席研讨会。

6～10日　全国新闻出版系统跨世纪人才培养工程工作会议在南昌举行。

7～8日　全国地方志第二次工作会议在北京举行。

8～19日　北京出版社、北京市新华书店等联合举办的精品图书、音像制品展销活动同时在北京市城区60余家新华书店举行。

9日　新闻出版署发出《关于印发于友先和于永湛同志在全国新闻出版局长会议上的讲话的通知》。

9～20日　由共青团北京市委、青少年服务中心、北京市新闻出版局联合举办的特价书市在北京举行。

11～14日　由联合国教科文组织和西班牙政府联合主办的信息社会版权和传播国际研讨会在西班牙马德里举行。我国家版权局代表中国首次以世界版权公约成员国的身份出席研讨会。

15日　新闻出版署发出《关于民族文字图书书号不限和免收条码费用的决定》。

△　新闻出版署发出《关于成立新闻出版署教育培训中心的通知》。

△　国家版权局发言人对美国就知识产权保护问题对我国实施所谓"制裁"发表谈话。

△　《中国思想家评传》丛书出版座谈会在北京

举行。乔石题词:“弘扬民族优秀文化,加强社会主义精神文明建设。”

15～20日 第41届华沙国际书展在华沙举行。来自21个国家的760余家出版社各类图书参展。我国800余种图书参展。

17日 新闻出版署教育培训中心成立暨第二期全国出版社社长、总编辑,第一期全国期刊主编,第一期中央部委在京出版社总编辑室主任岗位培训开学典礼在北京举行。

18～24日 ’96汉城国际图书博览会在汉城举行,我国1000种各类图书参展。

△ 第二届布拉格国际书展在布拉格举行。我国540余种图书参展。

22～6月2日 ’96国际华文书展在马来西亚吉隆坡举行。我国4000余种图书参展。

6 月

1日 新闻出版署发出《关于印发〈关于培育和规范图书市场的若干意见〉的通知》。

△ 新闻出版署发出《关于中图广州分公司、陕西省外文书店所犯错误的通报》。

△ 全国“扫黄”工作小组办公室发出《关于查缴盗版图书〈狮子王〉的通知》。

△ 由中国版协教育委员会组织举办的出版印制、材料管理培训班、书刊营销员培训班、校对培训班、书刊成本定价估算培训班在北京举行。

4日 新闻出版署发出《关于军队系统使用〈图书、期刊印制委托书〉具体规定的通知》。

△ 新闻出版署决定撤销大世界出版有限公司。

5日 最高人民法院召开中国知识产权司法保护新闻发布会。

6～7日 由中宣部、新闻出版署联合举办的首期出版法规强化培训班在北京举行。

11～15日 全国出版发行市场工作会议在重庆举行。来自全国29个省、自治区、直辖市及计划单列市新闻出版局负责同志70余人出席会议。

14～17日 由加拿大书商协会主办的’96年度国际书商联合会(IBF)大会在温哥华举行。

24日 新闻出版署发出《关于撤销成都出版社、山西高校联合出版社的通报》。

26日 “五个一工程”获奖作品颁奖会在北京举行。张魁星、仲呈祥等9人获奖。

△ 新闻出版署批准成立上海大学出版社、泰山出版社(自费出版社)。

29日～7月8日 由江苏省图书进出口公司与澳大利亚澳州中国书店联合举行的’96中国江苏书展在悉尼市举行。

7 月

1日 新闻出版署发出《关于图书推销工作中应当注意的问题的通知》。

2日 纪念茅盾诞辰百周年展览在北京举行。共展出了400多幅图片、部分手稿、著作版本和实物。

5日 中国书刊发行业协会美术专业发行委员会在天津正式成立。来自全国45家美术专业出版社和120家国营新华书店480余人参加成立大会。会上表彰了北京朝花书画社、上海图书公司图书城等15家最佳美术图书销售单位。同天,美联图书集团举办美术图书展示会,展出美术图书4500余种。

9日 中国辞书学会常务理事会在北京举行。

13～17日 由新闻出版署主办的中国出版成就展在北京举行。540余家出版社的近4万种图书、2390余家期刊社的4300种期刊、143家音像出版单位的3100余种音像制品及180余种电子出版物参展。江泽民、乔石、刘华清、丁关根、李铁映、邹家华等中央领导同志观看了展览。这次展览同时评选出最佳组织奖、优秀组织奖、最佳设计奖和优秀设计制作奖。

16日 北京市“扫黄”领导小组召开工作会议,传达中央有关“扫黄”工作和文化市场管理工作会议精神,总结北京市上半年“扫黄”工作情况,研究部署下半年“扫黄打非”工作。

20～29日 由江苏省图书进出口公司与加拿大星河视听艺术中心联合举办的’96中国江苏书展在多伦多市举行。

23日 《现代汉语词典》修订本首发式在北京举行。该词典从4个方面进行了修订:修正某些字音字形;增补新义项,修正不完善的释义;增加了例证;增收新词目9000余条,删除过时或过于专门的社会科学、自然科学词语4000条。全书共收词目6.1万条，共计300万字。

24～29日　第七届香港书展在香港举行。来自新加坡、丹麦、美国、比利时、德国等十几个国家以及香港、澳门、台湾等地区的390多家出版商参展。我内地20个省、市、区110多个出版机构的8400余种图书参展。

8　月

9日　由新闻出版署投资建立的重点科研项目——中国百科术语数据库一期工程在北京通过验收。

9～18日　首届上海图书节在上海举行。来自全国500多家出版社的10万余种各类图书、音像制品及电子出版物参展。世纪之交的中国出版报告会、电子出版新趋势演讲会、电子出版物市场开发战略研讨会、书市文化大家谈主题讨论会、上海十大藏书家评选等活动同时举行。

14日　新闻出版署发出《关于加强教学参考书发行管理的通知》。

14～19日　由中共合肥市委宣传部主办的'96合肥首届读书节在合肥举行。

15日　新闻出版署发出《关于举办全国优秀长篇小说(1991—1995)出版奖评奖活动的通知》。

16日　新闻出版署发出《关于考核优秀和良好图书出版单位的通知》。

△　第九届华东地区科技出版优秀图书评奖在杭州举行。70种图书获奖。其中，19种获一等奖；51种获二等奖。

△　《邓子恢文集》、《邓子恢传》《回忆邓子恢》出版暨纪念邓子恢诞辰100周年座谈会在北京举行。朱镕基、温家宝、迟浩田等出席座谈会。姜春云发表讲话。

24日　《中华史画卷》、《世界史画卷》出版座谈会在北京举行。雷洁琼、钱伟长、任继愈、高明光等出席座谈会。

25～31日　第62届国际图联大会在北京举行。李鹏发表讲话。来自90个国家和地区的2600余名代表出席会议。'96北京国际图联大会图书博览会、图书馆专用设备和技术展、电子图书馆展等同时举行。

26日　《王稼祥》画册出版暨王稼祥90周年诞辰纪念座谈会在北京举行。刘华清、胡锦涛、钱其琛等出席座谈会。刘华清发表讲话。

30日～9月4日　由国务院新闻办公室、新闻出版署、国家科学技术委员会、文化部、北京市人民政府联合主办的第六届北京国际图书博览会在北京举行。来自30个国家、地区和国际组织参加。400余家出版社的9.3万余种各类图书及电子出版物参展。

30日～9月10日　由中国外文出版发行事业局与德国书商协会展览公司联合举办的德国图书展览在北京举行。3000余种德国各种门类专业图书参展。

31日　由合作出版促进会、中国出版工作者协会与台湾图书出版事业协会联合举办的两岸图书出版座谈会在北京举行。100余人出席会议。

9　月

1日　由中国农业出版社、中国图书进出口总公司与日本农业图书协会、日本东贩股份公司联合举办的中日农业图书出版交流会在北京举行。

4～6日　国家版权局和世界知识产权组织联合举办的版权执法研讨会在成都举行。100余人出席研讨会。全国版权工作座谈会同时举行。

5～6日　第三届中日著作权研讨会在北京举行。40余位代表出席会议。

5～15日　中国书店主办的古旧书市在北京举行。8万余种旧书、1.5万余种文史古籍学术类图书、500余种旧报刊参展。

8～9日　中国书店和《书与人》杂志联合举办的中国当代藏书活动研讨会在北京举行。

9～17日　菲律宾第七届国际书展、菲律宾丙子年中国图书展在马尼拉举行。我国5000余种图书参展。

12～22日　由北京市新闻出版局、北京市新华书店、北京市书刊发行业协会联合举办的'96北京书市在北京举行。140余家出版社的8万余种图书、音像制品及电子出版物参展。

14～16日　中国历代稀见书刊资料拍卖会在北京举行。中国书店共征集遴选拍品171件。

19日　国家版权局发出《关于征求对保护版权和邻接权三个国际条约草案的意见的函》。

△ 《罗瑞卿传》、《罗瑞卿画册》出版发行暨纪念罗瑞卿同志诞辰90周年座谈会在北京举行。张万年、迟浩田出席会议。

20～10月5日 由安徽省新闻出版局、省新华书店主办的“安徽黄山书市”在合肥举行。

23日 国家版权局发布《著作权质押合同登记办法》1号令。自发布之日起施行。

24日 第二届全国著作权的新闻评选领奖会在北京举行。本届获奖作品45件。其中，一等奖5件，二等奖15件，三等奖25件。

24～25日 由中宣部组织召开的“五个一工程”第五届工作会议暨颁奖大会在北京举行。《早年周恩来》、《邓小平设计中国改革开放实录》、《战争启示录》等41种图书获奖。其中，政治类9种，文艺类11种，历史类3种，经济类2种，青少年类13种，科普类3种。

25日 新闻出版署发出《关于对再版、重印书内容进行认真检查的通知》。

9月23日～10月10日 中国出版对外贸易总公司与澳大利亚太阳集团公司联合举办的'96墨尔本中文图书展在澳大利亚墨尔本市举行。4000多种图书参展。

10　月

2～5日 由中宣部、新闻出版署联合主办的中国少儿出版物成就展在北京举行。来自全国26个省、自治区、直辖市及中央级出版社参展团的各类图书、期刊、报纸、音像、电子出版物2万余种参展。李鹏总理为成就展题词：“繁荣少儿出版事业，培养祖国四有新人。”

2～7日 第48届法兰克福国际图书博览会在德国法兰克福市举行。我国80余家出版社的3000多种图书参展。

3日 国务院办公厅转发新闻出版署、国家科委《关于加强科技出版工作的若干意见》。

6～9日 由中宣部、新闻出版署联合召开的第三次全国少儿读物出版工作会议在北京举行。

8日 新闻出版署发出《关于新闻出版署直属出版社第三届优秀图书评奖的通知》。

10日 新闻出版署批复河南省新闻出版局，同意河南教育出版社更名为大象出版社。

10～21日 第14届北京特价书市在北京举行。260余家出版社的10万余种各类图书参展。

11日 加拿大第一个中文图书市场在多伦多正式开业。

11～14日 华东地区优秀图书评选在黄山市举行。共评出1995年度华东地区哲学、社会科学优秀图书58种，其中《张家港人》、《韬奋全集》等13种图书获一等奖。

15日 新闻出版署发出《关于推荐第二批“国家常备图书定点销售单位”的通知》。

15～19日 由中国版协校对研究委员会主办的第二届全国校对理论研讨会在上海举行。

16日～11月15日 第一期全国高校出版社社长、总编辑岗位培训班在武汉举行。来自全国53家大学出版社的57位社长、总编辑参加培训。

18日 由沈阳北方图书城举办的计算机类图书及全国电子出版物展销在沈阳举行。百余家出版社的3000多种计算机专业图书、百余种精品电子出版物及世界知名品牌电脑及近万种科技图书参展。

19～21日 由中国书刊发行业协会科技发行委员会主办的科技图书市场研讨会在北京举行。300多名来自科技出版社及新华书店的负责同志出席研讨会。

23日 中宣部、新闻出版署举行首都出版界学习六中全会精神座谈会。首都部分出版、发行、期刊、音像、印刷方面的负责同志20余人出席座谈会。

△ 中国古籍图书展在日本东京举行。中国15家古籍出版社的600余种古籍图书参展。中国书籍发展史同时展出，展出中国古籍图书不同时期、不同刻本以及各个类型装帧形式的珍、善本古书。

28日 新闻出版署发出《关于立即收缴〈中外佛教大师演讲录〉一书的通知》。

10月29日～11月1日 由中国版协科技委员会组织召开的全国科技出版社社长、总编辑研讨会在北京举行。科技出版社的社长、总编辑80余人出席研讨会。

11　月

5日 三联韬奋图书中心在北京新落成的三联书店办公大厦正式开业。费孝通、何鲁丽、季羡林、赵斌及在京文化知识界、出版界知名人士参加开业典礼。

6日 新闻出版署发出《关于制定和报送1997年出版计划的通知》。

△ 新闻出版署发出《关于转发〈国务院办公厅转发新闻出版署、国家科委关于加强科技出版工作若干意见的通知〉的通知》。新闻出版署为此召集部分科技出版社负责同志进行专题研讨。

8～18日 第七届全国书市在深圳举行。来自全国各省、自治区、直辖市新闻出版发行单位组织的34个代表团、500余家出版社、1 500余家书刊发行单位、1 000多家团体购书单位及港、澳、台和东南亚地区数百名出版发行商莅会参展。10万余种各类优秀图书、音像制品和电子出版物参展。订货码洋3.2亿元。

11日 中国出版工作者协会全国城市出版社工作委员会第一次会议在深圳举行。来自全国16家城市出版社的社长、总编辑及部分发行部、总编室的负责人40余人出席会议。

11～17日 第十一届全国少儿出版社社长年会在海南举行。来自各省、自治区、直辖市少儿出版社及部分综合出版社的社长、总编辑、少儿编辑部负责同志出席会议。会议还评选出第五届"全国优秀少儿读物编辑奖"。103种读物获奖。

12日 《毛泽东评点二十四史》影印线装本在海内外限量发行新闻发布会在深圳举行。该书全套共850册,分80函。

13～15日 中国综合性大学出版社选题开发研讨会在上海举行。来自北京大学、南京大学、武汉大学、新疆大学等18家综合性大学出版社的代表出席会议。

14日 由中国版协、中国编辑学会主办的第二届全国优秀中青年编辑颁奖会在北京举行。高贤均、刘辉、谢寿光等73人获奖。

19日 由国家医药管理局主办的首届优秀医药图书奖颁奖会在北京举行。71种图书获奖。其中,荣誉奖2种、一等奖11种、二等奖20种、三等奖38种。全国政协副主席万国权出席颁奖大会。

20日 新闻出版署发出《关于印发"于友先同志在新闻出版局长座谈会上的讲话"的通知》。

21日 建国以来首部《中国民族年鉴》(1995)出版发行座谈会在北京举行。全国人大常委会副委员长费孝通为年鉴题词。

25日 新闻出版署发出《关于报送1996年新闻出版各项统计年报的通知》。

29日～12月27日 第三期全国出版社编辑室主任岗位培训班在杭州举行。

12 月

2～20日 世界知识产权组织关于版权和邻接权若干问题外交会议在日内瓦举行。会议通过了《关于保护文学和艺术作品若干问题的条约》和《保护表演者和唱片制作者权利条约》。

3～6日 新华书店系统第四届发行科学研讨会在成都举行。来自全国20个省、自治区、直辖市的论文作者50余人出席研讨会。

8～9日 中国编辑学会第二次全国会员代表大会在北京举行。会上产生新的领导机构。刘杲为会长,邵益文等17人为副会长。

9日 由全国党建研究会、求是杂志社政治理论部、党建研究杂志社、党建文汇杂志社、本溪钢铁公司党委和新闻出版报社联合举办的"本钢杯"第六届全国优秀党建读物评选结果在北京揭晓。《马克思主义党学基础》、《邓小平建党思想》等24种优秀党建读物获奖。

10～15日 福建图书巡回展分别在新加坡、马来西亚举行。1 500余种少儿读物、医药保健读物及工具书参展。

11日 《干部道德建设读本》出版座谈会在北京举行。全国人大常委会副委员长卢嘉锡出席座谈会并讲话。50余人参加会议。

△ 全国"扫黄"工作领导小组发出《关于印发刘忠德、来怀德同志在第八次全国"扫黄"工作电视电话会议上的讲话的通知》。

11～15日 全国专业古籍工作研讨会在浙江举行。来自全国18家古籍出版社的社长、总编辑出席研讨会。

12日 第九届泰山科技出版基金评审会在北京举行。此届评审会评出《天文地球动力学》等6部书稿予以资助出版。

14日 《邓小平之歌》出版座谈会在北京举行。全国人大常委会副委员长雷洁琼出席座谈会。100余人参加会议。

17日 国家版权局发出《关于报送以图书出版形式授权境外出版作品情况的通知》。

△ 由三联书店等单位主办的德国当代著名作

家海因里希·伯尔生平与著作展在北京三联韬奋图书中心举行。

18日　由全国“扫黄”工作领导小组办公室主持召开的扫除“黄毒”、净化文化市场座谈会在北京举行。

19日　第十届中国图书奖颁奖大会在北京举行。《邓小平理论与广东实践研究》丛书、《中国市场经济与社会发展》丛书、《中国少数民族美术史》、《全宋诗》等100种优秀图书获奖。

△　由中国年鉴研究会组织的首届中央级年鉴评比颁奖大会在北京举行。《中国出版年鉴》、《中国年鉴》、《中国金融年鉴》等20种获一等奖。17种获二等奖，12种获单项优秀奖。

21日　’96冬季书刊资料拍卖会在北京举行。196件古籍、近代书刊及综合资料参加拍卖。

23日　全国“扫黄”工作领导小组办公室发出《关于加强’96冬季“扫黄”“打非”集中行动信息报送工作的通知》。

26日　新闻出版署批准辽宁古籍出版社更名为辽海出版社。

（何秀珍整理）

索引

说　明：

1. 索引的参检辞目，为本年鉴中“新书简介”的辞目。

2. 各辞目前均有6位数码，为该辞目的检索号，检索号前的英文字母为分类号代码，检索号按数序顺列，以便查找。本索引均直接指向辞目检索号，页码不参与检索。

3.“辞目分类索引”以《中国图书馆分类法》(第四版)为框架，其编排方式与“新书简介”的正文一致。

4.“辞目笔画索引”按辞目的中文笔画数顺序排列，笔画少的在前，笔画多的在后。先按首字分列，再按次字、第三字、第四字……余类推。同笔画字，按一、丨、丿、丶、乛起笔笔型顺列。阿拉伯数字、外文字母和标点符号均不计笔画，如《Windows 95 精选问题集》的首检字为“精”字。全是阿拉伯数字或外文字母的辞目，编排在中文笔画辞目之前。

辞目分类索引

A　马克思主义、列宁主义、毛泽东思想、邓小平理论

马克思主义、列宁主义、毛泽东思想

邓小平理论

B 哲学、宗教

哲学理论

世界哲学

中国哲学

外国哲学

思维科学

逻辑学

伦理学

美学

心理学

宗　教

C　社会科学总论

D 政治、法律

政治理论

中国共产党

工人、农民、青年、妇女运动与组织

世界政治

中国政治

各国政治

外交、国际关系

法　律

E 军 事

F 经 济

经 济 学

世界各国经济概况、经济史、经济地理

中国经济

亚洲经济

经济计划与管理

会计

审计

劳动经济

企业经济

基本建设经济、城市与市镇经济

农业经济

工业经济

交通运输经济、旅游经济、邮电经济

贸易经济

财政、金融

G 文化、科学、教育、体育

文化理论

世界各国文化与文化事业

信息与知识传播

科学、科学研究

教　育

各级教育

各类教育

体　　育

H 语言、文字

语　言　学

汉　　语

中国少数民族语言

外　国　语

I 文 学

文学理论

世界文学

中国文学

文学评论和研究

各体文学评论和研究

文学史、文学思想史

作 品 集

诗歌、韵文

戏　剧

小　说

报告文学

散文、杂著

民间文学、少数民族文学

儿童文学

各国文学

J 艺术

艺术理论

世界各国艺术概况

绘 画

书法、篆刻

雕　塑

摄影艺术

工艺美术

音乐

舞蹈

戏剧艺术

电影、电视艺术

K 历史、地理

史学理论

世界史

中国史

民族史志

地方史志

外国历史

传 记

中国人物传记

外国人物传记

文 物 考 古

风 俗 习 惯

地 理

基础医学

临床医学

内科学

外科学

妇产科学、儿科学

肿　瘤　学

神经病学与精神病学

皮肤病学与性病学

耳鼻咽喉科学、眼科学、口腔科学

特 种 医 学

药　学

S　农业科学

农 业 科 学

农业基础科学

农业工程、农学

植物保护

农作物

园艺

林业

畜牧、动物医学、狩猎、蚕、蜂

水产、渔业

T 工业技术

工业技术

一般工业技术

矿业工程

石油、天然气工业

冶 金 工 业

金属学和金属工艺

机械、仪表工业

武器工业

能源与动力工程

电工技术

无线电电子学、电信技术

自动化技术、计算机技术

〔丨〕

〔丿〕

〔丶〕

〔乛〕

五　画

〔一〕

〔丿〕

〔丶〕

六 画

〔一〕

〔丨〕

〔丿〕

七　画

〔一〕

〔乛〕

八　画

〔一〕

〔丨〕

〔丿〕

〔乛〕

九 画

〔一〕

〔㇕〕

十一画

〔一〕

〔丨〕

〔乛〕

十 二 画

〔一〕